수정판

최신 행정학원론

Public Administration

신두범 오무근

博 英 社

서 문

「행정학원론」이 박영사에서 출간된 지도 어느덧 20년이라는 세월이 흘렀다. 그 동안 정권이 바뀔 때마다 법령이 개정되거나 또는 제도가 개혁된 부문이 너무 많았다. 따라서 이번에는 전반적인 수정·가필을 하게 되었다. 또한 독자 여러분의 성원에 힘입어 판을 거듭하여 왔는데, 최근들어 한자로 되어 있는 내용이 불편하다는 독자들의 의견이 많아지고 있어서, 이번에는 한자를 모두 한글로 바꾸고 책명도 「최신 행정학원론」으로 바꾸어 출간하게 되었다.

주지하는 바와 같이, 19세기의 서구제국에서는 국정이 입법부 중심으로 운영되었으나, 20세기에 접어들어 산업화·도시화가 진행되고 과학기술의 급속한 발달로 인하여 행정부의 기능이 크게 확대되었다. 그 결과 21세기의 오늘날에 있어서도, 대부분의 국가에서는 행정부를 관장하는 대통령 혹은 내각수반이 입법부를 대신하여 정책결정기능의 많은 부문을 주도하는 위치에 서게 됨으로써, 현대행정의 중요성은 날이 갈수록 더욱 크게 인식되고 있다.

원래 한국의 행정학은, 제 2 차 세계대전 이후 미국에서 발달한 행정학의 원리와 제도를 도입하여 성립된 것이었으나, 수십 년을 경과하는 동안에 이제 많은 부분이 토착화되어, 점차 한국풍토에 알맞은 학문으로 발전하게 되었다. 아무쪼록 이 「최신 행정학원론」이 행정학을 공부하는 대학생 및 대학원생 그리고 공무원이나 사회인 여러분에게도 다소나마 도움이 될 수 있기를 바란다.

이 기회를 빌어 그 동안 많은 지도편달과 물심양면의 지원을 아끼지 않으신 박영사 안종만 회장님께 진심으로 감사를 드린다. 아울러 새 책의 출간에 즈음하여 여러 가지로 협력하여 주신 박영사의 관계자 여러분께도 심심한 사의를 표한다.

2003년 1월

신 두 범

오 무 근

목　　차

제 1 부
행정학총론

제 1 편　행정학의 기초이론

제 1 장　행정의 개념

제 1 절　행정개념의 성립 ······ 4

제 2 절　행정개념에 관한 제 견해 ······ 5

Ⅰ. 독일 행정법학에서의 행정개념　5
Ⅱ. 미국 행정학에서의 행정개념　7

제 3 절　행정개념의 정립 ······ 9

Ⅰ. 행정개념 정립의 곤란성　9
Ⅱ. 행정개념의 정의　9

제 2 장　행정과 경영 및 정치와의 관계

제 1 절　공공행정과 사기업경영 ······ 10

Ⅰ. 공공행정과 사기업경영의 의의　10
Ⅱ. 공공행정과 사기업경영의 연관성　10
Ⅲ. 공공행정과 사기업경영간의 차이점과 유사점　11

제 2 절　정치와 행정 ······ 13

Ⅰ. 서　설　13
Ⅱ. 정치 · 행정 이원론　13
Ⅲ. 정치 · 행정 일원론　15
Ⅳ. 새 이원론과 새 일원론　16

제 3 장 행정이념

제 1 절 행정이념의 의의 ······ 18

제 2 절 행정이념의 내용 ······ 18

Ⅰ. 합 법 성 18
Ⅱ. 능 률 성 19
Ⅲ. 민 주 성 20
Ⅳ. 효 과 성 21
Ⅴ. 사회적 형평성과 정의이론 22

제 3 절 행정이념 상호간의 관계 ······ 25

제 4 장 현대행정의 특질

제 1 절 행정국가의 등장 ······ 27

Ⅰ. 행정국가의 의의 27
Ⅱ. 행정국가의 등장 이유 27

제 2 절 현대행정의 특질 ······ 30

Ⅰ. 행정기능의 확대 · 강화문제 30
Ⅱ. 행정기구 · 공무원 수 및 재정규모의 팽창문제 31
Ⅲ. 중앙집권화의 문제 33

제 5 장 공 익

제 1 절 공익의 의의 ······ 34

제 2 절 공익이론 ······ 34

Ⅰ. Leys와 Perry의 공익이론 35
Ⅱ. Schubert의 공익이론 36

제 3 절 정책결정과 공익관 ······ 37

Ⅰ. 공익관의 사적 배경 37
Ⅱ. 개인주의적 공익관 38
Ⅲ. 집단주의적 공익관 38

제 4 절 공익과 사익의 관계 ······ 39

제 6 장 합 리 성

제 1 절 합리성의 의의 ………… 40
제 2 절 합리성의 유형 ………… 41
Ⅰ. Weber의 유형 41
Ⅱ. Mannheim의 유형 42
Ⅲ. Simon의 유형 42
Ⅳ. Diesing의 유형 44
제 3 절 합리성의 제약요인 ………… 45
Ⅰ. 제약요인의 분류 45
Ⅱ. 제한된 합리성 47

제 7 장 행정의 능률화

제 1 절 행정의 능률화와 민주화 ………… 48
Ⅰ. 의 의 48
Ⅱ. 행정의 능률화의 내용 49
Ⅲ. 행정의 민주화의 내용 50
제 2 절 행정의 생산성 ………… 51
Ⅰ. 생산성의 의의 51
Ⅱ. 생산성의 측정기준 52
Ⅲ. 생산성의 저해요인과 생산성 향상방안 54
제 3 절 행정의 중복성 ………… 55
Ⅰ. 중복성의 의의 55
Ⅱ. 중복성의 특성 56
Ⅲ. 중복성의 효용 57
Ⅳ. 중복성의 평가 60

제 8 장 행정학의 발달과정

제 1 절 개 설 ………… 62
제 2 절 행정학의 발달요인 ………… 63
Ⅰ. 행정기능의 확대·강화 63
Ⅱ. 행정개혁운동 64

Ⅲ. 과학적 관리운동 65

제 3 절 행정학의 이론적 틀의 변천과정 65

Ⅰ. 행정학의 이론적 틀의 의의 65
Ⅱ. 정치·행정 이원론〔기술적 행정학〕 66
Ⅲ. 행정원리론 67
Ⅳ. 정치과학으로서의 행정학: 정치·행정 일원론〔기능적 행정학〕 68
Ⅴ. 행정과학으로서의 행정학: 새 이원론〔행태론〕 70
Ⅵ. 행정의 발전적 시각: 새 일원론〔발전론〕 72
Ⅶ. 평 가 73

제 4 절 신행정론 74

Ⅰ. 신행정론의 의의 74
Ⅱ. 신행정론의 내용 75
Ⅲ. 후기관료제와 신행정론 77
Ⅳ. 신행정론의 한계 79

제 9 장 행정학의 접근방법

제 1 절 개 설 80

제 2 절 기술적 접근방법 82

제 3 절 기능적 접근방법 83

제 4 절 생태적 접근방법 85

Ⅰ. J. M. Gaus의 생태적 접근 85
Ⅱ. F. W. Riggs의 생태적 접근 86

제 5 절 행태적 접근방법 89

Ⅰ. 논리적 실증주의의 과학방법론 91
Ⅱ. 행정과학에 있어서의 사회심리학적 방법 92

제 6 절 체제적 접근방법 94

제 7 절 최근의 동향 98

Ⅰ. 비판행정학 98
Ⅱ. 현상학적 행정학 99

제 2 편　행정책임과 행정개혁론

제 1 장　행정책임과 통제

제 1 절　행정책임 ······ 104

Ⅰ. 행정책임의 의의　104
Ⅱ. 행정책임의 기준　106
Ⅲ. 외재적 책임의 보장 방법　106
Ⅳ. 내재적 책임의 보장 방법　108

제 2 절　행정통제 ······ 110

Ⅰ. 행정통제의 의의　110
Ⅱ. 행정통제의 방법　110
Ⅲ. 내부통제의 원칙과 과정　112
Ⅳ. 행정통제의 문제점　114

제 3 절　Ombudsman제도 ······ 114

Ⅰ. Ombudsman제도의 의의와 목적　114
Ⅱ. Ombudsman의 구성과 권한　115
Ⅲ. 우리 나라에 있어서의 Ombudsman제도 도입문제　117

제 4 절　정보공개제도 ······ 118

Ⅰ. 정보공개의 의의　118
Ⅱ. 정보공개제도　119

제 5 절　행정평가 ······ 121

Ⅰ. 행정평가의 의의　121
Ⅱ. 행정평가의 기준　122
Ⅲ. 행정평가의 과정　123
Ⅳ. 행정평가에 대한 정치적 영향　124
Ⅴ. 행정평가의 문제점　125

제 2 장　행정개혁

제 1 절　행정개혁 ······ 126

Ⅰ. 행정개혁의 의의와 동기〔기관형성〕　126
Ⅱ. 행정개혁의 접근방법　129

Ⅲ. 행정개혁의 과정 130
Ⅳ. 행정기구의 개혁 131
Ⅴ. 행정개혁과 저항 138

제 2 절 감축관리 ········ 139
Ⅰ. 감축관리의 의의 139
Ⅱ. 감축관리의 방법 140

제 3 절 우리 나라 행정개혁의 당면 과제 ········ 142

제 2 부 행정학각론

제 3 편 행정조직론

제 1 장 행정조직의 이론

제 1 절 조직의 본질 ········ 148
Ⅰ. 조직의 개념 148
Ⅱ. 조직의 유형 149

제 2 절 조직이론의 변천 ········ 153
Ⅰ. 고전적 조직이론 153
Ⅱ. 신고전적 조직이론 160
Ⅲ. 현대적 조직이론 164

제 3 절 조직의 원리 ········ 170
Ⅰ. 계층제의 원리 170
Ⅱ. 통솔범위의 원리 171
Ⅲ. 명령통일의 원리 173
Ⅳ. 분업〔전문화〕의 원리 174
Ⅴ. 조정의 원리 175

제 4 절 부처(部處)편성의 원리 ………… 177
Ⅰ. 부처편성의 의의 177
Ⅱ. 부처편성의 기준 177
Ⅲ. 부처편성의 기준에 대한 비판 179

제 5 절 조직과 개인 ………… 179
Ⅰ. 조직과 개인의 의의 179
Ⅱ. 조직에 대한 관여와 개인의 변이성 180
Ⅲ. 조직에 있어서의 인간관과 관리전략 181
Ⅳ. 조직 속의 개인의 성격유형 184

제 6 절 조직과 환경 ………… 186
Ⅰ. 조직환경의 의의 186
Ⅱ. 조직환경의 유형 187
Ⅲ. 조직간의 상호관계 188
Ⅳ. 조직과 환경의 관계 190

제 7 절 조직의 상황적응이론 ………… 191
Ⅰ. 상황적응이론의 의의 191
Ⅱ. 상황적응이론의 특징 192
Ⅲ. 상황적응이론에 관한 제 연구 193
Ⅳ. 상황적응이론의 한계와 과제 194

제 2 장 행정조직의 규범

제 1 절 조직의 목표 ………… 196
Ⅰ. 조직목표의 의의 196
Ⅱ. 조직목표의 기능 196
Ⅲ. 목표설정에 영향을 미치는 요인 197
Ⅳ. 목표의 유형 197
Ⅴ. 목표의 수 199
Ⅵ. 목표의 변동 200

제 2 절 조직의 효과성 ………… 201
Ⅰ. 조직효과성의 의의 201
Ⅱ. 조직효과성의 접근모형 202
Ⅲ. 조직효과성의 평가기준 204

제 3 절 조직쇄신 ………… 205

Ⅰ. 조직쇄신의 의의 205
Ⅱ. 구조·제도면의 쇄신 206
Ⅲ. 기술면의 쇄신 207
Ⅳ. 행태면의 쇄신 209

제 4 절 조직발전 ………… 210

Ⅰ. 조직발전의 의의 210
Ⅱ. 조직발전의 일반적 특질 211
Ⅲ. 조직발전의 기능과정 211
Ⅳ. 조직발전의 기법 212
Ⅴ. 조직발전의 문제점 215

제 3 장 행정조직의 구조

제 1 절 관 료 제 ………… 216

Ⅰ. 관료제의 의의 216
Ⅱ. 관료제의 특징 217
Ⅲ. Weber이론에 대한 수정이론 219
Ⅳ. 관료제의 역기능 222
Ⅴ. 관료제의 병리현상과 쇄신 224
Ⅵ. 관료제와 민주주의 225

제 2 절 계선기관과 참모기관 ………… 230

Ⅰ. 계선과 참모의 의의 230
Ⅱ. 계선기관의 특징 230
Ⅲ. 참모기관의 특징 231
Ⅳ. 계선기관과 참모기관의 관계 232

제 3 절 공식적 조직과 비공식적 조직 ………… 233

Ⅰ. 공식적 조직과 비공식적 조직의 의의 233
Ⅱ. 공식적 조직과 비공식적 조직의 차이점 233
Ⅲ. 공식적 조직과 비공식적 조직의 관계 234
Ⅳ. 비공식적 조직의 기능과 통제 235

제 4 절 소 집 단 ………… 235

Ⅰ. 소집단의 의의 235
Ⅱ. 소집단과 유사집단의 차이점 236

Ⅲ. 소집단 연구의 전개과정 237
Ⅳ. 소집단의 유형 239
Ⅴ. 소집단의 기능 240

제 5 절 프로젝트 조직과 매트릭스 조직 ········ 241
Ⅰ. 프로젝트 조직(project organization) 242
Ⅱ. 매트릭스 조직(matrix organization) 242

제 6 절 위 원 회 ········ 244
Ⅰ. 위 원 회 244
Ⅱ. 행정위원회 245
Ⅲ. 독립규제위원회 248

제 7 절 집권화와 분권화 ········ 250
Ⅰ. 행정상의 집권화와 분권화 250
Ⅱ. 중앙집권과 지방분권의 장단점 253
Ⅲ. 신중앙집권화와 신지방분권화 254
Ⅳ. 중앙정부의 통제 256
Ⅴ. 중앙집권의 한계 259

제 8 절 일선기관 ········ 260
Ⅰ. 일선기관의 의의 260
Ⅱ. 지방자치의 유형과 일선기관 260
Ⅲ. 일선기관의 관할구역 262

제 9 절 공 사 ········ 263
Ⅰ. 공사의 의의 263
Ⅱ. 공사의 특징 263
Ⅲ. 공사의 통제 264
Ⅳ. 공사의 자주성 264
Ⅴ. 공사의 내부조직 265
Ⅵ. 우리 나라의 공사제도 265

제10절 광역행정 ········ 266
Ⅰ. 광역행정의 의의와 필요성 266
Ⅱ. 신중앙집권화와 광역제 267
Ⅲ. 광역행정의 방식〔분류〕 269
Ⅳ. 광역행정의 문제점 270

제11절 지방행정 ······ 270
Ⅰ. 지방행정의 의의 270
Ⅱ. 지방행정의 형태 271
Ⅲ. 우리 나라의 지방행정 272
Ⅳ. 지방행정의 개선방향 274

제4장 행정조직의 관리

제1절 의사결정 ······ 276
Ⅰ. 의사결정의 의의 276
Ⅱ. 의사결정의 유형 277
Ⅲ. 의사결정의 접근방법 278

제2절 기 획 ······ 283
Ⅰ. 기획의 본질 283
Ⅱ. 기획의 유형 285
Ⅲ. 기획의 과정 288
Ⅳ. 기획기구 290
Ⅴ. 기획의 원칙과 제약성〔한계〕 292
Ⅵ. 기획과 예산 294

제3절 최고관리층 ······ 298
Ⅰ. 최고관리층의 의의 298
Ⅱ. 최고관리층의 기능 298
Ⅲ. 최고관리층의 자질 300

제4절 중간관리층 ······ 300
Ⅰ. 중간관리층의 의의 300
Ⅱ. 중간관리층의 기능 301
Ⅲ. 중간관리층의 자질 302

제5절 목표관리〔MBO〕 ······ 302
Ⅰ. MBO의 의의 302
Ⅱ. MBO의 발달배경 303
Ⅲ. MBO의 공공조직에의 도입 303
Ⅳ. MBO의 효용 304
Ⅴ. MBO의 문제점 305

제 6 절 사무관리 ……………………………………………………… 307
Ⅰ. 사무관리의 의의 307
Ⅱ. 사무관리의 원칙 308
Ⅲ. 사무의 기계화와 관리정보체제 309
Ⅳ. 품 의 제 311

제 7 절 권 위 ……………………………………………………… 313
Ⅰ. 권위의 의의 313
Ⅱ. 권위의 기능 313
Ⅲ. 권위의 유형 314
Ⅳ. 권위의 수용 315

제 8 절 갈 등 ……………………………………………………… 316
Ⅰ. 갈등의 의의 316
Ⅱ. 갈등의 기능 317
Ⅲ. 조직갈등의 유형 318
Ⅳ. 조직갈등의 관리〔해결방법〕 320

제 9 절 동기부여 ……………………………………………………… 322
Ⅰ. 동기부여의 의의 322
Ⅱ. 동기부여에 관한 제 이론 323

제10절 리 더 십 ……………………………………………………… 332
Ⅰ. 리더십의 의의 332
Ⅱ. 리더십에 관한 이론 332
Ⅲ. 리더십의 유형 340
Ⅳ. 리더십의 기술 344

제11절 의사전달 ……………………………………………………… 345
Ⅰ. 의사전달의 의의 345
Ⅱ. 의사전달의 유형 346
Ⅲ. 의사전달의 지도원리 347
Ⅳ. 의사전달의 저해요인 348

제12절 공공관계〔행정 PR〕 ……………………………………… 350
Ⅰ. 행정 PR의 의의 350
Ⅱ. 행정 PR의 필요성 351
Ⅲ. 행정 PR과 의사전달 · 선전의 공통점과 차이점 352

Ⅳ. 행정 PR의 기능 352
Ⅴ. 행정 PR의 과정과 대상 353
Ⅵ. 행정 PR의 문제점과 개선방향 354

제13절 관리과학 ······ 355
Ⅰ. 관리과학의 의의 355
Ⅱ. 관리과학의 발달 356
Ⅲ. 관리과학의 기법 358

제14절 행정관리의 인간화 ······ 361
Ⅰ. 행정관리의 인간화를 위한 지표 361
Ⅱ. 행정관리의 인간화를 위한 전제조건 361
Ⅲ. 행정관리의 인간화 방안 362

제 4 편 인사행정론

제 1 장 인사행정의 이론

제 1 절 인사행정의 본질 ······ 366
Ⅰ. 인사행정의 의의 366
Ⅱ. 인사행정의 기초개념 366

제 2 절 인사행정관의 변천 ······ 368
Ⅰ. 엽관제의 의의 368
Ⅱ. 실적제의 의의 370
Ⅲ. 실적제의 내용 370

제 3 절 직업공무원제 ······ 372
Ⅰ. 직업공무원제의 의의 372
Ⅱ. 직업공무원제의 필요성 373
Ⅲ. 직업공무원제와 실적제의 차이 373
Ⅳ. 직업공무원제의 확립요건 374
Ⅴ. 우리 나라 직업공무원제의 개선방향 375

제 4 절 적극적 인사행정 ······ 376
Ⅰ. 적극적 인사행정의 의의 376
Ⅱ. 적극적 인사행정의 대두 이유 376

Ⅲ. 적극적 인사행정을 위한 제 방안 377

제 2 장 인사행정의 규범

제 1 절 공무원의 윤리 380

Ⅰ. 행정윤리의 의의 380
Ⅱ. 행정윤리의 유형 381
Ⅲ. 공무원의 행동규범 381
Ⅳ. 행정윤리의 확립을 저해하는 요인 384
Ⅴ. 행정윤리의 확립방안 384

제 2 절 공무원의 충성 385

Ⅰ. 충성의 의의 385
Ⅱ. 충성조사 386
Ⅲ. 충성과 인권 387

제 3 절 공무원의 정치적 중립 388

Ⅰ. 공무원의 정치적 중립의 의의 388
Ⅱ. 공무원의 기본권과 정치적 중립 388
Ⅲ. 공무원의 정치적 중립보장을 위한 요건 389
Ⅳ. 주요 각국 공무원의 정치적 중립 390
Ⅴ. 공무원의 정치적 중립의 문제점 391

제 4 절 행정부패 393

Ⅰ. 행정부패의 의의 393
Ⅱ. 행정부패의 유형 393
Ⅲ. 행정부패의 발생원인 394
Ⅳ. 행정부패의 기능 394
Ⅴ. 행정부패의 방지책 395

제 3 장 인사행정의 구조

제 1 절 공무원제도의 개관 397

제 2 절 중앙인사행정기관 399

Ⅰ. 중앙인사행정기관 설치의 의의 399
Ⅱ. 중앙인사행정기관 설치의 경과와 내용 400
Ⅲ. 중앙인사행정기관의 조직상의 특징 404

Ⅳ. 중앙인사행정기관의 기능 407

제 4 장 인사행정의 관리

제 1 절 경력직과 특수경력직 409

Ⅰ. 경력직과 특수경력직 구분의 의의 409
Ⅱ. 경 력 직 409
Ⅲ. 특수경력직 410

제 2 절 직위분류제와 계급제 411

Ⅰ. 직위분류제의 의의 411
Ⅱ. 직위분류제의 발달 412
Ⅲ. 직위분류제의 장단점 412
Ⅳ. 직위분류제의 구조와 수립절차 414
Ⅴ. 직위분류제와 계급제의 조화(전문행정가와 일반행정가의 관계) 417
Ⅵ. 우리 나라 직위분류제의 현황과 문제점 418

제 3 절 모 집 420

Ⅰ. 모집의 의의 420
Ⅱ. 적극적 모집방법 420
Ⅲ. 응모자의 자격제한 문제 421

제 4 절 시 험 423

Ⅰ. 시험의 의의 423
Ⅱ. 시험의 종류 423
Ⅲ. 시험의 효용성 424
Ⅳ. 우리 나라의 시험제도 425

제 5 절 보 수 426

Ⅰ. 보수의 의의 426
Ⅱ. 보수의 체계 427
Ⅲ. 보수결정의 요인 428
Ⅳ. 보수결정의 원칙 429
Ⅴ. 보수표의 작성 430
Ⅵ. 우리 나라 공무원 보수제도의 현황과 개선방향 431

제 6 절 교육훈련 433

Ⅰ. 교육훈련의 의의 433
Ⅱ. 교육훈련의 종류 433
Ⅲ. 성공적 교육훈련의 조건 435
Ⅳ. 교육훈련의 제 방법 436
Ⅴ. 우리 나라 교육훈련의 개선방향 439

제 7 절 근무성적평정 ······ 440
Ⅰ. 근무성적평정의 의의 440
Ⅱ. 근무성적평정의 목표 441
Ⅲ. 근무성적평정의 방법 442
Ⅳ. 우리 나라 근무성적평정의 문제점 444

제 8 절 승 진 ······ 444
Ⅰ. 승진의 의의 444
Ⅱ. 승진의 기준 445
Ⅲ. 승진의 유형 446
Ⅳ. 전직(轉職)·전보(轉補)와 배치전환 447
Ⅴ. 우리 나라 공무원 승진제도 447

제 9 절 공무원의 신분보장 ······ 448
Ⅰ. 신분보장의 의의 448
Ⅱ. 조건부임용제도〔시보임용제도〕 449
Ⅲ. 직위해제와 대기명령제 450
Ⅳ. 징계제도 450
Ⅴ. 정년제도 451
Ⅵ. 퇴직수당 452

제10절 공무원의 사기 ······ 453
Ⅰ. 사기의 의의 453
Ⅱ. 사기의 기본적 요인 453
Ⅲ. 사기와 생산성 454
Ⅳ. 사기의 측정방법 454
Ⅴ. 사기의 앙양을 위한 제 방법 455

제11절 공무원의 고충처리 ······ 457
Ⅰ. 고충처리의 의의 457
Ⅱ. 고충의 원인과 처리 458
Ⅲ. 고충처리기관 459

제12절 제안제도 ······ 461
Ⅰ. 제안제도의 의의 461
Ⅱ. 제안제도의 특징 461
Ⅲ. 제안제도의 내용 462
Ⅳ. 제안제도의 효과 463

제13절 공무원단체 ······ 464
Ⅰ. 공무원단체의 의의 464
Ⅱ. 주요 각국의 공무원단체의 활동내용 464
Ⅲ. 우리 나라의 공무원단체 470

제14절 공무원의 사회보장 ······ 470
Ⅰ. 공무원의 연금 470
Ⅱ. 공무원의 복리후생 472

제 5 편 재무행정론

제 1 장 재무행정의 이론

제 1 절 재무행정의 본질 ······ 476
Ⅰ. 재무행정의 의의 476
Ⅱ. 재무행정의 범위 476

제 2 절 예산의 의의와 원칙 ······ 478
Ⅰ. 예산의 의의 478
Ⅱ. 전통적 예산원칙 478
Ⅲ. 현대적 예산원칙 480

제 3 절 예산의 기능 ······ 481
Ⅰ. 예산기능의 의의 481
Ⅱ. 통제지향의 예산기능 482
Ⅲ. 관리지향의 예산기능 482
Ⅳ. 계획지향의 예산기능 483
Ⅴ. 예산의 정치적 기능 484

제 4 절 예산결정이론 ······ 485

Ⅰ. 예산결정이론의 의의 485
Ⅱ. 규범적 예산과정론: 포괄주의(comprehensive approach) 486
Ⅲ. 실증적 예산과정론: 점증주의(incremental approach) 487

제 2 장 재무행정의 구조

제 1 절 예산행정기관 490
Ⅰ. 중앙예산기관 490
Ⅱ. 각 부처 예산기관 493

제 2 절 예산의 종류 494
Ⅰ. 일반회계예산과 특별회계예산 494
Ⅱ. 수정예산과 추가경정예산 496
Ⅲ. 준예산 · 잠정예산 및 가예산〔예산불성립시의 예산집행〕 497
Ⅳ. 품목별 예산 · 성과주의예산 · 계획예산 · 영기준예산 498

제 3 절 예산의 분류 498
Ⅰ. 예산분류의 목적 498
Ⅱ. 조직체별 분류 499
Ⅲ. 기능별 분류 500
Ⅳ. 품목별 분류 501
Ⅴ. 경제성질별 분류 502
Ⅵ. 통합예산 504

제 4 절 자본예산과 균형예산 505
Ⅰ. 자본예산 505
Ⅱ. 균형예산 508

제 5 절 예산과정의 4단계 509
Ⅰ. 회계연도 509
Ⅱ. 예산과정의 4단계 509

제 6 절 예산의 편성 512
Ⅰ. 예산편성의 의의 512
Ⅱ. 미·영 양국의 예산편성의 특색 512
Ⅲ. 우리 나라의 예산편성 513
Ⅳ. 예산전략 516

제 7 절 예산의 심의 518

Ⅰ. 예산심의의 의의 518
Ⅱ. 주요 각국의 예산심의의 비교 518
Ⅲ. 우리 나라의 예산심의 521

제 8 절 예산의 집행 523
Ⅰ. 예산집행의 의의 523
Ⅱ. 미·영 양국의 예산집행의 특색 524
Ⅲ. 우리 나라의 예산집행 525

제 9 절 회계검사 529
Ⅰ. 회계검사의 의의 529
Ⅱ. 회계검사기관 530
Ⅲ. 회계검사의 종류 533
Ⅳ. 회계검사와 직무감찰 533

제10절 결 산 535
Ⅰ. 결산의 의의 535
Ⅱ. 영국의 결산제도 536
Ⅲ. 우리 나라의 결산제도 536

제 3 장 재무행정의 관리

제 1 절 성과주의예산 538
Ⅰ. 성과주의예산의 의의 538
Ⅱ. 성과주의예산의 운영상의 구비조건 539
Ⅲ. 성과주의예산제도의 발달 540
Ⅳ. 성과주의예산의 장단점 541
Ⅴ. 성과주의예산제도에 있어서 고려하여야 할 사항 542
Ⅵ. 우리 나라의 성과주의예산제도 543

제 2 절 계획예산〔PPBS〕 544
Ⅰ. PPBS의 의의 544
Ⅱ. PPBS의 기본원리 545
Ⅲ. PPBS의 프로그램체계 546
Ⅳ. PPBS의 효용 547
Ⅴ. PPBS의 문제점 548

제 3 절 목표관리〔MBO〕 550

Ⅰ. MBO의 의의 550
Ⅱ. MBO와 PPBS의 차이점 551

제 4 절 영기준예산〔ZBB〕 ········· 552
Ⅰ. ZZB의 의의 552
Ⅱ. ZBB의 구성요소 553
Ⅲ. ZBB의 효용 554
Ⅳ. ZBB의 문제점 554
Ⅴ. 우리 나라에서의 ZBB의 도입 555

제 5 절 공기업과 예산 ········· 556
Ⅰ. 공기업의 의의 556
Ⅱ. 공기업의 형태 556
Ⅲ. 공기업의 예산 559
Ⅳ. 우리 나라 공기업의 과제 560

제 6 절 구매행정 ········· 561
Ⅰ. 구매행정의 의의 561
Ⅱ. 집중구매제도의 장단점 562
Ⅲ. 중앙구매기관 564

제 6 편 정 책 론

제 1 장 정책의 본질

제 1 절 정책의 개념 ········· 568
제 2 절 정책의 유형 ········· 569
Ⅰ. Almond와 Powell의 구분 569
Ⅱ. Lowi의 구분 570
Ⅲ. Ripley와 Franklin의 구분 571
Ⅳ. Anderson의 구분 572

제 2 장 정책과정

제 1 절 정책의제의 채택 ········· 573
Ⅰ. 개　설 573

Ⅱ. Cobb-Elder의 이론 574
Ⅲ. R. Eyestone의 이론 576
Ⅳ. J. Anderson의 이론 577
Ⅴ. 무의사결정이론(non-decision making theory) 578

제 2 절 정책결정 ······ 579
Ⅰ. 정책결정의 의의 579
Ⅱ. 정책결정의 제 단계 580
Ⅲ. 합리적 정책결정의 제약요인 582

제 3 절 정책집행 ······ 585
Ⅰ. 정책집행의 의의 585
Ⅱ. 정책집행의 유형과 기준 587
Ⅲ. 정책집행의 전략 589
Ⅳ. 정책집행의 제약요인 590
Ⅴ. 정책집행의 결정변수 592

제 4 절 정책평가 ······ 595
Ⅰ. 정책평가의 의의 595
Ⅱ. 정책평가의 유형 595
Ⅲ. 정책평가의 기준 596
Ⅳ. 정책평가의 단계 599
Ⅴ. 정책평가의 방법 601
Ⅵ. 사회지표 604

제 3 장 정책결정의 이론모형

제 1 절 의 의 ······ 610
제 2 절 내 용 ······ 610
Ⅰ. 합리모형(rational model) 610
Ⅱ. 만족모형(satisficing model) 612
Ⅲ. 점증모형(incremental, muddling through model) 612
Ⅳ. 혼합모형(mixed-scanning model) 613
Ⅴ. 최적모형(optimal model) 614
Ⅵ. 제도모형(institutional model) 616
Ⅶ. 과정모형(process model) 617
Ⅷ. 집단모형(group model) 617

Ⅸ. 엘리트모형(elite model)　619
Ⅹ. 게임이론모형　620
Ⅺ. 체제모형(systems model)　621
Ⅻ. 연합모형(coalition model)　622
XIII. 집합모형(garbage can model)　623
XIV. 공공선택모형(public choice model)　624
XV. Allison의 통합모형　625

제 4 장 정책분석

제 1 절 정책분석의 의의 ···································· 629
Ⅰ. 개　념　629
Ⅱ. 구분개념　630

제 2 절 정책분석의 과정 ···································· 632
Ⅰ. 정책분석의 구성요소　632
Ⅱ. 정책분석의 단계　633

제 3 절 정책분석기법 ···································· 636
Ⅰ. 체제분석　636
Ⅱ. 비용-편익분석　639
Ⅲ. 선형계획법　652
Ⅳ. 게임이론　658
Ⅴ. 대기행렬이론　661
Ⅵ. 시뮬레이션　664
Ⅶ. 의사결정분석　667

제 7 편 행정환경론

제 1 장 행정의 환경

제 1 절 행정과 환경 ···································· 674
Ⅰ. 행정환경의 의의　674
Ⅱ. 행정체제의 투입요소　675

제 2 절 행정환경의 유형 ···································· 676

Ⅰ. 사회적 환경 676
Ⅱ. 경제적 환경 678
Ⅲ. 정치적 환경 679

제 2 장 시민의 행정수요

제 1 절 사회적 요구와 행정수요 ······ 681
제 2 절 행정수요와 국가목표의 설정 ······ 682
제 3 절 시민의 요구와 지지의 균형 ······ 685

제 3 장 시민의 행정통제와 행정참여

제 1 절 행정과 시민의 관계 ······ 687
제 2 절 시민의 행정통제 유형 ······ 688
Ⅰ. 시민의 행정통제 688
Ⅱ. 지방자치와 주민통제 688
Ⅲ. 기타의 행정통제 유형(Ombudsman제도) 689
제 3 절 시민의 행정참여 ······ 691
Ⅰ. 시민의 행정참여의 의의 691
Ⅱ. 행정에 대한 시민참여의 형태 692
Ⅲ. 행정상의 의사결정에 대한 시민참여제도 693
Ⅳ. 시민의 행정참여 방법 694
Ⅴ. 시민의 바람직한 행정참여 방향 695

제 4 장 행정문화

제 1 절 문화의 의의 ······ 696
제 2 절 정치문화와 행정문화의 의의 ······ 698
제 3 절 우리 나라 관료문화의 특색 ······ 701
Ⅰ. 가족주의적 관료문화 701
Ⅱ. 권위주의적 관료문화 702
Ⅲ. 의식주의적 관료문화 703
Ⅳ. 운명주의적 관료문화 703

제 4 절 우리 나라 관료제와 관료문화 ········· 704
Ⅰ. 이조시대의 관료문화 704
Ⅱ. 일제시대의 관료문화 705
Ⅲ. 해방 이후의 관료문화 706

제 8 편 발 전 론

제 1 장 행정과 발전

제 1 절 발전행정 ········· 710
Ⅰ. 발전행정의 의의 710
Ⅱ. 발전행정의 접근방법 711
Ⅲ. 발전행정의 지표 713
Ⅳ. 행정발전의 제고방안 715

제 2 절 국가발전과 행정의 역할 ········· 717
Ⅰ. 국가발전을 위한 목표설정 717
Ⅱ. 국가발전을 위한 행정의 역할 718
Ⅲ. 정부관료제에 기대되는 역할 719

제 2 장 발전을 위한 행정체제의 비교

제 1 절 비교행정의 의의 ········· 720
제 2 절 비교행정의 접근방법 ········· 721
Ⅰ. F. W. Riggs의 분류 721
Ⅱ. F. Heady의 분류 721

제 3 절 선진국과 발전도상국의 행정 ········· 722
Ⅰ. 행정체제의 모형 722
Ⅱ. 선진국 행정의 특징 723
Ⅲ. 발전도상국 행정의 특징 724

제 3 장 국가발전과 행정의 과제

제 1 절 정치・행정체제의 유형과 문제점 ········· 728

Ⅰ. 정치·행정체제의 유형　728
Ⅱ. 발전도상국 관료제의 문제점　730

제 2 절　발전도상국의 과제와 발전행정가 ………… 731
Ⅰ. 발전도상국의 과제　731
Ⅱ. 발전행정가　733

제 4 장　한국행정의 과제

제 1 절　한국행정의 철학적 조명 ………… 735
제 2 절　한국행정의 신뢰성 제고방안 ………… 737
Ⅰ. 행정의 신뢰성의 개념　737
Ⅱ. 행정에 대한 불신요인　738
Ⅲ. 행정의 신뢰성의 제고방안　739

참고문헌 ………… 741

서양인명색인 ………… 765

사항색인 ………… 768

제1부
행정학총론

제1편 행정학의 기초이론
제2편 행정책임과 행정개혁론

제 1 편

행정학의 기초이론

제 1 장 행정의 개념

제 2 장 행정과 경영 및 정치와의 관계

제 3 장 행정이념

제 4 장 현대행정의 특질

제 5 장 공 익

제 6 장 합 리 성

제 7 장 행정의 능률화

제 8 장 행정학의 발달과정

제 9 장 행정학의 접근방법

제 1 장

행정의 개념

제 1 절 행정개념의 성립

근세의 절대군주 국가에서는 군주가 거의 무제한의 권력을 지니고 있었으며, 모든 국가작용이 군주권의 발동으로 행하여졌으므로 행정이라는 개념은 거의 찾아볼 수 없었다. 즉, 이와 같은 절대군주 국가에서는 군주가 교회의 중세기적 · 신수적(神受的) 대권을 빼앗아 스스로가 그 최고권을 행사하는 지위에 섰으며,[1] 통치권력은 군주에 의한 가산제적[2]인 세습관료에 의해서 지배되었던 것이다.

그러나 1688년의 영국의 명예혁명(Glorious Revolution), 1776년의 미국의 독립선언, 1789년의 프랑스의 대혁명 등을 계기로 자유민주주의에 기반을 둔 근대법치국가의 성립을 보게 됨에 따라 국가의 권력남용을 방지하고 시민의 자유를 누리게 하기 위한 방패로서 권력분립(separation of powers)의 원칙이 채택되기에 이르렀다. 그리하여 전제군주가 전적으로 장악하고 있던 국가권력이 입법 · 행정 · 사법의 삼권으로 분립되고, 각각 별개의 기관에 의하여 분장된 결과 비로소 행정의 개념이 나타나게 되었으며, 따라서 행정은 입법 또는 사법에 대립되는 개념으로 파악되어 온 것이다.[3]

요컨대 행정(administration, Verwaltung)이라는 개념은 권력분립주의의 산물로서 근대법치국가의 등장과 더불어 성립된 것이었으며, 국가작용의 일부분으로서

1) 주로 프랑스에 있어서 왕권신장을 배경으로 하여 나타난 신권적 국가학설은 군주권의 강화를 역설한 점에서 경찰국가적 색채를 띠고 있다〔原田 鋼, 法治國家論(東京: 有斐閣, 1939) p. 177 참조〕.

2) 가산국가(Patrimonialstaat)에서는 모든 국가현상이 군주의 사적 관계로 간주되며 영토 및 인민은 군주의 재산적 사유에 지나지 않는다(W. H. V. Sonntag, *Die Staatsauffassung,* Carl Ludwig von Hallers, 1929, S. 46 참조).

3) 김동희, 행정법(I)〔제 8 판〕(서울: 박영사, 2002), p. 3; 김남진, 행정법(I)〔제 7 판〕(서울: 법문사, 2002), p. 3 참조.

입법(legislation, Gesetzgebung) 및 사법(justice, Rechtsprechung)의 개념과 더불어 생성된 것이라고 하겠다.[4)]

제 2 절 행정개념에 관한 제 견해

행정의 개념은 크게 당위적 차원과 사실적 차원으로 나누어 파악할 수 있다. 행정을 당위적(Sollen) 차원에서 보면 국가가 반드시 '해야 할 일'의 일부가 행정으로 설명될 수 있으며, 행정을 사실적(Sein) 차원에서 보는 경우에는 국가가 관여'하는 일'의 일부로 설명될 수 있다. 전자의 입장을 취하는 것이 독일의 행정법학적 행정개념이며, 후자의 입장을 취하는 것은 미국의 행정학적 행정개념이라고 하겠다.

좀더 구체적으로 부연한다면 행정법학적 행정개념은 국가가 '해야 할 일', 즉 국가작용의 일부가 행정이며, 소위 삼권분립 중의 하나가 입법 · 사법에 대응하는 행정인 것으로 정의된다. 이에 대하여 행정학적 행정개념은 국가, 보다 구체적으로는 행정부가 '하는 일' 또는 '하고 있는 일'을 중심으로 하여 정의된다.[5)] 그리고 여기서 유의하여 둘 것은 행정법학적 행정개념에서처럼 입법 · 사법과 행정의 관계에 초점을 두는 것이 아니라, 행정을 정치와의 밀접한 관련성하에서 파악함이 요청된다는 점이다. 또한 행정의 기술적 성격상 행정과 경영을 어떻게 구분하느냐 하는 문제에 대해서도 살펴볼 필요가 있다.[6)]

Ⅰ. 독일 행정법학에서의 행정개념

1. 삼권분립적 공제설(소극적 · 공법학적 행정개념)[7)]

이것은 소극적인 공법학적 행정개념으로서 근대 법치국가에 있어서의 삼권분

4) 田中二郎, 新版行政法(上)(東京: 弘文堂, 1958), p. 1.

5) 현대국가에 있어서 행정의 현실적 측면을 고찰의 대상으로 하는 행정학에서는 행정의 뜻을 국가의 현실적인 정치제도에 입각하여 제도적으로 이해되는 경향이 농후하다〔이상규, 신행정법론(상)(서울: 법문사, 1997), p. 56 참조〕.

6) 일찍이 W. Wilson을 위시하여 W. F. Willoughby, H. A. Simon 등에 의해 전개된 공사행정 일원론은 공공행정과 사기업경영간의 본질적인 차이를 인정하지 않고 있다. 이에 대하여 공사행정 이원론의 입장에 서서 후술하는 정치기능설을 주장하는 학자들은 공공행정과 사기업경영의 차이를 인정하려고 한다.

7) 독일 행정법학이 규정한 행정개념은 소극설과 적극설로 나누어진다〔足立忠夫, 行政學(東京: 日本

립의 헌법체제를 전제로 하여 "입법도 사법도 아닌 나머지 모든 국가활동"을 행정이라고 보는 견해[8]이다.

그러나 이 설은 현대행정은 '남겨진 최후의 것'이라는 소극적인 기능만이 아니라 때로는 준입법적 · 준사법적 기능까지도 수행한다는 점을 간과해서는 안 된다는 비판을 받고 있다.

2. 국가목적 실현설(적극적 · 공법학적 행정개념)

이것은 적극적인 공법학적 행정개념으로서 "행정은 국가가 법질서 아래서 국가목적을 실현하기 위하여 행하는 작용,"[9] 또는 "행정은 법의 규제를 받으면서 현실적으로 국가목적의 적극적 실현을 위해 행하여지는 통일적이고 계속적인 형성적 국가활동"[10] 이라고 한다.

그러나 이 설은 입법이나 사법 역시 국가목적 내지 공익실현과 전혀 상관 없는 것으로 볼 수는 없지 않느냐 하는 비판을 면치 못하며, 소위 국가목적 내지 공익의 내용이 무엇을 의미하는가를 명백히 하지 않고 있어 지나치게 포괄적인 개념규정이라는 문제점을 지니고 있다.

3. 법 함수설(순수법학적 행정개념)

이것은 순수법학적 행정개념으로서 이른바 순수법학자(H. Kelsen 등)들에 의하여 주창되었는바, "행정을 일반적 법규범을 개별화하는 법적 작용으로 파악하려는 입장"[11] 이다.

그러나 현대국가의 행정은 법 아래서 법의 제한을 받으면서도 법이 인정하는 재량권의 범위 내에서 자기의 창의에 의하여 합목적성이나 사회정의를 추구하지 않으면 아니 될 경우가 적지 않을 뿐만 아니라, 근래에 이르러 조장행정 내지 지도행정의 영역에서는 법률의 수권이나 구속으로부터 자유로이 경제 · 사회 · 문화의 각 방면에 걸쳐 적극적인 형성적 행정활동이 필요로 되고 있음도 외면할 수 없는 것이다.

平論社, 1971), pp. 67～68; 手島 孝, 現代行政國家論(東京: 勁草書房, 1969), pp. 9～10 참조].

8) Thoma Hatscheck, *Lehrbuch des Deutschen und Preußischen Verwaltungsrechts,* 1931, S. 200.

9) Otto Mayer, *Deutsches Verwaltungsrecht* I, 1895, S. 13.

10) 田中二郎, 전게서, p. 6.

11) 더욱 상세한 것은 手島 孝, "ケルゼンの行政論," 法政硏究(제23권 제 1 호), 1955, pp. 23～40 참조.

Ⅱ. 미국 행정학에서의 행정개념[12)]

1. 행정관리설(경영학적 행정개념)

이것은 20세기를 전후해서 정치·행정 이원론 또는 기술적 행정학을 주장한 W. Wilson, L. D. White 등에 의하여 행정의 기술적·관리적 측면을 강조한 학설인바, 그들에 의하면 "행정은 국가의 목적을 달성하기 위한 인간 및 물자의 관리"[13)]라고 한다.

이 설은 공공행정(public administration)을 주로 넓은 의미에 있어서의 관리면에서 파악하여 사기업경영(private administration)과 동질적인 것으로 보는 입장, 즉 공사행정 일원론에 입각하고 있으며 이것은 경영학적 행정개념이라 하겠다.

2. 통치기능설(정치학적 행정개념)

이것은 1930년대 후반에 접어들어 M. E. Dimock, P. H. Appleby 등에 의하여 제창된 정치·행정 일원론 또는 기능적 행정학에 기반을 두고 있는 학설로서 행정의 개념을 정치와의 밀접한 관련하에서 구하며, 위의 행정관리설과는 달리 이미 수립된 정책의 집행에 한정하지 않고 나아가 정책형성기능까지 담당하는 것으로 보는 입장이다. 즉, Dimock에 의하면 "통치는 정치(정책형성)와 행정(정책집행)으로 이루어지며 양자는 서로 협조적이어야 한다"[14)]고 한다. 또 Appleby는 행정은 정책형성이라는 점을 강조하였다.[15)]

3. 행정행태설(사회심리학적 행정개념)

이것은 1940년대에 H. A. Simon 등에 의하여 제창된 학설인데, 행정을 인간의 협동적 집단행위로 보는 입장이다. 즉, Simon에 의하면 "행정은 공통된 목표를 달성하기 위하여 협동하는 인간집단의 활동, 또는 협동적 집단행위(cooperative group

---

12) 근래에 이르러서는 행정의 개념을 법규범적인 면에서보다도 사실에 입각한 사회현상 또는 기능면에서 파악하려는 경향을 보이고 있다. 이와 같은 행정개념의 실제면을 파악하기 위해서는 법률학의 힘만 가지고는 어려우며 정치학을 비롯하여 경제학·사회심리학·생태학·행태과학 등 여러 인접학문을 원용하여 행정현상을 실증적으로 연구해야 할 필요성이 대두된 것이다.

13) Leonard D. White, *Introduction to the Study of Public Administration*(New York: Macmillan, 1926), p. 2.

14) Marshall E. Dimock, *Modern Politics and Administration*(New York: American Book Co., 1937), p. 243.

15) Paul H. Appleby, *Policy and Administration*(Alabama: University of Alabama Press, 1949), p. 170.

behavior)"[16)]라고 한다.

또 이 설은 Simon의 공사행정 일원론에 입각하여 공공행정과 사기업경영간의 본질적인 차이를 인정하지 않으려는 입장에서 볼 때 위의 행정관리설과 흡사하며 통치기능설과는 근본적으로 다르다.

4. 발전기능설

이것은 1960년대에 이르러 M. J. Esman, E. W. Weidner 등 발전행정론자에 의해 제창된 학설로서 행정을 다만 정책형성 및 유지라는 기능으로서 파악하는 데 그치지 않고 나아가 국가의 발전목표설정에 적극 참여하여 이에 일치되는 발전계획의 형성을 주도해 나가는 것으로 보고 있다.[17)]

따라서 오늘날 국가발전에 있어서의 발전목표를 달성하기 위한 행동계획의 수립 또는 집행이 중요시된다는 것이며 행정은 나날이 변동하는 사회적 요구(social needs)를 충족시키는 과정으로서 파악된다는 것이다.

위에서 살펴본 제 학설은 그때 그때의 시대적인 배경을 부각시킨 행정개념이라고 하겠으며, 그 어느 학설도 한 가지만을 가지고서는 행정에 대한 개념을 충분히 설명할 수가 없다. 또 위의 학설을 몇 개씩 합쳐서 행정개념의 입체구성을 시도한다고 하더라도 완벽한 정의를 내리기란 매우 어려운 일로 생각된다.[18)]

5. 체제로 본 행정

여기에 행정을 전체적인 흐름에서 파악하기 위해서는 행정을 체제적 시각에서 고찰하는 것이 바람직하다고 하겠다.

즉, 이와 같은 행정의 체제적 접근은 위에서 살펴본 행정학적 행정개념에서와 동일한 시각(사실에 기초를 둔)에서 파악하되, 행정과정면에 중점을 두어 어떤 체제적 구성요소가 서로 관련되어 행정의 흐름을 설명하고 있는가를 밝히려는 데 그 주안점이 있는 것이다.

---

16) Herbert A. Simon, Donald A. Smithburg and Victor A. Thompson, *Public Administration*(New York: Knopf, 1956), pp. 3～4.

17) Milton J. Esman, *The Politics of Development Administration*, CAG, ASPA, 1964, pp. 10～20.

18) 행정개념에 대한 비례 및 재구성에 대한 상세한 내용은 手島 孝, 行政概念の省察(東京: 學陽書房, 1982), pp. 30～34 참조.

제 3 절 행정개념의 정립

Ⅰ. 행정개념 정립의 곤란성

위에서 살펴본 제 학설은 그때 그때의 시대적인 배경을 부각시킨 행정개념이라고 하겠으며, 그 어느 학설도 한 가지만을 가지고서는 행정에 대한 개념을 충분히 설명할 수가 없다. 또 위의 학설을 몇 개씩 합쳐서 행정개념의 입체구성을 시도한다고 하더라도 완벽한 정의를 내리기란 매우 어려운 일이다.

Ⅱ. 행정개념의 정의

그러나 여기서 행정개념의 정립을 위하여 행정을 다음과 같의 정의하고자 한다.

우리가 가장 넓은 의미에서 '행정'을 'administration'이라고 부를 경우, 공행정이든 사행정이든 간에 공·사라는 형용구를 접어 둔 채, "2인 이상의 인간이 공동의 목표를 달성하기 위하여 행하여지는 협동적 집단행위"(H. A. Simon의 학설) 또는 "협동적인 인간의 집단적 노력"(F. Heady의 학설)을 말한다.

다만 우리가 '행정'을 'public administration'이라고 부를 경우, 그것은 '넓은 의미의 행정'(administration)의 일종으로서 다음과 같이 정의를 내릴 수 있다.

첫째, 행정은 본질적으로 정치적 환경 및 조건 아래서 생성되는 인간의 협동적 집단행위 내지 협동적인 집단노력이다.

둘째, 행정은 일정한 바람직한 목표를 실현하기 위한, 고도의 합리성을 지닌, 협동적인 인간의 노력의 유형이다.

셋째, 행정은 공공정책의 형성에 있어서 중요한 역할을 담당하며, 정치체제(political system)에 있어서 권위 있는 의사결정자(the authoritative decisionmakers)에 의해서 만들어진 공공정책결정(public policy decisions)을 수행하는 활동이다.

넷째, 행정은 국가 또는 지방공공단체를 구성하고 있는 시민들이 보편적 권위를 지니고 있는 정부를 통하여 사회 전체의 공동목표 또는 공동선을 달성하고 나아가 사회정의를 실현하고자 하는 집합적 행위(collective behavior)이다.

제 2 장

행정과 경영 및 정치와의 관계

제 1 절 공공행정과 사기업경영

Ⅰ. 공공행정과 사기업경영의 의의

우리가 가장 넓은 의미에서 '행정'을 'administration'이라고 부를 경우, 공공행정이든 사기업경영이든 간에 공·사라는 형용구를 접어 둔 채, "2인 이상의 인간의 협동적 집단행위" 또는 "협동적인 인간의 집단적 노력"을 의미하는 것이며, 'administration'의 본질은 소기의 목적을 달성하기 위한 "인적 · 물적 제 자원의 효율적 이용"으로서 파악된다.

이와 같이 볼 때 공공행정과 사기업경영은 'administration'이라는 동일물의 상이한 두 측면을 구성하고 있다고 하겠으며, 따라서 양자간의 차이는 그렇게 크다고는 할 수 없다. 다만 공공행정의 경우에는 권력적 · 공익적 요소가 강하게 나타나고 있으며, 사기업경영의 경우에는 이윤추구적 요소가 더욱 부각되는 상대적 차이를 인정하지 않을 수 없다.

Ⅱ. 공공행정과 사기업경영의 연관성

공공행정과 사기업경영의 관계는 미국 연방정부의 경우 다음과 같은 두 가지 측면에서 그 경향을 살펴볼 수 있다.

1. 행정영역의 사기업경영화

오늘날 미국 연방정부에 있어서의 공공정책의 집행주체는 반드시 행정부에 한정되어 있는 것이 아니라, 매우 다원적 · 다면적으로 분할되어 있어서 '경영'의 주체도 간접적으로는 '행정'의 주체가 될 수 있다는 것이다. 그 예로서 미국에는 행정부 이외에 준독립행정기관에 해당하는 하부기관과 그 지방일선기관, 법령적 기초를 가지지 않는 반항구적인 수백의 기관 내 상임위원회 내지 임시위원회, 50개의 주 및 수만의 지방정부와 학교구를 포함하는 수백에 달하는 세분화 단위, 점점 새로이 늘어나는 준공공적 · 비영리적인 공사, 기타 시민자문위원회 등 600만 이상의 사람들이 이와 같은 연방정부 정책의 간접적인 집행을 담당하고 있다.

2. 사적 기업경영 영역의 공적 규제 대상화

연방정부의 정책이 사람들의 다양한 생활기능을 적극적으로 규제함으로써 국민생활에 많은 영향력을 미쳤으며, 그 결과 사적 영역이 거의 전면적으로 연방정부 권력에 의한 공적 규제의 대상이 되었다는 사실이다. 이것을 D. D. McKean은 '생활의 정치화'(governmentalization of life) 현상이라고 부르고 있다. 그리하여 경영의 주체인 사기업은 연방정부의 법적 규제로 말미암아 이윤추구를 위해 마음대로 자기 이익을 도모하기가 어렵게 되었다. 그것은 행정부의 제 규제기관이 각각 관할 영역 내에서의 사기업의 업무집행을 사기업의 의사에 관계 없이, 통제 · 지도할 수 있는 권한을 자유로이 행사할 수 있기 때문이다. 이것은 환언해서 오늘날의 사기업이 제 공공목표의 추구를 강요당하고 있으며, 법률에 의해서 업무집행의 행동반경을 크게 제약받고 있음을 의미하는 것이다.

Ⅲ. 공공행정과 사기업경영간의 차이점과 유사점

1. 공공행정과 사기업경영간의 차이점

(1) 목적의 차이

공공행정은 시민을 위한 공공복리의 실현을 목적으로 하고 있는 데 대하여, 사기업경영은 사적 이익을 추구하는 데 목적을 두고 있다. 또한 사기업경영에 있어서는 이윤의 추구라는 대전제하에서 목적을 일원화할 수 있는 데 대하여, 공공행정에서는 이러한 일원적 목적은 존재하지 않는다. 환언해서 공공행정이 실현하여야 할 가치는 다원적이라 하겠다.

(2) 권력수단의 유무

공공행정은 법령에 입각하여 상대방의 의사에 관계 없이 강제나 제재를 가할 수 있는 수단을 보유하고 있으나, 사기업간의 관계에 있어서는 항상 대등하여 상대방을 강제할 수 없는 것이 원칙이다.

⑶ 법적 제약의 대소

공공행정의 활동은 모두 법령에 근거를 두고 있으므로 사기업경영과 비교하여 볼 때 법적 제약이 매우 크다. 이와 반대로 사기업의 활동은 법령에 위반하지 않는 한 원칙적으로 자유이다.

⑷ 평등원칙의 유무

사기업경영에서는 대상이 어느 정도 공헌하고 있는가에 따라서 차별적으로 대우하나, 공공행정에 있어서는 법령에 의하거나 또는 명백한 이유가 있는 경우가 아니면 차별적 대우가 허용되지 않는다. 즉, 공공행정에서는 시민에 대한 평등원칙이 적용된다.

⑸ 행동규범의 차이

공공행정에 있어서의 구성원의 언동은 사회일반의 주시의 대상이 되고 있으므로 이러한 언동에 논란의 여지가 많다. 그러나 사기업체의 구성원은 어떤 행동도 법률에 의해서 금지되어 있지 않는 한 합법적인 것으로 받아들여진다.

⑹ 활동의 범위와 영향력의 대소

공공행정은 그 기능이 광범위하고 관할구역이 포괄적이어서 그 영향력도 모든 조직과 개인에게 미치는 데 대하여, 사기업경영은 그 기능이 일정 물품의 생산 또는 판매 등에 한정되어 있으므로 영향력도 주로 경제순환면에 그친다.

2. 공공행정과 사기업경영간의 유사점

⑴ 협동적 요소

공공행정과 사기업경영은 모두가 "인간의 협동적 집단행위" 또는 "협동적인 인간의 집단적 노력"에 의하여 이루어지므로 이와 같이 협동적 요소를 지니고 있다는 점에서 유사성이 있다.

⑵ 목적달성 수단과 관리기술

공공행정과 사기업경영은 각각 목적에는 차이가 있으나, 그 목적을 달성하는 수단은 유사하며, 또한 양자는 그 조직을 운영해 나가는 관리기술면에서 유사성을 찾아볼 수 있다.

⑶ 의사결정 방법

H. A. Simon은 행정을 의사결정체제로 보고 있기 때문에 의사결정면에서 공

공행정과 사기업경영간의 본질적인 차이를 인정하지 않는 소위 공·사행정 일원론을 주장하고 있다. 즉, 양자가 다같이 의사결정을 함에 있어서 그 기준을 능률성과 합리성에 두고 있다는 점과, 많은 대안 가운데서 최선의 것 하나를 선택하여 의사결정을 한다는 점이 유사점이라고 하겠다.

제 2 절 정치와 행정

Ⅰ. 서 설

정치와 행정의 관계는, 행정을 다만 기술적 과정으로 보고 국가의사의 형성과정인 정치와 엄격히 구별하는 입장과, 행정을 정치와 밀접한 관계를 갖는 사회적 기능으로서 파악하여 정치와 행정과의 관계에 중점을 두는 입장으로 구분된다.

정치 · 행정 이원론(기술적 행정학)과 정치 · 행정 일원론(기능적 행정학)의 차이는 행정학의 성격을 사실에 잠재한 인과관계의 분석에서 구하느냐, 아니면 규범의식상의 가치판단에서 구하느냐 하는 현대 사회과학이 당면하고 있는 기본적 과제와 결부되고 있다. 즉, 정치냐 행정이냐, 목적이냐 수단이냐, 가치냐 사실이냐의 문제를 둘러싸고 상반된 견해를 보이고 있다. 그러나 오늘날의 추세는 정치 · 행정 일원론(기능적 행정학)이 행정학의 주류를 이루고 있다.

Ⅱ. 정치 · 행정 이원론

1. 성립배경

W. Wilson이 "행정의 연구"(The Study of Administration, 1887)라는 논문을 발표한 때로부터 1940년에 이르기까지를 정치 · 행정 이원론, 즉 기술적 행정학이 지배하던 시기로 볼 수 있다. 이 시기에 있어서의 미국 행정학은 엽관제(spoils system)의 극복이라는 시대적 요청에 호응하여 정치 · 행정 이원론을 중심으로 능률(efficiency)을 가장 중요시하는 기술체계로서 행정을 파악하려는 것이었다. 그 이유는 당시 엽관제로 인하여 행정에 대한 정치의 간섭이 행정으로 하여금 독자적 기능을 발휘할 수 없게 하였으며, 이에 따른 행정의 낭비와 비능률로부터 행정의

전문성과 기술성을 보장하기 위해서는 행정을 정치로부터 분리시킬 필요가 있었던 것이다.

2. 내 용

이와 같이 정치(정책형성)와 행정(정책집행)을 구별하여 행정을 정치가 형성한 의사에 따라 그것을 충실히 집행하는 기술적 과정으로 파악하고, 행정수단의 기술적 합리성을 연구의 대상으로 하여, 이른바 기계적 능률을 주장한 학자들을 기술적 행정학파라고 부른다. 따라서 이 학파의 입장은 행정목적의 가치판단과 같은 것은 전혀 고려의 대상으로 하지 않고, 오로지 공무의 수행에 대한 방법과 조건을 어떻게 하면 가장 효과적으로 실현할 수 있느냐 하는 행정수단의 기술적 합리성이 연구의 대상이 되었던 것이다. 그리고 기술적 의미에 있어서의 기계적 능률(mechanical efficiency)의 원리를 발견하는 것을 최대의 목표로 삼았다.

W. Wilson이 위의 논문에서 "행정은 정치의 고유영역 밖에 존재하는 것이며(Administration lies outside the proper sphere of politics), 행정의 문제는 정치의 문제가 아니다(Administrative questions are not political questions)"라고 주장한 것은 정치·행정 이원론을 적절히 표현한 구절이라 하겠다.

또한 W.F. Willoughby는 그의 저서 「행정의 제 원리」(*Principles of Public Administration,* 1927)에서 오늘날 통치문제의 초점이 국민의 의사가 형성·표현되는 선거 및 입법부문의 조직·작용으로부터 이미 결정된 의사가 현실적으로 집행되는 행정부문의 조직·작용에로 옮아 가고 있다고 하면서 "우리가 당면한 과제는 현실의 행정(administration of governmental affairs)에 있어서 절약과 능률(economy and efficiency)을 확보하는 것"이라고 강조하였다.

요컨대 정치와 행정을 엄격히 구별하여 행정을 국가의사를 집행하는 기술적 과정으로 파악하고 그 기술적 합리화와 능률화의 원리를 실현한다는 기본이념 위에 성립된 것이 기술적 행정학파이다. 그러나 이 학파는 정책의 형성과정을 등한시하고, 특히 현대행정의 기능적 의의에 대하여 인식을 결여하고 있다는 점에서 비판을 받았던 것이다.

3. 영향과 비판

(1) 영 향

첫째, 정치와 행정을 분리시킴으로써 과학으로서의 행정학을 발전시키는 데 이론적 기초를 제공하였다. 둘째, 정실주의 또는 엽관주의를 지양하고 실적주의(merit system)를 확립하는 데 이바지하였다. 셋째, 행정을 다만 수단 또는 기술적 측면에서 파악하여 공공행정과 사기업경영의 동질성을 인정함으로써 공·사행정 일원론을 제기하였다.

(2) 비 판

첫째, 현대행정에서 볼 수 있는 바와 같이 자유재량이나 정책형성의 범위가 확대되어 가고 있는 경우에 정치(정책형성)와 행정(정책집행)을 분리시켜 생각하는 것은 무의미하다. 둘째, 정치 · 행정 이원론에서는 행정을 관리면에서 파악하여 다만 수단으로 삼고 있는데, 사실상 목적 없는 수단, 또는 가치를 도외시한 기술은 무의미하다. 셋째, 행정이 정책형성기능을 수행함에 따라 절약과 능률만을 강조하는 기계적 능률보다 오히려 인간적 · 사회적 능률이 더욱 강조된다.

Ⅲ. 정치 · 행정 일원론

1. 성립 배경

미국에 있어서는 1929년부터 시작된 경제공황으로 말미암아 대량의 실업자가 쏟아져 나왔으며 이는 국민경제에 대한 정부의 역할을 증대시켰고, 또한 1939년에 일어난 제 2 차 세계대전은 경제적 · 사회적 변동을 겪으면서 산업사회의 행정에 대한 의존도를 더욱 높였다. 그리하여 행정의 정치적 기능은 큰 사회적 의의를 지니게 되었다. 여기서 행정을 파악함에 있어서 정치와의 상관관계를 중시하게 되었고, 행정을 정치의 기능면에서 파악하려는 정치 · 행정 일원론, 즉 기능적 행정학파가 나타난 것이다.

2. 내 용

기능적 행정학파의 특색은 행정개념의 형성에 있어서 정치와의 상관관계를 중요시하는 점에 있다. 즉, 앞서 본 기술적 행정학이 행정을 정치와 분리시켜서 파악하고 있는 데 대하여, 기능적 행정학은 정치(정책형성)와 행정(정책집행)의 양자의 융합면, 즉 L. Lipson의 이른바 연속과정으로서 파악하려고 하는 것이다.

이와 같이 행정을 기능개념으로 파악한다는 것은 현대행정에 있어서의 공공사무관리의 의미를 넓은 사회의 테두리에서 이해하여 행정이 그 정치적 기능을 내포하고 있음으로 해서 정치권력 그 자체가 정당성과 타당성을 지닐 수 있다는 것이다. 환언하면 행정은 기존권력의 구체적 실현과정에 있어서의 기술적 합리화의 대상으로서보다도 오히려 그 기술적 능력을 권력에 제공하거나 또는 그 기술적 능력을 정치권력과의 밀접한 관련하에서 파악함으로써 행정운용의 효율화를 도모할 수 있다는 것이다.

M. E. Dimock은 J. M. Gaus, L. D White와의 공저 「행정의 개척선」(*The Frontiers of Public Administration*, 1936)에서 정치·행정 이원론의 위험성을 지적하면서 "정치와 행정의 지나친 분리로 말미암아 행정을 비현실적인 것으로 만들어서는 안된다. …통치는 정치와 행정, 즉 정책형성과 정책집행으로 이루어지며, 이 두 개의 과정은 배타적이기보다 협조적이어야 한다"고 정치·행정 일원론을 강조하였다. 또한 P. H. Appleby는 「정책과 행정」(*Policy and Administration*, 1949)에서 "정치와 행정의 현실은 양자의 혼합으로 보아야 한다…"고 지적하고, 행정이란 입법적·사법적 및 대중선거적인 정책결정의 제 단계에서 일어나고 정책형성과 관리의 혼합체라고 매듭지었다.

요컨대 기능적 행정학파에 의하면 행정능률을 확보하는 조건은 행정목적을 형성하는 정치와 밀접한 관계를 가지고 있으며, 오늘날과 같이 행정과정에 있어서 자유재량이나 정책형성을 행하는 범위가 커져 가고 있는 경우에는 목적의 선택에 있어서뿐만 아니라 수단의 선택에 있어서도 당연히 가치판단이 필요하다는 것이다.

이와 같은 기능적 행정학파는 기술적 행정학에 대해서 많은 비판을 가하고 있는데 그것을 요약하면, 첫째, 행정능률의 개념은 기계적인 의미에서뿐만 아니라 사회적 능률(social efficiency)의 시각에서도 파악되지 않으면 안 된다는 것이며, 둘째, 행정은 적극적인 계획(planning)의 기능을 통하여 사회적 가치의 실현조건을 판정할 수 있다는 것이고, 셋째, 광범한 자유재량(discretion)과 위임입법의 증가에 의해서 행정은 여러 단계에서 정책의 결정에 참가한다는 것 등이다.

Ⅳ. 새 이원론과 새 일원론

1. 새 이원론

이것은 1940년대에 H. A. Simon을 중심으로 한 행태론자들에 의해서 제기된 새 이원론으로서 그들은 논리적 실증주의에 입각하여 '가치와 사실'을 구분하면서, 행정의 연구에 있어서는 정책형성 등과 같이 가치판단을 필요로 하는 것은 배제하고 다만 논리나 과학으로 입증가능한 사실문제에만 행정의 대상이 국한되어야 한다고 주장했다. 그러나 이것은 과거의 정치·행정 이원론처럼 행정의 정책결정 기능과 같은 가치판단적인 것을 부인하는 것이 아니라, 다만 행정의 과학화를 위하여서는 모든 문제를 가치판단적인 것과 사실적인 것으로 구분하여 행정연구의 대상을 후자에만 한정되어야 한다는 것을 뜻한다.

2. 새 일원론

이것은 1960년대에 접어들어 E. W. Weidner, M. J. Esman 등 후진국 발전론자들에 의해 주장된 행정우위론으로서 그들에 의하면 후진국이 신속한 발전을 이룩하기 위해서는 행정이 선도적 역할을 담당해야 한다는 것이다. 그러나 이와 같은 행정우위론은 행정이 앞장서서 정치를 이끌어 나가거나 또는 대행하는 데까지 발전하고 있으므로, 다시 말해서 행정이 정치적 기능도 띠고 있다는 과거의 정치·행정 일원론에서 한 걸음 더 나아가 이제는 행정이 정치를 직접 유도하고 이끌어 나가고 있으므로 여기서는 반드시 행정관료의 능력·정당성·책임성 등의 보장이 선행되어야 한다는 것이다. 이와 같이 행정이 그 발전목표를 달성하기 위하여 정치·경제·사회를 유도해 나갈 수 있다는 행정우위론은 특정 국가의 관료제가 어느 정도의 민주성·책임성·합리성 등을 내포하고 있는가의 여부에 따라 그 성패가 달려 있다고 보아야 할 것이다.

제 3 장

행정이념

제 1 절 행정이념의 의의

행정이념이란 한 마디로 행정이 지향하고자 하는 본질가치 및 지도정신 혹은 이상적 미래상을 뜻하는 것으로, 행정이 나아가야 할 바람직한 지표나 지침을 가리킨다고 하겠다. 어느 이념을 막론하고 시대적 · 장소적 제약조건을 초월해서 성립될 수 없는 것과 마찬가지로 행정의 이념도 특정 시대 및 특정 국가의 상황을 고려하지 않고서는 이해할 수 없는 것이다.

무릇 국가발전의 목표를 신속히 달성하기 위해서는 행정이 추구할 가치의 지도정신 내지 원칙이 제시되어야 하며, 시대에 따라 변화하는 행정이념을 정확히 파악함으로써 행정의 사회변동에 대한 대응능력을 함양시킬 수 있는 것이다.

여기서는 주로 미국의 경우를 중심으로 시대의 변천과정에 따라 행정이념을 차례로 고찰하고자 한다.

제 2 절 행정이념의 내용

Ⅰ. 합 법 성

행정의 합법성이라는 이념은 1880년대의 행정학 탄생 전부터 존재하고 있었다. 즉, 독일 공법학의 시조 P. Laband의 「독일제국국법학」(*Das Staatrecht des Deutschen Reiches*, 1876) 발간 당시에 있어서 행정법학자들의 주된 관심은 행정이 기존의 법규에 적합한가의 여부, 선례에 위배됨이 없는가의 여부, 그리고 양자간에 괴리가 존재할 경우 그것을 모순 없이 해석하기 위해서는 어떠한 법논리적 조작이 필요한가, 환언해서 당시 행정법학자들의 주된 관심은 행정의 '법적 적합성'의 검증에 집중되어 있었던 것이다. 그 후 독일 행정법학의 이론적 체계를 세운 O. Mayer가 번잡한 행정법규를 집대성하여 행정법학의 체계화를 이룩한 것은 역시 행정의 현실성을 배제하였을 때 비로소 가능하였다. 이러한 법논리적 방법의 중시는 그 후 H. Kelsen 등의 순수법학에 이르러 극치에 달하였던 것이다.

이렇게 법치행정의 원리를 중시하여 행정의 현실적 평가를 거부하고 기존 법규의 논리적 해석만을 유일한 임무로 삼았던 공법학 내지 행정법학은 결과적으로 독일의 외견적 입헌제에 공헌하였다. 우리 나라의 종래의 행정법학도 독일 공법학을 답습하여 관료제적 행정을 근거지워 주는 법논리를 제공하는 결과를 빈번히 가져왔던 것이다.

어떻든 행정국가 이전의 입법국가 또는 자유민주주의를 신봉하던 시대에 있어서는 국가의 임무가 시민권의 신장 및 자유권의 옹호에 중점을 두고 있었으므로, 이들 권리를 보장해 주기 위해서는 법치주의가 최선책이었고 행정의 이념도 당연히 합법성에 기반을 두고 있었던 것이다.

Ⅱ. 능 률 성

미국에 있어서는 19세기 후반기에 이르러 행정기능이 질적 · 양적으로 확대되고 소위 행정국가화의 경향을 초래함에 따라 종래의 합법성 이외에 능률성[1)]이라는 새로운 행정이념을 요구하게 되었다.

생각건대 19세기에 있어서의 자본주의의 고도의 발전은 생산공정 또는 기업경영의 분야에 있어서 대규모의 기술적 합리화와 과학적 관리화를 촉진시켰다. 특히 미국에 있어서의 이러한 현상은 현저하였고 이는 Taylor System 등으로 불리고 있다.

이와 같은 과학적 관리법은 점차 행정기술면에 채택되게 되었는바, 1906년에 창설된 뉴욕 시정조사연구소(New York Bureau of Municipal Research)가 그것을 도시행정 분야에 도입했고, 이어서 1910년에 Taft 대통령이 임명한 「절약과 능률

1) 능률성이란 투입과 산출을 대비하는 개념, 즉 투입(inputs)과 산출(outputs)의 비율(ratio)을 가리키며, 행정의 능률화란 가능한 한 적은 투입으로 많은 산출을 얻고자 노력하는 것을 말한다〔Herbert A. Simon, *Public Administration*(New York: Alfred A. Knopf, 1950), p. 54 참조〕.

에 관한 위원회」(The Committee on Economy and Efficiency)가 그것을 행정 분야에 적용함으로써 행정과정에 대한 기술적 합리화를 검토하게 되었다.

이와 같은 기술적 행정학에 있어서는 어디까지나 행정의 기술적 합리화가 연구의 대상이 되며 행정의 실효성을 판정하는 기준은 기계적 능률이라 할 수 있다. 행정을 주로 기계적 능률(mechanical efficiency)이라는 관점에서만 판단하려는 이 기술적 행정학은 마치 행정을 법규라고 하는 시야에서만 고찰하고자 한 전통적인 행정법학의 입장과 유사하다고 하겠으며, 또한 사기업경영의 입장과도 별로 다를 바 없어, 공·사행정 일원론이 지배적이던 시대, 즉 정치·행정 이원론 시대의 행정학이라고 할 수 있다.

그러나 현대행정학의 주류는 기술적 행정학이 아니라 기능적 행정학이라 할 수 있다. 기능적 행정학에 있어서 행정능률을 확보하는 조건은 단순히 행정수단의 기술적 합리화만으로는 충분하지 않고 행정목적 자체를 형성하는 정치 그 자체의 합리화를 필요로 한다. 그리고 M. E. Dimock 등은 행정의 유효성을 보장하는 것은 특정의 행정을 요청하고 있는 사회의사를 충족시키는 이른바 사회적 능률(social efficiency)이라는 점을 강조하였다.[2)]

요컨대 능률성의 이념은 19세기 말엽부터 20세기의 30년대까지 정치·행정 이원론이 지배하고 과학적 관리법이 도입된 시기에 있어서의 기계적 능률관으로부터 1930년대 후반 이래 정치·행정 일원론과 더불어 대두된 사회적 능률관으로 변천되어 온 것이다.

Ⅲ. 민 주 성

전술한 바와 같이 1930년대의 전·후반기를 분수령으로 하여 정치·행정 이원론(또는 기계적 능률)의 지양과 정치·행정 일원론(또는 사회적 능률)으로의 전환과 때를 같이해서 행정에 있어서는 민주성의 이념이 대두된다.

과거 정치·행정 이원론이 지배하고 있던 시기에는 행정이 주로 관리·집행기능만 담당하였으므로 기술적인 면이 강조되어 능률을 중요시하였으나, 1930년대에 들어서서 정치·행정 일원론이 대두되면서 행정은 정치적 성격을 띤 정책기능까지

2) Marshall E. Dimock, "The Criteria and Objectives of Public Administration" in J. M. Gaus, L. D. White and M. E. Dimock, eds., *The Frontiers of Public Administration*(Chicago: University of Chicago Press, 1936), pp. 116~133.

도 담당하게 되었다. 따라서 과거의 능률만을 강조하다가는 오히려 민주주의와의 조화를 깨뜨릴 위험이 있으므로 기계적 능률에서 탈피한 사회적 능률 내지 민주성이 새로운 행정이념으로서 등장하게 되었던 것이다.

오늘날 행정은 단순한 기술적 제도의 문제에서만이 아니라 정치적 현실 속에서 파악되지 않으면 안 된다. 즉, 행정의 민주성은 행정의 외재적 조건으로서 이해되는 데 비하여 행정의 능률성은 행정에 내재하는 조건으로서 이해된다. 바꾸어 말하면 행정은 외재적으로 국민 전체의 복지를 증진시키는 데 그 목표를 두어야 하는 한편, 내재적으로는 그 자체의 내부능률을 향상시켜야 한다는 것이다.

현대행정의 지표가 행정에 있어서의 민주성[3]과 능률성을 아울러 보장하는 데 있다면 앞으로의 과제는 양자를 어떻게 합리적으로 조화시킬 수 있느냐가 문제된다. 이와 같은 능률성과 민주성의 이념은 미국에 있어서 1950년대까지의 지배적인 행정이념이었다.

여기서 한 가지 유의하여 둘 것은 민주주의란 목적가치이며, 능률은 수단가치이므로 어디까지나 행정의 민주화를 적극적으로 이룩하는 동시에 행정의 능률화도 추구하여야 할 것이다.

Ⅳ. 효 과 성

그러나 1960년대에 접어들면서 발전행정이 행정학 분야에 도입됨에 따라 종래의 합법성·능률성·민주성의 문제 이외에, 행정목표가 어느 정도 달성되었는가 하는 목표의 달성도를 중요시하게 됨으로써 효과성의 문제가 대두되었다.

이 당시는 행정에 있어서의 발전과 변화에 많은 관심이 집중되었으므로 다른 것들은 조금 소홀히 하고 희생시키는 한이 있더라도 우선 발전목표를 최대한 달성

3) 행정의 민주성의 내용을 요약해 보면 다음과 같다.
① 행정통제의 강화: 행정부에 대한 외부통제(예, 의회 및 사법부에 의한 행정통제) 및 행정부의 내부통제(자율적 통제)를 강화한다.
② 행정의 분권화: 행정의 결정·집행을 중앙정부에 집중시키지 아니하고 지방정부에도 분산시켜 행하도록 한다.
③ 행정기구의 민주화: 특히 후진국가에 있어서 특권적·관료주의적 행정을 배제하기 위해서는 가능한 한 행정위원회 같은 것을 설치할 필요가 있다.
④ 행정구제제도의 확립: 행정으로 인하여 손해를 입은 당사자를 구제하기 위한 행정소송·Ombudsman제도 등을 갖춘다.
⑤ 행정윤리의 확립: 공무원으로 하여금 민주적인 태도를 지니게 함으로써 행정윤리를 확립한다.
⑥ 공개행정의 구현: 행정의 현실을 시민에게 공개함으로써 그들의 이해와 협조를 얻도록 한다.

하는 방향으로 행정을 이끌어 가고자 했다. 따라서 이 때에는 효과성이 최대의 행정이념으로 대두될 수밖에 없었으며, 이러한 현상은 우리 나라에서도 수차에 걸친 경제개발 5 개년계획에서 엿볼 수 있다.

이와 같은 효과성의 이념은 우리 나라는 물론 특히 새로운 발전목표를 의도적·계획적으로 달성하고자 하는 발전도상국가에 있어서 중요한 행정이념으로 등장하였던 것이다. 그런데 여기서 유의하여야 할 것은 행정의 효과성을 측정하기 위해서는 이에 앞서 행정목표가 뚜렷하게 설정되어 있어야 한다는 사실이다. 만일 행정목표가 명확하게 설정되어 있지 않을 경우에는 도저히 행정의 효과성을 측정할 수 없기 때문이다. 그리고 행정의 발전목표를 설정하는 과정에서 목표설정을 행정인이 독자적으로 할 것이 아니라, 많은 시민들의 참여를 통해서 결정하는 것이 바람직하다고 하겠다.

요컨대 여기서 말하는 효과성(effectiveness)이란 어떤 정책목표의 달성도를 높이는 것을 뜻하는 것이라 하겠으며, 종래의 능률(efficiency) 개념이 이것을 이룩하는 과정에서의 경제성, 즉 사업을 수행하는 데 투입되는 자원(input)과 그 성과(output)와의 대비를 의미하는 것과 구별된다.[4)]

Ⅴ. 사회적 형평성과 정의이론

1. 사회적 형평성(衡平性)

소위 신행정론은 행정학의 초점을 1960년대 후반 이래의 능률 또는 보다 나은 행정기술이라는 전통적 관심으로부터 사회적 형평성(social equity)에로 전환시키고자 하는 일련의 운동이었다.[5)]

즉, 1968년 9 월 Syracuse대학의 Minnowbrook 회의장에서 젊은 행정학자들에 의하여 주창된 신행정론은 행정의 적실성, 사회적 형평성, 적극적 행정가, 시민위주의 행정 및 참여를 그 중심적 내용으로 삼고 있다.[6)]

4) 이 밖에 효율성이라는 용어가 있는데, 이것은 능률성과 효과성을 동시에 의미하는 것으로 해석되며, 또 근래 생산성이라는 용어는 효율성과 거의 같은 뜻으로 파악되고 있다(자세한 내용은 제 1 편 제 7 장 제 2 절 참조).

5) 신행정론(new public administration)에 관한 보다 구체적인 내용은 제 1 편 제 8 장 제 4 절 참조.

6) 당시 미국사회에서는 월남전쟁의 실패, 인종문제의 격화 등으로 인하여 시민들의 정부에 대한 신뢰심이 동요하고 있었다. 그리하여 규범적·철학적 가치, 개인의 인격적 발전, 관료와 시민의 관계 등의 광범한 과제에 대하여 행정학자들이 적극 참여할 것을 제외하였다. 이에 관해서는 Dwight Waldo(ed.), *Public Administration in a Time of Turbulence*(Scranton, Penn.:

신행정론의 내용 가운데서도 가장 핵심을 이루는 사회적 형평성(social equity)은 J. Rawls의 정의이론에서 그 본질을 찾아볼 수 있다. H. G. Frederickson에 의하면 사회적 형평성이란 일련의 가치선호(value preferences)를 내포하는 개념으로서 공공서비스의 평등성(equality in government services), 의사결정과 사업수행에 있어서의 행정관의 책임성, 시민의 요구에 대한 대응성의 확보를 의미한다.[7] 바꾸어 말하면 공공서비스의 보다 효과적인 그리고 인간적인 급부의 보장을 위하여 그 주요 목표를 민주적인 의사결정, 관료주의의 부정, 행정과정의 분권화 및 고객 위주의 행정(client focused administration)에 두고 있는 것이다.

신행정론의 창도자들은 "오늘날의 행정은 불우자 집단(less privileged groups)에 대한 사회적 정의의 적용과 보장을 부정하고, 다만 기존질서의 현상유지에만 관심을 가지고 있는 장치에 지나지 않는다"고 비판하면서 현대행정의 현실을 고발하고 있다. 또한 그들은 사회적 형평성을 강조하면서 이 이념이야말로 현대행정이 지향하여야 할 기본목표라고 확신하고 있다.

2. 정의이론

(1) 사회의 구성원리로서의 정의

J. Rawls는 사회를 "상호의 이익을 위한 협동사업"(a cooperative venture for mutual advantage)이라고 보고 있으며, 사회에 있어서 정의가 필요로 되는 것은 그것이 이익의 일치와 충돌에 의해서 특징지워지기 때문이라고 한다. 그러므로 사회에서는 이익의 배분을 결정하고, 권리와 의무를 할당지우는 원리가 요구된다는 것이다.

J. Rawls는 그의 「정의론」(*A Theory of Justice*, 1971)에서, 정의는 여러 기준 가운데서 가장 중요한 기준이며, 정의는 사회제도의 제일의 덕목이라고 한다.[8] 따라서 사회제도가 아무리 효율적이라고 하더라도 그것이 정의에 반할 경우에는 폐지 또는 개혁되어야 한다는 것이다.

Rawls의 정의이론의 출발점은, 보통의 모든 인간들이 지니고 있는 일상적·경험적인 정의이론을 논리화하려는 데서 찾아볼 수 있다. 여기서 그는 소위 "반성적

Chandler, 1971); Frank Marini(ed.), *Toward a New Public Administration: The Minnowbrook Perspective*(Scranton, Penn.: Chandler, 1971) 참조.

7) H. George Frederickson, *New Public Administration*(Alabama: The University of Alabama Press, 1980), p. 6.

8) John Rawls, *A Theory of Justice*(Cambridge, Mass.: Harvard University Press, 1971), p. 3.

균형에 있어서의 사려깊은 판단"(a considered judgment in reflective equilibrium)이라는 표현을 사용하고 있는데, 이 때 그 전제가 되는 것은 일정한 연령에 달하고 일정한 교양을 지닌 모든 사람들이 이미 일정한 정의감각(즉 사물의 옳고 그른 것을 판단하고, 또 그 판단에 입각하여 행동하려는 능력과 욕망)을 가지고 있다고 하는 점이다. 그리하여 Rawls에 의하면, 정의의 이론을 정당화하는 것은 사람들이 최종적으로 그것에 부여하는 동의이며, "다수의 판단에 기반을 둔 상호의 지지"(mutual support of many considerations)[9]라고 한다.

한편 Rawls는, 사회의 구성원리로서의 정의가 성립되기 위해서는 구성원간의 관계가 공정하게 지배되지 않으면 아니 된다고 하면서, 다음과 같은 정의의 2 원리를 제시하였다. 즉 Rawls의 정의의 2 원리란 i) 각인은 광범한 기본적 자유에 대한 평등의 권리를, 타인의 동등한 자유를 침해하지 않는 범위 내에서 보장받지 않으면 아니 된다. ii) 경제적 · 사회적 불평등이 있다고 한다면, ⓐ 그것은 만인에게 이익이 될 수 있다고 명백하게 판단될 경우에 한하여 허용될 것이며, ⓑ 또한 불평등이 야기되는 지위 내지 입장은 만인에게 공개되어야 한다는 것이다. 이상의 2 원리의 정식화는 사회구조를 정치적 측면과 경제적 · 사회적 측면의 두 가지 각도에서 고찰한 것이며, 제 1 원리는 전자의 측면에서 각인의 평등한 정치적 자유를 주장한 것이고, 제 2 원리는 후자의 측면에서 각인의 경제적 · 사회적 불평등을 승인하기 위한 조건을 규정한 것이다. 그리고 여기서 중요시되는 것은 제 1 원리가 제 2 원리에 우선하며, 또한 제 2 원리의 ⓐ가 제 2 원리의 ⓑ에 우선한다는 사실이다.[10]

Rawls가 제창하는 정의의 2 원리는 전체적으로 보아 기본적 자유의 평등한 보장을 훼손함이 없이, 그리고 사회적 · 경제적 약자의 복지의 증진까지도 고려에 넣음으로써, 오늘날 사회정의의 실현을 위해 논의의 대상이 되고 있는 자유 · 평등 및 복지의 증진이라는 세 가지 기본적 요구의 조화 및 균형점을 발견하고자 시도한 점에서 의의를 찾아볼 수 있으며, 나아가 현대정의론의 전개에 큰 시사를 던져준 것이라고 하겠다.

(2) 정의의 제도화

J. Rawls는 정의의 2 원리의 선택문제와 그 제도화에 관하여 다음과 같이 네 개의 단계로 나누어 설명하고 있다.

---

9) *Ibid.*, p. 21.

10) John Rawls, "The Basic Liberties and Their Priority" in S. M. McMurrin(ed.), *The Tanner Lectures on Human Values*(Salt Lake City, Utah: University of Utah Press, 1982), p. 50.

제 1 단계는 원초상태(original position)에서의 정의의 원리의 선택문제이다. 즉, 그는 정의의 2 원리를, 그가 말하는 원초상태에 있어서 도덕적 인격을 갖춘 자유·평등한 계약당사자들이, 공정을 확보하기 위해 과해진 일정한 조건하에서 전원일치로 선택할 수 있을 것으로 보이는 원리로 보고 있으며, 또한 그는 시행착오적인 자기반성에 의해서 원리와 판단과의 상호조정을 되풀이하면서 양자가 합치하는 '반성적 균형'(reflective equilibrium)을 탐구하는 것이라고 보았다.

제 2 단계는 헌법제정회의(constitutional convention)에 의한 헌법의 제정이다. 여기서 시민의 기본적인 권리와 의무, 입헌적인 정치형태 등이 확정된다.

제 3 단계는 입법과정이며, 여기서 헌법의 제약을 받으면서 구체적인 법안이 작성된다.

제 4 단계는 사법적·행정적 단계이며, 여기서 법안이 구체적인 케이스에 적용된다고 한다.

마지막으로 Rawls는, 개인은 올바른 제도에 복종하여야 할 자연적 의무를 지닌다고 한다. 바꾸어 말하면, 정의의 원리에 의해서 규제된 이상적인 제도나 정책이 궁극적인 판단기준이 되어야 한다는 것이다. 그러나 실제의 제도는 불완전하여 정의의 원리를 완전히 실현하기는 어려운 것이다.

제 3 절 행정이념 상호간의 관계

먼저 어떤 상황하에서도 절대적인 이념이란 존재하지 않는다는 것에 유의해야 한다. 이들 이념들은 상호보완적인 관계에 있기도 하며 갈등·상충관계에 있을 수도 있다. 행정이 당면하는 시대 및 환경에 따라, 강조되는 이념의 측면이 상이하다. 이러한 이념 상호간의 관계를 그림으로 나타내면 [그림 1-1]과 같다.

먼저 W. Wilson 이래 행정의 지배적인 패러다임이라고 할 수 있는 능률성을 중심적인 개념으로 정립할 수 있다. 먼저 이 능률성과 민주성의 관계를 볼 때, 민주성을 강조하면 분권화가 나타나게 되며, 반면 능률성을 강조하면 집권화가 나타난다. 또한 신행정론에서 중시하고 있는 사회적 형평성과 능률성의 관계를 볼 때, 사회적 형평성을 강조하면 배분적 정의(distributive justice)가 중요시되며, 반면 능률성을 강조하면 경제적 합리성이 중요시된다.

[그림 1-1] 행정이념 상호간의 관계

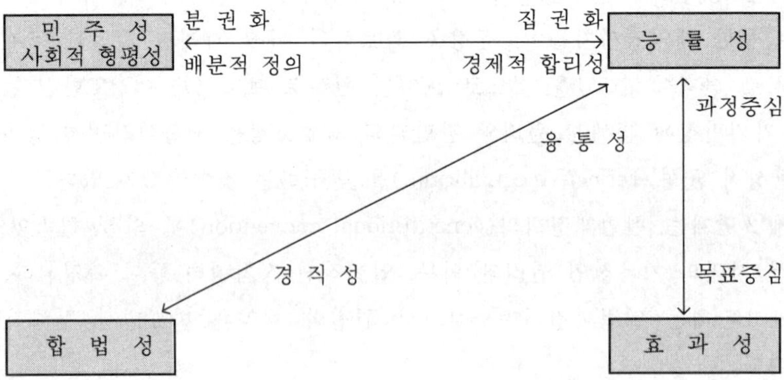

또한 능률성과 합법성의 관계를 볼 때 합법성을 지나치게 강조하게 되면 경직성을 나타내게 되며, 반면 능률성을 강조하면 융통성을 나타내게 마련이다. 한편 능률성과 효과성의 관계를 볼 때 능률성을 강조할 경우에는 과정을 중시하게 되나, 반면 효과성을 강조할 경우에는 우선으로 목표를 중시하게 된다는 것이다.

이들 행정이념 가운데서 어떤 이념을 특히 강조할 것인가는 그때 그때의 상황과 지도자의 지도이념 등에 따라 우선순위를 달리하여야 할 것이다. 행정의 주기능이 안정・질서유지라면 합법성이 중시되고 경제발전이라면 효과성이, 정치발전이라면 민주성이 더욱 강조되는 것이다.

제 4 장

현대행정의 특질

제 1 절 행정국가의 등장

Ⅰ. 행정국가의 의의

L. D. White는 그의 저서 「행정학입문」(*Introduction to the Study of Public Administration*)에서 "행정은 국민들이 정부로부터 얻고자 하는 국민들의 기대와 더불어 변화한다"고 전제하고 "2세기 전에 국민이 정부에 대하여 기대하였던 것은 압제 이외의 아무것도 아니었다. 1세기 전에는 그들 국민은 주로 자유방임해 주기를 원하였다. 그러나 현재에 이르러 국민들이 기대하는 것은 봉사와 보호이다"[1]라고 하였는데, 이것은 행정기능의 변천과정과 행정국가(administrative state)[2]의 등장을 적절히 표현해 주는 구절이라 하겠다.

20세기에 이르러 정치적으로나 경제적으로 강력한 국가통제가 초래되었을뿐더러 국가기능의 확대에 따르는 행정기능의 질적·양적 증대는 현대 행정국가로 하여금 준입법적·준사법적 기능까지도 수행하도록 만들어 놓은 것이다.

Ⅱ. 행정국가의 등장 이유

이제 20세기에 접어들어 행정국가가 등장하게 된 이유를 살펴보면, 대체로 입법국가의 변질, 의회주의의 위기, 행정의 실제적 운영 및 수권입법의 확대 등의 네

1) L. D. White, *Introduction to the Study of Public Administration*, 4th ed.(New York: Macmillan, 1954), pp. 3～4.

2) 여기서 행정국가란 소위 입법국가(legislative state)에 대응하는 개념이며, 이것은 어디까지나 삼권분립제의 존립을 전제로 하고, 이 중에서 행정기능의 확대와 행정권의 강화로 인하여 상대적으로 행정권이 우월한 지위에 있는 국가를 의미하는 것이다.

가지로 집약할 수 있다.

1. 입법국가의 변질

원래 자유주의적 법치국가에서는 국가의 임무가 외적을 방어하는 국방작용과 치안질서를 유지하는 경찰작용에 한정되어 있었고, 적극적으로 국민생활에 간여하는 것은 예외적으로만 인정되었다. 이 때에는 국가가 오로지 국민의 경제생활에 대한 외부적 보장자로서 존재하여 사회의 법적 안정을 주된 목표로 삼았던 것이다. 그리하여 자유주의적 법치국가는 필연적으로 입법국가로서 등장하였던 것이며, 법률의 정립자인 의회가 우월적 지위를 차지하였던 것은 당연한 일이다.

이상과 같은 자유주의적 법치국가 또는 입법국가는 표현을 바꾼다면 '야경국가'(Nachtwachterstaat)로서 여기서는 국가가 '필요악'(necessary evil)이며 미국 독립 후 T. Jefferson 대통령이 언급하였듯이 이른바 '최소의 통치가 최선의 정부'(Government is best when governing least)로 인식되고 있었다.

그러나 오늘날 국가가 적극적으로 국민생활의 보장·향상의 임무를 수행할 것이 요청됨에 따라 점차로 행정이 광범한 기능을 발휘하기 시작하였다. 특히 산업혁명과 이에 수반한 자본주의의 급진적인 발전 및 도시화의 현상은 사회의 양상을 급변시켰다. 즉, 근대 자본주의사회의 성립과 더불어 노사간의 분쟁, 계급간의 대립 등 심각한 사회문제가 속출하게 되었으며, 야경국가 사상이나 자유방임주의에 입각하여 소극적 행정기능만을 수행하여 오던 국가는 19세기 말엽부터 적극적으로 이러한 사회문제를 해결하지 않을 수 없게 되었다. 또한 20세기에 접어들면서 발생한 경제공황은 "공급은 그 스스로의 수요를 창출한다"는 고전학파 경제학자들의 주장을 부정하게 되었으며, 따라서 정부는 수정자본주의를 도입하여 국민경제에 직접 개입함으로써 행정부의 기능은 더욱 확대·강화되었다.[3] 그리하여 현대국가는 실업대책 등을 포함한 사회보장정책, 노사분쟁의 조정, 위생행정, 공해행정 등에 이르기까지 해결책을 강구하게 되었으며, 더욱이 제 2 차 세계대전 이후에는 군사정책 이외에 경제통제정책, 불경기의 타개책 등을 모색하는 데 힘을 기울이게 되었다. 또한 종래에는 사적 경영에 방치되어 있었던 경제생활에 대하여 행정부의 권력적 통제가 가하여짐에 따라 의회는 종래와 같은 우월적 지위를 유지하기가 어렵게

---

3) 예로서, 미국의 F. D. Roosevelt 대통령은 경제공황에 즈음하여 New Deal 정책을 실시함으로써, 행정권의 현저한 강화현상을 초래하였다. 그는 1933년 3월 4일의 제 1 기 대통령 취임연설에서 미국 대통령은 단지 사무를 집행하는 데 그치지 않고 국민의 생활안정에 관여할 것을 주장하여 거액의 공공투자, 다수의 경제부흥입법과 더불어 정부기구의 대폭적 확대를 꾀하였다.

되었던 것이다.

2. 의회주의의 위기

한편 순수한 의회주의도 위기에 직면하였을 뿐만 아니라 동시에 정당의 변질을 초래하였다. 왜냐하면 적극적인 행정기능을 수행하는 현대국가가 지도적·촉진적 통제활동을 원만히 수행해 나가기 위해서는 무엇보다도 신속하고 능률적인 실천이 요청되었는데, 다수인이 집결하여 토의와 논쟁을 일삼기 쉬운 의회는 도저히 그 요청을 받아들일 수가 없었기 때문이다. 또한 복잡한 현대 경제기구를 적절히 운영하고 여러 사회적 난문제를 처리하기 위해서는 고도의 전문성과 기술성이 필요한 것인데, 법의 정립을 임무로 하고 행정에 관해 비전문가인 정객들로써 구성된 종래의 의회는 그 기능을 충분히 발휘하지 못했던 것이다.

3. 행정의 실제적 운영

더욱이 오늘날 행정의 실제적 운영면에서 볼 때, 행정은 과거의 관리·집행기능만이 아니라 정책결정 및 입법기능까지도 담당하게 되어 입법상 중요한 작용을 하는 것은 의회보다도 오히려 행정부이며, 의회는 스스로 입법을 하는 경우보다 행정부에서 입안한 법안에 동의하거나 또는 수정하는 경우가 많다. 특히 이러한 경향은 내각책임제를 채택하고 있는 국가에서 현저히 나타나고 있는데, 행정부(내각)의 구성은 의회(하원)에 있어서의 제 1 당파에 의해서 이루어지는 것이 통례로 되어 있다.[4)]

4. 수권입법의 확대

일찍이 Max Weber도 "근대국가에 있어서 진정한 통치가 그 효과를 발휘하게 되는 것은, 결코 의회의 토의나 국왕의 명령에 의해서가 아니라, 오히려 관료 지배하에 있어서의 행정의 수행에 의한 것"[5)]이라고 행정의 중요성을 강조한 바 있다. 이리하여 국가의 정책준비는 점차적으로 전문지식과 행정기술을 지닌 행정관이 담당하게 되었으며, 행정사무의 전문화·기술화는 의회의 일반적인 입법에 대하여 행정의 구체적인 입법을 필요로 하게 된 것이다. 바꾸어 표현하면, '행정권에 의한 입법', '위임입법' 또는 '수권입법'의 확대를 말하는 것이다. 이와 같은 사실은 종래

4) 英 修道·阿部光藏, 政治學講本(東京: 白泉社, 1965), p. 85.
5) Max Weber, *Parlament und Regierung*, 1948, S. 14.

의 삼권분립주의에 변화를 가져왔음을 뜻하는 것이며, 결국 행정국가의 대두를 의미하는 것이라 하겠다.

제 2 절 현대행정의 특질

현대행정이 어떠한 특질을 내포하고 있는가는 다음과 같은 몇 가지 문제와 관련하여 살펴봄으로써 밝힐 수 있다.

Ⅰ. 행정기능의 확대 · 강화문제

행정기능의 확대 및 강화현상은 이를 양적 증대와 질적 충실이라는 두 가지 측면에서 설명할 수 있다.

1. 행정기능의 양적 증대

첫째, 국가가 스스로 실시하는 시책 이외에 중앙에서 지방정부에 대하여 보조금을 지출하여 행하는 각종 사업이 증가하였다.

둘째, 국공영사업의 증가이다. 즉 정부기능이 커진다는 것은 다만 행정사무의 증가에 의해서만이 아니고, 중앙 · 지방을 통해서 정부가 경영하는 공기업의 확대에도 기인하는 것이다. 현대 정부는 민간기업의 약점을 보완할 뿐만 아니라, 민간의 사업에 대항해서 동종의 기업을 경영하여 널리 사회적 요구를 받아들이려고 한다.

셋째, 각종 공사(公社, public corporation)의 발달이다. 이것은 기업에 대한 전통적 행정통제를 지양하고 현대 경영관리에서 볼 수 있는 능률적 운영을 목표로 하여 고안된 공적 기업경영의 방식이다.

2. 행정기능의 질적 충실

첫째, 행정에 있어서의 전문화 · 기술화의 경향이다. 이러한 행정의 전문화 · 기술화를 촉진시킨 요인으로서는 i) 근대 자본제하에 있어서 분업의 진전, ii) 독점자본주의 단계에 있어서 사회 제 문제의 발생, iii) 과학 · 기술의 발달, iv) 관리방법의 개선 등을 들 수 있다. 오늘날에 있어서 행정의 능률성을 확보하기 위하여

EDPS[6](electronic data processing system), PERT[7](program evaluation and review technique) 등의 제 기술이 발달되고 있으며, 한편 현대행정 기능의 효과적 수행을 위해 고도의 전문성과 기술성을 지닌 직업공무원의 확보가 요청되고 있다.

둘째, 기획기능의 충실이다. 1930년대의 미국의 경제공황, 제 2 차 세계대전의 발발, 도시화의 경향 등은 불가피하게 정부의 관여를 초래하였으며, 오늘날 특히 발전도상국가에 있어서는 경제성장과 가용자원의 효과적인 사용을 위해 행정부가 경제기획의 선도적 역할을 담당하고 있고, 아울러 기획에 수반되는 통계, 심사분석 및 평가기능이 중요시되고 있다.

셋째, 법외 활동의 활발화이다. 19세기의 시민적 법치국가에 있어서는 법은 행정의 궤도이며, 국가는 법질서 이외의 아무것도 아닌 것으로 인식되었다. 그러나 현대국가가 입법국가로부터 행정국가로 이행됨에 따라 행정의 활동영역은 그 법규에만 준거하지 않고, 널리 공공성의 원리 내지 공익을 표준으로 하여 다각적으로 기능하기에 이르렀다. 따라서 행정부는 다만 법의 집행자로서만이 아니라, 구빈(救貧)·방빈(防貧)을 위한 봉사자로서, 또는 각종 분쟁의 조정자, 공공기업의 경영자로서 활동하게 된 것이다.

Ⅱ. 행정기구·공무원 수 및 재정규모의 팽창문제

첫째로, 행정기구의 확장과 공무원 수의 증가문제를 살펴볼 필요가 있다. 전술한 바와 같이 자유방임주의를 표방하던 야경국가 시대에 있어서는 한 마디로 '작은 정부'가 바람직한 목표로 생각되었으나, 1930년을 전후한 미국의 경제공황의 발생과 New Deal정책의 실시는 불가피하게 정부기구의 확장을 초래하는 계기가 되었으며, 그 후에도 이러한 '거대한 정부'는 제 2 차 세계대전의 발발과 냉전의 계속으로 말미암아 1960년대까지 지속되었던 것이다. 이와 같은 행정기구의 확대경향은 우리 나라에서도 볼 수 있는데, 대한민국 건국 이래 정부기구는 계속 확대일로에 있었으며, 특히 1960년대 이후 발전행정의 추구와 정부주도형의 고도성장정책의 실시에 따른 행정수요의 급격한 증가로 행정이 많은 영역에 뛰어들게 됨으로써 행정의 비대화현상을 초래하게 되었고, 이에 따라 행정기구의 무원칙한 확장[8]이 이

6) EDPS는 전자계산기에 의한 자료처리제도를 말한다.

7) PERT에 관해서는 제 3 편 제 4 장 제13절 참조.

8) 1948년 정부수립 당시 11부 4처 3위원회였던 정부기구가 2007년 1월 현재 18부 4처 17청으로 늘어났다. 특히 5·16혁명 이후 18년 동안의 행정기구는 그 개편이 빈번했고 기구확

루어졌던 것이다.

그러나 1970년대에 접어들어 석유파동이 일어나고 '인플레이션'이 심해지자 각국에서는 '작은 정부'에의 움직임이 일어나게 되었고, 그 후 우리 나라에서도 점차적으로 정부기구의 축소와 예산의 절감이 중요한 과제로 등장하게 되었다.[9)]

한편 행정기구의 확장에 수반하여 공무원 수의 증가현상이 나타나게 마련이다. 미국의 경우를 보면 F.D. Roosevelt 대통령 재직시 1939년에 창설된 대통령부가 45명으로 출발하였던 것이 37년 후의 G.R. Ford 대통령 시기에 이르러서는 540명으로 증가하였다. 우리 나라에 있어서도 공무원의 정원이 기구의 팽창에 따라 1960년의 234,217명에서 2008년 9월 현재 행정부소속 공무원만 해도 96만명에 이를 정도로 증가하였다.

그런데 이러한 공무원 수의 증가현상에 영향을 미치는 요인으로는 i) 특정 국가의 인구밀도, ii) 경제체제, iii) 정치적 전통 및 iv) 문화적 특징 등을 들 수 있다.

여기서 한 가지 부연하여 둘 것은 행정업무의 양이 팽창된다고 해서 반드시 공무원의 수가 늘어나느냐 하는 문제이다. 이 문제에 대해서는 공무원 수의 증가가 반드시 업무량의 증가와 정비례한다고는 볼 수 없기 때문에 "공무원의 수는 업무량의 증가와는 관계 없이 증가한다"[10)]는 Parkinson의 법칙을 전혀 외면할 수는 없다.

둘째로, 재정규모의 팽창문제에 언급하고자 한다. 현대행정의 특질의 하나는 행정기구의 확장 및 공무원 수의 증가와 더불어 나날이 증대일로에 있는 행정수요를 충족시키기 위해서 재정규모가 팽창하여 왔다는 사실이다. 미국의 예를 보면 1930년대의 불황기를 제외하고는 1890년 이래 주정부와 지방정부의 지출은 매 10년마다 거의 2배씩 증가했으며, 우리 나라에 있어서도 재정규모의 팽창 추세를 보이고 있다.[11)] 우리 나라에 있어서 재정규모가 늘어나는 이유는, 재정을 항상 단기

장이 현저했으며 정책의 기획·입안 등을 위한 막료조직이 크게 늘어난 것이 특징이다. 그런데 이러한 기구의 무원칙한 증설은 첫째, 정부주도형의 고도성장정책과, 둘째, 역대 각 부처 장관들의 empire-building에 기인되는 것이다. 즉, 그것은 많은 장관들이 재임기간에 기구를 확대하고 정원을 늘리는 것을 큰 업적으로 생각하였던 까닭이라고 하겠다〔행정안전부, 2007 통계연보; 유훈, 행정학원론(서울: 법문사, 2000), p.17; 오석홍, 한국의 행정(서울: 법문사, 2002), p.45 참조〕.

9) 행정학에서도 1970년대에 접어들면서 감축관리(cutback management)의 문제가 대두되었는바, 이것은 기구나 사업을 어떻게 축소하고 예산을 절감하느냐 하는 것이 핵심적인 과제로 되어 있다.

10) Cyril Northcote Parkinson, *Parkinson's Law*, 1957, p.4.

11) 우리 나라의 경우 1949년도에 9,100만원에 지나지 않던 일반회계 세출이 2009년도에는 255조 3,340억원으로 증가하였다〔유훈, 행정학원론(서울: 법문사, 2000), p.17; 강신택, 재무행정론〔전정판〕(서울: 박영사, 2002), p.149; 기획재정부(www.most.go.kr) 자료 참조〕.

적으로 생각하여 줄일 것이 없는데다가 그때 그때 필요에 따라 새로운 지출 항목이 늘어나고, 그것이 또 다음 해에 경직화되는 과정이 해마다 반복되어 왔기 때문이다.

Ⅲ. 중앙집권화의 문제

다음, 현대행정의 특질로서 중앙집권화의 경향을 들 수 있다. 즉, 연방국가에서는 지방자치단체에서 주로, 주에서 연방으로 행정기능이 집권화하는 경향이 있으며, 단일국가에서는 지방자치단체에서 중앙정부로 집권화하는 경향이 농후하다.

사실상 현대국가의 행정은 아무리 지방적 관심사라 하더라도 지방적 차원에서만 다룰 수 없고, 전국적 수준에서 국가적 관심사로 다루어져야 한다는 요구가 커져 가고 있다. 따라서 영국이나 미국의 경우와 같이 전통적으로 지방자치를 기반으로 한 정치체제를 갖추고 있는 나라에서도 근래에 이르러 중앙집권화의 경향이 짙어 가고 있으며, 더욱이 발전도상국가에 있어서는 지나치게 중앙집권화가 이루어지고 있음을 부인할 수 없다.

일반적으로 이와 같은 중앙집권화의 원인은 나라에 따라 다르다고 하겠으나, 주로 i) 국가기능의 확대 · 강화, ii) 지방적 촌락경제체제로부터 국가적 경제체제에로의 이행, iii) 교통 · 통신의 발달 및 iv) 국제긴장의 고도화 등에 기인하고 있으며, 특히 오늘날 관리과학의 발달은 중앙집권화를 더욱 촉진시키는 요인이 되고 있다.

제 5 장

공　　익

제 1 절　공익의 의의

P. Herring이 「행정과 공익」(*Public Administration and the Public Interest*)에서 "공익이야말로 법의 집행에 있어서 공무원을 지도하는 기준"이라고 하였으며,[1] 우리 나라 헌법이 제 7 조 1 항에서 "공무원은 국민 전체에 대한 봉사자이며…"라고 하여 일부의 봉사자가 아니라고 규정하고 있는 것은 각각 공익이 행정에 있어서의 최고의 가치이며 행정담당자의 행동에 대한 최고의 규범적 기준임을 표명한 것이다. 그러나 여기서 말하는 '가치' 또는 '기준'의 내용이 무엇인가가 문제된다.

일반적으로 공익을 단순한 개인의 이익이나 행복을 초월한, 사회의 공동의 이익으로 생각하는 경향이 있으나, 이렇게 정의한다고 해서 공익의 내용을 명백히 밝히기는 어려운 것이다. 근래 여러 학문적 분야에서 공익문제를 다루게 된 것은 이러한 추상적 개념을 구체적으로 파악하기 위한 것이며, 특히 행정의 영역에서 이러한 경향이 두드러지게 나타나고 있는 것은 행정기능의 증대에 의한 행정재량의 확대에 수반하여 명확한 선택기준의 필요성이 생겼기 때문이다.

제 2 절　공익이론

현재까지 여러 논자들에 의해서 공익개념에 대한 접근이 이루어져 왔으나, 간단하게 한 마디로 개념화하기는 어려우며, 논자에 따라서 다양한 개념화가 시도되

1) Pendleton Herring, *Public Administration and the Public Interest*(New York: McGraw-Hill, 1936).

고 있다.

Ⅰ. Leys와 Perry의 공익이론

W. A. R. Leys와 C. M. Perry에 의하면 형식적 의미에 있어서의 공익이란 목적을 고려함이 없이 정부의 행위를 그대로 공익으로 보는 사고방식이며, 실질적 의미에 있어서의 공익이란 정부의 행위 중에서 추구하지 않으면 아니 되는 목적을 공익으로 보는 사고방식으로서, 이것은 다시 i) 개개의 이익의 극대화라는 공리주의적 목적개념, ii) 적절한 절차와 더불어 이루어지는 결정이라는 절차개념, iii) 공공질서와 성실이라는 사회적 규범개념의 세 가지로 나누어진다고 한다. 그리하여 그들은 전자의 형식적 의미의 공익개념을 배제하고 후자의 실질적 의미의 공익개념을 채택하였다.[2] 그 이유는 정부의 행동이 지향하는 목표를 고려하지 않고 정부의 행위를 그대로 공익과 동일시하는 것은, 모든 정부의 행위를 정당화하고, 이에 관련된 개인이익에 대하여 희생을 강요하는 결과가 되기 때문이다.

그들의 실질적 의미의 세 개의 공익개념에 대하여 살펴보건대, 세 개의 공익개념을 하나하나 분리해서 생각하는 것은 적절하지 못하다. 왜냐하면 공익이라는 사회적인 이념적 가치는 단순한 일상적 정부행동을 위한 기준에 그치지 않고, 동시에 정부의 제도나 절차를 위한, 그리고 행동의 산출물인 개개의 구체적 서비스를 위한 평가기준으로서 작용하는 것이므로 공익을 넓은 시야에서 파악하는 것이 바람직하다. 즉, 그것은 공익이라는 가치를 사회적 · 이념적 가치, 제도적 · 절차적 가치 그리고 구체적 · 실체적 가치라는 세 개의 가치국면에서 파악함이 요청된다는 것이다. 다시 말하면 공익이라는 가치는 역사적 사회에 있어서 보편적인 이념적 가치를 기초로 하며, 제도적 · 절차적 가치를 매개로 하여 구체적 · 실체적 가치로서 창조·표출되는 것이라고 하겠다.

요컨대 Leys와 Perry의 분류에서 공익에 대한 충분한 이해를 도모하기 위해서는 이상의 세 개의 개념을 종합해서 파악할 필요가 있다. 그러나 이와 같은 공익개념은 후술하는 바와 같이 공익을 정부의 의사결정과 관련시켜서 생각할 때 비로소 명백해지는 것이다.

---

2) Wayne A. R. Leys and C. M. Perry, *Philosophy and the Public Interest*(Chicago: Committee to Advance Original Work in Philosophy, 1959).

Ⅱ. Schubert의 공익이론

G. Schubert는 「공익」(*The Public Interest*, 1960)에서 공익의 실체적 접근을 배제하고 행태면에서 정부의 각 과정에 있어서의 의사결정을 공익으로 파악하여, 공익 속에 내재하고 있는 '책임 있는 의사결정'의 형을 합리주의자형(rationalistic)·이상주의자형(idealistic) 및 현실주의자형(realistic)의 세 가지로 분류하였다.[3]

그의 이론에 따라 협의의 정부공무원의 과정에 한해서 각 형의 행태적 특질을 요약해 보면, i) 합리주의자형이란 공무원이 의회 내지 집정장관으로부터 부여된 정책을 기준으로 하여 그것을 기술적 재량을 가지고 '절약 및 능률적'으로 실행하는 것을 공익으로 보는 입장이며, ii) 이상주의자형은 공무원이 지녀야 할 자연법적인 최고규범, 예컨대 성실·정의심 등의 윤리적 기준에 입각한 결정을 공익으로 보는 입장이다. 그리고 iii) 현실주의자형이란 여러 집단이익의 경합적 대립의 조정과 타협에 의한 균형 가운데서 공익을 인정하려는 입장이라는 것이다. 이러한 Schubert의 분류는 체계적 공익이론으로서는 불충분하지만, 적어도 공익을 공무원의 의사결정과 관련시켜 이념형을 설정함으로써 공익연구에 바람직한 지표를 제공한 것이라고 하겠다. 그러나 그의 공익결정의 방식에 있어서 세 개의 형은 각각 몇 가지 문제점을 내포하고 있음을 지적하지 않을 수 없다. 즉, 먼저 합리주의자형에 있어서는 공익으로서의 시민의 의사가 의회 내지 집정장관의 정책 속에 완전히 표명된다고 보는 데에는 의문의 여지가 있으며, 다음 이상주의자형에 있어서는 선험성과 애매성을 지니고 있는 자연법을 결정의 기준으로 삼고 있다는 데에 문제점이 있으며, 공무원에게 철인왕(哲人王)이 되어 줄 것을 요구하고 있으나 공무원도 신이 아닌 이상 오류가 없을 수 없고 또한 공무원의 신념이 간혹 독단에 빠지기 쉬운 문제점도 있다. 끝으로 현실주의자형에 있어서는 공익이라는 것이 집단 상호작용에 있어서의 개개의 조절에 의해서 이루어지는 타협을 상징하는 표어처럼 생각되는 경우가 있으나, 궁극적으로 강자의 논리를 인정하게 됨으로써 미조직집단이나 약자의 이익이 무시되는 결과를 초래하기 쉽다는 것 등이다.

한편 J. A. Robinson과 R. R. Majak은 의사결정의 부분과정으로서 지적 과정, 사회과정 및 준기계적 과정의 세 가지의 형을 제시하였는바,[4] 이것을 G. Schubert

3) Glendon Schubert, *The Public Interest*(Glencoe, Ill.: Free Press, 1960), p. 24.

4) J. A. Robison and R. R. Majak, "The Theory of Decision-Making" in J. C. Charlesworth, ed., *Contemporary Political Analysis*(N.Y.: Free Press, 1967), pp. 179～188.

의 형과 비교해 보면 지적 과정은 이상주의자형으로, 사회과정은 현실주의자형으로, 그리고 준기계적 과정은 합리주의자형으로 간주할 수 있다. 여기서 중요한 것은 그들이 세 가지의 과정을 "단일한 의사결정주체 속에 내재하는 의사결정의 상이한 부분과정으로서" 종합적으로 파악할 수 있는 가능성을 시사하였다는 사실이다. 이렇게 볼 때 이상의 세 가지의 형은 서로가 배타적이거나 경쟁적인 것이 아니며, 세 가지 형의 과정은 "하나의 규범적 행위 속에서 상황과의 관련하에 적절하게 선택되는 수단적 과정"으로 볼 수 있다는 것이다.

공익을 민주주의 정치의 전 과정과 동일시하는 점에서 대표적인 논자는 H. R. Simth이다. 그는 「민주주의와 공익」(*Democracy and the Public Interest*, 1960)에서 민주주의 정치의 전 과정, 즉 사회수준—정부수준—정치과정에 있어서의 주요한 요인을 다루고, 이들 전체를 민주주의적 합의(the democratic consensus)로 파악하여 공익과 동일시하고 있다. 보다 구체적으로 보면 사회수준에 있어서는 평등(기회균등), 정부수준에 있어서는 권력의 분산, 정책결정자의 교체를 용이하게 하는 가치중립적 동태적 기구 및 그 운영에 있어서의 다수결정원리, 그리고 정치과정에서는 참가자의 현상에 관한 합의(the status quo consensus) 등 이들의 전 과정이 공익으로 간주된다는 것이다. 이상과 같이 H. R. Smith는 공익을 민주주의의 전 과정과 동일시하고, 이것을 기술적으로 파악하고 있으나 우리는 이것에 만족할 수는 없다. 왜냐하면 우리는 공익개념의 본질을 규범적인 것으로 보기 때문이다.

제3절 정책결정과 공익관

Ⅰ. 공익관의 사적 배경

일찍이 Platon은 철인에 의해서 지배되는 국가를 이상국가로 보았는바, 그 이유는 당시 철인만이 사회 전체의 이익을 대변할 수 있다고 보았기 때문이다. 그리고 그는 사회의 이익을 추구하는 것이 바로 개인의 이익을 도모하는 것으로 보았다. 또한 헤겔도 개인의 참다운 이익은 보편적인 이익을 추구하는 국가의 이익과 일치될 때 비로소 그 진가를 나타낼 수 있는 것이라고 보았다. 즉, 공익이 무엇인가를 예견할 수 있는 정치지도자 내지 유능한 관료가 필요하다는 것이다. 그러나 이러한 규범적 정치철학에 대해서는 일면 수긍할 수 있는 점도 있겠으나, 한편으로는 비민주적인 것이므로 받아들이기가 어려운 부분도 있다.

Ⅱ. 개인주의적 공익관

이것은 개인이 가장 중요한 사회의 기본적 단위라는 전제에서 출발하여 각 개인이 지니고 있는 여러 가지 상이한 효용함수를 가장 충실하게 반영시키려는 것으로서 국가를 개인의 집합체로 보는 개인주의적 국가관에 입각하고 있다.

V. Held가 지적하고 있는 바와 같이 Hume은 의견의 우세를 집계하는 것을 공익을 판단하는 기준으로 삼았고, J. Bentham은 계량가능하다고 생각되는 효용의 속성을 집계함으로써 공공의 이익을 객관적으로 입증하고자 하였다.

무릇, 개인주의적 공익관은 궁극적인 가치를 개개인에 두고 있다는 점에서 높이 평가되고 있다. 그러나 그것은 정책을 입안함에 있어서 모든 개인의 이해관계를 고려에 넣기가 어렵고, 또 상이한 각 개인의 이해관계를 집계한다는 것은 현실적으로 불가능한 일이라 하겠다.

Ⅲ. 집단주의적 공익관

집단주의적 공익관은 공공의 이익을 모든 사회성원에 나누어 향유할 수 있다는 생각을 전제로 하고 있다. 그리하여 W. Lippman은 사람들이 투철한 안목과 합리적인 사고방식을 가지고 사리사욕을 떠나 신중한 행동을 할 때에 공공의 이익이 존재할 수 있는 것이라고 하고 있다.

그러나 개인이 반드시 공공선에 대한 배려나 합리적인 사고방식을 지니고 있다는 보장은 없기 때문에 이러한 어려움을 극복하기 위하여 집단주의적 공익관에 있어서는, 공공정책 선택의 기준이 되는 사회공동의 이익을 경험적으로 일반화할 수 있는 사회적 가치의 합의(consensus)에서 구하려 한다. 이와 같이 의사결정과정에 있어서 합의가 강조되는 이유는 의사결정과정에 있어서 선택이 장차 어떠한 정책을 낳게 할 것인가를 예견하고 나아가 사회적 상태의 바람직한 우선순위를 설정하는 것이라고 생각되기 때문이다.

제 4 절 공익과 사익의 관계

R. N. Mckean에 의하면 민간부문에 있어서와 마찬가지로 공공부문에 있어서도 사익을 통해서 공공의 사익이 추구되고 있다고 한다. 즉, 이것은 사익을 초월한 공익이란 존재할 수 없으며, 또 공익이란 수많은 사익간의 갈등조정의 소산으로 나타나는 것이라는 입장을 시사해 주는 것이라 하겠다.

이와는 대조적으로 Steiner는 집단주의적 공익관에 대하여 찬의를 표명하고 있다. 즉, 그는 사회후생함수를

$$W = W(Z_1,\ Z_2,\ Z_3, \cdots Z_n)$$

으로 표시하고, 사회적 후생 내지 공공의 이익을 구성하는 여러 가지 사회적 목적(예, 자유평등 · 고도경제성장 · 환경보전 · 물가안정 · 교육 및 보건 등), 즉 각 Z를 어떻게 설정하는가가 최대의 관심사이며, 이것은 사회적 가치의 구성(configuration) 및 분석상의 판단에 맡겨져야 한다고 하였다.

무릇 정부는 한편으로는 국민의 의사를 가급적 충실히 집행하는 수동적 내지 소극적 역할을 수행하면서, 다른 한편으로는 국민을 위하여 목표를 설정하고 공공재에 대한 사회적 수요를 명확하게 하는 능동적이며 적극적인 역할을 수행하는 것이다. 왜냐하면 정부는 제각기 이질적인 시민집단에 대해서 항상 적절한 배려를 하여야 하므로 때로는 독자적인 판단이나 강력한 리더십을 발휘하여야 하기 때문이다. 따라서 정책을 결정함에 있어서는 정부가 공익을 도모하기 위한 적극적인 노력을 소홀히 하여서는 안 되는 것이다.

어떻든 현실적으로 볼 때 바람직한 정책결정의 기준으로서의 공익은 다수인에게 이익을 제공함과 동시에 그 양을 증가시키는 것이라고 생각되며, 여기서 말하는 이익은 전술한 바와 같은 자유 · 평등 · 안전 · 복지 등 여러 가지로 표현할 수 있고, 특정 사회가 처해 있는 문화에 따라 변화한다고 보아야 할 것 같다.

제 6 장

합 리 성

제 1 절 합리성의 의의

M. Weber 이래 행정의 문제는 곧 합리성의 문제로서 인식되어 왔다.[1)] 본래 합리성에 관한 개념정의는 학자에 따라 다양하게 나타나고 있으나 여기서는 대체로 세 가지로 구분하여 보고자 한다.[2)]

첫째는, 어떤 행동에 대한 지침을 나타내는 것이다. 즉 단지 육감에 따라 행동하는 것이 아니라 상황을 주의 깊게 살피고 행동대안을 검토하여 그 대안의 결과를 형량해 보는 것 등 지침에 따르는 것을 합리성이라고 보고 있다.

둘째는, 어떤 목표의 극대화나 가치를 적용하기 위한 수단적 가치(instrumental value)로서 사용되는 것을 합리성으로 보고 있다.

셋째는, 상충된 목표·가치간의 조화원리를 의미하는 경우인데 통상 사리에 합당(reasonableness)하다고 하는 것이다.

그러나 합리성의 내용은 주체, 시간 및 상황에 따라 달라질 수가 있다고 보아야 할 것이다.

---

1) Christopher Hodgkinson, *Towards a Philosophy of Administration*(New York: St. Martin's Press, 1978), A. Etzioni의 서문.

2) Steve Leach, "In Defence of Rational Model" in Steve Leach and John Stewart(eds.), *Approaches in Public Policy*(Boston: Allen and Unwin, 1982), p. 8.

제 2 절 합리성의 유형

합리성에 관해서는 학자에 따라 여러 가지로 구분하는데 주요한 유형들을 들면 다음과 같다.

Ⅰ. Weber의 유형

M. Weber는 합리성을 주관적인 합리성(subjective rationality)과 객관적인 합리성(objectified rationality)으로 구분한다.[3)]

먼저 주관적인 합리성은 행동주체(actor)의 정신적 과정에 중심을 둔 것이다. 본래 Weber는 사회적 행위(social action)의 유형을 네 가지로 구분하고 있는데, 첫째, 어떤 행위의 본질적인 가치·정당성에 관한 신념에 관련된 가치합리적(value-rational) 행위, 둘째, 어떤 행동이 지향하는 의도된 결과의 달성에 관련된 수단·목적합리성(means/ends rational) 행위, 셋째, 장기간의 관습·관례에 의해 나타나는 전통적(traditional) 행위, 넷째, 행동주체의 심리적 상태나 기분에 의해 나타나는 감정적(affectual) 행위가 바로 그것이다. 여기서 Weber는 첫째와 둘째를 합리적인 것으로, 셋째와 넷째를 비합리적인 것으로 보고 있다.

다음 객관적인 합리성은 다시 네 가지 유형으로 구분되는데, 첫째, 특정의 목적을 달성하기 위하여 적합한 수단을 잘 마련하는 것을 의미하는 도구적 합리성(instrumental rationality), 둘째, 보다 일반화·추상화된 개념에 의해 사회현상을 명확히 설명하는 것과 관련된 개념적 합리성(conceptual rationality), 셋째, 관습·전통에 의거하는 것이 아니라 경험적인 것을 평가할 수 있는 타당한 기준을 확립하는 것과 관련된 실질적 합리성(substantive rationality), 넷째, 어떤 확립된 규율·관례에 의해 현상을 일관성 있게 대응함으로써 규범이나 행동의 안정성을 확보하려는 것과 관련된 공식적 합리성(formal rationality)이 그것이다.

Weber가 이렇게 다양한 유형의 합리성을 제시했다는 것은 그가 연구방법론상의 유형론(typology)에 크게 의거하고 있다는 데에 기인한다고 하겠으나, 한편으로는 사회가 당면하는 시대적 상황에 따라 합리성의 종류도 다르다는 것을 암시하고

---

3) D. N. Levine, "Rationality and Freedom: Weber and Beyond," *Sociological Inquiry*, vol. 51, No. 1(1981), pp. 10~15.

있다고 하겠다.

Ⅱ. Mannheim의 유형

K. Mannheim은 합리성을 실질적인 것과 기능적인 것으로 구분하고 있다.[4)]

1. 실질적 합리성(substantial rationality)

실질적 합리성은 어떤 현상에 대해 지적 통찰력(intelligent insight)을 표현할 수 있는 사고작용을 의미한다. 즉, 충동 · 감정에 의거하는 것이 아니라 명확한 지성에 의한 사고를 더 합리적인 것으로 보고 있다.

2. 기능적 합리성(functional rationality)

기능적 합리성이란 주어진 목표달성에 기여하는 것을 의미한다. Mannheim에 의하면 사회가 분업화 · 산업화될수록 기능적 합리성은 강하게 일어난다고 한다. 즉, 예컨대 관료제가 조직목표에 기여하도록 작동될 때는 기능적 합리성이 높다고 하고, 이와 반대로 역기능이 심하여 조직목표에 기여하지 못할 경우에는 기능적 합리성이 없다고 할 수 있다. 여기서 두 가지의 합리성의 상관관계가 문제시될 수 있다. Mannheim에 의하면 기능적 합리성은 반드시 실질적 합리성을 증가시키는 것은 아니라고 한다. 산업화가 고도화될수록 기능적 합리성도 증가되겠지만, 이 기능적 합리성과 같은 비율로 실질적 합리성도 증가하는 것은 아니라고 한다. 때로는 기능적 합리성이 고도화되면 인간의 자율적인 판단 및 지적 통찰력을 마비시킴으로써 실질적 합리성은 오히려 제약받을 수도 있다는 것이다.

Ⅲ. Simon의 유형

H. A. Simon은 합리성을 실질적 합리성과 절차적 합리성으로 구분하여 설명하고 있다.[5)]

---

4) 백완기, "합리성에 관한 소고," 한국정치학회보 제17집(1983), pp. 398~399.
5) Herbert A. Simon, "From Substantive to Procedural Rationality" in Herbert A. Simon, *Models of Bounded Rationality*(Cambridge, Mass.: The MIT Press, 1982), pp. 425~427.

1. 실질적 합리성(substantive rationality)

실질적 합리성이란 전통적 경제학 이래로 오랫동안 경제이론을 지배해 온 것인데, 그 내용은 주어진 목표(효용 내지 이윤의 극대화)에 얼마나 적합한 행태인가의 여부에 따라 정해지는 합리성이다. 즉 목표(goal)에 비추어 적합한 행동대안이 선택되는 정도를 의미한다. 그런데 본래 목표가 이미 주어진 이상 의사결정에서 이를 달성하는 최선의 대안은 하나밖에 없으므로 결국 실질적 합리성은 한 가지밖에 없는 셈이며, 이 최선의 대안을 찾지 못할 때는 실질적 합리성은 확보할 수 없게 된다. 뿐만 아니라 어떤 바람직한 대안을 찾았다 하더라도 만약 이것이 과연 최선의 것인가를 모르는 경우가 대부분이므로 결국 실질적 합리성은 확인하기 어렵게 된다.

2. 절차적 합리성(procedural rationality)

절차적 합리성은 목표에 대해서는 관심이 없고 절차에 대해서만 관심이 있다. 즉 결정의 과정이 이성적인 사유(reasoning)에 따라 이루어졌을 때 절차적 합리성이 존재한다. 따라서 결정의 결과가 어떠한 산물로서 나타나는가 하는 것보다는 어떠한 논리적 과정에 따라 결정이 이루어지는가에 더 비중을 둔다.

본래 심리학에서는 결과보다는 과정을 더 중시하기 때문에 심리학자들은 합리성을 논의할 때 이를 '인지적 과정'(cognitive processes)과 '이지적 과정'(intellective processes)으로 파악하는 경향이 높고 따라서 종래의 경제학자들이 주로 실질적 합리성에 치중하는 반면 심리학자들은 이 절차적 합리성을 강조하게 된다.

실질적 합리성은 결국 목표에 얼마나 적합한 대안인가를 따지는 것이며, 이를 위해서 각종의 기법이 제시되어 목표의 최적달성에 이르는 대안을 찾으려고 한다. 미시경제학에서의 많은 결정이론은 근본적으로 이 실질적 합리성을 확보하기 위한 것이다.

한편 의사결정과정에서 좋은 대안을 선택하기 위해 여러 정보를 수집하고 이를 논리적으로 해석하며 예측오차를 줄이고 불확실성을 극소화하는 단계를 두는 것 등은 바로 절차적 합리성을 확보하기 위한 것이다.

그런데 Simon에 의하면 경제학과 같은 영역에서도 특히 제 2 차 세계대전 이후에 절차적 합리성에 대해 많은 관심이 주어지고 있다고 한다.[6] 이렇게 합리성에

6) 그 이유로서 기업 및 공공정책의 현실, OR, 불완전시장, 기대 및 불확실성 등과 관련시키고

대한 관심이 옮겨지면 근본적으로 학문의 양식도 달라지게 된다. 즉, 꼭 맞게 짜여진 공리체계하에서의 연역적 추론을 강조하던 종래와는 달리 이제는 복잡한 사고의 구조체제에 대해 세밀하게 경험적 탐구를 하는 식으로 바뀌게 된다는 것이다.[7)]

한편 이러한 실질적·절차적 합리성은 또 다른 합리성의 구분방식인 주관적·객관적 합리성과 관계지어 볼 수 있다. 여기서 객관적 합리성(objective rationality)은 개인의 주관에 관계 없이 누가 보아도 합리적인 경우를 의미하며, 예컨대 최선의 대안을 선택했을 경우가 이에 해당한다. 따라서 이 객관적 합리성은 거의 실질적 합리성과 같은 개념이다. 한편 주관적 합리성은 결정자 개인의 입장에서 보아 합리적인 경우를 의미하는데 이것이 객관적으로는 비합리적일 수도 있음은 물론이다. 결국 Simon은 객관적·실질적 합리성은 사실상 실현되기 어렵다는 점에 근거하여 주관적·절차적 합리성을 대안으로 제시하고 있다.

Ⅳ. Diesing의 유형

P. Diesing은 합리성을 차원이나 철학이 다른 다섯 가지 유형으로 구분하고 있다.[8)]

1. 기술적 합리성(technical rationality)

이는 주어진 목표를 가장 잘 달성할 수 있는 수단을 찾는 것이다. 물론 여기에는 수단·목표의 계층적 위계구조를 전제하고 있다. 주어진 목표에 가장 적합한 것을 찾는 것이므로 여기에서는 효과성(effectiveness)이 가장 중시된다.

2. 경제적 합리성(economical rationality)

앞의 기술적 합리성은 목표가 이미 주어진 경우의 문제인 데 비해서, 경제적 합리성은 서로 경쟁상태에 있는 목표를 어떻게 비교하여 선택할 것인가가 문제될 때 나타난다. 이 경우 목표는 비용·효과 또는 투입·산출의 관점에서 평가됨이 보통이다. 따라서 경제적 합리성에서는 능률성(efficiency)이 가장 중시된다.

있다(*Ibid.*, pp. 432～439 참조).

7) *Ibid.*, p. 442.

8) Paul Diesing, *Reason and Society*(Urbana, Ill.: University of Illinois Press, 1962), pp. 2～3; William N. Dunn, *Public Policy Analysis*(Englewood Cliffs, N.J.: Prentice-Hall, Inc., 1981), pp. 225～226.

3. 사회적 합리성(social rationality)

이는 사회 내의 여러 세력이 질서 있는 방향으로 처리되고 갈등이 해결되는 장치를 가질 때에 나타나는 합리성이다. 즉, 사회체제의 구성요소간의 조화된 통합성을 의미한다. 이 사회적 합리성에서는 가치 있는 사회제도를 유지·개선시키는 것, 즉 제도화(institutionalization)가 가장 중요시된다.

4. 법적 합리성(legal rationality)

이는 인간생활의 규범적 측면에서 갈등을 해결할 필요성이 있을 때 나타나는 합리성인데 보편성과 공식적 질서를 부여함으로써 인간행위에 대한 예측가능성을 높여 준다. 이 법적 합리성에서는 법적 일치성(legal conformity)이 중요시된다.

5. 정치적 합리성(political rationality)

이는 정책결정구조체제가 개선될 때에 나타나는 합리성이다. 즉 정책결정과정에 있어서 정보가 수집되고 평가되며 어떤 행동대안이 정하여지는데 이러한 여러 과정을 통해 결정구조가 발전될 수 있으면 정치적 합리성이 존재하는 것이다. 이 정치적 합리성에서는 보다 나은 정책을 산출할 수 있는 구조적 장치가 중요시된다.

제 3 절 합리성의 제약요인

무릇 행정은 주로 합리성을 다루는 학문이라 하겠다. 그러나 실제로 합리성이 여러 측면에서 제약을 받고 있다. 이렇게 되면 '순수합리성'(pure rationality)이 아니라 여러 요인에 의해 왜곡된 '제한된 합리성'(bounded rationality)이 나타나게 마련이다.

Ⅰ. 제약요인의 분류

합리성의 제약요인은 정치적 상황에 따라 다음과 같이 분류할 수 있다. 첫째, 이러한 요인 가운데 결정자가 도저히 회피할 수 없는 것과 노력 여하에 따라서는

[그림 1-2] 합리성의 제약요인의 분류

	개인적인 것	구조적인 것
불가피한 것	I	II
회피가능한 것	III	IV

회피할 수도 있는 것으로 구분되며, 둘째, 이 요인은 다시 결정자 개인에 특유한 것과, 개개인에 관계 없이 체제적·구조적인 것으로 구분되는데 이렇게 두 가지 기준을 종합하면 [그림 1-2]와 같은 매트릭스를 얻을 수 있다.[9)]

1. 인지상의 제약

I 은 그 개인에게 특유한 요인에 의해 합리성이 제약받는 경우인데, 그 요인들은 인간으로서는 불가피한 것을 의미한다. 이는 인지상으로 인간이 안고 있는 여러 제약요인에 의한 것이다. 예컨대 Simon이 지적한 지식의 불완전성이라든지[10)] 인간이 주의력의 한계를 가지고 있다는 점이 여기에 해당된다.

2. 분업에 의한 제약

II 는 다수의 결정자들 때문에 생긴 불가피한 요인에 의한 합리성의 제약이다. 여기서는 업무의 분화(division of labour)로 인한 환경의 차이, 문제인식의 차이 등 때문에 나타나는 제약이다.

3. 다원주의적 갈등

III 은 다원화된 사회에서의 여러 집단간의 관계에 기인한 합리성의 제약이다. 그리고 이는 노력 여하에 따라서는 회피될 수도 있는 것이다. 여러 조직간의 협상·조정 및 조직간의 통로, 그들 각자의 이익의 다양성 등에서 기인하는 요인들이다. C. E. Lindblom이 상정하고 있는 점증주의적인 상호조정이 필요한 것도 바로 이런 경우이다.

---

9) John Forester, "Bounded Rationality and the Politics of Muddling Through," *Public Administration Review*, vol. 44, No. 1(1984), pp. 24~25.

10) Herbert A. Simon, *Administrative Behavior*, third ed.(New York: The Free Press, 1976), pp. 81~81.

4. 구조적 요인

Ⅳ는 노력 여하에 따라서는 회피가능한 요인이기는 하지만 동시에 그 사회의 체제적·구조적인 요인에 의한 합리성의 제약이다. 이것은 Ⅲ에서 가정하고 있는 다원주의적 사회가 아니라 정치·경제면에서 각 사회집단의 세력간에 불균등이 있음을 인정하는 상황이다. 이런 상황에서는 합리성에 대한 구조적인 제약요인이 의사결정상에 나타나게 되는데 이를 해결하기 위해서는 단순한 점증주의적 상호조정에 의해서는 불충분하다. 무엇보다도 체제의 구조 자체를 재구성하는 것이 필요하게 된다. 왜냐하면 그 구조는 특정한 사회집단에게만 유리하도록 짜여 있기 때문에 아예 사회의 구조 자체를 새로이 재구조화할 필요가 있게 된다. 이는 Habermas적인 입장과 연관되는 것이다.

Ⅱ. 제한된 합리성

본래 합리성이 전혀 제약받지 않은 순수한 상태를 순수합리성(pure rationality)이라고 하는데 이상적인 합리모형에서 취하고 있는 총체주의적(comprehensive) 사고가 여기에 속한다. 이는 완전에 가까운 합리성을 지향하는 것이며, 최적화(optimization)를 실제의 전략으로 하고 있다. 그러나 현실적으로 이러한 총체주의적 합리성은 실현되기가 어려우며 여러 가지 제약에 의해 '제한된 합리성'(bounded rationality)이 나타나게 된다. 이것이 Ⅰ, Ⅱ, Ⅲ, Ⅳ형의 제한된 합리성이다. 첫째 유형의 제한된 합리성은 인지상의 제약에 기인하는 것인바, 여기에서는 H. Simon의 이른바 만족화(satisficing) 전략을 취하게 된다. 둘째 유형은 사회적인 분업에 의해 야기되는 제한된 합리성인데, 여기에서는 분리된 각 주체(개인·조직)간의 연결망(network)을 잘 마련하고 계속 탐색(search)을 하는 전략을 취한다. 셋째 유형은 다원주의에 의한 제한된 합리성인데 여기서는 다원화된 주체간의 협상(bargaining) 및 점증주의적인 상호조정(mutual adjustment) 전략을 취한다. 넷째 유형은 사회체제의 체제적·구조적 불균등에 의한 제한된 합리성이다. 여기서는 이 구조적 모순에 대응(counteract)하거나 구조 자체를 재구성(restructuring)하는 전략을 추구한다.

요컨대 순수한 유형의 합리성 및 위의 네 가지의 제한된 합리성의 관계를 살펴보면 순수합리성에서의 합리성의 수준이 가장 높으며 그 다음으로는 Ⅰ, Ⅱ, Ⅲ, Ⅳ의 순서로 합리성의 수준은 낮아진다는 것이다.

제 7 장

행정의 능률화

제 1 절 행정의 능률화와 민주화

Ⅰ. 의 의

1. 능률화와 민주화의 개념

현대행정의 2대지표는 민주적이고도 능률적인 운영을 기하려는 데 있다. 바꾸어 말하면 현대국가에 있어서 행정의 2대과제는 능률화와 민주화라고 하겠다.

(1) 능률화의 개념

H. A. Simon에 의하면 능률이란 '투입'(input)과 '산출'(output)의 비율을 뜻하며, 행정의 능률화란 행정을 가능한 한 적은 투입으로 많은 산출을 얻고자 노력하는 것을 말한다.

(2) 민주화의 개념

행정의 민주화란 i) 넓게는 민주정치의 발전과 더불어 행정이 국민 전체를 위하여 봉사하는 것을 뜻하며, ii) 좁게는 행정조직 내에 있어서 관리의 민주화를 실현하는 것을 의미한다.

2. 민주화와 능률화의 상호관계

민주주의를 신봉하는 현대국가에 있어서 행정의 민주화는 목적가치이며 능률화는 수단가치라 하겠다. 따라서 행정의 능률화를 지나치게 추구할 경우에는 행정의 민주화가 희생되기 쉽고, 반면 행정의 민주화를 지나치게 추구할 경우에는 능률화가 저해되게 마련이다. 그러나 궁극적으로 능률화와 민주화는 서로 모순되는 개념이 아니며 상호보완적인 관계에 있는 것이다. 예컨대 능률의 개념 중에서 기계적 능률이 아닌 사회적 능률은 민주화와 그 본질을 달리하는 것이 아니다.

Ⅱ. 행정의 능률화의 내용

행정의 능률은 이것을 기계적 능률(mechanical efficiency)과 사회적 능률(social efficiency)의 두 가지로 나누어 설명 할 수 있다.

1. 기계적 능률

W. Wilson이 1887년 이래 제창한 정치·행정 이원론에서는 능률을 주로 기계적으로 파악하여 목적이나 가치를 배제하고 수단의 합리성만을 강조하였다. 즉, 능률은 주로 목적보다 수단과 관련되며 행정활동 그 자체를 가치중립적인 것으로 파악할 경우 행정에서 극히 중요한 인간적 가치는 무시되게 마련이다.

2. 사회적 능률

사회적 능률은 M. E. Dimock에 의하여 1930년대 중반 이후 정치·행정 일원론과 인간관계론을 배경으로 주장된 것이며, 전술한 정치·행정 이원론을 비판하면서 나온 개념이라 하겠다.

이제 사회적 능률관의 내용을 살펴보면 다음과 같다.

⑴ 합목적적 능률

이것은 정치·행정 일원론적인 견지에서 목적을 떠난 능률이란 존재할 수 없으며, 능률의 결정은 목적에 의존하는 것이라고 한다. 또한 행정목적의 형성은 가치판단적인 것이므로 목적에 의존하는 능률은 당연히 가치적인 성격을 내포한다.

⑵ 인간적 능률

사회적 능률은 기계적 능률과는 달리 행정조직 내에 있어서 인간적 가치를 실현하는 것이다.

⑶ 사회적 능률

이것은 행정의 사회적 유효성을 기준으로 하여 능률의 정도를 평가하여야 한다는 것이다.

위에서 본 사회적 능률관은 종래의 비인간적인 기계적 능률관을 비판하고 능률에 있어서의 합목적성·인간성 등을 강조하였다는 점에서 새로운 의의를 발견할 수 있다.

Ⅲ. 행정의 민주화의 내용

행정의 민주화를 위한 내용으로서는 다음과 같은 몇 가지를 열거할 수 있다.

1. 행정통제의 강화

행정부에 대한 외부통제(예, 입법통제 · 사법통제 · 민중통제 등)를 강화하되, 이에 더하여 시민의 고충에 대하여 성실한 구제를 도모하기 위한 Ombudsman제도의 도입 · 활용이 바람직하다. 또한 외부통제가 실효를 거두기 어려울 경우에는 행정부 스스로의 내부통제에 기대를 걸 수밖에 없는바, 이 내부통제를 위해서는 제도상의 자율적 통제뿐만 아니라 행정인 스스로의 자율적 통제가 확립되어야 할 것이다.

2. 행정상의 분권화

행정상의 분권화란 통치상의 의사결정권을 중앙정부에 집중시키지 아니하고 지방정부에도 분산시켜 행하도록 함을 뜻하는바, 이와 같은 행정상의 분권화는 궁극적으로 행정에 대한 주민의 참여를 확대 · 실현케 함으로써 민중통제를 강화시킬 수 있다. 그런데 주민의 참여는 가능한 한 모든 시민집단을 포함하여야 할 것이며, 이를 위해서는 참여를 위한 분권적 조직을 만들 것과 인권옹호 등의 문제가 고려되어야 할 것이다.

3. 행정기구의 민주화

특히 후진국가에 있어서 특권적 관료주의적 행정을 배제하고 행정기구의 민주화를 도모하기 위해서는 행정위원회를 활용하는 것이 바람직하다. 예로서 행정위원회의 성격을 지닌 일본의 인사원은 내각의 소속하에 있으나, 소관사무의 수행에 있어서 내각의 지휘를 받지 아니하며, 독립성을 지닌 합의제기관으로서 기능하고 있다.

4. 공개행정의 구현과 시민의 신뢰성 확보

행정의 현실 및 당면문제 등을 시민에게 공개함으로써 그들의 이해와 협조를 얻도록 하는 것이 바람직하다. 즉, 정부는 시민에게 정보를 제공하고 시민을 교육할 의무를 지닌다. 한편 행정은 시민과의 관계에 있어서 시민의 견해를 이해하고 존중하는 태도를 갖는 것이 긴요하다.[1] 그리하여 정부는 시민의 고충을 덜어 주기

---

1) 渡辺保男, 「第7回 國際連合行財政施策專門家會議提言」, 社會科學ジャーナル〔第22號(2)〕(三

위한 책임성 있는 모습을 보이고 신뢰를 받을 수 있는 태도를 보임으로써 정부의 정책에 대한 시민들의 신뢰성을 확보해 나가야 할 것이다.

5. 행정윤리의 확립

행정윤리의 확립을 위해서는 먼저 공무원 도의의 함양이 요구되는바, 이를 위해서는 무엇보다도 민주성을 확립시키도록 교육이 되어야 한다. 또한 행정윤리는 개개의 공무원을 대상으로 하는 미시적 윤리도 생각할 수 있으나, 거시적 윤리의 차원에서 볼 때 공무원들의 전반적인 윤리로서 근래 신행정론에서 말하는 사회적 형평성[2)]이 확보되어야 할 것이다.

종래 우리 나라에 있어서는 오랫동안 권위주의적 통치구조가 지배하여 왔기 때문에 민주행정이 발달할 소지가 적었으며, 조직관리면에 있어서도 아직까지 전제적인 사고방식이 잔재로 남아 있다. 또한 우리는 경제적으로 낙후되어 있으므로 이를 극복하고 선진제국에 따라가려면 행정의 능률화가 시급히 요구된다. 그러므로 우리 나라에 있어서는 행정의 민주화와 능률화를 동시에 추구하지 않으면 안 되는 상황에 처해 있는 것이다. 그러나 한 가지 유의하여 둘 것은 민주주의란 목적가치이며, 능률은 수단가치이므로 어디까지나 행정의 민주화를 해치지 않는 범위 내에서 행정이 능률화를 추구하여야 할 것이다.

제 2 절 행정의 생산성

Ⅰ. 생산성의 의의

원래 행정에 있어서의 생산성(productivity)이란 '재화 또는 용역의 생산에 있어서의 능률성'(efficiency in producing goods or services)을 의미하는 것으로서, "특정 기간 내에 조직에 의해서 생산된 단위 혹은 급부된 용역(산출)과 생산에 소비된 자원(투입)과의 비율"을 가리킨다.

鷹, 東京: 國際基督敎大學, 1985), p. 96 참조.

2) H. George Frederickson에 따르면 사회적 형평(social equity)이란 공공서비스의 평등성, 의사결정과 사업수행에 있어서의 행정관의 책임성 및 시민의 요구에 대한 대응성의 확보를 뜻한다.

이것을 C.R. Wise의 견해에 따라 구체적으로 살펴보면 행정의 생산성이라는 개념 속에는 '정부 제 자원의 능률적 이용'(efficient use of governmental resources)과, '정부활동의 사회에 대한 현실적 영향력'(actual impacts of what government does)의 두 가지 의미가 모두 포함된다고 한다. 즉, 전자의 '능률성으로서의 생산성'은 산출을 위해 활용된 자원에 관련된 개념이며, 후자의 '효과성으로서의 생산성'은 산출이 사회 전체에 미치는 영향력(정책목표의 달성도)을 뜻하는 개념이라 하겠다.

그리하여 생산성이란 능률성(efficiency)과 효과성(effectiveness)을 각각 초점으로 하여 타원형을 그릴 때 두 개가 마주치는 부분, 즉 양자를 합친 개념으로서 파악되며 그것은 계측이 가능한 것으로 볼 수 있다. 여기서 한 가지 부언해 둘 것은 효율성이라는 개념도 능률성과 효과성을 합친 것으로 해석되고 있는바, 이렇게 볼 때 생산성이라는 용어는 효율성과 거의 같은 뜻으로 파악되고 있다는 사실이다.

Ⅱ. 생산성의 측정기준

행정기관에서 관리자층이 이용할 수 있는 생산성의 측정기준은 그다지 정확한 것이 되지 못한다. 그것은 사적 영역에서 채택되고 있는 경제적 측정기준에 비해서 그렇게 단순하지 않기 때문이다. 예를 들면 현대정부의 활동 가운데는 범죄·총포 등에 의한 생명·재산의 파괴와 같은 사회적 부정의 예방과 배제가 포함되어 있는데, 이러한 정부기능의 생산성을 측정하는 데는 적지 않은 어려움이 뒤따른다.

D.E. Klinger는 생산성의 세 가지 측정기준을 제시하고 있다.[3)]

1. 비용 능률(cost efficiency)

비용 능률(cost efficiency)이란 "어떠한 사업계획이 최저비용으로 사업계획 산출(program output)의 일정단위를 산출할 수 있는가를 결정함으로써 복수의 사업계획의 생산성을 사정하는 기준"을 말하며, 이 기준은 산출을 용이하게 계측할 수 있는 사업계획을 대상으로 하는바, 이것은 1930년대 이래 발달하여 온 측정기준이다.

비용 능률은 행정기관에 의해서 급부되는 용역의 전 단위를 측정하고 용역 1 단위당 비용을 산출하기 위하여, 전 급부용역의 총비용을 전 단위 수로 나눈다. 그

3) Donald E. Klinger, *Public Administration: A Management Approach*, 1983, pp. 296~298.

리하여 그 몫이 작으면 작을수록 사업계획 능률은 크다. 비용 능률의 목적은 민의의 다원적 요구에 대응하면서 용역의 단가를 가급적 감축시키는 데 있는바, 예를 들면 공원시설의 청소 및 유지, 도로의 보수, 대중위생 장치의 유지 및 관리 등의 도시문제 영역에 있어서의 사업계획의 생산성 사정 등에 적용된다.

비용 능률의 문제점으로는 동일한 사업계획 목적을 달성하기 위하여 다른 방책은 존재하지 않는가, 그리고 사업계획 목적을 과연 수행할 만한 가치가 있는가에 대한 해답을 주지 못하고 있다는 점이 지적되고 있다.

2. 비용 효과성(cost effectiveness)

비용 효과성(cost effectiveness)이란 당초 1960년대에 미국 국방성에 의해 도입되었으며, 그 후 사기업의 경영자층에 의해서 채택된 생산성의 측정기준이다.

비용 효과성의 목적은 동일세출액이 다른 사업계획에 있어서 보다 효과적으로 사용될 수 있는가의 여부, 그리고 당해 세출액이 소기의 목적에 대한 부정적 작용을 수반하지 않으면서 삭감될 수 있는가의 여부를 결정하기 위하여 개별적·구체적인 세출액을 분석하는 데 있다. 따라서 이것은 동일목적을 달성하기 위하여 보다 저렴한 방책이 존재할 수 있는가의 여부에 대한 해답으로서 제기된 측정기준이라 하겠다.

비용 효과성에 있어서는 사업계획 대안의 수량화된 각각의 비용과 편익이 비교 검토된다. 따라서 이 기준하에 있어서는 여러 용역의 단가가 측정되는 데 그치지 않고, 나아가 당해단가와, 동일목적을 달성하기 위한 다른 방책의 단가와의 비교 검토가 가능하게 된다. 이 비용 효과성은 정신질환의 의료시설의 방식 등에 사용된다.

3. 사업의 가치(program worthiness)

사업의 가치(program worthiness)란 "유한자원의 획득을 둘러싸고 경쟁관계에 있는 제 사업계획 목적의 사회적 또는 정치적인 가치와 비교되는 특정 사업계획 목적의 당해가치"를 말하는바, 이 측정기준은 산출을 사정하기가 힘든 사업계획 혹은 정부직능에 적용된다.

사업의 가치는 사업계획의 비용능률 및 효과성(cost efficiency and effectiveness)을 평가하는 것이 아니라, 정치적·사회적 혹은 도덕적인 전망에 비추어 당해 사업계획의 가치를 사정하는 것이다.

이 측정기준의 목적은 가장 필요한 시기에 자원이 활용될 수 있도록 보장한다는 관점에서, 발생할 수 있는 사회의 필요성을 사정함으로써 자원의 배분을 개선하는 데 있는바, 이것은 예를 들면 경찰력·소방력의 급부와 배치 등에 활용될 수 있다.

Ⅲ. 생산성의 저해요인과 생산성 향상방안

1. 생산성의 저해요인

생산성을 향상시키기 위한 노력이 있다고 하더라도 여러 가지 장애에 봉착하게 된다. 이러한 장애로서는 i) 행정기관 내에 있어서의 미이용 노동력의 존재 내지 작업총량의 불균형 배분, ii) 시설 또는 원재료의 결여, iii) 행정기관 직원에 의한 유휴시간의 자발적 조장 또는 작업능률의 저하, iv) 비생산적 제 활동에 대한 과대한 시간의 투여 및 민의의 청구에 대한 응답 및 대응의 지체 등을 들 수 있다.

2. 생산성 향상을 위한 해결방안

이상과 같은 생산성의 저해요인을 막고 생산성을 향상시키기 위해서는 다음과 같은 방안이 고려되어야 할 것이다.

첫째, 컴퓨터의 창조적 활용에 의한 조직상·조직분석상에 있어서의 절차의 개선이다. 이 방법은 광범위하게 사회복지기능을 수행하는 제 행정기관이 다양한 사업계획에 있어서의 비용능률을 향상시키는 데 매우 유익한 것이다. 즉, 데이터 처리능력의 향상은 거대규모의 교육체계의 운영, 거대규모의 사회복지시책의 전개, 정부 또는 개개 행정기관에 재화와 용역을 제공하는 사람들에 대한 지불 등에 있어서 효과를 올릴 수 있다.

둘째, 인적 제 자원의 보다 능률적인 이용을 가져올 수 있는 기술적 장치의 개발이다. 예로서 수질오염·대기오염을 극복하기 위한 기술혁신 등을 들 수 있다. 물론 현재에 있어서의 기술의 개발능력은 상대적으로 제약을 받고 있다고 하더라도 장래에 있어서의 가능성에 주목할 필요가 있는 것이다.

한편 N. Hayward는 정부직능에 있어서의 생산성을 향상시키기 위한 방안으로서 다음과 같은 일곱 가지를 들고 있다.[4] 즉, i) 인원·시설 및 자본의 최적이용,

---

4) Nathaniel Hayward, "The Productivity Challenge" in *Public Administration Review*, vol. 36 (September/October, 1976), p. 554; "Symposium on Productivity in Government" in *Public Administration Review*, vol. 38(January/February, 1978), pp. 1~50 참조.

ii) 충분한 전문적 지식, 명백한 목적의식을 구비한 직원의 채용, iii) 고급 품질의 자원의 확보 및 활용, iv) 기술의 혁신, v) 실효성 없는 법률·규칙 및 기준의 폐지, vi) 사회적 요청과 그 수혜자의 정확한 파악, vii) 민의의 요청에 적합한 용역의 주도면밀한 계획 등이다.

제 3 절 행정의 중복성

Ⅰ. 중복성의 의의

행정현상을 설명함에 있어서 여러 가지 다양한 제도·기능이 서로 복합·중복되어 있는 것으로 파악하는 입장이 있는바, M. Landau는 이를 중복성(redundancy)이라는 개념을 사용하여 설명하고 있다.[5]

중복성(redundancy)이란 용어는 원래 '정상적으로 필요한 것 이상의 것', '여분의 것'(superfluity) 또는 '가외의 것',[6] '초과분'(excess) 등의 뜻을 내포하고 있어서 어떻게 보면 불필요한 것이 중복되어 있다는 인상을 받기 쉬우나, 이와 같은 중복성은 어떤 면에서는 행정체제의 실패가능성을 극소화하고 신뢰성·안정성을 높일 수 있다는 점(예: 양원제, 대통령이 정보를 수집함에 있어서 한 기관을 통해서만이 아니라 여러 기관을 두고 있는 것 등)에서 그 의의를 찾아볼 수 있다.

다시 말하면 행정의 영역에 있어서는 오랫동안 지배적인 행정이념으로서 능률성(efficiency)이 매우 강조되어 왔으며, 중복성이 전혀 없는 상태, 즉 zero-redundancy[7]가 곧 최적의 능률성 척도로 간주되어 왔기 때문에 가능한 한 조직기구 등의 중복을 피하는 것을 행정의 이상으로 생각하여 왔던 것이다.

그러나 오늘날에 와서는 중복성의 개념을 단지 어떤 덧붙여진 초과상태로만 볼 것이 아니라, 이 덧붙여진 부분 자체도 필요한 상태에 포함되는 것으로 보아야 한다는 인식이 새로이 대두되게 된 것이다.

5) Martin Landau, "Redundancy, Rationality, and the Problem of Duplication and Overlap," *Public Administration Review*, vol. 29, July/August, 1969, pp. 346～358 참조.

6) 일부학자는 redundancy라는 용어를 가외성이라고 번역하고 있는데[백완기, 행정학(서울: 박영사, 2002), p. 140 참조] 여기서는 중복성으로 이해하고자 한다. 이와 같은 중복성 현상은 Harry Nyquist에 의해 정보이론 분야에서 하나의 기술적 용어로서 도입되었다.

7) Martin Landau, *op. cit.*, p. 347.

Ⅱ. 중복성의 특성

중복성에는 다음과 같은 몇 가지 속성이 포함된다.[8]

1. 중첩성(overlapping)

중첩성은 기능이 독립적으로 분할되어 있지 않고 여러 기관에서 혼합적으로 수행되는 것을 의미한다. 이것은 마치 인체 내에서 음식물을 소화시키는 작용을 위에서만 전담하는 것이 아니라 다른 기관에서도 참여하여 소화작용이 이루어지는 것과 비슷하다. 이렇게 함으로써 여러 담당기관들은 상호관계를 중첩적으로 맺게 되는데 Von Neumann은 이러한 중첩성이 있기 때문에 조직은 자체 내에서 발생하는 오류를 미리 발견·조정하며 이를 교정·차단할 수 있다는 것이다.[9]

2. 중복성(duplication)

중복성은 특정한 한 가지 기능을 어느 한 기관에서만 수행하는 것이 아니라 여러 기관들이 각각 독자적으로 수행하는 것을 말한다. 예를 들면 정보제공의 기능을 어느 하나의 기관에서만 담당하지 않고 서로 다른 여러 기관들이 서로 간섭하지 않고 각각 독자적으로 담당하는 경우이다. 이 때 한 기관의 역할이 다른 기관의 역할에 영향을 미쳐서는 안 된다. 이 때 2가지의 장치는 서로 독립되어 있어야 하며, 만약 한 기관의 기능이 다른 기관의 기능에까지 영향을 미친다면 반복의 효용은 의미가 없게 된다.

3. 동등 잠재력(equipotentiality)

동등 잠재력은 기관 내에서 주된 조직단위의 기능이 작동하지 않을 때에 다른 보조적 단위 기관들이 주된 조직단위의 기능을 인수해서 수행하는 경우이다. 예를 들면 단전에 대비한 자가발전시설이라든가 타이어의 펑크에 대비한 스페어 타이어의 준비 등이다. 이를 통하여 기관은 상황변화에 따른 고도의 적응력을 발휘할 수 있게 된다.[10]

이상에서 중복성의 세 가지 속성을 살펴보았는데 이들은 서로 명확히 구분되

8) 백완기, 행정학(서울: 박영사, 2006), p. 168.
9) Martin Landau, *op. cit.*, p. 351.
10) 백완기, 행정학(서울: 박영사, 2006), p. 168.

지 않는 경우도 많으며 일반적으로 중복성(redundancy)이라고 하면 이러한 세 가지 속성을 내용으로 하는 포괄적인 의미로 이해되는 것으로 볼 수 있다.

Ⅲ. 중복성의 효용

오늘날 중복성은 특히 정보, 컴퓨터, 신경망의 분야에서 그 중요성이 두드러지게 나타나고 있는바, 이러한 경향은 행정의 영역에까지 확대되어 가고 있다. 그 이유로는, 첫째, 행정에도 정보이론이 적용되어야 한다는 것이다. 즉, 대규모 조직은 하나의 복합한 정보체제(information system)로 볼 수 있기 때문에 그 정보의 원천·전달·수신상의 여러 불확실성·위험을 극소화하기 위해 중복적 요소가 필요하게 되는 것이다. 둘째, 불확실성에 대비하기 위해서이다.[11] 즉 행정이 당면하는 자료·정보에는 항상 불확실성이 흡수되어 있을 수 있으므로 이를 극소화하기 위해 대규모 조직사회에서 중복성이 필요하게 된다. 셋째, 종래의 행정조직관의 변천이 있게 되었다는 점이다. 즉 종래에는 행정체제를 그 구성부분의 총합으로 파악하여[12] 각 구성부분이 완벽하게 분화·편제되고 각 부분의 상호간의 연관이 정확히 이루어지는 최소한의 관계성만 유지하면 그 구성부분의 총합으로서의 행정체제도 오류 없이 진행되는 것으로 보았다. 즉 군더더기 없이 꼭 필요한 조직만을 설정하여 각각의 기능만을 부여하여 운영하는 조직을 지향하였던바 이 경우 그 조직은 단선형 조직을 띠게 된다. 그러나 이러한 조직형태로 되면 절약과 능률이라는 원리에는 합치할지 모르나 이 경우 행정은 너무 빠듯한 상태(administrative brinkmanship)[13]에 놓이게 되므로 지극히 불안정한 행정을 초래하기 쉽다. 요컨대 그것은 조직을

11) 즉 어떤 행정이 직면하는 상황은 명확히 규명된 것이기보다는 불확실한 것일 때가 많다. 조직 내에 어떤 정보를 생성·전달할 때는 다음과 같은 경로를 밟는다. 즉, 먼저 사실의 입증(evidence)을 하고 이를 통해서 어떤 추론(inference)을 얻는다. 그런데 이 정보를 다른 곳에 전달할 때는 evidence가 아니라 inference만을 전달하게 되는데, 여기에 본래의 자료가 가지고 있던 불확실성은 정보 속에 그대로 흡수된 채로 있게 된다〔J. G. March & H. A. Simon, *Organizations*(N.Y.: John Wiley and Sons, 1958), pp. 164～165 참조〕.

12) 본래 체제론적 사고방식에 의하면 부분의 총합은 전체보다 크다고 보는 것을 주요한 한 내용으로 하고 있다. 따라서 이들 전체를 그 구성부분의 총합으로만 보는 것은 체제론적인 조직관이 미약했던 시대의 관점인 셈이다〔Von Bertalanffy, *General System Theory: Foundations, Development, Application*(N.Y.: George Braziller, 1968), p. 10 참조〕.

13) 아주 쉬운 비유로서, 전쟁을 치를 때에 꼭 필요한 만큼의 장비, 무기만을 가지고 전쟁에 임하는 경우를 상상해 보자. 이 경우에는 어떤 예비적으로 여분의 장비, 무기를 갖는 것을 낭비라고 여기고 있는 상황이다. 만약 이 때에 어느 한 부분에서라도 착오가 생기면 결국 전체의 전쟁 상황에까지 영향을 주게 된다. 이를 표현하는 말로 보통 "못이 하나 모자라서 전쟁에 졌다"라는 것이 있다.

구성부분의 단순한 총합으로만 간주하고 그 구성부분의 완전성을 확보하기만 하면 전체의 조직도 잘 조화되리라는 가정에 근거했던 것이다. 그런데 이제는 그 구성부분의 오류가능성이 인식되어 그에 대한 보완적 장치가 필요하게 되었으므로 이 보완적 장치로서 중복성의 중요성이 대두된 것이다. 넷째, 협상(compromise)이 필요한 경우가 대규모 조직사회에서 일어나기 쉬운데 이 협상이라는 관념 자체가 일회적인 의사소통에 그치지 않고 계속해서 타인과 의사를 주고 받는다고 하는 중복성의 개념을 내포하고 있다는 것이다.

이상에서 중복성이 행정에 있어서 필요한 이유를 살펴보았는바, 이제 중복성의 효용을 구체적으로 살펴보면 다음과 같다.

1. 정보의 정확성 확보

정보의 중요성이 높을수록 그 정확성도 높을 것이 요구된다. 이 때는 단일의 정보원이 아니라 다원적인 정보원을 통해 정보를 분석할 필요가 있다.

예컨대 안보에 관한 정보, 정치적 비중이 높은 분야에 대해 여러 가지의 정보체제를 두는 등 최고정책결정에 필요한 보다 정확한 사실을 확보하기 위해 대통령 주변에 다원적 정보체제를 설치하는 경우이다.

2. 조직의 신뢰성 제고

조직에 내재되어 있는 오류발생을 극소화함으로써 조직의 신뢰성을 높여 준다는 것이다.[14] 유기체의 자극-반응(stimulus-response)의 측면에서 볼 때, 체제란 누가 무엇에 대해 무슨 반응을 나타낼 것인가를 규정하고 있는 것으로 파악된다. 여기서 이 체제가 당면하는 정보는 오류가능성이 높으며, 또 인간이란 본래 가변적인 존재(variable human)이기 때문에, 이 정보의 송신자와 수신자(senders and receivers) 간에 오류가 개재될 가능성이 높다. 그러므로 어느 조직이든 항상 불안과 실패의 위험성을 안고 있는데, von Neumann에 의하면 이를 해소시키려고 충분한 중복성을 부여해 놓는 것이라고 한다.

3. 적응성의 확보

조직의 구성요소에 중복성이 확보되어 있음으로써 예컨대 한 부문에서 기능상의 장애가 있더라도 중복적으로 예비된 요소가 이 기능을 대행함으로써 위험사태

14) Martin Landau, *op. cit.*, pp. 349～350.

에 대한 대응능력을 높인다. 이는 그 조직체제가 환경에 대한 적응성이 높아짐을 의미한다.

4. 창의성의 제공

이는 체제 내의 다원적인 부문들이 서로 다원적으로 기능할 때에 창의성이 나타날 가능성이 높다는 것이다. 이 경우 민주주의 체제가 전체주의 체제하에서 보다 창의적인 사고가 잘 나타날 수 있다는 것이 그 좋은 예이다.

5. 수용범위의 한계 극복

단선형 조직에서는 구성원들에게 그들이 담당하는 기능에 관한 완벽한 지식·정보·기술을 요구하고 있으나, 이러한 요구에 대한 조직구성원의 수용범위(zone of acceptance)에는 한계가 있을 수밖에 없다. 따라서 오늘날과 같은 대규모의 행정조직에 있어서는 어느 정도의 중복성을 인정하여 이 수용범위의 한계를 극복할 필요가 있다.[15)]

6. 목표의 전환(displacement of goals)현상의 완화

조직의 구성요소에게 꼭 맞게 짜여진 책임·권한을 부여하고 중복이 없게 하면 결국 그 구성원들은 그 조직체제가 요구하는 규칙에 따라서만 행동하는 맹종성이 나타나게 되어 융통성을 가지고 조직목표를 수행하지 못하고 오히려 그 책임범위·규칙에서 벗어나지 않는 것을 목표보다 더 중요시하는 현상을 보이게 된다.

이러한 목표의 전환(displacement of goals)현상은 중복성을 인정함으로써 완화될 수 있는바, 이는 구성원의 책임·권한에 어느 정도의 중복성과 융통성을 부여함으로써, 꽉 짜여진 조직에서 나타나는 목표의 전환현상을 피하고 실질적인 목표의 성취를 기할 수 있다는 것이다.

7. 연구방법상의 편의성

H. A. Simon에 의하면 대규모의 복합적인 조직체제 속에는 그 구성요소간에 중첩·반복과 같은 중복성을 찾아볼 수 있는바,[16)] 이러한 복합적인 조직체제에 있

15) *Ibid.*, p. 354. 본래 단선형 조직에 있어서는 능률의 최적화를 기하고자 하나 최적화(optimum)는커녕 만족화(satisficing)의 수준에도 미치지 못하는 경우가 있다.
16) Herbert A. Simon, *The Science of the Artificial*(Cambridge, Mass.: MIT Press, 1969), pp. 107~111에 자세한 예시가 있다.

어서의 중복적 요소들은 동일한 묶음 또는 기호로써 표시될 수 있으므로 복잡한 행정현상을 그만큼 단순화시켜 준다고 한다. 이것은 결국 복잡한 계층제 속에서 일어나는 행정을 연구하는 데 있어서 도움을 준다는 것이다.

Ⅳ. 중복성의 평가

1. 능률지상주의에 대한 반성

종래의 도구주의적 행정관에 의하면 능률성(efficiency)의 확보야말로 행정의 최고 목표였으며 이를 실현하기 위해서 기능의 중복성이 없는 조직편제, 책임의 엄밀한 구분, 각 구성요소의 무오류성(infallibility) 등이 특히 강조되었다. PPBS가 그 주요 가치의 하나로 '절약과 능률'을 들고 있는 것도 이러한 맥락에 속하는 것이다. 그러나 이러한 능률지상주의적 행정관은 실제로는 위험성·실패가능성을 내포하고 있는바, 이에 대비하여 조직의 신뢰성·적응성을 높이기 위해서는 어떤 보완적인 제도적 장치가 필요하게 되는데 이를 M. Landau가 중복성이라는 개념으로 이해한 것은 매우 적절하다고 하겠다.[17)]

2. 비용·효과상의 문제

중복성을 도입할 경우 전술한 바와 같은 여러 효용이 있으나, 한편 이로 인한 자원의 소모·낭비와 같은 비용문제가 제기된다. Landau 자신은 중복성을 산술적으로 증가시키면 행정의 신뢰성은 기하적으로 증대되므로 비용이라는 것은 별 문제가 되지 않으리라고 하고 있지만,[18)] 결국 중복성을 도입했을 때 얻게 되는 효과가 그 비용을 상쇄 내지 능가할 수 있어야만 할 것이다.

3. 운영상의 문제

조직 내의 기능의 중복현상은 항상 상호간의 갈등을 야기하기 쉽다. 예컨대 두 기능이 순차적인 관계로 연결되어 있을 때에는 조직 내에 있어서 갈등의 소지가 비교적 적다. 즉 이 경우에는 한 기능의 작동에 문제가 생기면 다음 두 번째의 기

---

17) Martin Landau, *op. cit.*, p. 353. Landau는 미국의 정치가 어느 한 부문의 실패가 있더라도 이를 보완하는 제도가 공존함으로써 어떤 '보이지 않는 정부'(invisible government)에 의해 잘 조절·발전되어 왔다고 하고서 이 보이지 않는 정부의 역사적 주체는 바로 중복성이라고 하고 있다.

18) *Ibid.*, p. 350.

능이 이를 보충할 수 있다. 그러나 두 기능이 서로 순차적인 관계에 있지 않고 병행하여 작용할 때는 두 기능 사이에 갈등이 일어나기 쉽다. 따라서 중복현상이 필요한 경우에도 타 기관의 기본 영역을 침해해서는 안 될 것이다.[19)]

4. 감축관리와의 조화 문제

행정체제가 지니고 있는 자원이 희소할 때에 행정개혁 전략의 하나로서 감축관리(cutback management)의 문제가 흔히 대두된다. 이러한 감축관리는 인사・재무・조직 등 여러 측면에서 나타날 수 있는바, 그 핵심적인 요소는 중복되거나 불필요한 인력・사업・조직을 정비하는 것이다.

여기서 감축관리와 중복성은 서로가 상반되는 관계에 있기 때문에 양자간의 조화 문제가 제기된다. 즉 오늘날 감량정부에 의한 자원의 절약과 능률의 확보가 시급한 과제로 대두되고 있으나 능률지상주의로 일관하는 나머지 지나친 감축관리로 말미암아 오히려 비능률을 초래하게 되므로 중복성의 중요성을 간과할 수는 없는 것이다. 특히 중요한 정보를 다루는 분야에 있어서는 행정의 신뢰성 및 안정성을 확보하기 위하여 어느 정도의 중복성은 허용되어야 할 것이다.

19) 백완기, 행정학(서울: 박영사, 2006), pp. 173～174.

제 8 장

행정학의 발달과정

제 1 절 개 설

근대의 행정학은 그 시초를 독일의 관방학[1]에까지 거슬러올라가 찾을 수 있으나, 법치국가의 진전과 더불어 행정법학이 성행하여 행정학을 공법학 연구의 일부로서 흡수하였기 때문에 그 결과 행정학은 독자적인 학문으로서의 존재를 상실하였다. 따라서 오늘날 우리가 다루고 있는 현대행정학은 미국의 W. Wilson을 시조로 하여 그가 "행정의 연구"(The Study of Admini-stration, 1887)라는 논문을 발표한 때로부터 생성된 것으로 보는 것이 옳다고 하겠다.

생각건대 독일의 경우 관방학의 전통과 그것을 재건하려고 했던 Lorenzvon Stein의 업적[2]에도 불구하고 행정학은 행정법학 연구의 한 모퉁이를 차지할 수밖에 없었다.[3]

프랑스의 경우 행정학의 기원에 관하여는 잘 알려져 있지는 않지만 중앙집권

1) 서구에 있어서 관방이론(cameralism)이 독일학자들의 하나의 전문분야가 된 것은 18세기 이후의 일이며, 대다수의 행정학자들은 행정학의 기원을 관방이론 내지 관방학(Kameralism-us, Kameralwissenschaft)에 구하는 것이 통설로 되어 있는 것 같다. 당시의 관방학은 절대군주를 위한 통치술의 연구라는 범위를 벗어나지 못한 것이었으며, '군대와 관료제에 의하여 강제된 기계적인 권력장치'로서 경찰국가에 봉사함에 지나지 않았다. 이와 같은 절대주의 국가의 행정이론으로서의 독일의 관방학은 16세기로부터 18세기에 이르기까지 창도된 중상주의(merchantilism)의 독일적 전형이라 하겠다〔吉富重夫, 行政學講義(東京: 有信堂, 1960), p. 30. 중상주의란 근대자본주의가 그 초기단계에 있어서 원시적 축적을 하기 위해 국내시장을 확보하고 국외시장을 개척하는 보호경제적 제 정책을 말한다〕.

2) Stein은 종래의 관방학적 경찰학과 국가제학(國家諸學)을 하나의 체계를 세워 집대성하였음에도 불구하고, 19세기 중엽 독일의 정치적 현실의 후진성으로 말미암아 그의 행정사상을 구현하지 못한 채, 공법학의 번영의 그림자 속에 자취를 감추었다.

3) 행정학 연구의 전통이 오랫동안 부재하였던 관계로 행정연구에 종사하는 학자들의 학문적 배경도 다양하다. 그 중에서도 Maynt의 *Soziologie der Offentlichen Verwaltung*(Müller J. Uristischer Verlag, 1978)은 현대의 독일행정을 체계적으로 분석한 서적으로서 평가할 수 있다.

화를 달성해 나가는 과정에서 독일 관방학의 선구를 이루는 경찰학이 존재하고 있었다.[4)]

한편 영국의 경우를 보면 행정학 연구의 전통이 없는바, 그것은 영국에 있어서의 절대주의가 중앙집권화를 수반하지 않았으며, 또한 국가경영의 수단으로서의 관방학이나 경찰학을 필요로 하지 않았기 때문이었다.[5)]

사실상 지금까지 세계의 행정연구를 이끌어 온 것은 미국이었다. 각국에서 행정에 관한 연구가 급속히 진전을 보게 된 것은 1960년대 후반의 일이라고 하겠으나, 그 경우에도 미국 행정학이 미친 지배적 영향은 무시할 수 없다.[6)]

이렇게 여러 나라가 미국의 영향을 받아 행정에 관한 연구를 적극적으로 하게 된 이유로서는, 첫째, 세계 제국에 있어서의 행정국가화 현상의 진전, 둘째, 가능한 한 합리적으로 행정운영을 하여야 할 필요성의 인식, 셋째, 정책결정의 고도화에 따른 공공정책에 대한 관심의 고조, 넷째, 공무원의 양성 및 연수의 필요성 인식 등을 들 수 있다.

따라서 이하에서는 미국의 경우를 중심으로 하여 행정학의 전개과정을 살펴보고자 한다.

제 2 절 행정학의 발달요인

Ⅰ. 행정기능의 확대 · 강화

미국에 있어서 행정학의 발달을 촉진시킨 요인으로서는 먼저 행정기능의 확대·강화현상을 들 수 있다. 이것은 19세기 말엽부터 20세기 초엽에 걸쳐 대두된 '행

4) 프랑스에서는 행정과학의 시초를 Charles-Jean Bonnin의 *Principles d'Administration Publique*에서 찾아볼 수 있다. 즉 그 저술의 제 3 판이 출판된 것은 1812년으로서, Stien의 *Verwaltungs-lehre*의 제 1 권이 출간되기 50여 년 전의 일이다. 그 후 행정학은 19세기 전반 Macarel Viven을 통하여 Firmin, Laferriere, Leon Ancoc 등에게 계승되었다.

5) J. Bentham, J. S. Mill 등이 정치이론의 일환으로서 행정에 관하여 언급한 적은 있었으나 Oxford대학, Cambridge대학에서 행정학을 강의한 일은 없었으며, 오늘날에 있어서도 그러하다.

6) 우리 나라에서도 1950년대 말부터 미국 행정학을 도입하기 시작하여 현재에 이르기까지 토착화를 시도하고 있으며, 한편 일본에서는 일찍이 1882년에 관방학을 내용으로 하는 행정학강좌가 동경대학에 설치되기도 했었지만, 전후 미국 행정학을 계승하면서 일본의 행정과제에 부응하고자 노력하고 있다.

정국가화'의 경향이며, 이른바 입법국가로부터 행정국가에로의 전화를 의미하는 것이다. 또한 이것은 종래의 권력분립제 내지 대의제라는 정치원리만으로써는 현대사회의 요구를 충족시킬 수 없게 되었기 때문에 행정기능이 적극적으로 정치의사의 형성과정에 참여하게 된 것을 뜻하는 것이다.

생각건대 미국에 있어서는 남북전쟁(1861~1865년) 후에 일어난 산업혁명을 계기로 하여 자본주의가 고도로 발달하였고, 그 결과 독점자본주의 단계에 이르자 정부에 대하여 자본주의 모순으로부터 야기되는 여러 가지 폐단을 시정하여 줄 것을 요구하게 되었다. 이에 따라 미국에서는 독립규제위원회의 설치, 노동문제에 대한 규제 및 천연자원의 보전 등 정부의 기능이 대폭적으로 팽창되었으며, 아울러 공무원의 수도 증대하였다.

Ⅱ. 행정개혁운동

19세기 후반기에 이르러 부패와 비능률은 극도에 달하였는데, 그것은 엽관제(spoils system)의 성행에 기인한 것이었다. 그리하여 각종의 개혁운동이 1870년대 말엽부터 1890년대에 걸쳐 진행되었는데, L. D. White는 그것을 공무원제도개혁(civil service reform)·선거제도개혁(ballot reform) 및 시정개혁(municipal reform) 등의 세 가지로 요약하고 있다.[7)]

첫째, 공무원제도 개혁운동은 엽관제를 없애고 실적주의를 확립하기 위한 것이었는데, 이에 따라 1881년에 전국공무원제도개혁연맹(National Civil Service Reform League)이 결성되었으며, 1883년에는 이른바 Pendleton법이라고 불리는 공무원법이 제정되었다.

둘째, 선거제도 개혁운동은 비민주적 지명을 배제하는 직접예선(direct primary)과 투표의 비밀을 보장하는 Australia식 투표법(short ballot)의 제창으로써 추진되었다.

셋째, 시정개혁운동은 시민의식이 투철한 인사들이 지방조직에 대해 추진하였는데, 1894년에는 전국도시연맹(National Municipal League)이 조직되었다. 한편 1909년에는 「뉴욕시정조사연구소」(New York Bureau of Municipal Research)가 설립되어 시정개혁운동에 많은 공헌을 하였다.

---

7) Leonard D. White, *The Republican Era: 1869~1901*(New York: Macmillan, 1958), p. 381.

Ⅲ. 과학적 관리운동

1880년대에 들어와 F. W. Taylor(1856～1915년)의 주창에 의하면 전개된 과학적 관리운동은 과학적 방법에 의하여 사실을 엄밀히 관찰·분석·종합해서 기업의 능률을 최대한으로 실현하기 위한 관리원칙을 찾아 내려고 하였던 것이며, 이와 같은 접근방법이 당시 산업사회의 발전에 따른 행정사무의 복잡화 내지 행정의 무능을 나타냈던 미국 정부에 대하여 큰 영향을 미쳤던 것은 당연한 일이라 하겠다.

제 3 절 행정학의 이론적 틀의 변천과정

Ⅰ. 행정학의 이론적 틀의 의의

어떤 학문연구자를 막론하고 연구자가 연구의 대상으로 하는 문제영역을 설정·분석하고 이로부터 일반이론을 추출하기 위해서는 개념적 틀(conceptual framework)을 필요로 하는바, 그것은 어떤 형태로든지 명확한 개념구성을 꾀하지 않는 한 대상을 선별할 수도 없고, 이론을 구성할 수도 없기 때문이다.

이러한 개념구성은 '패러다임'(paradigm)이라는 형태로 학문의 전통에 의해 규정되는 바 크며,[8] 이 패러다임은 일반적으로 확립된 개념구성을 마련하고 기본적인 제 문제에 관해서 유형화된 해답을 제공함으로써 공통적인 인식에 도달하는 것을 용이하게 하여 준다.

무릇 하나의 학문이 정상과학으로 성장하기 위해서는 학문집단의 구성원들이 공통적으로 이해하고 공유하는 가치기준이 필요로 되는데, 이 가치기준을 우리는 패러다임의 의미로 쓰고 있으며,[9] 행정학 연구에 있어서 한 시대를 석권하는 이론적 틀(theoretical framework)을 행정학의 패러다임이라고 하겠다. 즉, 모든 사회는 제각기 그 사회마다 어떤 요인에 의해서 어떻게 변천해 나가는가 하는 것을 알아보기 위한 기본적 틀을 지니고 있다고 하겠는데, 이 기본적 틀을 T. S. Kuhn에 따

---

8) 'paradigm'에 관해서는 Thomas S. Kuhn, *The Structure of Scientific Revolution*(Chicago: The University of Chicago Press, 1962) 참조.
9) 김광웅, 행정과학서설(서울: 박영사, 1983), p. 66.

라 패러다임(paradigm)이라고 부를 수 있다는 것이다.

오늘날 학자간에 행정학에 대한 공통의 이해와 인식이 결여되고 있는 것은 한마디로 패러다임의 혼란에 기인되는 것이다. 즉, 행정학은 그 내용에 있어서 정치학·사회학·사회심리학 및 경영학 등 인접학문의 영향을 받아 현저히 다양화되었으며,[10] 이러한 경향은 한편으로는 행정학이 폐쇄적·기술적인 학문으로서의 성격에서 탈피하여 광범한 사회의 제 현상과의 긴밀한 연관성을 지닌다는 좋은 점도 있겠으나, 다른 한편으로는 이러한 대상과 방법의 다양화가 행정학을 하나의 독립된 학문분야로서 성립시키는 것을 어렵게 만든다는 문제점도 간과할 수 없다.[11]

생각건대 전통적 행적학의 패러다임은 'POSDCORB'의 개념 등에서 전형적으로 볼 수 있는 바와 같이 행정시스템의 내부지향적이다.[12] 이에 대하여 F. Marini 등의 신행정론에 있어서는 행정학이 보다 공공적·규범적·철학적이어야 함을 요구하고 있으며, 제도보다는 시민을, 과정보다는 산출을, 능률보다는 효과를 강조하고 이의 필요성을 역설하고 있다.[13]

이제 미국 행정학의 발달과정을 중심으로 하여 행정학의 이론적 틀과 그 변천과정을 살펴보면 다음과 같다.[14]

Ⅱ. 정치·행정 이원론〔기술적 행정학〕

1. 등장 이유와 내용

원래 미국에서 행정학이 탄생한 의의는 엽관제(spoils system)로 인하여 부패

10) 渡辺保男 外 3 人共著, 行政學入門〔第 2 版〕(東京: 有斐閣, 1985), p. 9.

11) Dwight Waldo의 주체성 위기(identity crisis), Vincent Ostrom의 paradigm의 위기는 모두가 행정학의 자기붕괴의 위험성을 경고한 것이다. Waldo에 의하면 행정학의 주체성 위기가 야기된 것은 1950년대부터 60년대에 걸쳐 타 학문의 침투를 받아 학문으로서의 중심개념이 상실되었다는 것이고, Ostrom은 행정학이 직면하고 있는 위기를 paradigm전환의 문제로 파악하여 지적 위기라고 부르고 있다〔이 점에 관해서는 Vincent Ostrom, *The Intellectual Crisis in American Public Administration*(Alabama: The University of Alabama Press, 1973), pp. 10~22 참조〕.

12) H. George Frederickson, "Toward a New Public Administration" in Frank Marini, ed., *Toward a New Public Administration: The Minnowbrook Perspective*(Scranton, Penn.: Chandler Publishing Company, 1971), p. 317.

13) Frank Marini, "The Minnowbrook Perspective and the Future of Public Administration Education" in Frank Marini, ed., *op. cit.*, p. 352.

14) 행정학의 학설유형의 발달과정에 관한 구체적인 내용은 Nicholas Henry, *Public Administration and Public Affairs*, second edition(Englewood Cliffs, N. J.: Prentice-Hall, Inc., 1980), pp. 26~56 참조.

된 정치를 정화하여 행정의 능률화를 도모하고자 하는 데서 찾아볼 수 있다.

미국 행정학의 기원은 W. Wilson의 "행정의 연구"(The study of Administration, 1887)라는 논문에서 구할 수 있는바, 19세기 후반 여전히 지배적이었던 민주주의의 이념과 모순됨이 없이 정치의 정화와 행정의 능률화라는 2대목표를 동시에 달성하기 위해서는 정치와 행정을 엄격히 분리하여, 한편으로는 정치의 행정에 대한 우월성을 보장하면서 다른 한편으로는 행정을 고유의 기술적 영역으로서 중립화시킴으로써 정치의 불필요한 개입을 배제할 필요가 있었다. 따라서 이러한 실제적 요구에 대응하기 위해서는 정치·행정 이원론이 가장 적격이었던 것이다.

2. 비　판

그러나 정치·행정 이원론에 내재하는 어려움의 하나는 구조적 측면에서의 구분과, 기능적 측면에서의 구분 사이에 괴리가 있다는 점인데, 이러한 괴리에 착안한 학자는 F. J. Goodnow이었다. 즉, 그의 연구의 이전에 있어서는 삼권분립에 의거하여 정치와 행정을 구분하는 것이 관례이었으나, Goodnow는 국가를 하나의 유기체에 비유하여 국가의사의 결정과 그 집행이라는 관점에서 정치와 행정을 구분하였다. 그의 이러한 구분은, Stein의 국가의사의 형성으로서의 헌정과 국가의사의 구체적인 집행으로서의 행정과의 구분에서 영향을 받은 것으로서 이 특징은 정치와 행정을 기능적으로 구분하였다는 점이다. 가장 최근에는 독일의 행정학자 R. Steinberg가 정치와 행정의 기능적인 구분을 강력히 주장하고 있다.

한편 정치·행정 이원론은 행정학의 패러다임으로서의 타당성을 결코 보장할 수 없다는 것이다. 그것은 그 배경에 있는 삼권분립 그 자체가 권력의 견제와 균형에 의해서 민주주의적인 제 가치를 수호하기 위하여 생긴 것이지, 행정을 설명하기 위하여 생긴 것이 아니기 때문이다. 다만 미국에서 탄생한 행정학이 정치·행정 이원론을 패러다임으로 한 것은 전술한 특수상황에 따른 것이다.

Ⅲ. 행정원리론

1. 내　용

여기서 말하는 행정원리란 요람기에 성장한 소위 '원리' 접근법(the "principles" approach to administration)을 의미한다.

F. W. Taylor는 1911년에 「과학적 관리의 제 원리」(*Principles of Scientific*

Management)를 저술하였으며, 1927년에는 W. F. Willoughby가 「행정의 제 원리」(*Principles of Public Administration*)를 발간하였는데, 이 시기에 있어서의 과학적 연구방법은 최고의 능률을 올리기 위한 '원리'를 도출하는 데 초점을 두고 있었다.

그 후 1937년에 이르러 L. Gulick과 L. Urwick은 「행정과학논집」(*Papers on the Science of Administration*)을 편찬하였는바, 그 속에 실린 「조직이론 소고」(Notes on the theory of Organization)에서 분업(division of work)과 조정(coordination)의 2대원리에 의해서 행정조직론을 구성하려고 시도하였다.

2. 비 판

이와 같은 '원리'접근법은 H. A. Simon 등에 의하여 많은 비판을 받았는데, 그 골자는 '원리'접근법은 '절약과 능률'이라는 조직의 목표를 달성하기 위하여 조직구성상의 논리적 요청에 의거한 것이지, 조직 내에 있어서의 인간행태에 대한 관찰·조사 및 측정과 같은 경험적 검증과정을 통하여 성립한 것이 아니라는 것이다.

한편 M. E. Dimock은 능률지상주의에 대하여 비판을 가하였는바, 그에 의하면 기계적 능률은 참다운 능률을 가져오지 못하며, 참다운 능률을 위해서는 사회적 능률이 확보되어야 한다고 한다. 즉 '종합적 능률관'(overall view of efficiency)을 강조한 것이다.

Ⅳ. 정치과학으로서의 행정학: 정치·행정 일원론〔기능적 행정학〕

1. 등장 이유와 내용

미국에서는 1929년에 발생한 대공황(the Depression)과 1939년에 발발한 제2차 세계대전(World War Ⅱ)으로 인하여 산업사회의 행정에 대한 의존도를 강화시켰으며, 전국적 규모로 정부기능의 급속한 비대화, 다양한 사회복지계획 및 세계규모의 국방계획의 수립 등을 초래하였다. 특히 경제적 대불황을 수습하기 위하여 F. D. Roosevelt 대통령은 '뉴딜'(New Deal)정책을 수립하였다.

뉴딜 이전에 있어서는 엽관제의 극복을 위해 행정을 정치로부터 분리시켰으나, 뉴딜 이후에는 필연적으로 행정의 정책형성기능이 강화되게 되었다.

M. E. Dimock은 1936년 「행정의 개척선」(*The Frontiers of Public Administration*)의 권두논문에서 정치와 행정을 지나치게 분리시킴으로써 행정을 비현실적인 것으로 만들어서는 아니 된다고 하면서 정치·행정 이원론의 위험성을 지적하였

다. P.H. Appleby도 그의 저서 「정책과 행정」(*Policy and Administration*, 1949)에서 행정과 정책형성의 제 과정은 교호적(reciprocal)임을 강조하였다.

그리하여 제 2 차 세계대전 후 정치·행정 이원론은 그 빛을 상실하게 되었고, 이에 따라 행정의 연구에는 다음과 같은 새로운 경향이 나타났다.

첫째는, 행정부에 의한 정책결정(administrative policy-making)인데, 이것은 행정관도 입법자와 마찬가지로 정치적인 의사결정을 할 수 있고, 공공정책의 형성이라는 정치기능을 담당하게 되었음을 의미한다. 이에 따라 행정관의 가치판단 문제, 수립된 행정목적 사이에 있어서의 우선순위 설정 문제 등이 행정학의 연구대상으로 부각되었다.

둘째는, 의사결정(decision-making)과 의사전달(communication)에 대한 동태적 분석이다. 이것이 새롭게 행정연구의 대상이 된 것은 의사결정이 정책형성에 있어서의 핵심적 부분을 차지하고 있으며, 또한 의사결정이 행정조직 내에 있어서의 상향·하향의 의사전달의 모든 국면에 크게 의존하고 있다고 생각되었기 때문이다.

이상에서 정치와 행정이 밀접한 관련성을 지니고 있음을 보았거니와, J.M. Gaus는 1950년에 "행정이론의 제 경향"(Trends in the theory of Public Administration)이라는 논문에서 "현대에 있어서 행정의 이론은 동시에 정치의 이론을 의미한다"고 서술하고 있다.

2. 행정학의 주체성 위기

행정을 정치로부터 분리시키는 것이 어렵다는 것은 F.M. Marx가 1946년에 편집한 「행정의 제 요소」(*Elements of Public Administration*)라는 논문집 속에서 확인되었다.

그러나 정치·행정 이원론이라는 공식(formula)을 포기한다는 것은 행정학으로부터 인식론상의 명확한 주체성(identity)을 빼앗음을 의미한다. 즉, 그것은 정치·행정 이원론에 대치할 수 있는 어떠한 공식이 정식화되지 않는 한, 행정학이 무엇이냐를 확정할 수 없는 '행정학의 주체성 위기'(identity crisis of public administration)를 초래하기 때문이다.

이외에도 수많은 학자들이 제 행정현상을 확인·분석하여 새로운 이론을 제시하였다. 그러나 그 어떠한 시도도 정치·행정 이원론만큼 설득력 있는 공식을 정식화하지 못하였다. D. Waldo가 제창한 행정학에 대한 '전문직업적 접근방법'(professional approach)도 자기규정의 방향을 모색하고자 하는 전후 행정학의 고민을 나타내 주는 것이라 하겠다.

1966년에 K. M. Henderson이 "행정학은 정치학의 하나의 분야일 수도 있다" 라는 가능성 문제를 제기하였을 때, Waldo 자신은 그 가능성을 부인하고, '전문직업(profession)으로서의 행정학'을 제창하여 주체성 위기극복의 가능성을 기대하였다. 즉, Waldo는 '전문직업으로서의 행정학'을 의학에 비유하고, 임상의학에 대해서 기초의학이 있는 것과 마찬가지로 '전문직업으로서의 행정학'에도 기초행정학이 있을 수 있다고 한다. 그리하여 기초의학이 인체의 생리를 해명할 수 있는 것과 같이, 기초행정학도 행정의 원리와 메커니즘을 해명할 수 있다고 생각하였다.

V. 행정과학으로서의 행정학: 새 이원론〔행태론〕

1. 내 용

앞에서 살펴본 '정치과학으로서의 행정학'이 정치 · 행정 일원론을 배경으로 하여 성립한 행정학 패러다임이라고 한다면, '행정과학으로서의 행정학'은 행정을 조직에 있어서의 인간관계의 심리적 과정으로서 파악하고, 행정행태의 과학적 설명에 중점을 두어 행정의 '법칙적 규칙성'의 탐구에 목표를 두고 있다. 이와 같은 행정과학으로서의 행정학을 주장한 인물들은 1956년에 창간된 「계간 행정과학」(*Administrative Science Quarterly*)을 중심으로 한 행정학자들이었다.

H. A. Simon은 '논리적 실증주의'(logical positivism)에 의거하여 보다 과학적으로 행정현상을 규명하고자 하였으며, 종래에 있어서 정치를 결정으로 그리고 행정을 집행으로 생각하던 정치 · 행정 이원론을 가치와 사실의 관계로 대치시킴으로써 새로운 정치 · 행정 이원론을 구성하였다.

H. Simon은 행정을 본질적으로 의사결정의 과정으로 파악하였고, 조직에 있어서의 의사결정을 분석의 대상으로 삼은 최초의 학자이며, 모든 의사결정이 가치전제와 사실전제로서 성립되는 것으로 보았다. 즉, Simon의 가치전제와 사실전제에 의한 정치와 행정의 구분에 의하여 계층제의 상위층에 올라갈수록 가치전제가 점하는 비중이 커지며, 하위층에 내려올수록 사실전제가 점하는 비중이 커지나, 어느 한쪽이 소멸되는 일은 없다고 하였다.

한편 조직관의 변모를 살펴볼 필요가 있는바, 이것은 행태적 접근방법(behavioral approach)을 행정연구 영역에 도입 · 적용하는 것을 가리키는 것으로서, 이 접근방법은 종래의 전통적인 과학적 관리방법과 대조를 이루는 것이다.

행태적 방법은 공식적 · 비공식적 조직(formal and informal organizations)을 한 울타리 속에서 동시에 파악하여 두 개의 조직간에 있어서의 상호작용과 상호의존성에 관심을 갖는다. 여기서 공식적 조직이란 직무 또는 권한의 체계이며 법규에 의거하여 조직구성원이 담당하는 업무의 체계이다. 또한 공식적 조직은 집단의 질서와 일관성을 유지한다는 의미를 지니고 있으며 그 본질은 정태적이다. 이에 대하여 비공식적 조직은 조직에 있어서의 인간적 요소를 중시하며 집단에 활동력을 부여한다. 비공식적 조직의 본질은 동태적이다. 또한 행태적 방법은 조직에 있어서의 인간행동에 대한 세밀한 관찰을 통하여 현실적인 조직의 기능상황에 대한 분석을 시도한다.

나아가 1960년대에 접어들어 '행정과학론자' 사이에서 '조직발전'(organization development)에 대한 관심이 고조되었다. 즉, 사회심리학 지향, 조직구성원의 '자기실현'(self-realization) 등에 대하여 깊은 관심을 가지고 있는 젊은 행정학자들은 조직발전을 '행정과학'의 틀 속에서 통치관료제에 대한 연구조사를 행하는 유망한 접근방법으로 보았다.

2. 행태과학 · 관리과학 · 정책과학

'행정과학으로서의 행정학' 패러다임의 문제점은 그것이 공익이라는 가치를 포용하고 있지 못하다는 데서 찾아볼 수 있다.

이제 행정의 과학화라는 시각에서 행태과학 · 관리과학 및 정책과학의 내용을 요약하고 아울러 상호간의 장단점을 살펴보면 다음과 같다.

(1) 행태과학(behavioral sciences)

행태과학은 인간과 인간 상호간의 제 관계에 관해서 체계적으로 연구하는 것을 목적으로 삼고 있는 학문분야이다. 즉, 이것은 인간행태에 관한 이해를 기초로 하여 조직 및 집단, 사회의 구조 및 과정을 명백히 하려는 것이다. 그러나 여기에는 규범적 · 정책지향적 연구를 위한 방법론이 결여되어 있다.

(2) 관리과학(management sciences)

관리과학은 계량적인 분석방법을 사용하여 조직에 있어서 의사결정을 합리화하는 데 목적을 두고 있는데, 이것은 OR 또는 그것에 관련된 수량적인 분석기법의 산물이다. 즉, OR(operations research) · 체제분석(systems analysis) 및 비용-효과분석(cost-effectiveness analysis)은 모두가 정책결정자의 판단을 돕는 정보를 제공한다는 목적에 있어서 동일하며, 또한 경제적 분석을 중심으로 하고 있다는 점에서도 동일한 성격을 지니고 있다. 위의 세 가지 기법을 총칭하여 우리는 결정과학(decision sciences) 또는 의사결정과학이라고 부르기도 하며, 혹은 관리과학(management sciences)이라고도 한다.

그러나 관리과학은 정책결정의 제도적 측면, 정치적 측면, 비합리적 측면 및 가치적 측면 등을 다룰 수 없고, 또한 '정책결정을 위한 정책'과 같은 초정책적 수준의 문제를 충분히 다루고 있지 않다는 결함을 지니고 있다.

(3) 정책과학(policy sciences)

정책과학이란 한 마디로 두 개의 전통적 과학, 즉 행태과학과 관리과학의 융합을 목표로 하여 이들의 공헌 위에 새로운 패러다임을 지닌 초영역적 과학으로서 스스로를 확립하고자 하는 것이다. 미국 Rand연구소의 E. S. Quade 등은 정책과학을 행동과학과 관리과학(의사결정과학)의 결합을 지향하는 일종의 학제적(學際的) 학문으로서 파악하고 있다.

정책과학에 관한 연구는 정책과학이라는 용어를 1951년에 처음으로 사용한 H. D. Lasswell에 의하여 시작되었으나, 정책문제에 대한 관심이 커진 것은 관리과학의 영향을 받아 정책결정에 합리적 기법이 활용되게 된 1960년대를 통해서이다. 1968년에 이르러 Y. Dror는 정책과학을 정책문제에 관한 일반적 지식과, 정책결정에 관한 지식을 탐구하여 양자를 통합하는 독립의 학문으로서 재정의하였다.

오늘날 행정 그 자체가 모든 사회현상을 포용하고 동시에 그것을 처리할 구체적인 방법을 강구하는 것을 필요로 하고 있는 한, 이상과 같은 인접 제 과학이나 기술의 영향을 받는 것은 불가피한 일이기도 하다. 그러므로 현대 행정학에 있어서 긴요한 일은, 도입된 인접 제 과학을 응용하여 행정목적에 이바지할 수 있는 '틀'(framework)을 준비하는 일이라고 하겠다.

Ⅵ. 행정의 발전적 시각: 새 일원론〔발전론〕

1. 비교행정론(comparative public administration)

행정학에 있어서 비교연구가 활발해진 것은 1950년대에 들어와서의 일이다. 비교연구방법은 단순한 제도의 기술적인 비교에 그치는 경우 그다지 의미가 없으며, 여러 나라가 처해 있는 문화적 차이에 따라 각국의 행정의 실제가 어떠한 차이성 내지 유사성을 갖는가를 연구함으로써 비로소 성과를 얻을 수 있는 것이다.

이러한 의미에서 미국 · 태국 및 필리핀 세 나라에 있어서의 행정의 비교연구에 생태적 방법을 적용한 F. W. Riggs의 「행정생태론」(*The Ecology of Public Administration*, 1961)은 크게 주목할 가치가 있는 것이다. 그러나 이 Riggs의 이론은 비교행정론의 발전에 크게 공헌한 것은 사실이지만 그의 이론이 주로 구조·기능분석에 입각한 균형이론이며 정태적인 성격을 지니고 있어서 사회변동에 대하여 민감하지 못하다는 비판을 받고 있기 때문에, 특히 후진국의 발전문제를 설명하는 데는 한계가 있다는 것이다.

2. 발전행정론(development administration)

위에서 설명한 비교행정론의 한계를 극복하고, 행정이 국가발전사업을 능동적인 입장에 서서 주도·관리하는 이론으로서 발전행정론이 등장하게 되었다. 즉, 1960년대에 접어들어 E. W. Weidner, M. J. Esman 등은 정치와 행정의 관계에 있어서, 종래의 전통적인 정치우위론에 대신하여 행정우위론을 강조하고 있다. 이것은 특히 오늘날의 신생국의 경우 국가정책이 정치적 엘리트보다는 행정관료에 의해서 유도되는 빈도가 더욱 높아지는 상황하에서 관료는 능동적으로 사회적 요구에 민감하게 대처할 수 있는 주도력(initiative) 및 관리능력을 지녀야 한다는 것이다.

Ⅶ. 평 가

이상에서 고찰한 바와 같이, 행정학의 전통적인 패러다임은 우리가 직면하고 있는 행정의 현실과 유리되어 그 타당성을 상실해 가고 있다. 그러나 이 전통적인 패러다임에 정면으로 도전하여 새로운 패러다임을 확립하기란 그렇게 용이한 일이 아닌 것 같다.

예로서 D. Waldo가 종래 정치·행정 이원론을 엄격히 비판해 왔지만 근래에 이르러서 그의 중요성을 재인식하게 된 것은, 정치·행정 이원론에 대치할 만한 새로운 패러다임을 발견하기가 어렵기 때문이라고 하고 있다.[15]

확실히 새로운 패러다임의 발견이란 Kuhn이 말한 대로 학문적 혁명(revolution)에 해당되는 것이므로 현재의 행정학의 위치를 감안하면 매우 어려운 것임에 틀림없다. 그러나 그렇다고 하여 행정학의 패러다임을 찾는 것을 포기해서는 안 될

15) Dwight Waldo, *The Enterprise of Public Administration*(California: Chandler & Sharp Publishers, Inc., 1980), pp. 65~80 참조.

것이다. 오히려 지금과 같이 방만하게 확대 일변도로 진행되어 온 행정의 연구범위와 다양하게 얽혀 버린 연구방법들이 행정학의 주체성의 위기를 더욱 심화시키고 있다는 현실에 비추어 볼 때, 팽창되어 있는 연구대상과 다기화되어버린 연구방법을 하나의 맥락으로 일관시켜 줄 패러다임의 추구를 위해 행정학도의 끊임없는 노력이 절실히 요구된다고 하겠다.

새로운 패러다임을 추구하는 노력의 일환으로서 주로 소장 행정학자들을 중심으로 전개되기 시작한 움직임이 있었는데, 그것은 소위 신행정론(New Public Administration)이라는 이름으로 나타났으며 그것은 종래의 행정에 대한 반성을 통하여 몇 가지 새로운 문제를 제시하고 있다. 이 신행정론은 오늘날 특히 선진국에서 중요한 위치로 부각되고 있으므로 이에 관한 자세한 내용은 다음 절에서 설명하고자 한다.

제 4 절 신행정론

Ⅰ. 신행정론의 의의

1968년 9월 D. Waldo를 중심으로 한 당시 미국의 젊은 행정학자들이 뉴욕주의 Minnowbrook이라는 곳에서 개최된 학술회의에서 기존의 행정학에 대하여 비판하는 한편, 행정학의 새로운 방향을 모색하고 제시하였는데 이것이 신행정론을 체계화하는 계기가 되었다. 이 회의에 제출되었던 논문들은 그 후에 Frank Marini가 편집한 「신행정학을 향하여」(*Toward a New Public Administration*, 1971)라는 책자로 출판되었으며, 후에 D. Waldo는 다른 회의에 제출된 논문들을 모아 「격동기의 행정학」(*Public Administration in a Time of Turbulance*, 1971)이라는 책을 편집 출판하였다. 내용이나 성격이 유사한 연구들이 그 후에도 계속되었고 그러한 연구는 행정학도들의 많은 관심의 대상이 되게 되었는데, 이러한 일련의 경향들을 "신행정론의 동향"이라고 부른다.[16] H. G. Frederickson은 능률·절약 및 관리에 대치되는 행정학의 중심개념이 사회적 형평(social equity)에 있음을 지적하고 있다. 신행정론에서는 "종래의 행정학이 정치 내지 정책결정에 관해 만족할 만한 이론적

16) 박동서 외 3인, 행정학(서울: 박영사, 2002), p. 59.

의미를 제공하지 못했다"는 D. Waldo의 주장에 기반을 두고서, W. Wilson 이래의 정치 · 행정 이원론은 정당성을 결여하고 있다고 말한다. 따라서 신행정론은 행정의 paradigm, 혹은 독자성 위기에 관해 문제를 제기하면서 앞으로의 행정은 사회의 변화에 대응할 수 있도록 그 방향이 다시 설정되어야 한다고 주장한다. 신행정론은 1960년대 말과 1970년대 초의 격변하는 시대에 알맞은 행정이론의 정립과 이론의 현실적 적응을 그 주된 내용으로 하는 행정의 사상적 · 철학적 운동이라 할 수 있다.

신행정론을 이해하기 위하여 발전행정론과 대비하여 보면, 발전행정론에 있어서는 특히 후진국가의 발전을 이룩함에 있어서 행정의 선도적 역할을 강조하고 계획된 변화를 시도하여 정치 · 경제 · 사회의 모든 면에서 선진국의 수준에 도달하기 위한 행정의 의도적 측면에 관심을 두고 있으나, 신행정론은 특히 이미 고도로 산업화된 선진국가의 발전목표로서 인간의 삶의 질을 중요시하며, 소득의 공정한 배분에 관심을 기울이기 때문에 모든 시민에게 훌륭한 질의 재화와 서비스를 제공함으로써 궁극적으로는 사회적 형평을 실현하는 데 주안점을 두고 있다.

그러나 발전행정론과 신행정론은 행정에 있어서의 논리실증주의 및 행정의 가치배제적 접근법에 대한 일종의 반동으로 나타났으며, 이 양자가 미래지향적이고 가치지향적이라는 점에서는 동일한 궤도를 달린다고 할 수 있다. 다만 신행정론은 본질적으로 발전행정론보다 더 규범적 · 윤리적 차원에서 행정문제를 다루려고 하고 있다.

Ⅱ. 신행정론의 내용

1. 적실성(relevance) 혹은 대응성

현대사회는 급격히 변동하는 사회이므로 행정도 이에 대응할 수 있도록 구성되어야 하며, 따라서 행정조직도 그 형태의 완벽함보다는 융통성, 제도의 안정성보다는 적응성이 중요한 요소로 등장한다. 따라서 조직발전(OD), 감수성훈련 및 책임성 강조 등 계속적이며 신축적인 변화를 위한 역량의 발전이 필요하다.

2. 사회적 형평성(social equity)

행정은 단순히 정책을 집행하는 데만 그칠 것이 아니라 특정한 정책이 궁극적으로 얼마나 사회적 형평에 이바지했는가에 따라 행정업적이 평가되어야 한다. 이

사회적 형평이란 극히 가치지향적인 개념인바, 신행정론자들은 행태적 행정이론의 가치중립성을 배격하면서, 사회과학이 철학과 절연될 수 없으며 사실과 가치를 준별할 수 없다는 점에서 양자의 결합을 시도한다.

3. 적극적 행정가(proactive administrator)의 요구

적극적 행정가란 후술할 후기관료제(post-bureaucracy)에 적합한 행정가로서 그들은 부당한 명령에 반대하며, 시민이나 그들의 도덕적 가치를 보호하기 위해서 기꺼이 위험을 감수하는 행정가이다. 이러한 행정가는 미래사회의 변화에 대해 적절히 대응할 수 있는 신축성과 융통성을 가진 자이다.

4. 고객에 대한 관심(concern for clients)

행정은 본질적으로 시민 혹은 고객을 위한 것이어야 하며, 따라서 시민으로 하여금 다양하게 선택할 수 있는 대안을 쉽게 접할 수 있게 하기 위해서 조직형태의 다양화, 고객중심의 조직을 가져야 한다.

5. 참여(participation)와 행정책임

시민에 대한 관심을 가져야 한다는 것은 바로 시민의 행정에의 참여를 확대한다는 것이다. 따라서 행정이 조직의 이익을 위해서가 아니라 시민의 이익을 위해서 활동한다는 것은 바로 시민의 참여기회를 확대하는 것이며,[17] 이를 위해서는 행정책임이 강화되어야 한다. 여기서의 행정책임이란 사회적 형평에 기초한 책임과 통제가 행해져야 한다는 것이다.

6. 인간주의적 적응(human adaptation)

신행정론은 근본적으로 가치지향적이며 인간주의적이다. 가치와 사실의 분리를 배격하는 것은 후기행태주의의 주장과도 상통한다. 그리고 인간을 행정의 목적으로 봄으로써 훌륭한 관리보다는 인간적 숙성을 꾀하는 행정이라 하겠다.[18]

---

17) H. George Frederickson, *New Public Administration*(Alabama: The University of Alabama Press, 1980), p. 12.

18) Howard E. McCurdy, *Public Administration: A Synthesis*(Menlo Park, Calif.: Benjamin Cummings, 1977), pp. 355～356.

Ⅲ. 후기관료제와 신행정론

H. E. McCurdy는 신행정론을 논하면서 미래의 관료제, 즉 사회의 변동에 신축성 있게 대처할 수 있는 정부관료제의 형태를 후기관료제라고 부르고 있다. 이 후기관료제는 M. Weber의 관료제와 비교해 보면 다음과 같은 특성들을 지닌다.[19] 첫째, 권위는 고정되어 있거나 직책에 따라 생기는 것이 아니고 문제를 해결할 수 있는 개인의 능력에 상응해서 발생한다. 둘째, 상황에 즉시 적응할 수 있는 변증법적인 조직형태이다. 셋째, 고객을 사무적으로 대하는 것이 아니라 동료처럼 생각한다. 넷째, 아무도 질책받지 않는 비계층적인 수평적 조직이다. 다섯째, 전문화가 아니라 집단적으로 문제를 해결하고 의사를 결정한다. 여섯째, 경력공무원이 아닌 전문직업적 공무원이다. 일곱째, 영구적인 것이 아닌 임시적 조직체가 많다. 마지막으로 비밀주의보다는 개방적인 의사소통이 지배적이다.

그리고 H. G. Frederickson은 신행정론을 더욱 포괄적으로 설명하기 위하여, 그리고 행정을 향상시키기 위하여 혁신적인 조직의 활동과정을 분배과정, 통합과정, 상호작용과정 및 사회정서과정의 네 가지로 분류하고 있다.[20]

1. 분배과정(distributive process)

여기서 분배과정이란 행정이 조직내외에 주는 재화와 서비스의 배분에 관한 과정과 행정조직의 권한 및 업무의 배분에 관한 과정을 말한다. 행정이 개인에게 주는 재화와 서비스의 양이나 질은 비용-편익분석이나 비용-효용분석(cost-benefit, or cost-utility analysis) 등의 기법을 통하여 평가할 수 있다. 한편 행정조직 내의 권한과 업무의 배분은 정치지도자나 행정가 및 시민의 요구 등에 따라 이루어지며 행정의 계층제적 구조를 통하여 배분되는바, 특히 이 과정에서는 정치적 협상이나 흥정에 의해서 배분되는 것보다 행정이 직면하고 있는 상황에 대응할 수 있는 능력을 가진 일반행정가(generalist)를 요구하며, 또한 사회적 형평을 실현하여야 한다는 기본적 가치에 입각하여 배분이 결정되어야 한다.

2. 통합과정(integrative process)

통합과정은 행정조직, 특히 계층제에 의하여 구성원의 업무 내지 활동이 조정

19) *Ibid.*, pp. 345～350.
20) H. George Frederickson, *op. cit.*, pp. 309～331.

또는 통합되는 과정을 뜻한다. 계층제의 비생산적 특징은 이미 잘 알려져 있다. 따라서 신행정론은 계층제를 수정하려고 하며 그것을 위하여 여러 가지 조직구조를 제시한다. 그러나 현대 행정조직에서는 계층제를 완전히 철폐할 수는 없으므로 결국 신행정론이 주장하는 여러 조직구조는 계층제를 도외시함이 없이 적극적 혼용의 방법을 택하여야 할 것이다. 예로서 project조직을 통한 행정활동의 통합과정을 보면 관리자는 조직의 계층제로부터 기술적 서비스를 얻고 인사기관에서는 입력서비스를 얻으며 재무기관에서는 예산 서비스를 얻어 project조직에 행정업무가 통합되도록 한다. 이와 같이 통합과정은 행정조직 내에서 여러 변수를 수용하고 그것을 유효적절하게 통합하는 과정을 뜻한다.

3. 상호작용과정(boundary-exchange process)

상호작용과정은 공공조직, 그의 관련집단 및 고객(시민)과의 일반적 관련성을 의미하는 과정이다. 즉, 이 과정에서는 행정조직이 그 업무의 수행과 관련 있는 모든 개인이나 집단과의 상호작용 속에서 기능하게 된다. 여기서 행정조직은 여러 관련인이나 집단간의 상호작용을 통하여 지지를 얻어야 한다. 또 시민참여는 분배과정에서 부분적으로 이루어지지만 이 상호작용과정에서 본격적으로 이루어지므로 이 상호작용과정을 어떻게 작용시키는가에 따라 분배과정과 통합과정의 내용이 달라진다. 상호작용과정에서 행정활동의 동태성과 신축성을 가장 크게 요구하므로 이런 기능을 위해서는 조직을 평준화시키고 분권화시켜야 한다. 그래야만 폭 넓은 시민참여와 관련집단과의 상호관계가 원활해질 수 있다.

4. 사회정서과정(socioemotional process)

신행정론에서는 사회정서과정에서 행정인에게 감수성훈련과 조직발전(OD) 등의 활동을 통하여 계층제에 대한 개인의 의존성을 감소시키고자 하며, 또 이 과정에서는 갈등을 흡수할 뿐만 아니라 행정관료 자신이 모든 위험을 해결해 나갈 수 있는 신념과 가치관을 확립하도록 해 준다. 요컨대 사회정서과정은 행정변화를 위한 과정으로서 관료제의 효율성을 높이고 이를 재정비하는 데 활용되며, 갈등이나 분쟁을 해결하여 서로의 협동으로 이끄는 사회과정이라 하겠다.

Ⅳ. 신행정론의 한계

신행정론이 사회현상을 수용하고 새로운 행정이론의 정립을 위해 노력한 것에는 큰 의의가 인정되지만 여기에도 문제점들은 많이 산재해 있다. 이런 문제점들을 살펴보면 다음과 같다.

첫째, 신행정론이 행정의 적극적 역할을 통한 사회적 형평의 실현을 주장하고 있지만 사회형평의 규범적 인식을 위한 객관적 기준이나 명확성을 제시하지 않고 있다. 더욱이 인간행태란 그 측정이나 이해가 어려우므로 현실적으로 논리적 사회형평의 완전한 실현은 달성되기 어렵다.

둘째, 신행정론이 행정기능의 적극화·활성화를 기하면서 시민참여나 행정의 분권화를 주장하고 있지만, 행정의 사회변동기능의 강화와 정책지향성의 추구는 오히려 행정에 더 큰 권한을 갖게 할 것이므로 행정의 분권화는 달성되기 어렵다. 또한 사회변동에 대처하기 위한 새로운 조직형태인 임시적 조직은 관료로 하여금 소속감을 잃게 하고 팽창된 행정권력의 독선화 현상은 시민의 참여를 저지시킬 가능성이 크다.

셋째, 신행정론은 후진국에 적용되기가 곤란하다. 후진국의 국가발전은 신행정론이 주장하는 사회적 형평과 삶의 질적 향상보다는 국민경제의 발전에 더 역점을 두고 있으므로 사회적 형평은 경제적 향상의 다음 차원에서 이해되기 때문이다.

넷째, 신행정론은 행정의 가치중립성을 배제하고 오히려 가치지향성을 주장한다. 더구나 가치지향적인 정책과학이 행정의 영역으로 들어옴에 따라 행정학이 하나의 분야로서 성립하기 위해 필요한 과학화는 어렵게 된다.

이상의 논의에서 보는 바와 같이 신행정론은 격동기의 사회에 내재해 있는 부조리를 제거하고 시민의 인간다운 삶을 보장하기 위해 적극적 행정가(proactive administrator)의 역할을 중시하고 행정의 정책결정 기능을 강조하기 때문에 정치와 행정은 융합되는 경향이 있다. 그러나 이러한 상황은 정치에 대한 행정의 우월을 의미하는 것은 아니며, 행정의 정치에의 자의적 관여를 뜻하는 것도 아니라는 점에 유의하여야 할 것이다.

제 9 장

행정학의 접근방법

제 1 절 개 설

이제 W. Wilson의 "행정의 연구"(The Study of Administration, 1887) 이래 미국에서 전개되어 온 행정이론을 중심으로 행정학의 여러 가지 접근방법을 살펴보고자 한다.[1)]

행정학의 접근방법은 전통적 방법과 현대적 방법으로 대분하여 고찰할 수 있다. 전통적 방법은 Aristotle 이래 형이상학(metaphysics) 및 가치에 기초를 둔 방법으로서 여기서는 규범적·철학적(사변적)·역사적(서술적) 및 제도적인 면이 강조되고 있다. 즉, 무엇이 좋으냐(what is good), 무엇이 옳으냐(what is right), 무엇이 행하여져야 하느냐(what should be done)의 문제가 제기되며, 이에 대한 해답은 역사적 사례로부터, 그리고 관념적 사유로부터 찾는다. 그리고 이것에 대한 구체적 대안은 제도설정에 의해서 해결하는바, 무슨 제도가 좋으냐, 무슨 제도가 설치되어야 하느냐 하는 문제가 논의의 대상이 된다.

이와 같은 행정학의 전통적 접근방법에는 기술적 접근방법과 기능적 접근방법이 있는바, 양자는 다같이 제도적인 면에 바탕을 두고 있으므로 제도적 창출이라는

---

1) R. H. Simmons와 E. P. Dvorin은 행정학의 접근방법을 전통적 접근방법과 새로운 접근방법으로 분류하고 있는바, 전자에는 The Legal Approach, The Historical Approach, The Organization Chart Approach, The Comparative Approach, The Economic Approach 등이 속하며, 후자에는 The Power-Analysis Approach, The Psychological Approach, The Group-Theory Approach, The Turbulence Approach, The System Approach 등이 속한다고 한다〔Robert H. Simmons and Eugene P. Dvorin, *Public Administration: Values, Policy and Change*(Port Washington, N.Y.: Alfred Publishing Co., 1977), pp. 75~114 참조〕. 그러나 본서에서는 행정학의 접근방법 분류를 전통적 접근방법과 현대적 접근방법으로 대분하되, 전자에는 기술적 및 기능적 접근방법을, 후자에는 행태적·생태적 및 체제적 접근방법을 포함시키고자 한다. 특히 현대적 접근방법은 모두가 제 2 차 세계대전 이후에 나타난 것이다.

관점에서 보면 동일한 성격을 지니고 있는 것이다. 다만 양 접근방법의 차이는 어떤 원리에 의해서 행정능률이 강조되느냐에 따라 나타나는바, 그것은 능률중심(기계적 관리)이냐 인간중심(인간적 관리 내지 인간관계적 차원)이냐에 따라 기술적 접근방법과 기능적 접근방법으로 구별된다고 하겠다.

이에 대하여 현대적 접근방법은 제 2 차 세계대전 후 H. A. Simon이 논리적 실증주의(logical positivism) 및 사실에 기초를 둔 방법을 제창한 이래 나타난 것으로서 여기서는 주로 행태적인 면이 강조되고 있으며 이 밖에 생태적 · 체제적 시각에서의 접근방법이 중요시되고 있다. 즉, 무엇이 존재하느냐, 어떤 것이 사실이냐, 하나의 사실이 또 다른 사실과 무슨 관계를 가지고 있는가의 문제가 제기되며, 이에 대한 해답은 현상의 예리한 관찰을 통하여, 현상간(사실간)의 상호관계에 대한 실증적 관찰을 통하여 발견한다. 이것을 구체화하는 데 원용되는 접근법에는 micro level approach(미시적)와 macro level approach(거시적)의 두 가지가 있는바, 전자에 속하는 것이 행태적 접근이며, 후자에 속하는 것이 체제적 접근이다. 그리고 행태적 접근의 기초분석단위는 개인(individual)이고, 체제적 접근의 기초분석단위는 역할(role)이다.

또한 현대적 접근방법은 결과적으로 사회현상 혹은 행정현상에 대한 검증을 통한 정확한 인식과 현상과 현상간의 정확한 상호관계 및 상호작용을 규명하여 행정현상 속에서 일정한 법칙을 찾아 냄으로써 행정의 과학화를 이룬다.

위에서 고찰한 제도적 접근방법은 통치현상을 이해하는 데 있어서 오랫동안 지배적인 방법으로 군림해 왔다. 그러나 금세기에 들어 행태주의 운동이 일어나면서 제도적 방법은 그 서술적 경향과 비과학성으로 인해 강한 비판을 받아 왔다.[2] 즉, 많은 학자들이 제도적 접근은 통치현상의 기본적 골격을 서술할 뿐, 통치과정에서 일어나는 동적 현상과 변화를 간과하고 있기 때문에 이를 이해하는 데 적절하지 못하다고 주장하게 되었다.[3]

2) 안병만, 한국정부론〔제 4 판〕(서울: 다산출판사, 2002), p. 36
3) James A. Bill and Robert L. Hardgrave, Jr., *Comparative Politics: The Quest for Theory*(Columbus, Ohio: Charles E. Merrill Publishing Company, 1973), pp. 2～10.

제 2 절 기술적 접근방법

W. Wilson이 "행정의 연구"(The Study of Administration, 1887)라는 논문을 발표한 때로부터 1940년에 이르기까지를 정치·행정 이원론, 즉 기술적 행정학이 지배하던 시기로 볼 수 있다. 이 시기에 있어서의 미국 행정학은 엽관제(spoils system)의 극복이라는 시대적 요청에 호응하여 정치·행정 이원론을 중심으로 능률(efficiency)을 가장 중요시하는 기술체계로서 행정을 파악하려는 것이었다. 그 이유는 당시 엽관제로 인하여 행정에 대한 정치의 간섭이 행정으로 하여금 독자적 기능을 발휘할 수 없게 하였으며, 이에 따른 행정의 낭비와 비능률로부터 행정의 전문성과 기술성을 보장하기 위해서는 행정을 정치로부터 분리시킬 필요가 있었던 것이다.

이와 같이 정치(정책형성)와 행정(정책집행)을 구별하여 행정을 정치가 형성한 의사에 따라 그것을 충실히 집행하는 기술적 과정으로 파악하고 행정수단의 기술적 합리성을 연구의 대상으로 하여 이른바 기계적 능률을 주장한 학자들을 기술적 행정학파라고 부른다. 따라서 이 학파의 입장은 행정목적의 가치판단과 같은 것은 전혀 고려의 대상으로 하지 않고, 오로지 공무의 수행에 대한 방법과 조건을 어떻게 하면 가장 효과적으로 실현할 수 있느냐 하는 행정수단의 기술적 합리성이 연구의 대상이 되었던 것이다. 그리고 기술적 의미에 있어서의 기계적 능률(mechanical efficiency)의 원리를 발견하는 것을 최대의 목표로 삼았다.

W. Wilson이 위의 논문에서 "행정은 정치의 고유영역 밖에 존재하는 것이며"(Administration lies outside the proper sphere of politics), 행정의 문제는 정치의 문제가 아니다(Administrative questions are not political questions)라고 주장한 것은 정치·행정 이원론을 적절히 표현한 구절이라 하겠다.[4)]

또한 W. F. Willoughby는 그의 저서 「행정의 제 원리」(*Principles of Public Administration*, 1927)에서 오늘날 통치문제의 초점이 국민의 의사가 형성·표현되는 선거 및 입법부문의 조직·작용으로부터 이미 결정된 의사가 현실적으로 집행되는 행정부문의 조직·작용에로 옮아 가고 있다고 하면서 "우리가 당면한 과제는

4) W. Wilson은 '정치와 행정의 구별' 외에, '헌법문제와 행정문제의 구별'을 동시에 강조하였다. 그에 의하면, "공행정은 공법의 상세한 그리고 조직적인 집행"이라고 한다("The Study of Administration," p. 212 참조).

현실의 행정(administration of government affairs)에 있어서 절약과 능률(economy and efficiency)을 확보하는 것"[5]이라고 강조하였다.

요컨대 정치와 행정을 엄격히 구별하여 행정을 국가의사를 집행하는 기술적 과정으로 파악하고 그 기술적 합리화와 능률화의 원리를 실현한다는 기본이념 위에 성립된 것이 기술적 행정학파[6]이다.

그러나 이 학파가 정책의 형성과정을 등한시하고 특히 현대행정의 기능적 의의에 대하여 인식을 결여하고 있다는 점에서 비판을 받았던 것이다. 즉, 첫째, 현대정책에서 볼 수 있는 바와 같이 자유재량이나 정책형성의 범위가 확대되어 가고 있는 경우에 정치(정책형성)와 행정(정책집행)을 분리시켜 생각하는 것은 무의미하다. 둘째, 정치·행정 이원론에서는 행정을 관리면에서만 파악하여 오직 수단으로 인식하고 있는데, 사실상 목적 없는 수단 또는 가치를 도외시한 기술은 무의미하다. 셋째, 행정이 정책형성 기능을 수행함에 따라 절약과 능률만을 강조하는 기계적 능률보다 오히려 인간적·사회적 능률이 강조된다는 것 등이다.

제 3 절 기능적 접근방법

미국에 있어서는 1929년부터 시작된 경제공황으로 말미암아 대량의 실업자가 쏟아져 나왔으며 이는 미국경제에 대한 정부의 역할을 증대시켰고, 또한 1939년에 일어난 제 2 차 세계대전은 경제적·사회적 변동을 겪으면서 산업사회의 대정부의 존도를 더욱 높였다. 그리하여 행정의 정치적 기능은 큰 사회적 의의를 지니게 되었다.[7] 여기서 행정을 파악함에 있어서 정치와의 상관관계를 중시하게 되었고, 행정을 정치의 기능면에서 파악하려는 이른바 기능적 행정학파가 대두된 것이다.

기능적 행정학파의 특색은 행정개념의 형성에 있어서 정치와의 상관관계를 중

5) W. F. Willoughby, *Principles of Public Administration*(Washington, D.C.: Brookings Institution, 1927), p. viii.

6) 이 기술적 행정학파에는 상기 Woodrow Wilson, William Franklin Willoughby 외에 Leonard D. White와 John M. Pfiffner 등이 있다.

7) 엽관제(spoils system)를 극복하고 전문기술성이라는 행정의 자기법칙성을 확립하여야 한다는 역사적 사명을 완수한 이 단계에서는, 기계적 능률을 금과옥조로 삼아 행정문제를 다루려는 기술적 행정학의 방법은 그 타당성을 상실하였으며, 정치성·사회성의 시각에서 파악하려는 새로운 방법론이 대두된 것이다.

요시하는 점에 있다. 즉, 앞서 본 기술적 행정학이 행정을 정치와 분리시켜서 파악하고 있는 데 비하여 기능적 행정학은 정치(정책형성)와 행정(정책집행)의 양자의 융합면, 즉 L. Lipson의 이른바 연속과정[8]으로서 파악하려고 하는 것이다.

여기서 행정을 기능개념으로 파악한다는 것은, 첫째, 20세기의 근대민주제가 행정의 관리성을 지님으로 해서 비로소 존재의의가 부여되므로 현대행정을 사회의 공공사무관리의 의미로 이해할 경우, 행정이 이 관리적 기능을 지니고 있음으로 해서 정치권력 그 자체가 타당성을 확보할 수 있다[9]는 뜻이며, 둘째, 그러나 행정의 관리적 기능만으로는 충분한 사회적 효과를 얻을 수 없으므로 기능적 행정학의 대상은 기술과정으로서의 행정과정뿐만 아니라 그 정치성과 사회성의 기능을 발휘하는 행정과정[10]으로서 파악되어야 함을 의미하는 것이다. 이것은 바꾸어 말하여 기능적 행정학이 행정을 '수단과 방법'의 처리라는 관점보다도 오히려 '목적과 가치'를 결정하는 것으로 파악되어야 함을 강조하는 것이다.

M. E. Dimock은 J. M. Gaus, L. D. White와의 공저 「행정의 개척선」(*The Frontiers of Public Administration*, 1936)에서 정치 · 행정 이원론의 위험성을 지적하면서 "행정과 정치의 지나친 분리로 말미암아 행정을 비현실적인 것으로 만들어서는 안 된다. …통치는 정치와 행정, 즉 정책형성과 정책집행으로 이루어지며, 이 두 개의 과정은 배타적이라기보다 협조적이어야 한다"[11]고 정치 · 행정 일원론을 강조하였다. 또한 P. H. Appleby는 정책과 행정(*Policy and Administration*, 1949)에서 "정치와 행정의 현실은 양자의 혼합으로 보아야 한다…"고 지적하고, 행정이란 입법적 · 사법적 및 대중 선거적인 정책결정의 제 단계에서 일어나는 정책형성과 관리의 혼합체[12]라고 매듭지었다. 그리하여 기능적 행정학파에 의하면 행정능률을 확보하는 조건의 실현은 행정목적을 형성하는 정치와 밀접한 관계를 지니고 있다는 것이다.

이와 같은 기능적 행정학파는 기술적 행정학에 대하여 많은 비판을 가하고 있는데 그것을 요약하면, 첫째, 행정능률의 개념은 기계적인 의미에서뿐만 아니라 사

---

8) Marshall E. Dimock이 서론을 쓴 Leslie Lipson, *The American Governer from Figurehead to Leader*, 1939는 정치와 행정을 '단일의 연속과정'(single continuous process)으로서 파악하고 있다.
9) 辻 淸明, 行政學講義(上卷)(東京: 東京大學出版會, 1956), p. 30.
10) G. H. Durham은 이것을 'Administrative Politics'라고 칭하고 있다.
11) John M. Gaus, Leonard D. White and Marshall E. Dimock, *The Frontiers of Public Administration*(Chicago: University of Chicago Press, 1936), p. 35; Marshall E. Dimock, *Modern Politics and Administration*(New York: American Book Company, 1937), p. 243.
12) Paul H. Appleby, *Policy and Administration*(Alabama: University of Alabama Press, 1949), p. 25.

회적 능률(social efficiency)의 시각에서도 파악되지 않으면 안 된다는 것이며, 둘째, 행정은 적극적인 계획(planning)의 기능을 통하여 사회적 가치의 실현조건을 판정할 수 있다는 것이고, 셋째, 광범한 자유재량(discretion)과 위임입법의 증가에 의해서 행정은 여러 단계에서 정책의 결정에 참가한다는 것 등이다.

제 4 절 생태적 접근방법

행정학에 있어서의 생태론은 1940년대 후기로부터 1950년대에 걸쳐 나타난 이론으로서, 행정에 있어서의 생태적 접근방법(ecological approach)이란 행정을 주로 그의 환경적 제 요인과의 관련하에서 파악하려는 것이다.

Ⅰ. J. M. Gaus의 생태적 접근

J. M. Gaus는 그의 저서 「행정에 관한 성찰」(*Reflections on Public Administration*, 1947)에서 정부의 기능을 환경과 관련시키는 노력이 필요하다고 하고 정부의 제 기능에 대한 설명은 그의 환경적 변화에서 얻을 수 있다고 하여 행정의 연구에는 생태론을 포함시켜야 한다[13]고 주장하였으며, 그 후 F. W. Riggs는 이 생태적 접근방법을 원용하여 비교행정 연구에 많은 업적을 남겼다.

그런데 이러한 생태적 고찰을 위해서는 생활을 영위하고 있는 사람의 수 · 연령 · 지식이나 장소와의 상호관계로부터 그들의 생활물자를 얻는 물리적 및 사회적 기술의 존재방식에 이르기까지를 충분히 이해하여 그들의 행정제도나 관행을 연구하지 않으면 안 되고 정부의 제 기능 및 시민의 태도와 관련성이 있는 환경적 요소를 관찰할 필요가 있다는 것이다.[14]

나아가 Gaus는 위에서 열거한 환경적 제 요인과 행정과의 연관성에 관하여 "이들이 환경적 소재로부터 공공정책의 형성과정을 도출하는 것이 또 하나의 행정

---

13) John M. Gaus, *Reflections on Public Administration*(Alabama : University of Alabama Press, 1947), pp. 3~6.

14) *Ibid.*, p. 8. Gaus는 행정에 영향을 미치는 환경적 요인으로서 사람(people), 장소(place), 물리적 기술(physical technology), 사회적 기술(social technology), 욕구와 관념(wishes and ideas), 재난(catastrophe) 및 개성(personality)의 일곱 가지를 들고 있다(*Ibid.*, pp. 9~18 참조).

의 임무이다"라고 언급하였다.

Ⅱ. F. W. Riggs의 생태적 접근

한편 F. W. Riggs는 행정의 생태적 연구에 응용한 모델로서 사회의 변천에 따른 환경변수와 행정행태간의 관계를 밝혔다. 즉, 그는 발전도상국을 대상으로 하는 비교행정 연구에 생태적 접근방법을 원용하여 농업사회 · 전이사회(prismatic society) · 산업사회의 환경변수를 가려 내고 이들 변수와 행정행태간의 관계를 밝히는 이론모형을 제시하였다. 다시 말하면 그는 이들 사회에 있어서의 기능과 구조의 분화의 정도에 따라 융합형 · prism형 및 분화형이라는 세 가지의 모형을 만들었는바,[15] 이 가운데서 주로 발전도상국이 프리즘적 사회의 유형에 속한다고 보고 이 사회의 유형을 재분류하여, 사회변동이 그 사회 내부로부터 강제되고 있는가 여하에 따라 내생적(endogenous) 사회와 외생적(exogenous) 사회로 구분하였다.

이제 Riggs의 프리즘적 모형(prismatic model)과 사랑방 모형(sala model)을 살펴보면 다음과 같다.

1. 프리즘적 모형

F. W. Riggs의 prismatic model은 1960년대의 unidimensional approach(일차원적 접근)로부터 1970년대의 multi [or two] dimensional approach(이차원적 접근)에로 더욱 세밀한 분석이 진행되었다.

(1) 일차원적 접근(unidimensional approach)

이 일차원적 접근은 F. W. Riggs가 1960년대에 채택하였던 방법으로서 사회(혹은 국가)의 발전은 단선적인 방향으로 진행된다는 전제하에서 이루어진 것이었다. 그러나 사회는 반드시 단선적으로 진행되는 것은 아니며 다음의 이차원적 접근에서 볼 수 있는 바와 같이, 어느 사회에 있어서나 각 사회마다의 프리즘적 요인은 상존하고 있다는 것이다.

(2) 이차원적 접근(multi [or two] dimensional approach)

1970년대에 접어들면서 Riggs는 이차원적 접근을 시도하였는바,[16] 이 접근방

15) Fred W. Riggs, *The Ecology of Public Administration*(London: Asia Publishing House, 1961), pp. 4, 63.

16) Fred W. Riggs, *Prismatic Society Renisited*(Morristown, N.J.: General Learning Press, 1973), pp. 7～8.

[그림 1-3] F. W. Riggs의 일차원적 접근

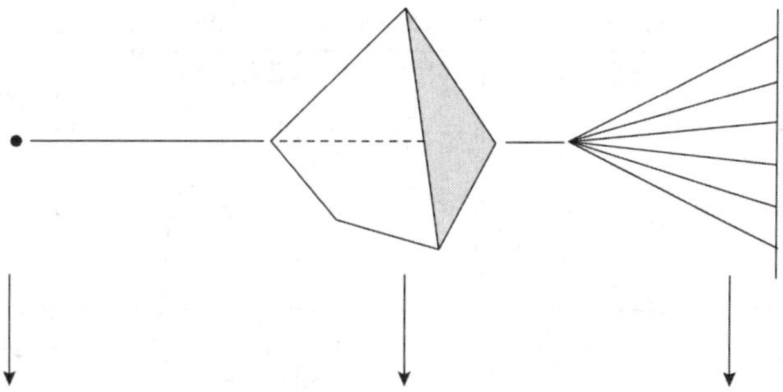

① 기 능 : 융 합 적 ⟶ 프리즘적 ⟶ 분 화 적
② 구 조 : 전 통 적 ⟶ 과 도 적 ⟶ 현 대 적
③ 역 할 : 미 발 전 ⟶ 발전도상 ⟶ 발 전 적
④ 사회체제 : 농업사회 ⟶ 프리즘적 사회 ⟶ 산업사회
⑤ 관 료 제 : 안 방 ⟶ 사 랑 방 ⟶ 관청 · 사무실

출처 : F. W. Riggs, *Administration in Developing Country,* 1964에서 발췌.

법에 있어서는 어느 사회에 있어서나 계속 분화되고 있다는 것(이것은 근대화와 연결되는 개념임)과 사회마다 그 사회의 특수성(peculiarity)을 지니고 있다는 것을 전제로 내세우고 있다.

다음 [그림 1-4]에서 그는 발전이란 분화(differentiation)를 이루어 나가면서도 그것이 통합(integration)될 수 있는 역량을 향상시키는 것을 뜻한다. 그리고 여기서 통합될 수 있는 역량이란 기능적 자율성(functional autonomy)과 기능적 조화 또는 조정(functional harmony or coordination)을 합친 것을 말한다.

그림에서 프리즘적 사회의 경우를 살펴보면 Ⅱ는 농업사회 속의 프리즘적 현상, 즉 eo-prismatic society로, Ⅳ는 전이사회 속의 프리즘적 현상, 즉 ortho-prismatic society로, Ⅵ는 산업사회 속의 프리즘적 현상, 즉 neo-prismatic society로 표현할 수 있다.

이상에서 고찰한 바와 같은 1970년대에 있어서의 Riggs의 프리즘적 모형의 재정립은 1960년대에 있어서 그의 이론이 정태적인 성격을 지니고 있어서 사회변동에 대하여 그다지 민감하지 못하다는 비판을 다소 완화하였다고 볼 수 있으며, 아울러 발전의 개념이 무엇인가를 뚜렷하게 부각시켰다는 점에서 큰 의의를 찾아

[그림 1-4] F. W. Riggs의 이차원적 접근

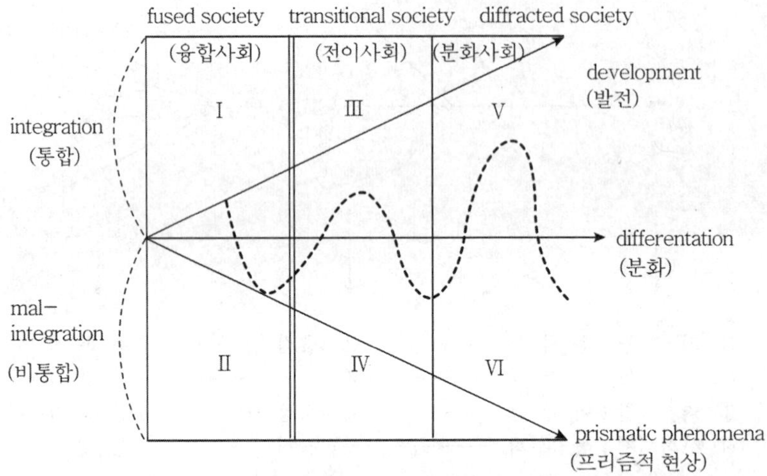

볼 수 있는 것이다.

2. 사랑방 모형

한편 F. W. Riggs의 소위 sala model(사랑방 모형)은 융합형으로서의 '안방'(chamber) 체제와 분화형으로서의 '사무소'(bureau) 체제의 중간에 위치하는바, 이를 표로 표시하면 〈표 1-1〉과 같다.

여기서 서로 상응하는 융합적 및 분화적인 두 구조를 대비시킴으로써 사랑방 재정의 모형적 체제를 정립해 보면, 프리즘적 투입 A는 공납과 조세가 혼합되어 이루어진 '공납적 조세'(tributary taxation)이며, 전환기능 B는 '봉록적 예산'(prebendary budgeting), 사랑방적 산출 C는 '사여적 경비'(donative expenditure)라 부를

〈표 1-1〉

	안방 체제	사랑방 체제	사무실 체제
투 입	공 납	A	조 세
전환기능	봉 록	B	예 산
산 출	사 여	C	경 비
	융 합 형	프리즘형	분 화 형

수 있다.

이상과 같은 생태적 접근방법에 대해서는 두 가지 관점에서 비판이 가해질 수 있다. 첫째, 생태적 접근방법은 행정을 본질적으로 환경적인 면에서 파악함으로써 현대 행정학에 기여한 바 크지만 이 접근방법은 다만 행정을 외부적 측면으로부터 파악하려는 것으로서 행정의 내부적인 문제를 소홀히 할 위험성을 지니고 있다는 것이다. 둘째, 물론 생태적 접근방법에서는 환경적인 요인을 중요시하지만 그렇다고 해서 환경적인 조건을 단순히 열거함에 그친다면 이것을 생태적 접근법이라고 말할 수 없다는 것이다.[17)]

제 5 절 행태적 접근방법

행태적 접근방법은 정치학(또는 행정학)의 한 방법론이라고 하기보다는 사회과학 전체에 걸쳐 학문의 재구성을 꾀하는 것으로서 파악된다.

이 행태적 방법은 사회심리적 방법, 정치과정적 방법도 포함하며, 종합적인 인간의 행태과학으로서 집대성되어 있다.

정치학(또는 행정학)의 방법론은 개인이나 집단의 정치적 행태(또는 행정행태)와 관련된 정치현상(또는 행정현상)을 파악하려는 방법이라 하겠다. 즉, 정치적 행태(또는 행정행태)에 의한 상호작용의 검증을 통해서 경험과학적으로 정치현상(또는 행정현상)을 이론구성하려는 방법이다. 그러므로 제도를 연구하는 경우에도 그 기구나 권한을 문제삼는 것이 아니라, 제도에 관련된 인간의 행태의 문제로서 파악하여 제도 자체가 어떻게 운용되며, 어떻게 기능하는가라는 측면이 중시된다. 그리하여 이러한 과정을 파악하기 위해 system개념을 도입하고 이 model에 의해서 거기서 작용하는 요소간의 관계를 전체로서 파악하려는 것이다.

D. Easton은 정치현상을 다만 제도나 기구라는 정태적인 구조로서가 아니라, 그것을 포함한 광범한 정치행태와 정치과정[18)]이라는 동태적인 정치영역으로서 파

17) 여기에서 필요한 것은 특정 변수와 행정기능간의 관련 및 상호의존성을 증명하는 일이다. 그러므로 우리에게 요청되는 생태론은 환경에 있어서의 민감변수를 판별해 내고 최소한 이들 변수가 분석의 초점인 행정사항과의 사이에 있음직한 상호유형을 명백히 하는 일이다.

18) David Easton은 정치행태와 정치과정을 포함하여 이것을 정치생활(political life)로서 표현하였으며, 이 정치생활을 규정하는 것이 정치체제(political system)라고 한다.

악하였으며, 이들 정치현상의 분석을 위해 개념적 틀(framework)[19]로서 체제(system)라는 분석개념을 제시하였다.

D. Easton[20]은 정치체제(political system)[21]를 제도나 기구와 같은 좁은 의미의 정치영역이 아니라, 사회에 대한 가치의 권위적 배분을 행하는 모든 system이라고 정의하고 있다.

정치에 대한 행태적 접근의 효시로 불리는 D. Easton에 의하면 정치란 '사회에 대한 제 가치의 권위적 배분'[22](authoritative allocation of values for a society)으로서 파악되며, 나아가 정치란 '가치의 배분을 행하는 결정과 행위의 총체'라고 한다. 따라서 정치학에 있어서는 제 가치의 권위적 배분의 결정이 어떻게 형성되며 집행되는가, 그리고 그를 위해 정치체제의 존속 내지 유지는 어떻게 달성되는가에 대한 관심이 중심과제로 된다. 그리하여 이 과제를 해결하기 위해서는 구체적인 인간행태나 사회의 제 집단의 행태가 분석되어야 한다는 것이다.

현대 정치학에 있어서는, 19세기적 시민사회의 정치이론과는 달리, 공공정책의 결정을 둘러싸고 사회의 다원적 제 집단의 경합상태를 연속하는 일련의 과정으로서 파악하려는 점에서 그 특색을 찾아볼 수 있다. 즉 현대 정치학의 중심과제는 정책결정이라는 행위의 과정이라 할 수 있다.

다시 말하면 정치현상을 동태적으로 파악하려는 현대 정치학에 있어서는 제도나 규범의 차원에서 구성되는 개념을 배제하고 현실의 정치행태의 차원에서 구성되는 개념을 찾아 정치현상을 분석의 대상으로 삼고 있다. 이 경우 개인의 행태와 더불어 집단의 행태가 고찰의 중요한 비중을 차지하게 된다.

Arthur F. Bentley나 David B. Truman은 사회 제 집단의 정치와의 관련성,

---

19) 우리가 개념적 틀을 구하려고 노력하는 것은 정치적 제 활동과 그들의 상호관련성을 해명하는 데 필요한 주요 제 변수를 식별하는 것이 가능하게 되기 때문이다〔David Easton, *The Political System: An Inquiry into the State of Political Science*, 2nd ed.(Alfred A. Knopf, 1971), pp. 92～93 참조〕.

20) David Easton은 제 2 차 세계대전 후 정치이론의 재구성을 꾀하려는 정치학의 추세에 따라 행태과학과 일반 시스템이론과의 연결을 위해 정치체제라는 개념을 수립하였다. Easton은 법학적·제도적 정치학으로부터 행태적·기능적 정치학에로의 발전을 주창하여 자기의 이론을 제시한 최초의 사람이다. 즉, 그는 정치현상을 인간의 행태 또는 상호관계로서 파악하고 그의 분석 틀로써 독자적인 정치체제론을 구성하였다.

21) 정치체제란 종래 국가나 정부라고 불리는 개념과 큰 차이는 없으나, 다만 그것은 개인이나 집단의 기능면을 중시한다. 그리하여 정치연구는 국가·권력·제도에 관해서가 아니라 정책·권위·사회라는 3개의 개념을 탐구하는 것이라고 한다.

22) David Easton, *The Political System*, 2nd ed.(Alfred A. Knopf, Inc., 1971), p. 129. 그에 따르면 정치적 성질을 지닌 사회적 행위의 특징은, 그 행위가 사회에 대한 제 가치의 권위적 배분에 관련되어 있다는 것이다(*Ibid.*, p. 134 참조).

특히 정책결정을 둘러싼 관련성을 중시하고 이들 제 집단의 정치기능을 분석의 주요 대상으로 삼았다. 즉, 공공정책의 결정과정을 중심으로 하여 이와 관련된 사회의 제 집단의 활동을 분석하는 집단과정론은 그 후 행태적 접근과 융합함으로써 가일층 유력한 이론으로 등장하였다.[23)]

한편, 행정행태론은 행정에 내재하는 인간적 요인에 착안하여 의사결정과정을 핵심으로 하는 행정행태를 중심으로 행정의 본질을 규명하는 이론체계이다. H. A. Simon은 그의 저서 「행정행태론」(*Administrative Behavior*, 1976) 제 3 판에서 "행정은 의사결정과정이 핵심을 이룬다"[24)] 라는 기본적인 명제에서 출발하여 행정을 행태면에서 파악하였고,[25)] 또 그는 D. W. Smithburg 및 V. A. Thompson과의 공저 「행정학」(*Public Administration*, 1950)에서 행정에 내포되어 있는 심리적 과정의 분석을 행정연구의 과제로 삼았다.[26)]

그리하여 Simon의 행정이론의 접근방법은 논리적 실증주의의 과학방법론과 행정과학에 있어서의 사회심리학적 방법으로 집약된다.

Ⅰ. 논리적 실증주의의 과학방법론

H. A. Simon의 1940년대 후기의 행정이론은 논리적 실증주의(logical positivism)[27)] 의 인식론에 입각해 있다. 즉, 그가 말하는 논리적 실증주의는 자연과학과의 밀접한 관련성 및 경험주의를 강조하여 형이상학을 배척하며, 엄격한 논리적 분

23) 이 정치과정적 방법론은 Arthur F. Bentley의 「정치과정론」(*The Process of Government*, 1908)에 의해 처음으로 이론화된 것이며, 정책결정과정에서 전개되는 집단간의 '압력과 저항' 관계에 착안하여 정치를 이러한 집단이익의 균형화의 과정으로서 파악하는 데 특징이 있다. 그리하여 그는 종래의 국가나 정부의 개념을 집단이론에 포섭하고 집단간의 이익의 조정과정을 동태적으로 분석하였다.

24) Herbert A. Simon, *Administrative Behavior: A Study of Decision-Making Process in Administrative Organization*, third edition(New York: The Macmillan Publishing Co. Inc., 1976), p. xi. 이 책에서 그는 조직의 현상을 이해하는 데 있어서 의사결정과정이 중심과제임을 밝히고 있다(Administrative Behavior was written on the assumption that decision-making process hold the key to the understanding of organizational phenomena).

25) Simon은 C. I. Barnard의 영향을 받았는바, Barnard는 결정의 행위는 조직행태의 특징이라고 하여 결정과정을 조직이론의 동태적 개념으로 파악하였다[Chester I. Barnard, *The Functions of the Executive*(Cambridge, Mass: Harvard University Press, 1938), p. 186].

26) Herbert A. Simon, Donald W. Smithburg and Victor A. Thompson, *Public Administration*(New York: Knopf, 1950), p. vi. 그리하여 그들은 분석을 인간존재와 소집단의 관점에서 시작하여 어떻게 해서 조직에 있어서의 복잡한 행동이 심리학이나 사회학의 기초적인 제 관념의 적용에 의하여 해명될 수 있는가를 제시하고자 하였다(*Ibid.*, p. vii).

27) *Ibid.*, p. 45.

석에 기초를 두어 경험적 검증가능성에 따라 사실명제와 가치명제를 준별하고, 과학은 전자의 경우에만 관계된다고 한다. 그리하여 행정과학에서는 가치의 문제는 소외되고 다만 순수한 사실적 서술에만 관련성을 지닌다는 것이다.

Ⅱ. 행정과학에 있어서의 사회심리학적 방법

H. A. Simon이 행정학의 체계를 수립함에 있어서 설정한 시각은 사회심리학의 방법론을 행정학에 적용하려는 것이었다. 그리하여 그는 행정을 결정형성의 과정을 핵심으로 하는 행정행태로서 파악하고, 이와 같은 파악을 통해서만 행정의 본질을 이해할 수 있다는 것이다.[28)]

그는 결정형성과정을 분석함에 있어서 행정행태의 합리성 문제를 검토하였는바, 이것은 바로 '제한된 합리성'(bounded rationality)[29)]이론으로 표현된다.

H. A. Simon에 의하면 인간의 행동에는 합리적인 면도 있지만 비합리적인 면도 내포되어 있으므로 행정행태도 제한된 합리성이론에 입각해서 고찰하지 않으면 안 된다고 한다. 즉, 그는 인간의 합리적인 의사결정 주체로 보는 연구가 필요함을 주장하면서도 현실적으로는 의사결정자들이 '제한된 합리성'에 입각하여 의사결정을 행한다는 사실을 시인한다. 이와 같이 그의 제한된 합리성이론은 인간의 지적 능력의 한계성을 시인하여 규범적(이상적) 접근방법 내지 합리적 의사결정 모델을 비판하고 행태과학적 조직론의 입장에 서서 실증적(현실적) 의사결정이론을 전개하였다는 점에서 그 의의를 찾아볼 수 있다.

이와 같이 Simon의 행정이론이 현대 행정학의 확립에 공헌한 것은 사실이나, 행정을 정치성·사회성과 관련시켜 볼 때 당연히 가치문제를 고려하여야 함에도 불구하고 가치를 소외시킨 논리적 실증주의는 비판의 대상이 된다.[30)] 또한 현대

28) 예로서 Simon의 'authority'이론을 보면, 그는 권리와 의무의 견지에서 법적으로 파악하는 전통적인 개념으로부터 탈피하여 'authority'를 "타인의 행동을 지도하는 결정을 내리는 힘"이라고 정의한다. 그리고 'authority'의 한계의 문제를 '수용의 범위'(area of acceptance)의 문제로 파악하여 'authority'는 수용의 동기의 차이에 따라 신뢰·귀속심·상벌 및 합법성의 'authority'로 분류된다고 한다.

29) Herbert A. Simon, *op. cit.*, p. xxviii. 그의 행정이론의 주요 관심사는 인간의 사회적 행태의 합리적인 면과 비합리적인 면의 경계에 집중된다(The central concern of administrative theory is with the boundary between the rational and the nonrational aspects of human social behavior).

30) Dwight Waldo는 논리적 실증주의를 가리켜 '가치 맹목적'(value-blind)인 것에 지나지 않는다고 비판하고 있다[Dwight Waldo, *The Study of Public Administration*(Random House. Inc., 1955), p. 64].

행정학에 사회심리적 방법을 적용함은 바람직한 일이지만 이 접근만이 유일한 연구의 방법이라고 생각하는 것은 독단이라 하겠다.

그리하여 1960년대 후반에 이르러 미국 내에서도 종래의 행태적 방법에 대하여 비판이 가해졌으며, 1968년 미국 소장학자들에 의하여 소위 신행정론(new public administration)이 제창되었다.

신행정론자들은 행태적 행정이론의 가치중립성을 배격하면서,[31] 사회과학이 철학과 절연될 수 없으며 가치와 사실을 준별할 수 없다는 점에서 양자의 결합을 시도하였다.[32]

요컨대 1970년대에 나온 후기행태주의(post-behaviorism), 특히 D. Easton은 완전히 행태에 초점을 맞춘 계량화에 의한 학문의 과학화란 사회과학 분야에서는 불가능하며, 형이상학적 문제(metaphysical problem)를 다루지 않고서는 사회과학의 가치 · 기능이 크게 감소됨을 시사하였다.

한편 행태주의에 대한 보완으로서 객관주의를 극복하고 인간의 주관성을 높여 생명 있는 인간의 사회적 의미를 이해시키려는 목적에서 현상학적 접근법이 대두되었다. 현상학(phenomenology)의 관점은 인간행태의 외면만을 관찰함으로써 의식이라는 것을 간과해 버리는 오류를 없애고 인간의 내면세계를 이해하는데, 그것도 개인의 사적 세계가 아니라 나와 그가 상호작용하는 간주관적(intersubjective)인 세계를 주된 대상으로 삼고 사회적 주관으로서의 행위를 이해하는 것이다. 생활세계 속에서 인간은 대상인 동시에 주관으로 서로 의존하고 작용하고 있어 타인의 체험을 자신의 체험과 동일화시킬 수 있는 것으로 보기 때문에 현상학적 접근법이 지닌 장점은 행태주의적 입장이 다루지 못하는 관념 · 감정 · 동기 등 내심적 요인을 행위와 결부시키는 감정이입을 통한 인식작용이라 하겠다.[33]

---

31) 신행정론자들은 가치배분에 있어서의 사회적 형평(social equity)을 비롯하여 고객 위주, 시민의 참여 등을 달성하기 위한 적극적인 행정인의 역할을 강조하였다〔Howard E. McCurdy, *Public Administration: A Synthesis*(Menlo Park, California: Cummings Publishing Company, Inc., 1977), pp. 352~355 참조〕.

32) 그러나 신행정론은 반실증주의적 · 반과학적인 것이 아니며, 오히려 과학적 방법을 통하여 여러 대체적 정책과 행정현상의 분석 · 파악 및 평가에 도움을 주도록 노력하는바, H. G. Frederickson은 이를 제 2 세대 행태주의(second-generation behavioralism)라고 부른다〔H. George Frederickson, "Toward a New Public Administration," Frank Marini(ed.), *Toward a New Public Administration: The Minnowbrook Perspective*(New York: Chandler Publishing Company, 1971), p. 315 참조〕.

33) 김광웅, 「후기행태주의론: 실증주의, 역사주의 및 현상학적 방법론」, 행정논총(제13권 제 2 호)(서울: 서울대학교 행정대학원, 1975), pp. 123~124 참조.

제 6 절 체제적 접근방법

체제적 접근방법의 의의는 한 마디로 행정학연구를 그 전체성에 입각해서 고찰할 수 있다는 데서 찾아볼 수 있다. 환언하면 행정과정의 모든 전체적 흐름을 파악할 수 있다는 점에서 체제적 접근방법의 의의를 찾아볼 수 있는 것이다. 이 접근방법은 행정체제와 환경간의 상호작용, 다시 말해서 환경 → 투입 → 전환과정 → 산출 → 환류 등의 제 요소가 서로 작용함으로써 행정과정(체계)의 전체적인 흐름을 파악할 수 있다는 점과 나아가 체제와 환경간, 여러 체제간 그리고 구성요소간에 존재하는 행태를 분석하는 데 유익하다는 것이다.[34)]

좀더 구체적으로 체제의 본질을 살펴보면 첫째, 체제는 여러 하위체제(subsystem)로써 구성되며 그들은 상호의존관계에 있다. 둘째, 체제는 환경으로부터 일정한 투입물을 필요로 하며, 전환과정을 통해서 체제 속으로 흘러 들어오고 다른 일부는 체제의 환경으로 흘러 나간다.[35)] 셋째, 이러한 한 묶음의 상호작용, 즉 하나의 체제는 경계(boundary)라는 개념에 의해 다른 체제들과 구별되며, 한 체제의 경계 밖에 속하는 상호작용은 당해 체제의 환경으로 된다. 넷째, 개방된 체제라 하여 체제가 환경에 의존한다는 점을 강조한다. 그러나 환경에서 일어나는 일들이 자동적으로 체제의 양상을 규정하는 것은 아니며, 목표를 지닌 체제는 일정수준의 자율성 내지 자체 조정적 능력을 가진다.

다음의 [그림 1-5]를 통해서 알 수 있는 바와 같이 환경 · 투입 · 전환과정 · 산출 및 환류 등의 제 요소는 서로 작용하는바, 이와 같은 각 요소들의 상호작용 전체를 가리켜 행정체제라고 한다.

[그림 1-6]의 내용을 좀더 구체적으로 부연한다면 행정체제는 정치체제 내에 존재하며 정치체제는 사회 · 경제적 환경에 내재한다. 환경은 사회적 · 경제적 · 문화적 요인과 과학기술 등을 포함하며, 이러한 환경은 정치체제와 행정체제에 요구와 지지라는 투입요인을 생성시킨다.

행정체제를 둘러싸고 있는 이와 같은 환경적 요인과 정치체제는 행정체제에 영향을 미쳐 행정체제로 하여금 정책결정을 유도케 하고 이러한 결정과정을 통해

34) Gerald E. Caiden, *Administrative Reform*(Chicago: Aldine Publishing Co., 1969), p. 46.
35) Ira Sharkansky, *Public Administration: Policy-Making in Government Agencies*, fourth edition (Chicago: Rand McNally College Publishing Company, 1978), pp. 9~13.

[그림 1-5] 행정체제의 구성요소

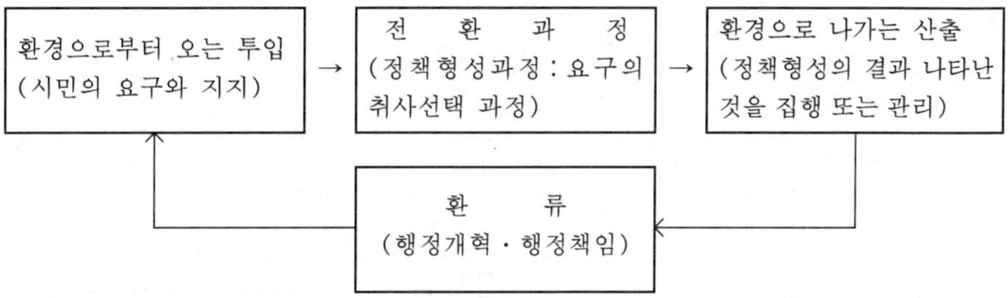

출처: Ira Sharkansky, *Public administration: Policy-Making in Government Agencies*, 4th ed. (Chicago: Rand McNally College Publishing Company, 1978), p. 8에서 발췌.

서 정책산출을 초래케 한다. 정책산출은 추출적(abstractive) · 배분적(distributive) · 규제적(regulative) · 상징적(symbolic) 산출로 나타나는바, 추출적 정책산출은 세금 · 병역의무 등이며, 배분적 산출은 주로 예산을 통한 공공사업 · 교육 · 복지 등으로 나타나고, 규제적 산출은 인간의 행위를 규제하는 법률집행으로서의 경찰과 사법제도를 들 수 있겠다. 또 정부는 이와 같은 세 가지 기능의 효과적 수행을 위해 여러 가지의 상징적 정책을 산출해 낸다.

이와 같은 정책산출은 궁극적으로 그 정책이 지향하는 목적달성을 추구하는바, 정책의 궁극적인 목적으로서는 정책결과 나타나는 복지 · 안전 · 자유 · 민주화 등을 들 수 있다. 또한 정책이 의도한 목적의 달성 여부에 따라 정책은 평가를 받게 되며, 이러한 평가결과는 환류되어서 다시 행정체제를 통한 전환과정, 정책산출, 정책결과, 환류 등의 행정체제모형의 기본적인 '틀'(framework)이 된다.

이상에서 고찰한 바와 같이 체제적 접근방법은 행정을 행정과정(체계)면에서 파악하여 행정학을 종합적 · 체계적으로 연구하는 데 도움을 주는 방법론이라 하겠는바, 여기서 체제란 여러 하위체제(subsystem)로 구성되어 있으며, 이들은 각기 고유의 기능을 가지고 있으면서 상호간의 연관성을 가지고 움직이며, 그를 둘러싸고 있는 환경간에 상호 영향을 주고 받고 있는 것을 의미한다.[36] 그리고 이 접근의 특색은 무엇보다도 거시적으로 전체를 보며 그를 구성하는 부분간의 상호 기능적인 관계 또는 상호의존성을 밝혀 준다. 동시에 여기의 기능은 어느 체제에나 보편적으로 존재하는 것이므로 비교연구의 진전을 도와 주며, 이러한 기능적인 관계

36) Roy E. Jones, *Functional Analysis of Politics*(London: Routledge and Kegan, 1967), pp. 93~96; 박동서, 한국행정론〔제 5 전정판〕(서울: 법문사, 2002), p. 125.

[그림 1-6] 행정체제 모형

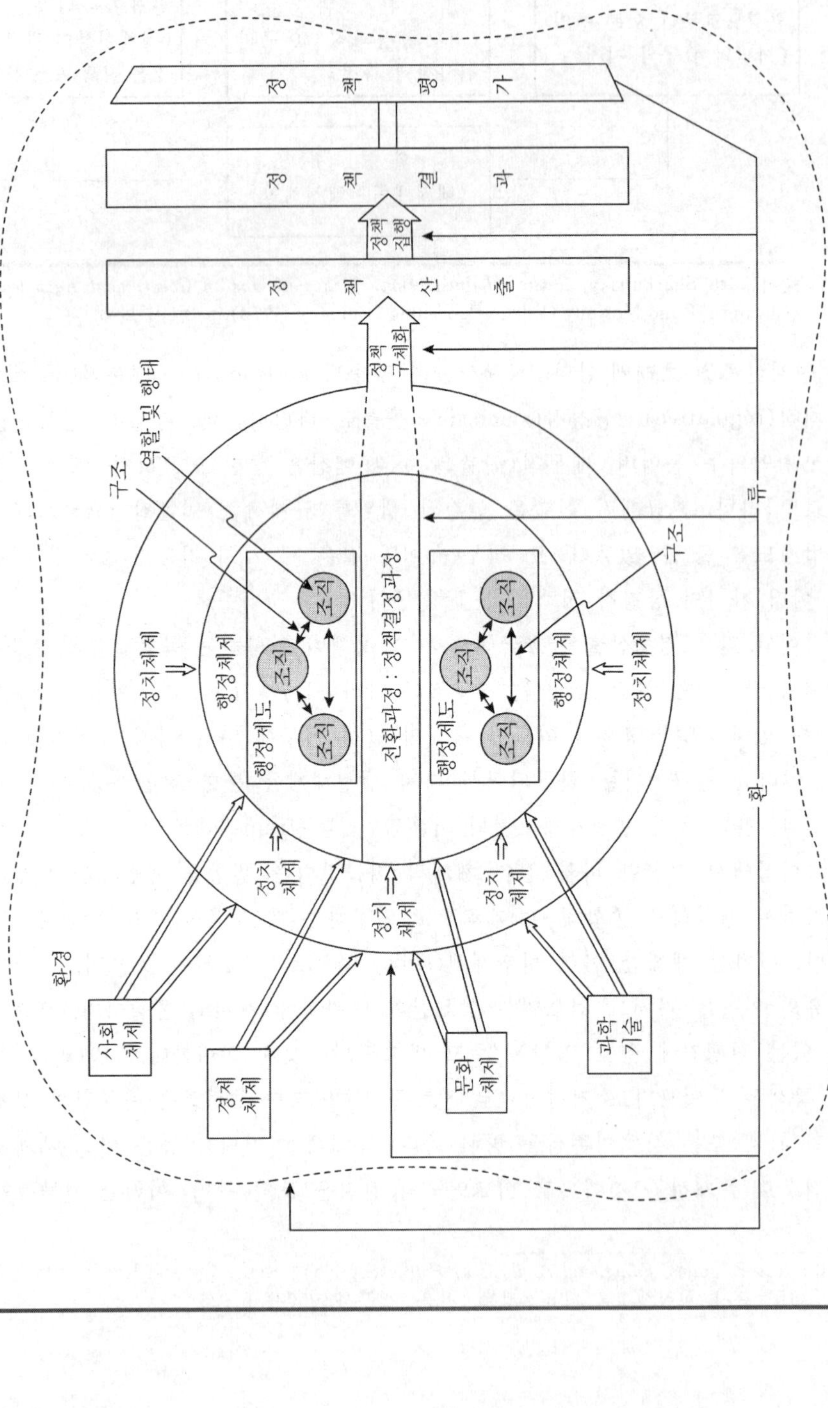
정책평가
정책결과
정책집행
정책산출
정책구체화
구조
역할 및 행태
정치체제
행정체제
행정제도
조직
전환과정 : 정책결정과정
환류
환경
사회체제
경제체제
문화체제
과학기술

의 규명에는 규범적인 것이 개입하기 어려워 과학화에 도움을 준다는 것이다.

또한 여기서 체제란 본래적으로 균형 및 안정을 유지하려는 것으로 이해되고 있으며, 체제의 유기체적 존속을 강조한 나머지 정치체제 또는 행정체제의 안정을 최고의 가치로 인정하고 있다. 그러기 때문에 체제 내의 갈등과 변화는 항상 긴장의 원인 혹은 체제의 존속을 위협하는 일탈적인 것으로 나쁘게 인식하는 편견이 개재되어 있다는 것이다.37) 이와 같이 체제적 접근방법은 체제기능을 위주로 하고 있기 때문에 균형·현상 위주의 테두리를 벗어나기 힘들고 변화를 설명하기가 어려워 정태성 내지 보수성을 지니고 있다는 비판을 받고 있는바,38) 체제이론의 보수성은 오늘날에 이르기까지 지적되고 있는 문제점이라 하겠다.

끝으로 체제론의 일환으로서 정치현상 내지 행정현상을 경제학적인 시각에서 이해하고자 하는 정경적 접근(political economy approach)에 대하여 언급해 두고자 하는바, 이것은 체제적 차원에서 정치적·행정적 및 경제적 자원이 거래되는 시각에서 행정체제를 파악하려는 것이다.

W. F. Ilchman과 N. T. Uphoff는 정치경제학을 "정치학적 지식과 경제학적 시각의 적절한 혼합적 적용을 통해 통치현상을 새롭게 이해하고, 정치문제 해결을 위해 합리적 대안을 마련하는 것"으로 보고 있다.39) 즉, 그들에 의하면 정치학에 있어서는 합리적인 선택의 문제를 도외시하고 다만 거시적 분석에만 관심을 기울이므로 사실상 정치문제 해결에 도움을 주지 못한다는 것이며, 이에 대하여 정치경제학은 정치과정에 있어서의 여러 행위자들에게 효과적인 정책적 대안을 마련하도록 한다는 것이다.

오늘날 정부재정의 비중이 커 가고 있고 준공공재의 경우 획일성 또는 비선택성을 지니고 있어 시민들은 그들이 원하는 서비스를 받기가 어려우므로, 각 시민에게 보다 적절한 서비스를 받을 수 있도록 선택의 여지를 넓히자는 것이다.40) 그리하여 인간의 합리성이 확보되어 있다고 볼 수 있는 경제적 시장에서와 동일한 제도적 장치를 함으로써 정치·행정의 합리화를 도모하자는 것이다.41)

---

37) 안병만, 전게서, p. 48.

38) 체제이론은 변화를 추구하고 있는 신생국의 경우보다 안정된 상태를 지속하고 있는 선진국을 설명하는 데 도움을 주는 이론이라고 할 수 있다.

39) Warren F. Ilchman and Norman Thomas Uphoff, *The Political Economy of Change*(Berkeley, California: University of California Press, 1969), pp. 27～28.

40) H. George Frederickson, *New Public Administration*(Alabama: University of Alabama Press, 1980), p. 28～29.

41) 박동서, 전게서, p. 126.

제 7 절 최근의 동향

지금까지의 행정학 접근방법의 주류를 이루어 온 것은 행태주의, 객관주의 및 논리적 실증주의이었으며 이러한 경향은 M. Weber, W. Wilson 및 과학적 관리자들의 연구 이래로 지배적인 위치를 차지하고 있다.

이러한 전통적 방법론에 의한 행정학 연구가 지닌 한계를 극복하려는 노력이 두 가지 대표적인 조류로서 나타나고 있는데 첫째, J. Habermas 등의 소위 비판사회이론(critical social theory)에 입각한 입장과, 둘째, E. Husserl, A. Schutz, M. Harmon 등의 현상학(phenomenology)에 입각한 입장이다.[42)]

Ⅰ. 비판행정학

사회현상에 대한 비판적 시각(critical perspective)은 먼저 인간이 지향하고자 하는 상태와 그에 대한 사회적 제약간에는 어떤 긴장이 존재하고 있다고 본다. 비판이론은 이러한 제약을 해소하기 위한 것이라고 한다.[43)]

본래 사회비판이론은 소위 프랑크푸르트학파에 속하는 Habermas, Marcuse, Horkheimer 등에 의해 발전되어 온 것인데 특히 행정현상과 관련시켜 보면 대체로 다음과 같은 세 가지 측면이 주목된다.

첫째, 종래의 도구주의적 이성(instrumental reason)을 비판한다. 비판이론가들의 주요 관심은 사회적 지배의 근원을 밝히고 나아가서 이성(reason)을 통한 인간의 자유를 실현하려는 것이었다. 그러나 이러한 시도는 이성 그 자체가 문제를 지니고 있다는 인식을 하게 됨으로써 난관에 봉착하게 되었다. 즉, 그것은 그들이 자유 회복의 주요 수단으로 삼고자 했었던 이성은 종래 M. Weber 이래로 도구주의적인 것에 불과하더라는 것이다. 거기에서는 이미 주어진 어떤 목표를 달성하기 위한 최적의 수단에만 집착하는 합리성만이 지배적이었다. 따라서 사회비판이론에서는 이러한 종래의 이성을 비판하고 이성 자체를 새로이 확립 또는 재정립하려고 한다는 것이다.

42) Robert B. Denhardt, *Theories of Public Organization*(Montrey, California: Brooks/Cole Publishing Co., 1984), p. 151.
43) *Ibid.*, pp. 167～171.

둘째, 공공부문의 축소가 지적된다. 본래 비판이론의 입장에서 보면 정치·행정과 같은 공공부문은 다양한 사회의 제 이해가 포용되며 바람직한 사회의 상태를 지향하는 분야로 상정하고 있다. 따라서 이러한 관점을 전제로 하여 놓고 오늘날의 정치·행정을 보면 거기에는 많은 문제가 있다. 즉, 지금까지는 정치·행정은 사회의 각 계층의 상위를 차지하는 사람들의 이익을 대변하는 경향이 있어서 바람직한 생활(good life)의 구현에는 관심이 적었다는 것이다. 또한 지금까지의 정치·행정에 있어서는 민주시민의 참여라고 하는 가치도 오히려 역기능적인 것으로 인식되었으며, 결국 시민을 비정치적인 존재로 보았다. 따라서 시민의 역할이라는 것도 사회의 방향을 정하는 데 기여하는 주체로 보는 것이 아니라 오히려 정치·행정의 객체로서 파악되었던 것이다.

그리하여 결국 정치·행정이 더 이상 특정한 사회계층의 이익만 반영해 주는 제한된 역할에서 벗어나 이제는 바람직한 사회상태를 지향해 나가는 본래의 역할로 돌아올 것을 함축하고 있다고 하겠다.

셋째, 지식과 이해간의 적정한 관계를 주장한다. 여기에서는 무엇보다도 개인이든 사회이든 왜곡 없는 의사소통(communication)이 중요시된다. 진정으로 합리적인 행동은 의사소통에 부여된 제약들을 제거함으로써 확보된다는 것이다. 만약 의사소통의 당사자간의 관계가 균형을 잃게 되어 한 쪽이 다른 쪽을 지배하게 된다면 필연적으로 왜곡이 일어날 수밖에 없다.

이상의 내용들을 종래의 논리실증주의적인 전통 행정학에 대비시켜 볼 때 많은 점이 시사된다. 지금까지의 관료제의 역할은 주로 능률성을 우위에 두고서 인간을 지배·복종시켜 온 것이었다고 할 때, 위의 비판이론적 시각에서 보면 이제는 바로 관료제의 역할 자체에 대한 새로운 정의가 필요하게 된다. 이 경우 V. Ostrom이 말한 행정학의 새 패러다임으로서의 민주행정이 강조되는 것도 이러한 측면과 무관하지 않을 것이다. 또한 종래 불신과 적대감 속에 있는 것으로 인식되어 오고 있는 행정과 시민의 관계도 새로이 파악되어야 할 것이다.

Ⅱ. 현상학적 행정학

1. 의 의

전통적인 행정학이 주로 논리실증주의에 입각하고 있는데 여기에서는 또 다른 반성적 입장으로서 대두된 현상학적 행정학을 살펴보기로 한다.

Wittgenstein 등에 의하여 틀이 잡힌 논리실증주의에서는 언어의 의미를 인식적 의미(cognitive meaning)와 비인식적 의미(non-cognitive meaning)로 구분하고서 이 중에서 전자의 의미에 치중한다. 따라서 우리가 어떤 명제에 대해 의미 있는 논의를 하기 위해서는 i) 수학적 · 논리적 명제와 ii) 사실명제에 의해 표현된 것만을 취급해야 하며 이 범위 밖에 있는 것에 대해서는 논의의 대상이 될 수 없다고 한다.

이러한 논리실증주의적인 기본논리하에서 전통적 행정학은 행태론, 정치 · 행정의 준별, 변수분석, 기능주의적인 체제이론, 도구적 합리성(instrumental rationality)에 빠져 있게 되었다. 이러한 함정에서 벗어나고자 정치와 행정의 공통영역에서 정책학이라는 연구부문이 새로이 전개되고 있으나, 이 정책학도 초기의 의도와는 달리 실증성의 와중에서 크게 벗어나지 못하고 있다.

여기에서 이러한 제약을 극복하기 위한 길이 가치문제와의 조화, 주관과 객관의 조화에서 추구되어야 한다는 요청이 대두되었고 그 대안의 하나로 나타난 것이 현상학적인 시각으로 행정현상을 보려는 것이다. 이와 같은 시각에서의 행정현상의 연구는 A. Schutz, Harmon 등에 의해 시도되었다.

2. 내 용

현상학(phenomenology)이란, "현상에 대한 개개인의 지각(perception)으로부터 그의 행태(behavior)가 나온다고 주장하는 철학적 · 심리학적 접근방법"이다.[44] 이는 사회적 행위의 해석에 있어서 의미를 중요시하는 학문으로서 사회적 세계의 현상, 즉 사회적 세계 속의 인간행위(action), 곧 인간의 의식적 지향성을 함축하는 행위를 연구하는 방법이다.[45]

여기에서는 경험의 직접적 기술, 심리학주의에 대한 반대, 지향성(Intentionalität), 상호주관성(Intersubjektivität) 및 생활세계(Lebenswelt)의 중시 등이 그 주요 개념으로 제시되는데, 여기에서는 이들이 주로 행정학 연구에 어떤 함축을 가지느냐를 중심으로 살펴보기로 한다.[46]

44) Carl Bellone(ed.), *Organization Theory and the New Public Administration*(Boston: Allyn and Bacon Co., 1980), p. 287.

45) 현상학의 계보에 관해서는 한전숙, 현상학의 이해(서울: 민음사, 1984), pp. 300~308.

46) Michael M. Harmon, *Action Theory for Public Administration*(New York: Longman, 1981), p. 70; Gibson Burrell & Gareth Morgan, *Sociological Paradigms and Organizational Analysis*(London: Heinemann, 1982), p. 3.

① 존재론(ontology) 전통적인 행정학 방법론에서는 실재론(realism)에 근거하고 있는 데 대하여 현상학적 방법론에서는 유명론(唯名論, nominalism)에 입각하고 있다.

② 인식론(epistemology) 종래의 방법론에서는 인식론적 기반으로서 논리적 실증주의(logical positivism)에 근거하는 데 대하여 현상학적 방법론에서는 반실증주의(현상학)에 근거하고 있다.

③ 연구방법론(methodology) 종래의 방법론에서는 일반법칙적(nomothetic)인 연구를 지향하고 있다. 소위 원리주의에 입각하여 보편적인 행정의 원리를 추구한다. 그러나 현상학적 방법론에서는 개별문제 중심적(idiographic)인 연구에 치중한다.

④ 분석단위(units of analysis) 여기에서는 무엇보다도 대면적인 만남(face-to-face-encounter)에서 나타나는 현상을 분석하려고 한다. 따라서 종래의 방법이 분석대상을 주로 개인 · 조직 · 국가 · 체제 등에 둔 것과는 차이가 있다.

⑤ 패러다임의 주목적 종래의 방법론에서는 행정현상의 설명과 예측, 연구의제(research-agenda)의 구체화가 행정학 연구의 주목적이었다. 그러나 현상학적 방법론에서는 그보다는 이론의 범주(category)를 통합시키고, 규범적 측면을 강조하며, 또 나아가서는 실제의 행정을 개선하는 데에 역점을 둔다.

⑥ 기술의 초점(focus of description) 논리실증주의하에 있는 종래의 연구방법론이 기술하고자 하는 것은 행정 속에 나타난 인간의 행태(behavior)를 관찰하는 것이다. 그러나 현상학적 방법론에서는 행태가 아니라 행동(action)을 관찰한다. 또 이 행동을 나타내는 주체(actor)의 주관적 의미(subjective meaning)를 강조한다.

⑦ 설명양식(mode of explanation) 행정현상을 설명하는 양식이 종래의 방법론에서는 원인(causes), 체제의 기능, 목표가 어떠하다는 식의 설명형태를 띤다. 그러나 현상학적인 방법론에 있어서는 어떤 특정한 행정활동 속에 나타나고 있는 행위자(actor)의 동기가 무엇인가에 관심을 둔다.

⑧ 동기부여의 원천(sources of motivation) 종래의 방법론에서는 인간의 동기부여는 결국 자기이익(self-interest), 체제의 존속(system-survival)에 있다고 본다. 그러나 현상학적 방법론에서는 사랑(love), 상호간의 성숙욕구와 같은 것에 의해 인간이 동기화된다고 본다.

위에서 밝힌 주요 내용에 근거하여 시도된 현상학적 행정 연구로서 A. Schutz[47]는 M. Weber가 파악했던 관료제와 사회적 행동의 구분이 일상생활에서 어떻게 경험되는가를 분석하여 결국 'We-relation'과 'They-relation'의 두 가지 관계를 밝혀내었다. 한편 가장 광범위하게 현상학을 원용한 행정학 연구는 M. Harmon에 의해 이루어졌다.[48] 여기에서 M. Harmon은 T. Kuhn의 패러다임(paradigm)의 개념을 상기하면서 오늘날의 행정학은 종래의 합리모델과는 달리, 가치·지식을 수용할 수 있는 새로운 패러다임을 정립해야 한다고 하고서 소위 '행동적·사회적 패러다임'(active-social paradigm)을 제시하고 있다.[49]

3. 평 가

행정학이 종래의 접근방법이 갖는 제약성을 탈피해야 한다고 하는 측면에서 보면 현상학적인 시각을 원용한다는 것은 무엇보다도 종래의 객관주의, 논리실증주의적 입장에서 파악하지 못했던 인간의 주관적 관념, 의식 및 동기 등의 의미를 보다 더 적절하게 다루고 이해할 가능성을 제시하여 주고 있다는 점이다.

또한 현상학적 접근은 조직문제를 파악함에 있어서 폭 넓은 철학적 사고방식과 준거의 틀을 제공한다. 이 방법론은 정책을 구상하고 선택하며 그것을 행할 책임이 있는 사람들이 획일적인 방식으로 지각할 수 있는 단순하고도 정돈된 환경에서보다는, 복잡한 현실의 맥락 속에서 유용성이 더 클 것이 기대된다.[50]

나아가 가치중립적인 자세로부터 현상학적 접근으로의 전향은 사회정의·형평과 같은 규범성이 중시되는 신행정론의 이론적 바탕과도 맥을 같이 하며, 여기에서 지향하는 행정실무가는 행동지향적이면서 그 조직 또한 여기에 합당하게 재편성되는 후기관료사회에 교량을 놓는 역할을 한다고 볼 수 있다.[51]

그러나 무엇보다도 현상학적인 행정학 연구방법의 최대 기여는 특히 공공조직론에 있어서 주관과 객관의 관계 및 우리가 실제 살아가고 있는 생활세계를 구성하고 있는 이 양자의 관계를 회복시켜 주었다는 점이다.[52]

---

47) Alfred Schutz, *The Phenomenology of the Social World*(Evanston, Ill.: Northwestern University Press, 1967), pp. 163~164.
48) Robert Denhardt, *op. cit.*, p.163.
49) Michael M. Harmon, *op. cit.*, pp. 11~22.
50) Jong S. Jun & William B. Storm(eds.), *Tomorrow's Organizations*(Glenview, Ill.: Scott, Foresman, 1973), p. 194. 윤재풍, 조직학원론(서울: 박영사, 1985), pp. 81~82에서 재인용.
51) 김광웅, 행정과학서설(서울: 박영사, 1983), p. 52.
52) Robert B. Denhardt, *op. cit.*, p. 160.

제 2 편

행정책임과 행정개혁론

제 1 장 행정책임과 통제

제 2 장 행정개혁

제 1 장

행정책임과 통제

제 1 절 행정책임

Ⅰ. 행정책임의 의의

무릇 민주주의 국가에 있어서의 행정은 이념상으로 볼 때 주권자인 국민의 요구를 구체적으로 실현함을 목적으로 하고 있는 것이므로 책임정치의 구현이라는 관점에서의 행정책임론은 중대한 의의를 지니고 있다.

오늘날 행정권의 확대 및 강화현상은 필연적으로 관료권력의 비대화를 초래하게 되었으므로 자연히 권력남용의 가능성에 대한 통제가 필요하게 되었으며, 따라서 행정책임론이 대두된 것이라 하겠다.

사실상 어느 나라의 경우를 막론하고 정도의 차이는 있겠으나 행정권이 상대적으로 강화되고 있으며, 또 행정인의 재량의 범위가 커져 가고 있으므로 행정책임의 문제는 더욱 중요시되고 있다.

1. 외재적 책임의 의의

책임행정이란 "행정부가 수행하는 일정한 사항에 관한 외부기관(입법부 · 사법부)의 문책에 대하여 충분한 근거를 가지고 설명 또는 답변할 수 있는 행정을 말한다"고 할 수 있다.

그러므로 여기서는 항상 행정에 대한 행정부의 설명가능성 또는 답변가능성이 책임의 본질이 되는 것이다. 책임에 대한 위와 같은 해석을 보통 외재적 책임론이라고 한다.[1)]

---

1) Charles E. Gilbert, "The Framework of Administrative Responsibility," *Journal of Politics*

위에서 의회민주주의 국가에 있어서의 외부기관이라 함은 바로 입법부와 사법부를 말하는 것이며, 책임이 부과되는 일정한 사항이란 의회가 제정한 법률을 충실히 집행하였는가 하는 것이다.

그러나 행정은 단순히 법률의 집행과정에서 끝나는 것은 아니다. 즉, A. A. Maass와 L. I. Radway에 의하면 "종래 미국학자 중에는 행정관은 정책의 집행에 관해서만 책임을 지며, 정책의 형성에 관해서는 책임을 지지 않는다고 하는 생각이 지배적이었으나, 현실적으로 볼 때 정책은 형성되면서 집행되는 것"[2]이기 때문에 현대행정에 있어서의 책임은 정책의 형성으로부터 정책의 재량적 집행에 이르기까지의 모든 과정에 대한 책임이라고 하겠다.

2. 내재적 책임의 의의

C. E. Gilbert는 1950년대에 발간한 행정책임론에서 특히 내재적 책임을 강조하였는바, 이것은 행정책임의 중점이 외재적 책임으로부터 내재적 책임으로 옮겨졌음을 뜻하는 것이라고 하겠으며, 그는 '책임행정이 내포하는 가치 내지 특질'[3]로서 i) 응답성(responsiveness), ii) 신축성(flexibility), iii) 일관성(consistency), iv) 안정성(stability), v) 지도성(leadership), vi) 성실성(probity), vii) 공정성(candor), viii) 유능성(competence), ix) 유효성(efficacy), x) 신중성(prudence), xi) 정당절차(due process) 및 xii) 설명가능성(accountability)의 열두 가지 항목을 들고 있다.

여기서 몇 가지 예를 들면 응답성이란 정책의 변화를 요구하는 시민의 요망에 신속히 적응할 것을 뜻하며, 신축성이란 정책목표의 효과적 달성을 위한 상황적 변화를 간과하지 않는 식별력을 갖는 것을 뜻하고, 일관성이란 정책상의 모순을 내포하지 않는 것을 의미하는 것이라고 하겠다.

그런데 위에서 Gilbert가 열거한 신축성 · 일관성 · 성실성 · 지도성 등은 의회나 법원과 같은 외재적 기관에 의해서 전혀 확보되지 않는 것은 아니지만, 그것은 오히려 행정부 내부의 여러 가지 통제수단에 의해서 확보된다고 볼 수 있다. 여기에 외재적 통제보다는 내부적 통제가 필요하며 내재적 책임론 또는 자율적 책임론이 대두되는 이유가 있는 것이다.

(August 1959), p. 382.

2) A. A. Maass and L. I. Radway, "Gauging Administrative Responsibility," *Public Administration Review*, vol. 9, No. 3, pp. 183～184.

3) Charles E. Gilbert, *op. cit.*, pp. 374～378.

Ⅱ. 행정책임의 기준

이상에서 민주행정에 있어서의 책임의 필요성을 살펴보았거니와, 여기서 가장 중요한 문제는 책임 있는 행동이 따라야 할 기준을 어떻게 마련하느냐 하는 것이다. 즉, 이러한 기준의 내용은 무엇이며, 누가 결정하느냐 하는 것이다.

일반적으로 지적되고 있는 책임의 기준을 열거하면, i) 공익이라는 규범적인 것, ii) 행정인의 근무규율과 같은 윤리적 기준 및 행정에서 요청되는 기술성, iii) 합법성, iv) 이익단체의 요청 등을 들 수 있다.[4)]

그런데 여기서 유의하여야 할 것은 공익이라는 개념을 어떻게 보아야 하느냐 하는 것이다. 즉 종래의 실체설에 의하면 공익을 국가 또는 민족의 이익에 일치되는 것으로 규정하여 전적으로 공익에의 헌신만을 요청해 왔으며, 이의 결정은 당연히 집권자가 하는 것으로 생각하였던 것이다.

그러나 과정설에 의하면 공익이라는 것은 현실적인 정치과정을 통해서 형성되는 것이며, 이러한 과정에서 개인 · 단체 · 정당 등이 참여하고 타협을 통해 다수인의 이익에 일치되는 결과가 나온다고 한다. 이러한 이유에서 오늘날 과정설이 유력시되고 있다.[5)]

Ⅲ. 외재적 책임의 보장 방법

1. 의회에 대한 책임(입법통제)

(1) 법률에 대한 책임

종래 행정책임을 확보하는 유력한 수단이었던 의회에 의한 행정통제는 말할 나위도 없이 법률에 대한 책임, 즉 입법적 통제라 하겠다. 그러나 행정을 규율하는 법률은 그 대강만을 정하는 데 불과하여 자연히 행정의 자의를 초래하기 쉬우므로 입법적 통제가 행정책임을 확보하는 데 있어서 유일한 방법이라고는 할 수 없다.

(2) 행정감독권에 대한 책임

먼저 인사권에 의한 통제인데, 예를 들면 일본과 같이 내각책임제를 채택하고 있는 국가에서는 의회(중의원)가 실질적으로 행정의 최고책임자인 내각 총리대신

---

4) John M. Pfiffner and Robert V. Presthus, *Public Administration*(New York: Ronald, 1960), p. 553.

5) 박동서, 한국행정론(서울: 법문사, 2002), pp. 247～252.

을 지명하고 그로 하여금 행정권의 담당기관인 내각을 구성하게 하며, 특정 공무원(예컨대 인사원의 인사관, 기타 행정위원회의 위원 등)의 임명을 승인하는 권한을 가지고 있다.[6] 다음은 위원회(상임위원회)에 의한 심사를 들 수 있는데, 이것은 각료나 정부직원의 위원회에서의 출석 발언은 가령 법안 심의를 위한 것이라 할지라도 간접적으로는 행정을 통제하는 효과를 가져오는 것이다.

(3) Ombudsman제도

이 제도는 오늘날 행정책임을 확보하는 보강수단으로서 널리 민주주의 제국에 보급되고 있다. 원래 Ombudsman제도는 19세기 초에 스웨덴에서 처음으로 채택되었는데, 그 목적은 입법부나 사법부가 행정통제의 권능을 제대로 행하지 못할 경우 이를 보강함으로써 국민의 권리나 이익의 침해를 막으려는 데 있었다. 오늘날 스웨덴에서는 법률적 소양이 있고 사회적으로 신망이 두터운 인물을 의회가 Ombudsman으로 임명하는데, 그들은 재판으로써는 쉽게 구제되지 않는 일반 시민의 고충을 신청받아 이를 해결하고 있다.

2. 법원에 대한 책임(사법통제)

행정에 대한 외재적 통제의 전통적 수단의 하나는 사법통제라 하겠다. 사법통제는 첫째, 공무원이 공무수행상 위법 또는 부당하게 개인의 권리를 침해한 경우 사법부가 이를 구제하는 통상 방법을 말하며, 둘째, 행정부의 명령·규칙·처분이 헌법이나 법률에 위배되는지의 여부를 법원이 심사함으로써 행정부의 정책결정에 대한 사법부의 입장을 밝히는 것을 말한다.

개인의 권리에 대한 불법·부당한 침해에 대하여 영미법계에서는 일반 법원에서 구제문제를 다루고 있으며, 대륙법계에서는 행정재판소를 설치하여 이를 다루고 있다.

우리 나라에서는 행정재판소를 설치하지 않고 있으나 국민은 행정쟁송에 의하여 권리의 구제를 법원에 청구할 수 있으며, 또한 공무원의 직무상 불법행위로 인하여 손해를 받은 국민은 국가 또는 공공단체에 대하여 배상을 청구할 수 있도록 하고 있다.

3. 국민에 대한 책임(민중통제)

행정기관은 일반적으로 국민에 대하여 직접 책임을 지지는 않는다. 그러나 국

---

6) 足立忠夫, 行政學(東京: 日本評論社, 1971), p. 227.

민은 국민투표(referendum), 국민발안권(initiative) 및 소환권(recall)의 행사, 선거권 및 피선거권의 행사, 정당 및 이익단체에의 가입, 행정자문위원회의 관여, 또는 여론의 환기 등에 의하여 행정기관을 간접적으로 통제할 수 있다.

Ⅳ. 내재적 책임의 보장 방법

1. 행정기구의 분화

현대행정의 특징인 행정권의 확대가 중앙집권적인 관료 권력을 탄생시켰음은 주지의 사실이거니와 권력의 분화는 책임이나 통제를 효과적으로 확보하는 데 있어서 기초적 조건이 되는 것이다.

⑴ 지방분권

먼저 행정기구의 분화방법으로서 생각할 수 있는 것은 수직적 방향으로의 분화로서 그것은 지방분권이며, 때로는 일선기관에의 권한의 이양이라 하겠다.

⑵ 행정위원회

위의 수직적 방향으로의 분화와 더불어 중시되는 것은 수평적 방향으로의 분화이다. 이것은 행정수장(내각, 도지사 등 직접적 명령체계)으로부터 어느 정도 독립된 행정기관, 즉 행정위원회의 설치로써 이루어진다.

2. 관리적 책임의 확보(관리통제의 확보)

L. Gulick은 'POSDCORB'라는 행정관리를 구성하는 제 요소를 행정 책임자가 수행해야 할 기능적 요소로서 파악하였는데, 이것은 내재적 책임을 확보하는 데 있어서 유력한 수단이 되는 것이다. 여기에 'POSDCORB'란 i) 기획(planning), ii) 조직(organizing), iii) 인사(staffing), iv) 지휘(directing), v) 조정(coordinating), vi) 보고(reporting), vii) 예산(budgeting)의 합성어를 뜻한다.

3. 기능적 책임

⑴ 의　　의

현대 행정국가에 있어서는 행정부에 대해 입법부나 사법부에 의한 외부통제가 중요시되고 있는 것은 사실이다. 그러나 행정부의 책임이 외부의 통제에 의해서만 실현되는 것은 아니며, 책임의 감각이나 내재적 억제에 의존하지 않으면 아니 되는 면도 없지 않다. 여기에 오늘날 기능적 책임이 중요시되는 의의가 있는 것이다.

(2) 내 용

기능적 책임에 관해서는 이것을 강조하는 C. J. Friedrich와 이에 상반된 주장을 내세우고 있는 H. Finer가 있다. 먼저 Finer는 행정관은 시민의 대표자인 의회에 대해서 책임을 져야 한다고 하면서 전통적인 행정책임 실현의 수단을 중요시하고 있다. 즉, Finer에 의하면 Friedrich가 말하는 기능적 책임이란 그것이 행정관 자신의 내면적 양심에 호소하는 도의적 책임으로 전화해 버리는 소위 주관적 책임이라고 비판하면서, 행정책임은 외재적인 타 기관의 강제적인 감독에 의하여 전통적인 의회의 통제에 의하여 실현되어야 함을 강조하고 외재적 책임을 중요시하였다. 이에 대하여 Friedrich는 "책임 있는 행정관은 기술적 지식과 시민의 감정에 민감하게 응답하는 자세가 긴요하다"고 주장한다. 즉, 객관적으로 확립된 기술적 기준에 따라 판단하고 행동하는 책임(이것을 기능적 책임이라고 함)과, 사회에 있어서의 대다수의 선호를 충분히 배려하는 책임이 중요한 것이라고 한다. 내재적 책임을 주로 기능면에서 파악할 때 이것을 기능적 책임이라고 하는바, 현대행정에서는 정책형성면에서나 집행과정면에서 행정의 전문화와 더불어 기술적 지식이나 숙련적 요소가 중요시되고 있기 때문에 우리가 행정책임을 연구할 경우 기능적 내지 전문적 책임을 경시할 수 없다는 것이다.

(3) 비 판

그러나 첫째, 기능적 책임을 지나치게 강조할 경우에는 행정기술을 부당하게 높이 평가하거나, 또는 기술이나 전문성을 내세워 행정관이 완고한 태도를 나타낼 위험성이 있다는 것이고, 둘째, 행정기관이 다년간 특정한 전문성에 의해 지배될 경우에는 기능의 경직화 현상이 생겨서 어떤 개혁이나 변화를 받아들이지 않으려는 위험성이 있다는 것이다.

그리하여 A. A. Maass와 L. I. Radway에 의하면[7] 첫째, 행정기관은 스스로가 전문적 표준을 명확히 확인하고 그것을 정책의 형성이나 장래문제에 대한 예견에 이용하도록 장려할 것과, 둘째, 전문가의 양성을 위해 채용·승진 및 연수 등의 인사정책을 충분히 고려하여야 한다고 한다.

7) A. A. Maass and L. I. Radway, *op. cit.*, p. 192.

제 2 절 행정통제

Ⅰ. 행정통제의 의의

행정통제란 M. E. Dimock에 의하면 "행정목적이 효과적으로 달성되고 있는가의 여부를 행정관리층이 결정하는 수단"[8]이라고 하였는데, 이것은 행정 성과가 계획대로 이루어지도록 시정조치를 취하는 것을 의미하는 것이다.

일반적으로 행정통제는 외부통제와 내부통제로 구분되는데, 외부통제란 행정부에 대한 입법통제 · 사법통제 · 민중통제 등을 의미하며, 내부통제란 행정부 자체가 스스로 통제를 가하는 것을 말한다.

행정부가 입법부의 시녀 역할밖에 못 하던 입법국가 시대에 있어서는 외부통제가 큰 비중을 차지하였으나, 오늘날 행정기능이 상대적으로 팽창 · 확대되고 있는 행정국가에서는 내부통제가 더욱 중요시되고 있다.[9]

Ⅱ. 행정통제의 방법

1. 외부통제(타율적 통제)

외부통제의 방법으로서는 입법통제, 사법통제, 민중통제, Ombudsman제도를 생각할 수 있다. 그런데 여기서 유의해 둘 일은 '행정통제'와 '행정책임'의 두 개념이 내용면에서 서로 표리의 관계를 유지하고 있다는 것이다. 즉 입법통제는 행정부의 의회에 대한 책임을, 사법통제는 행정부의 법원에 대한 책임을, 민중통제는 행정부의 국민에 대한 책임을 각각 의미한다는 사실이다.

(1) 입법통제

의회가 행정부를 통제하는 방법으로는 법률제정권 · 예산심의권 · 임명동의권 · 해임건의 및 탄핵소추권 등을 들 수 있다. 그러나 오늘날 행정국가에서는 입법통제의 약화현상이 나타나고 있는바, 그 이유는 행정부의 재량권의 확대, 경제권의 강

8) Marshall E. Dimock and Gladys O. Dimock, *Public Administration*, 3rd ed.(New York: Holt, 1964), p. 262.

9) H. F. Gortner는 책임을 responsibility와 accountability로 나누고 전자는 내부적 · 도의적 책임인 데 대해 후자는 법적 · 외부적 책임이라고 하면서 특히 관료의 내부적 · 도의적 책임의 중요성을 강조하고 있다. Harold F. Gortner, *Administration in the Pulbic Sector*, 2nd ed.(New York: John Wiley & Sons, 1981), pp. 69～88.

화 및 국정에 대한 행정부의 정보독점 등에 기인된다.

⑵ 사법통제

사법통제란 i) 공무원이 공무집행상 위법 또는 부당하게 개인의 권리를 침해한 경우 사법부가 이를 구제하는 통제방법이며, ii) 행정부가 결정한 정책에 대한 위헌 여부를 심사하는 통제방법이다.

⑶ 민중통제

일반 국민은 선거·여론·이익단체 등을 통하여 행정부에 직접·간접으로 통제를 가할 수 있으나 오늘날 특히 후진국가에서는 그 실효를 거두기가 어려운 형편에 놓여 있다.

⑷ Ombudsman제도

이 제도는 19세기 초엽에 스웨덴에서 비롯된 것으로서 이 제도가 만들어진 이유는 의회나 법원이 행정통제의 기능을 제대로 발휘하지 못하는 경우, 이를 보강함으로써 시민의 권리나 이익의 침해를 방지하려는 데 있다.

2. 내부통제(자율적 통제)

⑴ 제도상의 자율적 통제

① 중앙통제기관에 의한 통제　i) 행정수반에 의한 통제: 행정수반은 리더십·공무원임명권·준입법권 및 행정개혁권 등을 통하여 통제기능을 수행한다. ii) 정책 및 기획통제: 우리 나라에서는 종합적인 정책 및 기획에 대한 통제를 대통령실·국무총리실·기획재정부·경제장관회의·국무회의가 담당하고 있다. iii) 감찰통제: 우리 나라의 경우 감사원에서 실시하는 공무원에 대한 직무감찰이 있으며 회계검사도 이 범주에 속한다. iv) 운영통제: 운영통제의 목적은 행정업무가 실제 계획대로 진행되고 있는가의 여부를 심사·분석하고, 만일 계획과정에서 찾아 내지 못하였던 시정사항이 발견되면 이에 필요한 시정조치를 취하는 데 있다. 우리 나라의 경우 인사통제·재무통제·물자통제로 나누어 볼 수 있는데, 인사통제는 행정안전부 장관의 행정기관에 대한 인사행정 운영의 적정 여부 감사, 재무통제는 기획재정부 예산실의 예산통제기능, 물자통제는 조달청의 집중구매제도를 들 수 있다.

② 중앙정부의 지방단체에 대한 통제　i) 전국적 또는 종합적 기획: 전국적·종합적 기획입안을 필요로 하는 국토개발·전염병예방·실업대책·생활보호 등의 사무는 중앙정부가 통제한다. ii) 최저기준의 설정: 중앙정부는 도로·교과서·복

지시설 등에 관한 행정의 최저기준을 설정하여 일정한 행정수준을 유지하기 위하여 지방자치단체에 대한 통제를 가한다. iii) 기술적 지원: 중앙정부는 지방자치단체에 대한 기술적 지원의 필요에서 통제한다. iv) 재정적 지원: 담세능력의 차이에서 오는 지방자치단체 상호간의 조정에는 중앙정부의 통제가 필요하다. v) 보고·협의·조사: 중앙과 지방의 협동체제를 이룩하기 위해서는 지방자치단체의 실태를 중앙정부가 파악해야 하므로 통제가 필요하다. vi) 각종 감사: 중앙정부는 행정상의 사무감사와 재정상의 회계검사를 통하여 지방단체에 대한 통제를 가한다.

(2) 행정인의 자율적 통제

그러나 위에서 고찰한 행정부 내의 어떠한 통제보다도 중요시되고 있는 것은 공무원 자신들의 윤리적·도덕적 기준에 입각한 자발적 또는 자율적인 자기통제라 하겠다. 이것은 바로 공무원의 직업윤리에 따른 것인데, 이제는 공무원 스스로가 자율적인 집단·조직규범을 형성할 수 있는 기틀을 마련해야 할 것이다. 바꾸어 말하면, 법원에 소송을 제기하거나 법절차를 통한 사법통제에 의하거나 의회에 의한 통제에 의논하지 않더라도 사법부나 입법부의 의도가 존중되고 행정상의 명령이나 지시가 말단 행정관청까지 침투·이행되어야 한다는 것이다. 요컨대 행정인 자신들의 직업윤리에 의한 자율적 규제는 어떠한 외부의 통제나 상부의 명령보다도 훨씬 효과가 있는 것이라 하겠다.

Ⅲ. 내부통제의 원칙과 과정

1. 내부통제의 원칙

(1) 합목적성의 원칙

이것은 통제의 목적에 알맞은 통제수단을 사용하여야 한다는 것이다.

(2) 즉시성의 원칙

계획과 통제는 밀접한 관련성을 가지고 있으므로 계획이 집행단계에 들어감과 동시에 통제가 시작되어야 한다는 것이다.

(3) 적량성의 원칙

과도한 통제는 공무원의 사기를 침체시키고 창조성을 저해하기 때문에 너무 지나치게 통제해서는 안 된다는 것이다.

(4) 적응성의 원칙

행정업무의 성질이나 필요성 등을 감안하여 그때 그때의 상황에 맞도록 통제해야 한다는 것이다.

(5) 융통성의 원칙

예기하지 못했던 계획의 변경 등에 대비해서 융통성 있는 통제가 필요하다는 것이다.

(6) 예외의 원칙

대규모의 조직체에서는 관리자가 행정과정의 전부를 통제하기는 어려우므로 특별히 예외적으로 좋은 것과 예외적으로 나쁜 사항만을 골라서 통제한다는 것이다.

2. 내부통제의 과정(절차)[10)]

(1) 기준의 설정

계획과 통제는 밀접한 관계를 지니고 있으므로 계획의 목표는 바로 통제의 기준이 되는 것이다. 한편 관리자는 짧은 시간 내에 현상을 파악하기 위한 전략적 통제점(strategic control points)을 설정할 필요가 있다. 전략적 통제점으로서는 업무의 양과 질·비용·시간·절차 및 방법 등을 들 수 있는데, 이와 같은 통제점이 설정되면 관리자는 보다 많은 직원에게 영향을 미칠 수 있으며 관리의 범위를 넓힐 수 있다.

(2) 성과의 평가

이것은 실제로 예상되는 성과를 기준과 비교함으로써 평가하는 것으로 성과를 평가하는 경우에는 예외의 원칙(principle of exception)에 따라 통제기준에 부합되지 않는 것, 즉 예외적인 사항에 대해서 관심을 집중시킬 필요가 있다. 왜냐하면 관리자가 조직체의 모든 활동에 대해서 통제한다는 것은 불가능한 일이기 때문이다.

(3) 편차의 시정

이것은 통제의 본질적인 과정으로서 성과를 기준과 비교하여 편차를 찾아 낸 다음 즉각 시정조치를 취하는 것을 말한다. 이와 같은 시정조치의 방법으로는 다음과 같은 것들을 들 수 있다. i) 필요한 경우에는 계획 자체를 수정하는 것, ii) 행정조직 내의 업무절차나 환경 등 물적·외적 사항을 조절하는 것, iii) 부하에 대한 명령 및 지시방법을 다시 검토하는 것, iv) 부하의 경험이나 훈련능력이 부족하면 교육훈련을 시키는 것, v) 담당 직원들에게 심리적 또는 물적 유인을 제공함으로써 계획을 성취하려는 의욕을 돋우어 주는 것 등을 들 수 있다.

---

10) Harold Koontz and Cyril O'Donnell, *Principles of Management*, 2nd ed.(New York: McGraw-Hill Book Company, 1959), pp. 591～593.

Ⅳ. 행정통제의 문제점

첫째, 오늘날 대다수의 행정국가에서는 행정권의 확대·강화현상이 나타나고 있어 상대적으로 입법부나 사법부는 행정통제 및 견제기능을 충분히 발휘하지 못하고 있는 실정이며, 결과적으로는 민주통제의 약화 경향을 나타내고 있다. 따라서 행정책임을 확보하기 위한 통제기능이 시급히 강화되어야 할 것이다. 그리고 행정의 민주적 통제와 그 능률을 어떻게 조화시킬 것인가의 문제가 대두되고 있다.

둘째, 행정부의 내부통제에 있어서 계획과 통제는 밀접한 관계를 지니고 있는데, 계획이 완전하고 합리적이면 그에 따르는 통제의 부담이 줄어드나, 반면에 계획이 불완전할수록 통제의 부담은 과중하게 된다.

셋째, 행정발전을 위해서는 처음에 의도한 대로 이루어지게 통제할 수 있으나 궁극적으로는 시정점이 발견된 경우 전과 동일한 잘못이 반복되지 않도록 환류(feedback)시켜 다음에 일하는 데 도움을 주어야 하므로 환류의 문제 역시 중요시해야 한다는 것이다.

끝으로 우리 나라에 있어서 행정통제의 효과를 높이기 위해서는 i) 국민에 대한 민주교육의 향상 및 선거권의 책임 있는 행사, ii) 언론의 자율성 보장, iii) 입법부 및 사법부의 독립성 옹호, iv) Ombudsman과 같은 새로운 행정감찰제도의 도입 등이 바람직하다.

제 3 절 Ombudsman제도[11)]

Ⅰ. Ombudsman제도의 의의와 목적

Ombudsman제도를 두게 된 이유는 두 가지 관점에서 살펴볼 수 있는바, 그 첫 번째의 목적은 행정통제라는 관점에서 행정에 대한 시정효과를 가져오기 위한 것이고, 두 번째의 목적은 시민의 고충을 덜어 준다는 관점에서 고충처리의 효과를

11) Ombudsman제도의 구체적인 내용에 관해서는 Frank Stacey, *Ombudsman Compared*(London: Oxford University Press, 1978) 및 小島武司·外間 寛 編, オムブズマン制度の比較研究(東京: 中央大學校出版部, 1979) 참조.

가져오는 데 있다.

즉, Ombudsman제도는 행정통제와 고충처리라는 두 가지 측면에서 살펴볼 수 있다는 것이다. 이것은 한 마디로 행정통제라는 공익의 계기와 권리실현이라는 이익의 계기가 다같이 포함되어 있음을 의미한다.

생각건대 Ombudsman의 기능은 당초에는 행정을 통제한다는 데 주안점이 있었으나, 오늘날에 와서는 시민의 행정에 대한 불평·불만의 처리에 그 중점이 옮겨지고 있는 실정이다.

Ombudsman제도는 1809년 Sweden에서 처음으로 채택된 이래, Finland(1919년), Denmark(1955년), Norway(1952년) 등의 북구 제국에서 각각 이 제도를 도입하였으며, New Zealand도 1962년에 첫 Ombudsman을 임명하였다. 그 후 이 제도는 영국·프랑스·독일 그리고 미국의 몇몇 도시 및 주(州)로 보급되고 있다.

Ombudsman의 임무를 살펴보면, Scandinavia의 여러 나라의 경우 모든 공직에 있는 사람들이 법령을 잘 지키고 있는가에 대하여 감시하는 것을 주요 임무로 삼고 있었으나, 근래에 이르러서는 시민의 권리보호(또는 시민의 원한에 대한 구제)에 중점을 두고 활동하는 경향을 보이고 있다.

간단히 Ombudsman이 다루는 사례를 추려 보면 i) 법률해석상의 과오, ii) 개인자유의 침해, iii) 불필요한 지연, iv) 행정절차상의 과오, v) 법률·규칙·관행상의 하자, vi) 재량권의 남용 등을 들 수 있다.

Ⅱ. Ombudsman의 구성과 권한

1. Ombudsman의 구성

(1) 임 명

옴부즈만은 i) 의회가 임명하는 경우(예, Sweden, Finland, Denmark)와 ii) 하원의 추천에 따라 총독이 임명하는 경우(예, New Zealand) 등으로 나누어지는바, 선출방법의 예를 들면 Sweden에서는 양원에서 정당세력에 따른 비례에 의해 선출된 각 24명 등 모두 48명으로 구성된 선출인단이 옴부즈만을 선출한다.

(2) 자 격

Scandinavia제국(Sweden, Finland, Denmark)에서는 옴부즈만을 뽑는 자격으로서 법률에 대한 소양을 중요시하고 있다. New Zealand의 경우는 법학교육과 행정실무의 경험이 있는 자 중에서 옴부즈만을 뽑고 있다.

(3) 구 성

Sweden의 경우를 보면 4명의 옴부즈만을 두고 있으며, 이 밖에 부옴부즈만·법률 전문직원·사무직원 등 60명으로 구성되고 있다. 그리고 4명의 옴부즈만은 각각 일반행정·경찰·군대·법원·검찰·사회복지 분야 등 각각의 업무를 분담하고 있다.

(4) 임 기

Scandinavia제국의 경우 옴부즈만의 임기는 4년으로 되어 있으며, New Zealand에서는 5년으로 하고 있다. 한편 Sweden, Denmark, New Zealand의 경우 옴부즈만은 임기중이라도 의회에 의하여 해임될 수 있도록 되어 있으나, 아직까지 해임된 예는 전무하다.

2. Ombudsman의 권한

① 옴부즈만은 누구의 간섭도 받지 않고 자율적으로 조사할 수 있는 권한을 갖는다. 조사에 즈음하여 옴부즈만은 관할기관(인)에게 그가 필요하다고 생각되는 문서의 제출을 요구할 수 있고, 또한 증인을 소환하여 증거를 제시하도록 요구할 수 있다.

② 옴부즈만은 자기 관할 내에 있는 공무원에 대하여 그 활동상황과 정보를 파악할 수 있는 권한을 갖는다. 옴부즈만이 시찰할 경우 도착일시의 사전예고와 같은 절차를 거칠 필요가 없다.

③ 옴부즈만은 조사과정에서 공무원의 범죄사실이 밝혀졌을 경우 직접 소추할 수 있는 권한을 갖는다. Sweden과 Finland의 경우 옴부즈만은 위법한 행위를 한 자나 직무상 의무를 위반한 자를 소추할 수 있는 권한을 지니고 있으나, Denmark와 New Zealand에 있어서는 이를 인정하지 않고 있다(예로서 Denmark의 경우 옴부즈만이 공무원의 범법사실을 발견했을 경우에는 검사로 하여금 조사할 수 있도록 하고 있다).

④ 조사가 완료되면 최종 결정을 내리게 되는데, 옴부즈만이 취할 수 있는 조치로서는 i) 소추, ii) 징계조치의 권고, iii) 훈계, iv) 경고, v) 법령·규칙·관행 등의 변경 제안, vi) 무조치의 여섯 가지가 있다.

여기서 한 가지 지적해 둘 일은 위의 여섯 가지 조치의 내용 중 무조치의 경우가 많다는 사실이다. 이와 같은 사실은 Ombudsman제도가 행정통제 내지 시민의 고충처리 장치로서의 기능을 제대로 수행하지 못하는 것이 아니냐 하는 의문점을 야기시킨다.

그러나 행정기관이 왜 그러한 결정을 했는가에 대하여 출원자에게 알려 줌으로써 시민들로 하여금 정부의 행정결정에 대한 이해를 증진시켜 주는 단면도 찾아볼 수 있다.

Ⅲ. 우리 나라에 있어서의 Ombudsman제도 도입문제

우리 나라에는 아직까지 Scandinavia제국에서 채택되고 있는 것과 같은 옴부즈만 제도는 없고, 다만 옴부즈만이 수행하는 기능과 유사한 제도가 마련되고 있을 뿐이다. 즉, 우리 나라에 있어서는 감사원, 청와대 등 여러 기관에서 산발적으로 옴부즈만제도와 유사한 기능을 수행하고 있음을 볼 수 있다.

그러나 이와 같은 산발적인 제도적 장치만으로써는 외국에서 볼 수 있는 것과 같은 본래의 취지에 입각한 옴부즈만제도의 실효성을 확보할 수 있느냐 하는 것이 의문이다. 그 이유는 우리 나라의 경우 유사제도의 산발적인 존재로 재정상 낭비는 물론 일관성 있는 행정의 수행을 저해할 가능성이 크기 때문이다.

여기서 우리 나라의 경우를 중심으로 현행 제도상 외국의 옴부즈만제도와 유사한 기능을 수행하고 있는 제 기관의 특징적인 내용을 살펴보고자 한다.

① 감사원과 청와대의 민정비서실은 외국의 옴부즈만의 기능과 상당히 유사하지만, 각 부처의 민원실은 그 유사성을 찾아보기가 힘들다.

② 우리 나라의 경우 대다수의 기관들이 대통령 소속하에 있거나, 또는 그 영향권 내에 있다는 사실이다. 다만 감사원장(위원)의 경우 어느 정도의 독립성을 지니고 있다고 하겠다.

③ 현실적인 제도 운용면에서 볼 때 민원처리기관이 제 3 자적 입장에서 설득·권고 등의 방법으로 민원을 처리할 수 있는가를 생각해 볼 필요가 있다. 물론 우리 나라에도 시민의 권리를 보장하기 위하여 행정쟁송, 청원권의 행사, 감사원의 감찰기능 등 여러 가지 법적·제도적 장치가 마련되어 있으나, 권익을 보호하는 데 실효를 거두고 있는가에 대해서는 재검토의 여지가 있다 하겠으며, 따라서 전술한 제도적 장치만 가지고서는 쉽사리 구제되지 않는 일반 시민의 고충을 신속히 해결해 주기 위해서는 우리 나라에서도 Ombudsman제도의 도입이 고려되어야 할 것이다. 다행히 정부에서는 1993년에 국무총리 산하에 국민고충처리위원회를 신설하여 민원을 해결하도록 함으로써 큰 성과를 올렸다.[12] 국민고충처리위원회는 국민의 고

12) 박동서, 한국행정론(서울: 법문사, 2002), p. 643.

충, 민원 등을 접수·상담하고 이를 신속하게 조사·처리하기 위하여 설치되었었다. 이 제도는 유럽의 옴부즈만제도와 동일한 것은 아니라 하더라도 상당히 유사한 제도였다고 할 수 있다. 그런데 국민고충처리위원회는 국가청렴위원회, 국무총리행정심판위원회의 기능을 합쳐 2008년 2월 29일부터 국민권익위원회로 통합되었다.

제 4 절 정보공개제도

Ⅰ. 정보공개의 의의

오늘날 '시민의 알 권리'를 존중하자는 주장이 대두되어, 이에 따라 행정기관이 지니고 있는 정보를 시민에게 공개하라는 요구가 고조되고 있는바, 이 정보공개의 문제는 정치적인 측면과 행정적인 측면으로 나누어 살펴볼 수 있다.

먼저 정치적인 측면에서 보면, 근래 여러 가지 정치적 오직사건 등의 발생과 이에 대한 해명의 불철저는 시민의 정치불신을 초래하게 되었고, 이에 대한 정치적 책임을 추궁하기 위해서는 행정당국이 지니고 있는 정보를 시민의 청구에 의해 공개시켜야 한다는 인식이 보급되었다. 그리하여 정보공개제도는 시민을 주체로 하는 민주주의의 활성화와 정치의 정화를 위한 매우 중요한 수단이 되는 것이며, 그것은 또한 권력자가 범한 악을 은폐하려는 행정기관의 나쁜 폐단을 제거하기 위한 수단이 되는 것이다.

다음 행정적인 측면에서 보면 현대 행정국가에 있어서는 행정권의 우월로 인하여 위임입법이 증가되어, 의회에서의 입법만 가지고서는 대처할 수 없을 정도로 행정의 대상이 복잡 다양화해 가고 있으며, 중요한 행정결정이 행정부 내부에서 이루어지는 경우가 많은데, 이 경우 행정부 내부의 정책결정을 시민이 통제한다는 것은 매우 힘든 일이다. 그 이유는 행정정보가 내부에 은닉되어 있어서 시민이 그 소재를 파악하기가 어렵기 때문이다.

그리하여 행정권의 민주화를 실현하기 위해서는 시민에 대한 정보공개가 긴요한 일로 등장하게 되었다. 또한 행정부 내에서의 행정관리면에서 볼 때, 정보공개를 실시하려면 행정기관 내부에 있어서의 문서관리의 합리화가 긴요한 과제로 등장한다. 그리고 시민본위로 행정정보 시스템을 개혁한다는 것은 행정관리에 도움을 주는 것이다.

Ⅱ. 정보공개제도

1. 내 용

행정기관의 정보공개는 미국이나 스웨덴에 있어서는 법률에 의해서 명시되어 있다.

즉, 스웨덴의 경우를 보면, 이미 공문서공개의 원칙이 「저술과 출판의 자유에 관한 1766년 12월 2일의 법률」에 규정되었다. 그러나 이 법률은 일단 보류되었다가 1809년 헌법과 이에 따른 「출판의 자유에 관한 법률」에 의해서 다시금 이 원칙이 확인되었다. 스웨덴에 있어서는 공무원이 금붕어 통 속에서 업무를 수행하고 있다고 할 정도로 그들의 행동은 전적으로 시민의 감시하에 있고, 정부가 수집한 공문서는 공표되며 일반 시민은 신문 · 잡지를 통하여 간접적으로 그것에의 접근(access)권을 가지고 있다.

또한 미국의 경우를 보면 1966년에 「정보의 자유에 관한 법률」(Freedom of Information Act)이 제정되었다.[13] 즉 정보의 자유에 관한 법률은 i) 정부 제 기관에 의한 정보공개의 원칙은 일반적으로 인정된 것이며, 예외적으로 인정된 것은 아니라는 점, ii) 시민은 모두가 평등하게 정부기관의 정보를 청구하고 수리할 권리를 보유한다는 점, iii) 정부 제 기관의 정보에 대한 청구가 부결된 경우에는 시민은 연방재판소에 당해 제 기관을 고소할 수 있는 권리를 보유한다는 점을 명시하고 있다.[14] 이 밖에 미국에서는 시민의 공문서에의 접근을 인정하는 소위 Sunshine법[15]이 잇달아 성립되었다.

우리 나라의 경우를 보면, 1996년 12월 31일 최초로 '공공기관의 정보공개에 관한 법률'이 제정되게 됨으로써 공공기관이 보유 관리하는 정보는 이 법이 정하는 바에 따라 공개하도록 되었다. 이 법의 목적은 공공기관이 보유 관리하는 정보의

13) 1966년 제정, 1967년 발효된 "Freedom of Information Act"의 성립 경위에 관하여서는 Harold C. Relyed(ed.), "A Symposium on the Freedom of Information Act" in *Public Administration Review*, vol. 39(July/August 1979), pp. 310~332 참조.

14) 단 국방 또는 외교정책의 수행을 위해 행정명령에 의해서 기밀보지가 요구되는 사항 등 9개 항목에 관해서는 비공개로 할 수 있음을 인정하고 있다.

15) 미국의 "Government in the Sunshine Act"라고 불리는 1977년의 공개회의법은 연방정부의 행정위원회로 하여금 회기중의 사안을 시민에게 공개하도록 하고 있다.

공개의무 및 국민의 정보공개청구에 관하여 필요한 사항을 정함으로써 국민의 알 권리를 보장하고 국정에 대한 국민의 참여와 국정운영의 투명성을 확보하는 데 있다(공공기관의 정보공개에 관한 법률 제1조). 여기서 정보라 함은 공공기관이 직무상 작성 또는 취득하여 관리하고 있는 문서, 도면, 사진, 필름, 테이프, 슬라이드 및 컴퓨터에 의하여 처리되는 매체 등에 기록된 사항을 말한다.

그런데 비록 정보공개법이 제정되었다고는 하더라도 국가의 중대한 이익을 해할 우려가 있다고 인정되는 정보 등 비공개 대상 정보의 범위가 지나치게 넓기 때문에 정보공개가 얼마나 실효를 거둘지는 좀더 지켜보아야 할 것이다.[16]

한편 헌법에서는 제21조 1항에서 "모든 국민은 언론·출판의 자유를 가진다"라고 규정하고 있는바, 이것은 표현의 자유를 보장한 것이라고 하겠으며, 나아가 '시민의 알 권리'와 행정의 정보공개원칙을 인정한 것이라고 볼 수 있다.

2. 정보의 비밀화의 역기능

정보의 비밀화(secrecy)가 외교·군사·국가안전보장의 제 영역에 있어서 불가피하게 요청되고는 있지만 정보의 비밀화에는 당연히 역기능이 수반된다. 여기서 그 문제점을 보면 다음과 같다.

첫째로, 정보의 비밀화는 주권자의 존엄을 훼손시킨다는 점이다. 왜냐하면 민주주의 국가에 있어서의 정치는 정보공개의 전제하에 의회에 자유로이 표명된 시민의사를 중심으로 운영될 것이 요청되기 때문이다.

둘째로, 정보의 비밀화는 시민의 관심영역의 경색화를 초래한다는 점이다. 그것은, 정보의 비밀화가 단지 시민에 대한 정보의 제공을 거절하는 데 그치는 것이 아니라, 시민들로 하여금 참여의 가사상태로 몰아넣어 결과적으로 '대사를 제쳐놓고 안일에 빠지게' 만들기 때문이다. 그리하여 '정보비밀화의 정부'(secret government)에 있어서는 책임성은 쇠퇴하고 독단 전횡이 성행하게 되는 것이다.

3. 문 제 점

이상에서 살펴본 정보공개제도는 '공개된 정부'를 확립하는 데 있어서 매우 중요한 의미를 지니고 있다. 그러나 이 제도에는 몇 가지 문제점이 담겨져 있다.[17]

16) 유훈, 행정학원론(서울: 법문사, 2000), p. 971.
17) 西尾 勝, "自治體における情報公開の推進をもとめて," 地方自治體における情報公開に關する研究(東京: 地方自治協會, 1983), p. 29 참조.

즉 첫째로, 정부기관이 이 제도의 운영에 있어서 불안감을 가지고 있을 경우에는 공무원이 중요한 정보를 기록하기를 꺼려하여 공문서화하지 않는다고 하는 점과 둘째로, 종래 정부기관에 대하여 임의로 정보를 제공하던 여러 단체가 제공정보의 개진을 꺼려하여 정보를 제공하지 않게 될 우려가 있다는 점 및 셋째로, 정보를 개진한 결과 제 3 자의 사생활(privacy)을 침해한다든지 제 3 자에 부당한 손해를 입힘으로써 정부기관이 책임을 추궁당하는 사태가 일어나기 쉽다는 점 등을 들 수 있다.

제 5 절 행정평가

Ⅰ. 행정평가의 의의

우리가 정책형성의 단계를, 여러 대안 가운데서 특정한 해결책을 결정지우는 정책결정의 단계, 결정된 정책을 구체적으로 집행해 나가는 집행의 단계, 집행으로 인하여 나타난 '산출'(outputs) 또는 산출이 초래한 여러 가지 '결과'(outcomes)를 평가하는 평가의 단계로서 파악할 때, 흔히 행정평가는 집행활동 다음에 오는 단계를 가리킨다. 즉, 행정평가는 집행활동으로 인하여 나타난 산출이 처음에 의도한 대로 정책목적을 실현하였는지 혹은 산출이 어떠한 파급효과를 나타냈는지를 조사·탐구하는 활동을 말한다. 그리고 이와 같은 행정평가를 보통 우리는 '사업평가'(program evaluation)라고 부른다.

무릇 행정평가는 행정부가 의회나 시민에 대해서 자기 자신이 행하는 활동 또는 사업의 목적이나 효과를 명백히 밝히고자 하는 데서 그 의의를 찾아볼 수 있으며, 이러한 평가의 공표를 통해서 의회나 시민은 행정활동에 대한 판단과 이해를 정확히 할 수 있게 된다. 또한 근래에 이르러 행정평가는 행정에 있어서의 '통제의 새로운 면모'(the new face of control)로서 기능하고 있다.

이와 같이 행정평가가 중요시되게 된 것은 1970년대에 접어들어 세계 각국이 자원난을 경험하게 되자 과연 수많은 사업계획이 장차 존속할 가치가 있는지의 여부를 검토하게 된 데서 그 원인을 찾아볼 수 있으며, A. Schick는 1970년대에 사회과학의 관심이 기획 내지 분석으로부터 평가에로 이행되었다고 말하고 있다.

Ⅱ. 행정평가의 기준

행정활동의 평가를 시도할 경우, 정책목적 자체에 관한 것과, 정책목적을 실현하기 위한 정책수단에 관한 것이 있는바, 후자가 본래의 행정 고유 평가기준에 해당한다고 하겠다.

1. 정책목적 자체에 관한 평가기준

현대국가는 복지국가로서 어떠한 정책을 수행하여 시민의 욕구를 만족시켜 나가느냐 하는 것이 권력 그 자체의 정통성을 좌우하는 중요성을 지닌다. 따라서 여기서는 자원의 제약이라는 상황하에서 행정이 어떤 정책목적을 선택하여 자기의 과제로 삼느냐 하는 것이 기본적인 행정의 평가기준이 되는 것이다.

2. 행정 고유의 평가기준(사업계획의 평가기준)

행정 고유의 평가기준, 즉 사업평가(program evaluation)의 기준은 일정한 정책목적을 전제로 하고, 그것을 실현하기 위하여 어떠한 정책수단을 사용할 것인가에 대한 기준을 말한다.

어떤 기준에 의해서 사업계획(program)을 평가할 것인가에 관해서는 일정한 정의를 내리기 어려우나, 사업평가에 있어서는 목표의 달성도가 중심적인 기준으로서 설정된다. 그러나 경우에 따라서는 이 달성도가 자금과 노력의 낭비에 의해서 이루어지는 때도 있다. 그러므로 목표달성을 위해 들어간 '투입'(inputs)과 '산출'(outputs)과의 비, 즉 생산성이 사업평가의 기준으로서 요구되는 것이다.

참고로 E. Suchman은 사업계획의 평가기준으로서 다음과 같은 것을 제시하고 있다.[18)]

① 노력(투입량) 이것은 투입중심주의, 즉 투입량을 중시하여 행정활동의 양과 질을 검토하는 기준으로서, 예를 보면 방화시설의 정비(소방행정), 의료기구의 제약(의료행정) 등 목표달성에 필요한 수단의 투입량이나 질을 지표로 하여 평가활동이 행하여지는 것을 말한다.

② 효과(목표의 달성도) 이것은 노력 또는 투입보다도 그 결과인 목표의 달성도를 검토하는 기준으로서, 사업평가는 사업계획 목표의 달성도를 측정하는 것이 중심 과제이며, 이를 위해서는 목표의 명확화가 평가활동의 전제가 되는 것이

18) Edward A. Suchman, *Evaluation Research*(New York: Russel Sage, 1967), pp. 61～68.

다. 그러나 현실적으로 볼 때 행정활동에 있어서 각각의 사업의 목표를 식별해서 한 마디로 확정한다는 것은 용이한 일이 아니다. 왜냐하면 사업계획이 다목표를 지니고 있는 경우, 또 때로는 모순되는 목표가 하나의 사업계획(program) 속에 포함되어 있는 경우, 그리고 가끔 정치적인 거래나 타협의 결과 사업계획의 목표가 설정됨으로써 의식적으로 불명확한 목표로 변하는 경우 등이 있기 때문이다.

이 밖에 사업계획의 평가를 위해 달성의 과정을 검토하는 기준을 생각할 수 있는데, 이것은 사업계획이 성과를 이루어가는 달성의 과정을 분석하는 기준을 말한다.

Ⅲ. 행정평가의 과정

1. 상황판단의 단계

첫 번째 단계는 사업평가를 개시해도 좋은가에 대한 상황판단의 단계이다. 상황판단의 요인으로서는 업무량의 급증, 자금의 부족, 정치적 지지의 감소 및 수익자의 태도 등을 들 수 있다. 그리하여 평가의 개시가 결정되면 평가활동에 대한 지지를 받기 위한 노력이 가해진다.

2. 평가의 목적 · 대상의 확정단계

두 번째 단계에서는 평가의 목적이나 대상을 확정하는 작업이 필요로 된다. 예를 들면 지방의 경찰활동에 대한 중앙정부의 자금원조사업을 평가함에 있어서 그 사업의 달성도를 범죄 일반의 저하율을 대상으로 하여 조사할 것인지, 혹은 특정의 전형적인 범죄에 한정할 것인지의 문제가 발생하여, 구체적인 조사활동을 개시하기 전에 이러한 문제해결이 요청된다.

3. 조사설계의 단계

사업평가의 설계(design)에 관해서 보면 다음과 같이 요약할 수 있다.

첫째는, 사업계획이 시행되기 직전의 상태와, 시행 후의 적당한 시기에 있어서의 사업계획 결과의 상태와의 비교로서, 이것은 '비실험적 설계'(nonexperimental design)라고 불린다.

둘째는, 사업계획 시행 이전에 있어서의 사업계획 운용결과의 예측과, 현실의 사업계획 운용결과를 시간축에 따라서 비교하는 것으로서, 이것은 '준실험적 설계'

(quasi-experimental design)라고 한다.

셋째는, 역시 준실험적 설계로서, 사업계획이 시행되고 있는 관할권 내지 인구 구성부분의 상태와, 사업계획에 의한 은혜를 받지 않는 다른 관할권 내지 다른 인구 구성부분의 상태를 비교하는 것이다. 그리하여 여기에서 나타나는 변화가 사업계획 운용의 결과에 의한 것인지 아닌지를 알아 낸다.

넷째는, '조사실험법'(controlled experimentation)으로서 이것은 동종의 제 집단을 미리 당해 사업계획의 은혜를 받는 '실험집단'(experimental groups)과, 은혜를 받지 않는 대조표준집단으로 나눈다. 양 집단은 당해 사업계획의 시행 전후에 각각 당해 사업계획에 관련된 자기의 행동에 관해서 업적측정을 받아야 한다. 실험집단이 당해 사업계획의 시행 후, 시행 전과 비교해서 행동의 업적측정에 있어서 개선을 경험했다고 하면 그것은 바로 당해 사업계획의 성과라고 할 수 있다는 것이다.

4. 분석 및 해석의 단계

최후의 단계는 조사결과의 분석·해석 및 의미를 부여하는 단계로서 이것은 문자 그대로 평가의 단계인 것이다. 다만 수집된 자료를 분석·해석함에 있어서 유의하여야 할 점은 자료가 동일하더라도 평가하는 사람의 편견이나 주관에 따라 상이한 결론이 나올 수 있다는 것이다.

Ⅳ. 행정평가에 대한 정치적 영향

대개의 경우 사업계획의 수행자는 사업계획이 좋게 평가되기를 바란다. 그 때문에 사업계획을 평가하는 담당자에게 좋은 자료만을 제공하는 경우도 있고, 혹은 나쁜 평가가 내려질 것이라고 예측될 때에는 자료의 제공을 거절할 경우도 상상할 수 있다.

한편 사업평가가 특정 집단의 정치적 지지를 의식적으로 끌어내기 위한 수단으로 사용되거나, 혹은 정치적 압력의 결과 평가내용이 변경되어지는 경우도 있다.

E. Suchman은 이러한 정치적 문제와 관련하여 사업평가가 실제로 어떠한 기능을 수행하는가에 대하여 다음과 같이 예시하고 있다. 즉 i) 효과가 적은 불량한 사업계획을 정당화하기 위하여 표면상으로 잘 보이는 측면만을 고의로 뽑아서 평가를 행한다. ii) 사업계획의 실패나 결함을 감추기 위하여 객관적 평가를 회피한

다. iii) 사업계획의 효과 여하에 관계 없이 사업계획(program)을 무력하게 만들거나 파괴한다. iv) 사업평가를 객관성이나 전문성 확보를 위한 편법으로 사용한다는 것 등이다. 그리하여 사업평가는 빈번히 정치적 영향을 받는다는 것이다.

Ⅴ. 행정평가의 문제점

위에서 행정평가에 대한 정치적 영향으로 인한 문제점을 살펴보았거니와 이 밖에도 몇 가지 문제점을 지적할 수 있다.

1. 목표명확화의 문제점

앞에서 언급한 바와 같이 사업평가의 중심과제는 목표의 달성도를 측정하는 것이며, 이를 위해서 목표의 명확화가 요구되는바, 현실적으로는 사업계획이 여러 가지 목표를 지니고 있는 경우, 하나의 사업계획 속에 모순되는 목표가 포함되어 있는 경우, 정치적인 이유로 사업계획의 목표가 불명확한 목표로 변하는 경우 등 문제점이 있다.

2. 통제집단 설정상의 문제점

어떤 사업을 실시함에 있어서 사업의 대상이 되는 집단과 사업의 대상이 되지 않는 집단(통제집단)을 미리 구별하여 설정하고, 사업실시 후의 양 집단의 변화를 비교함으로써 사업계획의 평가를 하는 것이 통제집단 방법의 착상이지만, 이것은 동등한 권리를 보유하고 있는 시민간에 차별을 둔다는 반발을 초래하여 현실적으로는 사회적인 거부반응을 받기 쉬운 문제점이 있다.

3. 업적평가상의 문제점

행정의 많은 분야에서 수량적 항목(term)을 가지고 업적을 평가한다는 것은 어려운 일이다. 즉, 개개의 항목을 파악하여 산출 또는 업적을 수량화한다는 것은 거의 불가능하다. 따라서 업적측정을 적절히 하기 위해서는 업적을 평가하는 지표 또는 척도를 개발할 필요가 있다. 이를 위하여 목표와 지출경비를 보다 명확하게 관련시키는 노력이 필요하며, 비용효과분석을 하기 위한 기준이 마련되어야 할 것이다.

제 2 장

행정개혁

제 1 절 행정개혁

Ⅰ. 행정개혁의 의의와 동기〔기관형성〕

1. 행정개혁의 의의

행정개혁이란 한 마디로 국가발전을 위해 행정체계를 개선하고자 하는 끊임없는 변화와 노력을 뜻하는 것이다. 생각건대 과거에는 행정의 개념을 국가발전과는 관계 없이 법과 질서를 통해 현재의 체제를 유지하기 위한 시각에서 파악하여 행정개혁을 오직 행정기구 또는 절차를 바꾸는 것으로만 생각하였다. 그러나 오늘날 행정개혁의 개념은 항상 국가발전과 변화를 전제로 하고 있으며, 인간의 정신을 어떻게 계발하느냐 하는 것이 중심과제로 등장하고 있을 뿐만 아니라, 기관형성(institution building)의 요소가 내포되어 있다고 볼 수 있다. 여기서 기관형성 또는 제도형성이란 i) 가치관 또는 사회적 기술의 변화를 가져오거나 새로운 규범 및 행동방식을 정립하고, ii) 그 환경으로부터 지지를 받을 수 있는 공식조직을 새로 만들거나 또는 고치기 위해 계획하고 지도하며, iii) 어떤 특정 기관이 특정의 목표를 달성하기 위하여 어떻게 변화를 조성 또는 유도해 나가고 있는가를 평가하는 것을 뜻한다.[1)]

특히 급격한 사회변동을 겪고 있는 나라에서는 국민들의 수많은 사회적 요구

---

1) Milton J. Esman, "CAG and the Study of Public Administration" in Fred W. Riggs, ed., *Frontiers of Development Administration*(Durham, N. C.: Duke University Press, 1970), p. 64 참조. 기관형성의 개념을 정립하는 데 주도적 역할을 한 것은 미국에 있어서의 '기관형성에 관한 합동연구사업'이었는바, 1962년 11월 여러 학자들이 Pittsburgh대학교에 모여 기관형성의 중요성에 관해 논의하였다.

[그림 2-1] 기관형성 변수

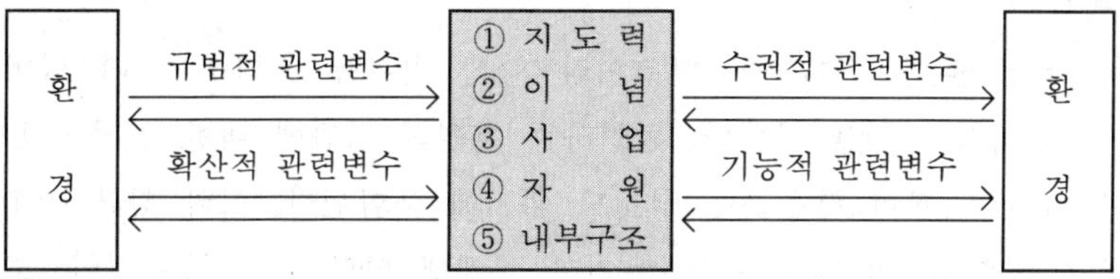

(social needs)가 발생하고 있으며, 이와 같은 요구를 충족시킬 수 있는 대응책이 필요하므로 기관형성은 더욱 중요시된다.

기관형성의 변수는 내적 변수와 외적 변수로 나누어 고찰할 수 있는 바,[2] 내적 변수로서는 지도력(leadership), 이념(doctrine), 사업(program), 자원(resource) 및 내부구조(internal structure) 등을 들 수 있으며, 외적 변수로서는 수권적(授權的) 관련변수, 기능적 관련변수, 규범적 관련변수 및 확산적 관련변수 등을 들 수 있다.

(1) 내적 변수

기관형성을 구성하는 내적 변수로서는 i) 지도력(leadership), ii) 이념(doctrine), iii) 사업(program), iv) 자원(resource), v) 내부구조(internal structure) 등을 들 수 있다.

① 지 도 력 이것은 지도역할을 담당하는 사람들의 능력을 의미하는바, 여기서 말하는 지도력의 개념은 개인만의 것은 아니며, 기관 전체의 활동에 대하여 계속적으로 영향력을 미치는 사람도 포함된다. 기관을 통하여 의식적으로 변동을 초래하는 과정에서는 능숙한 관리가 요청되기 때문에 지도자들의 지도력은 기관형성에 있어서 가장 중요시되는 요소라 하겠다. 이와 같은 지도력을 평가하는 데 있어서 기준이 되는 것은 정치적 능력, 전문적 지위, 기술적 능력, 조직운영능력 및 지속성 등이다.

② 이 념 여기서 이념이라 함은 바로 기관을 이끌어 나가는 지도이념을 말한다. 바꾸어 말하면 사회활동의 기본이 되는 가치나 목적을 규정하는 일련의 명제를 의미하는 것이다.

③ 사 업 이것은 기관의 지도이념을 구체적인 활동형태로 바꾸는 것

2) Saul M. Katz, "Exploring a System Approach to Development Administration" in Fred W. Riggs, ed., *op. cit.*, p. 64 참조.

을 뜻하며 나아가 기관의 내부 및 외부에 대하여 여러 가지 자원을 배분하는 활동을 의미하는 것이다.

④ 자 원 기관의 자원이라 함은 기관을 운영하는 데 있어서 활용할 수 있는 잠재적 능력을 말한다. 환언하면 자원의 기관에 대한 인적·물적 및 기술적 투입이며, 기관이 활용하는 정보도 여기에 포함된다. 이와 같은 자원을 어떻게 확보하고 동원하는가 하는 문제는 기관 전체에 영향을 미치는 것이므로 지도자들의 큰 관심사가 되고 있다.

⑤ 내부구조 이것은 기관을 유지하기 위하여 마련된 구조 또는 절차를 말하는 것인데, 여기에는 권한 및 역할의 배분, 역할담당자들의 특성 등이 포함된다. 이러한 내부구조의 평가기준으로서는 구조의 일관성·적응성 및 조직참여자들의 일체감 등을 들 수 있다.

⑵ 외적 변수

기관형성의 외적 변수로서는, i) 수권적(授權的) 관련변수, ii) 기능적 관련변수, iii) 규범적 관련변수, iv) 확산적 관련변수 등을 들 수 있다.

① 수권적 관련변수 이것은 기관활동에 필요한 권한 및 자원의 배분을 통제하는 외부조직이나 사회집단과의 관련성을 의미한다.

② 기능적 관련변수 이것은 기관활동에 있어서 서로 보완적인 관계에 있는 조직들과의 관련성을 의미하는바, 여기서 보완적인 관계에 있는 조직이란 특정 기관에 대하여 투입을 공급하고 산출을 받아들이는 조직을 말하는 것이다.

③ 규범적 관련변수 이것은 특정기관의 기본목적과 관련된 규범이나 가치를 가진 기관들과의 관련성을 의미한다.

④ 확산적 관련변수 이것은 어떤 공식적 조직의 구성원이라고 특정지우기 어려운 여러 사람들과의 관련성을 말하는 것이다.

요컨대 행정개혁의 의의는 첫째, 행정조직의 구조·기구·절차를 바꾸는 것만을 뜻하는 것이 아니라 기관형성 등의 요소를 아울러 내포하는 것이라 하겠고, 둘째, 행정과정을 기준으로 하여 생각할 경우, 개혁이란 행정이 이루어지는 과정에서 발견된 여러 문제를 연구하고 이를 개선하려는 환류기능으로 파악되어야 하며, 셋째, 행정을 사회의 전 가치체계를 반영하는 문화적인 산물로서 이해할 경우 개혁이 성공하려면 개혁을 받아들이고 동화시킬 문화와 가치체계의 변화를 수반해야 한다는 것이다.

2. 행정개혁의 동기

행정개혁의 동기로서는 첫째, 행정목적의 중점의 변동, 둘째, 정치적 변혁에 의한 권력재분배에 따른 기구개편, 셋째, 새로운 정책실시를 위한 기구신설의 필요, 넷째, 행정사무의 중복 · 낭비 · 무질서 등 결함의 표면화, 다섯째, 예산절약 및 정부지출에 대한 납세자의 우려, 여섯째, 전쟁에 따른 행정체제 등의 변화를 들 수 있다.

Ⅱ. 행정개혁의 접근방법

1. 구조적 · 관리기술적 접근방법

이것은 공식적 조직에 중점을 두는 전통적 조직이론에 입각하여 공식적 조직의 명령체계, 권한과 책임의 한계, 소관사무의 합리적 배분, 계선기관과 참모기관의 관계 등을 행정개혁의 주요 대상으로 하며 주로 조직의 내부구조를 어떻게 합리화하느냐에 역점을 두는 한편, 과학적 관리법을 이론적 배경으로 하여 문서의 절차, 업무량측정과 정원관리, 사무실 배치, 행정사무의 기계화 등을 개혁의 대상으로 하여 행정의 관리기술을 개선함으로써 개혁의 성과를 도모하려는 접근방법으로서 종래 영국의 Holdane위원회나 미국의 Hoover위원회 등이 이용한 방법이다.

그러나 이와 같은 구조적 · 관리기술적 접근방법은 첫째, 행정조직의 구조 · 기술 · 절차의 변경에만 치중하고 인간적 요인을 도외시하였으며, 둘째, 조직의 환경적 제 요인을 고려에 넣지 않고 있다는 비판을 면치 못한다.

2. 인간관계적 접근방법

이것은 인간관계론 또는 소집단이론 등을 배경으로 하여 나타난 것이며, 전술한 구조중심의 접근방법을 개선하기 위하여 제기된 방법이다. 여기서는 행정을 주로 행태면에서 파악하여 법령 또는 구조보다는 인간의 협동적 행위라는 측면에 역점을 두어 행정개혁의 성공적 추진을 위해서는 행정인의 가치관 또는 태도의 변혁이 선행되어야 하며, 나아가 개혁과정에서 행정인의 광범한 참여를 통해 그들의 심리적 욕구를 충족시켜야 한다는 것이다.

요컨대 인간관계적 접근방법에서는 인간의 가치관이나 행태의 변혁이 있을 경우 조직구조의 변혁이나 새로운 관리기술의 향상이 가능하다고 한다. 그러나 이러한 접근방법은 첫째, 원래 법적 규제를 강하게 받고 계급제적 성격이 짙은 행정조직에 있어서는 인간관계적 접근방법의 전면적인 적용이 어렵다는 것이고, 둘째, 특히 신생국가에 있어서는 참여의식이 불충분하고 자유로운 의사소통이 이루어지기 어려우므로 이 방법의 적용에는 적지 않은 애로가 수반된다는 것이다.

3. 체제적 · 종합적 접근방법

위에서 기존의 구조적 · 관리기술적 접근방법과 인간관계적 접근방법을 고찰하였으나 이 두 가지 방법은 어느 것이든 완전한 것이 되지 못한다.

따라서 우리가 행정개혁을 시도할 경우 구조 · 인간 · 환경의 문제를 아울러 체제로서 파악하고 이들 상호간에 있어서의 관련성 내지 의존성을 종합적으로 고려에 넣어 접근하는 것이 바람직하다고 하겠다.[3] 바꾸어 말하면 아무리 구조 또는 기술이 합리화되었다고 하더라도 행정인의 이해가 결여된다면 정책으로서 채택될 가능성이 희박하며, 또한 이러한 종합적 접근방법은 정부조직의 정치적 성격이나 전이사회의 특이성 등 환경적 제 요인의 중요성을 감안할 수 있어야 한다는 것이다.

요컨대 종합적인 관점에서 행정개혁을 성공적으로 이끌어 나가기 위해서는 무엇보다도 정치적 지지를 받는 일이 우선되어야 하며, 다음으로 행정인의 이해 내지 구조의 문제가 고려되어야 할 것이다.

Ⅲ. 행정개혁의 과정

(1) 개혁의 필요성 인식

개혁을 하려면 먼저 무엇을 어떻게 고쳐야 되는지를 인식할 필요가 있다. 즉 행정개혁은 첫째, 행정이 국민의 욕구를 충족시키지 못할 경우, 둘째, 어느 정도 욕구를 충족시키지만 그것을 처리할 능력이 없는 경우에 필요하다.

(2) 개혁안의 준비와 전략 정립

개혁안은 조직의 외부인사에 의해 마련되는 경우와 내부인사에 의해 마련되는 경우가 있다. 한편 행정개혁의 전략이란 개혁의 반대자를 설득시킬 방법을 강구하는 것이다.

---

3) Moshe Weiss, "Toward a Comprehensive Approach to Government Reorganization," *Philippine Journal of Public Administration*, vol. Ⅱ, No. I(January 1967), pp. 69~70.

⑶ 개혁의 실행

개혁의 실행을 위해서는 새로운 법안 및 규정의 작성, 인사 및 예산관계법령의 수정 등 일련의 조치가 뒤따라야 하며 개혁의 실시를 위한 세부적인 집행계획이 마련되어야 한다.

⑷ 개혁의 평가

개혁의 성공 여부는 당초에 의도한 목표가 어느 정도 달성되었는가 하는 점과 업무수행에 있어서 능률성이 얼마나 개선되었느냐 하는 점에서 평가되어야 할 것이다.

Ⅳ. 행정기구의 개혁

1. 미국의 경우

미국에 있어서는 1883년 C. A. Arthur 대통령 시대에 공무원법 제정에 의한 민주주의 행정기구의 강화 이래 1887년 연방정부에 있어서의 사무처리 방법에 관한 특별위원회(Select Committee on Method of Business in the Federal Department〈Cockrell Committee〉), 1893년에 행정부조직 기타에 관한 합동위원회(Joint Commission on Executive Departments, Organization, etc.〈Dockery-Cockrell commission〉), 1905년에 성조직에 관한 위원회(Committee on Department Methods 〈Keep Committee〉)가 설치되어 연방행정에 관한 중요한 조사를 담당하였으며, 1910년에 설치된 절약과 능률에 관한 대통령위원회(President's Commission on Economy and Efficiency〈Cleveland Commission〉)는 행정에 있어서의 경비의 절약과 능률의 문제에 관하여 처음으로 조사를 하였다.

1936년에는 Byrd 위원회라고 불리는 정부 행정기관 조사특별위원회(Select Committee to Investigate the Executive Agencies of the Government)가 설치되고, 이어 1937년에는 Brownlow 위원회라고 불리는 행정관리에 관한 대통령위원회가 설치되었다. 동 위원회는 당시의 미국 연방정부의 행정기구에 대한 근본적인 재조직을 권고하였는데, 이 위원회의 권고안은 법안으로서 상하양원에 제출되어 1939년 4월 3일 기구개혁법이 공포되었다.

이 기구개혁법의 주요 목적은 부·국의 독립이나 남설을 억제하고, 대통령의 막료기관을 설치·강화함으로써 대통령으로 하여금 연방정부의 모든 행정기관에 대하여 효과적인 지휘감독을 할 수 있도록 행정기구를 조정하려는 데 있었다. 이

기구개혁법에 따라 F.D. Roosevelt 대통령은 사실상 연방사회보장청, 연방공공사업청과 같은 새로운 행정기관을 설치하는 등 많은 기구개혁을 단행하였는데, 그 중에서도 대통령부를 신설하고 종래 재무성에 소속되어 있었던 예산국을 대통령부로 직속케 한 것은 특기할 만한 사실이다.

1947년에는 이른바 제 1 차 Hoover 위원회가 설치되었는데, 이 위원회는 1949년에 폐지될 때까지 19권의 보고서를 의회에 제출하였으며 정부기관의 각 부문에 걸쳐 재편성과 운영의 개선에 많은 업적을 남겼다. 그 후 1953년 Eisenhower 대통령이 취임하던 해에 재차 동일명칭의 위원회가 구성되게 되었는데 동 위원회는 동년 7 월 공법 제108호에 의하여 설립되었다. 그리고 동 위원회의 위원장에는 다시 Hoover 전대통령이 취임하였으므로 이를 제 2 차 Hoover 위원회라고 한다.

제 2 차 Hoover 위원회의 구성을 보면 위원회의 위원의 정수는 제 1 차 위원회의 경우와 마찬가지로 12명이었는데, 그 중 7 명은 공화당 출신이었고 나머지 5 명은 민주당 출신이었다. 제 2 차 Hoover 위원회의 경우 특기할 만한 사실은 전문조사반(task forces) 이외에도 소위원회를 조직하여 많은 과제를 검토·연구케 하였다는 점이다.

여기서 제 1 차 Hoover 위원회와 제 2 차 Hoover 위원회의 다른 점을 보면, 제 1 차 위원회는 각 부처의 기구재편성 및 조정 그리고 경비의 절약에 중점을 두었던 것이나, 제 2 차 위원회는 주로 행정 각 부의 기구조직 개선과 정책문제에 주안점을 두었다는 사실이다. 한편 제 2 차 Hoover 위원회는 동 보고서에서 500여 개의 정부기업을 민영화하여야 한다고 역설하였다. 그리고 동 위원회는 조직관리의 분야에서도 많은 공헌을 하였는데, 사실상 제 2 차 Hoover 위원회의 각종 건의는 1955년의 기구개혁법에 의하여 많이 채택되었던 것이다.

2. 영국의 경우

영국에서 대표적인 기구개혁의 예로는 1917년 7 월에 설치된 Holdane 위원회를 들 수 있는바, 이 위원회의 원명은 정부기구위원회(Machinery of Government Committee)로 1919년 소위 Holdane 보고서를 의회에 제출하면서부터 유명해졌는데, 이 보고서는 오늘날 행정학상의 귀중한 문헌으로 남아 있다.

이 위원회의 설치목적은 제 1 차 세계대전중 전쟁의 완수를 위한 필요에서 급격히 남설·확대된 정부기구가 종전기에 임하여 무체계·중복·혼란 등의 상태를 면치 못하게 됨으로 말미암아 종전 후에 평시체제로 환원하는 동시에 낭비와 비능률 등을 시정하고 합리적인 재편성을 하려고 하는 데 있었다.

이 위원회의 구성을 보면 Holdane을 위원장으로 하여 학계의 권위자 · 행정실무가 · 전문가 등 6인으로 구성하고, 1년여에 걸쳐 면밀한 조사를 실시한 후에 보고서를 작성 · 제출하였는데, 동 보고서가 내용의 정확성과 획기적인 기구개혁의 방향을 제시하였다는 점에서 큰 의의를 찾아볼 수 있다.

3. 우리 나라의 행정기구 개혁

(1) 제 1공화국 시대

1948년 대한민국의 정부수립과 더불어 발족한 첫 행정기구는 내무(수석부), 외무, 국방, 재무, 법무, 문교, 농림, 상공, 사회, 교통, 체신의 11부와 국무원 직속하에 총무처, 기획처, 공보처, 법제처의 4처, 그리고 대통령 직속하의 고시위원회, 감찰위원회, 경제위원회 등 11부, 4처, 3위원회로 구성되었다.

1949년 2월 19일에는 제 2회 국회 35차 본회의에서 보건부 독립에 관한 청원안을 채택키로 결의하였고, 동년 3월 11일 법제사법 및 문교사회 양 위원회에서 보건부 독립을 내용으로 하는 정부조직 중 개정 법률안을 국회에 제출 · 상정하여 통과되었다. 이것이 제 1차 개정이다. 1955년 11월 29일에 헌법이 개정됨에 따라 정부의 새로운 조직이 요청되었다. 즉 종래의 헌법에 규정되었던 국무총리제가 폐지되고 따라서 국무총리 직속기관인 총무처, 법제처, 기획처, 공보처는 원칙적으로 각부 장관에 직속케 하였다.

6 · 25동란으로 인하여 소진된 산업경제를 재건하기 위해서 부흥부를 신설할 것을 착안하였는데, 이 부흥부의 성격에 관해서는 많은 논의가 있었다. 즉 부흥부는 산업경제의 종합적인 계획부문만 담당할 것이 아니라 수립된 계획을 실천할 수 있는 광범위한 권한을 부여하도록 구상하였으며, 보건부와 사회부를 통합하여 보건사회부로 하였다.

그 당시 정부조직법 개정 법률안은 행정 각부의 국까지를 입법사항으로 한 점이 특색이다(종전에는 국·과의 신설, 통합 및 폐합은 대통령령으로 할 수 있었다).

그리고 공보행정의 강화를 위하여 부 승격의 주장이 있었으므로 부·처 수의 제한을 고려하여 공보실을 대통령 직속으로 하였다. 그리고 외자청을 부흥부의 외국으로 두어 반독립적 기관으로 하였다. 이 외자청은 외자구매처와 임시 외자관리청을 통합한 것이었다.

⑵ 과도정부 및 제 2 공화국 시대

1960년 4·19혁명으로 집권하게 된 민주당 내각은 정부기구의 개혁을 시도했는데 그 주요 목적은 i) 책임내각제로 정치형태가 바뀐 데 부응하는 것, ii) 제 2 공화국의 주요 과제의 하나인 경제부흥과 국토건설을 위하여 경제 제일주의의 기구개편을 실현할 것, iii) 행정관리의 능률화를 위한 개선 등이다.

당시의 정부기구 개편안을 보면 기간산업부, 건설부, 경제기획처, 공안위원회를 신설하고, 내무·부흥 양 부와 외자·해무 양 청을 폐합하여 12부 2처 1위원회로 국무원을 구성키로 합의를 보았었고, 또한 총리 직속으로 통일문제연구소와 중앙정보부, 원자력원, 공안위원회를 두기로 하는 한편, 경제기획처 외국으로 통계국과 경제심의회를, 또한 국무원사무처에 관수국(官需局)을 신설하고, 농림부 외국으로 농사원과 지역사회개발위원회를 흡수 일원화하며, 석탄공사와 전력공사를 기간산업부 산하에 두기로 하였다.

그러나 이 시기에 있어서는 실질적인 정부기구의 개편이 이루어지지 못하고 지연되던 중 1961년 5·16군사혁명을 맞이하게 되었던 것이다.

⑶ 군정 및 제 3 공화국 시대

5·16혁명 후 여러 차례에 걸친 기구의 개편은 1961년 10월 2일 새로운 정부조직법의 공포로 제 1 차 개혁이 단행되었는데 그 주요 내용은 다음과 같다.

① 공보부(장관)를 설치하는 한편 부흥부를 건설부로, 국무원사무처를 내각사무처로 각각 개편하였다.

② 경제기획원을 신설하여 재무부의 예산국, 내무부의 통계국, 건설부의 종합계획국과 물동계획국을 흡수하였다.

③ 국가기획제도를 채택하여 내각에 기획통제관실, 각 부에 기획조정관실을 신설하였다.

④ 내각사무처에서 법제국을 분리하여 법제처로 승격시켰고, 경제기획원 소속하에 국토건설청과 조달청을 신설하는 한편 외자청을 폐지하였다.

⑤ 서울특별시를 1962년 2 월 1 일부터 내각수반 직속하에 두었으며, 국토건설청이 건설부로 승격되었다. 한편 교통부에서 철도청이 독립되었다.

⑥ 1963년 12월 11일 최고회의 상임위원회는 정부조직법 중 개정 법률안을 통과시켰다. 대통령중심제인 제 3 공화국의 정부기구는 몇 개 부처의 명칭과 국을 조정했을 뿐 종전과 별로 다를 바 없으나, 경제기획원 장관의 직명을 고쳐 경제기획원 장관으로 하여금 부총리를 겸하게 하고 내각사무처를 총무처로 하였으며 총

무처의 장을 국무위원(총무처 장관)으로 보하게 하였다.

이 밖에도 제 3 공화국의 새 헌법 발효와 함께 대통령을 정상으로 하여 그 산하에 새로이 국가안전보장회의 및 경제과학심의회의, 그리고 중앙정보부, 재건국민운동본부 및 감사원을 두었으며, 대통령 직속의 자문기관으로 고문을 둔 것이 특색이라 하겠다.

⑦ 재무부 산하에는 전매청 및 조달청을, 농림부 산하에는 농림진흥청을 각각 두었고, 다시 보건사회부에 노동청을, 교통부에 철도청을 신설하였다.

⑧ 대한민국 정부수립 이후 1964년 4 월 24일에 이르러 처음으로 대통령 직속하에 행정개혁조사위원회를 설치하였으나, 1973년 1 월 정부조직법의 개정에 의하여 행정개혁위원회로 개편, 국무총리 소속하에 두었다. 행정기관 및 정부투자기관의 제도 및 운영의 개선을 위한 조사·연구를 임무로 하는 동 위원회는 위원장·부위원장 각 1 인과 3 인 이내의 상임위원 및 15인 이내의 비상임위원으로 구성하되 위원장, 부위원장, 상임위원은 별정직으로 하고 있었다.

⑷ 제 4 공화국 시대

1972년 10월 17일 대통령 특별선언으로 유신헌법(안)이 국민투표에 의해서 확정되어 과거 어느 때보다도 대통령의 강력한 정치적 지위를 지닌 권력구조의 개편에 따라 정부조직에도 많은 변화가 뒤따르게 되었다.[4] 이 시기에 이루어진 행정기구의 개편내용 가운데서 몇 가지 특징적인 것만을 추려 보면 다음과 같다.

① 수출신장과 중화학공업 추진에 역점을 둔 행정체제를 갖추었다.

② 정부조직법을 개정하여 중앙행정기관의 실·국의 설치 및 폐지와 지방기관의 설치 및 폐지 등을 대통령령으로 정하도록 하였는바, 이것은 정부조직에 대한 입법부의 관여가 크게 약화된 것을 뜻하는 것이다.

③ 내무부에 치안업무를 담당하는 기관으로 치안본부장을 두도록 하였으며, 1976년 조달청이 재무부로부터 다시 경제기획원 산하로 이관되었고, 1980년 1 월 1 일 보건사회부 산하에 환경청을 신설한 것은 오늘날 공해문제의 심각성에 비추어 주목할 만한 사실이라 하겠다.

⑸ 제 5 공화국 시대

1980년 10월 27일 제 5 공화국 헌법이 제정되고 이어서 1981년 4 월 8 일 정부조직법이 개정됨에 따라 보건사회부 산하에 있던 노동청이 부로 승격되어 노동

4) 당시의 한국의 행정기구개혁에 관한 상세한 내용은 김운태, 조직관리론(서울: 박영사, 1979), 제14장 제 4 절 참조.

부로 개편되었다. 이는 점차 노동문제가 심각한 사회문제로 대두됨에 따라 이의 중요성을 감안한 조치라 하겠다. 그 후 제 5 공화국 정부는 1981년 10월 15일 정부조직 정비[5] 작업의 결과 각 행정부처의 지나친 기구 비대를 과감히 개편하여 중앙행정부처의 국·과를 대폭 감축하고, 행정개혁위원회와 경제과학심의회의 사무국 등을 폐지하여 그 기능을 각각 경제기획원과 총무처로 이관하였다. 이러한 개혁 이외에 정부는 행정기능의 대폭적인 하부위임 및 민간에의 위탁과 소수인원 정예화 조치 등의 개혁을 계속 추진하여 간소한 정부로 향하는 개혁작업을 계속 추진하고 있다. 그리고 88 서울 올림픽을 대비하여 체육부의 신설을 보게 되었다.

(6) 제 6 공화국 시대

제 6 공화국에 있어서의 행정기구 개혁을 노태우 정부, 김영삼 정부, 김대중 정부로 나누어 간단히 살펴보고자 한다.

① 노태우 정부 시대 노태우 정부시대의 행정기구 개혁은 과거청산, 새로운 행정수요 팽창에 대한 대응, 민주화 등을 이유로 부분적인 중앙정부 기구의 개편이 있었다. 노태우 정부는 행정개혁을 위해 1988년 4 월 행정개혁위원회를 설치하였고 이 위원회는 1989년 7 월 '행정개혁에 관한 건의'를 제출하였다. 여러 가지 건의가 있었으나 문화부와 공보처의 분리, 일부 부처의 기능 조정 등 일부 건의가 실현되었다. 노태우 정부에서의 가장 두드러진 변화는 지방자치의 부활이라고 할 수 있다. 1991년에 지방의회의 의원 선거가 실시되었는데, 그것은 1961년 지방자치가 중단된 이래 실로 30년만의 일이었다.

② 김영삼 정부 시대 김영삼 정부에 들어와서는 출범 초기부터 작은 정부의 구현을 위해 일부 행정부처의 통폐합, 기구축소, 고위직 감축 등을 적극적으로 추진하였다. 특히 1994년 12월에 있었던 중앙행정기구 개편은 대단히 대폭적인 것이었으며 감축지향, 민간화 지향의 개혁으로서 그 주 대상은 경제부처들이었다. 경제기획원과 재무부를 통합하여 재정경제원으로 개편하였으며, 건설부와 교통부를 통합하여 건설교통부로 개편하였다. 문화부와 체육청소년부를 통합하여 문화체육부로 개편하고 상공부와 동력자원부를 통합하여 상공자원부로 만들었다가 나중에 통상산업부로 개편하였다. 환경처를 환경부로 승격시키고 체신부를 정보통신부로 개편하였다. 1995년에는 지방자치단체장 선거가 실시되었으며 이로써 지방자치가

5) 10 · 15 조직정비는 1963년 현 행정부조직의 근간이 형성된 이래 계속적으로 팽창되어 온 정부의 조직과 인력을 합리적으로 축소 · 정비한 것으로서, 이는 정부수립 후 사상 초유의 축소를 내용으로 하는 행정개혁이다(대한민국 총무처, 행정개혁사: 10 · 15 행정개혁을 중심으로, 1982, p. 160 참조).

본 궤도에 오르게 되었다.

③ 김대중 정부 시대 김대중 정부에서는 출범 직후 IMF 이후의 구조조정을 위한 대폭적인 행정기구 개혁을 포함하여 3차에 걸친 기구개혁이 있었다. 1998년 2월 25일 출범한 김대중 정부는 출범 3일만인 2월 28일 개정 공포된 정부조직법에서 정부조직을 대폭적으로 축소 조정하였다. 또한 1999년과 2001년에도 기구개혁이 있었다. 이 기간 동안에는 내무부와 총무처를 통합하여 행정자치부로, 재정경제원과 통일원을 각각 재정경제부와 통일부로 개칭하였다. 기획예산처, 중앙인사위원회, 국정홍보처, 국무조정실, 여성부 등을 신설하였다. 2001년의 제3차 정부조직 개편에서 재정경제부와 교육인적자원부를 부총리급으로 격상하였다. 특히 여성부의 설치로 여권이 많이 신장되는 계기가 되었으며 중앙인사위원회의 설치로 중앙인사행정기구가 2원화되게 되었다.

④ 노무현 정부시대 노무현 정부의 행정기구개혁의 특징은 그동안 우리나라 행정개혁의 핵심이념으로 되어 왔던 작은 정부를 지향하는 대신 효율적으로 일 잘하는 정부가 좋은 정부라는 입장을 취한 점이다. 1970년대 말 등장한 작은 정부 이념은 김대중 정부까지 공공개혁의 핵심이념이 되어 왔었다. 그러나 노무현 정부에서는 작은 정부만이 최고가 아니라는 점을 강조하면서 일 잘하는 효율적인 정부가 되기 위해서는 공공부문이 오히려 보다 더 확대될 필요가 있다는 입장을 취하였기 때문에 집권 초기부터 기구의 신설 및 격상이 이루어져 정부규모가 계속하여 확대되었다.[6] 그리고 노무현 정부의 행정개혁은 기존의 구조중심의 개혁보다는 제도나 행태개혁에 보다 더 비중을 두고 이루어졌다. 영육아 업무를 보건복지부에서 여성부로, 행정개혁 기능을 기획예산처에서 행정자치부로, 전자정부 기능을 행정자치부로 이관하는 등 기능조정을 위한 정부조직법 개정이 많았고 법제처와 국가보훈처의 장을 차관급에서 장관급으로, 과학기술부의 장을 부총리급으로 하는 등 일부기관들의 지위를 격상하였다.[7]

6) 김연수 · 이명석, "한국행정개혁의 경로의존성 분석: 취근 3대 정부의 정부조직개편 및 인력변화를 중심으로," 2007 한국행정학회 하계학술대회 주제발표논문, pp. 14~15.
7) 강철승, "참여정부의 행정개혁 성과와 과제," 2007 한국행정학회 하계학술대회 주제발표논문, p. 10.

V. 행정개혁과 저항

1. 저항의 발생원인

① 기득권익의 침해 현상을 변경시키려는 개혁을 기득권익에 대한 침해로 간주하는 경우 저항이 나타난다.

② 개혁내용의 불명확성 새로운 개혁안의 내용에 관한 의사전달이 불충분하여 피개혁자가 저항의식을 갖게 되는 경우가 있다.

③ 상급자의 비협조 피개혁자가 소속하는 상급자의 비협조 또는 계선기관과 참모기관의 불화로 인하여 저항이 발생하는 경우도 있다.

④ 인간관계의 과소평가 피개혁자가 소속하고 있는 비공식조직의 인간관계·규범 또는 관례를 깨뜨릴 경우 개혁에 대한 저항이 일어난다.

⑤ 정치적·사회적 요인 정당의 정치적 이해가 상반되거나 사회계층간에 갈등·대립이 존재하는 경우 개혁은 정치적·사회적으로 저항을 받게 된다.

⑥ 문화적 요인 사회 내의 문화적 요소와 가치체계는 서로 연관되어 행정개혁에 장애를 가져오는 수가 있다. 예컨대 한 사회 내에서의 지나친 형식주의는 보편적 법규를 적용하는 데 장애가 되고 지방적 관습 및 가치체계는 적극적 또는 보편적 문화이식에 방해가 된다.

2. 저항의 감소방법

(1) 개혁안의 명확화

개혁안의 내용 및 기대되는 성과를 알기 쉽게 제시할 필요가 있다. 또한 적극적 행정 PR을 통해 의사소통을 활발하게 함으로써 개혁의 필요성을 이해시켜야 한다. 나아가 개혁에 대한 협조를 얻기 위해 개혁과정에 정치인·민간지도자 및 유능한 행정인을 참여시키는 것이 바람직하다.

(2) 비공식조직의 활용

개인의 사기는 공식조직보다 비공식조직이 좌우하는만큼 행정개혁의 추진자는 이 점에 유의하여 개혁을 추진하여야 할 것이며, 특히 비공식조직 자체의 의견을 참조할 필요가 있다.

(3) 관료제구조의 쇄신

특히 발전도상국에 있어서의 관료제는 구조적으로 정의성을 띠고 있으므로 행정개혁에 대한 심각한 장애물이 되고 있다. 따라서 개혁지도자들은 경직성을 띤 관료제적 구조에 쇄신을 불러일으키는 역할을 하여야 할 것이다.

(4) 개혁의 시기 선택

원래 행정개혁은 정치적 성격을 내포하고 있으므로 정치적 환경이 행정개혁에 알맞다고 생각되는 시기에 개혁을 단행함으로써 정치적 반발 내지 저항을 약화시킬 수 있다.

(5) 강압적 전략 채택

G. N. Jones는 변동에 대한 저항을 극복하는 방법으로서 강압적 전략(coercive strategy)이라는 개념을 도입하였는바,[8] 이것은 변동에 대비하여 의식적으로 긴장을 유도하는 등 이른바 강압적 전략을 사용함으로써 저항을 약화시킬 수 있다는 것이다.

제 2 절 감축관리

Ⅰ. 감축관리의 의의

D. E. Klinger는 감축관리(cutback management)[9]를 "활용할 수 있는 자원의 감소 혹은 긴축예산의 시행에 의해서 불가피하게 야기되는, 행정기관에 있어서의 구조·기술 등의 변혁을 실행하는 과정"[10]이라고 정의하고 있다. 그리고 이와 같은 감축관리의 개념 속에는 행정기관의 정원수의 감축은 물론, 어떤 사업계획이 폐지되어야 하는가에 대하여 의사결정을 내리는 것도 포함된다고 한다.

감축관리가 등장하게 된 배경은 주로 자원의 고갈현상에서 찾아볼 수 있으며, 오늘날과 같은 자원난 시대에 있어서는 어떻게 하면 자원난을 해소시키느냐 하는 것이 행정 연구의 긴요한 과제로 대두되고 있다. 그리고 이와 같은 자원난의 해소 문제는 이론적인 문제라기보다는 실제적인 행정관리 전략의 문제로서 파악되어야 할 것이다.

8) Garth N. Jones, *Planned Organizational Change: A Study in Change Dynamics*(London: Routledge & Kegan Paul, 1969), pp. 116~117.

9) 감축관리(cutback management)는 흔히 절감관리(retrenchment management)라고 불린다 [Ralph C. Chandler and Jack C. Plano, *The Public Administration Dictionary*(New York: John Wiley & Sons, 1982), p. 112 참조].

10) Donald E. Klinger, *Public Administration: A Management Approach*, 1983, p. 353.

Ⅱ. 감축관리의 방법

감축관리는 과거에 중복되어 있었거나 또는 불필요한 인력·기구·기능 및 정책 등을 의도적으로 정비하는 것을 말하는 것인바, 감축관리의 방법을 열거하면 다음과 같다.

1. 일몰법의 활용

일몰법(sun-set law)이란 미국의 Colorado주에서 1976년에 채택된 방법으로서 일종의 시한입법의 성격을 지니고 있다. 즉, 이 법은 하나의 정책의 종결을 가져오게 하는 일몰기준(sun-set criteria)과 새로운 정책의 형성으로 이끄는 일출기준(sun-rise criteria)을 체계화한 것으로서 당초부터 규정된 시점에 있어서 사업이나 행정기관의 존속의 필요성을 검토하여 거기서 필요성의 재인식이 없는 경우에는 자동적으로 사업을 중지시키고 기관을 폐지시키는 방법이다.

흔히 행정은 사회정세가 변동하여 사업이나 기관의 필요성이 없어진 경우에도 현상유지적인 성격으로 인하여 기존의 것을 그대로 존속시키는 경향이 있다. 그 결과 불요·불급한 것이 누적되어 행정의 경직화를 초래하기 쉽다.

그러므로 일몰법은 처음부터 자동적 폐지 시한을 설정해 놓음으로써 경직화를 초래하기 쉬운 행정의 신진대사를 가져올 수 있다는 점에서 앞으로 활용이 기대된다.

2. 인사면에서의 감축관리

여기서는 인원의 감축이 문제가 되는데, 인원감축 방법으로서는 i) 공무원의 신규증원 억제 및 정원의 감축, ii) 소수 정예주의에 입각한 적정한 정원배치 등을 들 수 있다. 그러나 여기서 나타나는 문제점으로서는 고용효과가 줄어든다는 점이며, 또 인원감축의 기준을 어디에다 둘 것이냐 하는 점이다. 물론 이 기준은 근무시간의 장단과 실적에 두어야 하겠지만 어려운 문제이다.

3. 재무면에서의 감축관리

여기서는 예산의 감축과 물자의 절약으로 나누어 생각할 수 있는데, 우선 예산의 감축 방법으로서는 i) 예산의 효율적인 긴축운영, ii) 불필요한 사업의 배제 등을 들 수 있다.

예산의 효율적인 사용을 위해서는 새로운 예산제도의 모색이 필요하게 되는데, 예로서 근래 미국에서 예산제도의 개혁을 위해 시도한 ZBB(zero-base budgeting: 영기준예산)의 활용이 바람직하다. ZBB는 종래의 예산이 전년도 지출을 산출기초로 하여 거기에 더 얹는 이른바 점증주의를 채택한 데 대하여, 세출규모의 적정화 및 축소를 위해 고안된 것으로서 예산사정에 있어서 매년도 경비 및 사업을 영으로부터 재음미하여 평가하려는 방법이다.[11)]

다음 물자절약을 위해서는 i) 낭비요소를 제거하기 위해 구조적 절약시스템의 개발, 물자절약적 투자전략 등을 생각할 수 있고, ii) 절약기풍을 조성하기 위하여 범국민적 소비절약 운동의 전개, 불건전한 투자요인의 근원적 봉쇄 등을 고려할 수 있다.

4. 조직면에서의 감축관리

먼저 조직과 인력의 감축 및 조정을 위해서는 행정기구를 통합 또는 폐합할 것이 요청된다. 물론 여기에는 행정기구의 통·폐합에 따른 인원감축과 이 결과 나타나는 고용유지의 축소라는 문제점을 고려에 넣어야 할 것이다.

다음 우리 나라에서는 자원개발과 자원절약을 동시에 다룰 수 있는 유기적인 조직, 즉 자원문제를 국가적 차원에서 다룰 수 있는 전담기구의 설치가 필요하다고 하겠다.

우리가 자원을 크게 인적 자원과 물적 자원으로 나누어 볼 때, 투입과정에서는 유능한 공무원의 양성 및 투입이 요청되며, 산출과정에서는 효율적인 예산제도의 채택에 의한 감축관리 내지 절감관리가 요청됨을 알 수 있다. 그리고 이와 같은 투입과정에서의 자원개발과 산출과정에서의 감축관리의 문제는 항상 행정체제에 있어서의 환류(feed back) 기능을 통해 소기의 목적을 달성할 수 있는 것이다.

---

11) ZBB는 1971년 Carter(당시 Georgia주지사, 후에 대통령)에 의해 기업경영관리로부터 행정분야에 도입된 것이다. 종래의 점증주의는 행정경비 확대의 주원인이며 이것을 타파하기 위한 것이 ZBB이다. 그러나 예산사정을 매년 영으로부터 출발하여 행한다고 하면, 그 작업은 이 때까지의 예산결정과정보다 많은 노력과 일수를 요하게 되므로 예산의 전부를 zero-base에서 다룬다는 것은 어렵다고 하겠다. 1982년 이래 우리 나라에 도입된 ZBB는 기법 자체의 도입이라기보다는 zero-base 사고의 도입이라고 하겠으며, 당초 의도했던 효과에는 미치지 못한 것으로 평가되고 있다.

제 3 절 우리 나라 행정개혁의 당면 과제

이제 우리 나라 행정개혁의 당면 과제를 열거하면 다음과 같다.

첫째, 낡은 행정풍토를 쇄신함과 아울러 개혁역군을 양성하여야 할 것이다.

둘째, 행정개혁의 전략에 있어서는 특히 발전도상에 있는 나라의 경우 전면전략의 실시보다는 점진전략을 채택하는 것이 바람직하다고 하겠다.

셋째, 행정조직상 행정권한의 지나친 중앙집중을 막고 행정권한을 가급적 하부에 위임하는 것이 좋겠고, 이 밖에 막료기관의 활용, 기획 우선조직의 채택, 조직의 동태화 내지 조직발전 및 조직쇄신이 이루어져야 할 것이다.

넷째, 시민의 사회적 요구를 충족시키기 위하여 민원행정의 강화가 요청되며, 예컨대 Ombudsman제도 같은 것을 도입하는 것도 하나의 방법이 될 수 있을 것이다.

다섯째, 정책형성과정에 중간관리층이나 이익단체의 참여를 꾀함으로써 종래 대부분의 정책이 최고관리층에서만 집중적으로 이루어졌던 폐단을 시정하여야 할 것이다. 또한 정책은 여러 집단의 이해관계를 잘 조정하여 대표성과 정당성을 지닐 수 있도록 형성되어야 할 것이다.

여섯째, 행정의 성과를 거두기 위해서는 관리과정에서 행정목적에 알맞은 관리목표가 설정되어야 하며, 그 목표가 조직구성원들에게 통일적으로 인식되어야 하고, 모든 조직이 공동목표를 향해서 움직여야 한다. 또한 효율적인 행정관리를 위해서는 권위주의적 관리방식의 지양, 과도한 업무중시에 따른 인간소외 등이 시정되어야 하며, 조직구성원의 근무의욕을 높여 줄 수 있는 유인을 제공해 주어야 할 것이고, 이 밖에도 동기부여 · 직무충실 · 업적평가를 위한 노력을 기울여야 할 것이다. 그런데 이와 같은 행정관리의 개선을 위해서는 공무원의 자각심, 관리자의 의식쇄신, 국민의 관심과 지지가 전제되어야 한다.

일곱째, 인사행정을 수행함에 있어서는 정책결정 과정에서 전문가나 관계인의 폭 넓은 참여, 정원조정의 신축성 증대, 직렬의 분화, 훈련의 다양화 및 적정보수의 지급 등이 바람직하다.

여덟째, 재무행정에 있어서는 기획과 예산의 연계, 특별회계의 통합정리가 요청되며, 지나친 통제지향의 예산제도의 시정과 관리지향(management oriented) · 계획지향(planning oriented)의 예산제도의 채택 및 도입이 바람직하다고 하겠다.

아홉째, 지방행정에 있어서는 오랜 역사를 통한 집권적인 체제의 관습을 버려야 할 것이며, 시민이 민주주의의 훈련을 쌓고 시민의 참여를 통해서 가치배분의 공정화가 이루어지도록 하여야 할 것이다. 한편 말단 지방행정기관의 인원부족 현상을 시급히 해소시키고 지방재정의 증대를 도모하여야 할 것이다.

열째, 행정개혁을 강조하는 학자들은 행정의 개선 내지 향상이 어느 국가에 있어서나 현실적으로 요청되며 가능한 한 빠른 속도로 이룩되어야 한다고 생각하고 있으며, 따라서 관료제도 그것이 어떤 성질의 정치체제하에서 운용되든 될 수 있는 대로 능률적이어야 한다고 주장하고 있다. 그러나 대개의 경우 발전도상에 있는 국가들은 선진국가들이 여러 세대에 걸쳐 처리해 오던 위기해결의 과업을 단기간 내에 달성해야 할 처지에 놓여 있기 때문에 관료기구의 확대는 불가피한 실정에 놓여 있으나, 관료들의 권한의 독점 등 각종의 폐단을 막을 강력한 통제장치를 갖추는 것이 무엇보다도 급선무라 하겠다. 마지막으로 모든 행정개혁이 현실의 토대 위에서 검토되어야 할 것이며, 또한 우리 고유의 현실에 맞도록 이루어져야 한다는 것이다.

우리 나라 행정체제가 당면하고 있는 가장 시급한 과제는 관료제에 잠재하고 있는 역기능적 병리현상을 제거하는 일이라고 하겠다. 이러한 의미에서 쇄신적 관료제의 확립을 위해서는 관료조직 내에 새로운 idea를 들고 나서는 창도자가 있어야 하며, 행정조직의 목표달성을 위하여 구성원 전체가 쇄신적 행태를 지녀야 하고 아울러 쇄신적 분위기가 조성되어야 할 것이다.

오늘날 특히 신생국가의 관료제가 직면하고 있는 가장 큰 문제는 행정의 부패현상이라 하겠으며, 부패의 원인으로서는 정치적·행정적 요인 및 경제적 요인 등을 들 수 있다. 대체로 우리 나라에서는 이러한 부정부패의 현상은 근본적으로는 인간과 제도와 사회의 거의 모든 문제에 관련되어 있으며, 따라서 그 범위는 사회의 모든 영역에 걸친 것이라 하겠다.

제2부
행정학각론

제3편 행정조직론
제4편 인사행정론
제5편 재무행정론
제6편 정 책 론
제7편 행정환경론
제8편 발 전 론

제 3 편

행정조직론

제 1 장 행정조직의 이론
제 2 장 행정조직의 규범
제 3 장 행정조직의 구조
제 4 장 행정조직의 관리

제 1 장

행정조직의 이론

제 1 절　조직의 본질

Ⅰ. 조직의 개념

무릇 인간의 역사는 조직의 관점에서 볼 때 조직의 역사라고 하겠으며, 어떤 의미에 있어서는 인간사회에 관한 이론의 모두가 조직의 이론이라고 할 수 있다. 그것은 조직이 인간의 역사가 사작하는 그 때부터 인간생활과 함께 존재하여 왔고, 또 많은 조직들이 인류의 역사와 함께 생성되기도 하고 사멸되기도 하였음을 말하여 주는 것이다.

그러나 조직이론이란 무엇이냐에 관해서 단정을 내리기는 매우 어렵다. 이것은 1960년대 중엽에 J. G. March에 의해서 편찬된, 1,200면을 넘는 「조직론집」(*Handbook of Organizations*)이라는 대저를 읽어 보아도 조직이론에 대한 어떤 일률적인 해답을 구하기가 힘들다는 사실이 입증하여 주고 있다. 즉 J. G. March는 "조직이론가로서 참여하고 있는 사람들은 조직사회학 · 산업심리학 · 행정학 · 시스템공학 · 경제이론 · 경영관리론 · 인지심리학 · 커뮤니케이션과학 · 임상심리학 · 인간관계사회학 등 많은 분야에 관련을 가지고 있어서" 조직이론을 한 장에 요약한다는 것은 도저히 불가능하다고 실토하고 있다.[1)]

이와 같이 조직이론이 다양함에 따라 조직의 개념도 여러 가지로 달라질 수밖에 없는바, C.I. Barnard는 "조직이란 어떤 목적을 달성하기 위하여 2인 이상의 인간들이 협동하는 시스템이며, 또한 협동하면서 사람들이 의식적으로 조정하는 시스템"[2)]이라고 하였고, H. A. Simon은 조직을 주로 의사결정구조(decision-making

1) James G. March, ed., *Handbook of Organizations*(New York: Wiley, 1965), p. xv 참조.

2) Chester Ⅰ. Barnard, *The Functions of the Executive*(Cambridge: Harvard University Press

structure)[3]로서 파악하였으며 D. Katz와 R. L. Kahn은 조직을 개방체제(open system)[4]로 보았다.

Ⅱ. 조직의 유형

조직의 유형론은 조직의 비교분석에 의한 종합적인 이해로서 파악되며 P. M. Blau와 W. R. Scott, A. Etzioni, D. Katz와 R. L. Kahn 등에 의하여 시도되었다.

이들의 공통점은 현대사회에 있어서의 조직 일반을 유형화하여 그것들을 종합적으로 파악하는 한편, 조직유형의 특징을 명백히 함으로써 조직의 개별적인 이해를 구하려는 데서 찾아볼 수 있다. 그러나 그들 유형론의 분류기준은 제각기 다르므로 유형화된 결과는 상당한 차이를 나타내고 있다. 이제 그들 조직의 유형을 차례로 살펴보면 다음과 같다.

1. Blau와 Scott의 유형

P. M. Blau와 W. R. Scott는 조직의 주요한 수익자가 누구인가를 기준으로 하여 사회학적인 관점에서 조직의 유형론을 전개하였다.[5] 즉 그들은 조직적 활동을 지배하는 형식적 합리성은 조직이 달성하여야 할 특정 목표와의 관련하에서만 존재하며, 특정 목표의 달성은 조직의 주요한 수익자를 위하여서만 비로소 실질적 합리성을 지닐 수 있는 것이라고 보았다. 따라서 수익자를 기준으로 하는 조직의 분류는 조직의 본질적인 면을 밝혀 주는 유형화라고 할 수 있다.

P. M. Blau와 W. R. Scott는 조직의 주요 수익자를 i) 조직성원 일반, ii) 조직의 소유자나 관리자, iii) 고객들(clients), iv) 대중 일반(public-at-large)으로 대별하고, 이러한 수익자의 종류에 대응하여 조직도 i) 공익결사(예: 정당 · 노동조합 등), ii) 사업조직(예: 은행 · 보험회사 등), iii) 서비스조직(예: 학교 · 은행 등), iv) 공공복리조직(예: 군대 · 소방서 등)의 네 가지로 유형화하였다.

위에서 공익결사의 과제는 내부적 민주주의의 과정을 유지하는 것이며, 사업조

1938), p. 72.

3) Herbert A. Simon, *Administrative Behavior*, 2nd ed.(New York: Macmillan, 1957), pp. 1~11.

4) Daniel Katz and Robert L. Kahn, *The Social Psychology of Organizations*, 2nd ed.(New York: John Wiley & Sons, Inc., 1978), pp. 23~30.

5) Peter M. Blau and W. Richard Scott, *Formal Organizations: A Comparative Approach*(San Francisco: Chandler Publishing Co., 1962), pp. 40~57.

직의 과제는 경쟁적 상황 아래서 조직활동의 능률을 최대한으로 높이는 것이고, 서비스조직의 과제는 전문적 서비스를 제공하는 것이며, 공공복리조직의 과제는 외부로부터의 공공적 통제를 가능케 하는 민주적 기구에 있다고 한다.

2. Etzioni의 유형

M. Weber의 관료제연구를 높이 평가하고 있는 A. Etzioni는 가장 본격적으로 사회학적인 조직의 유형론을 전개한 학자라고 할 수 있다. A. Etzioni는 권력과 복종(compliance)의 관계에 착안하여 그것을 기준으로 하여 조직을 유형화하였다.[6] 즉 그에 의하면 조직에 있어서의 복종의 성질은 적용된 권력의 종류와 참여자의 조직에 대한 관여(involvement)의 조합에 의하여 표시된다고 한다.

또한 그는 권력의 종류를 강제적·보수적·규범적 권력의 세 가지로 나누었다. 여기서 강제적 권력(coercive power)이란 육체적 제재의 적용이나 그 협박에 의존하는 권력을, 보수적 권력(remunerative power)이란 물질적인 품목이나 보상의 배분을 통해서 통제되는 권력을, 규범적 권력(normative power)이란 상징의 부여와 박탈에 관한 조작에 의존하는 권력을 각각 의미하는 것이라고 한다. 이에 대응하여 관여의 종류도 소외적(alienative)·타산적(calculative)·도덕적(moral) 관여의 세 가지로 나누어지는바, 이들의 관여는 참여자의 조직지향에 있어서 가장 소극적인 소외로부터 가장 적극적인 헌신까지를 포함한다고 한다.

따라서 복종의 성질은 〈표 3-1〉과 같이 분류된다.

다음의 〈표 3-1〉에서 보는 바와 같이 9개의 유형이 나오지만, A. Etzioni에 따르면 조직의 기본적 유형은 강제적 조직, 공리적 조직, 규범적 조직의 세 가지라고 한다.

〈표 3-1〉 A. Etzioni에 의한 조직의 유형

권력의 종류	관여의 종류		
	소외적 관여	타산적 관여	도덕적 관여
강제적 권력	강제적 조직		
보수적 권력		공리적 조직	
규범적 권력			규범적 조직

6) Amitai Etzioni, *A Comparative Analysis of Complex Organizations*(New York: Free Press, 1961), pp. 12~67.

(1) 강제적 조직(coercive organizations)

강제적 조직이란 강제적 권력·소외적 관여의 복종관계에 있는 것으로서, 조직이 지니고 있는 강제적 권력과 그 행사가 하위층의 조직참여자에 대한 통제의 주요 수단이 되고 있으며, 그들의 조직에 대한 지향은 강한 소외에 의해서 특징지워지고 있다.

이러한 종류의 조직의 사례로서 그는 강제수용소, 교도소, 포로수용소, 보호감호적 정신병원 등을 들고 있다.

(2) 공리적 조직(utilitarian organizations)

공리적 조직은 보수적 권력·타산적 관여의 복종관계에 있는 것으로서 물질적 보수가 하위층의 참여자에 대한 통제의 주요 수단이 되고 있으며, 그들 대다수의 조직에 대한 지향은 약한 소외와 헌신을 동시에 수반하는 타산적 관여를 나타내고 있다.

이러한 조직의 사례는 공장이나 광산과 같이 공원이 많은 산업이나 직장 및 기업체나 관청사무원의 직장, 그 주목표를 조합원의 생활개선에 두고 있는 노동조합, 농민관계의 단체(부차적 형은 규범적 복종), 그리고 평화시의 군대(부차적 형은 강제적 복종) 등에서 볼 수 있다고 한다.

(3) 규범적 조직(normative organizations)

규범적 조직이란 규범적 권력·도덕적 관여의 복종관계를 나타내는 것으로서, 규범적 권력이 수많은 하위층의 참여자에 대한 통제의 주요 원천이 되고 있으며, 그들의 조직에 대한 헌신은 상당히 적극적인 것이 특색이다. 규범적 조직에 있어서의 복종은 당초부터 정당성을 지닌 명령의 수용에 의해서 이루어지며 그 통제기술도 주로 지도·의식 등에 의존하고 있다.

이러한 조직의 사례로서는 교회·승원 등의 종교단체, 강한 강령을 지닌 정치단체, 일반병원, 대학, 독지가의 결사 등을 들 수 있다.

이상에서 전형적으로 유형화된 복종의 결합관계를 지닌 조직에 대하여 살펴보았거니와, 이 밖에도 2중의 복종구조를 나타내는 조직이 존재하고 있다고 한다. 예로서 규범적·강제적 구조를 지닌 전투부대, 공리적·규범적 구조를 지닌 대다수의 노동조합 등을 들 수 있다.

3. Katz와 Kahn의 유형

D. Katz와 R. L. Kahn은 조직을 목표달성을 위한 사회적 시스템(social system)

으로 파악하여 조직은 적응, 목표달성, 통합 및 형상유지의 네 가지 기능을 필요로 한다고 하였다. 그리하여 조직의 유형도 이러한 조직의 네 가지 기능에 대응하여 적응조직, 생산적 또는 경제적 조직, 관리 또는 정치적 조직, 형상유지 조직으로 분류하고 있다.[7)]

(1) **적응조직**(adaptive structures)

이것은 적응의 기능을 주목적으로 하는 조직으로서 지식을 창조하고 이론을 전개시키며 정보를 수집하여 당면한 여러 문제의 해결을 위한 기초적인 자료를 제공하는 기능을 수행한다.

이러한 조직유형의 대표적인 예로서는 대학·각종 연구소 및 조사기관 등을 들 수 있으며, 이 밖에 문화 및 예술활동에 종사하는 조직도 포함된다.

(2) **생산적 또는 경제적 조직**(productive or economic organizations)

이것은 목표달성의 기능에 대응되는 조직으로서 부(富)를 창조하고 물자를 제조하며 일반대중에 대하여 서비스를 제공하는 기능을 수행한다. 이 조직은 다시 i) 농림·어업 등 제 1 차산업 활동에 종사하는 조직, ii) 광업·제조 등 제 2 차산업에 종사하는 조직, iii) 서비스·통신 등 제 3 차산업에 종사하는 조직으로 재분류된다.

이들 산업조직은 인간의 기본적인 욕구를 충족시키기 위한 산출(outputs)을 제공하며, 또한 인간행동의 유인인 보수를 제공한다.

(3) **관리 또는 정치적 조직**(managerial or political organizations)

이것은 통합 내지 관리의 기능에 대응하는 조직으로서 권력의 행사나 이해관계의 분쟁과 관련이 있으며, 이 조직 유형에는 행정기관·정당·노동조합 및 각종 압력단체 등이 있다.

(4) **형상유지조직**(maintenance organizations)

이것은 형상유지의 기능에 대응하는 조직으로서 보다 큰 사회에 있어서의 여러 가지 역할에 인간을 적응시키기 위한 사회화(socialization)에 이바지하는 것을 말하는바, 이 유형에는 학교·종교단체 및 병원 등이 포함된다.

이 조직유형은 다시 i) 교육·훈련 등을 통하여 형상유지의 직접적 기능을 다하는 조직, ii) 복지활동, 정신적·육체적 치료활동, 교정활동 등을 통하여 사회회복의 기능을 다하는 조직으로 분류되며, 이들 조직은 사회의 규범적 통합(normative integration)을 위한 책임을 진다.

---

7) Daniel Katz and Robert L. Kahn, *op. cit.*, pp. 145~146.

제 2 절 조직이론의 변천

Ⅰ. 고전적 조직이론

1. F. W. Taylor의 과학적 관리법

(1) 과학적 관리법의 의의

19세기 말엽부터 20세기 초엽에 걸쳐 F. W. Taylor(1856~1915년)에 의해서 창도된 과학적 관리법(scientific management)[8)]은 최소의 비용으로 최대의 생산효과를 나타낸다는 원칙하에서 개개의 기본동작에 관하여 그 형태 및 소요시간을 표준화하고, 적정한 1일의 작업량, 즉 과업(task)을 구성한 다음 이 과업을 기준으로 하는 관리의 과학화를 의미하는 것이다.

과학적 관리법은 특히 미국을 중심으로 하여 그 생산과정 및 기업경영에 있어서 고도의 관리기술의 발전을 촉진시켰을 뿐만 아니라, 국가기능의 영역에까지 그 적용이 확대됨으로써 행정능률의 향상을 실현하기 위한 수단으로 등장한 것이다.

요컨대 과학적 관리법이란 능률적으로 업무를 수행하는 방법을 말하는 것이라 하겠다.

(2) 과학적 관리운동과 행정

미국에 있어서 정치권력에 대한 경계심 때문에 나타난 엄격한 삼권분립과 견제균형의 정치제도는 필연적으로 행정제도 내지 행정기구의 다원적 분산을 필요로 하였고, 그 결과 행정기구의 혼란과 무질서를 초래하였다. 또한 미국에서는 초기에 엽관제(spoils system)의 성행으로 말미암아 부패를 더하였던 것이다.

이와 같은 미국의 특수한 정치사정으로 인하여 19세기 말엽부터 개혁운동이 일어났고, 행정학은 그 시초부터 능률과 절약을 목적으로 과학적·기술적 관리로서 파악되었다. 바꾸어 말하면 소위 능률학파는 정치와 행정을 준별하여 행정을 다만 기술적 수단으로 인식하고, 당시 사기업에서 발전한 테일러의 과학적 관리법은 행정능률을 확보하기 위한 방법으로 도입되었던 것이다.

좀더 구체적으로 보면 첫째는, 정부활동으로서의 행정의 관리과정은 사기업에서의 경영의 관리과정과 마찬가지로 관리현상으로서 파악할 수 있으며 자연과학적

8) F. W. Taylor는 1911년에 그의 역저 「과학적 관리의 제 원리」(*Principles of Scientific Management*)를 펴냈다.

인 고유의 원리 내지 법칙을 가진 독립의 대상영역으로서 인식할 수 있다는 것이며, 둘째는, 이 대상영역에 기계적인 과학적 관리법을 수단적 방법으로 적용함으로써 행정 연구의 이론화가 가능하다는 것이고, 셋째는, 이것은 정부활동인 행정의 본질을 외재적으로 설정된 행정목적의 기계적인 수행수단으로 파악하고 이러한 수단의 기계적 과정의 합리화, 즉 능률의 실현방법을 탐구하는 데 역점을 두었다는 것이다.[9)]

(3) 과학적 관리법의 내용

F. W. Taylor의 과학적 관리법의 핵심적 내용은 1903년의 공장관리론(shop management)에서 제시된 과업관념(task idea)에 기반을 두고 있다. 즉 시간연구(time study) 및 동작연구(motion study)에 의한 표준작업량의 설정에 입각하여 나타난 관리방법이 과업관리이다.

시간 · 동작연구로 집약되는 작업분석의 방법은 공장조직의 작업과정을 합리화하기 위하여 숙련노동자가 일련의 작업요소를 수행하는 데 필요한 최단시간을 측정하고 거기에서 가장 능률적인 표준과업을 설정하는 것이다. Taylor는 과학적 관리의 목적 달성을 위해 다음의 몇 가지 원칙을 열거하였다.[10)]

i) 각 노동자가 적절하게 노동하고 건전한 생활을 할 수 있는 명확하고도 적정한 1일 과업을 부여하여야 한다(a large daily task). ii) 노동자로 하여금 1일의 작업량을 감당할 수 있도록 필요한 모든 조건을 표준화해 주어야 한다(standard conditions). iii) 이러한 과업을 성공적으로 달성한 자에게는 많은 임금을 지불하여야 한다(high pay for success). iv) 노동자는 과업을 달성하지 못한 실패의 경우의 손실을 받아들여야 한다(loss in case of failure)는 것 등이다.

또 Taylor는 기능별 직장(職長)제도(function foremanship)와 계획부제도(planning department, planning office)를 채택하였다.

먼저 기능별 직장제도의 내용을 보면 그는 노동자의 채용 · 해고부터 인사고과까지 모든 권한을 가지고 있던 직장의 권한을 분산시켰는바, 이것은 직장이 마음대로 일의 할당이나 판정을 하지 못하도록 하기 위한 것이었으며, 직장의 기능을 몇 개의 단위로 나누어 전문직화하였다.

다음 그에 의해서 고안된 계획부제도를 보면, 계획부는 기업경영을 계획하고

9) 渡辺保男 外 3人共著, 行政學入門(東京: 有斐閣, 1966), pp. 18～19.

10) Frederick W. Taylor, *The Principles of Scientific Management*(New York: Harper, 1911), pp. 36～38; 三宅太郎, 行政における組織と管理(東京: 早稲田大學出版部, 1961), p. 11 참조.

과업을 설정해서 관리하는 직능의 부문으로서 경영조직의 중심이었다. 즉 계획부는 표준과업의 설정 등 작업의 표준화에 관한 기획입안 활동을 할 뿐만 아니라 실시 및 통제과정을 포함하는 공장조직 전체의 관리과정(management cycle) 속에서 가장 중요한 위치를 차지하는 것이었다.

(4) 과학적 관리법의 영향

행정에 있어서의 능률과 절약의 달성을 추진한 것으로서 1906년에 창설된 뉴욕시정조사연구소(New York Bureau of Municipal Research — 현재는 Institute of Public Administration)의 역할이 높이 평가되고 있다. 이 연구소는 정부 제 기관의 활동에 관한 자료를 수집하여 이것을 분석하는 기술을 발달시켰으며, 또한 행정조직이나 행정관리에 관한 전문적 조사원을 훈련시킴으로써 과학적인 행정조사방법의 확립에 기여하였다. 이 연구소에 의해서 발달된 행정조사는 그 후 많은 도시와 대학의 연구시설에서 다루게 되었고, 풍부한 자료와 행정조사의 방법적 기준을 제공하게 되어 관리의 과학적 연구가 급속히 발전을 보았던 것이다.

1910년에는 Taft 대통령에 의해 절약과 능률에 관한 대통령위원회(Committee on Economy and Efficiency, 태프트위원회라고도 함)가 설치되었는데, 이 위원회의 권고는 그 후의 행정개혁운동, 특히 주(州) 정부의 집행부 재조직의 활발화와 예산제도개혁운동의 진전에 큰 영향을 미쳤다.

(5) 과학적 관리법과 고전적 조직이론

과학적 관리법의 창시자 Taylor에 의한 테일러 시스템은 기계화의 초기단계, 즉 인력을 동력으로 하는 '작업의 과학'이었기 때문에 개개의 노동자의 작업능률을 철저히 관리하려고 하였던 것이나, 동력기와 운반장치를 포함한 작업 시스템의 등장과 더불어 그 사명을 끝냈던 것이다. 생산공장에서 이와 같은 작업 시스템이 보급되고 기계의 속도가 노동자의 작업을 관리하기에 이르자 경영의 관심은 관리기구의 확립에 쏠리게 되고, 여기에 고전적 조직이론이 나타나게 되었다.[11]

과학적 관리법과 대비해서 고전적 조직이론의 특징을 보면 다음의 세 가지로 요약할 수 있다.

첫째, 하급관리로부터 상급관리에로의 관심의 이행, 즉 '작업의 과학'으로부터 '조직의 과학'에로 관심이 옮겨진 점을 들 수 있다.

둘째, 기능화의 개념 및 내용의 변질을 들 수 있다. 즉 과학적 관리법에서는 '동일한 인간능력을 요하는 제 활동의 집합'으로서의 업무에 착안하여 기능화를 동

11) 西尾勝, "組織理論と行政理論," 行政の理論(東京: 東京大學出版會, 1976), p. 178.

질적인 작업방법의 표준화로서 파악한 데 대하여, 고전적 조직이론에서는 '공통목적을 갖는 제 활동의 집합'으로서의 업무를 조직목적을 효과적으로 달성할 수 있도록 편성하는 것이 기능화라고 생각하였다.

셋째, Taylor system에서 볼 수 있었던 기능별 직장(職長)제도에 대하여 비판이 가해지고 그 대신에 '명령통일의 원리'와 '스탭(staff)과 라인(line)의 분화'가 핵심적인 원리로서 확립되었다.

이와 같은 특징을 지닌 고전적 조직이론은 행정의 영역에서도 적용을 보게 되어 부처 편성의 원리 및 관리기능에 관한 POSDCORB[12] 이론을 확립하기에 이르렀던 것이다.

⑹ 과학적 관리법에 대한 비판

과학적 관리법에 관한 특별위원회가 1911년에 미국 의회의 상원에서 개최되었는데, 이것은 노동조합의 반대에 기인한 것이었다. 즉 19세기 말엽부터 겨우 기반을 쌓아 온 숙련직종 중심의 미국 노동조합은 F. W. Taylor를 반대하는 입장을 취했는데, 그 논점은 다음과 같다.

첫째, Taylor의 동작·시간연구는 숙련노동자로부터 노동자의 재산인 숙련을 빼앗아 경영측의 관리하에 두는 것이며, 계획부·직장제도 등은 노동자의 작업에 아무런 판단의 여지를 주지 않기 때문에 경영측의 전제지배의 수단이 된다는 것이고, 둘째, 일류의 작업자를 위주로 하여 정해진 과업은 노동강화의 수단이 되나, 과업의 수준에 도달하지 못한 많은 노동자는 실업을 면치 못한다는 것이며, 셋째, 노동조합의 존재를 인정하지 않기 때문에 도리어 노사분쟁을 조장한다는 것이다. 특히 노동계에서는 과학적 관리법이 노동자의 자유를 제한하고 착취를 일삼는 것이라고 하여 강력히 반대하였다.[13]

원래 Taylor는 엔지니어로서 그 사상적 기반은 기계공학적인 사고방식에 의해서 뒷받침되어 있었으므로 그의 관리나 조직의 이론이 기계적 합리주의에 기울어질 수밖에 없었으며, 따라서 조직구성원의 주체성이나 인간성에 관한 충분한 통찰이 부족하였다는 비판을 면치 못하고 있다.

---

12) L. Gulick이 말하는 POSDCORB란 기획(planning)·조직(organizing)·인사(staffing)·지휘(directing)·조정(coordinating)·보고(reporting)·예산(budgeting)의 합성어이다.

13) 岡部史郎, 行政管理理論(東京: 學陽書房, 1971) 참조.

2. 행정관리론

(1) H. Fayol

F. W. Taylor와 거의 같은 시대적 배경하에 프랑스에서는 Henri Fayol(1841~1925년)이 경영관리자로서의 체험을 살려 사회조직 전반에 관한 관리론을 펴냈다.

Taylor가 전래적 방법에 의한 관리로부터 과학적 관리에로의 전환을 꾀한 것과 마찬가지로 H. Fayol도 관리자의 개인적 경험에만 의존하였던 경험적 관리(administration empirique)로부터 실증적 관리(administration positive)에로의 전환을 제창하고 아울러 실증주의 철학에 입각한 관리의 과학화를 시도하였다.

Fayol에 있어서 관리의 문제는 동시에 조직의 문제이며, 그는 작업조직보다도 관리조직 그 자체의 합리화에 관심을 두었다.

Fayol의 관리론의 첫 번째 특징은 테일러와 비교해 볼 때 새로운 의미에 있어서의 관리, 즉 기능으로서의 관리가 경영활동 전체의 주요 관심사였으며 상급관리의 관점에서 파악하고 있다는 점이다. 그는 관리기능의 중요성을 증명하기 위하여 여러 사업체의 관리자에게 필요한 제 능력을 도표화해서 비교하고, 사업체의 규모가 확대됨에 따라 관리적 기능의 중요성이 증대한다는 사실과, 또 일반적으로 계층제의 상승에 따라 관리적 능력의 상대적 중요성이 증대하며 이에 반하여 기술적 능력의 상대적 중요성은 저하한다는 사실을 입증하였다.[14)]

다음 Fayol의 관리론의 두 번째 특징은 조직문제에 대한 특수한 기능이론적 관점의 접근방법에서 찾아볼 수 있다. 즉 그는 조직(organization)이란 경영활동의 일환인 관리기능의 구성요소이며, 그것은 어디까지나 사업목적을 효과적으로 달성하는 데 필요한 기능의 하나로서 파악하였던 것이다.

그는 관리(administration)가 예측과 기획 · 조직 · 지휘 · 조정 · 통제의 다섯 가지 요소로 구성된다고 보았다. 관리자들에게 관리지침을 제공하기 위하여, i) 분업, ii) 권한과 책임, iii) 규칙, iv) 명령의 일원성, v) 지휘의 일원성, vi) 개인적 이익의 전반적 이익에의 귀속, vii) 보수, viii) 집권화, ix) 계층구조, x) 질서, xi) 공평성, xii) 안전성, xiii) 기선력(機先力), xiv) 단체정신 등 14가지의 원칙들을 제시하였다.[15)]

---

14) Henri Fayol, *Administration Industrielle et Gēnērale*, pp. 23~33.

15) 좀더 자세한 것은 D. S. Pugh, D. J. Hickson and C. R. Hining's(권영찬 역), *Writers on Organizations*(Middlesex, England: Penguin Books Ltd., 1972), pp. 74~75 참조.

Fayol에 의하면 명령일원성의 원리를 경시하는 사고방식은 위험한 일이라고 하여 테일러와는 달리 명령일원성의 원리를 강조하였다. 즉 그에 있어서의 명령의 일원성은 지휘의 일원성을 전제로 하는 것이었으며, 이 일원적 지휘계통의 최고 위에 놓여지는 것이 최고 지휘 내지는 전반적 지휘(direction générale)였다. 그리고 당해 지휘자에게 맡겨지는 집행권의 행사를 보좌하는 집단이 참모이며, 이 참모는 지휘자의 인격의 연장이라고 생각되었다.[16)]

(2) J. D. Mooney와 A. C. Reiley

1930년대에 있어서의 고전적 조직이론의 하나의 특징은 그 대상분야를 기업조직에 한정시키지 않고, 모든 조직기구의 편성지침이 되는 조직원리를 체계화하려고 한 데서 찾아볼 수 있는바, 이러한 특징을 구현하기 위하여 J. D. Mooney와 A. C. Reiley에 의해 본격적인 연구[17)]가 진행되었다.

그들에 의하면 조직이란 직무 그 자체의 조정을 의미하며, 따라서 조정은 조직의 제 1 원리라고 한다.[18)] 즉 조정이란 공동목적을 추구함에 있어서 행동의 통일을 이룩하기 위한 집단적 노력의 질서 있는 배열이라고 정의하고, 이것은 조직 전체의 제 원리를 포괄하는 포괄적 원리라고 하였다. 그리고 조정이 제 1 원리로서 실효성을 갖기 위해서는 최고 조정(supreme coordinating power or authority)에 의해서 뒷받침되어야 한다는 것이다.

그들의 연구는 네 가지 주요 원칙으로 발전되었는데 그것은 i) 공동 목적의 추구를 위해 행동을 통일하는 조정원칙, ii) 계층적인 조직형태와 권한을 강조한 계층원칙, iii) 과업을 부분적 단위로 조직화하는 직능원칙, iv) 권한의 행사에 조언과 정보를 제공하기 위한 스탭(staff)원칙들이다.

또한 그들에 의하면 통치기구와 타 기구와의 결정적인 차이는 조직과 목적과의 관계에 있다고 한다. 즉 기업조직을 비롯한 타 조직은 일정한 목적이 먼저 존재하고 그 목적으로부터 조직이 생겨난다. 그러나 통치기구는 그 존재목적이라고 생각되는 국가적 통일(national unity)을 성취시키고 난 후에도 계속해서 시민의 다양한 이해관계와 요구에 따라 끊임없이 잡다한 목적이 나타나므로 다시 새로운 통일화의 필요성이 되풀이해서 요청된다는 것이다.[19)]

16) Henri Fayol, *op. cit.*, pp. 110～112.

17) J. D. Mooney와 A. C. Reiley가 1931년에 펴낸 「전진하는 산업-조직의 제 원리와 현대산업에 대한 그 중요성」(*Onward Industry!: The Principles of Organization and Their Significance to Modern Industry*)은 고전적 조직이론의 확립을 가리키는 구체적인 지표였다.

18) 김규정, 행정학원론〔신판〕(서울: 법문사, 1997), p. 451.

19) J. D. Mooney and A. C. Reiley, *op. cit.*, p. 78, pp. 215～216.

그들은 조직원리와 통치기구와의 관계에 대하여 계속해서 다음과 같이 언급하고 있다. 즉 통치의 역사는 여러 정치세력에 의한 권력의 추구와 행사에 의해서 이루어지기 때문에 가령 일시적으로 통치의 목적을 달성한다고 하더라도 그 내부구조를 규정하고 있는 조직원리, 즉 조정의 원리를 확인하기는 쉽지 않다.

그러나 그렇다고 해서 정치변동에 따라 조직원리의 본질을 간과해서는 안 된다. 여기서 중요한 것은 일단 지배집단이 권력을 장악했을 경우에는 새로운 지도자는 조직원리에 따르지 않고서는 통치기구를 편성하기가 어렵다는 것이다.

(3) L. Urwick와 L. Gulick

L. Urwick는 Mooney와 Taylor의 영향을 받아 조직에 관한 연구를 전개하였는데, 그는 1933년에 발표한 "기술적 문제로서의 조직"(Organizations as a Technical Problem)이라는 논문에서 조직 고유의 문제를 기술적 문제로 다룸으로써 고전학파의 기본적 입장을 밝혔다.

생각건대 1930년대 초에 있어서의 고전학파의 가장 대표적인 저술로서 Mooney와 Reiley의 저술을 든다면, 그 후반기에 있어서는 1937년에 영국의 경영학자 Urwick와 당시의 뉴욕시정조사연구소(New York Bureau of Municipal Research) 소장 L. Gulick에 의해 편찬된 「행정과학논집」(*Papers on the Science of Administration*, 1937)을 들 수 있다.

이 「행정과학논집」은 원래 뉴딜정책하에서 급격히 팽창한 연방행정조직·관료기구의 통합적 재편성이라는 정치과제에 대응하기 위해 설치된 행정관리에 관한 대통령위원회(President's Committee on Administrative Management; Brownlow Committee)의 참고자료로서 편찬된 것이었다.

L. Gulick은 "조직이론 소고"(Notes on the theory of Organization)에서 분업(division of work)과 조정(coordination)의 2 대원리에 의해서 행정조직론을 구성하려고 시도하였다. 그는 분업은 조직의 기초이며, 분업이 진행됨에 따라 세분화된 업무 및 그것을 수행하는 인간 상호간의 조정이 필요로 되는 것이라고 하면서 분업과 조정의 상호보완적 관계에 관심을 두었다.[20]

그에 의하면 조정의 방법에는 관념에 의한 조정(coordination of ideas)과 조직에 의한 조정(coordination through organization)의 두 가지가 있으며 조직에 의한 조정의 과제는 i) 수행하여야 할 업무의 확정, ii) 그 목표의 실현을 위한 지휘자의

20) Luther Gulick, "Notes on the theory of Organization" in L. Gulick and L. Urwick, eds., *Papers on the Science of Administration*(New York: Institute of Public Administration, 1937), p. 3.

임명, iii) 그 업무가 개별화 · 전문화된 작업단위의 성질과 수의 결정, iv) 지휘자와 말단 작업계층간의 명령기구의 설정 등이라고 한다.[21] 그리고 이것을 조직화하기 위하여 통솔범위(span of control)의 원리 등을 들고 있다.

또한 그에 의하면 조직편성의 유형(pattern)을 크게 '상위로부터 하위로' '하위로부터 상위로' 두 가지로 나눌 수 있다고 하고, 전자에서는 통솔범위 및 명령통일의 원리가, 후자에서는 동질성의 원리가 적용되며, 조직중추에서 양자의 조화가 이루어진다고 한다.

그리하여 '상위로부터'의 조직편성의 중심문제는 최고관리자(chief executive)에 있어서의 기능적 요소(functional elements)로서 그것은 POSDCORB[22] 라는 합성어로 표시된다고 하며, 한편 '하위로부터'의 조직편성의 중심문제는 부처편성(departmentalization)의 문제로서 그 유형은, i) 주요 목적(major purpose)에 의한 조직, ii) 주요 과정(major process)에 의한 조직, iii) 수익자 또는 설비(clientele or material)에 의한 조직, iv) 지역(territory or place)에 의한 조직의 네 가지라고 한다.

이와 같은 공행정에 있어서의 부처편성의 문제는 오래 전부터 행정조직의 기본적 구성을 규정하는 성청(省庁)편성의 문제로서 다루어져 왔으며, 미국에 있어서는 금세기 초의 광범한 행정조사 운동으로부터 1920년대의 정부기구에 관한 합동위원회의 설치에 이르는 과정에 병행해서 전개된 행정조직론의 중심 과제였던 것이다.

Ⅱ. 신고전적 조직이론

1. 인간관계론

(1) 인간관계론의 성립

과학적 행정관리의 선구자인 테일러는 경영에 있어서 노동자의 인간적 요인의 중요성과 자발적 협력이 생산능률을 증진시킨다는 사실을 인정하였음에도 불구하고, Taylor의 관리법은 생산에 있어서 조직구성원의 주체성이나 인간적 요소에 관한 충분한 통찰이 부족하였다는 점에 결함이 있었던 것이다.

---

21) *Ibid.*, p. 7.

22) *Ibid.*, p. 13. Luther Gulick는 행정관리 책임자의 직무를 POSDCORB(planning, organizing, staffing, directing, coordinating, reporting, budgeting)로서 표시하였다. 즉 행정관리의 연구대상은 기획 · 조직 · 인사 · 지휘 · 조정 · 보고 및 예산이라는 기능적 요소라고 한다.

따라서 인간관계론(human relations approach)은 '고전적 조직론에서 나타난 여러 가지 결함을 보완하기 위하여 대두된 것'이며 생태에 있어서의 인간적 요소(human factor)의 중요성 및 인간행동의 비합리적 측면을 중시하였다는 점에 그 특징을 찾아볼 수 있다.[23)]

인간관계적 접근법의 창시자는 E. Mayo(1880~1949년)로서 그의 인간관계론은 Hawthorne실험을 계기로 하여 전개되었으며, 그 성과를 토대로 해서 1933년에 「산업문명에 있어서의 인간문제」(*The Human Problems of an Industrial Civilization*)라는 단행본이 출간되었다.

인간관계론의 기본적 성격은 Hawthorne실험의 보고서로서 저술된 「관리와 노동자」(*Management and the Worker*)의 결론에 집약적으로 표현되고 있는데, 그것은 "관리자는 그 조직 속에 인간상황을 진단하기 위한 명시적인 기능(skill)을 도입하지 않으면 안 된다"[24)]는 것이다. 즉, F. J. Roethlisberger에 의하면 협동체계에 존재하는 사회적 제 가치를 보존하고 실현하기 위해서는 관리자가 인간상황을 진단하는 기능을 가져야 하며, 이러한 기능 없이 효과적인 통제를 행하고 권위를 유지하며 노동자의 충성과 신뢰를 획득하는 것을 관리자에게 기대한다는 것은 매우 어려운 일이라고 한다.

(2) 인간관계론의 성립배경

① E. Mayo의 인간관　　제 1 차 세계대전 후 인간이 경제적인 이익만을 추구하여 행동하는 것이라는 생각, 또는 인간은 본래 태만하므로 임금이라는 자극을 가지고 일을 시키는 도리밖에 없다는 사고방식은 점차 자취를 감추었으며, 노동의 동기는 경제적인 것에 의해서만 부여되는 것은 아니라는 것을 깨닫게 되었다. 즉, 인간이 비합리적 행동을 하거나 또는 사회적 요인의 영향을 받는 존재라는 사고방식이 인식되게 된 것은 Hawthorne실험을 담당했던 Mayo 등의 연구에 힘입은 바 크다.[25)]

② 사회경제적 배경

(가) 기업규모가 확대됨에 따라 인간을 다루는 기법으로서의 사회적 기능(social skill)이 필요하게 되었다는 것이다. 즉, 대기업에 있어서는 경영자와 종업원 또

23) Elton Mayo, *The Human Problems of an Industrial Civilization*(New York: Macmillan Co., 1933) 참조.

24) F. J. Roethlisberger and W. J. Dickson, with the Assistance of H. A. Wright, *Management and Worker: An Account of a Research Program Conducted by the Western Electric Company, Hawthorne Works*(Chicago: Harvard University Press, 1939), p. 604.

25) 安藤喜久雄, 組織と人間關係(東京: 日本勞働協會, 1976), p. 41.

는 종업원간의 인간관계를 원만히 유지시킴으로써 조직성원들로 하여금 공통된 목표를 향하여 협력할 수 있도록 하기 위한 기법이 필요하게 되었다는 사실이다.

(나) 분업의 촉진에 따라 작업의 몰인간화(沒人間化)를 초래하게 되어 그 결과 노동의욕의 저하를 어떻게 해서든지 보충할 필요가 생겼다.

(다) 노동조합의 발전은 노동관리방식의 전환을 가져왔다. 노동조합은 경영자의 전제적 관리에 반대하여 임금이나 노동관리를 둘러싸고 경영자와 대립·항쟁하는 일이 많이 발생했기 때문에 경영자는 이 대립·항쟁관계를 어떻게 조정하느냐가 긴급한 과제로 등장하였으며, 이로 인하여 경영자의 노동자관·인간관을 변화시키지 않을 수 없게 되었다.

(3) 인간관계론의 내용

E. Mayo를 중심으로 행하여진 Hawthorne실험을 중심으로 인간관계론의 내용을 요약하면 다음과 같다.

① 작업능률은 물리적인 환경조건에 의해서만 좌우되는 것이 아니라, 종업원 동료간, 종업원 대 감독자 사이의 인간관계에 의해서 크게 좌우된다.

② 직장 내부에는 비공식적 집단이 공식적 집단과는 별도로 존재한다. 그리하여 비공식적 집단은 개인의 작업관습이나 태도에 강력한 영향력을 미친다.

③ 종업원은 개인으로서가 아니라 집단의 일원으로서 행동하며 집단 내의 인간관계는 일련의 감정적인 요소에 따라 작용한다. 그러나 집단에서의 협력이 잘 이루어지면 격화된 사회의 대립을 피할 수 있다.

④ 종업원은 경제적인 욕구나 동기에 입각한 합리적인 행동보다도 비경제적인 욕구나 동기에 입각하는 사회적인 요인에 의하여 규제되는 비합리적 행동을 중시한다는 점에 특색을 찾아볼 수 있다. 이 점이 바로 경제적 욕구만을 중시하였던 과학적 관리법의 사고방식과 다른 점이라 하겠다.

(4) 인간관계론이 행정관리에 미친 영향

① 자생집단의 중시　　행정조직 내에는 비공식적 조직, 즉 자생집단이 존재하며, 또한 대규모 조직은 다수의 소집단으로 구성되어 있다. 소집단 내의 인간관계는 감정에 따라 작용하며 사기는 이러한 소집단을 중심으로 형성되므로 이에 충분한 대책이 요청된다.

② 민주적 리더십　　조직구성원에게는 간혹 비합리적인 행동이 강하게 작용하므로 그들 개인의 인격·창의성 등을 존중하고 조직의 목표를 달성하기 위해서 민주적 리더십이 중요시되게 되었다.

③ 의사전달의 중요성 인정 공무원에 대한 가치인정 · 귀속감 · 참여의식 등 사회적 · 심리적 요구를 충족시킬 수 있는 의사전달(communication)의 중요성이 인식되게 되었는바, 이에 따라 인사상담제도 · 고충처리제도 및 제안제도 등이 발달하였다.

(5) 인간관계론에 대한 비판

① H. A. Simon은 E. Mayo 등의 인간관계론을 비판하면서 인간관계론은 조직 가운데의 심리학적 · 사회학적인 인간 요소에 착안하여 전통적인 과업중심의 생각을 시정시킨 의의는 인정할 수 있으나, 이것은 어디까지나 인간의 심정을 강조한데 지나지 않으며, 인간행동에는 명백히 의식적 · 합리적인 측면이 있으므로 인간을 합리적인 의사결정 주체로 보는 연구가 필요하다고 주장하였다.

② 인간관계론은 조직문제를 해결함에 있어서 개인과 집단간의 관계에만 치중한 나머지 조직 전체 문제에 대해서는 연구를 소홀히 하였다는 점이다. 즉, 인간관계학파가 주로 감정의 논리에 치우쳐서 개인과 집단간의 관계를 파악하는 것은 조직 전체의 합리적인 문제해결을 어렵게 만든다는 것이다.

③ 아무리 인간의 관리를 위한 제도적 장치가 잘 되어 있어도 인간관계론은 인간을 대상으로 삼고 있기 때문에 그 관리기술상 적지 않은 제약성을 지니고 있으며, 조직구성원의 모든 욕구가 충족되고 그들이 일시적으로 만족감을 갖게 되었다고 해서 반드시 생산성이나 행정능률이 향상될 수 있느냐 하는 비판이 가해지고 있다.

2. 행태과학론

Max Weber에 따르면 조직이란 인간의 주관이나 과오를 배제하고 합리적으로 문제를 해결할 수 있는 사회 시스템으로서, 이러한 관료제 조직에 있어서는 지위나 역할이 처음부터 결정되어 있기 때문에 인간은 다만 충원될 뿐이며 합리적으로 문제를 처리하기 위하여 인간은 조직의 도구화, 즉 비인간화하게 된다고 하였다.

그러나 행태과학(behavioral science)은 Weber 자신이 고려의 대상에 넣지 않았던 인간의 심리적 · 사회적 욕구에 착안하여 인간의 자기실현의 욕구를 달성케 하는 조직이란 무엇인가에 목표를 두고 조직이론을 수립하고자 한다. 이 점에 있어서 C. I. Barnard의 조직이론이 그 선구를 이룬다.

행태과학은 대별해서 두 가지 방향으로 발전을 보았다. 그 하나의 방향은 Barnard의 협동조직론을 심화시키려는 것으로서 H. A. Simon, J. G. March 등의 의사결정론이 대표적이다. 그리고 다른 하나의 방향은 조직 내의 인간행동을 사회심리적으로 심화시키려는 것으로서 C. Argyris, F. Herzberg 등의 연구가 대표적이다. 본편 제 4 장 제 9 절에서 다루고자 하는 동기부여이론(motivation theory)은 바로 후자에 속하는 일단의 학자들의 연구 결과인 것이다.

그런데 대부분의 행태과학 연구는 이미 인간관계 연구에서 문제가 되어 있는 인간행동을 보다 구체적·실증적으로 연구한 것이 많으므로 행태과학은 인간관계 연구의 발전이라고 볼 수 있다. 즉 인간관계 연구를 인간행동 일반에 관한 연구라고 한다면, 이에 대하여 행태과학에 있어서의 인간행동의 연구는 특정의 개개인이나 소집단이 일체의 외적·내적 환경의 상황하에서 구체적으로 어떤 행동을 취할 것인가에 대한 실증적 연구라고 하겠다.

그리하여 동기부여이론에서는 단순히 조직에 있어서의 사회적·심리적인 인간요소를 강조하는 데 그치지 않고, 인간은 구체적으로 어떠한 계기에 의하여 그들의 욕구를 실현하며 조직목표 달성을 위해 동기지워지는가 하는 것을 다루게 된다.

Ⅲ. 현대적 조직이론

1. 의사결정론

(1) H. A. Simon의 의사결정론

H. A. Simon은 "행정은 의사결정(decision making)의 과정이다"[26] 라는 기본명제로부터 출발하여 행정과정을 결정과정(decision process)으로 보고 의사결정이야말로 행정현상의 핵심을 이루는 것이라고 하였다.

Simon은 Elton Mayo 등의 인간관계론에 대하여 인간관계론은 조직 가운데 심리학적·사회학적인 인간요소에 착안하여 전통적인 과업 중심의 생각을 시정시킨 의의는 인정할 수 있겠으나, 이것은 어디까지나 인간의 심정을 강조한 데 지나지 않는다고 비판하였다. 그러면서 인간행동에는 명백히 의식적·합리적인 측면이 있으므로 인간을 합리적인 의사결정 주체로 보는 연구가 필요하다고 Simon은 주장하였다.

합리적인 의사결정 주체로서의 인간이 객관적으로 합리적인 의사결정을 하려면 의사결정에 앞서 모든 대체적 전략을 나열하고 그것을 각각 선정했을 경우에

---

26) Herbert A. Simon, *Administrative Behavior: A Study of Decision-Making Process in Administrative Organization*, 2nd ed.(New York: Free Press, 1957), p. 8.

발생하는 결과를 정확히 예상하여 그들의 결과를 비교해서 가장 바람직한 결과를 나타내는 전략을 선택하여야 한다는 것이다.

그러나 Simon에 따르면 실제에 있어서의 의사결정은 어디까지나 '제한된 합리성'(bounded rationality)을 지닐 수밖에 없다고 한다.

여기서 말하는 '제한된 합리성'이란 이론경제학에서 강조하는 '합리성지상주의'를 말하는 것도 아니며, 프로이트 심리학에서 볼 수 있는 '인간의 감정에 우월성을 부여한 이론'을 말하는 것도 아니고, 이 양자 사이에 인간 행동에 있어서의 지각 내지 인지과정의 특성을 주입시킴으로써 '합리적 선택의 이론'을 세우기 위한 전략적 의미를 내포하는 것이다.[27] 바꾸어 말하면 위의 양자의 어느 쪽에도 기울어지지 않고, 인간을 적당한 선에서 만족하는 존재로서 파악하여 그 합리적·비합리적 양면을 고려에 넣어 행정행태에 있어서의 합리성을 검토하여야 한다는 것이다.

이것을 좀더 구체적으로 설명하면 경제학에 있어서의 전통적 이론은 완전한 합리성을 가정했었기 때문에 경제인은 그의 수익을 극대화하기 위하여 그가 이용할 수 있는 방법 중에서 가장 합리적으로 결정된 최선의 방법을 선택하는 것을 사명으로 한다. 그러나 이것은 명백히 현실로부터 유리된 사고방식이다. 왜냐하면 인간의 사고와 행태 속에는 비합리적인 요소들이 많이 내포되어 있기 때문이다. 합리성에 대한 이러한 제한은 정적인 것이 아니라 동적이며, 또한 그 속에서 개인의 결정이 이루어지는 조직환경에 의존한다. 따라서 Simon은 개인이 가능한 한 그의 결정에 있어 합리성에 가까이 접근하도록 조직환경을 설계하는 것이 행정의 과제라고 주장한다.[28]

이와 같은 의미에서 Simon의 조직이론은 목적의식적인 인간의 합리적 행동에 관한 일반이론의 일환을 이루는 것이라고 할 수 있다.[29]

그리하여 그는 개인적이든 조직적이든 간에 대부분의 인간적 의사결정은 만족할 만한 대안의 발견과 선택에 관심이 모아진다는 것이다. 즉 그에 의하면 의사결정의 임무는 세 가지 단계를 포함하는데, 그것은 i) 모든 대체 가능한 전략의 제시, ii) 이들 전략에 따라 각각 일어나는 모든 결과의 확정, iii) 이들 결과의 비교·평가이며, 이와 같이 해서 형성되는 결정이 합리적인 결정이라고 한다. 그럼에도 불구하고 인간이 단일한 결정에 모든 가치·지식 및 행동을 제공할 수 없다는 인

27) *Ibid.*, p. xxiv.

28) D. S. Pugh, D. J. Hickson and C. R. Hinings, *Writers on Organizations*(Middlesex, England: Penguin Books Ltd., 1972), chap. 3 참조.

29) Herbert A. Simon, *Models of Man: Social and Rational*(New York: John Wiley, 1957), p. 1.

간능력의 한계는 인간적 합리성을 앞에서 말한 합리성의 기준으로부터 멀리 떨어지게 만든다는 것이다.

요컨대 Simon은 모든 행정과정을 의사결정과정으로서 파악하였고, 첫 단계로서 그는 조직의 구성원이 행하는 최초의 의사결정은 조직에의 참여 여부에 대한 의사결정이라고 하였다.

그러면 무슨 이유로 개인은 자진해서 조직에 들어가려고 하는가. 여기에 대해서 Simon은 개인은 조직에 대해 자기가 제공하는 공헌과 조직으로부터 받는 유인과를 비교해서 참가 여부를 결정하는 것이라고 설명한다.

(2) C. I. Barnard와 H. A. Simon의 조직균형이론

C. I. Barnard에 의하면 조직에 있어서 능률의 의미는 개인의 활동을 유인하는데 충분하도록 개인의 동기를 만족시킴으로써 조직활동의 균형을 유지하는 데 있는 것이라고 한다. 그는 조직목표 달성에 기여하는 개인의 활동을 '공헌'(contributions)이라 하였고, 조직이 개인의 동기를 만족시키기 위해 제공하는 효용을 '유인'(inducements)이라고 하였는데, 이 이론의 핵심은 조직참가자의 공헌을 유도하는데 필요한 유인을 공급할 수 있을 경우에 조직은 그 존속이 가능하다는 것이며, 반면 조직이 그 균형을 상실할 경우에는 사멸한다는 것이다.

H. A. Simon은 조직에의 개인의 참가를 설명하기 위해 Barnard의 '유인-공헌의 균형'(an inducement-contribution equilibrium)의 개념을 더욱 세분화하였다. 즉, 누구든지 조직에 참가하는 경우에는 그가 조직에 대해서 행하는 공헌의 대가로 유인(금전 내지 기타의 보수)을 받게 된다. 또한 그는 그에게 제공되는 유인이 그가 제공하는 공헌과 같거나 그것보다 큰 경우에 한하여 조직에의 참가를 계속한다는 것이다.

공헌 ≤ 유인 → 조직의 존속과 성장

물론 이 문제는 우리가 유인과 공헌을 측정함에 있어서 주관적인 기준을 적용함으로써 그 의의를 찾아볼 수 있다. 왜냐하면 참가자의 개인적인 만족을 위한 공헌과 유인은 그의 가치 또는 유용성에 비추어 산출되기 때문이다.

그리하여 Simon에 의하면 유인·공헌의 균형의 창조는 '개인과 조직의 일체화' 과정에서 달성된다. 즉, '일체화' 기능이란 조직의 모든 구성원이 개인적 이해와 조직의 이해를 일체화시킴으로써 조직에서 필요한 의사결정을 할 수 있도록 적절한 조건이나 자극을 창조하는 것이라고 한다. 바꾸어 말하면 조직의 모든 구성원

의 활동은 개인적 목적과 공동목적이 서로 합치됨으로써 조직의 능률을 나타낼 수 있다는 것이다.

2. 체제이론

(1) 개방체제의 의의

무릇 조직이 존속하고 발전하기 위해서는 조직 밖의 환경으로부터 자원(인력·물자·정보 등)을 충분히 조달받고, 또한 스스로가 생산한 산출재가 조직 밖에서 충분히 이용되지 않으면 안 된다. 그러나 고전적 조직이론에 있어서는 조직의 생존·발전에 필요한 각종 자원이 이미 조달되어 있는 것으로 전제하고, 다만 합리적인 직무의 체계를 편성하는 데 주안점을 두었다. 즉, 고전이론은 환경과의 상호관계를 고려함이 없이 다만 조직을 자기완결적인 폐쇄체제로서 파악하였던 것이다.

바꾸어 말하면 전통적인 조직이론에 있어서는 환경에 대한 조직의 의존성을 무시하고 다만 조직의 내적 기능에 관한 원칙에만 관심을 집중시켰기 때문에 조직의 생존에 필요한 환류(feedback)과정을 등한시하여 조직을 폐쇄적인 체제로 보았다.

그러나 개방체제 내지 일반체제이론은 생물학자인 L. V. Bertalanffy가 생체를 개방체제로서 파악한 것을 계기로 하여 자연과학에서 발달한 체제개념을 사회과학에 도입한 것이며, 체제이론을 내세우는 사람들의 주장은 모든 사회체계의 조직에도 생물체계에서 볼 수 있는 바와 같은 투입·전환 및 산출의 과정이 있고, 이들 과정은 환류과정과 연속과정 내지 순환과정을 이루는 개방체제로서의 동태적인 구조를 가지고 있다고 한다.[30]

대표적인 예로서 Ira Sharkansky는 행정체제를 서로 관련된 환경(environment)·투입(inputs)·전환과정(conversion process)·산출(outputs) 및 환류(feedback) 등의 상호작용을 반복하는 개방체제(open system)로서 파악하고 있다.[31] 여기서 환경으로부터 오는 투입은 시민의 요구와 지지를, 전환과정은 정책형성과정을, 환경으로 가는 산출은 정책형성의 결과 나타난 것을 정책으로서 집행 또는 관리하는 것을, 환류는 행정개선 및 개혁 등과 같이 정책집행의 결과를 다음의 새로운 투입에 전달 내지 반영하는 것을 뜻한다.

---

30) Daniel Katz and Robert L. Kahn, *The Social Psychology of Organizations*, 2nd ed.(New York: John Wiley & Sons, Inc., 1978), p. 8, p. 28.

31) 체제의 본질, 행정체제의 구성요소 및 행정에 있어서의 체제적 접근방법에 대해서는 제 1 편 제 9 장 제 6 절 참조.

(2) 개방체제의 특징

D. Katz와 R. L. Kahn은 개방체제(open system)의 특징으로서 다음의 열 가지를 들고 있다.

① 에너지의 이입(importation of energy)　개방체제는 외부의 환경으로부터 어떤 형태의 에너지를 이입(移入)한다. 이것은 인체의 세포가 혈맥을 통해서 산소를 공급받는 것과 흡사하다.

② 전환(throughput)　개방체제로서의 조직은 새로운 산물을 창조하거나, 물질을 가공하거나, 사람을 훈련하거나 또는 서비스를 제공한다.

③ 산출(output)　개방체제는 어떤 생산물(발명품, 건설회사가 세운 교량 등)을 환경으로 내보낸다. 예를 들면 생물학상의 유기체는 폐로부터 이산화탄소(탄산 gas)와 같은 생리학상의 산물을 밖으로 내보낸다.

④ 사상의 순환으로서의 체제(systems as cycles of events)　환경으로 보내어진 생산물은 순환활동을 반복하기 위한 에너지원을 공급한다. 즉, 에너지 교류활동의 원형은 순환적인 성격을 지니고 있다는 것이다.

⑤ 부정적 엔트로피(negative entropy)　개방체제가 생존하기 위해서는 엔트로피적인 과정을 없애야 한다. 즉, 이것은 개방체제가 부정적 엔트로피를 지녀야 함을 뜻한다. 좀더 구체적으로 보면 원래 엔트로피란 열역학의 함수의 하나로서 안정상태에 의해 정해지는 양을 말하는 것이나,[32] 여기서 말하는 엔트로피란 "모든 형태의 조직이 해체 또는 소멸(disorganization or death)로 향해서 움직여 가는 과정"[33]을 뜻하며, 따라서 부정적 엔트로피란 엔트로피의 발생을 부정하여야 함을 의미한다. 물론 매년 상당수의 조직이 소멸되어 간다는 것은 사실로서 인정하여야 할 것이나, 그럼에도 불구하고 사회조직은 다른 생물학적 유기체와는 달리 엔트로피적 과정을 저지할 수 있는 능력을 가지고 있다는 것이다.

⑥ 정보투입(information inputs) · 제어피드백(negative feedback) · 부호화 과정(coding process)　개방체제에 있어서의 투입은 에너지 물질에 국한된 것은 아니며, 환경과의 관계에 있어서도 체제의 기능에 관한 정보가 투입된다. 그리고 제어 피드백은 체제로 하여금 정보가 그 진로로부터 이탈하는 것을 시정해

32) 엔트로피(entropy)란 물질계의 열역학 상태를 나타내는 양의 하나로서, 열이 높은 쪽에서 낮은 쪽으로 이동하고 농도의 농담(濃淡)이 있을 때 서로 섞여 균일해지려는 것처럼 불안정한 물질이나 계(系)가 평형적이고 안정된 상태로 되려 할 때 엔트로피는 증대된다(동아일보사, 현대시사용어사전, 2000, p. 423).

33) Daniel Katz and Robert L. Kahn, *op. cit.*, p. 25; 유종해, 현대조직관리〔제 5 전정판〕(서울: 박영사, 2002), pp. 64～65 참조.

준다. 한편 에너지 투입의 모두가 체제에 흡수되는 것은 아니기 때문에 투입의 수용은 선택적으로 받아들여진다. 즉, 체제는 적절한 정보신호에만 반응을 보이는데, 이러한 체제의 선택적 과정을 부호화 과정이라고 한다.

⑦ **안정상태**(steady state)와 **동적 항상성**(dynamic homeostasis) 개방체제에 있어서는 전술한 엔트로피의 발생을 저지하기 위하여 에너지가 이입되는데, 이와 같이 에너지 교류가 순조롭게 이루어지면 안정상태를 유지하게 된다. 또 항상성(homeostasis)이란 원래 생체에 있어서 내장의 평형을 유지하기 위한 불변성을 뜻하는 것인데, 이것은 개방체제에 있어서 환경으로부터 계속 에너지가 이입되고 그와 동시에 생산물이 계속 유출되지만 체제의 특질은 변동되지 않음을 말하여 주는 것이다. 그리하여 개방체제에서는 엔트로피를 저지해 나가면서도 항시 조직이 동적 항상성(dynamic homeostasis)을 유지함으로써 지속적인 성장을 이룩할 수 있다는 것이다.

⑧ **분화**(differentiation) 개방체제하에 있어서의 조직은 분화의 방향으로 움직여 나가는 것이 특색의 하나이다. 여기서 분화란 동질적인 것이 이질적인 것으로 변화함을 뜻한다.

⑨ **통합과 조정**(integration and coordination) 개방체제의 조직은 단일화(unification)를 성취함에 있어서 두 가지의 다른 통로를 가지고 있는데, 그 하나는 통합이고 다른 하나는 조정이다. 여기서 통합(integration)이란 소집단 수준에서 그들이 공유하는 규범과 가치를 단일화하는 노력을 말하며, 조정(coordination)이란 보다 큰 조직에 있어서 과업과 역할의 기능적 분화를 도모하면서 통제와 배합을 위해 노력하는 것을 말한다.

⑩ **등종국성**(equifinality) 끝으로 등종국성(等終局性)이란 시작조건이 서로 다르고 여러 가지 상이한 진로를 통한다 하더라도 결국에 가서는 동일한 최종 성과를 나타내는 것을 뜻하는바, 개방체제에 있어서는 시작조건이 같지 않아도 투입과 그 외의 여러 가지 방법을 변경하거나 규제하면 종국적으로 동일하고 만족할 만한 산출을 얻을 수 있는 탄력적인 힘을 가지고 있다는 것이다.

제 3 절 조직의 원리

조직은 인간이 사회적 목적을 달성하는 데 필요한 수단이었으며, 사회적 목적의 변화에 따라 변모하여 온 것이다. 조직의 원리란 하나의 조직을 가장 합리적으로 구성하고 그것을 능률적으로 운영하는 데 필요한 원칙이라고 할 수 있는데, 그 기본적인 원리를 설명하면 다음과 같다.

Ⅰ. 계층제의 원리

1. 계층제의 의의

계층제(hierarchy)란 조직원 각자가 맡은 권한과 책임의 정도에 따라서 조직에 상하의 계층을 설정하여 등급화하는 것을 말한다. 바꾸어 말하면 조직에 있어서의 계층제란 기능상의 차이에 의한 구분이 아니라, 권한과 의무 및 책임의 정도에 의한 구분이며, 직무를 몇 단계의 등급으로 구분하는 통제체계의 수립을 의미하는 것이다.

J. D. Mooney에 의하면 조직의 상위층에서 하위층에로 권한의 일부를 위임함에 따라 권한의 등급을 정해 주는 원리를 계제원리(scalar principle)라고 하며, 이러한 등급화된 계층의 체계를 계층제라고 한다.[34)]

2. 계층제의 기능

계층제에는 다음과 같이 순기능적인 면과 역기능적인 면이 있다.

먼저 순기능적인 면에서 보면, i) 명령 및 권한위임의 통로, ii)의사소통의 통로, iii) 행정조직의 질서와 통일의 확보, iv) 행정기관의 내부통제의 통로, v) 행정업무의 적정배분, 회계책임의 한계설정 등을 가능케 한다는 장점을 들 수 있다.

다음 역기능적인 면에서 보면, i) 계층이 심화될수록 의사소통이 방해되고, 따라서 끊임없이 변동하는 상황에 대하여 조직의 적응성을 상실케 하며, ii) 조직의 경직성을 초래하여 인간관계의 형성을 저해하기 쉽고, iii) 직무수행을 위한 체제로서보다도 인간을 지배하는 상하관계를 만들기 쉽다는 단점도 있다.

---

34) James D. Mooney, *The Principles of Organization*(New York: Harper, 1947), pp. 14~15.

3. 계층제의 실현방법

(1) 리더십(leadership)

이것은 업무를 조직하고 지도하는 기능이며, 관리상의 활동에 대한 진로를 지시하는 결정이라 하겠다. 따라서 조직체의 권한과 책임을 갖고 있는 자가 지도력을 발휘하며, 강력히 추진할 것이 요구된다. 여기에는 부하들의 협동정신을 배양하는 동시에 그 조직체 내에서의 규율을 유지할 수 있고 집단의 공공목표를 달성하기 위하여 각 구성원을 이끌어 나가는 역량과 모든 수단을 의미한다.

(2) 권한의 위임(delegation of authority)

이것은 상위계층의 특정한 권한이 하위계층에 수여되는 것을 말하는데, 이는 이중의 책임을 내포하고 있다. 즉 권한을 수여받은 자는 그 직무를 수행할 책임이 있으며, 수여한 자는 그 직무를 부하로 하여금 수행케 할 책임이 있다.

(3) 직무의 결정(functional definition)

이것은 모든 기능을 조직의 각 계층에 배정하는 것을 말한다. 이에 따라 각 계층 담당자는 자기가 해야 할 특정 과업과 그 과업의 목적·책임한계·업무량, 그리고 전체 계층의 수행과정에 있어서 자기의 직무가 어떤 위치를 차지하고 있는가를 명확히 인식하게 되어, 맡은 바 책임을 완수하게 하는 것이다.

Ⅱ. 통솔범위의 원리

1. 통솔범위의 의의

인간의 능력에는 한도가 있으므로 감독할 수 있는 사람의 수에도 자연히 제한이 생기게 된다. 물론 이 경우 감독은 직접 감독의 경우만을 뜻하는 것이고, 타인을 통하여 감독하는 간접 감독은 포함하지 않는다.

통솔범위(span of control)의 원리는 직접 감독의 대상이 되는 피감독자의 수를 말하며, 이에 대해서는 학자들 사이에 여러 가지 이견이 있어서 일률적으로 몇 사람이라고 단정을 내릴 수 없고, 각각 구체적인 경우에 따라 그 수가 달라진다고 할 수 있다.

2. 적정 통솔범위를 결정하는 데 있어서 고려할 사항

첫째, 조직의 대소 여하에 따라서 통솔의 범위는 달라진다. 즉 조직의 규모가 클수록 통솔의 범위는 작아지는 데 대하여, 그것이 작을수록 통솔의 범위는 일반적으로 커진다. 왜냐하면 조직이 작으면 공식적 접촉 이외에 많은 비공식적인 접촉이 가능하므로 감독자는 자연히 감독을 보충할 수 있는 데 대하여, 조직이 커지면 커질수록 비공식적인 접촉보다 공식적인 접촉이 강조되므로 감독자는 소조직의 감독자가 갖는 것과 같은 이점을 가질 수 없기 때문이다.

둘째, 업무의 종류가 어느 정도 다양한가에 의하여 통솔의 범위는 달라진다. 바꾸어 말하면 타이피스트들을 감독하는 것과 같은 관례적·기계적인 업무에 있어서는 피감독자를 많이 거느릴 수 있고, 정책을 작성하는 업무에 있어서는 적은 수의 피감독자밖에 거느리지 못한다.

셋째, 공간적으로 어떤 조직이 그 인원을 전부 한 건물 안에 갖고 있는 경우는 여러 건물에 분산하여 갖고 있는 경우보다 통솔의 범위는 커진다. 이것은 또한 중앙에 인접한 기관과 여러 지방사무소를 갖고 있는 기관의 경우에도 같다. 그리고 이러한 공간상의 거리로 인한 통솔범위의 대소 현상은 의사소통 또는 연락관계의 난이에 기인하는 것이다.

넷째, 시간적인 면에서 기성조직의 책임자는 신설조직의 책임자보다 많은 수의 부하를 거느릴 수 있다. 왜냐하면 행정사무의 대부분은 시간이 경과할수록 관례화되며, 따라서 첫째 사항에서 본 바와 같은 이유에 의하여 많은 피감독자를 거느릴 수 있는 데 비하여, 행정사무가 새로운 것이면 모든 사람은 그것에 대하여 생소하며 이런 사무가 행정업무의 대부분을 차지하면 복잡하게 되어 자연히 각 감독자는 소수의 부하밖에 감독할 수 없게 되는 것이다.

다섯째, 감독자 자신의 행정능력, 정력, 시간적 여유, 성격 등에 의하여 통솔범위의 대소는 영향을 받는다. 즉 감독자가 유능하고 정력가이며 부하 감독에 바칠 수 있는 시간적 여유가 많고 활동적인 성격의 소유자일 때에는 통솔의 범위는 커지고, 이와 반대의 경우에는 작아진다.

여섯째, 피감독자의 능력 여하에 따라서 통솔의 범위는 커지기도 하고 작아지기도 한다. 즉 유능한 피감독자만을 감독한다면 많은 부하를 거느릴 수 있다는 것이다.

3. 통솔범위에 대한 이론과 비판

피통솔자의 수를 어떻게 정하느냐에 대해서는 논자에 따라 견해를 달리 하고 있다. R. C. Davis는 경험에 입각하여 반복적이고 육체적인 업무의 경우 적정 통솔범위는 10인 내지 30인이며, 정신노동의 경우에는 3 인 내지 8 인 또는 9 인이 적정한 선이라고 하였다.[35] 또한 V. A. Graicunas는 적정 통솔범위에 관하여 수학적인 공식을 제시하였는데 이 공식에 의하여 그는 적정한 통솔범위는 6 인이라고 하였다. 즉, 그는 피통솔자의 수와 통솔자가 유의하여야 할 관계에 관한 공식을 다음과 같이 제시하고 있다.

$$n\left(\frac{2^n}{2}+n-1\right)$$ (단, n은 피통솔자의 수)

여기서 보면 통솔자 1 인에 피통솔자가 2 인인 경우는 6 개의 관계를 고려해야 하고 피통솔자가 3 인인 경우는 18개의 관계, 피통솔자가 4 인인 경우에는 44개의 관계에 유의하여야 한다는 것이다. 그리하여 그는 총관계 수 222개(6 인의 피통솔자)가 어떤 개인이든 감당할 수 있는 한계기준이라고 하여 통솔에 적합한 피통솔자의 수는 6 인이라고 하였다.[36]

그러나 피통솔자 수는 사실상 간단히 정하기가 어려운 것이며, 따라서 통솔범위에 관한 여러 이론은 조직을 지나치게 기계적으로 보고 있다는 비판을 면치 못한다.

Ⅲ. 명령통일의 원리

이것은 어떤 구성원이라도 조직체에 있어서는 오직 한 사람의 상관으로부터만 명령을 받고 그에게만 보고하여야 한다는 원리를 말한다. 바꾸어 말하면 어떤 단위의 조직체를 막론하고 거기에는 오직 한 사람의 장이 있어야 하고, 그 장에게 그 조직을 운영할 수 있는 최종 권위가 부여되어야 한다는 것이다. 그런데 이러한 명령통일(unity of command)의 원리가 적용되기 위해서는 그 전제로서 계층제의 원리가 확립되어야 한다.[37]

명령통일의 원리는 합법적 권위, 즉 공식적인 계층적 권위만을 극단적으로 강조하는 것으로서 권위의 개념을 사회심리적으로 파악하는 자들에 의하여 비판을 받고 있다.

---

35) Ralph C. Davis, *The Fundamentals of Top Management*(New York, 1951), pp. 269～276.

36) V. A. Graicunas, "Relationship in Organization" in Luther Gulick and L. Urwick, eds., *Papers on the Science of Public Administration*(New York: Institute of Public Administration, 1937), pp. 184～186.

37) 오석홍, 조직이론(서울: 박영사, 2001), p. 436.

Ⅳ. 분업〔전문화〕의 원리

1. 의 의

L. Gulick은 L. Urwick과 함께 편찬한 「행정과학론집」(*Papers on the Science of Administration*, 1937) 속의 “조직이론 소고”(Note on the Theory of Organization)에서 “다수의 인간이 협동하는 곳에서는 분업이 존재함으로써 비로소 최선의 성과가 확보되며, 분업의 단위는 서로 조정되어야 한다”고 서술하고 있다. 그리고 그에 의하면 “조직의 문제는 결국 권한의 체계, 즉 중앙에 있어서의 집행부(executive)와 업무의 세분화 사이에 어떻게 효과적인 상호전달과 통제가 이루어지느냐에 달려 있다”고 한다.

또한 Gulick은 조직이론의 중심이 되는 것은 i) 개개의 업무의 정의, ii) 목적 실현을 감시하는 지휘자의 공급, iii) 개별화 또는 전문화되는 작업단위의 성질과 수의 결정, iv) 지휘자와 말단의 작업단위 사이에 완전한 권한의 구조를 만드는 일이라고 보았다.

W. G. Scott, T. R. Mitchell, P. H. Birnbaum도 그들의 공저 「조직이론」(*Organization Theory*)에서 “무릇 인간조직이 성장하는 데 대응해서 업무가 분할되어야 하며, 그렇지 않으면 직무가 지나치게 포괄적이어서 수행 불가능하게 된다”고 하였다. 그리고 기능의 원리가 분업에 입각해 있음을 강조하였다.

2. 방 법

L. Gulick은 집행책임자(chief executive)의 직무가 지니고 있는 여러 가지 기능적 요소에 주목하여 ‘POSDCORB’라는 용어를 만들었는바, 이것은 기획(planning) · 조직(organizing) · 인사(staffing) · 지휘(directing) · 조정(coordinating) · 보고(reporting) 및 예산(budgeting)의 일곱 가지를 뜻하는 것이다.

Gulick은 앞에서 소개한 “조직이론 소고”에서 첫째, 분업이 효과적으로 이루어지기 위해서는 분업의 단위가 서로 조정되어야 하는바, 이 조정을 달성하는 제 1 의 방법이 조직에 의한 경우이며, 둘째 제 2 의 방법은 이념의 지배인바, 이것은 협동하는 인간에게 공통의 목적의식을 심어 각자가 진심으로 전체에 공헌하도록 하는 것이다. 이 제 2 의 방법은 리더십(leadership)의 문제와 관련된다. 이 두 가지의 방법은 배타적인 것이 아니라 상호보완적으로 활용되어야 할 것이다.

그리하여 중심부에 있는 지휘자와 주변에 위치하고 있는 담당자간에 의사전달

(communication) 또는 통제체계를 확립하여 목적이 달성될 수 있도록 지휘자가 모든 분담자들의 활동을 조정해 나가야 할 것이다.

Ⅴ. 조정의 원리

1. 조정의 의의

조정이란 공통의 목적달성을 위하여 행동의 통일을 기하도록 조직원의 집단적 노력을 질서 있게 결합 배정하여 조화를 이루도록 하는 것을 의미한다.

L. Gulick을 대표로 하는 고전적 조직론에 있어서는 다수의 인간의 협동은 분업에 입각한 직무의 세분화와, 이것을 조정하기 위한 권한의 체계화에 의한 통합(계층제)을 일정한 원리에 따라 효과적으로 구축함으로써 성과를 발휘할 수 있는 것으로 보았다. 즉, 공식적인 계층제 조직이야말로 가장 효과적인 조정수단이라고 생각하였다.

그러나 조직의 규모와 기능이 확대됨에 따라 조정기능을 전문적으로 담당하는 참모기관이 등장하게 되었으며, 이 참모기관을 중심으로 하여 부문간의 조정을 하게 되었다. 예컨대 우리 나라 중앙행정조직의 경우 이러한 조정을 위한 참모기관으로서는 국방회의 및 국무총리실, 행정조정실(일반행정에 관한 조정, 경제행정에 관한 조정, 서울시 행정에 관한 조정, 민원 및 정화업무에 관한 조정 등)을 들 수 있다.

무릇 조직에 있어서는 직무의 전문분화에 의한 조직의 확산화 경향, 각 부분의 조직목표로부터의 일탈경향 및 조직 단위간의 권한의 중복·충돌·경합 등의 현상이 발생하며, 더욱이 행정조직의 경우에는 그 권력적 성격으로 말미암아 일반 민간조직에 비해서 그러한 경향이 현저하다. 또한 행정조직의 경우에는 이상의 조직고유의 내부적 조건뿐만 아니라 조직을 둘러싼 외부적 조건(즉, 역사적·사회적 및 정치적 조건 등)에 의해서 많은 영향을 받는다. 따라서 어떤 조직을 막론하고 조정은 조직의 관리에 있어서 중요한 위치를 점하고 있다.

조정에는 정부조직 전체의 통일성과 일관성을 유지하기 위하여 필요한 조정기능이 있는바, 이것을 우리는 종합적 조정기능이라고 부르며, 보다 특정된 업무를 수행하는 데 필요로 되는 조정업무와 구별하고 있다. 그리고 이러한 종합적 조정기능의 실효성을 높이기 위해서는 지도자의 리더십이 요구된다.

2. 행정조정의 저해요인

(1) 행정조직의 거대화

오늘날 행정기능의 확대 · 강화경향에 따라 조직이 대규모화하고 계층이 많아짐에 따라 조정이 어렵게 되었다.

(2) 행정기능의 전문화

고도의 과학기술의 발전은 필연적으로 행정에 있어서의 전문화를 촉진시켰으며, 이로 말미암아 전문적이고 기술적인 모든 행정단위를 조정하기가 매우 힘들게 되었다.

(3) 개인의 이해관계

조정의 결과가 조직의 공동목표와 개인의 이해관계를 일치시키지 못하는 경우에는 조정이 어렵다.

(4) 조정능력의 부족

행정관리자가 조정을 잘할 수 있는 리더십 및 처리능력이 부족할 경우에도 조정이 곤란다.

(5) 정치적 요인

행정기관 내에 파벌이 존재하거나 행정업무에 대하여 정치적 영향력이 미칠 경우에는 조정이 어려워진다.

3. 행정조정의 방법

L. Gulick은 조정의 방법을 크게 나누어 조직에 의한 조정과 이념에 의한 조정으로 나누고 있다.

(1) 조직에 의한 조정

① 조정기구 설치에 의한 조정 　조정을 전담하는 기구를 설치하는 방법과 여러 가지 이해관계를 조정하기 위하여 위원회를 활용하는 방법이 있다.

② 계층제 및 책임한계에 의한 조정 　계층제는 전체 조직의 공식적인 조정을 가능케 한다. 또한 권한과 책임을 둘러싼 갈등과 중복을 방지하기 위하여 각자의 권한 및 책임한계를 명백히 규정하는 것도 하나의 조정방법이 된다.

(2) 이념(idea)에 의한 조정

이것은 L. Gulick이 제시한 이념 또는 정책에 의한 조정을 말한다.[38] 즉, 서로

38) Luther Gulick, "Notes on the Theory of Organization" in Luther Gulick and Lyndall Urwick,

모순되는 기획을 조정하기 위해서는 이념과 정책의 확립이 요구되는데 이를 위해서는 국가발전을 지향하는 이념을 행정면에 침투시킴으로써 정책의 통일적인 수행이 가능하게 되는 것이다.

제 4 절 부처(部處)편성의 원리

Ⅰ. 부처편성의 의의

무릇 조직이 추구하는 목적을 보다 효과적으로 달성하기 위해서는 보다 합리적인 부처조직이 요구되는데, 부처편성(departmentalization)의 원리란 부처의 조직편성을 어떤 기준에 입각해서 하는 것이 가장 합리적이냐 하는 것이다. 그리고 여기서 말하는 부처는 단순히 행정수반의 직속에 위치하는 중앙부처만을 의미하는 것이 아니고 행정조직상의 모든 계선기관을 포함하는 넓은 개념으로서 파악하고자 한다.

Ⅱ. 부처편성의 기준

부처편성을 행할 경우 구체적으로 어떤 기준에 따라 행정사무를 분담·관리케 할 것인가가 문제된다. L. Gulick은 부처편성의 합리적 기준으로서 i) 목적 또는 기능(purpose or function), ii) 과정 또는 절차(process or procedure), iii) 수익자 또는 설비(clientele or material), iv) 지역 또는 장소(territory or place) 등의 네 가지를 들고 있는데,[39] 이 기준에 따라 설명하면 다음과 같다.

1. 목적·기능별 편성

이것은 가장 보편적 기준으로서 교육·국방 등 주요 목적 또는 기능에 따라 부처를 편성하는 것이다. 이렇게 편성할 경우에는 국민들로 하여금 행정부처의 목

---

eds., *Papers on the Science of Administration*(New York: Institute of Public Administration, 1937), p. 13.

39) Luther Gulick, *op. cit.*, pp. 15~35.

적과 기능을 이해시키는 데 도움을 주며, 조직간의 책임한계가 확정되므로 책임전가를 방지할 수 있는 장점이 있다. 그러나 모든 정부활동을 중복 없이 목적 및 기능에 따라 구분할 수는 없으며, 또한 목표달성에만 깊은 관심을 집중하는 나머지 그것을 수행하는 기술 또는 과정을 소홀히 하기 쉽다는 단점이 있다.

2. 과정 · 절차별 편성

이것은 행정목적의 수행을 위하여 필요한 수단 또는 과정을 기준으로 조직을 편성하는 것으로서 이러한 기준은 예산 · 통계업무 등을 담당하는 조직에 적용된다.

이렇게 편성할 경우에는 조직이 목적달성을 위해 효과적으로 기업을 이용할 수 있으며 전문적 기술의 향상에 도움을 준다. 그러나 수단과 과정에만 치중한 나머지 조직의 목적을 등한시하기 쉽다.

3. 수익자 · 설비별 편성

이것은 수혜자 또는 취급물과 같은 행정객체를 기준으로 조직을 편성하는 것으로서, 예컨대 동일 수혜자나 대상물을 동일 부처에 편입시키는 것을 말한다.

이렇게 편성할 경우에는 조직과 그가 대상으로 하는 국민과의 관계를 명백히 하며 따라서 이들의 대정부 접촉을 용이하게 한다. 또한 특정 취급물을 반복해서 취급하게 되므로 그 물건 취급에 대한 전문적 기술을 향상시킨다. 그러나 수혜자를 기준으로 하는 조직은 그들의 이익단체에 의해서 간섭을 받을 우려가 있으며, 또 동일한 조직에서 여러 가지 기능을 수행해야 하므로 전문화에 의한 혜택을 받지 못한다.

4. 지역 · 장소별 편성

이것은 행정이 수행되는 대상지역 또는 장소에 따라 부처를 편성하는 것으로서, 주로 부처의 보조기관 및 지방행정기관의 편성에 이용되고 있다.

이렇게 편성할 경우에는 그 지역의 행정수요에 적응하는 행정이 가능하며, 권한의 위임으로 교통비나 통신비를 절약시키고 사무량을 감소시키는 장점이 있다. 그러나 반면에 전국적으로 통일성 있는 대책수립 및 시행이 곤란하며, 지방의 이익단체에 의해서 행정이 좌우될 우려가 있다.

Ⅲ. 부처편성의 기준에 대한 비판

1. 부처편성의 기준에 관한 문제점

이상에서 고찰한 네 가지 기준 중 어느 하나만을 가지고 부처편성을 할 수는 없으며, 오히려 하나의 부처를 편성하는 데는 몇 가지 기준이 서로 혼합되어 있는 것이 현실의 특색이다. 따라서 위의 네 가지 기준 중 하나하나를 개별적으로 적용한다는 것은 별로 의의가 없는 일이라 하겠다.

2. 부처편성의 문제점

첫째, 부처의 수를 몇 개로 할 것이냐가 문제되는데, 이것은 통솔범위의 문제와 관련이 있다.

둘째, 부처를 엄격한 계층제로 할 것인가 또는 각 구성단위에 자율성을 부여할 것인가를 결정하는 문제가 있다.

셋째, 대부처제는 각 부처의 할거주의를 초래하기 쉽고, 소부처제는 조정문제를 곤란하게 만든다.

제 5 절 조직과 개인

Ⅰ. 조직과 개인의 의의

조직의 구성원인 개인은 조직을 통하여 자기 자신의 목적을 실현하고자 하며, 한편 조직은 개인을 통하여 그 목표를 실현하려고 한다. 즉, 개인은 조직에 자신의 가치관·지식·기술 등을 제공하며, 조직은 개인에게 지위와 역할을 제공한다. 따라서 조직과 개인은 매우 밀접한 관계에 있다고 하겠다.

그러나 여기에서 문제되는 것은 조직과 개인이 간혹 마찰과 갈등을 일으킨다는 사실이다. 즉, 조직의 목표나 요구가 개인을 희생시키기도 하므로 조직이 개인의 요구를 어떻게 받아들이면서 그것을 실현해 가느냐 하는 것이 가장 중요한 과제로 대두된다.

Ⅱ. 조직에 대한 관여와 개인의 변이성

1. 개인의 조직에 대한 관여

A. Etzioni는 조직구조에 있어서 복종관계의 기초를 이루고 있는 '권력'과 '관여'라는 기본적인 변수에 의거하여 관여를 소외적 · 타산적 · 도덕적 관여로 나누고 권력을 강제적 · 보수적 · 규범적 권력으로 나누었다. 그리하여 이들 관계에서 다음의 세 가지 유형으로 조직과 개인의 관계를 설명하였다.[40)]

⑴ 강제적 · 소외적 관여

이것은 조직이 개인을 강제적으로 통제하며 개인은 조직에 대하여 심리적으로 소외되어 구성원으로서의 지위를 감수하는 경우를 말한다. 예를 들면 교도관과 죄수와의 관계이다.

⑵ 보수적 · 타산적 관여

이것은 조직이 구성원인 개인에 대하여 임금 · 서비스 등의 보수를 주고, 개인은 조직으로부터 주어지는 보수에 따라 타산적으로 관여하는 경우를 말한다. 예를 들면 생산조직과 특약점 운영자와의 관계이다.

⑶ 규범적 · 도덕적 관여

이것은 조직이 구성원 개인에 대하여 위신 또는 의례적 상징을 표시하고, 개인은 조직에 대하여 헌신적으로 관여하는 경우를 말한다. 예를 들면 종교단체와 신도와의 관계이다.

2. 조직에서의 개인의 변이성

⑴ 개인의 변이성

조직 내의 개인은 각자의 가치관 · 태도 및 신념에 입각하여 조직에 대하여 개인의 욕구를 추구하게 된다. 따라서 만일 조직이 이러한 개인의 변이성을 고려하지 않는다면 때로는 갈등과 대립을 야기하는 불안요인이 되는바, 그것은 조직의 안정을 해치고 때로는 조직활동을 마비시킨다.

⑵ 변이성의 감소

D. Katz와 R. L. Kahn은 조직에 있어서의 인간행동의 변이성을 감소시키는 요인으로서 i) 환경의 압력, ii) 가치관과 기대감의 공유, 규칙의 강요 등을 들고

---

40) Amitai Etzioni, *A Comparative Analysis of Complex Organizations: On Power, Involvement, and Their Correlates*(New York: Free Press, 1961), p. 12.

있다.[41] 즉, 조직의 안정성을 확보하기 위해 두 가지 측면에서 고찰할 수 있는바, 하나는 개인의 측면에서 보아 개인은 조직 내의 역할의 상호관계에 의하여 결합되고, 직무수행을 위한 규범을 준수하며, 조직목표에 일치되는 가치를 받아들임으로써 조직의 안정이 유지된다는 것이고, 다른 하나는 조직의 측면에서 보아 조직은 구성원에 대하여 보상을 주거나 제재를 가하고, 구성원의 욕구를 충족시켜 주며 구성원의 생활방식에 정당성을 보장해 줌으로써 체제의 안정성을 확보하게 된다는 것이다.[42]

Ⅲ. 조직에 있어서의 인간관과 관리전략

무릇 조직의 목표를 달성하기 위해서는 관리자는 항상 조직의 목표달성에 기여할 수 있는 인간의 행동에 대한 기본적 가정을 세워야 하는바, 조직에 있어서의 인간관과 그에 대한 전략을 D. McGregor, S. Lundstedt, E. H. Schein의 순서로 살펴보면 다음과 같다.

1. McGregor의 X이론과 Y이론

D. McGregor는 A. H. Maslow의 욕구단계설을 기반으로 하여 인간이 가지고 있는 두 가지 상반된 태도에 관하여 X이론과 Y이론으로 모형화하였다.[43]

(1) X이론

X이론에 따르면 인간은 첫째, 본래 게을러서 일하기를 싫어하며, 가능하면 일을 피하거나 적게 하려고 한다. 그렇기 때문에 근무시간 외에 자발적으로 일하는 경우란 거의 없다. 둘째, 책임지는 것을 싫어하며 야심도 별로 없고 대다수의 사람들이 행동하는 대로 자기도 행동하며, 조직의 요구에 대해서는 별로 신경을 쓰지 않고 이기적으로 행동한다. 셋째, 변동에 대하여는 저항하며, 무엇보다도 안정감을 갖기를 원한다는 등의 가정을 내세우고 있다.

X이론은 이와 같은 인간관에 입각하고 있기 때문에 개인은 수동적인 존재로 취급되고, 관리자는 조직목적의 달성을 위해서 조직구성원 개개인을 강제·명령·

41) Daniel Katz and Robert L. Kahn, *The Social Psychology of Organization*(New York: Wiley, 1966), p. 36.
42) *Ibid.*, p. 37.
43) Douglas McGregor, *The Human Side of Enterprise*(New York: McGraw-Hill, 1960), chap. 3 and 4.

통제 등의 방법으로 다룰 수밖에 없다는 것이다.

D. McGregor는 이러한 인간관을 관리하기 위한 방법으로 '사탕과 채찍이론'(carrot and stick theory)을 들고 있는바, 그것은 회유적 방법과 강압적 방법을 모두 이용한다는 것이다. 그런데 전자의 방법은 사기는 올라가나 생산성이 낮기 때문에 문제점이 있고, 실제로는 강력하고 엄하게 다루는 후자의 방법에 의존하게 된다는 것이다. 그러나 X이론은 인간의 미성숙성이 계속된다고 인식할 뿐 인간이 계속 성장·발전하고 있다는 것을 과소평가하여 자발적인 근무의욕을 고취하는 데 적절하지 못하다.

(2) Y이론

이에 대하여 Y이론에 의하면 인간은 첫째, 일하는 것을 고통스럽게 생각하지 않으며, 사람이 정신적으로나 육체적으로 노력하는 것은 오락 또는 휴식과 마찬가지로 자연스러운 것이다. 둘째, 책임감을 가지고 일하고 싶어하며, 자기의 행동은 자기 스스로가 자제할 수 있는 능력을 가지고 있기 때문에 조직목표를 위해서 자율적인 행동을 한다. 또한 이기적으로만 행동하지 않고 같은 조직 내의 타인을 위해서도 행동한다. 셋째, 조직문제를 해결함에 있어서 창의력을 발휘할 수 있는 능력을 누구나 가지고 있다는 등의 가정을 내세우고 있다.

X이론이 주로 저차원의 인간욕구에 착안하고 있는 데 반하여 Y이론은 고차원의 욕구를 충족시킬 수 있는 관리의 실현에 기초를 두고 있다. 그리하여 Y이론은 이와 같은 인간관에 입각하고 있기 때문에 관리자는 통제나 명령을 줄이고 조직구성원 개개인으로 하여금 근무의욕이 자발적으로 일어나도록 유도해야 한다.

2. Z이론

X이론이 과학적 관리론에 착안한 반면에 Y이론은 인간관계론에 착안한 방법이다. 또한 X이론과 Y이론은 리더십 유형에 비추어 보면 각각 권위주의적 리더십 유형과 민주적 리더십 유형을 표현한 것이라 볼 수 있다. S. Lundstedt는 R. White와 R. Lippitt의 리더십 실험모형인 자유방임형을 Z이론으로 제시하였다.[44] 즉, 그는 비조직적인 사회활동도 때로는 순기능을 수행한다고 보고, 그 예로서 점심시간 중에 자발적으로 형성되는 집단을 들었는데, 이러한 집단활동이 조직의 목적을 실현하는 데 도움이 될 수도 있다고 보았다. 그리고 레크리에이션 활동도 때로는 개

44) Sven Lundstedt, "Consequences of Reductionism in Organization Theory," *Public Administration Review*, vol. 32, No. 4(July/August, 1972), pp. 328~333.

인의 욕구를 충족시켜 주며, 또 실험실 · 대학 등 엉성하게 조직된 상황 속에서 더 좋은 결과를 낳는 경우가 있다고 보았다.

3. Schein의 인간관

E. H. Schein은 조직에 있어서의 인간본질에 대한 가정을 다음 네 가지 관점으로 파악하고 있다. 그 중에서 가장 현실적인 인간관이라 볼 수 있는 것은 복잡한 인간관이라고 지적하고 있다.[45)]

(1) 합리적 · 경제적 인간관(rational-economic man)

합리적 인간관(예: F. W. Taylor, M. Weber)은 과학적 관리론이 지배하던 고전적 조직이론의 인간관이다. 그 내용으로서는 i) 인간은 합리적 · 기계적으로 움직이며, ii) 인간은 경제적 유인에 의해 좌우된다는 것 등을 들 수 있다. 따라서 이와 같은 인간관에 의하면, 인간은 법제만 잘 짜고 적정보수만 제공하면 근로의욕이 높아져 능률적인 업무수행이 가능하다고 본다.

(2) 사회적 인간관(social man)

사회적 인간관(E. D. Mayo, C. I. Barnard)은 인간관계론에서처럼 인간이 지니고 있는 사회성에 착안하여 조직에 있어서의 사회적 동기를 중요시하며, 인간은 근본적으로 사회적 욕구(social needs)에 의하여 움직인다고 본다. 따라서 관리자는 조직구성원의 욕구가 무엇이냐에 관심을 가져야 하고, 인정감 · 일체감 · 소속감 등의 감정을 중시해야 한다.

(3) 자기실현적 인간관(self-actualizing man)

자기실현적 인간관(A. H. Maslow, D. McGregor)은 인간의 심리적 측면에 착안하여 자기실현 내지 자기완성 의욕을 강조하는 것으로서 특히 Maslow는 인간의 욕구계층에 따라 생리적 욕구로부터 출발하여 단계적으로 자기실현의 욕구를 충족시킴으로써 자기완성을 성취하게 된다는 것이다. 자기실현적 인간관에 있어서의 관리전략은 업무에 대한 자부심과 보람을 느낄 수 있도록 관리하여야 한다.

(4) 복잡한 인간관(complex man)

복잡한 인간관은 가장 현실적인 인간관이라고 볼 수 있는 것으로서 인간은 그가 가지고 있는 가치관 · 성격 및 그가 처해 있는 환경 등에 따라 고도의 가변성을 지니게 된다는 것이다. 복잡한 인간관에 의하면 관리자는 항상 개인의 동기와 능력

45) Edgar H. Schein, *Organizational Psychology*(Englewood Cliffs, N. J.: Prentice-Hall, 1965), pp. 48～63.

의 변이성을 평가하여 융통성 있게 관리할 수 있어야 한다.

Ⅳ. 조직 속의 개인의 성격유형

조직 내에 있는 인간은 서로 다른 퍼스낼리티 유형을 지니고 있다. 예컨대 참여의 경우 조직 내의 모든 사람들이 꼭같은 정도의 참여를 원한다고는 볼 수 없다. 또한 조직 내의 여러 가지 문제들에 대한 구성원들의 태도·감각·기대 등은 매우 이질적인 것이라고 하겠다. 여기서는 조직 내의 개인의 성격유형을 R. Presthus와 A. Downs의 견해에 따라 살펴보기로 한다.

1. Presthus의 성격유형

R. Presthus는 오늘날의 대규모 조직들을 관료제적 조직으로 보고 이런 조직 속에서 일하는 인간이 조직에 적응하는 성격의 유형을 상승형(upward mobile), 무관심형(indifferents), 애매형(ambivalents)의 세 가지로 분류하였다.[46)]

(1) 상승형(upward mobile)

상승형은 조직계층제 내의 비교적 상위층에 있는 사람들 중에서 찾아볼 수 있는 성격유형이다. 즉, 이들은 계층제상의 중요한 지위를 차지하고 있기 때문에 타인에 비하여 더욱 많은 영향력을 행사할 수 있음은 물론 조직으로부터 생기는 보상, 예컨대 권력이나 수입의 분배에 있어서도 가장 많은 분량을 차지한다고 한다.

이와 같은 성격의 소유자는 매사를 낙관시하고 조직생활에 대하여 만족하며, 조직에 대한 충성심이 높다. 또한 그들은 조직의 존립에 대한 정당성과 운영의 합리성을 믿고 조직이 제시하는 가치전제에 입각해서 행동한다. 그러나 이들은 권력욕과 지배욕이 높아 이를 얻기 위해서라면 어떠한 희생도 감수한다. 따라서 조직의 주도권을 장악하고 있는 사람들이 이렇게 행동하는 결과로 조직과 조직간의 갈등은 더욱 격화되고 조직 내부에서는 동조성(conformity)이 더욱 필요하게 된다.

(2) 무관심형(indifferents)

무관심형은 조직계층의 하위층에 있는 사람들 중에서 찾아볼 수 있다. 위에서 본 상승형이 조직을 자기의 욕구충족을 위한 장소로 생각하고 있는 데 반하여, 무관심형은 조직에 대하여 소외감을 느끼며 단순히 남들이 하는 대로 따라가는 데 지나지 않는다.

---

46) Robert Presthus, *Organizational Society*(New York: Knopf, 1962), pp. 164～204.

이와 같이 소외감을 느끼게 되는 이유는 조직에 대하여 큰 기대를 갖고 들어왔으나 관료제의 특수사정이나 개인적인 제약조건 때문에 희망이 좌절되어 무관심 상태에 빠지기 때문이다. 그들은 조직 내에 있어서의 가치성을 인정하려고 하지 않고 충성심을 조직에 바치려고도 하지 않는다. 또한 그들은 자기의 성공을 위하여 타인을 조작하지 않으며, 관료제 내의 정치에 자기를 개입시키지 않으려고 한다.

⑶ 애매형(ambivalents)

애매형은 흔히 연구직 또는 참모직에서 찾아볼 수 있다. 전술한 상승형은 조직이 자기에게 유리한 것이라 생각하고, 무관심형은 조직에 협력하기를 거절하지만, 애매형은 조직이 내세우는 성공이나 권력에 관한 보장을 거절하지도 못하고, 또 이것을 위해 경쟁하려 들지도 않는다.

이와 같은 유형에 속하는 사람들은 그 성격이 내향적이며, 조직의 문제해결에 있어서도 최선의 대안을 찾는 풍토를 싫어한다. 따라서 의사결정은 언제나 감정적이며 대안은 항상 여러 가지가 있다고 생각한다. 상승형은 명료성을 좋아하는 데 반하여, 애매형은 애매한 상황에 대하여 견딜 수 있는 능력을 지니고 있다.

2. Downs의 성격유형

A. Downs는 행정관료의 유형을 목표를 기준으로 하여 조직 전체의 목표보다는 개인의 이익을 우선으로 하는 자기이익 중심적 행정인과 조직 전체의 목표와 개인적인 목표를 동시에 추구하는 혼합동기적 행정인으로 대별하는바, 전자를 출세가형 · 현상옹호자형으로, 후자를 열성가형 · 창도자형 · 경세가형으로 하여 다섯 가지로 분류하고 있다.[47)]

⑴ 출세가형(climbers)

권력 · 위신 · 수입을 최상의 가치로 평가하고 이를 획득하기 위하여 노력하는 유형을 말한다.

⑵ 현상옹호자형(conservers)

전술한 출세형과는 달리 이들은 새로운 권력 · 위신 · 수입을 추구하기보다는 주로 편의와 신분의 안정에 관심을 가지며, 현상을 유지하기 위하여 노력하는 형이다.

⑶ 열성가형(zealous)

비교적 안정된 분야의 정책이나 사업의 수행에 전념하는 정력적 · 낙천적 성격

47) Anthony Downs, *Inside Bureaucracy*(Boston: Little, Brown and Company, 1967), pp. 88~89.

의 소유자들이다.

⑷ 창도자형(advocates)

이들은 열성가들에 비하여 보다 광범한 기능을 수행하고, 조직목표에 헌신하며, 그들이 지지하는 정책에 영향을 미치기 위한 권력을 추구하는 유형을 말한다.

⑸ 경세가형(statesman)

사회 전체 목표를 위하여 충성을 다하며 공공복지에 관심을 보이면서, 국가정책에 영향을 미치기 위하여 필요한 권력을 추구하는 유형을 말한다.

제 6 절 조직과 환경

Ⅰ. 조직환경의 의의

조직을 일정한 목표달성을 위해 제 기능이 합리적으로 배분된 체제(system)라고 볼 때, 그 기능을 수행하는 데 영향을 미치는 제 요소들을 환경(environment)이라고 정의할 수 있다.

생각건대 종래의 조직이론은 조직의 내부문제만을 다루었다는 점에서 폐쇄체제(closed system)로서의 조직이라고 할 수 있으며 고전적 조직론, 신고전적 조직론에서는 조직과 환경의 상호의존성에 대해서 언급이 없었다.

그러나 현실의 조직행동은 환경적 요인에 의해 규정된다는 점에서 오늘날의 조직이론은 개방체제(open system)로서의 조직이라고 할 수 있고, 그것은 주로 조직과 환경과의 관계를 연구하는 데 초점을 두고 있다. 이와 같은 개방체제에 있어서는 조직이 환경으로부터 여러 가지의 투입을 받아들이고 하나의 전환과정(conversion process)을 통하여 그것을 이용하며, 이 과정에서 여러 가지 서비스를 산출(output)한다는 것이다.

개방체제로서의 조직은 항상 환경과의 상호작용 속에서 스스로 성장·발전해야 한다. 그 이유는 조직이 생존하기 위해서는 모든 환경에 대하여 적응하고 자기를 규제 · 조절하지 않으면 안 되기 때문이다.

Ⅱ. 조직환경의 유형

F. E. Emery와 E. L. Trist는 조직과 환경의 상호작용을 강조하는 개방체제의 입장에서 조직은 환경으로부터 투입(input)을 받아들여 그것을 자신의 특성에 따라 전환하고 산출(output)을 환경에 내보내며, 이러한 과정을 거침으로써 환경적응에 필요한 정상상태를 유지한다고 한다.

그런데 A. R. Negandhi는 조직환경의 유형을 i) 조직내부의 환경, ii) 과업환경, iii) 사회환경의 세 가지로 분류하고 있다. 즉 조직내부의 환경이란 조직 내의 개인 또는 집단에 초점을 두어 조직의 내부환경을 다루는 것으로서, 여기에서의 환경은 흔히 조직풍토(organizational climate)라고 불린다. 다음 과업환경이란 어느 하나의 조직에 초점을 두어 그 조직을 둘러싸고 있는 제 요소(제 조직) 가운데서 어느 부분이 그 조직과 관련을 가지고 있는가, 즉 당해 조직과 그 외부환경(제 조직)을 문제로 다루는 것을 말한다. 그리고 사회환경이란 어느 일정한 전체 환경에 초점을 두어 사회시스템으로서의 환경을 다루는 것으로서, 여기에서의 환경은 우리가 일반적으로 말하는 사회적 환경 이외에 사회적 배경(social setting) 등이 포함된다.

1. 조직내부의 환경(조직풍토)

조직풍토(organizational climate)라 함은 조직구성원이 인지할 수 있는 조직환경의 주관적인 성격 혹은 질을 말하는바, R. Payne과 D. S. Pugh는 이것을 조직구성원 사이에 널리 퍼져 있는 가치 · 규범 · 행동 및 감정을 가리키는 것이라고 한다. 그리하여 조직풍토를 구성하는 차원으로서 개인적 책임을 중시하는 정도, 관리자에 의해서 설정되는 업적기준, 조직과의 일체감 및 집단에 대한 충성심 등을 들고 있다. 그리고 이러한 조직풍토에 영향을 미치는 것으로서 상사와 부하의 비공식적(informal)인 관계와 의사전달(communication)의 성격의 중요성을 강조하였다.

2. 과업환경

W. R. Dill에 의하면 과업환경(task environment)이란 관리자가 직면하고 있는 환경 중에서 목표설정 및 목표달성에 관련되어 있는 부분을 말하는 것으로서, 당해 조직이 그 자원에 의존하여 협조 · 경쟁 및 규제(정부 · 조합 및 협회 등)를 수반하는 거래를 행하는 모든 조직을 가리키는 것이다.

3. 사회환경

먼저 사회적 배경(social setting)이란 W. M. Evan에 따르면 예컨대 문화적 요인이 조직의 성과에 영향을 미치는 것을 말한다. S. H. Udy도 모든 조직은 사회 속에 위치하고 있으며 그 사회의 문화적인 영향을 받고 있다는 점을 강조하고 있다.

다음 조직의 일반적 환경으로서 R. H. Hall은 기술적 조건(technological conditions), 법적 조건(legal conditions), 정치적 조건(political conditions), 경제적 조건(economic conditions), 인구학적 조건(demographic conditions), 생태학적 조건(ecological conditions) 및 문화적 조건(cultural conditions)의 일곱 가지를 열거하고 있다.[48] 여기서 법적 조건이란 새로운 법률이 만들어지거나 또는 법률의 해석이 달라지면 조직은 그에 따라 변화를 가져오게 됨을 뜻한다.

또한 F. E. Emery와 E. L. Trist는 상호간에 자원이나 정보에 의존하면서 환경을 구성하는 제 조직의 상호의존성의 상태에 따라 일반적인 환경의 성격을 다음의 네 가지로 분류하고 있다. 즉, 첫 번째의 정태적 · 우연적(placid-randomized) 환경은 제 조직간에 거의 상호의존성이 없는 환경으로서 여기서는 조직의 생존이 우연성에 좌우된다. 두 번째의 정태적 · 응집적(placid-clustered) 환경은 환경을 구성하는 제 조직간에 일정한 연결성을 지니는 환경으로서, 여기서는 탁월한 능력을 발휘하여 자원을 집중적으로 이용함으로써 조직의 규모가 성장한다. 세 번째의 교란·반응적(disturbed-reactive) 환경은 환경 내에 동종의 조직이 다수 존재하여 이들 사이에 직접적인 상호작용이 이루어지는 환경으로서 여기서는 조직이 생존하기 위하여 동종의 타 조직의 행동을 반격한다. 네 번째의 격동(turbulence)의 환경은 환경 그 자체가 변동하는 경우를 말하는바, 여기서는 동종의 조직만이 아니라 이종의 조직과의 상호작용이 발생하여 예측할 수 없고 통제가 불가능한 변화가 일어난다는 것이다.

Ⅲ. 조직간의 상호관계

조직과 환경을 구분하는 것은 경계(boundary)인데 조직의 외부환경이 아주 동적이므로 조직은 그 경계를 넓혀 가거나 구조를 변화시켜 간다. 이 때 조직은 다른

48) Richard H. Hall, *Organizations: Structure and Process*, second edition(Englewood Cliffs, N. J.: Prentice-Hall, 1977), pp. 304～311.

조직과 접할 만큼 경계가 확장되는데, 일단 조직이 확장되어 다른 조직과 관계를 가지게 되면 다른 조직은 하나의 외부환경이 된다. 어쨌든 조직은 그 내부·외부 환경의 변화에 대응하기 위해서 경계를 확장하는데, 이러한 것은 동일한 조직 내에서나 혹은 다른 조직의 구성원들과의 사이에서도 발생할 수 있다.[49] 경계의 확장은 조직의 존속을 위한 하나의 방편이 되는데, 조직이 환경의 변화를 수용하면 존속하지만 그렇지 못하면 소멸하게 된다. 환언하면 외부의 타 조직을 포함한 제 환경요인들이 우리가 연구하고자 하는 조직에 대하여 많은 영향을 미친다는 것이다.

1. 조직 상호간의 행동유형

J. D. Thompson은 조직 상호간의 행동유형으로서 다음과 같은 네 가지를 들고 있다.[50]

(1) 경쟁(competition)

무릇 조직은 자원·고객 및 구성원을 확보하기 위하여 타 조직과 경쟁을 하게 되는 경우가 있다. 이와 같은 경쟁을 하는 동안에 목표가 시정되고 비능률적인 운영이 감소되므로 어떤 면에서는 대상조직에 유리하다고 할 수 있다.

(2) 협상(bargaining)

여기서 협상이라 함은 두 개 이상의 조직이 물품이나 서비스의 제공을 위한 합의를 위해 교섭하는 것을 말한다.

(3) 적응적 흡수(cooptation)

이것은 예를 들면 조직이 그 자체의 존립을 위하여 외부로부터 새로운 인물을 흡수하는 것을 뜻한다.

(4) 연합(coalition)

이것은 조직의 공동목표를 달성하기 위하여 한 조직이 다른 조직과 합작하는 것을 말한다. 즉 연합은 두 개 이상의 조직들이 공동목표를 위하여 결합하는 것을 말한다.

49) John M. Ivancevich, Andrew D. Szilagyi, Jr., Marc J. Wallace, Jr., *Organizational Behavior and Performance*(Santa Monica, California: Good Year Publishing Company, Inc., 1977), pp. 323~324.

50) James D. Thompson and William J. McEwen, "Organizational Golas and Environment: Goal-Setting as an Interaction Process," *American Sociological Review*, vol. 23, 1958, pp. 23~31.

2. 조직간 상호작용에 대한 국가의 규제

조직간의 관계는 어느 정도 국가에 의해서 규제를 받는다. 즉 국가는 법률·행정기관·법원·조정위원회 등을 통해서 조직간의 상호작용에 대한 한계를 설정하고 규제할 수 있다.

Ⅳ. 조직과 환경의 관계

1. 적응적 흡수의 의의

P. Selznick에 의하면 조직을 발생적인 관점에서 보면 최초에는 그것이 추상적 가능성의 문제로서 제기되나 조직 자체의 환경에 대한 적응과정에서 조직이 구체적인 형태로 나타나는 것이라고 하여 조직과 환경의 관계를 강조한다. 그리하여 첫째, 사회시스템은 자기방어를 위해 자생적으로 비공식적인 구조를 만들어 내는바, 조직과 환경의 관계에 있어서는 비공식적인 구조는 조직이 환경적 요소에 적응하는 과정에서 형성된다는 것이며, 둘째, 새로운 조직이 형성되어 그것이 새로운 정책을 수행하는 경우에는 환경 속에 내재되어 있는 여러 이해관계가 고려되어야 한다는 것이다. 환언하면 조직은 여러 이해관계를 고려하면서 자기의 통합과 자기유지라는 기본적인 조직상의 욕구를 충족시켜 나가지 않으면 아니 된다는 것이다.

그리하여 P. Selznick이 말하는 적응적 흡수(cooptation)란 조직의 안정성을 확보하거나 또는 존립에 대한 위협을 회피하는 수단이며, 조직의 정책결정 구조에 환경의 새로운 요소를 흡수시키는 과정을 말한다. 이와 같은 조직에 있어서의 적응적 흡수는 대개의 경우 환경 속에 있어서의 조직의 운영을 활발하게 만들어 주나, 적응적 흡수가 지나치게 확대되면 리더십과 조직목표가 변화하는 수도 있다.

적응적 흡수는 공식적·적응적 흡수와 비공식적·대응적 흡수로 나누어 생각할 수 있는바, 전자는 조직의 상위층에 외부의 유력자를 참여시켜 조직에 대한 친근감을 갖게 하는 것을 말하며, 후자는 정책결정에 있어서 외적 요인을 고려하거나 그들의 타협에 의존하는 것을 말한다.

2. 조직의 환경에 대한 적응

여기서 조직이 환경에 적응한다는 것은 그 목표를 달성하기 위한 조직의 전략을 뜻한다. 그리고 조직이 안정성을 확보하고 발전해 나가기 위해서는 환경에의 적응능력을 계속적으로 향상시켜 나갈 것이 요구된다. 예로서 오늘날 대다수의 발전도상국가에 있어서는 행정이 환경의 변화를 계속적으로 흡수하면서 그 환경을 일정한 방향으로 적극 유도하고 있다.

환언하면 거기에는 독립변수로서의 행정이 정치적·경제적·사회적 변동을 능동적으로 유도하고 있음을 볼 수 있다. 이와 같이 변화하는 환경에 조직을 적응시킴으로써 조직의 안정 및 발전을 유지해 나가는 창조적 활동을 적응적 변화라고 한다.

제 7 절 조직의 상황적응이론

Ⅰ. 상황적응이론의 의의

상황적응이론(contingency theory)의 대표적 주창자인 P. R. Lawrence와 J. W. Lorsch에 의하면 상이한 상황·조직하에서 조직이 어떻게 기능하는가를 이해하고 설명하고자 하는 이론이 바로 'contingency theory'라고 한다. 그들이 이러한 이론의 필요성을 주장하는 기본적인 인식은 일정한 조직화의 방법이 유효성을 발휘할 수 있는가의 여부는 조직이 직면하고 있는 상황·조건에 달려 있다는 데에 기반을 두고 있으며, 바꾸어 말하면 조직이 직면하고 있는 상황·조건이 달라지면 그것에 상응하여 조직화의 방법도 달라진다는 것이다.[51)]

그러나 조직이 직면하는 상황·조건이 달라지면 그것에 상응하여 조직화의 방법도 달라진다는 이 'contingency theory'의 기본적인 인식은 지극히 당연한 일반적인 인식이며, 따라서 이것은 이론이라고 하기보다 하나의 접근방법이라고 보는 것이 타당하다는 일부의 견해도 있다.

P. R. Lawrence와 J. W. Lorsch는 1967년의 「조직과 환경」(*Organization and Environment: Managing Differentiation and Intergration*)이라는 저서에서 그의 한 연구를 통하여 외생변수(환경의 확실성과 다양성 및 환경에 관한 전략적인 문제)와, 조직내부에 있어서의 분화와 통합의 상태 및 갈등해결 과정과의 사이에 중요한 관

51) J. L. Gibson, J. M. Ivancevich and J. H. Donnelly, *Organization: Behavior, Structure, Processes*, 4th edition(Plano, Texas: Business Publication, Inc., 1982), p. 358.

계가 있음을 발견하였다. 즉, 그들의 연구결과가 시사하는 것은 조직내부의 상태나 과정이 외부의 요구조건에 적합할 경우에는 그 조직은 환경에 효과적으로 대처해 나갈 수 있다는 것이었다.

Ⅱ. 상황적응이론의 특징

이제 상황적응이론의 특징을 살펴보면 다음과 같다.

1. 조직의 기능분석을 통한 조직과 상황간의 적합적 관계의 추구

상황적응이론의 제 연구는 조직의 유효성을 조직이 직면하는 상황의 특성과 조직의 내부특성과의 관계에서 파악하고 있다. 그러나 이와 같은 관계는 그렇게 단순한 것은 아니다. 그것은 조직특성과 유효성간의 관계는 고정적인 것이 아니라 상황의 특성에 따라서 달라진다고 생각하고 있기 때문이다.

여기서 이와 같은 관계를 설명하기 위해 일부 이론가들은 적합(fit)이라는 개념을 사용하고 있다. 그리하여 조직특성과 상황특성간에는 일정한 적합·부적합의 관계가 존재하고 있으며, 이 양자 사이에 적합한 관계를 유지하고 있는 조직일수록 유효성이 높다는 것이다.

조직특성과 상황간의 적합 또는 부적합의 관계를 추구하기 위한 수단은 조직의 유효성의 측정과 분석이다. A. Etzioni는 구성원의 의도 또는 목적에 주목하면서 조직분석을 행하는 목표 approach와, 조직의 존속이나 유효성을 기준으로 하여 분석을 행하는 system approach를 채택하고 있다. 또한 조직의 유효성의 분석을 통하여 상황에 적합한 조직특성을 명백히 하고자 하는 상황적응이론은 조직의 기능분석이라는 분석방법론을 채택하고 있다.

2. 조직의 환경적응의 중시

조직의 상황적응이론의 주요 연구에서 인정되고 있는 공통점은 환경에의 조직의 적응(또는 조직과 환경과를 매개하는 기술에의 조직의 적응)이 중시되고 있다는 사실이다. 이 점에서 구성원이나 집단의 동기나 요구에의 적응을 중시하는 행태과학적 조직론과는 대조적이다. 즉, 행태과학적 조직론은 구성원이나 집단의 만족·동기 또는 사기를 높임으로써 조직 전체의 유효성도 높아질 수 있다는 기본인식에 그 기반을 두고 있으나, 조직의 상황적응이론에 있어서는 조직 그 자체의 유효성에 초점을 두고 있으며, 조직의 내부특성을 환경 또는 기술에 적합하게 함으로써 조직의 유효성을 높일 수 있다는 것이다.

Ⅲ. 상황적응이론에 관한 제 연구

조직의 상황적응이론에 관한 연구는 여러 이론가들에 의해서 이루어졌으나 여기서는 대표적인 학자들의 연구내용만을 고찰하고자 한다.

1. Burns와 Stalker의 연구

상황적응이론의 대표적 연구의 하나이며 그 후의 연구에 가장 큰 영향을 미친 것은 T. Burns와 G. M. Stalker의 연구(1961년)이다. 그들의 연구 내용은 영국의 20개 사업조직의 관찰 및 면접조사를 통한 비교분석이며, 그 결론은 다음과 같이 집약할 수 있다.

그들은 조직의 관리구조를 기계적 관리시스템과 유기적 관리시스템으로 구분하였는바, 전자는 직무의 직능적 전문화와 세분화, 명확히 규정된 직무·권한·규칙·절차의 준수 등의 특징을 지닌 조직구조이며, 후자는 구성원의 지식·경험에 입각한 전문화, 직무·권한·규칙·절차의 탄력성 등의 특징을 지닌 조직구조이다. 이 두 개의 관리시스템 중 어떤 것이 보다 유효성을 발휘할 수 있는가는 조직이 직면하는 환경의 불안정성의 정도에 의존한다는 것이다. 그리하여 어떤 조직화의 방법이 유효성을 지니고 있는가의 여부는 조직이 직면하는 상황에 의존한다는 것이다.

2. Woodward의 연구

J. Woodward 등은 영국 South Essex지구 제조업 100사의 조직을 대상으로 실시한 조사연구(1965년)에서 다음과 같은 사실을 명백히 하였다. 즉, 그들에 의하면 공공조직의 구조나 운영방법과 업적의 관계만을 살펴볼 경우, 양자 사이에는 뚜렷한 관계가 존재하지 않는다는 사실이다. 이러한 사실은 고전적인 관리원칙에 따른 관리방식이 항상 효과적이 되지 못함을 시사해 주는 것이다. 그리고 이와 같은 사실은 어떤 상황하에서도 보편적으로 효과적인 최선의 조직화의 방법이나 원리는 존재하지 않으며, 기술이 다르면 그것에 대응해서 조직화의 방법도 달라진다는 것이다.

Woodward 등이 중시한 것은 생산기술의 복잡성이라는 요인이며, Burns와 Stalker가 관심을 가진 것은 환경의 불안정성의 정도라는 차이는 있지만, 양자는 다같이 동일한 기본인식을 지니고 있는 것이다.

3. Lawrence와 Lorsch의 연구

Burns와 Stalker가 생각해 낸 기본인식과 경험적 명제를 대규모 복합조직을 대상으로 하여 발전·확대시킨 사람은 P. R. Lawrence와 J. W. Lorsch이다.

그들의 연구(1967년)에 의하면, 현대의 대규모 조직은 각각 다른 하위과업(sub-task)을 수행하는 복수의 하위체제(sub-system)로서 구성된 복합조직이므로, Burns와 Stalker의 경험적 명제가 조직의 하위체제(sub-system)의 수준에도 타당한 것이라고 한다면, 복합조직의 각 하위체제는 각각 하위환경의 불안정성의 정도에 상응하여 조직구조가 생성된다는 것이다.

Lawrence와 Lorsch는 3개 산업 10사의 정량적·정성적인 비교분석으로부터 다음과 같은 결론을 얻었다.

첫째로, 복합조직의 각 하위체제(sub-system)는 제각기 직면하는 하위환경의 불확실성의 정도에 상응하여 서로 다른 조직구조를 생성한다는 사실이다.

둘째로, 각 하위체제가 직면하는 환경의 불확실성의 정도의 차이는 단순히 제각기의 하위체제에 구조상의 차이를 가져올 뿐만 아니라, 하위체제의 구성원의 행동유형에도 차이를 초래한다(Lawrence와 Lorsch는 이와 같은 하위체제간의 차이를 총칭하여 조직의 분화라고 부르고 있다).

이상의 제 연구는 조직이 직면하는 상황이 다르면 거기에 상응하여 조직화의 방법도 달라진다는 기본인식을 생성함과 아울러 그것을 보다 구체화한 경험적 명제를 제시한 대표적인 연구이다.

Ⅳ. 상황적응이론의 한계와 과제

조직의 상황적응이론이 현대조직론에 미친 영향은 매우 크다. 그러나 이 이론은 아직 한계성을 지니고 있으며, 미해결의 과제를 가지고 있다.

1. 한 계

첫째로, 상황적응이론은 시종일관하여 환경과 조직의 적합관계에 대한 해명만을 하고 있으나, 이 적합관계가 어떠한 방법과 과정을 거쳐 생성되는가에 대해서는 다루고 있지 않다.

둘째로, 상황적응이론은 기능적 관계 또는 적합관계의 추구에 전념하는 나머지 역기능적인 특성이 생성되는 원인을 분석하지 못하는 난점이 있다.

2. 과 제

조직의 상황적응이론은 조직의 기능분석을 통하여 조직과 환경과의 적합관계를 추구하여 왔으나, 기능분석에 있어서 기능요건의 충족도를 다양하게, 그리고 균형 있게 고려하지는 못하였다.

C. I. Barnard는 조직의 장기적인 존속을 위해서는 목표달성과 구성원의 동기의 만족이라는 2개의 기능요건이 충족되어야 한다고 지적하고 있으나, 상황적응이론에 있어서는 조직의 목표달성이라는 기능요건에 지나친 중점을 두고 있다.

구성원의 동기의 충족이라는 기능요건의 충족도를 분석하기 위해서는 환경·기술·과업 등의 요인과 더불어 구성원의 욕구나 personality를 상황요인으로서 고려하여 기능분석을 행할 필요가 있다. J. W. Lorsch와 J. J. Morse, 그리고 D. V. Nightingale과 J. M. Toulous는 이 점을 고려에 넣어 환경, 구성원의 personality, 조직특성간의 다원적인 적합관계를 추구하고자 시도하고 있다. 이와 같은 분석은 분석수준을 조직으로부터 집단, 개인까지 확대하게 되는 것이다.

제 2 장

행정조직의 규범

제 1 절 조직의 목표

Ⅰ. 조직목표의 의의

행정조직의 목표란 '행정조직이 달성하고자 하는 바람직한 미래의 상태'를 뜻한다. 물론 조직 가운데는 이미 일정 기간만 존립하기로 정해져 있는 것도 있고, 또한 현상유지만으로 만족하는 조직도 있다. 그러나 대개의 경우 조직의 목표는 구성원들로 하여금 장래에 있어서 원하는 상태를 그린 것이라고 할 수 있다.

따라서 행정의 최고관리자는 항상 조직의 목표를 정립하고 그것을 수정하여 조직의 장래를 구성하는 데 힘써야 할 것이다. 조직의 목표는 일단 정립되고 나면 그 영향력이 크므로 조직의 목표를 설정하는 과정에서는 조직 내의 요구, 조직의 과거업적, 환경으로부터 나타나는 저항 등 제 요인을 미리 고려할 필요가 있다.[1)]

Ⅱ. 조직목표의 기능[2)]

① 행정조직의 방향제시　　조직의 목표는 행정조직이 실현하고자 하는 미래의 상태를 밝힘으로써 그 방향 및 지침을 제시하여 준다.

② 정당성의 근거　　행정조직의 목표는 조직의 활동 자체를 정당화시켜 주는 정당성의 근거가 되는 것이다. 따라서 조직은 처음부터 정당성을 인정받을 수 있는 목표를 설정하여야 하며, 그 후에도 환경의 변화에 따른 목표의 수정을 끊임

1) H. A. Simon, "On the Concept of Organizational Goal," *Administrative Science Quarterly*, vol. 9 (June 1964), p. 2.

2) Amitai Etzioni, *Modern Organizations*(Englewood Cliffs, N.J.: Prentice-Hall, 1964), p. 5.

없이 행함으로써 정당성을 유지하는 데 노력하여야 할 것이다.

③ **효과성 측정의 기준** 행정조직의 목표는 조직의 효과성과 능률을 측정할 수 있는 기준을 제공해 준다. 여기서 효과성이란 조직의 목표달성도를 뜻하며 능률은 일정한 투입원가에 비하여 더 많은 생산을 할 수 있는 것을 말한다.[3)]

이 외에도 조직의 목표는 조직 구성원의 관심을 집중시키고, 내부운영에 직접적으로 영향을 미치며 조직의 성격을 나타낼 뿐만 아니라 의사결정의 범위를 한정시킨다.[4)]

Ⅲ. 목표설정에 영향을 미치는 요인

목표설정에 영향을 미치는 것을 분석하기 위해서는 인간적 변수, 구조적 변수, 환경적 변수를 고찰해야 하며[5)] 이들을 보면 다음과 같다.

① **목표설정자의 가치관** 목표를 설정하는 것은 인간이며 따라서 목표설정자의 가치관에 근거해서 목표가 설정된다. 여기서는 목표설정자의 가치관을 비롯하여 동기 · 지식 및 기술적 능력 등을 들 수 있다.

② **조직구조적 요인** 조직 내의 요구, 조직의 과거의 업적, 의사전달체제 등의 조직구조적 특색이 목표설정에 영향을 미친다.

③ **환경적 요인** 조직은 환경으로부터 대부분의 투입(input)을 받기 때문에 환경의 조직에 대한 요구, 환경으로부터 나타나는 저항 등이 목표설정에 영향을 미친다.

Ⅳ. 목표의 유형

1. 상위목표와 하위목표

H. A. Simon에 의하면 하나의 목표를 실현하기 위하여 여러 가지 수단이 도출되고 이 수단들을 다시 목표로 하여 제 2 의 수단들이 도출된다고 한다. 즉 목표· 수단의 계층제(hierarchy)의 수립과정을 통하여 의사결정이 이루어진다는 것이

3) 조직의 효과성에 관해서는 다음 절 참조.
4) John M. Ivancevich, Anderw D. Szilagyi, Jr., Marc J. Wallace, Jr., *Organizational Behavior and Performance*(Santa Monica, California: Goodyear Publishing Company, Inc., 1977), pp. 329～330.
5) Amitai Ezioni, *op. cit.*, pp. 280～282.

다.[6] 따라서 조직 전체의 것을 상위목표라고 한다면 하위부서의 것은 하위목표라고 할 수 있다.

한편 Simon은 논리적 실증주의(logical positivism)에 입각하여 엄밀한 의미에서의 과학은 가치의 문제를 배제하고 사실의 문제만 다루어야 한다고 한다. 그런데 전술한 계층제에서는 밑으로 내려갈수록 결정의 문제는 사실의 영역이 넓어지기 때문에 Simon의 이론은 조직의 상위층의 목표를 다루기에는 부적합하며 오히려 하위층의 목표를 다루는 데 알맞은 것이라 하겠다.

2. 목표와 수단의 연쇄(means-ends chains)[7]

조직의 일정한 목표를 어떻게 수행할 것인가 하는 방법을 수단이라고 하며, 한 차원에서의 수단은 다음 차원에서는 하나의 하위목표가 된다. 다시 말해서 조직 내에 어떤 하나의 목표는 보다 상위의 목표에 대해서는 수단이 되며 이를 달성하기 위한 하위의 목표에 대해서는 상위목표가 된다. 따라서 조직의 목표는 상위목표와 하위목표 사이에 수많은 목표-수단의 계층(hierarchy)이 존재한다. 조직의 구조는 이 목표-수단의 계층적 흐름(a hierarchical flow of means-ends)에 의해서 결정되므로 조직구조의 배치에 크게 영향을 준다.

목표-수단의 연쇄에 따라 조직 내의 집단과 개인의 관계를 설정함으로써 조직은 통합성과 일관성을 유지할 수 있으며 이 목표-수단의 개념을 파악함으로써 관리자는 상위목표와 하위목표를 구별할 수 있다.

3. 공식목표와 실질목표

공식목표(stated goal)란 행정기관이 공식적으로 내세우는 목표를 의미하며, 실질목표(real goal)란 행정기관이 실제에 있어서 추구하는 목표를 말한다. 이상의 두 가지 목표는 서로가 일치되는 수도 있고 그렇지 않은 수도 있으나, 일반적으로 양자의 목표가 서로 일치할수록 조직존립의 정당성을 확보할 가능성이 농후하다고 하겠다.

4. 질서목표, 경제적 목표, 사회문화적 목표

A. Etzioni는 조직의 목표를 다음과 같이 질서목표, 경제적 목표, 사회문화적

6) H. A. Simon, *Administrative Behavior*(New York: Free Press, 1957), pp. 62~66.

7) John M. Ivancevich, Andrew D. Szilagyi, Jr., Marc J. Wallace, Jr., *op. cit.*, p. 131.

목표의 세 가지로 분류한다.[8)]

(1) 질서목표(order goals)

이것은 조직의 구성원이 조직으로부터 일탈하는 것을 방지하거나 통제하려는 목표를 말한다.

(2) 경제적 목표(economic goals)

이것은 사회를 위하여 재화 및 서비스를 산출하려고 하는 목표를 뜻하는데 이외에도 C. Perrow는 조직의 생산기능 또는 생산활동에 관한 목표를 생산목표(product goals)라고 부른다.[9)]

(3) 사회문화적 목표

이것은 상징적 대상의 창조·유지 및 활용에 필요한 조건을 제도화하려는 목표를 뜻하는바, 여기에는 사회와 조직의 신념체계·가치관 등이 포함된다.

Ⅴ. 목표의 수

1. 단일목표

여기서 단일목표라 함은 행정조직이 단 하나의 상위목표만을 갖는 경우를 말하는데 사실상 행정조직은 그 기능이 방대하기 때문에 하나의 조직목표만을 가지기는 어려우며 또 단일목표는 조직의 수행에 비효과적이기도 하다.

2. 복수목표

이것은 행정조직이 복수의 상위목표를 갖는 경우를 말한다. A. Etzioni에 의하면 복수의 목표를 가진 조직은 동일한 분야의 단일목표를 가진 조직보다도 목표수행에 있어서 효과적이며 능률적이라고 한다. 그 이유는 i) 하나의 목표를 달성하기 위한 활동은 다른 목표를 달성하는 데 공헌하는 일이 많으며, ii) 일반적으로 다원적 목표를 가진 조직은 질적으로 단일목표를 가진 조직보다 매력적이고 위신이 높기 때문에 유능한 인재를 구하는 데 유리하고, iii) 조직의 성원 가운데는 오로지 한 가지 일에만 종사하는 것을 좋아할 경우도 있으나, 반면에 성격상 다양한 일에 종사하는 것을 원하는 경우가 많기 때문이다.[10)]

8) A. Etzioni, *A Comparative Analysis: On Power, Involvement and Their Correlates*(New York: The Free Press, 1961), pp. 72~73.

9) C. Perrow, "The Analysis of Goals in Complex Organization," *American Sociological Review* (December, 1961), pp. 134~171.

그러나 복수목표를 가진 조직에 있어서는 i) 서로 모순되는 목표 때문에 조직원의 시간 · 정력 · 수단 등의 할당에 있어서 갈등이 생길 수 있고, ii) 조직의 전문화를 가져오기 어렵다는 단점도 있다.

Ⅵ. 목표의 변동

행정조직의 목표는 환경의 변화에 따라 변동되는 수가 있는바, 여기서는 주로 목표의 승계 · 다원화 및 확대와 전환의 경우를 살펴보고자 한다.

1. 목표의 승계 · 다원화 및 확대

목표의 승계(succession)란 당초에 설정한 목표가 달성이 된 경우, 혹은 목표 달성이 어려울 경우에 새로운 목표를 설정하여 조직의 생존을 계속적으로 유지해 나가는 것을 뜻한다.

목표의 다원화란 종래의 목표에 새로운 목표가 추가되어 복수의 목표를 지니게 되는 경우를 의미하며, 한편 목표의 확대란 추구하는 목표의 범위가 확장되는 것을 뜻한다.

2. 목표의 전환

여기서 목표의 전환(displacement of goals)이란 원래의 목표는 망각되고 목표 달성을 위한 수단이 오히려 목표 자체의 위치에 격상되는 것을 뜻한다.

(1) Michels의 과두제의 철칙에 의한 목표의 전환

R. Michels에 의하면 처음에는 평등주의에 입각하여 만들어진 조직도 그 목표의 효과적인 달성을 위해서는 계층적 구조를 낳게 되고 소수의 지도자에 의해 지배되는 '과두제의 철칙'(Iron Law of Oligarchy)을 낳게 된다는 것이다.

즉, 그는 제 1 차 세계대전중 유럽의 사회주의 정당과 노동조합을 연구하여 거기에서 '과두제의 철칙'이라는 현상이 발생됨을 알았다. 즉 Bismarck 치하의 독일에 민주정부를 수립하기 위하여 정당과 조합을 결성하였는데 그 간부들이 지도자의 자리에 오르자 애당초의 의도와는 달리 자기네들의 지위를 더욱 공고히 만들기 위해 반대자들을 추방하는 등 목표의 전환을 가져왔다는 것이다.

---

10) A. Etzioni, *Modern Organizations*(Englewood Cliffs, New Jersey: Prentice-Hall, Inc., 1964), pp. 15～16.

(2) Merton의 동조과잉에 의한 목표의 전환

또한 R. K. Merton은 수단으로서의 규칙이 목표보다 더 중시되는 현상을 지적하였다. 그에 의하면 규칙의 지나친 준수는 형식주의를 낳게 되며 그것을 강조하면 규칙준수가 제 1 차적 관심사가 되어 마침내 조직의 목표달성이 저해된다는 것이다. 바꾸어 말하면 동조과잉(overconformity) 현상에 의해 목표의 전환이 일어나게 된다고 한다.[11)]

제 2 절 조직의 효과성

Ⅰ. 조직효과성의 의의

일반적으로 조직의 목표에는 공식적으로 표명되는 형식적 목표와 실제 조직이 활동하고자 하는 실질적 목표가 있다. 이러한 조직의 목표는 조직환경의 여러 가지 요인과 조직 자체의 구성요소에 의해 변화가 일어나고, 또한 조직의 실질적 목표가 밖으로 명확하게 표현되지도 않으며 목표 그 자체도 다원적 성격을 지닌 추상적인 것이기 때문에 조직목표 그 자체를 조직성과의 결과변수로 파악한다든지 또는 조직목표를 어떤 단일지표에 의해 설명하기란 어려운 일이다.

이처럼 조직평가에 있어서 조직목표를 중심으로 파악하는 데에는 복잡하고 어려운 문제들이 있으므로, 일반적으로 조직목표라는 추상적인 개념 대신에 조직의 효과성(organizational effectiveness)이라는 비교적 구체적인 개념에 입각하여 조직을 평가할 필요가 대두된다.[12)]

---

11) Robert K. Merton, "Bureaucratic Structure and Personality," reprinted in Amitai Etzioni, ed., *Complex Organizations: A Sociological Reader*(New York: Holt, 1961), p. 48~61.

12) 일반적으로 효과성(effectiveness)과 능률(efficiency)간에는 개념상의 혼란이 존재한다. 이 두 개념을 엄격히 구분하기는 매우 어려우나, 일반적으로 능률(efficiency)은 어떤 성과달성을 위해 소요된 투입량과 투입단위당 성과(산출)와의 비를 의미하며, 효과성(effectiveness)은 이미 설정된 목표의 달성과정을 의미하는바, 질·양·시간·비용의 네 요소가 다 포함된 관점에서의 목표달성도가 바로 효과성(effectiveness)이다. 신유근, 조직행위론(서울: 다산출판사, 1989), pp. 38~39 참조.

Ⅱ. 조직효과성의 접근모형

1. 조직구조적 접근모형

조직구조적 접근모형은 조직구조의 성과를 평가함으로써 조직의 효과성을 측정하려는 것으로, 이에는 목표달성의 정도를 효과성의 기준으로 삼는 목표모델과 조직의 구조나 과정과 같은 수단을 효과성의 기준으로 삼는 체제모델이 있다.

A. Etzioni에 의하면 목표모델(goal model)이란 대개의 경우 효과성이 이상화된 공적 목표(public goal)에 비추어 판정되기 때문에 현실적으로 볼 때 조직은 거의 예외 없이 비효과적이라는 결론에 도달하든지, 아니면 실제의 조직활동이 지향하는 사적 목표(private goal)와 공적 목표(public goal)와의 gap을 지적하는 데 그치는 모델이라 한다.[13)]

이에 대하여 체제모델(system model)은 주어진 조건하에서 다기능적 단위(multifunctional unit)로서의 조직이 제 자원의 배분을 어느 정도까지 최적배분상태에 접근시키고 있는가에 착안한 방법이다. 이것은 다시 존속모델(survival model)과 효과성모델(effectiveness)로 나뉜다. 전자는 조직체계의 존속을 가능케 하는 일군의 기능적 요건을 특정화하기 위한 모델이며, 후자는 주어진 목표를 수행하는 데 있어서 가장 효과적인 제 요소간의 상호관계를 명백히 하기 위한 모델을 말한다.[14)]

2. 조직기능적 접근모형

조직효과성에 관한 조직기능적 접근모형은 조직이 외부환경과 관련하여 균형을 유지하고 또한 조직과 구성원간의 균형을 유지하기 위해 일어나는 협상관계를 중심으로 파악하는 균형모델과 조직활동이 사회에 대해 어떻게 기능하는가 하는 사회적 기능과의 관점에서 보는 기능모델이 있다.

먼저 C.I. Barnard는 조직구조의 내부균형을 도모함과 동시에 조직이 외부환경에 동적으로 적응함으로써 조직과 외부환경 사이에 균형을 유지·회복할 때 조직의 유효성이 높아진다고 한다.[15)]

---

13) A. Etzioni, "Two Approaches to Organizational Analysis: A Critique and a Suggestion," *Administrative Science Quarterly*, vol. 5, 1960, pp. 257~258.

14) *Ibid.*, pp. 261~262, pp. 271~272; A. Etzioni, *op. cit.*, p. 8.

15) C.I. Barnard, *The Functions of Executive*(Cambridge, Massachusetts: Harvard University Press, 1938).

이에 반해 기능모델은 조직구조 그 자체의 입장에서가 아니라 조직활동이 사회에 어떠한 이익을 가져다 주는가 하는 입장에서 조직의 효과성이 평가된다. 모든 조직은 목표달성(goal attaintment)기능, 적응(adaptation)기능, 통합(integration)기능, 그리고 현상유지(maintenance)기능을 갖고 있는데[16) 조직의 효과성은 이러한 기능들이 조직의 목표달성에 순기능적인가 아니면 역기능적인가에 의해 평가되어야 한다는 것이다.[17)]

3. 인적 자원적 접근모형

조직효과성에 대한 인적 자원적 접근모형은 조직 내의 인적 자원의 중요성에 초점을 두고 이러한 인적 자원의 효과성에 의해 조직효과성을 평가하는 인적 자원 모델과, 조직이 하나의 팀으로 일할 수 있는 능력과 구성원의 욕구를 충족시킬 수 있는 능력의 관점에서 조직개발에 초점을 두는 조직개발 모델이 있다.

R. Likert는 종래의 조직효과성은 주로 생산고나 이익과 같은 결과 변수에만 관심을 두고 조직 내의 인적 변수에는 무관심함으로써 조직 내의 인적 자원을 낭비하게 되었다고 비판하면서, 모든 조직의 가치는 그 조직 내의 인적 자원의 가치에 의해 결정되어야 하며 이러한 인적 자원의 가치를 측정하기 위해서는 인적 자원 회계제도를 도입해야 한다고 주장한다.[18)]

이에 대해 조직개발 모델은 감독자가 부하를 관리할 수 있는 능력을 개발하고 집단사기와 조직구성원들간의 팀워크를 향상시키며, 구성원들간의 의사소통과 신뢰성을 증진시키고 그들의 목표설정에 자율성을 부여하기 위한 경영개발에 초점을 두는 것인데, 이를 위해서는 행태과학적 입장에서 조직목표와 개인욕구간의 조화있는 통합을 통해 각 구성원의 잠재능력이 충분히 발휘될 수 있도록 효율적이고 기능적인 조직을 설계해야 한다. 특히 이를 위해서는 목표관리(MBO)가 요구된다.[19)]

4. 생태적 접근모형

이 접근모형은 조직이 외부환경과 어떠한 상호작용을 하고 있는가 하는 상황

16) T. Parsons, *Structure and Process in Modern Societies*(New York: Free Press, 1965), pp. 45~46 참조.
17) C. J. Barton, "Approaches to the Evaluation of Organizational Effectiveness," *Academy of Management Review*(July 1977), pp. 468~469.
18) R. Likert, *The Human Organization*(New York: McGraw-Hill Book Co., 1967), pp. 149~150.
19) C. J. Barton, *op. cit.*, pp. 466~467.

이론을 근거로 하여, 여러 제약조건하에서 조직에 부과된 목표를 충족시키는 관점에서 효과성을 평가하고자 하는 것이다. 즉 이 접근모형의 기본적인 관점은 조직이 추구하는 복합적인 목표가 조직의 현재 기능과 그리고 궁극적인 존속에 관련된 이익집단들이 조직에 대해 갖는 기대감들에 부응해야 한다는 것이며, 따라서 조직의 효과성은 조직과 관련된 개인, 이익집단, 연합체 등의 기대감을 충족시켜 줄 수 있는 능력이다.[20]

Ⅲ. 조직효과성의 평가기준

B. S. Georgopoulos와 A. S. Tannenbaum은 조직의 효과성이란 "사회체계로서의 조직이, 주어진 일정한 자원과 수단 아래서 그 수단과 자원을 손실함이 없이, 그리고 그 구성원에 대해서 불필요한 긴장을 주지 않으면서 조직의 제 목표를 충족시키는 정도"라고 말했다.[21] 또한 그들은 위에서 말한 개념에 따라 첫째, 표준작업량과 실제작업량과의 비교에 의해서 나타나는 조직의 생산성(organizational productivity), 둘째, 구성집단간에 있어서의 경쟁 혹은 긴장의 정도를 표시하는 조직내긴장(intraorganizational strain), 셋째, 조직 내외에 있어서의 변화에 대한 효과적인 적응능력을 표시하는 조직의 신축성(organizational flexibility)의 세 가지를 조직효과성의 평가기준으로 들고 있다.[22]

다음 J. L. Price는 A. Etzioni 및 C. Perrow에 이어 소위 실효적 목표(operative goals)와의 관련하에 효과성을 파악하는 입장에서 과거의 50종의 경험적 연구에 대해 상세히 검토했다.[23]

그 과정에서 그는 먼저 조직의 효과를 대체적으로 표현하고 있다고 생각되는 다섯 개의 지표, 즉 앞에서 본 생산성(productivity), 조직규범에 대한 업무활동의 동조성(conformity), 조직구성원의 사기(morale), 조직체계의 신축성을 의미하는 적응성(adaptability), 외부환경으로부터 지지를 받는 정도를 나타내는 제도화

---

20) R. H. Miles, *Macro Organizational Behavior*(Santa Monica: Goodyear Publishing Co., 1980), p. 375.

21) B. S. Georgopoulos and A. S. Tannenbaum, "A Study of Organizational Effectiveness," *American Sociological Review*, vol. 22, 1957, pp. 534～540.

22) Georgopoulos 등의 연구는 세련된 통계적 수단을 사용하여 조직체계의 제 특성에 관련된 체계관련적(system-relevant)인 효과성의 평가기준을 만들려고 한 것으로서 효과성분석에 새로운 경지를 개척한 것이다.

23) J. L. Price, *Organizational Effectiveness*(Homewood, Ill.: Richard D. Irwin, 1968), p. 2.

(institutionalization)를 제시하고, 다음 그들을 매개변수로 하여 조직의 효과성과 순기능적으로 혹은 역기능적으로 관계 있다고 생각되는 주요한 27개 요인(독립변수)을 선별하였다. 여기서 선별된 요인은 분업 · 전문화, 집권화, 적응적 흡수 등인데, 그는 이것을 다시 독자적 개념구성에 따라서 경제체계, 정치체계, 통일체계 및 조직규모와 생태로 크게 분류하고 이를 종속변수인 효과성과의 관계하에서 정식화했다.[24]

제 3 절 조직쇄신

Ⅰ. 조직쇄신의 의의

조직은 행정의 모체이므로 끊임없는 조직쇄신이 요구되는바, 여기서 조직쇄신(organizational innovation)[25] 이란 "조직 내외로부터 새로운 아이디어(idea)를 도입하고, 이 도입된 아이디어를 구체적으로 적용하여 조직 내의 구조 · 기술 및 인간의 행태의 변화를 계획적으로 시도하는 것"을 뜻한다.

H. J. Leavitt는 산업조직(industrial organization) 연구를 통하여 조직을 네 개의 상호작용하는 변수를 지니는 복합시스템(complex systems)으로 파악하였는바, 여기서 네 개의 변수란 i) 과업변수(task variables), ii) 구조변수(structural variables), iii) 기술변수(technical variables) 및 iv) 인간변수(human variables)를 말하며, 이상의 네 개의 변수는 상호의존관계에 있다고 한다.[26] 그리고 조직쇄신에의 접근은 i) 이외의 변수를 사용함으로써 가능하게 되는 것이다.

좀더 구체적으로 보면 과업이란 조직의 존재이유로서 재화나 서비스의 생산에 관한 것이며, 구조란 권한 · 업무 및 의사소통의 흐름의 체계를 뜻하고, 기술이란 기계장치로부터 컴퓨터나 작업측정의 기술에 이르기까지 업무의 전문화를 뜻하며, 인간이란 과업을 수행하는 행위자(actors)의 행태를 의미한다.

24) *Ibid.*, pp. 204～207.

25) 쇄신(innovation)이라는 용어는 개혁(reform) · 개선(improvement) 또는 발전(development) · 변동(change)이라는 말과 동의어로 사용되는 경우가 많다.

26) Harold J. Leavitt, "Applied Organization Change in Industry: Structural, Technical and Human Approaches" in W. W. Cooper *et al.*, eds., *New Perspectives in Organizational Research* (New York: John Wiley and Sons, 1964), pp. 57～71.

따라서 조직쇄신을 구조면·기술면 그리고 행태면의 세 가지 측면에서 살펴보고자 한다.

Ⅱ. 구조·제도면의 쇄신

1. 의 의

(1) 종적 및 횡적 구조의 변화

조직에는 종적인 구조와 횡적인 구조가 있는바, 종적 구조의 변화의 예로서는 집권화와 분권화를 들 수 있고, 횡적 구조의 변화의 예로서는 분업화를 들 수 있다. 여기서 집권화와 분권화에 대해서 보면 제도적인 통제수단(예, PPBS)에 의해서 집권화가 되고 의도적 쇄신이 가능한데 이것은 장래를 통제할 수 있다는 것이 전제가 되고 있다. 다른 한편으로는 통제를 최소화할 수 있다는 것을 전제로 분권화에 의한 개별적 창조성 내지 쇄신성의 추구가 가능한데(예, MBO), 이것은 결국 통제하면 할수록 창조성이 결여되어 새로운 아이디어의 도입이 어려워짐을 뜻하는 것이다.

(2) 조직의 동태화

조직의 동태화란 조직을 고정화시키지 않고 창조성을 가지고 환경의 변화에 신축성 있게 적응해 나가는 것을 말하며, 한편 조직을 경직화시키지 아니하고 적시에 적재로써 조직을 편성하여 당면 문제를 기동성 있게 처리하는 것을 말한다. 오늘날 급격히 팽창·변동하는 행정수요에 적응해 나가기 위해서는 종래의 정태적 행정조직만으로는 감당하기 어려우며 불가피하게 동태적인 조직의 편성이 필요하게 되었다. 조직의 동태화를 위한 방법으로서는 담당관제의 채택, 프로젝트팀(project team), 전문조사반(task forces) 등의 활용을 생각할 수 있다.

(3) 조직의 제도화

S.P. Huntington은 제도화를 "조직과 절차가 가치와 안정성을 획득하는 과정"으로 이해하고,[27] 나아가 정치체제의 제도화의 수준은 조직의 적응성(adaptability)·복합성(complexity)·자율성(autonomy) 및 응집성(coherence)의 확보 여하에 달려 있음을 지적하고 있다. 즉 그에 의하면 첫째, 적응성이란 한 조직이나

---

27) "Institutionalization is the process by which organizations and procedures acquire value and stability," Samuel P. Huntington, *Political Order in Changing Societies*(New Haven: Yale University Press, 1968), p. 12.

절차가 적응성이 강하면 강할수록 보다 고도로 제도화됨을 말하며, 둘째, 복합성이란 한 조직이 복합적일수록 보다 제도화됨을 말하고, 셋째, 자율성이란 한 조직이 다른 사회집단 및 행동방식과 어느 정도 독립하여 존재하느냐 하는 것이고, 넷째, 응집성이란 조직이 단합되고 응집될수록 보다 제도화됨을 뜻하는 것이라고 한다.[28)]

2. 구조면의 쇄신기법

(1) 목표관리(MBO)

이 목표관리(MBO: Management by Objectives)는 조직이 목표를 설정함에 있어서 조직 내에서의 상사와 부하가 공통의 목표를 서로 확인하고, 조직구성원들을 광범하게 참여시키는 관리시스템을 말하는 것인바, 조직관리의 원칙에서 보면 분권화에 의한 관리시스템이라고 하겠다.

(2) Likert의 연결핀 모형(linking-pin model)[29)]

R. Likert는 전통적인 개인 대 개인의 조직관 대신에 집단 대 집단의 조직동태화를 시도하였다.

조직 속의 개인은 자신이 속해 있는 각 집단의 구성원임과 동시에 집단간을 연결하는 연결핀의 역할을 한다. 이 구조는 상향적인 성향을 지니는 것인바, 의사전달, 동기부여 등이 상향적인 형태를 띰은 물론 여기에 부가하여 집단과 개인 간의 수평적 관계도 발생한다. 각 개인과 집단은 자기의 집단에서만 행동하는 것이 아니고 다른 집단의 연결핀과의 교류도 가능하기 때문에 조직은 더욱 효과적이고 다각적으로 활동하게 된다. 이처럼 Likert의 연결핀 모델은 조직의 모든 관계가 하향적인 전통적 계층제 조직형태와는 대조가 된다. 이 Likert의 연결핀 모델은 조직동태화의 실제적용에 유용하게 사용될 수 있다.

Ⅲ. 기술면의 쇄신

1. 의 의

기술면에서 조직쇄신을 이룩하는 방법에는 계량적 모형, 예컨대 OR(opera-

---

28) 여기서 적응성·복합성·자율성 및 응집성의 반대개념은 각각 경직성·단순성·종속성 및 분열성으로 표현할 수 있다.

29) R. Likert, *The Human Organization*(New York: McGraw-Hill, 1967), pp. 168～169.

tions research)의 기법을 적용하여 문제해결을 위한 최적대안을 찾아 내는 방법과 컴퓨터를 사용하여 자료처리를 신속화하고 정보를 통합적으로 처리하는 전산화된 통합적 정보관리체제(computerized integrated management information system)를 채택하는 방법이 있다. 이와 같은 통합된 정보관리체제의 도입은 전통적 정보관리체제에 근본적인 변화를 가져올 뿐만 아니라 인적 및 구조적 요소에도 상응하는 변화를 요구한다.[30)]

2. 기술면의 쇄신기법

(1) 현장교육

직무장소와 훈련장소를 연결시킴으로써 보다 효과적인 직무수행능력을 얻을 수 있다는 가정에서 현장교육이 이루어지고 있으며, 대부분의 훈련이 이러한 현장교육에서 이루어지고 있다. 그러나 피고용자들이 직무를 습득하기 전부터 긴장상태에 놓이게 됨으로써 창의적 태도가 없어진다는 단점 등이 있다.

(2) 직장외부훈련

현장교육에 대한 노력을 보완해 주는 훈련방법으로서 피훈련자들을 직무와 과업의 압력으로부터 해방시켜 줌으로써 교육을 받도록 자극시킨다는 장점이 있다.

(3) 강의방법

이는 많은 사람들에게 적은 비용으로 지식을 제공해 줄 수 있는 방법으로서 훈련자의 통제와 명료성의 장점이 있다.

(4) 토론식방법

강의식 방법에는 참여자의 역할이 상대적으로 수동적이지만, 토론식에서는 참여자가 많은 참여기회를 통해서 사고를 변경시키고 경험을 얻을 수 있다.

(5) 사례연구와 역할연기법

사례연구방법은 피훈련자에게 조직에서 실제로 일어난 몇 가지 사건을 설명하고 그 사건에 대한 문제점을 확인하고 해결책을 강구하도록 하는 방법이며, 후자는 연극에 의해 사례 속의 역할을 담당하도록 하여 실제로 그러한 사례가 어떻게 해서 일어나는가에 관한 경험을 얻도록 하는 방법이다.

30) 오석홍, 조직이론(서울: 박영사, 2001), pp. 538~539.

Ⅳ. 행태면의 쇄신

1. 의　　의

조직을 구성하고 있는 주체는 인간이므로 조직을 쇄신하기 위해서는 인간의 행태를 변화시켜 쇄신적인 방향을 모색할 수 있다. 일반적으로 이러한 행태면에서의 조직쇄신을 조직발전(OD: organization development)이라고 부르고 있으며, 이를 조직쇄신의 포괄적인 의미와 구별하고 있다. 그러나 조직발전을 다른 조직쇄신(구조면 또는 기술면의 쇄신)과 엄격히 구별한다는 것은 어려운 일이다.[31)]

2. 행태면의 쇄신기법

⑴ 감수성 훈련

이 감수성 훈련(sensitivity training)은 소집단 형태로 이루어지는데, 이것은 집단 귀속관계를 떠나 자유로운 분위기 속에서 토론을 하게 만듦으로써 인간관계를 매개로 한 관리능력의 계발에 그 목적을 두고 있다.

⑵ 작업집단발전

이것은 만일 개인이 작업집단에 대하여 무관심할 경우 조직의 목표달성에 지장을 초래하므로 이러한 결함을 제거하기 위해서 마련된 기법인바, 이 기법의 특색은 적절한 리더십과 팀의 형성, 갈등의 효과적인 관리 및 개방적인 의사소통을 통하여 작업집단의 발전을 도모하려는 데서 찾아볼 수 있다.

⑶ 과정상담

이 과정상담(process consultation)은 외부 상담자의 도움을 받아 집단간에 발생하는 과정을 개선하려는 기법으로서 과정상담자는 조직의 당면문제를 진단하고 해결함에 있어서 큰 역할을 할 수 있다는 가정에 입각해 있다.

⑷ 태도조사환류기법

이 태도조사환류기법(survey feedback method)은 설문지를 이용하여 작업집단을 조사한 후, 여기서 얻은 자료를 설문지를 제출한 사람들에게 다시 환류시키는 방법으로서, 여기서 나온 자료는 문제를 진단·해결하기 위한 구체적인 행동안을 찾아 내는 데 활용된다.

---

31) 따라서 양자를 동일시하는 견해도 있다. J. L. Gibson, J. M Ivancevich, J. H. Donnelly, *Organizations: Behavior, Structure, Process*, fourth edition(Plano, Texas: Business Publications, Inc., 1982), chap. 20 참조.

(5) 관리유형도에 의한 방법

R. R. Blake와 J. S. Mouton은 조직발전의 기법으로서 관리유형도(managerial grid)에 의한 방법을 개발하였는바, 그들은 관리유형도에 의거하여 어떠한 유형이 조직발전을 위해서 가장 효율적인가를 설명하고자 하였다. 즉, 그들은 인간에 대한 관심도와 과업에 대한 관심도를 기준으로 하여 관리의 유형을 빈약형(impoverished)·친목형(country club)·과업중심형(task)·절충형(middle of the road) 및 단합형(team)의 다섯 가지로 구분하고, 이 가운데서 인간과 과업에 대한 관심이 다같이 높은 유형, 즉 단합형을 가장 효율적인 관리유형으로 보았다.

제 4 절 조직발전

Ⅰ. 조직발전의 의의

조직발전(OD: organization development)의 개념은 상당히 포괄적인 뜻을 내포하고 있으며, 학자에 따라서 다양한 개념정의가 내려지고 있다.

즉, W. Bennis에 의하면 "조직발전이란 조직이 환경 그리고 새로운 수요 및 기술에 적응하기 위하여 조직 내 인간의 신념·태도·가치 및 구조의 변화를 꾀하는 복잡한 교육적 전략"이라고 하였으며, W. G. Scott, T. R. Mitchell 및 P. H. Birnbaum은 그들의 저서 「조직이론」(*Organization Theory*)에서 "조직발전이란 조직의 개인적 및(특히 작업집단에 있어서의) 대인적 유효성의 수준을 높이는 장기적인 노력이다"라고 하였다. 또한 W. French와 D. Bell 그리고 W. L. Morrow 등은 "조직발전이란 조직에 특유한 문화와, 조직에 있어서의 인간적·사회적 제 과정에 초점을 맞추어 계획적·체계적 그리고 장기적인 노력을 통해서 조직을 개선해 나가는 것"이라고 하였다.

그러나 여기서는 조직발전의 개념을 '행태면에서의 조직쇄신'으로 파악하고자 한다. 즉, 조직쇄신에는 구조면의 쇄신, 기술면의 쇄신, 그리고 행태면의 쇄신이 모두 포함된다고 하겠는데, 이 3자 중에서 후자의 행태면의 쇄신을 조직발전으로 본다는 것이다. 다만, 여기서 유의해 둘 것은, 조직발전(행태면의 쇄신)을 다른 조직쇄신(구조면 또는 기술면의 쇄신)과 엄격히 구별한다는 것은 매우 어렵다는 사실이다.

조직발전은 주로 조직구성원들의 행태면에서의 '계획된 변화'(planned change)를 통하여 그들의 가치관이나 태도를 전환시킴으로써 조직풍토의 쇄신을 도모하려는 데 주목적이 있다. 환언하면 조직발전이란 조직구성원들의 인간적 행태면에서의 '계획된 변화'를 통하여 조직의 유효성 내지 건전성을 높임으로써 조직 전체의 쇄신을 꾀하려는 노력을 뜻하는 것[32]이라 하겠다.

Ⅱ. 조직발전의 일반적 특질

W. W. Eddy는 조직발전의 일반적 특질들을 다음과 같이 열거하고 있다.

첫째, 조직쇄신을 위한 접근은 '유기적'이다. 이것은 성장·발전이 일방적으로 이루어지는 것이 아니라 오히려 조직의 일상활동 가운데서 지극히 자연적으로 나타나는 풍토의 창조를 의미하는 것이다.

둘째, 가치체계는 인간주의적이다. 이것은 개인적 욕구와 관리자의 목표를 통합하여, 인간적 성장과 발달의 기회를 최대한으로 보증하고 터놓고 신뢰할 수 있는 인간관계를 발전시키는 것을 뜻한다.

셋째, 과업수행 기능보다는 대인관계 능력에 역점을 두고 있으며, 그 내용과 방법은 행태과학에 기초를 두고 있다.

넷째, 조직의 전통적인 구조-기능개념을 부정하는 것은 아니며, 이 개념을 새로운 데이터를 가지고 보강하여 그 역기능을 해소시키려는 의도를 지니고 있다.

다섯째, 훈련의 대상은 개개의 구성원보다 오히려 상호의존적인 하위조직집단(team 등)으로 성립되는 전체 시스템에 초점을 두고 있다. 팀개발은 쇄신과정에 있어서 주요 구성요소이다.

여섯째, 전통적인 강의방법에 추가해서 경험적 학습기술(T그룹 등)이 이용되며, 조직 데이터는 공식적 또는 비공식적으로 수집 분석된다.

Ⅲ. 조직발전의 기능과정

조직발전의 기능과정은 진단의 국면으로부터 평가의 국면에 이르기까지 2년

32) Richard Beckhard, *Organization Development Strategies and Models, Readings*(Reading, Mass: Addison Wesley Publishing Company, 1969), p. 9.

내지 3년의 계속기간을 요하는 장기적인 과정이다.

1. 진단의 국면(a diagnostic phase)

이 국면을 통하여 OD이론의 전문가는 관리자와의 긴밀한 협력 아래 조직의 소기의 업적과 현실의 그것과의 갭(gap)이 무엇인가를 명확히 규정한 다음, 어떠한 조직상의 특징이 개개 구성원의 직무수행상의 요구와 조직의 과업수행상의 요건에 적합할 수 있는가를 결정한다.

2. 행동계획화의 국면(an action-planning phase)

이 국면을 통해서 조직쇄신의 전술이 편성되고 조직에 있어서의 중요 인물이 쇄신의 추진과정에 투입되기에 이르며, 목적수행의 가장 중요한 수단이 선별된다.

3. 집행 및 평가의 국면(implementation and evaluation phase)

집행의 국면에서는 OD이론의 전문가는 조직쇄신의 문제를 해결하기 위하여 하나 또는 그 이상의 쇄신의 기술을 적용한다. 한편 평가의 국면에서는 그 목적에 비추어 본 OD이론의 기능적 노력의 성과에 대하여 사정한다.

Ⅳ. 조직발전의 기법

1. 감수성 훈련(sensitivity training)

감수성 훈련은 흔히 10~16명 정도의 소집단 형태로 피훈련자들을 구성하여 이들이 기존의 조직의 귀속관계를 완전히 벗어나 자유로운 분위기 속에서 서로 토론을 하게 함으로써 자신과 다른 사람의 태도에 대한 자각과 감수성을 기르려고 하는 훈련이다. 이 감수성 훈련의 대표적인 방식은 1947년 이래 R. Lippitt 등에 의해 발전된 T-그룹(training group) 훈련이라는 것이다. 이에 대해서는 여러 가지의 명칭이 있는데[33] 그 내용상의 특색은 단순한 지식의 전달이 아니라 그 지식을 행동으로 옮길 수 있는 능력을 배양시키는 것이다.

여기에서는 명확히 정해진 훈련지침·절차가 없다. 즉, 종래의 훈련에서는 훈련자가 미리 정해 놓은 지침 내지 절차에 따라 훈련을 진행하는 것이었으나, 이 감

33) 'T-group', 'Sensitivity Training Group', 'Laboratory Training' 등으로 불리어진다(오석홍, 전게서, p. 742 참조).

수성 훈련에서는 피훈련자가 자기네끼리의 시행착오의 과정을 거치면서 그들의 사회적 책임 내지 감응성에 입각하여 행태면의 변화를 가져오게 한다.

이러한 감수성 훈련방법은 기존의 조직의 귀속에서 완전히 벗어나므로 허심탄회한 토론을 통하여 자기 자신이 어떤 사람이며 다른 사람에 대한 태도는 어떠해야 할 것인가를 체득하게 해 준다는 점과, 비정형화된 상호작용을 통하여 훈련이 이루어지므로 보다 자연스런 상황에서 개인의 가치관, 태도변화를 기할 수 있다는 장점이 있다. 그러나 이 감수성 훈련에서는 외견적으로는 훈련에 별 참여하지 않는 것으로 보이나 효과적인 방향으로 유도해 주는 유능한 리더가 있어야 한다는 문제가 있다. 더구나 권위주의가 심한 곳에서는 비록 훈련중이라 하더라도 상하관계를 완전히 벗어난 상태에서 자유로운 토론이 진행되겠는가 하는 것도 실제로는 의문시된다.

2. 작업집단발전

이것은 만일 개인이 작업집단에 대하여 무관심할 경우 조직의 목표달성에 지장을 초래하므로 이러한 결함을 제거하기 위해서 마련된 기법인바, 조직 내에 있는 여러 작업집단을 개선하고 아울러 효율성을 높이려는 데 목적을 두고 있다. 이러한 착상은 1964년 이래 D. McGregor에 의해서 전개되었는데 이 기법의 특색은 적절한 리더십과 팀의 형성, 갈등의 효과적인 관리 및 개방적인 의사소통 등을 통하여 작업집단을 잘 발전시키려는 데서 찾아볼 수 있다.

3. 과정상담

과정상담(process consultation)은 외부 상담자의 도움을 받아 집단간에 발생하는 과정을 개선하려는 기법으로서 과정상담자는 조직의 당면 문제들을 진단하고 해결함에 있어서 큰 역할을 할 수 있다는 가정에 입각해 있다. 한편 제 3 자 조정이라는 것이 있는데 이것은 과정상담의 특수한 형태로서 개인간 또는 집단간의 갈등의 해결을 목표로 하는 것이다.

4. 태도조사환류기법

이 태도조사환류기법(survey feedback method)은 설문지를 이용하여 작업집단 또는 전체 조직을 조사한 후 여기서 얻은 자료를 설문지를 제출한 사람들에게 다시 환류시키는 방법으로서, 여기서 나온 자료는 문제를 진단하고 문제를 해결하기 위한 구체적인 행동안을 찾아 내는 데 활용된다. 종래에는 고급 관리자들에게만 자료를 환류시켰지만 여기서는 모든 작업집단의 구성원들에게 자료를 환류시키는 것이 특색이다.

5. 관리유형도에 의한 방법

R. R. Blake와 J. S. Mouton은 조직발전의 기법으로서 관리유형도(managerial grid)[34]에 의한 방법을 발전시켰는바, 그들은 관리유형도에 의거하여 어떠한 유형이 조직발전을 위해서 가장 효율적인가를 설명하고자 하는 데 주안점을 두었다. 그들은 인간에 대한 관심도와 과업에 대한 관심도를 기준으로 관리의 유형을 빈약형(impoverished) · 친목형(country club) · 과업중심형(task) · 절충형(middle of the road) 및 단합형(team)의 다섯 가지로 구분하고, 이 가운데서 인간과 과업에 대한 관심이 다같이 높은 유형, 즉 단합형이 가장 효율적인 관리유형이라고 하고 있다. 그리하여 궁극적으로 인간과 업적에 대해 둘 다 높은 관심을 보이는 관리자가 되도록 고무하는 것이 바람직하다는 것이다.[35]

[그림 3-1] Blake와 Mouton의 관리유형도

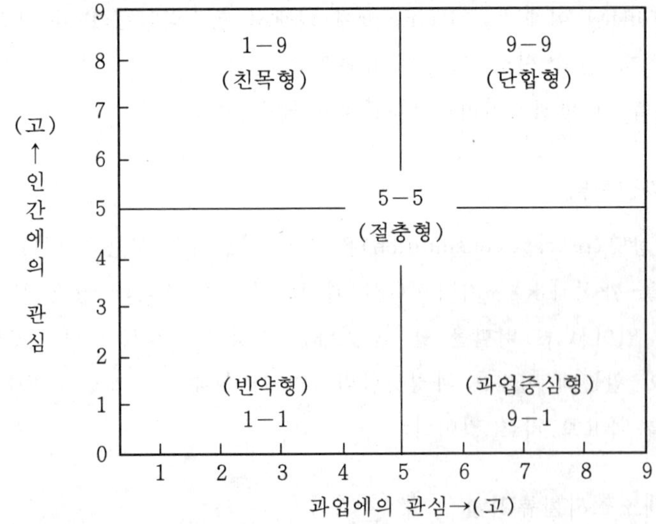

34) Robert R. Blake and Jane S. Mouton, *The New Managerial Grid*(Houston, Tex.: Gulf, 1978), p. 10.

35) R. R. Blake and J. S. Mouton, *Building a Dynamic Corporation through Grid Organization Development*(Reading, Mass.: Addison-Wesley, 1969), p. 63.

Ⅴ. 조직발전의 문제점

첫째, 우리가 조직쇄신을 이룩하기 위해서는 구조·제도면의 쇄신, 기술면의 쇄신, 그리고 행태면의 쇄신이라는 세 가지 측면에서 살펴볼 것이 요청되는데, 조직발전은 조직의 인간적 내지 행태적 측면에서의 쇄신만을 대상으로 하여 연구에 집착하는 나머지 구조적 또는 기술적 측면에서의 쇄신문제에 대해서는 소홀히 다루는 경향이 있다. 즉, 조직발전의 기초가 되어 있는 인간주의적 철학은 대인과정의 과대평가와, 과업수행의 구조적 혹은 절차적 방법의 과소평가를 초래하였다.

둘째, 조직발전사업은 관료제 내의 복잡한 과정을 거쳐 입안되고 관료제 외부의 여러 세력에 의해 승인되어야 하기 때문에 사업집행의 적시성을 확보하기가 어려운 점이 있고, 또 미리 배정된 예산 때문에 조직발전사업이 규제를 받는 경우도 적지 않다.

셋째, 조직발전은 장기적인 안목에서 추진될 것이 요구되는데 이를 위해서는 쇄신자로서의 역할을 담당할 OD전문가 내지 OD담당 직원의 확보가 문제시된다. 그리고 모든 계층의 조직구성원들이 조직발전과정에 능동적으로 참여하려는 의욕을 가지고 있어야 하는데 이것은 그렇게 용이한 일이 아니다.

제 3 장

행정조직의 구조

제 1 절 관 료 제

Ⅰ. 관료제의 의의

관료제(bureaucracy)란 근대사회의 구조의 복잡화, 기술의 고도화 그리고 이에 수반한 관리사무의 질적·양적 확대 등의 특질에 대응하여 근대사회가 필요로 하는 대규모적·합리적인 관리기구를 말한다.

생각건대 근세의 절대군주 국가에서는 국가가 교회의 중세기적·신수적(神授的) 대권을 빼앗아 스스로가 그 최고권을 행사하는 지위에 섰으며, 통치권력은 군주에 의한 가산제적인 관방(官房)과 세습관료에 의해서 지배되었던 것이다. 즉, 이러한 가산국가에서는 모든 국가현상이 군주의 사적 관계로 간주되며 영토 및 시민은 군주의 재산적 사유에 지나지 않았던 것이다.

그러나 M. Weber에 의하면 합법적 지배란 합법적 법규의 몰주관적·비인격적 질서에 대해서 복종이 이루어지는 것이며, 상사에 대한 복종의 성립은 그의 명령이 형식적 합법성을 내포하고 있기 때문이라고 한다. 그리하여 그가 합법적 지배를 전제로 하여 전개한 관료제조직은 소위 이념형으로서 묘사된 것이며, M. Weber의 관료제의 이념형화는 어디까지나 봉건적·가산적 요소의 지양을 의도한 것이다.

무릇 관료제 개념은 다양성을 지니고 있는바, 이것을 두 가지 측면에서 정리하여 보고자 한다.

첫째로, 관료제를 '국가관료제', '행정관료제' 등과 동의어로 파악하여 국가행정의 집행기관에만 한정된 좁은 의미로 사용하는 경우와, 이것을 보다 넓은 의미로 파악하여 현대의 대규모조직에서 공통적으로 찾아볼 수 있는 합리적인 관리기구

일반을 가리키는 것으로 보는 경우가 있다. 예컨대 현대에 있어서는 정당 · 노동조합 · 대기업체 및 종교단체 등의 사회집단 속에서도 관료제를 찾아볼 수 있다(이것은 거대한 규모의 인위적 · 합리적 관리기구를 지니는 경우 관료제로 볼 수 있다는 것이다).

둘째로, 관료제를 기술적 장점에 착안하여 근대사회에 불가결한 합리적 관리기구로서 파악하는 경우와, 소위 '관료주의'라는 용어가 가리키는 바와 같이 나쁜 의미로 사용되는 경우가 있다. 전자의 경우 M. Weber에 의하면 관료제란 조직의 행정장치 내지 관리적 수단을 뜻하는 것이었으며, 기술적 의미에서 볼 때 관료제조직은 최고도의 능률을 올리는 합리적인 지배형태라고 하였다. 반면 후자의 경우 H. J. Laski는 관료제라는 용어를 관료집단이 통치권력을 완전히 자기 수중에 장악해서 시민의 자유를 위태롭게 하는 것으로 파악하여 민주제 정부를 위태롭게 하는 것으로 보고, 극단적인 경우에는 관료들이 정부를 자기들의 이익을 위해 존재하는 것으로 보았다.[1)]

Ⅱ. 관료제의 특징

1. 관료제의 일반적 특징

R. B. Ripley와 G. A. Franklin이 제시한 공공관료제(public bureaucracy)의 일반적 특징을 보면 다음과 같다.[2)]

(1) 광역성(pervasiveness)

현대사회에서 여러 가지 복잡한 문제를 다루기 위해서 선택되어진 가장 일반적인 조직형태가 바로 관료제이며, 관료제는 광범위하게 존재한다.

(2) 선택적 중요성(selective importance)

관료제는 기획이나 정책형성에 있어서 뛰어난 능력과 중요한 역할을 수행한다.

(3) 사회적 목적(social purposes)

관료제는 첫째, 그때 그때의 긴급한 국가목적을 달성하기 위해 창설된다. 둘째, 국가의 경제적 이익을 증대하기 위한 목적을 가진다. 셋째, 사적 활동에서 생겨나는 갈등을 해소하고 규제하는 목적을 가진다. 넷째, 사회의 빈부의 격차를 해소하고 기회균등을 보장하기 위해 재분배의 역할을 수행한다.

---

1) H. J. Laski, "Bureaucracy" in *Encyclopedia of Social Science*, vol. 3, p. 70.

2) R. B. Ripley and G. A. Franklin, *Bureaucracy and Policy Implementation*(Homewood, Illinois: Dorsey Press, 1982), pp. 29～40.

(4) 대규모성과 복잡성(size and complexity)

관료제는 거대하고 복잡한 정부계획을 수행하기 때문에 그 의무가 방대하고 복잡하다.

(5) 존속성(survival)

관료제의 존속을 막을 수 없다. 설사 초기에 설정한 목적이 시간의 경과에 따라 소멸해도 관료제구조는 소멸하지 않는다.[3)]

(6) 중립성과 통제(neutrality and control)

관료제는 간혹 정치권력의 일부도 행사하기 때문에 업무를 수행함에 있어서 완전히 중립적이지는 못하다. 한편 관료제는 어떠한 외부세력에 의해서도 통제받지 않으려는 경향이 있다.

2. 관료제의 제도적 특징

M. Weber는 관료제가 지니는 특질로서 다음과 같은 내용을 들고 있다.[4)]

(1) 법규의 지배

관료제의 성립기초는 무엇보다도 합법적으로 제정된 법규에 의해서 확정되어 있으며, 또한 그 속에 있는 지위에 관한 직무범위와 그 직무수행에 필요한 명령권력은 기능적 분업의 원칙에 따라 규칙에 의해서 명확하게 배분된다.

(2) 권한의 원칙

규칙에 입각하여 행해지는 직무범위의 확정과, 직무수행에 필요한 명령권의 부여를 흔히 '권한의 원칙'이라고 한다. 이것은 자기자신의 직무내용이 타인으로부터 침해받지 아니하며, 동시에 타인의 직무내용에 개입해서도 안 된다는 것을 뜻한다.

(3) 계층제의 원칙

동일계통에 속하는 관료제조직 상호간 및 같은 관료제 내부의 직위 상호간에는 명확히 질서가 확립된 상하의 체계, 즉 명령복종관계가 존재한다. 규칙의 범위 내에서 동일명령계통에 속하는 상급자는 하급자에 대한 감독과 통제를 행할 의무를 지니며, 하급자는 상급자에 복종하는 의무를 지닌다. 요컨대 계층제의 원칙이란 상하축을 중심으로 하는 일사불란한 복종관계가 조직통합의 중핵으로서 규칙에 의

3) 미국의 경우에, 1923년에 존재했던 연방정부기관의 85%가 1973년에도 여전히 존재했으며, 그들의 60% 이상은 조직적 상황조차 변하지 않고 있었다. 더욱이 그들은 전 기간(1923~1973년)을 통하여 연방관료제와 조직적 구조에 있어서 동일한 지위에 있었다. 그리고 그 목적이나 형태가 변화한 기간들조차도 이전과 유사한 기능을 수행하고 있었다. *Ibid.*, p. 38.

4) Max Weber, "Wirtschaft und Gesellshaft," *Grundriss der Sozialökonomik*, Ⅲ, Abt, 1922), S. 650~661.

해 확립되고 또한 제도화되어 있음을 뜻한다.

(4) 직무수행의 몰주관성

관료제의 직무수행은 개인의 주관이나 자의를 배제하고 규칙 그 자체에 충실한 몰주관적인 것이어야 한다. 이것은 전근대사회의 직무수행이 권력자의 자의나 감정에 좌우되어 규칙보다는 사람 그 자체를 중시한 것과 상반되는 것이다. 직무수행의 몰주관성을 확보하기 위해서는 공사의 구별, 문서주의 및 관료의 전문자격이 요구된다.

(5) 본 직 성

현대관료제에 있어서의 직무의 수행은 관료의 전 노동력을 요구한다. 이러한 현대관료제에 있어서의 본직성(本職性)의 요구는 현대의 사무량이 관료의 전 노동력과 전문능력을 필요로 할 만큼 고도화되었다는 사실과, 한편 관료들이 그들의 생계를 오로지 직장의 급료만 가지고 유지하지 않으면 안 되게 되었다는 사정에 기인하는 것이다.

(6) 고용관계의 자유계약성

근대관료제에 있어서는 적어도 형식적으로는 고용계약이 쌍방의 자유의사에 따라서 이루어진다. 이것은 신분적 질서가 지배하던 전통적 사회에 있어서 운명적인 지배·복종관계가 성립하였던 것과는 대조를 이룬다.

요컨대 M. Weber의 관료제의 특징은 i) 규칙에 의해서 직무가 배분된다. ii) 상급관청에 의한 하급관청의 감독이라는 형식으로 관청 상호간에 상위·하위의 계층제적 체계를 이룬다. iii) 직무의 집행이 문서에 의해서 이루어지며 행정수단이 직원의 사유로부터 분리되어 있다. iv) 전문적 지식이나 능력을 중심으로 직원이 임용된다. v) 직원이 명예직이나 겸직으로서가 아니라 본직으로서 직무를 수행한다. vi) 화폐라는 형식으로 급여를 받는다는 것 등이다. 그리하여 M. Weber에 있어서는 이와 같은 관료제가 근대사회에 있어서 합리화를 위한 역사적 필연성을 지니는 것이었으며, 직무수행에 있어서 정확성·능률성·계속성 및 객관성 등의 확보를 보장한다는 것이었다.

Ⅲ. Weber이론에 대한 수정이론

M. Weber 이후의 관료제이론은 1930년대 이후의 보완적 수정이론과, 1960년대 이후의 발전론적 수정이론으로 요약할 수 있다.

1. 보완적 수정이론

(1) Merton의 관료제의 역기능

1940년대에 발표된 R. K. Merton의 논문 "관료제의 구조와 퍼스낼리티"(Bureaucratic Structure and Personality)는 M. Weber의 관료제의 이념형이론을 계승하면서도 Weber가 다루지 않았던 일측면, 즉 관료제구조로부터 야기되는 역기능(dysfunction)의 문제에 대하여 논급하였다.

첫째로, R. K. Merton의 기능분석은 행위의 결과를 '예측한 결과'와 '예측하지 못한 결과'(unanticipated consequences)의 양면에서 다루고 있다. 그는 현재적 기능(manifest function)과 잠재적 기능(latent function)이라는 개념을 사용하였는바, 여기서 전자는 제도화된 관행이나 조직에 있어서의 예측되는 결과이며, 후자는 거기에서의 의도되지 않았던 결과를 말한다. 그리하여 그는 현재적 기능이 잠재적 기능 내지 역기능을 만들어 내는 것이라고 하였다.

둘째로, 그의 상기 논문에서의 중심과제는 동조과잉(overconformity)에 의한 목표의 전환(displacement of goals)이다. 즉 Merton에 의하면 본래 규칙을 지킨다는 것은 하나의 수단에 지나지 않았던 것이 규칙의 준수를 지나치게 강조한 결과 그것이 하나의 자기목적화하여, 여기에 목표의 전이가 이루어지며 마침내 수단적 가치가 종국적 가치로 변한다고 한다. 그리하여 그는 규칙의 준수를 강조하면 예측하지 못했던 결과, 즉 역기능을 초래한다고 한다.

그러나 Merton이 "관료제가 효과를 발휘하기 위해서는 규칙의 엄수가 요구되며, 이러한 규칙의 엄수는 결국 규칙을 절대적인 것으로 만든다"고 한 설명에는 이론의 비약이 있음을 인정하지 않을 수 없다. 즉 그의 설명에는 '왜 규칙의 엄수가 규칙을 절대적인 것으로 만드는가'에 대한 해명이 없다. 따라서 그의 이와 같은 설명은 하나의 있을 수 있는 가능성을 묘사한 것에 지나지 않는다.

(2) Blau의 관료제와 비공식적 조직

P. M. Blau는 Merton의 기능분석방법을 계승하면서 관료제의 실증적 연구를 시도하였는바, 첫째로, 그는 관료제조직에 있어서의 비공식집단의 잠재적 기능을 중요시하고 그것이 조직의 새로운 발전형태의 구성요소가 된다는 것을 사례연구(case study)를 통해서 강조하였다.

Blau는 1955년의 「관료제의 동태」(*Dynamics of Bureaucracy*)라는 저서에서 관료제구조는 스스로가 그 자신의 구조를 수정하는 조건을 끊임없이 창출한다고 하면서 관료제를 동태과정으로 고찰하였다. 그리하여 그에 의하면 기능이란 사회적으로 가치가 부여된 목표의 방향으로 현존하는 조건을 변화시키는 것을 말하며, 역기능이란 사회적으로 가치가 부여된 목표에 반대하는 방향으로 현존하는 조건을 변화시키는 것을 말한다. 여기서 '사회적으로 가치가 부여된 경우'에 있어서의 평가기준이 문제가 되는데, Blau가 실제로 다루었던 연구대상이 정부관계기관이므로 '목표달성'기능의 평가기준은 'public interest' 또는 'civil service'에 두었다고 하겠다.

둘째로, Blau는 관료제의 구조에 있어서 전술한 동조과잉이 생기는 것은 과연 어떠한 조건이 결여되고 있을 때인가에 대하여 문제를 설정하였다. 그는 동조과잉이 사회관계에 있어서의 안정성의 결여에서 유래하는 것이라고 보았으며, 이 때 사회관계의 안정성의 문제는 공식적 조직에서보다 비공식적 조직에서 제기된다. 그리하여 그에 의하면 사회관계의 안정성의 결여는 개개인의 지위의 불안정성을 초래하여 더욱 권위적 계층제에 종속하는 퍼스낼리티를 만들어 내므로 창의는 무시되고 조직의 혁신은 불가능하게 된다는 것이다. 그리고 결론적으로 그는 관료제조직에 있어서는 평등주의라는 가치에 기반을 둔 사회관계, 즉 다시 말해서 평등이라는 민주적 가치에 입각한 자발적인 동료집단의 사회적 응집성(social cohesion)이야말로 안정성을 확보하는 조건이 될 수 있는 것이라고 하였다.

(3) Selznick의 적응적 흡수이론

행정이 환경과 상호작용을 하는 유기체라는 시각에서 조직의 환경에 대한 적응과정과, 조직에 있어서의 리더십의 의미를 추구한 사람이 P. Selznick이다. 그는 조직이 그 안정이나 존립에 대한 위협을 회피하기 위하여 조직이나 정책결정기구 속에 환경의 새로운 요소를 흡수하고 환경에 적응해 나가는 것을 '적응적 흡수'(co-optation)라는 개념을 도입하여 설명하고 있다. 이와 같은 조직에 있어서의 적응적 흡수는 대개의 경우 조직의 운영을 활발하게 만들어 주나, 적응적 흡수가 지나치게 확대되면 리더십과 조직목표가 변화하는 수도 있다.

또한 그는 능률을 목표로 하는 일상적 업무의 분야에는 리더십의 문제는 발생하지 않으며, 조직의 성격이나 목적을 변화시킴으로써 새로운 환경에 적응하려는 창조적 업무분야에 리더십이 기능하는 것이라고 하면서, 리더십을 유기체조직과 환경과를 결합하는 매개적 기능으로서 파악하였다.

2. 발전론적 수정이론

M. J. Esman, E. W. Weidner 등 발전론자들은 M. Weber의 관료제가 강조하고 있는 법질서의 유지나 직무의 기계적 집행보다는 관료제 자체가 국가발전의 주도적 기능을 수행하는 것으로 파악하고 있다. 그리하여 관료제에 있어서는 물론 합법성에 입각한 행정이 요구되지만 나아가 발전목표에 일치되는 합목적성도 요구된다는 것이며, 관료들에게는 물론 전문지식이 필요하지만 아울러 사회 전반에 대한 이해력과 발전지향성이 필요하다는 것이다.

Ⅳ. 관료제의 역기능

R. K. Merton, P. M. Blau, P. Selznick, A. W. Gouldner 등 근래의 관료제 연구자들은 예측하지 못한 결과를 발생시키는 데 대하여 관심을 집중시켰다. 즉, 그들이 말하는 소위 기계모델에 따르면 한편으로는 조직지도자들에 의해서 예측된 결과를 가져올 수도 있으나 다른 한편으로는 예측하지 못했던 결과를 가져오는 수도 있다는 것이며, 이러한 경향은 당초에 사용했던 통제수단을 더욱 강화하도록 만든다는 것이다. 이와 같이 예측하지 못한 결과가 발생하였을 때 이것을 흔히 역기능(dysfunctions)현상이라고 부르며, 그들을 역기능론자라고 한다.

Merton, Selznick, Gouldner 등 역기능론자들은, 관료제가 다른 어떤 조직의 형태보다도 능률적이라는 Weber의 기본적인 명제를 부정하지는 않으면서도, 관료제조직의 역기능적인 면을 강조하였다. 그들의 이론체계의 구조는 서로가 유사성을 내포하고 있는바, 각자가 제시한 역기능의 연구모형을 보면 다음과 같다.

[그림 3-2] 관료제의 일반모델

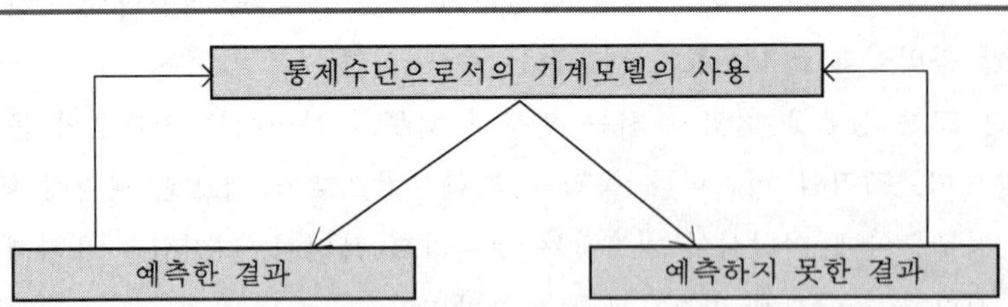

1. Merton의 연구

Robert K. Merton은 관료제의 병리문제에 대하여 최초로 체계적인 연구를 한 사람이다. Merton은 주로 조직 내에서의 법규를 중심으로 관료제의 역기능을 연구하였는데 그가 주장하는 역기능 중에도 특히 관심을 끄는 것은 앞의 보완적 수정이론에서도 설명되었듯이, 동조과잉(同調過剩)이었다. 즉, 관료제에서 요구되는 규칙의 준수가 나중에는 규칙을 절대적인 것으로 만들게 되어 수단이 되어야 할 규칙준수가 제 1 차적인 관심사가 됨으로써 조직의 목표달성이 저해되며 형식주의, 목표의 전환, 동조과잉 등의 역기능을 초래한다는 것이다.[5)]

2. Blau의 연구

R. K. Merton의 제자인 Peter M. Blau는 Merton의 역기능의 개념을 계승 발전시켰다. 그는 동조과잉이나 변화에 대한 저항과 같은 역기능이 조직 내의 사회관계와 안정성의 결여에서 온다고 주장하였다. 그는 법규는 하향식으로 강요하면 오히려 역기능을 초래하게 되고 결과적으로 하위직원들의 사기 저하와 생산성 저하를 초래한다는 것이다. 법규를 지켰느냐 지키지 않았느냐에 대한 평가에 집착하는 경우보다 그것을 무시하고 직원간에 협조분위기가 조성되었을 때 생산성은 더욱 높아진다는 것이다. 따라서 이러한 역기능을 방지하기 위해서는 가능한 한 권한이 조직의 하부로 위임되고 권위주의적 태도도 완화되어야 한다고 주장하였다.

3. Selznick의 연구

Philip Selznick은 법규 대신에 권한의 위임을 중심으로 연구하였다. 관료제에 있어서 권한위임과 전문화는 비록 불가결한 것이라 하더라도 그것은 조직 내 하위단위간의 이해관계의 대립, 전체 목표보다 하위목표의 중시 등 역기능을 초래하게 된다는 것이다. 그리고 권한위임은 불가피하게 부서별 이해관계의 대립을 가져오게 되고 구성원은 서로 자기 부서의 이익을 좇게 되며, 그러다 보면 조직 전체보다 조직의 각 부서의 목표를 더 중시하고 추구하게 된다는 것이다. 결과적으로 각 부서간의 갈등이 생기게 되고 전체 조직목표의 달성을 저해하게 된다고 하였다.

---

5) R. K. Merton, *Reader in Bureaucracy*(New York: The Free Press, 1952), pp. 361~371.

4. Gouldner의 연구

A. W. Gouldner는 조직내부에서 법규가 상관과 부하의 관계에 어떤 영향을 미치는가를 중점적으로 연구하였다. 그는 법규는 일반적으로 그 규정이 최소한도의 기준에 머무르게 되고 조직구성원은 법규를 적용할 때 책임을 면제받는 수준에서만 행동하게 된다는 것이다. 그렇게 되면 상관은 부하에 대한 감독이나 독려를 강화하게 되고 그것은 다시 상관과 부하간의 긴장을 가져오게 되어 조직에 역기능적으로 작용하게 된다는 것이다.

Ⅴ. 관료제의 병리현상과 쇄신

1. 관료제의 병리현상

(1) 동조과잉(overconformity)

관료제에서는 조직의 목표달성을 위해 불가피하게 규칙의 준수가 강조되는데 규칙의 준수가 지나치게 강조된 나머지 관료는 목표가 아니라 수단인 규칙, 절차에 지나치게 영합 동조하는 경향이 있어서 규칙을 절대적인 것으로 만드는 동조과잉 현상을 초래하게 된다. 동조과잉의 원인을 Merton은 관료제의 구조 속에서 구하고 있는데 Blau는 조직 내에서의 안정성의 결여나 불안의식 등에서 구하고 있다.

(2) 인격적 관계의 상실

관료제의 특성인 몰인격성(impersonality)은 조직의 목표를 보호하고 국민에게 효과적인 서비스를 제공하기 위해서 꼭 필요하다. 그러나 그것이 지나치면 관료제의 구성원은 대규모 조직의 부속품처럼 기계화, 비정의화된 나머지 인격적 관계를 상실하게 된다. 이와 같은 몰인격성이 수익자에 대해 극도의 불친절로 나타날 수 있다.[6]

(3) 변동에 대한 저항

관료제의 주목할 만한 병리현상의 하나이다. 관료가 변동에 저항하는 이유로서 조직 내의 안정성의 결여, 무형적 매몰비용(sunk cost)과 탐구활동의 제한 등을 생각할 수 있다.

(4) 문서주의 · 형식주의

대규모 조직에서는 모든 직무수행은 문서로 한다. 그 결과 지나치게 복잡한 날

6) V. A. Thompson, *Modern Organization*(New York: Knopf, 1971) p. 161.

인절차, 번문욕례(繁文縟禮, red tape), 형식주의, 의식주의 등을 초래함으로써 민주행정의 실효를 거두지 못하는 경우가 많다.

(5) 전문화로 인한 무능

관료제가 고도의 전문지식을 요구함에 따라 이들 전문가는 특정 분야에만 전문성을 지니기 쉽게 된다. 따라서 타 분야에 대한 시야가 좁고 통찰력도 부족하게 되어 관리자로서 부적합하게 된다. 이른바 훈련된 무능(trained incapacity)의 특징을 보이게 되며 아집화, 할거화의 병리현상을 나타내게 된다.

(6) 무사안일주의

책임 지기를 싫어하며 문제해결에 적극적 태도를 취하지 않고 상급자의 지시나 명령에 무조건 영합하려 하는 경향을 말한다. 이러한 태도는 관료의 신분이 불안하고 상관은 부하의 맹종을 권하며 건설적인 조언을 받아들이지 않고 업적을 중시하지 않는 상황에서 특히 심하게 나타난다.

(7) 할거주의

관료들이 오직 자기가 소속되어 있는 기관·부처·국·과만을 생각하고 타 기관·부처·국·과에 대하여 배타적으로 생각함으로써 결과적으로 횡적인 조정이나 협조가 어렵게 되는 것을 말한다.

2. 관료제의 쇄신

오늘날 특히 발전도상국가에 있어서는 관료제의 역기능적 병리현상을 극복하는 것이 시급한 과제로 되어 있으며, 관료제가 순기능을 수행하기 위해서는 끊임없는 쇄신이 필요한 것이다. 쇄신적 관료제의 확립을 위해서는 관료조직 내에 새로운 아이디어(idea)를 들고 나서는 창도자가 있어야 하며, 행정조직의 목표달성을 위해 구성원 전체가 쇄신적 행태를 지녀야 한다. 아울러 쇄신적 분위기가 조성되어야 할 것이다.

Ⅵ. 관료제와 민주주의

1. Michels의 과두제의 철칙

관료제에는 몇 가지 점에서 민주주의 요소가 포함되어 있다. 즉, 규칙에 따라서 관리가 행하여진다는 것은 특권의 거부, 자의성의 배제를 의미하는 것이며, 권리의 평등이라는 측면을 지닌다. 또한 전문적 지식·능력에 의한 인재의 등용과 승진은 가문·재산 등의 개인적 특권의 배제를 뜻하는 것이다. M. Weber가 "관료제는 근대적인 대중민주주의의 불가피한 수반현상이다"라고 말한 것은 바로 이런 의미에서이다.

그러나 민주주의에 있어서 관료제는 다른 일면을 지니고 있는바, 그것은 관료제에 대한 외부로부터의 통제가 반드시 용이한 일이 아니라는 것이다. 즉, 관료제는 계층질서를 지니고 있으며, 권한이 정점으로 집중해 간다. 여기에 생기는 것이 바로 소수지배의 경향이며, 이것이 민주주의와 상반하는 계기가 되는 것이다.

무릇 근대국가에 있어서는 권력분립론에 의해서 의회가 행정기관의 행정행위를 감독하는 기능을 지니고 있지만, 이 행정감독기능이 명목화되어 간다는 것이 우려된다.

또한 소수지배의 경향은 행정기구뿐만 아니라 대규모조직에서도 찾아볼 수 있다. 더욱이 상징적인 것은 민주주의를 표방하는 정당에 있어서도 소수지배가 만연되고 있다는 사실이다.

'과두제의 철칙'(Iron Law of Oligarchy)으로 알려져 있는 R. Michels는 독일 사회민주당이 세력확대를 위해 합리적인 조직운영을 생각하고 있는 사이에 소수지배에 빠지게 되었다고 분석하고 있다.

그는 정당의 목적과 그것을 달성하는 과정 사이의 갭을 추구하였다. 그에 의하면 정당의 강령이 이론적으로는 일정 계층의 이해관계를 집약하고는 있지만, 실제적으로는 정당은 사회적으로나 경제적으로나 여러 이질적인 인물로써 구성되어 있다. 즉 정당은 이론적으로는 계급통일의 결정인 것같이 보이지만 현실적으로는 정당의 강령을 승인하였다고 해서 이해관계의 대립이 해소되는 것은 아니라는 것이다.

또한 노동자보다 사회적 또는 경제적으로 상위에 있는 당원 중에는 형식적으로는 노동자계급의 정치적 조직에 참가하고 있지만, 실제로는 노동자의 입장을 이해하지 못하는 자가 많으며 또 노동자를 위해 자기를 희생할 수 있는 자는 매우 적다는 것이다.

Michels는 조직의 형성을 민주주의의 불가결한 산물로서 파악하였으며, 여러 민주적 단체에 있어서의 소수지배의 형성을 조직의 필연적 산물로 보았다. 나아가 특히 수많은 복잡한 관료제를 필요로 하는 국가조직은 정치적 지배계급이 그 지배를 확보하고 유지하기 위한 중요한 요소라고 하였다.

이와 같은 고찰을 통해서 그는 정당의 역사를 시민을 발판으로 삼아 온 지배계급의 역사로 이해하였으며, 모든 조직에 있어서 과두제의 철칙, 즉 소수지배의 철칙은 불가피한 것으로서 파악하였다.

그리하여 궁극적으로는 민주주의에 대한 소수지배는 이것을 완전히 피할 수는 없다고 하더라도 교육수준의 향상, 대중의 지적 수준의 향상에 기대를 걸면서 냉정한 검토를 가할 필요가 있음을 주장하였다.

2. 관료제와 민주주의의 양립 가능성에 대한 두 가지 견해

관료제와 민주주의가 양립할 수 있는가에 대한 명제를 고찰하기 위해서는 다음의 두 가지 입장에서 살펴볼 필요가 있다.

(1) 관료제와 민주주의를 양자택일의 관계에서 파악하려는 입장

이것은 주로 영미의 정치학자들이 채택하고 있는 입장으로서 그들의 주장에 따르면 관료제의 존재 그 자체가 민주주의(democracy)에 대해서 치명적인 것이며, 따라서 이 양자를 양립시키기 위해서는 관료제에 대한 일정한 외재적 책임을 확보하도록 조치를 취할 필요가 있다는 것이다.

H. J. Laski에 의하면 관료제란 정부의 통제력이 관리의 수중에 완전히 장악되고 있기 때문에 그들의 권력이 일반시민의 자유를 위태롭게 하는 통치형태라고 한다. 또한 H. Finer는 관료제를 특권적 사회집단을 구성하고 있는 방대한 관료군이 자기네들이 만든 원리에 의해서만 행동하고 자기네들과 국가와의 일체성(identity)을 요구하며 시민을 지도하려는 것으로 보고 있다.

이 입장의 공통적인 특징은 일반적으로 관료제가 특권적 성격을 지니고 있어서 이에 대한 외재적 책임의 제도적 보장을 마련해 주는 것이 무엇보다도 긴요하다는 견해이다. 즉, 행정권을 시민의사의 표현인 의회에 예속시키게 되면 관료제적 폐해는 발생되지 않을 것이라는 신조를 그 전제로 하고 있는 것이다.

Liski 등 다수의 학자들은 의회가 여러 가지 제도적 개혁(의회의 위원회제의 강화와 전문화, 행정관청 내부에 의원을 위원으로서 파견하여 행정조사권을 발동시키는 것 등)을 통해서 관료제의 대두를 통제할 수 있다고 생각하는가 하면, J. D. Kingsley는 정치적 성격을 띤 유력한 사회집단, 즉 노동조합이나 경제단체의 의사가 직접 행정권에 반영됨과 동시에, 행정부도 또한 의회에 대한 책임과 똑같은 책임을 이들 집단에 질 수 있도록 제도적 장치를 마련해야 한다고 역설하였다.

이와 같이 민주적 책임의 확보수단에는 다소의 차이가 있기는 하지만, 관료제가 외재적인 통치기구에 일정한 책임을 지도록 보장되어 있는 경우에 한하여 관료

제가 민주주의와 양립할 수 있다는 것이다.

(2) 현대관료제가 사회적 요청에 따라 필연적으로 등장한 점을 중시하여 관료제 속에서 보편적인 합리성을 찾으려는 입장

이것은 주로 미국 행정학자들의 지지를 받고 있는 입장으로서 이들에 의하면 입법부의 우위가 바로 민주주의를 의미한다고 생각하는 것과 같은 견해는 20세기의 사회조건에 의해서 당연히 수정되어야 한다는 것이다. 즉, 이들은 종전의 입법부가 19세기적 자유와 민주주의를 만족시켰다는 사실을 부인하지는 않지만, 현대에 있어서와 같이 복잡하고 전문적인 국가기능을 처리함에 있어서 충분한 자격을 지니고 있다고는 보지 않는다.

따라서 새로운 관료제가 불가피하게 나타나게 마련이며 미국의 행정학자들 가운데는 이와 같은 새로운 관료제의 출현을 민주주의와 대립된 현상으로 파악하지 않으려는 사람도 있다.

앞서 Laski는 관료제를 정치적 관점에서 파악하여 관료제가 시민의 자유와 민주제정부를 위태롭게 하는 것으로 보았으나, 관료제 그 자체가 사회의 민주주의적 관리에 역행한다는 고정관념에 너무 집착할 필요는 없으며 사회의 발전을 위해 관료제의 기능을 살펴볼 필요가 있다.

그 이유는 현대사회에 있어서 복잡 다양한 행정기능을 수행해 나가기 위해서는 필연적으로 관료기구가 필요로 되기 때문이다. 특히 독일이나 일본의 전제적 관료제의 전통을 지니고 있지 않은 미국에 있어서는 관료제를 기술적 관점에서 고찰하여 그 위험성에 대해서 별로 관심을 갖지 않는다. 또 어느 정도 위험성이 있다고 하더라도 "관료제는 민주적 자유를 위태롭게 하지만, 동시에 그것은 민주주의 사회에서 무시할 수 없는 기능을 수행한다. …민주적인 목표도 현대사회에서 그것을 달성하기 위해서는 그것을 실행하기 위한 관료제적 조직이 없이는 불가능할 것이다"라고 P. M. Blau는 말하고 있다.

바꾸어 말하면 관료제와 민주주의 사이에는 엄청난 상호갈등의 요소가 있으나, 현대행정에서 관료제는 피할 수 없는 것이기 때문에 민주주의의 실현은 어느 한쪽이 다른 쪽을 견제하는 데 있는 것이 아니라, 서로 조화하는 데서 찾아야 할 것이다. 즉, 관료제에 바탕을 둔 행정기능의 극대화 속에서 최대한으로 민주주의를 구현하는 데서 해결책을 찾아야 할 것이다.

20세기의 관료제가 민주주의와 조화를 확보할 수 있는 것으로 보는 경우 그것이 어떤 형태로서 민주적 책임을 질 수 있는 것인가에 대한 문제가 남아 있다. C.

J. Friedrich가 역설하듯이 만일 관료제가 외재적 책임을 확보하는 방법을 찾기 어려울 경우에는 내재적 책임, 즉 기능적 책임에 새로운 방법을 구할 수밖에 없는 것이다.

3. 관료제의 공헌과 위험성

M. Weber에 의하면 관료제는 인간의 조직의 하나의 유형(type)이다. 즉, 그에 의하면 관료제는 합리성, 계층제, 분업과 기능적 특수화, 전문성 등의 일련의 특질을 지닌 조직의 유형으로서 기술적 우수성과 능률성을 확보하고 있으며, 민주주의에 대립하는 몇 가지 측면을 수반하고 있음에도 불구하고 어떤 점에서는 현대의 민주주의의 성장과 더불어 나타난 자연의 성과라고 한다. 그러나 R. Michels는 전술한 바와 같이 과두제의 철칙을 내세워 민주제의 비관론을 강조하였다. 여기서 관료제의 민주주의에 대한 공헌과, 관료제의 위험성을 간단히 살펴보면 다음과 같다.

⑴ 관료제의 민주주의에 대한 공헌

① 공직에 대한 기회균등의 보장　관료제는 전문적 지식과 능력에 따라 임용하기 때문에 고용의 기회균등을 보장할 수 있다.

② 법 앞의 평등실현　관료제는 비합리적인 정실주의나 개별주의를 배제하고 일반적인 규칙을 통한 보편주의를 추구하므로 '법 앞의 평등'이라는 민주주의의 기본적 원리를 실현하는 데 공헌한다.

③ 민주적 목표의 수행　현대 민주주의 사회에 있어서 민주적 목표를 달성하기 위해서는 그것을 실행해 나가기 위한 관료제조직의 도움이 없이는 불가능하다.

⑵ 관료제의 위험성

① 권한의 독점과 과두제의 지배　관료제에 있어서는 계층제의 정상에 있는 소수인에게 권한이 집중되어 권한의 독점현상이 나타나기 쉬우며, 따라서 일부 소수인에 의한 지배현상이 일어나기 쉽다. 이와 같은 권력의 불균형은 "주권은 국민에게 있으며, 모든 국민은 동등한 발언권을 지녀야 한다"는 민주주의 원칙에 위배된다.

② 권위주의적 계층제　관료제는 본질적으로 엄격한 계층제를 지니고 있기 때문에 상·하의 수직적 복종관계가 발생하여 관료제가 권위주의적 조직이 되는 수가 많다.

③ 비민주적 보수단체화　대중사회에 있어서는 모든 사람들이 그들의 의견

이나 주장을 관철할 목적으로 민주적인 조직을 만드는데, 처음에는 진보적인 의견을 지닌 민주적인 조직도 시간이 경과할수록 보수화되고 관료제화되게 마련이다.

제 2 절 계선기관과 참모기관

Ⅰ. 계선과 참모의 의의

O. G. Stahl은 조직체의 직무를 수직적 사업계획 실시체계와 수평적 지원활동 체계가 서로 합쳐진 망(a network)으로서 파악하고 있는바, 여기서 전자의 수직적 사업계획 실시체계가 계선(line)에 해당되며, 후자의 수평적 지원활동 체계가 참모(staff)에 해당되는 것이다.

고전적 조직이론에 있어서는 계선은 명령하고 참모는 권고하는 것으로 이해되고 있는데, 예를 들면 M. E. Dimock과 G. O. Dimock은 "계선은 행동을, 참모는 권고를 각각 함축하는 것"이라고 지적하고 있다.

원래 계선이라는 용어는 본래 영어의 라인(line)을 표현하는 말이다. 그리고 이것은 막료, 즉 스탭(staff)이라는 말과 더불어 군대조직에서 발생하여 사용하게 된 용어이다. 계선은 행정조직에 있어서 중추적인 위치에 있으며, 계선기관에 있어서는 지휘 및 명령계통이 직선을 이루고 있다.

한편 참모기관은 18세기로부터 19세기에 이르러 프러시아(Prussia) 군대에서 발전된 것인데, 1903년에 이르러 Elihu Root 국방장관에 의하여 미 육군조직에서 채택되었다.

업무의 특질과 조직의 규모로 보아 소규모일 경우에는 계선기관만으로 족하며 지휘통솔도 용이하지만, 대규모 조직이고 또한 기능면에서 계선기관만으로 불충분한 경우에는 참모기관의 설치를 필요로 한다.

Ⅱ. 계선기관의 특징

계선기관은 명령적 집행기능을 가지고 있으며, 행정목적을 직접 집행하는 최종적인 책임과 결정권을 가지고, 명령의 연쇄, 의사전달의 통로의 역할을 한다. 이제 계선기관의 장단점을 비교하면 다음과 같다.

(1) 계선기관의 장점

i) 명령복종관계에 의하여 강력한 통솔력을 행할 수 있다. ii) 권한과 책임의 한계가 명확하여 업무가 능률적으로 수행된다. iii) 업무가 단순하고 운영비용이 적게 드는 소규모의 조직에 계선기관이 적합하다.

(2) 계선기관의 단점

i) 기관의 책임자가 주체적·독단적인 조치를 취할 우려가 있다. ii) 특수분야에 관한 전문가의 지식과 경험을 이용할 수 없다. iii) 대규모의 조직체에 있어서는 계선기관의 총괄적인 지휘·감독으로 말미암아 업무량이 과중하게 된다.

Ⅲ. 참모기관의 특징

참모기관은 계선기관을 위하여 정책목표에 관한 자문·권고 등을 행한다. 한 조직 내에서 참모기관이 어느 정도 이용되는가는 다음과 같이 분류된다.

첫째, 그 나라의 행정관리의 지식수준이 어느 정도 향상되어 있는가에 달려 있다고 한다. 즉, 선진국가에서는 참모기관이 정부나 기업체에 고도로 발달되어 있는데 대하여, 후진국가에서는 발달되지 못한 것이 그 예라 하겠다.

둘째, 조직의 장이 어느 정도 참모기관을 이용할 의사를 가지고 실제로 활용하는가에 달려 있다.

셋째, 참모기관이 많아지면 이들 각 전문업무의 조정이 어려워지며 또 상관의 통솔범위도 커져야 하므로 조정과 통솔범위의 적정기준에 의하여 참모의 이용도가 결정되어야 할 것이다.

이제 참모기관의 장단점을 비교하면 다음과 같다.

(1) 참모기관의 장점

i) 전문적 지식과 경험을 활용할 수 있으므로 보다 합리적인 지시와 명령을 내릴 수 있다. ii) 수평적인 업무의 조정과 협조를 가능케 한다. iii) 조직에 있어서 신축성을 확보할 수 있다.

(2) 참모기관의 단점

i) 의사소통의 경로를 흐리게 만들 우려가 있다. ii) 참모기관에 소요되는 경비로 예산지출이 증가하게 된다. iii) 참모기관을 설치하게 되면 조직 내의 인간관계가 복잡해지며, 계선기관과 참모기관간에 대립이 생길 우려가 있다.

Ⅳ. 계선기관과 참모기관의 관계

1. 두 기관의 상호보완관계

흔히 계선기관은 명령 · 결정 · 집행을 하며 참모기관은 자문 · 권고 · 조언을 한다고 생각되고 있으나, 계선과 참모간에는 엄격한 구분이 존재하기 어려우며, 두 기관의 기능은 서로 보완적인 관계에 있는 것이다.

2. 두 기관의 불화관계

계선기관과 참모기관 사이에는 자칫하면 불화가 일어나기 쉬운데 그 불화의 원인과 해결방법을 살펴보면 다음과 같다.

⑴ 불화의 원인

첫째, 참모업무는 사실상 현상에 대한 비판과 개선을 목적으로 하는 경우가 많으나, 계선기관은 어떤 변화에 대하여 저항하려는 경향이 있는 것이다. 둘째, 계선은 혹시 참모가 자기의 지위를 위태롭게 하지 않을까 하는 의심을 품는 경우가 많다. 따라서 참모의 행동에 대하여 날카롭게 대립하는 경향이 있는 것이다. 셋째, 선진국가에서는 비교적 학력이 높고 능력이 있는 전문가를 많이 확보하고 있으므로 전문가와 비전문가 사이에 의견의 차이로 인한 대립이 있을 수 있는 것이다.

⑵ 불화의 해결방법

i) 계선기관과 참모기관에 있어서의 책임을 명확하게 해 둘 필요가 있다. ii) 계선기관과 참모기관에 있어서의 인원의 상호접촉을 긴밀하게 할 필요가 있다. 즉, 계선조직의 직원과 참모조직의 전문가는 서로 적의를 품어서는 아니 되며 양자 사이에 의사소통 및 의사교류를 촉진시키기 위해 정기적인 협의회 등을 개최하는 것이 바람직하다. iii) 계선기관과 참모기관간의 인사의 교류를 생각할 수 있다. iv) 전체로서의 행정조직체에 대한 충성심을 강조하는 종합적 관리체제를 확립하는 것이 바람직하다.

제 3 절 공식적 조직과 비공식적 조직

Ⅰ. 공식적 조직과 비공식적 조직의 의의

조직에는 인위적으로 제도화된 조직이 있는가 하면, 현실적인 인간관계로 말미암아 자연발생적으로 형성되는 조직이 있다. 전자를 공식적 조직이라고 하며, 후자를 비공식적 조직이라고 한다.

1. 공식적 조직의 의의

공식적 조직(formal organization)이란 정부의 법령 또는 직제에 규정된 조직관계를 의미하며, 각 부서간의 사무분담, 명령계통, 통솔의 범위 및 사무절차 등을 명확히 한 것으로서 인위적인 조직을 말한다.

2. 비공식적 조직의 의의

이에 대하여 비공식적 조직(informal organization)이란 행정직무에 관한 명문화도 없이 자연발생적으로 인간의 상호관계에 의하여 형성된 집단을 말한다. 이와 같은 비공식적 조직은 어느 조직체에나 존재하고 있으므로 무시될 수 없는 것이며, 만일 행정조직체 내에서 인간관계에 의해 자연발생적으로 형성되는 자생집단을 도외시하고 공식적인 조직계통이나 합리화 방안만을 추구한다면 행정업무의 효율적인 수행은 매우 어렵게 되는 것이다.

비공식적 조직은 물론 공식적인 조직 내부에서 생긴 것이라고 하겠으나 엄격한 의미에서 조직이라고 하기는 어려우며, 이것을 자생집단이라고 부르는 사람도 있다.

Ⅱ. 공식적 조직과 비공식적 조직의 차이점

1. 공식적 조직과 비공식적 조직의 특징

공식적 조직에 있어서의 인간관계는 인간 대 인간의 관계가 아니라 직무 대 직무의 관계이며, 인간의 개성이나 인격이 망각되는 수가 적지 않다. 그러나 현실적으로 어떤 조직을 움직이고 있는 인간의 관계는 그렇게 메마르고 인정 없는 것일 수는 없다.

자본주의 사회제도는 합리적인 방법으로 전근대적인 봉건질서로부터 탈피한 것이었으나, 한편 인간 소외에 의하여 그 자체가 난관에 봉착하게 되었으며, 이러한 어려움을 어떻게 극복하느냐에 자본주의 사회의 운명이 걸려 있는 것이다.

비공식적 조직은 조직 내에서의 인간의 내면적인 결합이라는 데 특색이 있으며, 그러한 인간관계가 형식적인 것이 아니라 실질적이라는 점에서 그 중요성이 인식되고 있다.

2. 공식적 조직과 비공식적 조직의 차이점

이제 공식적 조직과 비공식적 조직(자생집단)과를 비교하여 그 차이점을 보면 다음과 같다.

① 공식적 조직이 인위적인 데 대하여, 자생집단은 어디까지나 자연발생적이다.

② 공식적 조직이 외면적 또는 외재적 조직인 데 대하여, 자생집단은 내면적 또는 내재적 조직이다.

③ 공식적 조직이 성문화된 분업체제를 지니고 있는 데 대하여, 자생집단은 성문성이나 분업성이 약한 경우가 많다.

④ 공식적 조직이 이성적인 인간의 행동을 전제로 하고 능률의 논리에 따라 구성되는 데 대하여, 자생집단은 감성의 논리에 따라 구성된다.

⑤ 공식적 조직이 전체적인 질서인 데 대하여, 자생집단은 부분적인 질서라 하겠다.

Ⅲ. 공식적 조직과 비공식적 조직의 관계

공식적 조직과 비공식적 조직간에는 이상과 같은 차이점이 있으나, 발생적인 면이나 기능적인 면에서 보면 양자가 상호보완적인 관계를 지니고 있다.

첫째, 비공식적 조직은 조직의 참가자로 하여금 협동정신을 갖게 하며, 조직 내에서 자발적으로 조성되는 구성원의 친화 감정은 공식적인 조직의 단결성을 유지하는 데 도움을 줄 뿐만 아니라, 조직의 목표를 달성하는 데 촉진적인 역할을 한다.

둘째, 의사전달은 조직의 기본적 요소의 하나인바, 비공식적 조직은 조직 내에서의 의사전달을 돕는 기능을 수행함과 아울러 조직의 안정성을 확보하는 중요한 수단이 된다.

Ⅳ. 비공식적 조직의 기능과 통제

1. 비공식적 조직의 기능

비공식적 조직의 기능은 순기능적인 면과 역기능적인 면으로 나누어 고찰할 수 있다.

먼저 순기능적인 면을 보면, 첫째, 공식적 조직만으로는 직원의 근무성적을 높일 수 없는 경우에 비공식적 조직은 그 미비점을 보완해 주며, 둘째, 조직의 성원들로 하여금 쉽사리 합의점에 도달할 수 있게 하여 준다는 것이다.

다음 역기능적인 면을 보면, 첫째, 비공식적 조직의 작용으로 말미암아 공식적 조직의 목표가 달성되지 못하거나 또는 책임자의 지시가 지연되는 수가 있으며, 둘째, 의사결정에 있어 일부 집단원들의 이익만을 고려한 나머지 정실에 치우치는 결과를 초래한다는 것이다.

2. 비공식적 조직의 통제

이와 같이 역기능적 성격을 지닌 비공식적 조직으로 하여금 공식적 조직의 목표를 순기능적으로 수행할 수 있도록 하기 위한 통제방법을 들어 보면 다음과 같다.

① 비공식적 조직의 목표를 공식적 조직의 그것과 일치되도록 설득시키는 것이 바람직하다.

② 비공식적 조직의 지도자를 발견하여 그로 하여금 공식적 조직을 지지하도록 만든다.

③ 비공식적 조직과 공식적 조직의 양자간의 대립을 해소시키고, 비공식적 조직의 구성원이 가지고 있는 불안감을 제거하도록 힘써야 할 것이다.

제 4 절 소 집 단

Ⅰ. 소집단의 의의

R. F. Bales에 의하면 소집단(small group)이란 "대면적 집회에서 상호간에 작용을 주고 받는 한 무리의 사람들의 집단으로서, 집단의 각 구성원은 타 구성원의

한 사람 한 사람에 관해서 매우 뚜렷한 인상 내지 지각을 지닐 수 있어야 하며, 또 그 장소에서 질문을 받았을 때에는 한 사람 한 사람의 구성원에 대해서 반응을 줄 수 있어야 한다"고 한다.

따라서 이 정의에 의하면 소집단에는 i) 대면적(face-to-face)인 관계가 있어야 하며, ii) 각 구성원간에 상호작용(interaction)이 있어야 하고, iii) 구성원 상호간에 개인적인 인상이나 지각을 지닐 수 있어야 한다는 세 가지의 조건이 필요하다는 것이다. 그러므로 가령 전화나 서신에 의한 상호작용이 있어도 대면적인 관계가 없는 사람들은 소집단을 형성하지 못한다. 또 대면적인 관계에 있고 어떤 상호작용이 있다고 하더라도 개인적인 인상이나 지각을 지니고 있지 못한 경우에는 소집단을 형성하고 있다고 말할 수 없는 것이다.

우리는 대개의 경우 5인 이하의 구성원을 갖는 집단에 관심을 기울이고 있으나, 몇 사람까지가 소집단이라고 명백히 말하기는 어렵다. M. E. Shaw같은 사람은 소집단이란 20인 이하의 구성원을 갖는 집단을 말한다고 한다.

Ⅱ. 소집단과 유사집단의 차이점

원래 소집단이라는 말은 애매한 용어로서 어떤 경우에는 제 1 차집단(primary group)과 동의어로 사용되며, 또 어떤 경우에는 비공식집단(informal group)과 혼동되는 수가 있다.

소집단을 Bales의 정의에 따라 "대면적 집회에서 상호간에 작용을 주고 받는 한 무리의 사람들의 집단"이라고 이해하고 나아가 "집단구성원의 각 개인이 인지하고 응답할 수 있을 정도의 인상이나 지각을 가지며, 서로가 동일한 곳에 있었다는 기억을 가지고 있는 것"으로 파악한다면 소집단의 개념은 제 1 차집단이나 비공식집단과 반드시 일치한다고는 볼 수 없다.

왜냐하면 제 1 차집단이란 E. A. Shils에 따르면 "고도의 연대성, 구성원의 행동을 규제하는 가치나 규범의 비공식성 그리고 이들의 규칙을 형성할 때의 자율성을 특색으로 하는 집단"인바, 이것을 반드시 소집단이라고 할 수는 없으며, 한편 비공식집단이란 '공식조직에서는 잘 표면화되지 않는 구성원 상호간의 현실의 개인적 상호관계'를 가리키는 것이므로 공식조직 중에도 소집단이 있을 수 있기 때문이다.

Ⅲ. 소집단 연구의 전개과정

1. 초 창 기

현재의 소집단 연구에 결정적인 영향력을 미친 사람은 C. H. Cooley이다. 그는 일찍이 인간과 집단간의 친화성을 강조하였다. 즉, 유아는 제 1 차적인 가족집단 속에 있어서의 친밀한, 그리고 장기간에 걸친 상호작용에 의해서 사회화되는 것이라고 하였다. 그리하여 평생을 통해서 타인과의 밀접한 통합관계가 개인의 사상을 안정시키며, 개인에게 방향감각을 부여한다고 한다.

또한 Cooley는 그의 저서 「사회조직」(*Social Organization*, 1909)에서 가족 · 친지 및 소꿉친구 등 대면 접촉이 친밀한, 소위 '우리들 의식'에 기반을 둔 소집단을 제 1 차집단이라고 부르고, 이것은 인간의 출생 이후 최초로 접촉하는 집단이라고 하였다. 그리고 이와 같은 집단은 자유 · 애정 · 자기희생 · 충성심 및 정의관 등의 제 1 차적 이상을 육성하고 이를 다음 세대에 전달하는 기능을 지닌다고 한다.

2. 확 산 기

첫째로, S. Freud를 중심으로 하는 정신분석학이 가족이라는 소집단에 주목하였는데, Freud에 있어서 가족은 다른 모든 기능적 집단의 원형이었다. 즉, 가족생활에 있어서는 자아(ego)의 깊은 면이 노정되며, 아울러 개인의 무의식적 충동을 통제하는 기능을 가지고 있다는 것이다.

둘째로, 사회심리학적 실험에 있어서도 소집단에 관심을 갖게 되었다. 예컨대 W. Moede의 실험에서 보면 초등학생의 경우 전기쇼크의 통감이 혼자서 받는 것보다 다른 아이들이 보고 있는 앞에서 받는 것이 견디기 쉬우며, 근육을 움직이는 작업에 있어서도 집단으로 행하는 것이 단독작업보다 효과적이라고 보고하고 있다. 그러나 이것은 대면적 집단(face-to-face)에 있어서의 집단작업이나 집단사고에 관한 실험은 아니었다.

셋째로, 사회학적 연구가 있다. 예로서 W. I. Thomas 등의 연구는 미국에 이민해 온 폴란드 농민이 어떻게 새로운 환경에 적응해 나가느냐 하는 것으로서, 그들이 사회환경의 변화에 적응하여 정신적 · 물질적 안정을 확보하기 위해 가족 · 동향 및 우인과 같은 소집단이 중요한 기능을 수행하는 과정을 분석한 것이다.

3. 확 립 기

소집단 연구가 확립기를 맞이한 것은 1930년 이후의 일이다. 이 시기의 대표적 인물로서 우리는 E. Mayo, J. L. Moreno 및 K. Lewin을 들 수 있다.

(1) Mayo의 Hawthorne실험

1924년 미국 Chicago근교의 Western Electric Co.의 Hawthorne공장에서 종업원 3만명의 불평불만을 해소시키고, 보다 나은 생산량을 올리기 위한 획기적인 실험이 시도되었다. 이 Hawthorne실험은 종래의 소위 과학적 관리법(Taylor system 등)만으로써는 해결할 수 없었던 종업원의 불평불만을 어떻게 하면 좋은가에 관해서 회사와 Harvard대학이 공동으로 실시한 실험이다.

최초에는 작업환경이나 노동조건의 변화가 직접 노동자의 반응(생산량)에 영향을 미치는 것으로 생각하였다. 그러나 실험이 진행됨에 따라 노동자의 태도(감정)라는 요인이 큰 비중을 점한다는 사실을 알게 되었다. 즉, 노동자의 태도는 작업환경이나 노동조건에 따라 좌우됨은 말할 나위도 없지만, 이 밖에 직장집단(직장내의 인간관계, 직장집단의 비공식적인 규범 등)에 의해서 많은 영향을 받는다는 것이다. 이리하여 능률의 논리에 입각한 공식적 조직과 감정의 논리에 따른 비공식적 조직이 구별되고, 비공식적인 소집단의 기능이 재발견되어 여기에 새로운 인간관계적 인사관리법이 나타난 것이다.

(2) Moreno의 Sociometry

Moreno는 Sociometry의 연구를 거듭하였는바, 'Sociometry'란 집단구성원 상호간의 좋아하거나 싫어하는 관계, 즉 심리적인 선택·거부의 관계를 찾아 내는 방법을 말한다. 무릇 집단의 구조에는 관찰자가 외부로부터 파악할 수 있는 집단의 구조와, 집단구성원 상호간에 스며들어 있는 심리적인 면이 있는바, 관찰자는 표면적인 인간관계 이외에 직접 외부에서 관찰할 수 없는 심리적인 구조를 파악할 필요가 있다. 그렇지 않으면 그 집단에 어떤 심리적 긴장이 있는지 혹은 그 집단이 어떤 방향으로 움직이려고 하는지를 알 수 없다. 이러한 과제를 해결하기 위한 것이 바로 Sociometric test이다. 이 test는 집단구성원 전체를 조사자로 하여 실시하기가 용이하며 어느 정도 집단구조의 심층까지 파악할 수 있으므로 소집단 연구에 널리 사용된다.

(3) Lewin의 Group dynamics

Lewin은 구성원 상호간에 상호작용이 행하여지는 대면적인 소집단 실험을 시도하였다. 즉, 그는 소집단의 구조와 기능을 실험적으로 추구하고, 그 'dynamics'(역학)를 분석하려는 group dynamics(집단역학)의 중심 인물이 되었는바, 그의 연구 중에서 유명한 것이 「리더십의 유형에 관한 실험」이다.

그에 의하면 민주적 리더십의 형이야말로 집단의 생산성이라는 관점에서나 구성원의 만족도라는 관점에서나 가장 바람직한 것이라고 한다. 왜냐하면 민주적 리더십은 집단목표가 집단의 토론에 의해서 결정되며, 구성원의 일의 할당도 집단결정에 맡겨지고, 일의 평가에 있어서도 객관적이며 사실에 입각한 칭찬을 할 수 있기 때문이다. 이리하여 집단토의와 집단결정의 우위성이 실증되었다.

Ⅳ. 소집단의 유형

E. H. Schein은 그의 저서 「조직심리학」(*Organizational Psychology*, 1980) 제 3 판에서 조직 내의 소집단의 유형을 공식집단(formal group)과 비공식집단(informal group)으로 나누고 있다.[7)]

1. 공식집단

공식집단은 전체 조직의 사명과 관계 있는 특정의 과업을 수행하기 위하여 관리자에 의해서 만들어진 집단이다. 공식집단은 그 존속기간에 따라, 최고관리층 및 각 부문조직에 특수한 서비스를 제공하는 막료집단·영속적인 위원회 등과 같은 영속적 공식집단과 특수한 사명을 수행하기 위해 만들어진 위원회·전문조사반(task forces) 등과 같은 일시적 공식집단의 두 가지로 나눌 수 있다.

2. 비공식집단

조직구성원은 과업을 수행하고자 하는 공식적인 욕구만을 가지고 있는 것이 아니라, 조직의 다른 구성원들과 여러 가지 관계를 맺으려고 하는 욕구를 가지고 있다. 그리하여 이러한 비공식의 관계는 기회만 있으면 비공식집단을 만드는 방향으로 발전한다. 즉, 비공식집단은 공식적인 요인과 인간의 욕구의 결합에서 생기는 것이라 하겠다.

비공식집단은 조직의 강제적인 경향에 대항하는 뜻에서 반조직적 기능을 수행

7) E. H. Schein, *Organizational Psychology*(Englewood Cliffs, New Jersey: Prentice-Hall, 1965), pp. 68～69.

하기 쉬우며, 경우에 따라서는 조직의 공식목표를 파괴할 때도 있다. 이러한 반조직적 집단을 두려워하는 관리자는 서로의 상호작용이 일어나지 못하도록 설계함으로써 비공식집단의 발생을 방지하는 수도 있다.

M. Dalton은 그의 산업에 관한 고전적 연구에서 대규모의 조직 속의 비공식집단을 세 가지 유형으로 분류하고 있다.[8)]

(1) 수평적 집단

이것은 대체적으로 유사한 지위 또는 유사한 직장에 있는 노동자나 관리자가 비공식으로 결합하는 집단을 말한다. 예를 들면 Hawthorne연구의 배전반권선작업실(配電盤捲線作業室)에는 이러한 집단이 두 개가 있었다.

(2) 수직적 집단

이것은 서로 다른 계층에 속해 있는 사람들에 의하여 구성된 집단을 말한다. 예를 들면 학벌 또는 지연 등을 통하여 구성원들이 과거부터 아는 사이이며 보통 상의하달적 · 하의상달적 의사전달의 통로의 역할을 하고 있는 경우이다.

(3) 혼성집단

이것은 상이한 부문 또는 상이한 지위에 있는 사람들로써 구성된 집단을 말한다. 예를 들면 대학에서 공식의 위원회에서는 처리할 수 없는 문제를 해결하기 위하여 학생 · 교직원 및 당국자로 구성되는 비공식집단을 만드는 경우를 들 수 있다. 또 집단구성원의 다수가 같은 동네에 살거나 혹은 같은 교회에 다니는 경우에는 이러한 집단형성의 기반이 된다.

V. 소집단의 기능[9)]

1. 집단의 공식조직상의 기능

여기서 말하는 '공식'조직상의 기능이란 그 조직의 기본적 사명과 일치하는 집단활동의 측면을 가리키는바, 예를 들면 항공기를 날리기 위해서 각각 특수한, 그리고 고도로 상호의존적인 기능을 수행하는, 수인의 구성원으로써 구성되는 탑승원이 필요로 되는 경우이다.

---

8) M. Dalton, *Men Who Manage*(New York: Wiley & Sons, 1959) 참조.

9) E. H. Schein, *op. cit.*, pp. 70～71.

2. 집단의 심리적 · 개인적 기능

조직의 구성원은 여러 가지 욕구를 조직에 끌어들이며, 집단은 이들의 욕구를 충족시키는바, 여기서 집단이 충족시키는 주요 기능을 보면 다음과 같다.

첫째로, 친화욕구를 들 수 있는데 이것은 우정 · 애정의 욕구를 충족시키는 기본적 수단이다. 이러한 집단(이것을 제 1 차집단이라고 부른다)의 원형은 가족이다.

둘째로, 일체감을 발전시키기 위한 기본적 수단이다. 이 경우에도 가족으로부터 이러한 과정이 시작되며, 이것은 직장의 공식 · 비공식집단이 자기의 주체성 · 지위 등을 확인하는 중요한 원천이 된다.

셋째로, 사회적 현실성을 확립 또는 확인하기 위한 기본적 수단이다. 즉 다른 사람과 의논하거나, 공통의 견해를 가짐으로써 우리는 사회적 환경에 있어서의 불확실성을 감소시킬 수 있다.

넷째로, 불안 · 근심걱정 및 무력감을 완화시키는 기본적 수단이다. 예를 들면 노동자가 작업시에 불안을 느끼고 착취를 당하고 있다고 느낄 때에, 그들이 무력감을 완화시키기 위하여 단결해서 조합을 만드는 경우이다.

3. 복합적 내지 혼합적 기능

조직 내의 집단에 관한 연구에서 공통적으로 발견된 사실은, 대개의 집단이 공식 · 비공식 양쪽의 기능을 수행하고 있다는 것, 즉 조직과 개인 쌍방의 욕구를 충족시킨다는 것이다. 그리하여 조직구성원의 심리적 욕구가 충족되면 조직목표에 대한 더 강한 충성심 및 신뢰감이 생긴다는 것이다.

제 5 절 프로젝트 조직과 매트릭스 조직

종래의 전통적 조직이론에 의하면 조직의 효율적인 운영을 위해서는 분업을 통한 조직의 분화, 계층제적인 조직구조, 계선과 막료의 구분과 같은 원리가 중요시되었다.

그러나 조직사회가 심화되어 가고 환경의 변화가 심해지는 상황에서는 이러한 전통적인 조직이론에 의한 방법으로 효과성을 얻을 수 없게 된다.

이리하여 종래의 조직에 대체하는 새로운 조직형을 만들어 여기에다 고도의 신축성(flexibility)을 부여함으로써, 조직의 효과성을 높이고 환경에 대한 대응능력을 높일 필요가 높아졌는데 이러한 수요에 따라 몇 가지의 대안으로 제시된 것 중의 하나가 바로 프로젝트 조직 및 매트릭스 조직이다.

Ⅰ. 프로젝트 조직(project organization)

본래 프로젝트(project)란 용어는 조직이 집중적으로 해결하고자 하는 특정한 사업을 의미한다. 특히 종래의 조직체계로써는 처리하기 힘든 복잡하고도 전문적인 업무이면서 그 전략적 비중이 높은 사업에 있어서는 계선간의 명확한 분업·계층제에 의한 부문적인 능률성(efficiency)을 확보할 수 있을지는 모르나 효과성(effectiveness)을 확보하기는 어렵다. 따라서 특정한 프로젝트를 수행하기 위해서 일시적으로 조직 내의 인적·물적 자원을 결합하는 조직이 바로 프로젝트 조직이다.[10)]

이와 같은 프로젝트 조직은 다음과 같은 몇 가지 특성을 지닌다고 하겠다.

첫째, 특정한 사업 중심으로 조직된다. 즉, 기능의 전문화·분화보다는 관련 자원을 통합화하려는 조직으로서 그 기준을 사업에 두고 있다.

둘째, 영구적인 것이 아니라 일시적인 조직이다. 즉, 관련 사업이 끝나면 이 프로젝트 조직은 해체되어 다시 종래의 계선과 계층으로 복귀한다.

셋째, 프로젝트 조직은 막료조직이 아니라 계선조직이다. 따라서 단순히 사업에 대해 보조적인 지위에 있는 것이 아니라 사업을 실현하는 권한과 책임을 갖고 있다.

Ⅱ. 매트릭스 조직(matrix organization)

1. 의 의

프로젝트 조직을 한층 더 확대발전시킨 것이 매트릭스 조직이다. 즉, 매트릭스 조직은 프로젝트 조직에 종래의 기능별 조직이 결합된 것이다.

무릇 대다수의 공공조직은 기능을 중심으로 하여 작용하고 있다. 예컨대 건설부는 도로의 포장이나 교량의 건설을 담당하며, 상공부는 산업 및 상업의 진흥을

10) D. I. Cleland and W. R. King, *System Analysis and Project Management*(New York: McGraw-Hill, 1975), p. 184.

〈표 3-2〉 매트릭스 조직

문제 / 기능	환경	노인	재정
건설	○		○
상공	○		
인사			○
시민	○	○	○
교육		○	
⋮			

담당한다. 그러나 한편으로는 문제중심의 해결책이 요구되는 경우도 있다. 환경문제 · 재정문제 · 노인문제 등 어느 것이든 하나의 부문에서 담당하기에는 문제가 매우 복잡하다. 따라서 몇 개의 부문이 공동으로 대처함으로써 비로소 해결의 실마리를 찾을 수 있는 것이다.[11] 매트릭스 조직을 표로 나타내면 〈표 3-2〉와 같이 예시된다.

〈표 3-2〉에서 알 수 있는 바와 같이 기능에 의한 조직을 세로로 한다면 문제에 의한 조직은 가로로 표시된다.[12]

매트릭스 조직의 특성은, 첫째, 수직적 구조와 수평적 구조의 결합이라는 것이다. 즉, 전통적인 계층제에다 사업중심의 프로젝트 조직이 가미된 것이다. 이러한 이중구조적 운영은 매트릭스 조직의 핵심이 된다.

둘째, 이러한 이중구조적 성격으로 인해 종래의 '명령통일의 원리'가 크게 수정받게 된다. 본래 매트릭스 조직 자체가 수직적인 계층제와 수평적으로 놓여 있는 프로젝트 조직의 결합이기 때문에 조직 내의 한 개인은 계층제상의 리더와 프로젝트 조직상의 리더의 양자를 상사로 두게 되는 셈이 되는데, 이것은 종래의 조직관에서 주장하는 명령통일의 원리에서 보면 중대한 예외가 되는 것이다.

2. 장 단 점

먼저 장점으로서는, 첫째 무엇보다도 조직이 수행하고자 하는 특정한 사업을 강조할 수 있다.

둘째, 기능별 조직에 전문가의 지위가 마련되기 때문에 인력배치에 신축성이

11) 官嶋勝, 公共組職の管理論(東京: 企劃センター, 1983), p. 109.

12) 이와 같은 매트릭스 조직을 최초로 실제의 조직운영에 적용한 것은 미국의 화학회사인 Dow Corning Co.이다.

부여된다. 예컨대 특정한 사업이 없어지게 되더라도 계속 근무할 기능별 조직이 있다는 것이다.

셋째, 특정한 사업간의 관리상의 일관성이 유지된다. 즉, 단지 사업중심별로만 된 조직이 아니라 계층제적 조직의 결합이기 때문에 이 계층제적 성격에 의해 여러 프로젝트 조직은 일관성 있게 관리된다.

그러나 그 단점으로는,[13] 첫째, 전통적인 조직원리가 적용되지 않는다는 점, 둘째, 계선·막료의 이원화가 불분명해진다는 점, 셋째, 기능별 조직과 프로젝트 조직의 이중성으로 인해 갈등이 발생할 우려가 있다는 점 등을 들 수 있다.

제 6 절 위 원 회

Ⅰ. 위 원 회

1. 위원회의 의의

위원회조직은 행정상의 결정이 단일인에 의하여 이루어지는 단독제조직과 달라서 각 위원의 상이한 견해를 조정하고 구체적인 사실이나 목적에 대한 집단적 판단을 가능케 하는 합의제조직을 말한다. 이와 같은 위원회조직은 조직의 운영면에서 민주성을 확보할 수 있다는 점에서 중요한 의의를 지니는 것이다.

2. 위원회의 장단점

(1) 장 점

① 위원회는 집단적 판단을 가능하게 한다. 즉 위원회는 각 전문가의 지식·경험이 반영되어 신중을 기할 수 있으며, 개인의 편견이 제거되어 신뢰성 있는 결정을 할 수 있다.

② 위원회는 위원들로 하여금 협동의욕과 민주성을 반영케 할 수 있다. 즉 위원간에 능률적인 인간관계를 조성하며, 위원 상호간의 이해를 촉진시킨다.

③ 위원회는 각 부문간의 업무의 조정을 기할 수 있다. 즉, 각 부문의 문제점

13) Michael V. Fiore, “Out of the Frying Pan into the Matrix” in *Personnel Administration*, vol. 33, Jul./Aug.(1970), p. 6.

에 관하여 집단적으로 토의함으로써 위원 각자가 타 부문의 문제점 및 내용을 잘 이해할 수 있고, 현황에 관한 정보와 자료의 수집 및 교환이 용이하다.

④ 위원회는 조직과 정책의 장기적 지속성에 도움을 주며, 조직의 안정도를 높인다.

⑤ 위원회는 행정책임자가 되기에 앞서 예비적 훈련을 시키는 효과가 있다. 즉 위원회에 참여함으로써 새로운 사실도 알게 되며, 위원 각자가 행정 전반에 관한 판단을 할 수 있는 능력을 양성할 수 있다는 것이다.

(2) 단 점

① 위원회는 그 소집과정에서 시간이 걸릴 뿐만 아니라, 의사진행중에도 갑론을박함으로써 결정상의 지연을 가져오기 쉽다.

② 위원회는 책임의 소재가 명확하지 않기 때문에 소속위원 각자의 책임의식을 희박하게 만드는 경향이 있다.

③ 위원회에 있어서는 위원회의 결정이 타협안을 초래할 우려가 있다. 즉, 위원 각자는 의사심의과정에서 자기의 개인적 이해관계를 완전히 저버릴 수는 없으며, 또한 심의과정이 길어지면 권태감을 느끼기 때문에 결국 타협안에 찬성할 가능성이 있다는 것이다.

Ⅱ. 행정위원회

1. 행정위원회의 의의

행정위원회와 이 밖의 다른 위원회를 구별하는 특질은 행정위원회가 행정기능, 준사법적 기능 및 준입법적 기능을 보유하고 있다는 사실이다. 따라서 행정위원회란 일반적으로 수인의 구성원으로 구성되는 위원회가 행정기관으로서 일부의 행정권을 담당하여 스스로 기획·조사·입안 및 집행을 행하고, 경우에 따라서는 준입법적 기능(예: 규칙의 제정) 및 준사법적 기능(예: 쟁송의 판정)을 수행하는 기관을 말한다.

이와 같은 행정위원회는 첫째, 행정의 중립성 확보를 위해 필요로 되는 경우가 있는데, 이 경우 당파적 이해 혹은 압력단체의 압력에 의해서 좌우되거나, 정권의 교체에 의한 정책의 변경에 의해서 영향을 받지 아니한다. 둘째, 당파적인 정책의 영향을 차단하고, 행정을 전문적 지식에 입각하여 기술적·합리적으로 집행하기 위해 필요로 되며, 셋째, 서로 대립하는 이해관계의 조정을 위해 이익대표의 참여에 의한 행정이 요청되는 경우에 필요로 된다.

무릇 행정위원회는 행정수장의 권한에 속하게 하는 것이 부적당하다고 생각되는 행정을 관리 · 집행하는 기관인바, 그 행정분야의 차이에 따라 위원회의 구성도 달라진다. 즉, 전문기술에 의해서 구성되는 경우, 각 계층의 이익대표자나 정당세력의 대표자에 의해서 구성되는 경우, 혹은 정당정치로부터 독립한 공정한 행정을 확보하기 위해 중립적인 입장에 서는 자에 의하여 구성되는 경우 등을 생각할 수 있다.

요컨대 행정위원회의 특수성은 합의제인 집행기관이라는 점에서 찾아볼 수 있으며, 미국의 행정위원회가 현실적인 정치적 · 경제적 및 사회적 기반을 기초로 하여 발달한 데 비하여, 일본의 행정위원회는 정치적 · 경제적 및 사회적 필요에 의해 생겨났다기보다는 민주화를 위한 수단으로서 채택된 것이라고 하겠다.

2. 행정위원회의 발달과정

자본주의 경제의 발달로 인하여 야기된 제 문제를 종래의 사법적 절차만으로써는 제대로 처리할 수 없고, 또한 새로운 경제문제에 대한 통제가 필요하게 됨에 따라 행정위원회의 한 형태로서의 독립규제위원회의 설치문제가 대두하게 되었다. 예로서 미국에서는 1887년에 주제통상조례(Interstate Commerce Act)의 제정을 보게 되자 본질적으로 연방정부의 행정적 통제를 벗어나 독립운영되어야 한다는 원칙 아래 집행부의 기본구조와는 별도로 규제위원회를 만들게 되었다.[14)]

생각건대 미국에서는 남북전쟁 이래 산업사회의 발전에 수반하여 독점기업에 대한 규제 및 노동조건 · 위생설비에 대한 규제 등 일련의 규제행정의 필요성이 대두되어 이러한 국민의 사회적 요구를 받아들여야 할 형편에 놓여 있었는데, 이 경우에 있어서 새로이 팽창된 행정기능을 종래의 행정관청업무에 포함시킨다는 것은 행정권의 지나친 비대현상을 초래하게 되어 전통적인 권력분립기구 및 행정상의 균형을 상실할 위험성이 있었기 때문에 행정적 규제를 요구하는 국민들의 연방권력 강화요청과 전통적인 삼권분립의 원리 및 기구를 고수하려는 사회적 요청을 절충하는 의미에서 행정위원회가 채택되었던 것이다.

결국 미국의 행정위원회는 현대국가에 있어서 행정의 적극적인 활동을 요구하는 시민들의 사회적 요청과 민주주의와의 타협이라는 시각에서 성립된 것이라고 할 수 있다.

14) 吉富重夫, 現代行政學(東京: 勁草書房, 1967), p. 101.

3. 행정위원회의 유형

(1) Pfiffner의 유형

J. M. Pfiffner는 미국에 있어서의 행정위원회의 유형으로서 다음과 같은 것을 들고 있다.[15)]

① **합의제행정기관**(administrative board) 이것은 행정관청으로서의 성격을 가진 합의제의 기관을 말한다. 그러나 이러한 기관은 오늘날 점차 단독제의 기관에 의하여 대치되어 가고 있다.

② **독립규제위원회**(independent regulatory commission) 이것은 산업혁명이 초래한 경제적·사회적 모순 및 폐단을 시정하기 위하여 생긴 것으로서, 이 위원회에는 보통 일반복지를 위해 사인 및 재산을 규제하는 권한이 있으며, 그 목적을 달성하기 위하여 준입법적·준사법적 기능이 부여되고 있다. 예로서 전술한 주제통상위원회(Interstate Commerce Commission) 등을 들 수 있다.

③ **반독립(半獨立)위원회**(board tied into hierarchy) 이것은 준입법적·준사법적 성질을 지니는 권한을 가지고 있으면서도 계층적 행정구조와 연결된 위원회이다. 이 경우 행정기능은 위원회에 책임을 지지 않는 단독공무원의 수중에 귀일한다.

④ **자문위원회**(permanent advisory boards) 이것은 특정의 행정부문의 활동에 관해서 자문하며 조언하는 위원회이다. 이 위원회는 행정에 대하여 시민의 의견이나 경험을 반영시키는 기회를 부여하며, 관청과 대중 사이에 완충기관을 만들어 주는 효과를 가져온다.

⑤ **초당파위원회**(bipartisan board) 이것은 특정 정당의 영향력을 배제하기 위한 것으로서, 보통 두 개의 유력한 정당의 당원으로써 구성된다.

(2) 주요 각국의 행정위원회

① **미국의 경우** 미국에서는 철도요금의 공정성을 둘러싼 분쟁을 처리하기 위하여 연방정부가 1887년에 주제통상위원회(ICC)를 설치한 것이 행정위원회의 시초이며, 그 후 광범한 행정목적을 위해 행정위원회를 만들었는바, 연방통상위원회(FTC)·증권거래위원회(SEC)·연방항공위원회(CAB)·연방통신위원회(FCC)·연방해운위원회(SMC) 및 연방전력위원회(FPC)의 7대 행정위원회가 그

15) John M. Pfiffner and Robert V. Presthus, *Public Administration*(New York: The Ronald Press Company, 1946), pp. 99～104.

구체적 예이다.

② 일본의 경우　　일본에서도 행정위원회가 광범하게 이용되고 있는바, 여기에는 공정거래위원회·공안위원회·중앙노동위원회·선거관리위원회·교육위원회 및 농업위원회가 있다. 또한 일본의 인사원은 행정위원회의 하나로 볼 수 있다.

③ 우리 나라의 경우　　이제 우리 나라에 있어서의 위원회제 행정기관의 유형을 보면, i) 행정의 중립성·독립성을 보장할 필요가 있는 경우(예: 중앙선거관리위원회), ii) 행정의 전문적·기술적 지식에 기초를 둔 경우(예: 금융통화위원회), iii) 서로 대립하는 이해의 조정을 위하여 이익대표의 참여에 의한 행정이 요청될 경우(예: 중앙노동위원회) 등이 있다.

금융통화위원회의 중요한 기능은 통화·신용정책에 관한 기본적인 사항을 심의·의결하는 기능이며 그 외에 한국은행의 운영에 관한 사항도 심의·의결한다. 노동위원회의 가장 중요한 기능은 노동쟁의의 조정, 중재 및 긴급조정인데 긴급조정은 중앙노동위원회만이 할 수 있다.[16] 그리고 합의제행정기관에 속하는 우리 나라의 위원회로는 소청심사위원회, 중앙국세심사위원회 등을 들 수 있다.[17]

Ⅲ. 독립규제위원회

1. 독립규제위원회의 의의

국가의 작용을 입법·사법 및 행정의 세 가지로 분리하여 그것을 서로 견제시킴으로써 시민의 권리를 보장하려는 삼권분립의 원칙은 그 당연한 귀결로서 "수여된 권한은 이를 타에 위임할 수 없다"는 법언을 낳게 하였으나 오늘날에 와서 이러한 법언을 엄격히 적용시킨다는 것은 비현실적이며 오히려 장애를 초래하게 되었다. 즉, 의회가 너무 상세한 법규정을 만들면 그만큼 급변하는 변화에 적응할 수 없으므로 의회는 추상적인 법률을 제정함에 그치고, 구체적인 사정에 정통한 행정기관이 중간의 법규범(규칙)을 만들지 않을 수 없게 되었다.

그리하여 행정기관은 광범위한 규칙을 만들어 입법기능을 수행하며, 또한 개개의 구체적 사건에 관하여 법령위반의 유무를 심사하여 쟁송의 판정을 함으로써 사법기능을 수행한다.

이렇게 준입법권과 준사법권을 병유하고 규제적(regulatory)인 작용을 부여받

16) 유훈, 행정학원론(서울: 법문사, 2000), pp. 380～381 참조.
17) 김규정, 행정학원론〔신판〕(서울: 법문사, 1997), p. 380 참조.

은 행정기관은, 일반의 행정기관과 마찬가지로 기획·입안 및 권고 등의 기능을 가지며, 그 밖에 수인의 위원으로 구성되는 합의제행정기관으로서 그 소관사무에 관한 국가의 의사를 최종적으로 결정하여 이것을 외부에 표시하며, 그 권한의 행사에 있어서는 독립적인 공정한 판단에 따라 각종 이해의 조화를 도모하기 위하여 소속관청으로부터 독립(independence)이 보장되고 타로부터 지휘명령을 받지 않는다는 특색을 지닌다.

요컨대 독립규제위원회(independent regulatory commission)는 행정위원회의 유형의 하나로서 준입법적·준사법적 기능까지도 지니고 있는 합의제의 독립기관이다. 여기서 독립이란 뜻은 동 위원회가 대통령의 지휘·감독을 받지 않음을 뜻한다. 예로서 미국에 있어서의 독립규제위원회의 위원은 대통령이 법규에 규정된 사유에 해당하는 경우에 한해서 해임할 수 있게 되어 있다.

2. 독립규제위원회의 성격

⑴ 독 립 성

독립성은 임기·임명되는 자가 일당파에 한정되지 않는 배려, 해임의 곤란 및 그 의사결정의 최종성 등에 의해서 보장된다.

미국의 경우를 보면 위원회의 독립성을 보장하기 위하여 i) 대통령이 위원을 임명하면 자유롭게 파면할 수 없게 되어 있으며, ii) 위원의 임기를 대통령의 임기보다 장기화하고, iii) 위원회에서 결정된 사항은 그 자체가 최종적인 것으로서 법적 효력을 갖도록 하고 있다.[18)]

⑵ 준입법권·준사법권

독립규제위원회는 준입법적 및 준사법적 기능을 지닌 일종의 권력통합기관이라는 점이 특색이다.

⑶ 합의제기관

단독제의 행정기관과는 달리 독립규제위원회는 합의제원리에 입각하여 운영된다. 이렇게 볼 때 우리 나라에 있어서도 중앙선거관리위원회의 경우를 보면 그것이 일반 행정기관에 속하지 않는 합의제기관으로서 준입법권·준사법권을 지니고 있는 점에서는 독립규제위원회의 성격이 농후하다고 하겠으나, 실제에 있어서 미국의

18) 이러한 독립성의 강한 보장이 있기 때문에 이를 국가의 제 4 부(fourth branch)라고도 지칭한다. Robert E. Cushman, "The Problem of the Independent Regulatory Commission" in Dwight Waldo, ed., *Ideas and Issues in Public Administration*(New York: McGraw-Hill, 1953), p. 138.

경우와는 그 설치동기나 규제대상이 상이하다. 그 이유는 미국의 독립규제위원회는 자본주의 발전에 따른 행정수요를 충족시키기 위한 시대적 산물로서 설치되었고 규제대상도 주로 경제문제가 중심이 되어 있다는 점 등이다.

3. 독립규제위원회에 대한 비판

이상과 같이 행정위원회(특히 독립규제위원회)가 삼권을 병유하고 있는 데 대해서는 적지 않는 비판이 가해졌다. 즉, 미국법조협회(American Bar Association)는 1934년 「행정법에 관한 특별위원회」를 조직하여 이 문제를 검토한 결과 첫째, 삼권분립의 원칙이 무시되고 있으며, 둘째, 입법권의 위임이 너무 광범위하다는 비판이 나왔다. 또한 「행정관리에 관한 대통령위원회」(President's Committee on Administrative Management, 1936)는 그 다음 해의 보고서 가운데서 가령 '준'(quasi)이라는 접두어가 붙었더라도 이러한 행정위원회는 '정부의 장을 결한 제 4의 부문'(a headless fourth branch of government)이며, 무책임한 기관과 통제 없는 권한의 집합체라고 하면서, 행정위원회를 대통령의 리더십 밑에 두어야 한다고 주장하였다. 그러나 동 보고서의 내용은 현실화되지 못하였다.

일본에 있어서도 의원내각제하에서 내각으로부터 독립한 행정위원회가 존재할 수 있느냐 하는 비판이 있었으나, 이것은 행정위원회의 헌법상의 지위·권한에 관한 문제에 대한 것이라기보다도 그 운영에 관한 문제에 대한 것이었다.

제 7 절 집권화와 분권화

Ⅰ. 행정상의 집권화와 분권화

1. 의 의

J. Fesler가 일찍이 표현하였던 바와 같이 권력이라는 것 그 자체가 복잡한 현상이어서 우리가 집권과 분권의 정도를 정확하게 측정한다는 것은 어려운 일이다.[19] 그러나 행정상의 집권과 분권의 개념은 행정조직의 계층구조에 있어서 의사

19) James Fesler, "Approaches to the Understanding of Decentralization," *Journal of Politics*, vol. 27(Aug. 1965), pp. 536~537.

결정권이 어디에 얼마나 집중 혹은 분산되어 있느냐에 따라서 소위 집권과 분권이라는 대칭개념이 설정된다. 즉, 의사결정권이 계층의 상부에 집중되어 있으면 이를 집권이라 부르고 하부에 분산되어 있으면 이를 분권이라 부른다.

이와 같은 집권과 분권의 개념은 모든 조직에 적용되는 기본개념이라 하겠으며, 그것이 국가 통치체제상의 중앙기관과 지방기관의 관계를 나타낼 경우에는 중앙집권과 지방분권으로 불린다. 이렇게 볼 때 중앙집권이란 통치상의 의사결정 권한이 주로 중앙기관에 집중되어 있는 경우를 뜻하며, 지방분권이란 통치상의 의사결정 권한이 지방정부에 분산되어 있는 경우를 의미한다.

자치권이 국가권력의 전수물이요, 지방자치단체는 국가의 존립으로부터 분리될 수 없고 국가의 권역 내에서만 존재가치가 있다는 지방자치의 현대적 의의를 생각할 때, 지방정부에 대한 중앙정부의 관여의 양상은 각국의 역사적 전통과 정치적 풍토 및 사회적·경제적 여건에 따라 적극적 및 소극적 또는 권력적 및 비권력적 형태로 나타나고 있는 것이다.

사실상 현대 국가행정은 아무리 지방적 관심사라 하더라도 지방적 차원에서만 다룰 수 없고, 전국적 수준에서 국가적 관심사로 수행되어야 한다는 요구가 나날이 커져 가고 있다. 그 예로서 영국이나 미국에 있어서와 같이 전통적으로 지방자치를 기초로 한 정치체제를 지니고 있는 나라에서도 근래에 이르러 점차 중앙집권화의 경향이 짙어 가고 있음을 볼 수 있다.

이와 같은 중앙집권화의 원인은 나라에 따라 다르다고 하겠으나 일반적으로 i) 국가기능의 확대·강화, ii) 지방적 촌락경제 체제로부터 국가경제 체제로의 이행, iii) 교통·통신의 발달, iv) 국제긴장의 고도화의 네 가지를 생각할 수 있다.

그러나 여기서 유의하여야 할 것은 중앙집권화와 지방분권화는 상대적 개념이라는 사실이다. 왜냐하면 하나의 통치체제가 완전무결하게 중앙에 의하여 집권화될 수 없고, 또한 지방에 완전히 분권화될 수 없기 때문이다.

2. 행정상의 집권화 요인과 분권화 요인

(1) 집권화 요인

① 조직상의 문제　　역사가 짧은 조직에 있어서는 일이 궤도에 오르지 못하고 조직이 불안정하므로 집권화 경향을 보이며, 또한 조직의 규모가 작을수록 집권화되기 쉽다. 그리고 최고관리층의 권력추구를 위한 욕망도 집권화 요인이 된다.

② 개인의 리더십의 문제　　조직의 의사결정이나 운영이 권위적이고 카리스

마적인 개인의 리더십에 의존하는 경우에 집권화를 초래하며, 또한 하위층에 종사하는 구성원의 능력이 부족한 경우에도 집권화되게 마련이다.

③ 획일성과 전문화의 문제 · 상급기관이 하급기관의 획일적인 행동을 요구할 경우, 또는 공통된 목표를 지향하는 다원적인 조직의 질서 있는 통합을 이룩하고자 할 경우에 집권화하게 된다. 한편 특정한 활동의 전문화가 필요로 되는 경우에도 집권화되기 쉽다.

④ 위기상황과 특정 활동 강조의 문제 어느 국가나 조직을 막론하고 위기상황에 직면하게 되면 강력한 지도력에 의해서 위기를 극복해야 하므로 집권화를 초래하기 쉬우며, 또한 어떤 특정한 활동이 많은 사람들의 관심대상으로 부각되거나, 혹은 지도자가 중요하다고 생각할 때에는 그 활동이 집권화되기 쉬운 것이다.

⑤ 교통 · 통신 발달의 문제 교통 · 통신의 발달로 인하여 상급자에게 신속한 의사전달을 할 수 있고, 또한 많은 정보가 그들에게 집중되므로 자연히 집권화가 촉진되게 마련이다.

(2) 분권화 요인

① 조직상의 문제 조직의 규모의 확대는 분권화를 촉진시키는 요인이 되고 있다. 즉, 조직의 상위층의 업무량 확대는 중요 정책결정을 제외한 나머지 분야에서의 분권화를 초래하게 마련이다. 또한 업무를 신속히 처리하여야 할 경우 분권화가 요구된다. 그리고 분권화는 하위층의 책임감을 강화시키고자 할 때에 요청된다.

② 민중통제의 강화와 지방사정에의 적응의 문제 행정에 대한 민중통제의 강화와 행정에 대한 주민참여를 실현시키고자 할 경우 분권화가 요구된다. 또한 전국적 · 종합적 기획은 중앙에서 담당하지만, 지방사정에 적응하기 위해서 그 구체적인 집행을 지방에 맡겨야 할 경우 분권화되게 마련이다.

③ 공무원의 사기와 관리자 양성의 문제 지방공무원의 사기를 높이고 그들로 하여금 창의성을 발휘하도록 하기 위해서는 분권화가 요구되며, 지방공무원에게 권한을 위임하여 그들로 하여금 행정상의 경험을 쌓게 하고 후일의 관리자로서의 자질을 갖추게 하기 위해서는 분권화가 요청된다.

Ⅱ. 중앙집권과 지방분권의 장단점

1. 중앙집권의 장단점

⑴ 중앙집권의 장점

i) 정치 및 행정상의 통일성과 안정성을 확보할 수 있다. ii) 행정의 전국적 통일수준을 유지하게 된다. iii) 전국적인 계획행정 · 통제행정에 필요하다. iv) 국가적 위기에 직면하여 신속한 동원태세를 갖출 수 있다.

⑵ 중앙집권의 단점

i) 행정의 지방적 특수성을 살리지 못하고 획일성을 초래한다. ii) 중앙정부의 지휘명령권을 강화함으로써 지방단체의 자주성을 침해하기 쉽다. iii) 중앙정부의 과중부담으로 인하여 행정능률의 저하를 가져온다. iv) 민중통제를 약화시키고 전제적 경향을 조장한다.

2. 지방분권의 장단점

⑴ 지방분권의 장점

i) 행정에 대한 민중통제를 강화할 수 있다. ii) 지방주민 및 지방공무원의 창의력과 사기 및 의욕을 높여 줄 수 있다. iii) 지방의 실정에 알맞은 행정을 행할 수 있다. iv) 중앙의 업무량을 감소시킴으로써 중앙정부는 오직 정책관청으로서 보다 많은 일을 할 수 있다. v) 시행착오를 최소화할 수 있다. vi) 행정절차의 번잡성을 적게 한다. vii) 지방의 관리자 양성에 도움을 준다.

⑵ 지방분권의 단점

i) 중앙정부의 지휘 · 감독기능을 약화시킴으로써 강력하고 일관된 정책수립과 행정집행을 어렵게 만든다. ii) 중앙의 권한이 분산됨으로써 행정의 통일성이 결여되기 쉽다.

위에서 중앙집권과 지방분권의 장단점을 비교하였거니와 양자는 서로 상대적이며 보완적인 성격을 지니고 있다고 하겠다.

Ⅲ. 신중앙집권화와 신지방분권화

1. 신중앙집권화

(1) 신중앙집권화의 원인

자본주의 사회의 진전과 더불어 자급자족적 촌락경제 또는 지방경제는 전국적으로 상호의존하는 국민경제에로 발전하였으며, 또한 20세기에 접어들면서부터 독점자본주의의 대두, 경제공황의 발생, 세계대전의 발발 등은 빈곤, 실업, 노사의 대립 등 사회적 제 문제를 속출시킴으로써 이것을 해결하려는 이른바 복지사회의 이념은 국가의 기능을 대폭적으로 확대·강화시키게 되었다.

따라서 현대국가는 복지국가(welfare state) 또는 직능국가(social service state)의 성격을 지니게 되었으며, 중앙정부의 기능이 확대됨에 따라 지방단체가 담당하던 기능 및 지방적 성격도 점차 희박하게 되었다.

이와 같은 신중앙집권화(new centralization)의 원인은 복지국가 또는 직능국가의 출현에 기인되는 것이며, 그 중심 과제는 어디까지나 국민복지의 형성에 달려 있다고 하겠다.

(2) 신중앙집권화의 의의

과거의 절대주의 체제하에 있어서의 중앙집권은 군주권을 바탕으로 한 윤리적인 집권이었다. 또한 종래의 중앙집권의 개념은 국가가 지방단체를 권력적으로 지배하기 위하여 국가권력을 중앙에 집중시키고 지방단체에 대한 감독을 엄중히 한다는 견지에서 중앙집권과 지방자치를 서로 대립관계로서 파악하였던 것이다.

그러나 오늘날에 있어서의 신중앙집권은 중앙과 지방간의 기능의 재조정을 통해서 지방행정의 수준을 향상시키고 능률적으로 국가사업을 수행하는 데 목적을 둔 기능적 집권이라 하겠다. 즉, 기능의 재조정을 통해서 19세기의 분권적 자치가 초래한 비능률성을 제거해 보려는 데 그 의도가 있는 것이다.

그리하여 신중앙집권화의 특징은 첫째, 중앙정부의 기능이 확대·강화되고 지방정부의 자율성이 제한되었다는 점이며, 둘째, 중앙과 지방의 관계가 과거처럼 권력적인 관계가 아니라 기능적·협조적 관계를 형성하고 있다는 점이다.

그러나 여기서 한 가지 유의해 둘 것은 이와 같은 신중앙집권에 있어서는 그 전제로서 중앙·지방을 막론하고 정치적 민주화가 제도적으로나 사회적으로 보장되어야 한다는 것이다.

(3) 신중앙집권화의 형태

① 지방기능의 중앙이관　종래 지방정부가 관장하고 있던 기능 가운데서 복지국가의 건설에 따르는 사회복지 기능이 중앙으로 이관된다.

② 중앙통제의 강화　현대국가에서 신중앙집권화의 경향은 필연적으로 중앙정부의 지방정부에 대한 통제권의 강화라는 형식으로 나타난다.

③ 중앙재정에의 의존　지방자치단체의 재정자립도의 저하와 중앙재정에의 의존현상이 두드러지게 나타난다.

2. 신지방분권화

이상에서 본 신중앙집권화의 경향은 지방정부의 자율성을 위축시켜 지방자치에 대한 흥미를 잃게 할 뿐더러 참여를 바탕으로 하는 민주주의의 기본원리에 역행한다는 비판을 받게 되었으며, 집권적 통치체제에 대한 불신이 고조되어 자연히 분권화에 대한 관심을 증대시켰다.

미국에서는 1970년대에 접어들면서 소위 신지방분권화의 노력을 보이게 되었는데 1970년대 초 Nixon 행정부는 연방지원계획(Federal Assistance Review Program)을 수립하여 정책결정권을 지방행정기관으로 이관시키고자 노력하였으며, 1980년대의 Reagan 행정부도 보건·교육·환경 및 사회복지 분야에서 종래 연방정부가 담당해 왔던 기능을 지방정부에 이관시키고자 노력하였다. 예로서 Reagan 대통령은 1980년의 연방정부 예산을 350억 달러나 삭감하였다.

여기서 신지방분권화(new decentralization)의 특징을 보면, 신중앙집권화가 과거 절대주의 체제하의 중앙집권과 다른 것과 마찬가지로 오늘날의 신지방분권화도 초기 자유주의 체제하의 그것과는 다르다. 즉, 과거와 같이 중앙정부에 대한 대립적 의미에서의 분권이 아니라 국가사업을 보다 효율적으로 수행하고 행정조직을 보다 능동적으로 만든다는 기능적 의미가 강조된 것이라 하겠으며, 지방정부의 배타적 자율성보다는 중앙정부와의 긴밀한 협력을 바탕으로 하는 분권론으로 볼 수 있다.

Ⅳ. 중앙정부의 통제

1. 중앙통제의 수단

(1) 영국의 경우

영국에서는 1974년에 지방자치단체에 대한 개혁이 있었는데, 이 개혁을 계기로 신중앙집권화(new centralization)의 경향이 두드러지게 나타났는바, I. Seeley에 따라 영국에 있어서의 현행 중앙통제의 수단을 열거 · 설명하면 다음과 같다.

① **지휘**(directions)　　이것은 특정의 정책을 집행함에 있어서 법적으로 규정되어 있는 장관 및 행정기관의 지방자치단체에 대한 지휘권한의 행사를 말한다. 예를 들면 1971년의 도시농촌계획법(Town and Country Planning Act)은 지역계획작성에 대한 소속 장관의 지휘권을 규정하고 있다.

② **규제**(regulations)　　어떤 행정분야에 있어서의 특정기능의 달성방법, 서비스의 기준 및 이에 수반한 보조금의 사용조건에 관해서 소속장관은 자치단체의 활동에 규제를 가할 수 있게 되어 있다. 이 권한도 지휘의 경우와 마찬가지로 성문법상으로 규정된 권한이다.

③ **감독**(supervision)　　이것은 지방단체의 행정운영에 대한 중앙 각 성청의 감독권한인데, 그 정도와 범위는 각 행정분야마다 다양하다. 중앙정부가 가장 관심을 갖는 지방행정분야는 교육 · 도시계획 · 도로 및 경찰의 각 분야이며, 특히 경찰과 소방행정 분야에서는 내무성이 직원의 훈련이나 일정한 설비계획까지 감독하고 있다.

④ **감찰**(inspection)　　이 감찰제도는 1834년의 개정 구빈법에 그 기원을 찾아 볼 수 있는바, 지금도 행정감찰제도는 지방행정에 대한 통제수단으로 활용되고 있다.

행정감찰관은 지방단체가 운영하는 서비스에 관련을 갖는 각 소속장관에 의해서 임명되며, 지방행정의 능률적인 운영과 적절한 서비스 기준을 확보하기 위하여 중앙 성청과 지방자치단체의 쌍방에 대해서 정책면 및 행정기술면에 관한 조언과 보고를 행함을 임무로 하고 있다. 특히 경찰 · 소방 · 교육 및 아동보호의 각 분야는 규칙적인 행정감찰을 받고 있다.

⑤ **중앙과 지방간의 의사전달**　　이것은 넓은 의미의 중앙통제에 포함되는 수단이라고 하겠는데, 이 의사전달(communication)에는 공식적인 것과 비공식적인 것의 두 가지가 있다. 첫째는, 공식적인 경로를 경유하는 것으로서 장관으로부터

각 지방단체에 보내는 회람(circulars)의 형식을 취한다. 회람의 내용은 다양하여 정부의 일반적인 방침을 표시하는 경우도 있고, 개별 행정분야에 대한 기술적 조언을 위한 경우도 있다. 둘째는, 비공식적인 개인적 의사전달인데 이것은 가끔 중앙의 각 성청으로부터 직원이 지방에 파견되어 지방행정기관의 직원 및 지방의원과의 접촉을 갖는다.

⑥ 중앙정부의 재정통제 중앙정부의 재정통제수단으로는 기채의 허가, 지방회계검사 및 국고보조금의 세 가지가 있으나 여기서는 국고보조금에 관해서 보고자 한다.

영국의 국고보조금의 역사는 일찍이 1825년의 감옥의 운영에 관한 보조금까지 소급되며, 원래 특정보조금과 일반보조금의 2대조류가 있었으나, 1929년의 지방자치법하에서 일반국고지출금(General Exchequer Contribution)이 도입된 이래 특정보조금으로부터 일반보조금에로 통합의 경향을 보였다. 특히 1966년에 도입된 레이트원조보조금(Rate Support Grant)은 영국 국고보조금의 일반포괄보조금화를 완성한 것으로서, 그 이유는 각 성청이 지급하는 특정보조금의 증대가 지방의 자주적인 재정운영을 저해시키기 때문이라고 한다.

그 후 1980년의 지방자치·계획·토지법(Local Government's Planning and Land Act)에 의해 종래 지방자치단체의 서비스의 필요에 영향을 갖는 다양한 요인을 고려한 수리계산에 의해서 산정된 RSG(레이트원조보조금)의 지급액이 보조금관련지출(grant related expenditure)이라고 불리는 일정의 표준세출기준에 따라서 지방자치단체마다 개별적으로 산정되는 방식으로 전환되었다. 이 결과 중앙정부의 정책에 합치하지 않는 지출을 한 지방자치단체에 대해서는 보조금의 삭감이라는 제재조치가 취해질 가능성이 생겼다.

(2) 미국의 경우

M. D. Reagan은 미국 연방정부의 입장에서 볼 때 보조금제도가 다만 재정적 목적뿐만 아니라 그 밖의 여러 가지 목적달성에 공헌한다고 한다. 즉, 그것은 i) 모든 주의 상이한 수준의 사업계획(program)에 최소한도의 전국적 기준을 설정해 주며, ii) 자원의 재배분에 의한 균등화를 이룩하고, iii) 주의 사업계획의 실질적 내용을 개선해 준다는 것이다.

Nixon 대통령은 1971년의 연두교서에서 신연방주의(New Federalism)를 제안하였다. 이 목적은 한편으로는 행정에 대한 대통령의 통제력을 강화하는 데 있었으며, 다른 한편으로는 연방정부에 집중한 권력을 주나 지방으로 옮기는 데 있었다.

Nixon 대통령의 신연방주의는 일반지방교부금(general revenue sharing)과 목적별 보조금(block grant)의 두 가지에 의해서 성립되었다. 그런데 여기서 특징적인 사실은 종래 사업내용을 구체적으로 사전에 명시함으로써 지방정부의 자율성을 극히 제약해 온 사업별 지원보조금을 통합하여 보조금의 목적만을 명시한 채 구체적인 사업내용을 지방정부에 일임함으로써 지방정부의 자율성을 크게 넓혀 주는 목적별 보조금(block grant)으로 서서히 전환하려는 움직임이다. 즉, Nixon 대통령의 제안은 직업훈련·도시개발·교육·교통·농촌개발 및 범죄단속의 분야에서 목적별 보조금을 설정하려는 것이었다. 예로서 직업훈련에 관해서는 1974년에 종합고용 및 훈련법(Comprehensive Employment and Training Act)이 만들어졌다.

그 후 1982년에 Reagan 대통령은 신연방주의를 제안하여 초대형의 교부금이라고 할 수 있는 연방신탁기금을 설정하였다. 연방신탁기금은 석유수익금·담배소비세·알코올세·통화세 및 가솔린세의 물품세수입으로써 성립되며 이 기금의 목표는 모든 보조금을 폐지하고 주는 신탁기금으로부터만 자금의 배분을 받게 한다는 것이다.

2. 중앙통제의 방법

오늘날 중앙정부나 지방정부를 막론하고 국가행정사무는 양적 증대와 질적 변화를 초래하였으므로 그 사무처리에 대하여 소극적인 입법적 통제와 사법적 통제만으로써는 감당하기가 어려워졌기 때문에 자연히 행정적 통제의 비중이 커진 것이다.

원래 행정적 통제는 중앙정부의 일방적인 권력적·지배적 통제를 뜻하는 것이었으나, 오늘날 신중앙집권 체제하에서의 중앙통제는 중앙과 지방의 조화를 통하여 국가 전체의 이익 및 발전을 도모하는 데 그 목적이 있으므로 비권력적 성격을 지니고 있는 것이다.

이제 중앙정부의 지방자치단체에 대한 통제방법을 보면 다음과 같다.[20)]

(1) 전국적·종합적 기획

전국적·종합적 기획입안을 필요로 하는 국토개발·전염병예방·실업대책·생활보호 등의 사무는 중앙정부가 부득이 통제한다.

(2) 최저기준의 설정

국가는 도로·교과서·복지시설 등에 관한 행정의 최저기준을 설정하여 일정

20) 吉富重夫, 地方自治: 實態と展望(東京: 勁草書房, 1957), pp. 174~179.

한 행정수준을 유지할 필요에서 지방정부에 대하여 통제를 가한다.

(3) 기술적 지원

중앙정부는 지방정부에 대한 기술적 지원의 필요에서 통제한다.

(4) 재정적 지원

지방정부의 담세능력의 차이에서 오는 지방정부 상호간의 조정에는 중앙정부의 통제가 필요하다.

(5) 보고 · 협의 · 조정

중앙과 지방의 협동체제를 이룩하기 위해서는 지방정부의 실태를 중앙정부가 파악해야 하므로 통제가 필요하다.

(6) 각종 감사

중앙정부는 행정상의 사무감사와 재정상의 회계검사를 통해서 지방정부에 대한 통제를 가한다.

Ⅴ. 중앙집권의 한계

이상에서 고찰한 신중앙집권화의 경향은 불가피하게 행정권의 지나친 비대화 현상을 초래하기 쉬우므로 여기에 중앙집권의 한계성 문제가 대두되는바, 이것은 조직상의 한계와 인적 한계로 나누어진다.[21)]

1. 조직상의 한계

첫째, 전국적 · 통일적 운용이 요청되는 분야는 획일적으로 중앙관청의 책임하에 수행되어야 할 필요가 있으나, 반면 획일성이 필요하지 않은 사무에 있어서는 가급적 지방정부의 자주성이 존중되어야 한다.

둘째, 중앙집권화의 경향은 필연적으로 지방정부 단위의 구역을 기계적 · 인위적으로 확대시킴으로써 지방주민의 자치의식을 희박하게 만든다. 그 이유는 지방정부에 대한 행정구역화의 확대 없이는 행정상의 중앙통제가 불가능하기 때문이다. 따라서 무계획적으로 행정구역을 확대시킬 것이 아니라, 지방주민의 자치의식의 정도에 따라서 구역범위가 정해져야 한다는 것이다.

21) 長濱政壽, 前揭書, 제 1 장 참조.

2. 인적 한계

첫째, 중앙집권제하에 있어서는 중앙정부에 우수한 관료가 흡수되는 경향이 있다. 이러한 경향은 중앙의 중시, 그리고 지방경시현상을 나타내게 한다. 따라서 중앙정부의 무능한 관료가 지방으로 전임되는 것은 방지되어야 할 것이다.

둘째, 지방공무원의 자주성을 무시하는 중앙정부의 지나친 지휘·감독은 지방행정의 질적 저하를 초래하고 창의력을 마비시킨다. 또한 과도한 중앙집권화는 사무의 번잡을 초래하게 마련이다. 따라서 중앙집권화는 지방공무원의 창의력을 감퇴시키지 않는 한도 내에서 이루어져야 할 것이다.

셋째, 중앙집권에 의한 관료지배가 민중에 의하여 통제받도록 민주화되어야 하며, 또한 지방공무원의 주민에 대한 봉사가 가능할 수 있도록 지방주민에 의한 통제가 이루어져야 할 것이다. 요컨대 중앙집권은 민중통제와의 조화 위에 이루어져야 한다는 것이다.

제 8 절 일선기관

Ⅰ. 일선기관의 의의

일선기관(field office)이란 중앙행정기관이 지방에서 그 소관사무를 분장하게 하기 위하여 그 하부기관으로서 설치한 행정기관을 의미한다. 이러한 일선기관은 중앙의 각 부처를 정점으로 하는 계층제에 있어서 하급기관으로서의 성격을 띠고 있다. 국가의 행정사무는 수도에서만 집행되는 것이 아니라 전국에 걸쳐 일선기관에 의하여 처리되고 있는바, 행정사무의 양적 증대와 질적 변화로 말미암아 일선기관은 더욱 중요시되고 있다.

Ⅱ. 지방자치의 유형과 일선기관

각국에 있어서의 일선기관의 문제는 나라마다 지방자치의 현실적인 제도와 밀접한 관련성을 지니고 있는바, 이제 일선기관을 대륙형과 영미형으로 나누어 고찰

하고자 한다.[22)]

1. 대 륙 형

독일이나 프랑스의 경우에 있어서는 지방자치의 기본적 개념은 국가목적을 달성하기 위한 수단으로서의 성격을 지니고 있으며, 따라서 지방자치는 지방주민이 당연히 소유하는 권리라기보다는 국가로부터의 전수물이라고 생각되었다. 그리하여 지방단체의 행정사무인 고유사무와 국가의 행정사무인 위임사무의 구별이 생긴 것이다.

위에서 국가가 위임한 행정사무를 관장하는 지방행정기관을 보통지방행정기관이라 한다면, 우리 나라에서는 이 기능이 지방자치단체의 장인 서울특별시장 · 부산광역시장 · 도지사 등에 의해 수행되고 있다. 바꾸어 말하면 지방자치단체의 장은 국가사무를 위임 · 처리하는 한도 내에서 국가의 보통지방행정기관의 지위에 있다고 하겠다.

한편 우리 나라에서는 특정한 중앙행정기관에 소속되어 그 소관사무만을 특별히 관장하는 지방행정기관이 설치되어 있는데 이것을 특별지방행정기관이라고 부르고 있다. 이렇게 볼 때 우리 나라의 일선기관으로서는 전술한 보통지방행정기관과 특별지방행정기관이 해당된다고 하겠다.

2. 영 미 형

위의 대륙형과는 대조적으로 영국이나 미국에서는 자치의 전통이 민중 속에 강하게 뿌리를 박고 있어서 국가의 행정과 지방의 행정을 준별할 이유를 지니고 있지 않다. 즉 거기에서는 모든 행정사무는 원칙적으로 지방주민 스스로가 또는 그들이 선출한 대표자가 처리해야 한다는 사상이 발달하였다.

이리하여 영국이나 미국에 있어서는 주 또는 지방정부의 장은 위임사무라는 것이 없기 때문에 중앙정부의 지방행정기관이라는 보통지방행정기관의 성격을 갖고 있지 않으며, 단지 지방자치단체의 장으로서의 성격만을 지니고 있는 것이다. 따라서 중앙정부의 각 성의 소관사무를 수행하기 위하여 특별지방행정기관의 성격을 지닌 일선기관을 설치하지 않을 수 없는 것이다.

미국에서 일선기관이 발전하게 된 요인으로서는 첫째, 연방정부기능의 확대, 둘째, 과학기술의 발전 등을 들 수 있다. 그러나 일선기관의 증설은 지방지치단체

22) 박연호, 행정학신론(서울: 박영사, 2001), p. 387.

와의 관계에 있어서 문제를 야기시키고 있다는 이유 때문에 일선기관의 사무를 자치단체에 이관시키고 일선기관을 축소시켜야 한다는 여론도 대두되고 있다.

Ⅲ. 일선기관의 관할구역[23)]

⑴ 관할의 범위

일선기관은 지역적으로 중앙과 떨어져 있으므로 의사전달이 어렵게 될 가능성이 있고, 또한 상급기관의 감독을 받을 일선기관의 수도 적절하여야 하므로 관할범위를 고려할 필요가 있다. 교통·통신의 발달로 관할범위는 상당히 넓어졌다고 볼 수 있으나 관할범위가 지나치게 넓은 경우에는 효과적인 지휘·감독이 어렵게 되므로 제 2 차적 일선기관과 중앙본부 사이에 제 1 차적 일선기관을 설치하여 중간적인 감독관할기관으로 하는 경우가 많다.

⑵ 업무의 성질

일선기관이 다루게 되는 업무의 성격을 고려할 필요가 있다. 예를 들면 관개·홍수방지·항행·동력개발 등을 담당하는 기관은 전국의 하천구조에 따라 일선기관의 구역을 획정하여야 할 것이며, 관세업무를 취급할 일선기관은 대도시 또는 항구를 구역으로 하여야 할 것이다. 또한 전국적으로 공통되는 체신업무를 다루는 일선기관인 우체국은 비교적 지방자치단체의 구역과 일치되도록 구역을 정할 수 있다. 요컨대 일선기관이 취급하는 업무의 성질을 기준으로 하는 구역획정은 산맥·하천·도로·부락의 분포 등 자연적·지리적 조건과 밀접한 관련성이 있다.

⑶ 업 무 량

일선기관이 능률적으로 사무를 처리하기 위해서는 일선기관의 정원, 거리의 차이에 기인하는 의사전달의 난이도 등을 고려한 적정업무량을 배정할 필요가 있다. 또한 각 일선기관은 행정상의 편의·사기문제를 고려하여 균등한 업무량을 지니도록 하여야 할 것이다.

⑷ 타 기관의 구역

또한 유의해야 할 점은 그 기관의 기능과 밀접한 관련이 있는 정부기관 및 사설집단의 구역을 고려에 넣어야 한다는 것이다.

---

23) James W. Fesler, *Area and Administration*(Alabama: University of Alabama Press, 1949), p. 51.

(5) 행정상의 편의

상급기관과의 의사전달의 편의, 또는 다른 관계기관과의 연결상의 편의 등을 고려하여 구역을 획정하고 사무소의 소재지도 정하여야 한다.

(6) 정치상의 고려

일선기관의 구역은 행정상의 합리성을 기준으로 하여 획정되는 수도 있으나 그 지역의 압력단체 또는 정치세력의 영향을 받는 경우도 있다.

제 9 절 공 사

Ⅰ. 공사의 의의

공사(public corporation)란 본래 국가가 행하여야 할 공공복리와 밀접한 관계가 있는 사업을 담당하는 기관으로서 보통 의회의 특별입법에 의하여 설립되며, 공익성(민주주의)과 기업성(능률)이라는 두 가지 요소를 조화시키기 위하여 생긴 것이다. 오늘날 영·미계 여러 나라의 공기업은 대체적으로 공사제도를 채택하고 있는바, 이와 같은 공사는 국가 또는 일반 행정조직으로부터 독립된 법인격을 가지며, 또 일반 행정조직체에 있어서와는 달리 독립채산제에 의하여 운영된다.

Ⅱ. 공사의 특징

이제 순수형의 공사가 지니고 있는 특징을 요약하면 다음과 같다.

i) 특별한 목적을 위하여 특별법에 의하여 설립된다. ii) 전액 정부출자인 것이 원칙이나 우리 나라 정부투자기관의 경우에는 자본금의 50% 이상인 것을 포함한다. iii) 정부가 그 운영에 대하여 최종적인 책임을 진다. 따라서 공사의 결산상의 이익금을 정부에 납부케 할 수 있고, 결산상의 손실은 정부가 보상하도록 되어 있다. iv) 정부에서 임명하는 임원이 일상적인 운영을 담당한다. v) 공사는 법인격을 가지며 법률상 당사자능력이 인정된다. vi) 공사는 일반행정기관에 적용되는 예산·회계 및 감사관계의 법령의 적용을 받지 않는다. 즉 우리 나라 공사들은 현재 공공기관의 운영에 관한 법률의 적용을 받는데, 이것이 일반행정기관에 적용되는 예산

회계법과 다름은 더 말할 나위도 없다. vii) 대부분의 경우 공사의 직원은 공무원이 아니며, 그 직원의 임용과 보수에 관한 규정은 자율적으로 정할 수 있다.

위의 특징을 지닌 공사로서는 우리 나라의 정부투자기관이 해당되는데, 주로 민간자본이 부족한 분야에서 설립되고 있다.

Ⅲ. 공사의 통제

먼저 미국의 경우를 보면, 종래에 있어서는 공사가 국가로부터 독립된 법인격을 지니고, 따라서 자율성이 강한 기관이었다. 그러나 1939년의 행정기구개혁법(Reorganization Act)에 의하여 대부분의 공사는 법인격을 지닌 채 각 성 또는 독립기관의 기구의 일부로서 편입되었던 것이다.

이렇게 공사를 행정기구의 일부로 편입시킨 이유는 공사에 대한 국가의 통제를 강화시키려는 데 있었으며, 이러한 취지에서 1945년에는 공사통제법(Government Corporation Control Act)을 만들어 공사에 대한 재무회계상의 감독 및 통제를 강화하였다.

미국의 공사에는 전액 정부출자공사(wholly owned government corporation)와 혼합출자공사(mixed-ownership government corporation)의 두 가지가 있는데, 전자는 자본금의 전액을 정부가 출자하는 것이며, 후자는 자본금을 정부와 민간에서 출자하는 것이다. 여기서 의회 및 정부에 의해서 예산통제를 받는 것은 전액 정부출자공사의 경우뿐이다.

Ⅳ. 공사의 자주성

(1) 인사상의 자주성

공사의 임원은 원칙적으로 일반 국가공무원법의 적용을 받지 아니하며, 이사회는 독자적인 입장에서 인사관리를 할 수 있다.

(2) 재정상의 자주성

공사는 일반 국가재정으로부터 분리되어 따로 독립채산제에 의하여 독자적인 재정운영을 할 수 있다.

(3) 정치상의 자주성

정치상의 간섭을 없애기 위하여 국회의원이나 기타 정치인에게는 이사로 임명하지 못하게 하는 방법이 있으며, 이사의 임기를 달리함으로써 전체 이사의 동시적인 교체를 방지하는 방법도 있다.

(4) 행정관리상의 자주성

공사는 의회나 일반 행정기관으로부터 독립된 이사회를 가지고 자주적으로 관리할 수 있다. 그러나 이사회의 성격 여하에 따라 공사관리상의 자주성의 정도도 달라진다고 하겠다.

Ⅴ. 공사의 내부조직

(1) 관리조직 형태

공사의 관리기관은 정부에 의하여 임명된 자로써 구성되는데, 영국이나 미국을 포함한 대다수의 국가에서는 임명형을 채택하고 있다. 그러나 공사의 관리기관이 관리자 · 근로자 · 소비자 등 각 이익집단에서 선출된 대표로 구성되는 경우도 있다.

(2) 이사의 임명

내각책임제를 채택하고 있는 영국에서는 주무장관에 의하여 이사가 임명되며, 대통령중심제를 채택하고 있는 미국에서는 일반적으로 대통령이 상원의 동의를 얻어 이사를 임명하는 경우가 많고, 일본에서는 내각에 의하여 임명되고 있다.

(3) 이사의 임기

미국 TVA이사의 임기는 9년이며 3년마다 한 사람씩 교체함으로써 정책의 계속성을 유지하도록 하고 있으며, 영국에서는 5년, 일본에서는 보통 4년으로 되어 있다.

Ⅵ. 우리 나라의 공사제도

첫째, 우리 나라에서는 공사임원의 임명에 있어서 주무부장관의 권한이 크며 총재 · 부총재 또는 사장 · 부사장은 주무부장관의 제청으로 대통령이, 이사는 주무부장관이 임명하는 경우가 많다.

둘째, 공공기관의 운영에 관한 법률의 적용대상이 되는 투자기관은 정부가 납입자본금의 5할 이상을 출자한 기업체에 한정하고 있다.

셋째, 우리 나라의 공사는 각각 특별법에 의하여 설치되고 있으며, 법인으로서의 당사자능력을 지니고 있다. 그리고 공사의 임원은 공무원이 아니고 보수규정 등은 공사 스스로 정하도록 되어 있다.

넷째, 우리 나라 공사 등 정부출자기업체는 과거에 정치자금 제공, 정실인사, 낭비, 관리불량, 제도적 미비, 감독 불철저, 자금사정 등으로 인하여 본래의 목적을 충분히 달성하였다고 보기 어려우며 따라서 항상 그 개선이 요청되어 온 것이다.

제10절 광역행정

Ⅰ. 광역행정의 의의와 필요성

1. 의 의

광역행정이란 "하나의 지방공공단체 또는 지방자치단체의 행정구역 범위를 넘어 보다 넓은 구역, 즉 광역을 단위로 하는 행정"으로서 이것은 기존의 행정구역 범위를 넘어서 발생하는 행정수요를 처리하기 위하여 생긴 제도를 말한다.[24] 선진제국에서는 일찍부터 산업 및 교통의 발전, 기술의 진보, 주민생활권의 확대 등에 따라 행정광역화의 현상이 나타났으며, 오늘날 발전도상에 있는 여러 나라에서도 이러한 사회적·경제적 변화에 부응하여 행정에 있어서의 광역화현상이 나타나고 있다.

무릇 현대도시는 도시권을 형성하고 있으며, 권내의 각 도시는 서로 밀접한 관계를 맺고 있다. 그리고 사회적·경제적으로는 통틀어서 하나의 생활권을 형성하고 있다. 그러나 여기에는 행정구역이라는 것이 있고 관할권이라든가 독자적 행정관행을 지니고 있기 때문에 같은 생활권 내에서 생활하는 주민간에도 공공 서비스의 불균형이 있을 수 있으며 주민의 부담에 대응하는 수익의 정도가 일치하지 않는 경우가 적지 않다. 따라서 이와 같은 불합리한 점을 제거하기 위하여 광역행정의 필요성이 대두되는 것이다.

---

24) 村田敬次郎, 新廣域行政論(東京: 第一法規, 1965), p. 49.

2. 필 요 성

이제 광역행정의 필요성을 살펴보면 다음과 같다.

첫째, 근대산업사회의 발전은 교통수단의 발달을 가져왔으며 아울러 행정공간이 축소되게 되었다. 즉 교통수단의 발달로 인하여 기존의 행정구역은 상대적으로 좁아졌으며 따라서 광역에 있어서의 행정집행의 필요성을 대두시켰다.

둘째, 산업인구의 도시집중으로 말미암아 대도시권이 형성되었으며 여기에 산업개발과 도시재개발의 필요에서 기존의 행정구역보다는 광역화가 요구되게 되었다.

셋째, 주민의 사회적·경제적 생활권과 행정구역과를 일치시킬 필요가 있다. 즉 현재 주민의 사회적·경제적 생활권은 행정구역을 훨신 넘어서 있기 때문에 행정구역을 확대함으로써 행정기능의 수행을 원활하게 할 수 있으며, 사회구조의 변화에 따라 구역을 조정함으로써 자치행정의 효율성을 달성할 수 있는 것이다.

넷째, 경제의 고도성장에 따른 지역개발, 즉 미개발 또는 저개발지역의 산업경제를 적극적으로 촉진함으로써 중앙과 지방간에 있어서의 지역격차를 해소할 수 있다.

다섯째, 광역행정이 경제개발뿐만 아니라 사회 및 문화의 개발까지도 포함하는 종합개발을 행하기 위해서는 주민복지 증진을 꾀하는 행정구역의 재편성이 필요한 것이다.

요컨대 광역행정은 사회·경제의 실태에 부응하고 행정수요를 적절히 받아들일 수 있는 행정제도를 확립하는 데 목적이 있으며, 사회적·경제적 생활권을 행정구역과 일치시키기 위하여 구역의 광역화가 필요한 것이라 하겠다.

Ⅱ. 신중앙집권화와 광역제

1. 광역제(regionalism)의 개념

여기서 ‘region’이라는 용어는 사회적 또는 문화적으로 일체성·동질성을 지닌 지방사회의 구역을 뜻하며 ‘regionalism’은 광역제라고 번역되고 있다. 원래 광역제에 대해서는 일정한 정의를 내리기가 어려우며 각국의 역사적·정치적 사정에 따라 그 용어의 내용이 상이하다. 그러나 일반적으로 광역제는 정치적·행정적 관점에서보다도 오히려 사회적·경제적 관점에서 지방자치단체에 있어서의 구역광역화를 말하는 것이라 하겠다.

생각건대 광역제의 주장은 일찍이 프랑스혁명 후의 극단적인 중앙집권에 반대해서 일어났던 것이며, 미국에서는 이것이 전통적 주(州)제도의 불합리성에 대한 반성으로서 나타나 국토종합개발(예, TVA) 등 주의 구역을 넘어 광역적으로 행할 필요가 있는 행정업무에 관해서 초주적인 region의 구역을 설정하려는 움직임으로써 대두되었던 것이다.

이에 대하여 영국의 광역제는 급격한 사회·경제구조의 변화에 따라 실정에 맞지 않게 된 지방자치단체의 구역을 합리적으로 재편성하여 광역적인 지방자치단체를 만들기 위한 것이었으며, 나아가 해마다 강화되는 중앙집권화의 경향을 막고 위기에 처한 지방자치를 회복하려는 취지에서 생긴 것이다.

여기서 한 가지 유의해 둘 것은 광역제와 광역행정과의 관계인데, 광역제가 구체적으로 행정영역에서 나타나는 형태가 광역행정이다.

2. 신중앙집권화와 광역제

종래에 있어서의 중앙집권의 개념은 민주화되지 않은 채 권력이 중앙정부에 집중하는 것을 뜻하였으나, 여기서 말하는 신중앙집권화(new centralization)란 민주화를 전제로 한 개념이라 하겠다.

생각건대 지방자치의 모국인 영국에서 전통적으로 지방자치제를 기초로 하는 정치체제가 발달되어 온 것은 움직일 수 없는 사실이나, 요즈음에 와서 신중앙집권화의 경향이 나타난 것은 자본주의 사회의 진전과 더불어 복지국가 또는 직능국가가 등장함에 따라 국가기능이 확대되고, 아울러 자치단체가 담당하는 기능면에서도 지방적 성격이 희박하게 되었기 때문이다. 즉 지방자치단체의 업무는 국민 전체의 복지와 밀접한 연관성을 지니고 있으며, 자치단체의 운영면에서 볼 때 전국적인 최저기준을 설정할 필요성이 생겼기 때문에 이 범위 내에서 중앙정부의 관여가 증대되는 것은 불가피한 것이다.

따라서 이와 같은 신중앙집권화의 경향과 전통적인 지방자치와를 어떻게 조정할 것이냐가 당면과제로 등장한다. 전술한 바와 같이 신중앙집권화는 그 전제로서 중앙·지방을 막론하고 정치적 민주화를 제도적으로 보장할 것을 요구하고 있으며, 만일 이러한 보장이 없다면 지방자치는 위기에 봉착하게 될 것이다.

Ⅲ. 광역행정의 방식〔분류〕

1. 공동처리의 방식

이것은 둘 이상의 행정단위가 서로 협력관계를 형성하여 광역행정 사무를 공동처리하는 방식인바, 그 종류로서는 다음과 같은 것이 있다.

(1) 협 의 회

둘 이상의 자치단체가 서로 연락·조정 및 사무의 공동처리를 위해 협의회를 설치하는 방식이며, 현재 우리 나라에서도 채택하고 있다.

(2) 기관의 공동설치

자치단체의 집행기관의 간소화, 재정의 절약 등을 위해 둘 이상의 자치단체가 계약에 의하여 자치단체의 장, 전문위원 등을 공동으로 두는 방식으로서 현재 일본에서 채택하고 있다.

(3) 사무의 위탁

행정단위가 계약에 의하여 자기 사무의 일부를 타 단위에 위탁하여 처리하는 방식이며, 우리 나라에서도 이를 채택하고 있다.

2. 연합(federation)의 방식

이것은 둘 이상의 지방자치단체가 독립적인 법인격은 그대로 가지면서 그 전역에 걸친 단체를 새로 창설하여 광역행정에 관한 사무를 처리케 하는 방식이다. 이 새로운 단체, 즉 연합체는 스스로 사업주체가 되어 사업을 집행하는 능력을 가지는 점에서 앞의 공동처리의 방식과 구별된다. 요컨대 이 연합방식은 공동처리방식의 취약성을 극복하고 연합체 자체의 집행능력을 확보하기 위해서 고안된 방법이라 하겠다.

3. 합병(annexation)의 방식

이것은 몇 개의 자치단체를 폐합하여, 하나의 법인격을 가진 새로운 자치단체를 신설하는 방식으로서 현재 일본에서 채택되고 있다.

4. 특별구역 설치의 방식

이것은 특수한 광역적 업무를 수행하기 위하여 일반 행정구역 또는 자치구역과는 별도의 구역을 정하는 방식인바, 이렇게 설치되는 특별구역에는 단일목적 특별구역과 다목적 특별구역이 있다.[25] 전자의 예로는 항만관리구 · 홍수대책구 등이 있고, 후자의 예로는 뉴욕 항만청 등이 있다.

Ⅳ. 광역행정의 문제점

이상에서 광역행정의 필요성을 살펴보았거니와, 비록 행정의 광역화가 효율적으로 이루어졌다고 하더라도 i) 그것이 지방자치의 전망을 흐리게 하고, ii) 그것이 대민행정면에서 주민의 생활요청을 받아들일 수 없는 경우가 생긴다면 그 실효를 거둘 수 없는 것이다. 또한 무리하게 구역을 확대하거나 합병을 단행한다면 주민의 자치의식을 빈약하게 만들 우려가 있다.

그러므로 광역행정의 과제는 지방분권적 자치를 강조하는 민주적 요구와 중앙집권적 통일성 · 조정성을 주장하는 복지국가의 요구를 어떻게 조화시켜서 운영의 묘를 살리느냐에 있다고 하겠다.

제11절 지방행정

Ⅰ. 지방행정의 의의

1. 지방행정의 개념

지방자치를 정의한다면 "일정한 지역을 기초로 하는 단체가 자기의 사무를 자기의 책임하에 자신의 기관에 의하여 이를 처리하고 실현하는 것"이라고 할 수 있다. 따라서 지방자치는 지방주민에 의하여 운영되는 면과 지역을 기초로 한 지방단체에 의한 행정의 면이 결합되어 성립하는 것이라고 하겠다.

여기에서 지방자치는 주민자치(Bürgerliche Selbstverwaltung)와 단체자치(Körperliche Selbstverwaltung)로 구분된다. 전자는 지방행정을 움직이는 인간에 착안하여, 그리고 후자는 지방행정의 주체인 인격에 착안하여 구분하는 가치관념으로서 전자가 정치상의 의의에 있어서의 자치라면 후자는 법률상의 의미에 있어서의 자

25) 정세욱, 지방자치학(서울: 법문사, 2000), p. 788.

치라고 할 수 있다.

2. 주민자치와 단체자치

주민자치란 지방행정을 그 지방의 주민이 자기의 의사와 책임하에 처리해야 한다는 것으로서, 이것은 지방자치의 본질적인 것이며, 주로 영·미에서 발달한 자치행정의 형태이다.

이에 대하여 단체자치는 국가의 내부에 있어서 중앙정부와는 별개로 독립된 의사의 주체로 지방단체에 법인격을 인정하고, 그 지방단체로 하여금 수권의 한도 내에서 국가기관과 같은 지위에서 지방행정을 처리하게 하는 것으로 이것은 주로 독일, 프랑스를 중심으로 하는 유럽대륙에서 발달한 지방자치의 형태이다. 그러므로 전자, 즉 주민자치를 영미형이라 하기도 하고, 후자인 단체자치는 대륙형이라 하기도 한다.

생각건대 영국에 있어서는 일찍부터 자치의 전통이 강하고 이것이 주민에게 침투되어 있어서 애초부터 국가의 행정과 지방의 행정을 구별할 필요가 없었기 때문에 모든 행정사무는 원칙상 지방주민이 스스로 혹은 그 선출된 대표자를 통하여 처리하여야 한다는 사상이 발달되었던 것이다.

이상과 같이 두 가지 유형으로 나누어 고찰할 때 우리 나라의 지방자치는 대륙형에 속한다고 할 수 있다. 또한 대륙형은 관치적 경향이 농후하다.

Ⅱ. 지방행정의 형태

무릇 지방행정의 형태는 지방분권의 방식, 즉 지방적 분권과 행정적 분권의 배합관계와 결합의 정도에 따라 다음의 네 가지로 나누어진다.[26]

1. 자치행정 일원제의 형태

이는 지방에 있어서의 행정사무가 거의 대부분 일반 지방자치단체에 의하여 일원적으로 집행되고 있는 제도이다. 이 제도는 영·미계의 지방자치제와 그를 모방한 일부 후진국가에서 채택되고 있다.

---

26) 김보현 · 김용래 공저, 지방행정의 이론과 실제(서울: 법문사, 1985), pp. 64~65; United Nations Assistance Program, *Decentralization for National and Local Development*, 1962, pp. 9~14.

2. 자치 · 관치 이원제의 형태

이는 어떠한 지방행정 사항은 중앙 각 부처의 하급기관에 의하여 집행되고, 다른 성질의 지방적 사항은 지방자치단체에 의하여 처리됨으로써 지방행정 조직체가 이원적 형태를 취하고 있는 제도이다. 이 제도는 인도, 스리랑카 등에서 채택되고 있다.

3. 관치우월적 이원제의 형태

이는 중앙정부의 각 부처가 직접 또는 그 하급기관을 통하여 대부분의 지방행정 사무를 처리하는 반면에, 지방자치단체는 법률상으로는 지방적 사항을 자치적으로 집행할 수 있도록 되어 있지만, 실제상으로는 지방사무의 형태로서 중요성을 가진 사무를 거의 아무것도 처리하지 못하고 있는 이원제 형태이다. 이 제도는 브라질과 남미제국에서 채택되고 있다.

4. 관치행정 일원제의 형태

이는 법률상으로 또 사실상으로 지방에서 처리되는 모든 행정사무를 중앙정부의 하급기관이 직접 처리하며, 도단위에서 중앙정부의 관리가 일선행정을 조정 · 감독하는 형식의 지방행정 조직체계이다. 이 제도는 태국 등의 일부 동남아국가와 중동지역 및 아프리카의 신생국가에서 채택되고 있다.

여기서 우리 나라 지방행정의 존재형태를 보면 '관치우월적 이원제형태'라고 하겠다. 즉 우리 나라에 있어서는 지방행정을 지방자치행정과 국가의 지방행정(지방관치행정)으로 양분하고 있고 법률상으로는 지방의 행정은 원칙적으로 자치로 행할 것을 규정하고 있지만, 사실상으로는 지방행정 사무 중 자치사무에 비하여 국가적 사무가 많다는 점에서 관치우월적 이원제에 속한다고 볼 수 있다.

Ⅲ. 우리 나라의 지방행정

1. 연　혁

우리 나라는 일찍이 삼국시대 초기에 이미 중앙집권체제가 확립되었으며 그 후 강약의 차이는 있었으나 일관되게 중앙집권체제가 유지되어 왔다. 고려시대의 사심관제도, 향직단체 그리고 조선시대의 향청, 향약, 향회제도 등 지방자치적 성격을 보여 주었던 제도가 부분적으로 존재하였었지만 오늘날의 지방자치와는 거리가 먼 것들이었다. 우리 나라의 지방자치는 1949년 7월 4일 우리 나라 역사상 최초로 '지방자치법'이 제정·공포됨으로써 시작되었다고 할 수 있다. 그리고 1952년 총선거에 의해 지방의원을 선출하게 됨으로써 한국역사상 처음으로 근대적 의미의 실질적인 민주적 지방자치가 실시되게 되었다. 그 후 6·25동란 등 어려움 속에서도 지방자치가 9년 동안 실시되다가 1961년 5·16혁명 이후 전국의 지방의회가 해산되면서 지방자치가 중단되었다. 그 후 1991년 두 차례의 선거가 있었는 데, 3월 26일에는 기초 지방의회 의원 선거를, 6월 20일에는 광역 지방의회 의원 선거를 실시하였다. 그리고 1995년 6월 27일에는 지방의회 의원 및 지방자치 단체장에 대한 주민 직선의 동시선거가 실시됨으로써 지방자치가 다시 실현되게 되었다.

2. 내 용

우리 나라의 지방자치법은 1949년 제정된 이후 여러 차례의 개정을 거치면서 현재에 이르고 있는데 현재는 10개의 장과 본문 162개조 및 부칙으로 되어 있다. 현행 우리 나라 지방자치제도의 주요 내용은 다음과 같다.[27)]

첫째, 지방자치단체의 종류는 광역자치단체로서 서울특별시와 광역시 및 도가 있으며 기초자치단체로서는 시와 군 및 자치구(특별시와 광역시의 구)가 있다. 군에는 하부 행정구조로서 읍, 면과 그 아래에 리를 두고 있으며, 시와 구 아래에는 행정단위로서 동이 있다. 특별시나 광역시가 아닌 인구 50만 이상의 시에는 자치구가 아닌 구(행정구)를 둘 수 있다.

둘째, 지방의회와 집행기관은 권력분립형의 체제로 되어 있어 서로 견제와 균형을 도모하도록 되어 있다. 지방의회 의원은 주민 직선으로 선출되며 임기는 4년이다. 광역의회 의원 후보는 정당공천이 가능하다. 지방자치단체장도 주민 직선으로 선출되며 그 임기도 4년이다.

셋째, 지방자치단체는 자치입법권, 자치행정권, 자치조직권, 자치재정권을 가진다. 지방자치단체는 법령이 정하는 범위 내에서 그 사무에 관한 조례를 제정할 수 있으며 지방자치단체장은 법령이나 조례가 위임한 범위 내에서 그 권한에 속하는 사무에 관해 규칙을 제정할 수 있다. 지방자치법은 지방자치단체의 사무범위를 비교적 광범하게 규정함으로써 자치의 폭을 넓히고 있다. 즉, 예시적 열거주의에 따

27) 오석홍, 한국의 행정〔제 2 판〕(서울: 법문사, 2002), pp. 373～375.

라 규정된 지방자치단체의 고유사무의 범위는 상당히 광범한 편이다. 그리고 지방에서 시행되는 국가사무는 원칙적으로 지방자치단체에 위임하도록 되어 있다. 광역자치단체인 시, 도의 행정기구는 대통령령으로 정하지만 기초자치단체인 시, 군, 자치구의 행정기구는 시, 도지사의 승인을 받아 당해 자치단체의 규칙으로 정하도록 되어 있다. 지방자치단체는 법령과 국가시책의 범위 내에서 재정자율권을 행사한다.

넷째, 지방자치단체 또는 그 장은 법령의 정하는 절차에 따라 소관 사무의 일부를 다른 지방자치단체 또는 그 장에게 위탁 처리하게 할 수 있으며, 2개 이상의 지방자치단체에 관련된 사무의 일부를 공동처리하기 위하여 관계 지방자치단체간에 행정협의회를 구성할 수 있다. 또한 2개 이상의 지방자치단체가 특정 사무의 전부 또는 일부를 공동으로 처리하기 위해 필요할 경우 소정의 절차에 따라 지방자치단체조합을 설립할 수 있다.

Ⅳ. 지방행정의 개선방향

오랜 중앙집권적 국가체제의 역사와 외세에 의한 단체자치의 실시를 경험하여 온 우리 나라에 있어서 후견적 특성을 띤 권력적 감독이 지방자치행정의 양상을 특징지우고 있는 것은 당연한 결과라 하겠다. 영·미계통의 새로운 중앙집권화 경향과는 달리 우리 나라의 현 실정은 경제발전에 수반한 능률추구와 주민참여에 의한 자치확대라는 이원적 요소의 합리적인 조화를 요구하고 있는 것이다. 이와 같은 의미에서 지방자치행정을 본궤도에 올리는 최선의 방법은 다음과 같은 제도상의 변혁에서 찾아야 할 것이다.

1. 행정사무의 합리적 배분

개념규정이 애매하여 야기된 감독 및 경제부담상의 혼란을 막고 지방자치 본뜻을 살리기 위해서는 행정사무의 적절한 재배분이 있어야 한다. 구분의 실익이 없는 단체위임사무는 현행 고유사무와 함께 자치사무로 일괄하고, 기관위임사무 중 지방적 성격을 띤 것을 이양한 잔여분만을 위임사무로 하되 경비부담의 한계를 분명히 하여야 할 것이다.

2. 지나친 중앙통제의 지양

지방자치단체의 고유한 자치사무에 대해서는 국가가 입법 및 사법적 감독을 제외하고는 원칙적으로 행정적 감독은 지양되어야 한다. 즉 사후감독 내지 합법성 여부만의 관여에 그치는 방향으로 중앙통제가 활용되어야 할 것이다.

3. 지방재정의 확립

우리 나라의 실정을 보면 지방자치단체의 일반회계세입에 있어서 자체수입이 차지하는 비중이 작으며, 지방자치단체의 재정적 자립도는 극히 미약한 상태에 있다. 그러므로 이러한 병리적 경향은 세제의 합리적 개혁, 지방공기업의 육성 및 주민소득의 증대 등 제 시책에 의하여 개선되어야 할 것이다.

끝으로 언급하여 둘 것은, 물론 서구식 자치제가 우리 나라에 토착하는 데 따르는 문제점과, 집권적으로 굳어진 통치체제를 분권화하는 데 따르는 문제점을 간과할 수는 없다. 그러나 우리에게 진정 필요한 것은 행정의 효율성을 드높여 지방주민의 복리증진을 가져올 수 있는 현실적 방안을 모색하는 일이라 하겠다.

제 4 장

행정조직의 관리

제 1 절 의사결정

Ⅰ. 의사결정의 의의

의사결정(decision-making)이란 조직체의 구성원이 목표(goal) 또는 문제(problem)를 달성 또는 해결하기 위하여 두 개 이상의 대안(alternatives) 가운데서 그 하나를 선택하는 행위[1]라고 정의할 수 있다.

이렇게 볼 때 의사결정은 두 개 이상의 선택대상, 즉 대안을 전제로 하며 그 대안들의 우선순위가 명백히 된 후에 결정행위가 이루어지는 것이 특색이다.

그런데 여기서 밝혀 두어야 할 일은 의사결정에 있어서의 결정행위가 어떠한 성격을 지니고 있는가 하는 것이다.

첫째, 앞에서 의사결정은 행정조직 계층 여하를 막론하고 결정에 관하여 하는 행위 일체를 가리키는 것이라고 하였거니와, 이러한 계층제에서 보면 의사결정의 과정은 통치조직의 정상으로부터 말단에 이르는 피라미드형의 각 계층에 있어서의 의사결정의 집적과정으로 볼 수 있다.

둘째, 의사결정과정면에서 볼 때 그 결정행위를 단순히 종국적인 것으로 보느냐 또는 연속적인 것으로 보느냐가 문제된다. 여기서 결정의 종국성이 아니라, 연속성으로 파악하는 견해에 따르면 "엄격한 의미에 있어서의 의사결정(decision-making)이란 결정자에 의하여 장차 특정 상태를 가져올 수 있도록 의도하는 대체 가능한 일련의 행동방침 중에서 최선의 행동방침을 선택하는 연속적 행위를 뜻하

1) Harold F. Gortner, *Administration in the Public Sector,* second edition(New York: John Wiley and Sons, 1981), p. 194. 그는 의사결정의 기본개념을 'choosing between alternatives'로 요약하고 있다.

는 것"[2]이라고 한다.

이와 같은 의사결정은 계층제(hierarchy)의 상위층으로부터 하위층으로 내려감에 따라 그 성질이 달라진다. 즉 최고관리층에서 환경과의 과제를 고려하면서 행정조직 전체의 행동방향 내지 정책목표에 관한 결정(정책결정)을 내리면, 중간관리층은 목표를 보다 구체화시키며, 하위층은 지시사항을 효과적으로 수행하기 위한 결정을 한다. 따라서 정책목표가 가장 구체적인 형태로서 이루어지는 단계가 이 하위층이라 하겠다.

Ⅱ. 의사결정의 유형

1. 정형적 결정과 비정형적 결정

정형적 결정(programmed decision)은 동일한 의사결정이 반복해서 행하여지거나 또는 문제해결을 위한 방법이 미리 정하여져 있어서 그 의사결정이 정형화되어 있는 경우를 말하며, 비정형적 결정(non-programmed decision)은 결정자가 직면하는 문제가 새로운 것이거나 문제의 핵심이 명확하지 않을 뿐더러 예측하지 못했던 여건의 변동에서 제기되는 경우 필요한 것으로서 그 문제들을 처리하는 상투적인 방법이 없는 경우를 말한다.

전자의 예로서는 어떤 일상적인 업무를 수행하거나, 고용인의 질병수당을 결정하거나 또는 고객의 주문을 처리하는 데 관련된 결정 등을 들 수 있으며, 후자의 예로서는 새로운 생산품을 도입하거나, 중요한 직원들을 감원하거나 또는 새로운 장소로 이사하는 것 같은 결정 등을 들 수 있다.

정형적 결정은 주로 지식과 기술을 포함한 습관·사무적 관례 및 조직의 공통기대의 체계 등에 의존하나 비정형적 결정은 판단·직관 및 창의성을 지니고 있는 간부의 선택과 훈련에 의존한다.[3]

2. 전략적 결정과 전술적 결정

전략적 결정(strategic decision)이란 조직의 목표달성이나 발전과 같은 문제에 관한 결정을 말하며, 전술적 결정(tactical decision)이란 일상적·관례적인 성격을

---

2) 박문옥, 행정학〔제 4 정판〕(서울: 신천사, 1974), pp. 233~234 참조.
3) Herbert A. Simon, *The New Science of Management Decision*(New York: Harper & Row, 1960), p. 5.

가진 결정으로서 전략적 결정을 실천에 옮기기 위한 수단적 · 기술적 성격을 지니고 있다.

Ⅲ. 의사결정의 접근방법

의사결정의 접근방법은 의사결정(decision-making)이 어느 정도 합리적으로 이루어지느냐 하는 합리성(rationality)의 정도에 따라 다음의 세 가지로 나누어 고찰할 수 있다. 즉 의사결정에 있어서 고도의 합리성을 강조하는 입장을 규범적(이상적) 접근방법으로 본다면, 제한된 합리성(bounded rationality)을 주장하는 입장을 실증적(현실적) 접근방법으로 볼 수 있으며 이 밖에 위의 이상적 방법과 현실적 방법을 함께 혼용하는 혼합적 접근방법을 생각할 수 있다.

1. 규범적〔이상적〕 접근방법

규범적 또는 이상적 접근방법(normative or idealistic approach)은 의사결정자로서의 인간을 가장 합리적으로 행동하는 존재로 파악하여 의사결정은 어떻게 이루어져야 한다는 논리에 따라 의사결정의 당위성을 강조하는 연역적인 방법에 의존하고 있다.

이와 같은 의사결정의 접근방법은 다음과 같은 이론적 전제에 입각하고 있다.[4)]

첫째, 의사결정자는 목표(goal)를 가지고 있다. 바꾸어 말하면 의사결정자는 하나의 뚜렷한 목표의식을 가지고 있으며, 그 목표의식에 따라 행동한다는 것이다.

둘째, 의사결정자는 이 목표를 달성하기 위하여 사용할 수 있는 여러 가지 대안(alternatives)과 그 대안들을 택했을 때 나타날 결과를 모두 고려하고 있다는 것이다.

셋째, 의사결정자는 위의 여러 가지 대안을 비교하고, 그 중에서 어떤 것이 더 좋은가를 결정해 주는 순위배정을 위한 규칙이 존재한다는 것을 믿고 있다는 것이다.

넷째, 의사결정자는 자기의 목표달성을 극대화(maximize)하려고 한다. 바꾸어 말하면 의사결정자는 항상 자기가 내세운 목표를 최대한으로 달성한다고 생각되는 최선의 대안만을 택하려고 한다는 것이다.

그러나 위에서 제시한 제 전제는 어디까지나 당위적 · 연역적 이론에 입각해

4) 조석준, 조직론〔제 3 정판〕(서울: 법문사, 1999), p. 414.

있으며, 현실적으로 볼 때 전기의 네 가지 전제는 다음과 같은 비판을 받는다.

즉, 사람들은 대개의 경우 복수의 목표를 가지고 있기 때문에 이들 복수목표간에 우선순위를 정한다는 것은 매우 어려우며, 인간이 고려할 수 있는 대안의 범위는 인간이 지니고 있는 생물학적인 한계로 말미암아 제약을 받으며,[5] 대안간의 순위배정을 위해서는 공통척도가 필요로 되는 것인데 이질적인 목표를 어떻게 하나의 척도에 의해서 다룰 수 있는가가 문제된다는 것이며, 이미 언급한 바와 같이 목표는 여러 개이고, 그들을 실현하기 위한 대안간의 순위배정도 객관적으로 정하기가 어렵기 때문에 의사결정자가 목표달성을 극대화시킨다는 것은 이상론에 지나지 않는다는 비판을 면치 못한다는 것이다.

2. 실증적〔현실적〕 접근방법

실증적 또는 현실적 접근방법(empirical or realistic approach)은 귀납적인 방법을 사용하여 실증적으로 많은 사례를 수집하고 그로부터 어떠한 규칙성(regularity)을 찾아 내려고 하는 방법을 말하는데, 이것은 의사결정을 하는 인간을 완전한 합리적 존재로 보지 않는다는 것을 의미하며, 여러 가지 비합리적인 요소가 의사결정자에게 작용하고 있음을 말하여 주는 것이다.

이와 같은 실증적 또는 현실적 접근방법은 '만족모형'(satisfying model) 혹은 '제한된 합리성'(bounded rationality)이론과 점증적 접근방법(incremental approach)의 두 가지로 나누어 고찰할 수 있다.[6]

⑴ 제한된 합리성이론

H. A. Simon은 인간을 합리적인 의사결정주체로 보는 연구가 필요하다는 것을 주장하면서도 현실적으로는 의사결정자들이 '제한된 합리성'(bounded rationality)에 입각하여 의사결정을 행한다는 사실을 시인한다.

여기서 제한된 합리성이란 경제학에서 말하는 가장 합리적인 것을 뜻하는 것도 아니며, 심리학에 있어서와 같이 인간의 감정의 논리에 치우치는 것을 뜻하는 것도 아니고, 이 양극 사이에 인간행동의 인지과정을 주입시킴으로써(인간의 능력으로 완전하게 인지한다는 것은 어려운 일이지만) 합리적인 선택을 할 수 있음을 뜻하는 것이다.[7] 바꾸어 말하면 이것은 이상의 양극 중 어느 한쪽에 기울어지지 않

5) Herbert A. Simon, *Administrative Behavior*(New York: Free Press, 1957), pp. 81~84.
6) 이러한 분류방법에 대하여는 유훈, 행정학원론(서울: 법문사, 2000), pp. 126~133.
7) Herbert A. Simon, *op. cit.*, p. 24.

음을 뜻하는 것이며, 행정행태에 있어서 합리적·비합리적 양면을 고려에 넣어 제한된 합리성을 고찰함으로써 인간을 적당한 선에서 만족하는 존재[8]로 파악한다는 것을 의미한다.

좀더 구체적으로 보면 종래의 전통적인 이론경제학에 있어서는 완전한 합리성을 가정하였기 때문에 경제인은 그의 수익을 극대화하기 위하여 합리적으로 결정된 최선의 방도를 선택하는 것을 사명으로 하였다. 그러나 현실적인 면에서 볼 때 인간의 사고방식이나 형태 속에는 비합리적인 요소가 많이 내포되어 있으며 합리성 확보에 대한 이러한 제한은 그 속에서 개인의 결정이 이루어지는 조직환경에 의존하고 있는 것이 사실이다.

그리하여 H. A. Simon은 개인이 가능한 한 그의 결정에 있어 합리성에 가까이 접근하도록 조직환경을 설계하는 것이 바람직하며 그것이 바로 행정의 과제라고 한다.

요컨대 인간이 단일한 결정에 모든 가치·지식 및 행동을 제공할 수 없다는 인간능력의 한계는 바로 제한된 합리성을 초래하며 대개의 경우 인간의 의사결정은 만족할 만한 대안의 발전과 선택에 관심이 모아진다는 것이다. 한 마디로 H. A. Simon의 '제한된 합리성' 이론은 인간의 지적 능력의 한계성을 시인하여 전술한 규범적 접근방법 내지 합리적 의사결정 모델을 비판하고, 행태과학적 조직론의 입장에 서서 실증적 의사결정이론을 전개하였다는 점에서 그 의의를 찾아볼 수 있다.

(2) 점증적 접근방법

H. A. Simon과 더불어 규범적 접근방법에 도전하여 실증적(현실적) 접근방법을 주장하는 논자로서 C. E. Lindblom,[9] A. Wildavsky 등을 들 수 있다.

C. E. Lindblom에 의하면 지적 능력의 한계성과 정보의 제한성을 지니고 있는 인간은 의사결정을 함에 있어서 점증적 의사결정(incremental decision-making)과 당사자 상호간의 조절에 의한 조정(coordination through partisan mutual adjustment)에 의존하고 있다고 한다.

여기서 먼저 점증주의(incrementalism)란 가치평가와 경험적 분석의 혼합

8) 이 제한된 합리성이론은 후술하는 제 6 편 제 3 장 제 2 절 정책결정의 이론모형 가운데서 만족모형(satisficing model)에 해당한다.

9) Lindblom은 전술한 규범적(이상적) 접근방법을 합리적·포괄적(rational-comprehensive) 접근방법이라고 부르고, 이에 대치되는 방법을 계속적·제한적 비교(successive-limited comparison) 접근방법이라고 부르고 있는데, 그가 말하는 계속적·제한적 방법이란 여기서 사용하고 있는 실증적(현실적) 방법에 해당된다.

(inter-mixture)에 의하여 제 사회적 목적 및 제약조건의 한계가치(marginal values)에 관심을 집중시키며 상관성 있는 중요한 가치 전제 가운데서 소수의 가치만을 중시한다는 것이다.[10]

이와 같은 점증주의는 규범주의가 지니고 있는 제 가치의 비현실적인 집착을 버림으로써 서로 다른 이해나 가치의식을 지닌 당사자간의 상호조절을 용이하게 만들어 준다.

다음 당사자 상호간의 의사조절에는 세 가지가 있다고 한다.

첫째, 개별적 상호조절(atomistic mutual adjustment)이란 개개의 의사결정 집단 또는 개인이 서로 타 집단 또는 개인의 반응을 고려하면서 균형점을 향하여 끊임없이 접근하는 형태로서 이루어지는 상호조절을 말한다.

둘째, 경의적(敬意的) 조절(deferential adjustment)이란 제각기 타 집단이나 개인의 반발을 초래하지 않도록 하기 위하여 다른 의사결정의 영역에 속하는 정책을 회피함으로써 이루어지는 조절을 뜻한다.

셋째, 전략적 조절(strategic adjustment)이란 협박이나 타협을 포함한 협상 또는 실력행사 등과 같은 수단에 의해서 상대방을 조종함으로써 이루어지는 조절을 의미하는 것이다.[11]

이제 점증적 접근법 내지 점증주의적 의사결정의 특징을 추려 보면 다음과 같다.

첫째, 의사결정자는 언제나 규범적이고 합리적인 결정을 할 수 있다고 보기는 어려우며, 따라서 현실보다 약간 향상된 결정에 관심을 가진다.

둘째, 의사결정자는 가치의 발견·평가에 대한 능력부족으로 한계가치에 관심을 가지며, 또 대안선택 능력의 한계성으로 말미암아 비교적 제한된 수의 대안만을 검토하게 된다. 그리고 각 대안에 대해서 제한된 수의 중요한 결과만을 평가한다.

셋째, 의사결정자는 어떤 하나의 완전무결한 결정을 할 수는 없고, 다만 계수적인 분석과 평가를 통하여 당면 문제에 대한 검토를 가한다.

넷째, 의사결정자는 미래의 사회적 목표를 추구하기보다는 현실적인 면에서 현재의 사회가 내포하고 있는 결함을 감소시키는 데 이바지한다.

---

10) Charles E. Lindblom, "Decision-Making in Texation and Expenditure," *Public Finance: Source and Utilization*, pp. 295~336 참조. 설사 중요한 가치를 미리 발견하지 못한 경우가 있다고 하더라도 그 가치는 다른 기회에 다른 참가자에 의해서 발견될 수 있는 여지는 항상 남아 있다고 한다.

11) *Ibid.*, pp. 314~316.

다섯째, 의사결정자는 광범위한 대안의 선택범위를 좁혀서 다만 현상유지의 상태와 약간 다른 대안, 바꾸어 말하면 현재보다 점증적 또는 점차적으로 다른 대안을 선택하게 된다는 것 등이다.12)

위에서 본 점증적 접근방법은 항상 점증적 변화에만 관심을 기울이게 되므로 그 결과 사회에 있어서 근본적인 변화를 가져올 수 있는 의사결정(예: 선전포고 등)에는 자연히 소홀하게 되어 보수주의적으로 흐르기가 쉬우며, 따라서 이 방법은 혁신을 요구하는 발전도상국에서는 부적합하다는 비판을 받고 있으며, 미국과 같이 권력이 한 군데로 집중되지 않고 행정부 · 입법부 · 정당 및 각종 이익단체 등에 다양하게 배분되어 상호조정이 이루어질 수 있도록 되어 있는 다원적 사회(pluralistic societies)에서 적용이 가능하다고 한다.13)

3. 혼합적 접근방법

혼합적 접근방법(mixed-scanning approach)이란 합리주의도 아니고 점증주의도 아닌(neither rationalism nor incrementalism) 제 3 의 접근방법으로서 이 양자를 혼용하는 방법을 뜻한다.14)

A. Etzioni는 이와 같은 제 3 의 방법, 즉 혼합적 접근방법의 적용을 위해 의사결정을 근본적 결정(fundamental decision)과 점증적 결정(incremental decision)으로 나누었는데 근본적 결정이란 기본적인 방향을 설정함에 그치는 것을 말하고 점증적 결정이란 기본방향이 설정된 후에 특정 문제에 대하여 현실적인 결정을 내리는 것을 말한다. 그리고 위의 근본적인 결정에 있어서 기본적인 방향을 설정함에 그침으로써 의사결정자가 자기의 목표를 달성하기 위하여 주된 대안을 모색하는 선에서 그치고 세부적 문제에 대한 합리성의 고려는 배제함으로써 전반적인 파악에만 관심을 집중시킴을 말하는 것이다.

그렇게 함으로써 원래 규범적(이상적) 접근방법에서 강조하는 비현실적인 합리성을 감소시키고, 한편으로는 점증주의가 지니고 있는 보수성을 극복할 수 있다는 것이다. 따라서 근본적 결정에 있어서의 합리주의는 점증주의가 내포하고 있는 보수적 편견을 시정해 주며, 한편 점증적 결정에 있어서의 점증주의는 합리주의가

12) Charles E. Lindblom, *The Intelligence of Democracy: Decision Making through Mutual Adjustment*(New York: Free Press, 1965), pp. 144~146. 점증주의(incrementalism)에 관해서는 Charles E. Lindblom and David Braybrooke, *A Strategy of Decision: Policy Evaluation as a Social Process*(New York: Free Press, 1963), pp. 71~77 참조.

13) Amitai Etzioni, *The Active Society*(New York: Free Press, 1968), p. 271.

14) *Ibid.*, pp. 282~283.

내포하고 있는 비현실적인 요소를 감소시켜 주므로 여기서 말하는 합리적 방법은 합리주의와 점증주의의 상대적인 장점을 적절히 혼합한 방법이라고 하겠다.[15)]

두말할 나위도 없이 행정가의 의사결정과정에서 합리성은 계속 강조되어 왔다. 그러나 순수한 의미에 있어서의 합리성은 성취되기 어려운 것이다. 또한 비록 의사결정의 점증주의가 많은 사람들의 지지를 받았지만 그것은 과정을 설명함에 그치고 어떠한 결정이 내려져야 하는가를 처방하는 데는 적절하지 못하다는 비판을 받고 있다. 따라서 혼합적 접근방법이야말로 공공관리자(public manager)에게 가장 유용한 것이라는 사실을 인정받게 되었다.[16)]

제 2 절 기 획

Ⅰ. 기획의 본질

1. 기획의 의의

행정상의 제 결정(행위)에는 의사결정 · 정책결정 및 기획이 모두 포함된다 함은 전술한 바와 같거니와, 의사결정 · 정책결정 · 기획의 상호관계는 의사결정이라는 포괄적 개념 속에 정책결정 · 기획이 동시에 포함되며, 정책결정은 기획보다 결정계층상의 상위개념에 속하는 것이다.

따라서 기획(협의의)이란 어디까지나 행정상의 제 결정(행위)의 하나로서 파악되며, 결정된 정책을 집행하기 위한 방안을 결정하는 과정을 의미하는 것이라고 하겠다. 그리고 기획은 계획과 구별되는바, 기획(planning)은 조직체에 있어서의 의사결정의 과정(process) 내지 계속적인 활동으로 파악한다면, 계획(plan)은 이 과정을 거쳐 나타나는 최종산물(end-results) 또는 결과라고 할 수 있다.[17)]

2. 기획의 발전요인

기획이 발전을 보게 된 요인[18)]으로서는 첫째, 오늘날 인구의 도시집중 경향에

15) *Ibid.*, pp. 282~283.
16) Harold F. Gortner, *op. cit.*, p. 224.
17) 유종해, 현대행정학[제 4 전정판](서울: 박영사, 2001), p. 236 참조.

따라 도시계획의 필요성이 대두된 점, 둘째, 1929년 미국에서 경제공황이 시작되자 자본주의 자체의 보전을 위하여 정부의 관여를 불가피하게 만들었다는 점, 셋째, 특히 세계대전중에는 인적·물적 자원을 동원하기 위하여 기획 및 통제가 필요로 되었다는 점, 넷째, 전후 거의 모든 신생국가에서는 급속한 경제성장과 가용자원의 효율적 사용을 위해 경제기획이 시급히 요청되었다는 점 등을 들 수 있다.

3. 기획과 민주주의

국가기획에 관해서는 여러 가지의 논쟁이 있을 수 있는데 특히 이것과 민주주의와의 양립가능성 여부에 관해서는 제 2 차 세계대전의 종식기에 즈음하여 학자간에 큰 논쟁을 불러일으켰으며 이를 보통 대논쟁(The Great Debate)이라고 한다. 이 대논쟁은 국가기획이 민주주의에 반하는 것이라고 보는 입장과, 민주주의와 양립가능하다고 보는 입장간의 논쟁을 뜻하는 것이다.

(1) 기획 부인론

자유주의 경제학자인 F. A. Hayek는 국가기획이란 대중을 기만하여 획일주의 및 전체주의를 강요하는 수단이며, 결국에는 자유주의 국가들이 전체주의로 전락할 것이라고 경고하고 있다. 즉, 그에 의하면 자유주의적 경제체제가 민주주의의 초석이라고 보고, 만약 국가기획을 도입하면 국민의 자유는 억압되며 전체주의적 독재하에서 '노예에의 길'(The Road to Serfdom)[19]을 걷게 된다는 것이다.

K. Popper 또한 개방사회(open society)에 역행하는 나치즘적 정치철학이나 파시즘 그리고 마르크스주의를 비판하면서, 국민의 자유가 보장되는 개방사회를 위해서는 이러한 요소들을 제거해야 한다고 주장하는데, 이 역시 Hayek와 같이 국가기획이 민주주의사회에 역행함을 그 내용으로 하고 있다.

(2) 기획 긍정론

Hayek의 이른바 '노예에의 길'은 큰 반향을 학계에서 받았는데, 이에 대하여 H. Finer는 Hayek의 주장을 반박하면서 국가기획은 국민을 예속화시키는 것이 아니라 오히려 그의 자유를 신장시켜 주는 것이라고 하는 것을 내용으로 하는「반동에의 길」(*The Road to Reaction*)[20]을 발표하였다. 즉, 여기에서 그는 국가기획이 민주주의와 양립가능하다고 주장하고 있다.

---

18) John D. Millet, *Government and Public Administration: The Quest for Responsible Performance* (New York: McGraw-Hill, 1959), p. 282.

19) F. A. Hayek, *The Road to Serfdom*(Chicago University of Chicago Press, 1944).

20) Herman Finer, *The Road to Reaction*(Boston: Little Brown and Co., 1945).

한편 좀더 시대를 소급한다면 자유방임적 경제체제의 한계를 인정하고 국가기획의 필요성을 강조했던 A. Holcomb[21]이나 K. Mannheim[22]도 이러한 맥락으로 이해될 수 있다.

기획의 민주주의와의 양립가능성 여부에 관한 이러한 상이한 두 입장은 Finer, Mannheim 등이 국가기획을 이성의 힘에 의해 지배되리라는 낙관 아래 민주사회에 기여할 수 있다고 보는 반면, Hayek, Popper 등은 국가가 선이라고 설정한 것이 반드시 이성적인 것은 아니라는 전제하에서 오히려 그러한 획일적 양식에 의해 민주주의는 위협을 받는다고 보고 있다.[23]

생각건대 물론 현대행정이 직면하는 문제는 종래 고전적·자유주의적 체제하에서의 문제와는 비교될 수 없을 정도로 복잡하고 다기화되어 있으며 또 대규모화되어 있다. 따라서 소박한 자유방임적 경제운용방식으로는 이들을 해결하기가 어려운 경우가 많다. 특히 자원이 한정되어 있고 이를 효율적으로 배분하여 바람직한 미래를 단기간 내에 지향하려는 후진국에 있어서는 기획의 역할이 더욱 중요시되고 있다. 또한 실제로 후진국은 물론 오늘날 선진국에 있어서도 기획은 중요한 비중을 차지하고 있다. 이 경우 만약 기획이 Finer 등이 기대했던 것처럼 이성에 의해 지배되며 항상 개인의 자유와 복리를 우선한다면 그러한 기획은 민주주의에 크게 기여할 것이다. 이 점에서 국가기획은 민주주의와도 양립할 수 있다고 하겠다.

그러나 실제로 기획을 대규모로 원용한 많은 나라들이 전체주의적 독재와 연관되어 개인의 자유를 저해하고 의회를 무용화하며 민주주의에 역행하는 경우도 있다. Hayek, Popper가 국가기획을 반대한 것도 바로 이 때문이라고 하겠다.

Ⅱ. 기획의 유형

1. 기간에 의한 유형

(1) 장기계획

이것은 모든 국민이나 정당 및 이익단체 등의 지지를 받을 수 있고 정권교체나 지도자의 변동에 관계 없이 존속할 수 있는 계획으로서 대체적으로 10년 내지 20년을 그 기간으로 잡고 있다.

---

21) Arbur N. Holcomb, *Government in a Planned Democracy*(N. Y.: W. W. Norton & Co., 1935).

22) Karl Mannheim, *Man and Society in an Age of Reconstruction*(N. Y.: Harcourt and Brace Inc., 1935).

23) 김신복, 발전기획론(서울: 박영사, 2002), p. 95.

(2) 중기계획

이것은 장기와 단기계획의 중간적 목표를 설정하기 위한 계획으로서 해당기간에 달성하려는 목표를 설정하고 이를 연차적으로 책정함으로써 운영계획편성에 대한 지침을 제시하여 준다. 이 중기계획은 우리 나라의 5개년계획과 같이 5년의 기간을 대상으로 하는 것이 보통이며 이것은 계획의 구체성이 나타나게 할 때 사용되는 계획이다.

(3) 단기계획

이것은 1년 내외의 기간에 걸친 계획으로서 당해 회계연도의 기본운영계획·연도사업계획·당해 회계연도의 예산에 반영되는 계획이 이에 속한다. 이 단기계획은 전환기 또는 비상사태하에서 사용되는 수도 있다.

2. 대상에 의한 유형

(1) 자연계획

이것은 물리적 계획(physical plan)이라고도 하며 주로 자원 및 자연적 환경과 관련된 계획을 말하는데, 토지계획·공간계획 또는 도시계획·지역계획 등이 이에 속하며, 도로·항만·부두·공원 등의 건설을 포함한다.

(2) 경제계획

이것은 국민경제의 수준을 일정한 단계로 끌어올리기 위한 정부·민간·해외 등 모든 부문에 걸친 경제활동에 관한 계획을 말하며, 선진국·후진국을 막론하고 정부가 경제개발 및 재정안정 등을 목적으로 하여 수립하는 계획을 말한다.

(3) 사회계획

이것은 인구·주택·교육·보건·노동 및 사회보장을 대상으로 하는 사회복지에 필요한 계획으로서 근래 우리 나라를 비롯하여 세계 여러 나라에서 그 중요성이 크게 인식되고 있다.

3. 이용빈도에 의한 유형

(1) 단일사용계획

이것은 특정한 상황에 적합한 행동노선을 설정하였다가 목표를 달성하고 나면 그것으로서 종결되는 계획을 말하며, 한 번만 사용하고 마는 계획이라는 점에서 단용계획(single-use plan) 또는 임시계획이라고도 한다.

(2) 상용계획

이것은 상시계획 또는 상비계획이라고도 하며 동일한 결정을 반복해서 행동의 지침으로 사용할 수 있는 계획을 말한다. 여기에는 표준적 절차(standard procedures)·규칙(rules) 등이 포함된다.

4. 조직계층에 의한 유형

(1) 정책계획

이것은 최고관리층이 정부활동의 광범위하고 기본적인 정치적·경제적·사회적 목표를 설정하는 포괄적인 계획으로서 가치판단의 문제를 내포하고 있으며, 정부기관의 모든 부문에 영향을 미친다. 정책계획(policy plan)이 보다 광범위한 가치판단을 내포하는 계획이라고 한다면 운영계획은 이 목표를 실천에 옮기기 위한 것이다.

(2) 운영계획

이것은 최고관리층에서 결정된 정책계획을 수행하기 위하여 기본적인 목표를 구체화시키고 이를 달성하기 위한 세부적·구체적 활동에 관한 계획을 말하는데 그 예로서 우리 나라 정부부처의 기본운영계획을 들 수 있다. 이 계획을 간혹 행정계획이라고 부르는 경우도 있다.

5. 지역수준에 의한 유형

(1) 국제계획

제 2 차 세계대전 후 경제부흥이나 국가발전을 위하여 국가간에 다각적인 국제협력이 촉진됨에 따라 국제계획의 중요성이 대두되었다. 대표적인 예로서는 전후 유럽의 경제적 부흥을 위한 마샬 계획(Marshall Plan), 발전도상국에 대한 기술협력계획인 콜롬보 계획(Colombo Plan) 등을 들 수 있다.

(2) 국토계획

국토 및 국가의 자연자원을 종합적으로 이용·개발·보전하고 산업입지의 적정화를 기함으로써 궁극적으로 사회복지의 향상을 도모하려는 계획을 말한다.

(3) 지역계획

국토의 효율적 개발을 위하여 일정한 지역을 선정하여 그 지역을 종합적으로 개발하려는 계획으로서 이는 국토계획의 구성부분을 이루는 것이다. 미국의 TVA (테네시 계곡 개발계획), 우리 나라의 울산공업단지계획 등이 여기에 속한다.

(4) 도시계획

도시계획은 도시의 건전한 발전을 도모하기 위한 교통·산업·위생 및 문화 등에 관한 일련의 계획을 말한다. 기획제도의 기원을 도시계획에서 찾아볼 수 있을 만큼 도시계획은 일찍부터 발달하였는데, 우리 나라에서는 경제성장에 따른 인구의 도시집중 현상으로 말미암아 도시계획의 중요성이 나날이 높아 가고 있다.

(5) 농촌계획

농촌계획이란 전근대적 사회구조와 농촌의 영세성을 탈피하고 나아가 도시와 농촌간의 격차를 해소시키기 위하여 농어촌의 개발, 소득증대, 문화시설 등의 확충을 도모함으로써 농어민들의 생활수준을 향상시키려는 계획을 말한다.

Ⅲ. 기획의 과정

기획이 거쳐야 할 과정은 학자에 따라 여러 가지로 구분해 놓고 있으나,[24] 여기에서는 이들을 종합하여 목표의 설정, 상황의 분석, 기획전제의 설정, 대안의 작성·평가 및 선택으로 구분하여 설명하고자 한다.

1. 목표의 설정

먼저 계획을 통해 궁극적으로 달성하고자 하는 목표가 무엇인가를 명확히 설정해야 한다. 이러한 목표의 설정 단계에서는 정치적 요소의 개입 및 직관이나 판단과 같은 요인들이 작용할 여지가 많다. 기획의 목표를 설정할 때에는 가급적 명확한 하위목표로 세분화되기 쉬운 것일수록 집행에 유리하다. 또 목표간에는 때로 상충되는 것이 있을 수도 있으나 가급적 일관성 있게 설정되어야 한다.

한편 목표가 잘못 설정됨으로써 나타나는 오류를 흔히 '제 3의 오류'(type Ⅲ-error)라고 하는데 목표를 달성하기 위한 수단과 방법을 아무리 잘 구비하더라도 이 목표 자체가 잘못 설정된 경우에는 의미가 없어진다.

2. 상황의 분석

현재의 상태(what we have now)와 바라는 상태(what we want)간의 간격을 메우는 것이 기획의 과제인데, 이렇게 하기 위해서는 현재의 상태에 대한 정확한 분석이 필요하게 된다.[25]

24) 박연호, 행정학신론(서울: 박영사, 2001), pp. 438~441.

여기에서 특히 중요시되는 것은 관련 문제점의 원인과 상황변동에 관련되는 요인, 즉 변수들을 밝혀 내는 일이다. 변수 가운데서도 목표달성을 저해하는 요인, 즉 장애요인을 규명하는 것이 중요하다.[26]

상황분석에 사용되는 기법에는 계량적 기법이 많이 사용되는데 회귀분석 등이 그것이다. 그러나 여기에서도 주관적·질적 분석방법이 전적으로 배제되는 것은 아니며, 특히 기술개발에 관한 예측에 있어서는 델파이(Delphi) 기법[27]과 같은 질적 분석은 큰 유용성이 있다.

3. 기획전제의 설정

기획전제(planning premises)란 기획의 수립과정에서 근거로 삼아야 할 주요 가정(assumption) 또는 전망을 의미한다. 이것은 얼핏 상황의 분석 단계와 비슷한 것처럼 보이나 기획전제가 주로 미래에 관련된 예측 또는 전망인 데 대하여 상황의 분석에서는 주로 현실적인 여건을 분석하는 것이 다르다.

기획전제 단계에서 고려되는 것은 기획이 기초하고 있는 외생변수인데 이는 보통 통제불가능한 요소(예컨대 기후의 변동, 국제석유가격의 변동)와 통제가능한 요소(예컨대 인구성장, 국내의 경기변수)로 구분된다. 중요한 것은 이들 외생변수가 기획의 운용에 미치는 불확실성이 적을수록 좋다는 것이다. 그리고 중요한 외생변수를 빠뜨리지 않아야 한다.

4. 대안의 작성·평가

대개 한 목표에 대한 수단이 되는 행동대안은 여러 가지인 것이 보통이다. 따라서 중요한 대안이 누락되지 않게 하는 것이 매우 중요하다. 대안의 작성에 있어 일차적인 원천이 되는 것은 선례이다. 그러나 선례가 없는 분야에서는 새로운 대안이 필요하게 된다.

대안이 작성되고 나면 이 대안에 대한 평가가 따라야 하는데 현실적으로 모든 대안을 다 분석하고 그 결과를 다 파악하기는 불가능하므로 이 때 보통 다음과 같은 기준들이 채택된다. 즉 첫째, 중요한 요소(crucial factor)를 중점적으로 분석한다거나, 둘째, 대안간의 차이점이 무엇인가에 초점을 두어 이를 비교하거나, 셋째,

---

25) John D. Millet, *op. cit.*, pp. 44～46.

26) 김신복, 전게서, p. 133.

27) 델파이 기법은 특히 산업기술개발 등에 관해 전문가들이 각자의 판단에 따라 미래를 예측하며 이를 종합하는 예측기법이다.

새로운 한 단위의 추가적인 비용에 따른 추가적 편익을 분석하는 이른바 한계분석(marginal analysis)을 원용하는 것이다.[28)]

5. 선 택

대안을 작성·평가한 후에는 이들 중에서 최적의 대안을 선택한다. 이 때 대안의 선택에서는 결정자의 가치관·선호가 개입될 수 있으나 그러한 주관적 영역의 범위가 적을수록 대안의 평가 단계에서 나온 분석적인 평가가 그대로 선택에서 원용될 가능성이 높아진다.

또 한 가지 고려할 것은 선택을 함에 있어서는 항상 불확실성을 고려한 후에 이를 극소화시키는 것이 필요하다는 것이다. 이러한 불확실성을 극소화하는 방법으로서는 확률을 활용할 수도 있으나, 그러한 확률조차 알려져 있지 않은 경우에는 그 대안의 결과예측은 크게 제약받는다. 신뢰성이 낮은 자료를 배제해 버리거나 불완전한 자료를 보완하는 것도 다 이러한 불확실성을 극소화하려는 것이다. 이렇게 불확실성이 높은 곳에서는 최종안의 선택은 확정적(deterministic)인 모형이 아니라 확률적(probabilistic) 모형에 준거할 수밖에 없게 된다는 것이다.

Ⅳ. 기획기구

여기에서는 특히 기획기구를 어디에 둘 것인가 하는 것이 중요한 논점이다.

1. 기획기구의 위치

(1) 기획기구를 행정수반 직속으로 두는 경우

예로서는 중남미제국·이란·미얀마 등을 들 수 있으며, 다만 프랑스에서는 국무총리실 소속으로 기획청을 두고 있다.

(2) 기획부처를 별도로 두는 경우

이것은 우리 나라의 과거 경제기획원과 같이 기획부처를 따로 설치함으로써 기획문제만을 전담케 하는 것이다.

(3) 기획기구를 기존부처, 특히 재무부에 두는 경우

이것은 기획기구를 기존부처, 특히 중앙예산기관을 거느리고 있는 재무부에 둠으로써 기획과 예산이 유기적으로 관련성을 가질 수 있게 한다는 데에 주안점을

28) 상게서, pp. 139~140.

두고 있다.

⑷ 기획기구를 독립기관으로서 두는 경우

이것은 중앙기획기구를 과거 영국의 경제발전위원회의 예처럼 정부조직 밖에 설치하는 것을 말한다.

2. 우리 나라의 경우

우리 나라 최초의 기획기구는 국무총리 직속의 기획처이었다. 기획처는 정부수립 직후 국무총리 직속으로 총무처, 법제처 및 공보처와 함께 설치되었으나 1955년 2월에 폐지될 때까지 뚜렷한 기획기능을 수행하지는 못하였다. 1955년 2월에 있었던 기구개편으로 부흥부가 신설되면서 부흥부 내에 기획국, 경제기획관실을 두었으며 1958년 4월 1일에는 부흥부 내에 산업개발위원회가 설치되었다. 산업개발위원회는 장기 경제개발계획의 작성을 임무로 하고 있었으며 부흥부 장관이 위원장을 겸하였다. 이 위원회는 1960년을 초년으로 하는 3개년 경제개발계획의 시안을 작성한 바 있다. 5·16 직후인 1961년 7월에는 재무부로부터 예산국을, 내무부로부터는 통계국을 흡수하여 경제기획원이 신설되었다. 한편 1963년에 각 중앙행정기관의 기획조정 및 심사분석에 관하여 국무총리를 보좌하기 위하여 설치되었던 기획조정실은 1981년 10월에 폐지되었다. 1994년의 기구개편에서는 경제기획원이 다시 재무부와 통합되어 재정경제원이 되었는데 그것이 지나치게 비대하다는 비판을 받다가 1998년 재정경제부로 다소 격하되었다. 1999년에는 재정경제부 외청으로 있던 예산청이 기획예산처로 흡수되었으며 기획기능은 여전히 재정경제부가 담당하도록 되어 있었다.[29] 그 후 2008년 이명박 정부가 출범하면서 기획예산처와 재정경제부가 통합되어 기획재정부가 되었다.

돌이켜 보면, 기획기능과 중앙예산기관과의 관계에서 볼 때 경제기획은 재정경제부가 계속 담당하고 중앙예산기관은 기획예산처 예산실로 옮겨지게 됨으로써 1955년 2월부터 1961년 7월까지의 기간을 제외하면 우리 나라의 기획기능이 중앙예산기관과 같은 기구에 소속되어 있었으나, 1998년 2월 이후는 경제기획은 재정경제부가 계속 담당하고 중앙예산기관은 기획예산처 예산실로 옮겨지게 됨으로써 경제기획기구와 중앙예산기관이 소속을 달리하게 되었다.[30] 그리고 이명박 정부가 출범하면서 기획기능은 다시 중앙예산기관과 같은 기구에 소속되게 되었다.

---

29) 유훈, 행정학원론(서울: 법문사, 2000), p. 219.
30) 유훈, 재무행정론(서울: 법문사, 2000), p. 40.

Ⅴ. 기획의 원칙과 제약성〔한계〕

1. 기획의 원칙

(1) 목적성의 원칙

기획은 장래에 있어서의 바람직한 목표를 실현하기 위한 것이므로 기획이 그 효과를 발휘하기 위해서는 무엇보다도 그 목표가 뚜렷하게 설정되어야 한다는 것이다.

(2) 예측성의 원칙

기획은 아직 다가오지 않은 장래에 대비하는 과정이므로 장래에 대한 예측을 전제로 한다. 예측은 기획의 성공 여부에 지대한 영향을 미치므로 가능한 한 정확한 판단에 근거한 예측이 기획에 있어서 필요로 되는 것이다.

(3) 단순성의 원칙

기획은 누구나 이해할 수 있도록 간단하고 명료하게 작성되어야 한다. 즉 기획담당자만이 알 수 있도록 작성되어서는 안 되며, 일반국민들이 쉽게 이해할 수 있는 용어로 간단하게 표현되어야 한다.

(4) 표준화의 원칙

기획은 일반적으로 그 대상과 방법에 따라 상이하나 가능한 한 기획의 수립을 용이하게 할 수 있도록 그 대상으로서의 재화나 작업방법 등을 표준화하여야 한다.

(5) 안전성의 원칙

기획은 목표의 달성을 위한 일련의 계속적 활동이므로 기획의 빈번한 수정은 기획의 효과성을 감소시킨다. 즉 기획은 일관성 있게 수행될 수 있도록 안전하게 수립되어야 한다는 것이다.

(6) 신축성의 원칙

그러나 기획은 불가피한 상황이 발생하였을 경우, 이에 적절히 대처할 수 있도록 융통성 있게 수립될 것이 요청되며 항상 변화의 가능성에 대비하여 신축성을 지니고 있어야 한다는 것이다.

(7) 경제성의 원칙

기획을 수립하고 실시하는 데는 막대한 자원과 인력 및 시간이 소요되므로 가능하면 현재 사용가능한 자원과 인력을 활용하도록 계획되어야 하며, 최소의 비용으로 최대의 효과를 나타낼 수 있도록 경제적으로 수립되어야 한다.

(8) 계속성의 원칙

기획은 계속적인 과정으로 파악되므로 시간상으로 볼 때 계속성을 유지할 수 있도록 수립되어야 하며, 또한 조직의 계층을 따라 계속적으로 연결될 수 있도록 수립되어야 한다는 것이다.

2. 기획의 제약성〔한계〕

(1) 일반적 제약성

① 미래예측의 곤란성과 자료의 결핍　　기획은 미래의 활동과 관련이 있는데, 사람의 능력부족으로 미래를 정확히 예측하기 어려울 때가 있으며, 또한 미래예측의 토대가 되는 정보나 자료가 부족할 경우가 많다.

② 신축성의 결여　　기획은 행정의 경직화를 초래하는 경향이 있으며, 수립된 계획이 세밀할수록 경직성은 높아진다.

③ 반복적 사용의 제한　　상시 또는 상용계획은 반복적인 상황하에서만 그 효용이 보장된다. 그러나 사회현상은 반복되지 않는 경우도 많으므로 상시계획의 효용은 제한을 받게 된다.

④ 비용의 과중과 시간의 제약　　만일 수립해 놓은 계획이 후에 대폭적으로 수정되든가 또는 객관적 여건의 변동으로 실천에 옮겨지지 못한다면 비용의 과중을 초래하기 쉽다. 또한 계획의 수립에는 많은 시간을 필요로 한다.

⑤ 개인적 창의력의 저해　　일반적으로 기획의 절차와 방법이 집권적으로 설정되는 대규모 조직에 있어서는 일반직원이나 감독자의 창의력을 저해하기 쉽다.

(2) 행정적 제약성

① 기획요원의 능력부족　　특히 발전도상에 있는 국가에 있어서 불합리한 인사행정으로 인하여 능력이 부족한 자가 기획을 담당하는 경우에는 기획의 쇄신을 기대할 수 없다. 또한 기획의 경험과 기술이 부족한 후진국에 있어서 기획은 적지 않은 문제점을 내포하고 있다.

② 번잡한 행정절차 및 회계제도　　발전도상국가에 있어서의 번잡한 행정절차는 기획제도의 운영을 저해하기가 쉽다. 또한 낙후된 회계제도와 지나친 재정통제 역시 기획제도의 운영을 저해하게 마련이다.[31)]

---

31) Albert Watterston, *Dovelopment Planning: Lessons of Experience*(Baltimore: Johns Hopkins, 1965), pp. 246～247 참조. 워터스턴은 이 밖에 기획에 있어서의 행정적 장애요인으로서 불합리한 인사행정, 조정의 결여, 부적절한 조직 등을 들고 있다.

③ 재원의 제약성 국민이 부담할 수 있는 재원에는 한계가 있으며, 특히 후진국에 있어서 기획은 재원의 제약을 받게 된다.

④ 조정의 결여 행정기관에서의 발전기획이 조정되지 않는 경우에는 합리적인 사업계획의 집행이 저해되기 쉽다. 또한 행정기관이 난립되는 경우에는 각 부처간의 조정이 어려워지며 아울러 기획수립에 지장을 초래하게 된다.

⑤ 정치적 안정의 결여 특히 후진국의 경우 기획이 장기적인 안목에서 실시되지 못하고 임기응변적인 상황 아래서 처리되는 것은 기획발전에 많은 제약을 가져오게 한다. 따라서 효율적인 기획수립을 위해서는 안정된 정치적 여건이 주어져야 한다.

Ⅵ. 기획과 예산

1. 기획과 예산의 관계

국가발전계획의 실현을 위해서는 기획과 예산의 연계 · 통합이 필요하다. 그런데 통상적인 연간예산(annual budget)은 지금까지 주로 정부지출에 대한 통제적인 수단으로만 간주되어 왔었다.

따라서 기획은 발전계획을 어떻게 예산에 포함 내지 전환시키느냐 하는 점에서 중요성을 찾아볼 수 있다. 무릇 연간계획은 국가의 총가용자원을 전체적으로 염두에 두고 수립되어져야 할 것이며, 그렇게 하기 위해서는 국내통화 및 외환 등의 재원뿐만 아니라 천연자원 · 인력 및 생산능력 등과 같은 물리적 요소들을 고려에 넣어야 할 것이다. 그리고 연간계획이 발전계획과의 연계를 갖기 위해서는 무엇이 행해져야만 되며, 이를 위해 다음의 수 개 연도에 걸쳐 필요한 자원과 수단을 찾아냄과 아울러 특히 중기계획과의 연계성에 유념하여야 할 것이다.

요컨대 정부의 예산은 발전계획을 실현하는 데 있어서의 중요한 요소이며, 특히 연간계획과 예산 및 그 상호조정은 사실상 중기계획을 수행하기 위한 필수요건인 것이다.

그러나 계획과 예산과의 관계는 나라에 따라 상이하다. 예컨대 소비에트형 경제체제를 지닌 국가에서는 사실상 예산은 발전계획의 재정적 수단이다. 그와는 대조적으로 혼합경제체제를 채택하고 있는 국가에서는 계획과 예산의 관계가 그다지 밀접한 상태에 있지 못하다.[32)]

32) *Ibid.*, p. 244.

때로는 계획과 예산의 기간이 일치하지 않기 때문에 연간계획과 예산을 조정하는 것이 어려울 때도 있으며, 양자의 작성에 있어서의 시간적 지연은 계획과 예산의 연계를 저해한 예가 적지 않다. 그렇기 때문에 연간계획과 예산안 작성업무는 기획기구와 예산기구의 밀접한 협조를 통해서 동시에 이루어지는 것이 바람직하다.

2. 기획과 예산의 괴리요인

국가의 발전기획과 예산의 연계가 사실상 곤란한 현실적인 원인에는 다음과 같은 것이 있다.

(1) 적절한 연간계획의 결여

대부분의 연간계획은 예산에 포함된 액수를 표시한 세부 사업계획에 지나지 않는 경우가 허다하며, 또한 중기계획은 계획목표를 달성키 위해 매년 수행되어야 할 행동을 명백히 나타내지 못하기 때문에 예산에 포함된 것들은 계획이 요구하는 바에 미치지 못할 때가 많다.

요컨대 정부의 예산정책은 얼마나 많은 돈이 발전과 그 밖의 다른 지출을 위해 사용될 수 있는가를 결정하는 것을 어렵게 만든다.

(2) 회계기간의 불일치

나라에 따라서는 연간계획은 역년(歷年)에 따라 작성되는 반면 연간예산을 위한 회계연도는 그 시기를 달리하기 때문에 계획과 예산을 조화시키는 데 애로가 있다.

무릇 기획(planning)과 예산편성(budgeting)은 서로 자료를 주고 받는 교호적인 과정을 거친다. 그러므로 연간계획과 예산작성을 동시에 진행시키는 것이 바람직하며, 또 기획담당자와 예산담당자간의 협력이 불가피하게 요청된다.

(3) 예산안 작성상의 지연

예산안 작성에 있어서의 지연도 계획과 예산의 통합을 저해한다. 그것은 회계연도 개시 전까지 예산이 작성되지 않는 경우가 가끔 발생하기 때문이다.

(4) 기타의 제 요인

이 밖에도 A. Watterston은 전통적 예산의 부적합성으로서 첫째, 예산의 단편성(budgetary fragmentation), 둘째, 직원의 불완전(consequences of staff inadequacies), 셋째, 예산절차상의 결함(deficiencies in budget procedure), 넷째, 회계제도의 미비(poor accounting),[33] 다섯째, 예산의 분류체계(classification system) 등을 들

33) 회계제도의 미비는 국가예산의 재정통제의 수단 또는 발전계획을 실행하기 위한 수단으로

고 있다.[34)]

3. 기획을 위한 예산개혁

(1) PPBS

기획과 예산을 연계시키려는 필요성은 계획예산제도(Planning-Programming-Budgeting System)를 탄생시켰다. 이는 장기적인 기획(planning)과 단기적인 예산 편성(budgeting)을 유기적으로 결합시킴으로써 자원배분에 관한 의사결정을 일관성 있게 효율적으로 수행하려는 것이다.

PPBS를 통하여 결국 정부의 기획은 예산과 연계됨으로써 연간예산의 단기적인 조망을 지양하고, 수 년을 요하는 성향이 많은 국가기획에 대해 장기적인 조망을 가능케 한다.

(2) 고려사항

예산을 기획과 연결시키려는 예산개혁에는 다음과 같은 몇 가지 점을 충분히 고려해야 할 것이다.

① 예산의 포괄성(budgetary comprehensiveness) 예산과 기획을 연결시키려면 예산에 관한 통합된 계수가 작성되어야 하는데 이를 어느 기관이 담당할 것인가 하는 것이 문제된다. 여기에는 두 가지의 견해가 있다. 첫째는, 중앙예산기관에 의하여 단일예산을 작성해야 한다는 것이며 그 이론적 근거는 예산이란 공공부문의 모든 수입과 지출을 다 포함해야 한다는 것이다.[35)] 둘째는, 중앙기획기관에 의해 통합계획을 작성할 것을 주장하는 입장이다. 그 근거는 단일예산에 모든 업무를 포함하는 것은 사실상 불가능하므로 중앙기획기관이 통합된 계획을 작성함이 유용하다는 것이다.

② 자본적 지출과 경상적 지출의 상호보완성 계획수립자와 예산안 작성자들은 대체적으로 자본적 경비와 경상적 경비의 상호보완성에 대해 보다 깊은 주의를 기울여야 한다고 생각하고 있다. 그러나 실제로는 계획작성자나 예산작성자들은 그 상호보완성에 대하여 잘 인지하지 못하고 있다.

서의 효과성을 감소시킨다.

34) 전통적 예산의 분류체계는 종종 기획에 필요한 정보의 획득을 어렵게 만들 경우가 있다. 즉 예산의 전통적 분류방법은 원래 예산집행자에 대한 책임성 부여와 엄격한 관리통제를 위해 고안된 것이므로 실제면에 있어서는 기획목적에 부합된 정부기능·사업·세부사업 및 활동을 위한 정확한 비용의 사정을 어렵게 만든다.

35) UN, UCLA, *Fiscal Budget as an Instrument in the Programming of Economic Development*, p. 29 참조.

③ 기획을 위한 바람직인 예산분류　　자본지출과 경상지출간에는 효과적인 관계를 확립할 필요가 있기 때문에 모든 유형의 지출이 명백히 구별되고 일관성 있게 정의되는 것이 중요하다. 그리하여 수입과 지출의 예산정액(豫算定額)은 서로 완전히 분리된 자본예산과 경상예산으로 분리되어져야만 한다는 논의가 제기되어 있다.

자본적 요소와 경상적 요소가 서로 분리된 이러한 이중 또는 복식예산은 투자를 위해 많은 예산지출이 배정되어지는 곳에서 특히 바람직한 것으로 생각되고 있다.

그러나 일부 예산전문가들은 정부업무의 단순한 재분류는 비록 바람직한 것이긴 하지만 충분한 것은 못 된다고 믿고 있다. 그들은 전통적 행정예산은 완전히 새로운 제도, 다시 말해서 성과주의예산으로 대체되어야 한다고 생각한다. 이 성과주의예산은 예산업무를 정부기능, 사업, 세부사업 및 활동에 기초하여 분류한다. 그리고 성과주의예산을 더 열렬히 지지하는 사람들은 성과주의예산을 본질적으로 공공부문 발전계획으로서 생각하고 있다.

④ 예산개혁의 우선순위　　무릇 어떤 나라에 있어서나 모든 발전단계에 있어서의 요소를 충족시켜 주는 예산제도란 존재할 수 없는 것이다. 예로서 비록 성과주의예산제도가 어떤 나라에서는 바람직하며 실현가능한 것일 수 있다고 하더라도 그 제도를 대다수의 저개발국가에 적용하기에는 난점이 있다고 하겠다. 그 이유로서는 주로 회계 및 관리기술의 부족을 들 수 있다.

끝으로 기획목적을 위해서는 예산안의 제출, 예산의 관리 및 통제의 개선을 위한 개혁에 대하여 우선순위가 주어질 것이 요청된다. 이러한 것들 중에는 자본계정과 경상계정상의 발전 및 비발전업무를 구별하기 위한 기능적·경제적 분류의 채택이 고려될 수 있고 각 부·국·과 내에서 존속될 수 있는 예산기관의 확립, 예산의 집행을 위한 방법 및 절차의 개선 등이 고려의 대상이 된다.

제 3 절 최고관리층

Ⅰ. 최고관리층의 의의

조직의 규모가 커지고 관리의 기능이 계층적으로 분화함에 따라 관리의 범위에 있어서도 최고관리층과 중간관리층을 구별할 필요성이 생긴다. 여기서 최고관리층(top management)이란 행정조직의 계층적 구조에 있어서 최상위에 속해 있는 계층을 말하는데 이들은 행정의 기본적인 정책과 방침을 결정할 뿐만 아니라 조직 전체의 활동을 지도 · 통제하는 임무를 지니고 있다. 우리 나라에서는 장관 · 차관(보) · 도지사 · 시장 및 대통령 직속하에 있는 막료기관의 장 등이 최고관리층에 속해 있다고 보겠다.

Ⅱ. 최고관리층의 기능

1. POSDCORB

L. Gulick은 행정관리에 있어서의 최고관리층의 기능을 'POSDCORB'라는 합성어로 표시하였는데, 이것은 기획 · 조직 · 인사 · 지휘 · 조정 · 보고 · 예산을 뜻하는 것이다.[36)]

(1) 기획(planning)

이것은 수행하여야 할 업무를 기획하고 나아가 그 사업목적을 달성하도록 시행하는 방법을 강구하는 것이다.

(2) 조직(organizing)

이것은 권한의 공식적인 구조를 설정하는 것이며, 이것을 통하여 행정목적을 위해 직무를 조정하는 것이다.

(3) 인사(staffing)

이것은 직원을 채용 · 훈련하고 행정업무를 효율적으로 수행하기 위한 인사기능 전반을 가리킨다.

---

36) Luther Gulick, "Notes on the Theory of Organization" in L. Gulick and L. Urwick, eds., *Papers on the Science of Administration*(New York: Institute of Public Administration, 1937), p. 13.

(4) 지휘(directing)

이것은 결정을 내리고 또한 명령과 지시를 구체화하는 것을 말한다.

(5) 조정(coordinating)

이것은 직무의 여러 부문을 서로 유기적으로 관련시켜 행정업무가 효율적으로 수행되도록 조정하는 것이다.

(6) 보고(reporting)

이것은 집행자가 행정책임자에게 무엇이 어떻게 진행되고 있는가를 보고하는 것이다.

(7) 예산(budgeting)

이것은 재정계획 · 회계 등 예산과 관련된 모든 것을 포함한다.

이상의 일곱 가지 기능은 오래 전부터 최고관리층의 기능을 설명하는 데 있어서 가장 전형적인 견해로서 인정되어 왔다.

2. 최고관리층의 기능과 변수

M. E. Dimock은 최고관리층의 기능을 보다 정확하게 그리고 구체적으로 파악하기 위하여 다음의 여섯 가지 변수와 관련시켜 설명하고 있다.[37)]

(1) 환경(environment)

최고관리층은 i) 널리 사회적 요구를 받아들이기 위해 계획을 수립하며, ii) 모든 가용자원의 활용을 위해 최대의 성과를 나타낼 수 있도록 전략을 수립한다.

(2) 시간(time)

최고관리층은 i) 일정한 기간에 성취할 수 있는 일, ii) 포괄적 계획에 수반되는 결과 등을 결정한다.

(3) 구조(structure)

최고관리층은 목표달성을 위한 직무의 배분, 계선 · 참모의 기능과 직원의 융합 등을 위해 노력한다.

(4) 사람(people)

최고관리층은 i) 조직성원 모두가 직무에 대하여 만족감을 갖도록 이끌어 나가며, ii) 창의적 인사관리를 한다.

---

37) Marshall E. Dimock and Gladys O. Dimock, *Public Administration*, 4th edition(New York: Holt, Rinehart and Winston, 1909), pp. 291～292.

(5) 생산(production)

최고관리층은 계획수립 · 심사분석 등을 통하여 생산을 촉진시킨다.

(6) 과정(process)

최고관리층은 i) 조직의 모든 구성원이 사업계획의 목표 및 정책을 이해하도록 설득시키고 한편으로 이것을 감독하며, ii) 지나친 관료주의를 배제한다.

3. 우리 나라 최고관리층의 기능

우리 나라에 있어서 최고관리층이 담당하고 있는 기능으로서는 행정조직의 기본방향 수립, 고급공무원의 임면, 행정의 조직화와 권한의 위임 및 통제 · 감독, 행정의 통일성 확보 등을 들 수 있다.

Ⅲ. 최고관리층의 자질

1. 정책결정능력

장·차관은 중간관리자와는 달리 전문가 · 기술자일 필요는 없고, 가장 긴요한 것은 새로운 정책을 구상하여 그것을 결정할 수 있는 능력을 지니고 있느냐가 문제된다. 따라서 최고관리층에 있어서는 현실을 계산하는 능력보다 창의력, 판단력 등이 중요시된다.

2. 지 도 력

여기서 최고관리자에게 요구되는 지도력이란 예컨대 직원의 동작화, 자원의 동원력 및 통합력 등을 의미한다.

제 4 절 중간관리층

Ⅰ. 중간관리층의 의의

1. 중간관리층의 개념

M. C. Niles에 의하면 중간관리층(middle management)이란 최고관리층의 바로

하위에 있는 중추적인 관리자군을 말하며 우리 나라의 경우 국·과·계의 장이 여기에 해당된다. 다시 말하면 중간관리층은 최고관리층의 의사를 일선에 있는 직원에게 구체적으로 전달하며, 반면 일선의 의사를 최고관리층에 반영시킴으로써 행정업무가 효율적으로 수행되도록 활동하는 중요한 관리층이라 하겠다.

2. 중간관리층의 중요성

행정업무는 거의 일반직원을 거쳐 중간관리층에 의하여 처리되므로 여기에 중간관리층의 중요성이 인정되는 것이다. 그러나 우리 나라에 있어서는 권한의 집중현상으로 인하여 간혹 정책집행과 관련된 문제가 중간관리층에서보다 최고관리층에서 처리 · 집행되는 수가 더 많이 있는만큼 앞으로는 권한과 책임을 대폭 중간관리층으로 위양시키는 것이 바람직하다.

Ⅱ. 중간관리층의 기능

(1) 중간관리층의 정책집행기능

중간관리층의 일반적인 기능은 이미 확립된 정책이나 법률 및 규칙의 범위 내에서 행정업무의 집행을 감독 · 지휘 · 통제하는 것이다.

(2) 중간관리층의 리더십

리더십은 최고관리층의 중요한 속성이기도 하지만 동시에 중간관리층에서도 충분히 발휘되어야 한다. 예컨대 중간관리자는 부하직원들로 하여금 정책을 충실히 집행하도록 고무시킬 임무를 지니고 있다.

(3) 중간관리층의 조정기능

중간관리층은 최고관리층으로부터 내려오는 명령 · 지시를 하위층으로 전달하며, 한편 하위층으로부터 상위층으로 올라가는 건의 등을 전달하는 기능을 수행하고, 또한 이의 조정과정에서도 핵심적 역할을 한다.

(4) 중간관리층의 감독기능

최고관리층도 감독기능을 수행하지만 중간관리층, 특히 제일선 감독자의 감독은 매우 중요한 의미를 가지고 있다.

Ⅲ. 중간관리층의 자질

1. 전 문 성

중간관리층의 역할은 부문간의 상호조정을 행하는 것, 상하간 및 횡적 부문간의 의사전달(communication)을 기도하는 것, 담당 직무에 대하여 전문가로서 역할을 하는 것 등이다. 이런 뜻에서 중간관리층은 첫째, 특정 분야에 대하여 전문적 지식·기술을 갖고 조직활동에 참가하는 전문행정가(specialist)이어야 한다는 견해와, 둘째, 이와 같은 전문행정가들의 활동을 종합하는 일반행정가(generalist)이어야 한다는 견해가 있다.

중간관리자는 전문행정가와 일반행정가의 양 기능을 필요로 하지만, 최고관리층에 접근할수록 일반행정가의 역할이 크며, 하위층으로 접근할수록 전문행정가의 역할이 커진다고 하겠다.

2. 성 실 성

성실성이란 허위가 없는 것도 포함하지만 넓게는 충성심도 포함한다고 보겠다. 그리고 여기서 충성심이란 상관이 추진하는 사업이 성공할 수 있도록 협조하고 조언하는 것을 의미한다.

제 5 절 목표관리〔MBO〕

Ⅰ. MBO의 의의

G. S. Odiorne의 정의에 의하면 MBO(Management by Objectives)[38]란 "조직 내에서의 상사와 부하가 공통의 목표를 서로 확인한 후 각자의 책임범위를 정하고, 그것을 기준으로 하여 각자의 공헌의 정도를 측정해 나가는 관리시스템을 말한다."

---

38) MBO는 Peter F. Drucker, *The Practice of Management*(New York: Harper and Brothers, 1954)에서 처음 소개되었고, George S. Odiorne, *Management by Objectives: A System of Managerial Leadership*(New York: Pitman Publishing Corp., 1965)과 John W. Humble, *Management by Objectives*(London: Industrial Education and Research Foundation, 1967)에 의해 보완되어 널리 보급되게 되었다.

즉, MBO의 특징은 i) 조직구성원 서로에 의한 목표설정, ii) 목표달성을 위해 각자의 책임범위를 정하고, 그 범위 내에서 각자의 행동의 자유를 인정한다. iii) 실적을 체크한다. iv) 공헌의 정도에 따라 평가한다는 것 등이다.[39)]

따라서 MBO의 개념은 목표설정뿐만 아니라 현실적인 활동계획의 실적과 달성의 체계적인 측정을 요구하며, 목표달성도의 평가도 요구한다. 그리고 마지막으로 실적평가에 입각한 보수제도가 고려되어야 한다. 한 마디로 MBO는 조직관리의 원칙에서 보면 분권화에 의한 관리시스템이라고 말할 수 있다.

Ⅱ. MBO의 발달배경

MBO는 PPBS가 중단된 후 미국 연방정부의 조직관리의 수단으로서 Nixon 대통령 시대에 도입되었다.

당시 연방정부의 예산편성을 맡고 있던 BOB(the Bureau of Budget)가 OMB(the Office of Management and Budget)로 명칭이 바뀐 것은 단순한 예산편성기관이라는 성격을 벗어나 조직관리와 예산편성을 일치시키려는 의도에서 추진된 것이었으며, 이것을 추진해 나가기 위한 주무기가 MBO였던 것이다.

MBO는 처음에 민간기업에 도입되어 성공을 거두었는바, 미국의 경우 80% 이상의 기업이 MBO를 채택하고 있다. 민간기업에서의 성공을 확인한 Nixon 대통령은 공공조직에도 효과적이라는 판단 아래 MBO의 도입을 추진하였다.

Ⅲ. MBO의 공공조직에의 도입

기업조직에 있어서 기업의 궁극적인 목표는 수익의 향상에 있으며, 그 전체목표를 달성하기 위하여 부분적 목표로서 신제품의 개발, 판매전략의 전개가 있다. 뒤집어 말하면 신제품의 개발, 판매전략의 전개 등의 부분적 목표가 잘 달성되면, 당연히 전체목표인 수익의 향상은 달성된다. 이와 같이 민간조직에 있어서는 목표의 형성이 통일된 형태로서 이루어진다.

그러나 공공조직의 경우에는 조직고유의 전체목표가 불투명한 상태에 있으므로 민간조직의 경우와 같이 목표의 형성이 그렇게 간단하지 않다. 따라서 MBO를 공공조직에 도입하는 경우 가장 중요한 것은 목표체계를 명확한 형태로 세우는 일

39) George S. Odiorne, *op. cit.*, p. 26.

이다.

미국 연방정부의 보건교육후생성(HEW)에 MBO시스템을 도입한 경우의 예를 보면 다음과 같은 단계를 거쳐 목표의 형성이 이루어지고 있다.

(1) 제 1 단계(전체목표의 제시)

보건교육후생성의 장관과 최고관리자층과의 협의에 의해서 성의 전체목표를 작성한다.

(2) 제 2 단계(부분목표의 우선순위의 결정)

각 부문으로부터 제출된 부분목표에 대해서, 장관은 전체목표에 비추어 보면서 부분목표의 우선순위를 결정하고, 그것을 문서의 형태로 정리하여 각 부문 일선관리자에 보낸다.

(3) 제 3 단계(부분목표의 확정)

각 부문 일선관리자는 전체목표와 부분목표의 우선순위의 문서를 받은 후, 자기네 부문의 부분목표를 체크하고 8～10개의 부분목표를 확정한다.

(4) 제 4 단계(체크표의 제출)

각 부문 일선관리자는 부분목표의 상세와, 그들의 목표달성을 위한 'check point'를 명시한 체크표를 장관의 보좌기관에 제출한다.

(5) 제 5 단계(실적의 추적)

각 부문으로부터 제출된 체크표에 입각하여 실적을 추적해 나가는바, 장관 자신이 추적하는 것, 각 부문의 장이 추적하는 것, 그리고 부문 내의 추적에 일임하는 것의 선별이 행하여진다.

HEW의 예를 보면,

장관이 추적하는 체크표 약 70
각 부문의 장이 추적하는 체크표 약 300
각 부문의 추적에 일임하는 체크표 약 1,500

으로 되어 있다.

Ⅳ. MBO의 효용

1. 조직구성원의 동기부여의 고양(高揚)

공공조직은 흔히 경직화되기 쉬우며 따라서 조직구성원에 대한 동기부여가 결여되기 쉽다. 그러나 MBO는 상사로부터 부하에로(상사→부하)의 일방적인 의사전달이 아니라, 상사와 부하의 쌍방적(상사↔부하)인 의사소통이 이루어지므로 부하의 조직에 대한 참여의식이 고양되어 자주적인 공헌을 할 수 있게 된다. 이와 같은 조직구성원에 대한 동기부여 및 자주성의 고양은 결과적으로 공공조직의 효율화를 가져오게 한다.

2. 현실적인 계획책정

MBO의 출발점은 목표의 설정에 있으며, '목표치로서 현실적인 목표치를 선정하는 것'이 MBO의 전제로 되어 있다. 그렇기 때문에 우리가 가끔 체험하는 계획실패라든가 혹은 계획을 위한 계획과 같은 현상은 감소되며, 어디까지나 실행가능성 있는 계획작성을 할 수 있다. 공공조직의 주된 업무는 계획업무라고 해도 과언이 아니며, 계획의 질의 향상은 바로 공공조직의 효율화와 직결되는 것이다.

3. 자주관리 기회의 확보

공공조직의 관리는 규칙 내지 규정에 준거해서 행하여진다. 그러나 조직활동이 복잡화하고 다양화하여 감에 따라 규정만 가지고 해결하기 어려운 여러 가지 문제가 생기며, 그 결과 조직활동에 지장을 초래하는 수가 적지 않다. 이와 같은 간격을 메워 주는 것이 바로 자주관리의 방법인 것이다.

공공조직의 구성원은 시험에 의해서 선발된 기본적인 능력의 소유자이므로 자주관리의 시스템을 조직에 도입할 수 있으며, MBO는 자주관리의 기회를 확보해 주는 시스템이라 하겠다.

Ⅴ. MBO의 문제점

먼저 MBO의 일반적인 문제점을 보면 다음의 두 가지로 요약된다. 즉 첫째로, 목표가 수단을 정당화하기 쉽다는 점이다. MBO는 목표를 중시하며, 모든 중점이 목표달성을 위한 노력에 놓여진다. 그 때문에 목표달성을 위해서는 어떠한 수단을 써도 좋다는 극단적인 풍조를 조성하기 쉽다. 둘째로, 정착에는 다소 시간이 걸린다는 점이다. MBO의 특징이라고 할 수 있는 상사와 부하간의 쌍방적 의사소통은 조직의 관습으로 볼 때 갑자기 이루어지는 것은 아니다. 즉, 이러한 쌍방적 의사소통이 조직구성원간에 습관화되기 위해서는 적어도 4~5년의 기간이 필요로 된다는 것이다.

MBO가 공공조직의 활성화를 위해 매우 바람직한 시스템이지만 공공조직과 MBO를 결부시켜 볼 때 다음과 같은 문제점을 지적할 수 있다.

1. 공공서비스 측정의 곤란성

공공서비스의 성과를 측정하는 데 있어서의 어려움은 민간조직의 성과를 측정하는 경우와 비교해 볼 때 매우 크다. 그 첫 번째 이유는 공공서비스의 체계를 나타내 주는 사회지표(social indicators)가 논의되기 시작한 것은 근래의 일이며, 이것이 아직도 미정비 상태로 남아 있다는 점이다. 두 번째 이유는 대다수의 공공서비스의 항목이 비화폐가치로 측정된다는 점이다. 그러므로 평가할 때에 다른 지표의 달성도와 비교하기가 어렵다는 것이다.

2. 조직구성원에 대한 강제력 결핍

MBO를 도입함에 있어서 민간기업과 공공조직의 대응방법에는 차이가 있다. 즉, 민간부문에 있어서는 상사의 부하에 대한 강제력이 강하게 작용하지만, 공공부문에 있어서는 상사의 강제력이 약하다. 그 이유는 공공부문의 구성원은 공공봉사자로서 그 신분이 법률적으로 보장되어 있기 때문이다. 따라서 공공부문에서는 MBO를 도입함에 있어서 상사가 강제력을 충분히 발휘할 수 없는 관계로 조직에 대한 정착이 어렵다는 것이다.

3. 목표달성에 수반한 보수제도 확립의 곤란성

보수제도에 있어서도 민간부문과 공공부문은 큰 차이가 있다. 즉, 공공부문에서는 보수의 결정에 있어서 개인의 재량의 행사가 매우 힘들게 되어 있다. 따라서 공공조직에서는 목표달성에 수반한 보수제도의 확립이 어렵다는 점이다.

4. 정치세력과의 관련성

공공부문의 활동은 정치세력의 영향을 무시할 수 없을 정도로 받는다. 즉, MBO의 목표설정이 조직내부에서 결정되면 좋지만, 외부세력 특히 정치세력의 힘이 크게 작용하면 조직구성원의 참여의욕이 떨어지고, 목표설정의 의욕마저 상실하는 결과를 초래한다.

5. 단년도 예산제도

대개 공공조직에 있어서는 업무의 집행이 단년도 예산제도에 의해서 1년을 하나의 사이클로 하여 운용되므로 장기적인 전망 내지 개선책을 강구하기가 어렵다. 즉, 민간부문의 경우는 MBO시스템에 의해 장기적인 체질개선을 추진하기가 용이하지만, 공공부문에서는 그렇지 못하다는 것이 문제점이다.

제 6 절 사무관리

Ⅰ. 사무관리의 의의

사무관리는 행정관리에 있어서 하급관리에 속하는 것이기는 하나 가장 중요한 것이며, 이것 없이는 행정의 목적을 효율적으로 달성할 수 없는 것이다. 국가를 유기체로 비유한다면 행정사무는 신체의 신경계통과 같은 것으로 볼 수 있다.

일찍이 19세기 말엽부터 20세기 초엽에 걸쳐 F. W. Taylor에 의하여 제창된 과학적 관리(scientific management)[40]는 공장에 있어서의 제조작업관리에 적용되는 이론으로 개발되었던 것이나, 오늘날 사무관리가 발생하게 된 것은 이러한 공장의 과학적 관리법을 사무실에 적용하기 위한 것이라 하겠다. 그것은 사무실도 공장처럼 사무라는 제품, 즉 무형의 서비스를 생산하고 있고, 거기에서는 여러 가지 사무작업이 행해지고 있으며, 이들에 의해 사무가 생산되고 있기 때문이다.[41]

이와 같이 종래에는 사무관리를 사무의 작업면만을 중시하여 고찰하였던 것이나 1950년대에 이르러 기술혁신에 수반하는 관리의 발달 및 정보이론의 발전에 힘입어 사무관리를 기능면에서 파악하게 되었다.[42]

사무관리의 기본적인 목표로서는 신속성 · 정확성 · 경제성 및 용이성을 들 수 있는바,[43] 여기서 신속성이란 처리하는 기간을 단축함을 말하며, 정확성이란 질적

---

40) 과학적 관리에 관한 자세한 내용에 관하여는 제 3 편 제 1 장 제 2 절의 'F. W. Taylor의 과학적 관리법' 참조.
41) 조석준, 현대사무관리론(서울: 박영사, 1993), p. 21.
42) 박연호, 행정학신론(서울: 박영사, 1979), pp. 606~607.
43) 유종해, 현대행정학(서울: 박영사, 2001), p. 496.

인 면에서의 정확한 작업 및 수단과 방법에 있어서 정확성을 기하는 것을 말하고, 경제성이란 낭비를 없애는 것을 말한다. 그리고 용이성이란 동일한 성과를 얻는 경우 가능한 한 쉬운 방법으로 처리함을 말하는 것인데, 여기에는 사무의 기계화 등이 요구된다.

Ⅱ. 사무관리의 원칙[44)]

1. 숙련 이전(移轉)의 원칙

오늘날 행정사무를 처리함에 있어서는 고도의 기술과 숙련이 요구된다. 그리고 행정이 전문화되면 될수록 행정사무의 내용이 기술화하고 고도의 숙련을 필요로 하게 된다. 그런데 전자공학의 발달에 따른 사무기계의 발달과 보급은 행정사무처리에 큰 변화를 초래하였다. 즉, 전자계산기는 제 2 차 세계대전중 처음으로 탄도의 계산이나 국세조사통계와 같은 복잡한 대량의 계산사무처리에 사용되었는데, 그 후 분류·기록뿐만 아니라 기억장치까지도 지니게 되어 지적 판단기능까지도 수행하게 되었고, 항공기의 좌석예약 등 원격 즉시처리의 능력도 발휘하게 되었다. 이와 같이 숙련은 급속히 인간으로부터 기계에로 이전되어 가고 있다.[45)] 그러므로 사무관리의 합리화를 가져오기 위해서는 숙련의 획득과 그 합리적인 이전을 꾀하는 것이 바람직하다.

2. 예외의 원칙

아무리 복잡한 사무라고 하더라도 이것을 분류하고 분석해 가면 예상 외로 정형적이고 간단한 요소를 포함하고 있음을 알 수 있다. 그러므로 행정사무를 가능한 한 분류·분석하고 표준화해서 이것을 부하직원에게 할당하는 것이 바람직하다. 여기서 예외의 원칙이란 관리자는 예외적으로 개별적인 판단을 필요로 하는 사무만을 담당하고 정형적인 행정사무는 가능한 한 분류하고 표준화해서 부하직원에게 위임하여야 한다는 것이다. 만일 행정관리자가 예외적인 사무까지 부하직원에게 맡긴다면 이것은 예외의 원칙에 어긋나는 것이라고 한다.[46)]

44) 岡部史郎, 行政管理(東京: 有閔閣, 1967), p. 246.
45) 숙련 이전의 원칙은 필연적으로 기계화의 원칙을 생성한다. 그리고 기술혁신에 따른 기계화 현상은 인간이 원하든 원치 않든 현대사회의 필연적인 산물이라 하겠다.
46) 岡部史郎, 前揭書, p. 248.

3. 사무흐름 평균의 원칙

관청이나 기업체에 있어서의 사무의 흐름은 어떤 부서에 있어서는 부담이 과중하여 정체되는가 하면 다른 부서에서는 할 일이 없는 수가 있다. 이를 개선하기 위해서는 각 직원의 능력에 있어서의 평균수준을 확보함과 아울러 사무의 질적·양적 평등 할당을 요한다. 그리고 사무량의 계절적 변동에도 유의할 필요가 있다.

4. 공통사무 집중의 원칙

각 부서의 공통된 사무는 되도록 한 곳에 집중해서 처리해야 한다는 집중관리 형식을 말한다. 예로서 1949년 제 1 차 Hoover위원회의 권고에 따라 미국 대통령부에 설치된 GSA(General Service Administration)는 여러 나라 가운데서 가장 집중도가 높은 중앙 서비스·스탭 기구라고 한다. 만일 각 부서가 자급자족만을 원하는 경우에는 인적·물적 손실을 초래하게 마련이다.

Ⅲ. 사무의 기계화와 관리정보체제

1. 사무기계화의 의의

사무의 기계화는 인력을 절감시킬 수 있을 뿐더러 사람의 힘으로써는 해결할 수 없는 사무처리의 신속화와 정확성을 기하며, 기계의 작업으로 인한 사무원가의 절감을 가져오고 사무의 집중관리를 가능하게 하여 주는 이점을 지니고 있다. 그러나 반면에 기계화를 지나치게 신봉하는 나머지 인간의 주체성을 상실해서는 안 되며, 기계는 어디까지나 인간이 사용하는 것이라는 점에 유념하여야 할 것이다.

2. 사무기계화의 방법

(1) PCS(punched card system)

전후 사무처리의 기계화의 중심은 punched card system이었다. 이것은 일정형식의 카드에 부호로 data를 기록(천공)하여 이것을 일련의 기계에 의해서 처리하는 방식이다. 이 경우 사용되는 기계는 천공기·분류기·조회기 등이다. PCS는 사무처리의 능률화에 크게 공헌하였지만 더욱 복잡한 사무의 경우 자료투입에 한계가 있고 그 설계가 어렵다는 등의 제약으로 말미암아 전자계산기 시스템의 도입이 불가피하게 되었다.

(2) EDPS(electronic data processing system)

전자계산기 시스템(electronic data processing system)의 유래를 보면 세계 최초의 전자계산기는 1945년 미국에서 만들어졌으며, 미국 정부의 통계국에서 사용된 것은 1951년의 일이다.

EDPS는 자료종합처리장치라고 할 수 있으며 그 기본구조는 크게 나누어 입력장치(input)와 입력된 자료를 요구하는 방향으로 처리해 주는 기억장치(storage unit) 및 계산장치(arithmetics unit)가 있고 다시 이 결과를 밖으로 내보내는 출력장치(output)로 되어 있다. 그리고 EDPS의 중추장치로서 통제장치(control unit)가 있는데 이것은 위의 각종 장치를 자유로이 조작하는 것으로서 입력장치(input)에 지령을 부여하고 진행중의 program을 점검하며 계산의 결과를 임의로 내보내고 자료를 인쇄시켜 준다.

(3) IR(information retrieval)

IR은 정보검색 또는 정보조작 등으로 불리며 인간의 기억과 그 호출을 기계로 하여금 가능케 하여 준다. 즉, 인간의 두뇌는 장기간에 걸쳐 대량의 정보를 축적하고 필요에 따라 그 정보원으로부터 새로운 정보를 편성하여 밖으로 내보내는 작용을 하고 있는바, 이와 동일한 작용을 기계로 하여금 대행케 한다. 오늘날에 있어서와 같이 여러 부문의 여러 가지 정보가 대량생산되게 되면 학자의 연구시간의 태반은 정보의 탐색에 소비되며 또 도서관이나 조사기관에서 축적된 자료를 신속히 탐색하는 기능은 종래의 전통적인 기술만을 가지고서는 불가능한 일이다.

3. 관리정보체제

행정 또는 경영에 있어서 기획・조직・통제활동을 보조하기 위하여 정보를 지체 없이 제공할 수 있도록 설계된 정보체계를 관리정보체제(management information system)라고 하는바, 사무기획・사무조직・사무통제의 제 기능에 걸쳐 사무관리상의 정보체제가 이루어져야 할 것이다. 다시 말하면 사무관리의 효율적 운영을 위하여 자료의 수집・보관・전달 및 처리하는 시스템을 사무관리정보체제라고 부를 수 있겠다. 그리하여 S. J. Bernstein이 구분[47] 한 행정적 정보체제(administrative information system)의 차원을 관리정보체제(MIS)로 본다면 운영적 정보체제(operational information system)의 국면은 상기한 사무관리정보체제(office man-

47) Samuel J. Bernstein, *Computers in Public Administration*(New York: Pergamon Press, 1976), p. 39.

agement information system)로 볼 수 있다.

오늘날과 같은 정보화시대에 있어서는 컴퓨터(전자계산기)[48]와 같이 계량화할 수 있는 것과, 정보와 같이 계량화할 수 없는 것을 통틀어 조직체의 사무처리에 적용시키는 것이 바람직한 일인바, 이와 같이 인간과 기계가 유기적으로 결합하여 통합된 인간 · 기계체제(integrated man-machine system)를 이룩함으로써 총합적 체제를 마련할 수 있다. 요컨대 MIS란 행정에 필요한 정보를 제공하기 위하여 설계된 총합적 체제를 말하는 것이다.

Ⅳ. 품 의 제

1. 품의제의 의의

품의제란 일반적으로 관청내부에 있어서 행정방침이나 처방 등 어떤 행위가 필요로 될 경우 그 사무를 담당하는 직원이 행위의 가부에 대하여 권한 있는 상사의 승인 또는 결재를 맡기 위하여 기안하는 문서에 관한 절차를 말한다. 즉, 행정기관 내부에 있어서의 결정절차는 주로 정형화된 문서기안에 의한다. 결재과정으로서의 품의제는 주로 우리 나라와 일본에서 관행되는 것으로서 그 득실을 살펴보면 다음과 같다.

2. 품의제의 효용과 문제점

(1) 효 용

① 직원의 참여 및 사기앙양　품의제는 기안을 통해서 직원에게 참여의식을 갖게 할 뿐더러 직원의 사기를 앙양시키는 데 도움을 준다.

② 사전심사 및 조정　품의제는 사안에 관하여 미리 관계기관의 심사와 조정을 거치게 되므로 당해 행정기관의 방침을 통일시킬 수 있다.

③ 관리자로서의 훈련기회 부여　품의제는 하급직원의 능력을 판정할 수 있는 기회를 줄 뿐만 아니라 장차 관리자가 되는 데 있어서 사전훈련의 기회를 제공해 준다.

(2) 문 제 점

① 행정능률의 저하　품의제는 그 결정에 이르기까지 많은 시간이 소요되

48) hardware는 전자계산기의 기계 자체, 자료준비를 위한 장비를 말하며, software는 전자계산기를 이용하는 기법 또는 각종 프로그램을 뜻한다.

므로 자연 행정의 능률이 저하되게 마련이다.

② 지도성의 약화 품의제에 있어서는 결재서류가 업무담당자의 수중에서 사물화되어 보관되는 폐단이 있기 때문에 행정관리자의 지도성이 약화될 우려가 있다.

③ 결정과정의 형식화 품의제는 하급직원이 기안하는 것이므로 자연히 결정과정의 형식화를 초래하기 쉽다.

④ 전문성의 결여 품의제는 고급공무원의 하급직원에 대한 의뢰심을 높이고 고급공무원의 전문화를 제약하는 수가 많다.

⑤ 정실주의의 개입 품의제에 있어서는 그것을 기안하는 과정에서 관계직원의 자의에 의하여 정실이나 이권이 개입할 수 있는 여지를 만들어준다.

⑥ 책임의 불명확성 품의제는 실질적으로는 많은 날인으로 권한이 분산되기 쉬우므로 책임의 소재가 불명확하다.

3. 품의제의 개선방안

이상에서 본 품의제의 여러 가지 문제점을 시정하기 위하여 개선책을 제시하면 다음과 같다.

⑴ 권한의 위임

종래 행정기관의 장만이 의사결정의 권한을 갖는다는 형식적 이론을 지양하고 행정기관의 각급 관리자에게도 일정한 범위 내에서 권한을 인정하여 자기명의로 의사결정을 행하도록 하여야 할 것이다. 그러기 위해서는 정책적으로 중요한 '예외적 사항' 이외에는 가급적 각급 관리자에게 권한을 위임하는 것이 바람직하다.

⑵ 품의절차의 명확화

품의절차가 명확하지 않을 때에는 불필요한 날인을 받아야 하므로 처음부터 품의절차를 명확히 구체적으로 정하여야 할 것이다.

⑶ 참모기능의 강화

각 계층의 관리자는 일상적인 업무에 바쁜 탓으로 기안을 하급직원에 의존하게 되고 사안을 소홀히 다루는 경향이 있는바, 이러한 폐단을 시정하기 위해서 참모기능을 강화하여 담당관이나 비서진으로 하여금 사안을 면밀히 검토케 할 필요가 있다.

제 7 절 권　　위

Ⅰ. 권위의 의의

M. Weber에 의하면 "권위(authority)란 일정한 명령에 일정한 사람들이 복종할 가능성"[49]을 뜻한다. 또한 그는 사람을 복종시키는 방법으로서, 복종을 요구하는 자가 복종자의 정당성 신념(legitimacy belief)을 근거로 하여 지배할 때에 이것을 권위에 의한 지배라고 하였다.

그러나 C. I. Barnard는 M. Weber와는 달리 권위수용설(acceptance theory of authority)을 주장하고 있다. 즉 권위란 개인의 수용, 바꾸어 말하면 동의에 의존한다는 견해를 밝히고 조직에 있어서의 권위란 상급자의 명령이 하급자에 의하여 수용될 때 비로소 실효성이 있으며, 그렇지 않은 경우에는 권위를 인정할 수 없다는 것이다.[50] 나아가 H. A. Simon은 C. I. Barnard의 권위수용설을 계승하여 "권위란 타인의 행동을 인도할 의사결정을 행할 수 있는 힘"[51]이라고 정의하고 있다.

Ⅱ. 권위의 기능

이제 권위의 기능을 H. A. Simon의 견해에 따라 살펴보면 다음과 같다.[52]

(1) 개인의 책임을 강제하는 기능

권위는 조직성원으로 하여금 집단 또는 권위행사자가 정해 놓은 규범에 따르도록 강제하는 기능을 지니고 있다. 그리고 개인의 책임을 강제하기 위하여 권위가 행사될 때에는 제재가 중요한 역할을 한다.

(2) 의사결정을 전문화하는 기능

권위의 기능은 합리성과 효과성을 지닌 의사결정을 보장하는 데 있으며 의사결정과정에서 전문화가 이루어지면 더욱 합리성을 높일 수 있는 까닭에 권위는 의사결정을 전문화할 수 있는 중요한 기능을 한다.

49) 佐藤慶幸 外 2 人, 組織社會學(東京: 學文社, 1968), p. 20.
50) Chester I. Barnard, *The Functions of the Executive*(Cambridge: Harvard University Press, 1956), p. 163.
51) Herbert A. Simon, *Administrative Behavior: A Study of Decision-Making Processes in Administrative Organization*(New York: Macmillan, 1945), p. 125.
52) *Ibid.*, pp. 135～140.

(3) 조직활동을 조정하는 기능

이것은 조직의 목적달성을 위해 각 조직단위에 속해 있는 조직성원의 의사결정의 통일성을 보장하는 기능을 말한다.

Ⅲ. 권위의 유형

1. M. Weber의 권위유형

(1) 전통적 권위

이것은 옛날부터 내려우는 전통에 입각하여 구축된 권위를 말하며, 그 대표적 예는 혈연에 의한 세습적 조직에서 찾아볼 수 있다.

(2) 카리스마(charisma)적 권위

이것은 지배자 개인의 초범인적 자질에 대한 절대적 신뢰를 바탕으로 해서 생기는 권위를 말한다. 이 경우 지배자는 전통이나 법을 무시하고 지배할 수 있으며, 특히 조직이 위기에 처했을 때 이런 지배자가 탄생할 가능성이 많다.

(3) 합법적 권위

이것은 사람에 의한 지배가 아니라 법에 의한 지배라는 원칙에 정당성의 근거를 두고 있는 사회에서 지배자가 법의 대표자로서 지니는 권위를 말한다. 이 경우 복종자는 지배자 개인에게 복종하는 것이 아니라 법에 복종한다는 것이다.

2. H. A. Simon 등의 권위유형

H. A. Simon, D. W. Smithburg, V. A. Thompson은 그들의 행정학에서 권위의 유형을 다음과 같이 분류하고 있다.[53)]

(1) 신뢰의 권위(authority of confidence)

이것은 자기가 신뢰하고 있는 사람의 의사결정을 아무런 비판 없이 받아들이는 경우에 생기는 것이다. 예컨대 의사나 전문가 등은 그들이 기능적 지위를 보유하고 있는 까닭에 모든 사람들로 하여금 신뢰의 권위를 가지게 한다.

(2) 동일화의 권위(authority of identification)

이것은 개인이 조직에 대하여 귀속감과 일체감을 느낄수록 조직목표에 부합되는 상관의 의사결정은 광범위하게 수용된다는 것이다.

---

53) Herbert A. Simon, Donald W. Smithburg and Victor A. Thompson, *Public Administration*(New York: Alfred A. Knopf, 1956), pp. 189~201.

(3) 제재의 권위(authority of sanctions)

이것은 권위의 수용을 강제하기 위하여 부하에 대해서 영향력을 미칠 수 있는 상급관리자의 능력을 말한다.

(4) 정당성의 권위(authority of legitimacy)

이것은 복종의 근거를 정당성에 두는 권위를 말하는 것이며, 오늘날 모든 사람들은 조직상의 규칙의 정당성을 인정하고 거기에 복종하려고 한다.

3. A. Etzioni의 권위유형

A. Etzioni는 조직과 구성원의 관계를 복종관계의 기초인 권력과 관여의 두 개념에 의하여 파악하였는데, 권위의 유형을 강제적 권위, 공리적(보수적) 권위 및 규범적 권위로 분류하고 있다. 또한 그는 권위의 유형을 행정적 권위(administrative authority)와 전문적 권위(professional authority)로 구분하여[54] 관리적 의사결정과 전문적 의사결정간의 대립을 인정하고 있다.

Ⅳ. 권위의 수용

1. 권위수용의 요인

먼저 하급자가 상급자의 권위를 수용하는 요인을 살펴보면 i) 조직의 목표를 달성하고자 하는 충성심 때문에 권위를 수용하는 경우가 있고, ii) 하급자는 상급자의 권위를 존중해야 한다는 윤리적 신념에 입각하여 권위를 수용하는 경우가 있으며, iii) 전문적 기술 등의 제 요인을 근거로 하여 상급자의 권위를 수용하는 경우가 있다.

2. 권위수용의 범위

다음 권위수용의 범위에 관해서는 무관심권(zone of indifference)과 수용권(zone of acceptance)의 개념을 살펴볼 필요가 있다.

(1) 무관심권

C. I. Barnard는 조직에 있어서의 권위란 상급자의 명령이 하급자에 의하여 수

---

54) Amitai Etzioni, *Modern Organizations*(Englewood Cliffs, N. J.: Prentice-Hall, 1964), p. 76. 여기서 행정적 권위란 일반행정가(administrators)가 지니는 권위를 말하며, 전문적 권위란 의사·교수 등과 같은 전문가(professionals)들이 지니고 있는 권위를 말한다.

용될 때에 비로소 실효성이 있는 것이라고 전제한다. 그리고 모든 명령을 그 수용성의 정도에 따라 명백히 수용불가능한 것, 어느 쪽도 아닌 중립적인 것, 아무런 문제 없이 수용가능한 것 등의 세 가지로 분류하고, 그 중에서 세 번째의 경우가 소위 무관심권에 들어간다고 한다.[55)]

그리하여 조직의 목표가 명확하고 정당성이 있다고 생각되는 경우에는 무관심권이 넓어지지만, 조직의 목표가 상충되어 있거나 조직계층의 수가 많은 경우에는 무관심권은 좁아진다고 한다.

(2) 수 용 권

한편 Simon은 Barnard가 말하는 무관심권을 수용권이라는 말로써 표현하고 있다. Simon에 의하면 권위의 행사는 두 사람 이상이 있을 때 한 사람의 제의가 다른 사람에 의하여 받아들여지는 경우 가능한 것인데, 그것은 i) 타인이 행한 의사결정을 좋다고 확신하여 그 의사 결정에 따르는 경우, ii) 타인이 행한 의사결정을 충분히 검토하지 않고 그것에 따르는 경우, iii) 타인이 행한 의사결정이 틀렸다는 것을 확신하면서도 그것에 따르는 경우로 나누어 생각할 수 있다고 한다.[56)] 그리하여 그는 두 번째와 세 번째의 경우를 권위의 수용권으로 보았다.

제 8 절 갈 등

Ⅰ. 갈등의 의의

L. R. Pondy에 의하면 갈등이란 용어는 다음과 같은 것을 의미한다.[57)] 즉 i) 상충적 행태의 선행조건(예: 자원의 부족, 정책의 차이 등), ii) 관련된 개인의 감정상태(예: 스트레스, 긴장감, 적대감 등), iii) 개인의 인식상태(예: 갈등상태의 인지 또는 의식), iv) 소극적인 거부감으로부터 명백한 공격행위에 이르는 갈등행태 등이 그것이다. 그러나 이러한 분류, 즉 상황, 태도, 인식, 행태 중에서 어느 것이 진정한 의미의 갈등인가를 결정한다는 것은 무의미한 일이며 이들 각각이 갈등사건

55) Chester I. Barnard, *op. cit.*, pp. 168～169.
56) Herbert A. Simon et al., *op. cit.*, p. 182.
57) Louis R. Pondy, "Organizational Conflict: Concepts and Mode," *Administrative Science Quarterly*, vol. 12, No. 2(Sept. 1967), pp. 296～320.

(conflict episode)의 전개과정에 있어서 서로 관련된 단계로 볼 수 있으므로 그들 사이의 관계를 명백히 하는 것이 중요시된다.

갈등을 동적인 과정으로 보면 보다 쉽게 이해할 수 있다. 한 조직에서 2명 이상의 개인 사이에 일어나는 갈등관계는 일련의 갈등사건으로 분석할 수 있으며, 각 갈등사건은 잠재적인 갈등상황에서부터 시작된다. 또한 수많은 변수에 따라 갈등형태는 여러 가지로 나타나며 각각의 갈등사건이나 충돌은 다음의 갈등사건이나 충돌과정에 영향을 미친다. 따라서 전체적인 갈등관계는 안정성을 띠며 그러한 안정성은 각 구성요소(감정, 인식, 행태, 상황)의 성질에 의해 결정된다. 그러나 모든 갈등사건이 필연적으로 모든 단계를 거쳐 공개적인 공격행위로 된다는 것을 뜻하지는 않으며, 잠재적인 갈등은 관련된 개인이나 집단에 의해 인식되지 않을 수도 있고 또 인식된다 하더라도 적대감이 폭발하기 전에 해결되거나 적대감의 폭발 이외에 다른 과정으로 발전될 수도 있다. 계속해서 발생하는 갈등을 처리하기 위한 수단의 제도화는 매우 중요한 문제이며 조직의 성공 여부는 다양한 갈등사건을 처리하기 위한 적절한 장치를 어떻게 설정하고 이를 얼마나 잘 운영하느냐에 달려 있다고 할 수 있다.

Ⅱ. 갈등의 기능

현대조직이론에서 갈등을 중요시하게 된 것은 갈등이 조직의 질적·양적 생산물과 안정성 및 조직의 적응성에 영향을 미치기 때문이다. 즉, 갈등이란 조직에 대해 긍정적인 면과 부정적인 면을 동시에 가지고 있는바, 어느 쪽이 지배적인가의 문제는 그 조직의 관리자가 갈등을 다루는 방법과 갈등의 유형에 따라 다르게 나타난다.

1. 갈등의 부정적 기능

첫째, 조직 내에 갈등이 존재하면 이의 해결을 위해 편익의 증가 없이 조직의 비용은 높아지고, 갈등에 관련된 사람들은 그들의 정상적인 직무에서 이탈하게 되므로 생산성이 갈등에 의해 부정적으로 영향을 받게 된다.

둘째, 갈등은 관련된 구성원들간의 상호작용에 나쁜 영향을 주고 회피반응을 야기하며, 의사소통의 단절, 조정의 감소 등을 초래하여 결국 조직의 안정성에 부정적인 영향을 미친다.

셋째, 갈등으로 인하여 생산성이 흔들리고 안정성이 감소하게 되면 조직의 환경에 대한 적응력이 감소하게 된다. 따라서 갈등이 조직의 변화에 적극적인 영향을 주지 못하므로 발전을 기대하기가 어렵게 되는 것이다.

2. 갈등의 긍정적 기능

최근의 행태론은 갈등에 대해 보다 적극적인 입장을 취하고 있다 첫째, 조직에 있어서 갈등은 필연적인 것이며, 둘째, 갈등은 바람직한 변화를 산출하는 데 있어서 중요한 요소일 뿐만 아니라, 셋째, 생산성의 질적·양적인 측면을 개선시켜 준다. 따라서 갈등은 조직에 필요한 것이다.

Ⅲ. 조직갈등의 유형

1. 개인적 갈등

일반적으로 모든 개인에게는 i) 경쟁적 욕구와 역할, ii) 그러한 욕구와 기대에 관한 다양한 표현방법, iii) 욕구와 목표간에 생길 수 있는 많은 형태의 장애물 등이 있고, iv) 달성하고자 하는 목표에는 긍정적 측면과 부정적 측면이 있다. 이러한 요인으로 인하여 인간의 적응과정은 복잡하게 되며, 갈등을 초래한다. 개인적 갈등의 종류로는 다음과 같은 것을 들 수 있다.

(1) 좌절(frustration)

이것은 가장 깊은 갈등의 원천이며 우리 생활의 모든 면에 영향을 미친다. 하나의 기본적인 행태모형(model of behavior)을 보면 좌절의 유형을 알 수 있다. 즉 첫째, 사람은 욕구를 갖고 있다. 둘째, 어떤 충동이 사람으로 하여금 그 욕구를 달성하도록 한다. 셋째, 어떤 장애요소가 목표달성을 방해한다. 넷째, 그러한 장애요소가 제거되거나 욕구가 다른 수단에 의하여서 대치될 때까지 사람은 좌절을 경험하게 된다.

(2) 목표갈등(goal conflict)[58)]

개인에게 있어서 갈등의 또 하나의 원인으로서는 긍정적인 면과 부정적인 면을 동시에 갖는 목표나 상호경쟁적인 목표가 둘 이상 존재할 경우를 들 수 있는바, 이 목표갈등에는 세 가지 유형이 있는데 이는 주로 심리학자들이 사용하는 것으로

58) Walter Mischel, *Introduction to Personality,* third edition(New York: CBS College Publishing, 1981), pp. 61～63.

서 그 첫째가 접근·접근갈등(approach-approach conflict)이다. 이러한 갈등으로 인하여 사람들은 적극적이나 서로 배타적인 둘 이상의 목표(예, 인원증가와 비용감소)에 놓이게 된다. 두 번째로, 접근·회피갈등(approach-avoidance conflict) 아래서는 사람들은 적극적이고 부정적인 특징을 가진 목표를 선호하기도 하고 거부하기도 한다(예, 승진을 희망하지만 이동을 싫어하는 경우), 세 번째는 회피·회피갈등(avoidance-avoidance conflict)인데 이것은 두 가지 혹은 그 이상의 대안을 모두 회피하려고 하는 데서 생기는 갈등을 말한다.

(3) 역할갈등(role conflict)

역할내적 갈등(intrarole conflict)은 역할이 요구하는 행태에 대한 부정적 감정의 결과로서 발생한다. 예를 들어, 인사관리자의 역할은 경우에 따라 피고용인을 해고해야 한다. 이것은 관리자로서 정당한 역할이기는 하지만 증오의 대상이 되기도 한다. 이러한 역할내적인 갈등은 회피·회피갈등과 유사하다. 즉, 사람은 누구나 동료를 해고당하게 하는 불쾌함을 피하려고 할 뿐만 아니라 역할이 요구하는 것을 충족시켜 주지 못함으로써 생기는 사회적 비난을 회피하기를 원한다.

2. 조직상의 갈등

조직상의 갈등은 조직에 포함된 문제에 관한 의견의 불일치에서 연유되는바, F. Luthans는 조직상의 갈등을 다음의 네 가지 유형으로 분류하고 있다.[59)]

(1) 계층적 갈등

조직 내 여러 계층간에는 갈등이 존재하는데, 최고관리층과 중간관리층의 갈등이 있을 수 있고, 관리자와 노동자간에도 일반적 갈등이 존재한다.

(2) 기능상의 갈등

조직 내 부서간의 기능 사이에 갈등이 존재한다. 산업조직 내의 생산부와 판매부간의 갈등이 대표적인 예가 된다.

(3) 계선-참모의 갈등

참모가 계선에 대해 공식적 권한을 가지지 못하는 상황에서 발생한다.

(4) 공식적-비공식적 조직 갈등

공식적 조직과 비공식적 조직간에 발생하는 갈등으로서 예를 들어 비공식적 조직의 규범과 공식적 조직의 규범이 상반될 때 생긴다.

---

59) Fred Luthans, *Organizational Behavior*, 3rd ed.(New York: McGraw-Hill, Inc., 1981), pp. 380 ~381.

V. A. Thompson은 조직 내에서 발생하는 구조적 갈등의 원인에 관하여 다음과 같이 분석하고 있다.[60] 그에 따르면 현대조직에서 갈등은 권위·계층제·분업화 등에서 일어나는 상호작용에 의해서 발생한다는 것이다. 조직은 점점 고도로 기술적이고 복잡한 활동을 수행하고 있기 때문에 전문가의 수가 증가하고 또한 조직의 최고계층에 있는 사람들은 수집된 과대한 정보를 처리할 수 없으며 기술적인 정보를 활용할 수 있도록 훈련을 받지 못할 경우가 많다. 따라서 조직의 목표와 의사결정능력 사이에 불균형이 생긴다. 그리하여 그는 갈등이라는 것이 특히 조직 내의 전문가의 영향을 무시하고 공식적인 권위의 분배가 이루어지기 때문에 발생한다고 주장한다.

Ⅳ. 조직갈등의 관리〔해결방법〕

조직의 관리자는 항상 조직 내의 갈등을 관리함으로써 갈등의 역기능을 해소하고 순기능을 촉진시키는 방향으로 유도해 나가야 한다. 여기서는 이러한 갈등의 해결방법을 J. G. March와 H. A. Simon의 견해, J. L. Gibson의 견해를 중심으로 살펴보고자 한다.

1. J. G. March와 H. A. Simon의 해결방법

Simon은 갈등의 일반적인 해결방법으로 다음의 네 가지를 들고 있다.[61]

(1) **문제해결**(problem solving)

갈등을 일으키고 있는 당사자들이 직접 접촉하여 갈등의 원인이 되는 문제를 공동으로 해결하게 하는 방법이다.[62]

(2) **설득**(persuasion)

조직의 공동목표에 대한 개별적인 하위목표의 차이만을 인정하면서, 이러한 하위목표간의 의견대립을 설득을 통해서 조정하는 방법이다. 즉, 설득의 방법은 문제해결에서보다는 정보수집에 덜 의존하게 되며 단지 하위목표들이 공동목표와 조화되는가의 검증에만 주로 힘쓴다.

---

60) Barry Bozeman, *Public Management and Policy Analysis*(New York: St. Martin's Press, 1979), pp. 146~150.

61) James G. March and Herbert A. Simon, *Organizations*(New York: John Wiley and Sons, 1958), pp. 129~131.

62) 오석홍, 조직이론(서울: 박영사, 2001), p. 644.

(3) **협상**(bargaining)

목표에 대한 의견대립을 인정하고 설득 없이 상호간의 합의를 추구하는 방법이다. 서로 상반되는 이해와 요구의 갈등을 해결하는 데 특색이 있다.

(4) **정략**(politics)

목표에 대한 근본적인 대립이 있다는 것은 협상과 동일하나, 정략은 협상방법과는 달리 갈등당사자는 활동의 범위를 확대하여 외부환경과의 접촉을 통해 새로운 세력을 끌어들여 협상을 유리하게 하려는 전략을 말한다.

2. J. L. Gibson의 해결방법

J. L. Gibson은 갈등의 해결방법으로 다음의 열 가지를 제시하고 있다.

(1) **문제해결**(problem solving)

갈등당사자가 문제를 확인하고 해결하는 직접적인 접촉을 통하여 문제를 해결하려는 것으로 모든 관련 정보를 수집하고 그 문제를 공개적으로 논의한다. 이것은 언어장애나 오해로 인하여 발생한 갈등의 해결에 적합하다.

(2) **최상위 목표**(super ordinate goals)

각 갈등당사자들이 지지하는 하부목표들의 대립을 극복하기 위해 공통된 목표와 목적을 설정하는 것이다.

(3) **자원의 증가**(expansion of resources)

갈등의 원인으로 작용하는 한정된 자원(지위, 자금, 장소)의 양을 증가시킴으로써 갈등을 해결하는 방법이다.

(4) **회피**(avoidance)

갈등을 야기할 수 있는 결정을 보류하거나 갈등대상과의 접촉을 회피하는 방법으로 단기적인 대안으로서 작용할 수는 있으나 장기적 대안으로서 활용될 수 없는 한계가 있다.

(5) **완화**(smoothing)

갈등당사자간의 차이보다는 공동이익 및 특정 문제에 대한 공유된 견해(shared viewpoint)를 강조하면서 집단의 활동을 공동목표로 향하여 나아가도록 하는 것이다. 그러나 당사자간의 차이가 심각한 경우에는 회피와 마찬가지로 단기적인 해결에 한정된다.

(6) **타협**(compromise)

뚜렷한 승자와 패자의 구별이 없으며, 양 집단의 양보를 통하여 공동의 결정에 도달할 수 있는 목표가 분리될 수 있는 경우에 효과적으로 사용될 수 있다.

(7) 권위적 명령(authoritative command)

부하는 상관의 권위에 항상 복종해야 한다는 권위적 계층제를 갈등의 해결에 활용하는 가장 오래된 방법이다.

(8) 인간적 요인(human behavior)의 변경

집단의 구성원의 행태를 변화시켜서 갈등을 해결하는 방법으로, 갈등의 원인에 중점을 두는 것으로서 장기적 대안으로 가능하다.

(9) 구조적 요인(structure variable)의 변경

이것은 조직의 공식적 구조의 변경을 통하여 갈등을 해결하는 방법으로서 여기에는 집단구성원의 직무의 이전(transferring), 교류(exchanging) 및 순환(rotation)과 같은 인사조치가 포함된다.

(10) 공동적의 확인

내적 갈등을 해결하기 위한 한 방법으로 공동의 적을 설정하여 그 적을 물리치기 위하여 일시적으로 집단간의 차이를 해소하는 전략이다.

제 9 절 동기부여

Ⅰ. 동기부여의 의의

동기부여이론(motivation theory)은 조직의 인간적 측면에 초점을 두어 개인의 만족감을 증대시키면서 조직의 목적을 효율적으로 달성하려고 하는 행태과학(behavioral science)의 주요 이론부문이다.

H. F. Gortner에 의하면 "동기부여를 사람들이 왜 그렇게 행동하는가를 설명하기 위한 인간의 행태에 기초한 개념"으로 파악하고 있으며, B. Berelson과 G. A. Steiner는 "동기부여란 인간의 목표를 향한 행동을 유발하고 움직여 나가게 하는 심리적 · 내적 상태를 제공하는 과정"으로 파악하고 있다.

위와 같은 여러 관점에서 볼 때, 동기부여란 목표달성을 위하여 조직구성원에게 바람직한 행동을 창출 · 유지시키며 그것을 일정한 방향으로 유도해 나가도록 하는 심리적 · 내적 상태를 만들어 주는 과정이라 하겠다.

무릇 조직은 동기가 부여된 개개인의 행동이 만들어 내는 공헌에 의해서 성립되는 것이다. D. Katz와 R. L. Kahn에 의하면 조직에 있어서 인간행동이 동기부여되는 정도에는 다음의 3단계가 있다고 한다. 즉, i) 개인이 조직에 참여하여 거기에 머물러 있기를 바라는 단계, ii) 개인에게 주어진 만큼의 업무를 수행하고 또 그 업무를 계속해 나가기를 바라는 단계, 그리고 iii) 개인이 창조적으로 자발적·혁신적인 직무수행에 종사하는 단계가 그것이다.

또한 E. E. Lawler에 의하면 조직에 있어서의 개인의 직무업적(performance)은 그 사람의 능력(ability)과 동기부여(motivation)수준을 곱한 것에 의하여 결정된다고 한다. 이 공식이 의미하는 바는, i) 아무리 능력이 있어도 동기부여가 활성화되지 않으면 고도의 직무업적을 바라볼 수 없다는 것과 ii) 그러나 능력은 별로 없다고 하더라도 높은 동기부여를 획득한 경우에는 직무업적수준이 크게 높아진다는 것이다.

이와 같은 지적은, 바꾸어 말하면, 만일 개인의 능력에 일정한 한계가 있고, 조직이 그러한 사람을 장기간 고용하지 않으면 아니 된다고 하는 경우, 업무에 대한 동기부여의 유무(다소)가 개인과 조직의 양자에 대하여 결정적으로 중요하다는 것을 말하여 주는 것이라 하겠다.

Ⅱ. 동기부여에 관한 제 이론

1. 동기부여이론의 유형

J. P. Campbell 등은 동기부여이론을 내용이론(content theories)과 과정이론(process theories)의 두 가지로 대별하고 있는바, 이와 같은 이분법에 대하여 양자의 경계가 애매하다는 비판을 가하는 사람들도 있으므로, 여기서는 동기부여이론의 유형을 내용이론·과정이론 및 기타 이론의 세 가지로 분류하고자 한다.

내용이론은 어떠한 요인이 사람들의 행동에 활기를 주고 방향을 유지하게 만들어 주느냐에 초점을 두고 있다. Taylor의 과학적 관리법 또는 초기의 인간관계론에서 다루었던 동기부여이론은 이 범주에 속한다고 할 수 있다. 즉 과학적 관리법에서는 종업원에게 동기부여를 할 수 있는 것이 금전이라고 생각하고 '자극임금'(wage incentives) 등을 주요한 동기부여의 수단으로 보았던 것이다. 또한 인간관계론에서는 작업조건, 안전, 민주적 리더십이 동기부여의 요인이 된다고 가정하였다.

그 후 행태과학(behavioral science)이 등장하면서부터 사람들을 동기부여시키는 요인을 욕구라고 생각하게 되었으며, 이러한 구체적인 욕구를 파악하는 데 주력하였다.

한편 과정이론은 인간의 동기부여가 어떠한 과정을 거쳐 이루어지는가 하는 것, 즉 동기부여과정에서 발생하는 제 변수와 이들 변수들의 상호관련성을 밝히는 데 주안점을 두고 있다. 이를 위해 인간행동의 동기부여를 규명하는 데 있어서 중요한 세 변수, 즉 보상(rewards)·욕구(needs) 및 유인(incentives)이라는 개념을 원용하여 이들 변수가 어떤 상호작용을 하는가를 해명하려고 한다.

2. 내용이론

(1) Maslow의 욕구계층이론

A. H. Maslow에 의하면 인간에게 동기가 부여될 수 있는 욕구는 다섯 가지 계층으로 이루어지며 하위계층의 욕구에서 상위계층의 욕구로 순차적으로 나타난다고 보고 있다. Maslow의 인간욕구계층은 다음과 같다.[63]

① 생리적 욕구(physiological needs)　생리적 욕구는 인간의 생명과 신체를 유지하기 위한 가장 기본적인 욕구로서 본능 및 의식주에 대한 욕구가 이에 해당된다. 생리적 욕구가 충족되기 시작하면 다른 계층의 욕구가 행동을 유발하는 동인이 된다.

② 안전욕구(safety needs)　일단 생리적인 욕구가 어느 정도 충족된 후에 나타나는 것으로서, 위험·위협으로부터 보호, 경제적 안정, 질서 등에 대한 욕구를 말한다.

③ 소속 및 애정욕구(belongingingness and love needs)　생리적 욕구와 안전욕구가 어느 정도 충족되면 다른 사람과의 친밀한 인간관계, 소속감, 애정·우정을 주고 받는 것 등에 대한 욕구가 지배하게 된다.

④ 존경욕구(esteem needs)　어느 집단에 소속된 인간은 다른 구성원보다 나은 존재가 되기를 원하는 존경의 욕구를 갖게 된다. 긍지·자존심·지위·위신·명예 등의 욕구를 말한다.

⑤ 자기실현욕구(self-actualization needs)　일단 존경욕구가 어느 정도 충족되기 시작하면 다음에는 자기실현의 욕구가 강력하게 나타난다. 이는 계속적인 자기발전을 위해 자신의 잠재력과 창의력을 극대화하려는 최고의 욕구라고 할 수 있다.

---

63) Abraham H. Maslow, *Motivation and Personality*(New York: Harper & Row, 1970), pp. 35~37.

이상과 같은 Maslow의 욕구계층이론은 욕구를 계층화시켰고, 종래의 이론보다 욕구의 범위를 확장하였다. 그러나 하나의 욕구가 다른 욕구보다 우세하다고 하는 것은 단정적인 것이 아니고 개인의 생활수준과 교육수준에 따라 다르게 나타나며, 욕구계층간의 중복도 이루어질 수 있는 것이다. 환언하면 기본적 욕구란 인간 모두에게 공통적인 것이라고 할 수 있겠으나, 행동을 유발하는 동기에 있어서는 사람에 따라 동일한 행동일지라도 상이한 욕구에 기인할 수 있는 것이다.

(2) Herzberg의 2요인이론

F. Herzberg는 여러 조직에서 일하고 있는 사람들이 현실적으로 무엇을 구하려고 행동하고 있는가를 조사연구함으로써 직무만족에 관한 2요인이론(two factor theory)을 주장하였다.[64]

첫째, 동기요인(motivator factors) 혹은 만족요인은 달성·승인·업무책임·승진과 같은 것으로 이루어져 있으며 이들 내용을 획득함으로써 사람들은 업무에 대한 만족감을 얻는다.

둘째, 위생요인(hygiene factors) 혹은 불만요인은 회사나 조직의 정책과 관리·감독·급여·대인관계·노동조건 등의 내용으로 구성된다. 사람들은 이들 요인이 결핍되면 업무에 불만족감을 갖는다. 그러나 이들 요인이 좋은 경우라 하더라도 그것은 다만 불만을 갖지 않게 하는 조건일 뿐 만족을 위한 조건이 되지는 않는다고 한다. 그것은 마치 위생을 깨끗이 하는 것이 질병예방을 위한 조건은 되지만, 질병을 치료하지는 못하는 것과 같다. 위생요인 개념은 질병예방을 위한 위생개념에서 나온 것이며, 불만요인 개념과 동의어이다.

(3) Alderfer의 ERG이론

C. P. Alderfer는 Maslow와 Herzberg의 이론의 범위를 확대하여 ERG이론을 제시하였다. 그에 의하면 인간에게는 존재(E: existence), 관계(R: relatedness), 성장(G: growth)의 세 가지 욕구단계가 있다고 한다.[65] 여기서 존재욕구는 생존(생리적 안락)에, 관계욕구는 개인간 및 사회적 관계에, 성장욕구는 개인의 자기발전에 관한 내재적 욕망에 관련된 욕구를 말한다.

그는 Maslow와 Herzberg와는 달리 욕구의 우선순위와 욕구의 부족이 다음 욕

---

64) Frederick Herzberg, Barnard Mauser and Barbara Block Synderman, *The Motivation to Work* (New York: John Wiley & Sons, 1959), pp. 144~146.

65) Clayton P. Alderfer, *Existence, Relatedness and Growth: Human Needs in Organizational Settings*(New York: Free Press, 1972); Clayton P. Alderfer, "An Empirical Test of a New Theory of Human Needs," *Organizational Behavior and Human Performance*, 1969, pp. 142~175.

〈표 3-3〉 Maslow와 Herzberg이론 및 Alderfer의 ERG이론 비교

Herzberg의 2요인이론	Maslow의 욕구계층	Alderfer의 ERG이론
동기요인	자기실현욕구	성장(growth)
	존경욕구	
	애정욕구	관계(relatedness)
위생요인	안전욕구	
	생리욕구	존재(existence)

자료 : Fred Luthans, *Organizational Behavior*, 3rd ed.(New York: McGraw-Hill, Inc., 1981), p. 185.

구의 활성화를 가져온다는 가정을 배제하고 고위욕구든 저위욕구든 어느 시점에서나 발생할 수 있다고 주장한다. 예컨대 관계욕구가 존재욕구에 앞서 일어날 수도 있고, 성장욕구만 집중적으로 증가될 수도 있다는 것이다.

(4) McClelland의 달성동기이론[66]

D. C. McClelland에 의하면 달성동기(achievement motive)란 어려운 업무를 성취하려는 것, 그리고 경쟁적 상황에서 성공하기 위한 욕망 등을 말한다. 높은 달성욕구를 가지고 있는 사람은 자신감을 가지고 결과의 좋고 나쁨을 강하게 의식하여 자기의 실패는 자기가 책임질 용의를 지니고 있다. 그들은 또한 사회적 상황에서 능동적이며 자기의 능력을 테스트하기 위한 업무에 도전한다.

McClelland는 인간의 사회적 행동은 달성욕구 이외에 지배욕구나 친화욕구에 의해서도 좌우된다고 주장하고 있다. 그러나 그의 이론 가운데서 이들 세 가지 욕구간의 상호관계는 명백하게 나타나 있지 않다.

3. 과정이론

(1) Hull의 동인(動因)이론

C. L. Hull이론에서는 '자극-반응'(S→R)에 입각한 유기체의 행동에 초점이 두어져 있다. Hull에 의하면 유기체행동의 강도, 즉 반응잠재성(E)은 동인(D)이라 불리는 심적 에너지의 크기와 습관강도(H)라고 불리는 과거의 학습경험의 크기를 곱한 함수로서 표시된다〔${}_{S}E_{R}=f({}_{S}H_{R}\times D)$〕. 이 식에서 동인의 강도는 유기체가 생리적 균형상태로부터 일탈하고 있는 정도(예, 기갈의 정도)로서 정의된다. 그리고 이 동인에 의하여 환기되는 행동에너지는 과거의 강화경험을 통하여 습득된 행동

66) David C. McClelland, J. W. Atkinson, R. A. Clark and E. Ld. Lowell, *The Achievement Motive* (New York: Appleton-Century-Crofts, 1953) 참조.

의 양식에 따라서 어떤 일정한 방향으로 움직여 나간다.

Hull이론에 의하면 환기된 어떤 동인하에서 유기체행동은 모두 과거에 습득된 학습에 따르는 것이라고 한다. 또한 이 학습은 생리적 욕구와 같은 일차적 동인과의 결합에 의하여 달성되는 것이다. 따라서 Hull의 동인이론은 쥐 · 비둘기와 같은 하등동물의 행동과정을 잘 설명해 주고 있다.

(2) Lewin과 Toleman의 인지과정이론

이에 대하여 K. Lewin과 E. C. Toleman 등에 의하여 대표되는 동기부여의 인지과정론자들은 어떤 종류의 내적 동인의 전제는 가정하지만 동기부여에 있어서의 과거의 것을 중요시하지 않으며, 행동과 행동결과가 초래하는 내적 긴장의 해소능력을 중요시한다.

바꾸어 말하면 행동은 단순히 과거의 학습에 따른다기보다는 기대되는 장래의 결과에 따라서 일어난다는 것이다. 즉, 유기체는 어떤 행동이 높은 유의성(행동결과의 가치)을 갖는 것이라고 인지되고 기대되므로 어떤 바라는 결과를 향해서 행동하는 것으로 보고 있다.

이상의 인지과정론은 조직에 있어서의 인간행동을 두고 볼 때 동인이론에 비하여 다음과 같은 이점을 지니고 있다. 즉, i) 모든 행동을 생리적 욕구나 과거의 강화역사에 환원해서 설명할 필요가 없다는 것, ii) 다양하고 자발적인 인간행동의 설명을 가능케 해 준다는 것, iii) 동물실험만이 아니라 인간행동의 관찰결과에 기초를 두고 있다는 것 등이다. 이와 같은 생각은 다음에 살펴볼 동기부여의 기대이론에서 보다 체계적 재구성이 시도되고 있다.

(3) Vroom의 기대이론

오늘날 주목을 끌고 있는 동기부여의 기대이론은 Lewin이나 Toleman 등의 인지과정론을 출발점으로 하고 있다. 기대이론은 다음의 3가지 가정에 입각하고 있다. 즉 i) 사람은 행동에 앞서서 행동의 제 결과에 관하여 깊은 생각을 하며, ii) 특정의 결과가 야기될 가능성(확률)을 감안하여 행동을 선택하고, iii) 그 선택은 각각의 결과를 초래하는 인지된 매력에 의하여 영향을 받는다는 것이다.

위의 가정을 토대로 V. H. Vroom은 '기대', '유의성', '수단성'의 3가지 개념[67]을 사용하여 기대이론을 정식화하였다. 그에 의하면,

첫째, '기대'(expectancy)개념은 행위자에 의하여 인지된 노력수준과 행동의

67) Fred Luthans, *op. cit.*, pp. 186~190; Barry Bozeman, *Public Management and Policy Analysis* (New York: St. Martin's Press, 1979), p. 203 참조.

직접적 결과(달성)와의 관계를 의미한다. 즉 노력에 의하여 달성이 기대되는 확률(0~1의 값으로 표시됨)의 값으로 표시된다.

둘째, '수단성'(instrumentality)개념으로서 이 개념은 어떤 행동이 기대하는 제 결과(예컨대 승진)를 초래할 수 있는가에 관한 신념의 강도를 의미한다. 즉 수단성이란 조직에 있어서의 어떤 행동이 매력 있는 제 결과의 획득에 어느 정도 도움이 되는가에 관한 인지된 확률(0~1의 값으로 표시됨)의 값으로 표시된다.

셋째, 결과가 갖는 유의성(誘意性, valence)이다. 유의성이란 개인이나 행위 등이 갖는 끌어당기는 힘을 말한다. 어떤 행동으로 기대되는 제 결과는 각각 상이한 매력을 지니고 있다. 매우 매력적(+1)인 결과도 있는가 하면 매력이 0인 결과도 있고, 꼭 회피하고자 하는 부의 매력(−1)을 갖는 결과도 있다.

이상의 정의에 입각하여 Vroom은 $F_i = f_i[\sum_{j=1}^{n}(E_{ij}V_j)]$로서 표시되는 기대이론의 모델을 제시하였다. 여기서는 V_j는 결과 j의 유의성, E_{ij}는 어떤 행동 i가 결과 j를 초래할 수 있을 것이라는 기대, F_i는 행동 i로 향하는 동기부여의 힘을 의미한다.

(4) Lawler와 Porter의 기대이론

이상의 Vroom이론은 E. E. Lawler와 L. W. Porter에 의하여 보다 보완되었다.[68] 그들은 동기부여의 과정의 요인으로서 노력(E), 수행(P), 결과(O), 결과의 유의성(V)을 상정하였다. 여기서 동기부여는 ($E \rightarrow P$)기대와 ($P \rightarrow O$)기대의 2가지에 의하여 좌우된다. 전자는 어떤 노력이 일정한 수행결과를 초래한다는 기대, 그리고 후자는 일정한 수행결과가 다른 바람직한 제 결과를 낳게 한다는 기대를 의미한다.

이상의 개념을 사용하는 E. E. Lawler는 개인이 어떤 행동을 향하여 동기부여되는 힘의 크기를 $F = (E \rightarrow P)\sum(P \rightarrow O)(V)$라고 정식화하였다. Lawler의 이 식은 Vroom에 있어서 선명하지 못했던 행동 그 자체와 행동이 초래하는 제 결과와의 관계를 구별하고 그것을 체계화하였다는 점에서 보다 일반화된 모델이라고 할 수 있다.

요컨대 기대이론은 어떤 개인이 수행상의 과제에 동기부여되는 힘은 i) 노력에 대한 기대(전혀 가능성이 없으면 노력이 생기지 않는다), ii) 수행에 대한 기대(과제수행이 아무런 결과도 발생시키지 않는다면 행동은 생기지 않는다), iii) 그리고 마지막으로 결과의 매력(수행결과에 아무런 매력을 느끼지 않는다면 과제수행의 동

68) Lyman W. Porter and Edward E. Lawler III, *Managerial Attitudes and Performance*(Homewood, Illinois: Irwin-Dorsey, 1968), pp. 12~13.

기가 부여되지 않는다)의 3가지 상호작용에 의하여 결정된다는 것이다.

4. 기타 이론

(1) McGregor의 X이론과 Y이론

D. McGregor는 A. H. Maslow의 욕구계층이론을 기반으로 하여 인간이 가지고 있는 두 가지 상반된 태도에 관하여 X이론과 Y이론으로 모형화하였다.

① X이론　　X이론에 따르면 인간은 첫째, 본래 게을러서 일하기를 싫어하며, 가능하면 일을 피하거나 적게 하려고 한다. 그렇기 때문에 근무시간 외에 자발적으로 일하는 경우란 거의 없다. 둘째, 책임지는 것을 싫어하며 야심도 별로 없고 대다수의 사람들이 행동하는 대로 자기도 행동하며, 조직의 요구에 대해서는 별로 신경을 쓰지 않고 이기적으로 행동한다. 셋째, 변동에 대하여는 저항하며, 무엇보다도 안정감을 갖기를 원한다는 등의 가정을 내세우고 있다.[69] X이론은 이와 같은 인간관에 입각하고 있기 때문에 개인은 수동적인 존재로 취급되고, 관리자는 조직목적의 달성을 위해서 조직구성원 개개인을 강제·명령·통제 등의 방법으로 다룰 수밖에 없다는 것이다.

D. McGregor는 이러한 인간관을 관리하기 위한 방법으로 '사탕과 채찍이론'(carrot and stick theory)을 들고 있는바, 그것은 회유적 방법과 강압적 방법을 모두 이용한다는 것이다. 그런데 전자의 방법은 사기는 올라가나 생산성이 낮기 때문에 문제점이 있고, 실제로는 강력하고 엄하게 다루는 후자의 방법에 의존하게 된다는 것이다. 그러나 X이론은 인간의 미성숙성이 계속된다고 인식할 뿐 인간이 계속 성장·발전하고 있다는 것을 과소평가하여 자발적인 근무의욕을 고취하는 데 적절하지 못하다.

② Y이론　　이에 대하여 Y이론에 의하면 인간은 첫째, 일하는 것을 고통스럽게 생각하지 않으며, 사람이 정신적으로나 육체적으로 노력하는 것은 오락 또는 휴식과 마찬가지로 자연스러운 것이다. 둘째, 책임감을 가지고 일하고 싶어하며, 자기의 행동은 자기 스스로가 자제할 수 있는 능력을 가지고 있기 때문에 조직목표를 위해서 자율적인 행동을 한다. 또한 이기적으로만 행동하지 않고 같은 조직 내의 타인을 위해서도 행동한다. 셋째, 조직문제를 해결함에 있어서 창의력을 발휘할 수 있는 능력을 누구나 가지고 있다는 등의 가정을 내세우고 있다.

69) Douglas McGregor, *The Human Side of Enterprise*(New York: McGraw-Hill, 1960), chap. 3, 4.

X이론이 주로 저차원의 인간욕구에 착안하고 있는 데 반하여 Y이론은 고차원의 욕구를 충족시킬 수 있는 관리의 실현에 기초를 두고 있다. 그리하여 Y이론은 이와 같은 인간관에 입각하고 있기 때문에 관리자는 통제나 명령을 줄이고 조직구성원 개개인으로 하여금 근무의욕이 자발적으로 일어나도록 유도해야 한다는 것이다.

(2) Argyris의 성숙 · 미성숙이론

D. McGregor는 X이론의 가설에 입각한 관리가 이제는 통용되고 있지 않다고 하지만, 오늘날 우리 나라와 같은 곳에서는 물론 미국에 있어서도 널리 시행되고 있는 것이 사실이다. 그리하여 대다수의 사람들은 그들의 작업환경 속에서 미성숙한 인간으로 취급되고 있다.

C. Argyris는 이러한 상황을 분석하려고 관료적 · 피라미드 모형의 가치체계(bureaucratic/pyramidal value system)와 인간중심적·민주적 가치체계(humanistic/democratic value system)를 창출하였다.[70)]

관료적 · 피라미드 모형의 가치체계의 내용은 대체로 인간성에 대한 X이론적 가설과 유사하며, 인간중심적 · 민주적 가치체계는 Y이론적 가설과 유사한 조직이다. 그리하여 C. Argyris에 의하면 전자와 같은 관계에서는 자유스럽고 자연스러운 표현이 허용되지 않기 때문에 결과적으로 대인능력을 감소시키게 된다고 본다.

반면에 조직 내에서 인간중심주의적 · 민주적 가치체계가 고수되는 경우에는 서로 믿고 신뢰하는 관계가 사람들간에 생겨나게 되어 대인능력이나 집단간의 협동 · 융통성 등이 증가된다. 이와 같은 환경 속에서는 사람들이 인간으로 취급되고 조직구성원에게나 조직에 각기 잠재능력을 최대한도로 개발할 수 있는 기회가 주어진다고 본다.

한편 Argyris는 관리방법이 작업환경 속에서 개인의 행동과 성장에 어떠한 영향을 미치는가를 알아보기 위해 산업조직을 검토하였는데, 개인이 성숙해 가는 과정에서 퍼스낼리티의 변화가 일어난다고 하고 이것을 '미성숙'에서 '성숙'으로 발달해 간다고 가정하였다.

즉, i) 어린이의 수동적 상태에서 어른의 능동적 상태로의 발달, ii) 어린이의 다른 사람에게 의존하는 상태에서 어른의 비교적 독립적인 상태로의 발달, iii) 어린이의 단순한 행동양식에서 어른의 다양한 행동양식으로의 전환, iv) 어린이의 천

70) Chris Argyris, *Interpersonal Competence and Organizational Effectiveness*(Homewood, Illinois: Irwin Dorsey Press, 1962).

박한 흥미에서 어른의 보다 깊고 강한 흥미로의 발달, v) 어린이의 현재에 대한 단기적 전망에서 어른의 미래와 과거를 포함한 장기적 전망, vi) 어린이의 누구에게나 종속된 상태에서 어른의 다른 사람과의 대등관계나 우월한 상태로의 발달, vii) 어린이의 자아에 대한 몰지각에서 어른의 자아에 대한 지각 및 자기통제로의 발달 등이다.

이러한 변화는 다만 일반적인 경향에 지나지 않지만 성숙이라는 문제에 대한 어느 정도의 이해를 가능하게 해 준다. 그 개인이 속한 문화의 규범이나 퍼스낼리티 때문에 위와 같은 어른의 특성이 최고도로 발현되고 성장하는 데 제한이나 제약을 받게 되지만, 사람이 나이를 먹어 감에 따라 연속선상을 따라 성숙의 극치를 향하여 발달해 간다는 것은 일반적인 경향이라 할 수 있을 것이다.

⑶ Likert의 관리시스템이론

R. Likert는 많은 조직은 행동과학적으로 분석한 결과 거기에서 볼 수 있는 변화를 관리시스템의 관점에서 보아 시스템 Ⅰ부터 시스템 Ⅳ까지를 상정하였는데, 조직의 관리면에서 보아 시스템 Ⅳ에 가까울수록 생산성이 높고, 시스템 Ⅰ에 가까울수록 생산성이 낮다는 사실을 발견하였다.[71]

이제 이들의 시스템을 각각 설명하면 다음과 같다.

① 시스템 Ⅰ 관리자는 부하의 능력을 불신하기 때문에 부하를 조직의 의사결정에 거의 참가시키지 않고 대부분의 의사결정이나 조직의 목표설정은 최고계층에서 이루어지며 그것이 하위계층으로 내려오는 시스템이다.

② 시스템 Ⅱ 관리자는 부하에 대해서 어느 정도 신뢰감을 가지고 있으나 그렇게 탐탁하게 생각하지는 않는다. 대부분의 의사결정이 상층부에서 이루어지나 미리 정해진 범위 내에서는 많은 결정이 하위계층에서도 행해진다.

③ 시스템 Ⅲ 관리자는 부하에 대해서 상당한 신뢰감을 가지고 있으나 아직 완전한 신뢰감이라고는 할 수 없다. 대체적인 방침이나 결정은 상층부에서 이루어지나 하부의 개별적인 결정은 부하에게 위임한다.

④ 시스템 Ⅳ 관리자는 부하를 전면적으로 신뢰한다. 따라서 의사결정은 조직의 각 부문에 있어서 유기적인 연결을 가지고 이루어진다. 종업원은 보수배분의 설정, 목표설정이나 작업방법의 개선 등에 참여한다.

요컨대 시스템 Ⅰ은 과업지향적이며 고도로 구조화된 권위주의적인 관리모형(an authoritarian management style)인 데 비하여 시스템 Ⅳ는 협조, 상호신뢰, 상

71) Renis Likert, *The Human Organization*(New York: McGraw-Hill, 1967), pp. 3~12.

호작용 등에 기반을 둔 관계지향적 관리모형(a relationship oriented management style)이다. 그리고 나머지 시스템은 위의 두 이론의 중간단계인데, X이론 및 Y이론에 가까운 것으로 생각된다.

제10절 리 더 십

Ⅰ. 리더십의 의의

복수의 개인이 공동의 목표를 향해서 행동하려고 할 때 각 개인의 행동은 통일된 의사로서 조직화되며 조직적 의사의 발현으로서 나타난다. 그리고 이 조직의 목적을 달성하기 위해서는 끊임없이 변하는 상황 속에서 전체적 입장과 부분적 입장을 균형시키면서 각 개인의 행동을 적절히 유도하는 여러 가지 의사결정이 행하여지지 않으면 안 된다. 이 의사결정에 입각하여 개인의 주관적 태도에 변혁을 가하고 조직에 대하여 협력을 유도하는 것이 필요로 되는바, 이것을 리더십이라 한다.

따라서 리더십(leadership)이란 조직행동 속에서 각 조직구성원과 그 행동을 지도하는 과정, 또는 조직 속의 각 구성원으로 하여금 조직의 목표에 대하여 협력적 태도를 취할 수 있도록 하는 과정이라고 정의할 수 있다.

Ⅱ. 리더십에 관한 이론

1. 리더십이론의 변천

리더십을 연구함에 있어서 초창기의 이론이나 근래의 상황론은 모두가 지도자의 효과성을 유발하는 요소 내지 요인을 확인하는 데 목적이 있으며, 효과적인 리더십을 가능하게 하는 개성, 행태 및 상황을 확인하는 데 역점을 두었던 것이다.

리더십에 관한 주요한 이론은 자질론·행태론·상황론 등으로 변천하여 왔다.[72)]

초창기의 자질론은 개인적 특성의 차이에 입각해서 볼 때 가장 효과적인 지도

72) John M. Ivancevich, Andrew D. Szilagyi, Jr., Marc J. Wallace, Jr., *Organizational Behavior and Performance*(Santa Monica, California: Goodyear Publishing Company, Inc., 1977), p. 274.

자는 누구인가 하는 것과 성공적인 지도자와 비성공적인 지도자를 구별할 수 있는 한정된 개인적 특성이나 자질이 존재하는가에 대하여 관심을 나타내었다. 1940년대와 1950년대의 리더십 연구는 주로 자질론에 입각한 것이 대부분이다.

한편 1950년대에 들어오면서 학자들은 그들의 관심을 지도자의 개인적 특성에서 지도자가 행하는 리더십 스타일로 돌리게 되었다. 그것은 보다 효과적인 리더십 행태는 무엇인가라는 문제, 즉 지도자가 누구냐를 확인하려는 관심에서 지도자가 무엇을 행하는가에 관한 관심으로 옮겨졌던 것이다.

그러나 이상의 자질론이나 행태론은 리더십을 이해하는 데 만족스러운 해답을 제공해 주지 못하였으며 그리하여 1960년대에 들어오면서 리더십에 관한 상황론이 대두되었다. 따라서 리더십을 지도자의 개성, 리더십 행태, 부하들의 개성, 리더십 환경을 둘러싼 상황 등의 복합적인 기능으로 파악하게 된 것이다.

2. 리더십이론의 접근방법

(1) 자질적 접근방법(trait approach)

자질적 접근방법이란 리더십의 본질을 지성, 패기, 이기적 충동 및 대인관계의 처리기술 등 인격적 제 특징의 관점에서 해명하려는 접근방법이다. 과거 70년간에 걸쳐 어떤 개인적 자질이 지도자의 공통된 자질인가를 결정하기 위하여 수많은 연구가 이루어졌으나 큰 성과를 거두지 못하였다.[73)]

R. M. Stogdill은 리더십에 관한 수많은 연구를 검토하여 리더에 필요한 개인적 자질로서 신체적 특성(physical characteristics), 사회적 배경(social background), 지능(intelligence), 개성(personality), 과업관련적 특성(task-related characteristics) 및 사회적 특성(social characteristics) 등의 여섯 가지로 범주화하였는바,[74)] 그에 따라 리더에 필요한 자질의 내용을 살펴보면 다음과 같다.

① **신체적 특성** 초창기의 리더십 연구는 지도자의 나이·외모·체중·신장 등과 같은 신체적 특성에 관심을 집중시켰다. 이러한 요소들은 효과적인 리더십과 어느 정도 관계가 있는 것은 사실이지만 반드시 그런 것은 아니다.

② **사회적 배경** 지도자의 사회적·경제적 배경을 조사하는 연구들은 관심을 주로 학력·사회적 신분 및 사회적 유동성(mobility)과 같은 요소에 두었다.

73) Harold F. Gortner, *Administration in the Public Sector*, second edition(New York: John Wiley and Sons, 1981), p. 169.

74) Ralph M. Stogdill, *Handbook of Leadership: A Survey of Theory and Research*(New York: Free Press, 1974), pp. 74~75.

이에 관한 연구로부터 얻은 결과는 i) 사회적·경제적 지위가 높은 사람이 리더십의 지위를 획득하는 데 유리하다는 것과, ii) 지도자는 학력이 높은 경향이 있다는 것이다. 그러나 지도자의 효과성과 사회적 배경과의 일관성 있는 연결을 발견할 수는 없다.

③ 지 능 지능과 지도자의 지위와의 관계를 연구한 조사에 의하면, 지도자의 특징은 탁월한 판단력·결단력·지식 및 유창한 언변 등을 갖고 있다는 것을 알 수 있다. 그러나 역시 문제점을 안고 있으며 부가적인 요소가 고려되어야 한다.

④ 개 성 지도자의 특징을 민첩성·자신감·성실성·자기확신·지배욕 등과 같은 퍼스낼리티(personality)에 의해 파악한 연구도 있다. 이 퍼스낼리티 연구의 문제점은 이러한 자질을 어떻게 측정할 것인가의 문제와 실제적 상황에 적용하는 문제이다.

⑤ 과업관련적 특성 과업관련적 특성에 관한 연구는 지도자의 특징을 높은 성취욕·책임감·창의성 및 높은 과업지향성 등에 의해 파악하고 있다. 즉, 지도자는 과업달성에 관한 높은 동기와 욕구를 지니고 있는 것이 특징이라는 것이다.

⑥ 사회적 특성 사회적 특성에 관한 연구에 의하면, 지도자는 여러 가지 활동이나 광범위한 대인관계에 있어서 뛰어난 참여의식 및 협동심 등을 지니고 있다. 이러한 사회적 기술은 집단에 매우 가치 있는 것이며, 조화와 신뢰 그리고 집단응집력 등을 제공해 주는 경향이 있다.

이상과 같은 자질적 접근방법에 관한 연구는 지도자의 현저한 특성을 확인하는 데 매우 도움이 되지만, 리더십의 효과성을 이해하고 예측할 수 있는 방법을 제공해 주지 못한다. 물론 퍼스낼리티와 같은 자질은 중요한 것이긴 하지만, 그것은 리더십의 효과성에 기여할 수 있는 많은 요소들 중의 일부분에 불과한 것이다.

더욱이 자질적 접근방법은 개인적 자질에 초점을 두었으므로 개인이 리더십 상황에서 실제로 어떻게 행동하는가를 설명해 주지 못한다. 자질에 의해 지도자가 누구인가는 확인할 수 있어도 지도자가 부하의 행동에 영향을 미치기 위해 행하는 행태유형은 확인할 수가 없다.

(2) 행태적 접근방법(behavioral approach)

1950년대의 행태론자들은 리더십을 파악하는 데 있어서 그들의 관심을 지도자의 자질보다는 주로 지도자의 행태, 즉 지도자가 하는 일이 무엇이며, 그 일을 어떻게 수행하는가에 집중시켰다. 이러한 리더십의 행태적 접근방법에 의하면, 효과적인 지도자는 어떤 목표를 달성하기 위하여 개인이나 집단으로부터 높은 생산성과 사기앙양을 유도하는 데 있어서 하나의 특정 리더십 행태를 사용한다는 것이다. 바꾸어 말하면 앞의 자질적 접근방법과는 달리 행태적 접근방법은 지도자의 자질보다는 지도력의 효과성에 역점을 둔다.

여러 행태학자들에 의해 수많은 리더십 행태에 관한 정의가 나왔으나, 이를 집약하면 고용자지향과 과업지향으로 대분된다. 여기서 고용자지향(employee orientation)이란 지도자가 업무수행에 있어서 부하들의 욕구, 개방성 및 인간적 측면 등에 역점을 두는 것을 말하며, 과업지향(task orientation)이란 지도자가 주어진 업무를 수행하는 데 있어서 업무의사결정 및 성과의 평가 등을 조직화하는 데 역점을 두는 것을 말한다.

이러한 행태적 입장에서의 리더십에 대한 대표적 시도로는 Ohio주립대학과 Michigan주립대학의 연구를 들 수 있다.

① Ohio주립대학의 리더십 연구[75)] 여기서는 지도자 행태의 결정요인을 조사하고 작업집단의 성과와 만족에 대한 리더십 행태의 효과를 결정하는 문제를 다루었다. 이를 위해 오하이오주립대학 연구는 '지도자와 조직구성원과의 관계형성, 의사전달체제의 확립, 작업집단의 성과를 평가하고 업무수행의 방법과 절차를 확립하려고 노력하는 지도자의 행동'〔조직화(initiating structure)의 차원〕과 '지도자와 조직구성원간의 신뢰감·상호존중·우정 및 고용자의 복지 등을 중시하는 지도자의 행동'〔배려(consideration)의 차원〕의 두 차원으로 나누어 지도자의 행태를 4가지 유형으로 구분하고 있다. 이러한 두 가지 차원을 결합하여 지도자의 행태유형을 나타내면 다음의 [그림 3-3]과 같이 되는바, 이러한 지도자의 행태유형 중에서 Ⅳ의 유형이 가장 바람직하고 유효한 행태라 할 것이다.

오하이오주립대학의 연구는 조직화와 배려가 집단성과와 사기앙양에 어떠한 영향을 미치는가를 결정하기 위한 노력으로서 조직화의 정도도 높고 배려의 정도도 높은 리더십 행태가 가장 효과적인 것이라는 가정하에 행해졌다.

그러나 연구결과는 모든 경우에 항상 최선의 리더십 행태란 없는 것으로 나타났다. 다시 말해서 직종에 따라 조직화와 배려의 비율이 집단성과와 피고용자의 사기앙양에 미치는 효과가 다른 것으로 나타났다. 또한 지도자 자신에 의한 조직화·배려의 측정과 부하들에 의한 조직화·배려의 측정과는 별로 관련성이 높지 못하다는 점이다. 즉, 같은 리더십 행태에 대해서 지도자 자신이 보는 것과 부하들이

---

75) James L. Gibson, John M. Ivancevich, James H. Donnelly, Jr., *Organizations: Behavior, Structure, Process,* fourth edition(Plano, Texas: Business Publications, Inc., 1982), pp. 240~242.

[그림 3-3] 지도자의 행태유형

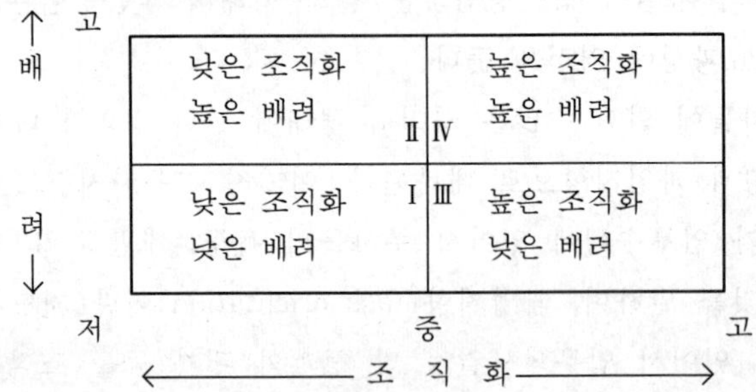

보는 것이 서로 다를 수 있다는 것이다. 결국 지도자 자신과 부하들이 동시에 인식하는 리더십 행태를 측정할 수 없다는 문제점을 내포하고 있다.[76)]

이와 같은 문제점이 있음에도 불구하고 오하이오주립대학의 연구는 리더십 행태를 조직의 효과성과 관련하여 설명하는 데 있어서 이론적 기초를 제공해 주었을 뿐만 아니라 리더십에 관한 현대적 접근방법이 형성되는 기초가 되었다.

② Michigan주립대학의 리더십 연구[77)] 오하이오주립대학의 연구와 거의 같은 시기에 이루어진 리더십 연구로서 미시간대학의 연구가 있는데, 이 연구의 목적은 작업집단의 성과와 만족을 증가시키는 지도자의 행태유형을 확인하는 것이었다. 이 연구에서 개발된 두 가지 형의 리더십 행태는 다음과 같다.

㈎ 과업중심적 리더십 행태 이는 계획을 수행하고 작업성과를 평가하는 데 있어서 폐쇄적인 감독, 합법적 및 강제적 권한의 사용에 역점을 두는 리더십 유형으로서 오하이오주립대학 연구의 조직화 차원과 유사하다.

㈏ 고용자중심적 리더십 행태 이는 인간중심적이며 권한의 위임과 고용자 복지에 대한 관심, 고용자의 욕구증진 및 개인적 성장에 대한 관심을 강조하는 리더십 유형으로서 오하이오주립대학 연구의 배려차원과 유사하다.

이 연구가 도출한 결론은 리더십 행태의 효과성은 생산성이라는 기준에만 입각해서 평가해서는 안 되고 만족과 같은 고용자와 관련된 기준도 포함하여 평가되어야 한다는 것이다. 따라서 미시간대학의 연구에 의하면 가장 효과적인 리더십 행태는 고용자중심적인 것이다.

그러나 미시간대학 연구는 효과적인 지도자의 행태는 상황에 따라 다르다는

76) John M. Ivancevich et al., *op. cit.*, pp. 278～279.
77) *Ibid.*, pp. 280～281.

점, 그리고 다른 상황적 변수, 즉 집단의 단결력, 부하들의 개인적 특성 혹은 과업의 성질 등을 고려하지 않았다는 비판을 받을 수 있다.

이상의 리더십에 관한 행태적 접근방법은 지도자의 행태가 조직의 생산성향상에 커다란 작용을 한다는 것을 밝혀 주고 뒤에 살펴볼 상황적 접근방법으로의 발전과 리더십 유형연구에 커다란 기여를 하였으나, 조직의 유효성은 지도자의 행태뿐 아니라 조직구성원의 자질 및 조직의 상황, 조직환경 등에 의하여도 영향을 받으며, 또한 지도자의 행태 그 자체도 주어진 여건이나 상황에 따라 가변적이라는 사실을 고려하지 못하는 한계가 있다.

(3) **상황적 접근방법**(contingency approach)

① 의 의 상황적 접근방법은 오늘날 리더십 연구에 있어서 '분석의 틀'(framework of analysis)을 제공하고 있는바, 이 접근방법은 지도자와 피지도자 간의 상호작용을 중요시하며, 특정 상황하에서의 지도자가 다른 상황하에서도 반드시 지도자로서 적격한 것은 되지 못한다는 결론을 도출하고 있다.

지도자는 상황적 접근방법에서 유효한 리더십을 위하여 다음과 같은 네 가지 상황을 검토하여야 하는바, 그것은 지도자의 특성, 부하의 특성, 집단구조와 과업의 성질 및 조직상의 요인 등이다.[78]

(가) 지도자의 특성 주어진 상황에서 지도자의 행태는 개인의 능력이나 개성에 의해서 결정된다. 그 중요한 요소에는 다음과 같은 것들이 포함된다.

a) 퍼스낼리티(personality) 지도자로서의 능력에 대한 자신감, 효과적인 지도자가 되는 데 필요한 기질, 지능 등의 유무에 관한 문제이다.

b) 욕구와 동기 지도자의 동기부여가 어떤 욕구에서 비롯되는가의 문제이다. A. H. Maslow에 의하면, 안전욕구를 가진 지도자는 부하들에 대한 빈틈없는 통제를 가함으로써 안도감을 얻지만, 자기실현욕구를 가진 지도자는 부하들에 의한 쇄신적이고 창조적인 관습을 허용하거나 장려한다.

c) 과거의 경험과 경력 많은 경우 리더십은 지도자의 문화적 배경의 산물이다. 과거의 경험과 경력은 지도자의 리더십 행태를 암시해 준다. 과업지향적인 상관 밑에서 성장한 지도자는 이러한 리더십 행태가 모든 상황에서 부하들에게 효과적이라고 생각할 수도 있다.

(나) 부하의 특성 지도자가 그의 특정 리더십 행태를 결정하기 전에 부

---

78) Robert Tannenbaum and Warren H. Schmidt, "How to Choose a Leadership Pattern," *Harvard Business Review*(May-June 1973), pp. 162~180.

하들의 개인적 특성이나 행태적인 유형을 고려할 필요가 있다. 지도자와 마찬가지로 부하들도 그들의 행태에 영향을 미치는 내적인 요인들을 지니고 있다. 이러한 요인들로서는 다음과 같은 것을 들 수 있다.

a) 퍼스낼리티(personality) 지도자의 영향력에 대한 부하들의 반응은 부하들이 지니고 있는 퍼스낼리티에 따라 다르게 나타난다.

b) 욕구의 동기 지도자의 욕구 및 동기와 마찬가지로, 부하의 욕구수준은 지도자의 영향력에 영향을 미친다. 즉, A. H. Maslow의 욕구계층에 입각해서 볼 때 낮은 계층의 욕구를 가진 부하들은 과업지향적인 지도자를 기꺼이 수용할 것이며, 높은 계층의 욕구를 가진 부하들에게는 고용자 지향적인 리더십 행태가 효과적일 것이다.

c) 과거의 경험과 경력 부하의 과거 경험과 경력이 리더십 과정에 영향을 미칠 수도 있다. 예컨대 오랫동안 참여적이고 고용자중심적인 행태를 가진 지도자 밑에서 일했던 부하들은 지시적이고 과업지향적인 지도자에게는 역기능적인 반응을 보일 것이다.

(다) 집단적 요인 집단의 특성도 지도자의 리더십에 중요한 영향을 미치는바, 집단요인으로서는 다음과 같은 것을 들 수 있다.

a) 집단발전단계 집단의 발전단계가 리더십 행태에 영향을 미칠 수 있다. 즉, 시작단계의 행태는 내부문제 해결단계에서는 적절하지 못하다.

b) 집단구조 집단규범, 단결력 등과 같은 집단구조가 지도자의 리더십 행태의 효과성에 많은 영향을 미친다.

c) 집단과업 과업의 성질이 지도자의 영향력 활동(influence activities)의 성공 여부에 중요한 영향을 미친다. 예컨대 과업이 복잡한 집단은 일상화된 과업을 가진 집단과는 완전히 다른 리더십 행태를 필요로 한다. 생산지향적인 과업(production-type tasks)에 성공적인 리더십 행태는 문제해결적인 과업(problem-solving task)을 수행하는 집단에 대해서는 부정적으로 작용하는 경우가 있다.

(라) 조직상의 요인 이는 리더십에 영향을 미치는 가장 중요한 요인으로서 여기에는 다음과 같은 것을 포함한다.

a) 권한의 기초 이것은 지도자의 권한의 기초가 합법적 권한(지도자의 직위로부터 나오는 권한)인가 강제적 권한(지도자가 명령에 불복종한 부하에게 벌을 가하는 권한)인가 보상적 권한(지도자가 요구에 복종한 부하에게 돈·승진 등 보상을 주는 권한)인가의 문제로서, 어떤 확실한 권한의 기초가 없다면 부하들에게

영향을 미칠 수 있는 지도자의 능력은 제한될 것이다.

b) 규칙과 절차 고용자의 작업을 유도하는 데 사용되는 규칙·절차 및 관습 등이 지도자의 리더십 행태에 영향을 미친다.

c) 전문화의 정도 간호원·과학자·교육자 등과 같은 고도의 전문가 집단의 경우, 업무수행은 지도자보다는 그들의 학문적 배경이나 경험에 의존한다. 따라서 지도자의 영향력은 제한된다.

d) 시 기 즉각적인 결정이 요구되고 고도의 긴장이 감도는 상황이라면 집단구성원들의 참여가 극도로 제한된다. 그러므로 위기상황에서의 참여적인 리더십은 비효과적일 가능성이 높다.

이상에서 설명한 상황적 요인들로 미루어 볼 때 리더십 유형과 지도자의 행태가 매우 복잡한 과정이라는 것을 알 수 있다.

② 내 용 이러한 상황적 접근방법의 주요 내용을 살펴보면 다음과 같다.

(가) Fiedler의 상황호의성이론79) F. E. Fiedler는 지도자가 자기의 작업집단에 대하여 영향력을 행사할 수 있는 상황의 '호의성'(favorableness)을 결정할 수 있는 요인으로서 다음의 세 가지 변수를 들고 있다.

첫째는, 지도자와 집단구성원에 있어서의 관계의 질(the quality of leadergroup member relation)이다. 이것은 지도자의 집단구성원에 대한 개인적인 관계가 보다 온정적이고 친밀하게 되면 그만큼 호의적(favorable)인 상황이 전개된다는 것이다.

둘째는, 지도자의 부하에 의하여 수행되는 과업의 구조(the structure of the tasks performed by the leader's subordinates)이다. 이것은 집단에 할당된 과업이 잘 계획되어 명확하게 규정되는 정도가 크면 클수록 호의적인 상황이 나타난다는 것이다.

셋째는, 지도자의 지위의 권능(position power of the leader)이다. 이것은 지도자의 공식상의 지위에 귀속하는 권한이 클수록 그만큼 호의적 상황이 된다는 것이다. 그리하여 자기의 집단으로부터 호의를 받고, 또 명확한 과업과 고도의 지위의 권능을 지니고 있는 지도자는 스스로가 원하는 무슨 일이든지 할 수 있고, 반면 자기의 집단구성원과의 관계가 좋지 않고 또 명확한 과업도 없고 지위의 권능도 약한 지도자는 자기의 집단에 대하여 충분한 영향력을 행사할 수 없다는 것이다.

---

79) Richard N. Osborn, James G. Hunt, Lawrence R. Jauch, *Organization Theory: An Integrated Approach*(New York: John Wiley & Sons, 1980), p. 457.

Fiedler는 지도자의 행동성향을 'LPC'(Least Preferred Co-worker score: 최소동료선호계수)라는 지표를 사용하여 리더십과 집단업적의 관계를 조건지우는 상황이론으로서 집단의 상황호의성을 가정하고 있다.[80] 'LPC'란 지도자가 추종자를 평가하는 경우에 인간적 관용성을 측정하는 지표이며, LPC계수가 높을수록 지도자는 고용자지향적인 행동을 취하며, LPC계수가 낮을수록 지도자는 과업지향적인 행동을 취한다는 것이다.

(나) House의 목표-경로이론[81] R. J. House는 목표-경로이론(path-goal theory)이라고 불리는 리더십이론 가운데서 리더십의 기능을 조건지우는 상황요인으로서 업무의 특성을 도입하고 있다. 이 이론은 동기부여의 기대이론을 기초로 한 리더십이론으로서 기대·결과의 유의성(valence)에 대응하여 각각 경로(path)·목표(goal)라는 용어를 사용하고 있다. 즉, 추종자의 행동은 목표지향적 행동이라고 가정하고 있으며 그들은 무엇인가 결과를 얻는 것을 목표로 하여 행동한다는 것이며 한편 지도자는 추종자의 목표인지에 영향을 줌으로써 추종자의 동기부여강도를 변화시킬 수 있다는 것이다.

House의 조사결과에 의하면 업무가 일상화되지 않고 추종자의 역할이 애매할 경우에는 리더십은 추종자의 목표-경로를 명확히 해 줌으로써 동기부여를 높여 줄 수 있으나, 업무가 일상화되어 있고 추종자의 역할이 이미 명확한 경우에는 리더십은 반대의 결과를 나타낸다고 한다.

요컨대, 목표-경로이론은 추종자의 동기부여구조를 기대이론에 입각하여 정의하고 있으며 지도자가 추종자로 하여금 목표를 인지하도록 하고 그 목표에 도달하는 경로를 확실하게 인지하게 해 주는 데 이 이론의 의의를 찾아볼 수 있다.

Ⅲ. 리더십의 유형

리더십의 유형(leadership style)은 학자에 따라 분류방법이 제각기 상이하나, 여기서는 가장 보편적이라고 생각되는 G. A. Steiner, R. White와 R. Lippitt 그리고 W. J. Reddin의 유형론을 중심으로 살펴보고자 한다.

---

80) Fred E. Fiedler, *A Theory of Leadership Effectiveness*(New York: McGraw-Hill, 1978), p. 41.
81) Richard N. Osborn et al., *op. cit.*, p. 463.

1. Steiner의 유형

리더십 유형에 관하여 가장 널리 알려진 것은 G. A. Steiner의 권위적 리더십(authoritarian leadership)과 민주적 리더십(democratic leadership)이다. 관료제 내에서의 이러한 이분법은 다음과 같다.[82)]

(1) 권위적 리더십

권위적 지도자는 한 마디로 지도자가 집단의 활동을 지배해야 한다고 생각한다. 즉, 이들에 있어서 최대의 관심사는 오직 조직의 생산성을 극대화시키는 것이며 그것을 위해서는 어떠한 일도 정당화된다.

또한 권위적 지도자는 명령에 대한 무조건적인 복종을 기대한다. 이들은 부하들의 제안을 받아들이려고 하지 않으며 의사결정 과정에 부하의 참여를 허용하지 않는다. 따라서 권위적 지도자의 리더십 행태는 자의적이며 폐쇄적이다.

(2) 민주적 리더십

민주적 지도자는 부하에 대한 관심이 많으며 그들의 개성을 존중해 주고, 의사결정과정에 부하들의 참여를 인정하여 부하들이 제시한 의견을 수용하는 태도를 취한다.

2. White와 Lippitt의 유형

R. White와 R. Lippitt는 지도자가 사용하는 권위와 부하의 참여형태에 따라 권위적 리더십(autocratic leadership), 민주적 라더십(democratic or participative leadership), 그리고 자유방임적 리더십(laissez faire leadership)의 세 가지로 구분하고 있다.[83)]

(1) 권위적 리더십

권위적 지도자는 모든 결정을 스스로 행하며 미래의 상황을 예측하기 어렵고 칭찬과 벌칙에 있어서 매우 개인적(personal)이다. 따라서 지도자는 집단과 소원하며 부하들은 조직목표에 수동적으로 반응하고 지도자에 대해서 의존적이다. 그러나 신속한 의사결정이 필요할 때는 이러한 리더십이 유용하다.

---

82) Bernard Berelson and Gary A. Steiner, *Human Behavior: An Inventory of Scientific Findings* (New York: Harcourt Brace and Word, 1964), p. 374.

83) Ralph White and Ronald Lippitt, *Autocracy and Democracy*(New York: Harper and Row, 1960), pp. 26~27.

(2) 민주적 혹은 참여적 리더십

모든 결정은 집단적 토의에 의해 이루어지며 조직의 목표는 수많은 부하에 의해서 결정된다. 민주적 지도자는 부하의 자발적 활동을 허용하며, 칭찬과 벌은 객관적(objective)이다. 따라서 민주적 지도자 아래서는 관리자와 부하의 관계가 형성되며 사기가 높아지고, 부하의 지도자에 대한 의존성은 감소한다. 그러나 의사결정에 부하들이 광범위하게 참여하기 때문에 시간이 낭비되며 어떤 경우에는 생산성이 떨어질 수도 있다.

(3) 자유방임적 리더십

자유방임적 리더십은 부하의 자유를 완전히 허락해 주며 지도자는 조직의 의사결정에 전혀 참여하지 않는다. 뿐만 아니라 지도자는 부하에게 칭찬과 벌을 할 줄 모르며 따라서 부하에게 외적인 동기부여를 할 수 없다. 부하의 창의성이 개발되고 매우 독립적이라는 장점은 있으나, 이러한 리더십은 방향설정과 통제를 하지 않기 때문에 부하들을 당황하게 하거나 조직의 혼란을 초래할 수도 있는 것이 커다란 결점으로 지적된다.

3. Reddin의 리더십 유형

W. J. Reddin은 Blake와 Mouton의 관리자유형론[84]을 효과성과 관련시켜 효과적 리더십의 3차원적 모델을 제시하고 있다.[85] 그는 관리자의 유형을 세 가지 효과성의 차원에 결합시켜 상황에 알맞은 리더십 유형을 전개하고 있다.

Reddin에 의하면 리더십 유형은 기본적으로 네 가지가 있으나 이러한 네 가지 리더십 유형이 상황에 따라 효과적일 수도 비효과적일 수도 있다는 것이다. 이러한 리더십의 네 가지 기본유형은 Blake와 Mouton, Ohio주립대학의 리더십 연구결과와 동일한 것이나, 이것을 효과성의 차원에서 리더십의 유형을 재분류하였다는 점에서 오늘날의 상황적 리더십이론에 입각한 유형론이라 할 것이다.

Reddin에 의하여 제시된 리더십 유형을 그림으로 나타내어 설명하면 다음의 [그림 3-4]와 같다.

이 그림에서 살펴볼 수 있는 바와 같이 상황이 보다 적합한 경우에는 기본적

---

84) Blake와 Mouton의 관리유형도(managerial grid)에 관한 구체적인 내용은 Robert R. Blake and Jane S. Mouton, *The New Managerial Grid*(Houston, Texas: Gulf Publishing Company, 1978) 및 제 3 편 제 2 장 제 4 절 참조.

85) Fred Luthans, *Organizational Behavior*, fourth edition(New York: McGraw-Hill Book Company, 1985), pp. 502～503.

[그림 3-4] Reddin의 3차원적 리더십의 효과성 모델

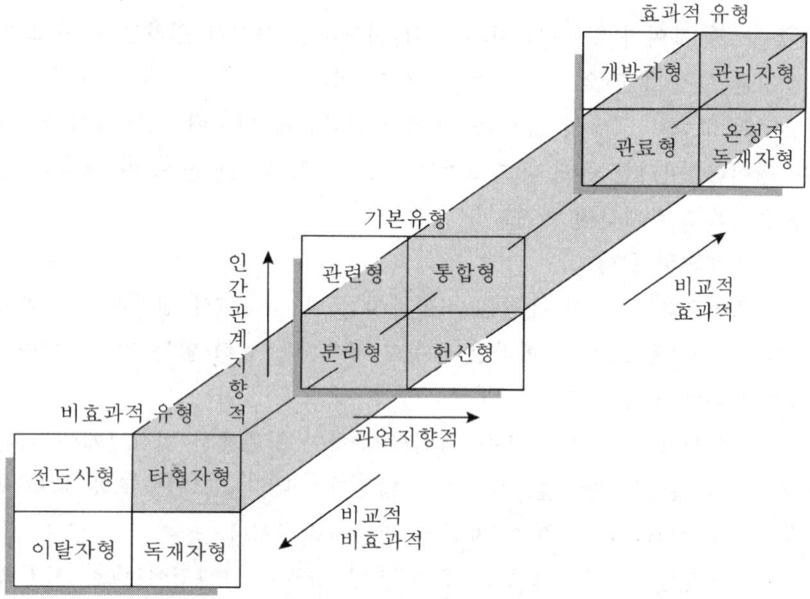

리더십 유형은 효과적 리더십 유형이 되는바, 분리형은 관료형으로, 관련형은 개발자형으로, 헌신형은 온정적 독재자형으로, 통합형은 관리자형으로서의 역할을 하게 된다. 반대로 상황이 적절하지 못할 경우는 기본적 리더십 유형이 비효과적 리더십 유형으로 되는바, 분리형은 이탈자형으로, 관련형은 전도사형으로, 헌신형은 독재자형으로, 통합형은 타협자형으로서의 역할을 하게 된다.

Reddin에 의하여 제시된 효과적 리더십 유형과 비효과적 리더십 유형을 각각 살펴보면 다음과 같다.[86]

(1) 효과적 유형

① **관리자형** 이 유형은 과업과 인간관계에 커다란 관심을 보이며 훌륭한 동기부여자로서 또 높은 기준을 설정해 주고 개인적 차이를 조정하여 집단관리를 유효하게 한다.

② **개발자형** 이 유형은 인간관계에 큰 관심을 보이나, 과업에는 관심을 크게 보이지 않는다. 이러한 유형의 지도자는 인간을 맹신하고 개인으로서 그 구성

86) William J. Reddin, "Managing Organizational Change," *Personnel Journal*, July 1969, p. 503.

원들을 발전시키는 데 주된 관심을 가진다.

③ 온정적 독재자형 이 유형은 과업에는 큰 관심을 보이나 인간관계에는 관심을 크게 보이지 않는다. 이 유형의 지도자는 자신이 원하는 것과 그것을 타인의 불평을 사지 않고 얻는 방법을 잘 알고 있다.

④ 관 료 형 이 유형은 과업과 인간관계 양자에 모두 관심을 크게 두지 않는 형이다. 이러한 유형의 지도자는 주로 규칙에 관심을 두며 그것을 통하여 상황을 유지하고 통제하려 한다.

(2) 비효과적 유형

① 타협자형 이 유형은 적합하지 못한 상황에서 인간관계와 과업의 양자에 커다란 관심을 보인다. 이러한 유형의 지도자는 능력 없는 결정자이며 대내외적 압력에 커다란 영향을 받는다.

② 전도사형 이 유형은 적절하지 못한 상황에서 인간관계에 커다란 관심을 보이나 과업에는 관심을 거의 두지 않는다. 이런 지도자는 조화 그 자체를 궁극적 목표라고 생각하는 전형적 '자선가'(do-gooder)이다.

③ 독재자형 이 유형은 좋지 못한 상황에서 과업에는 큰 관심을 보이나 인간관계는 등한시하는 형이다. 이런 지도자는 타인을 믿거나 명랑하지 못하며 단지 현재의 직무에만 관심을 둔다.

④ 이탈자형 이 유형은 부적절한 상황에서 과업이나 인간관계 모두에 관심을 거의 두지 않는 형이다. 이러한 지도자는 수동적이며 무관심한 태도를 지닌다.

요컨대, Reddin의 위와 같은 리더십 유형론은 자질 · 집단 · 상황이라는 세 가지 이론적 토대를 사용하였으며 지도자가 효과성을 실현하기 위해 적응적 유형을 가져야 한다는 점을 강조한 것으로 보다 현실적이며 고차원적 리더십 유형론이라 할 것이다.

Ⅳ. 리더십의 기술

1. 적응적 흡수(cooptation)

적응적 흡수란 조직의 안정성이나 존립에 대한 위협을 회피하는 수단으로서 조직의 정책결정 구조에 환경의 새로운 요소를 흡수시키는 과정을 의미한다. 이러한 적응적 흡수에 의하여 조직은 환경 속에서 안정성을 획득할 수 있다. 예를 들면 지배계급은 새로운 요소를 흡수시킴으로써 그 자체의 안정성을 유지할 수 있게 된다는 것이다.

2. 후견책(sponsorship)

지도자가 부하직원의 채용·승진 등에 대하여 영향력을 가지고 있으며, 자기와 친근하고 유사한 요소를 지닌 사람을 추천하는 경향이 있다. 지도자가 친근하게 지내고 있는 사람, 또는 지연·학벌에 따라서 사람을 후계자로 등용하고 후견함으로써 조직 내에 있어서의 자기의 지위를 굳게 하는 것을 후견책이라 한다.

3. 동기부여(motivation)

거의 모든 의식적 행동은 동기에 기인하고 있다. 동기란 개인의 욕구의 표현이며 내적인 것이다. 한편 유인이란 외적인 것이며, 개인이 환경 속에서 자기의 목표를 실현시키는 데 도움이 되는 것이라고 인식하는 것이다. 유인이 개인에게 적합하면 만족감을 느끼게 될 뿐만 아니라 조직 내의 생활과 행동도 정상화된다. 적절한 유인으로서는 i) 높은 수입과 안정, ii) 사회적 지위 및 존경, iii) 업무에 대한 매력, iv) 발전과 승진, v) 활동의 가치성과 참여의식, vi) 의사발표의 자유 제공, vii) 공정하고 유능한 감독 등을 들 수 있다.

제11절 의사전달

Ⅰ. 의사전달의 의의

조직에 있어서의 의사전달체계와 생물학상의 유기체에 있어서의 신경체계와는 기능의 관점에서 보면 공통점을 지니고 있다.

H. F. Gortner에 의하면 의사전달(communication)이란 “한편으로는 조직 내에 있어서의 중추의 의사결정장치가 조직의 각부에 명령을 전달하고, 다른 한편으로는 조직에 중대한 이해관계를 갖는 조직 내외의 현상과 변화의 상태를 끊임없이 중추의 의사결정 장치에 전달함으로써, 조직의 각 부분을 연결하여 하나의 유기체로서 통일해 나가는 것”을 뜻한다. 그리하여 N. Wiener의 표현을 빈다면 의사전달(communication)이란 "조직을 구성하는 접착제"(the cement that makes organizations)라고 한다.

따라서 어떤 집단을 막론하고 그 구성원 상호간에 의사전달망이 설치되어 있지 않으면 공동목표의 적극적 실현을 향하여 행동할 수 없는 것이다. 환언하면 의사전달망의 정비를 기다려서 비로소 집단은 그 구성원간에 있어서의 공통적인 사고, 합의의 조성 및 공동적 행위의 3자를 구체적으로 실현할 수 있게 되는 것이다. 요컨대 조직과 communication은 끊을 수 없는 표리일체의 관계에 있다고 하겠다.

Ⅱ. 의사전달의 유형

1. 공식적 의사전달과 비공식적 의사전달

공식적 의사전달이란 공식적 조직에서 공식적 수단에 의하여 의사가 전달되는 것을 말하며, 이에 대하여 비공식적 의사전달은 비공식적 조직에서 비공식적 수단에 의하여 행하여지는 의사전달을 말한다. 전자의 예로는 공문서에 의한 것을 들 수 있고, 후자의 예로는 어떤 장소에서 행하여지는 소문의 전파를 들 수 있다.

행정기관 내에서 일어날 수 있는 모든 사태를 모두 예견할 수는 없으므로 모든 사태에 대처할 공식적 의사전달의 수단을 강구한다는 것은 어려우며, 또한 공식적 의사전달은 인간의 다양한 모든 욕구를 충분히 표현할 수 없어 조직의 참된 요구를 반영시키지 못하므로 비공식적 의사전달이 이것을 보완하게 되는 것이다.

2. 상의하달적 의사전달

상의하달적 의사전달이란 상관이 부하에 대하여 행하는 의사전달을 말하며, 여기에는 명령과 일반적 정보가 있다.

(1) 명 령

명령은 구두 또는 문서에 의하여 행하여지는데, 구두에 의한 의사전달은 교육정도가 낮은 사람에게, 문서에 의한 의사전달은 교육정도가 높은 사람에게 적합하다.

(2) 일반적 정보

일반적 정보란 조직과 업무에 관하여 구성원의 일반적 지식을 높임으로써 행정의 능률을 향상시키고 그들의 소속감을 앙양시키고자 하는 목적 아래 행하여지는 의사전달방법이다. 예로서 편람은 조직구성원에 대하여 조직의 방침·절차·관행 등을 전달하는 것이다. 일반적 정보의 기타 수단으로는 구내방송, 게시판, 기관지 등을 들 수 있다.

3. 하의상달적 의사전달

하의상달적 의사전달은 부하가 상관에 대하여 행하는 의사전달을 말하며, 여기에는 보고 · 제안제도 · 면접 및 직원 의견조사 등이 있다.

(1) 보 고

이러한 하의상달적 의사전달방법 중 중요한 것은 보고이다. 상관은 자기의 계획을 어떻게 반영하여야 할 것인지를 정하기 위해서 부하로부터 보고를 받지 않으면 안 된다. 그러므로 보고는 상관으로 하여금 필요한 결정이나 지시를 내릴 수 있게 하고 필요한 행동을 취할 수 있게 하는 근원이 되는 것이다. 이것은 문서보고와 구두보고로 구분된다.

(2) 제안제도

하의상달적 의사전달의 둘째 방법은 제안제도이다. 제안제도란 공무원으로 하여금 행정면의 개선점 또는 보다 합리적이며 능률적인 처리방안을 제안시켜, 심의결과 그것이 기관의 운영 전반에 공헌이 있을 것으로 인정되는 경우 그 공헌의 정도에 따라 보상이 지급되는 제도이다.

(3) 면 접

하의상달적 의사전달의 셋째 방법은 면접이다. 이것은 행정당국이 면접기술에 능한 자를 상담역으로 채용하고 직원들이 행정당국에 대하여 느끼는 바를 알아냄으로써 행정에 반영시키려는 제도이다.

(4) 직원 의견조사

하의상달적 의사전달의 넷째 방법은 직원의 의견 또는 태도조사이다. 이것은 직원에게 질의서를 내어 사기, 의사전달의 문제점 또는 행정시책의 성공 여부 등을 평가하는 제도이다.

Ⅲ. 의사전달의 지도원리

C. E. Redfield는 의사전달의 지도원리로서 다음의 일곱 가지를 들고 있다.[87]

87) Charles E. Redfield, *Communication in Management*(Chicago: University of Chicago Press, 1958), pp. 29～45.

⑴ 명료성(clarity)

의사전달은 명확한 용어와 간결한 문장으로 표현되어야 한다.

⑵ 일관성(consistency)

의사전달은 앞뒤가 일관되어야 한다.

⑶ 적당성(adequacy)

의사전달은 적정량을 기해야 하며, 너무 많아도 안 되고 너무 적어도 안 된다.

⑷ 적시성(timeliness)

의사전달은 행동을 취할 수 있는 충분한 시간적 여유를 두고 전달되어야 한다.

⑸ 분포성(distribution)

정보는 전달자로부터 피전달자에게 고르게 전달되어야 한다.

⑹ 적응성과 통일성(adaptability and uniformity)

적응성이란 융통성을 말하며, 통일성은 적응성에 상반되는 개념인데, 여기서 적응성과 통일성을 어떻게 조화시키느냐 하는 것이 문제된다.

⑺ 관심과 수용(interest and acceptance)

의사전달은 피전달자의 수긍을 제고시켜야 한다. 관심과 수용 없이는 효과적인 의사전달이 이루어지기 어려운 것이다.

Ⅳ. 의사전달의 저해요인

의사전달을 효과적으로 달성하기 위해서는 적절한 전달수단을 필요로 하는 것이다. 그러나 의사전달은 언제나 소기의 효과를 거둘 수 있는 것은 아니다. 왜냐하면 행정의 실제적 운영에 있어서는 여러 가지 요소들이 작용하여 의사전달의 효과를 저해하기 때문에다. 의사전달에 있어서의 저해요인을 들어 보면 다음과 같다.

1. 언어의 장해

의사전달에 있어서의 주요한 수단은 언어라 하겠다. 그러므로 언어의 부정확한 사용은 행정상의 효과적인 의사전달을 저해하는 요인이 된다.

2. 행동의 준거기준의 차이

의사전달은 어떤 수단을 통하든지 인간의 신경계통에 자극을 주는 것임에는 틀림없다. 그런데 이와 같은 자극은 그것을 받는 사람에 의하여 우선 선정이라는 과정을 통하여 각자에 따라 틀리게 취사선택되고, 이 관문을 통과한 것만이 실제로 행동을 불러일으키는 것이다. 따라서 같은 내용의 의사전달을 동시에 같은 수단에 의하여 받더라도 이 선정과정 때문에 각자 상이한 해석 또는 행동으로 나타나게 된다. 이러한 선정을 할 경우 인간은 그가 지니고 있는 경험·성격·사상 등에 비추어서 취사선택을 하는 것이다.

이와 같은 경험·성격·사상 등의 총체를 가리켜 행동의 준거기준(frame of reference)이라고 하며, 각자가 지니고 있는 상이한 행동의 준거기준은 의사전달의 저해요인으로서 기능한다.

3. 지위상의 차이

사람이 조직의 계층상에서 차지하는 지위가 서로 다르기 때문에 의사전달이 어려워지는 수가 많다. 일반적으로 상사가 부하에 대하여 행하는 의사전달은 권한관계를 배경으로 하기 때문에 부하의 상사에 대한 의사전달보다 용이하다.

4. 지리상의 거리

의사전달자와 피의사전달자간에 거리상의 간격이 크면 직접 접촉할 수 없을 뿐만 아니라 때로는 원거리로 인하여 간접접촉도 시일이 걸리며 어려울 때가 많다. 그러므로 지리상의 거리도 의사전달의 저해요인이 된다.

5. 의사전달자의 자기방어

의사전달의 개시자가 부하인 경우에는 자기에게 불리한 영향을 미칠 우려가 있는 의사전달은 보류하고, 유리한 것만 골라서 상사에게 전달하는 경향이 있다. 또한 상사는 부하로부터 비판적인 것은 듣기 싫어하기 때문에 듣기 좋은 것만 골라서 전달한다. 따라서 의사전달의 개시자가 자기방어를 위해서 사용하는 수단은 의사전달의 저해요인이 된다.

6. 타 직무가 주는 영향

일반적으로 행정관들은 의사전달 이외의 직무를 자기 본래의 책임으로 맡고 있다. 이러한 본래의 책임에 충실하고 그것에 분주한 결과, 수단으로서의 의사전달에는 충분한 배려를 할 수 없고 시간상의 제약을 받는 때가 많다. 따라서 타 직무가 주는 영향도 의사전달의 저해요인의 하나로 들 수 있다.

7. 의식적 제한

의식적 제한이란 행정기관이 필요하다고 인정하는 사항에 관하여 각급의 비밀제도를 두는 것을 말한다. 이러한 비밀제도는 자유로운 의사전달을 제한하는 요소가 되는 것이다.

제12절 공공관계〔행정 PR〕

Ⅰ. 행정 PR의 의의

일반적으로 행정 PR(Public Relations)이란 "행정주체인 행정기관이 대중전달매개체(mass media)를 통하여 시민의 의견이나 태도에 영향을 미치는 기술적 숙련"이라고 개념 규정하고 있으나, 이렇게 기술적 관점에서 본다면 PR을 선전(propaganda)과 구별하기 힘들다. 왜냐하면 선전도 'mass media'를 통해서 시민의 의견과 태도에 영향을 미치는 기술적 숙련으로 볼 수 있기 때문이다. 따라서 우리는 PR을 실질적 내용에 관계되는 이념의 관점에서도 고찰할 필요가 있다. 여기서 말하는 이념의 관점이란 기만이 내포된 선전과는 달리, PR은 "사실에 입각한 정확한 정보(information)를 제공하는 것"이라고 하겠으며, 또한 일방적으로 교리를 퍼뜨리는 선전과는 달리, PR은 "의사소통에 있어서의 상호과정(two way process)의 확보"에서 그 본질을 찾아볼 수 있다. 즉, PR은 행정기관이 시민에게 정보를 전달하는 기능과 행정기관이 시민으로부터 정보를 받아들이는 두 가지 측면에서 이해할 수 있다. 이것은 종래 흔히 상의하달의 전통만을 지니고 있었던 PR의 의미를 수정하는 것이다.

여기서 PR의 현대적 의의를 살펴보면, 첫째는, 행정에 있어서의 민주주의의 요청이다. 즉, 현대 민주주의는 시민에 의한 정부의 통제, 시민의 정치에의 참여를 요구한다. 이것은 바로 '피치자의 합의에 의한 통치'(government by consent of the governed)를 의미하는 것이다. 이런 통치를 위해서는 무엇보다도 '정부가 무엇을 하고 있는가'에 관한 정부의 운영상황에 관해서 충분한 정보가 시민에게 제공되지 않으면 안 된다.

둘째는, 행정에 있어서의 합리화 · 능률화의 요청이다. 가령 행정활동이 능률적으로 전개되고 있다고 하더라도 그 수익자나 시민이 그것을 수용하지 않는다면 행정활동의 능률성을 평가받기 어렵다. 그러므로 행정에 대한 시민의 이해와 지지를 획득하기 위한 행정기관의 능동적인 의사소통 활동이 중요시된다.

셋째는, 행정에 있어서의 인간화의 요청이다. 현대행정에 있어서는 흔히 관료제화의 경향이 농후하다. 이러한 관료제화의 경향은 한편으로는 법규에 의한 일반적 타당성을 추구함으로써 민주주의의 평등의 이념에 이바지하고 또 획일적인 사무처리체계를 확립함으로써 능률화의 요청을 충족시키고 있으나, 다른 한편으로는 개별적 · 인간적 요소를 경시하는 단점도 노정하고 있다. 그러므로 창구에 있어서의 시민접촉의 개선, 고충, 불만의 처리 및 행정상담의 제도화 등 광범위한 행정의 인간화를 위한 노력이 요청된다.

Ⅱ. 행정 PR의 필요성

생각건대 극단적인 자유방임을 기초로 하였던 야경국가 시대에 있어서는 국가권력의 시민사회에의 개입을 적극 배제하고, 국민대중의 자율적인 활동에 맡겼던 것이다. 따라서 시민사회는 '최소의 행정이 최선의 정부'라는 정치이념을 지지하며, 정부를 필요악(necessary evil)으로 생각하였던 것이다.

그러나 현대의 국가기능의 확대에 따르는 행정기관의 팽창은 필연적으로 행정국가를 등장케 하였으며, 새로운 행정국가의 활동은 국가와 시민사회의 관계를 급격히 변화시켰다. 즉 시민사회의 생활이 점차 복잡하여지고 정부의 기능이 확대됨에 따라 일반시민은 정확한 정보를 얻고 또한 공공문제에 대하여 건전한 판단을 하기가 어렵게 되었다. 여기에 정부와 시민간에 선의의 협력관계를 촉진하고 개선하려는 정부의 제 활동, 즉 공공관계의 필요성이 생기게 된 것이다.

현대행정에 있어서 공공관계가 중요시되는 이유는 행정이 민주주의를 전제로 하는 한 국민의 여론을 경청하여 국민이 원하는 정책과 계획 및 방침을 세우고 집행해야 하기 때문이다.

Ⅲ. 행정 PR과 의사전달 · 선전의 공통점과 차이점

1. 의사전달(communication)과의 혼동

공공관계와 의사전달은 둘 다 상징에 의한 정보 · 생각 · 감정의 전달이며, 상대방의 이해와 협조를 얻고자 영향력을 미친다고 하는 점에서는 동일하나, 의사전달은 조직 내부에 있어서의 의사소통을 말하며 공공관계는 정부와 국민간의 의사소통이라는 점에서 서로 다르다.

그러나 의사전달이 조직 내의 의사소통이라고 하더라도 그 조직과 밀접한 이해관계를 가진 시민의 협조 없이는 조직 내에서 직원이 아무리 열심히 일을 하려해도 그 조직의 성과가 향상될 수 없음을 감안한다면 의사전달을 공공관계와 완전히 분리시켜서 생각할 수는 없는 것이다.

2. 선전(propaganda)과의 혼동

공공관계와 선전은 인간의 집단의견에 영향을 미치려고 하는 점에서 같지만 그 방법상 차이가 있다. 즉 선전은 일방적이고 공중에 대하여 모든 정보를 모두 제공하는 것이 아니라 선전자 자신에게 호의적인 것만을 자의적으로 선택하여 전달하는 것이다. 그러나 공공관계는 다분히 상호교류적이며, 또한 공공관계는 왜곡 없이 사실상의 정보를 있는 그대로 모두 제공한다는 데에 근본적인 차이가 있다.

Ⅳ. 행정 PR의 기능

1. 행정 PR의 순기능

먼저 행정 PR의 순기능은 다음과 같다. i) 행정 PR은 의사소통과정을 통하여 국민에게 사회의 모든 사정을 이해시키며 나아가 정치지도자로 하여금 국민생활에 영향을 주는 제반 조건을 개선케 하고, 일반국민에게 행동의 방향을 제시 또는 설득하도록 도와 준다. ii) 행정 PR은 의사교환과정을 통해서 개인과 집단 그리고 사회를 조정시키고 이해시키며 특히 새로운 개혁이나 정책에 대한 국민의 지지와 동의를 획득함으로써 국민을 통합시키는 역할을 한다. iii) 행정 PR은 정부가 대민관계에서 야기된 오해를 해소시키고 갈등을 감소시켜 상호간의 이해와 화목을 촉진시킨다. iv) 원활한 PR을 통해서 국민의 정부에 대한 비판을 중화시키거나 국민으로부터의 의사전달에 의해 정부기관은 비판에 대한 대응책을 강구할 수 있다.

v) 후진국의 경우 정체성의 위기(identity crisis)는 통일된 국민의식의 결여에서 발생하므로 PR을 통해서 이런 국민의식과 주체의식을 제고할 수 있다.

2. 행정 PR의 역기능

다음 행정 PR에는 이상의 순기능만이 아니라 역기능도 있는데 이를 살펴보면 다음과 같다. i) 매스컴의 사용으로 인하여 일반적으로 정부의 실정이나 진상을 가려 내기 어려운 경우가 있고, 한편 정부는 여론을 통해 지나친 선전효과를 기대하는 경우도 있다. ii) 행정 PR을 통해 잘못된 정보가 국민에게 투입되거나 혹은 조작적 성격이 농후할 때에는 국민의 정치적 무관심을 더욱 자아낼 우려가 있다. iii) 행정의 중요성이 증대되고 있기는 하지만 국가기능이 증대되면서 군사적 · 외교적 문제에 관한 정보는 비밀이 요구되기 때문에 PR의 한계성이 있게 된다.

Ⅴ. 행정 PR의 과정과 대상

1. 행정 PR의 과정

공공관계의 과정은 하나의 순환과정으로 파악된다. 즉 정부가 국민에게 공보를 하고 이에 대한 국민으로부터의 반응을 파악하며, 여기서 파악된 반응을 다시 다음 공보에 반영하여 새로운 공보를 하게 되는 것이다.

이러한 순환과정에서 고려되어야 할 요소로서는 첫째, 전달할 내용 및 전달방법의 적절한 선택, 둘째, 공보에 대한 국민반응의 정확한 파악 등을 들 수 있다.

우선 전달의 내용은 그때 그때의 공공관계의 목적에 따라 결정될 것이나 공공관계는 일방적인 전달에 그치는 것이 아니라 국민을 이해 · 설득시키고 나아가 국민이 정부활동에 적극적으로 협조하도록 유도하는 것이 되어야 하기 때문에 구체적인 내용은 그 나라의 사회심리, 정치문화 등을 충분히 감안한 뒤에 결정되어야 할 것이다.

의사전달의 수단으로서는 신문, 라디오, TV, 책자, 화보의 발행, 여론지도자(opinion leader), 게시판 및 현상논문, 표어 등을 들 수 있다. 다음으로 고려할 것은 공보에 대한 시민의 의견 · 태도 등 반응의 파악인데, 이를 파악하는 방법으로는 언론 · 민원 · 여론조사 · 각종 정보기관 등을 들 수 있다.

2. 행정 PR의 대상

(1) 일반시민

일반 행정기관에서는 수시로 대민접촉을 하게 되므로 실내의 구조, 기물의 배치, 집무태도 및 복장에 이르기까지 세심한 주의를 하지 않으면 안 된다. 특히 민원관계의 업무나 그들과의 상담에 있어서는 친절과 봉사의식이 절실히 요청된다.

(2) 입법의원

여기서 입법의원이라 함은 특정 행정기관의 업무와 관련을 맺고 있는 해당 분과위원을 말하는데, 이들 입법의원들과 협력관계를 맺는 것이 바람직하다.

(3) 압력단체(이익단체)

압력단체의 의견과 활동을 무시할 수 없다. 그 이유는 이들은 전국적인 조직을 가지고 의회와 행정부 및 사법부에 압력을 가하거나 또는 여론을 일으키며, 경우에 따라서는 행정기관에 직접 찾아와서 그 집행과정에까지 영향력을 미치기 때문이다.

Ⅵ. 행정 PR의 문제점과 개선방향

1. 문 제 점

(1) 관료적 지배

관료들의 전근대적인 가치관 내지는 사고방식이 아직까지도 남아 있어 관료들이 공공관계를 국가의 이익을 위해서가 아니라, 집권당의 당리를 위해 이용하는 경우가 허다하였다. 그리하여 종래 국민 사이에 관료적 지배와 정부에 대한 불신의 경향이 농후하였다.

(2) 신문의 보급률의 저조

정부와 국민간의 가장 중요한 의사전달 매개체인 신문의 보급률이 저조한 경향이 있다.

(3) 민의파악의 부정확성

공보기관에서는 관에서 민으로 공보를 하는 데만 관심을 갖고 민의 반응을 받아들이는 데는 관심을 적게 기울이는 경향이 있다. 예로서 우리 나라의 경우 정부 PR은 국정홍보처로부터 각 도·군·면·리에 이르는 일방적인 공식경로를 통하여 행하여지고 있는데, 이러한 의사전달경로만으로는 참다운 여론을 환기시키기 어려운 것이다.

2. 개선방향

(1) 행정 PR에 대한 인식의 개선

행정 PR은 선전과 엄격히 구별되어야 하며, 그 활동이 어디까지나 국가이익과 합치되어야 한다는 확고한 인식이 필요하다.

(2) 민의의 정확한 파악

민의를 정확히 파악하여 정책에 반영시킴으로써 국민의 자발적인 협조를 얻을 수 있는 것이다. 이러한 점에 비추에 볼 때 공보기능의 쇄신과 아울러 민의의 하의상달적 의사전달을 위한 조직의 정비가 요청된다.

(3) 매스 미디어의 보급 및 이용도

정부 PR의 효과를 증진시키기 위해서는 대중전달 매개체(mass media)의 이용도를 높이도록 하여야 할 것이다.

끝으로 현대의 정부는 그 기능이 확대되어 가고 있고, 더욱이 발전도상에 있는 국가는 행정부가 근대화를 촉진시키는 데 중요한 역할을 담당하고 있다. 따라서 국가발전을 위한 제 사업을 추진함에 있어서 국민의 적극적인 협조와 지지를 획득해야 함은 물론 일치된 국민정신을 통해 발전사업을 추진해야 하며, 이를 위해서는 정부 PR의 중요성에 대한 인식이 증대되어야 할 것이다.

제13절 관리과학

Ⅰ. 관리과학의 의의

올바른 대안의 평가와 선택을 통한 바람직한 행정관리를 위해서는 과거의 경험과 직관도 필요하겠지만, 이에 못지않게 객관적이고 과학적이며 합리적인 계량적 분석의 적용이 필요할 경우도 많다. 관리과학[88] (management science)이란 바로 이러한 계량적 분석을 목표로 하는 연구분야를 가리키는 것으로서 우선 관리과학에 대한 정의부터 살펴보고자 한다.

P. M. Morse와 G. E. Kimbell에 의하면 "운영연구란 집행부처의 운영에 관한

88) 관리과학은 운영연구(operations research: O. R.)와 같은 의미로도 쓰이고 있다.

의사결정을 위하여 그들에게 계량적 근거를 제시해 주는 과학적 방법"이라고 한다.[89] 한편, W. E. Pinney와 D. B. McWilliams는 "관리과학이란 계량적 · 객관적 · 수리적 모형을 적용하여 문제를 해결하려는 접근방법이며, 문제를 해결하기 위하여 이용되는 분석적 도구와 절차 및 기법"[90] 이라고 한다. 또한 G. W. Churchman 등은 "가장 일반적인 운영연구는 운영을 통제하고 있는 사람들에게 문제의 최적해결안을 제시해 주기 위하여 체제의 운영을 포함한 제 문제들에 대해 과학적인 방법과 기법 및 도구를 적용하는 것"[91] 이라고 한다.

근래에 이르러 이러한 관리과학의 지식들이 널리 보급되고 있으며, 체제분석(system analysis), 선형계획(linear programming), 동적 계획(dynamic programming), 게임이론(game theory), 대기행렬이론(queueing theory), 시뮬레이션(simulation) 등의 분석도구도 널리 활용되기에 이르렀다.[92]

그러나 여기서 한 가지 주의해야 할 점은 관리과학이나 운영연구가 계량적이고 과학적인 분석을 강조한다고 해서 인간의 직권적인 판단이 중요하지 않다는 말은 아니다. 왜냐하면 분석의 대상이 되어야 할 중대한 부분이라 하더라도 이것이 계량적 · 과학적으로 측정되고 표현될 수 없는 경우가 많기 때문이다.

따라서 이러한 부분은 오히려 인간의 판단에 맡겨져야 할 것이며, 주어진 상황에 적용할 특정의 계량적 모형을 산택하거나 그 결과를 해석하는 것도 고도의 인간적 판단에 의존하여야 할 것이다.[93]

Ⅱ. 관리과학의 발달

관리과학의 기초적 개념들이 이용된 예는 19세기 초로 거슬러올라가지만, 오늘날 우리가 알고 있는 관리과학이 본격적으로 사용된 것은 제 2 차 세계대전중이었다. 이 기간 중에는 군사문제들을 해결하기 위하여 많은 과학자들이 참여하게 되

89) P. M. Morse and G. E. Kimbell, *Methods of Operations Research*(New York: John Wiley & Sons, 1951), p. 1.

90) William E. Pinney and Donald B. McWilliams, *Management Science*(New York: Harper & Row, Publishers, 1982), p. 1.

91) G. W. Churchman, R. H. Ackoff and E. L. Arnoff, *Introduction to Operations Research*(New York: John Wiley & Sons, 1974), p. 2.

92) 이러한 분석도구 혹은 관리과학의 기법에 관한 상세한 것은 다음의 '관리과학의 기법'을 참조할 것.

93) Gerald E. Thompson, *Management Science: An Introduction to Modern Quantitative Analysis and Decision Making*(New York: McGraw-Will, Inc., 1976), p. 4.

었는데, 이러한 군사적 운영문제에 관리과학을 최초로 활용한 국가는 영국이었으며, 곧 이어 미국에서도 군사문제에 관리과학을 적용하기에 이르렀다.[94]

그리고 특히 미국과 그 동맹국들은 태평양전쟁과 유럽전쟁에 참전함으로써 자원배분, 생산계획, 품질관리, 병참문제 등과 같은 전례 없던 문제들에 직면하게 되었다. 이 문제들은 매우 복잡하고 그 나름대로의 특수성을 지니고 있었으므로 직관은 물론 과거의 경험을 총동원하더라도 그 해결이 불가능했다.

그리하여 이러한 문제들을 연구하고 그 해결을 모색할 목적으로 자연과학자들과 수학자 및 기계공학자들로 구성된 팀들이 형성되었다. 이 팀들은 이 거대한 문제들을 이해하기 쉽도록 수리적 용어로 표현하고자 했으며, 이렇게 자연과학적 처리와 수리를 적용함으로써, 그 때까지는 무시되고 있던 영역을 확인할 수 있게 되었음은 물론 직관적으로만 해결되고 있던 제 관계들을 보다 더 명확하게 이해할 수 있게 되었다.

이 팀들이 운영문제(operational problems)와 관련된 대규모의 수리적 모형을 작성한 것과 거의 때를 같이 하여 발명된 컴퓨터(computer)는 분석의 영역에 커다란 혁신을 가져다 주었으며 이러한 일련의 우연적 상황들이 관리과학이라는 새로운 영역을 발생시킨 배경이 된 것이다.

제 2 차 세계대전이 끝난 후, 군사문제의 분석에 가담했던 많은 사람들은 이와 같은 접근방법과 기법이 평화시의 산업문제에도 적용될 수 있다는 것을 깨닫게 되었다. 하지만 산업문제에의 적용은 컴퓨터가 더욱 발전되고 이것이 상업상 유리하게 활용된 1950년대에 이르러 비로소 가능하게 되었다.

처음에는 군사문제와 유사한 문제들이 연구되었으나 나중에는 재고정책, 생산계획, 수출체제 등의 문제들도 분석의 대상이 되었다. 그리고 당시 대개의 분석가들은 이 분야에 관한 공식적 훈련을 받은 경험이 거의 없었고, 단지 전쟁을 통해 얻은 경험만 가지고 있었을 뿐이었으며 더욱이 그들의 학문적 배경은 주로 기계공학, 수학, 그리고 자연과학(특히 물리학)이었다.

1950년대에 이르러 관리과학의 적용이 점차 보편화되었지만, 이러한 새로운 분야를 강조할 만한 학문적 계획은 1960년대까지 거의 수립되지 못했을 뿐 아니라 1960년대 중반까지만 하더라도 경영학과나 경영대학을 졸업한 사람들 중에서 관리과학의 개념과 기법에 대해 특별한 공식적 과정을 이수한 사람은 거의 없었다. 그

94) Robert E. Markland, *Topics in Management Science*(New York: John Wiley and Sons, 1979), p. 5.

러나 그 후 이러한 사람들이 사회의 지도층에 오르게 되자 관리과학의 이용은 확실히 급증하게 되었으며, 불과 20년 전까지만 해도 그렇게 혁신적으로 느껴졌던 컴퓨터를 이용한 수리적 모형의 작성이 이제는 거의 모든 관리분야에서 일반적인 것으로 받아들여지기에 이르렀다.

한편, 1960년대에 관리과학에 관한 학문적 계획이 수립되고 발전된 결과 관리과학의 적용과 이의 실행을 위한 전략보다는 오히려 관리과학의 기법과 도구에 더욱 관심이 집중되었으므로, 관리과학이 조직에서 얻은 초기의 성과는 성공적이지 못했다고 해도 과언은 아닐 것이다.

1970년대는 한 마디로 관리과학이 급속하게 발전한 시기라고 할 수 있다. 지금까지 관리과학은 많은 진통을 겪어 왔으므로 이제는 관리과학도 의사결정에 도움을 줄 수 있고 조직의 전체적인 주류에 적합한 것이 되어야 할 때가 왔다. 지난 20년 동안 관리과학은 기법과 그 적용면에 있어서 많은 성장을 해 왔으며, 특히 컴퓨터를 활용하여 개발된 수리적 분석의 새로운 기법들은 분석대상이 될 수 있는 문제의 범위와 규모를 크게 확장시켜 놓았다.

따라서 초기에는 관리과학의 적용범위가 재고통제와 같은 사기업의 비교적 소규모 운영문제들에 국한되었지만, 최근에 와서는 그 범위가 크게 확장되어 전략적 기획(strategic planning), 마케팅 및 재정에 관한 문제는 물론 공공조직 및 비영리 조직의 문제에까지도 적용이 가능하게 되었다.[95)]

Ⅲ. 관리과학의 기법

관리과학의 발전에 따른 여러 가지 기법들이 개발되어 사기업과 공공부문의 영역에서 유용하게 쓰이고 있는데 여기에서 각 기법들의 개념을 간단히 보면 다음과 같다. 특히 이러한 기법의 활용은 행정의 영역에 있어서 보다 분석적이고 계량적인 판단을 도와 주고 있다.

관리과학의 기법으로 개발된 것에는 체제분석 · 선형계획법 · 게임이론 · PERT · 대기행렬이론 · 시뮬레이션 · 의사결정분석 등이 있는데 이러한 관리과학의 기법은 처음부터 행정을 위해서 개발된 것은 아니다. 다만 이러한 기법을 행정, 그 중에서도 특히 정책분석에 원용하는 경우가 많다는 것이며 이를 정책분석기법으로 이해

95) Elwood S. Buffa and James S. Dyer, *Management Science/Operations Research*(New York: John Wiley & Sons, 1977), p. 5.

함이 보통이다.

1. 체제분석

체제분석은 종래의 단편적인 분석의 결함을 보완하려는 것인데 이는 계량성 및 효율성을 위주로 하여 현상을 분석하고 아울러 미래를 예측하려는 것이다. 즉, 체제분석이란 전체로서 서로 연관성 있는 모든 요소를 검사하여 의사결정자로 하여금 정책목표를 달성하기 위한 정책대안에 수반하는 비용과 편익에 관한 체계적·포괄적인 비교가 가능하도록 하는 사고방식이다.

2. 선형계획법

선형계획법은 가능한 모든 행동대안 중에서 최적의 결과를 얻기 위한 활동의 계획을 의미한다. 여기에서 최적이라 함은 주로 이익·비용·양 등에 대한 최적을 의미한다. 이 선형계획법은 보통 협의의 OR로 이해되기도 한다. 이 기법의 문제점으로는 특히 행정의 목표는 다원적인 경우가 많은데, 선형계획에서는 단일목표만을 취급하고 있다는 점이다.

3. 게임이론

게임이론도 합리적 의사결정을 돕는 기법의 하나인 점은 마찬가지인데 여기서는 특히 결정자는 항상 상대방의 반응을 고려하면서 이에 상응한 최적의 대안을 추구하는 것이다. 이는 단순한 오락에서 전쟁과 외교관계에까지 활용되고 있다.

여기에서 보통 게임에 참여하는 사람들(이를 'player'라고 한다)은 각각 행동전략을 행렬(matrix)에 표시하고 그 결과(payoffs)를 염두에 두고 선택을 한다. 이 경우 전략으로 보통 채택되는 기준은 maximin기준과 minimax기준이 있다. 전자는 최악의 경우에서 최선을 선택하는 것이며 후자는 최대손실이 가장 작은 것을 추구하는 것이다.

이 기법은 상대방을 고려하여 결정이 일어나는 상황에서는 매우 유용한 것이지만 보통은 이 기법이 적용될 수 있을 정도로 행동결과의 행렬이 명확하지 않은 경우도 있음을 유의해야 한다.

4. PERT

이는 주활동(critical activities)을 사전에 설정해 놓고 이를 달성하기 위해 network을 활용하는 기획 및 통제기법이다.

PERT(Program Evaluation and Review Technique)는 사업계획을 시간적으로 관리하는 PERT/time과 비용면에서도 관리할 수 있도록 하는 PERT/cost가 있는데 보통 PERT라고 함은 전자를 의미한다.

이 기법에서는 network체제를 도입함으로써 여러 작업간의 상호유기적 관련성을 뚜렷이 알 수 있다. 또 계획일정을 유지·단축시키며 한정된 자원을 적절히 활용할 수 있게 해 준다. 특히 주활동에 대해 중점적인 관리를 할 수 있다. 나아가 유기적 관련을 갖는 여러 작업의 시간·비용을 사전에 추정할 수 있다.

5. 대기행렬이론

이는 고객들이 요구하는 서비스가 기업이나 행정이 공급할 수 있는 서비스의 용량을 초과할 때에 적용되는 관리과학기법이다. 즉 대기행렬이론은 고객에 대한 서비스 공급을 원활히 하고자 하는 것이다.

이 기법이 적용되는 경우는 대략 세 가지로 나누어지는데, 첫째는, 행렬을 지어서 기다리는 경우에 적용되며, 둘째는, 행렬은 만들지 않으나 순서를 기다리는 경우에 적용되고, 셋째는, 원칙으로는 기다리는 것이 허용되지 않는 경우에 적용된다.

6. 시뮬레이션

시뮬레이션은 원칙적으로 체제의 모형에 관한 표본추출적 실험(sampling experiments)을 수행하는 기법이다. 즉 경험세계의 복잡한 과정을 비교적 간단하고 유사한 모형을 사용하여 실험하고, 실험한 결과를 계산적으로 처리하는 기법을 총칭한다. 따라서 이를 모의실험이라고도 부른다.

이 기법이 특별한 의미를 갖는 것은 대안이나 정책을 실행함에 있어서 비용이 많이 드는 경우나 또는 실행이 불가능한 경우에 있어서 매우 유용성이 높다는 것이다.

7. 의사결정분석

의사결정분석(decision analysis)은 선형계획과 같은 확정적 모델과는 달리 확률에 근거하고 있는 이른바 확률적 모델에 속하는 것이다.

이 기법은 1960년대에 주로 사기업 부문에서 개발된 것으로서 흔히 의사결정수(decision tree)로서 지칭되어 온 것이다. 여기에서는 가능한 행동대안과 그 대안에 따른 결과를 확률에 따라 나타냄으로써 최적의 대안을 선택하고자 하는 것이다.

제14절 행정관리의 인간화

행정이 최대의 성과를 올리기 위해서는 그 관리과정에 있어서 첫째, 행정목적에 부합된 관리목표가 설정되어야 할 것, 둘째, 그 목표가 조직구성원에게 통일적으로 인식되어져야 할 것, 셋째, 조직이 일체적으로 공동목표를 향하여 협동하여야 할 것 등이 요청된다.[96]

이와 같은 행정관리의 기본목표를 달성하기 위해서는 행정관리의 인간화가 요구되며, 효율적인 행정관리방안이 제시되어야 한다.

Ⅰ. 행정관리의 인간화를 위한 지표

무릇 공무원의 인간적 욕구는 각자의 인격적 성장이나 직업적 경험 등의 차이에 따라 상이하지만, 어느 단계에 있어서도 공무원으로 하여금 항상 자기의 직무에 대해서 만족감을 갖도록 유도하는 것이 바람직하다. 이것은 결과적으로 행정의 효율성을 높이고 공공목적을 성취하기 위한 지표가 되는 것이다.

따라서 행정관리에 있어서는 공무원 각자의 인간적 욕구에 깊이 유의하여 이에 대응하면서 가능한 한 그들이 자기실현욕구를 구체적으로 충족할 수 있도록 하여야 할 것이다.

Ⅱ. 행정관리의 인간화를 위한 전제조건

첫째로, 공무원은 인간성에 입각하여 각자의 개성적 욕구를 충족할 것이 기대되고 있으나, 이에 앞서 공무원이라는 직업인으로서의 자각과 그것에 기반을 둔 고도의 윤리관을 지니고 있어야 한다.[97]

---

96) 오늘날 미국에 있어서는 사기업경영의 착상에 따라 행정에 목표관리(management by objectives)를 도입하고 있는바, 이것은 관리목표의 통일적 설정 및 공동인식을 초점으로 하는 '탄력성 있는 목표설정방식'이라고 하겠다.

97) 좀더 부연하면 여기에는 i) 사회공공의 행정수요에 부응하려는 사명감, ii) 권력적 관념을

둘째로, 관리자의 의식의 쇄신이 요구되는바, 예로서 구습에 젖은 권위주의적 의식은 민주적인 방향으로 개선되어야 하며, 또한 업무 위주로 흐르기 쉬운 사고방식은 인간성을 존중하는 가치관에 의해서 보완되어야 할 것이다.

Ⅲ. 행정관리의 인간화 방안[98)]

1. 동기부여의 중시

행정관리에 있어서의 동기부여(motivation)란 관리자가 자기에 소속된 직원에 대하여 스스로 그들이 직무에 정진할 수 있도록 구체적인 유인을 제공하는 심리적 방법을 말한다.

종래의 행정관리에 있어서는 동기부여가 거의 일방적인 명령이나 지시에 의한 것이었으나, 공무원의 적극적인 의욕과 행동을 환기시키기 위해서는 직원의 인간적 욕구에 착안하여 근무의욕의 자주적 발동을 추구하여야 할 것이다.[99)]

2. 의사전달의 촉진

행정관리에 있어서의 의사전달(communication)이란 정부기관의 내부 및 상호간 그리고 공공기관과 시민 사이에 이루어지는 행정상의 의사 및 정보의 분배를 말한다. 이와 같은 의사전달은 단순히 조직적 행정행태의 적정화와 원활화를 기하는 데 그치는 것이 아니라, 공무원의 인간적 욕구에 호소하여 근무의욕을 북돋아 주며, 자발적으로 사기를 높여 주는 기본적 관리방법이라고 할 수 있다.

3. 인간화를 위한 직무확충

대체적으로 공무원은 제각기 자기의 능력과 의욕에 알맞은 적합한 직무를 분담하고 있다고 볼 수 없다. 그러므로 공무원의 현 시점에 있어서의 직무분담상황과 각자의 의욕에 입각한 기대와의 격차를 메우려고 하는 데서 직무의 확충이라는 개념이 대두된다. 여기서 직무의 확충이란 공무원 각자가 분담하는 직무를 주로 각자

버린 겸허한 민주적 태도, iii) 행정환경의 변화에 대응할 수 있는 예민한 감각, iv) 자기계발을 목적으로 하는 효율적인 연수 등이 요구되고 있다.

98) 田中 守, 管理の動向(行政學講座 3)(東京: 東京大學出版會, 1976), pp. 239~252 참조.

99) William James 교수의 실증적 연구에 따르면 일반적으로 직원의 능력발휘는 방임상태에 있어서는 20~30% 정도에 머무르지만, 고도의 동기를 부여하면 80~90%까지 달한다고 한다 〔Paul Hersey and Kenneth H. Blanchard, *Management of Organizational Behavior*(New Jersey: Prentice Hall, 1969), pp. 4~5 참조〕.

의 개성적 의욕에 입각하여 더욱 확대 내지 충실케 함으로써 가일층의 충실감을 체득하도록 하는 것을 말한다.[100]

직무의 확충에는 직무의 확대와 직무의 충실의 두 가지가 있다. 먼저 직무확대(job enlargement)란 직무의 수평적인 확대를 뜻하는바, 이것은 직무분담에 있어서의 '자나친 전문적 분할'(over specialization)을 재편성하여 보다 광범하고 고도의 완결성을 지닌 직무분담으로 확장 · 설정함으로써 공무원으로 하여금 단조감을 제거해 주고 담당업무의 단위적 완결에 의해서 근무의욕을 높여 주는 것을 말한다. 다음 직무충실(job enrichment)이란 직무의 수직적인 강화를 뜻하는바, 이것은 계층제조직에 있어서 계층분화가 고정화되어 있음으로 해서 행정의 관리과정이 수직적으로 분단되는 사태에 대비하여, 직능 내지 권한을 말단조직에 적당히 분산 · 위양하는 것을 말한다.

이와 같은 직무의 확대와 충실은 직원 각자의 욕구와 희망에 입각하여 행하여지므로 직무상에 있어서의 만족감과 충실감의 향상을 가져올 수 있는 것이다.

4. 행정관리체제의 분권화

여기서 분권화(decentralization)란 행정조직 내부에 있어서 기능과 책임을 말단방향으로 향해서 분배하는 관리방식을 말한다. 이와 같은 분권화 방식은 집권화 방식이 지니고 있는 심리적 결함을 해소시켜 주며 관계공무원의 사기를 높여 줄 뿐만 아니라 조직 내부의 민주화와 관리체제의 자주성을 촉진시켜 준다. 또한 이 방식에 의하여 현지실정에 알맞은 행정처리가 용이하게 되어 주민들의 높은 평가를 받게 되므로 공무원의 만족감을 유발할 수 있는 것이다.[101]

5. 관리참여의 확대

공무원의 인간적 욕구, 특히 자기실현욕구에 적극적으로 대응하는 관리방식으로서 관리참여의 확대가 중요시된다. 즉, 이것은 행정관리에 있어서 참여의 방식을 활용함으로써 공무원의 자주적인 착상 및 적극적인 근무의욕을 유발하려는 것이다.

관리참여의 방식은 제안제도에서 그 예를 찾아볼 수 있는바, 이 제도는 조직체

100) 직무의 확충을 도모하기 위해서는 우선 직무분담 상황을 파악해야 하며, 현행의 직무분담을 정하는 데 기초가 된 직무분석(job analysis) 및 이에 입각하여 작성된 직무기술서 · 직급명세서 등을 재검토하여야 한다.

101) 분권화는 앞에서 언급한 직무충실의 현저한 사례로 볼 수 있다. 따라서 분권화는 결코 행정조직의 약체화를 가져오는 것이 아니라, 조직의 활성화에 기여하는 바가 큰 것이다.

가 조직구성원으로부터 업무에 대한 착상·개선의견 등을 적극적으로 모집·채택하여 조직구성원으로 하여금 행정에 참여할 수 있는 길을 열어 줌으로써 사기의 앙양, 인간관계의 개선 및 행정관리의 인간화를 도모함을 목적으로 하는 것이다.

6. 고충처리제도의 확립

여기서 고충처리란 공무원의 근무조건과 관련하여 어려움이 있을 때, 이를 제도적으로 심사하여 해결책을 강구하는 것을 말한다. 즉, 미국·일본 등 여러 나라와 우리 나라에서는 공무원이 자기의 의사에 반하여 불이익한 처분을 받았을 경우에 고충처리기관에 대하여 고충의 심사를 청구할 수 있도록 하고 있는데, 이와 같은 고충처리제도의 확립은 공무원의 사기의 진작은 물론 행정관리의 인간화에 기여하는 바 크다고 하겠다.

제 4 편

인사행정론

제 1 장 인사행정의 이론
제 2 장 인사행정의 규범
제 3 장 인사행정의 구조
제 4 장 인사행정의 관리

제 1 장

인사행정의 이론

제 1 절 인사행정의 본질

Ⅰ. 인사행정의 의의

인사행정(public personnel administration)이란 “행정조직을 구성하고 있는 관직에 유능한 공무원을 획득·유지하며, 공무원의 임용·보수·승진·교육훈련·근무성적평정 및 신분보장 등의 여러 기능을 원활하게 수행함으로써 이들에 관련되는 절차·규칙 및 제도를 정비·관리하는 것”을 의미한다.[1]

무릇 정부의 중요한 과업은 유능한 사람들이 정부기관에 대하여 매력을 느끼도록 하는 일이다. 그리고 그들이 일단 임용된 후에는 그 공공조직에 남아 있기 위해서 일류 공무원이 되려는 동기부여가 있어야 한다.

요컨대 인사행정의 기능은 유능한 사람들을 공공기관에 흡수하여 이들에게 중요 업무를 부과·관리하게 하고 또한 이들이 직무에 대하여 만족을 느끼도록 하는 일이다.[2]

Ⅱ. 인사행정의 기초개념

F. A. Nigro와 L. G. Nigro는 그들의 저서 「신인사행정론」(*The New Public Personnel Administration*)에서 인사행정의 기능을 수행하는 데 있어서의 기초개념

1) 여기서 공무원제도(civil service)라고 할 경우에는 이들 공무원에 관련되는 절차·규칙 및 제도들의 총체를 가리킨다.
2) Barry Bozeman, *Public Management and Public Analysis*(New York: St. Martin's Press, 1979), p. 165.

으로서 다음과 같이 네 가지를 들고 있다.[3)]

1. 정치적 보상 개념(the political rewards concept)

이 개념은 정부의 일자리가 집권당을 위해 선거운동을 하였거나 또는 가치 있는 봉사를 한 사람들에게 주어져야 한다는 것으로 이해되는바, 때때로 공공인사충원에 있어서 엽관(spoils) 또는 정실적 견해로 받아들여진다.

정부의 일자리를 채움에 있어 정실(patronage)을 지지하는 정치가들은 만일 정실임용이 없다면 공무원들이 정치적 보답(responsive)을 받을 수 없다고 말하고 있다. 또한 많은 선거직 공무원들은 주장하기를 그들이 정치적 지지자들에게 일자리를 부여하는 결정을 함에 있어서 식별력을 지니고 있기 때문에 결과적으로 실적제를 적용하고 있다는 것이다.

2. 실적제 개념(the merit concept)

이 개념은 대체적으로 임용, 승진, 그리고 여타 인사관리가 상대적 능력의 토대 위에서 이루어져야 함을 뜻한다. 즉, 경쟁적 시험에 의한 임용과 승진은 직무의 만족스러운 수행능력에 따른 후보자간의 차이를 강조한다. 또한 여타의 인사관리(보수인상 · 면직 등)에 있어서도 피고용자는 실적에 따라 처우되어야 한다는 것이다.

이와 같이 실적(merit)이라는 말의 뜻은 능력측정에 따른 후보자들의 서열결정을 의미하는 것이나, 근래에 이르러 F. A. Nigro와 L. G. Nigro는 「신인사행정론」(*Tte New Public Personnel Administration*)에서 오늘날 많은 개인 또는 집단 그리고 법에 의하여 정의되는 실적이란 부녀자와 소수집단에 대한 동등한 고용기회의 보장을 포함하는 개념으로 파악하고 있다. 여기서 동등한 고용기회(equal employment opportunity)라 함은 인종 · 성 · 종교 또는 육체적 결함 등의 조건을 이유로 차별하는 것을 금지함을 뜻한다.[4)]

그러나 이와 같은 고용기회균등추진조치(affirmative action)는 적극적 인사행정(positive public personnel administration)의 관점에서 파악할 때 실적주의 원칙에 대한 예외조치로 볼 수 있다.

---

3) Felix A Nigro and Lloyd G. Nigro, *The New Public Personnel Administration*, third edition (Itasca, Illinois: F. E. Peacock Publishers, Inc., 1986), pp. 2～4.

4) *Ibid.*, pp. 12～13.

3. 수요 개념(the need concept)

이 개념은 불완전고용자 또는 실업자들에게 정부의 일자리를 제공하는 것을 말한다.

사실상 미국의 사경제는 대체적으로 건실성을 보여 왔기 때문에 흔히 발전도상국에서 볼 수 있는 바와 같은 공공고용을 통한 복지정책은 필요로 되지 않았다. 그럼에도 불구하고 실질적으로는 미국에서 실업상태가 계속되어 왔기 때문에 연방정부는 수십 만의 실업자와 불완전고용자들의 공공고용을 위한 자금을 제공하여 왔다. 이 좋은 예로서는 주 및 지방정부의 종합적 고용 및 훈련법(Comprehensive Employment and Training Act of 1974: CETA)의 적용을 들 수 있다.

4. 특혜 개념(the preference concept)

이 개념은 공공고용에 있어서 대우할 만한 가치가 있다고 생각되는 사회 내의 집단들에게 특별한 혜택을 부여하는 것을 말한다. 역사적으로 좋은 예로서는 재향군인에 대한 특혜(veterans' preference)를 들 수 있다.

이와 같은 특혜는 미국에 있어서는 이미 식민지 시대에 선례를 남겼고, 제 1 차 세계대전을 통하여 정부차원에서 그 기반을 다졌다. 근래에 이르러서는 공공고용에서 차별을 해 왔던 불이익집단의 성원들에게 특혜를 주자는 제의가 이루어져 부분적으로 채택되고 있다.

그러한 사람들에 대한 특혜는 사회정의라는 관점에서 정당화되며, 진정한 의미에 있어서의 실적제는 사회정의에 대한 고려를 구체화하지 않고서는 성립될 수 없는 것이다.

제 2 절 인사행정관의 변천

Ⅰ. 엽관제의 의의

오늘날 인사행정의 의의는 종래의 엽관제를 배제하고 실적제를 채택하여 구현하려는 데서 찾아볼 수 있다.

엽관제(spoils system)는 전리품은 승자에게 귀속된다(to the victors belongs the spoils)는 사상으로서 정권을 장악한 자기 진영에 속하는 자에게 전리품으로서의 관직을 분배하는 관례를 말한다. 그러므로 적재적소의 인재등용이 아니고, 정권 획득에 공이 많은 자 또는 대통령이나 주(州)장관의 지지를 받는 자가 아니면 공직을 얻지 못하며, 승진에 있어서도 능력이나 업적에 의하는 것이 아니라 정당의 유력자의 조언, 다시 말하면 정실에 좌우되는 것인만큼 총선거에 의하여 정권이 교체될 때마다 대폭적인 공무원의 교체가 행하여지는 것이다. 그 결과 행정능률은 저하되고, 관기는 문란해지며, 공무원은 국가의 권익보다 정당과 개인에게 충성을 다하는 폐단을 초래하게 되었던 것이다.

민주정치는 본질적으로 의회정치이며 의회정치는 정당정치를 기반으로 하고 있으므로 정당이 정권을 획득하기 위해서는 개인 또는 정당간에 많은 이해관계를 맺게 되며, 정당의 변동에 따라 승진한 자 또는 정당이 그 후원자에게 보답하는 문제가 자연적으로 생기게 되어, 대의민주정치가 발달함에 따라 엽관제 또는 정실임용제가 인사정책으로 등장하게 되었으며, 상당히 오랜 세월을 두고 세계 각국에 보편화되었던 것이다.

이와 같은 엽관제는 미국의 제 7 대 대통령 Andrew Jackson시대에 전성하였다. 즉 그는 1829년 대통령에 취임하여 국회에 보낸 최초의 교서에서 솔직히 엽관제를 옹호하면서 다음과 같이 말하였던 것이다. “관직은 일종의 재산이며 정부는 전적으로 국민에게 봉사하기 위하여 창설된다기보다는 오히려 개인적 이익을 촉진하기 위한 수단이라고 생각한다. 모든 관직의 내용은 이해력 있는 사람이라면 누구나 그 임무를 용이하게 수행할 수 있도록 간명하며, 또 그렇게 하도록 창설된 것이다.”[5)]

이와 같은 미국의 엽관제의 경향은 영국에 있어서도 찾아볼 수 있었는데, 대체로 19세기 중엽에 이르기까지의 영국의 관료제도의 특색은 정실주의(patronage)라는 말로써 요약할 수 있다.[6)] 즉 넓은 의미로 해석하여 관직 · 봉급 · 연금 등이 일정한 직무를 수행함에 필요한 자격에 대응해서 부여되는 것이 아니라 정실에 입각하여 수여된다는 것이다.

5) Andrew Jackson, Rotation in Office, 1829, 제 1 차 교서 참조. Jackson 대통령은 당시 대통령이 임명하는 공직 612개 중에서 252개를 경질시켰다.
6) 足立忠夫, “イギリス公務員制度,” 鵜飼信成 · 辻 清明 · 長濱政壽 共編, 公務員制度(東京: 勁草書房, 1956), pp. 81~82.

Ⅱ. 실적제의 의의

그러나 행정이 질적으로 복잡해지고 양적으로 확대되어 국가기능이 적극적인 복지국가기능으로 변천됨에 따라 정부는 하나의 거대한 조직체로서 방대한 수의 공무원을 채용하게 되고, 이들 공무원은 그 직무를 수행함에 있어서 점차 고도의 전문적 기술성이 요구되었으며, 정권의 교체와 더불어 대량의 공무원을 집권당의 소속원으로 바꾸어 놓았던 엽관제와 정실에 의하여 공무원을 자의로 임용하였던 정실임용주의의 결함이 드러나게 되었던 것이다.

이리하여 19세기 중엽 이후 각국에서는 엽관주의 내지 정실임용제에 종지부를 찍으려는 개혁운동이 일어나고 새로이 실적제가 나타나게 된 것이다. 특히 영국의 예를 보면 1853년의 Northcote-Trevelyan 보고서를 비롯하여 1870년의 추밀원령을 계기로 공무원제도의 개혁을 보게 되었으며 이에 의하여 귀족 외에 신흥시민계급의 자제들이 공무원으로 진출할 수 있게 되었던 것이다. 한편 미국에 있어서는 1883년의 Pendleton법에 의하여 상원의 승인하에 대통령이 임명하는 인사위원회가 인사행정을 주관하여 공무원은 정당자금의 갹출과 정치운영에 협조할 의무가 없다는 것을 규정함으로써 일대 개혁이 이루어졌던 것이다.[7)]

Ⅲ. 실적제의 내용

영국과 미국에 있어서의 근대 공무원제도 성립의 의의는 한 마디로 실적제도의 채택과 그 확립을 위한 기반을 마련하였다는 데서 찾아볼 수 있다.

대체로 19세기 중엽에 이르기까지의 영국 관료제의 특색은 정실주의(patronage)였었다. 그러나 영국에 있어서의 근대적인 공무원제도는 S. Northcote와 C. E. Trevelyan 두 사람이 만든 Northcote-Trevelyan 보고서의 출현을 계기로 1853년에 이르러 비로소 그 성립을 보게 된 것이다.

한편 미국에 있어서는 건국 이래 점차 성행하여 오던 엽관제가 A. Garfield 대통령의 암살을 계기로 점차 고개를 숙이기 시작하였고, 마침내 1883년에 이르러 Pendleton법이 제정되었다.

영국의 Northcote-Trevelyan 보고서의 채택과 미국의 Pendleton법의 제정은

7) O. Glenn Stahl, *Public Personnel Administration*, eighth edition(New York: Harper and Row, 1983), p. 37.

바로 실적제의 수립을 위한 첫 출발이라는 점에서 근대 공무원제도의 성립에 있어서 큰 의의를 지니고 있는 것이다.

1. Northcote-Trevelyan 보고서의 내용[8)]

① 보고서는 정실주의를 폐지하고 일정한 연령에 달한 자를 공개경쟁시험에 의하여 채용할 것을 제안하였다.

② 보고서는 관청의 사무가 지능적 사무(intellectual work)와 기계적 사무(mechanical work)의 두 가지 종류로 구분될 수 있다고 주장하고, 사무의 적절한 분업과 이에 대응하는 두 종류의 채용시험을 실시한 것으로서 후일에 직위분류제의 단서를 열어 준 것이라 할 수 있다.

③ 시험은 특별한 임명을 위해서가 아니라 정기적으로 행하여져야 한다. 또한 시험은 런던을 비롯한 일정한 장소에서만 실시되어야 한다.

④ 채용시험은 작문·역사·어학·수학·자연과학 등 일반적 교양과목에 중점을 두어야 하며, 전문적·기술적 과목에 대한 시험을 실시해서는 안 된다.

⑤ 합격자에게는 성적순으로 지망하는 관서의 선택을 허용하여야 하며 또한 그들에게는 수습기간이 설정되어야 한다.

⑥ 승진은 성적에 따라서 행하여져야 하며 그 기록은 보존되어야 한다.

이와 같은 보고서가 공표되자 정실의 수혜자였던 공무원의 태반은 맹렬히 반대하였던 것이다. 그러나 동 보고서는 이들 개혁을 법률에 의해서 강력히 실시할 것을 주장하였다.

2. Pendleton법의 특색

미국의 Pendleton법의 특색을 요약하면 i) 공무원의 임면에 있어서 정치적 압력을 배제하기 위하여 독립기관으로서의 인사위원회를 설치하는 경우 동 위원회는 3인의 위원으로써 구성되며, 3인 중 2인 이상이 동일정당에 속해서는 안 된다. ii) 임용의 결정은 공개경쟁시험에 의한다. iii) 임용과정의 일부로서 조건부 임용기간(시보기간)을 설정한다. iv) 불구자로 퇴역한 군인은 이미 부여된 그들의 특권을 계속 향유한다. v) 인사위원회는 스스로가 독립해서 사무감사를 할 수 있는 권한을

8) R.G.S. Brown and D.R. Steel, *The Administrative Process in Britain*(London: Methuen & Co., Ltd.), pp. 22～23.

보유하며, 그의 연차보고서는 대통령을 거쳐 국회에 제출하여야 한다는 것 등이다.

한편 폐지되기 이전의 미국 인사위원회가 제시한 실적제의 내용을 보면 다음과 같다.[9)]

① 적절한 공개성 직무의 요건은 공개적으로 밝혀져야 하며 관심 있는 시민들이 잘 알 수 있도록 기회가 주어져야 한다.

② 응시기회 시민들이 그들의 관심을 표명하고 고려할 수 있는 기회를 갖도록 하여야 한다.

③ 규범적 기준 자격기준은 수행되어야 할 직무와 관련성을 지녀야 하며 또 참여하고자 하는 모든 사람들에게 공평하게 적용되어야 한다.

④ 차별의 배제 이 기준은 능력과 고용의 적합성에만 관련된 요소를 포함해야 한다.

⑤ 능력에 따른 등급의 결정 경쟁의 본질은 그들의 능력과 적합성의 상대적 평가에 근거하여야 한다.

위에서 고찰한 실적제가 그 실효를 거두기 위해서는 공개경쟁시험, 신분보장 및 공무원의 정치적 중립이 요구되는바, 실적제는 이와 같은 세 가지의 일반적 특성을 지니고 있는 인사제도라고 하겠다.

제 3 절 직업공무원제

Ⅰ. 직업공무원제의 의의

행정국가에 있어서는 국가기능의 확대에 따른 행정사무의 양적 증대와 질적 변화에 수반하여 필연적으로 행정의 전문화와 기술화가 요구되고 있다. 그러므로 전문적 지식을 지니고 있는 유능한 인재가 공직에서의 근무를 평생 명예로운 직업으로서 생각하는 직업공무원제의 확립이 필요하게 되었다.

여기서 직업공무원제(career service system)란 공무원이 정부에서 일하는 것을 보람 있는 생애라고 생각하여 공직에 매력을 느끼며, 또 승진의 기회가 열려 있

9) O. Glenn Stahl, *op. cit.*, p. 36.

어서 명예로운 높은 지위에 올라갈 수 있도록 마련된 제도를 의미한다.

그러나 엄밀히 말해서 직업공무원제는 두 가지의 의미를 가지고 있다. 첫째, 직업공무원제는 보장된 평생고용(guaranteeing lifetime employment)을 의미하며 보다 일반적으로 승진 등의 인사문제를 선임자순(seniority)에 입각해서 행하고 외부인사의 중간 채용을 금하는 것이다. 둘째, 직업공무원제의 또 다른 개념은 엘리트주의다. 즉, 사회적 배경, 교육정도, 정신적 능력 등이 가장 잘 구비된 사람에게 공직기회가 부여되어야 한다는 것이다.[10)]

Ⅱ. 직업공무원제의 필요성

오늘날 민주정치는 의회정치를 의미하며 의회정치는 정당정치에로 발전하고 있음은 주지의 사실이거니와, 민주주의 국가에 있어서는 직업공무원제가 정권교체에 따르는 행정의 무정부상태에 대비하기 위한 제도적 안전장치로서 인식되고 있다.

이러한 직업공무원제는 원래 계급제(rank system)에 입각하여 폐쇄형(closed system)을 채택하던 국가에서 확립되었다. 즉 영국·프랑스 등 유럽 제국에서는 신규채용자는 원칙적으로 해당계급의 최하위에 임용되며, 고위직에 결원이 생겼을 경우 그 충원을 주로 승진임용에 의함으로써 직업공무원제를 택하였다. 이와는 대조적으로 미국에서는 직위분류제(position classification)에 따라 결원이 생겼을 경우 주로 외부에서 충원하는 개방형(open system)을 채택하였으므로 직업공무원제의 확립에 난점이 있었다.

그러나 근래의 경향을 보면 직업공무원제의 성격을 강하게 지니고 있었던 구주제국이 점차 개방형을 도입하고 있는가 하면, 이미 실적제를 확립한 미국에서는 점차 폐쇄형을 가미하고 있음을 알 수 있다.[11)]

Ⅲ. 직업공무원제와 실적제의 차이

직업공무원제가 실적제를 바탕으로 하여 성립된 것은 사실이지만, 그렇다고 실적제가 바로 직업공무원제를 뜻하는 것은 아니다. 여기서 양자가 다른 이유를 들어

10) Felix A. Nigro and Lloyd G. Nigro, *The New Public Personnel Administration*, 2nd ed. (Itasca, Illinois: F. E. Peacock Publishers, Inc., 1980), p. 110.

11) F. A. Nigro and L. G. Nigro, *Public Administration*(New York: Harper and Row, 1973), pp. 286～287.

보면 다음과 같다.

첫째, 미국에서는 19세기 말엽 펜들턴법(Pendleton Act, 1883)의 제정을 계기로 실적제가 확립되었다고 하겠으나, 직업공무원제의 필요성이 대두된 것은 1930년대에 접어들어서부터이다. 이와는 대조적으로 유럽에서는 일찍이 직업관료제가 수립되었으나 실적제가 나타난 것은 근래의 일이다.

둘째, 실적제에 의하여 공무원의 신분이 보장된다고 하더라도 개방형에 따라 상위직에 외부 사람을 충원한다면 하위직 공무원의 승진기회가 적어지므로 직업공무원제의 확립이 어렵게 된다는 것 등이다.

Ⅳ. 직업공무원제의 확립요건

(1) 민주적 공무원상의 형성

민주주의 국가에서 공무원에 대한 평가는 비민주적인 관존민비 사상을 떠나 사회를 위해 봉사하고 있다는 만족감과 긍지에 바탕을 둔 것이라야 한다. 따라서 공공봉사 정신에 입각한 민주적 공무원상의 형성은 직업공무원제의 확립을 위한 첫째 요건이라 하겠다.

(2) 보수 및 연금제도의 적정화

공무원의 보수는 적어도 생계를 유지할 수 있도록 적정수준에서 책정하여 합리적인 처우개선을 꾀하여야 한다. 나아가 사회보장제도의 하나인 연금제도를 현실화하여 재직중은 물론 퇴직 후의 생계까지 보장해 줌으로써 장기근무를 가능케 하여야 한다.

(3) 유능한 젊은 인재의 채용

직업공무원으로서 장기적 공직에 머무르게 하기 위해서는 가능한 한 젊고 유능한 인재를 채용할 필요가 있다.

(4) 승진 및 전직제도의 합리화

채용·승진 등에 있어서 엄격한 실적제 원칙의 임용제도를 확립하여야 하며, 부처간에 있어서의 전직 또는 전보의 기회를 주어 신축성 있는 인사관리를 함으로써 그들이 발전할 수 있는 여건을 마련해 주어야 한다.

(5) 공무원의 능력개발

재직자훈련을 통하여 공무원의 능력을 발전시키고 그들로 하여금 적성에 알맞은 직무를 담당케 하여야 한다.

(6) 직급별 수급계획의 수립

정부에서는 공무원의 연령·이직률·근무연한 등을 파악하여 직급별 수급계획을 세움으로써 인사행정상의 침체를 사전에 막아야 할 것이다.

(7) 공무원의 신분보장

공무원의 정치적 중립[12]과 신분보장의 엄격한 실행으로 정치성을 근절시킴과 동시에 경력직으로서의 영속성을 확보해야 한다.

Ⅴ. 우리 나라 직업공무원제의 개선방향

대체적으로 직업공무원제는 관료에 대한 민주적 통제를 어렵게 만들어 관료주의화할 우려가 있으며 사회변동이나 발전에 대해서 무관심하거나 저항을 나타낼 뿐만 아니라 정치지도자와 국민에 대한 책임성이 약하다.[13]

우리 나라의 경우 직업공무원제의 확립을 위해서는 종래의 i) 고급공무원의 신규채용 및 부당한 인사청탁, ii) 승진제도의 결함, iii) 보수제도의 불합리, iv) 훈련 및 장기인력수급계획의 미비, v) 관존민비의 사상 등 여러 가지 문제점을 과감하게 개선해 나가야 할 것이다.

이러한 의미에서 우리 나라에서는 제 5 공화국 출범 후 정부가 제안한 국가공무원법 개정법률안이 1981년 3 월 31일 국가보위입법회의를 통과함으로써 새로운 공무원제도 확립의 기틀이 마련되었다. 개정된 국가공무원법은 직업공무원제의 확립과 직위분류제의 점진적 확산을 위하여 종래에 모든 공무원을 일반직과 별정직으로 구분하던 것을 직업공무원인 경력직 공무원과 비직업공무원인 특수경력직 공무원으로 구분하고 있다. 개정 국가공무원법이 민주복지국가 건설의 선도적 역할을 담당할 공무원의 인사관리에 있어서 실적주의에 입각한 공정한 승진 및 보직관리 체제를 확립하고, 행정의 전문성과 능률성 제고를 위한 제도를 보강하며, 성실한 공무원의 신분을 보장하는 한편, 공무원보수조정심의위원회를 설치하여 보수체계를 개선하려는 의욕을 나타낸 것 등 우리의 현실에 맞는 직업공무원제를 정착시키기 위하여 이전의 국가공무원법의 미비점을 보완·개선한 것은, 우리 나라의 직업공무원제 확립을 위해 바람직한 일이라 하겠다.

---

12) R. G. S. Brown and P. R. Steel, *The Administrative Process in Britain*, 2nd ed.(Bungay, Suffolk: Richard Clay, Ltd., 1979), p. 84.
13) F. A. Nigro and L. G. Nigro, *op. cit.*, p. 111.

제 4 절 적극적 인사행정

Ⅰ. 적극적 인사행정의 의의

W. E. Mosher, J. D. Kingsley 와 O. G. Stahl은 그들의 공저, 「인사행정론」 제 3 판(*Public Personnel Administration*)에서 1935년부터를 '적극적 인사행정'(positive public personnel administration)의 시대라고 부르고 있다.[14)]

생각건대 미국에 있어서 1883년부터 1930년대 초기까지는 인사행정이 의도하는 바가 엽관제(spoils system)를 제한한다는 소극적 목표를 수행함에 있었고, 주로 실적주의에 입각하여 공직에 취임하고자 하는 자에 경쟁시험을 실시하고 필요한 곳에 독립된 인사행정기관을 설치하는 것이었다.

그러나 1930년대 중반부터는 우수한 공무원이 경쟁시험이나, 동일노동과 동일급여에 입각한 채용만 가지고서는 모여들지 않았다. 또 종래에는 공무원의 비정치적 유능성을 중시하였던 까닭에 실적주의 인사원칙에 따른 충원만이 강조되었던 것이나, 오늘날과 같은 변화의 소용돌이 속에서 공무원의 다양한 사회적 요구를 수용·관리하기 위해서는 정치적 유능성이 더욱 필요하게 되어, 새로운 의미에서의 엽관주의 인사원칙이 확대·적용되기에 이르렀다.

한편 1931년 대통령에 의한 「인사행정회의」(Council of Personnel Administration)의 창설 이래 수 년 동안 적극적인 인사관리면의 개선이 모색되었는바, 인사관리의 새로운 역할은 인사상담을 실시하는 일, 만족할 만한 서비스의 제공과 편익시설(대부금고·직원문고·식사·위생시설의 개선 등)을 설치하는 일, 적극적인 격려(우수 업무에 대한 특별급여증액, 현금표창 및 명예표창 등)의 일, 그리고 공무원조합을 감독함에 있어서 노동조건에 관하여 단체교섭을 인정하는 일 등이었다.

Ⅱ. 적극적 인사행정의 대두 이유

적극적 인사행정을 대두케 한 이유로서는 첫째, 새로운 의미에서의 엽관주의 인사원칙의 확대, 둘째, 미국에서의 고용기회균등추진조치(affirmative action)의

14) William E. Mosher, J. Donald Kingsley and O. Glenn Stahl, *Public Personnel Administration*(New York: Harper and Brothers, 1950).

입법화 경향을 들 수 있다.

1. 새 엽관주의 인사원칙의 확대

이것은 특히 고위정책담당자의 경우 행정수반과 정치이념을 일치시킬 필요가 있다는 점과, 급변하는 시대에 대처하여 정치적 효율을 확보하기 위해서는 엽관범위의 확대가 불가피하게 요구된다는 점을 들 수 있다.

2. 고용기회균등추진조치의 입법화

미국에서는 근래에 이르러 공직에의 기회균등을 보장하려는 움직임이 일어났는바, 이것은 실적주의 원칙에 대한 예외 조치로서, 1972년의 고용기회균등법(Equal Employment Opportunity Act)에 의거하여 여자 및 소수인종집단에 대한 공무원임용상의 특별조치가 이루어지게 된 것이다.[15] 예로서 현재 미국에서는 소위 할당제(quota system)[16]에 의거하여 특히 하위공무원직에 상당수의 소수인종집단이 등용되고 있는 실정이다.

Ⅲ. 적극적 인사행정을 위한 제 방안

적극적 인사행정의 실시 방안으로서는 다음의 몇 가지를 열거할 수 있다.

(1) 적극적 모집방법의 채택

오늘날에 있어서는 과거와 같이 단순히 공무원의 결격사유만을 예시해서 일정장소에 게시하는 소극적 모집방법만으로써는 모집의 성과를 충분히 거두기 어려우므로 많은 사람들로 하여금 공직에 흥미를 가질 수 있게 하는 적극적 모집방법이 강구되어야 할 것이다.

(2) 새로운 의미에서의 엽관주의 인사원칙의 채택

급변하는 시대에 대처하고 정치적 효율성을 높이기 위해서는 행정수반과 정치이념을 같이 하는 자를 정치적으로 임용할 필요성이 생기므로 새로운 의미에서의

15) 고용기회균등추진조치(affirmative action)에 관해서는 Felix A. Nigro and Lloyd G. Nigro, *op. cit.*, pp. 160~178; Gilbert B. Siegel and Robert C. Myrtle, *Public Personnel Administration: Concepts and Practices*(Boston: Houghton Mifflin Company, 1985), pp. 46~48.

16) 즉, 소수집단(minority group: 예를 들면 미국에서의 흑인이나 유색인종)의 구성원이나 여성에게 공직취임에 있어서의 기회균등을 보장하려는 것으로서 이것은 인구비율과 동일한 비율로 이들을 공직에 취임시켜야 한다는 것이다. 예를 들면 인구 중에서 흑인이 차지하는 비율이 10%라면 전체 공직의 10%는 흑인이 차지해야 한다는 것이다.

엽관주의 인사원칙을 채택하는 문제가 고려되어야 할 것이다.

(3) 인사행정의 융통성의 유지

과학적 인사관리의 실현을 지나치게 고수하는 나머지(예, 직위분류의 합리성의 지나친 강조) 인사관리에 있어서의 융통성을 상실하지 않도록 하여야 할 것이다.

(4) 중앙인사기관의 각 운영부처에의 분권화

흔히 중앙인사기관에 집중되기 쉬운 인사권 내지 인사기능을 가능한 한 각 운영부처에 분권화하는 것이 바람직하다.

(5) 공무원의 능력발전

공무원의 능력발전을 위하여 교육훈련·근무성적평정·승진 및 전직·전보 등의 제 제도를 합리적으로 운영하여야 할 것이다.

(6) 인사관리의 개선

적극적 인사행정을 위해서는 끊임없는 인사관리의 개선이 요구되는바, 이를 위한 방안으로서는 인사상담제도의 활용, 편익시설의 제공, 공무원단체의 인정, 제안제도의 권장, 하의상달적 커뮤니케이션의 촉진 및 민주적 리더십의 확립 등을 들 수 있다.

특히 우리 나라에서는 종래 엽관주의의 근본적인 배제와 실적주의 인사원칙의 확립에만 역점을 두어 왔는바, 앞으로 정치적 효율성을 높이기 위해서는 불가피하게 새로운 의미에서의 엽관주의 인사원칙이 채택되어야 할 것이며, 또한 이상에서 열거한 바와 같은 적극적 인사행정을 위한 제 방안을 충분히 활용하여 유능한 인적 자원을 확보함은 물론 사회심리적 욕구를 충족시켜 공무원의 사기를 앙양시킴으로써 인사관리의 개선에 만전을 기해 나가야 할 것이다.

정부에서는 1996년부터 개방형 전문직위제도를 도입하여 운영하기 시작하였으나 처음에는 적격자 충원에 많은 어려움을 겪는 등 실효를 거두지 못하였다. 그러나 1999년 5월 국가공무원법과 정부조직법을 개정하여 개방형 직위제도 도입근거를 만들고 2000년 2월 개방형 직위의 운영 등에 관한 규정을 제정·시행함으로써 명실상부한 개방형 직위제도를 시행하게 되었다. 개방형 직위제도는 중앙행정기관이나 지방자치단체의 직위 중에서 업무의 성질상 고도의 전문성이 요구되거나 효율적인 정책수립이 필요하다고 판단되어 공직 내외의 공개경쟁을 통하여 적임자를 임용할 수 있도록 하는 직위를 말한다(국가공무원법 제28조의 4, 지방공무원법 제29조의 4). 소속장관은 고위공무원단 직위 총수의 100분의 20 범위 안에서 개방형 직위를 지정할 수 있다. 또한 중앙행정기관의 실장·국장 밑에 두는 보조기관 또는 이에 상당하는 직위 총수의 100분의 20 범위 내에서 개방형 직위를 지정할 수 있다. 그러나 우리 나라는 아직도 폐쇄형에 가까운 인사체제를 유지하고 있다고 하겠으며 중·상위직의 일부만을 개방형 임용제도로 운영하고 있다.[17)]

17) 강성철 외 4 인, 새 인사행정론(서울: 대영문화사, 2009), pp. 169～170.

제 2 장

인사행정의 규범

제 1 절　공무원의 윤리

Ⅰ. 행정윤리의 의의

행정이념을 행정이 지향하고자 하는 지도이념 내지 본질가치라고 한다면, 행정윤리는 공무원이 지켜 나가야 할 행동가치 내지 강령이라고 말할 수 있다.[1] 행정윤리(public administrative ethics)는 단지 행정인의 부정이나 부패를 방지한다는 소극적 의미에 그치지 않고, 보다 적극적인 의미에서 행정인이 인류를 위하여 무엇을 하느냐 하는 행정의 근본적인 사명과 관련되는 중요한 문제를 내포하고 있다.

오늘날 민주주의를 신봉하는 나라의 공무원은 국민 전체의 봉사자로서 공익을 추구하여야 하며 또한 그들의 행동이 시민생활에 지대한 영향을 미칠 수 있는 입장에 서 있기 때문에 공무원의 직업윤리(professional ethics)에 대해서는 일반 근로자의 경우보다 많은 제약이 가해지고 있는 것이다. 왜냐하면 그것은 현대행정의 기능이 양적으로 팽창하고 질적으로 변화함에 따라 행정이 시민의 사회생활에 깊이 개입하게 되었으며, 공무원의 권한이 확대되고 많은 자원의 배분권을 행사하게 됨에 따라 그만큼 공무원의 사리사욕을 위한 권한남용의 기회가 증가되었기 때문이다.

이와 같은 특질을 지니고 있는 현대행정에 있어서 공무원의 의무위반이나 범죄는 단순히 공무원법이나 형법 등의 규정의 강화에 의해서 방지될 수 없는 것이며, 법적 규제는 소극적 수단에 지나지 않는다. 따라서 행정책임과 공익원칙의 강조에 의해서 행정을 담당하는 공무원 각 개인의 자율적 규제가 요구되는 것이다.

---

1) 유종해, 행정의 윤리〔개정판〕(서울: 박영사, 1995), pp. 27～32.

Ⅱ. 행정윤리의 유형

행정윤리는 미시적 수준의 행정윤리(micro level of public ethics)와 거시적 수준의 행정윤리(macro level of public ethics)의 두 가지 유형으로 분류될 수 있다.[2)]

1. 미시적 윤리(micro-ethics)

미시적 윤리는 공무원의 개인적 차원에 관한 규범을 규정한 것이다. 예컨대 특정한 계층의 공무원에 대해서 정치활동을 금지한다거나 재산에 관한 규제를 정하고 있는 법규에서 정하고 있는 윤리를 의미한다. 따라서 이 미시적 윤리는 개개의 공무원을 그 대상으로 하고 있기 때문에 모든 공무원에게 일률적으로 적용되는 것은 아니며 직급별·부처별로 차이가 있을 수 있다.

2. 거시적 윤리(macro-ethics)

거시적 윤리는 공무원 전반을 대상으로 하는 것이다. 본래 민주주의에서는 가치의 다원성을 인정하고 있기 때문에 공무원 전반에 관해 일률적인 가치규범을 규정하는 경우는 드물다. 그러나 행정이 가치 문제를 적극적으로 다루어야 한다고 주장하는 신행정론에서는 공무원들에게 전반적인 윤리로서 사회적 형평성(衡平性)을 요청하고 있는데, 이 때의 사회적 형평성은 거시적 차원의 윤리에 속하는 것이라고 하겠다.[3)]

Ⅲ. 공무원의 행동규범

1. 공무원 행동규범에 대한 규제

(1) 자율적 규제

여기서 자율적 규제라 함은 공무원의 행동규범을 직업윤리로 확립하고 공무원의 자율적·자발적인 규제와 도덕적 통제를 통하여 행동규범이 준수되게 하는 것을 말한다.

---

2) H. F. Gortner, *Administration in the Public Sector*, 2nd ed.(New York: John Wiley and Sons, 1981), pp. 89~92; Gilbert B. Siegel and Robert C. Myrtle, *op. cit.*, p. 52 참조.

3) 따라서 보통 거시적인 윤리는 전시와 같은 긴급상태하에서 공무원 개개인의 가치판단이 사회 전체의 가치판단에 의해 유보될 것이 필요한 때에 나타나기 쉽다고 한다. Steren W. Hays and Richard C. Kearney(eds.), *Public Personnel Administration*(Englewood Cliffs, N. J.: Prentice-Hall. Inc., 1983), p. 295 참조.

이를 위한 방법은, 첫째, 공무원을 선발할 때부터 자율적 직업윤리관 및 공직관을 가진 자를 선발하고, 둘째, 공무원 취임시에 선서를 하게 하며, 공무원의 신조를 제정하여 공무원들 스스로가 높은 도덕적 수준을 유지할 수 있도록 하는 것이다.

(2) 법적 규제

자율적 규제가 이상적이기는 하지만 현실적으로 볼 때 그것을 크게 기대할 수 없기 때문에 많은 나라에서는 일반적으로 중요한 행동규범을 법적으로 규정하여 의무화하고 있다. 예를 들면 복무의 선서의 의무, 법령 및 상사의 명령에 복종하는 의무, 신용실추행위의 금지, 비밀을 준수하는 의무, 직무에 전념하는 의무, 쟁의행위의 금지 및 정치적 행위의 제한 등이 그것이다.

그러나 공무원 행동규범의 법제화는 공무원의 행동을 제약하는 것으로서 공무원의 권리와 자유를 침해하기 쉬우므로 최소한의 제한에 그쳐야 할 것이며, 정부의 필요와 공무원의 기본권 보호간에 조화가 요청된다고 하겠다.

2. 공무원 행동규범의 내용

(1) 미국의 경우

미국에서는 1951년 전국을 휩쓴 부흥금융공사 부정대부사건을 계기로 행정윤리강령을 만들려는 분위기가 조성되었다. 그 결과 동년 상원의 노동복지위원회는 P. H. Douglas 상원의원을 위원장으로 하는 「정부에 있어서의 윤리기준에 관한 소위원회」(Subcommittee on Ethical Standards in Government)를 설치하여 심의하기에 이르렀다.

근래 미국에 있어서는 주나 도시간에 공무원의 「윤리강령」(professional codes of ethics)을 만드는 것이 하나의 통례로 되어 있으며, 이 윤리강령은 행정을 실천함에 있어서 무엇이 선이며 무엇이 악인가를 판단하기 위한 윤리적 기준을 설정하고 일상적인 집무에 도움이 되도록 하는 데 목적이 있는 것이다.

그 후 1978년에 이르러 정부윤리법(Ethics in Government Act)이 제정되었으며, 1980년에는 공무윤리규정법이 제정되었다.

여기서 1980년의 공무윤리규정법에 따른 공무원의 복무기준의 내용을 보면 i) 모든 공무원은 국가에 충성을 서약하고 가장 고결한 도덕원칙을 지킨다. ii) 모든 공무원은 합중국 헌법과 정부의 모든 법률 및 규칙을 준수한다. iii) 성심성의를 다하여 직무를 수행하되, 1 일의 급여에 상응하는 충분한 노동력을 제공한다. iv) 모든 공무원은 자기직무에 관련된 사적 약속을 해서는 안 된다. v) 관직이 공공의 신뢰를 받고 있다는 사실을 자각하고 이들의 원칙을 지켜야 한다는 것 등이다.

⑵ 일본의 경우

일본에서는 국가공무원법에 복무에 관한 규정을 두어 공무원의 윤리문제를 다루고 있으나, 이것은 어디까지나 훈시적 규정에 지나지 않으며, 아직 자발적인 윤리강령 같은 것은 두지 않고 있다.

국가공무원법의 기본적 성격은 헌법 제15조에 명시되어 있는 바와 같이 국민의 위임을 받아 전체의 봉사자로서 직책을 수행함에 있다. 이와 같은 취지에 따라 국가공무원법은 복무에 관한 기본기준으로서 법령 및 상사의 명령에 복종할 의무(제98조 1항), 복무에 전념할 의무(제101조 1항), 관직의 신용보지의 의무(제99조), 비밀을 지킬 의무(제100조 1항), 쟁의행위 등의 금지(제98조 2항) 및 정치적 행위의 제한(제102조 1항) 등에 관한 규정을 두고 있다.

⑶ 우리 나라의 경우

우리 나라의 최초의 공무원 윤리규범은 1961년 9월에 내각수반 훈령으로 발령된 전문 7개 조항의 '공무원윤리강령'이었다. 이 공무원윤리강령은 1969년 12월 26일 대통령 훈령으로 발령된 전문 3개 조항의 '공무원의 신조'로 개편되었으며 그것이 1980년 12월 29일 현행 '공무원윤리헌장'이 제정·선포될 때까지 공무원의 윤리규범으로 시행되어 왔다.[4] 그리고 공직자윤리법이 1981년 12월 제정되었다. 공직자윤리법은 공직자 및 공직후보자의 재산등록과 등록재산 공개를 제도화하고 공직을 이용한 재산취득의 규제, 공직자의 선물신고, 퇴직공직자의 취업제한 등을 규정함으로써 공직자의 부정한 재산증식을 방지하고 공무집행의 공정성을 확보하여 국민에 대한 봉사자로서의 공직자의 윤리를 확보함을 목적으로 하고 있다. 공직자의 재산등록과 공개심사에 대하여는 각 기관에 설치되는 공직자윤리위원회에서 주관하도록 하고 있다.[5]

한편 우리 나라 헌법은 제7조 1항에서 공무원은 국민 전체에 대한 봉사자임을 밝히고 있으며, 이에 따라 국가공무원법은 제7장에서 복무에 관한 장을 설치하여 공무원의 성실의무(제56조), 소속상관의 직무상의 명령에 복종할 의무(제57조), 직장이탈금지(제58조), 비밀엄수의 의무(제60조), 청렴의 의무(제61조), 품위유지의 의무(제63조), 정치운동의 금지(제65조) 및 집단행위의 금지(제66조) 등에 관

4) 김중양, 한국인사행정론(서울: 법문사, 2002), pp. 475~476.
5) 유종해, 행정의 윤리(서울: 박영사, 1995), p. 276.

한 규정을 두고 있다. 또한 국가공무원법은 제55조에 선서의 규정을 두어 공무원이 취임할 때에 소속 기관장 앞에서 선서를 하도록 하고 있다.

Ⅳ. 행정윤리의 확립을 저해하는 요인

현대행정에서 행정윤리의 문제는 정치 · 경제 · 사회 및 문화의 발전에 중요한 변수로 작용하게 되었는바, 여기서 행정윤리의 확립을 저해하는 몇 가지 요인을 열거하면 다음과 같다.

1. 전근대적 가치관을 지닌 공무원의 행정행태

공무원의 권위주의적 행정행태, 관직사유관의 인습, 무사안일주의, 행정조직 내부에 있어서의 혈연적 또는 귀속적인 사고방식 그리고 공무원의 도의성의 결여 등은 행정윤리 확립에 있어서의 저해요인으로서 작용하게 된다.

2. 인사행정상의 불합리성과 보수수준의 비현실성

공무원의 정실 · 상납 · 외부압력 등으로 인한 정실주의의 경향은 능력이나 실적 위주의 인사관리를 저해하며, 또한 보수수준의 비현실적인 책정은 공무원으로 하여금 부정행위를 유발시키는 원인이 된다.

3. 민중통제의 취약성과 내부통제의 곤란성

특히 후진국가에 있어서 이익집단의 행정기관에 대한 예속화, 언론기관 등의 약체화 경향으로 시민의 행정통제기능이 약화되었다는 사실이다. 한편 각종 감사기관의 역할도 형식화되는 경우가 허다하여 내부통제의 어려움이 있다.[6]

Ⅴ. 행정윤리의 확립방안

1. 공무원 도의의 함양

관료들이 느끼는 도덕적 책임성은 때때로 잘못된 행동에 대한 억제력이 되고, 행동을 교정하려는 자극적 요인이 된다. 공무원 도의의 함양을 위해서는 무엇보다도 민주성을 확립시키도록 교육이 되어야 하고, 교육과 밀접한 관계가 있는 것으로

6) 상게서, p. 301.

서 공무원의 전문직업주의가 확립되어야 할 것이다.

2. 인사행정의 합리화

행정윤리를 확립하기 위해서는 인사행정의 합리화가 요구되는바, 이를 위해서는 첫째, 공무원 인사에 있어서 정실주의가 배제되어야 함은 물론, 임용시부터 공직윤리에 투철한 자를 뽑아야 하며, 둘째, 공무원에 대한 적정한 보수수준을 책정함으로써 부정부패를 방지하도록 노력하여야 할 것이다.

3. 특별기관의 설치

우리 나라의 경우 민중통제의 취약성을 보강하고 내부통제를 강화시키기 위한 수단으로서 Ombudsman제도의 도입이 바람직할 것이며, 이러한 특별기관의 설치·운영을 통해서 행정권한의 남용에 대처하여야 할 것이다.

제 2 절 공무원의 충성

Ⅰ. 충성의 의의

1. 충성의 개념

공무원의 행동규범으로 규정되는 충성(loyalty)이란 가장 높은 차원의 윤리로서 헌법의 민주적 기본질서와 국가적 이념에 대한 헌신을 의미한다.[7)] 즉 민주국가에서 공무원의 충성은 어느 특정 개인이나 특정 정치세력의 이익과 결부된 헌신이 아니라 국가와 국민 전체의 보편이익에 대한 헌신이 요구된다는 것이다.

2. 충성의 필요성

(1) 국가조직의 보호

국가조직이 추구하는 모든 이념을 실현하려면 우선 국가조직이 존속해야 함은 명백한 이치이다. 그러므로 국가조직은 영속적으로 존속하기 위해 외부로부터의 위

7) Norman J. Powell, *Personnel Administration in Government*(Englewood Cliffs, New Jersey: Prentice-Hall, 1956), p. 132.

협이나 공격에 대처하고 내부로부터의 불안과 위협을 배제하지 않으면 안 된다.

(2) 민주적 기본질서의 유지

오늘날 세계는 민주주의와 공산주의라는 두 가지 이질적인 이념이 대립하고 있으며 민주국가들은 국제적으로 공산국가들의 도전과 국내적으로 공산주의 세력의 침입을 받고 있다. 뿐만 아니라 다원적 사회가 가속화됨에 따라 생겨난 문명의 복잡화는 이질적인 정치이념과 국가관을 지닌 집단을 속출시키고 있으므로, 이와 같은 위협은 공무원의 충성관리의 중요성을 높이고 있다.

Ⅱ. 충성조사

충성의무를 지는 공무원은 불충성을 범해서는 안 된다. 그리하여 공무원의 충성의무를 규정하는 정부는 대개 안보활동(security program)을 통해 공무원의 불충성 또는 파괴행위(subversion)를 탐지하고 배제하게 된다. 즉, 안보활동이란 결국 충성스럽지 못한 또는 은밀히 국기(國基)에 위배되는 활동에 종사할 가능성이 있는 사람을 가려 내는 절차인 것이다.

그러나 충성조사의 기준, 조사대상자, 조사기관, 조사담당기관, 절차 및 조사결과의 처리 등에 관한 구체적인 사항은 나라마다 사정에 따라 다르다.

1. 대상인원

한국과 미국은 전체 공무원을 대상으로 하고 있으며,[8] 우리 나라의 신원조회는 미국의 충성조사의 개념보다 넓다고 볼 수 있고 모든 공무원은 임용될 때 조사를 받게 된다. 영국은 국가기밀에 속하는 업무를 다루는 직위에만 한정시키고 공산주의자·파시스트로 판명되어도 파면되지 않고 안보와 관련이 없는 직위에 배치된다.

2. 담당기관

대체로 행정부의 인사기관이 주관하는 조사는 수사기관에 의뢰하거나 전담시키기도 한다. 우리 나라의 신원조회는 임명권자가 주관하되 임명예정자가 신원진술서를 작성·제출하면 수사기관에 보내어 그 진부와 추가적인 사실유무를 조사케

---

8) O. Glenn Stahl, *Public Personnel Administration*(New York: Harper & Row, Publishers, 1962), pp. 351~354.

한 다음 이를 심사하여 결격사유의 유무를 판정한다.

3. 조사기준 및 조사방법

충성조사는 개인의 인권과 깊이 관련되므로 우리 나라에서도 심사의 공평성을 기하고 담당직무의 성격을 고려할 수 있도록 조사기준이 명확해야 할 것이다. 또한 불이익처분을 받은 당사자에게 인사기관의 최종 결정에 앞서 진술할 기회를 주어야 할 것이며 재심절차도 마련되어야 할 것이다. 공식적인 심사절차보다 오히려 영국의 경우처럼 내밀한 조사방식이 더 효과적일 것이며, 국가기밀사무를 다루는 직위에 대하여는 정신병리적 · 심리적 조사방법의 활용이 요망된다. 또한 공무원의 충성조사는 공무원의 사기를 저하시켜서는 안 되며 심사에 대한 불신이 없어야 하고 유능한 인재가 공직임용에서 탈락되지 않도록 해야 할 것이다.

Ⅲ. 충성과 인권

민주주의를 이념으로 하는 국가조직은 국민의 자유와 권리를 보호해야 하며, 또한 역으로 국민의 자유와 권리를 보호하기 위해서는 그것을 이념으로 하는 국가조직을 보호해야 한다.

즉, 민주국가에서는 민주주의의 기본질서를 보장하는 국가조직을 보호함과 동시에 국민의 자유와 권리를 보호해야 한다는 것이다. 그런데 국가의 존속을 위해서 공무원에게 충성의무를 부과하면 공무원과 공무원이 되려는 사람들의 자유와 권리를 제약하게 된다. 따라서 공무원의 충성을 관리하는 활동은 국가조직의 보호와 개인의 자유와 권리의 보호를 조화시켜야 할 것이다.

또한 민주국가에서는 국가안보의 목적달성도 중요하지만 개인의 인격과 존엄성도 존중되어야 하므로 공무원 개인의 정치적 신념에 대한 통제에는 한계가 있어야 하며, 국가안보라는 명분하에 개인의 가치 · 인권이 침해되어서도 안 될 것이다.

제 3 절 공무원의 정치적 중립

Ⅰ. 공무원의 정치적 중립의 의의

본래 공무원의 정치적 중립이라는 개념의 이론적 성립근거는 정치와 행정의 준별, 즉 정치·행정 이원론에서 찾아볼 수 있다.

무릇 공무원은 국민 전체의 봉사자이므로 일당일파의 정치적 세력을 위해 봉사하는 것이 허용되지 않음은 당연하며, 행정운용의 안정성 및 계속성의 확보를 위해 정치세력의 영향 또는 간섭으로부터 보호되어야 한다는 것이다.

이것을 좀더 구체적으로 본다면 공무원의 정치적 중립이라는 개념 속에는 첫째, 특정의 정치세력이 행정에 개입하는 것을 막는 것(행정의 독자성 확보)과 같은 소극적 의미와, 둘째, 행정이 정치의 투입기능에 개입함으로써 야기될 행정독재의 가능성을 막는 것(정치의 민주성 확보)과 같은 적극적 의미가 모두 포함되어 있다.[9)]

Ⅱ. 공무원의 기본권과 정치적 중립

공무원의 정치적 중립은 공무원이 시민으로서 향유하여야 할 기본권, 즉 공무원의 개인적 기본권에 대한 제한을 의미하는 것이다. 이렇게 행정의 당파적 운영이나 공무원의 중립 포기에 의한 행정의 정치적 왜곡화를 걱정하는 나머지, 공무원의 정치적 행동을 필요 이상으로 제한 또는 금지한다는 것은 민주적인 공무원제도 확립이라는 관점에서 볼 때 부당하다고 하지 않을 수 없다.

따라서 현대의 행정공무원 조직이 기술적·전문적인 관리기능조직이라는 성격 때문에, 정치적 중립성을 강조하는 나머지 공무원의 개인적 기본권을 무시한다면 오히려 공무원의 비정치화를 초래하게 되는 것이다. 여기서 비정치화란 공무원의 정치문제에 대한 태도의 둔화를 말한다.

이와 반대로 너무나 갑자기 공무원의 시민적 자유를 존중하여 공무원의 자각·자제를 기다리지 않고 바로 정치문제에 전면적으로 공무원을 해방시킨다면, 행정의

9) 안병만, "공무원의 정치적 중립: 재평가," 한국행정학회보, 제15호(서울: 한국행정학회 1981), pp. 8, 17.

당파적 경향이나 부당한 선거운동을 빈발시켜 행정의 기조인 공공성이 무시되고 공익은 파괴될 것이다.

Ⅲ. 공무원의 정치적 중립보장을 위한 요건

공무원의 정치적 중립을 보장하기 위한 소극적 요건으로는 충원에 있어서의 비정치화와 직업윤리로서의 공평성을 들 수 있고, 적극적 요건으로는 정치적 활동의 최소화를 들 수 있다.[10)]

1. 충원에 있어서의 비정치화

프랑스에 있어서는 일찍이 혁명을 통하여 관료는 신분·계급 및 정치성을 초월하여 개인의 능력에 따라 충원되어져야 하고, 또 비정치적으로 업무를 수행하여야 한다는 관념이 보급되었다.[11)]

한편 미국에 있어서도 유럽의 영향을 받아 실적주의 인사원칙을 확립하게 되었는데 1883년의 Pendleton법은 공무원의 가장 중요한 자격요건을 '정치적으로 중립적인 유능성'(Politically neutral competence)에 두었다.[12)] 따라서 공무원의 정치적 중립이란 정치적 인사의 배격으로 해석되며 소위 실적주의 인사제도가 중립성을 보장하는 중요한 제도적 장치임을 알 수 있다.

2. 직업윤리로서의 공평성

공무원의 정치적 중립은 그것이 법률적 의무이기에 앞서 하나의 직업윤리로서 파악된다. H. Finer는 공무원의 직업윤리를 공평성이라는 차원에서 논의하고 있는 바, 여기에서의 공평성이란 첫째, 공무원직은 어떤 성격의 정부가 들어서더라도 동일한 충성심을 발휘하여 공평하게 봉사하는 것을 의미하며, 둘째, 공무원은 개인의 정치적 성향을 공직수행에 반영시켜서는 안 되며 업무에 대한 충성 등을 가장 중요한 직업윤리로 삼아야 한다는 것이다.[13)]

10) 안병만, 한국정부론[제 4 판](서울: 다산출판사, 2002), pp. 322～326 참조.
11) Gerald E. Caiden, *The Dynamics of Public Administration*(New York: Holt, Rinehart and Winston, Inc., 1971), p. 94.
12) George J. Gordon, *Public Administration in America*(New York: St. Martin's Press, 1978), p. 237.
13) Herman Finer, "The Case for Political Neutrality" in Donald C. Rowat, ed., *Basic Issues in Public Administration*(New York: Macmillan, 1961), p. 437.

3. 정치적 활동의 최소화

공무원의 정치적 중립은 정치적 활동의 최소화라는 방향으로 나타난다. 그 이유는 첫째, 행정부가 국가정책형성의 권력집단으로서 선거시에 특정 정당을 지원하게 되면 선거결과에 크게 영향을 미치게 되고 선거무용화의 결과를 초래할 수 있으며, 둘째, 공무원들은 공직으로부터 얻는 이득(사회적 신분, 신분보장, 특별권력의 향유 등)의 대가로 국민에게 철저히 봉사하여야 하며, 공익추구를 위해서는 시민으로서 가지는 권리의 일부마저도 유보해야 한다는 논리가 성립되기 때문이다.

Ⅳ. 주요 각국 공무원의 정치적 중립

1. 미국의 경우

미국은 1883년의 펜들턴법(Pendleton Act)에서 처음으로 공무원의 정치적 중립을 법적으로 채택하여, 공무원은 정치목적을 위한 활동에의 참여가 강요될 수 없고 스스로 정치활동에 개입해서도 안 된다고 명시하였다.

그 후 미국에서는 1939년의 Hatch법에서 연방·주 및 지방기관의 공무원에 이르기까지 정치활동에 대한 규제를 가하여 정치적 중립을 확보하였다. 특히 Hatch법은 공무원의 정치적 행위와 선거운동을 금지하였을 뿐만 아니라, 정당이 공무원에 대해서 정치적 활동을 강요하여 그 보복을 기도하는 것을 금지하여 공무원을 정치적 위험으로부터 보호하고자 하였다.[14)]

2. 영국의 경우

영국에 있어서의 공무원의 정치적 활동에 대한 법적 제약은 1884년의 대장성 포고(Treasury Declaration)에서 비롯된다. 그 후 공무원의 정치활동 제한은 1953년 8월 14일의 대장성규칙에 의해서 결실을 보게 되었다. 즉, 동 규칙은 "공무원은 항상 정치적 제 문제에 관해서 신중한 태도를 취할 것이며, 한쪽 또는 다른 쪽에 기울어지지 않을 것을 기대한다"고 규정하여 정치적 중립을 지킬 것을 공무원의 양식에 호소하고 있다.

---

14) Phillip L. Martin, "The Hatch Act in Court: Some Recent Developments," *Public Administration Review*(Sep./Oct. 1973), pp. 443~447; O. Glenn Stahl, *Public Personnel Administration*(New York: Harper & Row, 1976), pp. 298~300.

현재 영국에서는 각 집단별로 공무원의 정치적 행위에 대하여 자유를 주거나, 또는 정치적 행위를 규제하고 있는바, 그 내용을 보면 i) 정치적으로 자유로운 집단(산업계 직원 및 비사무직 직원 해당), ii) 정치적 행위를 제한하는 집단(과거의 행정계급에 해당되는 공무원이 해당), iii) 중간집단(i)과 ii)에 속하지 않는 모든 공무원이 이에 해당되는데, 이들은 허가를 받아 일정한 조건에 따라 정치적 행위를 할 수 있음)의 세 가지로 분류하고 있다.[15)]

3. 일본의 경우

일본국 헌법은 제15조에서 공무원은 국민 전체의 봉사자이며 일당일파의 정치적 세력을 위하여 봉사할 수 없다고 규정하여 공무원의 정치적 중립을 요구하고 있으며, 국가공무원법도 제102조 1항에서 일반직 국가공무원은 정당 또는 정치적 목적을 위하여 기부금 기타의 이익을 구하거나 혹은 수령하는 것을 금지함과 아울러 인사원규칙에서 정하는 정치적 행위를 해서는 안 된다고 천명하고 있다.

즉, 인사원규칙은 i) 공직선거에 있어서 특정 후보자를 지지하거나 반대하는 것, ii) 특정의 정당 또는 기타의 정치단체를 지지하거나 반대하는 것, iii) 정치에 영향을 미칠 의도에서 특정의 정책을 주장하거나 또는 반대하는 것 등을 금지하고 있다.

4. 우리 나라의 경우

제 6 공화국 헌법 제 7 조 2 항은 "공무원의 신분과 정치적 중립성은 법률이 정하는 바에 의하여 보장된다"라고 규정함으로써 공무원의 정치적 중립을 명시하고 있다. 또한 우리 나라 국가공무원법은 정치활동의 제한에 관하여 제65조에서 i) 정당 기타 정치단체의 결성 혹은 가입의 금지, ii) 특정 정당 혹은 특정인의 지지나 반대를 위한 행위의 금지 등을 규정하고 있다.

V. 공무원의 정치적 중립의 문제점

1. 공무원의 참정권과 정치적 중립

오늘날 행정국가화의 경향은 필연적으로 공무원의 수의 증가를 가져왔으며, 이러한 수많은 공무원이 기본권의 하나인 정치적 기본권을 제한받고 있다는 점에 대

15) 유훈, 행정학원론[제 7 정판](서울: 법문사, 2000), pp. 643~644.

해서 비판이 가해지고 있다. 즉, 수많은 공무원에게 정치참여를 제한하는 것은 민주정치의 원리에 위배된다는 것이고, 더구나 이들은 교육수준이 높고 공공사업에 대한 많은 지식을 가진 사람들이라는 점에서 더욱 문제시되고 있다. 그러므로 이들 공무원의 정치참여를 제한하는 결과 그들의 사기가 저하될 우려마저 있다.

2. 정당정치의 구현과 정치적 중립

현대국가에 있어서 민주정치는 필연적으로 정당정치를 수반하게 마련인데, 이를 위해서는 인재등용에 있어 정책결정자에게 광범한 자유재량권을 부여하고 결정권자와 이념을 함께 할 수 있는 자를 채용함으로써 팀워크가 잘 이루어질 수 있다는 것이다. 바꾸어 말하면 지나치게 실적주의를 강조하여 모든 공무원이 실적에 의해서만 임명되는 경우에는 오히려 정당의 실질적인 정책수립이나 집행에 있어서 보다 나은 효과를 나타낼 수 없다는 데에 문제점이 있는 것이다.

3. 관료제의 대표성과 정치적 중립

J. D. Kingsley에 의하면 관료제가 대표적 성격을 지니는 대표적 관료제(representative bureaucracy)가 되기 위해서는 사회적 제 집단과 동질적이어야 한다고 한다. 바꾸어 말하면 관료제가 민주주의적인 것이 되려면 그들이 봉사하는 제 집단의 대표자가 아니면 아니 된다는 것이다.[16] 그런데 공무원을 충원함에 있어서 주로 공개경쟁시험에 의할 경우 특정 집단만이 충원됨으로써 대표성을 상실하기 쉽다.

따라서 대표성이 약한 상태에서 관료집단이 과연 특정 정당이나 특정 계급의 이익에 치우침이 없이 공평하게 업무를 수행할 수 있느냐 하는 것이 문제가 되고 있다. 그리하여 이와 같은 대표성을 확보하기 위해서는 공무원의 정치적 충원이 불가피하게 요구되는 것이다.

16) J. Donald Kingsley, *Representative Bureaucracy*(Yellow Springs, Ohio: Antioch Press, 1944). p. 278.

제 4 절 행정부패

Ⅰ. 행정부패의 의의

부패(corruption)는 본래 상대적인 성격을 지니고 있을 뿐만 아니라 대부분이 문화적인 규범에 의해서 결정되기 때문에 모호하고 다의적인 개념이다.17) S.B. Werner는 행정부패를 다음의 세 측면에서 파악하여 이 용어를 객관화하려고 한다. 즉, i) 금전적 이득 및 지위·영향력의 획득과 같은 개인적 이익을 위해 법적·규범적 의무로부터의 이탈을 의미하는 공공기관 중심적 측면, ii) 교환경제의 특수한 형태로서 공무원이 공적 영역 내의 시장에 존재하는 수요·공급의 법칙에 따라 금전적 이익을 극대화하는 것이라는 시장중심적 측면, iii) 공동이익을 강조하면서 특수이익을 선호하여 공익을 배반하는 공익중심적 측면 등이 그것이다.18)

Ⅱ. 행정부패의 유형

1. Heidenheimer의 분류

J.G. Peters와 S. Welch는 행정부패를 그 내용에 따라 법적 기초, 공익기초 및 공공여론기초 등에 의해 분류하고 있는바, A.J. Heidenheimer는 공공여론기초에 관한 것으로서, 시민이나 공무원에 의해 명백히 비난받는 행위로서의 흑색부패(black corruption), 시민이나 공무원이 징계의 대상으로 생각하지 않는 것으로서 심리적으로 용인되고 있는 백색부패(white corruption), 그리고 용인과 비난 사이에서 일치점을 찾지 못하는 회색부패(gray corruption)의 세 가지로 나누고 있다.19)

2. Werner의 분류

한편 S.B. Werner는 행정부패의 범위를 기준으로 하여 개인적 부패와 체제적

17) A.J. Heidenheimer, ed., *Political Corruption: Readings in Comparative Analysis*(New York: Holt, 1970), chap. 1.

18) Simcha B. Werner, "New Directions in the Study of Administrative Corruption," *Public Administration Review*(Mar./Apr. 1983), p. 147.

19) 공공여론기초는 법적 기초나 공익기초와는 달리 행정부패의 내용이라기보다는 오히려 부패의 내용을 누가 결정하는가에 관한 것이라 볼 수 있다.

부패로 분류하였는데 전자는 개인의 탐욕에서 유래하는 법적 일탈, 착각 및 불일치를 말하며 후자는 조직에 있어서 법적 관행과 상충되는 외적 윤리의 존재를 의미하는 것이다. 이러한 법적 관행은 주로 외적 윤리를 무시함으로써 결국은 체제 내의 부패자들을 보호하고 개혁과 정책변화를 지지하여 부패의 제도화 내지 합리화를 초래하게 된다.

Ⅲ. 행정부패의 발생원인

행정부패는 종래 근대화의 부산물로서 발전도상국의 성숙과정에서 나타나는 보편적이고 예측가능한 것으로 보아 왔다. 그러나 일부의 연구는 발전도상국의 행정부패를 지속적 가치를 산출하는 문화적 유산, 즉 민속·풍토·생활방식으로 간주하여 이것은 오직 서구적 가치규범의 적용에 의해서만 부패로 전환된다고 함으로써 행정부패는 정치발전의 최종단계에서 생성되는 개념으로 파악하기도 한다. 그러나 부패는 공동체적 사회에서는 하나의 보편적인 현상이며 아울러 정치적·경제적·관료제적 발전의 어떤 단계에서든지 증대되고 확장될 수 있다.

S. B. Werner는 이러한 부패의 원인을 i) 정치발전이나 제도화의 단계에서 밀접한 후원자·고객의 관계, ii) 사회·경제적 혹은 정치적 불평등, iii) 소비지향적 사회에 있어서 기대수준과 충족수준간의 갭, iv) 과도한 혹은 지나치게 적은 정부통제, v) 과도한 또는 지나치게 적은 제도화, vi) 저개발국의 확대된 정부기능과 선진국의 광범위한 복지정책, vii) 경제적 궁핍과 인플레이션, viii) 정치인들이 뇌물과 조직범죄에 쉽게 굴복하는 풍토, ix) 부패에 대한 지도자의 무관심 및 부족한 지식과 결부된 불충분한 행정조사와 통제메커니즘 등의 아홉 가지로 들고 있다.[20)]

Ⅳ. 행정부패의 기능

1. 순 기 능

구조·기능론자들은 정치·경제적 발전에 대한 행정부패의 순기능적 요소를 다음과 같이 다섯 가지 측면에서 파악하고 있다. 첫째, 경제적 측면에서 보아 행정부패는 외국투자를 촉진하고 공·사분야간의 관계를 강화시킴으로써 광범위한 경제적 선택의 여지를 가져온다. 둘째, 통합적 기능을 가지고 있는데 행정부패는 시민

20) S. B. Werner, *op. cit.*, p. 148.

들의 공무원에 대한 접근을 용이하게 하며 지역적 집단의 통치를 촉진한다. 셋째, 제도화의 측면에서 볼 때 행정부패는 정당의 형성과 제도화를 가능하게 하며 부패되지 않은 관료제는 정치적 지도자의 출현을 방해한다. 넷째, 행정적 지지의 측면에서 보면 경직된 관료제에 신축성과 인간적인 면을 가져오며 공무원의 보수에 보완적 기회를 제공한다. 다섯째, 평화적 요소를 가지고 있는데, 개혁이 없는 상태에서 부패에 대한 대책으로 지나친 압력을 가하게 되면 체제의 안정성을 해치게 된다.

2. 역 기 능

실제로 발전도상국에서의 부패는 순기능보다 역기능이 더 많이 노출되고 있다. 즉 행정부패는 도덕적 권위의 손실, 정부운영의 비능률화, 조직범죄의 증대, 정치적 안정의 침해, 자원의 비능률적 배분, 법질서의 파괴 등의 역기능을 노정한다. 이것은 비록 행정부패가 발전을 촉진한다 하더라도 그 발전의 존립기반을 침식하고 있음을 의미하는 것으로서 이러한 부패의 역기능은 다음의 확산효과(spill-over effect)에 의해서 더욱 동태화된다.

Werner는 부패가 방치되면 사회나 조직에 더 많은 부패를 조장하고 확산시킨다고 보아 다음의 세 가지 확산메커니즘을 제시하고 있다. 첫째, 지도자와 부하간의 확산으로서 지도자의 부패행위는 그 조직구성원들이 모방하게 된다는 것이다. 둘째, 확산효과의 차원문제로서 흑색부패, 백색부패, 회색부패 중에서 가장 위험한 것은 백색부패인데 이것은 심리적으로 용인되고 합리화되기 때문에 자기영속적 장치로서 기능하여 다른 부패의 정당화에 기여함으로써 더 큰 확산의 동기가 된다는 것이다. 셋째, 제도적 확산이 있는데 한 조직 내에서의 부패는 그 집단이나 다른 조직에도 영향을 미쳐 부패를 재생산함으로써 결국에는 전 사회적 규모로 확산된다는 것이다.

Ⅴ. 행정부패의 방지책

끝으로 행정부패를 방지하기 위한 몇 가지 방책을 열거하면 다음과 같다.

1. 행정부패의 통제

행정부패의 내부적 통제를 위해서는 공직의 위신을 높여 공무원이 긍지를 가지고 일할 수 있는 여건을 조성하고 공무원의 신분을 보장함으로써 조직 내외의 부당한 압력으로부터 이들을 보호하며, 공무원의 교육훈련을 강화하여야 할 것이다.

2. 강력한 법의 시행

공무원이 징계규범을 존중하지 않고 시민이 법을 자발적으로 수용하지 않으면 효율적 통제가 이루어지지 않으므로 법이 강력하게 시행될 수 있는 분위기를 조성하여야 할 것이다.

3. 직업윤리관의 확립

행정윤리의 확립을 위해서는 법적인 대책보다도 오히려 행정관 자신의 직업윤리관의 확립이 긴요하다. 즉, J. M. Pfiffner는 행정도덕은 국민도덕의 일부이므로 행정윤리는 깊이 국민의 교양과 가치에 연결된다고 전제하고 공무원에 있어서는 민간인의 경우보다 높은 윤리기준이 요구되며, 근본문제는 행정관의 도덕적 책임의 자각에 있음을 강조하였다. 다만 한 가지 유의해 둘 것은, 각국의 정치적·경제적 및 사회적 상태가 서로 다르므로 각국의 공무원의 직업적·윤리적 기준이 각각 상이하다는 것이다.

4. 행정부패 방지를 위한 기구개혁

행정부패를 방지하기 위한 마지막 방책으로서 기구개혁을 생각할 수 있는바, 미국의 예를 보면 1952년 제82의회 제 2 회기에 재무성의 국내징세국·관세국, 우정성 및 법무성에 대해서 대통령에 의한 정치적 책임을 폐지하고, 재무장관·우정장관 및 법무장관에 대한 성적주의에 의한 임명을 위한 개선안이 제출되어 크게 숙정이 기대되었으나, 실현을 본 것은 가장 부패가 심했던 국내징세국에 그쳤다.

제 3 장

인사행정의 구조

제 1 절 공무원제도의 개관

근대국가에 있어서의 관리제도는 통설상으로는 절대주권 내지 절대왕제하의 관리제도에서 비롯되는바, 여기서 17세기 후반으로부터 18세기에 걸쳐 발달된 독일, 특히 프로이센의 관리제도[1)]의 특징을 보면 첫째, 그것이 군주·국가에의 절대적·무한적인 충성을 기조로 하고 있었다는 점, 둘째, 관리신분의 특권성, 셋째, 스파르타식 군대적 규범을 방불케 하는 엄격한 규율의 존재, 넷째, 임용제도의 수립[2)] 등으로 집약될 수 있다.[3)]

영국에 있어서도 1688년의 명예혁명(Glorious Revolution) 이후 19세기 전반까지의 관리제도의 특색은 한 마디로 정실주의(patronage)의 시대라고 할 수 있다.[4)]

이렇게 부패한 관리제도를 개혁하고자 하는 움직임은 18세기의 말엽으로부터 있었는데, 영국에 있어서 근대적 공무원제도의 기반을 구축한 것은 1853년의 Northcote-Trevelyan 보고서[5)]에 의존하는 바가 크다.

---

1) 이러한 독일 절대주의 관리제도의 집약적인 표현은 1794년의 프로이센 보통법에 나타나 있으며, 이것이 1873년의 독일제국관리법에 계승되었다.

2) 당시의 임용제도에 있어서는 형식적으로는 실적주의에 의한 임용원칙을 채택하기는 하였으나, 실질적으로는 고급관리가 되기 위해서는 특정 대학에 설치되어 있는 관방학 강의를 들어야 하며, 또한 행정엘리트 집단의 창설은 배타성의 결과 고급관리의 선택을 일종의 'cooptation'(적응적 흡수: 재직자에 의해 바람직한 인재를 비밀리에 선정하는 것)에 의존하였다 〔Brian Chapman, *The Profession of Government: The Public Service in Europe*(London: George Allen & Unwin, 1959), p. 24 참조〕.

3) 長濱政壽, "ドイツの官吏制度," 公務員制度〔比較政治叢書 1〕(東京: 勁草書房, 1956), pp. 247~248 참조.

4) 18세기에 이르러 책임내각제의 성립에 따라 관리에 대한 실권은 점차적으로 국왕의 손으로부터 떨어져 나갔으며, 의회와 다수당의 손으로 이행되었다.

5) 이 보고서의 내용을 Herman Finer에 따라 정리하면 i) 정실주의의 폐지와 일정한 연령에

미국에 있어서의 공무원제도의 확립기반은 19세기 말엽까지 거의 1세기를 풍미한 엽관제(spoils system)[6]로부터 1883년의 Pendleton법 제정에 의한 실적제(merit system)에로의 전환에 따라 구축되었다고 할 수 있다. 1883년에 Pendleton[7]법이 제정된 직접적 계기가 된 것은 1881년 9월 Garfield 대통령이 한 엽관실의자(獵官失意者)에 의해 암살당한 사건이었다.

한편 제 2 차 세계대전 직후의 프랑스에서는 인사행정면에서 일련의 개혁이 단행되었는바, 그 내용을 보면 첫째, 공무원의 일반적인 권리·의무를 규정한 통일공무원법(1946년 10월 19일 법)의 제정, 둘째, 내각 직속의 중앙인사행정기관인 공무원 관리국의 신설, 셋째, 인사관리에 관한 각 레벨에서의 노사협의제의 도입, 넷째, 각 성청에 있어서의 행정직과 사무직의 분리 및 각 성청 공통의 행정간부직군의 창설 등이다.

이와 때를 같이하여 전후 일본에서는 1946년 11월에 미국으로부터 Blaine Hoover를 단장으로 하는 대일합중국인사고문단이 일본을 방문하여 공무원제도의 전면적인 조사에 착수하였던바, 그 결과 강력한 중앙인사행정기관을 설치할 것과 실적제를 위한 국가공무원법의 제정 등을 권고하였다. 그리하여 1947년 10월 21일 국가공무원법의 공포를 보게 된 것이다.

마지막으로 우리 나라에서는 1948년 8월 15일 대한민국의 주권을 회복하고

달한 자를 공개경쟁시험에 의해 채용하는 것, ii) 업무를 지능적 사무와 기계적 사무로 구별하여 적절한 분업과 그에 대응하는 2 종류의 채용시험을 실시하는 것(이것이 나중에 행정계급, 집행계급, 서기계급, 서기보계급의 구분의 기원이 됨), iii) 시험방법에 있어서 특히 상급공무원의 시험을 일반교양과목에 중점을 둔다는 것, iv) 공무원의 임용절차의 능률화와 간소화를 위하여, ⓐ 시험을 독립기관인 인사위원회가 실시할 것, ⓑ 시험을 정기적으로 실시할 것, ⓒ 합격자에게는 성적순으로 그 지망하는 자의 선택을 허용할 것, ⓓ 일정기간의 시보기간을 둘 것 등을 제안하였다.

6) 엽관제란 '승자에게 전리품이 귀속된다'(to the victors belongs the spoils)는 사상으로서 정권을 장악한 자가 자기 진영에 속하는 자에게 전리품으로서의 관직을 분배하는 관례를 말한다. 그리하여 Andrew Jackson은 관직은 단순하므로 지능이 있는 사람이면 누구나 담당할 수 있고, 또 누구나 관직을 오랫동안 보유하게 되면 인간을 부패시킬 우려가 있다고 생각하였다.

따라서 정권이 바뀌면 공직에 필요한 능력에 관계 없이 정권획득에 공로가 있는 정당원에게 공직을 부여하고 공직에 오래 있음으로써 생기는 부패를 방지하기 위하여 관직교체(1820년의 Four Years Law)가 대두되었던 것이다〔O. Glenn Stahl, *Public Personnel Administration*, 8th ed.(New York: Harper & Row, 1983), pp. 36~37 참조〕.

7) Pendleton Act 의 내용을 보면 i) 상원의 조언과 동의에 입각하여 대통령에 의해 임명 또는 파면되는 3 인의 위원으로 구성되는 인사위원회의 설치, ii) 임용의 조건으로서의 법정의 공개경쟁시험제도의 확립(또 시험의 성격은 실제적인 것으로서 업무의 책임을 수행하는 적임성에 관한 것이어야 하는데, 이 점 영국의 경우와 상이함), iii) 공무원의 정당자금제공 및 정치운동의 금지의 명백한 규정이다.

헌법을 제정·공포하여 민주주권의 제 제도를 도입함에 따라 공무원제도도 발전을 보게 되었다. 그러나 1963년 4월 17일에 신국가공무원법이 공포됨으로써 획기적인 전환을 가져왔던 것이다. 그 후 1981년 4월 국가공무원법의 대폭적인 개정이 이루어져 공무원을 경력직과 특수경력직으로 구분하고 일반직공무원의 직급상 '갑', '을' 구분이 폐지되었다. 그리고 1999년 5월에는 중앙인사위원회의 신설과 개방형 직위제도의 도입을 위한 개정이 이루어졌다. 그 동안 공무원의 외부진입이 허용되어 오기는 했으나 그 기본 정신은 폐쇄제였다. 중앙인사위원회의 신설과 함께 개방제로의 이행이 이루어지게 되었으며, 이로써 우리 나라의 중앙인사행정기관이 이원화되게 되었다.[8] 그런데 중앙인사기관이 이원화되면서 인사정책과 집행기능이 괴리되는 등의 문제점이 나타나게 되자 2004년에는 정부조직법과 국가공무원법을 개정하여 행정자치부의 인사관련기능을 중앙인사위원회에서 담당하게 하여 인사기능을 일원화하였다. 그 후 2008년에 정부조직법이 다시 개정되어 중앙인사위원회는 폐지되고 그 기능이 행정안전부에 통합됨으로써 중앙인사기관은 다시 행정안전부로 단일화되게 되었다.[9]

제 2 절 중앙인사행정기관

Ⅰ. 중앙인사행정기관 설치의 의의

각국을 통해서 볼 때 중앙인사행정기관은 대체적으로 정실임용의 배제, 실적주의의 확립을 위한 시험기관으로서 성립되었다. 중앙인사행정기관의 설치의 의의는 다음의 세 가지로 나누어 볼 수 있다.

첫째로, 정당세력의 배제, 정실주의의 타파를 위해서는 강력한 권한을 지니는 독립적 중앙인사행정기관이 필요하다. 즉, 행정의 계속성·안정성을 확보하기 위해서는 공무원의 인사가 특정 정당이나 당파와 같은 정치세력의 영향을 받아서는 아니 된다는 것이다.

둘째로, 각 행정기관이 자의적으로 인사관리를 하는 경우 인사행정의 객관적

8) 유훈, 행정학원론(서울: 법문사, 2000), p. 505.
9) 오석홍, 인사행정론(서울: 박영사, 2009), p. 16.

공정성과 균형을 유지하기 어렵고, 각 행정기관의 인사기관만 가지고서는 인사행정의 전문성·기술성 획득에 한계가 있다. 즉, 개개 공무원에 대한 인사관리는 국가공무원법 및 기타 인사에 관한 법령의 규정에 따라 각 성(부)의 장이 임명권자로서 행하는 것이다. 그들의 인사관리의 기준을 정하거나 또는 각 임명권자가 행하는 인사관리를 종합·조정하기 위하여 중앙인사행정기관이 필요하다는 것이며, 또한 오늘날 행정의 복잡화·전문화에 수반하여 과학적 조사연구를 기반으로 하는 인사관리가 필요하며 고도의 전문성 및 중립성이 요청되고 있기 때문에 중앙인사행정기관의 설치가 필요하다는 것이다.

셋째로, 공무원의 노동권이 제약을 받고 있는 나라에서는 사용자인 정부로부터 독립한 기관에 의해서 공무원의 이익이 보호될 필요가 있다. 즉, 공무원의 이익보호를 위해서는 사용자적인 입장에 있는 임명권자와는 별개의 제 3 자적 중립기관의 존재가 필요하다는 것이다. 이 예로서 일본의 제 2 차 세계대전 후 공무원제도의 개혁을 통해서 중앙에 인사행정의 전문기관(인사원)을 설치한 것은 획기적인 사실이거니와, 인사원을 설치한 것은 미국의 Pendleton법(1883년)에 있어서와 마찬가지로 엽관제에 대한 방벽이라는 취지도 있지만, 그 밖에 공무원에 대한 노동권의 제한에 대응하여 제 3 자적 기관에 의한 적정한 근무조건의 확보를 도모하기 위한 것이다.

Ⅱ. 중앙인사행정기관 설치의 경과와 내용

1. 영국의 중앙인사행정기관

(1) 인사행정기관의 설치

영국에는 중앙인사행정기관으로서 내각사무처(Cabnet Office)가 있으며 내각사무처 이외에 정부의 인사를 담당하고 있는 기관으로는 공무원소청심사위원회(Civil Service Appeal Board: CSAB)와 인사위원회(Civil Service Commission)가 있다.[10)]

(2) 인사행정기관 설치의 경과와 내용

영국에서는 일찍이 1853년에 Northcote-Trevelyan 보고서의 출현으로 실적제 채택의 계기가 마련되었다. 그 결과 1855년의 추밀원령(Order in Council)에 의하여 각 성으로부터 독립한 중앙시험기관으로서 인사위원회가 설치되어 공무원의 선발에 관한 업무를 담당하였고, 그 밖의 중요한 인사기능은 재무성이 담당하였다.

10) 박연호, 행정학신론〔신정 2 판〕(서울: 박영사, 2001), p. 570.

그러나 1968년에 이르러 공무원제도 개혁을 위한 Fulton위원회의 권고에 따라 수상 직속하에 인사성(Civil Service Department)을 설치하여 이제까지의 인사위원회의 기능과 재무성의 인사권을 통합하였다. 그리하여 인사관리 기능은 인사성에 일원화되었다.

1855년에 추밀원령에 의하여 설치된 인사위원회는 이 때부터 중앙인사기관 소속으로 되었으나, 업무상의 독립성은 계속 유지하고 있다. 이 곳에서는 공무원의 시험 및 자격증명서의 수여에 관한 권한을 보유하고 있으며, 4인의 위원으로 구성되고 있다.[11]

그 후 1982년에 단행된 행정개혁의 결과 인사성이 폐지되고 인사관리 기능은 신설된 관리인사처(Management and Personnel Office)와 재무성에 다시금 분리 이관되게 되었다. 그리고 1987년에는 관리인사처마저 폐지되고 내각실 소속으로 인사청(Office of the Minister for the Civil Service)이 설립되어 과거의 인사성 기능의 일부가 이 곳으로 이관되었다.[12] 그 후 인사청은 그 소속과 기능에 큰 변동 없이 공무원인사과학처(Office of Public Service and Science), 공무원인사처(Office of Public Service: OPS)로 이어지다가 1999년 이후 현재는 중앙인사 기능을 내각사무처(Cabinet Office)에서 담당하는 것으로 되어 있다.

2. 미국의 중앙인사행정기관

(1) 인사행정기관의 설치

미국에서는 1883년에 제정된 공무원법(Civil Service Act)에 의하여 연방정부의 중앙인사행정기관으로서 합중국인사위원회(United States Civil Service Commission)가 설치되었으나, 1978년 공무원제도개혁법(Civil Service Reform Act)에 의해 인사관리처와 실적제보호위원회로 분할되었다.[13]

(2) 인사행정기관 설치의 경과와 내용

미국에서는 1883년의 공무원법, 즉 Pendleton법의 제정을 계기로 실적제의 채택을 보아 인사위원회가 설치되었다. 즉, 동법은 공무원의 임면에 관한 정치적 자

11) 김중양, 한국인사행정론〔제 4 판〕(서울: 법문사, 2002), p. 38 참조.

12) 유훈, 행정학원론〔제 4 판〕(서울: 법문사, 2000), p. 511 참조.

13) *The United States Government Manual*, 1981/1982, p. 598. Carter 대통령은 1978년의 공무원제도의 개혁을 통하여 종래의 미국 인사위원회가 수행하던 기능을 실적제보호위원회(Merit Systems Protection Board)와 인사관리처(The Office of Personnel Management)라는 두 개의 기관에 분담시켰다.

의를 막기 위하여 독립된 인사기관으로서 연방인사위원회를 설치하였는바, 대통령은 상원의 동의를 얻어 3 명의 인사위원을 임명하며, 위원은 그 전원이 동일정당에 속해서는 아니 되고, 위원의 임기는 6 년으로 한다고 규정하였다.

미국의 실적제는 연방인사위원회의 관리하에 약 1 세기에 걸쳐 운용되어 왔으나 근래에 이르러 관료주의의 침투와 연방공무의 규모확대 및 공무원 수의 증대에 수반하여 직무수행능력의 질적 저하, 번잡한 인사상의 절차 등 비능률을 초래하였다.

그리하여 Carter 대통령의 연방인사행정개혁에 의해 1978년 연방공무원제도개혁법(Civil Service Reform Act)의 성립을 보게 되었는데, 동 개혁법에 의하여 종래의 연방인사위원회는 폐지되고 그 대신 인사관리를 주관하는 인사관리처(Office of Personnel Management)와 공무원의 신분보장을 전담하는 실적제보호위원회(Merit Systems Protection Board)가 설치되었다. 전자는 대통령 직속하에 있으며 연방공무원의 임용·시험·급여·공무능률 및 공무윤리 등의 업무를 집행하는 단독제기관으로서 대통령이 임명하는 1 인의 처장을 두고 그의 임기는 4 년으로 되어 있으며, 후자는 공무원이 불이익처분을 받았을 경우 그들의 권리를 보호하기 위하여 소청을 받아 이를 심사·결정하는 합의제기관으로서 대통령이 임명하는 3 인의 위원으로 구성되고 위원의 임기는 7 년으로 되어 있다.

인사위원회의 폐지 등 이와 같은 공무원제도 개혁에 대하여 일부에서는 엽관제의 부활이라고 말하는 사람도 있으나, 동 개혁의 취지를 실적제의 바탕 위에 인사행정 능률을 향상시키기 위한 조치로 보는 사람도 있다.

3. 일본의 중앙인사행정기관

(1) 인사행정기관의 설치

일본에는 중앙인사행정기관으로 인사원(National Personnel Authority)과 내각총리대신부(수상)가 있다.

(2) 인사행정기관 설치의 경과와 내용

일본에서는 제 2 차 세계대전 후 중앙인사행정기관으로서 인사원만이 존속하고 있었으나, 1965년에 이르러 내각총리대신부(수상)가 새로이 중앙인사행정기관으로 등장하여 능률·후생 및 복무에 관한 종합조정을 맡게 됨에 따라 일본의 중앙인사행정기관은 이원화되어 오늘에 이르고 있다.

일본의 인사원은 1948년에 설치되어 내각의 소속하에 있으나, 소관사무의 수행에 있어서는 내각의 지휘를 받지 아니하며, 독립성을 지닌 합의제기관이다.

인사원은 인사관 3인으로 구성되는 합의제기관이며 인사관 중 1인은 총재로 임명된다. 인사관은 국회(양의원)의 동의를 거쳐 내각에 의하여 임명되며, 또 그 임면은 천황의 인증을 받도록 되어 있다. 인사관은 인사원의 중립성을 확보하기 위하여 2인 이상이 동일정당에 속해서는 아니 되며, 그 신분은 인사원의 공정성과 독립성을 확보하기 위해 강력히 보장되고 있다.

일본의 인사원은 첫째, 공무원에 대하여 인사행정의 공정한 운영을 행하는 것, 둘째, 전문성과 기술성에 입각하여 인사행정의 합리적 운영을 확보하는 것, 셋째, 노동기본권의 제약에 대한 보상으로서 공무원의 이익을 도모하는 것 등을 임무로 하고 있다.

4. 우리 나라의 중앙인사행정기관

1948년 7월 17일 공포된 우리 나라의 정부조직법은 중앙인사행정기관을 이원화하여 대통령 소속하에 고시위원회를 두고 국무총리 직속하에 총무처를 두었다. 고시위원회는 합의제기관으로서 공무원의 고시와 전형을 담당하였으며 공무원의 임용 등 그 밖의 인사기능은 총무처가 담당하게 하였다. 그 후 1955년 2월 7일의 정부조직법 개정으로 국무총리제가 없어지면서 독립기관으로서의 고시위원회는 정부기구의 간소화라는 미명하에 폐지되고 중앙인사기구로서의 고시위원회와 인사국은 국무원 사무국 내의 고시과와 인사과로 축소되었다.[14)]

그 후 1960년 4·19를 계기로 국무원 사무국이 국무원 사무처로 승격개편되고 인사사무는 국무원 사무처 인사국이 담당하였다. 국무원 사무처는 1961년 5·16을 계기로 내각사무처로 개칭되면서 기구도 대폭 확대되었다. 1963년 4월 제3공화국 발족과 함께 내각사무처는 총무처로 개편되었다. 그 후 문민정부에 들어와 1998년 2월 28일 정부조직법의 개정으로 총무처는 내무부와 통합되어 행정자치부로 개편되었다. 그리고 1999년 5월 대통령 소속하에 합의제 행정기관으로서 중앙인사위원회가 설치되게 됨으로써 우리 나라 중앙인사행정기관은 다시 이원화되게 되었다.[15)]

그런데 중앙인사기관이 이원화함으로써 인사개혁의 추진이 지체되거나 왜곡되

---

14) 김중양, 한국인사행정론(서울: 법문사, 2002), p. 43.

15) 국가공무원법은 행정안전부 장관을 행정부의 '중앙인사관장기관'이라 규정하고 있다(국가공무원법 제6조).

는 경우가 있는가 하면 인사정책과 집행기능의 분리로 인사정책과 인사행정이 괴리되는 등의 문제점이 나타나게 되었다. 그리하여 2004년 정부조직법과 국가공무원법을 개정하여 행정자치부의 인사관련기능을 중앙인사위원회가 담당하게 함으로써 정부의 인사기능이 중앙인사위원회로 일원화되게 되었다. 이에 따라 행정자치부가 담당하던 신규채용, 임용, 교육훈련 등의 업무를 중앙인사위원회가 담당하게 되었다. 그 후 이명박 정부에 들어와 '작은정부' 구현이 강조되면서 정부조직법을 개정하여 중앙인사위원회는 행정안전부에 통합되게 됨으로써 중앙인사기관은 행정안전부로 단일화되게 되었다.[16)]

Ⅲ. 중앙인사행정기관의 조직상의 특징

각국의 중앙인사행정기관은 그 나라마다의 실정에 따라 차이를 나타내고 있는데, 여기서는 독립성·합의성 및 집권성의 세 가지 기준에 따라 중앙인사행정기관의 조직상의 특징을 살펴보고자 한다.

1. 독 립 성

영국(1968년 이전까지의 인사위원회)·미국(1978년 이전까지의 연방인사위원회)·일본(1948년 이후의 인사원)은 중앙인사행정기관의 독립성을 보장하고 있으며, 여기서 독립성이라고 할 경우 입법부 또는 사법부로부터의 독립보다는 행정부로부터의 독립이 강조된다.

중앙인사행정기관의 독립성 확보문제는 각국의 역사적 사정에 따라 상이한바, 미국과 같이 민주정치 또는 정당정치가 일찍부터 발달하여 엽관주의가 심했던 나라에서는 독립성 있는 중앙인사행정기관을 설치하였으며, 일본과 같이 제 2 차 세계대전 후 엽관제의 방지라는 취지 이외에 공무원에 대한 노동권의 제한에 대응하여 제 3 자기관(인사원)에 의한 적정한 근무조건의 확보를 도모하는 의미에서 중앙인사행정기관을 설치한 경우도 있다.

현재 중앙인사행정기관의 독립성이 잘 보장되어 있는 예로서는 일본의 인사원을 들 수 있는데, 일본의 인사원은 내각의 소속하에 설치되어 있으나, 높은 독립성이 부여되어 있으며, 정부로부터 독립해서 준입법적 권한(규칙제정권 등)과 준사법적 권한(불이익처분의 심사 등)을 보유하는 소위 미국의 행정위원회의 성격을 지니

16) 강성철 외 4 인, 새 인사행정론(서울: 대영문화사, 2009), pp. 127~128.

고 있다. 즉, 인사원의 독립성은 구체적으로 i) 인사원에는 국가행정조직법이 적용되지 아니한다는 것, ii) 내각에 의한 인사관의 임명에는 양의원의 동의를 요한다는 것, 국회의 소추에 입각한 최고재판소의 재판에 의한 탄핵에 의하지 아니하고는 파면되지 않는다는 것 등에서 볼 수 있는 바와 같이 인사관의 신분이 강력히 보장되어 있다는 것, iii) 내각이 인사원의 경비의 요구를 수정하는 경우, 인사원의 요구서와 내각이 수정한 요구서가 국회에 제출되는 소위 이중예산제출권 등에 나타나 있다. 인사관의 임기는 4년으로 되어 있으며 재임이 허용되고 있지만 계속해서 12년을 초과할 수는 없다.

이와 같은 인사원의 독립적 지위 보장에 대하여 일본의 일부 학자 가운데서는 "인사원에 대하여 다른 행정위원회에서는 볼 수 없는 강력한 권한을 인정하고 있으면서도, 인사원에 대한 구속수단이 적은 것은 모순"이라는 비판도 나왔기 때문에, 1965년 인사원의 소관사무를 일부 내각총리대신부에 이관하여, 인사원 외에 내각총리대신부(수상)를 중앙인사행정기관으로 설치함으로써 중앙인사행정기관은 이원화되었던 것이다.

2. 합 의 성

중앙인사행정기관이 독립성을 지니고 있는 경우에는 대개 준입법적 및 준사법적 권한을 갖게 되며, 이 경우 인사기관은 합의제를 채택하는 것이 통례로 되어 있다.[17)]

예를 들어 미국의 경우를 보면 과거 인사위원회가 지니고 있었던 인사관리기능과 심사기능 중 심사기능은 1978년 인사위원회의 폐지와 동시에 설립된 실적제보호위원회가 맡고 있다. 동 위원회는 공무원의 권리를 보호할 책임을 가지며 법령에 정해진 불이익처분·근무평정 등의 심사를 맡고 있는바, 3인의 위원으로 구성되며, 그 중 1인은 대통령에 의해 위원장에 지명된다. 또 위원은 상원의 동의를 얻어 대통령이 임명하게 되어 있으며, 위원은 전원이 동일정당의 당원이 되어서는 아니 된다.

일본의 경우를 보면 공무원이 그의 의사에 반해서 불이익처분을 받을 경우에 대비하여 인사원은 공평위원회를 설치하고 있는바, 동 위원회는 3인 또는 5인의 위원으로써 구성되어 있다. 위원은 인사관 및 인사원 사무총국의 직원 중에서 인사원이 지명하며, 필요한 경우에는 학식·경험이 있는 자를 위원으로 지명할 수 있

17) 미국 연방정부의 폐지되기 전의 인사위원회는 3인의 위원으로 구성되어 있었으며, 일본의 인사원도 인사관 3인으로 구성되는 합의제 집행기관이다.

게 하고 있다.

우리 나라의 경우는 행정안전부에 소청심사위원회를 두고 있는바, 이 위원회는 위원장 1인을 포함한 5인 이상 7인 이내의 상임위원으로 구성되고 있으며, 필요한 경우 약간명의 비상임위원을 둘 수 있게 하고 있다. 소청심사위원회의 위원은 인사행정에 관한 식견이 풍부한 자 중에서 국회사무총장, 법원행정처장, 헌법재판소 사무처장, 중앙선거관리위원회 사무총장, 또는 행정안전부 장관의 제청으로 국회의장, 대법원장, 헌법재판소장, 중앙선거관리위원회 위원장 또는 대통령이 임명한다. 상임위원의 임기는 3년으로 하되 1차에 한하여 연임될 수 있다(국가공무원법 제10조 1항 및 2항).

이와 같은 합의제는 대체로 매사에 신중한 결정을 내릴 수 있는 장점을 지니며, 미국의 실적제보호위원회에서 볼 수 있는 바와 같이 위원구성을 3인의 위원이 전원 동일정당에서 나오지 못하게 함으로써 공평한 판단을 구할 수 있고, 또 필요에 따라서는 공무원 노동조합의 대표를 참여케 하여 이해관계 당사자의 이해를 조정할 수도 있다.

그러나 합의제는 흔히 능률을 저해한다는 비판을 받고 있으므로 이를 보완하는 의미에서 원래의 합의제의 성격과 장점은 그대로 살리되, 다만 위원장에게 어느 정도의 집행권한을 부여하는 것도 하나의 방안이 될 수 있다.

3. 집 권 성

인사행정에 있어서 집권성의 문제는 주로 각 부처의 인사기관(인사운영기관)에 대한 불신과 능력의 과소평가에서 대두된 것이라 하겠으며, 대개의 경우 각국의 중앙인사행정기관이 수립될 당시에는 인사행정의 통일성을 기한다는 의미에서 집권성이 강하였다.

이와 같은 집권주의는 엽관주의의 영향을 받기 쉬운 각 부처의 인사권을 중앙인사행정기관에 집중시킴으로써, 실적주의를 확립하고, 임용 · 시험 · 승진 등에 관한 기준을 제공함으로써 통일적인 인사행정을 수행할 수 있다는 장점을 지니고 있으나, 반면 분권론자들은 인사행정의 능률을 향상시키기 위해서는 행정의 지체를 초래하는 집권을 지양해야 한다는 것이다.

인사행정기관이 분권화되어 있는 예로서 일본의 경우를 보면, 중앙인사행정기관(인사원 및 내각총리대신)은 인사행정에 관한 통일적인 기준의 수립과 기획 · 입안 · 지도 등 정책문제만을 다루고 있으며, 그 구체적인 적용 · 실시는 각 성청의 인사관리담당부서(각 성청에 따라 인사과 · 비서과 · 총무과 등으로 호칭)가 맡고 있는바, 여기서 특기할 것은 48개 성청의 장(우리 나라의 각부 장관 및 청장)이 각각 자기 성청의 공무원에 대한 임명권을 가지고 있기 때문에 독자적인 인사관리기능을 수행할 수 있다는 사실이다.

이상에서 주요 각국의 중앙인사행정기관의 조직상의 특징을 고찰하였거니와, 우리 나라의 경우 중앙인사행정기관의 독립성 · 합의성 및 집권성의 제반 문제가 시급히 개선되어 나가야 할 것으로 생각된다.

Ⅳ. 중앙인사행정기관의 기능

중앙인사행정기관은 일반적으로 준입법적 기능, 준사법적 기능 및 행정적 기능(집행기능)을 수행한다고 볼 수 있겠으나, 이 밖에 감사기능이나 권고기능을 수행하는 경우도 있다.

(1) 준입법적 기능

이것은 중앙인사행정기관이 의회에서 제정한 법률의 범위 내에서 인사행정 전반에 관한 인사규칙을 만드는 기능을 말한다.

(2) 준사법적 기능

이것은 공무원이 징계처분 또는 그 의사에 반하여 불이익한 처분을 받았을 경우 중앙인사행정기관이 그 사안에 관해서 필요하다고 인정되는 조사 · 구두심리 기타의 사실심리를 행하여 조서를 작성하는 등의 준사법적 기능을 수행하는 것을 말하며, 불이익처분의 심사의 판정은 행정부 내에서 최종적으로 이루어진다.

(3) 행정적 기능(집행기능)

이것은 중앙인사행정기관이 인사행정에 관한 법률이나 규칙을 집행하는 기능을 가리키는 것으로서, 공무원의 임용 · 시험 · 승진 · 근무성적평정 및 교육훈련 등 협의의 구체적인 인사행정사무를 집행하는 것을 말한다.

(4) 감사기능

이것은 중앙인사행정기관이 인사행정운영의 적정 여부를 감사할 수 있는 기능을 가리킨다. 우리 나라의 경우, 인사감사의 결과 위법 또는 부당한 사실이 발견되면 즉시 관계기관의 장에게 그 시정을 촉구하고 관계 공무원은 징계처분하도록 하고 있다.[18]

18) 박동서, 인사행정론〔제 5 전정판〕(서울: 법문사, 2002), pp. 109～110.

(5) 권고기능

이것은 인사행정의 개선 등을 위해서 중앙인사행정기관에 권고기능을 부여하는 것으로서, 일본의 경우 중앙인사행정기관으로서의 인사원이 급여 기타의 근무조건의 개선 및 인사행정의 개선에 관하여 의회에 권고하는 기능을 가지고 있다.

제 4 장

인사행정의 관리

제 1 절 경력직과 특수경력직

Ⅰ. 경력직과 특수경력직 구분의 의의

1981년 4월 20일 개정·공포된 국가공무원법은 직업공무원제의 확립과 직위분류제의 점진적 확산을 도모하기 위하여 종래 모든 공무원을 일반직과 별정직으로 구분하던 것을 직업공무원인 경력직공무원과 비직업공무원인 특수경력직공무원으로 구분하고 있다. 여기서 경력직공무원이라 함은 실적과 자격에 의하여 임용되고 그 신분이 보장되며 평생토록 공무원으로 근무할 것이 예정되는 공무원(즉 직업공무원)을 말하며, 특수경력직공무원은 경력직공무원 외의 공무원으로서 보수 및 복무에 관한 규정을 제외하고는 원칙적으로 국가공무원법의 적용을 받지 않는다.

이러한 구분은 영국의 항구직(established)과 비항구직(unestablished), 미국의 경쟁직(competitive service)과 제외직(excepted service), 일본의 일반직과 특별직의 구분과 유사하다.

이와 같이 공무원을 구분하는 까닭은 양자가 국가와 국민을 위한 봉사자라는 점에서는 동일하다고 하겠으나, 임명과정이나 직무의 특수성 등으로 인하여 똑같이 규제하기가 어렵기 때문이다.

Ⅱ. 경 력 직

우리 나라에 있어서는 경력직공무원을 일반직공무원·특정직공무원 및 기능직공무원의 세 가지로 나누고 있다(국가공무원법 제 2 조 2 항).

1. 일반직공무원

일반직공무원이란 기술·연구 또는 행정일반에 대한 업무을 담당하고 직군·직렬별로 분류된 공무원을 말한다.

2. 특정직공무원

특정직공무원이란 법관·검사·외무공무원·경찰공무원·소방공무원·교육공무원·군인·군무원 및 국가안전기획부 직원과, 특수분야의 업무을 담당하는 공무원을 말한다.

3. 기능직공무원

기능직공무원이란 기능적인 업무를 담당하고, 기능별로 분류된 공무원을 말한다.

Ⅲ. 특수경력직

한편 특수경력직공무원은 정무직공무원, 별정직공무원, 계약직공무원 및 고용직공무원의 네 가지로 분류되고 있다(국가공무원법 제 2 조 3 항).

1. 정무직공무원

여기서 정무직이란 소위 정무관(political executive)직을 말하는바, 우리 나라 국가공무원법에서는 다음의 두 가지로 나누고 있다.

① 선거에 의하여 취임하거나, 임명에 있어서 국회의 동의를 요하는 공무원

② 고도의 정책결정업무를 담당하거나 보조하는 공무원으로서 법률이나 대통령령에서 정무직으로 지정하는 공무원(국가공무원법 제 2 조 3 항)

2. 별정직공무원

특정한 업무를 담당하기 위하여 별도의 자격기준에 따라 임용되는 공무원으로서 법령에서 별정직으로 지정하는 공무원(국가공무원법 제 2 조 3 항)

3. 계약직공무원

계약직공무원이란 과거에 전문직공무원이라 하던 것으로 국가와의 채용계약에

의하여 전문지식이 요구되는 업무에 종사하는 공무원을 말한다.

4. 고용직공무원

고용직공무원이란 단순한 노무에 종사하는 공무원을 말한다.

제 2 절 직위분류제와 계급제

Ⅰ. 직위분류제의 의의

현대국가에 있어서 복잡다양한 행정구조의 내용을 파악하기 위해서는 공무원 각자가 담당할 각종 직위의 유사성과 상이성에 따라 이들을 분류해 볼 필요가 있다. 바꾸어 말하면 행정 각 부분에 걸쳐 광범위한 공직을 가지고 있는 정부는 행정관리상 일사불란한 직능체계를 확립하기 위하여 공직을 특정한 기준에 따라 각각 분류함으로써 임용·급여 등 인사행정에 대한 기초를 제공할 필요가 있는 것이다.[1)]

직위분류제(position classification system)란 일정한 직무를 수행하는 데 필요한 관직을 각 직위에 내포되는 직무의 종류와 곤란성 및 책임의 정도를 기준으로 하여 직류별·직렬별·직군별과 등급별로 분류하는 제도를 말하며, 주로 미국·캐나다 등에서 이를 채택하고 있다. 특히 미국에서는 1923년에 연방정부가 직위분류법(Position Classification Act)을 제정하여 과학적 인사행정의 기초를 확립하였다.

이와는 대조적으로 계급제(rank classification system)라는 것이 있는데, 이것은 직무를 재직자 개개인이 지니고 있는 능력·자격 등을 기준으로 하여 분류하는 제도를 말하며, 주로 영국·독일·프랑스·일본 등에서 이를 채택하고 있다.

---

1) J. M. Pfiffner는 "모든 관료조직은 직무의 계서(a job hierarchy)와 보수의 계서(a pay hierarchy)를 가지고 있으며, 행정에 있어서 직무의 계서는 직위분류제와 관련된다"고 하였다. John M. Pfiffner and Robert Presthus, *Public Administration*(New York: Ronald Press, 1967), p. 310 참조.

Ⅱ. 직위분류제의 발달

직위분류제는 특히 미국에서 일찍부터 발달하기 시작하였는데, 직위분류제가 인사행정의 수단으로 등장하기 시작한 것은 1838년 미국 연방정부기관에 근무하는 서기들이 동일업무에는 동일급여(equal pay for equal work)라는 급여기준의 합리화를 요구한 데 대하여, 상원에서 이를 인정하고 성장관에게 권고하는 결의안을 채택한 때부터이다. 이는 1923년의 직위분류법이 제정되기 85년 전에 상원에서 직위분류의 필요성을 공식으로 선언한 것으로서 큰 의의를 갖는 것이다.

이와 같이 직위분류제에 있어서의 분류방법이 급여제도의 불균형에서 초래되는 결함을 시정하기 위한 것이었음은 물론이나, 이 제도를 발전시킨 또 하나의 요인은 건국 이래 엽관제의 채택으로 인한 허다한 정치적 폐단과 빈번한 정권교체에 수반되는 행정능률의 저하이었다. 즉 엽관제는 행정의 능률이나 인사의 공정과는 관계 없이 관직이 친분이나 당파적 이유로 좌우되어 정당에 대한 책임의 보상으로 필요한 관직을 신설하고, 무능한 자를 등용하기 위해 유능한 자의 축출을 강요함으로써 인사행정의 난맥상을 노정시켰던 것이다.

이러한 폐단을 없애기 위하여 1883년에 미국 연방공무원법의 개정을 보아 공무원 임용에 정치성의 개입을 봉쇄하였던 것이다. 또한 1923년에 직위분류법(Position Classification Act)을 제정하여 과학적 인사행정의 기초를 확립하였던 것이다. 이 법률은 직무와 책임(duties and responsibility)의 정도에 따라 직위(position)를 분류하고, 이와 같은 직위에 봉급액을 배정하도록 한 것이었으며, 1883년의 Pendleton법과 더불어 미국 연방정부의 공무원제도의 기초를 이루는 중요한 법률이라 하겠다.

Ⅲ. 직위분류제의 장단점

1. 직위분류제의 장점(효용)

O. G. Stahl은 직위분류제의 장점을 다음과 같이 요약하고 있다.[2)]

(1) 인사관리상의 장점

① 공무원의 모집을 수준별로 행하고 시험·선발을 직무내용에 합당하게 할

2) O. Glenn Stahl, *Public Personnel Administration,* eighth edition(New York: Harper & Row, Publishers, Inc., 1983), pp. 184~187.

수 있다. 또한 다양한 직무를 관리 가능한 비율로 줄임으로써 모집·자격요건·시험 및 선발에 도움을 준다.

② 동일한 조건하에서는 동일직무에 동일급여의 지불을 가능케 하고, 급여의 차이를 직무의 곤란성과 책임의 정도에 따라 책정할 수 있다. 또한 보수수준의 통제를 위한 합리적인 기준을 마련해 준다.

③ 행정업무의 범위를 명백히 하여 줌으로써 무질서한 승진·전보를 막을 수 있다. 즉, 직위분류제는 질서정연한 승진과 배정절차에 대한 기본적인 요소가 된다. 이 밖에 근무성적평정의 기준을 제공해 주며, 직무와 직결되는 교육훈련을 행할 수 있게 하여 준다.

(2) 조직관리상의 장점[3)]

① 직무의 정의와 기술을 필요로 하기 때문에 각 직위에 대한 책임을 명확히 부여해 준다.

② 직위분류제는 명확하지 못했던 업무나 권한 등의 한계를 명확하게 하여 준다. 또한 조직의 절차와 문제점을 분석하는 데 도움을 줄 수 있는 직무내용에 관한 정보를 제공해 준다.

(3) 예산회계상의 장점

① 직위분류제를 통하여 직무내용이 명백해지고 그 내용을 기술하는 용어나 직명이 분류기준에 따라 통일되므로 보수표를 작성하거나 예산을 심의하고 시행하는 데 도움을 준다.

② 또한 직위분류제는 직위에 필요한 사항들을 회계적 용어로 전환시키기 위한 근거를 제공해 주므로 회계절차를 용이하게 해 준다는 것 등이다.

2. 직위분류제의 단점

(1) 인재활용의 신축성 결여

직업공무원제에 있어서는 공무원의 능력을 광범하게 양성하여 적응성 있는 업무처리를 기하고 각자의 개성과 능력에 따라 신축성 있는 인재활용이 요구되는데, 직위분류를 지나치게 세분화할 경우 인재활용의 신축성이 결여된다.

(2) 행정상의 조정의 곤란

직위분류제하에서는 행정업무의 고도의 전문화로 말미암아 직무를 담당하고

3) Barry Bozeman, *Public Management and Policy Analysis*(New York: St. Martin's Press, 1979), pp. 175～176.

있는 전문가간의 의사소통이 이루어지기 어려우며, 또한 행정상의 협조나 조정이 힘들다.

Ⅳ. 직위분류제의 구조와 수립절차

1. 직위분류제의 구조

직위분류제는 직위(position)를 직무의 종류 및 성질을 기준으로 하여 직렬별·직군별로 종적 분류를 함과 아울러 직무의 곤란성 및 책임의 정도를 기준으로 하여 등급별·직급별로 횡적 분류를 하는 것인바, 여기서 그 구조를 이루는 구성요소를 보면 다음과 같다.

(1) 직위(position)

직위란 1인의 공무원에게 부여할 수 있는 직무와 책임을 말한다.

(2) 직급(class)

분류의 최소단위는 직급이다. 직급이란 직무의 종류·곤란성 및 책임의 정도가 상당히 유사한 직위의 군을 말하며, 동일한 직급에 속하는 직위에 대하여는 임용자격·시험·보수 기타 인사행정에 있어서 동일한 취급을 한다.

(3) 등급(grade)

등급이란 직무의 종류는 상이하나 직무의 곤란성, 책임의 정도 및 자격요건이 유사하여 동일한 보수를 줄 수 있는 모든 직위를 말한다.

(4) 직 류

직류란 동일한 직렬 내에서의 담당분야가 동일한 직무의 군을 말한다.

(5) 직렬(series)

직렬이란 직무의 종류는 유사하나 그 곤란성과 책임의 정도가 상이한 직급의 군을 말한다.

(6) 직군(group)

직군이란 직무의 성질이 유사한 직렬의 군을 말한다. 직군이 직무의 종류의 유사성에 상응한 개념이라고 한다면, 상술한 등급은 직무의 종류는 상이하나, 직무의 곤란성 및 책임의 정도에 상응한 개념이라 하겠다.

2. 직위분류제의 수립절차

(1) 계획의 수립

먼저 직위분류제를 수립하기 위한 계획이 결정되어야 하며, 이러한 계획의 결정은 해당기관이 단독으로 할 수 있으나, 간혹 외부기관의 도움을 얻어 할 수도 있다.

(2) 직위분류제 담당자의 선정

다음 직위분류를 위한 면접 및 직무평가를 담당하여야 할 사람을 선정하여야 한다. 그리고 분류대상자에 대한 설득이 필요하다.

(3) 직무기술서의 작성

이것은 공무원 각자가 수행하는 직무의 내용을 기술하는 것을 말하며, 그 기입방법은 비용과 시간관계로 대개의 경우 기술서를 배부하여 기입케 하고 있다.

(4) 직무분석

① 직무분석의 개념 직무분석(job analysis)이란 직무를 그 종류(공안 · 행정 · 공업 · 농림 · 외무 등)에 따라 직렬 · 직군으로 분류하는 것을 의미하는바, 이것은 종적인 수직적 분류를 말하는 것으로서 먼저 유사한 직무를 수행하는 직위를 모아 직렬을 만들고, 다시 유사한 직렬들을 모아 직군을 형성하게 된다.

② 직무분석의 판단기준

(가) 직군간 · 직렬간의 구분의 명확화 직군 · 직렬을 분류할 때에는 직무의 유사성과 상이성에 따라 구분이 명확하게 나타나도록 하여야 한다.

(나) 직렬의 폭의 적정화 직렬의 폭을 좁게 하고 많은 수로 세분화하면 인사관리가 복잡해지며, 반면 직렬의 폭을 넓게 하고 수를 적게 하면 직위분류제의 목적에 부합되지 않는다. 따라서 각 직렬에 포함될 직위의 분포, 직위의 전문성 등을 고려하여 직렬의 폭을 적정화하여야 한다.

(다) 혼합직의 적절한 처리 혼합직, 즉 종류가 다른 직무를 두 가지 이상 포함하는 직위의 경우에는 복수의 직무 중에서 가장 중요시되는 직무에 해당되는 직렬에 배치하여야 한다.

(5) 직무평가

① 직무평가의 개념 직무평가(job evaluation)란 각 직위 속의 직무가 내포하는 곤란성과 책임의 정도에 따라 직위의 상대적 가치 또는 비중 및 수준을 측정하는 것을 의미하는바, 이것은 횡적인 수평적 분류를 말하는 것으로서 이 측정에

의해 직무가치체계로서의 등급(grade)과 직급(class)이 설정되는 것이다.

직무평가는 행정조직체에 있어서의 직무의 상대적 유용성을 측정하는 것이므로 적정한 보수체계를 확립하는 데 활용할 수 있는 것이다.

② 직무평가의 방법

직무평가의 방법에는 서열법 · 분류법 · 점수법 및 요소비교법의 네 가지가 있는데, 이 가운데서 우리 나라에서는 분류법을 사용하고 있다.

㈎ 서열법(ranking method) 이것은 가장 간단한 방법으로서 직무의 전체적 가치를 종합적으로 평가하여 여러 직위간의 서열을 정하는 방법을 말한다. 이 방법은 실시하는 데 있어서 시간과 비용을 요하지 않으나, 평가결과에 있어서 객관성과 타당성이 적다는 결점이 있다.

㈏ 분류법(classification method) 이것은 직무간의 난이도를 평가하는 기준이 되는 분류표를 만들어 놓고, 이 분류법에 입각해서 각각의 직무의 특성을 직무 전체로서 종합적으로 판단하여 어느 등급에 배치할 것인가를 하나씩 결정하는 방법을 말한다.

이 방법은 서열법보다 광범한 종류의 직무에 적용할 수 있고, 직무분석이 곤란한 직무의 평가에 사용된다. 그러나 질이 서로 다른 직무가 많은 경우에는 평가하기가 어려우며, 또한 서열법과 마찬가지로 개인적 주관이 개입할 여지가 많다.

㈐ 점수법(point method) 이것은 먼저 직무평가를 결정하는 몇 개의 요소(기술 · 책임 · 능력 등)를 선택한 다음, 각각의 평가요소에 관하여 등급기준표를 만들고, 평가요소마다의 등급단계에 평점을 부여한다. 그리하여 각각의 직무를 분석한 내용에 따라, 평가요소마다 어느 단계에 배치할 것인가를 정하고, 각 요소마다의 득점을 합계하여 그 직무의 평가점으로 하려는 방법을 말한다.

이 방법은 직무의 가치가 구체적 · 수량적으로 점수화되기 때문에 직무간의 서열을 정하는 데 편리한 방법이다. 그러나 이 방법은 평가방법의 설정 자체에 많은 시간과 노력이 필요로 된다.

㈑ 요소비교법(factor-comparison method) 이것은 많은 사람들이 가장 타당하다고 인정하는 대표적인 기준직위를 선정하여 기준직위의 평가요소에 부여된 수치에 평가하려는 직위의 각 요소를 대비시켜 평점을 함으로써 그 직위의 상대적 가치를 결정하는 방법이다.

이 방법은 기준직무와 비교하는 것이므로 평가에 있어서 비교적 정확성을 확보할 수 있으나, 이것 역시 시간이 많이 걸린다는 결점을 지니고 있다.

Ⅴ. 직위분류제와 계급제의 조화(전문행정가와 일반행정가의 관계)

오늘날 직위분류제와 계급제의 관계를 보면 직위분류제를 채택하고 있는 나라(예, 미국)에서는 계급제를 가미할 필요성이 대두되고 있으며, 반면 계급제를 채택하고 있는 나라(예, 영국)에서는 직위분류제를 가미할 필요성이 대두되고 있다.

미국의 경우 1978년의 공무원제도개혁법(The Civil Service Reform Act)에 의거하여, 일반직(General Schedule)의 18개 등급 중 GS-16에서 GS-18까지의 고급공무원과 고위직의 5개 레벨(level) 중 Ⅳ와 Ⅴ레벨에 해당하는 고급공무원으로 구성되는 고위행정직공무원(Senior Executive Service: SES)[4]이 창설되었는데, 이것은 직위분류제에 계급제적인 요소를 도입한 것이라 하겠다.

한편 영국의 경우 1968년에 Fulton위원회는 종래부터 내려오는 계급제가 공무의 운영을 현저히 저해시키고 있음을 지적하였는데, 이 지적에 따라 행정·집행·서기 계급이 하나의 단일 행정그룹(administrative group)으로 통합되었다. 그러나 전통적인 4대계급제가 완전히 없어진 것은 아니고 다만 외부로부터의 임용이 더욱 확대되었다. 또한 고위직에는 일반행정가들이 충원되던 관례와는 달리 전문가들이 참여할 수 있게 되었다.

이와 같은 경향이 나타나는 이유는, 직위분류제를 채택하고 있는 나라에서는 i) 고도의 분업화로 말미암아 서로의 협조, 전문가간의 의견교환, 관리능력의 폭넓은 발전을 어렵게 만들 우려가 있기 때문에 불가피하게 계급제의 도입이 요청되고 있으며, ii) 장기적인 행정계획을 수립하기 위해서는 개인능력의 적응력 및 신축성의 확대가 요청되므로 계급제가 가미되어야 한다는 것이다.

다음 계급제를 채택하고 있는 나라에서는 i) 계급만 같으면 직종이 달라도 전직이 가능하기 때문에 전문가가 아닌 일반행정가(generalist)가 되어 버리므로 전문행정가(specialist)의 양성을 위해서는 직위분류제의 도입이 요청되고 있으며, ii) 직종별로 직무수행능력을 테스트함으로써 시험의 합리화를 기하기 위해서는 직위분류제가 필요하고, iii) 동일한 직책에 대하여 동일한 보수를 지불함으로써 공평한 보수제도를 확립하기 위해서는 직위분류제가 가미되어야 한다는 것이다.

따라서 직위분류제와 계급제의 관계는 대립적인 것이 아니라 상호보완적인 관

---

4) SES는 Carter 정부시절에 만든 새로운 고급공무원제도인바, 이것은 직위분류제의 원칙에 의해서 승진이 확보되던 고급공무원을 새로운 고위행정직공무원이란 계급을 설정하여 대통령의 정책과 긴밀한 연계를 맺도록 한 제도이다.

계로서 파악함이 타당하며, 직위분류제와 계급제를 서로 조화시켜 나가야 할 것이다.

Ⅵ. 우리 나라 직위분류제의 현황과 문제점

1. 우리 나라의 현황

우리 나라에 있어서는 현재 계급제의 바탕 위에 직위분류제적인 요소를 가미한 제도를 채택하고 있는데 실제로 공무원임용령에서는 1급에서 9급까지 9개의 계급으로 나누고, 일반직공무원을 2008년 6월 말 기준으로 2직군, 31직렬, 97직류로 나누고 있다(공무원임용령 제3조 1항).

1963년 4월 17일에 공포된 국가공무원법은 제3장 직위분류제라는 제목하에 5개 조문을 두었으며, 이에 의거하여 같은 해인 1963년 11월 1일에 직위분류법이 제정·공포되었다. 이 직위분류법은 총무처 장관에게 직위분류제의 계획·실시 및 운영, 직렬·직급 및 등급의 결정과 직위의 정급·분류기준의 작성에 관하여 권한과 책임을 부여하였었다.

이같은 직위분류법에 의거하여 총무처는 1963년 7월부터 직위분류를 위한 본격적인 조사작업에 착수하여 1966년까지 정부 각 부처의 약 7만여 직위를 선정하여 기준설정을 위한 직무조사를 완료하였다. 이어서 직군·직렬 및 직급을 형성하고 직급명세서를 완성함과 아울러 정급작업을 실시하여 직위분류법에 규정된 대로 1967년 1월 1일부터는 직위분류제를 실시할 예정이었으나, 여러 가지 사정으로 말미암아 현재까지도 완전한 직위분류제를 실시하지 못하고 있다.

그러나 1981년 국가공무원법의 개정으로 우리 나라의 공무원제도도 직위분류제로 전환하는 토대를 마련하게 되었다. 즉 종래 1급에서 5급으로 분류하던 공무원의 계급을 1급에서 9급으로 분류하였으며, 과도하게 통합되어 있던 행정직렬을 세분화하여 새로이 전문·기술직렬을 신설하고 여러 직위를 그것을 담당하는 사람과는 관계 없이 직무의 내용 그 자체를 기준으로 분류하여 직위분류제의 사실상 도입을 위한 노력을 하였다. 2000년대에 접어들어 고위공무원단의 창설, 분류제도 선택권의 위임, 직급확장 등과 같은 제도개혁이 있었다. 고위공무원단의 창설은 직업구조 개편만을 위한 것이 아니라 계급제의 폐지라는 개편내용이 포함되어 있었다. 분류제도 선택권의 위임은 정부기관별로 그 기관의 장이 계급제 혹은 직위분류제를 선택하여 시행할 수 있게 한 조치였다. 그리고 정부는 직군 직렬을 폐지하거나 축소하여 직급을 확장하였다. 2005년에는 3급 이상 일반직공무원의 직군과 직렬을 폐지하고 4급 공무원은 직렬을 폐지하고 서기관과 기술서기관으로만 구분하였다.

2006년에는 5급 이하 일반직공무원의 직군·직렬을 대폭 축소하여 10개이던 직군을 2개로 57개이던 직렬을 31개로 축소 조정하였다. 직급의 확장은 직위분류제의 원칙을 유지하되 직렬과 직군, 보수등급의 수를 줄이고 각각의 폭을 넓힘으로써 인사운영의 융통성과 대응성을 높일 수 있게 한다.5)

우리 나라의 공직구조는 아직까지 계급제의 역사적 전통 위에 직위분류제 요소가 가미된 절충형의 형태를 띠고 있다고 할 수 있다.

2. 직위분류제를 도입하는 데 있어서의 문제점

현재 우리 나라에 직위분류제를 도입하는 데 있어서는 다음과 같은 문제점이 있다.

첫째, 우리 나라에 있어서는 오랫동안 계급제가 지배하여 왔는데, 직위분류제를 적극적으로 도입하는 경우 이로부터 야기되는 저항을 어떻게 방지하느냐가 문제된다.

둘째, 직위분류제를 채택하면 직무를 세분화하고 전문화할 수 있으나 우리 나라의 실정에 비추어 볼 때 지나친 세분화는 오히려 인사행정에 있어서의 융통성을 저해할 우려가 있다.

셋째, 일반직공무원을 전부 분류의 대상으로 삼을 것인가, 또는 직무의 특수성을 감안하여 분류의 대상에서 제외할 것인가 하는 문제가 생긴다.

넷째, 직위분류의 중심과제는 과연 직무급에 입각하여 보수의 적정화가 이루어질 수 있느냐에 초점을 두고 있다. 그러나 우리 나라의 실정을 감안할 때 동일직무에 대한 동일급여라는 직무급의 근본원리를 실제로 실현할 수 있느냐가 문제된다.

다섯째, 기술적인 관점에서 보아 직위분류를 담당하는 사람의 경험이 부족한 경우, 직무를 분석하고 평가함에 있어 객관성이나 공정성을 인정할 수 있느냐 하는 것도 문제된다.

---

5) 오석홍, 인사행정론(서울: 박영사, 2009), p. 87, p. 91 참조.

제 3 절 모 집

Ⅰ. 모집의 의의

모집(recruitment)은 유능한 인재가 공직에 지원하여 임용되도록 하기 위한 유인과정으로서 인사행정의 중요한 기능이다.

전통사회에 있어서는 관직이 특권의 향유 내지 사회인의 욕구를 충족시키기에 충분한 지위를 확보하였으나, 오늘날에 있어서는 관직의 사회경제적 지위가 타 직업에 비해 높지 않으므로 매력 없는 직업으로 간주되어 유능한 인재의 흡수가 어렵다는 것이다. 따라서 단순히 공무원의 결격사유 등만을 예시해서 일정 장소에 게시하는 소극적 모집(negative recruitment)방법만으로써는 모집의 성과를 충분히 거두기 어려우므로 자연히 많은 사람들로 하여금 공직에의 흥미를 끌게 하는 적극적 모집(positive recruitment)방법이 대두되는 것이다.

신규로 인재를 채용할 경우 폐쇄형(closed career)은 당해 계급의 최하위에 임용하여 고위직에 결원이 생겼을 때 그 충원을 주로 승진임용에 의존하는 것을 말하며, 개방형(open career)은 결원이 생겼을 때 주로 외부에서 충원하는 것을 말한다.

또한 인사수급면에서 개방체제란 특정한 사회신분·학벌·가문 및 경력 등의 귀속성변수(ascription variables)를 고려함이 없이 개개인의 능력에 따라 채용·승진 등을 할 수 있도록 보장된 행정체제를 의미한다. 이와 같은 개방체제에 있어서는 첫째, 각급 공무원의 공채범위를 확대시킴으로써 신진대사를 통한 가치관 전환을 가져올 수 있으며, 둘째, 이들에 대한 교육·훈련을 통해 성취지향(achievement-orientation) 또는 목표지향(goal-orientation)적인 새로운 근대적 가치관을 주입시킬 수 있는 장점을 지니고 있다.

Ⅱ. 적극적 모집방법

(1) 시험공고의 매스 미디어 이용

보다 많은 사람이 충분히 알 수 있도록 널리 광고함으로써 응시를 결심하도록 유인해야 한다는 것이다.

⑵ 공직의 사회 · 경제적 지위향상

공직은 단순히 인간의 봉사적 욕구 등에만 호소해서는 매력이 없다. 그렇다고 과거 전통사회에서의 특권 같은 것을 예로 하여 유치수단으로 삼을 수는 없다. 또한 보수의 파격적 인상제시나 처우의 극대화 같은 것을 조건으로 하여 공직으로 유인할 수도 없다. 그러나 국민을 위해 봉사하고 장차 유능한 행정인으로서 성장하여 국가와 민족의 장래를 좌우할 수 있는 선도자가 될 수 있다는 것, 철저한 신분보장, 사회경제적 처우개선의 제시 등은 효과적 유인수단이 되는 것이다.

⑶ 모집의 제도화 · 정기화

오늘날 대다수 국가에서 모집은 정기적이며 제도화되어 응모자가 목표를 정하여 준비할 수 있게 하고 있는바, 기회를 연 2회 이상 부여하고 제도의 수시 변경에서 오는 혼란이 일어나지 않도록 제도화하는 것이 모집에 효과적이다.

⑷ 응모의 간편화 · 신속화

공모자에게 복잡한 자격요건을 제시하든가 서류 또는 절차에 있어 많은 부담을 주는 것은 애써 결심한 자마저 포기하게 만드는 요인이 될 수 있다. 그리고 시험의 실시 후에 있어서의 임용기간의 단축 등도 적극적 모집의 필요에 전제될 수 있다.

⑸ 모집결과에 대한 사전제시

사전제시 문제는 사회경제적 지위 향상과도 관계되지만, 대개의 경우 근무지 등도 상당한 영향을 주고 있으므로 사전제시될 수 있는 사항은 빠짐없이 제시하는 것도 좋은 방법이다.

⑹ 수습 및 위탁교육제도의 활용

재학 중인 대학생을 미리 선발하여 수습 혹은 위탁교육 등을 시키든가 특채를 보장하여 주는 방법 같은 것은 최근 기업체들과 경쟁한다는 의미에서도 유능한 인재 흡수에 많은 도움을 줄 수 있다.

Ⅲ. 응모자의 자격제한 문제

민주국가에서 공직자 모집에 있어서의 자격제한 문제는 이율배반적 위치에 있다. 즉 O.G. Stahl과 같이 현대행정은 고도로 전문화 · 기술화되고 따라서 일정한 자격 이상을 구비하지 않으면 원활한 행정업무수행에 많은 지장을 초래하므로 기회균등이나 평등사상과 같은 인도주의적 감정에 젖어서는 안 된다[6]는 주장이 있는가 하면, 국가의 공복을 모집하는 데 있어 어떤 제한을 가한다는 것은 민주원칙에 위배된다는 주장이 있다.

그러나 현대국가에 있어서는 능률적 업무수행이란 면에서 자격요건은 불가피한 것으로 받아들여지고 있으며, 정식의 학교교육 이수연한과 기타 국민으로서의 의무이행(예: 병역문제)·연령 등 여러 가지의 제한을 가하고 있다.

1. 교육연한문제

정식의 학교교육 이수연한으로서 가령 4년제대학 졸업자 또는 대학 3년 이상 수료자 등을 기본적인 요건으로 제시하는데, 반드시 능률적 수행에 도움을 주지는 못한다는 주장으로 점차 완화되고 있다. 우리 나라의 경우도 종래에는 학력에 의한 제한이 있었으나 현재는 철폐되었다.

2. 연령제한문제

연령제한을 두는 까닭은 대체로 공민권의 취득 여부와 민법상 성인으로서의 행위인정 문제 등에서 연유되었다고 보겠는데 학력제한과 중복되는 경향이 많다. 그러나 계급정년제, 연금제 등을 감안한다면 상·하한을 정하는 것은 도움이 될 수 있을 것이다.

모집자격으로서 연령제한을 규정하는 경우를 보면, 영국에서는 심하게 제한하는 경향이 있는 반면, 미국에서는 별로 연령제한을 하지 않고 있다. 우리 나라의 공무원 응시연령은 5급은 20세 이상 32세까지, 7급은 20세 이상 35세까지, 9급은 18세 이상 28세까지로 제한하고 있다. 이와 같이 연령제한을 두는 것은 평등주의 또는 기회균등에 반하는 것이지만 능률을 위해서는 필요한 것이라 하겠다.

3. 교육내용 또는 행정능력문제

여기서는 훈련의 내용, 행정의 전문성은 물론 통찰력, 이해력, 적응력, 판단력, 창의력, 발전가능성 등이 요구되는데, 다만 이것을 어떻게 객관적으로 인정해 주느냐 하는 문제가 따른다. 오늘날에 있어서는 대개의 경우 시험에 의해 이러한 문제를 해결하고 있다.

---

6) O. Glenn Stahl, *Public Personnel Administration,* 5th ed.(New York: Harper & Row, 1962), p. 282.

제 4 절 시 험

Ⅰ. 시험의 의의

공무원의 채용을 위한 시험은 직무수행능력의 유무를 판정하는 것이므로 당연히 성적주의 원칙에 따라야 함은 물론, 수험자격을 가지고 있는 모든 국민에게 평등한 조건하에서 공개되어야 한다.

어떤 조직체에 있어서나 유능한 인재를 가장 타당성 있는 방법으로 선발해야 할 필요는 절실하다. 이와 같은 필요에 따라 시험(examination)이라는 제도가 생긴 것이다. 그러나 시험도 그 운용 여하에 따라 효용의 한계성이 있다. 즉 시험은 가장 공정하고 객관적이며 타당성 있게 운영할 경우에만 그 기능을 발휘할 수 있는 것이다.

Ⅱ. 시험의 종류

1. 필기시험

필기시험은 주관식과 객관식으로 분류된다. 논문식을 대표로 하는 주관식(기술식)시험의 역사는 매우 오래된 것으로서 6세기 말경 중국에서 실시된 관리등용시험 이래 동서양을 막론하고 필기시험의 주류를 이루어 왔다. 이에 대하여 다지선택식을 대표로 하는 소위 객관식 시험은 20세기에 접어들어 주로 미국에서 개발된 것으로서 우리 나라에서도 공무원채용시험을 비롯하여 많은 시험에서 이를 채택하고 있다.

2. 면접시험(oral test)

면접시험은 필기시험으로써는 파악하기 어려운 점, 즉 응시자의 창의력, 인품 및 대인관계능력 등을 알아 내는 데 도움을 준다.

3. 실기시험(performance test)

실기시험이란 시험을 실시함에 있어 필기나 면접 이외의 방법으로 도구나 기구를 써서 행하는 것을 말한다.

Ⅲ. 시험의 효용성

1. 시험의 효용성의 한계

무릇 시험의 목적은 응시자가 직무수행능력을 지니고 있는지의 여부를 판단하려는 데 있으며, 합격 후에 있어서의 행동의 예측 및 발전성까지도 알아 내야 하기 때문에 시험의 효용성에는 한계가 있으며, 이미 D. Yoder가 지적한 바와 같이[7] 시험은 응시자가 무엇을 할 것이냐라는 것보다 무엇을 할 수 있는가를 알려 줄 수 있을 뿐이다. 더욱이 전통적 시험방법으로써는 창의성을 효과적으로 측정하기가 어렵다.

2. 시험의 효용성의 측정기준

(1) 타당성(validity)

시험의 타당성이란 한 마디로 시험에 의해서 측정하려고 의도한 것을 어느 정도 정확하게 측정하느냐 하는 것이다. 따라서 측정하고자 한 것과 전혀 상이한 능력이나 특성을 측정한다면 시험을 보는 의미가 없어진다.

채용시험이나 승진시험에 있어서 타당성이란 수많은 응시자 가운데서 직무수행능력이 우수한 자를 얼마나 정확하게 측정해 내느냐 하는 것이다. 이와 같은 타당성의 측정은 응시자의 시험성적과 채용 후의 근무성적을 비교함으로써 이루어진다. 그러나 근무성적은 직장의 분위기라든지 상사의 졸렬한 지도 등 제 요인에 의해 좌우되는 경우가 허다하므로 시험이 측정하고자 하는 것과 직접 연결되지 않는 경우도 있다.

(2) 신뢰성(reliability)

원래 시험에 의해서 능력을 측정하는 경우, 측정결과에는 크든 작든 우연적인 변동이 생기게 마련이며, 응시자의 부주의, 문제의 표현의 불비 및 채점기준의 모호 등에 의한 우연오차가 생기게 된다.

시험의 신뢰성이란 동일개인이 시험을 수 회에 걸쳐 치른 후 득점이 일치하는 정도(실제로는 한 사람이 같은 시험을 여러 번 치르면 연습효과가 나타나 성적은 올라가나, 여기서는 연습효과가 없는 것으로 가정함)를 말한다. 바꾸어 말하면 신뢰성이란 1인의 응시자가 동일조건하에서 몇 번 시험을 치러도 동일한 결과가 나오는 것을 말한다.

---

7) Dale Yoder, *Personnel Management and Industrial Relations*(Englewood Cliffs, N.J.:Prentice-Hall, 1958), pp. 197~198.

(3) 객관성(objectivity)

시험의 객관성이란 언제 누가 평가하더라도 항상 동일한 결과가 나타나야 한다는 것이다. 이것은 구체적으로 채점기준의 객관화가 요구되는바, 예컨대 같은 답안에 대한 채점성적이 누가 시험위원이 되느냐에 따라 응시자의 성적에 차이가 생겨서는 안 된다는 것이다.

(4) 난이성(difficulty)

시험의 난이성이란 응시자의 득점차가 적당하게 분포되도록 시험내용의 난이도를 조절하는 것을 말한다. 만일 시험내용이 지나치게 어렵거나 또는 쉬운 경우에는 득점이 한 군데에 몰려 동점자나 근사점의 취득자가 많이 생기게 되므로 우열을 가려 내기가 힘들다는 것이다.

끝으로 시험의 실용성문제를 검토해 볼 필요가 있는데, 여기서 실용성이란 시험의 비용이 적게 든다거나, 실시가 용이하다든가, 채점이 간편하다든가, 실제로 시험을 실시하기 용이한 조건을 지님을 말한다. 이것은 아무리 이상적인 시험이라 하더라도 실용성을 지녀야 함을 의미하는 것이다.

Ⅳ. 우리 나라의 시험제도

1. 공개경쟁채용시험과 특별채용시험

신규채용은 공개경쟁채용과 특별채용으로 구분할 수 있는데, 실적주의 인사제도하에서는 공개경쟁채용시험에 의한 신규채용이 원칙이다. 우리 나라에서도 이러한 원칙을 따르고 있으며 공개경쟁채용시험으로 결원을 보충하기 곤란한 특수한 직무분야나 섬, 외딴 곳 등 특수한 지역에 근무할 자를 임용하는 경우 등 특별한 경우에 특별채용시험을 실시할 수 있게 하고 있다(국가공무원법 제28조 2항).

우리 나라에서는 공개경쟁채용시험의 단계를 1차, 2차, 3차로 구분하고 있으며, 시험방법으로는 필기시험, 면접시험, 실기시험, 서류전형, 신체검사 등을 채택하고 있다. 5급 공개경쟁채용시험의 1차는 객관식 필기시험, 2차는 주관식 필기시험이며 3차는 면접시험이다. 6급 이하 공무원의 공개경쟁채용시험도 1차, 2차, 3차로 구분하나 1차 및 2차 시험을 합병하여 객관식 시험으로 실시할 수 있다. 공개경쟁채용시험에서 1차, 2차, 3차 시험은 따로따로 합격 여부만을 결정하며 각 단계의 시험성적이 합산되지는 않는다.[8)]

8) 오석홍, 인사행정론〔제 6 판〕(서울: 박영사, 2009), p. 172.

2. 승진시험

승진시험은 이를 일반승진시험과 공개경쟁승진시험으로 구분하고 있다. 일반승진시험은 당해 승진후보자 명부의 고순위자순으로 임용하고자 하는 결원 또는 결원과 예상결원을 합한 총결원의 2배수 내지 5배수 인원의 범위 내의 자에 대하여 실시하며(국가공무원법 제41조 2항), 시험성적 및 승진후보자 명부에 의한 평정점수를 합한 종합성적에 의해 합격자를 결정한다. 그리고 공개경쟁승진시험은 5급 공무원에의 승진에 한하되 기관간의 승진기회의 균형유지와 유능한 공무원을 발탁하기 위하여 필요한 경우에 실시하며 시험성적에 의하여 합격자를 결정한다(국가공무원법 제41조 3항).

제5절 보 수

Ⅰ. 보수의 의의

1. 의 의

공무원은 국가와 일종의 노사관계를 가진다. 즉 모든 공무원은 그가 공무원으로서 취임함과 동시에 전체 국민의 봉사자로서 법령 및 직무상의 명령을 준수 복종하며, 창의와 성의로써 맡은 바 책무를 다할 의무를 지게 되며, 국가는 이들 공무원이 마음 놓고 직무에 충실할 수 있도록 적정한 보수를 비롯한 응분의 처우를 할 의무를 지는 것이다.

그러므로 공무원의 보수는 그가 국민 전체를 위해 봉사하는 데 대한 반대급부이며, 국가가 공무원의 생계유지를 위해 지급하는 생활급부의 2중적 성격을 갖는다. 우리 나라 공무원들은 이와 같은 반대급부적 생활급부로서의 봉급 이외에도 직무수행에 소요되는 실비변상을 받을 수 있는데, 이는 어디까지나 국가와 공무원과의 근무관계에 대한 응분의 처우로 고려되어야 할 것이다.

2. 보수의 중요성

보수가 공무원이 전체 국민에게 봉사하는 대가라 함은 전술한 바이지만 대가는 항상 제공자와 수령자 모두가 만족한 상태라야만 바람직하며 대가의 올바른 구실을 할 수 있다. 따라서 공무원의 보수는 수령자인 공무원의 만족도에 따라 사기에 따른 행정능률과 근무에 따른 여러 문제와 직결되므로, 공무원이 볼 때는 신분보장이나 상위직급에의 승진제도 등 다른 어떤 제도보다도 보수는 중요하다고 하겠다.

또한 제공자인 국가의 입장에서도 공무원의 보수는 인사행정의 중요한 문제가 될 수 있다. 국가예산 중 인건비의 지출은 경상비 중 최대의 지출항목이 되며, 그 재원 염출에 많은 고통을 겪고 있다.

Ⅱ. 보수의 체계

1. 생활급체계

이는 공무원의 보수기준을 공무원과 그 가족의 생계비에 두는 제도를 말한다. 이러한 보수체계는 공무원의 생활안정 및 이에 따른 행정능률의 향상이라는 면에서는 상당한 공헌을 하나, 직무의 내용과 성질 및 책임정도 등에 따라 보수가 서로 달라야 할 공무원이 실제로는 같고, 같아야 할 공무원은 다르게 되는 모순이 있다.

2. 직무급체계

이는 공무원들의 생계비 등과는 관계 없이 다만 당해 공무원이 현재 수행하고 있는 직무의 내용·곤란도·책임도 등만을 기준으로 하여 책정되는 제도이다.

미국·캐나다·일본 등 주로 직위분류제를 채택하고 있는 나라에서 실시하며, 모든 공무원에게 대내적 균형(internal equilibrium)을 유지할 수 있는 장점이 있다. 여기서 대내적 균형이란 모든 공무원에게 급여가 공평하게 지급되어야 한다는 것을 말한다.

3. 기본급·부가급체계

기본급·부가급체계란 생활급체계를 채택하든 직무급체계를 채택하든 지급하는 보수를 두 개의 요소별로 나누어 요소에 따른 원칙에 따라 산출되는 보수를 지급하는 제도로서, 기본급은 일반적으로 공무원의 자격·능력·학력·연령·근무연한·계급·직무의 질과 양·근무환경 등에 의하여 결정되며, 일정한 근무시간에 대하여 지급되는 고정급을 말한다.

한편 부가급은 기본급을 보충하는 성질을 가진 것으로서 특수한 근무조건이나 생활조건의 고려 또는 능률 증진의 목적을 위한 유인으로서 지급되는 부수적인 보수를 말한다. 각종 수당(allowance)이 여기에 해당된다.[9)]

그런데 수당의 종류가 많다는 것은 보수행정이 합리화되어 있지 않다는 것을 의미하며, 우리 나라의 경우 기말수당과 정근수당은 생활급으로서 모든 공무원에게 일률적으로 지급되는 것이기 때문에 수당이라 할 수는 없으며, 따라서 본봉에 합하는 것이 원칙이다.

보수체계가 전적으로 생활급체계에 입각하고 있지 않은 이상, 생계비의 앙등에 따라 이것을 보충하기 위해 여러 가지 수당이 생기게 되면 보수체계의 혼란을 초래하기 쉬우므로 생활급적 성질을 가진 각종 수당은 기본급에 포함시키는 것이 타당할 것이다.

Ⅲ. 보수결정의 요인

1. 경제적 요인

첫째, 그 나라의 평균 국민소득이다. 즉 연간 평균 개인소득과 적절한 균형을 맞추어야 하며, 또한 국민소득은 국민의 담세능력과도 직결되며 국가예산편성에도 관계가 되므로 심각하게 고려해야 할 것이다.

둘째, 공무원의 평균생계비로, 여기서는 생활수준이 문제가 되는데, 그 기준의 결정은 정책적인 문제이지만 행정기술상 중산층에 두는 것이 통례로 되어 있다.

셋째, 공무원과 동질적인 다른 사기업체의 봉급생활자의 급료수준일 것이다. 이 문제는 사회적·윤리적 요인과도 깊은 관계를 가지고 있으며, 공무원의 사기 및 행정능률과도 깊은 관계가 있다.

2. 사회적·윤리적 요인

국가는 공무원의 보수결정에 있어 공무원 개인의 사회적 지위를 강화시켜 주는 문제, 공무원으로서의 긍지를 갖도록 하는 문제와 사용주와 고용인이라는 윤리

9) 오석홍, 인사행정론〔제 4 판〕(서울: 박영사, 2000), pp. 467~468.

적 관계를 보다 원만하게 맺을 수 있도록 하는 조치 등을 고려하여야 할 것이다. 즉 정부는 공무원에게 봉급으로서 적어도 생계비는 주어야 한다는 것이다.

여기서 생계비란 공무원 자신뿐만 아니라 평균인원의 가족을 유지하는 데 필요한 비용을 말하는 것은 결코 아니며, 역사적 산물로서의 일정한 문화정도에 있어서 공무원이 건전하고 그 지위에 상응한 생활을 하는 데 소요되는 비용을 말한다고 하겠다.[10)]

3. 부가적 요인

여기서 부가적 요인이라 함은 경제적 요인이나 사회적·윤리적 요인 외에 보수결정에 반드시 고려해야 할 기타의 요인을 묶어서 말하는 것이다. 즉 연금제도, 퇴직수당, 휴가, 고용의 안정성 등의 요인을 고려하는 것이 필요하다. 왜냐하면 공무원의 휴가기간·근무시간·연금제도 및 퇴직수당 등에 관한 조건이 사기업보다 유리할 경우에는 공무원의 급여수준이 사기업에 미치지 못하더라도 이러한 유리한 조건에 의하여 상쇄될 수 있기 때문이다.

그러나 이러한 조건에 있어서 공무원이 사기업의 직원에 비하여 불리한 경우에는 정부는 이러한 조건을 개선하든지 이것을 보완하기 위하여 급여수준을 인상하도록 힘써야 할 것이다.

Ⅳ. 보수결정의 원칙

1. 보수결정의 요소

공무원보수를 결정하는 요소로서 우리 나라 국가공무원법은 “공무원의 보수는 일반의 표준생계비, 민간의 임금, 기타 사정을 고려하여 직무의 곤란성 및 책임의 정도에 적응하도록 계급별로 또는 직위별로 정할 것”을 요구하고 있다(국가공무원법 제46조). 따라서 우리 나라에서는 이것들을 기초로 하여 직무와 책임에 상응하는 보수체계가 만들어지는 것이다.

10) O. Glenn Stahl, *Public Personnel Administration,* 5th ed.(New York: Harper & Row, 1962), p. 148.

2. 관민(官民)보수의 비교

(1) 영·미의 경우

영국과 미국에서는 공무원의 보수수준을 결정함에 있어서 민간 내지 공무 내외와의 균형을 유지하여야 한다는 사고방식이 보편화되어 왔다. 즉, 공무원의 보수결정시 고려하여야 할 사항으로서 물가 및 생계비가 있으나, 통상 물가나 생계비의 상승은 민간보수의 상승 속에 당연히 반영되므로 민간 보수준거를 공무원보수 결정의 기본원칙으로 사용하고 있는 것이다.

영국에서는 1955년 이래 '공정비율'(fair comparison), 즉 공무 내외의 균형이 공무원보수결정의 기본원칙으로 되어 있으며, 미국에서도 1962년부터 공식으로 공무 내외의 '균형의 원칙'(comparability principle)이 기본이념으로 되어 있다.

(2) 일본의 경우

일본에서는 인사원에서 민간보수준거를 공무원보수결정의 기본원칙으로 확립하였으며, 다른 공공부문에서도 이 민간준거의 원칙이 합리적이라는 것이 확인되었다. 여기서 민간준거의 원칙이란 민간 이상도 아니고 이하도 아니라는 것으로서 가령 재정에 여유가 있다고 하더라도 그 이상은 지불하지 않는다는, 재정에 대한 급여비의 객관적 한계를 나타내는 것이다.

이와 같이 일본의 인사원은 관민보수를 비교하여 공무원의 보수를 민간보수에 합치시키고 있는바, 그 비교를 위하여 공무와 민간의 쌍방에 대해서 행한 실태조사의 조사표를 업무의 종류, 책임의 정도, 학력 및 근무지역 등 보수결정의 기준별로 분류하고, 이들의 조건이 같은 것끼리 보수비교의 결과를 종합하는 방식을 취하고 있다. 그리하여 만일 민간보수가 공무원보수를 상회하고 있는 것이 판명되면 인사원은 그 교차분만큼 공무원보수의 인상을 권고하게 되는 것이다.

Ⅴ. 보수표의 작성

보수표는 대부분 보수규정과 같은 행정명령으로 이루어지는데, 여기서 고려해야 할 사항은 다음과 같다.

1. 등급의 수

등급의 수는 대체로 직위분류제하에서는 많고 계급제하에서는 적게 된다. 가장 이상적인 등급의 수는 각국의 실정에 따라 다르겠지만, 미국의 경우 직위분류제를 채택하고 있는 주에서 10~15등급으로 가장 많이 발견될 수 있다는 것[11]은 많은 시사가 될 것이다. 우리 나라의 경우는 현재 일반직 9등급, 기능직 10등급으로 나누고 있다.[12]

2. 등급의 폭

직위분류제의 보수표에서 각 등급에는 각각 한 가지 봉급액만 표시되는 것이 아니라, 같은 등급에도 여러 직위를 두어 그 폭을 넓힌 호봉이라는 것을 두는 것이 보통이다. 이와 같은 동일직급 속에 호봉상 차를 두어 등급의 폭을 두는 이유는 등급은 같더라도 근무연한이나 당사자의 능력(근무성적)에 따라 차이를 두어 등급상의 고려와 함께 근무의욕의 고취 등 능률향상을 위한 수단으로 삼고자 하는 데 목적이 있다.

3. 수　　당

본봉은 모든 공무원이 직책 또는 능력·자격에 따라 일률적으로 받는 금액을 말하며, 수당이란 일부 공무원이 특별히 다른 사람과 사정을 달리하는 경우, 즉 야간업무를 하거나 또는 가족 수가 많은 경우에 받는 금액을 말한다.

4. 근속가봉

이것은 어떤 직급의 최고 호봉에 이른 자에게 직급의 승진 없이 다만 규정된 호봉을 넘어서 다시 가봉을 주어 보수를 높여 주는 것을 말한다.

Ⅵ. 우리 나라 공무원 보수제도의 현황과 개선방향

1. 현　　황

정부에서는 연차적으로 공무원에 대한 처우를 개선해 왔으며, 1972년 4월에는 공무원 봉급인상에 있어 처음으로 연공가봉제(年功加俸制)를 가미한 봉급구조의 개혁을 단행하였다. 그 후 1973년 7월 20일에 대통령령으로 공무원조정수당제

11) R. F. Milkey, "Job Evaluation after Years," *Public Personnel Review*, vol. 21, No. 1(Jan. 1960), p. 21.
12) 행정자치부, 통계연보(2002), p. 204.

를 새로 마련함으로써 사실상 보수를 인상하였다. 또한 정부는 1976년 1월부터 봉급체계를 종래의 계급별 호봉제에서 단일호봉제로 전환하여 장기근속자를 우대하는 조치를 취하였다.

1979년 1월부터는 모든 공무담당자들로 하여금 공무에 정진하도록 하기 위하여 정근수당제를 신설하였고, 1980년 1월부터는 근속연수에 따라 1회에 최저 50%에서 최고 100%까지 연 2회 지급하도록 하고 있다. 또한 1981년 4월 20일에 개정된 국가공무원법은 공무원의 봉급수준이 만성적으로 낮은 데 대하여 이를 심의·조정하기 위하여 국무총리 소속하에 공무원보수조정심의위원회를 설치하여 공무원 보수의 대내외적인 균형 있는 향상을 기하도록 하였다.

그리고 1986년 1월부터는 종전의 단일호봉제(근속급여제)에서 보수행정의 합리화를 위하여 계급별 근속호봉제로 개정을 하였다.

현행 우리 나라 공무원 보수는 기본급인 봉급과 부가급인 제 수당으로 이루어지는데 이러한 수당에는 가족수당, 기말수당, 정근수당 등의 공통수당과 특수지 근무수당 등 특수수당, 시간외 근무수당 등 초과근무수당 그리고 성과 상여금, 육아휴직수당 등의 기타 수당이 있다.[13)]

1999년도에는 고급 공무원에 대한 연봉제가 시행되었다. 연봉제는 정무직공무원 및 특 1급 외교직공무원에 적용되는 고정급적 연봉제와 3급 이상 공무원 등에 적용되는 성과급적 연봉제로 나누어진다. 이러한 성과급적 연봉제는 우리 나라 공무원 보수제도에 처음으로 실적급을 도입하였다는 점에서 획기적인 조치로 받아들여지고 있다.[14)]

2. 개선방향

우리 나라의 현행 공무원 보수제도는 몇 가지 문제점을 지니고 있는데, 그 개선방향을 모색해 보기로 한다.

① 특히 하위직 공무원의 보수는 생계비에 미달하여 제반 경제사정에 수반되는 보수의 적정화가 이루어지지 못하고 있다. 그러므로 하위직 공무원의 보수가 적어도 표준생계비를 상회하도록 책정되어야 할 것이다.

② 우수한 인재를 공직에 유치·보전하기 위해서는 사기업과의 현저한 보수격차를 완화할 수 있도록 획기적인 처우개선이 이루어져야 할 것이다.

---

13) 김중양, 한국인사행정론[제 4 판](서울: 법문사, 2002), p. 505.
14) 유훈, 행정학원론(서울: 법문사, 2000), p. 608.

③ 불합리한 정부기구의 확대를 막고 공무원 수의 증가를 억제하는 것도 공무원 처우개선을 위한 하나의 방법이 될 수 있다. 이러한 작업은 정부기능이 확대될수록 더욱 중시되어야 할 것이다.

제 6 절 교육훈련

Ⅰ. 교육훈련의 의의

교육훈련이란 공무원이 능력발전방안의 일환[15]으로서 공무원에게 직무수행에 필요한 이론적 지식과 실제적 기술을 습득케 함으로써 행정능률을 증진시킴은 물론 가치관 및 태도의 발전적 변화를 목적으로 하는 인사기능을 말한다.

현대 행정국가로 발전하면서 행정의 전문성과 기술성은 날로 높아 가고, 더욱이 과학의 발달과 사회의 변천은 과거에 습득한 지식이나 기술만을 가지고는 도저히 현재의 위치마저 유지할 수 없게 되어 교육훈련의 중요성이 인식되었다.

Ⅱ. 교육훈련의 종류

1. 신규채용자 훈련(기초훈련)

가장 많이 시행되고 있는 종류로서 각종 고시 기타의 방법에 의하여 신규로 채용된 자에 대해 시행하는 기초훈련을 말한다. 우리 나라의 중앙공무원교육원의 신임관리자반 훈련이 이에 해당된다. 신규로 채용될 직원은 첫째, 행정조직의 목적과 그 조직 내에서 차지하고 있는 위치 및 역할을 이해하고, 둘째, 분담된 직무의 대세를 파악하여야 한다. 이와 같은 훈련의 목적은 실무의 지도와 기술의 발전에 있는 것이다.

2. 재직자 훈련〔보수(補修)훈련〕

이것은 재직 공무원을 위하여 끊임없이 변화하는 행정기술과 지식을 습득시키고, 그들의 근무태도와 가치관을 개선시킴으로써 행정의 능률을 증진시키는 데 그

15) 공무원의 능력발전의 내용에는 교육훈련 · 근무성적평정 · 승진 및 전직 · 전보 등이 포함된다.

목적이 있다.

3. 감독자 훈련(supervisory training)

감독자 훈련이란 "감독자가 업무와 부하를 관리·감독하는 데 있어서 필요한 지식·기능을 감독자에게 습득시킴으로써, 조직체의 업무의 질의 향상과 운영의 능률향상을 도모하는 활동"이라고 정의할 수 있다.

오늘날 급격한 사회·경제정세의 변화와 기술혁신의 경향은 조직체의 복잡화를 초래하였고, 그 결과 감독자에게 업무와 부하를 관리·감독하기 위한 관리능력의 배양이 요구되게 되었다.

감독자 훈련의 기원은 제 1 차 세계대전(1914~1918년)시까지 소급하여 찾아 볼 수 있다. 즉, 당시 미국에 있어서는 다수의 미숙련공을 한꺼번에 숙련공으로 양성하여야 할 필요성이 생겼는데, 이의 해결책으로서 직장(職長, foreman)을 양성하여 이들을 통해서 숙련공을 확보하기 위한 노력이 시도되었다.

일본에서는 1951년 6 월에 JST(Jinjiin Supervisory Training)라는 감독자 훈련방식을 채택하였으며, 동년 8월 인사원 지도하에 각 성청 훈련담당관들이 모임을 갖고 연구발표회를 가졌다. 일본의 JST의 특색은 종래의 강의형식을 지양하고 회의형식에 의한 훈련방식을 채택하고 있다는 점이다.

4. 고급관리자 훈련(executive training)

고급관리자 훈련의 의의는 최고관리층 또는 중간관리층의 고급공무원이나 혹은 고위직에 승진할 공무원으로 하여금 사회 각 분야에 대한 식견, 고도의 관리능력 및 종합적인 판단능력을 갖추도록 하는 데서 찾아볼 수 있다.

이와 같은 고급관리자 훈련은 주요 각국에서 실시하고 있는데, 미국의 경우 인사관리처 산하 연방고급관리자훈련원(Federal Executive Institute)에서 GS 16~18 등급의 행정간부를 대상으로 하여 훈련을 실시하고 있으며, 영국의 경우는 공무원대학(Civil Service College)에서 고급관리자 훈련을 맡아서 실시하고 있다. 훈련방법에 있어서는 사례연구·과제연구·토론방식 및 분임연구 등을 활용하는 것이 바람직하다.

Ⅲ. 성공적 교육훈련의 조건

F. A. Nigro와 L. G. Nigro는 성공적 교육훈련의 조건으로서 다음의 네 가지를 들고 있다.

1. 동기부여(motivation)

피교육자가 개인적 차원에서 교육훈련에 대한 필요성을 인식하고, 적극적으로 참여하도록 동기를 부여받을 때 가장 학습효과가 크다. 피교육자가 심리적으로 교육훈련을 받을 준비가 되어 있고, 또 그 교육이 자신의 업무성과를 제고시켜 줄 것이라고 믿을 때 변화는 쉽게 일어나는 것이다.

2. 관련성 인식(percieved relevance)

훈련담당자가 직면하는 중요한 문제 중의 하나는 피훈련자들이 자신이 배우고 있는 것이 그들의 직무와 무관한 것이라고 생각하는 데서 오는 저항감이다.

불행하게도 행정가나 훈련담당자들은 피고용자들의 의견을 무시한 채 교육훈련의 필요성을 결정하는 경우가 많다. 또한 관리층은 그들의 생각이 논리적이고 적절한 것이라면 피고용자들도 그렇게 받아들일 것이라는 가정을 하고 있다. 교육훈련의 훌륭한 접근방법은 피고용자들의 인식을 주의 깊게 연구하고 교육훈련의 계획과 집행에 그들을 참여시키는 것이다.

3. 지지적 풍토(supportive climate)

교육훈련은 신뢰와 협조적 분위기 속에서 수행될 때 성공할 수 있으며 일반적으로 감독자는 부하에게 직무에 관한 지시를 하달하는 과정에서 훈련 담당자로서의 기능을 하므로 감독자가 부하들에게 위협적이거나 비동정적일 때 부하들의 교육과정을 방해하게 된다. 부하들은 자신의 업무수행결과를 감독자가 사후에 평가할 것이라는 것을 알고 있으므로, 자신의 평가에 나쁜 영향을 미칠 것을 두려워하여 교육과정에서 실수의 위협을 무릅쓰는 적극성을 보이지 않고 자신의 교육훈련 필요성을 상관에게 보고하지 않을 수도 있다.

4. 환류(feedback)

업무성과에 대한 신속하고도 정확한 환류는 피교육자로 하여금 최소의 노력과 시간이 들게 한다. 피교육자들은 자신의 교육성과를 되도록 빨리 알아야 하며 적절한 시기에 행해진 환류는 피교육자가 해야 할 일이 무엇인지 적절한 정보를 제공해 준다.

Ⅳ. 교육훈련의 제 방법

1. 현장교육(on the job training)

이것은 피훈련자들이 직접 자기에게 주어진 업무와 책임을 수행하는 과정에서 교육훈련을 받는 것이다. 특히 기술의 습득이 필요한 직무에서 이미 그 기술을 터득한 선임자가 초보자에게 그에 관한 내용을 교육시킬 때에 유용한 것인데 영국에서 많이 활용된 방법이다.

2. 순환보직(rotation)

이는 일정한 기간을 주기로 하여 피훈련자의 근무처를 변경시키는 것이다. 순환보직은 조직과 조직 사이에서 일어날 수도 있으며 계선과 막료 사이에서처럼 서로 다른 기능간에서도 일어날 수가 있다. 이 방식은 무엇보다도 여러 가지 업무내용에 관해 광범위한 시야를 갖게 해 주며 또 동일한 근무처에서 자칫 초래하기 쉬운 '전문화로 인한 무능'을 예방하는 좋은 효과를 기대할 수 있다. 순환보직이 충분한 효과를 가지기 위해서는 피훈련자의 능력과 욕구에 맞는 업무가 부여되어야 하며 충분한 기간을 줌으로써 그 분야의 업무에 적용할 수 있게 해야 한다.

3. 강의(lectures)

다수의 피훈련자들을 대상으로 지식을 전달하는 것이 강의이다. 피훈련자가 많은 경우 비교적 단시간 내에 교육훈련의 성과를 기하려고 할 때 흔히 사용되는 것이다. 여기서의 문제점은 교육훈련의 흐름이 일방적으로 일어나게 되므로 자칫 강사 위주의 교육훈련이 되기 쉽다.

강의식 방법이 지니고 있는 결함을 해결하기 위해서는 첫째, 강사의 자질이 우수해야 하며, 둘째, 수강자들에게도 의견을 발표하게 하고 반응을 표시할 수 있게 해야 하며, 셋째, 실습 · 현장훈련 및 사례연구 등을 적절히 가미시킴으로써 강의식 방법의 단조로움을 회피하는 방안이 모색되어야 한다.

4. 토의(discussion)

이는 토론지도자와 토론참여자가 자유로운 분위기 속에서 자신들의 의견을 제시하고 다른 사람들의 의견을 듣는 것이다.

보통 토론이라고 통칭하지만 그 안에는 그 성질에 따라 다음과 같은 세 가지가 있다.

첫째는, 포럼(forum)이다. 이는 피훈련자들이 연사와 토론・질의를 할 수 있는 토론방식이다.

둘째로, 패널(panel)과 심포지움(symposium)이 있다. 여러 사람의 연사가 토론을 하며 피훈련자인 청중이 이들 연사의 토론에 참여하는 것은 제약된다는 점이 양자에 공통된 요소이다. 그러나 패널이 주로 동일한 주제를 여러 연사가 논의하는 데 비하여 심포지움은 여러 연사들이 각각 별개의 주제를 다룬다는 점이 다르다.

셋째로, 대담(dialogue)이 있다. 이는 두 사람이 대화를 이끌어 나가고 피훈련자들이 이를 참관하는 토론방식이다.

5. 사례연구(case study)

사례연구는 조직 내의 현상을 비교적 단순화한 과제를 사례(case)라고 하는 형식으로 제시하고서 주로 토의에 의해 문제의 본질이나 해결책을 규명하는 방법이다. 무엇보다도 구체적 사례를 통하여 가능한 실제적인 상황에 유사한 경험을 체득케 하는 것이 큰 장점이다. 한편 구체적 사례를 다루는 나머지 체계적・전반적인 지식의 훈련에는 적합하지 않다는 단점을 지니고 있다. 사례연구에는 보통 다음과 같은 두 종류가 있다.

⑴ Harvard방식의 사례연구

이는 모든 사례를 일괄해서 피훈련자에게 제시하고 이들은 이 사례를 문제발견 — 중심적 문제결정 — 각종의 대책검토 — 대책결정 및 실행 — 환류의 순서로 연구하게 하는 것인데 어떤 과정을 거쳐 최선의 결론에 도달했는가에 중점이 있다. 따라서 무엇보다도 분석력을 양성시키는 데 유용한 훈련방식이다.

⑵ MIT방식의 사례연구

이것은 분석력에 중점을 두는 것이 아니라 사실의 발견을 중요시한다. 즉 아주 짤막한 우발적 사건(incident)을 제시하는 것에 그친다. 또 그 사건의 배경(사실)을 리더에게 질문하는 형식으로 제시됨으로써 사전준비가 불필요하며 피훈련자에게 폭 넓은 참여감을 줄 수 있다는 것이다.

한편 사례연구를 활용하려면 집단의 규모가 비교적 작아서 사례연구의 효과가 잘 나타날 수 있는가, 유능한 리더가 있는가, 적합한 사례가 있는가 하는 점을 고려해야 한다.

6. 역할연기법(role-playing)

이는 어떤 사례·사건을 피훈련자들이 구체적인 상황에 근거하여 실제로 연기로 표현하게 하는 것인데[16] 주로 인간관계나 상하관계의 경우에 사용된다.

이 방법을 사용하면 무엇보다도 실수가 있더라도 그것이 실제적인 직무에 대한 것이 아니라 가상의 직무, 즉 연기에 관한 것이므로 직무수행에 나쁜 영향을 미칠 우려가 없다. 요컨대 '보호된 경험'(protected experience)을 할 수 있다는 것이다. 또한 이러한 과정을 통해 피훈련자들의 태도의 변화를 기하는 데 매우 효과적이다. 그러나 이 역할연기법의 사용범위는 매우 좁을 수밖에 없는데 피훈련자들이 연기를 기피하거나, 또는 설정된 상황이 부적합할 때가 있기 때문이다.

7. 시뮬레이션과 관리게임(simulation and management game)

이는 피훈련자가 업무를 수행해 감에 있어서 직면하게 될 어떤 가상적인 상황을 설계해 놓고 거기에 대처하도록 하는 것인데, 보통 모의실험이라고 한다. 이렇게 실제적 또는 가상적인 상황을 설정한다는 점에서는 앞에서 나온 사례연구나 역할연기법 등도 다 모의실험의 일종으로 생각되기도 한다.

모의실험에는 여러 가지 방법이 있는데 그 중의 하나가 관리게임(management game)이다. 관리게임에서는 조직의 어느 부문의 관리상황을 가상적으로 설정하여 놓은 뒤 피훈련자들로 하여금 그러한 상황 속에서 그 조직을 운영해 볼 것을 요구한다.

시뮬레이션과 관리게임 방법이 가지고 있는 최대의 장점은 피훈련자를 자극시켜 동기를 부여하고, 이론과 실무에서 발생하는 격차를 해소하는 과정에 피훈련자들을 참여시킨다는 것이다.

8. 감수성 훈련(sensitivity training)

감수성 훈련은 흔히 10~16명 정도의 소집단 형태로 피훈련자들을 구성하여

16) 오석홍, 인사행정론[제 4 판](서울: 박영사, 2000), p. 354.

이들이 기존의 조직의 귀속관계를 완전히 벗어나 자유로운 분위기 속에서 서로 토론을 하게 함으로써 자신과 다른 사람의 태도에 대한 자각과 감수성을 기르려고 하는 훈련이다. 이 감수성 훈련의 대표적인 방식이 1947년 이래 R. Lippitt 등에 의해 발전된 T-그룹(training group) 훈련이라는 것이다. 이에 대해서는 여러 가지의 명칭이 있는데[17] 그 내용상의 특색은 단순한 지식의 전달이 아니라 그 지식을 행동으로 옮길 수 있는 능력을 배양시키는 것이다.

여기에서는 명확히 정해진 훈련지침 · 절차가 없다. 즉, 종래의 훈련에서는 훈련자가 미리 정해 놓은 지침 내지 절차에 따라 훈련을 진행하는 것이었으나, 이 감수성훈련에서는 피훈련자가 자기네끼리의 시행착오의 과정을 거치면서 그들의 사회적 책임 내지 감응성에 입각하여 행태면의 변화를 가져오게 한다.

이러한 감수성 훈련방법은 기존의 조직의 귀속에서 완전히 벗어나므로 허심탄회한 토론을 통하여 자기 자신이 어떤 사람이며 다른 사람에 대한 태도는 어떠해야 할 것인가를 체득하게 해 준다는 점과, 비정형화된 상호작용을 통하여 훈련이 이루어지므로 보다 자연스런 상황에서 개인의 가치관 · 태도변화를 기할 수 있다는 장점이 있다. 그러나 이 감수성 훈련에서는 외견적으로는 훈련에 별로 참여하지 않는 것으로 보이나 효과적인 방향으로 유도해 주는 유능한 리더가 있어야 한다는 문제가 있다. 더구나 권위주의가 심한 곳에서는 비록 훈련중이라 하더라도 상하관계를 완전히 벗어난 상태에서 자유로운 토론이 진행되겠는가 하는 것도 실제로는 의문시된다.

Ⅴ. 우리 나라 교육훈련의 개선방향

5 · 16혁명 이후 정부는 공무원들의 체질개선과 직무수행능력의 향상을 위해서 공무원의 교육훈련을 강화하기 위한 제도적 장치를 마련하였다. 1963년 국가공무원법의 개정을 계기로 중앙공무원교육원 외에 각 부처에도 특수공무원교육원이 창설되었으며, 서울특별시 · 부산광역시 · 도에도 교육원이 신설되었다.

1973년 2월 5일에 제정 · 공포된 공무원교육훈련법은 "교육훈련을 통하여 공무원에게 국민 전체의 봉사자로서 갖추어야 할 정신적 자세와 맡은 바 직무를 효과적으로 수행할 수 있는 기술과 능력을 배양시킴"을 목적으로 하고 있다.

---

17) 'T-group', 'Diagnostic Training Group', 'Laboratory Training' 등으로도 불리어진다. 상게서, p. 355 참조.

우리 나라에 있어서의 공무원 교육훈련의 개선방향을 보면 다음과 같다.

1. 환경조성

공무원의 교육훈련을 효율적으로 실시하려면 무엇보다도 공무원들이 자발적으로 교육훈련을 기꺼이 받도록 하여야 하며, 훈련에 적합한 환경조성을 위해서는 i) 훈련의 목적을 충분히 이해시켜야 하고, ii) 융통성 있는 훈련방법을 채택하여야 하고, iii) 훈련과목을 유익한 것으로 엄선하며, iv) 관계인사를 폭 넓게 참여시키고, v) 훈련수료자에 대한 우대조치를 강화하여야 한다.

2. 고급관리자의 훈련강화

고급관리자의 훈련은 비록 여러 가지 난점이 있지만 이를 강화할 필요가 있다. 그 이유는 i) 고급관리자들이 때로는 부하직원들이 받는 훈련의 필요성을 납득하지 못하고 있는 경우가 있으며, ii) 행정관리 분야에 있어 고급관리자 자신의 능력향상이 효과면에서 매우 크게 나타나기 때문이다.

3. 교과과정의 개편

종래 소극적으로 편성된 법률위주의 교과목을 가치관과 태도의 변화를 가져올 수 있는 과목으로 개편하여야 하며, 특히 직무 중심의 전문교과목과 발전행정을 수행할 수 있는 정책형성, 계량분석, 체제분석, 운영연구(OR: operations research) 및 응용통계학 등을 위주로 교과목을 개편할 필요가 있다.

제 7 절 근무성적평정

Ⅰ. 근무성적평정의 의의

근무성적평정이란 공무원의 행정능률 향상을 위한 인사관리의 수단으로 조직 내에서 당해 공무원이 평소에 수행한 근무실적과 직무수행능력 및 태도를 위주로 하여 그 근무성적을 일정한 기준에 의해서 평가하는 제도를 말한다.

따라서 근무평정의 목적은 첫째, 공정한 인사관리를 위한 기초를 제공하는 데 있으며, 둘째, 공무원의 능률의 향상을 기하는 데 있고, 셋째, 공무원의 이익과 권리를 보호하는 데 있는 것이다.

우리 나라에서는 1951년부터 육군에서 근무성적 평정제도가 실시되어 왔으며, 정부에서는 그보다 10년 후, 즉 5·16혁명 후인 1961년 10월 22일에 근무성적평정규정의 공포를 계기로 하여 이 제도를 실시하게 된 것이다.

그 후 1963년 4월 17일 새 국가공무원법 및 공무원임용령의 시행에 수반하여 근무성적평정규정도 동년 6월 1일자로 개정되어 시행하여 오다가 1981년 6월 10일 근무성적평정규정이 폐지되었는바, 동 제도의 기본원칙은 공무원임용령에, 시행에 관한 세부절차사항은 공무원평정규칙에 통합하여 보다 합리적인 제도로 발전하게 되었다.

Ⅱ. 근무성적평정의 목표

제각기 상이한 개성과 감정을 지닌 인간이 인간을 평가한다는 것은 결코 용이한 일이 아니다. 평정자도 인간인 이상 아무리 제도상의 정밀한 방법과 절차가 마련되어 있다고 하더라도 인간을 평정함에 있어 완전을 기할 수는 없는 것이므로 대체로 다음과 같은 세 가지 목표에 입각하여 근무평정을 행하게 되는 것이다.

1. 객관성의 목표

이것은 동일한 사람을 여러 사람이 평정한다 하더라도 동일한 평정결과가 나오도록 하여야 한다는 것이다. 환언하면 평정자의 편견 또는 주관에 의하여 좌우되어서는 안 된다는 것이다.

2. 신뢰성의 목표

이것은 동일인의 평정자가 여러 번 평정한다 하더라도 그 결과에 있어서 차이가 있으면 안 된다는 것이다. 그러므로 시간과 장소가 바뀌었다 하더라도 동일한 평정결과가 나오도록 신뢰도를 높일 수 있는 방도를 마련하여야 한다.

3. 타당성의 목표

이것은 평정의 내용에 있어서 평정기간중의 근무상황을 솔직하게 나타내야 하며, 조금이라도 거짓이 있어서는 안 되고 평정의 목적에 부합되어야 한다는 것이다. 따라서 평정자의 직관에 의하여 피평정자가 근무에는 태만하나 지능으로 미루어 보아 장차 좋은 성적을 나타낼 것이라는 기대에 지배되어 우수한 성적으로 평정한다거나 정실에 의해 특정인을 승진시킬 목적하에 사실대로가 아닌 좋은 성적으로 평정하는 것 등은 모두 그 타당성을 상실하는 것이다.

Ⅲ. 근무성적평정의 방법

1. 도표식 평정척도법(graphic rating scale)

이 방법이 가장 많이 이용되고 있는데, 대체로 평정요소가 한쪽에 나열되어 있고, 다른 쪽에 등급을 나타내는 척도가 표시되어 있다. 이것의 예는 우리 나라의 근무성적평정표에서 찾아볼 수 있다.

그런데 이 방법이 내포하고 있는 단점을 보면, i) 등급이 몇 개로 나누어져 있고 사실상 비교의 기준이 명백하지 않으며, ii) 연쇄효과(halo effect)가 나타난다. 연쇄효과란 하나의 평정요소가 뛰어나게 우수하든가 극히 열등한 경우에, 다른 평정요소가 그 영향을 받는 경향을 말한다. 즉 첫 번째 평정의 영향을 받아 계속적으로 동일한 평정을 하게 된다는 것이다.

2. 강제 배분법(forced-distribution system)

수많은 사람의 근무성적을 평정하는 경우 대체로 극소수의 사람이 최상 · 최하의 등급을 받게 되고, 대부분의 사람은 중간에 집중하게 되므로 평정을 하는 데 있어 그 성적을 강제로 분산시키는 것이다. 등급의 수가 다섯으로 되어 있으면 10, 20, 40, 20, 10의 비율로 배분하는 것이 상례로 되어 있다.

이 방법은 피평정자의 수가 많을 때에는 이점이 있으나, 적은 경우에는 강제배분 때문에 사실상 탁월한 사람이 없는 데도 불구하고 등급을 평정하지 않을 수 없는 모순이 생길 수 있다.

3. 대인 비교법(man-to-man comparison)

이 방법은 제 1 차 세계대전중에 고안된 것으로서 군대에서 많이 이용되었다. 우선 기본척도를 피평정자를 기준으로 하여 만드는 것이다. 즉 피평정자 중에서 가장 우수한 자와 가장 성적이 좋지 못한 자를 우선 뽑아 기본척도의 최상과 최하에 배치하고, 그 다음 이들의 중간에 위치할 만한 사람을 뽑아 중간에 놓고, 끝으로 최상과 중간, 중간과 최하 사이에 각각 한 사람씩 배치한다. 이와 같이 함으로써 다섯 개의 척도등급이 피평정자를 이용하여 형성된다. 이에 따라 나머지 피평정자를 하나하나 기본척도에 제시되어 있는 사람과 비교하여 그 옆에 세분된 등급란에 체크해 나가는 것이다.

그러나 이 방법의 단점은 하나의 평정요소마다 따로 평정자를 준비하여야 하므로 상당한 기간과 정력이 소모되며, 또한 각 평정자가 개인적으로 알고 있는 인물을 중심으로 기본척도를 만들어 평정함으로 말미암아 여러 사람의 평정비교가 어렵게 된다는 것이다.

4. 프로브스트식 평정법(the Probst service rating system)

이 방법은 1927년에 미네소타주의 세인트 폴 시 인사위원회에 근무하던 J.B. Probst에 의하여 고안된 것이다. 그 프로브스트식 평정법은 평정척도의 개념을 버리고, 그 대신 약 100종의 객관적으로 관찰할 수 있는 태도나 성격을 기재하는 리스트를 채택하여 3인의 평정자가 그 중의 수개 항목에 대하여 확신을 가지고 기호를 붙일 수 있게 한 것이다. 따라서 이 방법은 일명 Check List법이라고 한다.

이 방법은 평정관으로 하여금 피평정자의 특성을 가장 세밀하게 기입할 수 있도록 하는 장점을 가지고 있으나, 그 반면에 평정관으로 하여금 평정결과를 자신이 산출하지 못하고 채점방법을 모르기 때문에 산출결과에 대하여 불안감을 가지게 하는 단점도 있다.

5. 심리 · 물리학적 평정척도법(psychophysical scales)

H.C. Beyle과 킹슬리는 소위 베일 · 킹슬리 평정척도법을 1936년에 고안하였다.

이 방법은 프로브스트식과 같이 피평정자의 성격이나 태도를 나타내는 100여개의 항목으로 이루어져 있으며, 형식이나 사용방법도 이것과 별로 다르지 않다. 프로브스트식 평정방법은 성격이나 태도의 차등을 나타내는 기준형용구 또는 각 항목이 수량적으로 표현할 수 있는 정도로 객관적이고 정확하게 그 차등을 표시하고 있다고 할 수 없으나, 심리 · 물리학적 평정척도법은 많은 심리학적 실험에 의거하여 각 기준형용구 또는 각 항목이 한 스케일 위에 동일간격을 지니도록 배치되어 있다.

6. 산출기록법(production records)

이 방법은 능률에 대한 비판을 필요로 하지 않는 업무형에 많이 적용되며 산출량에 따라 카드에 기록된다. 이 산출기록법은 반복적인 여러 형식의 복사, 문서정리, 기계적 업무 등에 사용되는데, 이 방법을 적용할 수 있는 범위는 속기사, 타이피스트, 문서취급자, 기계운전자 등에 한정된다.

Ⅳ. 우리 나라 근무성적평정의 문제점

근무성적 평정은 피평가자는 물론이고 평가자에게조차 상당한 부담을 주는 것이 사실이지만, 그럼에도 불구하고 꼭 필요한 것이기도 하다. 따라서 그것을 피하기보다는 근무성적평정상의 문제점을 잘 파악하고 그것을 점차적으로 해결해 나갈 수 있도록 하는 노력이 요구되어진다.

우선 지적되어지는 문제는 첫째, 객관적 평가기준의 미비를 들 수 있다. 객관적 평가기준이 미비되어 학연, 지연, 혈연 등에 의한 평가가 이루어질 수 있다. 둘째, 평정 대상자의 실적이나 능력보다 연공서열위주의 평정이 이루어지는 경우가 많다. 셋째, 상하급자간의 갈등유발, 관대화 경향 등을 이유로 평가결과가 비공개되고 있어서, 평가자의 주관개입이나 정실평정 등의 문제가 지적되고 있다.

이러한 문제점의 개선을 위해서는 ① 평정지표의 객관화, ② 실적주의의 평가정착 및 직위분류제 요소의 강화, ③ 평정결과의 공개와 다양한 활용, ④ 다면 평가제도의 활용 등이 필요하다고 할 수 있다.[18]

제 8 절 승 진

Ⅰ. 승진의 의의

승진이란 하위직급에서 직무의 책임도, 곤란도가 높은 상위직급으로 수직적 이동을 행하는 것을 의미한다. 이와 같은 승진은 유능한 공무원을 확보하는 동시에

18) 권기현, 행정학(서울: 박영사, 2009), p. 320.

공직에 계속 유치할 수 있다는 점에서 그 중요성이 인식되고 있다. 공무원은 첫째, 승진에 의하여 보다 높은 지위와 위신을 누리게 되고 성공에 대한 기대감이 충족됨으로써 사기가 앙양된다. 둘째, 공무원으로 하여금 그 능력을 충분히 발휘할 수 있도록 동기를 부여함으로써 행정의 능률화를 기할 수 있게 한다.

Ⅱ. 승진의 기준

승진의 기준으로는 일반적으로 주관적인 것(예, 근무성적평정)과 객관적인 것(예, 경력평정)으로 나누어 생각할 수 있다. 따라서 여기서는 승진의 기준을 경력과 실적의 두 가지로 나누어 고찰하고자 하는바, 경력이란 주로 근무연한 · 학력 · 경험 등을 뜻하며, 실적이란 근무성적평정 · 시험 · 승진심사위원회의 결정 등을 의미한다.

1. 경력(seniority)

경력을 승진의 기준으로 삼는 이유는 장기간에 걸친 공직생활을 한 사람이 일을 보다 잘할 수 있다는 것인데, 일정한 직위에 오래 있었던 사람이 반드시 직무수행에 요구되는 능력을 충분히 지니고 있다는 보장은 없는 것이다. 그러므로 승진에 있어서 경력을 기준으로 하는 경우에는 계층과 직책의 종류에 따라 그 비중을 달리하여야 할 것이다. 그리고 경력평정에 있어서는 다음과 같은 원칙을 고려할 필요가 있다.[19)]

⑴ 근시성(近時性)의 원칙

이것은 경력을 평정함에 있어서 최근의 경력을 중요시하여야 한다는 것이다.

⑵ 습숙성(習熟性)의 원칙

이것은 담당직무에 대한 숙련도가 높은 상위직급의 경력은 하위직급의 경력보다 배점비율을 높여야 하며, 직급의 고하에 따라 경력의 가치에 차이가 있음을 인정해야 한다는 것이다.

⑶ 친근성의 원칙

이것은 과거의 경력과 관련성이 있거나 또는 임용예정직무와 유사성이 있으면 배점비율을 높일 필요가 있다는 것이다.

⑷ 발전성의 원칙

이것은 학력 또는 직무와 관련성이 있는 훈련을 참작하여 앞으로 발전할 수 있는 잠재적 능력을 평가하여야 한다는 것이다.

---

19) 유종해, 현대행정학〔제 4 전정판〕(서울: 박영사, 2001), pp. 560~561.

2. 실적(merit)

실적의 평가에 있어서는 객관적 성격을 지니는 시험을 제외하고는 주관적 성격이 농후하여 정실과 편견이 개입될 여지가 많으므로 이의 합리적인 운영이 요청된다.

(1) 근무성적평정

이것은 주관성이 강하므로 승진에 있어서 정실 또는 편견에 좌우될 가능성이 농후하다.

(2) 시 험

이것은 전술한 바와 같이 객관적 성격을 지니고 있으므로 인사권자에 의한 정실이 개입될 여지가 적고, 승진의 공정성을 확보할 수 있다는 장점을 지니고 있다. 그러나 시험에 지나치게 중점을 둘 경우에는 성실하게 근무한 공무원의 과거의 근무성적이나 근무연한이 무시되어 사기를 저하시킬 우려가 있다.

위에서 고찰한 바와 같이 승진의 기준으로서의 경력과 실적은 각각 장단점을 지니고 있으므로 어떠한 원칙을 설정한다는 것은 어려운 일이라 하겠으나, 행정의 합리화를 위해서는 경력보다 실적에 중점을 두는 것이 중요하며 실적이 동일한 경우에는 경력에 따라 승진을 결정하여야 할 것이다.[20)]

일반적인 추세를 보면 후진국에서는 업적보다 경력 위주의 경향을 나타내고 있으며 선진국에서는 업적 위주의 경향을 보이고 있다. 우리 나라에 있어서는 승진임용의 기준을 근무성적평정 5할, 경력평정 3할, 훈련성적 2할로 하고 있으므로 이것만을 본다면 후진국과는 달리 경력보다 실적에 중점을 두고 있다고 하겠다.[21)]

Ⅲ. 승진의 유형

1. 개방제(open system)

이것은 승진을 당해 부처 내에 한정시키지 않고 광범위하게 일반 또는 타 부처 직원에게도 개방하는 제도를 말하는 것인데, 그 주요 목적은 당해 관청 내에 있어서의 인사의 침체성과 그것으로 인한 관료주의의 발생 경향을 방지하는 데 있다.

---

20) Paul Pigors and C. A. Myers, *Personnel Administration*(New York: McGraw-Hill, 1951), p. 208.

21) 박동서, 한국행정론〔제 5 전정판〕(서울: 법문사, 2002), pp. 573~574 참조.

그러나 개방제는 당해 관청에 있어서 하급공무원들의 승진의 통로를 막을 뿐더러 그들의 사기를 저하시킨다는 결점을 가지고 있다.

2. 폐쇄제(closed system)

이것은 개방제의 결점을 시정할 수 있는 제도이며, 만일 폐쇄제가 채택되지 않는다면 직업공무원제는 근본적으로 동요하게 되는 것이다. 우리 나라는 원칙적으로 이 제도를 채택하고 있다.

3. 전형제(銓衡制, pass examination)

이것은 종래에 우리 나라에서 채택했던 제도로서, 예를 들면 각 부 장관이 특수직원을 5급 이상 공무원으로 승진시키기 위하여 특정 개인을 중앙인사기관에 추천·응시케 하여 승진시키는 방법을 말한다.

Ⅳ. 전직(轉職)·전보(轉補)와 배치전환

전직·전보는 직위의 책임도나 보수액에는 아무런 변동 없이 횡적으로 이동하는 것을 말하는바, 이것은 현재의 직위보다 높은 직위로 수직적 이동을 하는 승진과 구별된다. 좀더 구체적으로 보면 전직이란 직급은 동일하나 직렬을 달리하는 직위로 수평적 이동을 하는 것을 의미하며, 전보란 동일한 직급·직류·직렬 내에서 직위만 변동되는 보직변경을 의미한다.

한편 파견근무란 전직·전보에 유사한 수평적 이동이지만 공무원이 원래의 소속을 바꾸지 않고 임시로 일정기간 다른 기관에서 근무하는 것을 말한다.

이상에서 살펴본 전직·전보와 파견근무를 합쳐서 배치전환이라고 부르는 사람도 있다. 그런데 이와 같은 배치전환은 종래 사임의 강요수단, 개인적 특혜의 제공수단 및 부정부패의 방지수단으로 이용되어 왔다.[22)]

Ⅴ. 우리 나라의 공무원 승진제도

우리 나라 공무원의 승진 후보자 선발기준은 공개경쟁승진시험에 의한 임용은 시험성적에 의하여, 그리고 일반승진시험의 경우는 시험성적 및 일반 후보자 명부

22) 상게서, p. 575.

의 평정점수를 합산하여 결정한다. 일반승진은 승진후보자 명부의 순위에 의해 결정한다. 4급 이하 공무원 및 기능직공무원을 승진 임용할 때에는 보통 승진심사위원회의 승진 심사 결과에 따라 임용한다(공무원 임용령 제34조의 3).

임용권자는 승진 후보자 명부를 근무성적평가 70% 경력평정점 30%를 반영하여 작성하며 근무성적 평가 점수의 반영비율은 95%까지 가산하여 반영할 수 있고, 경력평점의 반영비율은 5%까지 감산하여 반영할 수 있다(공무원 성과평가 등에 관한 규정 제30조 2항).

5급 공무원 승진 임용을 과거에는 반드시 시험을 거치도록 하였으나 1996년부터는 승진시험을 거치도록 하되, 필요에 따라 승진심사위원회의 심사를 거쳐 임용할 수 있도록 하였다.[23)]

제 9 절 공무원의 신분보장

Ⅰ. 신분보장의 의의

무릇 행정의 계속성과 안정성을 확보하기 위해서는 행정의 운영을 담당하는 공무원이 안심하고 근무할 수 있는 신분상의 보장이 필요하다. 특히 고도로 기술화하고 전문화한 오늘날의 행정에 있어서는 전문적인 지식을 가진 공무원이 요구되므로 적절한 승진관리에 의해서 사기의 앙양을 도모하고 보수 등 경제적인 보장을 함과 아울러 정치적인 영향, 임용권자의 자의로부터 공무원의 신분을 보장해 주는 것이 바람직하다.

우리 나라에서는 1981년 4월 20일의 국가공무원법 개정을 계기로 공무원의 신분보장을 위한 법적 장치가 강화되었는바, 국가공무원법은 제68조에서 "공무원은 형의 선고, 징계처분 또는 이 법에 정하는 사유에 의하지 아니하고는 그 의사에 반하여 휴직 · 강임 또는 면직을 당하지 아니한다"고 규정하여 공무원의 신분보장을 천명하고 있다.

이와 같은 공무원의 신분보장제도는 어디까지나 공무의 민주적 · 능률적 운영을 확보하기 위하여 공무에 종사하는 공무원의 지위를 일정한도 보장할 필요성이

23) 강성철 외 4인, 새 인사행정론(서울: 대영문화사, 2009), p. 296.

있어서 만들어진 것이라 하겠다.

요컨대 공무원의 신분보장이란 공무원이 함부로 자기 의사에 반해서 관직을 상실하거나 혹은 관직의 보유에 따른 각종의 권리를 함부로 제한 내지 빼앗기지 않도록 제도상 이것을 보장함을 말하는 것이다.

Ⅱ. 조건부임용제도〔시보임용제도〕

1. 미국의 조건부임용제도

미국에서는 원칙적으로 임시적 임용 이외에 채용된 공무원은, 최초의 1년간을 견습임용기간으로 하고 있으며, 이 기간중 각 성청은 이들 공무원의 적격 여부를 검토하여 만족할 만한 결과를 얻지 못하면 이 기간중에 면직시킨다.

또한 경쟁시험의 결과 채용이 결정된 자는 조건부 종신공무원으로서 우선 최초에 1년간의 견습근무를 한다. 이 기간을 좋은 성적으로 종료했을 때 경쟁신분(competitive status)을 취득하나, 아직 다음의 2년간은 조건부종신공무원으로서의 임기에 멈춘다. 여기서 경쟁신분이란 장차 경쟁관직에 결원을 보충할 때에 비경쟁적으로 선발되는 기본적 자격을 말한다.

견습근무기간을 포함하여 3년간의 조건부임용기간을 종료한 자는 비로소 무기한의 소위 항구적 종신공무원으로 임용된다.

2. 일본의 조건부임용제도

일본에서는 채용 또는 승임을 모두 조건부로 하여 공무원이 그 관직에서 6월 이상 근무하고, 그 기간중 직무를 양호한 성적으로 수행하였을 경우에 정식이 된다.

이것은 어디까지나 선택의 최종단계로서 경쟁시험 또는 선발 후에 판명된 부적격자를 배제할 여지를 임용권자에 부여한 것이며, 조건부임용기간중에는 신분의 보장이 없고, 또한 불이익처분에 대한 심사청구권도 인정되지 아니한다.

3. 우리 나라의 시보임용제도

우리 나라에서는 시보임용제도(試補任用制度)를 두고 있는바, 5급 공무원을 신규채용하는 경우에는 1년, 6급 이하 공무원 및 기능직공무원을 신규채용하는 경우에는 6월의 기간 시보로 임용하고 그 기간중에 근무성적이 양호한 경우에는 정규공무원으로 임용하도록 하고 있다(국가공무원법 제29조).

Ⅲ. 직위해제와 대기명령제

1. 직위해제

우리 나라 국가공무원법은 제73조의 2에서 임용권자 또는 임용제청권자가 i) 직무수행능력이 부족하거나 근무성적이 극히 불량한 자, ii) 파면, 해임 또는 정직에 해당하는 징계의결이 요구중인 자에 대하여 직위를 부여하지 아니할 수 있으며, iii) 형사사건으로 기소된 자에 대하여 직위를 부여하여서는 아니 된다고 규정하고 있다. 이와 같이 직위해제란 공무원에게 직위를 부여하지 않는 처분을 말한다.

2. 대기명령제

또한 국가공무원법은 동조에서 대기명령제를 두고 있는바, 이것은 직무수행능력이 부족하거나 근무성적이 극히 불량하여 직위가 해제된 자에 대하여 3월 이내의 기간 대기를 명하고, 능력회복이나 태도개선을 위한 교육훈련 또는 특별한 연구과제의 부여 등 필요한 조치를 취하는 제도를 말한다(국가공무원법 제73조의 3).

Ⅳ. 징계제도

1. 징계의 의의

행정부에서는 일반 조직체에 있어서와는 달리 그 담당업무의 성격상 엄격한 질서의 유지가 요구되는바, 공무원의 복무의무 위반에 대해서 공무원관계에 있어서의 질서유지를 위해 과하여지는 제재를 징계처분이라고 한다.

2. 징계의 사유

우리 나라 국가공무원법은 제78조에서 징계사유로서 i) 이 법 및 이 법에 의한 명령에 위반하였을 때, ii) 직무상의 의무에 위반하거나 직무를 태만한 때, iii) 직무의 내외를 불문하고 그 체면 또는 위신을 손상하는 행위를 하였을 때 등을 들고 있다.

3. 징계의 종류

국가공무원법에서는 다음과 같이 징계의 종류를 구분하고 있다.[24)]

① 견　　책　　이것은 발생된 과오에 대하여 훈계하고 회개하게 하는 것을, 말하며 6개월간 승진 및 승급이 제한된다.

② 감　　봉　　1월 이상 3월 이하의 기간 보수의 3분의 1을 감한다.

③ 정　　직　　1월 이상 3월 이하의 기간 공무원의 신분은 보유하나 직무에 종사하지 못하며 보수의 3분의 2를 감한다.

④ 해　　임　　퇴직급여에 영향이 없으나 3년간 임용자격이 제한된다.

⑤ 파　　면　　공무원을 강제로 퇴직시키는 처분으로 5년간 임용자격이 제한되고 퇴직급여(2분의 1)의 제한을 받는다.

⑥ 강　　등　　직급을 1계급 아래로 내리고 공무원의 신분은 유지하되 3개월간 직무에 종사하지 못한다. 그리고 그 기간 중 보수의 3분의 2를 감하는 처분이다.

4. 징계기관

공무원의 징계는 징계위원회의 의결을 거쳐 위원회가 설치된 소속 기관의 장(중앙징계위원회의 의결에 대하여는 중앙행정기관의 장)이 행하도록 되어 있다. 징계위원회는 국무총리 소속하의 중앙징계위원회와 5급 이상의 공무원을 장으로 하는 행정기관에 두는 보통징계위원회의 2종이 있다.[25)]

Ⅴ. 정년제도

1. 정년제도의 의의

정년제도란 일반적으로 공무원의 직무수행능력의 기준을 연령에 두고, 일정한 연령에 달하였을 경우에, 본인의 의사에 관계 없이 당연히 퇴직시키는 제도를 말한다. 이 제도는 적정한 신진대사의 촉진을 도모함과 아울러 계획적이며 안정된 인사관리를 확보하는 데 목적이 있으며, 임기가 정해져 있거나 또는 임시적으로 임용된 공무원을 제외한, 일반직공무원에 적용함을 원칙으로 하고 있다.

---

24) 김중양, 전게서, p. 420 참조.
25) 김중양, 전게서, p. 424.

간혹 공무원의 신진대사를 촉진하고 공무원의 연령구성을 정상적인 상태로 만들기 위하여 권고사직이 실시되고 있으나, 법적 근거에 의한 강제력을 가지고 있지 않은 권고사직에는 그 효과면에서 일정한 한계가 있다고 할 것이다.

2. 정년제도의 유형

(1) 연령정년제

우리 나라에서는 2009년의 법률 개정이전까지는 공무원의 정년 연령을 계급에 따라 2가지로 구분하여 왔다. 즉, 5급 이상 공무원과 연구관 및 지도관의 정년 연령은 60세, 6급 이하 공무원과 연구사 및 지도사의 정년 연령은 57세였다. 그러나 2009년의 법률 개정으로 모든 공무원의 정년은 60세로 통일되었다(국가공무원법 제74조). 다만 6급 이하 공무원의 정년 연장은 2013년까지 시차를 두고 단계적으로 실행하기로 하였다.[26]

(2) 근속정년제

이것은 공무원이 공직에 임용된 후에 일정한 근속연한이 지나면 자동적으로 퇴직시키는 제도를 말한다. 우리 나라의 경우 군인공무원에서 이 제도를 볼 수 있다. 예로서 대령은 35년, 중령은 32년, 소령은 24년, 대위 이하는 15년, 준사관은 32년을 지나면 자동으로 퇴직된다.

(3) 계급정년제

이것은 공무원이 일정기간 동안 승진하지 못하고 동일 계급에서 머무를 경우, 기간의 만료와 함께 자동적으로 퇴직시키는 제도이다. 우리 나라의 경우 군인공무원이나 경찰공무원 및 검찰 등 일부 특정직의 상위직에 한하여 적용되고 있다. 예로서 중장은 4년, 소장은 6년, 준장은 6년의 기간동안 계속 머물 경우에는 자동적으로 퇴직된다(군인사법 제8조 1항).

Ⅵ. 퇴직수당

퇴직수당은 공무원이 퇴직하였을 경우, 과거의 근로에 대한 보상으로서 또한 퇴직 후의 생활보장을 위한 급여로서 그들에게 지급되는 일시금을 말한다.

우리 나라에서는 국가공무원법 제74조의 2에서 명예퇴직제도를 채택하고 있는바, 이것은 공무원으로서 20년 이상 근속한 자가 정년 전에 자진해서 퇴직하는

26) 오석홍, 인사행정론(서울: 박영사, 2009), p. 255.

경우에는 예산의 범위 내에서 명예퇴직수당을 지급할 수 있도록 하고 있다.

제10절 공무원의 사기

Ⅰ. 사기의 의의

일반적인 사기(morale)란 어떤 조직체를 구성하는 사람들이 공통의 목적을 달성하기 위하여 꾸준히 노력하는 능력이라고 한다.[27] 이러한 사기의 개념은 조직체의 공동목적을 달성하는 데 이바지한다는 점에서는 집단적 성격을 띠고 있으나, 한편 자발적 근무의욕이라는 관점에서 보면 개인적인 성격을 띠고 있다.

사기는 인사정책 여하에 따라 높아질 수도 있고 저하될 수도 있으므로 인사행정에 있어서 사기를 앙양시키는 방법에 중점을 두어야 할 것이다.

Ⅱ. 사기의 기본적 요인

(1) 집단목적의 통일성

만일 집단목적이 통일되어 있지 못한 경우에는 집단의 통일성을 위태롭게 할 뿐만 아니라 사기를 저하시키기 쉽다.

(2) 건강과 근무조건

개인의 정신건강, 즉 감정상태도 사기와 관련되며, 적절한 근무조건은 사기의 앙양에 도움을 준다. 특히 보수는 사기에 지대한 영향을 미치는 것으로 선진국에서는 그렇지 않으나 후진국가에서는 일반적으로 사기의 결정적인 요인으로 생각되고 있다.

(3) 귀속감과 성공감

집단의 구성원들이 자신의 존재와 가치를 인정해 줄 때 귀속감은 높아지며 동시에 사기는 앙양된다. 또한 성공감이란 개인적으로 발전할 수 있는 기회가 부여되고 있다고 느낄 때 만족감을 갖게 되는 것을 말한다.

---

27) A. H. Leighton, "Improving Human Relations, Applied Science of Human Relations," *Personnel Administration,* vol. 19, No. 6(July 1947), p. 5.

(4) 개인의 가치인정

사람은 누구나 인간으로서의 가치를 인정받고 싶어하므로 고위층에 있는 사람은 이러한 가치가 무시되지 않도록 유의하여야 할 것이다.

(5) 참여의식

집단의 구성원이 집단목적의 실현에 직접 참여할 수 있는 기회가 부여되는 경우 사기가 높아진다는 것이며, 이러한 참여의식은 민주적 관리의 토대가 되는 것이라 하겠다.

Ⅲ. 사기와 생산성

Hawthorne공장실험에 의해서 "생산성은 작업조건의 변화와는 직접 무관계하며, 그 고저는 작업조건의 변화에 대한 각 작업자 공통의 태도(즉 사기)의 변화에 의한다"는 것이 판명되어, 종사자의 인간적 만족이 높으면 사기가 올라가며, 사기가 올라가면 생산성도 높아진다는 인간관계론의 중요한 가설이 성립되었다.

그러나 A. H. Maslow, D. McGregor 및 F. Herzberg 등에 의한 행태과학적 제 연구는 인간적 만족에 의한 사기(morale)와 생산성은 반드시 정비례의 관계에 있는 것이 아니라, 생산성과 집단의 응집력이나 만족도 사이에는 보수배분의 방법, 조직구성원의 개인목표를 집단목표에 결집하는 조직화 및 집단의 의사결정에 조직구성원을 참여시키는 제도 등의 매개가 필요하다는 것을 밝혔다. 또한 사기(morale)는 조직구성원의 직무만족과 동기부여의 두 측면에서 규정되어, 일반적인 만족수준이 높아도 직무상의 목표 및 집단목표에 대하여 충분히 동기부여되어 있지 않으면, 사기의 적극적인 앙양은 바랄 수 없는 것이라고 한다.

Ⅳ. 사기의 측정방법

(1) 생산능률

이것은 직원의 업적, 즉 생산능률을 기준으로 하여 사기를 측정하는 것으로, 생산능률은 시간당 생산고, 표준시간에 대한 실제 작업시간 등으로 측정된다.

(2) 출퇴근상황

직원의 지각 · 조퇴 · 결근상황은 사기의 저하와 관련되는 것이며, 조직체에 대한 귀속감이 불충분하다는 것을 뜻한다.

(3) 이 직 률

어느 직원이나 그의 직무에 만족감을 가지는 경우 그 직장을 떠나지 않는다. 따라서 직원의 이직률의 여하는 어느 정도 그들의 사기를 측정하는 척도가 된다.

(4) 태도조사

이것은 구성원의 의견이나 불평·불만을 분석함으로써 사기를 저하시키는 요인을 규명하려고 하는 것인데, 조사방법으로는 면접, 질문서 등이 이용되고 있다.

V. 사기의 앙양을 위한 제 방법

공무원의 사기를 앙양시키기 위한 방법으로서는 다음과 같은 것들을 생각할 수 있다.

1. 리더십의 도입

리더십(leadership)이란 "조직집단의 목적을 달성하기 위하여 집단의 구성원이 즐거운 마음으로 역할을 수행할 수 있도록 각자의 힘을 통일적으로 발휘시키는 작용"이라고 할 수 있다.

무릇 행정활동의 성과는 목적의 선택이나 행정조직의 구조의 우열에도 관계가 있지만 관리자의 능력에 의존하는 바 크며, 집단의 능력을 높이는 데 있어서 핵심을 이루는 것은 관리자의 관리기술에 입각한 관리능력이라고 하겠다.

이 관리능력을 향상시키기 위하여 도입된 것이 MTP(Management Training Program), 감독자 훈련으로서 알려져 있는 일본의 JST(Jinjiin Supervisory Training) 등 일련의 정형적 훈련방법이다.

2. 직장에의 적응을 위한 인사상담제도의 활용

개개의 조직구성원으로 하여금 직장에의 적응성을 높인다는 것은 집단의 사기를 유지하는 데 도움이 되는 방법이다. 그러므로 인사상담제도(counseling)를 활용하여 조직구성원을 적극적으로 지도할 것이 요청된다.

여기서 인사상담이란 불평·불만 등 문제를 지니고 있는 조직구성원에게 전문가가 면접을 통하여 문제해결을 위해 적절한 원조를 제공하는 조정을 말하는 것인바, 특히 새로이 채용된 조직구성원에 대해서는 배치 전에 충분한 지도를 행할 필요가 있다.

3. 고충처리제도의 확립

미국 · 일본 등 각국과 우리 나라에서는 공무원이 자기의 의사에 반하여 불이익한 처분을 받았을 경우에 고충처리기관에 대하여 고충의 심사를 청구할 수 있도록 하고 있는데, 이것은 공무원의 사기를 앙양시키는 데 도움을 주는 제도적 장치라고 하겠다. 다만 소청심사가 준사법적 기능의 본질적 기능을 수행하기 위해서는 무엇보다도 독립한, 제 3 자적인 심사기구로서 기능할 것이 요구된다.

4. 행정에의 참여촉진

상위층에 있는 자가 명령하는 대로 실시한다는 소극적 태도만 가지고서는 조직구성원의 높은 사기가 유지될 수 없다. 따라서 조직구성원의 업무에 대한 의욕을 북돋아 주기 위해서는 실무를 담당하는 자를 행정의 운영에 참여시키는 것이 바람직하다. 이 관점에서 제안제도(suggestion plans, incentive awards programs) · 독창성개발(brain storming) 등의 적극적 도입이 고려되어야 할 것이다.

여기서 제안제도란 조직체가 조직구성원으로부터 업무에 관한 착상 · 개선의견 및 고안 등을 적극적으로 모집 · 채택함으로써 조직구성원으로 하여금 행정에 참여할 수 있는 길을 열어 주어 결과적으로 사기를 높이려는 제도를 말한다.

또한 'brain storming'이란 '독창성의 개발'이라고 불리는 것으로서, 독창적인 아이디어를 협동해서 창출하는 방법을 가리키는바, 이것은 1939년 미국의 A. F. Osborn이 고안해 낸 것이다.

5. 공무원단체 활동의 허용

공무원단체의 존립은 공무원의 사기앙양에 도움을 준다. 즉, 공무원단체는 i) 관리층으로 하여금 그들의 입장을 쉽게 파악시킬 수 있게 하고, ii) 공무원들의 참여의식이나 일체감 등을 높임으로써 사기를 앙양시킬 수 있는 이점을 지니고 있다.

6. 의사전달의 촉진

의사전달(communication)은 개인 상호간만이 아니라 집단과 집단간에도 존재하며, 여러 단위집단의 결합체인 조직에 있어서는 매우 고도의 'communication'이 존재하고 있다.

적절한 'communication'이 없으면 조직은 생존하기 어려우며 행정목적의 달성이 저하된다. 따라서 효과적인 'communication'과 조직구성원의 사기를 높이기 위해서는 부내보(部內報)·직장간담회 및 레크리에이션의 장 등을 마련하는 것이 바람직하다. 특히 직장간담회의 효과를 높이기 위해서는 조직구성원으로 하여금 자유롭게 의견이나 불만을 털어놓게 하는 것이 필요하며, 이를 위한 간담회의 리더의 역할이 중요시된다.

7. 신분보장의 확립

행정의 운영을 담당하는 공무원이 안심하고 근무할 수 있는 신분상의 보장이 요구되는바, 공무원의 사기를 높이기 위해서는 적절한 승진관리를 도모하고 보수 등 경제적인 보장을 함과 아울러 정치적인 영향, 임용권자의 자의로부터 공무원의 신분을 보장해 주는 것이 바람직하다.

8. 인사관리의 민주화와 인간관계의 개선

공무원으로 하여금 안정감과 귀속감을 갖도록 하며 소속기관에서 그들에 대한 가치를 인정해 주어야 할 것이다. 또한 동료 및 상하관계에 있어서 공무원들간의 불신·불화·원한 등을 해소시키고 비공식적 조직을 잘 활용해서 인간관계를 유지·개선하여야 할 것이다.

제11절 공무원의 고충처리

Ⅰ. 고충처리의 의의

1981년 4월 20일에 개정된 우리 나라 국가공무원법은 공무원의 고충처리에 관한 조문을 신설하였는바, 동법 제76조의 2는 "공무원은 누구나 인사, 조직, 처우 등 각종 직무조건과 기타 신상문제에 대하여 인사상담이나 고충의 심사를 청구할 수 있다"고 규정하여 고충처리제도를 두고 있다.

국가공무원법의 근본이념인 공무의 민주적·능률적인 운영을 기하기 위해서는 공무원이 안심하고 직무에 전념할 수 있도록 보수 기타의 근무조건에 관해서 충분한 배려가 있어야 함은 물론이고, 공무원이 그의 의사에 반하여 불이익한 처분을 받지 않도록 신분을 보장할 필요가 있는 것이다.

바꾸어 말하면 고충처리제도는 개개의 공무원의 신분이나 이익을 보장하는 데 그치지 않고, 나아가 인사행정의 공정을 기하며 공무의 능률적 운영을 확보하는 데 목적이 있는 것이다.

Ⅱ. 고충의 원인과 처리

고충의 원인은 주로 불이익처분·근무조건·재해보상·복지시설 및 급여 등에서 나타나는바, 이를 해결하기 위한 고충처리제도를 보면 다음과 같다.

1. 불이익처분 심사제도

이것은 공무원이 자기의 의사에 반하여 불이익한 처분을 받았을 경우에 심사청구를 하여 그 구제를 구할 수 있는 제도를 말한다(미합중국 법전 제75장, 일본 국가공무원법 제90조 및 우리 나라 국가공무원법 제76조의 2 참조).

심사의 대상이 되는 처분은 징계처분 이외에, 공무원의 의사에 반하는 면직·휴직 등 공무원이 가지고 있는 신분상의 기득의 이익을 직접적으로 그리고 현저하게 침해하는 처분이 그 대상이 된다.

2. 근무조건에 관한 행정조치 요구의 심사제도

공무원은 봉급 기타 모든 근무조건(예, 근무시간·휴가 및 근무의 환경 등)에 관하여 '관계당국에 의한 적당한 행정상의 조치'를 요구할 수 있으며, 이 요구의 청구를 받은 인사원이 조사의 결과 필요하다고 인정할 때에는 관계당국에 대하여 그 실행을 권고할 수 있게 되어 있다(일본 국가공무원법 제86조～제88조 참조).

따라서 이것은 공무원이 현실적으로 받고 있는 불이익의 시정뿐만 아니라, 현재의 근무조건에 관해서 그 개선을 요구할 수 있음을 말해 주는 것이다.[28)]

3. 기타의 심사제도

일본의 경우를 보면 기타의 심사제도로서 다음과 같은 것을 두고 있다.

---

28) 日本國 人事院, 年次報告書, 1984. p. 159.

(1) 재해보상 및 복지시설의 심사제도

재해보상의 심사제도는 실시기관이 행한 공무상 또는 통근에 의한 재해의 인정, 요양의 방법, 보상금액의 결정 기타 보상의 실시에 관해서, 또 복지시설의 심사제도는 보장구(補裝具)의 지급 또는 복지시설의 운영에 관해서, 불만이 있는 자로부터 각각 심사의 청구가 있는 경우에 인사원이 당해 사안을 재해보상심사위원회의 심리에 회부한 후 판정을 행하는 것을 말한다.[29)]

(2) 급여의 결정에 관한 심사제도

이것은 봉급의 결정에 관하여 고충이 있는 공무원으로부터 심사의 청구가 있는 경우에 인사원이 당해 사안을 심사한 후 결정하는 제도를 말한다(인사원규칙 13-4 참조).

Ⅲ. 고충처리기관

주요 각국의 예를 보면 대체적으로 중앙인사행정기관에서 공무원의 고충처리에 관한 사법적 기능을 수행하고 있는바, 그 내용을 보면 다음과 같다.

1. 미국의 고충처리기관

미국에서는 1978년의 연방공무원제도개혁법(Civil Service Reform Act)에 따라 종래의 연방인사위원회는 폐지되고 그 대신 인사관리를 주관하는 인사관리처(Office of Personnel Management)와 공무원의 신분보장을 전담하는 실적제보호위원회(Merit Systems Protection Board)가 설치되었다.

실적제보호위원회는 공무원이 불이익처분을 받았을 경우 그들의 권리를 보호하기 위하여 소청을 받아 이를 심사·결정하는 합의제기관으로서 대통령이 임명하는 3인의 위원으로 구성되고 위원의 임기는 7년으로 되어 있다.

2. 일본의 고충처리기관

일본에서는 공무원이 그의 의사에 반해서 불이익처분을 받을 경우에 대비하여 인사원은 공평위원회를 설치하고 있는바, 동 위원회는 3인 또는 5인의 위원으로써 구성된다. 위원은 인사관 및 인사원 사무총국의 직원 중에서 인사원이 지명하며, 필요한 경우에는 학식·경험이 있는 자를 위원으로 위촉할 수 있게 하고 있다.

29) 상게서, p. 164.

3. 우리 나라의 고충처리기관

우리 나라에서는 공무원의 인사상담 및 고충을 심사하기 위하여 행정안전부에 중앙고충심사위원회를 두며 임용권자 또는 임용 제청권자 단위로 보통고충심사위원회를 두되, 중앙고충심사위원회의 기능은 소청심사위원회에서 관장하게 하고 있다.

중앙고충심사위원회는 보통고충심사위원회의 심사를 거친 재심청구와 5급 이상 공무원의, 그리고 보통고충심사위원회는 소속 6급 이하 공무원과 기능직공무원의 고충 및 고위공무원단에 속하는 일반직공무원의 고충을 각각 심사한다. 그러나 6급 이하 공무원과 기능직공무원의 고충이 임용권자를 달리하는 둘 이상의 기관에 관련되는 경우에는 중앙고충심사위원회에서 심사하며 원 소속기관의 보통고충심사위원회에서 고충을 심사하는 것이 부적당하다고 인정될 경우에는 가장 가까운 상급기관의 보통고충심사위원회에서 심사할 수 있게 하고 있다(국가공무원법 제76조의 2).

교육과학기술부에 교육공무원 중앙고충심사위원회를 설치하며, 임용권자 또는 임용제청권자 단위로 교육공무원 보통고충심사위원회를 설치한다. 여기서 교육공무원 중앙고충심사위원회는 교육공무원 보통고충심사위원회에서 심의한 고충사건에 대한 재심청구와 부교수 이상의 대학 교원, 교장, 원장, 장학관 및 교육연구관의 고충을 심사한다.

지방공무원의 고충심사는 인사위원회나 교육인사위원회에서 관장한다. 경감 이하 경찰공무원의 초심은 경찰공무원 고충심사위원회에서, 소방경 이하의 소방 공무원의 초심은 소방공무원 고충심사위원회에서 심사한다.[30)]

중앙인사관장기관의 장(행정부의 경우에는 행정안전부 장관), 임용권자 또는 임용 제청권자는 심사결과 필요하다고 인정될 때에는 처분청 또는 관계기관의 장에 대하여 그 시정을 요청할 수 있으며, 처분청 또는 관계기관의 장은 그 처리 결과를 통지하도록 하고 있다. 그런데 문제는 소청심사위원회에서 심사결정하더라도 그것이 구속력이 없고 다만 고충해소 등을 위하여 노력할 의무만 부과될 뿐 임용권자가 심사결정을 따르지 않더라도 이를 강제할 방법이 없다는 점이다.[31)] 따라서 소청심사가 준사법적 기능의 본질적 기능을 수행하기 위해서는 무엇보다도 독립한

30) 김중양, 한국인사행정론(서울: 법문사, 2002) pp. 398～399.
31) 상게서, p. 400.

제 3 자적인 심사기구로서 기능할 것이 요구되며 이것은 심사에 있어서 기본적인 전제조건이 되는 것이라고 하겠다.

제12절 제안제도

Ⅰ. 제안제도의 의의

제안제도(suggestion plans, incentive awards programs)란 조직체가 조직구성원으로부터 업무에 관한 착상·개선의견 및 고안 등을 적극적으로 모집·채택함으로써 조직구성원으로 하여금 경영 또는 행정에 참여할 수 있는 길을 열어 주고, 사기의 앙양, 인간관계의 개선을 도모하는 동시에 조직구성원의 능력개발을 통하여 합리적·발전적 관리운영을 기하고자 하는 것을 말한다.

이 제도는 하위층으로부터 상위층에로의 의사전달(communication)의 방법으로서 오랜 역사를 가지고 있으나, 인간관계 관리의 관점에서 보면 미국에서는 1930년대부터, 일본에서는 1950년대부터 보급되었다. 한편 우리 나라에서는 1973년에 「제안규정」이 제정됨을 계기로 하여 제안제도가 정식으로 채택되었다.

Ⅱ. 제안제도의 특징

제안제도의 특징으로서는 다음과 같은 것들을 들 수 있다.

첫째, 제안제도는 경영 또는 행정에 있어서의 관리상의 수단으로서 실시되므로 그 실시의 주체는 경영주체 또는 행정주체이다.

제안제도에 있어서의 제안자는 통상 그 조직체 내의 구성원에 한정된다. 또한 제안이라는 말을 사용하거나 의견의 발표를 목적으로 하는 것이 있다고 하더라도 관리상의 수단으로 조직적·제도적으로 실시되는 것 이외의 것은 여기에서 말하는 제안제도가 아니다.

둘째, 대상으로 하는 제안은 조직의 업무의 개선에 도움이 될 수 있는 착상·개선의견 등이다. 따라서 업무에 무관계한 제안이나, 단순한 비판·고충 및 희망의 표명 등은 제안제도가 대상으로 하고 있는 제안은 아니다. 이 점이 고충처리제도와 제안제도가 명백히 상이한 점이다.

셋째, 제안은 조직구성원의 직무로서가 아니라, 직무 외의 행위로서 실시된다. 즉, 제안제도에 참여하는 조직구성원은 그 직무나 직제를 떠나서 소위 제 3 자로서 참여한다. 그러므로 제안은 항상 조직구성원의 창의와 판단에 의해서 직접 그리고 자유로 실시되며, 조직구성원의 직접업무 이외의 것도 대상에 포함된다.

넷째, 제출된 제안에 대해서는 필요한 심사가 행하여지며, 그 채택과 실시가 고려된다. 제안제도에 있어서의 제안의 모집은 그것의 채택 · 실시를 전제로 하는 것이므로 제출된 제안에 대해서는 반드시 필요한 심사가 행해짐과 동시에 제안의 채택 · 실시를 위한 절차가 준비되어 있다.

Ⅲ. 제안제도의 내용

1. 제안사항

제안을 하기 쉽게 하기 위하여 미리 제안범위를 특정하지 않고, 제안의 심사에 즈음하여 비로소 취사(取捨)하는 것이 상례이다.

2. 제안의 절차

크게 나누어 i) 제안상자에 투입시키는 방식, ii) 감독자를 통하여 제출시키는 방법, iii) 제안사무국 등에 직접 제출시키는 방식, iv) 제안회를 개최하는 방식의 네 가지가 있으며, 각각의 방식은 조직의 실정에 따라 선택된다.

3. 제안의 심사

심사의 방법에는 제안심사위원회를 설치하여 심사하는 방법, 국·과장회의 기타 적당한 기관에서 심사하는 방법 및 제안의 대상이 된 사항을 소관하는 국·과에서 심사하는 방법이 있으나, 일정하지 않다. 다만 공정을 기한다는 견지에서 일반적으로 제안심사위원회에 의한 방법이 활용되고 있다.

우리 나라에서는 행정안전부에 제안심사위원회를 두고 있으며 위원회는 행정 각부의 차관과 외부의 전문가로 구성되어 있다.[32]

또한 심사기준으로는 i) 창의성, ii) 경제성 또는 능률성, iii) 실용성, iv) 적용범위, v) 계속성, vi) 기타 당해 제안심사위원회에서 정한 심사기준 등이 이용되고

32) 유종해, 현대행정학(서울: 박영사, 2001), p. 571.

있다.[33)]

4. 제안에 대한 보상

보상의 형식으로서는 상장·표창장 등을 주는 형태의 정신적 보상과, 상금·상품 등을 주는 형태의 경제적 보상이 있는바, 실제로는 양자가 적절히 병용되고 있다. 이 밖에 예를 들면 제안기장·제안저금통장의 수여 등이 있다.

Ⅳ. 제안제도의 효과

제안제도의 효과는 여러 가지를 생각할 수 있겠으나 여기서는 몇 가지만 열거하고자 한다.

1. 경영 및 행정의 합리화

조직구성원의 제안을 채택·실시한 결과 나타나는 실익은, 다수의 조직구성원이 조직체의 업무·근무환경 등에 대해서 주의 깊게 관찰·검토하므로 지금까지 발견되지 않았던 비능률적인 점 및 비경제적인 점이 체크되며, 또 조직의 발전을 위한 묘안도 나오는 수가 있다.

2. 사기의 앙양

제안제도를 실시하게 되면 조직구성원의 근무의욕이 증대하며, 감독자와 조직구성원간의 상호이해에 도움을 준다.

3. 인간관계의 개선

조직구성원이 새로운 착상과 창의를 감독자에게 전달하는 기회가 생기므로, 경영 및 행정규모의 확대에 따라 야기되는 감독자와 조직구성원간의 장벽을 제거하고, 건전한 의사소통을 도모할 수 있다.

33) 김중양, 전게서, p. 269.

제13절 공무원단체

Ⅰ. 공무원단체의 의의

본래 공무원단체에 관한 문제는 노동법적 측면에서 논의되어 왔으나 오늘날에 있어서는 공무원의 사기앙양을 위한 수단으로서 관리적 측면에서 고찰의 대상이 되고 있다. 공무원 노동운동은 민간노조의 영향을 받아 그들의 공통적인 권익을 보호하기 위하여 발달해 왔으며, 그 구체적 양상은 나라마다의 역사적 배경 및 정치적·사회적 여건에 따라 각각 상이하다.

무릇 공무원단체는 공무원 자신이 그것을 통하여 근무조건의 개선 등을 도모할 수 있다는 데서 그 의의를 찾아볼 수 있으며, O. G. Stahl은 공무원은 공무원단체를 통하여 관리층에 대해서 그들의 의견을 표시할 수 있다고 하였다.[34)]

요컨대 공무원단체가 지니고 있는 이점은, 첫째, 그들의 의견을 관리층에 전달함으로써 근무조건을 개선하기가 용이하고, 둘째, 공무원단체를 통하여 참여의식·가치인정 및 귀속감을 갖게 되므로 자연히 사기가 높아지며, 셋째, 공무원단체의 존립은 공무원의 부패를 방지하는 데 기여한다는 것 등이다.

Ⅱ. 주요 각국의 공무원단체의 활동내용

이제 세계 주요 각국에 있어서의 공무원단체의 활동내용을 노동 3 권으로 나누어 각각 비교·고찰하고자 한다.

1. 미 국

(1) 단 결 권

① 연방공무원의 단결권 미국에 있어서는 1912년에 처음으로 Lloyd La Follette법[35)]에서 연방공무원의 단결권을 인정하였는바, 동법 제 6 조 C항은 전단에

34) O. Glenn Stahl, *Public Personnel Administration,* 5th ed. (New York: Harper & Row, 1962), pp. 224~225.

35) 이 법은 우편직원에 한하여 단결권과 단체행동권을 보장하였다(제 6 조 a항). 그러나 이 법은 실제로 일반 정부직원에게도 확대적용되어 공무원의 근무조건 개선을 촉진하기 위한 단결권을 인정하였다.

서 우정공무원에 대한 단결권의 승인을 규정하고 있으며, 동항 후단의 규정은 종래 미국의 공무원이 그 근무조건 등의 개선을 위해 가끔 사용했던 의회에 대한 로비 활동을 금지한 1902년의 「함구령」을 폐지시키는 것을 주목적으로 한 것이다.

그 후 1961년에 취임한 케네디 대통령은 1962년 1월 17일에 이르러 노사협력에 관한 대통령령(The Executive Order No. 10998 on Employment-Management Cooperation in the Federal Service)을 공포하였는데, 동 대통령령의 단결권에 관한 요점은 연방정부공무원이 노동조합을 결성하고 가입하는 권리를 보장한다는 것이었다. 그리고 이와 같은 생각은 1978년의 연방공무원제도개혁법(The Civil Service Reform Act)에서 법률로써 명기되기에 이르렀다.

② 주 및 지방단체의 공무원의 단결권 이 단결권을 긍정하는 주법은 대개 1960년대에 접어들어 제정을 보게 되었는데, 각 주법의 구체적인 내용은 각양각색이지만, 일반적으로 조합에 가입하는 권리와 더불어 조합에 가입 안 하는 권리도 명기하고 있다. 다만 경찰·소방 및 교직원 등의 특정의 범주에 속하는 공무원의 단결권을 부인하는 경우도 적지 않다.

주 또는 지방단체의 공무원의 조직화는 1930년대에 접어들어 AFL-CIO(미국노동총동맹·산업별 조합회의: American Federation of Labor-Congress of Industrial Organization) 산하에 AFSCME(American Federation of State, County and Municipal Employees) 및 SCME라는 두 개의 전국적인 지방공무원조합이 탄생하였고 1957년에 이르러 이것이 AFSCME에 통합되었다.

(2) 단체교섭권

① 연방공무원의 단체교섭권 1935년 Wagner법에 의한 민간노동자에의 단체교섭권의 보장과 뉴딜(New Deal)정책하에서의 민간노동운동의 활발화는 공무원의 노동조합운동에도 큰 영향을 미쳐 정부당국과 공식 또는 비공식으로 사실상의 협약 또는 협정을 체결하는 데 성공하였다. 그리하여 1945년 합중국최고재판소도 이러한 사실상의 협약 또는 협정의 적법성을 인정하기에 이르렀다.

이에 더하여 전술한 케네디 대통령의 대통령령 제10998호는 배타적 승인을 인정받는 조합에 대하여 정부당국과 협약을 체결하기 위한 교섭을 허가하고, 공식 또는 비공식의 승인을 얻은 단체에도 당국과 협의하는 것을 인정하였다. 또한 1978년의 연방공무원제도개혁법은 연방공무원에게 공무원이 선출한 대표자를 통해서 고용조건에 관한 단체교섭에 참가하는 권리를 보장할 것을 명기하였다.

② 주 및 지방단체의 공무원의 단체교섭권 각 주의 공무원의 단체교섭권

은 이것을 법률의 명문규정으로 인정하는 주가 있는가 하면, 명문으로 인정하지 않는 주도 있다. 현재는 6개의 주가 일반공무원에 대해서 임금 등의 노동조건에 관한 단체교섭권 및 협약체결권을 인정하는 법률을 제정하고 있다.

(3) 쟁 의 권

① 연방공무원의 쟁의권 미국에서는 본래 공무원의 쟁의권은 부정되어 왔다. 그 이유는 "공무원은 주권의 대표자인 국가에 대하여 쟁의권을 행사함으로써 그 존엄을 손상시켜서는 아니 된다. 국가에 대한 쟁의권의 행사는 그 자체가 위법한 행위라는 것"이다. 그럼에도 불구하고 1947년 이전에는 연방공무원의 쟁의권을 부정하는 법률은 존재하지 않았다.

그러나 1947년의 Taft-Hartley노사관계법(Taft-Hartley Labor-Management Relations Act)은 공무원의 일체의 쟁의행위를 금지한다는 명문의 조항을 규정하였다. 즉 동법 제305조는 합중국의 행정 제 기관에 고용되어 있는 개인이 파업에 참가하는 것은 위법이며, 파업을 행한 개인은 바로 해고되어 공무원의 신분을 박탈당한다고 규정하고 있다. 나아가 1955년에는 연방공무원의 쟁의행위금지를 더욱 완화하게 하기 위해 「불충성한 자를 정부에 고용하는 것의 금지에 관한 법률」이 제정되었다.

② 주 및 지방단체의 공무원의 쟁의권 현재 미국의 주에서 주 및 지방단체의 공무원의 쟁의권을 인정하고 있는 것은 Hawaii(1970년법)·Vermont(1970년법), Pennsylvania(1970년법), Minnesota(1971년법), Alaska(1972년법) 및 Oregon(1973년법)의 6개 주이다. 다만 여기서 부언하여 둘 일은 상기 주들이 인구가 적은 소주에 지나지 않으며, 이들의 주법도 한정적으로 쟁의권을 부여하고 있는 추세에 있다는 사실이다.

2. 영 국

(1) 단 결 권

영국에서는 공무원에 관한 일반법이 존재하지 않으며, 공무원의 노사관계에 관해서도 마찬가지이다. 즉 현재 공무원의 노사관계를 민간의 그것과 구별하여 별도로 다루는 법률은 존재하지 않는다.

영국 공무원의 조직화는 19세기 중엽에서부터 시작하여 1890~1900년대에 걸쳐 행정기능의 증대에 수반한 공무원 수의 증가에 힘입어 각종의 공무원조합이 결성되었다. 그러나 당시의 조합은 일반적으로 활발하지 못하였다.

제 1 차 세계대전 후 공무원에 여자와 임시직원이 다수 진출하여 근무조건의 개선을 요구함에 따라 특히 하급의 서기직원은 TUC(Trade Union Congress: 노동조합회의)에 가맹하여 파업으로써 정부를 위협하기에 이르렀다. 여기에 1919년에 Whitley협의회(Whitley Council)가 설치됨으로써 공무원의 조합조직은 급속히 확대되었다. 이것은 Whitley협의회가 직원의 집단적 대표를 요구하는 교섭형식을 취하였기 때문에 정부가 공무원조합의 결성가입을 비난하지 않게 되었다.

이와 같이 해서 영국의 공무원조합은 발전하여 왔으나 1926년의 파업 때 우정관계의 조합과 서기직조합이 파업 자금을 제공하는 등의 행동을 취하였기 때문에 1927년의 「노동조합법 및 노동쟁의법」의 제 5 조는 공무원의 단결권에 관한 제한을 규정하였다. 영국의 공무원은 단결권을 인정받고 있다. 다만 경찰관에 관해서는 1919년의 경찰법에 의거 단결권이 인정되어 있다고는 하나 그 근무조건을 통제하고 있는 실정이다.

⑵ 단체교섭권

영국에서는 노사간의 교섭의 한 형식으로서 Whitley협의회에 의한 노사협의가 광범하게 행하여지고 있으며, 공무원관계에서는 이것이 특히 중요한 역할을 담당하고 있다. 즉, 공무원조합과 당국과의 직접교섭 또는 Whitley협의회에 있어서의 협의에 의해서 공무원의 임금 기타의 근무조건이 결정되지만, 이들의 교섭 또는 협의가 잘 마무리되지 않는 경우를 생각해서 공무원중재재판소(Civil Servant Arbitration Tribunal)가 설치되어 있다. 이 제도는 1936년에 재무성과 전국 Whitley협의회와의 협정에 의해서 만들어졌는바, 공무원중재(仲裁)재판소는 3 인의 재판관에 의해서 구성되어 있다.

공무원중재재판소의 중재에 회부되는 사항은 비현업 국가공무원의 급여, 근무시간 및 휴가에 한정되고 있으며, 공무원중재재판소의 중재재정(裁定)은 법적 구속력을 갖는 것은 아니지만 의회나 정부 다같이 이것을 존중하는 관행이 성립되어 있다.

⑶ 쟁 의 권

영국의 공무원은 원칙적으로 민간기업의 노동자와 마찬가지로 쟁의권을 보유한다. 즉, 영국에 있어서는 공무원 일반의 쟁의행위를 금지하는 법률은 존재하지 않으므로 원칙적으로 공무원의 쟁의행위는 위법이 아니다.

그러나 이것은 법률이 적극적으로 쟁의권을 보장한다는 것은 아니며, 쟁의행위를 한 공무원은 징계의 대상이 된다.

3. 독 일

(1) 단 결 권

독일에 있어서는 모든 사람에 대해서 단결권이 헌법상 보장되어 있다(기본법 제 9 조 3 항). 따라서 단결권에 관한 한 공무원, 노무자를 불문하고, 또 공무원 중에서도 경찰관, 군대의 구성원, 소방원 등에 대해서까지 예외 없이 보장되어 있다.

(2) 단체교섭권

독일에서는 단체교섭이라는 것이 협약체결을 위한 행위에 지나지 않는다고 이해되고 있으며, 따라서 노동협약체결능력(Tariffähigkeit)이라는 개념은 일본의 단체교섭권에 상당하는 것이다.

공무원에 관해서는 그 근무조건이 법령에 의해서 일방적으로 규정되어 있으며, 협약체결 능력은 없다고 하는 견해가 통설로 되어 있다.

(3) 쟁 의 권

공무원의 쟁의권에 관한 규정은 존재하지 않는다. 그러나 공무원의 쟁의행위는 공무원이 국가에 대한 관계에 있어서의 공법상의 충실관계·근무관계와 부합되지 않는다는 견해가 지배적이다.

4. 프 랑 스

(1) 단 결 권

제 2 차 세계대전 이전에는 프랑스의 공무원은 법제상으로는 단결권을 인정받지 못했었다. 그러나 1946년의 제 4 공화국 헌법 및 동년 10월 19일의 공무원법은 명문으로 공무원의 단결권을 인정하고 있다. 또 1958년의 제 5 공화국 헌법은 1946년 헌법의 단결권의 규정을 그대로 승계하고 있다.

(2) 단체교섭권

제 4 공화국 헌법 전문은 "모든 노동자는 그 대표자를 통해서 노동조건의 단체적 결정 및 기업의 관리에 참가한다"고 선언하고 있는데 이 권리는 1958년의 헌법에 그대로 계승되었다. 그 때까지 프랑스에 있어서는 단결권의 승인은 노동협약체결권의 승인을 포함하고 있는 것으로 이해되어 왔으며, 이 노동협약체결권이 단체교섭권에 상당하는 것이다. 따라서 공무원에 대해서도 원칙적으로는 단체교섭권이 존재하는 것이나, 한편 공무원의 노무조건은 법령에 의해서 일방적으로 정해지는 것으로 파악되고 있어서, 결론적으로 공무원은 협약체결권을 보유하지 않는다. 이러한 이유에서 단체교섭권과는 별도로 1945년 2월 21일 법에 의해서 설립된 경영위원회를 공무원에게도 인정하려는 경향이 생겼다.

(3) 쟁 의 권

1946년의 제 4 공화국 헌법은 그 전문에서 "쟁의권은 이것을 규제하는 법률의 범위 내에서 행사할 수 있다"고 선언하고 있으며, 또 이 규정은 현행의 1958년의 제 5 공화국 헌법에 계승되고 있으므로 공무원도 원칙적으로 민간노동자와 같이 쟁의권을 지니고 있다고 볼 수 있다. 그러나 개별 입법에 의해서 쟁의행위가 금지되고 있는 것으로는 공화국보안대(1947년법)·경찰공무원(1948년법)·항공관제관(1964년법) 및 내무성 통신공무원(1968년법) 등이 있다.

5. 일 본

일본에 있어서의 공무원에 대한 노동기본권의 보장은 헌법 제28조가 "근로자의 단결하는 권리 및 단체교섭 기타의 단체행동을 하는 권리를 보장한다"고 정하고 있으며, 공무원이 여기에서 말하는 근로자에 해당한다는 것은 최고재판소의 판례가 인정하고 있는 터이므로, 공무원에 대하여 원칙적으로 노동기본권(단결권·단체교섭권·쟁의권)의 모두를 보장해 주어야 함은 재론의 여지가 없다. 그러나 여러 가지 이유로 인하여 현행 실정법은 이들의 권리에 대하여 제한을 가하고 있는바, 이 제한이 과연 위헌인가 아닌가, 또 가령 합헌이라고 하더라도 정책적으로 타당한가에 관해서 적지 않은 논쟁이 벌어지고 있다. 여기서 일본의 공무원이 향유하고 있는 노동 3 권을 일람표로 표시하면 다음의 〈표 4-1〉과 같다.

〈표 4-1〉

노동 3 권 / 종 류	단 결 권	단체교섭권 (협약체결권)	쟁 의 권
경찰공무원 방위청공무원 감옥공무원 해상보안청공무원	×	×	×
일반직국가공무원	○	×	×
현업국가공무원	○	○	×
지방공무원	○	×	×

Ⅲ. 우리 나라의 공무원단체

우리 나라 헌법 제33조 1항은 "근로자는 근로조건의 향상을 위하여 자주적인 단결권·단체교섭권 및 단체행동권을 가진다"고 규정함으로써 근로자의 노동 3 권을 보장하였다. 그러나 동조 2 항에서 공무원인 근로자는 법률로 인정된 자를 제외하고는 단결권·단체교섭권 및 단체행동권을 가질 수 없다고 하여 동 3 권을 제한한다는 취지를 규정하고 있다.

이러한 배경으로 우리 나라는 그 동안 1980년대까지는 사실상 노무에 종사하는 공무원에 한해서만 노동권이 제한적으로 적용되어 왔었으나 1991년 "교원지위향상을 위한 특별법"을 제정하여 한국 교원단체총연합회에 단체 교섭권을 부여하게 되었으며, 1999년 1 월에는 "공무원 직장 협의회 설립·운영에 관한 법률"이 시행되게 되어 6 급 이하의 일반직공무원 등이 직장 협의회를 설립할 수 있도록 허용되었다. 그리고 동년 7 월에는 "교원의 노동조합 설립 및 운영등에 관한 법"이 시행되게 되어 국·공·사립학교 교원들도 노동조합을 설립할 수 있도록 허용되었다. 이어서 2006년 1 월에는 "공무원의 노동조합 설립 및 운영등에 관한 법률"이 시행됨으로써 6 급 이하의 일반직공무원 등이 공무원 노동조합을 결성할 수 있게 되었다.[36)]

제14절 공무원의 사회보장

본절에서는 공무원의 사회보장을 공무원의 연금과 공무원의 복지후생을 중심으로 고찰하고자 한다.

Ⅰ. 공무원의 연금

1. 연금의 성격

우리 나라 공무원연금법은 제 1 조에서 "이 법은 공무원의 퇴직 또는 사망과 공무로 인한 부상·질병·폐질에 대하여 적절한 급여를 실시함으로써, 공무원 및

36) 강성철 외 4 인, 새 인사행정론(서울: 대영문화사, 2009), pp. 568～569.

그 유족의 생활안정과 복리향상에 기여함을 목적으로 한다"라고 규정하고 있는바, 이는 공무원연금이 사회보장제도의 일환임을 명시한 것이라고 하겠다.

여기서 연금의 성격을 보면, 영국이나 제 2 차 세계대전 전의 일본의 경우처럼 장기간에 걸쳐 충실히 근무한 것에 대한 은혜 내지 반대급부로서 간주되는 것이 있고,[37] 미국이나 우리 나라의 경우처럼 공무원기여금과 정부부담금으로 되어 있어 일종의 '거치된 보수'(deferred compensation)[38]의 성격을 지니고 있는 것도 있다.

2. 공무원연금제도

⑴ 의 의

일찍부터 오랜 역사를 가지고 있는 영국 공무원의 연금제도는 1834년의 퇴직연금법에서 비롯되었는바, 오늘날 여러 나라의 연금제도는 대체적으로 퇴직연금을 주축으로 하여 발달되어 왔다. 이 퇴직연금제도는 공무원이 노령·질병·부상 기타의 이유로 퇴직하거나 사망한 경우 본인 또는 유족의 생계를 돌보기 위하여 연금을 지급하는 제도이다.

우리 나라의 연금제도는 1960년부터 실시되어 왔는데, 그 범위는 매우 포괄적이어서 통상 우리가 말하는 퇴직연금제도에다가 재직중의 후생복지제도를 가미한 성격을 지니고 있다.[39] 즉, 우리 나라의 공무원연금제도는 퇴직·사망·노령·폐질 등에 의하여 소득이 상실되었거나 일시적으로 중단되었을 때 미리 설정된 기준에 따라 획일적으로 급여를 주는 사회보장방식의 연금제도라고 할 수 있다.

⑵ 내 용

우리 나라의 연금급여는 단기급여와 장기급여로 분류된다. 즉 단기급여에는 공무상요양비·공무상요양일시금·재해부조금 및 사망조위금이 있으며, 장기급여에는 퇴직급여(퇴직연금·퇴직연금일시금·퇴직연금공제일시금·퇴직일시금), 장해급여(장해연금·장해보상금) 및 유족급여(유족연금·유족연금부가금·유족연금특별부가금·유족연금일시금·유족일시금·유족보상금)가 있다.

연금기금은 공무원기여금과 정부부담금으로 이루어진다. 먼저 기여금이란 각

37) G. A. Campbell, *The Civil Service in Britain*(Baltimore: Penguin, 1955), p. 287 참조. 일본에서는 이것을 은급이라고 불렀음.

38) O. Glenn Stahl, *Public Personnel Administration*, 8th ed.(New York: Harper & Row, Publishers, 1983), p. 357.

39) 오석홍, 인사행정론[제 4 판](서울: 박영사, 2000), p. 495. 즉, 우리 나라에서는 퇴직 및 사망급여를 지급하는 외에 공무원이 재직하는 동안에 받을 수 있는 각종의 후생복지급여를 지급하고 있다.

종 연금급여지급에 소요되는 비용 중 공무원이 부담하는 금액을 말하며, 이것은 공무원으로 임명된 날에 속하는 달로부터 퇴직 또는 사망한 날이 속하는 달까지의 분을 월별로 납부하게 되어 있는데, 기여금의 금액은 보수월액의 1,000분의 85이다. 그리고 부담금이란 국가 또는 지방자치단체가 부담하는 금액을 말하며, 부담금은 매회계연도 예산액의 1,000분의 85이다.[40)]

우리 나라의 경우 공무원이 20년 이상 재직하고 퇴직하는 경우, 퇴직연금의 지급조건에 해당하는 때부터 사망할 때까지 퇴직연금을 지급한다. 퇴직연금의 금액은 재직기간의 매 1년당(1년 미만의 매 1개월은 12분의 1년으로 계산) 평균 기준소득 월액의 1천분의 19에 상당하는 금액으로 하며, 이 경우 평균 기준소득 월액의 1천분의 627을 초과할 수 없도록 되어 있다(공무원 연금법 제46조 4항). 그런데 본인이 원하면 퇴직일시금을 받을 수 있게 되어 있으며, 많은 나라에 있어서의 공통점은 징계를 받은 경우 연금에 영향을 주게 함으로써 공무원으로 하여금 성실하게 근무하도록 권장하고 있다.[41)]

Ⅱ. 공무원의 복리후생

1. 의 의

광의로 보면 공직의 모든 조건이 공무원의 복리후생에 영향을 주는 것으로 볼 수 있겠으나, 여기서 말하는 공무원의 복리후생이란 공무원의 물질적·정신적 생활을 안정·향상시키려는 모든 활동을 가리키는 것으로서, 여기에는 보건·안전·주택·공제금융·오락 및 체육활동 등이 포함된다고 볼 수 있다.[42)]

2. 내 용

(1) 보 건

공무원의 보건을 위해서는 육체적·정신적 위생이 철저해야 하는바, 이를 위해서는 정규적인 신체검사·응급실설치 그리고 상근하는 의사와 간호원을 두고 의료보험혜택을 주는 활동 등이 필요하다.[43)]

---

40) 김중양, 전게서, p. 539.

41) 박동서, 한국행정론〔제 5 전정판〕(서울: 법문사, 2002), p. 530.

42) 보건 및 안전도 복리후생에 포함된다고 볼 수 있다〔佐藤達夫, 國家公務員制度〔第 4 次改訂版〕(東京: 學陽書房, 1984), p. 86 참조〕.

43) O. Glenn Stahl, *op. cit.*, pp. 345～349.

⑵ 안　　전

공무원의 안전을 도모하기 위해서는 쾌적한 작업환경의 조성이 필요하다. 즉, 여기에는 사무실의 통풍, 적절한 조명시설, 소음의 방지, 청결한 사무실의 유지, 위생적인 탈의장 및 욕실 등의 구비가 포함된다.[44)]

⑶ 여가시간의 활용

근래에 이르러 여가시간의 활용에 관한 공무원들의 관심이 높아져 가고 있는데, 여기에는 휴가제도의 실시와 직장 내의 오락실 · 강당 · 도서관 · 체육시설 등 문화 · 체육 · 오락을 위한 시설의 제공도 포함된다.

⑷ 물질적 생활조건의 조성

물질적 생활조건의 조성을 위해서는 공무원의 주택문제를 해결해 주는 것이 필요하다. 또한 여기에는 염가에 생필품을 구입하도록 하는 구내매점과 식당의 운영, 교통편의의 제공, 신용조합의 운영 및 퇴직연금제도 등이 포함된다. 그리고 여기에는 공무원들이 자발적으로 상호부조하기 위한 공무원공제제도의 활용[45)] 등이 포함된다.

44) *Ibid.*, pp. 349～354.

45) 우리 나라에서는 연금기금을 운용하는 과정에서 공제조직의 사업과 비슷한 후생복지사업을 하고 있다. 따라서 공무원은 연금급여를 받는 외에 후생복지사업의 혜택을 받게 된다. 즉, 여기에는 각종 대부사업(학자금대부, 수해복구비대부, 요양비와 치료비의 대부, 경조비대부 등), 무주택공무원에 대한 주택분양사업 등이 있다(오석홍, 전게서, p. 500 참조).

제 5 편

재무행정론

제 1 장 재무행정의 이론
제 2 장 재무행정의 구조
제 3 장 재무행정의 관리

제 1 장

재무행정의 이론

제 1 절 재무행정의 본질

Ⅰ. 재무행정의 의의

재무행정이란 "국가 또는 지방자치단체가 국민의 욕구충족을 위해 필요한 재원을 조달하여 효율적으로 관리하고 합리적으로 배분하는 일련의 과정"을 의미한다.

무릇 조직의 규모가 확대되면 될수록 조직의 효율적인 관리수단이 요구되는바, 조직의 말단에까지 강력한 영향력을 미칠 수 있는 것은 물적 자원이다. 또한 예산을 이용하여 국민경제를 조정할 수 있는데, 불황시에는 정부공사의 조기실시, 물품의 수급조절 등으로 정부지출을 증대시켜 유효수요를 창출하여 불황을 극복하며, 인플레이션기에는 정부지출의 억제 등을 통하여 이를 진정시킬 수 있다.

Ⅱ. 재무행정의 범위

오늘날 행정학의 연구대상이 계속 확대되고 있는 것과 더불어 재무행정의 연구대상 또한 끊임없이 확대되어 가고 있다. 제 2 차 세계대전 전만 하더라도 재무행정은 주로 예산의 구조나 형식에만 관심을 기울여 왔다. 이는 L. D. White가 표명한 재무행정의 관심사를 보면 쉽게 알 수 있다. 그는 재무행정의 본질은 관리에 있다고 보고, 그 대상을 예산편성과 심의, 예산의 집행, 회계기록, 회계검사로 한정시켰다.[1] 이 때의 재무행정은 재무관리에 불과하였으며 이러한 네 개의 영역 또는

1) L. D. White, *Introduction to the Study of Public Administration*, fourth ed.(New York: Macmil lan, 1955), pp. 224~226.

과정의 상호관계를 적절하게 유지하고 이를 위한 조직과 절차를 연구하는 데 있었다. 이 당시는 재정의 영역 중에서 수입론과 지출론은 행정학의 연구대상에서 제외되었고, 또한 재정수입의 원천수입의 배분, 이에 따른 사회적 · 경제적 효과 등도 관심의 대상에서 제외되었다.

그러나 재정은 어느 시대를 막론하고 정치적 의사를 형성하고 이를 실현하는 원천이 되는 것이므로 단순히 관리적인 면에서만 요구되는 하나의 기술이 될 수 없으며, 정책을 형성하고 정책목표를 추구 · 달성하는 수단으로 이해되어야 한다. 이러한 관점에서 재무행정의 범위를 넓힌 학자는 M. E. Dimock이다.[2] 그는 재무행정의 주된 연구대상을 예산 · 회계 · 감사 및 구매 등의 영역으로 잡고 있는데 이 영역들은 모두 정책문제와 밀접한 관련이 있다고 주장하였다. 행정을 정책의 형성과 관리와의 혼합이라고 보는 Dimock의 입장에서는 당연한 것이라 하겠다. 그는 재무행정과 관련되는 정책으로서 경제정책, 차입정책, 수입정책, 지출정책, 운영정책, 회계정책 등의 여섯 개를 들고 있다.[3] 그러나 이는 어디까지나 관련정책에 지나지 않는 것이며, 이것이 곧바로 재무행정의 내용을 구성하는 것은 아니다. 재무행정은 행정학의 하나의 구성부문이므로 행정학의 연구대상을 완전히 벗어날 수는 없기 때문이다. 또한 재무행정의 범위의 확대는 재정학과 재정법과의 중첩문제가 야기되므로 명확한 한계를 정하는 것이 지극히 어렵다. 예를 들면 재원조달을 어떤 수단으로 어디에서 어떠한 절차에 따라 할 것이냐는 재정학과 재정법의 관심사로 보아야 하며 또한 수입 · 지출에 따른 경제적 효과 역시 재무행정의 관심의 대상은 되지만 고유의 연구영역이라고는 볼 수 없다.

재무행정은 재정현상 중에서 예산 · 회계 · 감사 및 구매 등을 연구대상으로 하되 이를 정책결정과정과 관리과정을 관련시켜 포괄적으로 검토하는 것이 바람직하다. 이와 같이 볼 때 재무행정은 Dimock의 4개 영역을 형성하는 공식적 기구와 제도, 기구와 제도의 변천 및 이에 따른 배경, 과정과 이에 참여하는 집단 또는 개개인의 행태, 역사적 · 환경적 요인이 서로 다른 다른 나라 제도와의 비교, 정책적 목표달성과 이를 뒷받침하는 이론 등을 주요 대상 내지는 범위로 볼 수 있을 것이다.

2) M. E. Dimock and G. O. Dimock, *Public Administration*, 3rd edition(New York: Holt, 1964), pp. 101～102.
3) *Ibid.*, pp. 236～238.

제 2 절 예산의 의의와 원칙

Ⅰ. 예산의 의의

예산이란 일반적으로 1 회계연도 내에 있어서 정부의 예정수입과 예정지출을 숫자로 표시한 명세서라고 할 수 있다. 즉 예산은 정부활동의 집약적 표현이라 하겠다.

이것은 야경국가 또는 입법국가로부터 복지국가 또는 행정국가로 이행됨에 따라 그 개념이 전통적인 것으로부터 현대적인 개념으로 발전된 것으로 H. D, Smith의 표현을 빌면, 입법적 통제수단으로서의 예산(the budget as an instrument of legislative control)으로부터 집행관리수단으로서의 예산(the budget as an instrument of executive managemnt)에로의 전화를 의미하는 것이다.

즉, 종래의 전통적인 예산편성은 주로 수입·지출의 엄격한 관리를 위한 재정통제에 중점을 두어 경비지출의 합법성 여부에만 관심을 두었기 때문에 절약과 능률에 중점을 두고 제한된 가용자원으로 최대의 사업성과를 올리려는 현대행정의 이념과는 거리가 먼 것이었다. 여기서 모든 예산지출을 행정효과면에서 파악하여 예산을 사업목표량과 관련시켜 편성·사정·집행·검사함으로써 최소의 경비로 최대의 효과를 보장하려는 성과주의예산제도의 필요성이 생긴 것이다.

Ⅱ. 전통적 예산원칙

예산원칙이란 예산의 편성·심의 및 집행과정에 있어서 지침이 되는 이념을 말한다. 예산원칙은 역사적 발전과정에서 보면 전통적 예산원칙과 현대적 예산원칙으로 대별할 수 있다.

입법적인 재정제도의 확립에 의한 근대예산제도는 그 초기에 있어서 절대군주 및 관료기구를 국민의 대표기관인 의회가 정치적으로 통제하여 가는 과정에서 발달된 것이었다. 따라서 예산원칙의 전통적인 면은 이러한 각도에서 파악되어야 할 것이다. 이제 F. Neumark에 의하여 주장된 제 원칙을 중심으로 설명하면 다음과 같다.

(1) 예산공개의 원칙

이것은 행정부가 제출한 예산안의 심의·의결 및 집행의 결과 등 예산의 주요 단계는 공개되어야 한다는 원칙이다. 우리 나라 국가재정법은 "정부는 예산, 기금, 결산, 국채, 차입금, 국유재산의 현재액 및 통합 재정수지 그 밖에 대통령령이 정하는 국가와 지방자치단체 재정에 관한 중요한 사항을 매년 1회 이상 정보통신매체, 인쇄물 등 적당한 방법으로 공표하여야 한다"(국가재정법 제9조)라고 규정하여 직접 국민에게 공개하도록 하고 있다.

(2) 예산명료의 원칙

예산은 모든 국민이 쉽게 이해할 수 있도록 명료하게 분류·편성되어야 한다는 원칙이다.

(3) 예산의 사전의결원칙

이것은 정부는 의회가 예산을 의결해 주어야만 이를 집행할 수 있으므로 의회는 예산을 회계연도 개시 전까지 반드시 의결해 주어야 한다는 원칙이다.

우리 나라 헌법은 제54조 2항에서 "정부는 회계연도마다 예산안을 편성하여 회계연도 개시 90일 전까지 국회에 제출하고, 국회는 회계연도 개시 30일 전까지 이를 의결하여야 한다"라고 규정하여 국회로 하여금 이 원칙을 이행할 것을 의무화하고 있다.

(4) 예산엄밀성의 원칙

이것은 예산액을 산출함에 있어 모든 자료와 실적, 기타 계획 등을 엄밀히 측정하여야 한다는 원칙이다.

(5) 예산한정성의 원칙

이 원칙은 i) 예산이 정한 목적 이외에 경비를 사용하거나 이용·전용할 수 없으며, ii) 예산액의 초과지출을 할 수 없고, iii) 양 회계연도를 넘어서 수입·지출을 할 수 없다는 연도별 한정을 정한 것이다. 그러나 이 원칙을 엄수한다면 행정의 유기성을 잃을 우려가 있으므로 어느 정도의 예외를 법률이 인정하고 있다.

(6) 예산단일성의 원칙

이것은 국가회계의 전체를 명백히 하고 예산의 총계를 알아 내기 쉽게 하며 예산의 질적·양적인 균형을 유지하기 위하여 단일예산으로 하여야 한다는 원칙이다. 이 원칙의 예외로서 필요한 경우에 한하여 특별회계의 설치를 인정하고 있다.

(7) 예산통일성의 원칙

이것은 동일회계 내에서 특정의 세입을 특정한 세출에만 충당하는 등 특정의 수입·지출간에 특별한 연관이 있어서는 안 된다는 원칙이다. 여기서 특정한 수입을 특정한 지출에만 충당하는 직접관계를 설정하는 것을 affection이라고 한다. 따라서 모든 수입을 통틀어서 모든 지출에 충당하는 것을 non-affection이라고 하며, 이 원칙을 nonaffection원칙이라고도 한다. 만일 완전히 affection원칙에 의거한다면 독립회계가 난립하여 통일되어야 할 국가행정이 분열될 우려가 있다.

(8) 예산완전성의 원칙

이것은 모든 수입과 지출은 완전히 예산에 계상되어야 한다는 원칙이다. 우리나라 국가재정법이 예산 총계주의를 채택하여 "한 회계연도의 모든 수입을 세입으로 하고 모든 지출을 세출로 한다"(동법 제17조)라고 규정한 것은 바로 이 원칙에 따른 것이다.

Ⅲ. 현대적 예산원칙

현대적 예산원칙은 전통적인 예산원칙에 대하여 많은 예외를 인정할 필요성을 갖게 되었다. 즉 원칙 설정의 중심이 의회의 행정부에 대한 통제면보다는 효율적인 행정관리수단으로서의 기능면에 치중하게 된 것이다.

이제 H. Smith가 전통적인 예산원칙을 보완하기 위하여 제시한 현대적 예산원칙을 설명하면 다음과 같다.[4)]

(1) 계획의 원칙

예산은 행정부 수반의 행정활동에 대한 계획을 반영한다. 즉 예산의 편성은 행정수반의 계획수립과 밀접하게 연결되어야 한다.

(2) 책임의 원칙

세출예산안에 관한 의회의 승인은 행정부에 대하여 자금지출의 권한을 부여하는 데 불과한 것이므로 각 집행기관은 그 범위 내에서 최대한 경제적으로 예산을 집행할 책임이 있는 것이다.

(3) 예산보고의 원칙

예산의 편성·심의·집행은 정부 각 부문의 행정단위로부터 나오는 충분한 재무 및 업무활동 보고에 기초를 두어야 한다.

(4) 적절한 예산수단구비의 원칙

행정부는 예산에 관한 책임을 완수하기 위하여 적절한 행정상의 수단을 가져야 한다. 즉 정부수반은 그 직속하에 예산참모조직을 가져야 하며, 또한 예산을 경

---

4) Harold D. Smith, *Management of Your Government*(New York: McGraw-Hill, 1945), pp. 90~94.

제적으로 집행하기 위하여 필요한 일정한 권한을 가져야 한다.

(5) 다원적 절차의 원칙

현대의 행정활동은 매우 다양하므로 그 효율적 관리를 위해서는 역시 다원적 예산절차가 필요하다. 특히 준상업적 활동은 일반활동과 상이하므로 예산절차도 달리 다룰 필요가 있는 것이다.

(6) 재량의 원칙

지출허용과목을 너무 좁게 한정하면 효율적이고 경제적인 행정관리를 저해할 우려가 있다. 그러므로 입법부의 방침에 위배되지 않는 범위 내에서는 예산의 지출과목은 대체적인 한정에 그쳐야 한다. 요컨대 법률에 정해진 목적달성을 위한 적절한 활동수행이 가능하도록 집행기관에 재량이 주어져야 한다는 것이다.

(7) 시기의 신축성의 원칙

예산에는 경제상황의 변화에 대하여 응급의 조정이 가능하도록 하는 조항을 포함해야 한다. 즉 계획실시의 시기는 경제적인 필요성에 따라 신축성 또는 탄력성 있게 가감할 수 있도록 하여야 한다.

(8) 예산기구 상호성의 원칙

예산의 편성과 집행은 행정수반의 지시에 따라 행해지는 것이지만, 효율적인 예산제도의 운영은 예산기구 상호간에 있어서도 밀접한 연결에 의한 적극적 협력을 필요로 한다.

종합적으로 보건대 예산을 입법부 통제면에서 본 것과 행정부 관리면에서 본 것과는 서로 모순되는 것처럼 보이나 양자는 상호보완적인 관계를 지니고 있는 것이라 하겠다.

제 3 절 예산의 기능

Ⅰ. 예산기능의 의의

미국 연방정부의 예산개혁의 역사를 보면 예산이 지니고 있는 통제기능을 중시하던 1920년대부터 시작하여 시대의 변천과 더불어 그 중점이 관리기능 그리고 계획기능에로 옮겨져 왔으며, 1972년 이후부터는 다시 관리기능 중심으로 변천하였다. A. Schick는 미국에 있어서의 예산이론 및 개혁의 발전단계를 통제지향(control oriented), 관리지향(management oriented), 계획지향(planning oriented)의 3단계로 구분하였다.

Ⅱ. 통제지향의 예산기능

미국에 있어서는 1921년의 「예산 및 회계법」(Budget and Accounting Act)의 제정을 계기로 하여 연방정부예산이 연방 전체규모의 예산형태를 갖추게 되었으며, 최초의 단계에서는 예산의 기능은 지출의 통제에 중점을 두었었다. 즉, 이 단계에서는 지출이 개개의 행정단위의 운영에 필요한 예산항목, 예컨대 인건비·물건비 등의 상세한 품목별 분류에 의해 예산이 작성되었으며 따라서 품목별에 따른 예산의 통제가 행하여졌다.

이와 같은 사실은 1921년부터 1935년에 이르는 기간에 통제지향의 예산제도를 채택하였음을 의미하는 것이며, 그 주안점은 공무원의 자유재량을 제한함으로써 지출의 통제, 부정의 방지를 통해 행정능률의 향상을 도모하려는 데 있었던 것이다.

본래 예산제도는 의회가 행정부를 통제하기 위하여 마련된 것이었으며, 일찍이 영국에서는 전제군주를 통제하기 위한 수단으로서 그 의의를 지니고 있었으나, 미국에서는 부정을 방지함으로써 능률을 향상시키는 데 그 목적을 두었던 것이다. 통제지향의 예산제도는 정부의 기능이 많지 않았고 또한 예산규모나 조직의 규모가 그렇게 크지 않았던 시대에 이용되었다. 그러나 조직규모의 확대, 예산규모의 증가는 예산기능의 변화를 가져오지 않을 수 없었다.

Ⅲ. 관리지향의 예산기능

제 2의 단계는 1930년대 후반의 New Deal시대부터 시작하여 1950년대의 성과주의예산이 절정에 달하였던 예산의 관리기능 확립의 시대를 말한다. 즉, New Deal정책의 실시에 따른 미국 연방정부의 대폭적인 지출증대는 그것을 효율적으로 관리할 필요성을 초래하였으며, 자연히 예산의 관리기능을 중시하게 되었던 것이다. 이 시기에 연방정부의 활동분야가 크게 확대되고 새로운 행정기관이 뒤를 이어 신설되었기 때문에 예산개혁은 제 2 단계에 접어들게 된 것이다.

또한 Keynes경제학의 영향으로 예산지출이 단순한 소비가 아니고 수익과 혜택을 준다는 것에 대한 인식과 아울러 연차적 예산증대에 따른 국민들의 조세저항을 완화시키기 위해서도 예산의 절감과 정부사업에 대한 국민의 이해와 설득이 불가피하였다.

이러한 필요성에 따라 1949년 Hoover위원회(Hoover Commission on Organization of the Government)는 연방정부의 전(全) 예산개념을 기능·활동 및 사업계획에 기초를 둔 예산의 채택에 의하여 재편성할 것을 권고하여 성과주의예산(performance budget)이 등장하게 되었으며 관리중심주의는 절정에 달하였다.

성과주의예산의 도입에 따라 정부의 활동수준을 나타냄에 있어서 사업에 의해 달성되는 효과와 비용의 계측노력이 시작되었다고 하겠으며, 성과에 관심을 갖게 되었다는 점에서 PPBS의 선구를 이룬다.

요컨대 성과주의예산은 정부의 활동을 능률적으로 수행하기 위하여 예산의 목적을 기능적으로 분류하고 업무단위마다 소요되는 비용과 업무의 달성도를 측정함으로써 행정관리자가 업무의 능률을 평가할 수 있도록 마련된 것이다.

Ⅳ. 계획지향의 예산기능

제 3의 단계는 PPBS(Planning Programming-Budgeting System)에 연결되는 계획중심주의의 단계이다. 한 마디로 PPBS는 종래 비교적 경시되었던 예산편성의 계획기능을 중시하는 제도이다.

PPBS의 기본적인 사상은 정부활동을 시장 시스템에 있어서의 기업의 활동과 마찬가지로 합리적인 자원배분이라는 기초 위에서 결정하고자 하는 것이다. 정부도 개인의 경우처럼 국민을 위해 행하고자 하는 욕망은 무한하지만 정부가 마음대로 할 수 있는 자원은 한정되어 있다. 따라서 이러한 무한한 욕망을 실행함으로써 국민에게 베풀 수 있는 편익과 필요한 희생을 비교평가하여 우선순위가 큰 것부터 효율적으로 시행하여야 하는 것이다. 여기에 PPBS는 정부의 목표·목적과 그것을 달성하는 데 필요한 자원과의 상호관계를 고려하면서 정부활동 전체로서 일관된 포괄적인 실행계획을 작성하는 과정을 제도화하려는 것이다.

1961년 미국 국방장관에 취임한 R. S. McNamara는 1954년 RAND연구소(Rand Corporation)의 D. Novick에 의해서 제창된 PPBS(당초에는 program budget라고 불렀음)를 국방성에 도입하여 1963년도 예산부터 국방성예산에 적용을 개시하였으며, 이어서 1965년의 Johnson 대통령의 성명에 의해 PPBS가 전 성청 규모로 확대·적용되기에 이르렀다.

그러나 현실적으로 PPBS에 의한 예산개혁은 실패로 끝났다. 그 이유의 하나는 PPBS는 의사결정의 합리모형을 예산편성에 적용하려는 것이었으나, 그 실패는 의사결정의 합리화가 현실의 행정에 어느 정도까지 가능한가에 대한 문제점을 제기하였으며, 다른 하나는 예산편성에 있어서 정치적 제약을 받지 않을 수 없었다는 점이다

그리하여 Nixon 행정부의 등장과 더불어 PPBS는 중단되었으며, 재차 관리적 측면이 강조되게 되었다. 즉, Nixon 대통령에 의해 목표관리(MBO: Management by Objetives)가 예산편성의 기초적 사고방식으로 도입되었으며, 그 후 Carter 대통령에 의해서 영기준예산(ZBB: Zero-Base Budgeting)이라는 예산편성기법이 시도되었던 것이다.

V. 예산의 정치적 기능

PPBS의 실패와 관련해서 언급한 바와 같이 예산과정은 정치과정이라 하겠다. 이 과정에서는 각료, 의원, 정당, 정부 부처의 관료, 압력단체 및 매스컴 등이 예산의 편성이나 집행에 참여하는 제 요소로서 작용하며, 각자가 그 정치적 기능을 발휘한다.

A. Wildavsky는 「예산과정의 정치학」(*The Politics of the Budgetary Process*, 1964)에서 예산과정은 그 과정에 참여하는 각종의 정책주체간의 거래를 수반한 정치의 과정인 동시에, 기술적인 제 문제에 대한 이해가 요구되는 복잡한 과정이라고 하였다. 즉, 그에 의하면 예산과정은 예산편성을 둘러싼 제 세력의 분쟁과정으로서 여기에서는 예산편성의 기초가 되는 합리적인 계산활동이 정치세계의 논리에 의해서 제약을 받는다고 밝히고 있다.

여기서 몇 가지 내용을 요약하면 i) 정책 또는 계획의 내용이나 가치보다도 오히려 금액의 다소에 관심을 집중하여 이것을 거래의 대상으로 함으로써 의사의 조절을 하는 것, ii) 정책결정에 있어서 개괄적인 방법에 의하지 아니하고 각각 역할이 상이한 많은 참여자간의 부분적인 의사조절을 통해서 단편적인 정책결정을 행하는 것, iii) 문제를 한꺼번에 해결하지 아니하고, 분쟁이 있을 때마다 부분적 또는 일시적인 해결책을 강구하는 것 등을 들 수 있다.

제 4 절 예산결정이론

Ⅰ. 예산결정이론의 의의

과거에 있어서의 미국 행정학은 지나친 정당지배에 의한 정치의 난맥상, 국가자금의 낭비 등에 대하여 책임행정을 구현한다는 과제를 해결하기 위하여 예산문제에 대해서는 특히 많은 관심을 집중하여 왔다. 이와 관련하여 행정을 오직 정치적 의사의 수행과정으로서 파악하여 절약과 능률을 최대의 과제로 삼고 행정의 능률화를 꾀하였던 것이다.

그러나 예산문제에 대한 국가적 관심이 점차 공공정책의 기획화(planning) 내지 정책목표의 합리적 선택의 수단으로서의 예산문제에 쏠리게 되자, 예산이론의 주도권은 행정학자로부터 경제이론가 내지 분석가의 손으로 옮겨지게 되었다.[5)]

바꾸어 말해서 예산문제에 대한 미국 행정학의 전통적 입장은 관리를 위주로 하는 재무활동의 연구, 즉 예산절차를 통한 일련의 과정(budget cycle)의 기술적 합리화가 중심과제였고, H. A. Simon이 말하는 비용(cost)과 성과(result)의 대비에서 능률의 측정기준을 구하는 대차대조표(balance sheet)적 능률의 기준에 따라 자원배분의 부분적 최적화(sub-optimization)를 추구하는 것이었다.

그러나 이러한 차원에서의 부분적 최적화는 과거의 것이 되었고, 현 단계에서는 정부의 최고정책목표를 중심으로 하는 정책체계 전체의 최적화(optimization)이론(예: PPBS)이 급속히 발전을 보게 되었다.

그런데 여기서 문제되는 것은 예산이론에 있어서 행정학의 주체적 입장을 어떻게 확보하느냐 하는 것이다. 이것은 종래의 관리기술적 의미에 있어서의 전통적 예산이론으로부터 정책결정기능의 측면에 착안하여 정책결정과정의 일환으로서 보다 넓은 관점에서 예산이론을 검토하는 방법이다. 좀더 구체적으로 말하면, 예산에 있어서의 의사결정 및 관리에 관한 각종 개선의견과 개선안 등을 재평가하여 보다 넓은 관점에서 그것을 취사선택하기 위한 지표를 살펴볼 필요가 있다는 것이다.

이제 예산의 의사결정이론을 규범적 입장과 실증적 입장으로 나누어 살펴보고

---

5) Allen Schick, "The Road to PPB: The Stages of Budget Reform in Planning-Programming-Budgeting System: A Symposium," *Public Administration Review*, vol. XXVI, No. 4 (Dec. 1966).

자 한다.

Ⅱ. 규범적 예산과정론: 포괄주의(comprehensive approach)

1. 의 의

과거 행정학이 정책결정이나 기획(planning)에 관해서 관심을 가지지 않았던 단계에 있어서의 예산과정은 소위 재정학상의 예산순환(budget cycle), 즉 예산의 편성·집행 및 회계검사 등의 예산과정만을 의미하였다.

그러나 1950년대 중반기부터는 행정학에 있어서의 예산이론을 '정치과정으로서의 예산과정'으로 파악하여 예산을 정책결정의 측면에서 고찰하게 되었다.[6)]

종래 규범적 입장에서 본 예산과정론은 예산결정에 있어서 포괄주의라 불리고 있는바, 이것은 1955년에 「합중국에 있어서의 예산과정」을 저술한 A. Smithies에 의해서 주창되었다. 포괄주의는 시민의 요구에 비해서 이용 가능한 재원은 한정되어 있기 때문에 재화의 합리적인 이용을 추구하는 방법에 역점을 두는 이론이다.

2. 내 용

이 포괄적 접근방법의 목적은 기대된 목표를 달성하는 데 가장 효과적인 수단을 선택하는 데 있다. 따라서 예산결정에 있어서는 이러한 철학적인 의의를 바탕으로 하여 다음과 같은 조건이 만족되어야 한다.

i) 어떤 하나의 결정을 내리는 데 있어서 결정에 관련된 모든 요소들을 포괄적으로 고려해야 하며, ii) 사회적 목적에 대한 정의는 명확하여야 한다. 목적이 분명하여야만 그것이 추구할 만한 가치를 가진 것인가를 판단할 수 있고, 또 명시적으로 표명되어야만 정책이나 사실간의 연관성을 파악할 수 있기 때문이다. iii) 정책은 목적-수단접근방법(means-end approach)으로 다루어져야 한다. 이는 어떤 정책을 막론하고 그 자체를 최종목적으로 추진할 것이 아니라 목적·수단관계의 하나의 체계로서 생각하여야 한다는 것이다. iv) 정부의 정책대안은 의식적·명시적으로 선택되어야 한다. 한 가지 목적을 달성하기 위한 방법 또는 수단으로서의 정책에는 여러 가지가 있을 수 있고 이러한 여러 방법은 서로 대안이 될 수 있다. 그

---

6) J. Burkhead는 "예산규모, 수입 및 지출의 배분에 관한 결정은 정치적 결정으로서 경제 제 집단, 제 계급에 의한 권력의 소유를 반영하며 그것에 영향을 미친다"고 하였다. Jesse Burkhead, *op. cit.*, p. 49 참조.

래서 여러 가지 가능한 정책 중에서 하나를 선택함에 있어서는 어떠한 기준으로 선택할 것인가를 검토해야 한다. v) 비용은 극소화 또는 최소화시켜야 한다. vi) 자의성 · 강제 · 갈등을 통해서 결정하는 것보다는 이성에 바탕을 둔 설득과 협조를 통하여 결정되어야 한다.

3. 한 계

예산결정에 관한 규범과 그것을 뒷받침하는 조건들은 일관성이 있고 체계적이므로 우수하다고 볼 수 있다. 그러나 포괄주의는 정부의 결정과정의 실제를 면밀히 분석한 다음에 얻은 결론은 아니며 합리적 결정과정이 반드시 갖추어야 하는 기본형에서 도출된 것에 불과하므로 현실적응성이 약하다는 비판을 면할 수 없다.

첫째, 결정에 관련되는 모든 가치를 포괄적으로 고려한다는 것은 불가능하다. 예산결정에 관계가 있는 모든 변수를 고려한다는 것은 정치상황 · 경제조건 · 사회조건 등 결정에 관계되는 엄청난 분량의 정보를 파악하고 기억하여 이것을 각각의 결정에 관련시켜야 하나 인간의 정보처리능력에는 한계가 있기 때문이다.

둘째, 사회적 목적은 명확히 정의될 수 없다. 어떤 가치는 다른 가치로 인해서 희생되고 있는 경우가 많으며 또한 국민 개개인의 가치가 표시되기는 더욱 곤란하기 때문에 모든 가치를 고려한다는 것은 불가능하다.

셋째, 목적-수단접근방법으로 취급하기 곤란한 정책문제에 있어서 목적-수단의 틀 속에 맞추어 검토하는 것이 곤란한 경우가 허다하다. 정책은 목적-수단의 관계로 분석되어야 하지만 어떤 정책에는 수단인 것이 다른 정책에는 목적이 되는 경우가 있기 때문에 정책을 목적-수단관계로만 다루기는 어렵다.

이상과 같은 제약요인 때문에 포괄적 접근방법은 현실적응성이 약화된다.

Ⅲ. 실증적 예산과정론: 점증주의(incremental approach)

1. 의 의

예산에 관한 실증적 접근방법은 보편적으로 점증주의라고 불리는바, 이것은 자원의 획득이나 배정을 둘러싼 정치적 상황 속에서 참여자들의 역학적 영향력의 크기에 따라 예산이 결정된다는 사실에 역점을 둔다. 예산과정에 관한 실증적 접근을 강조하는 학자로서는 C. E. Lindblom과 A. Wildavsky를 들 수 있다. Lindblom은 정책결정에 관한 일반이론을 전개하였으며, 후술하는 Wildavsky의 예산과정론에 지대한 영향을 미쳤다.

먼저 Lindblom은 전술한 Smithies의 예산관리에 관한 제 원칙에 대한 규범을 비판하면서, 이와 같이 '틀에 박힌 규범'(conventional norm)은 현실적으로 실현가능성이 희박하다고 한다.[7] 즉, 그에 의하면 정치적 정책결정과정으로서의 예산과정은 복잡하므로 예산을 편성함에 있어서는 예상항목의 전부를 검토하려고 하지 말고, 전년도의 것과 비교해서 변화된 부분에 대해서만 검토하는 점증주의적 접근방법(incremental approach)을 채택하는 것이 바람직하다고 한다.

다음 Wildavsky는 공익(public interest)을 전체적 공익관에 의한 접근(total view of the public interest approach)과 부분적 공익관에 의한 접근(partial view of the public interest approach)으로 구분하고, 결론적으로 후자의 경우가 바람직하다고 한다. 전체적 공익관에 의한 접근방법은 참가자가 자기의 이해를 초월한 이익을 추구하기는 어렵기 때문에 부분적 이익을 간과할 위험성이 있다는 것이고, 부분적 공익관에 의한 접근방법은 설득·강제 등 전술적 상황을 통해서 조정할 수 있다는 점은 유리하나 그 대신 중요한 가치를 간과할 가능성이 있다는 것이다.

2. 내 용

C. S. Lindblom의 점증주의의 특성을 요약하면[8] 결정자는 i) 여러 가지의 정책대안 중에서 현존하는 정책과 약간의 차이가 있는 한정된 몇 개의 대안만 고려하게 되며, ii) 정책대안들을 전반적으로 검토하는 것이 아니고 정책대안간에 차이를 보여 주는 한정된 국면만을 분석의 대상으로 하며, iii) 다양한 사회적 목적과 그에 따른 제약으로 한계적 가치만을 고려하고, iv) 경험적 분석(empirical analysis)과 가치판단(value judgement)을 결합하여 결정하며, v) 수많은 가치 중에서 몇 가지에만 관심을 집중시킨다는 것 등이다.

이상의 내용을 보면 점증주의는 의사결정과정을 단순화시켰으며 가치문제처리의 어려움을 감소시켰다. Lindblom은 좋은 결정의 척도는 결정자들의 합의 정도에 있다고 보며 좋지 않은 결정(poor decision)은 사업수행 과정에 영향을 주는 참여자

7) Charles E. Lindblom, "Decision-Making in Taxation and Expenditure," *Public Finances: Source and Utilization*(Princeton: National Bureau of Economic Research, 1961), pp. 300～302.

8) Lindblom과 견해를 같이 하는 학자로서는 F. Gibson, A. Etzioni, D. Barber, W. H. Best, I. Sharkansky, A. B. Turnbull III, A. Wildavsky, A. Smithies, R. Fenno, Jr. 등을 들 수 있다.

들을 무시하거나 배제하는 것이라고 보고 있다.[9] 그리고 실제로 행정가에게 주어진 직무는 정치적 · 법적으로 많은 제약을 받게 되므로 자연히 행정관은 소수의 가치와 소수의 대안에 대해서만 관심을 두게 된다는 것이다.

3. 한 계

점증주의적 예산결정이론이 현실적인 적용가능성은 크지만 다음과 같은 한계를 가지고 있다.

첫째, 점증주의는 복잡한 결정과정을 지나치게 단순화시켰다는 비판이 있다. 결정과정의 지나친 단순화는 관련된 요소나 가치를 충분히 반영시키지 못한다. 그러나 Lindblom은 이러한 결함은 부분적인 상호조정(partisan mutual adjustment)에 의하여 보전된다고 보고 있다.

둘째, 문제해결능력이 부족하다고 한다. 복잡한 문제는 고도의 분석적 기법이 이용되어야 하나 점증주의는 이러한 기법을 필요로 하지 않는다.

셋째, 계획과 예산의 괴리현상이 야기된다.

넷째, 대안의 체계적인 검토와 비용-편익분석 등을 강조하지 않으므로 예산의 낭비가 있을 수 있다.

요컨대 포괄주의가 인간의 무한한 능력에 바탕을 두고 있다면, 점증주의는 인간의 한정된 인지능력에 기본적인 가정을 두고 있다. 그러나 현실의 예산결정은 이상의 두 방법 가운데 어느 한 가지에만 의존할 수 없고 혼합적용이 이루어질 수밖에 없다.

---

9) R. Wayne Boss, "Decision Making: Theories and Application to the Budgetary Process," Robert T. Golembiewski et al., *Public Administration*(Chicago: Rand McNally College Publishing Company, 1976), pp. 107~109.

제 2 장

재무행정의 구조

제 1 절 예산행정기관

Ⅰ. 중앙예산기관

1. 중앙예산기관의 의의

행정부예산제도를 채택함으로써 행정부는 매년 예산안을 편성하여 국회에 제출하기 위해서는 이를 총괄하는 기관이 있어야 한다. 행정수반은 국정 전반에 걸쳐 사업계획의 수립과 이를 지원하기 위한 자원을 배분하여야 하지만 행정수반이 이를 직접 할 수 없으므로 그를 보좌하여 예산편성지침을 만들고 각 부처의 예산요구액과 사업계획을 검토해서 종합예산안으로 편성하여 의회에 제출하고 예산집행과정에서도 입법부의 의도를 구현하며 분기별로 조정할 수 있는 기능을 담당할 기관이 필요하다. 예산에 관한 이러한 총괄적 사무를 수행하는 곳이 중앙예산기관이다.

2. 중앙예산기관의 역할

중앙예산기관의 역할은 모든 국가에서 공통적인 것은 아니다. 그 이유는 국가마다 정치적 · 사회적 · 경제적 및 문화적인 환경이 각각 상이하고 정부조직에 대한 최고결정자의 성격에 따라서도 좌우되기 때문이다. 중앙예산기관의 역할 가운데 일반적인 것만 살펴보면 다음과 같다.

(1) 사업계획의 검토

중앙예산기관은 각 부처에서 요구한 예산안을 분석하고 검토하는데, 이는 곧 사업계획의 검토를 뜻한다. 중앙예산기관이 사업계획을 검토함에 있어서는 다음 사항에 유의하여야 한다.

i) 정부의 시책방향과 입법부의 정책방향과의 부합 여부, ii) 각 사업의 우선순위에 따른 비교, iii) 규모와 수준의 결정, iv) 사업의 결정에 있어서 대안의 비교(비용-편익분석), v) 사업을 지원할 수 있는 재원의 고려 등이다.

⑵ 관리방법의 개선

중앙예산기관은 각 부처의 예산집행과정에 있어서 사업계획을 효율적으로 수행할 수 있는 관리방법에 관심을 두고 이를 각 부처의 예산기관과 협조하여 사업수행에 따른 자료 내지 정보를 수집하여 관리방법을 개선시켜 나가야 한다. 이는 바로 예산제도의 개선을 뜻한다.

⑶ 예산의 사정

실제 각 부처의 예산요구는 지침에 정한 한도에 근거하여 요구되지 않고 가공의 금액으로 요구된다, 그러나 정부가 1 회계연도에 있어서 이용가능한 자원은 한정되어 있기 때문에 전액이 승인될 수 없고 사정에 의한 삭감이 불가피하다. 예산의 사정에는 i) 무제한예산법(openend budgeting), ii) 한도액설정예산법(fixed-ceiling budgeting), iii) 증감분석법(increase-decrease analysis), iv) 우선순위표시법(priority listing), v) 항목별 통제법(item-by-item control) 등의 방법이 허용되고 있는데, 이러한 방법들은 배타적인 것만은 아니고 병용될 수도 있다.

⑷ 예산집행통제

입법부에서 예산이 심의·확정되면 각 부처의 장으로 하여금 입법부의 의도를 구현시키기 위해서 재정적 한계를 엄격히 지키도록 하여야 한다. 이를 위해서 중앙예산기관은 예산집행계획의 수립과 아울러 분기별 예산배정을 하고 있으며 부득이한 사정으로 입법부의 의도를 충분히 구현할 수 없는 경우에는 예외조치를 인정하고 있으나 그 요건을 엄격하게 하고 있다.

3. 중앙예산기관의 지위

중앙예산기관을 정부조직상 어느 위치에 두는가는 국가에 따라 상이하다. 중앙예산기관은 행정수반을 보좌하여 예산을 총괄해야 하므로 반드시 행정수반의 예하에 있어야 하는데, 중앙예산기관의 지위는 일반적으로 세 가지로 유형화할 수 있다.

⑴ 행정수반 직속기관

이에 속하는 국가의 대표적인 것으로서 미국을 들 수 있다. 미국의 중앙예산기구는 초기에는 재무성 산하에 예산국으로 있었으나, 1939년 기구개혁으로 예산국을 대통령의 직속기구로 하였다.

그 후 1970년에 예산국을 관리예산처(OMB: The Office of Management and Budget)로 개칭하여 대통령 직속기구로 현재에 이르고 있다. 이 밖에 필리핀의 예산위원회(Budget Commission)도 대통령 직속기구이다.

(2) 재무성 소속기관

영국·프랑스·독일·일본 등 대다수 국가들의 중앙예산기구는 재무성에 소속해 있다. 이는 세입과 세출의 밀접한 관련성 때문에 동일기관에서 관장하고 있다. 영국과 프랑스의 재무성은 다른 성청(省庁)보다 우월한 위치에 있다.

(3) 기획성 소속기관

발전기획과 예산의 유기적인 연결을 위해서 기획부성(省)에서 예산을 담당하는 경우가 있다. 특히 발전도상국에 있어 고도성장의 지속화를 꾀하기 위하여 설치하는 유형으로서, 과거 우리 나라의 경제기획원 예산실이 그 대표적인 예이다.

4. 우리 나라의 중앙예산기관

우리 나라의 경우 대한민국 정부수립 직후인 1948년 11월에는 예산국이 국무총리 직속의 기획처 내의 1국으로서 설치되었던 것이나 1954년 11월에 국무총리제가 폐지되면서 1955년 2월에는 예산국이 재무부로 이관되었다. 그랬던 것이 다시 1961년 7월의 정부조직법 개정에 따라 경제기획원이 신설되고 예산국은 재무부로부터 경제기획원으로 이관되었다. 1979년 6월에는 예산국이 예산실로 승격되었다. 1994년 12월에는 경제기획원과 재무부가 재정경제원으로 통합 개편됨에 따라 예산실은 재정경제원으로 이관되었다. 1998년 2월에 있었던 정부조직 개편에서는 중앙예산기관을 대통령 직속의 기획예산위원회와 재정경제부 산하의 예산청으로 이원화하여 운영하다가 1년만인 1999년 5월 기획예산위원회와 예산청이 국무총리 직속의 기획예산처로 통합됨에 따라 중앙예산기관은 기획예산처 예산실로 이관되게 되었다.

그리고 2005년에는 예산과 기금을 통합운영하기 위해 예산실이 재정운용실로 개편되었다.[1] 그 후 이명박 정부에 들어오면서 2008년 기획예산처와 재정경제부가 통합되어 기획재정부를 설치하게 됨에 따라 중앙예산기관은 기획재정부 예산실이 되었다. 2008년 2월 현재 기획재정부에는 장·차관 밑에 예산실, 기획조정실, 세제실, FTA국내대책본부, 국제업무관리관, 재정업무관리관이 있다. 그리고 경제정책

1) 윤영진, 새재무행정학(서울: 대영문화사, 2009), p. 149.

국, 정책조정국, 국고국, 재정정책국, 공공정책국, 국제금융국, 대외경제국 등이 있다. 여기서 예산실의 조직을 보면 실장 밑에 4 사람의 심의관이 있는데 그것은 예산총괄심의관, 사회예산심의관, 경제예산심의관, 행정예산심의관 등이다.

우리 나라 예산실은 예산업무 수행에 있어서 강력한 권한을 행사하고 있는바 그 이유는 다음과 같다.

첫째, 예산에 관한 주도권을 지니고 있다. 즉 예산실은 예산편성지침의 작성으로부터 편성작업, 예산사정, 예산통제에 이르기까지 강력한 권한을 발휘할 수 있는 권한을 가지고 있다.

둘째, 예산의 결정자는 국회이지만 국회에서의 예산안의 수정범위는 1 % 이내이므로 실질상으로는 예산실에서 작성한 예산안이 그대로 확정되는 것과 다름이 없다. 따라서 실질적으로 예산의 최종결정자는 예산실이 되고 있다.

Ⅱ. 각 부처 예산기관

중앙예산기관과 같이 각 부처의 장을 보좌하여 실·국·과의 예산업무를 총괄할 보조기관이 필요하다. 이러한 기관을 각 부처 예산기관이라 하며, 우리 나라의 경우는 각 부처 기획조정실의 예산담당관이 여기에 해당된다. 각 부처 예산담당관의 역할은 다음과 같다.

1. 의사전달의 통로

예산담당관의 의사전달의 역할은 조직의 규모가 클수록 절실히 요구된다. 의사전달은 첫째, 중앙예산기관과의 사이에서 요구되며, 둘째, 부처 장·차관과의 의사전달, 셋째, 사업 국·과와의 의사전달 등 예산편성에서부터 집행에 이르기까지 그 역할은 매우 중요하다. 그리고 경우에 따라서는 입법부에 대하여도 자기 부처의 사업을 올바로 제시하도록 노력하여야 한다. 부처 예산업무의 효율적인 수행 여부는 오직 이 기관의 정확한 의사전달이 높은 비중을 차지하고 있다.

2. 대안의 검토

사업담당과의 사업의욕에 비해 가용자원은 언제나 부족하다. 그러므로 사업부서의 과다한 예산요구를 일차적으로 예산담당기관이 억제하지 않으면 안 된다. 이를 위해서는 각 사업을 비교하여 수위가 높은 사업에 한정된 재원이 배분될 수 있도록 사업의 목적과 수행방법을 검토하지 않을 수 없다. 이에 도움이 되는 방법이 예산의 분류, 비용-편익분석 등이다.

3. 예산자료의 준비 및 개발

예산편성에 필요한 정보는 대단히 많다. 이러한 자료를 어떻게 준비하고 활용하느냐는 예산업무 수행에 있어서 중요하다. 특히 예산제도를 장기적 시야에서 운영하고 불확실한 환경에 대처해 나가기 위해서는 예산자료의 개발이 요청된다.

예산자료들은 주로 예산요구의 바탕이 되는 경비의 산출과 예산요구액의 타당성을 뒷받침하여 주는 근거로서뿐만 아니라 미래예측과 대응자료로서도 이용되며, 이러한 자료들은 장기예산화할수록, 예산편성기간이 길수록 더욱더 중요하다.

제 2 절 예산의 종류

Ⅰ. 일반회계예산과 특별회계예산

1. 의 의

예산을 단일화하여 국가의 수입·지출의 전부를 하나의 회계로 한다면 시민이 예산을 쉽게 이해하기가 어려울 뿐만 아니라, 다양한 국가의 활동내용을 파악하기가 힘들다. 그러므로 국가의 회계는 일반회계 외에 특별회계를 두고 있다.

일반회계예산이란 특정한 것을 제외한 일반적 국가활동에 관한 국가의 총수입과 총지출을 망라하여 편성한 예산을 말하는바, 특히 국가의 기본적이고 중요한 경비를 계상하고 있는 것이 특징이다.

이에 대하여 특별회계예산이란 국가에서 i) 특정한 사업을 운영할 경우, ii) 특정한 자금을 보유하여 운영할 경우, iii) 기타 특정한 세입으로 특정한 세출에 충당함으로써 일반의 세입·세출과 구분하여 경리할 필요가 있을 경우에 법률로서 설치되는 예산을 말한다(국가재정법 제 4 조 3 항).

2. 특별회계 설치의 의의

입법부가 행정부를 감시한다는 입장에서 보면 특별회계는 되도록 설치하지 않는 것이 바람직하다고 하겠으나, 반면 행정부의 행정능률향상이라는 관점에서 보면 특별회계를 두는 것이 도움이 된다. 즉, 특별회계제도는 정부가 자본을 투자하여 사업을 할 경우 그 수익의 유무와 양을 명백히 하여 주므로 행정능률을 올릴 수 있는 동시에 행정관청의 자유재량의 여지를 인정하여 주기 때문에 경영의 합리화를 기할 수 있는 장점을 지니고 있다.

우리 나라에서는 2008년 현재 18개의 특별회계를 설치하고 있다. 즉 일반회계 이외에 기타 특별회계로서 농어촌구조개선, 교통시설, 등기, 교도작업, 에너지 및 자원사업, 환경개선, 우체국보험, 국가균형발전, 주한 미군기지 이전, 행정중심 복합도시 건설, 국방·군사시설 이전, 혁신도시 건설, 아시아 문화중심도시 조성 등 13개의 특별회계가 있으며, 기업특별회계로서는 양곡관리, 책임운영기관, 조달, 우편사업, 우체국예금 등 5 개의 특별회계를 두고 있다.[2)]

3. 일반회계와의 차이

특별회계와 일반회계와의 차이를 보면, i) 공채 등의 차입에 의한 재원조달이 가능하며, ii) 세출예산의 이월의 범위가 넓고, iii) 독립채산제를 채택할 수 있으며, iv) 신축성 유지를 위한 폭이 넓다는 것 등이다.

4. 특별회계의 분류

이상에서 본 우리 나라의 특별회계는 성질상 다음과 같이 분류된다.

⑴ 정부기업특별회계

종전에 관기업특별회계라고 불리었던 것으로서, 국가가 경영하는 기업에 대한 수지를 일반회계와 구분하여 별도로 경리하기 위한 특별회계이다. 우리 나라에서는 우편사업·우체국예금·양곡관리 및 조달특별회계 등이 이에 해당한다.

⑵ 자금 또는 기금특별회계

일정한 자금을 보유하여 그 자금을 운용함에 있어서 일반회계와 구분 경리하기 위해 설치된 것으로서 여기에는 과거의 자금관리특별회계가 있다.

⑶ 관리특별회계

이것은 그 사업내용이 일반 행정적이기는 하나 재정처리상 일반회계와 구분할 필요에서 생긴 것으로서 과거의 문화재관리특별회계 등이 이에 속한다.

---

2) 기획재정부, www.mosf.go.kr 참조.

(4) 복지 · 연금 · 보험사업특별회계

이것은 정부가 보험사업을 하기 위하여 설치하는 것으로서 과거의 군인연금특별회계 · 체신보험특별회계 등이 이에 속한다.

Ⅱ. 수정예산과 추가경정예산

1. 수정예산

수정예산이란 의회에 제출중인 예산안을 수정하기 위하여 사용되는 제도를 말한다. 우리 나라 국가재정법은 제35조에서 "정부는 예산안을 국회에 제출한 후, 부득이한 사유로 인하여 그 내용의 일부를 수정하고자 할 때에는 국무회의의 심의를 거쳐 대통령의 승인을 얻은 수정예산안을 국회에 제출할 수 있다"고 규정하고 있다.

2. 추가경정예산

추가경정예산은 본예산이 국회를 통과하여 성립된 뒤에 이를 수정하기 위하여 사용되는 제도를 말한다.

추가경정예산과 수정예산은 다같이 예산안의 편성이 끝난 다음에 이를 변경하기 위하여 사용되는 제도라는 점에서는 동일하나, 추가경정예산은 예산이 국회를 통과하여 성립한 다음에 변경하는 것인 데 대하여, 수정예산은 예산이 국회를 통과하기 전에 수정하는 제도라는 점에서 다르다.

추가경정예산제도는 많은 나라에서 이용하고 있으나 요건에 있어서는 나라마다 다르다. 일본의 경우는 이를 보정예산이라고 부르고 그 요건을 매우 엄격하게 규정하고 있다. 일본의 재정법은 법률상 · 계약상 국가의 의무에 속하는 경비의 부족을 보전하는 경우, 예산성립 후에 생긴 사유로서 특히 긴급을 요하는 경비의 지출, 예산성립 후에 생긴 사유로서 예산에 변경을 가하는 경우 등에 한하고 있다. 여기에 비해 우리 나라는 예산성립 후에 생긴 사유로 인하여 예산의 변경을 할 필요가 있는 경우로 정하고 있으므로 요건이 포괄적이고 추상적이다.

그런데 추가경정예산제도는 i) 예산단일성의 원칙에 위배되며, ii) 국민의 예산에 대한 이해를 어렵게 하고, iii) 입법부의 재정통제권을 약화시키고, 그 결과 재정팽창의 원인이 될 수 있으며, iv) 국회의 예산심의과정에서 삭감된 예산이 부활되는 경우가 있을 수 있다. 따라서 추가경정예산은 그 횟수가 최소라야 하고 또한 액수가 적어야 한다.

Ⅲ. 준예산 · 잠정예산 및 가예산〔예산불성립시의 예산집행〕

1. 준 예 산

예산이 회계연도 개시일까지 의결되지 못한 경우에 i) 헌법이나 법률에 의하여 설치된 기관, 또는 시설의 유지 · 운영, ii) 법률상 지출의무의 이행, iii) 이미 예산으로 승인된 사업의 계속에 한하여 전년도 예산에 준하여 지출할 수 있는 예산제도를 준예산제도라고 한다(헌법 제54조 3항). 현재 우리 나라에서 채택하고 있는 제도이다.

준예산은 독일 기본법 제111조 1항에 최초의 근거를 둔 제도로서 기본법은 예산불성립시는 전년도 최종총액의 4분의 1을 한도로 하여 집행할 수 있도록 한 것이다.

2. 잠정예산

영국에서의 회계연도의 개시는 4월 1일이나 본예산의 성립은 통상 7월 말부터 8월 초에 이루어진다. 그러므로 그 때까지의 기간에 소요되는 경비에 대하여는 잠정예산(Vote on Account)이 작성된다. 미국에서는 본예산이 회계연도가 개시될 때가지 성립할 가망이 없을 때에는 답습예산법(Continuing Appropriation Act)을 작성하여 양원의 합동결의로써 의결한다. 일본에서도 재정법 제30조에 의거하여 잠정예산을 작성해서 의회에 제출할 수 있으나, 이것은 영국이나 미국의 경우와는 달리 어디까지나 예외적인 조치로 보아야 할 것이다.

3. 가 예 산

우리 나라에서는 잠정예산제도의 채택을 경험한 일은 없으며, 다만 일본의 잠정예산제도와 유사한 가예산제도를 1948년부터 1960년 사이에 채택한 일이 있다. 즉, 제1공화국 헌법은 "부득이한 사유로 인하여 예산이 의결되지 못할 때에는 국회는 1개월 이내의 가예산을 의결하고 그 기간 내에 예산을 의결하여야 한다"(제90조 2항)는 규정을 두었었다.

위에서 살펴본 바와 같이 외국의 잠정예산이나 종전의 가예산은 다같이 의회의 의결을 전제로 하고 있는 데 대하여, 준예산은 국회의 의결을 거치지 아니하고 지출할 수 있다는 점에서 서로 다르다.

Ⅳ. 품목별 예산 · 성과주의예산 · 계획예산 · 영기준예산

(1) 품목별 예산

품목별 예산이란 주로 정부가 구입하는 물품에 치중하여 편성하는 예산이며, 정부가 무엇을 하느냐 하는 활동면이나 사업의 성과면은 나타나 있지 않다.

(2) 성과주의예산

성과주의예산은 정부가 구입하는 수단보다 목적을 강조하는 형식으로 예산을 기능 · 활동 및 사업별로 분류 · 편성하여 그 업무량과 비용을 합리적으로 표시함으로써 사업의 성과를 명백히 하는 예산이다.

(3) 계획예산(PPBS)

PPBS(planning-programming-budgeting system)란 장기적인 계획수립(planning)과 단기적인 예산편성(budgeting)을 프로그램작성(programming)을 통하여 유기적으로 결합시킴으로써 자원배분에 관한 의사결정을 합리적으로 이룩하려는 의도에서 만들어진 것이다.

(4) 영기준예산

영기준예산제도는 전년도 예산에 구애됨이 없이 제로베이스에서 업무계획을 수립하고 채택된 프로그램에 관해서만 예산을 편성하는 방식이다. 그 기본 요소는 i) 의사결정 단위의 선정, ii) 의사결정 패키지의 개발, iii) 의사결정 패키지의 순위결정, iv) 예산의 편성 등이다.

제 3 절 예산의 분류

Ⅰ. 예산분류의 목적

예산의 분류(budget classification)는 세입에 있어서는 그 선량한 관리를 목적으로 하고, 세출에 있어서는 정부사업계획의 성질 또는 기능에 따라 효과적인 경비지출을 하는 것을 근본목적으로 한다.

이와 같은 예산분류는 정부활동의 형태와 구조를 분석하고 관찰하는 데 유익한 수단을 제공하는 것이나, 예산분류의 가치는 예산을 운영하는 성격이나 예산절차의 각 국면에서 필요한 의사결정을 용이하게 할 수 있는 정도에 따라 판단되어야 하는 것이다.

예산과목을 분류하는 데 있어서는 i) 사업계획의 수립을 용이하게 하고 아울러 예산을 심의하는 데 편리하도록 분류되어야 한다. ii) 예산과목은 예산을 효과적으로 집행하는 데 도움이 되도록 분류되어야 한다. iii) 예산과목은 회계의 책임을 명확히 하도록 분류되어야 한다. iv) 예산과목은 정부활동의 경제적 효과를 분석해 낼 수 있도록 분류되어야 한다.[3)]

예산의 분류는 주로 조직체별 분류, 기능별 분류, 품목별 분류, 경제성질별 분류 등의 방법이 이용되고 있다.

Ⅱ. 조직체별 분류

1. 의 의

조직체별 분류(classification by organizational units)는 경비지출의 주체 혹은 세입징수의 주체를 단위로 하여 정부예산의 계정을 분류하는 방법이다. 즉 예산의 편성으로부터 심의·집행 및 감독에 이르기까지 예산상의 정부사업계획의 수립을 위한 조직체 단위를 중심으로 구분하는 계정의 분류방법을 말한다.

조직체별 분류는 의회의 예산심의를 위하여 가장 유용한 분류방법이다.

2. 장 단 점

⑴ 장 점

i) 경비지출의 주체를 명확히 함으로써 책임의 소재를 분명히 할 수 있다. ii) 입법부에서 예산의 심의를 하는 데 편리하다. iii) 입법부의 예산통제는 물론 의회감독을 용이하게 한다. iv) 공금의 엄격한 관리가 가능하다.

⑵ 단 점

i) 경비지출의 목적을 밝히기가 곤란하다. ii) 정부활동의 변화를 측정하기 어

---

3) Jesse Burkhead(김주남·전정구·신두범 공역), *Government Budgeting*(New York: John Wiley & Sons, Inc., 1956), pp. 148~150.

려울 뿐더러 정부활동이 국민경제에 미치는 영향을 알 수 없다. iii) 입법부의 예산통제는 미시적 관념에만 열중하는 나머지 대국적인 정책목표의 선택을 불가능하게 만든다.

Ⅲ. 기능별 분류

1. 의 의

기능별 분류(functional classification)는 정부가 수행하는 업무의 기능에 따라 세출예산을 분류하는 방법인데, 이 분류는 주로 행정수반의 사업계획수립과 입법부의 예산심의를 용이하게 하는 데 그 목적이 있다.

이러한 기능별 분류는 예산내용의 개요를 알기 쉬운 형태로 일반시민에게 주지시킬 수 있기 때문에 시민을 위한 분류(citizen's classification)라고도 하며, 미국 연방 관리예산처(Office of Management and Budget)에서 일반 납세자에게 예산의 윤곽을 알리기 위해 매년 발간하는 연방예산개요(Federal Budget in Brief)는 이 기능별 분류를 사용하고 있다. 또한 우리 나라에서도 이 분류에 따라 「나라의 예산」을 발간한 일이 있다.

2. 특 징

이 분류는 일정기간에 있어서의 정부활동을 분석하는 데 유익한 방법으로서 정부의 사업계획의 변천을 비교 측정하는 데 도움을 준다. 또한 일반시민으로 하여금 정부의 활동범위에 대한 올바른 판단력을 가지게 하는 데 유익한 점이 있다.

그러나 이 기능별 분류에 있어서는 다음과 같은 점을 고려하여야 한다. i) 기능별 분류에 있어서의 커다란 구분(대항목)은 여러 부처의 예산을 포함하는 것이므로 기능의 소분류가 필요하다. 예를 들면 일반행정비는 하나의 부처의 예산만을 포함하지는 않기 때문이다. ii) 일반행정비가 많을 경우에는 본래의 기능별 분류의 의의가 상실된다. iii) 정부활동 중에는 하나 이상의 기능과 관련되는 활동이 존재한다. 즉 한 개 이상의 기능에 해당되는 정부사업이 많으므로 이중으로 계상되지 않는 총지출액을 산출하여야 한다.

3. 우리 나라의 기능별 분류

우리 나라에서는 종래 「UN편람」을 참조하여 1963년도부터 i) 일반사업비, ii)

공익사업비, iii) 사회복지사업비, iv) 경제사업비, v) 기타 경비로 분류하여 왔으나 1971년에 이르러 위의 UN분류를 폐기하고 새로운 분류방법을 채택하였다.

현재는 i) 일반공공행정, ii) 공공질서 및 안전, iii) 통일 · 외교, iv) 국방, v) 교육, vi) 문화 및 관광, vii) 환경보호, viii) 사회복지, ix) 보건, x) 농림 · 해양수산, xi) 산업 · 중소기업, xii) 수송 및 교통, xiii) 통신, xiv) 국토 및 지역개발, xv) 과학기술, xvi) 예비비 등으로 분류하고 있다.

Ⅳ. 품목별 분류

1. 의　　의

세출예산의 분류 가운데서 일반적으로 널리 사용되고 있는 품목별 분류(classification by objects of expenditure)는 세출예산을 급여 · 여비 · 수용비 · 시설비 등 지출대상 항목의 성질에 따라 분류하는 것으로, 그 목적은 세출예산에 대한 엄격한 통제를 가함으로써 공무원의 자유재량의 여지를 제한하려는 데 있다.

2. 장 단 점

(1) 장　　점

i) 경비표시의 방법이 사업 중심이 아니라 대상품목 중심이기 때문에 재무행정상의 책임이 명백해진다. ii) 입법부의 행정부에 대한 민주적인 통제가 가능하다. iii) 정원(定員)이 명백하게 표시되므로 인사관리를 위한 유용한 자료를 제공한다.

(2) 단　　점

i) 지출의 세부적인 대상에 중점을 두기 때문에 품목 속에 내포되어 있는 내용에 대해서는 무관심하게 되기 쉽다. 즉 지나친 품목의 세분화는 행정활동의 자유를 제한하고 또한 예산의 신축성을 저해할 우려가 있다. ii) 정부사업의 전체적인 윤곽을 알아보기가 힘들 뿐 아니라 행정부나 입법부의 정책형성에 유익한 자료를 제공하지 못한다.

우리 나라의 세출예산과목은 장(章) · 관(款) · 항(項) · 세항(細項) · 목(目)으로 이루어지고 있는데 이 가운데서 목(目)이 여기서 말하는 품목별 분류에 해당된다고 하겠다.

V. 경제성질별 분류

1. 의 의

오늘날 근대경제학의 발전과 함께 국민경제의 총체적인 순환에 대한 국가의 경제활동의 조정적 역할이 중요시되게 되었다. 따라서 예산을 편성함에 있어서는 국민소득의 기본적 구성요인인 소비 · 저축 · 투자에 대한 재정의 영향을 짐작케 하여 완전고용하에 균형을 실현할 수 있도록 예산의 내용을 결정하지 않으면 안 되는 것이다.

예산의 경제성질별 분류(economic character classification)는 예산이 국민소득의 기본적 요인에 미치는 영향을 파악하는 데 도움을 주는 분류방법이며 국민경제의 발전을 위한 정부의 재정정책을 결정하는 데 필요한 자료를 제공해 주는 것이다.

우리 나라는 초기부터 세입 · 세출예산을 「UN편람」 등에 의거하여 경제성질별로 분류하여 오다가 1961년부터 중단했으며, 1969년에 부활하였다가 1970년에 다시 폐지하였다.[4)]

2. 특 징

경제성질별 분류는 경제정책이 아니라 정책수립을 위한 자료의 일부분을 제공해 줄 뿐이며,[5)] 경제활동수준에 미치는 정부의 영향을 전부 측정하는 것을 의미하지는 않는다. 즉 그것은 국민소득에 대한 정부의 영향의 일부를 측정하는 데 그친다. 또한 경제성질별 분류를 성공적으로 이용하려면 정부예산은 국민경제에 반드시 어떤 영향을 미치며, 이러한 영향은 예산정책 수립에 있어서 고려되어야 할 요인이라는 것을 깨달아야 할 것이다.

3. 내 용

정부경비를 성질별로 분류하면 자본형성과 직접적인 관련이 없는 경상적인 것과 자본형성에 직접적인 영향을 주는 자본적인 것으로 나누어진다.

먼저 자본형성과 직접적인 관련이 없는 경상적 지출을 보면 다음과 같은 것을 들 수 있다.

---

4) 강신택, 재무행정론(서울: 박영사, 2002), p. 170.

5) Jesse Burkhead, *op. cit.*, pp. 278～280.

i) 생산에 직접적 영향을 많이 미치는 경비는 '재화 및 용역에 대한 경상지출'로서 이것은 수요의 규모와 내용의 변화를 가져올 뿐더러 정부용역이 생산되는 까닭에 공급의 내용과 규모에도 변화를 가져온다. 그리하여 간접적으로 가격, 소비, 소득에도 영향을 미치게 된다. ii) 보조금 지출은 주로 가격의 변동을 가져오는 정부의 경비이다. 보조금을 지출하는 것은 생산자의 비용을 보상한다는가 혹은 가격보조의 형식을 취하여 가격을 저수준으로 유지하고 공공자금 등을 통제하는 데 목적이 있다. iii) 공무원의 연금, 사회보장수혜금, 전몰유가족연금 같은 '경상이전'은 소득에 직접 변화를 가져오는 경비지출로서, 이러한 국민소득의 내용의 변동은 소비, 저축, 투자, 생산에까지도 영향을 미친다. iv) 국민소득의 재분배에 영향이 큰 것으로는 '채비지출'(債費支出)이 있다.

다음으로 자본형성에 직접적인 영향을 주는 경비로는 다음과 같은 것을 들 수 있다.

i) 정부가 직접 자본형성에 관여하는 경비가 있다. 즉 일반용역으로 정부청사, 영조물, 군사시설을 위한 지출과 공공용역으로 도로, 교량, 부두, 항만의 축조를 위한 지출, 사회용역으로 학교교사의 건축, 노동자 합숙소 등의 시설비 등이다. 또한 경제용역으로는 공업연구소 등을 시설하는 경비이고 기타 용역으로는 해외기술원조를 위하여 원자로를 건설해 주는 경비 등이 있다. ii) 정부가 공공기관에 투자하는 것이 있다. 즉 '자본이전'으로서 석탄공사, 조선공사, 한국은행 등에 출자하는 것이다. iii) '자본대출'로서 이것은 공공이익을 위하여 주택자금으로서 자금을 대출하고, 경제이익을 위하여 농민에게 빌려 주는 영농자금 같은 것이다.

이와 같이 정부경비는 여러 방면에 걸쳐 제각기 다른 규모로 지출되며, 따라서 그 경제적 효과도 다르게 나타나는 것이다.

4. 문 제 점

미국에 있어서는 연방정부가 예산편성 및 기타 재정정책적 목적을 위하여 제한된 범위에서 경제성질별 분류를 사용하고 있다. 그러나 스웨덴과 같이 정부가 국민경제의 성장에 관하여 막중한 책임을 지고 있는 국가에 있어서는 정부활동의 경제성질별 분류는 재정계획에 필수불가결한 제 자료의 일부를 제공해 주고 있다. 그리고 저개발 국가에 있어서 경제성질별 분류는 자본형성의 증가와 생활수준의 향상을 위한 실질적인 계획수립에 없어서는 안 될 필수조건이 되고 있다.

한편 경제성질별 분류는 주로 최고 정책결정자 수준에서 유용한 것이며 사업계획의 수행에 관계되는 일선 당국자에게는 별로 유용하지 않다.

Ⅵ. 통합예산

1. 의 의

정부의 재정활동을 크게 두 가지로 구분해 보면, 하나는 국회의 심의를 거쳐서 나오는 일정연도의 세입 · 세출예산이 있고, 여기에는 일반회계예산과 일부의 특별회계예산이 포함되며, 다른 하나는 보통 세출입 예산에 포함되지 않는 일부의 특별회계와 기금(fund)이 있다.

그런데 보통 지금까지 행정통계로 작성되는 예산은 주로 전자를 주내용으로 하고 있어서 재정이 국민경제에 미치는 전반적인 활동은 파악하기 어려웠다. 따라서 현행 법정예산제도의 골격을 유지하면서 이와 병행하여 정부의 재정활동을 종합적으로 분석할 수 있고 나아가 국가간의 재정지표의 비교를 가능케 하기 위해서 새로이 전자와 후자를 통합한 예산을 계상할 필요에 따라 나타난 것이 통합예산이다.

우리 나라의 경우에도 1979년부터 이러한 통합예산을 작성하고 있는데 그 편성기준은 보통 국제통화기금(IMF)이 정한 국제적 기준에 따르고 있다.[6)]

2. 내 용

통합예산의 내용에는 크게 순수한 의미의 정부활동적인 것과 기업적인 활동이 포함된다.[7)]

정부활동적인 예산에는 국가기관이 사적 부문에 대하여 조세를 부과함으로써 재원을 확보하여 이를 배분 · 이전하는 작용이 해당되는데 보통 예산 또는 정부예산이라고 하면 이것이 주된 항목이다. 이러한 정부활동으로서의 예산은 중앙정부부문(Central Government)과 지방정부부문(Local Government)으로 구분될 수 있다.

기업적인 예산은 정부가 민간경제주체와 같은 차원에서 재화나 용역을 생산 또는 판매하는 작용에 해당된다. 본질적으로 이는 영리를 추구한다는 점에서 사기업과 아무런 구분이 없으나, 다만 그 소유 · 경영에 정부가 관여하기 때문에 순수한 의미의 사기업으로서가 아니라, 보통 공기업의 형태로 되어 있다. 여기에는 각종의 기금도 포함된다.

---

6) 유종해, 현대행정학[제 4 전정판](서울: 박영사, 2001), p. 614.
7) 한국개발연구원, 한국예산과 정책목표(서울: 한국개발연구원, 1984), p. 80.

정부관리기금은 비록 예산 외로 운용되고 있지만 그 기금의 사업내용이나 재원조달 방법 및 관리주체면에서 볼 때 일반 정부활동의 범주에 속하는 것으로 볼 수 있기 때문에 재정활동을 파악하기 위해서는 일반회계와 특별회계에 기금까지 포함한 이른바 통합예산을 기준으로 분석할 필요가 있는바, 현행 우리 나라 통합예산의 포괄범위는 ① 일반회계, ② 특별회계, ③ 기금, ④ 세입세출 외의 전대차관 도입분 또는 세계 잉여금 등이 포함된다.[8]

제 4 절 자본예산과 균형예산

Ⅰ. 자본예산

1. 자본예산의 의의

자본예산이라 함은 예산의 세입과 세출을 경상적인 것과 자본적인 것으로 구분하여 이를 이원적으로 구성하는 예산을 말한다. 즉, 경상적 지출과 자본적 지출의 두 가지로 구분하되, 경상적 지출은 경상적 수입에 의하여 충당하며 균형되어야 하나, 자본적 지출은 그 많은 부분을 공채의 발행에 의하여 충당하는, 이른바 복식예산(double budget) 또는 이중예산(dual budget)을 말한다. Jesse Burkhead가 말한 바와 같이 자본예산(capital budget)에 대한 일률적인 정의를 내리기는 어려우나,[9] 만일에 공채를 발행하여 국가 또는 지방자치단체가 부채를 진다고 하더라도 그 수입을 가지고 자본적 지출, 즉 자산의 취득에 충당한다면 국가의 순자산상태에는 변동이 없으며, 따라서 자본적 지출을 위한 공채의 발행은 건전재정의 원칙에 위배되지 않는다는 것이다.

일반적으로 자본예산은 정부예산을 경상적 거래와 자본적 거래로 분류하기 때문에 정부활동 중 소모적인 것과 자본형성적인 것을 구분하는 실익이 있고, 또 그것을 계량화할 수 있기 때문에 최근의 국민소득이론을 응용하여 전체 국민생산에 미치는 영향까지도 계량화할 수 있는 자료를 제공하는 것이다. 더욱이 자본예산은 실제적으로 정부의 경기대책적인 공공사업과 밀접한 관련이 있는 것으로서 정부공

8) 윤영진, 새재무행정학(서울: 대영문화사, 2009), p. 42.
9) Jesse Burkhead, *op. cit.*, p. 240.

공사업의 비용과 공공사업의 실적을 비교·검토할 수 있게 하고, 또 그 재원의 조달방법을 선택하는 데 있어서 유익한 자료를 제공하여 줄 뿐만 아니라, 자본예산은 정부자산관리의 철저를 기하게 함으로써 재정운용의 건전성을 높이는 데도 도움이 되고 있다.

2. 자본예산의 발달

(1) Sweden의 경우

먼저 Sweden에 있어서의 자본예산제도의 발달은 1921년의 국가실업대책위원회(State Unemployment Commission)의 창설로부터 시작된다. 즉, 동 위원회는 제 1차 세계대전 후에 있어서의 불경기로 인한 실업문제를 해결하기 위하여 설치된 것이며, 그 후 1930년대의 세계공황으로 인하여 실업이 발생하였을 때에는 정부는 대량의 공공실업을 위주로 한 자본적 지출을 행했을 뿐만 아니라, 이 자본적 지출을 위하여는 차입도 불가피했다는 것이었다.

그리하여 Sweden에서는 1937년부터 제도적으로 자본예산을 채택하였으며, 또한 자본예산이라는 용어도 그 해부터 공식적으로 사용하게 되었다. 이 자본예산은 정부예산편성에서 비록 부채가 있더라도 그 부채인 차입금이 한편으로는 자산의 취득을 위한 투융자에 지출된다면 그것은 곧 다른 한편으로는 복식부기의 원리에 따라 자산의 증가를 의미하게 된다. 따라서 국가의 순자산에는 아무런 변화가 없고, 그 부채는 적자가 아니라는 것이다.

(2) 미국의 경우

다음 미국에 있어서의 자본예산제도는 특히 1929년의 대공황 이래 주정부나 시 등의 지방정부에서 발달하기 시작하였는데 그 이유를 보면 다음과 같다.

i) 재원이 한정되어 있었던 미국의 지방자치단체들이 공공시설을 확충하기 위해서는 부득이 적자재정과 공채발행에 의존하지 않을 수 없었으며, ii) 공공시설을 위한 경비는 이를 경상적인 조세수입에만 의존함으로써 차후 세대를 위한 시설경비를 현 세대만이 부담할 것이 아니라, 기채를 해서라도 충당하고 차후에는 공채를 상환함으로써 부담의 균등화를 꾀하여야 한다는 것이었고, iii) 대공황 이래 미국에서는 장기계획의 필요성이 강조되었는데, 이러한 장기계획에 의한 공공사업비를 효과적으로 활용하기 위해서는 자본예산으로서 편성함이 유익하다는 것을 알게 되었다는 것이다.

(3) 영국의 경우

한편 영국에 있어서의 자본예산제도는 1948년의 J. R. Hicks의 예산개혁론에 의하여 발전되었다.[10] 즉, 그는 i) 영국의 행정구조를 행정부처(administrative department)와 사업부처(trading department)로 나누되, 행정부처에 대하여는 기업예산방식을 채택할 것을 역설하였고, ii) 정부예산을 경상계정과 자본계정으로 나누되, 후자에 관한 한 수지균형이 이루어지지 않아도 무방하다는 것을 주장하였으며, iii) 이러한 행정예산의 회계방식을 국민소득 추계와의 관련하에 분석·검토케 함으로써 경제안정에 공헌할 것을 강조하였다. 그 후 1952년에 이르러 공포된 영국의 「국민소득청서」(*The Blue Book of National Income and Expenditure*)에서는 거의 Hicks의 주장을 채택하였다.

3. 자본예산의 효용과 문제점

(1) 효 용

i) 자본예산은 경상계정과 자본계정을 분리함으로써 예산심사와 분석에 많은 편의를 제공한다. 즉, 자본예산은 복식예산으로서 어떤 특수한 전문화된 심의와 분석을 필요로 하는 종류의 정부지출을 별도로 분리시키는 데에 편리한 방책이 될 수 있다. ii) 자본예산은 정부의 순자산의 변동상황을 표시하여 줌으로써 국가의 부(national wealth)를 추정하는 데 좋은 자료를 제공하여 준다. iii) 자본예산편성과 그 절차는 그것이 장기적인 공공사업계획과 연결될 때 규칙적인 자원개발과 그 유지를 위한 하나의 도구로서 효율적인 역할을 할 수 있다는 것[11] 등이다.

(2) 문 제 점

i) 자본예산은 주로 공공사업면에 주력하게 되므로 국가활동의 균형을 잃게 될 뿐만 아니라, 자연히 적자예산을 편성하는 데 치중하게 된다. ii) 자본예산은 정부예산을 경상계정과 자본계정으로 구분하는데, 위의 양 계정을 어떤 기준에 따라 구분하느냐 하는 것이 분명치 않다. iii) 국가자산을 증가시키기 위한 부채는 재정의 건전성과 무관하다는 이유로 응당 조세로 충당되어야 할 경상지출이 더 요구됨에도 불구하고 공채로 충당함으로써 예산운영상 많은 차질이 생기게 된다.

끝으로 한 가지 언급해 둘 것은 자본예산은 Sweden의 경우와 같이 고도로 자본주의가 발달된 선진국가에서 경기변동에 고민하는 경우 필요한 제도라고 하겠으

10) J. R. Hicks, *The Problem of Budgeting Reform*(Oxford, 1948), pp. 15~22.
11) Jesse Burkhead, *op. cit.*, p. 266.

나, 대다수의 후진국가에 있어서 경기변동보다 경제발전이 문제가 되고 있는 경우에는 그다지 필요로 되지 않는다는 것이다.

Ⅱ. 균형예산

지금까지의 예산제도는 "매년의 지출은 그 해의 수입으로 충당되어야 하며, 또 수입은 매년 축적되어서도 안 되며 부족해도 안 된다. 환언하면 수입과 지출은 매년 균형되어야 한다"[12]는 균형예산을 원칙으로 하였던 것이다.

한편 A. Wagner도 재정은 국가가계의 질서 있는 운영을 위해서 재정수지의 균형을 유지하는 것을 원칙으로 하고 재정수지의 균형을 유지하기 위하여는 경비의 재원선택이 문제가 되며 조세와 공채 중 어떤 방법을 선택하는 것이 국민경제에 유리한가를 생각해야 한다는 것이다. 여하튼 그는 국가가계의 실질적 질서를 유지하기 위하여 재정수지의 균형을 지속할 것을 최대의 공준으로 삼았던 것이다.

영국에서도 C.F. Bastable은 극히 엄격한 단기계속적인 수지균형이론을 주장하고 있다. 그리하여 생산적 재산구입이나 수익성 사업을 창설하기 위해서는 공채로 충당해도 무방하나, 비경제적 경비는 주로 조세수입에 의존해야 하며, 재원이 부족할 때는 그러한 활동은 중지하여야 한다는 것이다.

그러나 A.C. Pigou는 모든 국가활동은 국민의 경제적 후생을 촉진시켜야 하며 Bastable의 수지균형론은 평상시에는 타당하나, 대전쟁, 지진 등 특수한 경우에나, 실업구제를 위한 공공토목사업 등은 조세가 아니고 공채를 재원으로 하여도 무방하다고 하였다.[13]

이와 같이 균형예산론은 Pigou에 와서는 약간 완화되고 있으며, 1930년대의 재정균형론자인 M. Dalton도 이미 단기적 균형은 논하지 않고 장기적으로 불균형되어서는 안 된다고 하였을 뿐이다. 요컨대 예산균형의 실제상의 문제는 예산이 불균형상태에 있는 기간과 양의 문제라고 하겠다.

M. Weber에 의하면 경제의 합리성의 문제는 형식적 합리성과 실질적 합리성으로 구분할 수 있으며, 경제에 있어서의 형식적 합리성은 공통의 계산단위로 측정한 계산인데, 자본주의적 기업회계제도에서의 대차대조표의 수량표현에서 볼 수 있다. 이에 대하여 실질적 합리성은 그와 같은 형식적 계산이 내용적으로 요구를 만

---

12) A. E. Buck, *The Budget in Government of Today*, 1934, p. 130.
13) Arthur Cecil Pigou, *A Study in Public Finance*, 1928, pp. 247∼248.

족시킬 수 있는가 없는가의 표준이 되는 것이다. 즉, 가치합리성, 목적합리성의 요구를 충족시킬 수 있는가 없는가의 기준이 된다는 것이다.[14)]

이러한 의미에서 볼 때 균형예산은 재정의 형식적 합리성을 표시하나, 과연 그것이 실질적 합리성을 갖느냐의 여부는 예산의 균형보다도 국민경제 전체의 과정 속에서 파악되어야 할 것이다.

제 5 절 예산과정의 4단계

Ⅰ. 회계연도

예산이란 일정한 기간에 있어서의 수입과 지출의 예정계획인바, 여기서 말하는 일정한 기간이 바로 회계연도이다.

우리 나라 국가재정법 제 2 조는 "국가의 회계연도는 매년 1 월 1 일에 시작하여 12월 31일에 종료한다"고 규정하고 있다.[15)]

국가의 세입과 세출은 1 회계연도의 수입과 지출을 의미하며 그 회계연도의 지출 전체의 재원은 그 회계연도의 수입으로 충당하여야 한다. 그러므로 국가재정법 제 3 조에는 "각 회계연도의 경비는 그 연도의 세입 또는 수입으로 충당하여야 한다"고 규정하고 있는데 이것을 회계연도 독립의 원칙이라고 한다. 다만 이 원칙에 대한 예외로서는 세출예산의 이월과 과년도수입, 과년도지출, 계속비 등의 제도가 있다.

Ⅱ. 예산과정의 4단계

예산과정의 단계는 일반적으로 예산의 편성, 예산의 심의, 예산의 집행 및 회계심사의 네 단계로 나누어진다.

---

14) Max Weber, *Wirtschaft und Gesellschaft*, 1922, S. 44.

15) 한국과 같이 1~12월의 제도를 채택한 나라는 프랑스 등이고, 4~3 월로 하는 나라는 영국, 일본 등이며, 10~9 월로 하고 있는 나라는 미국이다.

1. 예산의 편성

첫째, 행정의 통일성과 책임성을 확보하기 위하여 이미 영국이나 미국에 있어서는 행정부제출예산제도를 채택하고 있는데[16] 우리 나라는 헌법에 "정부는 회계연도마다 예산안을 편성하여"(제54조 2항)라고 규정하여 행정부제출예산제도를 채택하고 있음을 명시하고 있으며, 또한 "국회는 정부의 동의 없이 정부가 제출한 지출예산 각 항의 금액을 증가하거나 새 비목을 설치할 수 없다"(제57조)고 규정함으로써 예산편성은 행정부 전속권한에 속함을 명백히 하고 있다.

대통령중심제를 채택하고 있는 미국에서는 행정부제출예산제도를 통하여 행정수반은 매년 부성의 예산요구서를 검토할 권한을 가지고 있다. 그러나 예산편성에 있어서 미국이나 우리 나라의 예산실보다 더 큰 권한을 지니고 있는 것은 내각책임제를 채택하고 있는 영국의 재무성이다. 영국에서는 각 성이 재무성에 제출하는 예산요구서는 이미 재무성의 승인을 받은 사항의 종합이라 해도 과언이 아니다. 즉, 예산에 관한 재무성의 통제는 각 성이 예산요구서를 재무성에 제출하기 전에 이루어지는 것이다.

둘째, 예산의 편성은 보통 당해 회계연도가 시작되기 훨씬 전에 시작된다. 예산편성지침서를 받은 각 부성은 예산요구서를 작성하여 중앙예산기관(미국의 관리예산처, 영국의 재무성, 우리 나라의 기획재정부)에 제출한다. 중앙예산기관은 각 부성에서 제출한 예산요구서를 사정한 다음 각의의 심의 또는 대통령의 재결을 얻음으로써 정부의 예산편성과정은 끝나게 되는 것이다.

2. 예산의 심의

첫째, 예산안이 행정부로부터 입법부에 제출되면 입법부는 이에 대한 심의를 시작하게 된다. 대통령중심제와 그에 따른 엄격한 권력분립제를 채택하고 있는 미국에 있어서는 예산심의가 비교적 상세하고 엄격하게 진행되지만, 내각책임제를 채택하고 있는 영국에 있어서는 내각이 국회의 다수당의 특별위원회와 같은 성격을 띠고 있으므로 예산심의는 비교적 간단하게 이루어진다.

또한 영국이나 우리 나라에 있어서는 의회에서 예산을 의결할 때에 정부의 동

16) 미국의 예산편성사무는 대통령부에 속해 있는 관리예산처(The Office of Management and Budget)가 관장하고 있다. 그리고 예산편성권은 대통령에게 있으나 그것은 관리예산처장에게 위임되고 있다. 한편 영국의 예산편성권은 재무성(The Treasury)에 속해 있다.

의 없이는 정부가 제출한 세출예산 각 항의 금액을 증액하거나 신비목을 설치할 수 없게 되어 있으나, 미국에 있어서는 의회에 의한 증액 또는 신비목의 설치가 허용되고 있다.

둘째, 우리 나라의 경우 예산안이 국회에 제출되면 행정수반의 시정연설이 있고 대정부질문이 있은 다음 각 소관 상임위원회의 예비심사와 예산결산특별위원회의 종합심사가 시작된다.

국회의 예산심의과정에서 가장 중요한 국면은 예산결산특별위원회의 심의이며 예산결산특별위원회의 심의결과는 최종적으로 본회의에서 확정하게 된다.

3. 예산의 집행

첫째, 예산이 성립되면 기획재정부 장관은 각 중앙관서의 장이 제출한 예산배정요구서에 의거하여 4분기별 예산배정계획을 작성하여 국무회의의 심의를 거쳐 대통령의 승인을 얻은 다음 4분기별로 예산을 배정하게 된다. 각 부처는 또한 배정된 예산의 범위 내에서 그 산하기관에 재배정한다.

대개의 경우에 예산의 신축성을 유지하기 위한 방법으로서 예산의 이용, 전용·예비비 등이 사용되고 있으며, 이 밖에도 예산의 이월·계속비 등의 제도가 인정되고 있다.

둘째, 예산의 집행이 끝나면 이에 따라 결산이 이루어진다. 다만 미국과 같이 결산제도가 없는 경우도 있다.

4. 회계검사

첫째, 예산과정에 있어서 마지막 단계는 회계검사기관에 의한 회계검사이다. 회계검사기관의 지위는 각국에 따라 다르나 대체적으로 두 가지로 나누어 볼 수 있다. 즉, 영·미계의 나라에 있어서는 회계검사기관을 입법부에 소속시키고 있으나, 대륙계의 여러 나라에 있어서는 회계검사기관을 행정부에 소속시키고 있다. 현재 우리 나라의 회계검사기관은 대통령 직속하에 있는 감사원이다. 즉, 1963년 3월 5일자 법률 제1286호에 의하여 종래의 심계원과 감찰위원회를 통합하여 감사원을 설치하였다.

둘째, 종래의 회계검사는 다만 지출의 합법성을 위주로 하는 소극적인 성격을 지니고 있었던 것이나, 오늘날에 있어서는 지출의 경제성 및 지출의 능률성에 대한 적극적인 회계검사를 요구하고 있다. 따라서 이와 같은 현대적인 회계검사를 감당하기 위한 새로운 절차가 마련되어야 할 것이다.

제 6 절 예산의 편성

Ⅰ. 예산편성의 의의

예산의 편성은 정책의 구체적인 표현이라 할 수 있으므로 적어도 입헌주의적 민주국가에 있어서는 예산의 최종결정권이 의회에 소속되어 있는 것이 하나의 철칙으로 되어 있으나, 오늘날 대다수의 국가는 예산의 편성에 관한 책임을 행정수반에 부여하는 행정부제출예산제도(executive budget system)를 채택하고 있다.

예산(안)의 편성이란 예산편성방침을 결정하여 예산안을 작성할 때까지의 일련의 행위를 말하는 것이다. 대체로 국가예산의 편성에는 세 가지의 기본전제가 있다.

첫째, 시민이 무엇을 원하고 있는가를 알아야 한다. 정부는 주권을 가진 시민이 무엇을 바라고 있는가를 판단하여 어떻게 하면 시민이 원하고 있는 바를 이루어 주느냐 하는 것이 예산편성의 근본이며 첫째 요건이라고 할 수 있다.

둘째, 정부로서의 국가적인 과업이 있다. 정부는 또한 그 정책의 수행에 있어서 일관된 계획방향을 가지고 있다. 그러므로 실제적인 예산의 편성은 이러한 정책수행의 계획방향을 근간으로 해서 짜여진다고 해도 과언이 아니다.

셋째, 국가를 구성하고 있는 여러 사회세력 상호간의 대립을 조정하는 과제가 있다. 국가라는 사회 속에는 여러 하부 사회가 존재한다. 이들 하부 사회에는 제각기 자기들이 형성하고 있는 힘이 있다. 이와 같이 대립되고 있는 여러 사회세력을 국가는 조정자의 입장에서 조화시켜야 하는 것이다.

Ⅱ. 미·영 양국의 예산편성의 특색

1. 미국의 예산편성

미국의 회계연도는 10월 1일에 시작되나 예산편성기준은 이미 회계연도 개시 16개월 전부터 시작된다. 미국에 있어서는 중앙예산기관인 관리예산처(The Office of Management and Budget)에서 예산편성을 관장하고 있는데 동처는 예산안편성지침(Call for Estimate)을 각 부처에 시달하여 세출예산안을 작성케 하고 있다.

미국 연방정부에 있어서의 예산편성과정은 5개의 단계로 나누어 볼 수 있는데, i) 예산편성방침의 시달, ii) 각 부처 예산요구서의 작성, iii) 예산의 사정, iv) 대통령의 결정, v) 예산서의 의회제출의 순서로 되어 있다.

대통령이 예산편성의 기본방침을 결정하여 관리예산처장에게 제출하면 이것이 체계화되어 각 성청 장관에게 발송된다. 이는 바로 예산편성의 임무를 지닌 각 행정관청을 규제하는 목표액 설정의 기준이 된다.

2. 영국의 예산편성

영국의 회계연도는 4월에 시작하여 다음 해 3월에 끝나는데, 예산안의 편성은 그 전년의 10월 1일경 재무성(대장성)이 각 성에 예산회람(Estimates Circular)을 발송함으로써 시작된다.[17] 그런데 이 회람은 우리 나라의 「예산편성지침」과 유사하다.

영국의 예산편성과정에 있어서 특징적인 사실은 i) 재무성과 각 성청(省庁)간에 사전협의가 이루어진다는 점과, ii) 공공지출백서의 형태로 발표되는 장기재정계획이 있다는 점이다. 첫째, 사전협의에 있어서는 재무성의 승인을 받지 않은 경비는 원칙적으로 예산견적서에 포함될 수 없다. 둘째, 공공지출백서는 5개년에 걸친 공공지출의 규모 및 목적별 배분에 관한 정부의 결정을 나타내는 것이다. 예산안의 제안권은 정부만이 가지고 있으며, 의회는 예산안에 대해서 오직 폐제삭감권을 지닐 따름이고 증액하거나 신비목을 설정할 권한은 없다. 의회에 제출할 예산안 편성의 책임은 재무성 장관이 지니고 있다.

영국에 있어서의 예산편성과정은 i) 민정(民政) 각성(各省) 예산안의 편성, ii) 국방 각 성 예산안의 편성으로 나누어지며, 영국의 민정 각 성과 국방 각 성과는 예산안의 편성에 있어서 차이가 있다.

Ⅲ. 우리 나라의 예산편성

우리 나라의 예산편성권은 행정부에 있다. 즉, 헌법 제54조 2항은 "정부는 회계연도마다 예산안을 편성하여 회계연도 개시 90일 전까지 국회에 제출하고, 국회

17) 阿利莫二, "英米國における預算制度," 行政管理の動向, 日本行政學會編(東京: 勁草書房, 1962), p. 84.

는 회계연도 개시 30일 전까지 이를 의결하여야 한다"고 규정하여 예산안을 편성하여 국회에 제출하는 권한을 행정부에 인정하고 있다.

1. 편성절차

행정부가 예산안을 편성하여 의회에 제출할 때까지에는 다음과 같은 몇 단계의 과정을 거치게 된다.

첫째, 각 중앙관서의 장은 매년 전년도 1월 말일까지 당해회계연도부터 5회계연도 이상의 기간 동안의 신규사업 및 기획재정부 장관이 정하는 주요 사업에 대한 중기사업계획서를 기획재정부장관에게 제출하여야 한다(국가재정법 제28조).

둘째, 기획재정부 장관은 매년 전년도 4월 30일까지 국무회의의 심의를 거쳐 대통령의 승인을 얻은 예산안편성지침을 각 중앙관서의 장에게 시달한다(국가재정법 제29조 1항). 그러나 예산편성은 사실상 회계연도 개시 전 12개월 전부터 이루어지는 것이다. 기획재정부 장관이 시달한 예산편성지침에는 예산산정의 기초가 되는 각종 예산단위와 과목구분 등 예산편성의 제 기준을 포함하고 있으며, 이와 같은 기초작업은 적어도 3～4 개월의 기간이 소요되므로 실질적으로는 예산편성작업은 당해 회계연도가 개시되기 12개월 내지 13개월 전부터 시작된다.

셋째, 다음 단계는 전술한 예산편성지침이 시달되면 이에 준거하여 각 중앙관서의 장은 자기 소관에 속하는 예산요구서(세입세출예산, 계속비, 명시이월비 및 국고채무부담행위요구서)를 작성하여 6 월 30일까지 기획재정부 장관에게 제출한다(국가재정법 제31조 1항).

넷째, 기획재정부 장관은 각 중앙관서의 장이 제출한 예산요구서를 토대로 예산을 사정한다. 예산을 기획재정부 장관이 사정하는 것은 전체 예산의 통일과 균형을 유지하기 위하여 재정계획한도액, 편성지침 및 기준 등을 정하여 전체적인 안목에서 조정하는 것을 말한다.

다섯째, 위에서 본 바와 같이 지침이 시달되어 이에 준거한 예산요구서가 제출되고, 이를 토대로 예산의 사정이 끝나면 그것을 토대로 예산안을 편성하여 국무회의의 심의를 거쳐 대통령의 승인을 얻어 의회에 제출하게 된다. 그런데 기획재정부 장관이 예산을 국무회의에 부의하는 것은 늦어도 7 월 중순까지는 제안되어야 하며, 국회에는 회계연도마다 회계연도개시 90일 전인 10월 2 일까지 제출하여야 한다(국가재정법 제33조).

2. 예산편성지침

예산편성지침은 목표회계연도의 예산편성의 지표가 되는 것으로 목표회계연도가 개시되기 8개월 전인 전년도 4월 30일까지 기획재정부 장관이 국무회의의 의결을 거쳐 중앙관서의 장에게 시달케 되는 것이다. 예산의 편성과 집행에 관한 권한과 의무를 가지는 각 중앙관서의 장은 여기에 입각하여 목표회계연도의 예산요구서를 작성하게 되는 것이다. 따라서 본 지침은 목표회계연도의 재정운영의 기본방향과 전반적인 국가정책의 방향을 제시한 것으로 볼 수 있다.

3. 중앙관서의 예산요구서의 작성

중앙관서의 장은 기획재정부 장관으로부터 목표회계연도의 예산편성지침 및 세부기준이 시달되면 이 때부터 당해 소관의 예산요구서 작성에 착수하게 되는데, 대체로 다음과 같은 세 단계를 거쳐 공식적인 예산요구서를 작성한다.

(1) 계획수립

각 중앙관서의 장은 정부정책의 기본방향과 예산편성지침에 입각하여 그 소관에 속하는 전반적인 계획을 수립하고 이를 관하 각 국에 시달한다. 이에 의거한 각 국의 목표회계연도의 계획수립에 있어서는 i) 회계연도중의 사업중요도 및 목표의 변화, ii) 장비, 즉 시설·기구 등의 증감, iii) 정부종합시책에 입각한 당해 소관의 사업계획의 확장 또는 축소 등 제 사항을 고려하여야 한다.

(2) 예산추계

예산추계는 전술한 제 계획수행에 소요되는 재원을 파악하고 그에 요구되는 금액을 결정하는 절차인데, 이는 예산담당기관이 추계산정의 핵심적인 역할을 한다.

그런데 예산추계에 있어서는 i) 당해 경비의 필요성과 목적, ii) 사업의 전체계획 및 당해 연도계획의 내용, iii) 경비의 성질과 경비산정의 기초, iv) 사업효과와 긴급성, v) 재원의 조정 등 제 사항을 고려하여야 한다.

(3) 조 정

조정은 수립된 계획과 추정된 예산에 관한 조사수정의 절차이다. 즉, 예산요구서가 중앙관서 내에서 최종적으로 조정되어 가는 과정을 말하는데, 여기에는 국내조정과 중앙관서의 장의 조정이 있다.

4. 예산의 사정

기획재정부 장관(예산실)은 각 중앙관서의 장이 제출한 예산요구서를 기초로 하여 예산을 사정한다. 예산을 사정한다고 하는 것은 예산을 전체적으로 조정함으로써 예산이 각 부 또는 각 세력간에 균형과 조화가 이루어지게 한다는 것을 뜻한다. 따라서 예산의 사정에는 객관적인 기준, 즉 엄밀한 척도가 있어야 한다. 그러므로 실질적으로 예산사정의 임무를 담당하는 예산실은 예산편성지침을 비롯하여 예산단위, 물가 또는 각종 자료를 토대로 하여 예산사정에 필요한 일정한 표준을 정하고 당해 연도의 세입을 전망함으로써 재정수지를 추정함과 동시에, 국가목표와 국가정책의 방향을 감안하여 가용재원을 범위로 한 예산한도액을 부별·목적별·성질별로 사정하게 되는 것이다.

예산사정에 있어서 국회·감사원 및 선거관리위원회 등 헌법상 행정부로부터 독립된 기관의 세출예산의 요구액을 삭감 사정하는 경우에 있어서는 당해 기관의 장을 국무회의에 참석시켜 그 의견을 구하도록 되어 있으며, 만약 삭감되는 경우 그 사유서와 장의 의견서를 첨부하여 국회에 제출하여야 한다. 이는 독립기관의 예산이 행정부의 예산기구를 통하여 이루어지게 되므로 독립성을 제약할 우려가 있기 때문이다.

Ⅳ. 예산전략

1. 의 의

예산전략은 각 부처가 예산의 획득·유지를 위해 공식적 또는 비공식적 절차를 통하여 사용하는 일체의 수단과 지략을 의미한다. 이러한 예산전략은 시간에 따라 적절히 대처해 나가는 신축성을 지녀야 하며, 외부에 잘 나타나지 않을 뿐만 아니라 일정한 형식이 있는 것도 아니다.

2. 전략의 수행자

전략의 수행자는 일반적으로 두 가지로 나눌 수 있다. 하나는 자체 요원이며 다른 하나는 외부 세력자이다. 외부 세력은 정당의 실력자, 이익집단의 대표, 고객의 대표 등이다.

예산획득에 있어 자체 요원은 위계로 인하여 활동제약이 많은 반면, 외부 세력의 경우에는 이러한 활동상의 제약은 없으나 예산관이 불쾌하게 생각하며, 오히려 예산획득에 역효과가 날 수도 있으며, 또한 재정적·행정적 부담이 가중될 수도 있고, 외부세력이 자기들에게 이득이 적을 때에는 소극적으로 행동할 수도 있다. 뿐만 아니라 이들은 내용에 대한 충분한 지식을 갖추고 있지 못하기 때문에 설득력도 문제가 된다. 그러나 자체 요원의 경우에는 전문적 행정지식과 자료를 바탕으로 상대방을 설득시킬 수 있다. 이렇게 보면 자체 요원의 이용이 오히려 강점이 있다고 볼 수 있다.

3. 전략작성상의 고려사항

전략을 작성할 때는 i) 전년도 예산, ii) 변화의 예상과 이에 대한 자료수집, iii) 사업계획에 대한 행정수반이나 의회의 언질, iv) 이익집단의 요구, v) 전년도 예산집행실적 등에 유의하여야 한다.

4. 행정실무적 전략

전략수행자는 다음과 같은 방법으로 예산획득을 위하여 노력하고 있는 것으로 나타나고 있다.

⑴ 정면논쟁

이것은 대표적인 전략으로서 예산사정실과 정면으로 투쟁하는 방법이다. 이 전략을 이용하려면 전략수행자가 예산내용을 정확하게 이해하여야 하고 또한 사업내용도 자세히 알아야 한다.

⑵ 개인접촉법

이 전략은 예산사정관과 개인적인 친분을 맺고 이를 이용하여 예산을 획득하는 방법이다. 이 방법은 경우에 따라서는 공직자의 윤리관을 침해하게 된다.

⑶ 이익협상

예산사정실의 요구와 협상하여 상호간의 이익을 도모하는 방법이다. 이 전략도 사회적으로는 바람직한 것이 되지 못한다.

⑷ 행정기술의 이용

행정상의 기술을 이용하여 상대방과의 정면충돌을 피하고 예산의 삭감을 방지하는 방법인데, 이는 사정관이 각 부처의 실무자만큼 내용을 자세히 모르는 허점을 이용하는 방법이다.

(5) 능동적인 고객을 양성하고 이를 이용하는 방법

각 부처는 능동적인 고객을 양성하여 이들로 하여금 여론을 조성케 하고 이들의 이익을 주장토록 하여 예산을 획득하는 방법이다.

이상의 이러한 제 전략으로도 예산사정단계에서 실패한 부처들은 국회를 상대로 제 2의 전략을 마련하여 의원의 접촉에 노력하여야 하고, 중앙예산기관 역시 각 부처에 대응할 수 있는 한도제의 확립, 집행실적의 활용, 편성기준 및 예산단가 등을 활용한 대응전략을 세워야 한다.

제 7 절 예산의 심의

Ⅰ. 예산심의의 의의

예산의 심의는 의회정치에 있어서 결정적인 장점이라 할 수 있다. 의회제도의 기원을 볼 때 영국의 의회는 자유의 제도로서 창설되었다기보다는 오히려 의무 내지 부담의 제도로서 창설되어 국고의 재정수단으로서의 조세를 부과할 경우에 이에 협찬하기 위하여 소집되었던 것이며, 그 후 모든 의회는 재정에 관한 광범한 권한을 보유해 왔던 것이다. 구체적으로 말하면 예산의 심의는 의회에 의한 정책의 결정, 행정부 통제, 사업예정의 확정을 뜻하는 것으로서 민주주의 국가에 있어서 없어서는 아니 될 절차인 것이다. 그러므로 의회가 예산을 심의하지 않고 예산이 성립하지 못하였을 경우에는 큰 문제가 제기된다.

입법부의 예산심의는 예산의 확정뿐만 아니라 정책승인의 의미를 포함하고 있으며 예산의 총액이 최종적으로 결정되는 과정이다. 이러한 중요성 때문에 예산심의는 행정부, 여당 및 야당간의 대립이 강하게 나타나는 동태적 과정으로 보아야 할 것이다.

Ⅱ. 주요 각국의 예산심의의 비교

1. 대통령제와 의원내각제

예산심의는 당해 국가의 정부형태에 따라 달라지는데 내각책임제보다는 대통령제에 있어서의 예산심의가 엄격하다.

(1) 미　　국

대통령제를 채택하고 있으며 예산심의가 비교적 엄격하게 행해진다(그러나 행정부가 제출한 총예산액의 5 % 이상을 삭감한 예가 없었다).

(2) 영국 · 일본

의원내각제를 채택하고 있으며 내각이 의회 다수당의 한 분과위원회로 간주되고 있다. 그러므로 정부가 편성한 예산안이 의회의 심의과정에서 대폭 수정되는 일은 거의 없다(영국은 1621년 이래, 일본은 1956년 이래 예산안이 의회에서 수정된 일이 없다고 한다).

(3) 한　　국

예산심의가 제도상으로는 엄격히 하도록 되어 있으나 실제에 있어서는 그러하지 못하다. 이는 우리 나라에서는 대체적으로 대통령의 리더십이 강력히 작용하고, 국회의원들이 전문적 지식이 부족하기 때문이라 할 것이다.

2. 예산안의 수정

(1) 미국 · 일본

미국의 의회는 대통령이 제출한 예산안에 대한 삭감권은 물론 증액하거나 새로운 비목을 설치할 수 있는 적극적인 수정권을 가지고 있으며 예산법안의 발의권도 가지고 있다. 그러므로 대통령의 예산안은 형식상으로 하나의 권고에 불과한 것이다. 일본에서도 의회가 증액수정권을 가진다고 해석되고 있다.[18)]

(2) 영국 · 한국

의회는 예산안에 대하여 삭감적 수정권만 가지고 있으며 정부의 동의 없이는 정부가 제출한 지출예산 각 항의 금액을 증가하거나 새 비목을 설치할 수 없다(한국헌법 제57조).

3. 단원제와 양원제

국회에 구성원리로서 단원제를 채택하는 국가에서는 별다른 문제가 없으나, 양원제를 채택하는 국가에 있어서는 양원의 의결이 서로 일치하지 않는 경우 예산심의에 동등한 권한을 부여하는 나라도 있는 반면, 하원에 우월한 지위를 인정하는 국가도 있다.

---

18) 河野一之, 豫算制度(東京: 學陽書房, 1971), p. 99.

(1) 미 국

상하양원은 예산안의 심의에 관하여 동등한 권한을 가지고 있다. 양원의 예산에 관한 의결이 일치되지 않을 경우에는 양원합동회의(Conference Committee)에 이송되며 여기에서 양원의 의견차이가 조정된다.

(2) 영 국

하원은 예산안의 선의권은 물론 예산심의에 있어 우월한 지위에 있다. 상원은 예산안의 수정권이나 부결권이 없으며 다만 30일간의 지연권만을 지니고 있다.

(3) 일 본

중의원은 예산안의 선의권이 있다. 중의원과 참의원의 예산안에 대한 의결이 일치하지 않을 경우에는 양원협의회에서 조정하게 되어 있다. 양원협의회에서도 의견이 일치되지 않거나 또는 참의원에 예산안이 회부된 후 30일 이내에 의결하지 않는 경우에는 중의원의 의결이 의회의 의결로 된다.

(4) 한 국

단원제를 채택하고 있으므로 이러한 문제는 제기되지 않는다.

4. 위 원 회

미국·일본·한국과 같은 나라에서는 예산안이 본회의에 상정되기 전에 소규모 위원회의 심의를 받도록 되어 있다. 미국은 하원과 상원의 세출위원회가, 일본은 중의원·참의원의 예산위원회가, 우리 나라는 예산결산특별위원회가 각각 담당하고 있다. 미국·일본은 상임위원회이나 우리 나라의 예산결산특별위원회는 임시위원회이다. 이에 대하여 영국은 세출위원회(Committee of Supply)와 세입위원회(Committee of Ways and Means)인 전원위원회의 심의를 거치도록 되어 있다.

예산심의는 대통령제하의 소규모 위원회에서 이를 담당할 때 엄격하게 하고 있으며, 영국은 예산심의를 경시하는 대신 결산심의는 매우 엄격하게 하고 있는 것이 특징이다.

5. 예산불성립시의 대처방법

회계연도 개시 초까지 본예산이 확정되지 않을 때 그 대처방법은 나라마다 차이가 있다. 미국은 양원이 공동결의에 의하여 전년도 예산을 답습하는 것을 허용하고 있으며, 독일과 우리 나라는 준예산, 프랑스는 가예산, 영국·캐나다·일본은 잠정예산제도를 각각 이용하고 있다.

Ⅲ. 우리 나라의 예산심의

1. 예산의 심의과정

(1) 예산안의 제출

국무회의에서 예산안이 의결되면 정부는 국회에 제출하여야 할 예산서를 작성하여 정기국회 개회 전에 국회에 제출하게 되는데, 이와 같은 예산안의 제출기한의 법정화는 예산심의기간의 충분한 확보와 심의기간의 부족으로 인한 준예산의 출현을 방지하기 위한 것이다.

(2) 시정연설

예산안이 국회에 제출되면 당해 연도 예산과 관련하여 종합적인 정부의 시정연설이 행정수반에 의해 행하여진다. 즉, 행정수반으로부터 개괄적인 시정방향에 대한 설명이 있은 후, 실제로 예산을 편성한 기획재정부 장관으로부터 구체적인 계수를 중심으로 한 설명이 있게 된다.

(3) 상임위원회의 예비심사

상임위원회의 예비심사는 시정연설이 있은 후에 시작되는데, 국회의 각 상임위원회는 정부의 각 부처별로 구성되어 있으므로 각 중앙관서의 조직별로 편성된 예산안은 해당 상임위원회별로 개별 심의를 받게 된다.

예산안이 국회에 제출되면 각 상임위원회별로 예비심사를 하도록 되어 있다.

각 상임위원회의 예비심사기간을 통하여 시민의 대표기관인 국회는 정부의 경비목적을 일일이 심의하게 된다. 이러한 예비심사는 1981년부터 1983년까지 잠시 중단된 일이 있었으나, 국회법의 개정으로 1984년부터 부활되었다.

(4) 예산결산특별위원회의 심의

각 상임위원회의 예비심사를 마친 후 예산안은 예산결산특별위원회에 회부되며, 그 심사를 거친 후 본회의에 상정 · 심의한다(국회법 제84조).

우리 나라 국회법 제45조는 "예산안, 기금운용계획안 및 결산(세입세출결산 및 기금결산을 말한다)을 심사하기 위하여 예산결산특별위원회를 둔다"고 규정하고 있는데, 이 예산결산특별위원회는 상임위원회는 아니다. 매예산회기마다 새로이 구성되는 임시적인 성격을 지니고 있었기 때문에 예산심사의 비전문성이 문제점으로 지적되어 왔었다. 그러나 2000년 2월 16일 국회법의 개정으로 동 위원회가 임기 1년의 상설특별위원회가 됨으로써 심사자료의 확보 및 예비검토 등이 보다 충실히 이루어질 수 있게 되었다.[19)]

19) 이종익 · 강창구, 재무행정론〔보정신 2 판〕(서울: 박영사, 2001), p. 245.

예산결산특별위원회의 위원은 교섭단체 소속의원 수의 비율과 상임위원회의 의원 수의 비율에 의하여 선임하되 50인으로 한다고 되어 있다. 또한 예산결산특별위원회는 필요에 따라 소위원회 또는 몇 개의 분과위원회로 나누어 심사할 수 있다.

예산결산특별위원회에서의 예산심의는 기획재정부 장관의 제안설명에 이어 국정 전반에 걸친 정책질의 및 이에 대한 국무총리를 비롯한 관계장관의 답변을 듣게 된다. 종합질의가 끝나면 계수조정 소위원회의 심사 및 계수조정을 받은 후 예산결산특별위원회의 전체 회의에 회부하여 의결한다. 한편 본회의에서 예산안의 수정동의를 하려면 의원 50인 이상의 찬성이 있어야 한다(국회법 제95조).

2. 예산심의의 한계

(1) 의 의

현대국가에 있어서 예산의 편성제안권이 전문적 관료들로 구성되는 행정부에 속하고 있다는 것은, 국가기능의 확대로 인하여 전문화된 국가활동의 합목적성을 위해서 당연히 요구되는 것이다. 그리고 정부가 편성제안한 예산안이 국회에서 심의를 거쳐야 한다는 것도 당연한 일이다.

그러나 국회의 본질적 성격에만 치중하여 무한정의 수정권을 인정한다고 하면, 견제·균형의 근대정치원리에 위배될 뿐만 아니라, 정부의 예산편성제안권을 처음부터 인정하지 않는 것과 같은 결과가 되는 것이다. 여기에 예산의 수정을 둘러싸고 예산심의의 한계문제가 대두되는 것이다.

(2) 적극적 수정과 소극적 수정

여기서 예산의 수정이란 정부의 원안수정을 가리키는 것이 아니라, 정부가 제안한 예산안에 대해서 국회가 수정함을 말한다.

예산의 수정은 적극적 수정과 소극적 수정으로 나누어 고찰할 수 있는 바, 적극적 수정이란 원안에 없는 새로운 예산과목을 만드는 것, 예산총칙·국고채무부담행위 등에 새로운 사항을 첨가하거나 또는 이미 계상된 금액을 증가하는 것을 말하며, 한편 소극적 수정이란 이들에 관한 원안의 일부를 폐제삭감하거나, 또는 이 금액을 감액하는 것을 말한다.

우리 나라에서는 현행 헌법상 소극적 수정에 대하여는 제한이 없으나, 적극적 수정에 대해서는 헌법 제57조에 "국회는 정부의 동의 없이 정부가 제출한 지출예산 각 항의 금액을 증가하거나 새 비목을 설치할 수 없다"고 규정하여 제한을 두고 있다.

여기서 한 가지 언급해 둘 것은 예산의 수정에 있어서 정부의 예산편성제안권이 존중되어야 한다는 것이다. 즉, 정부에 예산의 제안권을 인정하는 이상, 이 제안권을 침해하는 것과 같은 수정은 허용될 수 없다는 것이다. 그러면 어떠한 수정이 정부의 제안권을 침해하는 것이냐가 문제되는데, 그것은 첫째, 그 수정이 새로운 제안과 다름이 없을 경우에 제안권의 침해로 볼 수 있다는 것이며, 둘째, 그것이 새로운 제안이 아니더라도 제안의 취지를 전적으로 망각한 것과 같은 수정은 제안권의 침해로 볼 수 있다는 것이다.[20)]

제 8 절 예산의 집행

Ⅰ. 예산집행의 의의

예산의 집행이란 국회의 의결에 의하여 성립된 예산을 수입 또는 지출을 통하여 실행하는 일련의 행위를 말하며, 이러한 행위는 일정한 절차에 의하여 행하여진다.

첫째, 예산의 집행은 국가사업계획의 수행이며 정책의 실행을 의미하는 것이기 때문에 예산의 취지에 충실하여야 함은 물론이다. 즉, 입법부의 의도를 충분히 구현하도록 노력하여야 한다. 따라서 예산에 계상된 제 비목은 법령에 규정된 절차에 따라 집행되어야 하며, 법에서 허용된 경우를 제외하고는 규정된 목적 이외에 사용하여서는 안 된다.

둘째, 사회의 모든 사정은 고정적인 것이 아니고 항상 유동적인 것이기 때문에 예산편성시에 예견하지 못했던 사태가 발생하는 경우에 재정적 한계를 엄수한다는 것은 사실상 무의미한 것이다. 따라서 이러한 경우에는 새로운 사태에 대처할 수 있는 제도가 마련되어야 하는바, 여기에 예산집행의 신축성의 문제가 대두된다.

예산집행의 신축성을 유지하기 위한 방법으로는 예산의 이용·전용 및 이체, 예산의 이월, 예비비, 계속비제도 등이 있다.

---

20) 河野一之, 豫算制度〔第 4 次改訂版〕(東京: 學陽書房, 1982), p. 100 참조.

Ⅱ. 미·영 양국의 예산집행의 특색

1. 미국의 예산집행

세출예산이 의회를 통과하고 의회가 승인한 예산을 대통령이 서명한 경우 예산의 집행절차를 밟게 된다. 즉, 예산이 의회를 통과하면 15일 이내에 각 성 기타의 정부기관은 관리예산처에 대하여 예산의 배정(apportionment)을 요청한다. 이에 따라 관리예산처는 이 배정요구를 시정·승인하고 그 결과를 각 기관에 통고한다. 미국연방정부에 있어서는 물론 각 주에 있어서도 예산의 이용은 원칙적으로 금지되어 왔다.

한편 미국연방정부에 있어서는 일반적인 예비비제도는 없고 대통령긴급자금(emergency funds for the president)이라는 것이 있다. 즉, 이 긴급자금은 대통령이 천재지변·국제문제·국방 등의 위기를 긴급히 타개하기 위하여 배정 사용할 수 있는 자금을 말하는 것으로 동 자금은 특수한 목적 이외에는 사용할 수 없게 되어 있다.[21)]

주정부에 있어서는 일반긴급자금(general emergency funds)을 계상하고 있는데, 이 자금은 예측할 수 없는 예산 외의 지출 또는 예산초과지출에 충당하기 위한 것으로서 예산집행의 탄력성을 부여하는 데 목적이 있다.

2. 영국의 예산집행

영국에 있어서는 세출예산법이 국왕의 재가를 얻어서 발효하면 예산의 집행을 위한 절차가 시작된다. 즉, 국왕은 친서한 칙허장(Royal Order)에 의하여 세출예산을 재무성(대장성)에 맡기게 되는데, 칙허의 금액이 의회에 의하여 의결 또는 승인된 금액을 초과할 수 없음은 물론이다.

그러나 재무성이 칙허장에 의하여 세출예산의 집행에 대한 권한을 부여받은 후 통합기금(consolidated funds)으로부터 실제로 자금을 인출하기 위해서는 회계검사원장의 인증이 필요하다. 이러한 회계검사원장의 인증권은 1866년의 회계검사원법(Exchequer and Audit Departments Act)에서 유래하는 것이다.[22)]

한편 각 성이 세출예산의 배정을 받은 경우에는 그 지출과 경리는 각 성의 책

---

21) Jesse Burkhead, *Government Budgeting*(New York: John Wiley & Sons, Inc., 1956), p. 349.
22) Herbert Brittain, *The British Budgetary System*(London: George Allen & Unwin, 1959), p. 243.

임하에 놓이게 된다. 그것은 일단 재무성이 어떤 사업을 승인하고 그 승인된 사업에 요구되는 자금을 각각 의회가 의결한 후에는 재무성은 각 성의 지출에 대하여 관여하지 않기 때문이다. 영국에 있어서는 민정비의 경우에는 이용(입법과목의 상호 융통)이 허용되지 않고 있다. 그러나 육·해·공군 예산의 경우에 있어서는 재무성의 승인을 얻어 항간의 이용을 할 수 있다. 한편 영국에 있어서는 예측할 수 없는 예산 외의 지출 또는 초과지출에 대비하기 위하여 민정비긴급기금(civil contingencies fund)이라는 것을 두고 있다.

Ⅲ. 우리 나라의 예산집행

1. 예산의 배정

(1) 배정의 의의

예산의 배정이란 성립된 예산을 중앙관서의 장에게 현실적으로 집행할 수 있는 책임과 권한을 부여하는 절차이다. 그러므로 중앙관서의 장은 예산배정액의 범위 내에서 지출원인행위를 할 수 있는 것이다.

(2) 배정의 절차

예산배정의 절차를 보면 다음과 같다.

① 각 중앙관서의 장은 예산배정요구서와 사업운영계획을 작성하여 기획재정부 장관에게 제출하여야 한다(국가재정법 제42조).

② 기획재정부 장관은 각 중앙관서의 장이 제출한 예산배정요구서에 따라 4분기별 예산배정계획을 작성하여야 한다.

③ 기획재정부 장관이 작성한 배정계획은 국무회의의 심의를 거쳐 대통령의 승인을 얻어야 한다.

④ 기획재정부 장관이 각 중앙관서의 장에게 예산을 배정하였을 때에는 감사원장에게 통지하여야 한다.

(3) 긴급배정과 배정계획의 변경

긴급배정은 긴급한 필요가 발생하였을 경우 기획재정부 장관이 대통령령이 정하는 바에 의하여 회계연도 개시 전에 예산을 배정할 수 있는 제도(국가재정법 제43조 3항)를 말하는바, 이 제도는 1973년에 새로이 만들어진 것이다. 또한 기획재정부 장관은 국무회의의 심의를 거쳐 대통령의 승인을 얻어 예산배정계획을 변경할 수 있도록 하고 있다(동법 시행령 제16조 3항).

2. 예산의 이용과 전용

예산을 집행하는 데 있어서는 어느 정도의 변동이 생기는 것은 부득이한 일인바, 여기서 이용과 전용의 차이점을 살펴보면 다음과 같다.

(1) 예산의 이용(移用)

예산의 이용이란 예산이 정한 각 기관간, 각 장·관·항간에 상호 융통하는 것을 말한다. 환언하면 이용은 세출예산이 정한 목적 이외의 경비사용 또는 각 기관간, 각 장·관·항간의 경비의 융통인데, 이것은 원칙적으로 상호 이용할 수 없게 되어 있다(국가재정법 제47조 1항). 그러나 예산집행상의 필요에 의하여 미리 예산으로서 국회의 의결을 얻었을 때에는 기획재정부 장관의 승인을 얻어 이용할 수 있도록 하고 있다.

(2) 예산의 전용(轉用)

예산의 전용이란 동일 항 내의 각 세항 또한 각 목간의 경비를 융통함을 말한다. 전용은 각 중앙관서의 장이 대통령령이 정하는 바에 의하여 기획재정부 장관의 승인을 얻어 할 수 있다(국가재정법 제46조 1항).

(3) 이용과 전용의 차이점

예산의 이용은 입법과목인 장·관·항에 대한 조치이므로 원칙적으로 허용되지 않으나 예산집행상 필요에 의하여 미리 국회의 의결을 얻었을 경우에 한하여 기획재정부 장관의 승인을 얻어 할 수 있으며, 예산의 전용은 행정과목인 각 세항 또는 목간의 융통이므로 이 경우에는 기획재정부 장관의 승인을 얻도록 되어 있다. 여기서 한 가지 밝혀둘 것은 과거에 예산의 유용이라고 부르던 행정과목의 융통을 1973년부터는 예산의 전용이라고 부르게 되었다.

3. 예산의 이체(移替)

(1) 의 의

예산의 이체란 정부조직 등에 관한 법령의 제정, 개정 또는 폐지로 인하여 그 직무권한에 변동이 있을 경우, 예산도 이에 따라 변경되는 것을 말한다. 이 이체는 당해 중앙관서의 장의 요구에 의하여 기획재정부 장관이 행한다(국가재정법 제47조 2항).

(2) 절 차

예산의 이용 · 전용 · 이체에 관한 절차를 보면 각 중앙관서의 장이 이용 · 전용 및 이체에 관하여 기획재정부 장관의 승인을 얻고자 하는 경우에는 이용·전용 및 이체가 필요로 되는 이유, 과목과 금액을 명백히 한 서류를 기획재정부 장관에게 제출하여야 한다.

4. 예산의 이월

예산의 이월이란 예산을 익년도에 넘겨서 익년도의 예산으로 사용하는 것을 말하는바, 이월에는 명시이월과 사고이월이 있다.

(1) 명시이월

매회계연도의 세출예산은 원칙적으로 익년도에 있어서 사용할 수 없다(국가재정법 제48조 1항). 그러나 세출예산 중 경비의 성질상 연도 내에 그 지출을 필하지 못할 것이 예측될 때에는 특히 그 취지를 세입·세출예산에 명시하여 미리 국회의 승인을 얻어 다음 연도에 이월하여 사용할 수 있다.

(2) 사고이월

국가재정법 제48조 2항에서 "연도 내에 지출원인행위를 하고 불가피한 사유로 인하여 연도 내에 지출하지 못한 경비와 지출원인행위를 하지 아니한 그 부대경비의 금액은 익년도에 이월하여 사용할 수 있다"고 규정하여 사고이월을 인정하고 있다. 그러나 이월은 계속비와는 달라서 1개연도에 한하므로 한번 사고이월한 경비는 다음 연도에 재차 이월하지 못하게 되어 있다.

예산의 사고이월은 일정한 요건을 충족했을 경우 국회의 승인 없이 예산을 다음 연도에 넘겨서 사용하는 것을 말하므로 회계연도독립의 원칙에 대한 예외를 이루는 것이며, 명시이월의 경우는 국회의 사전승인을 얻어야 하나, 사고이월의 경우는 국회의 사전승인을 얻을 필요가 없다는 점이 상이하다.

5. 예 비 비

(1) 의 의

예산은 장차 집행될 세입·세출을 예측하고 산정한 계획이므로, 예산이 아무리 정확하게 산정되었다 하더라도 예산을 실제로 집행하려고 할 때에는 다소 과부족이 생기게 된다. 여기에 수시로 발생하는 경미한 성질 외의 지출이라면 예비비로서 충당하여야 할 것이다. 예비비는 기획재정부 장관이 관리한다(국가재정법 제51조 1항).

(2) 예비비의 설치

예비비는 예측할 수 없는 예산 외의 지출 또는 예산초과지출에 충당하기 위한 것으로서 정부는 예비비로서 일반회계예산총액의 100분의 1의 금액을 세입·세출 예산에 계상할 수 있다(국가재정법 제22조).

그러나 현행 헌법 제55조 2항은 예비비는 총액으로 국회의 의결을 얻도록 되어 있다. 예비비제도는 미국이나 영국과 같은 나라에서는 없으나 우리 나라는 이를 인정하고 있는데, 우리 나라의 경우 지출요건이 지나치게 포괄적이어서 낭비의 우려가 있다. 예비비는 성질상으로는 형식상의 예산이나, 실질상으로는 사업이 없으므로 예산이 아니다.

따라서 예비비는 극히 예외적인 경우에 한하여 이용되어야 한다. 다만, 예산총칙 등에 따라 사용목적을 지정해 놓은 예비비는 별도로 세입·세출 예산에 계상할 수 있다. 그러나 이 경우에는 공무원의 보수 인상을 위한 인건비 충당을 위하여는 예비비를 사용할 수 없도록 하고 있다(국가재정법 제22조).

6. 계 속 비

예산집행상 시기적인 신축성을 유지하는 방법으로서 회계연도독립의 원칙에 대한 예외로 인정하고 있는 것이 계속비제도이다. 예산은 매회계연도마다 구분하여 경리하는 것이 원칙이다. 그러나 이 원칙을 엄수하는 경우에는 예산집행의 신축성을 살릴 수 없기 때문에 한 회계연도를 넘어 계속해서 지출을 해야 할 필요가 있을 때에는 정부는 연한을 정하여 계속비로서 국회의 의결을 얻어 지출할 수 있도록 하고 있다.

계속비는 첫째, 공사나 제조·연구개발과 같은 사업이라야 가능하며, 둘째, 기간이 2년 이상 5년 이하라야 한다. 이러한 요건에 해당되면 총액과 연부액을 정하여 국회의 의결을 얻으면 그 범위 내에서 수 년도에 걸쳐 지출할 수 있고, 연도말 잔액은 불용액으로 처리되는 것이 아니고 자동적으로 차년도에 이월사용이 가능하다. 다만 정해진 총년도를 초과할 수는 없다.

그러나 오늘날 정부공사는 그 규모가 방대하여 5년 이내에 완공할 수 없는 사업이 허다하다. 이러한 경우 필요하다고 인정할 때에는 국회의 의결을 거쳐 다시 그 연한을 연장할 수 있다(국가재정법 제23조 2항).

7. 국고채무부담행위

국고채무부담행위란 “법률에 의한 것과 세출예산금액 또는 계속비의 총액의 범위 내의 것 이외에 국가가 채무를 부담하는 행위”를 말하며, 이것은 미리 예산으로서 국회의 의결을 얻도록 되어 있다. 국고채무부담행위와 세출예산의 차이를 보면 세출예산은 당해 연도에 한하여 효력을 가지는 것이나, 국고채무부담행위는 수년도에 걸치는 것이 많다.

8. 예산집행의 감독

각 중앙관서의 장은 재정관리·재원사용의 적정 여부와 집행과정에서 보고된 자료의 신빙성을 분석·평가하기 위하여 소속 공무원으로 하여금 필요한 사항에 관하여 내부통제를 하게 할 수 있다.

제 9 절 회계검사

Ⅰ. 회계검사의 의의

정부영역에 있어서의 회계검사는 L. D. White의 견해에 따라 다음과 같이 설명할 수 있다. “회계검사의 목적은 공금이 법률에 규정한 조건에 합치하고 나아가 법률이 정하는 목적에 따라서만 지출되었는가를 검토하고, 공금의 횡령이나 망실을 방지하기 위해 회계나 명세목록이 정확하게 기입되었는가의 여부를 음미하여 그 결과를 소정기관에 보고하는 데 있다”[23]는 것이다.

생각건대 선진제국의 회계검사기관은 행정부에 대한 의회의 통제를 의미하는 자유주의적 법치주의사상의 배경하에 설치된 기관인만큼, 종래 그 기관에서 행하는 회계검사는 의회에서 제정한 법률에 준거하여 충실하게 집행하였는지의 여부를 검사하는 것으로서 이른바 ‘지출의 합법성’ 여부만을 극도로 중시하여 왔던 것이다. 이러한 입장에서 행하는 회계검사는 항상 법률에 위배된 사실을 발견하는 것이므로 소극적인 성격을 갖는 것이었다.

23) Leonard D. White, *op. cit.*, p. 296.

그러나 이와 같은 전통적인 회계검사는 오늘날에 와서는 여러 가지 비판을 받게 되었는바, i) 지출의 합법성을 강조하는 회계검사는 행정집행자의 능률적 운영을 저해할 우려가 있다는 것이고, ii) 아무리 합법성을 강조하여 회계검사를 한다고 하더라도 반드시 국고금의 부당한 지출이나 낭비를 방지한다는 보장은 없으며, iii) 합법성에만 치중하여 회계검사를 행한다고 하면 정부예산 사용의 전반적인 성과를 검토하는 것이 어렵다는 것이다.[24)]

그러므로 현대국가에 있어서는 자유주의적 법치행정의 집약적 표현이던 종래의 회계검사만으로써는 충분한 기능을 발휘할 수 없게 된 것이다. 따라서 오늘날의 회계검사는 '지출의 합법성'뿐만 아니라 '지출의 경제성 및 능률성'을 요구하는 것이다.

요컨대 앞으로 감사원에 의한 회계검사의 방향은 정부의 개개의 지출이 법률에 부합되었는지의 여부에 대하여 철저한 검사를 계속해야 함은 물론, 나아가 개개의 지출이 비경제적 내지 비능률적이 아닌가의 여부에 관하여도 검사를 행하여야 할 것이다.

Ⅱ. 회계검사기관

1. 유 형

회계검사기관의 유형은 다음과 같이 네 가지로 분류할 수 있다.[25)]

(1) 영 미 형

이것은 회계검사기관을 입법부에 소속시키는 형태로서 영국 · 미국을 비롯하여 벨기에 · 오스트리아 등이 이에 속한다.

(2) 대 륙 형

이것은 회계검사기관을 행정부에 소속하게 하고 있는 형태로서 한국 등이 이에 속하며, 과거의 프랑스의 회계검사원, 독일의 회계검사원 및 제 2 차 세계대전 전의 일본의 회계검사원이 이에 속한다.

(3) 독 립 형

이것은 회계검사기관을 입법 · 사법 · 행정 3부 중 어느 것에도 속하지 않는

24) 足立忠夫, "獨立監査機關における問題点," 行政管理の動向(東京: 勁草書房, 1957), p. 94～98.

25) 유훈, 재무행정론(서울: 법문사, 2000), pp. 336～337.

독립된 기관으로 하고 있는 형태로서 현재의 프랑스의 회계검사원, 독일회계검사원, 일본의 회계검사원 등이 이에 속한다.

(4) 대 만 형

대만에서는 모든 국가권력을 총통에게 귀일시키고 있는바, 그 밑에 입법·사법·행정·고시 및 감찰의 5개 기능을 각각 입법원·사법원·행정원·고시원 및 감찰원에 분장시키고 있다.

2. 미국의 회계검사원

1921년의 예산회계법(The Budget and Accounting Act)에 의해 설립된 회계검사원(The General Accounting Office: GAO)은 1894년 7월의 법과 1789년의 국고법(The Treasury Act) 등에 명시된 바와 같이 종래의 6개의 회계검사기관(auditors)과 국고회계검사기관(The Comptroller of the Treasury)의 모든 권한과 의무를 부여받고 있다.

정부의 회계검사활동은 1921년의 예산회계법에 의해 더욱 확대되었으며, 이 법에 의해 정부가 의회에 보고하는 새로운 책임을 확립하였다. 그 후 회계검사원의 활동범위는 1941년의 정부공사통제법(The Government Corporation Control Act), 그리고 1950년의 회계 및 회계검사법(The Accounting and Auditing Act), 그리고 1974년의 회계검사법(The General Accounting Office Act) 등에 의하여 더욱 확대되었다.

3. 영국의 회계검사원

영국의 회계검사원장(The Comptroller and Auditor General)은 1866년의 국고 및 회계검사법(The Exchequer and Audit Department Act)에 의거하여 국왕에 의해 임기를 정함이 없이 임명된다. 회계검사원장은 오직 하원에 대해서만 책임을 지며 상하양원의 청원이 없는 한 파면되지 않으며 행정부로부터 독립된 지위를 확보하고 있다.

회계검사원의 임무는 하원을 대신해서 회계검사를 행하는 것이며, 여기에는 의정비결산서의 검사, 세입에 관한 검사, 물품회계 및 사업회계(trading account)의 검사 등이 포함된다. 이 밖에 재무성의 요구에 따라 행하는 행정적 검사가 있다.

4. 우리 나라의 감사원

우리 나라의 회계검사기관은 대통령 직속하에 있는 감사원이다. 즉, 1963년 3월 5일자 법률 제1286호에 의하여 종래의 심계원과 감찰위원회가 통합됨으로써 감사원의 설치를 보게 된 것이다.

생각건대 해방 전에 있어서는 우리 나라의 회계검사가 일본의 회계검사원법의 적용을 받고 있었기 때문에 당시 조선총독부가 회계검사를 담당했던 것이다.

그러나 헌법이 제정·공포되었고 동 헌법 제95조 1항에 "국가의 수입지출의 결산은 매년 심계원에서 검사한다"고 규정함으로써 심계원의 설치를 보게 되었으며, 심계원의 조직과 권한을 법률로써 정한다는 헌법 제95조 3항의 규정에 따라 정부조직법과는 별도로 심계원법이 제정되었던 것이다.

1961년 9월에는 심계원법이 개정됨으로써 심계원은 최고회의 직속기관으로 옮겨졌다가 다시 개정 헌법에 의하여 대통령 소속하에 감사원을 두게 되었다. 즉, 1963년 3월에 감사원법이 제정·공포되었다가 헌법개정으로 인하여 1963년 12월에 새로운 감사원법이 공포되었으며, 현행 헌법은 감사원에 관한 규정을 두고 설치근거·권한 및 조직 등을 명시하고 있다(제97조~제100조).

우리 나라의 감사원은 원장을 포함하여 7명의 감사위원으로 구성되는 감사위원회의(헌법 제98조 1항)와 사무처로 조직되고 있다. 감사원장은 국회의 동의를 얻어 대통령이 임명하며 감사위원은 원장의 제청으로 대통령이 임명하는데, 원장을 포함한 감사위원의 임기는 4년으로 되어 있으며 1차에 한하여 중임할 수 있다(헌법 제98조 3항). 감사위원은 탄핵결정이나 형의 선고를 받았을 때와 장기간 심신쇠약으로 직무를 수행할 수 없게 된 경우를 제외하고는 65세까지 그 의사에 반하여 면직되지 않는다. 사무처는 사무총장 밑에 2인의 사무차장과 기획관리실, 감사연구원, 감사교육원이 있으며, 제1사무차장 밑에 5개국, 제2사무차장 밑에 5개국을 두고 있다.[26]

---

26) 신두범·오무근, 최신행정학개론(서울: 박영사, 2010), p. 444.

Ⅲ. 회계검사의 종류

1. 사전검사와 사후검사

(1) 사전검사

실제로 예산의 지출이 있기 전에 법률의 규정에 의거하여 미리 지출의 합법성을 승인받는 것이다.

(2) 사후검사

실제로 지출이 행하여진 후에 그 지출의 적법 여부를 검사하는 것이다.

2. 일반검사 · 상업식검사 · 종합식검사

(1) 일반검사

이것은 공금관리의 위임을 받고 있는 공무원들의 개인적 책임을 기초로 하여 행하여지며, 회사나 공기업 등을 제외한 대부분의 정부기관에 대하여 적용되는 회계검사인바, 우리 나라에서도 이것을 적용하고 있다.

(2) 상업식검사

이것은 주로 미국에 있어서 정부가 공사나 공기업 등에 적용하는 것으로서 민간의 영리기업체에서 공인회계사를 초청하여 행하는 검사와 동일하다.

(3) 종합식검사

이것은 종래의 일반적 검사보다 회계제도의 검사에 치중한 것으로서 주로 내부통제제도를 채택하고 있는 정부기관에 대하여 실시한다.

Ⅳ. 회계검사와 직무감찰

우리 나라 감사원법 제20조는 “감사원은 국가의 세입 · 세출의 결산검사와 이 법 및 다른 법률이 정하는 회계를 상시 검사 · 감독하여 그 적정을 기하고 행정기관 및 공무원의 직무를 감찰하여 행정운영의 개선향상을 기한다”고 규정하고 있어 감사원의 기능이 결산의 확인, 회계검사, 직무감찰의 세 가지로 나누어짐을 명시하고 있는바, 여기서는 주로 회계검사와 직무감찰을 중심으로 살펴보고자 한다.

1. 회계검사

감사원에서 실시하는 회계검사는 감사원이 당연히 검사하여야 할 경우와, 필요하다고 인정한 때 또는 국무총리의 요구가 있을 때 실시하는 경우의 두 가지로 구분되는데, 전자를 필요적 검사사항이라고 하고 후자를 선택적 검사사항이라고 한다.

⑴ 필요적 검사사항

여기에는 i) 국가의 회계, ii) 지방자치단체의 회계, iii) 한국은행의 회계와 국가 또는 지방자치단체가 자본금의 2분의 1 이상을 출자한 법인의 회계, iv) 다른 법률에 의하여 감사원의 회계검사를 받도록 규정된 단체 등의 회계가 해당된다.

⑵ 선택적 검사사항

여기에는 i) 국가기관 또는 지방자치단체 이외의 자가 국가 또는 지방자치단체를 위하여 취급하는 국가 또는 지방자치단체의 현금·물품 또는 유가증권의 출납, ii) 국가 또는 지방자치단체가 직접 또는 간접으로 보조금·장려금·조성금·출연금 등을 교부하거나 대부금 등 재정원조를 제공한 자의 회계, iii) 전호에 규정된 자가 그 보조금·장려금·조성금·출연금 등을 다시 교부한 자의 회계, iv) 국가 또는 지방자치단체가 자본금의 일부를 출자한 자의 회계, v) 국가·지방자치단체·한국은행이 출자한 자의 회계, vi) 국가 또는 지방자치단체가 채무를 보증한 자의 회계 등이 해당된다.

2. 직무감찰

첫째, 직무감찰제도는 그 목적하는 바에 따라 두 가지로 나눌 수 있는데, 그 하나는 스칸디나비아 제국에서 볼 수 있는 Ombudsman제도와[27] 같이 공무원의 비위의 규찰을 목적으로 하는 경우이며, 다른 하나는 과거의 일본의 행정관리청에서와 같이 행정운영의 향상을 목적으로 하는 경우이다.

둘째, 행정감찰기관이 어디에 소속하고 있는가에 따라 두 가지로 분류되는데 의회에 소속되어 있는 경우도 있고 행정부 내에 설치되는 경우도 있다. 후자의 경우 직무감찰은 행정의 내부적 통제수단으로 활용되는 수가 많다.

셋째, 직무감찰기관의 유형을 보면 회계감사기관에 직무감찰기능을 부여하는

27) 이 Ombudsman제도는 공무원의 불법·부당한 행위에 대한 국민으로부터의 불만(재판으로서는 쉽사리 구제되기 어려운 일반 국민의 고충 등)을 처리하는 민주화된 직무감찰제도로서 의회에 의한 행정통제수단의 하나로 볼 수 있다.

원래 Ombudsman제도는 그 기원을 스웨덴에서 찾아볼 수 있으나, 유력한 행정감찰의 방법으로서 제 2 차 세계대전 후 덴마크·노르웨이·핀란드의 북구국가, 영국·캐나다·뉴질랜드·프랑스·독일, 그리고 미국의 일부 도시 및 주에로 보급되고 있다. Ombudsman제도에 관한 구체적 내용은 제 2 편을 참조.

경우(한국, 이스라엘) 등도 있고, 일본의 행정관리청[28]과 같이 직무감찰기관이 회계검사기관과 분리되어 있는 경우도 있다.

넷째, 회계검사와 직무감찰은 양자가 행정통제의 수단이라는 점에서는 같다고 하겠으나 양자는 제각기 감찰내용을 달리한다. 즉 종래의 전통적인 회계검사는 합법성을 중시하는 검사로서 회계책임과 관련이 없는 직무상의 책임에 관해서는 영향을 줄 수 없는 데 대하여, 직무감찰은 공무원의 비위를 시정하는 데 그치지 않고 나아가 행정운영의 개선향상을 기하는 데 목적을 두고 있는 것이다.[29]

제 10 절 결 산

Ⅰ. 결산의 의의

결산이란 1회계연도에 있어서의 세입·세출예산의 집행실적을 최종적으로 계산한 것이다. 그런데 예산은 국회가 의결한 것이므로 그 집행의 결과를 국회가 감사하는 것은 당연한 일이라 하겠다.

결산서가 국회의 승인을 얻으면 행정부는 예산집행에 대한 책임이 해제되는 것이며, 가령 국회가 어떤 집행에 대하여 위법 또는 부당하다고 의결하였더라도 이미 실행한 행위의 법적 효과에는 아무런 영향이 없으며, 다만 정치적으로 책임을 추궁하는 효과를 가지는 데 불과한 것이다.

결산은 회계연도 기간에 있어서의 국가재정의 집행실적을 명시하는 것이며, 결산에 표시되는 모든 계수는 국가의 활동상황을 나타내는 것이므로 이를 국민에게 보고하여야 한다. 결산은 국민에게 보고함으로써 국민은 국가의 재정상황을 이해할 수 있는 것이다.

우리 나라에서는 헌법 제99조에서 감사원은 세입·세출의 결산을 매년 검사하여 대통령과 차년도 국회에 그 결과를 보고하도록 되어 있다.

---

28) 1948년 7월 설치된 일본의 행정관리청은 행정관리업무와 행정감찰업무를 2대지주로 삼고 있으며, 지역에는 관구행정감찰국과 지방행정감찰국이 설치되어 있다.

29) 우리 나라 감사원의 회계검사와 직무감찰의 실정을 보면 감사원의 활동이 회계검사에 편중하고 있고, 또 회계검사나 직무감찰은 그 기능면에서 보아 개별적 위법·부당사항이나 비위사실의 적출을 크게 벗어나지 못하고 있음을 지적할 수 있다[유훈, 재무행정론[제5정판](서울: 법문사, 2000), pp. 363~364 참조].

미국에는 우리 나라의 결산제도에 해당하는 제도는 없고, 다만 매년도의 수지의 실적에 관해서는 재무장관이 합중국 정부수지잔고 종합보고서(Combined Statement of Receipts Expenditures and Balance of the U.S. Government)를 작성하여 익년도에 의회에 제출하도록 하고 있다.

Ⅱ. 영국의 결산제도

1. 결산의 작성과 검사

매년 3월 31일에 회계연도가 끝나면 각 성청은 결산서를 작성하여 회계검사원에 제출한다. 즉, 각 성청은 의정비세출결산법(Appropriation Act)에 규정된 각 항마다의 결산서를 회계검사원장에게 제출한다. 회계검사원장은 그것을 검사하고 보고서를 작성하여 재무성에 송부한다.[30] 그러면 재무성은 회계검사원장의 보고서를 첨부하여 의정비결산서(Appropriation Accounts)를 하원(결산위원회)에 제출한다.

2. 결산위원회의 심사

결산서는 하원의 결산위원회(Public Accounts Committee)에 의하여 심사된다. 결산위원회는 16명의 위원으로써 구성되며, 그 심의는 당파성을 초월하여 진행된다. 심의한 결과는 결산위원회의 보고로서 하원에 보고된다. 이것으로써 결산의 심의는 종료되나 재무성은 이 보고서를 검토할 의무가 있으며, 그 견해를 재무성각서(Treasury Minute)에서 밝힌다.

Ⅲ. 우리 나라의 결산제도

1. 결산의 조제

결산은 예산집행의 실적이기 때문에 예산집행을 완결하여야만 비로소 그 내용을 확정지을 수 있다. 예산집행의 완결이라 함은 구체적인 세입과 지출사무의 완결을 말한다. 그리고 이 출납사무의 완결은 결산조제의 전제가 되는 것이다. 우리 나

30) 이 회계검사원에 의한 검사는, i) 지출이 예산의 금액을 초과하지는 않았는가, ii) 의회가 의도한 목적을 위해 지출되었는가, iii) 지출이 정당한 권한에 입각하여 행하여졌는가라는 관점과, 그 밖에 각 성청의 재무행정 전반을 효율적 지출이라는 각도에서 검사하도록 되어 있다.

라의 국가재정법 제58조 1항은 "중앙관서의 장은 국가회계법에서 정하는 바에 따라 회계연도마다 작성한 결산보고서를 다음 연도 2월 말일까지 기획재정부장관에게 제출하여야 한다"라고 규정하고 있다.

기획재정부장관은 각 중앙관서의 장으로부터 제출된 세입·세출결산보고서에 의하여 세입·세출의 결산을 작성하여 국무회의의 심의를 거쳐 대통령의 승인을 얻어야 한다. 결산보고서의 조제가 완료되면 기획재정부장관은 세입·세출결산서에 각 중앙관서의 세입·세출결산보고서, 계속비결산보고서 및 국가의 채무에 관한 계산서를 첨부하여 이를 다음 연도 4월 10일까지 감사원에 제출하여야 한다(국가재정법 제59조).

2. 결산의 검사확인

감사원은 정부에서 제출한 결산을 첨부서류와 기타 참고자료에 의하여 검사·확인하는 동시에 검사보고서를 작성한다. 검사보고서는 예산집행에 있어서의 비위의 유무, 계산의 정확 등 그 내용을 명백히 하는 것이다. 감사원이 검사하고 그 결산에 대하여 최종적으로 결정하는 것이 확인이며 이것으로써 결산이 확인되는 것이다. 감사원은 그 보고서를 다음 연도 5월 20일까지 기획재정부 장관에게 송부한다(국가재정법 제60조).

3. 결산의 국회제출

정부는 감사원의 검사를 거친 국가결산보고서를 다음 연도 5월 31일까지 국회에 제출한다. 그리고 동 결산에는 감사원의 검사보고서 이외에 세입·세출결산보고서, 계속비결산보고서 및 국가의 채무에 관한 계산서를 첨부하여야 한다.

4. 결산의 심의

정부가 국회에 제출한 결산은 우선 각 상임위원회에 회부하여 심사하게 하고 각 상임위원회는 그 심사결과에 대한 의견을 첨부하여 예산결산특별위원회에 회부하여 종합심사하도록 한 후 이를 본회의에 보고한다. 본회의에서는 이 보고에 의해 의결한다.

제 3 장

재무행정의 관리

제 1 절 성과주의예산

Ⅰ. 성과주의예산의 의의

종래의 통제지향의 예산제도, 즉 품목별 예산제도에 있어서는 정부가 어떤 물건을 얼마만큼 구입한다는 것을 표시하였을 뿐 왜 정부가 이를 매입하는가를 표시하지는 않았다. 따라서 정부사업계획의 내용이라든가 그 사업계획을 시행함으로써 달성될 수 있는 성과 등은 표시해 주지 못했던 것이다.

좀더 구체적으로 본다면, 종래의 품목별 예산제도에 있어서는 정부 각 기관의 세출경비를 인건비, 소모품비, 비품비 등 지출대상에 따라 분류·나열한 데 불과하기 때문에, 과연 그 세출경비가 어떠한 정부활동과 사업목적을 위하여 어떻게 실제로 사용되었는지, 예산과 사업 그리고 경비와 실적의 기본관계가 명시되지 못하였다. 이에 대하여 성과주의예산은 네(조직)가 무엇(품목)을 하는 데 얼마(금액)를 쓰라는 예산형식을 지양하고, 정부가 구입하는 수단(봉급, 비품, 자료 등)보다는 지출의 목적 그 자체에 치중해서 예산과목을 기능 및 사업계획을 바탕으로 분류·편성함으로써 업무수행의 성과를 명백히 하려는 예산제도이다.

생각건대 종래의 전통적인 예산제도에 있어서는 제한된 가용자원으로 최대의 사업성과를 올리려는 합목적적인 사고방식보다는 합법성 여부에 더 큰 관심을 가지고 예산을 집행함으로써 법적인 책임해제에만 전념했기 때문에 절약과 능률을 지향하는 현대행정의 원리와는 거리가 먼 것이었다. 여기에 모든 예산지출을 행정효과면에서 파악하여 예산을 사업목표량과 관련시켜 편성·사정·집행케 함으로써 최대의 행정성과를 보장하려는 성과주의예산은 정부가 구입하는 수단보다 목적을 강조하는 형식으로 예산을 기능, 주요 사업, 세부사업별로 분류·편성하여 그 업무량과 비용을 합리적으로 표시함으로써 사업의 성과를 명백히 하는 예산이라 할 수 있다.

이 성과주의예산은 단위원가×업무량=예산액으로 표시되는데, 여기에 단위원가란 업무 측정단위 한 개를 생산하는 데 소요되는 경비를 말하며, 업무량이란 업무단위에 의하여 표시된 업무의 양을 말한다.

이와 같이 성과주의예산은 각 사업마다 가능한 한 업무 측정단위를 선정하여 업무를 양적으로 표시하게 하고, 나아가서는 예산을 원가에 기준한 합리적인 방법으로 편성케 하며, 그 집행의 성과를 측정·분석·평가하여 효과적인 재정통제를 가능하게 하는 제도라 하겠다.

이와 같은 성과주의예산의 개념은 H. D. Smith의 표현을 빌면 입법적 통제수단으로서의 예산(the budget as an instrument of legislative control)으로부터 집행관리수단으로서의 예산(the budget as an instrument of executive management)으로의 전화를 의미하는 것이다.[1)]

Ⅱ. 성과주의예산의 운영상의 구비조건

J. Burkhead는 그의 「정부예산론」(*Government Budgeting*)에서 성과주의예산을 원만히 운영해 나가기 위해서는 다음과 같은 요건이 필요하다고 하였다.[2)]

i) 중앙예산당국과 각 부처 및 기관의 관리자들(administrators)은 사업계획의 판별(identification)에 협조하여야 한다. 사업계획의 판별은 관리자의 책임이다. ii) 일단 판별된 사업계획은 조직구조와 관련해서 검토되어야 한다. 그리고 효율적인 행정관리를 위해 필요하다고 생각되는 경우에는 조직상의 개편이 요구될 수 있다. iii) 각 사업계획의 테두리 안에서 성과단위들을 판별해야 하며 어떤 경우에 있어서도 성과단위는 가능한 한 시각적으로 동질적이어야 한다. 또한 성과·비용의 완전한 측정에 노력해야 한다. iv) 사업계획의 진행을 전 회계연도를 통하여 측정할 수 있도록 내부보고 조직이 만들어져야 한다. v) 예산을 승인하는 입법은 사업계획별로 작성되어야 하며, 가능한 한 자금지출의 구조를 간소화하여야 한다. 또한 현금

1) Harold D. Smith, "The budget as an instrument of Legislative Control and Executive management," *Public Administration Review*(Summer 1944), p. 182.

2) Jesse Burkhead(김주남·김정구·신두범 공역), *Government Budgeting*(New York: John Wiley & Sons, Inc., 1956), pp. 204~305.

의 지출을 통제 · 기록하는 계정체계는 사업계획별로 설정되어야 한다.

이리하여 성과주의예산의 사업목적을 달성하기 위해서는 행정관리자에게 관리의 책임과 회계의 책임을 부여하여야 한다는 것이다.[3)]

Ⅲ. 성과주의예산제도의 발달

미국에 있어서는 1912년에 '절약과 능률에 관한 대통령위원회'(President's Commission on Economy and Efficiency)가 예산은 구입할 물건보다도 달성되어야 할 일에 따라 편성되어야 한다고 주장함으로써 성과주의예산제도의 필요성을 강조하였는데, 그 다음 해인 1913년에 뉴욕시 리치먼드구에서 원가예산제도(cost data budget)를 시도한 것이 성과주의예산제도의 기원이라 하겠다.

그 후 1934년에는 농무성이 사업별 예산(project budget)을 편성하였으며 이와 때를 같이 하여 테네시계곡개발청(Tennesse Valley Authority)이 세부사업별로 예산을 분류함으로써 성과주의예산과 비슷한 프로그램예산제도를 시작하였던 것이다. 그리고 1939년에 도시재정담당공무원연합회(The Municipal Finance Officers Association)에서 활동별 분류를 강조한 바 있으며, 제 2 차 세계대전 후에 있어서는 1946년 해군성이 1948년도 예산으로서 종래의 품목별 예산과 함께 성과주의예산을 편성 · 제출한 일이 있다.

1949년 제 1 차 후버위원회(Hoover Commission)는 '예산과 회계'(Budgeting and Accounting)에 관한 보고서 중의 권고안을 통하여 "우리는 연방정부의 전체적인 예산개념이 기능(function) · 활동(activities) · 사업계획에 기초한 예산제도로 개편될 것을 권고한다. 이와 같은 예산을 우리는 성과주의예산(performance budget)이라고 부른다"[4)]라고 하였다.

위에서 본 바와 같은 후버위원회의 권고와 1946년에 미해군성에서 계획별로 예산을 편성하기 시작한 것을 계기로 하여 1950년에 의회는 예산회계절차법(Budget and Accounting Procedures Act)에서 성과주의예산의 채택을 장려하는 것을 규정하였다. 뿐만 아니라 1955년의 제 2 차 후버위원회는 미국에 있어서의 성과주의예산제도를 더욱 발전시킬 것을 건의하였던 것이다.

---

3) *Ibid.*, p. 207.

4) Commission on Organization of the Executive Branch of the Government, *Budgeting and Accounting*(Washington, D.C.: Government Printing Office, 1949), p. 8.

Ⅳ. 성과주의예산의 장단점

1. 장 점

(1) 예산의 편성에 있어서 자금의 배분을 합리화할 수 있다. 성과주의예산은 사업 또는 활동에 대한 업무량과 원가를 명시함으로써 예산편성에 유리하다. 즉 종래의 예산이 품목별로 계상되어 있는 관계로 무슨 사업에 얼마의 자금이 소요되며, 수용자원이 어떻게 사업계획별로 배분되는지 분명치 못하였던 데 비하여 성과주의 예산에 있어서는 정부조직에 구애됨이 없이 광범하게 기능별로 수립된 계획에 관해서 그 사업계획의 활동이나 공사에 대한 세출예산을 당해 업무량을 기초로 하여 산출하고 자금을 합리적으로 배분할 수 있다는 것이다.

(2) 예산의 편성작업을 시간적으로 단축할 수 있다. 성과주의예산제도를 채택하면 예산안은 국회에서의 심의를 용이하게 할 수 있을 뿐만 아니라 행정부에서의 편성에서도 시간을 단축할 수 있다. 즉 성과주의예산 편성작업은 사업계획의 전체 상황을 보다 쉽게 평가·분석할 수 있으며, 월별·기별 심사분석의 경과와 그에 의한 시정조치의 건의를 최근의 자료까지 이용할 수 있을 뿐 아니라, 편성작업에 소요되는 시간이 예산담당관들의 예견능력에 정비례하여 단축되므로 현실적이고 보다 정확한 예산편성을 할 수 있다.

(3) 국회의 예산심의와 행정부의 정책수립을 용이하게 한다. 성과주의예산제도 하에서는 국회는 예산의 심의에 있어서 사업계획의 비용과 예상성과를 비교·평가하고, 이것을 심의자료로 하여 사업계획별로 선택 가부만 결정하면 되기 때문에 종래의 품목별 예산에 있어서와 같이 예산삭감이라는 복잡하고 자의적인 절차를 피할 수 있으며, 또한 행정부의 정책수립에 도움을 준다.

(4) 행정관리상 행정통제를 용이하게 하며 권한과 책임의 위임을 가능케 한다. 성과주의예산제도하에서의 회계나 보고는 사업계획별·단위별로 이루어지기 때문에 그 성과나 경비를 계수적으로 정확히 파악할 수 있으므로 자연히 행정통제를 용이하게 한다. 뿐만 아니라 성과주의예산제도하에서는 행정 각부 중앙관리층의 주요 사업이 운영계획과 예산서에 명시되므로 자연히 사업완수의 책임과 권한이 규정되는 동시에, 최고관리층이나 국회의 심의는 대개의 경우 대항목 사업계획의 평가에 그치기 때문에 이 각 항의 세부배정은 각 국장 이하 과장·계장이 맡아서 전담하게 되므로 권한과 책임의 위양이 자동적으로 실현된다는 것이다.

2. 단 점

(1) 행정조직체계별 소관경비에 대한 집중적 통제를 약화시킨다. 성과주의예산은 사업수행의 주무담당국·과장이 광범한 자유재량권을 행사하여 기도한 계획의 실천을 강력히 추진하는 제도이므로 집행책임자가 현행 회계법상 금지적 의도를 내포하는 항목간 전용 등을 자유로이 하게 되므로 경리업무에 있어서의 집중적 통제가 약화된다.

(2) 현금지출의 주체와 그 회계책임이 불명확하게 될 우려가 있고, 품목별 통제가 폐지됨으로써 공금관리에 만전을 기하기 어렵다.

(3) 행정부에 대한 입법부의 엄격한 통제가 힘들다. 품목별 예산에 있어서는 정책적인 문제는 품목의 나열 속에 숨어 버리고 정부활동의 회계적 측면에서 구입하는 물품 자체에 관심을 집중시킴으로써 입법부가 행정부의 회계활동에 대한 엄격한 통제를 쉽게 할 수 있는 것이지만, 성과주의예산제도에 있어서는 그 중점이 회계활동으로부터 정책과 계획업무로 전환되므로 회계적 통제가 약화될 우려가 있다는 것이다.

V. 성과주의예산제도에 있어서 고려하여야 할 사항[5)]

1. 업무 측정단위의 선정

성과주의예산제도에 있어서 가장 본질적인 문제는 업무 측정단위의 선정이라 하겠다. 그런데 정부의 사업과 활동 가운데는 단순한 통제적 방법에 의해서는 측정할 수 없는 것이 있다. 예를 들면 첫째, 인원이나 경비가 사업량에 따라 변하지 않고 조직이나 법규에 의해서 고정된 경비, 둘째, 특정 조사업무와 같이 성질상 측정하기가 어려운 활동 등이다. 더구나 업무측정에 있어서 문제가 되는 것은 측정단위와 질과의 관계이다. 업무량을 물질적 단위로 표시하려면 단위가 동질적이어야 하나, 정부활동 중에는 특히 노동쟁의의 조정과 같이 양적으로 평가하기가 어려운 것이 있다. 따라서 성과주의예산의 채택에 앞서 중요한 것은 측정단위와 동질성의 문제라 하겠다.

이제 업무 측정단위의 선정에 있어서 전제되어야 할 고려사항을 보면 첫째, 선정된 단위는 동질성이 있어야 한다. 둘째, 선정된 단위는 계산가능성이 있어야 하

5) 유훈, 행정학원론(서울: 법문사, 2000), pp. 849~851.

며 완결된 업무를 표시해야 한다. 셋째, 선정된 단위는 영속성이 있어야 한다. 넷째, 업무 측정단위는 친숙한 용어로 표시하여 관계자들이 이해하기 쉬운 것이어야 한다는 것 등이다.

2. 단위원가의 계산

전술한 바와 같이 단위원가란 업무 측정단위 하나를 산출하는 데 소요되는 인건비 · 자료비 기타의 모든 경비를 합계한 것을 말하는데, 회계제도가 발달하지 못하고 충분한 훈련과 경험을 지닌 회계직원이 부족한 후진국의 경우에 있어서는 이 단위원가의 산출이란 어려운 문제라 하겠다.

Ⅵ. 우리 나라의 성과주의예산제도

현행 우리 나라 예산제도는 그 구조에 있어서 조직별 혹은 품목별로 분류된 과목체계를 지니고 있는데, 이것은 통제지향의 예산제도, 즉 품목별 예산제도라고 일컬어지고 있다. 이처럼 예산과목은 조직별로 그리고 세분화된 경비품목별로 분류·편성하는 현행 예산은 현금지출의 주체를 과목별로 편성함으로써 회계책임의 소재를 명백히 하는 동시에 세분된 경비품목별로 지출에 대한 자유재량권을 극도로 제한함으로써 공금관리의 만전을 기하려는 데에 그 주안점이 있는 것이다. 그러나 예산과목이 조직별 또는 품목별로 분류되어 있으므로 정부의 목적이나 사업내용이 명백히 표시되지 못하고 있다.

1961년에 제정 · 공포된 우리 나라 예산회계법은 성과주의예산제도의 채택을 암시하는 규정을 두었는데, 이에 따라 1962년과 1963년에는 업무 측정단위의 선정에 비교적 용이한 농림부 소관의 농지개척사업과 건설부 소관 및 보건사회부 소관의 몇 개 사업에 한하여 성과주의예산을 채택하였으나 제반 여건의 미비로 1964년도부터는 이 제도의 적용을 중단한 바 있다. 그런데 근자에 정부에서는 성과주의예산제도를 새로 도입하기로 하고 16개 시범사업 기관을 선정하여 2000년도 예산부터 적용하기로 하였다. 그리고 2001년도에는 12개 기관을 추가하였으며 앞으로도 점진적으로 확대할 것으로 보인다.[6)]

---

6) 배득종, 신재무행정(서울: 박영사, 2002), pp. 291～292.

제 2 절 계획예산〔PPBS〕

Ⅰ. PPBS의 의의

계획예산제도(PPBS)는 종래에 비교적 경시되었던 예산편성의 계획기능을 중시하고자 하는 취지에서 만들어진 것이다. 즉, PPBS(planning-programming-budgeting system)란 '계획책정 · 프로그램 작성 · 예산편성 시스템'을 뜻하며, 이것은 장기적 계획수립과 단기적 예산편성을 프로그램 작성을 통하여 유기적으로 연결시킴으로써 조직체에 있어서의 자원배분에 관한 의사결정을 합리적으로 하기 위한 제도이다.

PPBS의 의의와 과정을 좀더 자세히 살펴보면 i) 계획책정이란 목적의 분석, 대안의 개발, 최선의 대안의 선택을 뜻하며, ii) 프로그램 작성이란 계획책정의 단계에서 선택된 각각의 사업계획에 관해서 장차 확실히 내다볼 수 있는 기간, 즉 통상 5개년에 걸친 그 성과(outputs)와 그것에 소요되는 비용을 시간적으로 결부시킴으로써 전체로서의 실현가능성을 명백히 하는 과정을 말하며,[7] iii) 예산편성이란 계획책정 및 프로그램 작성에 있어서의 결정의 결과 채택된 사업계획의 다음 연도분을 실시하는 데 필요한 자금을 뒷받침하는 작업을 말한다.

PPBS가 의도하는 바는 미국 존슨 대통령의 1965년의 성명[8]에 잘 나타나 있다. 그 내용은 i) 국가목표를 정확하게, 그리고 계속적으로 파악하여, ii) 이들의 목표 가운데서 가장 긴급한 것을 선택하고, iii) 최소의 비용으로 선택된 목표를 달성할 수 있는 대안을 모색하며, iv) 사업계획의 단년도 비용뿐만 아니라, 그 후년도 비용, 즉 장기에 걸친 비용을 계산하고, v) 사업계획의 성과측정에 의한 자금의 효과적인 이용을 달성하여야 한다는 것 등이다.

---

7) 프로그램 작성의 결과로서 나타나는 것이 프로그램계획(program plan)이다. 이것은 미국 연방정부에 있어서는 프로그램 및 자금계획서(program and financial plan)라고 한다.

8) 1965년 Johnson 대통령의 지시에 의해서 주요 연방행정기관에 PPBS가 적용되게 되었는데, 동년 1월 25일에 성명을 발표하여 PPBS가 의도하는 바를 밝혔다.

Ⅱ. PPBS의 기본원리

1. 합목적성

PPBS에 있어서 모든 사업계획과 예산사업은 국가목적에 적합하도록 행하여져야 하며, 또한 국가목표의 구체적 실현이라는 입장에서 파악되어야 한다. 말하자면 국가 또는 조직의 목적 및 성질과 관련 있는 제 조건을 감안하여 기본적인 사업목표를 설정해야 한다는 것이다.

2. 경제적 합리성

종래에 있어서 예산상의 결정 편성은 정치적 홍정을 통해서 기존 예산의 내용과 규모에 부분적인 조정을 가하는 일이 많았다. 이와 같은 정치적 타협에 의하여 이루어지는 예산자원의 배분은 다분히 정치적 합리성의 추구의 결과이지 경제적 합리성의 결과는 아니다. 즉 예산결정은 어느 기관이 예산요구를 했으며, 어느 실력자가 이를 지지했는가에 달려 있는 경우가 적지 않다는 것이다.[9)]

3. 효 과 성

효과성이란 달성하려는 목표를 일정기간 내에 얼마나 성취하였는가를 뜻한다. PPBS에 있어서는 목표달성을 위한 각종 대안이 검토되는 과정에서 효과성이 중요한 문제로 대두된다. 즉 각종 대안 가운데서 하나의 적절한 방안이 선정되면 정책결정기관은 합리적으로 정책을 결정할 수 있다.

4. 능 률 성

PPBS는 국민의 세금을 효율적으로 사용한다는 전제하에 실시될 것이 요구된다. 즉 행정부로서는 국민의 세금을 효율적으로 사용하기 위해 절약과 능률을 예산제도의 기본목표로 삼아야 한다. 절약과 능률은 일정량의 자원을 가지고 되도록 많은 성과(outputs)를 내거나 일정량의 성과를 내기 위하여 되도록 적은 량의 투입(inputs)을 하는 것을 뜻한다.[10)] 이를 위해서는 투입(inputs)과 성과(outputs)를

---

9) 황인정, "PPBS와 품목별 예산제의 비교(상호보완성의 사회조직이론적 검증)," 행정논총(제 7 권 제 1 호), 서울대학교 행정대학원, 1969, p. 228.

10) Kang Sintaek, "An Analysis of Structure of Planning System: Norms of Rationality and Administration Programs in Government," unpublished Ph. D. dissertation, University of Pennsylvania, 1969, p. 29.

연결하는 과정에서 계획적이고 정비된 체제를 필요로 하는 것이다.

5. 과학적 객관성

PPBS의 또 하나의 목표는 과학적 객관성인데, 의사결정을 함에 있어서 체제분석, 비용-효과분석 등의 방법을 사용하여 되도록 의사결정자의 주관적 편견을 없애고 객관적 판단을 내리도록 하여야 한다.

Ⅲ. PPBS의 프로그램체계

PPBS의 주안점은 의사결정자로 하여금 정부의 자원배분의 문제에 관심을 집중시켜 가장 합리적인 자원배분을 할 수 있는 제도를 확립하려는 데 있다.

PPBS는 정부의 활동을 프로그램(program)이라는 개념으로써 파악하는바, 여기서 프로그램이란 공통의 목적 또는 공통의 성과(outputs)를 나타내는 사업계획을 말한다. 이와 같은 프로그램을 정부의 제 기관이 달성하여야 할 목적에 따라서 분류하기 위한 체계를 프로그램 체계(program structure)라고 한다.[11]

즉, 프로그램 체계는 사업계획을 조직체가 달성하여야 할 목적에 따라 분류함으로써 자원배분에 관한 의사결정의 범위를 제공하고, 그 목적을 달성하기 위한 여러 가지 대안의 비용과 유용도를 비교하고 분석하는 틀이 되는 것이다.

프로그램 체계는 달성되어야 할 목적과 그것을 위한 사업계획을 대응시켜 그 목적의 수준에 맞도록 계층적으로 배열한 것인데, 예로서 미국 연방정부 각 성청은 프로그램 중분류(program category), 프로그램 소분류(program sub-category), 프로그램 세분류(program element)의 세 가지 분류로 구성되어 있다.[12]

프로그램 중분류란 프로그램 체계의 최상위 수준의 분류항목으로서 고위관리자가 결정을 내리는 데 적당한 주요 문제를 검토·해결하기 위한 틀을 말하며, 프로그램 소분류란 프로그램 중분류의 하위에 속하는 분류항목으로서 매우 유사성이 있는 성과를 만들어 내는 프로그램 세분류를 정리한 것이며, 프로그램 세분류란 프로그램 체계의 기본적인 구성단위를 이루는 것을 말한다.

이제 연방 노동성의 프로그램 체계를 예시하면 〈표 5-2〉와 같다.

이 예시에서 보면 노동자에 대한 직업훈련을 실시하고자 하는 사업계획은 노

---

11) 宮川公男, 前揭書, p. 18.
12) 유종해, 현대행정학〔제 4 정판〕(서울: 박영사, 2001), p. 647.

〈표 5-1〉 미국 연방 노동성의 프로그램 체계

프로그램 중분류	프로그램 소분류	프로그램 세분류
Ⅰ. 노동력 개발원조	A. 훈 련	1. 직장 내 훈련
		2. 공공직업훈련
		3. 통신지도
		4. 양성훈련
	B. 특별노동력 프로그램	
	C. 작업실습 프로그램	
	D. 연 구	
	E. 정책입안 및 평가	
	F. 종합노동력 계획책정	
	G. 노동력정보	
	H. 노동력관리 데이터 시스템	
	I. 일반관리	
Ⅱ. 취직원조		
Ⅲ. 소득보장		
Ⅳ. 임금 및 노동력 조건의 기준		
Ⅴ. 노사관계		
Ⅵ. 데이터 수집 · 분석 및 보급		
Ⅶ. 일반지원		

동력 개발원조라는 목적을 달성하기 위한 하나의 수단이며, 이 경합적 내지 보완적 사업계획으로서 특별노동력 프로그램, 작업실습 프로그램 등이 있다. 또 직업훈련의 실시방법으로서 취업 전에 행하는 직장 내 직업훈련, 일정한 직업훈련소 등의 공공시설에서 행하는 공공직업훈련 등이 있음을 나타낸다.

따라서 이 직업훈련 프로그램을 실시하느냐의 여부를 검토함에 있어서는 그것이 노동력 개발원조라는 목적에 대하여 유효한 것인가 아닌가를 다른 경합적 내지 보완적 사업계획(특별노동력 프로그램, 작업실습 프로그램 등)을 비교 · 검토하고, 나아가 그 실시방법으로서 어느 것을 선택할 것인가(직장 내 직업훈련, 공공직업훈련 등)를 검토하여 판단하게 된다.

Ⅳ. PPBS의 효용

PPBS의 장점으로서는 국가목표를 보다 정확하게 파악할 수 있다는 점과 실시를 측정 · 평가할 수 있다는 점 등을 들 수 있는바, 여기서 PPBS의 효용을 열거하면 다음과 같다.

1. 의사결정 절차의 일원화

PPBS는 절차를 일원화한다. 즉 사업계획의 목적·대안·효과 및 소요자원이 잘 관련되어 있으면 있을수록 상부의 결정이 용이하게 되므로 모두를 중앙집권적으로 판단하여 처리할 수 있다는 것이다.

2. 장기적 사업계획의 신뢰성

종래에는 사업계획의 계산상 뒷받침이 불충분하였으므로 대개 탁상계획으로 그치는 경향이 있었으나, PPBS의 채택에 따라 매우 실현성이 있는 계획을 작성하는 것이 가능하게 되었다.

3. 조직체의 통합운용

조직체의 통합운용이 효과적으로 행해지게 된다. 즉 체제분석방법의 도입에 따라 임무달성을 위한 각종 대안이 여러 각도에서 효과와 비용의 양면에 대하여 검토하는 것을 가능케 만들고 최적이라고 생각되는 안을 채택할 가능성이 커졌다. 또한 여러 가지 안을 열거하여 비교·검토하는 과정에서 각 분야의 의견교환이 활발해지며, 상호간의 입장이나 특성을 이해할 때 그 사업달성을 위한 문제점도 충분히 이해된다는 것이다.

4. 자원배분의 합리화

자원의 배분이 합리적으로 되며 경비의 절약도 가능하다. 즉 비용·편익(유효도) 분석이 잘 이루어지면 당연히 자원배분의 최적화를 초래하게 된다. 또 한 가지는 몇 개의 시스템을 통합함에 따라 중복되어 낭비되었던 자원이 절약된다는 것이다.

Ⅴ. PPBS의 문제점

PPBS의 한계 또는 문제점은 제도 외적인 문제점과 제도 내적인 문제점으로 나누어 살펴볼 수 있는바, 여기서 전자는 정치적 성격을 포함한 제도 밖의 요인을 의미하여, 후자는 제도 자체의 기술적인 요인을 말한다.

1. 제도 외적 문제점

(1) 장기계획의 경직성

PPBS는 10년 전후의 장기계획을 1년의 예산과 연결시키고 있기 때문에 사회변동에 대응할 수 있는 탄력성이 매우 낮다. 10년의 장기계획을 수정하지 않는 이상 틀에 박힌 경직성으로 인하여 신축성 있는 대처가 어렵다.

(2) 기존 관리체제의 근본적인 개혁요구

PPBS에 적합한 관리체제로 기구개혁이 이루어져야 하나 기득권을 가진 사람들의 자기이익 보호를 위하여 이익집단이 강력하게 저항하고 또한 관료제가 지니고 있는 보수적·현상유지적 경향으로 인하여 기구개혁이 이룩되기 어렵다.

(3) 정치적 성향

예산결정에 있어서 다원화된 사회의 제반 가치반영이 어려우며, 실제 운영면에 있어서도 국방비를 제외하고는 예산과정 밖에서 예산결정이 이루어진다.

2. 제도 내적 문제점

(1) 중앙집권화의 경향

PPBS를 도입할 경우 지나친 중앙집권화를 초래하기 쉽다는 것이다. 예로서 미국에서는 대다수의 부성(部省)과 독립기관이 PPBS를 채택한 후 대통령에게 많은 권한을 집중시켰다.

(2) 계량화의 곤란

PPBS에 있어서는 최종산물이 계량적으로 표시될 것을 기대하고 있으나 정부사업이 달성되는 성과를 계량화하기가 어렵다.[13)]

(3) 목표설정의 곤란

PPBS는 명확한 목표의 설정을 요구하는데 민주주의 국가에서는 목표의 다기성 및 의견대립으로 목표설정에 곤란을 가져오기 때문에 목표에 따른 경비배분에 있어서 난점이 있다.

(4) 환산작업의 곤란

PPBS의 프로그램 체계와 예산과목간의 차이 때문에 예산편성과 집행에 있어서 복잡한 환산작업이 요구되며, 이로 인하여 정확성을 상실하기 쉽다.

---

13) Fredrick C. Mosher "Limitations and Problems of PPBS in the States," *Public Administration Review*(March-April 1969), p. 162.

제 3 절 목표관리〔MBO〕

Ⅰ. MBO의 의의

미국에서는 PPBS 이후 1973년에 이르러 Nixon 대통령에 의하여 목표관리(MBO: management by objectives)가 도입되었다.

Nixon 대통령은 최대의 관심을 행정에 대한 관리·통제의 강화에 두었으며, 행정의 말단에 이르기까지 대통령의 정책을 침투시키는 데 역점을 두었다.

PPBS의 최대의 문제점은 집권화의 경향에 있었다. 즉, PPBS는 중요한 결정을 항상 상층부에 의존하고 있어서 최종적으로는 중앙에서 조정하지 않으면 안 되기 때문이다. 그런데 PPBS가 실제로 어느 정도 집권적으로 운영되는가 하는 것은 최고 책임자가 어느 수준의 최적화로서 만족하는가 하는 것과 아울러 그 의도를 관철하고자 하는 의사능력에 달려 있다. 예로서 McNamara 국방장관은 국방문제의 의사결정을 집권화하고 스스로가 연간 700건에 달하는 예산상의 결정을 처리하였다. 그러나 의사결정이 집권화되면 될수록 현장(일선)으로부터 유리되어, 분석상으로는 최적으로 설계된 program(사업계획)도 실시기관이 그것을 잘 수행할 능력을 가지는가가 의문시되었다. 그 결과 McNamara 장관이 장성들과의 의견충돌로 인하여 사직하였다.

MBO의 도입은 종래의 예산국을 관리예산처(OMB: Office of Management and Budget)로 개편한 후에 이루어진 Nixon 대통령의 마지막 행정개혁이었다. 그리하여 MBO는 정부 프로그램에 대한 끊임없는 관리통제를 확보하고, 정책결정과 집행간의 괴리를 극소화하는 데 사용되었다.

또한 MBO는 상부의 지시에 의해서 각 하위관리자가 추구할 목표를 설정하는 것이 아니라 각 상위관리자와의 협의에 의해서 추구하여야 할 목표를 설정함으로써 목표수행이 이루어진다. 따라서 MBO는 참가에 의한 관리를 위한 수단이며, 분권화를 위한 시스템이라고 불리고 있다.[14]

요컨대 MBO란 조직에 있어서의 상위관리자와 하위관리자들이 함께 그들의 공통된 목표를 확인하고, 개개의 책임분야를 규정하여 이것을 그 단위를 운영하기

---

14) Peter F. Drucker, *Management: Task, Responsibility and Practices*(New York: Harper and Row, Publishers, 1973) 참조.

위한 지침으로 이용함으로써 개개 조직성과의 기여도를 평가하는 하나의 과정이라고 할 수 있다.[15)]

Ⅱ. MBO와 PPBS의 차이점

첫째, PPBS는 정책의 우선순위의 평가와 확정에 중점을 두었으나, MBO는 정책의 관리능률의 향상에 관심을 두고 있다. 그리고 예산제도가 PPBS에서 MBO로 바뀌게 된 것은 조직의 목표달성의 문제를 기획면보다 관리면에 역점을 두어 파악하게 되었다는 데에 기인한다.[16)]

둘째, PPBS가 경제적인 분석의 논리에 따라 자원의 최적배분을 달성하기 위하여 집권적으로 운영된 데 대하여, MBO는 일선 담당자의 경험을 전제로 하여 현실적인 문제해결을 구하고 분권화의 요소를 지니고 있다.

셋째, PPBS는 선택을 위한 분석에 중점을 두고 비용과 효과를 비교·검토하는 객관적인 분석방법에 의존하였으나, MBO는 선택을 위한 분석이 아니라 관리면에 치중하며 최종적 산출의 경험적인 평가를 강조한다.

넷째, PPBS는 미래에 있어서의 필수사항에 대한 예측과 이에 대처하는 자원의 내용을 밝힌다. 이에 대하여 MBO는 기본목표를 확인·설정하고 관리과정에서의 중간목표를 작성한다.

다섯째, PPBS는 상위층의 결정이 중앙집권적으로 판단·처리되는 데 대하여, MBO는 상위층과 하위층의 쌍방적 의사소통에 의하여 참여관리체계를 이룬다.

15) George S. Odione, *Management by Objectives*(New York: Pitman Publishing Co., 1965), pp. 55 ~56.

16) 김영훈, "예산제도의 발전의 방향," 현대행정학논집(서울: 연세대학교 출판부, 1976), pp. 222 및 236; Allen Schick, "A Death in the Bureaucracy: The Demise of Federal PPBS," *Public Administration Review*, vol. 33. No. 2(March/April 1973), pp. 153~154.

제 4 절 영기준예산〔ZBB〕

Ⅰ. ZBB의 의의

ZBB에 있어서 영기준이란 용어는 여러 가지로 함축성 있게 해석될 수 있으나, 그 본질면에서 살펴보면 대체로 다음의 두 가지 의미를 내포하고 있다.

첫째, 종래의 전통적인 예산과정에 있어서는 사업의 집행책임을 맡은 공무원들이 무조건 지난 해의 예산지출보다 증가해서 지출하는 것을 정당화하려고 하였다. 그러나 ZBB에 있어서는 종래의 예산과정에서처럼 무조건 지난 해의 예산지출보다 증가시키는 것을 정당화하지 않고, i) 현재의 사업활동이 능률적 · 효과적으로 이루어지고 있는가, ii) 현재의 활동을 축소하여 예산규모를 삭감할 것인가, 혹은 우선순위가 높은 사업(program)에 그 자금을 충당할 것인가에 대하여 관심을 나타내는 것이다.[17)]

둘째, 보다 현실적인 면에서 본다면 영기준이란 모든 사업과 활동에 대한 평가를 뜻한다. 각 대안과 사업실적에 대한 평가는 어떤 사업계획을 근본적으로 재검토하여 새로운 방향으로 나가도록 해 주기도 하는데 이것은 과거의 것은 접어 두고 전반적으로 다시 시작하는 것을 의미한다. 즉 전년도의 것을 그대로 답습하지 않고 매번 사업의 성과를 전면적으로 새로이 평가 · 결정하여 예산의 효율성을 높인다는 것이다.[18)]

사실상 전통적인 예산과정에서는 현재의 운영상태가 잘 평가되지도 않고 또 많은 무분별한 결정들이 겉으로 잘 나타나지도 않으며 숫자에 묻혀 버리기(buried in the number) 때문에 속임수 놀음의 대상이 되기 쉽다. 그러나 ZBB에서는 현재의 운영상태를 가리고 있는 우산을 걷어 버리고 관리자가 사업운영에 대한 결정을 명확하게 하도록 만들어 준다.

PPBS가 거시경제이론에 바탕을 두고 있는 데 반해서 ZBB는 미시경제이론에 바탕을 두고 있는데, 이는 PPBS의 집권과 하향식 결정에서 오는 문제점을 극복하고 조직별 계획수립과 예산편성을 기초로 한 상향식 결정방식을 채택하고 있다.

---

17) Peter A. Pyhrr, "The Zero-Base Approach to Government Budgeting," *Public Administration Review*, vol. 37, No. 1(January-February 1977), p. 8.

18) 박동서, 한국행정론(서울: 법문사, 2002), p. 456 참조.

Ⅱ. ZBB의 구성요소

1. 의사결정 단위의 선정

ZBB는 사업의 결정과 활동의 평가에 역점을 둔 관리지향적 예산이므로 조직별로 주요 사무를 분화시켜야 한다. 그런데 결정단위가 어느 규모의 조직이냐에 관해서는 정설이 없으며, 대규모조직 속에 몇 개의 결정단위가 있어야 하는가에 대하여도 정설은 없다.

결정단위는 다른 단위와 분리될 수 있으면 되므로 전통적인 예산에 있어서의 예산단위(budget unit), PPBS에 있어서의 program element와 유사하다.

2. 의사결정 package의 개발

결정 package는 상대적으로 독립된 활동 내지 기능을 평가하는 자료이며, 경쟁상태에 있는 다른 활동 및 기능에 대한 상대적 중요성과 우선순위를 결정하는 자료로서 ZBB의 가장 기본적인 요소이다.

결정 package에는 i) 목적 또는 목표, ii) 활동의 기술(무엇을 어떻게 할 것인가), iii) 비용·편익의 계산, iv) 성과의 측정단위, v) 목표달성을 위한 대안 등이 포함되어야 한다.

3. 의사결정 package의 순위결정

자원을 효율적으로 사용할 수 있는 순위와 수준을 결정하는 과정이다. 이는 결정 package에 대한 결정단위의 단계평가를 통해서 이루어지며, 그 과정은 먼저 결정단위의 최하단계에서 package의 우선순위표를 작성하여 상위단계로 올린다. 상위수준에서는 모든 하위결정단위의 순위표가 통합되어 최종적으로 결정단위체의 순위표가 정하여진다. 이러한 순위표가 만들어짐으로써 한정된 자원의 범위 내에서 사업계획과 활동수준이 결정되는 것이다. 그러나 수많은 package를 상대적으로 평가하는 것은 용이한 일이 아니다.

4. 예산의 편성

앞의 단계의 순위의 결정에 의하여 의사결정 패키지의 채택 여부가 결정되면 그것을 기초로 예산을 편성하게 된다.

Ⅲ. ZBB의 효용

ZBB의 장점은 제일선의 직원이 당면문제를 분석하고 그 중에서 가능한 대안을 발견해 나가는 데 있다. 즉, 최고관리자(top management)는 어떤 조직 또는 어떤 계획에 대하여 결정단위[19](decision units)를 정하도록 할 것인가를 결정하되, 분야별로 고유한 것에 대한 결정단위의 설정은 하위관리자에게 맡기게 된다.

여기서 ZBB가 본질적으로 상향적으로 평가된다는 것을 알 수 있다. 그러나 반드시 상향적 방식에 의존하고 있는 것은 아니다. 그 이유는 상층부에서 지도지침을 내놓거나 예산액이 제약요인으로서 제시될 경우에는 하향식 방식이 되기 때문이다.[20] 즉 순수한 상향식 방식은 행정관리나 예산편성에서는 있을 수 없고, 하향식 방식과의 상호보완이 이루어져야 한다. 바꾸어 말하면, ZBB에 있어서는 계선에 있어서의 평가와 사정의 기회를 증대시킴과 아울러 고위관리자에 의한 의사결정과 권위를 집중시킨다는 것이다.

요컨대 ZBB는 정책의 결정과 집행과의 괴리를 극소화시킬 수 있다는 것이며, 이 목적을 달성하기 위해서는 ZBB가 지니고 있는 상향적인 성격과 하향적인 성격을 결합시키는 것이 바람직하다고 하겠다.[21]

이제 ZBB의 장점을 요약해 보면, i) 예산의 절감으로 재정의 경직화를 막을 수 있다. ii) 예산과 기획과정의 이해를 향상시킨다. iii) 관리의 향상을 가져온다. iv) 의사결정과정을 개선한다. v) 통제기능을 강화시켜 준다는 것 등이다.

Ⅳ. ZBB의 문제점

첫째, ZBB에서는 효과적인 행정 그리고 분석업무를 담당하게 될 관리자에 대한 훈련 등이 요청된다. 즉 관리자들은 적절한 결정단위(decision units)를 정해야 하고, 효과적인 분석을 하기에 적합한 자료를 만들어야 하며, 노력의 수준(얼마만

19) 의사결정 단위란 예산의 조제가 행하여지는 최소의 기본적 단위를 말하며, 각 결정단위는 그 범위 내에서 우선순위를 설정하는 권한을 가진 한 사람의 관리자에 의해 운영된다. 그리고 각 결정단위를 구성하는 여러 개의 결정항목(decision package)이 있다.

20) Grame M. Taylor, "Introduction to Zero-Base Budgeting" in *The Bureaucrat*(Spring 1977) 참조.

21) PPBS는 하향적으로 자원의 합리적 배분을 달성하려고 하는바, 이 점 ZBB와 상이하다 〔Verne B. Lewis, "Toward a Theory of Budgeting" in *Public Administration Review*(Winter 1952) 참조〕.

큼의 돈을 들여서 어느 정도의 편익을 얻을 것인가)을 최소한으로 결정해야 하고 대등하지 않은 각종 사업의 순위를 정해야 하며, 또 많은 양의 결정항목(decision package)들을 다루어야 하는 문제점들을 지니고 있다.

둘째, PPBS부터 MBO를 거쳐 ZBB에로의 근래의 변화는 그것에 의해서 얻어지는 비용의 절감도 있겠으나 국민생활의 연속성이라는 견지에서 볼 때 빈번한 시스템의 교체가 미치는 충격도 큰 것이다. 한 마디로 PPBS, MBO 및 ZBB가 직면하고 있는 어려움은 정부 공공부문에 있어서의 자원의 최적배분의 곤란 그 자체를 표현하는 것이라고 하겠다. 그러나 정부 공공부문에 있어서의 자원의 최적배분의 달성은 일조일석에 이루어지는 것은 아니다.

Ⅴ. 우리 나라에서의 ZBB의 도입

우리 나라에서도 국가예산의 낭비를 줄이고 투자효율을 높이기 위하여 ZBB를 선별적으로 도입하여 1983년부터 공식적으로 채택한다고 선언한 바 있으나 현재는 이 제도의 존폐조차 분명하지 않은 실정이다.[22]

ZBB의 도입에 따르는 문제점으로 다음과 같은 것들이 지적되고 있다.

첫째, 개별 사업단위로 중요성을 따지다 보면 전체를 보는 시각을 잃을 우려가 있다. 즉 당해 연도의 결과만 중시하다 보면 장기적인 결과가 등한시될 수가 있는 것이다. 정부는 중기재정계획을 수립하여 이를 보완할 수도 있으나 개별사업의 경제성과 중·장기계획을 함께 만족시키는 예산편성은 현실적으로 불가능하므로 정책면에서의 조화가 요청된다.

둘째, 우리 나라 예산의 80%가 경직성을 띠고 있어 이를 근본적으로 재검토할 수 있는 소지가 별로 없다. 즉 국방비나 교육비 등은 정치적 판단에 의해 규모가 정해지기 때문에 규정된 금액 범위 내에서 목간조정과 전용 등 제한적인 합리화에 그칠 우려가 있다.

셋째, 투자효과측정의 경우 외교활동이나 일반행정부문, 그리고 연구개발사업 등은 효과를 단기간에 계량화하기란 불가능하며, 국방비나 교육비 등 서로 기능이 다른 사업의 우선순위의 비교도 의미가 없다.

넷째, 지금까지의 예산배정은 기관단위 위주였다. 따라서 예산이 없어지면 기구 자체가 없어지는 경우가 적지 않았다. 결국 자리를 지키기 위한 해당 공무원의

22) 강신택, 재무행정론〔전정판〕(서울: 박영사, 2002), p. 436.

저항 여하에 따라 ZBB의 효과가 달라질 것이다.

요컨대 어떤 예산제도이든지 그것이 성과를 거두려면 무엇보다도 국가예산을 내 돈같이 아껴 쓰는 공직자들의 의식구조의 쇄신이 선행되어야 할 것이다.

제 5 절 공기업과 예산

Ⅰ. 공기업의 의의

공기업이란 "국가 또는 지방자치단체가 수행하는 사업 중 기업적인 성격을 지닌 것"[23]을 말한다. 이와 같은 공기업은 사회의 공공복리를 직접 목적으로 하는 것이므로 순전히 재정수입만을 목적으로 하는 국가의 전매사업은 원칙적으로 공기업으로부터 제외되는 것이라고 볼 수 있다. 그러나 학자 중에는 전매사업을 공기업의 범위 내에 포함시키는 사람도 있다.

생각건대 야경국가로부터 복지국가에로 점차 국가의 기능이 확대됨에 따라 공기업의 범위도 더욱 확대되었다. 현재 우리가 공기업의 대상으로 하고 있는 사업으로서는 전신·전화·철도·운수·수도·전기·석탄 및 방송 등을 들 수 있는바, 이와 같은 공기업의 범위와 운영기준은 국가마다의 경제적 또는 사회적 필요에 따라서 결정되는 것이라 하겠다.

그런데 W. Friedman은 공기업이 성장·발달하게 된 주요 원인으로서 i) 제한된 민간자본(limited private capital), ii) 국방상·전략상의 제 고려(defense and strategic considerations), iii) 독점적 서비스(monopoly services), iv) 정치적·사회적 신조(socialist philosophy)의 네 가지를 들고 있다.[24]

Ⅱ. 공기업의 형태

일반적으로 공기업(public enterprise)의 형태는 다음 세 가지로 구분하여 생각

23) 유훈, 공기업론〔제 5 정판〕(서울: 법문사, 2000), p. 3.
24) Marshall E. Dimock, *Business and Government*, 3rd ed.(New York: Henry Holt and Company, Inc., 1957), p. 527.

할 수 있다. 즉 i) 일반행정조직과 같은 부처제(governmental department)의 형태를 취하는 공기업이며, ii) 보통 회사법의 규정에 의해 설립되는 주식회사 형태(joint stock company)로 그 주식의 전부 또는 일부를 정부가 소유하는 회사경영에 의한 형태를 취하는 공기업이고, iii) 공사(public corporation)의 형태를 취하는 공기업은 정부기업의 장점인 공익성과 주식회사 형태의 공기업의 장점인 기업성의 두 가지 요소를 조화시킬 목적으로 특별법에 의해 설립된다.

이제 좀더 구체적으로 공기업의 형태를 설명하면 다음과 같다.

1. 정부기업

우리 나라의 실정법이 정부기업이라고 부르고 있는 정부부처의 형태를 지니는 공기업은 선진국이나 후진국을 막론하고 공기업이 취하는 가장 전통적인 경영형태라고 할 수 있으며, 우리 나라에서는 우편사업 · 우체국예금사업 · 양곡관리사업 · 조달사업 등이 이에 해당한다. 이러한 정부부처의 형태를 지니는 공기업은 순수한 형태인 경우 대체로 다음과 같은 특징을 지니고 있다.

첫째, 매년 국회의 의결을 얻어 확정되는 예산에 의하여 운영되며, 그 수입의 전부 또는 대부분은 국고로 들어간다. 우리 나라에서는 이런 형태의 공기업을 위하여 특별회계를 마련하고 일반회계와는 별도로 경리하도록 하고 있으나, 그 세입 · 세출예산에 관하여 매년 국회의 의결을 얻어야 함은 물론, 기업예산회계법에 의하여 필요하다고 인정할 때에는 결산의 결과 생긴 이익금의 전부 또는 일부를 국무회의 심의와 대통령의 승인을 얻어 일반회계에 전입할 수 있다.

둘째, 이 형태의 공기업은 보통 일반행정기관에 적용되는 예산회계 및 감사관계법령의 적용을 받는다. 우리 나라에서도 1961년까지는 일반행정기관에 적용되던 재정법이 그대로 당시의 교통부 · 체신부 · 전매청에도 적용되었으나 1962년부터는 일반행정기관에 적용되는 예산회계법과는 별도로 기업예산회계법이 제정 · 적용되게 되었다.

셋째, 이 형태의 공기업의 직원은 공무원이며, 그들의 임용방법 · 근무조건 등은 일반공무원의 그것과 동일하다.

이상과 같은 특징을 지닌 정부부처 형태의 공기업은 특히 관료적 경향으로 흐르기 쉬우며 기업경영에 필요한 창의력과 탄력성을 상실하기 쉽다.

2. 공 사

공사(public corporation)란 국가 또는 일반행정조직으로부터 독립된 법인격을 가지며, 본래 국가가 행하여야 할 공공복리와 밀접한 관계가 있는 사업을 담당하는 기관으로서, 보통 의회의 특별입법에 의하여 설립되는 것이다. 이와 같은 공사는 독립채산제에 의하여 능률적이며 기업적인 운영을 하자는 데 목적을 두고 있는 것이다.

이제 순수형의 공사가 지니고 있는 특징을 요약하면 다음과 같다.[25)]

i) 특별한 목적을 위하여 특별법에 의하여 설립된다. ii) 전액 정부출자인 것이 원칙이나 우리 나라 정부투자기관의 경우에는 자본금의 50% 이상인 것을 포함한다. iii) 정부가 그 운영에 대하여 최종적인 책임을 진다. 따라서 공사의 결산상의 이익금을 정부에 납부케 할 수 있고, 결산상의 손실은 정부가 보상하도록 되어 있다. iv) 정부에서 임명하는 임원이 일상적인 운영을 담당한다 v) 공사는 법인격을 가지며 법률상 당사자능력이 인정된다. vi) 공사는 일반행정기관에 적용되는 예산·회계 및 감사관계의 법령의 적용을 받지 않는다. 즉 우리 나라 공사들은 현재 공공기관의 운영에 관한 법률의 적용을 받는데, 이것이 일반행정기관에 적용되는 국가재정법과 다름은 더 말할 나위도 없다. vii) 대부분의 경우 공사의 직원은 공무원이 아니며, 그 직원의 임용과 보수에 관한 규정은 자율적으로 정할 수 있다.

위의 특징을 지닌 공사로서는 우리 나라의 정부투자기관이 해당되는데 주로 민간자본이 부족한 분야에서 설립되고 있다.

3. 주식회사 형태의 공기업

이것은 상법에 의하여 설립된 주식회사의 형태를 지니는 것으로 정부가 그 주식의 전부 또는 일부를 소유하는 것이다.

이와 같은 주식회사 형태의 공기업이 설립되는 이유를 보면 첫째, 정부는 국가적 견지에서 도산상태에 있는 기업을 구제하기 위하여 그 기업체의 주식을 매입하는 일이 있으며, 둘째, 후진국 정부가 기술과 자본을 제공하는 외국의 사기업과 제휴하여 새로운 기업체를 설립하는 경우에도 이 형태가 이용된다.

---

25) A. H. Hansen, *Public Enterprise and Economic Development*(London: Routledge & Kegan Paul, 1959), p. 343.

Ⅲ. 공기업의 예산

1. 공기업 예산의 특질

무릇 민주주의 국가에 있어서의 과제는 행정상의 민주성과 능률성을 어떻게 조화시키느냐의 문제로 귀결되는바, 이와 같은 원리에 따라 공기업 예산제도에 있어서는 공익성과 기업성이라는 이율배반적인 요소를 어떻게 조화시키느냐 하는 문제가 대두된다.

우리 나라에 있어서는 i) 정부기업인 경우 기업성보다는 공익성이 강조되고 있으며, ii) 정부투자기관, 즉 공사나 주식회사 형태를 지닌 공기업의 경우에는 공익성을 저해하지 않는 범위 내에서 기업성이 강조되고 있다.

2. 정부기업의 예산

우편사업, 조달사업, 양곡관리사업, 우체국예금사업 등 정부기업예산법의 적용을 받는 특별회계예산은 매년 국회의 의결을 얻어야 한다.

그러나 정부기업의 경우에는 일반예산의 경우에 비하여 약간의 탄력성을 부여하고 있다. 즉 정부기업예산법은 첫째, 목간 전용에 있어서 기획재정부 장관의 승인을 거치지 않도록 함으로써 일반행정기관의 경우보다 제한을 완화하였고, 둘째, 예산집행상의 신축성을 부여하기 위하여 수입금마련 지출제도를 두었는데, 이것은 특별회계가 그 사업을 합리적으로 운영하기 위하여 수요의 증가로 인한 예산초과수입 또는 초과할 것이 예측되는 수입을 그 초과수입에 직접적으로 관련되는 비용에 사용할 수 있도록 하고 있다(정부기업예산법 제19조).

또 정부기업의 각 특별회계는 사업능률의 증진 및 요금결정을 위해 원가계산을 하여야 하며, 고정자산 중 감가상각을 필요로 하는 자산에 대해서는 매회계연도마다 감가상각을 하도록 되어 있다.

3. 공공기관의 예산

종래의 정부투자기관 관리기본법이 폐지되고 2007년 4월부터 공공기관의 운영에 관한 법률이 시행되게 되었는데, 이 법은 제 3 조에서 공공기관의 경영합리화와 정부출자의 효율적 관리를 도모하기 위하여 그 자율적 운영을 보장하는 규정을 두고 있다.

예산의 편성절차를 보면 기획재정부 장관은 공공기관의 예산편성에 관한 지침을 작성하여 이를 각 투자기관의 장에게 통보하여야 하며, 공공기관의 장은 다음 연도를 포함한 5회계연도 이상의 중장기경영목표를 설정하여 이사회의 의결을 거쳐 확정하고 매년 10월 31일까지 기획재정부 장관 및 주무부 장관에게 제출하여야 한다(공공기관의 운영에 관한 법률 제46조). 기관장은 전술한 경영목표와 공통지침에 따라 투자기관의 예산을 편성하여 이사회의 의결을 거쳐 이를 당해 회계연도개시 전까지 확정시킨다. 이와 같이 공공기관의 예산은 주무부나 기획재정부 장관의 심의 없이 이사회의 의결로써 확정되며, 예산이 확정되거나 변경될 때는 그 내용을 기획재정부 장관, 주무부 장관 및 감사원에 보고만 하면 된다(공공기관의 운영에 관한 법률 제40조 6항).

공기업·준정부기관은 회계연도가 종료되면 지체없이 그 회계연도의 결산서를 작성하고 회계감사를 받기 위해 회계 감사인에게 결산서를 제출하여야 한다(공공기관의 운영에 관한 법률 제43조 1항). 그리고 공기업은 기획재정부 장관에게, 준정부기관은 주무기관의 장에게 다음 연도 2월 말일까지 결산서를 제출하고 3월 말일까지 승인을 받아 결산을 확정하여야 한다. 다만 주주총회나 출자자총회 등 사원총회가 있는 공기업·준정부기관의 경우에는 사원총회에서 결산을 의결 확정한다.

기획재정부 장관과 주무기관의 장은 매년 5월 10일까지 앞에서 확정된 공기업·준정부기관의 결산서를 감사원에 제출하여야 하며, 감사원은 그 결산서 등을 검사하고 그 결과를 7월 31일까지 기획재정부 장관에게 제출하여야 한다. 기획재정부 장관은 그 결산서와 감사원의 검사결과를 첨부하여 국무회의에 보고하고 8월 20일까지 국회에 제출하여야 한다.

공공기관의 운영에 관한 법률의 적용범위는 정부출연기관, 정부가 100분의 50 이상의 지분을 가지고 있거나 100분의 30 이상의 지분을 가지더라도 임원 임명권한 행사 등을 통하여 당해 기관의 정책결정에 사실상의 지배력을 확보하고 있는 기관 등이다. 다만 한국방송공사, 한국교육방송공사, 구성원 상호간의 상호부조·복리증진·권익향상 또는 영업질서유지 등을 목적으로 설립된 기관, 지방자치단체가 설립하고 그 운영에 관여하는 기관 등은 공공기관으로 지정할 수 없다(공공기관의 운영에 관한 법률 제4조).

Ⅳ. 우리 나라 공기업의 과제

제1차 및 제2차 경제개발계획 중 우리 나라의 공기업은 한국경제의 선도부문(leading sector)의 역할을 수행하였다고 L. P. Jones는 말하고 있으며, 이 부문의 급속한 성장은 공기업의 창의에 의해서 된 것이라기보다는 정부의 과감한 정책결정 및 행정시책과 관련된 것이라고 하여 우리 나라 공기업경영의 실상을 그는 지적하고 있다. 또한 그는 공기업의 능률성의 한계를 극복하기 위하여 공기업 성장정책을 지양하고 민간주도 경제체제에로의 전환이 바람직하다고 하였다.

이제 우리 나라 공기업의 과제를 요약하면 다음과 같다.

첫째, 공기업능률화의 과제는 어떻게 하면 공기업의 자율성과 정부의 통제를 조화시켜 나갈 수 있느냐, 바꾸어 말하면 공기업의 공익성을 추구하면서 동시에 기업성을 최대로 발휘시키느냐 하는 문제에 집약된다고 볼 수 있다.

둘째, 공기업은 공익사업 내지 독점적 분야에 정착되고, 민간기업과의 경쟁분야에 있어서는 보완기능을 하는 것이 바람직하다.

셋째, 다른 나라에서의 시행착오를 되풀이하지 말고 우리 나라 실정에 맞는 능률적인 공기업의 모델을 하루 속히 정착시키는 것은 지속적인 경제발전과 국민복지의 증진을 위하여 바람직한 과제라고 하겠다.

제 6 절 구매행정

Ⅰ. 구매행정의 의의

현대국가에 있어서 국가기능의 확대는 필연적으로 행정권의 강화를 초래하였으며, 질적·양적으로 팽창된 현대행정을 효율적으로 수행해 나가기 위해서는 재무관리의 유력한 수단으로서의 구매행정을 살펴볼 필요가 있는 것이다.

오늘날 국가기능의 확대와 아울러 행정업무의 질적·양적 팽창에도 불구하고 국가의 재정과 인간의 능력에는 한계가 있는 것이므로 제한된 재정과 인력으로 어떻게 하면 최대의 행정효과를 거둘 수 있느냐 하는 것이 국가행정의 중요한 과제이며, 여기에 구매행정의 필요성이 대두되는 것이다. 즉 국가목적의 달성을 위한 수단으로서의 행정은 재화를 불가결의 요소로 하고 있는바, 재화는 구매라는 절차를 통해서만 취득될 수 있는 것이다.

무릇 행정목적을 달성하기 위해서는 여러 가지 재화가 소요될 뿐만 아니라 국가정책을 집행하는 행정 자체도 업무수행에 필요한 재화 없이는 아무 일도 할 수 없는 것이다. 따라서 적기에 적소에서 적재를 적가로 매입하지 못한다면 행정의 집행은 소기의 목적을 달성할 수 없는 것이다. 요컨대 구매란 행정업무수행에 필요한 수단인 재화, 즉 소모품·비품·시설 등을 적기적소에서 적가로 적량을 구입하는 행위를 뜻한다.[26)]

오늘날 대다수의 국가에서 종래 수요부처가 제각기 소요물품을 구입하던 분산구매제도를 지양하고, 구매업무를 중앙구매기관에 통합하는 집중구매제도(central purchasing system)를 채택하고 있는데, 집중구매제도는 다만 공공행정의 분야에서 뿐만 아니라 사기업에서도 채택되고 있는 제도이다.

Ⅱ. 집중구매제도의 장단점

우리 나라에 있어서는 종래 각 행정관서별로 구입하던 분산구매제도를 지양하고, 필요한 재화를 중앙구매기관이 구입하여 실수요기관에 공급하는 집중구매제도를 채택하고 있는바, 이제 집중구매제도의 장단점을 살펴보면 다음과 같다.

1. 집중구매제도의 장점

(1) 재정상의 절약

집중구매는 재정상의 절약을 기할 수 있다. 즉 그것은 재화가격의 계절적 및 주기적 변동을 이용함으로써 가격이 가장 저렴한 시기에 구입할 수 있으며, 또한 집중구매는 다량의 구매를 가능하게 하므로 단가할인에 의한 재정상의 절약을 기할 수 있다.

(2) 구매업무의 표준화

집중구매를 하게 되면 담당자들은 이것에만 전력을 기울이게 되므로 상품시장의 사정에 능통하게 되고, 구매업무에 관한 전문적인 지식을 갖게 되며, 구매업무의 처리가 전문화 또는 기술화되어 구매활동의 능률화를 도모할 수 있다.

(3) 구매규격의 표준화

각 부처에서 사용하는 공통성을 지닌 물품은 이를 표준화함으로써 규격이 통일되며 입찰업무의 능률화, 일정한 물품의 보장, 물품검사 등의 편리를 도모할 수 있다.

26) Stuart F. Heinritz, *Purchasing*, 3rd ed.(Englewood Cliffs, N.J.: Prentice-Hall, 1959), p. 12.

(4) 구매업무에 대한 통제용이

집중구매제도하에 있어서는 구매업무 기능의 일원화로 말미암아 구매업무의 통제가 용이하며, 따라서 부정의 개입이나 정실구매 등의 폐단을 방지할 수 있다.

(5) 신축성의 유지

집중구매는 구매물품을 집중보관하여 긴급수요에 대처하고, 부처간의 잉여물품 및 불요불급 물품은 중앙구매기관을 통하여 상호 이용함으로써 신축성이 확보된다.

(6) 구매정책의 수립 용이

중앙구매기관(central purchasing agency)이 집중구매를 통하여 각 정부기관에서 소요되는 물품을 구매하게 됨으로써 국가적 견지에서의 구매정책의 수립을 용이하게 한다.

(7) 공급자의 편의

집중구매제도하에서는 구매기관이 일정하여 언제나 한 기관을 상대로 관심을 집중시킬 수 있으므로 여러 부처에서 구매정보를 탐지하기 위해 소요되는 경비와 노력을 절약할 수 있다는 것 등이다.

2. 집중구매제도의 단점

(1) 비능률적 사무(red tape)의 조장

집중구매를 하게 되면 중앙구매기관은 자연히 대조직으로 비대하여지고, 따라서 비능률적 사무(red tape)가 성하게 되어 그 절차가 복잡해질 뿐만 아니라, 구매에 있어서의 신축성을 저해할 우려가 있다.

(2) 특수품목 구매의 불편

각 부처에서 필요한 공통품목은 중앙구매기관이 일괄적으로 구매하는 것이 편리하나, 특정한 부처만이 필요로 하는 특수품목은 개별적으로 판단하여 구매토록 하는 것이 편리할 때가 많다.

(3) 적기공급의 불능

집중구매제도를 채택하면 중앙 및 지방관서가 필요로 하는 물품을 적기에 공급하기가 어렵다.

(4) 대기업에의 편중 우려

집중구매제도하에서는 중앙구매기관이 대량구매를 하게 되므로 물품의 공급자를 선정함에 있어서 대기업에 편중하는 경향이 생긴다. 즉 중소기업은 대량공급이

가능한 대기업과 가격면에서 경쟁이 어렵게 되므로 집중구매는 중소기업의 희생하에 대기업에 혜택을 주는 결과를 초래하기 쉽다는 것이다.

Ⅲ. 중앙구매기관

1. 미국의 중앙구매기관

(1) GSA의 조직

미국에 있어서는 1910년 연방의회가 법률로써 재무부 장관 산하에 일반보급위원회(General Supply Committee)를 설치하였는바, 동 위원회의 임무는 정부의 구매활동을 단일화하는 데 있었던 것이며, 아울러 각 정부기관에서 필요로 하는 물품의 종합수급계획 및 공통품목의 표준화를 위한 기능을 수행하는 것이었다. 그러던 것이 1933년에 재무부에 구매국이 설치됨에 따라 정부의 구매사업에 대한 광범한 권한이 부여되었다.

그러나 1949년에 연방자산 및 행정서비스법(The Federal Property and Administrative Services Act)에 의하여, 중앙구매기관인 연방조달청(General Service Administration)이 설치되었으며, 그 산하에 10개의 지방사무소를 두고 정부 각 기관의 공통품목의 구매를 담당하고 있다.[27)]

연방조달청은 정부의 자산과 기록관리를 위한 정책을 수립하고, 경제적이고 효율적인 관리체계를 확립하는바, 여기에는 건물의 신축과 운용, 보급물의 획득과 배분, 자산의 활동과 처분, 수송·운수 및 통신의 관리, 전략물자의 축적 및 전 정부적 자동자료처리 프로그램의 관리 등이 포함된다.

(2) GSA의 기능

미국 GSA의 기능은 다음의 세 가지로 나눌 수 있다.

① 정부 각 기관에서 사용되는 소모품·비품은 일반보급기금(general supply fund)이라고 불리는 회전자금으로 구매되어 창고에 보관하였다가 정부기관으로부터 주문이 오면 물건을 송달하는바, 이 경우의 GSA는 일종의 도매상 같은 역할을 하는 것이다.

② 경제적으로 보관하기 어려운 물품은 연방보급목록(Federal Supply Schedule)을 이용한다. 어떤 물품에 관하여 GSA와 공급상인간에 일정기간 동안 단가를 얼마로 하여 정부기관에 매매한다는 계약을 체결하고 난 후 품명·공급상사명·단

27) *The United States Government Manual*(1981/1982), pp. 539~541.

가를 이에 기재하는 것이다. 정부 각 기관은 이 목록에 기재된 물품을 공급상사로부터 기재된 단가에 의해 구매하도록 되어 있다.

③ 위의 목록에 기재되지 않은 물품 중 정부 각 기관에서 다량으로 소요되는 물품은 연방조달청에서 구매하되 공급상사로 하여금 직접 정부기관으로 배달케 하고 있다.

2. 우리 나라의 집중구매기관

(1) 조달청의 조직

1961년 10월 2일에 공포된 우리 나라 정부조직법은 종전의 외자에 관해서만 적용하던 집중구매제도를 내자에까지 확대·적용시키게 된 것이다. 그 후 수차례의 정부조직법 개정에 의하여 조달청은 경제기획원, 재무부, 재정경제부 산하로 이관되었는데, 근래에 이르러 다시 기획재정부로 이관되었다. 현재 조달청에는 기획조정관, 전자조달국, 국제물자국, 구매사업국, 시설사업국, 품질관리단을 두고 있으며 8개의 지방청이 있다.

(2) 조달청의 기능

우리 나라 조달청에서 담당하고 있는 구매사무는 내자구매와 외자구매로 대별되며 내자구매는 다시 저장품목의 구매와 비저장품목의 구매로 나누어진다.

① **저장품목의 구매** 저장품목의 구매에 있어서는 미국 연방정부의 조달청의 경우와 유사한 절차를 밟고 있다. 즉 수요기관이 제출한 소요계획서에 의거하여 수급량을 책정하고 구매요구서를 발급한다. 조달청은 입찰공고와 함께 입찰권유서를 작성하여 등록업자에게 배부하여 주며 입찰자는 입찰보증금을 적립하고 입찰서를 우송하거나 직접 제출하면 소정기일에 개찰하고 심사하여 낙찰자를 결정하고 계약을 체결한다. 공급자는 재화를 창고에 납품하기 전에 검사를 받아야 하며 납품서와 검사증을 첨부하여 대금청구서를 체출하면 대금이 지불된다.

② **비저장품목과 비공통품목의 구매** 각 소요부처에서 제출하는 조달요구서를 접수하면 조달품목이 규격 미제정품(未制定品)일 경우에는 신규로 규격을 제정하고, 비공통품목일 경우에는 수요기관이 요구하는 규격에 의하여 구매하게 된다. 구매요구서를 발급한 후에는 저장품목의 구매절차와 동일한 절차를 따르게 되며 조달청에 납품되지 않고 직접 수요기관에 배달하게 되어 있다. 대금지불은 집중지불방법에 의하여 조달청에서 공급자에게 대금을 지불하고 나중에 수요기관에 고지서를 발행하여 징수하게 되어 있다.

제 6 편

정 책 론

제 1 장 정책의 본질

제 2 장 정책과정

제 3 장 정책결정의 이론모형

제 4 장 정책분석

제 1 장

정책의 본질

제 1 절 정책의 개념

무릇 정책의 개념은 행정과정면에서 보아 행정체제와 환경과의 상호작용에 의해 나타나는 산출(물)로서 파악된다.

그러나 정책의 개념이 무엇이냐에 대해서는 여러 학자들의 견해가 서로 다르므로 여기서 일률적인 정의를 내린다는 것은 어려운 일이다.

정책학의 출발에 기여했던 H. Lasswell[1)]은 정책을 "문제해결 및 변화 유도를 위한 활동"으로 보고 있으며, T. Lowi[2)]는 "조직의 권력구조와 관련하여 강제력 행사의 목적 및 방법, 그리고 주체와 대상 등에 관한 윤곽을 나타내 보이려는 표현의 일종"이라고 하고 있고, T. Dye[3)]는 "정부가 행하거나 또는 행하지 않기로 결정한 모든 일"이라고 규정하고 있다.

한편 Y. Dror에 따르면 정책이란, 복잡하고 동태적인 과정을 통하여 주로 정부기관에 의해 만들어지는 미래지향적인 행동지침을 의미하는데, 이는 공식적으로는 최선의 가능한 수단을 통하여 공익을 달성할 것을 목적으로 하는 것이라고 할 수 있다.[4)]

1) Harrold D. Lasswell, "The Policy Orientation" in Daniel Lerner(ed.), *The Policy Sciences*(Stanford University Press, 1951), pp. 11～13.
2) Theodore J. Lowi, "Decision Making vs. Policy Making: Toward an Antidote for Technocracy," *Public Administration Review*, vol. 30, No. 3(May/June 1970), pp. 314～325.
3) Thomas R. Dye, *Understanding Public Policy*, 5th ed.(Englewood Cliffs: Prentice-Hall, 1984), p. 1.
4) Y. Dror, *op. cit.*, p. 12.

제 2 절 정책의 유형

Ⅰ. Almond와 Powell의 구분[5)]

1. 추출정책

이는 정부가 시민에게 제공한 여러 가지 공공재화나 서비스에 대하여 시민이 지불해야 하는 가시적·상징적 비용을 말한다. 즉, 정부가 국내 혹은 국제적 환경으로부터 돈·재화·사람·서비스 등과 같은 자원을 추출하는 것을 말한다. 예컨대 조세, 병역의무, 공공의무 등이 정부의 추출적 정책산출에 포함되며, 특히 조세는 그 중 가장 일반적인 형태로서 배정계획을 수행하는 데 필요한 자원추출 이외에 소득분배의 수단이 되기도 하고 경제성장과 고용을 위한 수단이 되기도 한다.

2. 배분정책

이는 정부가 개인이나 집단에게 제공해 주는 혜택, 즉 돈·재화·서비스·명예·자격·기회 등을 제공해 주는 것을 말한다. 일반적으로 정부지출의 특징은 그러한 지출로부터 혜택을 받는 시민의 생활영역과 집단의 종류에 따라 결정된다. 예컨대 실업보험과 같이 개인의 물질적 요구를 충족시켜 주기 위한 지출과 개인이나 집단의 경제적 활동을 도와 주기 위한 지출, 오물처리계획·경찰활동과 같이 집단보건과 안전을 제공해 주기 위한 지출 및 국방을 위한 지출 등으로 구별할 수 있다. 따라서 이러한 배분적 정책산출은 혜택받는 개인이나 집단의 범위가 넓어질수록 증가한다고 할 수 있다.

3. 규제정책

규제적 산출이란 정부가 개인이나 집단의 행태에 대해 통제를 가하는 것을 말한다. 어떠한 형태의 정부든 시민에 대해 몇 가지 규제적 활동을 수행하고 있는데, 예컨대 범죄행위를 벌하고, 면허활동을 하거나, 도량형기를 통제하는 것 등이 이에 속한다. 인구의 대도시 집중현상·교통문제·공공질서·독점경제·산업안전 등과 같은 현대사회의 문제점에 대한 대응책의 일환으로서 정부에 의한 환경오염통제,

5) Gabriel A. Almond and G. Bingham Powell, Jr., *Comparative Politics: System, Process and Policy*, second edition(Boston: Little, Brown and Company, 1978), p. 283.

각종 교통법규, 독점규제법 등과 같은 규제적 정책산출이 나타나는 것이다. 이러한 규제적 산출은 규제를 받는 시민의 행동의 종류나 수, 규제되는 집단의 종류 및 규제의 사용수단과 엄격성 등에 따라 차이가 있다.

4. 상징정책

정치적 연설, 정치적 의식 등이 이에 해당되며 정부가 어떤 목적을 달성하기 위해 그 나라의 과거에 나타난 역사적 기억이나 평등 · 자유 · 일체감 등과 같은 이념적인 가치에 호소하는 것을 말한다. 이는 앞의 세 가지 정책의 효과를 증대시켜 주는 역할도 한다. 또한 국경일, 기념적 사실, 존경하는 인물 등과 같은 정치체제의 감정적 · 종교적 측면도 상징적 정책에 포함된다.[6)]

이상과 같은 정책의 제 유형은 상호의존적 · 상호보완적 관계에 있다. 예를 들어, 조세는 주로 정부의 추출정책이지만 효과적인 조세제도는 규제정책과 상징정책에 의존한다. 예컨대, 탈세에 대해 벌금이나 형벌을 가하고 과세에 관한 정치지도자의 설득을 통해서 효과적인 조세제도가 정착된다. 따라서 하나의 정책이 집행되는 데 있어서는 적어도 두 가지 이상의 정책이 상호보완적 관계를 이루게 된다.

Ⅱ. Lowi의 구분

T. Lowi는 정책이 사회에 미치는 영향의 특성과 정책형성에 관여하는 사람들간의 관계의 특성을 근거로 하여 네 가지로 정책을 유형화했다.[7)]

1. 분배정책

이는 정책대상집단의 일부에게 정부가 재화 · 서비스를 분배하는 것이다. 예컨대, 보조금을 농민에게 지급한다든지 자원개발을 위하여 투자를 한다든지 하는 것이 여기에 해당된다.

2. 규제정책

이는 공사부문에 대해 일정한 제한적 조치를 취하는 것을 주내용으로 하는 정

---

6) Gabriel A. Almond and G. Bingham Powell, jr., *op. cit.*, pp. 286～314.

7) Theodore J. Lowi, "American Business, Public Policy, Case Studies and Political Theory," *World Politics*, vol. XVI(July 1964), pp. 677～715; T. Lowi, "Four Systems of Policy, Politics and Choice," *Public Administration Review*, vol. 32, No. 4(July/August 1972), pp. 298～310.

책이다. 물가통제 등이 여기에 속한다.

3. 재분배정책

이는 사회계층간의 재화 · 권리 등이 불균등하다는 것을 전제로, 이를 정부의 정책을 통해 보다 균등한 배분상태를 추구하는 것이다. 예컨대, 누진조세가 여기에 속한다.

4. 구성정책

정부기관의 신설, 선거구의 조정과 같이 정부기구 자체의 구조나 기능상의 변경을 목적으로 하는 정책이다.

Ⅲ. Ripley와 Franklin의 구분

R. B. Ripley와 G. A. Franklin은 전술한 T. Lowi의 유형론에 근거하여 분류를 하되, 규제정책을 다시 경쟁적(competitive) 규제정책과 보호적(protective) 규제정책으로 세분하고 있다.[8)]

여기에서는 분배정책, 재분배정책은 전술한 T. Lowi의 구분에서의 내용과 거의 같은 것이다.

1. 분배정책

토지정책 · 수리정책 · 교통사업과 같이 사회 전체에 유익한 사업을 위해 특정 사회부문(지방자치단체, 특정 사업의 관계자)에게 재화 · 서비스를 제공하는 것이다.

2. 경쟁적 규제정책

정부가 재화 · 서비스를 수많은 경쟁자 중의 특정한 대상에게만 한정하여 제공하는 것이다. 이 때, 정부가 제공하는 재화나 서비스는 원래 한정된 것이기 때문에 그의 배분에 대해 다수인의 이해가 얽혀 있게 마련인 것들이다.

예컨대, 특정한 방송사에 한해 TV방송을 하는 권리를 부여한다든지, 특정한 철도회사에게 특정한 노선의 운행권을 허용하는 것 등이 여기에 해당된다고 할 수 있다.

8) Randall B. Ripley and Grace A. Franklin, *Bureaucracy and Policy Implementation*(Homewood, Ill.: The Dorsey Press, 1982), pp. 72~79.

3. 보호적 규제정책

이는 여러 가지의 사적 부문 활동의 허용조건을 인정함으로써 일반국민을 보호하려는 것을 그 목적으로 한다.

예컨대 공해문제, 불공정한 기업간의 경쟁, 불안전한 노동환경 등에 대한 일정한 기준을 제정함으로써 국민을 보호하는 것 등이 포함된다.

4. 재분배정책

이는 재화·부가 편중된 집단 내지 사회계층으로부터 상대적으로 이를 겹핍하고 있는 다른 집단·계층으로 정책을 통해 재화·부·권리 등을 이전시킴으로써 균등한 배분상태에 접근하고자 하는 것이다.

이상의 네 가지 유형의 정책은 각각 이익집단의 관여정도, 갈등 등에 있어서 상이한 양상을 나타낸다고 하는 것이다.

Ⅳ. Anderson의 구분

J. Anderson은 정책을 실체적 정책(substantive policies)과 절차적 정책(procedural policies)으로 구분하고 있다.[9)]

1. 실체적 정책

이는 고속도로의 건설, 복지시설의 제공 등과 같이 정부가 무엇을(what) 행하고자 하는가와 관련된 정책이다.

2. 절차적 정책

누가(who), 어떻게(how) 행동할 것인가를 다루는 정책이다. 따라서 이는 정책주체 내적인 문제가 되기 쉽다.

---

9) James E. Anderson, *Public Policy Making*, 3rd ed.(N.Y.: Holt, Rinehart and Winston, 1984), p. 113. Anderson은 이 밖에도 i) 분배·규제·자율적 규제·재분배정책, ii) 실질적·상징적 정책, iii) 집합재, 사적인 재화에 관한 정책, iv) 진보·보수정책 등과 같은 여러 유형론을 소개하고 있으나, 그에 대한 자세한 설명은 본서에서 제외한다(*Ibid.*, pp. 113～118 참조).

제 2 장

정책과정

정책과정론은 학자에 따라 그 내용구분의 차이가 있으며 Lasswell은 7단계,[1] Jones는 5단계,[2] 그리고 Anderson도 5단계로[3] 구분하고 있다.

Lasswell은, 정책학은 두 가지 유형의 지식을 제공한다고 하고 있는데 첫째는, 정책과정에 관한 지식(knowledge of policy process)이고, 둘째는, 정책과정에 필요한 지식(knowledge in policy process)이다. 전자에는 정책의제 채택 · 정책결정 · 정책집행 등이 포함되며, 후자에는 정책분석이 주된 내용이다.

이제 정책과정을 i) 정책의제의 채택(agenda setting), ii) 정책결정, iii) 정책집행, iv) 정책평가로 나누어 설명하고자 한다.

제 1 절 정책의제의 채택

Ⅰ. 개 설

정책을 담당하는 주체에게는 그 사회체제에서 발생하는 많은 문제(problems)가 전달된다. 그러나 정책결정기관에 해결을 요구하며 다가오는 모든 문제를 다 처리할 수는 없음이 현실이다. 그래서, 전체 문제 중에서 한정된 몇 가지의 문제가

1) Harrold D. Lasswell, *The Decision Process: Seven Categories of Functional Analysis*(College Park: University of Maryland Press, 1956), p. 2.

2) Charles O. Jones, *An Introduction to the study of Public Policy*, 2nd ed.(North Scituate: Duxbery Press, 1977), p. 10.

3) James E. Anderson, *op. cit.*, p. 22.

채택되어 이것만이 다루어지게 된다.

그리하여, i) 여러 가지 문제 중에서 어떤 문제를 정책이 다루어야 하는가, 즉 정책의제로 채택할 것인가를 다루는 것이 agenda-setting, 즉 정책의제의 채택문제이며, ii) 어떤 문제를 포기해 버릴 것인가를 다루는 것이 바로 무의사결정(non-decision making)이론이다. 여기에서는 먼저 agenda-setting에 관한 몇 가지 이론을 소개한 다음, non-decision making을 설명하고자 한다.

Ⅱ. Cobb-Elder의 이론

1. 이슈(issue)

이슈란, 지위나 자원의 배분에 관한 절차적 또는 실체적인 문제에 대해 둘 이상의 집단간의 갈등을 의미한다.[4)]

본래, 어떤 지극히 사적·국지적인 문제였던 것일지라도 상징이용·매스컴 등에 의해 점차 확산·파급되면 이제는 공적인 문제로 전개되고 이것이 다시 커지면 이슈(issue)가 된다.

Cobb-Elder는, 누가 이슈를 생성시키는가에 관해서 네 가지의 경우가 있다고 한다. 즉 첫째, 자원이나 지위가 바람직하지 못한 어떤 편중현상을 보일 때 이를 재조정하려는 사람이 나타나는 경우에 이슈가 발생한다(이 사람을 readjustor라고 함). 둘째, 자신의 사적 이익을 충족시키려고 이슈를 생성시키는 사람이 있다(이를 exploiter라고 함). 셋째, 예기치 못한 사건에 대한 반응을 취할 때 이슈가 생성되기도 한다(이를 circumstantial reactor라고 함). 넷째, 사적인 목적에서가 아니라 널리 공익과 같은 이타적 목적을 수행함으로써 만족을 얻는 사람에 의해 이슈가 생성되기도 한다(이를 do-gooders라고 함).

한편 이슈를 생성시킴에 있어서 기폭제 역할을 하는 것을 촉발장치(triggering devices)라고 하는데, 외적인 것과 내적인 것이 있다.[5)] 결국 이슈의 생성자와 촉발장치가 결합함으로써 이슈가 형성된다는 것이다.

---

4) Roger W. Cobb and Charles D. Elder, *Participation in American Politics*, 2nd ed.(Baltimore: The Jones Hopkins University Press, 1983), p. 82.

5) *Ibid.*, pp. 82~84.

2. 의제(agenda)

이슈가 더 전개되면 의제로 된다. 이 의제에는 두 가지가 있다.

(1) 체제의제(systematic agenda)

이는 공중의제(public agenda)라고도 하는데 후술하는 기관의제까지는 아직 못된 것이다. 이러한 공중의제까지 이슈가 발전하기 위해서는 세 가지 요건이 필요한데 첫째, 널리 관심을 받는 이슈가 존재해야 하며, 둘째, 어떤 이슈에 대해 어떠한 조치가 필요하다고 하는 관심이 공중의 일부에 의해 공유되고 있어야 하며, 셋째, 그 문제는 정부가 처리해야 할 문제라고 하는 인식이 공유되어 있어야 한다.

(2) 기관의제(institutional agenda)

이는 정부에 의해 공식화된 고려사항으로 받아들여진 체제의제이다. 이를 정부의제 또는 공식의제라고도 하는데, 보통 전술한 체제의제에 비해 보다 구체적·한정적인 사항으로 구성된다.

3. 정책의제의 채택과정

이상에서 본바, 결국 다음과 같은 과정을 거쳐 정책의제가 채택되는데 이를 그림으로 나타내면 [그림 6-1]과 같다.[6)]

한편, 이러한 정책의제 채택과정론은 더욱 발전되어 1976년의 저술에서는 i) 제기(initiation), ii) 구체화(specification), iii) 확산(extansion), iv) 진입(entrance)의 순차적 과정으로 보고 있다.

[그림 6-1] Cobb-Elder의 정책의제 채택과정[7)]

사적 문제 ⇒ 공식문제 ⇒ 이 슈 ⇒ 체제의제 ⇒ 기관의제

4. 세 가지 유형론

R. W. Cobb 등은 그들의 이 과정론을 비교연구의 관점에서 분석한 후, 세 가지로 모형을 구분해 놓고 있다.[8)]

6) *Ibid.*, pp. 85~89.

7) James E. Anderson, *op. cit.*, p. 48.

8) R. W. Cobb, J. K. Ross and M. H. Ross, "Agenda Building as a Comparative Political Process," *American Political Science Review*, vol. 70(1976), pp. 127~128, pp. 137~138.

(1) **외부주도모형**(outside initiative model)

이는 정부 외부로부터 이슈가 제기되고 이것이 확산되어 공중의제로 되었다가 결국은 공식의제로 되어가는 경우를 설명하는 모형이다.

(2) **동원모형**(mobilization model)

이는 정부 내에서 생성되었지만(따라서 거의 자동적으로 공식의제로까지 확산된다), 정부가 이를 보다 성공적으로 집행하기 위해 공중의제로 확산하는 것이다. 권위주의적 정치행정문화의 풍토에서 이것이 사용될 가능성이 높다고 할 수 있다.

(3) **내부접근모형**(inside access model)

이는 정부 내의 어느 특정 집단에 의해 생성된 후 이것이 공식의제가 되도록 압력을 가하는 경우이다. 여기서 유의할 것은, 이 모형에서는 이슈가 어디까지나 일반공중에게까지 확산되는 것이 아닌, 기관내부의 문제이므로 공중의제는 형성되지 않는다는 것이다.

Ⅲ. R. Eyestone의 이론[9)]

1. 사회문제(social problems)

여기서 사회문제란 사회의 주요 집단에 의해 사회의 표준적인 상태로부터 일탈된 것, 또는 사회조직의 주요 국면이 붕괴된 것으로 인식하는 상태를 의미한다.

2. 사회이슈(social issue)

전술한 사회문제는 더 발전되지 못하고 그냥 사라져 버리는 경우도 많으나, 이것이 확산된 경우에는 사회이슈로 된다. 여기서 사회이슈란 사회문제 중에서 그 해결책에 대해 의견이 합치되지 못하고 있는 것을 말한다. 여기에는 그 문제의 해결이 긴급히 필요하다는 인식도 포함된다.

3. 공중의제(public agenda)

이는 개인적 의제(individual agenda)의 총체인데, 사회이슈는 이 공중의제로까지 전환될 필요가 있다.

9) Robert Eyestone, *From Social Issues to Public Policy*(N.Y.: Wiley, 1978), pp. 69~108.

4. 공식의제(official agenda)

공중의제에 대해서 많은 의제기업가가 관여한다.[10] 이 의제기업가(issue entrepreneur)는 의제를 제기 · 중계함에 있어서 정부내부에서 그를 받아들이고 그 중요성을 인식하도록 영향을 행사하는 사람이다.

5. 정책결정(policy decision)

일단 공식의제로 올려진 것에 대해서 정책결정이 있게 된다. 이상의 과정을 [그림 6-2]와 같이 나타낼 수 있다.[11]

[그림 6-2] Eyestone의 정책의제 채택과정

사회문제 ⇒ 사회이슈 ⇒ 공중의제 ⇒ 공식의제 ⇒ 정책결정

Ⅳ. J. Anderson의 이론[12]

1. 정책문제

J. Anderson에 의하면 먼저 문제의 본질에 대한 연구가 없이는 정책분석연구가 불완전한 것이라고 하고 있다. 정책연구에서 문제는 네 가지 특성이 나타난다고 하는데 첫째, 사람으로 하여금 직접적인 행동을 유발하는 것, 즉 표출(articulation)된 문제이어야 하고, 둘째, 직접적인 관련자가 아니라도 관련될 수 있으며, 셋째, 문제의 정의 자체가 하나의 정치적 과정이며, 넷째, 이 문제의 정의는 시각에 따라 가변적이라는 것이다. 한편 이것이 '공공'(public)의 문제가 되기 위해서는, 그 문제의 직접적인 관계자가 아니라 하더라도 영향을 미치는 광범위한 효과를 가진 것이어야 한다.

2. 정책의제(policy agenda)

이는 정책결정자가 어떤 대책을 강구하지 않을 수 없다고 느끼게 되는 것이다.

---

10) *Ibid.*, pp. 88~91, p. 96.
11) *Ibid.*, p. 104.
12) James Anderson, *op. cit.*, pp. 44~49.

Anderson은 이 때, 그 문제에 대한 결정이 어디에서 일어나는가에 따라, i) 의회의제(congressional agenda), ii) 대통령의 의제(presidential agenda), iii) 행정부의제(administrative agenda), iv) 사법부의제(judicial agenda)로 구분하고 있다.

Ⅴ. 무의사결정이론(non-decision making theory)

1. 의 의

앞에서 본 이론들은 결국 수많은 문제 중에서 "어떤 문제가 채택되는가"에 관한 이론이었다. 그런데, "어떤 문제가 채택되지 못하는가"를 다루는 것이 바로 이 무의사결정론이다. 그런데 이것은 어떤 문제에 대해 행동을 취하지 않기로 결정하는 것(decide not to act), 즉 부작위적인 조치를 취하는 것과는 구별된다. 요컨대 무의사결정(non-decision making)[13]이란 아예 어떤 문제를 의사결정과정에 진입조차 하지 못하게 하는 것이다. 이것은 여러 가지 실제의 의사결정을 오직 안전한 이슈(safe issue)에만 국한시키는 것이다.

2. 사용수단

어떤 이슈가 의사결정과정에 진입하는 것을 저지하는 수단에는 다음과 같은 것이 사용된다.[14]

(1) 강제력(force)

예컨대, 과거 미국의 민권운동에 대한 저지에 경찰당국이 물리적인 강제력을 행사했던 것이 이에 해당된다.

(2) 권력(power)

여기에서는 협박이나 회유 등과 같은 전술이 사용되는데 전술한 강제력보다는 덜 직접적이다. 강제력은 보다 일방적인 측면을 강조하는 개념임에 대하여 이 권력은 그런 성향이 비교적 낮은 것이라고 할 수 있다.

(3) 편견의 동원

이것은 특정 이슈의 진입에 대해 가치판단적인 편견을 개입시켜 저지하는 것이다. 예컨대, 저화해소(低貨解消)의 요구와 같은 문제에 대해서 경쟁력의 저하, 경

13) Peter Bachrach and Morton S. Baratz, "Two Faces of Power," *American Political Science Review*(December 1962), pp. 947～952.

14) Bachrach and Baratz, *Power and Poverty*(N.Y.: Oxford University Press, 1970), pp. 44～46; 유훈, 정책학원론(서울: 법문사, 2002), pp. 106～107.

제성장에 대한 저해 등의 낙인을 찍어 버리는 것이다.

(4) 편견의 강화・수정

이는 어떤 문제를 지엽적 내지 비공공적인 것이라고 규정함으로써 문제에 대한 저지력을 보강하는 전술이다.

제 2 절 정책결정

Ⅰ. 정책결정의 의의

1. 정책결정의 개념

정책을 정부기관이 공공목표(public goals)를 달성하기 위해 마련한 행동방안 또는 지침으로 보는 경우 '정책결정(policy making)이란 정부기관이 공공목표를 달성하기 위하여 두 개 이상의 가능한 행동대안 중에서 하나의 대안을 의식적으로 선택하는 행위라고 정의할 수 있다.[15)]

따라서 정책의 역할은 정부활동에 대하여 지침을 부여하는 것이며, 이러한 정책은 여러 수준의 기획이 입안되는 경우에 지침이 되는 것이다. 그리고 정책의 결정은 정책당국자에 이미 부여되어 있는 권한을 근거로 하여 이루어진다.

2. 의사결정과 정책결정의 관계

의사결정과 정책결정의 관계를 보면 의사결정(decision making)을 행정조직계층 여하를 막론하고 결정에 관여하는 일체의 행위로서 파악하고 아울러 조직체의 구성원이 목표의 달성과 문제의 해결을 위하여 두 개 이상의 대안 가운데서 하나를 선택하는 행위라고 볼 때, 의사결정이라는 개념 속에는 당연히 정책결정이 포함되며 따라서 정책결정은 정부기관의 공공정책에 관한 의사결정이라고 하겠다.[16)]

15) 강신택, "정책형성과정," 유훈 외 5 인 공저, 정책학개론(서울: 법문사, 1976), p. 71. Y. Dror는 '정책결정'을 '정부기관에 의한 미래의 행동방침의 결정'이라고 정의하고 있다. Yehezkel Dror, *Public Policy-Making Reexamined*(San Francisco: Chandler Publishing Co., 1967), p. 12 참조. 한편 G. Vickers는 '정책결정'을 '책임을 지니고 있는 의사결정주체가 활동에 지침・일관성 및 계속성을 부여하기 위한 결정'이라고 한다. Geoffrey Vickers, *The Art of Judgement* (London: Champan & Hall, 1965) 참조.

16) 유종해, 현대행정학(서울: 박영사, 2001), p. 190. 의사결정과 정책결정과의 구별에 관하여

3. 정책결정의 참여자

정책결정의 참여자 문제는 정책결정과정에 누가 참여하느냐의 문제인데, 그것은 정치문화·정치환경·사회경제적 여건에 따라 차이가 있으며 그 나라의 정치발전의 정도에 따라서도 영향과 제약을 받는다.

정책결정과정에의 참여자는 크게 나누어 공식적 참여자와 비공식적 참여자로 나누어 볼 수 있는데,[17] 공식적 참여자는 정책결정의 법적 권한을 지니고 있는 자들로서 국회의원과 최고관리자, 고급공무원, 정무관 등을 들 수 있다. 한편 비공식적 참여자는 구속력 있는 정책결정을 내릴 수 있는 법적 권한을 가지지 못한 자들로서 이익집단, 정당, 외부전문가, 일반대중 등을 들 수 있다.

이와 같이 정책결정은 공식적·비공식적 참여자들의 타협·협상 등의 복잡한 상호 교호작용을 통하여 형성되어지는데, 행정기능의 확대와 강화에 따라 점점 최고관리자나 고급공무원, 정무관 등의 역할이 크게 작용하며 정치적 발전의 정도가 높은 선진국의 경우에는 이익집단과 정당, 일반시민들의 요구와 기대가 많이 반영된다. 그러나 정치적 발전의 정도가 낮고 사회경제적 여건이 좋지 못한 후진국 또는 신생국의 경우는 비공식적 참여자보다 공식적 참여자, 그 중에서도 최고관리층, 고급공무원, 정무관의 결정 역할이 다른 참여자보다 크다고 보여진다.

요컨대 정책은 국가의 바람직한 발전방향과 가치 있는 목표를 정하는 것이므로 가능한 한 '저변에의 확산'을 통하여 시민적 수요를 정확히 파악하여 정점에서 집중적으로 결정하는 것이 바람직하다 할 것이다.

Ⅱ. 정책결정의 제 단계

1. 문제의 인지

정책형성의 첫 번째 단계는 문제를 인지하는 단계이며, 결정자는 우선 무엇보다도 문제에 대한 내용을 인지할 필요가 있다.

의사결정은 정부기관의 결정뿐만 아니라 민간부문에 있어서의 결정도 포함되며, 정책결정은 정부 내에서 이루어지는 결정을 의미한다는 견해가 있다. 한편 정책결정은 공적 문제해결이라는 목적, 공식적으로 표명하고 있는 공익의 추구 등의 특성을 지니고 있으므로 대안의 선택이라는 의사결정과는 구별된다고 한다. 박동서, 한국행정론[제5전정판](서울: 법문사, 2002), p. 200 참조.

17) James E. Anderson, *Public Policy-Making*, second edition(New York: Holt, Rinehart and Winston, 1979), pp. 34~46.

H. A. Simon에 의하면 인간의 능력에는 한계가 있기 때문에 객관적인 상황을 완전히 인지한다는 것은 어려운 일이며, 따라서 개인은 이것을 간소화하여 인지하게 된다고 한다.[18)]

물론 환경의 변동으로 인한 사건의 발생에 따라 문제를 인지하게 되는 것이나 사건이 발생하였다고 해서 결정자가 모든 문제를 인지한다고 볼 수 없으며, 문제에 대한 인지 여부는 결정자가 지니고 있는 가치관이나 경험 또는 사건의 중요성의 정도에 따라 좌우된다고 하겠다.

2. 정보의 수집 및 분석

두 번째의 단계는 문제해결을 위한 정보의 수집과 분석이다. 즉 문제해결을 위해서는 앞서 인지된 문제가 어떤 종류의 것인가를 분류함과 아울러, 수집된 정보나 자료에 입각하여 과학적으로 분석할 것이 요청된다. 무릇 정책정보는 결정자의 판단과 행동의 기초가 되는 것이며, 이것이 정책의 형성이나 집행에 효과적으로 사용되어야만 바람직한 것인데, 그렇지 못한 경우도 적지 않다.

3. 대안의 작성과 평가

새로운 결정을 요하는 문제의 목표에 대한 정보의 수집과 분석이 끝나면 이것을 통하여 실제로 행동으로 옮길 수 있는 대안을 작성 · 평가하여야 한다. 대안은 문제해결과 목표달성에 기여할 수 있는 것임과 동시에 이것을 구체화 내지 실현할 수 있는 현실적 가능성이 있는 것이어야 한다.

정책결정의 합리적인 대안작성과 평가를 위해서 많은 계량적 기법들이 이용되고 있는바, 여기에는 OR(operations research), PERT(program evaluation and review technique), CPM(critical path method), EDPS(electronic data process system), MIS(management information system), SA(system analysis) 등을 들 수 있다.

4. 최적안의 선택

대안의 분석 · 작성 및 평가가 끝나면 마지막 단계에서는 제 대안 가운데서 가장 바람직하다고 생각되는 최적안을 선택하게 된다. 그러나 실제적인 면에서 볼 때 규범적 · 이상적인 선택행위는 이루어지기가 매우 어려우며, 점증적이거나 또는

18) James G. March and Herbert A. Simon, *Organizations*(New York: John Wiley & Sons, 1958) 참조.

어느 정도의 만족을 가져올 수 있는 수준에서 선택이 가능한 것으로 보아야 할 것이다.

요컨대 정책이 자동적으로 가장 합리적인 것으로 결정되는 경우는 많지 않다는 것이다. 그리하여 정책결정자가 어떠한 최적안을 선택하느냐 하는 것은 매우 중요한 문제로서 대두되며, 정책결정의 기준이 되는 가치·이론 및 특히 공익의 문제에 대해서는 상당한 관심이 집중되고 있다.[19)]

Ⅲ. 합리적 정책결정의 제약요인

무릇 정책결정은 합리적으로 이루어져야 함이 바람직하지만 이러한 규범적인 요청과는 달리 현실적으로는 많은 제약요인 때문에 정책결정이 언제나 합리적으로 이루어지는 것은 아니다.

I. Sharkansky는 정책결정을 제약하는 요인으로서 문제와 목표의 다양성, 정보의 제약, 행정인의 가치관의 차이, 행정기구의 구조적 요인 및 행정인의 병리적 행태의 다섯 가지를 들고 있으나,[20)] 여기서는 편의상 정책결정인에 대한 제약요인, 정책결정구조에 대한 제약요인 및 정책결정환경에 대한 제약요인으로 나누어 살펴보고자 한다.

1. 정책결정인에 대한 제약요인

(1) 가치관의 차이

정책결정자마다 가치관과 태도가 다양하여 그 결과 조직의 목표나 정책에 대한 개인의 편견을 나타내는 수가 많다. 흔히 정책의 결정과정에 협상이 개입되는 것도 행정조직 내의 다양한 가치관을 조정하기 위해서이다.

(2) 전문성의 부족

정책결정자는 정책에 관한 상당한 전문지식·경험을 가져야 함에도 불구하고 실제에 있어서 중요한 정책결정자의 직위에 비전문적인 사람이 충원되는 경우가 많다. 물론 고위직으로 올라갈수록 전문성 이외에 정치적 조정능력·통찰력과 같은 요소가 필요하기는 하지만 그렇다고 하여 전혀 비전문가가 정책결정을 담당해

19) 박동서, 한국행정론〔제 5 전정판〕(서울: 법문사, 2002), p. 246.

20) Ira Sharkansky, *Public Administration: Policy-Making in Government Agencies*, fourth edition (Chicago: Rand McNally Publishing Company, 1978), p. 59.

서는 합리성을 기하기가 어렵다.

⑶ 병리적 관료행태

정책결정을 담당하는 행정인이 형식주의·무사안일주의 등과 같은 관료제의 병리를 나타내기 쉽다. 이 경우 합리적으로 정책을 결정해야 한다는 규범적 요청은 처음부터 무시되게 마련이다.

⑷ 정책결정자의 인지능력의 한계

순수한 의미의 합리성에 도달하려면 정책결정자는 모든 대안·정보에 대해 완전히 알고 있다는 이른바 '전지의 가정'(assumption of omniscience)을 전제로 해야 하지만 현실적으로 이것은 불가능하므로 완전한 의미의 합리성을 확보하기는 매우 어렵다.[21)]

2. 정책결정구조에 대한 제약요인

⑴ 정보의 제약

합리적으로 정책을 결정하는 데 있어서 가장 직접적인 기반이 되는 것은 정보이다. 그 정책에 관련된 모든 정보를 다 수집한다는 것은 매우 어려운 일이며, 또 그 정확성에 문제가 있을 수 있다.

즉, i) 일반적으로 자료를 입수하여 그 의미를 이해하는 데 있어서는 시간·노력 그리고 때로는 경비가 필요하게 되며, ii) 정책결정자(의사결정자)는 의사결정을 하는 데 필요한 시간의 양, 동시에 고려할 수 있는 사항의 수 그리고 하나의 문제에 관해 입수할 수 있는 자료의 양에 관해서 제한된 능력만을 지니고 있고, iii) 또한 정보를 획득함에 따라 불확실성이 다소 배제된다고는 하지만 그것이 근절되기는 어려우며 항상 어느 정도의 불확실성을 내포하고 있다는 것이다.[22)]

그리하여 정보를 획득하는 데 있어서 많은 시간·노력 및 경비가 소요되는데도 이들을 확보하기가 어려운 경우, 그리고 정책결정자들에 있어서 이들 정보를 분석·활용할 수 있는 능력이 부족할 경우, 나아가 정보의 전달과정이 부적합할 경우 등이 문제가 된다.

⑵ 집권적 조직구조

정책결정구조가 과도하게 집권화되면 상부의 몇 사람을 제외하고는 참여자의 범위가 제약을 받게 된다. 이렇게 되면 정책분석·연구·계획 등의 기관은 형식화

21) Herbert A. Simon, *Administrative Behavior: A Study of Decision-Making Processes in Administrative Organization*, third edition(New York: The Free Press, 1976), pp. 81~82.

22) 渡辺保男 譯, 官僚制の解剖(東京: サイマル出版會, 1975), p. 3 참조.

되게 마련이다. 대안의 분석·평가도 충분한 검토가 어려워지고 관련 하위직 공무원의 사기도 저하된다.

(3) 선례 및 표준운영절차의 존재

흔히 행정조직은 보수성을 내포하고 있으며 적극적으로 합리성을 추구하기보다는 현상유지를 진행하다가 특별히 사회적으로 문제가 제기된 경우에 비로소 합리화를 추구하는 경향이 있다. 이러한 경향을 더욱 강화시켜 주는 것이 바로 선례·표준운영절차(SOP)의 존재이다. 이들은 행정조직의 내부규칙으로서 긍정적인 측면도 있으나 한편으로는 각 부서는 이러한 내부규칙에만 어긋나지 않으면 된다는 식의 사고를 갖게 되고 따라서 합리성을 추구하려는 성향은 약화된다.[23)]

(4) 매몰비용

순수한 합리성의 입장에서만 생각한다면, 기존의 정책결정에 오류가 발견되면 그 다음 번의 결정에서는 다른 대안을 선택하려고 할 것이다. 그러나 실제로는 일단 어떤 대안을 선택하여 그에 대해 시간·자원을 투입한 이상 그 후에는 이를 쉽게 포기하지 못한 채 계속 그 대안에 고착되지 않을 수 없게 되는 수가 많다. 즉, 소위 매몰비용(sunk cost) 때문에 합리적으로 대안을 고려할 수 있는 여지는 줄어들게 된다.[24)]

이 경우 합리성이 있어서가 아니라 단지 이미 실행에 옮겨졌다는 이유만으로 자원이 계속 소요된다. 실제의 행정에 있어서 이러한 예가 많은데, 이는 대안의 합리적 분석과는 거리가 먼 것이다.

3. 정책결정 환경에 대한 제약요인

(1) 투입기능의 취약성

정책이란 시민의 요구가 투입(inputs)되어 그것이 취사선택이라는 전환과정을 거쳐 나온 산출(outputs)이라고 하겠는데, 대다수의 후진국가에서는 각 계층의 시민의 요구나 이익을 대변할 만한 이익단체가 존재하지 않는 경우가 많을 뿐 아니라, 설사 그것이 존재한다고 하더라도 그들의 취약으로 제대로 그들의 요구를 정책결정에 반영시키지 못하고 있는 실정이다. 이와 같은 투입기능의 취약성은 합리적 정책결정의 제약요인이 되고 있는 것이다.[25)]

23) 김규정, 신판행정학원론(서울: 법문사, 1997), p. 199.
24) Herbert A. Simon, *op. cit.*, p. 120; James G. March and Herbert A. Simon, *op. cit.*, p. 173.
25) 유훈, 행정학원론〔제 5 정판〕(서울: 법문사, 1983), p. 122.

(2) 자원의 제약

정책결정을 합리적으로 수행하려면 이에 필요한 인력과 재원이 충분히 부여되어야 한다. 즉, 합리성의 확보에는 자원이 소요된다. 그런데 예산의 배분은 합리성이라는 관점에서보다는 정치성에 의해서 정해지는 측면도 강하다.[26] 따라서 정치적으로 얼마나 지원을 받을 수 있는가에 따라서 정책결정이 영향을 받게 된다.

(3) 시간의 제약

정책결정의 책임을 보유하고 있는 장관에게 어느 정도 충분한 재임기간이 부여되어야 함에도 불구하고 우리 나라의 경우 재임기간이 짧은 것이 통례로 되어 있다. 이러한 여건 아래서는 합리적인 정책결정보다는 단기간 내에 가시적인 업적을 올리는 데 치중하게 되어 자연히 즉흥적이고도 불합리한 결정이 수반되게 마련이다.[27]

(4) 사회적 · 문화적 관습

정책결정을 함에 있어서 행정인은 결국 그들을 둘러싸고 있는 사회적 · 문화적 관습의 영향을 받게 되므로 이들 요소가 얼마나 합리화되어 있는가에 따라서 그 속에서 수행되는 정책결정의 합리성도 영향을 받게 되는 것이다.

제 3 절 정책집행

Ⅰ. 정책집행의 의의

1. 정책집행의 개념

오늘날 정책집행(policy implementation)에 대해서는 정확한 정의가 내려지지 않고 있으며, 각 정책학자들마다 정책집행의 개념에 대해서는 의미상의 차이가 나타나고 있다.[28]

26) Ira Sharkansky, ed., *Policy Analysis in Political Science*(Chicago: Markham, 1970) 참조.

27) 박동서, 한국행정론[제 5 전정판](서울: 법문사, 2002), p. 269.

28) 정책집행의 개념에 대해서 J. L. Pressman과 A. Wildavsky는 집행을 "예견된 결과를 달성할 수 있는 능력" 또는 "목표의 설정과 이를 달성하기 위한 활동간의 상호작용"이라고 한다. Jeffrey L. Pressman and Aaron Wildavsky, *Implementation*(Berkeley: University of California Press, 1973), pp. 14~15. C. O. Jones는 집행을 "사업계획의 실천을 지향하는 활동"으로 파악하며, Charles O. Jones, *An Introduction to the Study of Public Policy*, second edition(North Scit-

[그림 6-3] 정책의 제 과정

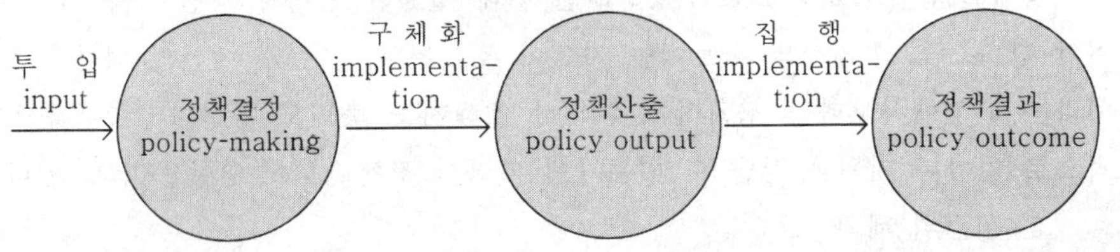

무릇 정책집행(policy implementation)은 정책의 구체화와 정책의 집행이라는 두 가지 의미로 파악할 수 있는바, 전자는 정책결정(policy-making)의 단계에서 정책산출(policy output)의 단계로 진행되는 과정에서의 집행을 의미하고, 후자는 정책산출에서 정책결과(policy outcome)의 단계에 이르는 과정에서의 집행을 의미하는 것이다. 그러나 여기서 주의해야 할 것은 양자가 목적(정책의 구체화가 최적정책산출을 위한 것이라면 정책의 집행은 최대의 정책결과를 위한 것이다)이나 전체 정책과정상의 위치에 차이가 있을 뿐 그 내용에는 차이가 없다고 하겠다.

예컨대 효율적인 정책산출을 위한 인적·물적 자원의 동원 및 조직화, 동기부여과정을 구체화라고 한다면, 이러한 구체화 작용을 통해 나타난 구체적인 정책(concrete policy)을 대상집단(target group)과 대상상황(target situation)에 실천함으로써 정책산출이 의도한 정책결과를 낳게 하는 과정을 정책집행이라고 할 수 있다.

따라서 추상적 정책산출은 세금을 거두어 들이거나 병역의무를 강요함으로써, 규제적 정책산출은 법규를 적용하여 대상집단에 법적인 구속을 가함으로써 정책집행이 이루어지며, 배분적 산출은 대상집단에 대해 물질적·제도적 혜택을 제공함으로써, 그리고 상징적 산출은 다른 정책산출의 집행을 용이하게 하기 위하여 정치적 상징(예: 정치적 연설, 정치적 설득)을 사용함으로써 정책집행이 이루어진다.

---

uate, Mass.: Duxbury Press, 1979), p. 139. R. T. Nakamura와 F. Smallwood는 집행을 "권위 있는 정책지시를 실천하는 과정"으로 해석하고 있다. Robert T. Nakamura and Frank Smallwood, *The Politics of Policy Implementation*(New York: St. Martin's Press, 1980), p. 1. 또한 V. Meter와 V. Horn은 집행을 "정책결정에 의하여 미리 설정한 목표를 달성하기 위한 정부부문 및 민간부문의 개인이나 집단이 하는 활동"으로 정의하면서 집행단일방향적(unidirectional)이라는 것과 활동(actions)의 두 가지 관점으로 파악하였으며, Donald S. Van Meter & Carl E. Van Horn, "The Policy Implementation Process: A Conceptual Framework," *Administration and Society*(February 1975), pp. 445~487. E. Bardach는 집행을 "기계를 조립하여 그것이 이동하도록 하는 조립과정(assembly process)"이라고 정의하고 있다. Eugene Bardach, *The Implementation Game*(Cambridge: MIT Press, 1977), p. 36.

2. 정책집행의 특징

정책집행과정은 다양한 상호경쟁적인 목표와 기대를 가지며, 거대하고 복잡한 정부계획 속에서 작용하는 수많은 행동인자를 포함하는바, 이러한 정책집행의 특성을 세부적으로 살펴보면 다음과 같다.[29)]

i) 정책집행에는 전적으로 책임을 지는 단일의 기관이나 소규모의 조정된 행위자(actor)가 없다. ii) 정책산출에 대한 기대가 다양하고 복합적이고 비현실적이기 때문에 국내의 계획은 예상했던 것을 완전하게 그리고 시기적절하게 달성할 수 없다. i)과 ii)는 정치구조나 정책집행과정에 있어서 일련의 상충된 가치, 이해관계, 주요 행위자의 믿음이 존재하기 때문이다. iii) 정책집행과정에서 가장 중요한 집행자는 다양한 관료제이다. 관료들은 정책집행을 통제할 수는 없으나 중요한 영향을 미친다. iv) 정책집행의 방법은 집행될 정책의 사회적 목표에 따라 달라진다. v) 효과적인 정책집행은 상황에 따라 여러 가지 모형에 입각하나 효과성에 관한 유일한 모형은 존재하지 않는다. vi) 특정 정책산출의 집행이 효과적이라고 하더라도 그 정책이 반드시 바람직한 결과를 달성할 보장은 없다는 것 등이다.

Ⅱ. 정책집행의 유형과 기준

1. 정책집행의 유형

전술한 바와 같이 정책집행과정은 정책산출을 위한 구체화의 활동뿐만 아니라 정책결과와 관련한 실천화의 과정과도 상호작용의 관계가 있다. 따라서 정책집행의 유형은 정책결정자와 정책집행자의 관계의 시각뿐만 아니라 정책집행자와 정책평가자의 관계라는 시각에서도 고찰될 수 있는바, 여기서는 전자의 관계를 중심으로 R. T. Nakamura와 F. Smallwood의 견해에 따라 고전적 기술자형, 지시적 위임형, 협상형, 재량적 실험형, 관료적 기업가형의 다섯 가지로 분류하여 살펴보고자 한다.[30)]

(1) 고전적 기술자형

고전적 기술자형은 정책집행자는 목표의 달성을 위한 수단적·기술적 사항에

29) Randall B. Ripley, *op. cit.*, pp. 2～9.
30) 유훈, "정책집행연구의 의의와 유형," 유훈 외 5인공저, 정책학[개정증보판](서울: 법문사, 1993), pp. 186～190; Robert T. Nakamura & Frank Smallwood, *The Politics of Policy Implementation*(New York: St. Martin's Press, 1980), pp. 111～137.

대해서만 위임을 받았을 뿐, 정책목표의 설정은 정책집행자를 통제하는 정책결정자에 의해 지배된다는 유형이다.

(2) 지시적 위임형

지시적 위임형은 정책결정자가 집행자에게 고전적 기술자형보다는 많은 권한을 위임하는 것으로, 정책결정자는 정책집행자에게 광범한 행정적 권한을 부여하며 정책집행자는 목표의 필요성에 합의하고, 목표달성에 필요한 기술적·행정적·협상적인 능력을 보유한다.

(3) 협 상 형

협상형은 전술한 두 유형과는 달리 정책결정자와 집행자가 목표와 목표달성을 위한 수단에는 반드시 합의하고 있지는 않으며, 정책결정자와 집행자간의 협상에 의한 타협에 따라 집행이 이루어지는 경우이다.

(4) 재량적 실험형

정책결정자가 지닌 지식·정보의 부족 때문에 구체적인 목표를 제시하지 못하고 광범한 재량권을 집행자에게 위임하는 경우로서, 주로 이 유형은 복잡한 정책문제가 제기되었거나, 불확실한 상황에서 결정이 내려져야 할 때 사용되는 방법이다.

(5) 기업가적 관료형

집행자가 행정결정자와 협상하여 수단을 확보하고 목표를 달성하며 정책결정자의 권한을 장악하고 결정과정을 지배하는 유형으로, 이것은 관료제가 지니고 있는 계속성과 안정성으로 인하여 나타난 것으로서 주로 직업공무원제가 확립되어 있는 국가에서 많이 볼 수 있다.

2. 정책집행의 기준

정책의 집행에 있어서 활동의 수준을 결정하는 기준은 각 정책의 산출유형에 따라 다음과 같이 살펴볼 수 있다.[31]

첫째, 추출적 정책산출의 집행기준으로서는 i) 정치체제가 확보할 수 있는 자원의 절대량, ii) 국민총생산에서 그러한 추출이 차지하는 비율, iii) 1인당 추출수준이며,[32] 둘째, 배분적 정책산출의 기준은 i) 정치제체의 배분적 활동의 범위(예: 국민총생산에서 정치체제의 배분적 산출에 소비되는 양), ii) 다양한 배분적 활동에

31) Gabriel A. Almond & G. Bingham Powell, Jr., *Comparative Politics,* second edition(Boston: Little, Brown and Company, 1978) 참조.

32) *Ibid.,* p. 289.

경비를 할당하는 방법(예: 교육·국방·보건·소득유지 등에 할당된 경비의 규모), iii) 이러한 배분적 활동경비의 수혜자의 분포 등이며,[33] 셋째, 규제적 정책산출의 기준으로서는 i) 인간의 행태나 상호작용 중에서 규제대상이 되는 것은 어떤 것이며 규제의 정도는 어느 정도인가, ii) 규제의 대상집단은 어떤 것이며 그 규제절차와 제한은 어떤 것인가, iii) 정치체제의 성과를 강요 또는 유도하는 데 사용되는 승인의 종류는 어떠한 것인가[34] 하는 것을 말한다.

Ⅲ. 정책집행의 전략

1. 집행전략의 의의

정책집행의 목적은 효율적인 정책산출과 정책결과를 창출하는 데 있으며 궁극적으로는 국민들의 '삶의 질'(quality of life)을 향상시키는 데 있다. 그리하여 정책집행의 효율적인 달성과 평가를 위하여 비용-편익분석, OR, PERT 등의 여러 가지 과학적 검증기법들이 활용되는 집행전략의 개발이 필요하다 하겠다.

이러한 정책집행의 전략은 수단적인 성격을 지님과 동시에 다차원적인 성격을 내포하고 있으므로 집행전략을 결정하는 데는 인간적·기술적·구조적·환경적 요인 및 시간적·공간적 요인들을 반드시 고려하여야 한다.

2. 전략의 유형

이제 여기서는 전략의 수준에 따라 다음 세 가지 유형으로 살펴보고자 한다.[35]

(1) 기본적 전략

기본적 전략은 정책의 효율적인 집행을 위하여 집행자의 위치를 파악하며, 대상집단의 구성원들을 설득하고 정책목표의 달성을 유도하는 가장 상위수준에 위치한 전략이다. 이러한 기본적 전략의 달성에는 정책집행자가 정책의 중요성을 어느 정도 파악하고 있느냐 하는 문제의 현저성(problem salience)과 정책적 원조를 어느 정도 받고 있느냐 하는 권력자원(power resource)과 정책내용에 어느 정도 부합되어 있느냐 하는 '합의'(agreement)의 세 가지 차원으로 구성된다는 것이다.[36]

---

33) *Ibid.*, p. 297.
34) *Ibid.*, p. 307.
35) 김광웅, "정책의 효율적 집행: 이론과 전략," 유훈 외 5 인 공저, 전게서, pp. 273～279.
36) *Ibid.*, p. 159; D. R. Bunker, "Policy Sciences Perspectives on Implementation Processes," *Policy Sciences*, 3:1(March 1972), pp. 71～80.

(2) 기계적 전략

기계적 전략은 표준화된 규칙에 따라 신속한 정책의 집행이 요구될 때 거기에 필요한 수단과 기술을 개발하는 하위수준의 전략을 뜻하는 것으로 조직화, 동기부여, 통제 등이 여기에 속한다.

(3) 유기적 전략

어떠한 정책이든 기계적 전략만으로는 효율적인 정책산출의 집행이 불가능하므로 항상 정책이 대상집단 혹은 상황에 어떠한 변화를 가져올 것인가에 대한 정책가치의 문제를 고려하여야 한다는 것이 유기적 전략이다. 즉, 그러한 유기적 전략은 정책환경이 항상 변화하는 불확실한 상황에서 성과를 거둘 수 있게 된다.

Ⅳ. 정책집행의 제약요인

정책을 효율적으로 집행하는 데 있어서의 제약요인을 열거 설명하면 다음과 같다.

1. 내부적 요인

(1) 정책산출의 명확성

정책산출의 명확성과 이를 뒷받침할 수 있는 지식의 완전성 여부는 정책집행에 중요한 영향을 미친다. 즉, 정책산출은 그 내용이 구체적이어야 하며 이를 달성하기 위한 수단·방법도 명확해야 한다. 정책산출이 추상적이고 이를 뒷받침해 줄 지식의 불완전성으로 인하여 달성방법을 알지 못할 경우 정책산출은 예상된 정책결과에로 유도될 수 없다.

(2) 재 원

정책산출이 명확하더라도 정책집행을 뒷받침할 재원이 수반되지 않으면 집행은 효과적인 정책결과를 만들어 낼 수 없다. 여기서 정책집행의 재원으로서 예산, 인적 자원, 정보, 권한 등을 들 수 있다.

(3) 정책집행기관의 규정

정책형성과정에 있어서 집행기관의 규정을 어떻게 결정하느냐 하는 것이 정책집행에 큰 영향을 줄 수 있다.

(4) 정책집행자의 성격

집행담당기관의 규정이 아무리 정책목표의 달성에 용이하도록 제정되었다고 할지라도 정책집행자가 정책목표에 적극 찬동하지 않거나 목표달성에 능동적인 태도를 취하지 않으면 집행이 좋은 정책결과를 거둘 수 없다.

(5) 정책집행기관 상호간의 관계

정책집행은 하나의 기관만으로는 이루어지기 힘들며 많은 기관이 관련되어 있으므로 기관 상호간의 관계가 정책집행에 큰 영향을 미친다. 집행기관이 서로 동의나 양해를 얻어야 하는 경우 정책집행 자체가 불가능해지거나 지체될 수도 있다.

(6) 의사전달의 비효율성

커뮤니케이션의 비효율성은 정책집행의 실패 및 지체를 초래하는바, 위로부터의 명령 · 지시나 아래로부터의 보고 등이 잘 이루어지지 않아서 정책집행이 원래의 예상된 결과를 유발할 수 없게 된다.

2. 외부적 요인

(1) 사회 · 경제적 상황

첫째, 사회 · 경제적 상황의 변동으로 인하여 특정 정책의 중요성이 감소하여 집행을 어렵게 만든다.

둘째, 대상집단간의 사회 · 경제적 수준 차이는 효율적인 정책집행에 지장을 초래할 수도 있다.

셋째, 환경보존이나 소비자보호와 같은 규제적 정책산출은 대상집단의 경제적 능력과 그들이 국민경제에 있어서 차지하는 비중에 따라서 집행의 능률성이 달라질 수 있다.

넷째, 공해방지와 같이 기술과 직결되는 정책의 집행은 기술의 발달 정도와 밀접한 관련이 있다.

(2) 대중매체의 관심

신문 · 라디오 · TV 등과 같은 대중매체는 첫째, 사회 · 경제적 상황의 변동과 국민이나 정치엘리트의 인지를 연결하는 매개변수의 역할을 하며, 둘째, 대부분의 대중매체들이 어떤 문제를 잠시 다루다가 다른 문제로 관심을 돌리는 까닭에 정책의 집행에 많은 지장을 초래한다는 것이다.

그 외에도 대중의 관심과 지지의 부족, 이익단체의 적극성의 결여, 대통령 · 의회 등의 자원부족 등을 들 수 있다.[37)]

---

37) 유훈, 정책학원론〔제 3 정증보판〕(서울: 법문사, 2002), pp. 410~415.

Ⅴ. 정책집행의 결정변수

1. 의 의

1973년 J. Pressman과 A. Wildavsky의 집행연구 이래로, 여러 가지의 정책집행연구가 주로 실패한 정책을 대상으로 하여 계속되어 오고 있다. 그 내용의 주요 공통점은 집행의 실패요인을 지적하며 나아가 성공적인 집행을 위한 처방적 요인을 찾아 내려고 하는 것이다.

정책집행의 변수에 관한 연구는 크게 두 가지로 구분해 볼 수 있다. 첫째는, 핵심적인 몇 가지의 변수만을 찾아 낸 후 이들의 상호관계를 파악해 보려는 연구이다. G. C. Edwards Ⅲ의 연구가 그 예이다.[38] 둘째는, 몇 가지의 중요한 변수만이 아니라 집행에 영향을 주는 여러 변수를 가급적 망라하여 설명하는 연구인데, 자연히 여기에서는 전자에 비해 변수간의 상호관계를 소홀히 취급한다. 그 대표적인 것이 바로 Mazmanian과 Sabatier의 연구이다.[39]

2. Edwards의 이론

Edwards는 집행변수에 관한 연구의 초점을 관료제의 연구에 두고 네 가지의 주요 변수를 제시하여 이들의 상호관계를 설명한다.

먼저 i) 커뮤니케이션을 들고 있는데 그것은 제대로 잘 전달되고, 명확해야 하며, 일관성을 유지해야 한다는 것이다. ii) 자원도 중요한 변수이다. 이 자원에는

[그림 6-4] 변수간의 상호관계

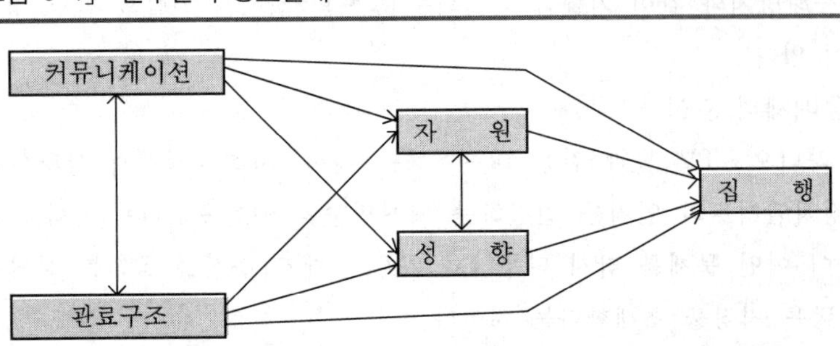

38) George C. Edwards Ⅲ, *Implementing Public Policy*(Washington: Congressional Quarterly Press, 1980).

39) Daniel A. Mazmanian and Paul A. Sabatier, *Implementation and Public Policy*(Glenview Scott, Foresman and Co., 1983).

인적 자원, 정보, 권한, 시설 등이 포함된다. iii) 집행자의 성향(disposition)도 중요하다. 여기서 고려되어야 할 내용은 관료의 충원, 유인 등이다. iv) 관료제의 구조도 중요한 변수인데, 여기서는 표준운영절차(SOP)와 할거성이 고려되어야 한다.

이와 같은 네 가지 변수는 모두가 정책집행에 영향을 미치고 있는데 그 상호관계를 [그림 6-4]와 같이 나타낼 수 있다고 한다.[40]

3. Mazmanian과 Sabatier의 이론

Mazmanian과 Sabatier는 집행변수를 먼저 크게 3대분한 후 이들 속에 거의 망라적으로 많은 변수들을 포함시키고 있다. 먼저 세 가지의 변수유형은 i) 문제의 취급가능성(tractability), ii) 법령의 집행구조화 능력, iii) 비법률적 변수로 나뉘어 진다.

문제의 취급가능성은 i) 타당성 있는 기술 및 이론, ii) 대상집단(target group)의 행태의 다기성(多岐性), iii) 전체 국민에 있어서 대상집단이 차지하는 비율, iv) 행태변화가 요구되는 정도가 포함된다.

법령의 집행구조화 능력에는 i) 명확하고도 일반성 있는 목표, ii) 적절한 인과이론의 내포 여부, iii) 재원, iv) 집행기관의 내부 및 상호간의 계층적 통합, v) 집행기관의 의사결정규칙, vi) 집행담당관의 충원, vii) 외부인사의 공식적 참여가 포함된다.

집행에 영향을 미치는 비법률적 변수에는 i) 사회경제적 조건·기술, ii) 대중의 지지, iii) 관련단체의 태도와 자원, iv) 지배기관의 지지, v) 집행담당관의 적극성과 리더십이 포함된다.

이상에서 본 세 가지 범주의 여러 변수들이 결국 정책집행의 변수로서 설명될 수 있다. 한편 Mazmanian과 Sabatier는 집행과정의 단계를 종속변수라고 표현하고 있는데, 그 다섯 단계의 내용은 i) 집행기관의 정책산출, ii) 정책산출에 대한 대상집단의 순응, iii) 정책산출의 실제적 영향, iv) 정책산출의 인지된 영향, v) 법령의 주요한 수정이다.

이들을 그림으로 표시하면 다음의 [그림 6-5]와 같다.

이 분석틀은 거의 망라적인 변수를 포함하고 있음으로써 일반이론적인 분석틀로서의 가능성까지 보여 주고 있다. 그러나 그 내용 중에 정책집행을 법령의 집행과 관련시킨 부분이 많이 보이는데, 이는 법치행정적 관점에서는 설명력이 높을지

40) *Ibid.*, pp. 147～150.

[그림 6-5] 정책집행과정변수

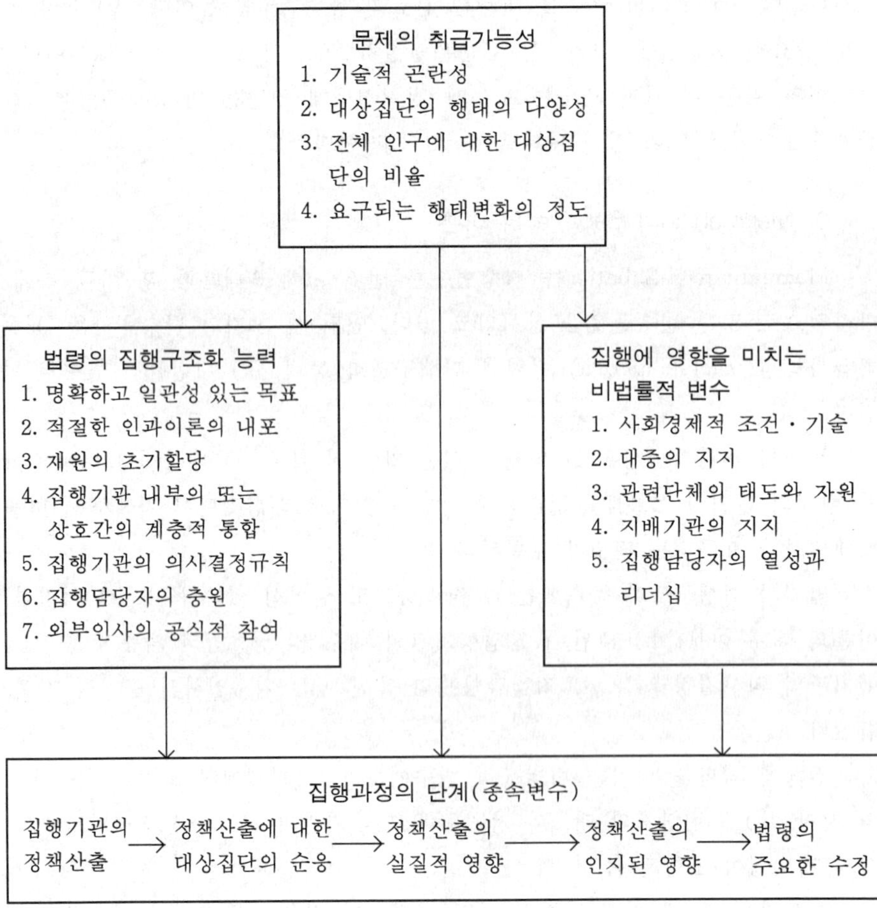

출처: Daniel A. Mazmanian and Paul A. Sabatier, *Implementation and Public Policy*(Glenview: Scott, Foresman and Co., 1983).

모르나, 법령의 형태를 띠지 않고서도 사실상 정책 또는 그 상위의 수준까지를 나타내는 경향이 많은 국가에서는 설명력이 낮다고 하겠다.[41]

41) 안해균, 정책학원론(서울: 다산출판사, 1984), p. 412.

제 4 절 정책평가

Ⅰ. 정책평가의 의의

정책평가의 의의는 몇 가지 관점에서 살펴볼 수 있는바, 첫째 원래 의도한 정책목표와 실제의 정책활동의 결과로서 나타난 실적과 어느 정도의 괴리현상이 나타났는가를 알기 위하여, 둘째, 위의 괴리현상의 원인을 찾아 내어 정책결정의 합리성을 제고하기 위하여 이에 필요한 객관적이고도 합리적인 정보를 제공하고자 하는 데 정책평가의 목적이 있고, 셋째, 정책평가는 정책과정을 통하여 형성된 정책이 그 집행과정을 통하여 얼마나 진실되게 수행되어졌느냐 하는 것을 파악하여 정책집행의 합리적인 전략과 방안을 강구할 수 있는 기초자료를 제공해 주기 위하여 행해지며, 넷째, 무엇보다도 정책평가는 정책활동에 대한 평가를 통하여 얼마나 시민의 정치적·행정적 수요를 충족시켜 주었는가를 판단하는 데 있는 것이다.

요컨대 정책평가는 자원의 합리적인 재배분을 하게 해 주며 시민들이 정부정책에 대한 비판적 안목과 인식을 가지도록 하며 정책평가의 결과에 따라 정책결정과 집행에 대한 정부측의 책임소재를 밝혀 주기도 하고 정책의 계속성 여부에 대한 판단을 하기 위하여 행하여진다고 볼 수 있다.[42)]

Ⅱ. 정책평가의 유형

1. 형성적 평가와 총괄적 평가

형성적 평가(formative evaluation)는 집행과정에서 나타나는 여러 문제점을 해결하여 보다 나은 집행전략과 방법을 구하고자 행하는 평가이다.[43)] 그리고 총괄적 평가(summative evaluation)는 정책이 집행된 후, 그 정책이 의도했던 효과를 초래했는가를 평가하는 것이다.

42) 무릇 정책형성의 제 단계는 정책결정의 단계, 정책집행의 단계, 정책평가의 단계로 살펴볼 수 있겠으나, 여기서 정책평가의 대상과 행정평가의 대상의 상이점은 전자가 위의 세 단계를 모두 포함하는 개념인 데 대하여, 후자는 고유의 정책평가의 단계에 있어서 사업평가(program evaluation)만을 그 대상으로 하는 개념으로 파악된다(행정평가에 대한 구체적인 내용은 제 2 편 제 1 장 제 5 절을 참조).

43) Michael Scriven, "The Methodology of Evaluation" in C. H. Weiss(ed.), *Evaluation Action Programs*(Boston: Allyn and Bacon, 1972), pp. 123~126, pp. 128~130.

2. 산출평가 · 성과평가 · 임팩트평가

산출평가는 정책산출(policy outputs)을 평가하는 것인데, 여기서 정책산출이란 정책의 내용으로서 수행 · 투입된 업무나 자원이라고 이해할 수 있다. 예컨대, 정부가 부실기업에 대해 보조금을 지불하는 정책의 경우에는 그 지불된 재원을 의미한다.

결과평가는 정책성과(policy outcomes)를 평가하는 것이며, 여기서 정책성과란 산출보다 더욱 장기적인 효과를 포함한다. 앞의 예의 경우에서 보면 정부의 보조금 지급에 의해 구제된 부실기업의 수 등이 해당된다.

임팩트평가는 정책임팩트(policy impact)를 평가하는 것인데, 여기서 정책임팩트란 위의 정책성과보다 더 장기적임은 물론 환경에 미치는 영향 등이 고려된 효과이다.[44] 예컨대, 부실기업의 구제를 위해 보조금을 지불했을 때, 결국 이 정책의 결과로 기업 및 근로자의 소득을 안정시킨다든지 또는 기업가들에게 경영합리화의 필요성을 둔화시킴으로써 부실기업의 수가 더 늘어나는 것 등이 이에 해당된다.

3. 사전평가 · 사후평가 · 계속적 평가

사전평가는 정책집행이 이루어지기 전에 하는 평가를 의미하며, 사후평가는 정책집행이 이루어진 후에 실시하는 평가이다. 보통 이것만을 진정한 의미의 평가라고 하는 수가 많다.[45] 그리고 계속적 평가는 전술한 사전평가와 사후평가를 계속적으로 수행하는 것을 의미한다.

Ⅲ. 정책평가의 기준

정책평가의 목적에 비추어 볼 때, 정책평가는 평가자나 행정가의 인식에 의하여 개인적 자의성이 개입되는 평가가 되어서는 안 된다. 정책평가는 어디까지나 객관적인 기준에 따라 행하여져야 하는바, 이의 기준에 관하여는 여러 가지의 이론[46]

44) 따라서 현실에 대한 모든 효과를 다 고려한 것이 임팩트라고 할 수 있으며, 그 내용에서는 유형적인 것과 상징적인 것이 다 포함된다. Thomas R. Dye, *op. cit.*, pp. 345～349.

45) Angela Browne and Aaron Wildavsky, "What Should Evaluation Mean to Implementation?" in Jeffrey L. Pressman and Aaron Wildavsky, *Implementation*, 3rd ed.(Berkeley: University of California, 1984), p. 186; 유훈, 정책학원론(서울: 법문사, 2002), p. 487.

46) Edward A. Suchman은 보건사업에 관한 평가기준으로 노력(effort), 성과(performance), 적정성(adequacy), 능률성(efficiency), 과정(process)을, Orville F. Poland는 효과성(effective-

이 제의되고 있다.

1. 능률성(efficiency)

정책평가의 기준으로서의 능률성의 기준은 투입비용에 대한 정책결과의 비로 표시되는 것으로서 가치 있는 정책결과를 달성하는 데 얼마나 많은 노력이 소요되었는가 하는 것이다.[47] 이 능률성의 기준은 실제적으로 활용할 수 있는 가용자원을 어떻게 합리적으로 배분하여 그것을 최적적으로 활용하였는가를 판단하는 기준으로서 경제적이고 합리적인 정책수단을 강구하기 위한 것이다. 따라서 이 기준은 한 단위의 생산물이나 서비스에 대하여 단위당 비용이 얼마냐 하는 것과 한 비용단위에 대한 재화와 서비스의 양으로 계산되어진다. 결국 능률성의 기준은 목적 그 자체보다 수단을, 정책성과의 질보다는 양적 지표를 선택하려는 것으로 보아야 할 것이다.

2. 효과성(effectiveness)

정책평가 기준으로서의 효과성은 특정 정책을 집행한 결과가 정책이 의도했던 목표를 얼마나 달성하였는가를 헤아리는 것으로서 정책성과의 질에 관련된 결과중심적 평가기준이다.[48] 이 효과성의 기준은 가치 있는 결과가 얼마나 달성되었는가 하는 것으로 그 정책목표의 달성 여부에 대한 기술적 합리성을 더욱 강조한다. 그렇기 때문에 정책평가에 있어서 이 목표의 달성도, 즉 효과성은 정책의 성과를 정책목표에 대비하여 살펴보는 것으로서 정책의 성공 여부를 판단하는 제 1의 기준이 된다고 하겠다. 또한 정책평가에 있어서 반드시 정책목표가 명확하게 확정되어야 하며 그것이 불분명하다면 이 효과성은 평가기준으로서 활용될 수 없다고 본다.

---

ness), 능률성(efficiency), 적합성(appropriateness)을, Robert T. Nakamura와 Frank Smallwood는 정책목표의 달성(policy goal attainment), 능률성(efficiency), 주민의 만족(constituency satisfaction), 수혜자에 대한 대응성(client responsiveness), 체제유지(system maintenance)를, Y. Dror는 1차 기준으로서 순산출(net output), 2차 기준으로서 과정(process), 산출(output), 구조(structure), 투입(input)을 들고 있다. 상세한 내용은 다음 책을 참조할 것.

Edward A. Suchman, *Evaluation Research*(New York: Russel Sage, 1967), pp. 61～68; Orville F. Poland, "Program Evaluation and Administrative Theory," *PAR* vol. 34, No. 4(July/August 1974), pp. 335～337; Robert T. Nakamura and Frank Smallwood, *The Politics of Policy Implementation*(New York: St. Martin's Press, 1980), p. 145; Yehezkel Dror, *Public Policy-Making Reexamined*(San Francisco: Chandler, 1968), pp. 25～27.

47) William N. Dunn, *op. cit.*, p. 343.

48) *Ibid.*, p. 232.

3. 적정성(adequacy)

정책평가의 기준으로서의 적정성은 어떤 주어진 효과성의 수준이 정책문제를 제기하는 욕구·가치·기회를 어느 정도 만족시켜 주느냐 하는 범위와 관련[49] 되며 가치 있다고 생각되는 정책결과의 달성이 정책문제를 해결해 주는 정도[50] 라고 하겠다. 적정성의 기준은 정책대안과 가치 있는 결과와의 상호관계의 강도에 관한 기대를 구체화하는 것으로 정책에 대한 주민의 반응과 만족을 측정함으로써 정책결과를 분석하고자 하는 노력으로 집약된다.

4. 형평성(equity)

정책평가 기준으로서 형평성은 정책의 효과나 편익이 사회의 여러 상이한 집단과 개인에게 공평하게 골고루 배분되었는가를 판단하는 기준으로서 이 기준에서 추구하는 합리성은 법적이고 사회적인 합리성이다.[51] 형평성의 기준은 소득의 재분배, 교육의 기회균등, 행정적 서비스의 전달 등과 같은 행정성과의 균등한 배분의 기본적 근거로서 사회윤리적·도덕적 명제로서 인식된다. 정책평가에서 이 기준이 강조되는 것은 아무리 특정 정책이 능률적이고 효과적이며 적정한 것이라도 그 정책을 위한 비용과 편익이 불공정하게 배분되고 그 절차적 합리성이 배제되었다면 사회정의(social justice)의 입장이나 공익(public interest)의 측면에서 또한 기회균등이라는 절차상의 평등이라는 관점에서 그 정책의 근본적인 내용상의 합리성을 보장하기가 어렵기 때문이다.

5. 대응성(responsiveness)

정책평가의 기준으로서의 대응성은 정책이 특정 집단의 욕구와 선호 가치를 얼마나 만족시켜 주느냐를 판단하는 기준[52] 으로서 정책수혜자의 집단이 정책에 의하여 어떠한 편익과 혜택을 받으며 이러한 편익과 혜택은 수혜자의 인지된 정책선호의 가치에 어느 정도 대응하고 있는가 하는 것을 고려하는 것이라 할 수 있다. 이 기준은 효과성과 능률성, 적정성, 형평성의 기준이 특정 집단의 욕구와 가치를 실제적으로 잘 반영하고 있느냐 하는 것을 분석하기 위한 목적에서 활용된다.

49) *Ibid.*, p. 232.
50) *Ibid.*, p. 343.
51) *Ibid.*, pp. 235～236.
52) *Ibid.*, pp. 237～238.

대응성의 기준은 이른바 현시적 분석(revelatory analysis)을 하는 경우에 많이 사용된다. 예컨대 특정 정책이 누구를 위한 것이며 그것이 얼마나 그 정책대상 집단에 효과적이었느냐 하는 것을 판단케 해 주는 것이다.

6. 적합성(appropriateness)

정책평가의 기준으로서의 적합성은 정책의 목표가 바람직한 사회적 가치에 얼마나 부합[53] 되며, 달성한 정책결과가 과연 사회적으로 가치로운 것인가를 판단케 하는 기준이다. 이 기준에서 추구하는 합리성은 실질적 합리성으로서 달성하고자 하는 정책의 목표나 수단 등과 같은 정책내용이 얼마나 실천가능하고 능률성과 효과성에 부합하는가를 따지는 다양한 제 형태의 합리성의 상호관계를 반영하는 지표가 된다. 따라서 적합성의 기준은 정책결과의 사회적 부합성뿐만 아니라 정책목표와 수단과의 부합성을 판단케 하여[54] 정책의 정당성과 계속성을 확보케 하는 지적 기반을 마련해 준다.

Ⅳ. 정책평가의 단계

정책평가 연구는 다른 모든 과학적 연구와 마찬가지로 지속적이고 일관성 있는 과정이 되어야 한다. 이러한 과정에는 다음과 같은 여섯 가지의 상호관련된 연구전략이 제시될 수 있다.

1. 목표의 확인(goal identification)

무릇 정책이나 계획의 목표가 모호하고 다양하며 분산되어 있을 때 그 목표가 어느 정도 성취되었는가를 평가한다는 것은 매우 어려운 일이다. 모든 정책과 공공계획이 목표설정에 있어서 똑같은 정도의 모호성을 갖고 있는 것은 아니지만 일반적으로 공공정책이 직면하는 문제는 변질성의 문제(squishy problem)라고 할 수 있다. 즉, 공공계획은 그러한 문제가 해결책을 가지고 있다 하더라도 그 해결에 뚜렷한 공식이 있는 것도 아니고 연구자들에게 어떤 규칙을 제공해 주는 것도 아니다. 더욱이 상호수용 가능한 정책산출에 도달하기 위한 일반적 방법인 협상(bargain-

53) *Ibid.*, p. 238.

54) Orville F. Poland, "Program Evaluation and Administrative Theory," *Public Administration Review*, vol. 34, No. 4(July/August 1974), p. 335.

ing)·타협(compromise)과 같은 공공정책 결정유형은 모호하고 확인하기 힘든 정책목표의 원인이 된다. 계획의 목표를 확인하려 할 때 유용한 몇 가지 절차 내지는 고려할 사항이 있다.

첫째, 직접목표(immediate goal), 중간목표(intermediate goal), 최종목표(ultimate goal)를 구별하는 것이다. 직접목표는 우리가 순간적으로 관심을 가졌던 특정 계획의 기대된 결과를 말하고, 중간목표는 최종목표를 달성하기 위한 촉진제적인 목표를 말하며, 최종목표란 정책이나 계획이 기대하는 최종적인 결과를 의미한다.

둘째, 계획담당요원(program personnel)에게 계획의 목표에 관한 명시성을 요구하고 자문하는 것이다. 그러나 계획담당요원들간에 의견의 일치를 보지 못하고 평가연구에 적절한 기준을 제공하는 명제들을 명확하게 해 주지 못하는 경우도 있다.

셋째, 목표를 확인하는 데 있어서 가장 중요한 절차로서 계획이 초창기에 계획의 창안자와 계획담당요원, 연구자가 협의하는 것이다. 즉, 계획과 관련 있는 모든 사람이 협의함으로써 연구자는 목표에 관한 설명의 계속적인 근사치(successive approximation of the goal statements)를 요구할 수 있고, 그 막료들은 근사치를 수정할 수도 있다. 또한 그러한 토의는 일치를 볼 때까지 계속할 수 있다.

2. 효과모형의 설정(construction of an impact model)

정책이 목표를 확인하고 나면 연구자는 효과모형(impact model), 즉 정책이 목표를 어느 정도 수행했는가에 관한 증거를 제공해 주는 경제적 분석인 효과모형을 설정할 수 있다.

특히 효과모형이 설정되기 전이나 설정되고 난 후에 정책입안자나 계획담당요원과의 협의는 매우 중요하다. 그 이유는 첫째, 의사결정자가 그러한 특정 계획을 선택하게 된 이유를 알 수 있다는 점, 둘째, 계획담당요원에 의해서 취해진 행동과정이 많은 경우 효과모형에 구체화되어야 한다는 점, 셋째, 그러한 협의를 통해서 평가결과로 밝혀진 사실이 정책과 계획에 관련된 장래의 의사결정에 영향을 미칠 가능성이 많아진다는 점 등이다.

3. 연구설계의 개발(development of a research design)

일단 효과모형이 설정되고 나면 연구자는 자료를 수집하고 분석하는 과정을 조직화하는 일을 거쳐야 하는바, 이것이 연구설계의 개발이다. 연구설계란 여러 연구단계에서 연구자들에게 지침을 제공해 주는 논리적 검증모형이다. 변하기 쉬운 효과모형과 그로부터 노출된 가설들이 경험적으로 검증되고 다른 조건들이 일정하다면 정책과 목표 사이의 인과관계에 가장 정당한 평가를 가능하게 해 주는 연구설계가 완전실험(perfect experiment)이며 이 실험의 한계를 보완해 주는 대체적인 설계가 준실험설계(quasi experimental design)이다.

4. 계량화와 표준화(measurement and standardization)

정책목표는 측정가능한 용어로 표현되어야 한다. 직접목표와 중간목표에 초점을 두는 계량화는 평가결과가 최종목표의 실현 이전에 필요할 때 특히 중요하다. 더욱이 일단 목표가 확인되고 효과모형이 설정되고 나면 목표를 향해서 어느 정도의 진전이 있었는가를 결정하기 위해 몇 가지 계량가능한 표준(standards)이 주어져야 한다. 다시 말해서 정책의 효과와 효과모형에 있어서 여러 변수 사이의 관계를 측정하는 것은 정책평가 연구에 있어서 필수적이다.

5. 자료수집(data collection)

평가연구를 위한 자료는 많은 출처로부터 그리고 여러 가지 방법으로 획득할 수 있다. 또한 수집되어야 할 자료에 관한 결정은 평가될 정책의 성질에 따라 혹은 효과모형에 포함된 여러 종류의 변수 및 연구설계에 따라 달라진다. 연구자는 어떤 종류의 자료를 이용하거나 일종의 자료수집방법을 이용함에 있어서 그것의 문제점과 이점을 동시에 인식할 수 있어야 한다.

6. 자료의 분석(data analysis and interpretation)

자료분석기법의 종류에 관한 결정은 연구설계에 관한 고찰에 의존한다. 이 과정은 정책평가 연구의 마지막 단계로서 만약 연구가 잘 진행되었다면 정책이 목표를 어느 정도 달성했는가에 관한 체계적이고 경험적인 증거(evidence)를 제공해 줄 것이다. 이와 같은 증거는 정책결정자가 정책과정에 있어서 고려에 넣어야 하는 일련의 다른 요소들과 동등한 중요성을 지니는 것이다.

Ⅴ. 정책평가의 방법

집행된 정책이 과연 어떤 임팩트를 초래했는가를 알기 위해서 통상적으로 정부가 사용하는 방법에는 청문, 토의, 현장방문, 사업측정, 시민의 불만을 분석한다든지 하는 방법이 사용된다. 그러나 이러한 것들은 정확한 평가방법이 되지 못한다.

따라서 보다 나은 평가방법을 위해 여러 가지의 연구디자인이 제시되었는데 T. R. Dye에 의하면 이는 대체로 다음과 같이 구분될 수 있다고 한다.[55]

1. 사전과 사후의 비교

사전계획을 평가하는 방법에는 여러 가지가 있지만, 가장 공통된 방법은 두 시점에서 동일지역 내의 결과를 비교하는 것이다. 여기서 한 시점은 사업계획이 집행되기 전을 가리키고, 다른 한 시점은 집행되고 난 후를 가리킨다. 이러한 방법은 사업계획의 영향을 알아보기 위하여 고안된 방법이지만, 관찰된 변화가 과연 사업계획의 결과로서 발생한 것인지 아니면 같은 시각에 사회 내에서 있었던 다른 요인의 변화에 의한 것인지를 파악하기가 곤란하다. 이 방법을 그림으로 나타내면 [그림 6-6](a)와 같다.

2. 투영된 추이선과 사업계획 이후의 비교(projected-trend-line versus post-program comparisons)

만약 사업계획이 없었을 때 발생되었을 것으로 기대되는 것을 추정할 수 있는 더 좋은 방법은 과거(사업계획 이전)의 추세를 사업계획 이후의 시점에 투영해 보는 일이다. 이러한 투영의 결과는 사업계획이 집행되고 난 뒤에 실제로 사회에서 발생된 것과 서로 비교될 수 있다. 사업계획 이전의 추세를 토대로 한 투영의 결과와 실제 사업계획 이후의 자료 사이의 차이는 그 원인이 사업계획 그 자체 때문이라고 할 수 있다. 추이선을 결정하기 위한 자료는 사업계획이 집행되기 전에 여러 차례 수집되어야 하며 이러한 자료를 바탕으로 한 추이선은 [그림 6-6](b)와 같이 된다. 이 방법은 사전-사후방법보다 더 좋은 방법이기는 하지만 평가자의 입장에서 볼 때는 더 많은 노력이 필요하다.

3. 사업계획이 있는 지역과 없는 지역의 비교(comparisons between jurisdictions with and without programs)

사업계획의 또 다른 평가방법으로는 사업계획에 참여한 사람과 참여하지 않은

55) Thomas R. Dye, *op. cit.*, pp. 349~354.

사람을 비교하거나 사업계획을 가진 지역(시, 주, 국가)과 가지지 않은 지역을 비교하는 방법이 있다. 그러나 간혹 사업계획 이후에만 비교가 이루어지는 수가 있다. 예를 들면 인력훈련계획에 참여한 사람의 작업성과와 그렇지 않은 사람의 작업성과를 비교하거나 혹은 사형이 있는 주의 살인율과 사형이 없는 주의 살인율을 비교하는 것은 모두 사업계획집행 이후의 비교방법이 된다. 그러나 개인들간에 혹은 지역들간에 상당한 차이가 있으므로, 위와 같은 상황하에서 발생하는 차이를 순전히 정부사업계획의 탓으로 돌릴 수는 없다. 예를 들어, 인력훈련계획에 자발적으로 참여하는 사람은 자발적 참여를 하지 않는 사람들보다 더 많은 동기가 부여되거나 다른 개인적 특성을 가질 수 있다. 또한 사형제도가 있든 없든 간에 시골지역의 살인율은 도시지역의 살인율보다 낮은 경향을 띨 수도 있다.

그러므로 사업계획이 있는 지역과 없는 지역을 비교하는 데 발생하는 이러한 문제점은 각 지역의 사업계획 이전과 이후를 함께 비교함으로써 해결될 수 있다.

[그림 6-6] 정책평가의 연구설계

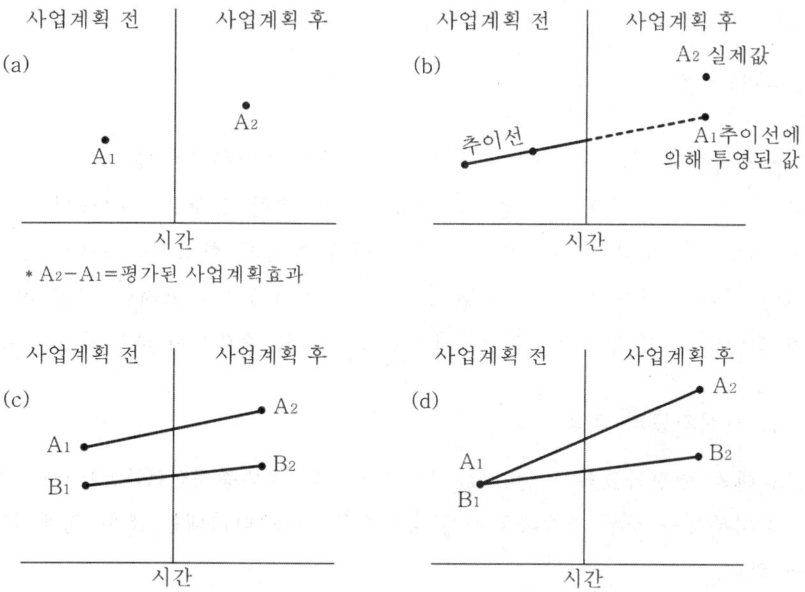

*A는 사업계획 있음, B는 없음.
*$(A_2-A_1)-(B_2-B_1)$
=평가된 사업계획효과
*A와 B의 변화율의 차이는
평가된 사업계획효과와 같음.

*A는 사업계획 있음, B는 없음.
*사업계획 전에는 A와 B가 같음.
*A_2-B_2=평가된 사업계획효과

이 방법에 의하면, 우선 사업계획 이전에 각 지역간의 차이를 평가한 다음, 사업계획이 집행된 이후에 두 지역간의 차이가 넓어졌는지 혹은 좁아졌는지를 [그림 6-6](c)와 같이 관찰하게 된다.

따라서 이 방법은 지역간에 기본적인 사회경제적 차이로 말미암아 상이한 평가결과가 발생할 때에도 그 차이를 특정 사업계획의 탓으로 돌리는 과오를 범하지 않게 해 준다.

4. 통제집단과 실험집단의 비교(comparisons between control and experimental group)

이 방법은 고전적인 평가방법으로서, 모든 면에서 동일하다고 생각되는 두 집단을 선택하여 하나를 통제집단이라고 하고 다른 한 집단을 실험집단이라고 한다. 실험집단에만 정책을 적용한 다음 실험집단의 변화와 통제집단의 변화를 서로 비교한다. 사업계획 이후에 실험집단과 통제집단의 차이는 [그림 6-6](d)와 같이 주의 깊게 측정되어야 한다.

Ⅵ. 사회지표

정책집행을 거쳐 나타난 정책결과가 원래의 정책목표에 합치되어야 함은 물론이다. 여기서 정책목표는 행정이 지향하는 바람직한 상태로서 종래에는 이를 경제적인 지수로서 주로 나타내었던 것인데 이제 이렇게 한정적인 분야의 수치로서만 나타낼 것이 아니라 생활의 질(QOL: quality of life)까지 고려한 어떤 척도가 필요하게 되었다. 여기에 사회지표(social indicators)의 중요성이 대두되는 것이다.

1. 사회지표의 의의

종래의 행정목표의 기준으로서는 전적으로 국민총생산(GNP)이라든지 물가지수·설비투자와 같은 경제활동의 규모·수준 등을 나타내는 소위 경제지표가 사용되어 왔다.

그러나 GNP의 증대에 따른 급격한 경제성장의 과정에서 각종 공해·도시과밀 및 환경파괴와 같은 명백한 생활방해 요인이 늘어났기 때문에, 경제수준의 상승이 반드시 복지의 증진을 가져온다고는 말할 수 없게 되었다. 즉, 복지라는 것은 생활상의 모든 차원을 포괄하는 다차원적인 개념으로서, GNP로서 표시되는 경제적 복지는 이들 다차원 중의 하나에 지나지 않는 것이다.

따라서 경제지표를 포함한 보다 광범위한 생활상의 욕구의 충족도를 나타내 주는 지표의 고안과 체계화가 요청되게 되었는바, 이것을 일반적으로 사회지표(social indicators)라고 부른다.

참고로 미국의 보건교육복지성이 정의한 것을 보면 사회지표란 한 사회의 주요 국면의 조건에 대하여 포괄적이고 균형적인 판단을 제공할 수 있는 규범적 관심을 나타내 주는 통계로서 복지의 직접적인 측정을 말하는 것이라고 한다.

그리하여 현대사회에 있어서의 국민복지의 증진을 위해서는 생활의 제 분야에 있어서의 사업계획이 종합적·체계적으로 추진될 것이 요청되며, 이를 위해 행정에 있어서의 '사회계획'(social planning)의 책정이 요구되는바, 그 기초적 조건으로서 사회지표의 체계화가 필요한 것이다.

2. 사회지표의 특질

(1) 사회지표는 원래 두 개의 기원에서 이중의 성격을 띠고 출발하였는데[56] 이러한 성격으로 인해서 아직도 초기의 기대나 약속을 실현하는 데까지 이르지 못하고 있는 실정이다.

그 중의 하나는 60년대를 통하여 정부계획의 효과와 공공정책의 확대에 따른 자원배분과 할당에 관한 합리적 선택모형을 더욱 필요로 하게 되었음에도 불구하고 이에 관한 적절한 정보나 자료가 부족하였고 PPBS나 비용-편익분석(cost-benefit analysis)으로써도 국내 사회복지 행정기관의 요구를 도저히 충족시켜 줄 수 없었다.

또 하나는 정부계획의 달성과 사회지표에 대한 요구가 증대하는 것과 마찬가지로 사회의 일반적 상태를 측정할 수 있는 보다 정확한 기술적 자료에 대하여 많은 관심을 가지게 된 학자들의 존재로서 사회지표에 관한 연구는 행정관들의 필요보다 오히려 이들의 필요에 의하여 이루어진 것이다.

즉, 사회지표 연구의 주류는 행정과정의 요구에 대응하는 것보다 사회지표에 관심을 가진 학자들의 요구에 의한 것으로서 사회지표는 과거에는 설명이 불가능하였던 인간 '삶의 질'을 보다 체계적이고 실제적인 방법으로 기술할 수 있다고 생각하였다.

---

56) Mark Schneider, "The Quality of Life and Social Indicators Research," *Public Administration Review*, vol. 36, No. 3(May/June 1976), pp. 297～298.

그리하여 사회지표는 사회 '복지'를 측정하는 우리의 능력을 증진시키는 것으로 대부분의 사회지표 연구는 사회조건을 창조하거나 변동시키는 공공정책이나 정부역할의 효과에 관계하기보다는 그것의 일반적 기술에 초점을 두고 있다.

(2) 사회지표의 주요한 특징 중의 하나는 특정 방향으로의 움직임이 '좋다, 나쁘다'라고 말할 수 있다는 의미에서 그것은 규범적 인식을 전제로 한다.[57] 여기서 주의하여야 할 것은 통계로서의 지표와 그의 활용의미는 구별하여야 할 필요성이 있다는 것이다.

사회지표의 규범적 의미를 주는 것은 후자이며 규범적인 것이 사회지표의 특성이지만 반드시 사회지표 그 자체가 규범적이라는 것은 아니다.

사회지표가 '삶의 질'을 평가할 수 있는 객관적 척도로서 활용되고 그 객관적 척도가 주관적 삶의 질과 어떠한 상관관계가 있느냐를 판단하는 자료 내지 기준으로 활용되기 때문에 일반적으로 사회지표의 해석·활용에는 가치함축적 의미가 내포된다.

(3) 사회지표는 또한 사회계획의 투입보다는 산출에 더 관련성을 두고 있다.[58] 예를 들면 건강 서비스에 대한 지출보다 건강의 증진에, 학교수업의 출석률보다는 교육수준의 향상에 더 관심을 둔다. 따라서 산출을 중요시하는 사회지표는 수단보다는 목표에 관련되어진다.

그런데 문제는 산출을 측정하는 어려움이다. 산출측정을 위하여 여러 가지의 과학적 방법이나 기법들이 개발중에 있지만 특히 사회지표는 외형적·물량적인 것뿐 아니라 내면적·비화폐적 요소의 측정도 포함하므로 이의 지수화와 가중치를 주는 것에 어려움을 겪고 있다.

그런데 아무리 산출측정을 중심으로 한다고 하지만 그것은 투입측정을 대입물(proxies)로서 사용하여야 하고 투입-산출의 분석을 통하여 산출과 효과와의 관계를 파악하도록 해야 할 것이다.

(4) 사회지표는 종합성을 지니고 있는데 그것은 포괄적이고 전체적이며 통합적 측정 내지 평가이어야 하며 어떤 구체적 측면보다는 일반적 수준에서 광의의 개념과 관련되어야 한다. 즉, 단절적인 정보(isolated information)는 부분적 합리성(sector rationality)을 증진시킬 수 있지만 포괄적 합리성(comprehensive rationality)을

57) Claus Moser, "Social Indicators-Systems, Methods and Problems," *The Review of Income and Wealth*, Series 19, No. 2(June 1973), p. 135; Mark Schneider, *op. cit.*, p. 298.

58) *Ibid.*, p. 298.

해칠 우려가 있다.[59)]

사회지표는 특정한 부문의 정보제공이 아니라 일반적 복지의 증진이나 총합적 삶의 질의 향상에 역점을 두는 종합적 지표체계여야 한다.

(5) 사회지표는 인간 삶의 질의 시차적 변화, 지역적 차이를 파악하고 비교할 수 있는 것으로서 지표의 신축성(flexibility)을 요구한다. 비록 사회적 가치와 제도가 상당한 안전성을 가졌다 할지라도 장기적 안목에서 볼 때 지표의 절대적 안전성을 고집하는 것은 어리석고 위험한 일이다. 그러므로 사회지표의 체계화에 있어서 지표의 변화가능성을 인정하는 것이 바람직하며 이를 위해서는 사회지표체계는 사회의 자기관찰기능(self-observation function)과 관련되어야 한다. 이와 같은 기능은 체제의 자기변개능력(self-renewal capacity)을 향상시켜 주고 나아가서 사회의 자기지도력(self-guiding capacity)을 향상시켜 준다.[60)]

사회지표는 그것의 규범성과 종합성에도 불구하고 인간 위주의 삶의 질을 증진시켜 행복한 삶의 실현을 목적으로 하는 것이기 때문에 인본주의에 치중하는 가치전제를 가지며, 따라서 사회상태의 개괄적 정보뿐 아니라 개인수준에서의 삶의 훌륭한 실현을 위한 가치전제도 포함하여야 한다.

따라서 사회지표는 위와 같은 여러 가지의 측면에서 특징적인 성격을 내포하고 있기 때문에 우리가 바라는 바람직한 상태(preferred situations)뿐 아니라, 개개인의 가정의 행복과 관련된 일련의 연속체제(sequent system)로서 상호관련성을 가지면서 적절히 조화·균형되어야 한다.

3. 사회지표의 기능

(1) 정책적 기능

사회지표의 기능[61)]은 단순해 역사적 사실을 체계적으로 기록하거나 그에 관한 통계 숫자에 그치지 않고 미래의 정책을 구상하는 기초를 마련하는 데 있다.

더욱이 사회지표는 사회조건과 사회변동에 관한 보고 내지 정보를 알려주고

---

59) Amitai Etzioni, *The Active Society: The Theory of Societal and Political Processes*(New York: The Free Press, 1968), pp. 160~163.

60) 허범, "사회개발지표의 유형과 체계," 사회개발지표의 체계(서울: 한국개발연구원, 1967), pp. 10~11.

61) 우리 나라 경제기획원에서 한국개발연구원에 의뢰하여 펴낸 "한국의 사회지표"란 보고서에서는 사회지표의 기능을, i) 국민생활의 수준측정, ii) 사회상태의 종합적 측정, iii) 사회변화의 예측, iv) 사회개발정책의 성과측정으로 구분하고 있다. 한국의 사회지표(서울: 경제기획원, 1979), pp. 14~15.

제공해 주는 것을 필수조건으로 하기 때문에 사회지표는 인간다운 삶을 추구하고 삶의 질을 향상시킬 수 있는 정부의 정책형성에 지침을 제공하여 준다.

그런데 사회조건과 변동을 다루기 위해서는 정책결정자는 사회지표간의 상호 관련성에 관한 지식을 가져야 한다.[62] 이념적으로 그러한 사회지표가 제시하는 정보는 정책결정자로 하여금 다음과 같은 것을 하도록 허용한다.[63]

첫째, 사회지표는 목표지표의 정책조작가능변수(policy-manipulable variables)의 영향을 평가하도록 하고, 둘재, 목표지표의 수준과 변동이 조작할 수 없는 변수의 영향에 얼마나 기인하느냐를 확인케 해 주며, 셋째, 이러한 변수의 부작용(side effects)이나 부차적 영향을 평가하도록 해 준다.

정책은 체제상태의 변화에 관한 지침이라고 할 수 있다. 따라서 과거·현재·미래의 상태를 묘사해 주는 사회지표와 이들 지표간의 상관관계를 알 수 있게 된다면 그 중 어떤 요소의 변화를 통해 원하는 상태에 도달할 수 있는지도 알 수 있게 되고[64] 그것으로 자원의 합리적 선택모형을 확립할 수 있어 정책형성의 합리화(rationalization)를 기할 수 있다.

(2) 사회정보적 기능

사회지표의 정보적 기능은 사회지표 그 자체가 우리가 바라는 목표나 가치에 얼마나 근접해 있으며 역사의 한 시점에서 현재에 비추어 우리가 자나온 과거와 우리가 책임져야 할 미래에 관하여 알고 싶어하는 욕구를 충족시키는 데 있다.

현대사회는 정보의 사회이며 수많은 정보를 바탕으로 하여 결정하며 행동한다. 그처럼 사회지표는 이것이 사회통계로 나타나건 사회회계의 방법이건 우리가 최소한 지금 어디에 있으며 어느 방향으로 행동할 것인가를 판단케 해 주는 기본지식(basic knowing)을 제공해 준다.

그런데 정부적 측면에서 공공문제에 대한 정보공급의 불균형은 정부가 각각의 목표를 달성하기 위하여 정부의 인적·물적 상용자원이 얼마나 소비되며 어떤 형태의 자원을 소비하며 소비해야 할 것인지를 판단케 해 주지 못한다.[65]

이러한 정부에 대한 사회정보 내지 보고의 결핍에 대하여 학계나 실무계에서 현재와 미래의 전 사회문제(societal problems)에 적절한 자료를 제공해 주는 더욱

62) Kenneth C. Land and Seymour Spilerman, *Social Indicator Models*(New York: Russell Sage Foundation, 1975), p. 1.
63) *Ibid.*, p. 2.
64) 안해균, 정책학원론(서울: 다산출판사, 2001), p. 514 참조.
65) Robert Presthus, *Public Administration*, sixth edition(New York: The Ronald Press Co., 1976), p. 87.

타당하고 포괄적인 사회정보변수를 제공해 주는 방법을 개발하려는 노력의 일환으로 개발된 것이 사회지표[66]인 것이다.

따라서 사회지표는 사회적 삶의 조건과 변화를 제공해 줌으로써 정부와 우리가 나아갈 방향과 위치를 제시해 주며 이를 통하여 다가올 사회변동을 예측케 할 수 있어[67] 사회변동을 적절히 유도관리할 수 있게 해 줄 것이다.

이러한 사회정보기능을 적절하게 충족시켜 주는 사회지표는 정부부문에서 볼 때 사실 '사회관리를 위한 궁극적 도구'(ultimate instrument for social management)가 될 것이다.[68]

---

66) *Ibid.*, p. 88.

67) Kenneth C. Land and Seymour Spilerman, *op. cit.*, p. 14.

68) Michael Springer, "Social Indicators, Reports and Account," *The Annuals of American Academy of Political and Social Science*, vol. 388(March 1970), p. 5.

제 3 장

정책결정의 이론모형

제 1 절 의 의

모형(model)이란 본래 어떤 현상계의 특정한 국면을 단순하게 나타낸것[1]이라고 할 수 있다. 따라서 정책결정모형이란 정책결정이라고 하는 것을 어떤 식으로 바라보는가 하는 것을 일정한 개념적 틀로써 설명한 것이다.

정책결정의 이론모형에는 합리모형을 기초로 하여 여러 가지의 모형이 제시되고 있는데 이들은 결국 합리성(rationality)에 여하히 접근해 가느냐 하는 것과 밀접한 연관이 있다.

제 2 절 내 용

Ⅰ. 합리모형(rational model)

1. 내 용

이 합리모형은 인간을 누구나 이성과 합리성에 따라 모든 결정을 가장 합리적으로 행하는 존재로 보고 인간의 전능성을 전제로 하고 있다. 이러한 전제에 입각하여 볼 때, 첫째, 인간(결정자)은 각 대안의 선택이 초래할 결과에 대하여 완전한 지식을 가지고 있어야 하며 정확한 예측을 할 수 있어야 한다. 둘째, 또한 합리모

1) Thomas R. Dye, *Understanding Public Policy*, 5th ed.(Englewood Cliffs, N.J.: Prentice-Hall, 1984), p. 19.

형에서는 결정에 필요한 모든 대안을 전부 고려하여야 한다.

이런 요건이 필요하기 때문에 결국 합리모형은 총체적 방법(synoptic method), 또는 총체주의(synopticism)라고도 지칭된다. 논자에 따라 이 합리주의의 내용이 반드시 동일한 것은 아니다. C. E. Lindblom에 의하면, 합리주의적 의사결정의 주장자로서 J. Tinbergen, M. E. Dimock 등을 예시하고 있는데, Tinbergen에 의하면 합리주의 모형은 다음과 같은 절차를 강조한다고 한다.[2)]

첫째, 정책결정자는 합의가 이루어진 일련의 가치를 추구한다. 둘째, 정책의 목표는 대안의 선택이 있기 이전에 명확히 형성되어야 한다. 셋째, 정책결정자는 정책문제나 대안에 대해 포괄적인 고려를 해야 한다. 넷째, 정책결정자의 명백한 기능은 정책의 조정이다. 다섯째, 정책분석을 위해 경제학자들은 포괄적으로 변수나 가치를 고려해야 한다. 결국 이 다섯 가지 내용은 합리주의의 특징이라고 할 수 있는데, 경제학자인 Tinbergen의 이러한 입장은 Dimock과 같은 행정학자에게서도 거의 대동소이하게 표현되고 있다.[3)]

2. 평　가

그러나 현실적으로 볼 때 인간은 전지전능한 존재는 아니어서 항상 부분적인 지식을 가지고 있을 뿐이며, 또한 인간이 고려할 수 있는 대안의 범위는 인간 자신이 지니고 있는 능력의 한계로 말미암아 제약을 받고 있다.[4)]

또한 C. E. Lindblom도 종래의 정책결정이론이 정책결정에 있어서 필요한 정보의 수집과 인간의 지적 능력의 가능성에 대한 낙관론을 전제로 하여 정책목표의 설정 및 대안의 선택에 관한 합리적 모형을 상정하고 있는 데 대하여, 문제해결을 위한 인간의 지적 능력의 한계성, 정보의 부정확성 및 정책결정의 제 수단의 기술적 제약에서 오는 합리적 모형의 한계성을 지적하고 있다.[5)]

요컨대 이 합리모형은 실증적 모형으로서보다는 규범적 모형으로서 가치를 파악해야 할 것이다.

---

2) David Braybrooke and Charles E. Lindblom, *A Strategy of Decision*(N.Y.: Free Press, 1963), p. 38.
3) *Ibid*, pp. 38～39.
4) Herbert A. Simon, *Administrative Behavior*(New York: The Free Press, 1957).
5) David Braybrooke and Charles E. Lindblom, *op. cit.*, pp. 48～54.

Ⅱ. 만족모형(satisficing model)

1. 내 용

이 만족모형[6]은 전술한 실증적 · 현실적 접근방법의 '제한된 합리성'이론에 입각하여 만들어진 것으로서 정책결정에 있어서의 사회심리학적인 측면을 강조한 이론모형이다. 즉, H. A. Simon은 '제한된 합리성'(bounded rationality)이론을 전개하면서 인간은 현실적으로 그들이 지니고 있는 능력의 제약 때문에 최적의 대안을 선택한다는 것은 지극히 어려운 일이며, 따라서 어느 정도 만족스러운 대안이 나오면 그 수준에서 만족한다고 한다.[7] 바꾸어 말하면 인간은 현실적으로 만족할 수 있는 수준에서 대안을 선택하게 된다는 것이며, 이것이 만족모형이다.

2. 평 가

일종의 현실적 모형으로서의 가치는 인정된다고 하겠다. 그러나 이 모형의 적용에 있어서는 만족화의 척도를 어떠한 기준에 의거하여 결정하게 되는가가 문제된다. 즉, 정책을 결정하는 데 있어서는 시간적 · 경제적 제약이 뒤따르기 때문에 만족도의 기준을 일치시킨다는 것은 매우 어려운 일이라 하겠다. 또한 결정자가 만족모형을 적용할 경우, 어떤 창조적 · 쇄신적 대안을 찾아 내려는 노력을 게을리할 우려가 있다.

Ⅲ. 점증모형(incremental, muddling through model)

1. 내 용

이 점증모형은 만족모형과 더불어 실증적(현실적) 접근방법에 포함되는 모형이며 이러한 점증적 정책결정이론은 주로 C. E. Lindblom과 A. Wildavsky에 의하여 전개되었다.

C. E. Lindblom의 점증주의 이론모형의 내용을 고찰해 보면 다음과 같다.[8]

첫째, 정책결정자들은 몇 개의 한정된 정책대안만을 고려의 대상으로 삼으며,

---

6) 여기서 'satisfice'란 'satisfactory'의 의미와 'suffice'의 뜻이 합성된 것인바, 결국 '그만하면 충분히 족하다'는 의미이다〔William N. Dunn, *Public Policy Analysis*(Englewood Cliffs, N. J.: Prentice-Hall, Inc., 1981), p. 230.

7) James G. March and Herbert A. Simon, *Organizations*(New York: Wiley and Sons, 1958), pp. 138～139.

8) David Braybrooke and Charles E. Lindblom *op. cit.*, pp. 83～106.

그들은 기존 정책에 비하여 약간 다른, 점증적이며 좀더 향상된 정책에만 관심을 가진다.

둘째, 완전히 합리적인 정책결정이란 존재할 수 없으므로 당면 문제는 끊임없이 점증적으로 조정된다. 그리고 점증주의(incrementalism)는 규범주의가 지니고 있는 제 가치의 비현실적인 집착을 버림으로써 서로 다른 이해나 가치의식을 지닌 당사자 사이에 상호조정을 용이하게 만들어 준다.

셋째, 정책결정자는 미래지향적인 사회목표를 적극적으로 추구한다기보다는 현존사회가 내포하고 있는 여러 가지 결함을 점차적으로 제거해 나가는 데에 목표를 두고 있다는 것 등이다.

이리하여 Lindblom은 자기의 점증주의가 합리모형에서 강조하는 총체적인(synoptic) 분석을 하지 않고 세부적인 어떤 분야에 대해 계속적으로 분석한다고 한다. 따라서 전자를 '근본적 방법'(root-method)이라고 하고, 후자를 '지엽적 방법'(branch-method)이라고 부르고 있다.[9]

2. 평 가

이 모형은 특히 안정화된 사회에서, 그리고 특히 예산결정분야에서 설명력이 높은 것이다. 이 점에서 실증모형으로서의 가치는 인정된다고 하겠다.

그러나 이와 같은 점증모형은 미국과 같이 권력이 집중되어 있지 않고 행정부·입법부·정당 및 각종의 이익단체 등에 다양하게 배분되어 상호조정이 이루어질 수 있도록 되어 있는 다원적 사회(pluralistic societies)에서는 적용이 가능하다[10] 하겠으나, 혁신을 요구하는 발전도상국에서는 적용하기가 부적합하다는 비판을 받고 있다. 왜냐하면 점증모형은 점증적 변화에만 관심을 기울이는 나머지 보수주의에 빠질 가능성이 많기 때문이다.

Ⅳ. 혼합모형(mixed-scanning model)

1. 내 용

이 혼합모형은 위에서 제시한 합리모형과 점증모형의 양자를 혼합하되, 합리주의와 점증주의가 지니고 있는 각각의 상대적인 장점만을 혼용한 절충모형을 말한다.

---

9) *Ibid.*, p. 78 참조.
10) Amitai Etzioni, *The Active Society*(New York: The Free Press, 1969), p. 271.

A. Etzioni는 결정자가 행하는 결정을 근본적 결정(fundamental decision)과 점증적 결정(incremental decision 또는 bit decision)으로 구분하고, 기본적인 방향의 설정을 목적으로 하는 근본적 결정을 내리는 데는 고도의 합리성을 추구하는 합리모형을 적용하되, 기본방향이 설정된 후에 특정 문제에 대한 세부적이고 현실적인 결정을 함에 있어서는 점증적 결정이 필요하므로 점증모형이 적용되어야 한다고 한다.[11] 그리하여 근본적 결정과 점증적 결정(세부적 결정)의 양자가 상호보완적인 관계에서 작용함으로써 합리적이면서도 현실적인 결정을 내릴 수 있다는 것이다.[12]

요컨대 근본적 결정에 대한 합리모형의 적용은 점증주의가 내포하고 있는 보수적 편견을 시정해 주며 한편 점증적 결정(세부적 결정)에 대한 점증모형의 적용은 합리주의가 내포하고 있는 비현실적인 요소를 감소시켜 준다는 것이다.

2. 평 가

결국 이는 두 가지 방법(합리주의, 점증주의)의 절충형을 택함으로써 양 모형의 장점을 모두 선택할 수 있다는 것이다. 그리하여 장기적 전략과 단기적 변화를 동시에 수행할 수 있다는 것이다. 그러나 이것은 어디까지나 기존의 두 모형을 결합한 것에 불과한 것이지 전혀 새로운 모형은 아니라는 비판이 있으며, 또 나아가서는 이 두 가지 모형의 상황을 명확하게 구분하기 어려운 경우가 많다는 것이 지적되고 있다.[13]

Ⅴ. 최적모형(optimal model)

1. 내 용

이 최적모형의 주안점은 위에서 고찰한 만족모형이나 점증모형이 지니고 있는 보수성만 가지고서는 만족스러운 정책을 수행할 수 없다는 전제에 입각하여 보다 나은 정책결정을 위해서 결정능력이 최적수준까지 향상되도록 노력하여야 하며, 결정능력수준의 향상을 위해서는 정책결정을 담당하는 결정자에 대한 교육, 끊임없는 정책결정방향의 검토 및 정책결정방법의 개선, 결정과 집행이 이루어진 후에 있어

11) Amitai Etzioni, *The Active Society*(New York: The Free Press, 1969), p. 271.
12) *Ibid.*, chap. 2 참조.
13) Christopher Ham and Michael Hill, *The Policy Process in the Modern Capitalist Society*(Brighton, Sussex: Wheatsheaf Books, 1984), pp. 87～88.

서의 그것에 대한 평가와 환류 등이 이루어져야 한다는 것이다.

Y. Dror의 견해에 따른 최적모형의 특색은 다음과 같다.[14)]

첫째, 지금까지 제시된 제 정책결정모형이 주로 그 이전의 결정예를 바탕으로 하여 논의되어 왔으나, 이것은 잘못된 생각이며 모든 새로운 결정을 내릴 때마다 정책방향이 새롭게 검토되어야 한다.

둘째, 정형적인 결정을 할 때에는 합리성만이 고려의 대상이 되지만, 비정형적인 결정을 할 경우, 즉 정책결정자가 예측하지 못했던 새로운 문제에 직면했을 경우에는 합리성의 고려 이외에, 직관 · 판단 및 창의 등과 같은 초합리적(extra-rational) 요소까지도 고려에 넣어야 한다.

셋째, '경제성을 감안한 합리성', 즉 제한된 인적 · 물적 자원의 범위 내에서 가장 합리적인 최적안을 선택하는 것이 중요하다.

넷째, 정책결정방향의 끊임없는 검토, 정책결정방법의 개선, 결정과 집행이 이루어진 후에 있어서의 그것에 대한 계속적인 평가 및 환류를 통해서 정책결정자의 결정능력을 최적수준까지 향상시켜야 한다는 것 등이다.

결국 보다 나은 정책결정을 위하여 그 방법 · 지식 및 체제를 개선하는 문제를 다루는 학문이 바로 정책학이라고 하는 것이 Dror의 입장이라고 할 수 있다.[15)]

요컨대 Y. Dror가 말하는 최적모형이란 경제성을 감안한 합리모형과 초합리모형을 합한 것이라고 볼 수 있다.[16)]

2. 평　가

정책결정에 있어서 초합리적 요소를 부각시키고 계속적인 노력을 통한 합리성의 제고를 기하려는 Dror의 주장은 이론상으로는 충분한 타당성을 지니고 있으며 특히 점증주의 등을 핑계로 무사안일과 보수주의에 빠지기 쉬운 현실의 정책결정이 보다 합리성이 높은 것이 되도록 하려는 의도가 반영되어 있는 것이다.

그러나 구체적으로 최적의 상태를 위해 어떠한 조치를 취해야 할지가 반드시

---

14) Yehezkel Dror, *Public Policy-Making Reexamined*(San Francisco: Chandler Publishing Co., 1967), pp. 11～13, pp. 154～162.

15) Yehezkel Dror, *Ventures in Policy Sciences*(N.Y.: Elsevier, 1971), pp. 14～15.

16) 이에 관련하여 Y. Dror는 정책과정을 초정책결정(metapolicy-making), 정책결정(policy-making), 후정책결정(post policy-making)의 3 단계로 크게 나누고 이들을 다시 18개 국면으로 세분하였다. 여기서 초정책적 결정이란 정책결정의 구조를 설계하고 전략을 결정하는 것을 말하며, 정책결정이란 정책 자체의 결정을, 그리고 후정책결정이란 집행된 정책을 평가하고 그 결과를 반영시키는 것을 말한다.

명확한 것은 아니다. 오히려 Dror의 이론은 너무 거시적인 체제를 취하고 있어 정책학 전반에 걸쳐서 이상주의와 현실주의의 결합을 꾀하고 있다고 할 것이다. 실제적인 측면에서 보면 인간의 능력에는 한계가 있으므로 과연 그가 의도했던 최적(optimal)상태를 실현함이 가능한가에 대해서도 많은 의문이 있다.

Ⅵ. 제도모형(institutional model)[17]

1. 내 용

정부구조와 제도는 오랫동안 정치학·행정학의 주요한 관심사가 되어 왔으며 전통적으로 이들 두 학문은 정부제도를 연구의 대상으로 삼아 왔다. 여기서 공공정책이란 바로 이러한 정부제도에 의해서 권위적으로 결정되고 수행되며 집행되는 것을 의미한다.

제도적 접근방법(institutional approach)은 정부제도의 구조와 공공정책의 내용을 연결시키는 데 기여를 하지 못했으며, 제도적 연구는 제도적 특징들이 정책산출에 미치는 영향에 대해서는 체계적으로 분석하지 않고 단지 정부의 특정 제도, 즉 정부구조·조직·의무·기능만을 서술하고 있다. 또한 공공정책에 관한 서술은 간혹 있었지만 구조와 정책내용과의 관계는 거의 무시하고 있다. 이렇듯 초기의 전통적 제도모형은 비록 연구의 폭이 좁고 기술적이지만 결코 비생산적인 것만은 아니다.

2. 평 가

제도적 장치(institutional arrangement)가 공공정책에 미치는 영향의 문제는 조사연구를 할 만한 충분한 가치가 있는 경험적 문제이다. 간혹 개혁가들의 주장에 의하면 제도적 구조의 변화는 구조와 정책 사이의 실제적인 관계를 조정하지도 않고 공공정책의 변화를 유발시킨다고 한다. 그러나 구조가 정책에 미치는 영향을 평가하는 데는 많은 관심을 기울여야 할 것이다. 그리하여 구조와 정책은 주로 환경적 요인들에 의해 결정된다는 사실과, 기본적인 정치·경제·사회의 환경적 요인이 불변인 경우에는 제도적 장치를 아무리 조작해도 공공정책에 미치는 영향은 작을 것이라는 사실도 알 수 있게 된다.

---

17) Thomas R. Dye, *Understanding Public Policy*, fourth edition(Englewood Cliffs, N.J.: Prentice-Hall, Inc., 1981), pp. 20～43 참조. Dye는 정책모형으로서 여덟 가지 모형을 제시하고 있다.

Ⅶ. 과정모형(process model)

1. 내 용

정책과정과 행태는 수십 년 동안 정치학의 중심과제가 되어 왔는바, 오늘날 정치학자들은 공공정책과의 관계에 따라 여러 가지 활동들을 분류하고 있는데, 그 결과 다음과 같은 정책과정이 형성될 수 있다. 즉, i) 문제의 인지(정책활동의 요구), ii) 정부제안의 형성(공공사업계획의 제안 및 그 발전), iii) 정책의 정당화(대안의 선택, 대안선택을 위한 정치적 지지의 획득, 선택된 대안을 법으로 집행), iv) 정책의 실행(관료제의 조직화, 보수와 서비스의 제공, 조세의 부과), v) 정책의 평가(계획의 연구, 산출과 영향의 평가, 변동과 조정의 제시)가 그것이다.[18] 간단히 말하면 정책과정을 다음과 같은 일련의 정치적 활동으로 볼 수 있다. 즉, 문제의 인지, 수립, 정당화, 수행 및 평가 등으로 볼 수 있다는 것이다.

2. 평 가

과정모형은 대상이 한정됨에도 불구하고, 정책결정에 관련된 여러 활동의 이해에 도움을 준다. 그리고 정책결정은 의제설정(agenda setting)을 포함한다는 사실도 유의해야 한다. 요컨대, 정책은 그 정책이 이루어지는 과정의 영향을 직접 받는 경우도 많다. 그러나 제도적 모형에서 주장한 바와 같이 정책결정과정의 변화가 반드시 정책내용의 변화를 가져온다는 오류를 범하지는 말아야 한다. 그것은 정책결정자들이 안고 있는 사회적·경제적·기술적 제약요인들이 너무 많아서 정책결정과정이 개방적이든 폐쇄적이든 혹은 경쟁적이든 비경쟁적이든 그리고 다원적이든 엘리트주의적이든 정책내용에는 거의 차이가 없다는 것이다.

Ⅷ. 집단모형(group model)

1. 내 용

집단들 사이의 상호작용이 정치학의 중심과제라는 가정으로부터 집단이론은 출발한다.[19] 즉, 공동의 이익을 지닌 개인들은 정부에 대한 그들의 요구를 실현하기 위하여 공식적·비공식적으로 서로 결속을 하게 된다.

---

18) Charles O. Jones, *An Introduction to the Study of Public Policy*(Boston: Duxbury, 1978) 참조.
19) David B. Truman, *The Governmental Process*(New York: Knopf, 1951) 참조.

[그림 6-7] 정책결정의 집단모형

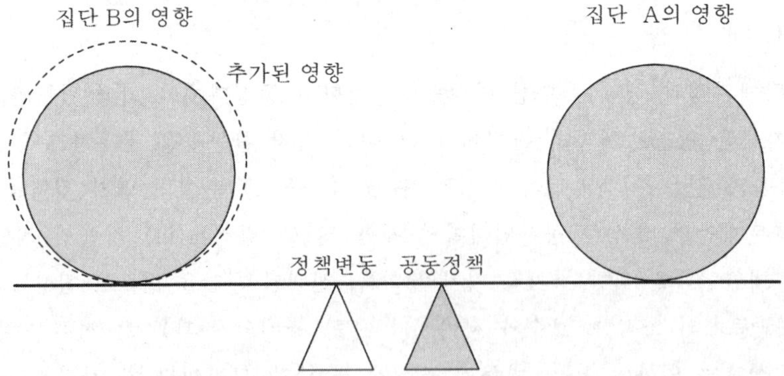

개인들은 집단이익의 부분으로서, 혹은 집단이익을 위하여 활동할 때에만 정치학에서 중시되고 있으며, 이 때 집단은 개인과 정부 사이의 중요한 교량적 역할을 수행하게 된다. 정치는 사실상 공공정책에 영향을 미치려는 집단들간의 상호작용을 의미한다.

그러므로 정치체제의 과업은 다음과 같은 활동들을 통하여 집단들의 갈등을 관리하는 것이다 즉, i) 집단의 상호작용에 관한 게임의 규칙을 정한다. ii) 타협을 하고 이익의 균형을 유지한다. iii) 타협을 공공정책의 형태로 규정한다. iv) 이러한 타협을 실행한다는 것이다.

집단이론자(group theorist)들에 의하면 어떤 시점의 공공정책은 [그림 6-7]과 같이 집단의 상호작용 가운데 이루어진 균형을 의미한다고 한다.

이러한 균형은 이익집단(interest group)들의 상대적인 영향력에 의해 결정된다. 그리고 이익집단들의 상대적인 영향력의 변화는 공공정책의 변화를 초래한다고 예상할 수 있다. 그러므로 정책은 영향력을 얻는 집단이 요구하는 방향으로 움직이게 되며, 반면에 영향력을 잃은 집단이 원하는 방향과는 멀어지게 된다.

2. 평　가

이상과 같은 집단모형은 다원화된 사회에서의 각 집단의 세력이 비교적 균등화되어 있는 것을 전제로 하고 있다. 따라서 그러한 보장이 없는 경우에는 이 집단모형의 설명력이 약하다. 또한 각양의 사회집단이 충분히 존재·성숙되어 있지 못한 상황에서는 더욱 그러하다고 할 것이다.

Ⅸ. 엘리트모형(elite model)

1. 내 용

공공정책은 통치하는 엘리트들의 선호와 가치라고 할 수 있다.[20] 엘레트이론에 의하면 대중들은 공공정책에 대해 무관심하고 무지하며 대중들이 엘리트의 의견을 형성시키기보다는 엘리트들이 정책문제들에 관해 대중들의 의견을 더 많이 형성시킨다고 한다. 그러므로 현실적으로 공공정책은 엘리트의 선호라고 판단된다.

즉, 여기에서는 소수의 지배층에게는 그 지배층에 특유한 어떤 신념과 가치가 있다고 보고 있는데, 이 지배층에 의해 정책의 결정이 주도된다는 것이며 피지배층의 이익도 결국 이 지배층에 의해 주도된다는 것이다.

공공관료와 행정가들은 단지 엘리트들이 결정한 정책을 수행하며 정책은 다음의 [그림 6-8]과 같이 엘리트로부터 대중에게로 하향적으로 흐른다고 한다.

2. 평 가

실제적인 현실에 있어서 정책이 사회의 일부 지배층, 즉 엘리트에 의해 주도되고 있다는 것은 그만큼 이 모형이 적어도 실증모형으로서 많은 설명력이 예상된다. 특히 전근대적인 정치·행정문화의 유산이 많이 남아 있는 풍토에서는 이런 모형의 설명력이 더욱 높아진다고 하겠다.

[그림 6-8] 정책결정의 엘리트모형

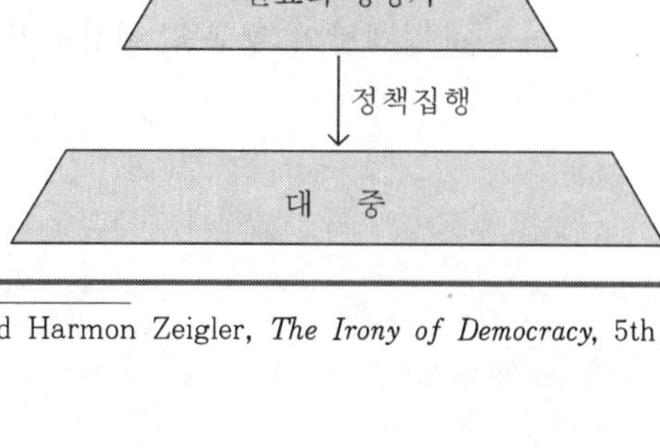

20) Thomas R. Dye and Harmon Zeigler, *The Irony of Democracy*, 5th edition(Belmont, Calif.: Wadsworth, 1981).

그러나 한편, 이는 소위 '철인정치'의 사고를 그 기초로 하고 있는데, 이 철인의 지위를 오늘날의 엘리트의 의식 속에 전적으로 위임함으로써 근본적으로는 대중민주정치의 이념에 상반되는 것이다. 더욱이 이 엘리트의 가치관이 사회의 전체 체제를 고려하지 못하고 자기들의 소수이익에 전념하게 되면 정치적 도덕성이 문제된다. 이렇게 되면 이 모형은, 규범적 모형으로서의 가치는 아예 거론할 수 없음은 물론 실증적 모형으로서의 가치도 크게 제약된다.

X. 게임이론모형

1. 내 용

게임이론(game theory)이란 둘 이상의 경기자가 각자 여러 개의 대안을 가지고 있으며 각 대안의 결과는 상대방이 채택한 대안에 따라 상이할 수도 있는 상황에서 이루어지는 합의적 의사결정을 연구하는 것을 말한다. 따라서 게임이론은 한 사람만이 할 수 있는 독립적인 최선의 대안이 존재하지 않는 정책결정, 즉 다른 사람의 선택에 따라 최선의 대안이 달라질 수 있는 정책결정에 적용되는 이론이다.

그리고 게임이론은 실제로 '경쟁을 할 것이냐' 아니면 '평화를 유지할 것이냐'에 관한 결정이나 핵무기의 사용, 국제관계 등에 많이 사용된다.

2. 평 가

이는 본질적으로는 합리모형에서 나누어진 하나의 가지라고 할 수 있으나, 중요한 공헌은 정책결정이 한 사람에 의해서 결정되는 것이 아니라 상대방의 행위에도 영향을 받는다는 것을 인식한 것이다. 따라서 외교·국방정책과 같이 상대방의 입장을 염두에 두면서 결정을 해야 하는 경우에 설명력이 높다고 하겠다.

그러나 이것은 분석도구일 뿐, 실제적인 정책결정의 지침이 될 수는 없으며, 특히 행동대안이란 것이 이 게임모델에서 가정하고 있는 것처럼 그렇게 간명하게 나타나지 못할 때가 많다. 더욱이 상대방의 행동을 예상하기가 어려울 때가 많다는 점이 한계로서 지적된다.[21)]

---

21) Thomas R. Dye, *op. cit.*, pp. 39~40.

Ⅺ. 체제모형(systems model)

1. 내 용

공공정책을 연구하는 또 다른 방법은 환경이 정치체제에 가하는 힘에 대하여 정치체제가 환경으로 내보내는 반응을 공공정책으로 본다는 소위 체제이론(systems theory)이다. 이 이론에서는 정치체제에 영향을 미치는 환경에서 유발된 힘(forces)을 투입(inputs)으로 보고 있으며, 정치체제의 경계 밖에 있는 조건(condition)이나 상황(circumstances)을 환경(environment)으로 보고 있다. 그리고 사회에 대해 권위적으로 가치를 배분하는 상호관련 있는 구조나 과정의 집단을 정치체제라 보고 있다.

정치체제의 산출은 체제가 행하는 권위적인 가치의 배분을 가리키며, 이러한 가치의 배분이 공공정책을 구성하게 된다. 정치활동과 공공정책의 이와 같은 개념을 그림으로 나타내면 [그림 6-9]와 같다.

2. 평 가

체제적 모형은 정책이 일어나는 정책과정을 밝혀 주고 있으며, D. Easton의 체제적 시각의 영향은 아직도 설득력이 높은 이론이 되고 있다. 그러나 이는 너무 일반적·추상적 이론이라 하겠다. 더욱이 핵심적인 부분이라고 할 수 있는 정치체제 자체에 관한 것을 명확히 설명하지 못하고 있다는 문제점이 지적되고 있는바,[22)]

[그림 6-9] 정책결정의 체제모형

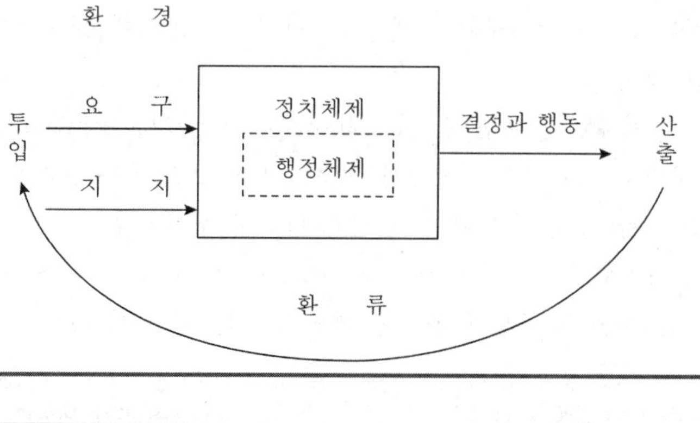

22) James E. Anderson, *Public Policy Making*, 3rd ed.(N.Y.: Holt, Rinehardt and Winston, 1984), pp. 13~15.

이 경우 정치제체는 여전히 이른바 '블랙박스'(black box)로서 남아 있다.

XII. 연합모형(coalition model)

1. 내 용

연합모형은 회사모형(firm model)이라고도 불리는 것으로 R. M. Cyert와 J. G. March가 제시하였는바, 의사결정의 개인적 차원을 강조한 J. G. March와 H. A. Simon의 만족모형을 한층 더 발전시킨, 새로운 시각에서의 조직의 의사결정모형이다.[23)]

연합모형은 조직의 형태를 경제학적인 시장중심적 측면에서 벗어나 조직의 구조와 목표의 변화, 기대(expectation)의 형성 및 선택이라는 관점에서 분석하려는 것이다.

이 조직의 목표(goals), 기대(expectation), 선택(choice)을 망라적 변수(exhaustive variables)라고 하는데, 이들의 관계를 설명해 주는 이른바 관계적 개념(relational concepts)이 Cyert와 March이론의 핵심이다.[24)]

여기에는 네 가지가 있는데 첫째, 갈등의 의사적(擬似的) 해결(quasi-resolution of conflict)이다. 이는 조직을 상이한 목표를 가진 하위부서(sub-unit)의 결합(coalition)으로 보고, 이 하위부서간의 협상(bargaining)에 의해 전체의 목표가 정해지며 또 갈등이 해결된다는 것이다. 따라서, 이 때의 갈등해결은 불완전한 것에 불과한 것이다.

둘째는, 불확실성의 회피(uncertainty avoidance)이다. 이는 유동적인 환경에 대처하는 불확실성을 회피하기 위해 주로 단기적인 전략에 치중하며 또 환경과 타협을 한다는 것이다.

셋째는, 문제해결을 위한 탐색(problematic search for solution)으로서, 이는 항상 탐색을 하기보다는 문제가 생겨난 경우에 비로소 탐색을 한다는 것인데, 여기에는 문제중심적 탐색, 단순한 탐색, 편견적 탐색이 포함된다.

넷째는, 조직의 학습(organizational learning)이다. 과거의 경험을 통해 조직은 문제해결·갈등해소에 적응해 간다는 것인데, 여기에는 목표에 대한 적응, 주의를

23) Richard M. Cyert and James G. March, *A Behavioral Theory of the Firm*(Englewood Cliffs, N. J.: Prentice-Hall, 1963), pp. 26~43; H. A. Simon, *Administrative Behavior*, 3rd edition(New York: The Free Press, 1976), pp. 4~19.

24) Cyert and March, *op. cit.*, pp. 115~125.

기울이는 방식에 대한 적응, 그리고 탐색규칙에 대한 적응 등이 포함된다.

2. 평 가

적어도 이 모형은 하위단위의 자율적인 결합에 의해 조직이 형성되는 경우(회사 등)에는 현실적으로 설명력이 높다고 하겠다. 그러나 연합모형은 민간부문에서의 회사조직을 대상으로 하고 있으므로 공공부문의 의사결정행태에 이것을 적용하는 데는 한계가 있다.

XIII. 집합모형(garbage can model)

1. 내 용

집합모형(garbage can model)은 M. D. Cohen, J. G. March, J. P. Olsen 등 세 사람의 학자에 의해 고안되었는데 이것은 조직화된 혼란상태(organized anarchies) 속에서 조직이 의사결정을 위해 어떠한 행태를 나타내는가를 연구하는 이론이다.[25] 즉, 이 이론은 조직을 급변하는 사회환경 속에 있는 불안하고 유동적인 것으로 간주하여 조직의 의사결정행태를 설명하는 이론인 것이다.

이러한 조직화된 혼란상태의 의사결정을 다루는 집합모형은 세 가지 전제를 제시하는바, 첫째는, 문제성 있는 선호(problematic preference)로, 조직의사결정에의 참여자는 서로 상이한 선호를 가지며, 때로는 선호의 소재조차도 파악하지 못하는 경우가 있기 때문에 어떠한 선호를 근거로 해서 행동을 하기보다는 행동을 통해서 선호를 한다는 것이다. 둘째는, 불분명한 기술(unclear technology)로, 조직은 목표와 대안간의 인과관계를 완전히 파악하지 못하고 시행착오의 과정, 과거의 경험 등을 통해서 행동한다는 것이며, 셋째는, 일시적 참여자(part-time participants)로 조직의사결정의 참여자들은 계속적으로 참여하는 것이 아니고 시간적인 제약으로 인하여 일시적·부분적으로만 참여하게 된다는 것이다.

그리하여 집합모형에서는 조직 내의 의사결정과정을 선택기회와 참여자들 그리고 여러 가지 문제들과 해결방법들이 모이는 쓰레기통으로 간주하며,[26] 이러한 의사결정에 필요한 구성요소들인 문제의 흐름, 해결책의 흐름, 참여자의 흐름 및

25) Michael D. Cohen, James G. March and Johan P. Olsen, "A Garbage Can Model of Organizational Choice," *Administrative Science Quarterly*, vol. 17(March 1972), pp. 1～25.
26) *Ibid.*, p. 2.

선택기회의 흐름이 서로 다른 시간에 통(can) 안에 들어와서 우연히 동시에 한 곳에서 모여질 때 비로소 결정이 이루어지는 것이며, 이 네 가지 구성요소의 흐름과 시간은 함수적 관계를 지니고 있다는 것이다.[27)]

여기서 문제란 일상 생활의 관심사로서 생활의식, 가족, 경제, 집단관계, 이데올로기 등을 포함한다. 해결책은 문제의 발생 후에 만들어지는 것이 아니라 그 이전에 누군가에 의해서 발견된 것으로서 이것이 오히려 해결대상인 문제를 찾는다는 것이다. 선택기회는 조직이 어떤 결정을 내리는 계기를 말한다. 어떤 조직이든 정기적 · 비정기적인 선택기회를 가지며, 여기에는 계약의 체결, 임용, 승진, 해고 등이 있다. 참여자는 결정과정에 관여하는 모든 사람들로서 일정하지 않으며 새로운 선택기회나 과거의 선택기회의 성격에 의해서도 상당히 영향을 받는다.

2. 평 가

집합모형은 의사결정에 관한 과거의 기본적 가정들의 비현실성을 수정하며, 특히 공공조직, 교육조직, 불법조직 등에서 많이 볼 수 있다.[28)] 그러나 오늘날의 현대 조직이론에 조직화된 혼란상태의 이론을 수용하기 위해서는 두 가지 문제점이 노정되는바, 하나는 조직 내의 단결심이 결여되고 구성원 스스로에 의한 공동의 목표가 제기되지 않은 상태에서의 선택이라는 점과 다른 하나는 조직구성원들이 의사결정에의 적극적인 참여와 긍정적인 관심을 유도할 수 있어야 한다는 점이다.[29)]

XIV. 공공선택모형(public choice model)

1. 내 용

V. Ostrom과 E. Ostrom에 의해 체계화된 공공선택모형은[30)] 오늘날의 행정이 집권적 · 계층제적 구조를 강조하는 과거의 전통적인 Wilson적 행정관리 방식과는 달리 복합적 명령체계와 다기능적 상황하에서의 다조직적(multiorganizational) 관

27) Johan P. Olsen, "Public Policy-Making and Theories of Organizational Choice," *Scandinavian Politics Studies*, vol. 7(1972), pp. 50～51.

28) James G. March and Johan P. Olsen, "Organizational Choice under Ambiguity" in March and Olsen et al., eds., *Ambiguity and Choice in Organizations*(Norway: Bergen, Universitesforlaget, 1976), p. 12.

29) Cohen, March and Olsen, *op. cit.*, pp. 1～2.

30) Vincent Ostrom and Elinor Ostrom, "Public Choice: A Different Approach to the Study of Public Administration," *Public Administration Review*, vol. 31, No. 2(March/April 1971), pp. 203～204.

리방식을 강조한다는 새로운 행정관에 입각하여 제시된 모형이다.

즉, 공공선택모형은 가장 합리적인 공공정책은 어느 다른 조직의 가치에도 해를 미침이 없이 최선의 가치가 형성되는 소위 '파레토 최적점'(point of Pareto optimality)에서 결정된다고 본다.[31)]

이러한 공공선택모형은 분석의 기준으로서 전통적인 경제적 인간이 아닌 정책결정자로서의 개인을 강조하는바, 첫째, 모든 개인은 자기이익적(self-interested)인 선호를 가지며, 둘째, 모든 개인은 각 대안들의 우선순위를 합리적으로 결정할 수 있으며, 셋째, 자기의 선호에 비추어 이익을 극대화하려는 전략(maximizing strategy)을 취한다는 가정들을 하고 있다.[32)] 또한 이 모형은 각종의 정부기관들이 산출하는 공공재화(public goods)와 공공용역(public service)을 강조하는[33)] 정치·경제학적 특성을 지니는 모형으로서 민간경제 부문에서의 결정이론에 대한 맹신을 비판한다. 그리고 마지막으로 이 모형은 하나의 정책산출은 단지 정치·행정의 내부체제에서뿐만 아니라 사회 전체에 직접·간접으로 영향을 미치는 파급효과를 가지며 이러한 파급효과는 정책이 의도한 목적의 달성을 가져오는 긍정적 효과(positive effect)와 의도하지 않은 결과를 가져오는 부정적 효과(negative effect)로 구분된다고 한다.

2. 평 가

이 모형은 합리모형의 엄격한 방법론적 틀을 지향하면서 동시에 현실의 정치·행정적 문제인 참여·대표 등의 문제를 다루고 있다. 이는 합리모형이 지니고 있는 규범성을 현실의 정책문제에로 적용시키려는 노력으로 평가할 수 있겠으나, 한편으로는 여전히 실증이론적 성격이 미약하며 규범성이 강하다고 할 것이다.

XV. Allison의 통합모형

1. 내 용

G. T. Allison은 하나의 모형이 아니라 기존의 모형의 종합화를 통해 보다 설명력이 높은 통합모형을 추구하였다.

31) 신윤표, 행정학(서울: 박영사, 1998), p. 96.
32) V. Ostrom and E. Ostrom, *op. cit.*, p. 205.
33) *Ibid.*, pp. 206~207.

Allison은 대다수의 정책분석가들이 정부의 행동을 합리적 행위자모형(rational actor model) 또는 고전적 모형(classical model)에 의거하여 설명하고 있다고 보고 있다.[34] 합리적 행위자모형 혹은 고전적 모형이란 주어진 목표달성을 위해 정부가 의도적으로 논리적인 수단(logical means)에 입각하여 행하는 정책의 선택활동이라고 보는 정책결정모형을 말한다.

고전적 경제학자들과 같이 합리적 행위자모형을 사용하는 분석가들은 인간은 제한된 상황에서 일관성과 최적의 선택을 추구하며 가장 능률적인 대안을 선택함으로써 가치를 극대화하려고 노력한다고 가정한다. 즉, 합리적인 인간(rational people)은 의사결정에 앞서 목표를 확인하며, 이용가능한 대안 및 각 대안의 결과를 확인한다는 것이다.

Allison에 의하면, 비록 합리적 행위자모형이 여러 가지 목적에 유용한 것은 사실이나 정부기구(governmental machine)에 초점을 두는 '준거 틀'(frames of reference)에 의해서 보완되지 않으면 많은 결점을 내포하게 된다고 한다. Allison은 그와 같은 '준거 틀'로서 두 가지 모형을 제시하고 있는바, 그것은 조직과정모형과 관료제적 정치모형이다.

여기서 조직과정모형(organizational process model)은 정부의 행동을 의도적인 선택의 문제라기보다는 정부지도자에 의해서 조정된 몇 가지 거대한 조직의 독립적인 산출로 보는 모형이다. 즉, 정부지도자들은 실제로 이러한 조직의 행동을 방해할 수도 있으며, 그러한 조직행동은 주로 극단적인 경우를 제외하고는 일상적(routine) 행위나 표준운영절차(standard operation procedure)에 의해서 결정된다는 것이다. Allison이 제시한 조직과정모형은 완전한 합리성보다는 제한된 합리성(bounded rationality)에 입각한 H. A. Simon의 모형에 가까운 것이다.

Allison의 세 번째 모형은 관료제적 정치모형(bureaucratic politics model)으로서 정부의 행동을 최고계층 지도자들에 의한 통제로 가정하지 않고 의사결정 단위간의 의도적인 경쟁(competition)으로 가정하며, 정책을 관료제의 구성요소간의 협상(bargaining)의 결과로 보는 모형이다. 정책결정자들은 일관성 없는 전략계획(strategic master plan)과 국가적·관료제적·개인적 목적의 갈등의 영향을 받으며, 결과(outcome)는 정책에 관한 합리적인 판단이나 일상적인 조직절차보다는 협상자들의 상대적인 권력이나 기술에 의해 결정된다는 것이다.

---

34) Graham T. Allison, *Essence of Decision: Explaining the Cuban Missile Crisis*(Boston: Little, Brown and Company, 1971).

2. 평 가

바람직한 행위와 결과(outcome)를 가져오기 위한 분석자와 실천자의 능력을 향상시키기 위해서는 첫째, 분석의 격차(gap)를 좁히고, 둘째, 현재의 정책분석의 질을 높이며, 셋째, 행위를 선택·실시하기 위한 시스템(system)에 관해서 고찰한 새로운 방법을 모색할 필요가 있는 것이다.

물론 문제를 해결함에 있어서 가장 먼저 제 1 모형(합리적 행위자모형)의 분석을 행하는 것이 최선의 길임을 우리는 잘 알고 있다. 실제로 우리가 대안을 분석하고 선호하는 제안을 식별하는 데 있어서 제 1 모형보다 적합한 것은 없을 것이다. 예를 들면 하드웨어(hardware)(군의 전투기나 복지시설의 컴퓨터 등)의 구입을 분석하는 경우, 비용에 대해서 효과가 가장 많은 대안을 선별하고자 시도한다. 분석자는 편익이 큰 것을 선택할 투자 중의 하나로서 선별해 낼 수 있다.

바꾸어 말하면 제 1 모형에 있어서의 분석은 목적을 명시하고 대안을 탐색하며 타당한 목적에 알맞은 대안의 순위를 정하여 바람직인 대안을 선택할 수 있다는 것이며, 그것은 체제분석이나 비용-편익분석 등의 개발에 의하여 가능한 것이다.

그러나 이와 같은 분석은 하드웨어를 사용하는 조직의 현 상태, 이들 조직의 규범과 절차, 이들 규범과 사업계획에 대한 지지의 정도, 그리고, 관련된 조직의 상층부 및 조직 외에 있어서의 정치적 상황 등의 요인을 간과하기 쉽다.

그러면 실제로 정부는 무엇을 하는 것인가에 대한 의문이 제기된다. 즉 바람직한 분석적인 대안이 명시되었을 경우 정부가 이 바람직한 행위를 수용하는 것은 몇 %나 될 것인가 하는 것이다. 만일 여기서 정부가 수용하는 정도가 약 50%라고 본다면 나머지, 즉 선호하는 해결책과 정부의 실제의 행동간의 격차(gap)는 분석의 격차(gap)라고 볼 수 있다. 그러므로 우리는 선호하는 해결책과 정부의 실제의 행위간의 통로에 관해서 깊이 살펴보기 위한 방법을 강구해야만 될 것이다.

이 방법으로는 분석자가 분석의 격차를 해결하기 위해 다음과 같은 사항을 고려하여야 할 것이다. 예를 들면, 바람직한 행위를 창출해 내는 여러 행위경로 및 순위가 어떻게 되어 있는가, 새로운 행위경로를 만들 수 있는가, 행위경로의 주요한 행위자는 이 대안을 어떻게 생각할 것인가, 바람직한 행위가 그것을 실시하는 조직의 현행 사업계획과 표준운영절차(SOP)에 합치하고 있는가에 관한 것 등이다.

또한 우리가 행위를 선택하고 실시하는 시스템의 능력을 높이기 위해서는 새로운 방법을 모색할 필요가 있다. 여기에서는 정치 게임의 구조와 조직의 특징이 정책결과(outcome)에 어떠한 영향(impact)을 미치는가에 대한 것이 중심문제로 대두된다. 예를 들면, 현행 조직이 어떠한 정보를 어떤 시점에서 제공할 수 있는가, 그리고 이러한 정보는 어떻게 하면 개선될 수 있는가, 조직에서 보다 많은 대안을 창출해 내려면 어떻게 할 것인가, 조직이 실시하고자 하는 사업계획을 검토하여 그 사업계획의 레퍼토리를 보다 적절하게 만들기 위한 방법은 없는 것인가, 관료정치 게임이 어떤 구조를 지니고 있게 되면 쟁점의 식별이 용이해지는가, 그리고 게임의 구조가 각종 이익의 대표의 배분과 관련 참가자의 의견발표 기회에 어떻게 영향을 미치는가 하는 것 등이다.

앞에서 G. T. Allison의 모형을 살펴보았거니와 그의 제 1 모형 분석이 정부행위의 결정요인의 문제에 관해서 보다 체계적인 공헌을 하도록 하기 위해서는 가일층의 정밀화가 요청된다. 즉, 합리적 행위자모형에서는 분석자는 어떤 행위가 합리적 선택이라는 것을 분명하게 설명할 수 있다. 그러나 어떤 특정한 행위가 합리적 선택인가를 식별하게 해 주는 증거 및 지론의 표준은 무엇인가가 고찰의 대상이 되어야 할 것이다.

제 2 모형(조직과정모형)은 통일적인 지도자집단이 조직적 구속의 범위 내에서 결정을 작성하는 것으로 보고 있다. 그리고 제 2 모형은 조직 내의 개인의 행동이 아니라 조직의 종합적 행동에 초점을 둔다. 그렇다면 제 2 모형이 식별한 것과 같은 조직적 행동에 합치되는 개인 · 인사체계 및 규범은 어떤 종류의 것인가에 대해서도 살펴볼 필요가 있다. 또 조직적 변동에 유의한다면 어떻게 해서 특정한 사업계획이나 SOP가 판별가능한 형의 조직에 의해서 유지될 수 있는가, 그리고 어떤 방법으로 관리자가 조직의 행동을 개선할 수 있는가에 대해서 이해하여야 할 것이다.

제 3 모형(관료제적 정치모형)은 매우 복잡성을 내포하고 있는 모형이라고 하겠다. 예를 들면, 요구되는 정보는 압도적인 경우가 많고, 흉정에 관한 정보의 대부분은 쓸모 없는 경우가 있다. 이 모형을 사용할 때에는 각 행동자의 지위에 관해서 보다 만족스러운 분석이 필요하게 되며, 다양한 행동경로를 더욱 명확하게 할 필요가 있다. 제 3 모형에 의해서 행위자의 행동이나 제 문제에 대하여 행위자가 취하는 태도에 관해서 각각의 명제를 수립할 수 있는바, 이와 같은 명제를 어떻게 집약해서 종합적인 정부행위에 관한 명제를 수립할 수 있는가가 중심적인 문제이다.

한편 Allison이 제시한 세 가지 모형간의 관계를 보면 실제로 이들 각각의 패러다임은 각 모형의 부분적 강점을 부각시키고 있지만, 3 개의 모형이 서로 배타적인 것은 아니다.

제 4 장

정책분석

제 1 절　정책분석의 의의

Ⅰ. 개　　념

정책분석(policy analysis)의 개념에 대해서도 많은 용례가 학자간에 다양하게 나타나고 있어 일정한 개념규정이 어렵다.

본래 H. Lasswell이, 정책학이 제공하는 지식을 i) 정책과정에 관한 지식(knowledge of policy process)과 ii) 정책과정에 필요한 지식(knowledge in policy process)으로 구분했던 분류론은 오늘날에 있어서도 정책연구에 많은 시사를 주고 있다. 이 중에서도 특히 후자의 주내용으로서 정책분석의 비중이 매우 큰 것이라고 할 수 있으며 정책학의 발전과 함께 정책분석의 학문적·실제적인 수요도 크게 증가하고 있다.

이제 정책분석의 개념을 명확히 하기 위해 다음과 같은 몇 가지 논점을 중심으로 자세히 살펴보고자 한다.

1. 과정과 산물

정책분석은 과정(process)으로 볼 수도 있고 또 산물(product)로도 볼 수 있다. 이 경우 전자의 결과로 나타난 것이 후자라고 할 수 있다. 예컨대, 판단과 분석 및 직관 등을 사용하여 정책과정에서 나타날 어떤 상태에 관한 정보를 연구하는 과정 내지 활동이 전자에 속한다면, 그러한 연구 끝에 나타난 분석안은 후자에 속한다.[1)]

1) 이렇게 두 가지로 사용될 수 있으나 본서에서는 과정(process) 내지 활동(activity)의 의미

2. 사전적인 분석과 사후적인 분석

정책분석에 대한 시간적 초점을 미래에 두는 것이 사전적(ex ante)인 것이며, 과거에 두는 것이 사후적(ex post)인 것이다.

논자에 따라서는 정책분석에 사전적인 과정뿐만 아니라, 정책으로 인해 결과된 영향을 사후적으로 연구하는 것도 포함시키는 수도 있다. 그러나 본서에서는 어디까지나 정책의 사전적 평가를 정책분석이라고 한정하고, 사후적 평가는 정책평가(policy evaluation)로서 파악하고자 한다.

3. 대상국면의 범위

정책분석이 정책의 전 과정을 대상으로 한다고 보아 이들 모든 과정에 필요한 지식을 제공한다고 보는 입장과, 일부과정〔정책결정의 전단계(前段階)〕에 필요한 지식을 제공한다고 보는 입장이 있는데, 본서에서는 전 과정을 대상으로 한다고 본다. 따라서 사전적으로 어떤 정책이 전 과정을 통해 어떠한 것인가를 검토하는 것이 정책분석 속에 포함하는 주내용이라고 할 수 있다.

4. 정책주장(policy advocacy)의 포함 여부

W. Dunn은 정책분석에는 분석가가 단순한 사실(fact)만을 다루어서는 안 되고 가치(value)도 취급하므로 결국 정책분석 속에는 가치판단적인 내용을 제시하는 정책주장(policy advocacy)이 포함된다고 보고 있다.[2)]

그러나 만약 분석가들이 가치판단을 하게 된다면 그 분석은 특정한 선호에 대해 편향·왜곡이 있게 되기 쉽다. 따라서 정책분석에는 정책주장이 포함되어서는 안 된다고 생각하며 그러한 가치판단은 분석가가 아니라 정책결정자에게 맡겨져야 할 것이다.

Ⅱ. 구분개념

1. OR과 체제분석

OR은 1950년대부터 발전하기 시작하여 오늘날에는 산업분야, 국방분야에 널

로 사용하기로 한다.

2) William N. Dunn, *op. cit.*, p. 36. 이와 유사한 입장으로는 E. S. Quade, *op. cit.*, p. 25.

리 활용되고 있는 분석기법이다. 처음에는, OR은 의사결정자로 하여금 가용자원을 가장 많이 획득하게 하는 것이 그 목적이었다. 20여 년이 지나면서 이 OR의 범위는 확대되어[3] 경제문제, 나아가서는 여러 사회문제까지 다루게 되었으며 오늘날 많은 OR 실무자들은 후술한 정책분석을 OR과 같은 것으로까지 이해하려 한다.

그러나 이러한 경향이 다소 있기는 하지만 현재로서는 OR의 개념은 보다 한정적으로 파악하여, 능률성(efficiency)을 제고하기 위해 수학적·논리적 분석을 적용하는 것으로 설명할 수 있다. 물론 여기에는 목표의 선정이나 형평과 같은 가치문제는 고려하지 않는 것으로 보고 있다.[4]

2. 체제분석과 정책분석

체제분석(system analysis)이란 전체로서 서로 관련성 있는 모든 요소를 검사하여 의사결정자로 하여금 정책목표를 달성하기 위한 정책대안에 수반하는 비용과 편익의 비교를 가능하게 해 주는 사고방식이다.

정책분석(policy analysis)이란 Y. Dror에 의하면 바람직한 정책대안을 구하기 위한 분석을 말하는바, 이 정책분석의 기초를 이루는 것은 OR이며, 특히 OR이 확장된 것이 체제분석이다.

그리하여 많은 학자들은 정책분석을 "체제분석이 한 걸음 더 나아간 것"으로 파악하고 있으며, 따라서 정책분석은 체제분석에 더하여 다른 요소가 합쳐진 것으로 보고 있다.[5]

이렇게 볼 때 정책분석에 있어서는 체제분석과는 달리, i) 기본적인 가치·목표에 관한 고찰, ii) 정치적 변수의 고려, iii) 비합리적 현상 및 불확실성 등의 요인의 고려, 그리고 정책대안의 혁신 등이 중요시되고 있다.

광의의 정책분석에는 정책결정이 이루어진 후에 정책집행이나 정책평가를 합리적으로 추진하기 위한 연구도 모두 포함된다고 하겠으나, 일반적으로 협의의 정책분석은 주로 정책결정국면을 대상으로 한, 합리적인 정책결정을 위한 분석으로서, 정책목표를 달성하기 위한 최선의 대안을 선택하는 데 도움을 주는 분석으로 이해되고 있다.

이러한 입장에 따른다면 정책분석은 OR, 체제분석보다 훨씬 더 상위의 개념이

---

3) OR의 범위에 대해서는 여러 가지의 논란이 있는데 선형계획 자체를 OR로 보는 견해도 있으며, 또 관리과학 자체를 OR로 이해하는 입장도 있다.

4) E. S. Quade, *Analysis for Public Decision*, 2nd ed.(N.Y.: North-Holland, 1982), p. 22.

5) Y. Dror. *op. cit.*, pp. 12～16.

다. 거기에는 계량화가 어려운 요소가 포함되는데, A. Mood에 의하면 비계획적 요소가 OR에서는 전혀 고려되지 않고, 관리과학[6]에서는 매우 드물게 고려되며, 체제분석에서는 어느 정도 고려되는 데 비해, 정책분석은 이를 매우 중시하는 것이라고 정리하고 있다.[7]

제 2 절 정책분석의 과정

Ⅰ. 정책분석의 구성요소

분석에 있어서 주요 요소는 다음과 같은 다섯 가지가 있는데, 이들 요소와 그 관계를 규명하는 것이 분석에 있어 주된 활동이 된다.

1. 목표(objective)

정책이 지향하는 미래의 바람직한 상태를 목표라고 할 수 있는데, 실제의 분석에 있어서는 표명된 목표와 사실상의 목표가 상이할 수도 있다.

특히, 정책분석은 다원적 · 상충적 목표(multiple and conflicting objectives)를 해결해야 할 경우가 많다. 이를 해결하는 방안은 i) 최적화(optimum), ii) 만족화(satisficing) 방안이 생각될 수 있는데, 전자에서는 ⓐ 목표간의 trade-off를 시도하거나, ⓑ 또는 우선순위를 정하여 이에 따르거나, ⓒ 가장 중요한 목표를 제외한 다른 것은 제약요인(constraints)으로 변환시키는 것이다. 한편 만족화 방안은 최적화를 포기하고 단지 만족스런 수준에서 목표에 접근한다.

2. 대안(alternatives)

대안은 목표를 달성하기 위해 제시되는 선택안 내지 수단을 의미한다. 이 때, 이 대안들이 꼭 상호 대체적인 것일 필요는 없으며, 또 동일한 기능을 서로 수행해야 할 필요도 없다.

또한 처음부터 결정자가 알고 있는 대안은 물론이지만, 결정자가 모르고 있으

---

6) 관리과학(management science)과 OR을 A. Mood는 구분하는 입장이다.
7) Alexander M. Mood, *Introduction to Policy Analysis*(N.Y.: Edward Arnold, 1983), p. 4.

나 나중에 발견되는 대안도 고려해야 한다.

3. 임팩트(impacts)

여기서 임팩트란 대안이 초래할 결과를 의미한다. 이 중에서 적극적인(positive) 결과를 편익(benefit)이라 하고 소극적인(negative) 결과를 비용(cost)이라고 한다.

이러한 편익·효과와 비용은 어디까지나 기회비용(opportunity cost)의 견지에서 계산되어야 한다는 것이 Hitch & Mckean, Quade 등의 지론이다.

4. 기 준

이는 선호의 순서대로 대안을 나열하는 규칙이나 표준을 의미한다. 이러한 기준 가운데 실제로 정책분석에서 원용하는 것은 B/C비교, 순현재가치 등과 같은 것 이외에도 정치적 실현가능성, 형평성과 같은 것이 사용된다. 따라서 단일의 기준이 아닌 복합적인 기준이 필요한 경우가 많다.

5. 모 형

선택되는 대안이 가져올 결과가 목표를 달성시키는 정도와의 관계를 예측·설명해 주는 틀이 모형이다. 정책분석에서 사용되는 것이 바로 정책모형(policy model)이다. 이에는 그 형태에 따라 기술적·규범적 언어, 상징, 절차 등이 있다.[8)]

Ⅱ. 정책분석의 단계

정책분석의 단계는 다음과 같이 다섯 단계로 구분할 수 있다.[9)]

1. 형성(formulation)

먼저 문제를 명확하게 한정시키며 정책분석을 통하여 달성하고자 하는 목적을 설정해야 한다. 여기에서는 주요 변수를 확인하고 변수간의 상호관계를 가설적으로나마 맺어 볼 필요가 있다. 어떤 의미에서는 정책분석단계 중에서 이 단계가 가장 중요한 것이라고 할 수 있는데, 여기에서 분석이 다루어야 할 문제가 재정의되며,

---

8) William N. Dunn, *op. cit.*, pp. 110~119.
9) Edward S. Quade, *op. cit.*, p. 48.

차후의 제 단계의 방향을 제시하기 때문이다. 만약 문제의 형성 자체가 잘못되면, 그 후속단계에서 아무리 좋은 분석절차를 따랐다 하더라도 그것은 본질적으로 잘못된 것일 수밖에 없다. 이것을 W. N. Dunn은 제3종오류(type Ⅲ-error)라고 하고 있다.

2. 탐색(search)

목표가 규명되고 나면 이에 따른 대안을 탐색한다. 여기에서는 몇 가지의 대안에 대해 자세히 비교하려는 것보다 우선 가능한 한 광범위한 대안의 종류를 찾아내는 것이 더 좋다. 대안의 탐색에서는 분석가뿐 아니라 정책결정자 자신이 주요한 소스가 될 수 있다. 또한 분석에 관련된 연관지식을 충분히 가져야 하며 이러한 구체적인 분야의 지식이 없으면 피상적인 대안밖에 발굴할 수 없다.

3. 예측(forecasting)

다음 미래의 정책환경이나 정책의 운영상태가 어떠한 것인가에 대한 조망이 필요하다. 대안의 결과에 영향을 미칠 이들 정책환경과 운영상태가 불확실할 경우에는 현재상태를 연장시켜 보는 단순추계(projection)를 해 보거나 통계적 예측기법을 사용한다.

정책분석에서 통계적 예측기법이 그대로 활용되는 경우는 매우 한정된 것이라고 할 수 있으며, 직관·판단이 오히려 더 유용한 경우도 많다는 점을 유의해야 한다. 그래서 오히려 정책연구나 체제분석에서는 대안이 실행될 경우에, 장차 어떤 중요 국면이 나타나게 될 것인가를 나타내 보는 scenario를 작성해 보는 것이 필요하다.

4. 모형화(modeling)

정책의 임팩트를 결정하기 위해 모형을 사용한다. 이 모형이란 현상의 특성을 모조한 기술 내지 형상을 의미하는데, 단순한 도표나 실물의 축소물(miniature)로 나타날 수도 있고 보다 복잡하게 수리적으로 나타날 수도 있다.[10)]

이렇게 작성된 모형이 정책분석에서 수행하는 주요 역할은 보통 세 가지로 지

10) 모형의 종류에는 Quade에 의하면, i) 분석모형(analytic models), ii) 시뮬레이션모형(simulation models), iii) 게임모형(gaming models), iv) 판단모형(judgmental models)이 있다. E. S. Quade. *op. cit.*, pp. 146~150.

적할 수 있는데, 첫째, 문제에 관련된 주요한 요인들을 식별해 내게 해 주며, 둘째, 이들 요인간의 관계를 명시하며, 셋째, 이 관계의 성질에 관한 가설을 형성시켜 준다. 이 때 정책분석상의 모형은 타당성을 가져야 할 뿐 아니라 그 문제에 대해 적실성을 가져야 한다.

5. 평가(evaluation)

최종적으로 분석가는 대안을 비교하고 이에 대한 서열을 매긴다. 비교를 위해서는 어떤 기준이 설정되는데 보통 사용되는 원칙으로서 i) 일정한 성과를 최소의 비용으로 달성할 수 있는가 하는 것과, ii) 일정한 비용으로서 최대의 성과를 올릴 수 있는가 하는 것이다. 그런데 공공정책의 경우에 근본적인 난점은 정책이 초래하는 임팩트 중에서 어떤 것이 비용에 속하고 어떤 것이 효과에 속하는지가 불분명한 경우가 많다.[11] 특히 정책의 효과를 산정하기가 어려울 경우에는 이를 비용으로 대체해서 산정하는 수가 많다는 문제가 있다. 따라서, 대안의 평가에 있어서

[그림 6-10] 정책과정도

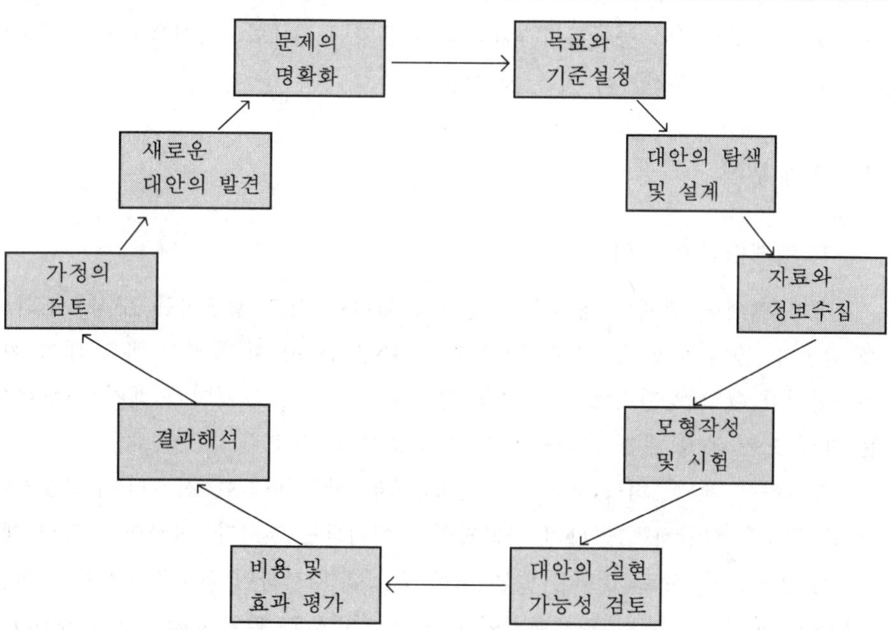

11) *Ibid.*, pp. 101～102.

비용-효과분석이 언제나 판단의 기준으로서 적합한 것만은 아니다.

이상의 절차는 순환·반복적 과정임에 유의해야 할 것이다. 즉 다섯 단계가 어떤 단선적 방향으로만 이해되어서는 안 되며, 실제로는 위의 순서 자체가 중요한 것이 아니라 이 과정이 순환적·반복적이라는 것을 이해하는 것이 중요하다. 이러한 측면에서 E. S. Quade는 정책분석의 단계를 보다 세분하여 이들의 순환적인 특성을 [그림 6-10]과 같이 나타내고 있다.[12)]

제 3 절 정책분석기법

정책분석이 정책과정에 필요한 지식을 제공하는 것임은 앞에서 언급한 바와 같다. 그런데 이 과정은 매우 복잡한 사회현상인 정책을 다루는 것이므로 정교한 분석기법이 요구된다. 이하에서 고찰하는 기법은 처음부터 정책분석에 특유한 기법으로 개발된 것은 아니다. 그러나 정책연구, 특히 정책분석에서 보다 가치 있는 지식·정보의 필요성이 높아짐에 따라 타 학문영역(경제학·경영학·통계학 등)에서 개발된 이론을 원용하기에 이른 것이다.

Ⅰ. 체제분석

1. 체제분석의 의의

무릇 체제란 전체의 목적을 달성하기 위하여 서로 협동하는 구성요소의 총체를 말한다. 좀더 구체적으로 보면 체제란 “추구되어야 할 특정의 목적 내지 기능과 추구되어야 할 대상단위에 영향력을 행사하거나 혹은 그것에 의해서 영향력을 받는 다른 모든 목적 내지 기능을 포함하는 총체”를 뜻한다.

그리하여 체제분석(systems analysis)이라 함은 이러한 전체의 구성요소와 그 상호관련성을 고찰하는 하나의 사고방식을 의미하는 것이다. 바꾸어 말하면 체제분석이란 전체로서 서로 연관성 있는 모든 요소를 검사하여 의사결정자로 하여금 정책목표를 달성하기 위한 정책대안에 수반하는 비용과 편익(cost and benefit)에 관한 체계적·포괄적인 비교·교량(較量)을 가능하도록 하는 사고방식이다. 이것은

12) *Ibid.*, p. 49.

또한 체제(system)가 지향하는 제 목표의 심사를 행하며, 이러한 제 목표를 달성하기 위한 정책대안을 입안하고, 주로 경제적 관점에서 각 정책대안에 부수되는 비용과 유효성을 비교·교량하는 계속적 사고과정이라고 말할 수 있다.

2. 체제분석의 단계

체제분석은 정책결정자들로 하여금 보다 효율적인 대안을 마련할 수 있도록 도와 주는 관리상의 한 방법으로서 모든 체제분석의 단계를 도시해 보면 [그림 6-11]과 같다.

첫째 단계는 먼저 사회가 직면하고 있는 해결되어야 할 문제의 명확화부터 시작된다. 이러한 여러 사회적 문제들은 직접적으로 발생하는 행정수요를 통하거나, 혹은 여러 가지 다른 경로를 통하여 명확히 인식된다. 예를 들면 신문이나 TV 등의 보도가 문제의 명확화를 위한 중요한 매개체가 되고 있다.

둘째 단계는 문제의 명확화 후에 나타나는 목적의 설정인데, 목적을 설정하는 것은 정책결정자 자신이다. 즉, 행정수요를 어떻게 충족시켜 나가느냐 하는 것은 행정기관의 재량에 달려 있다.

[그림 6-11] 체제분석의 제 단계

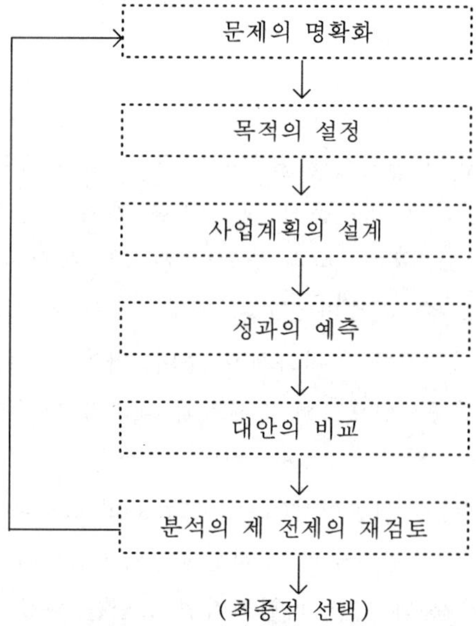

셋째 단계는 목적의 달성을 위해 가능한 모든 대안의 모색과, 사업계획의 설계이다. 체제분석의 본질은 새로운 수단의 체계를 개발하고 사업계획을 설계하는 데서 찾아볼 수 있다. 그러나 사회적 사업계획에 내재하고 있는 약점은 선택해야 될 수단의 빈곤함과 그것이 확실하게 소기의 목적달성에 공헌한다는 신빙도가 낮다는 사실이다.

넷째 단계는 모든 가능한 대안 가운데서 가장 좋은 것을 선택하기 위하여 각각의 대안이 실제로 어느 정도의 자원의 투입을 수반하여야 하며 얼마만큼의 효과를 나타낼 것인가에 대한 성과(performance)를 예측하는 것이다. 즉, 체제분석은 성과의 예측을 통하여 단순한 억측을 보다 확실한 것으로 만들어 준다.

다섯째 단계는 대안의 비용과 효과를 비교함으로써 최적의 사업계획을 선택하는 것이다. 이 비교 단계에서 최종적인 결정기준이 되는 것은 공공성에 관한 판단이다. 그러나 이 공공성의 판단에 있어서는 가능한 한 객관적인 기준이 도입되어야 한다.

이와 같이 해서 최선의 정부활동의 사업계획 선택이 이루어지는 것이나, 마지막 단계에서는 이제까지 행하여진 분석의 제 전제가 과연 타당한 것이었던가에 대하여 재검토가 있어야 할 것이다. 그리하여 최종적인 선택이 이루어지면 체제분석은 완료된다.

3. 체제분석의 효용과 문제점

(1) 효 용

이제 체제분석의 효용과 문제점을 요약해 보면 다음과 같다. 우선, 체제분석의 효용으로서는 첫째, 해결을 요하는 문제 및 대안을 체제적 관점에서 살펴봄으로써 목표달성에 기여할 수 있고, 둘째, 비용-편익의 분석을 통하여 각 대안 중에서 가장 합리적인 대안을 찾을 수 있으며, 셋째, 현실세계의 복잡성을 단순화함으로써 불확실성을 해소하여 의사결정을 합리화시켜 주며, 마지막으로 체제분석의 활용은 최고관리자에게 권한을 집중시킴으로써 집권화의 효과가 나타난다는 것이다.[13)]

(2) 문 제 점

그 반면에 체제분석은 i) 기관형성(institution building)과 같은 제도적 요인을 고려할 수 없고, ii) 체제분석만으로써는 직관 · 창의 · 판단과 같은 초합리적인 요소 및 개인의 동기 · 성격 등과 같은 비합리적인 요인을 다룰 수가 없으며, iii) 계

13) 조석준, "체제분석," 유훈 외 5인 공저, 정책학개론(서울: 법문사, 1976), p. 199.

량적인 면에 치우친 나머지 질적인 문제를 소홀히 하기 쉽고, iv) 각 대안간의 비용-편익측정을 위한 표준화된 기준이 없으며,[14] v) 규모가 크고 복잡한 체제는 다룰 수가 없어 전체적인 구조를 파괴할 염려가 있으며,[15] vi) 정치적 요구, 실현가능성과 같은 정치적 문제를 고려할 수 없다는 점에서 한계에 직면한다고 한다. 예컨대 정책수립에 있어서의 비용은 화폐가치로 환산할 수 없는 정치적 합리성의 문제나 행정능력의 문제를 고려에 넣어야 하기 때문에 이런 경우에는 비용과 편익을 합리적으로 고려하기가 매우 어렵다는 것이다.

Ⅱ. 비용-편익분석

1. 비용-편익분석의 의의와 필요성

(1) 의 의

비용-편익분석은 공공지불에 관한 의사결정을 평가하기 위하여 이용되는 주요한 분석도구로서, 특정 사업계획(particular project)이 집행되었을 때 사회의 모든 비용과 편익(유형적인 것과 무형적인 것, 쉽게 계량화할 수 있는 것과 측정하기 곤란한 것 등을 포함함)을 체계적으로 비교·검토하는 것을 의미한다.[16]

비용-편익분석은 1930년대 수자원계획(water resource projects)을 분석하는데 최초로 이용되었으며, 제 2 차 세계대전 이후 널리 이용되기에 이르렀다. 또한 비용-편익분석은 사기업경영의 이익-손실분석과 유사한 점도 많지만, 몇 가지 차이점도 있다. 즉, 비용-편익분석은 프로젝트(project)의 내적·외적인 모든 영향을 분석하는 반면, 사기업경영의 분석은 자기들에게 영향을 미치는 요인들에만 관심을 기울인다. 더구나 이익-손실분석은 어떤 사실이 발생하고 난 이후에 분석하는 사후(ex post) 개념인 반면에, 비용-편익분석은 프로젝트를 어떠한 형태로 그리고 어떠한 규모로 진행시킬 것인가를 결정하기 위하여 착수되기 전에 프로젝트를 평가하는 사전(ex ante) 개념인 것이다. 비용-편익분석은 자원을 가장 잘 활용하는 데 그 목적을 두고 있으므로, 이 분석을 평가하기 위한 합리적인 기준은 경제적 능률이 된다.

14) 상게서, p. 200.
15) 김광웅, "사회체제의 변동과 전략," 김운태 외, 한국정치행정의 체계(서울: 박영사, 1982), p. 28.
16) Edith Stokey and Richard Zeckhauser, *A Primer for Policy Analysis*(New York: W. W. Norton & Company, Inc., 1978), p. 134.

일반적으로 비용-편익분석은 자원배분의 변화를 통한 순경제적 편익의 측정에 관한 것이지만 행정적 측면에서 볼 때는 도로, 교량, 개간사업, 질병예방 등과 같은 특수 공공지출을 통한 순사회적 편익(net social benefit)의 계산에 관한 것을 의미한다. 또한 비용-편익분석은 교육사업, 조사연구 및 개발사업 등 보다 광범위한 사업계획에도 적용이 가능하며, 안전벨트의 부착과 같은 강제적 규정이나 독점기업의 수익률(rate-of-return) 규제와 같은 법규나 규제를 변화시킬 때에도 그 적용이 가능하다. 이러한 이유로 말미암아 비용-편익분석은 미개발국가(less-developed countries)의 각종 사업계획을 평가하는 데 많이 이용되고 있다.[17)]

(2) 비용-편익분석의 필요성

시장경제의 수익성(profitability)이 공공사업계획이 산출하는 사회적 수익성(social profitability)과 순경제적 편익을 정확하게 나타내지 못하는 경우에 비로소 비용-편익분석을 통한 적절한 평가가 요청된다. 그렇다면 시장경제의 수익성이 사회적 수익성을 나타내지 못하는 이유는 무엇인가? 여기에 관해서는 다음과 같이 세 가지로 요약할 수 있다.[18)]

첫째, 프로젝트의 시행결과 발생하는 편익이나 비용이 시장가격(market prices)을 갖지 않는 경우가 있는데, 이는 시장가격으로 측정될 수 없는 공공재(public goods)나 혹은 외부적 성질[19)](externality nature)을 지닌 것이 편익이나 비용으로 되기 때문이다. 시장가격으로 측정될 수 없는 것 중에는 무형재(intangibles)도 있는데, 예를 들어 수송계획의 발달로 인한 시간의 단축, 보건위생분야의 지출에 따른 인명구조나 질병의 감소와 같은 편익, 오락시설의 이용에서 오는 편익, 소음공해의 비용 등은 모두 무형재에 속한다.

둘째, 프로젝트의 산출과 투입에 대한 시장가격이 존재한다고 하더라고 이러한 가격이 사회적 한계편익(marginal social benefits)이나 비용을 정확히 반영하지 못하는 경우가 있다. 즉, 시장이 조세를 왜곡하거나 할당제를 이용하거나 혹은 규제를 받고 있다면, 이러한 상황에서 이루어진 시장가격은 사회적 가치(social value)를 나타내지 못한다. 마찬가지로 독점공급자로부터 물품을 구입하여 투입을 한다면, 이런 경우에도 시장가격은 한계비용과 같지 않다. 이러한 상황하에서 비용-편

17) Robin W. Boadway, *Public Sector Economics*(Cambridge, Massachusetts: Winthrop Publishers. Inc., 1979), p. 171.

18) *Ibid.*, p. 172.

19) externality에 관해서는 다음에 나오는 '비용과 편익의 추정' 가운데 spillover effect의 추정에서 설명함.

익의 분석자는 실제적인 한계편익(true marginal benefit)이나 비용을 반영해 줄 가격을 결정해야 하는데, 이러한 가격이 바로 프로젝트의 사회적 수익성을 계산하는 데 이용되는 '숨은 가격'(shadow-prices)이다.

셋째, 수익의 현재가치(the present value of profits)를 계산하는 데 이용되는 시장이자율(market interest rate)이 사회에 대한 실제적인 시간적 할인율(true intertemporal discount rate for the society)[20]을 반영하지 못하는 경우가 있다. 이 양자가 일치하기 위해서는 각 개인들의 화폐적 순편익이 동일하게 취급되고 모두가 같은 할인율을 사용해야 하지만, 현실적으로 자본시장의 왜곡, 불완전성 등으로 인하여 그렇지 못한 실정이 대부분이다.

이와 같이, 시장경제의 가격구조는 프로젝트들의 사회적 가격을 충분히 나타내지 못할 경우가 많으므로, 비용-편익분석을 통한 비용과 편익에 대한 적절한 평가로써 시장가격의 허점을 보완할 필요가 있다.

2. 비용-편익분석의 절차 · 가정 및 제약조건

(1) 비용-편익분석의 절차

비용-편익분석은 다음의 다섯 가지 단계를 거쳐서 이루어지는데, 그 첫째 단계는 목표의 설정이며, 둘째는 대안의 발견, 셋째, 비용과 편익의 추정, 넷째, 모형의 형성, 다섯째, 기준의 설정 순으로 진행된다.[21]

① 목표의 설정　　의사결정에 도움을 주기 위한 다른 분석기법들과 마찬가지로, 비용-편익분석에서도 목표를 명확히 설정하는 데서부터 분석은 시작된다. 여기서 목표란 공공사업을 통하여 그 발생이 기대되는 바람직한 결과를 의미한다.

② 대안의 발견　　목표가 설정되면 이 목표를 달성시킬 수 있는 여러 가지 대안들을 발견해야 하는데, 여기서 대안이란 자원의 가능한 이용방법이나 활용가능한 접근방법을 의미한다.

③ 비용과 편익의 추정　　각 대안들의 총비용과 총편익이 계산되어야 한다. 편익은 사회의 복지를 향상시키는 공공사업의 결과를 가리키며, 비용은 공공사업에 의해 소모될 자원을 가리키는 말이다. 특히 비용을 추정할 때 사업계획이 대규모이고 매우 복잡한 것일 때는 인건비와 훈련비를 포함한 모든 비용을 계산해야 하지

20) 이를 사회적 할인율(social discount rate)이라고도 하는데, 이는 사회가 미래의 한계소비를 현재의 가격으로 할인하는 비율을 가리킨다.

21) Howard E. McCurdy, *Public Administration: A Synthesis*(Menlo Park, California: Cummings Publishing Company, Inc., 1977), pp. 164~165.

만, 작은 규모의 사업계획(예를 들어, 댐 건설과 같은 것을 가리킴)일 때는 기획, 건설, 운영 등과 같은 특정 비용만 계산할 수도 있다.

④ 모형의 형성　　모형(model)은 현실을 파악하고 각 대안들에 대해 자원과 목표의 관계를 비교하는 데 기본적인 것으로서, 각 대안들의 성격(qualities)과 결과(consequences) 사이의 관계를 나타낸다. 대개의 사업계획구조는 단순하지 않으므로, 특히 경제학자들은 점증적 변화가 비용과 편익에 미치는 영향을 표현하기 위해 곡선으로 된 모형을 많이 이용하고 있다.

⑤ 기준의 설정　　대안을 선택하는 기준은 다음과 같이 세 가지로 간단히 요약될 수 있다. 첫째, 전반적으로 사업계획은 투자의 가치가 있어야 한다. 즉, 편익이 비용보다 많아야 한다. 둘째, 선택된 대안은 비용을 극소화시키고 편익을 극대화시킬 수 있는 것이어야 한다. 셋째, 분석가들은 수치나 화폐가치로 표현이 곤란한 비용과 편익도 추정해야 한다.

지금까지 설명한 비용-편익분석의 절차와 의사결정절차를 비교하면 다음의 [그림 6-12]와 같다.[22)]

⑵ 비용-편익분석의 가정

일반적으로 대안을 발견하여 분석을 진행하는 가운데 몇 가지 가정을 하게 되

[그림 6-12] 의사결정절차와 비용-편익분석절차의 비교

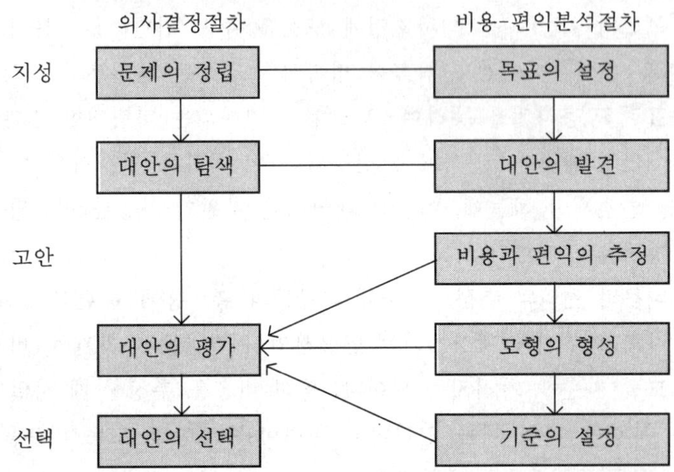

22) Christopher K. McKenna, *Quantitative Methods for Public Decision Making*(New York: McGraw-Hill, 1980), p. 130.

고, 제약조건도 등장하게 된다. 가정은 사실의 진술이라기보다는 증명 없이 취할수 있는 예측에 불과하므로 어느 정도의 불확실성을 내포하게 된다. 그러나 가정이라고 해서 전혀 사실무근해서는 안 되며, 사실을 바탕으로 하지 않는 가정은 가정으로서의 가치를 상실하게 된다. 비용-편익분석에서도 기본적인 기술적 가정(basic technical assumption)이 필요한데, 이들은 주로 project의 경제적 수명(economic life)과 비교의 기간(the period of comparison)에 관한 가정들이다.

① **경제적 수명** project의 경제적 수명은 편익의 발생이 합리적으로 기대될 수 있는 기간을 의미한다. 예를 들어, 40년 동안 활용가능한 건물을 한 채 건립하는 일은 하나의 project가 될 수 있는데, 이 때 이 project의 경제적 수명은 40년을 초과할 수 없다.

간혹 경제적 수명은 물리적 수명(physical life)보다 상당히 짧은 경우도 있다. 흔히 기계설비 같은 것은 그것이 물리적으로 노후되기 전에 이미 낡아서 못 쓰는 수가 있다. 그러므로 기계설비의 경제적 수명은 기술적 수명보다 길다고 가정되어서는 안 된다.

예를 들어, 현재 구입하고자 하는 특수의료시설이 약 10년 뒤에는 보다 성능이 우수한 다른 의료시설로 대치된다면 10년 뒤 현재의 의료시설은 물리적으로는 아무런 이상이 발견되지 않는다고 하더라도 경제적으로는 이미 쓸모 없는 낡은 시설이 되어 버린다. 따라서 이 경우 이러한 특수의료시설의 경제적 수명은 약 10년이라고 가정할 수 있다.

② **비교의 기간** 여러 대안들을 서로 비교할 때나, 하나의 대안에 대한 비용과 편익을 추정할 때는 우선 비교의 기간에 대한 가정이 세워져야 한다. 여기서 비교의 기간이란 service가 제공되는 기간을 말하며, 비교의 대상으로는 이 기간중에 발생하는 모든 비용과 편익이 포함된다. 비교를 하는 방법에는 경제적 수명이 가장 긴 대안을 기준으로 하는 방법과 가장 짧은 대안을 기준으로 하는 방법이 일반적이지만, 각 대안의 비용과 편익을 연간비용 및 연간편익으로 환산하여 각 대안들을 서로 비교할 수도 있다.

(3) 비용-편익분석의 제약조건

의사결정상황의 범위를 제약하는 요인을 다음과 같이 여섯 가지로 분류할 수 있다.[23)]

① **자원의 제약** 활용가능한 자원은 운영예산으로 간주될 수 있으므로, 자

23) *Ibid.*, pp. 132～134.

원의 희소성은 예산의 제약으로 나타난다. 따라서 간혹 의사결정은 고정된 예산으로써 편익을 극대화시키는 문제로 한정되는 수가 있으며, 이 경우에는 동일한 비용에 대해 최대의 편익을 가져올 대안을 선택하게 된다.

② **정치적 제약** 일반적인 의사결정 및 특수한 공공의사결정(public decision making)은 정치적 환경 속에서 이루어진다고 할 수 있다. 이론적으로는 아무리 훌륭한 해결책이라고 하더라도 실제의 정치세계에서는 그 실천이 불가능한 경우가 있기 때문이다. 이러한 정치적 제약은 자원의 제약만큼 중대한 제약요인은 아니지만, 그래도 하나의 제약요인임에는 분명하다.

③ **기술적 제약** 대안을 탐색하기 위해서는 현행법규, 규칙, 권리 등이 고려되어야 한다. 예를 들어, 어떤 주택의 부엌을 통과하는 고속도로를 건설할 때는 필요한 법적 절차를 밟아야 하므로 여기에 필요한 시간 및 여러 가지 업무들은 고속도로의 건설에 관한 의사결정을 제약하게 된다.

④ **관리상의 제약** 어떤 대안들은 그 대안을 집행할 사람들에게 특별한 훈련을 요구하거나 혹은 이미 훈련을 받은 전문가를 필요로 할 때가 있는데, 이러한 요건이 당장 충족되지 않을 경우 의사결정은 제약을 받게 된다. 즉, 아무리 이상적인 관리체계를 갖추고 있다고 하더라도 그것을 관리할 수 있는 전문요원이 없을 경우에는 그 관리체계도 유명무실하게 된다.

⑤ **배분상의 제약** 개인에게 service나 기타 편익을 제공해 줄 공공사업계획은 그 사업계획의 혜택이 지역과 소득계층에 따라 어떻게 배분되는가에 의해 제약을 받을 수 있다. 예를 들어, 대학교육의 육성을 위한 차관도입은 대학교육의 혜택을 별로 받지 못하는 저소득층이나 많은 중산층에게는 도움이 되지 못할 경우가 많다. 따라서 이러한 계획은 다른 계획보다 우선적인 것이 되지 못한다.

⑥ **사회적 · 종교적 · 전통적 제약** 마지막으로, 그 사회의 가치관과 전통이 허용하는 의사결정이라면 대안의 실행가능성에 대하여 꾸준한 영향력을 발휘할 수 있다. 예를 들어, 미국에서는 지역에 따라 학사일정계획을 수립할 때, 종교상의 축제일이나 사냥철(hunting season)의 첫 번째 날이 축제행사일로 선정되기도 하는데 이러한 것들은 하나의 종교적 제약이라고도 할 수 있다.

의사결정을 할 때는 이상과 같은 여섯 가지 제약조건을 벗어나지 않는 범위 내에서 대안을 탐색해야 하며, 이러한 조건들을 만족시키기는 대안이 바로 목표를 위한 수단이 될 수 있고 하나의 과정도 될 수 있는 것이다.

3. 비용과 편익의 추정

대안을 하나의 과정으로 볼 때, 비용은 그 과정의 투입으로, 편익은 산출로 볼 수 있다. 여기에서는 이러한 비용과 편익을 추정하는 분석을 중심으로 설명하고자 한다.

(1) 화폐의 시간적 가치(the time value of money)

모든 비용과 편익은 각기 다른 시점에 발생한다. 따라서 이러한 비용과 편익을 비교하기 위해서는 이들에 대한 화폐의 시간적 가치를 고려할 필요가 있다.

금년도의 1달러는 내년도의 1달러보다 더 많은 가치가 있을 수 있다. 일반적인 저축에 대한 이자율을 근거로 할 때 금년도의 1달러는 내년도의 약 1.05 달러만한 가치가 있다고 한다. 바꾸어 말하면 내년도의 1달러는 금년도의 약 95센트 가치밖에 없다. 만약 1달러를 저축하지 않고 소비하기로 결정했다면, 그 이유는 내년도의 1.05달러보다 금년도의 1달러가 더 가치 있다고 판단했기 때문이다. 이러한 화폐의 시간적 가치는 미래의 비용과 편익에 대한 현재가치(present value)를 추정할 때 이자율(interest rate)이나 할인율(discount rate)을 사용하는 근거가 된다. 여기서 현재가치란 금년 이후 다가올 연도의 1달러를 금년도 가치로 환산한 것을 의미한다.[24)]

금년도의 1달러가 내년도의 1.05달러, 혹은 1.10달러의 가치가 있느냐 하는 문제는 이자율이 5%이냐 혹은 10%이냐에 따라 달라진다. 그 이유는 아직까지도 공공사업계획을 평가하기 위한 적정할인율을 결정하는 통일된 절차가 발견되지 않고 있기 때문이다. 그러나 가장 보편적인 두 가지 방법을 소개하면, 기회비용의 방법(opportunity cost approach)과 사회적 시간선호의 방법(social-time-preference approach)을 들 수 있다.[25)]

우선 기회비용의 방법은, 공공자금이 공공사업계획에 투자되지 않고 민간부문

---

24) T년 동안 지속될 공공사업계획의 현재가치를 V라 하면,

$V=\sum_{t=0}^{T}\frac{B_t-C_t}{(1+r)^t}$로 나타냄.

B_t: t연도의 편익

C_t: t연도의 비용

r: 사회적 할인율

25) 공공사업계획의 적정할인율에 대한 상세한 사항은 다음 문헌을 참조할 것. William J. Baumol, "On the Social Rate of Discount," *American Economic Review*, vol. 58(September 1968), pp. 788~802; M. S. Feldstein, "The Social Time Prefercnce Discount Rate in Cost Benefit Analysis," *Economic Journal*, vol. 74(June 1964), pp. 360~379.

에 투자되었을 경우 그 때 얻을 수 있는 수익률(즉, 공공부문에 투자함으로써 포기된 수익률)을 공공사업계획의 최소이자율 혹은 할인율로 간주하는 방법이다.

한편 사회적 시간선호의 방법은 사회적 시간선호율(social rate of time *i* preference)을 이용하고 있는데, 이 사회적 시간선호율은 사람에 따라 대부분 다르다고 볼 수 있다.[26] 가령 A라는 사람의 한계시간선호율을 10%, B의 한계시간선호율을 20%라 하고, A는 주어진 사업계획에 대해 30%의 재정부담을, B는 70%의 재정부담을 진다고 가정하면, 이 때 이 두 사람의 경제에 대한 사회적 시간선호율, 즉 할인율은 (0.3×10%)+(0.7×20%)이므로 17%가 된다.[27]

현재가치의 계산에 이용되는 이자율은 복리(compound interset)이다. 일반적으로 장래에 갖고자 하는 금액 S는, 현재의 금액 p와 이자율 및 예금기간(연수를 가리킴) n에 의해 결정되는데, 이 관계를 식으로 나타내면, $S=p(1+i)^n$이 된다. 예를 들면, 연 5%의 이자율로 100달러를 향후 3년 동안 예금했을 경우 3년 뒤에는 $S=100(1+0.5)^3=115.76$, 즉 115.76달러를 찾게 된다.

(2) 비용의 추정

사업에 있어서 비용의 추정은 투입에 소요된 모든 경비를 산출함으로써 비교적 쉽게 이루어질 수 있다. 그러므로 여기서는 비용의 종류를 중심으로 간단히 살펴보기로 한다.

앞에서 투입을 비용으로, 산출을 편익으로 간주한 것과 같이, 투입을 비용이라고 하면, 이는 비합리적이지는 않다고 하더라도 다소 독단적인 면이 있다. 그리고 이러한 방법에 의하면, 편익의 평가는 복잡해지는 대신 비용의 계산은 비교적 간단해지는 이점도 있다.

한편, 이와는 달리 산출 가운데 부정적(negative) 산출은 사회적 비용으로 간주하여 총비용에 포함시키는 방법도 있다. 그러나 관례에 의하면 실제의 지출, 즉 예산상 실제의 지출만을 비용으로 보고 있다.[28]

비용의 종류는 크게 두 가지, 즉 1회적 비용(initial cost)과 반복적 비용(re-

26) E. J. Mishan, *Cost-Benefit Analysis*(N.Y.: Praeger Publishers, 1976), p. 200.

27) 이를 일반식으로 표시하면,

$$r=\sum_{i=1}^{n}x_i r_i$$

r: 사회적 시간선호율

x_i: i번째 사람의 사업계획에 대한 재정적 부담률

r_i: i번째 사람의 한계시간선호율

28) Christopher K. Mckenna, *op. cit.*, p. 134.

curring cost)으로 구분한다. 1회적 비용으로는 조사비와 개발비 및 기획·검사·평가·훈련에 관한 비용 및 토지매입비, 건물시설비, 차량과 장비구입비 등을 들 수 있는데, 여기서 토지매입비는 도시재개발사업의 경우 공사를 완공한 후 다시 매각함으로써 상쇄될 수 있다.

반복적 비용으로는 직원들의 제 경비(즉, 봉급·수당 등), 물품(즉, 의료사업의 경우 의약품, 직업훈련의 경우 필요한 각종 책자 및 식사류)구입비, 건물과 시설의 유지비, 각종 헌납, 제공될 각종 service비용, 홍보 및 교육에 필요한 경비, 보험료, 기타 제 관리비용 등을 들 수 있다.

일반적으로 공공사업계획의 유형이 다르면 총경비에 대한 각종 경비의 비율도 다르다. 예를 들어 암(cancer) 퇴치를 위한 공공사업계획은 조사 및 연구개발비에 상당한 부분을 투자하는 반면, 도시재개발계획은 토지의 매입과 현재시설의 개선을 위해 거액을 투자하게 된다.

(3) 편익의 추정

① 편익의 의의 넓은 의미의 편익이란 과정의 모든 산출, 즉 대안의 결과를 의미한다. 편익의 종류에는 유형적(tangible)·무형적(intangible) 편익과 긍정적(positive)·부정적(negative) 편익이 있다.

공공사업의 편익에는 사회복지(social welfare)를 증가시키거나 감소시키는 모든 것이 포함되며 그 중에서 화폐가치로 평가가 가능한 것을 유형적 편익, 불가능하거나 매우 곤란한 것을 무형적 편익이라고 부른다.

② 무형적 편익의 추정 고속도로의 건설로 인한 소요시간의 단축에서 오는 편익이나 의료사업의 결과 구조된 인명에 대한 편익은 무형적 편익의 좋은 예가 된다. 그 밖에 경찰이 우범지역을 순찰함으로써 지역주민들이 느끼는 안정감도 무형적 편익이 될 수 있다.

이상의 예 이외에도 많은 무형적 편익이 존재하지만, 앞에서도 언급한 바와 같이 무형적 편익은 직접적인 화폐가치의 평가대상이 되지 못하는 것이 대부분이다. 그러나 그 중에는 절약된 시간(saved time)이나 구조된 생명(saved life)과 같이 간접적으로 그 편익을 추정할 수 있는 것도 있고, 전적으로 의사결정자의 판단에만 맡겨야 하는 것도 있다. 이제 간접적으로나마 추정할 수 있는 무형적 편익에 대해 살펴보기로 하자.

(가) 절약된 시간[29] 시간을 단축시킴으로써 편익을 얻을 수 있는 가장

29) 여기에 관한 자세한 것은 다음을 참조할 것. A. J. Harrison and D. S. Quarmby, "The

전형적인 방법으로는 고속도로의 건설로 인해 수송과정을 원활히 하는 방법을 들 수 있다. 이런 방법을 통하여 얻을 수 있는 절약된 시간의 가치는 그 절약된 시간으로부터 편익을 얻는 사람이 그 시간을 줄이기 위하여 기꺼이 지불하려는 화폐의 양으로 평가할 수 있다.[30]

이렇게 화폐까지 지불하면서 시간을 벌려고 하는 이유는 그 시간을 다른 여러 활동에 활용할 수 있기 때문이다. 그리고 이렇게 해서 얻은 시간을 이용할 수 있는 분야는 크게 두 가지로 나눌 수 있다. 즉, 작업활동(work activity)과 휴식(leisure activity)이다. 따라서 편익을 제공받은 사람이 그 시간을 작업활동에 투자한다면, 그 시간 동안 작업함으로써 얻을 수 있는 산출의 가치가 바로 절약된 시간의 추정치가 된다. 즉, 그 사람이 한 시간에 평균 1,000원을 벌 수 있다면, 25시간의 절약에 대한 평균가치는 25,000원이 될 것이다.[31] 반면에 절약된 시간 동안 휴식을 취한다면 그 휴식의 기회비용이 절약된 시간의 가치가 될 것이다.

(나) 구조된 생명 의료사업과 같이 인간생명을 구조하기 위한 공공사업이나, 우연히 인간의 생명을 앗아 가는 토목공사를 비롯한 각종 건설사업들을 비용-편익분석 방법으로 해결하고자 할 때는, 인간 생명의 가치를 무시하고 계산할 수 없다.[32] 인간 생명의 가치를 추정하는 방법으로는 여러 가지가 제시되고 있는데, 그 중에는 자기 생명을 보존하기 위하여 기꺼이 지불하려는 최대 화폐량으로 표시하는 방법[33]도 있고, 그 사람이 장래에 벌 수 있는 총소득에 대한 현재가치로서 나타내는 방법도 있다.

또 다른 방법은 장래의 총소득 중에서 총소비를 공제한 차액에 대한 현재가치로서 나타내는 방법도 있다.[34] 보다 자세한 방법으로는 본인이 기꺼이 지불하려는 금액과 사망할 확률을 곱한 값으로 인간 생명의 가치를 추정하는 방법도 있다.

그러나 이러한 방법들이 모두 완전한 것은 아니며, 간혹 비판의 대상이 되기도 한다. 따라서 인간 생명의 가치를 평가할 때는 사업계획과 각 대안의 성격을 감안하여 앞에서 소개한 방법들 가운데 가장 적절하다고 생각되는 방법을 채택해야 할

Value of Time" in Richard, ed., *Cost Benefit Analysis*(Harmondsworth: Penguin Books, Ltd., 1972), pp. 173~208.

30) Robin W. Boadway, *op. cit.*, p. 188.

31) E. J. Mishan, *op. cit.*, p. 273.

32) Robin W. Boadway, *op. cit.*, p. 192.

33) 이 방법에 관한 자세한 내용은 다음을 참조할 것. E. J. Mishan, "Evaluation of Life and Limb: A Theoretical Approach," *Journal of Political Economy*, 79(July/August 1971), pp. 687~705.

34) Christopher K. Mckenna, *op. cit.*, p. 146.

것이다.

㈐ 부정적 편익(negative benefits)의 추정 어떤 특정 대안의 결과는 부정적인 것도 있는데, 흔히 이러한 부정적 편익은 보통의 편익과 상반된다고 생각하여 비용으로 간주하기가 쉽다. 하지만 편익이란 원래 대안을 실행하는 과정에서 산출된 것을 의미하므로, 이런 관점에서 본다면 부정적 편익도 편익임은 부인할 수 없다. 그리고 부정적 편익에도 다시 무형적인 편익이 있는데, 이러한 편익은 특히 평가하기에 매우 곤란한 점이 있다. 그러므로 이러한 편익을 평가할 때는 주로 임계치(critical value)에 의존하고 있다. 여기서 임계치란 어떤 project의 순편익[35]을 상쇄할 수 있는 무형적 편익의 수준을 가리킨다.

예를 들어, 어떤 기존 비행장에 초음속 비행기의 착륙을 허용한다면, 기존 비행기들에 대한 승객들의 이용률이 감소할 것은 물론이고 인근 주민들에 대한 소음공해와 대기오염도 증가할 것이다. 이 예에서 나타나는 두 가지 부정적 효과는 모두 고려되어야 한다. 그 중 첫 번째 효과는 유형적인 것이므로 화폐가치로써 평가가 가능하지만 두 번째 효과[36]는 무형적인 것이므로 임계치에 의존하는 수밖에 없다. 이 문제에서는 연간 순편익을 10억원이라고 가정하고 공해에 영향을 받는 인근 주민을 50만 가구라고 하면, 한 가구당 임계치는 연간 2,000원이 된다. 그러므로 인근 주민들이 겪는 대기오염과 소음공해에 대한 부정적 편익은 한 가구당 연간 2,000원인 셈이다. 그러나 이 2,000원으로 인근 주민들이 만족할 것인가에 대해서는 의문의 여지가 있다.

③ **파급효과(spillover effect)의 추정** 가령, 어느 도시의 중심가에 지금까지 볼 수 없었던 가장 아름다운 건물이 하나 세워졌다면, 그 옆을 지나는 시민들은 유쾌하고 만족스러운 기분을 느낄 수 있을 것이다. 혹은 지하철 공사 현장 부근에 교통혼잡이 있다면 그 옆을 지나는 시민들은 불쾌감을 느낄 것이다. 이 때 시민들이 느끼는 불·유쾌감은 건물이나 지하철의 당사자와는 아무런 관계가 없는 제 3 자인 시민이 받는 효과로서 이러한 효과는 가격이 성립되지 않은 채 소비자의 효용이나 생산자의 생산성에 영향을 미치는데, 이러한 효과를 가리켜 파급효과[37]라고 한다. 따라서 이 파급효과는 우발적이고 비의도적인 성격을 지니고 있다.[38]

35) 여기서의 순편익은 유형적 편익에서 비용을 공제한 차액으로 나타낼 수 있음.
36) 이 예의 경우에서는 부정적 · 무형적 편익이지만 파급효과(spillover effect)로도 설명 가능함. 여기에 관해서는 다음에 나오는 '파급효과의 추정'을 참조 바람.
37) 이를 외향성(externalities), 근접효과(neighbourhood effects), 측면효과(side effects), 혹은 단순히 spillovers라고도 함.
38) E. J. Mishan, *Cost Benefit Analysis*(New York: Praeger Publishers, 1976), p. 110.

그리고 이 파급효과는 비용으로 취급되는 것과 편익으로 취급되는 것으로 구분될 수 있는데, 이 두 가지 모두 단정하기가 매우 곤란하므로 무형적 편익이나 무형적 비용을 추정하는 방법을 적용하는 데 그치고 있다. 따라서 편익의 경우는 project로부터 편익을 받는 사람이 project를 진행시키기 위하여 기꺼이 지불하려는 화폐의 최대량이 파급효과의 추정치가 되고, 비용의 경우는 project로부터 손해를 입는 사람이 그 project를 중단시키기 위하여 기꺼이 지불하려는 화폐의 최소량이 바로 그 파급효과의 추정치이다.[39)]

그런데 대안을 분석할 때 파급효과를 무시하고 직접적·의도적 효과만을 고려한다는 것은 너무 근시안적이며, 그렇다고 모든 파급효과를 전부 고려한다는 것은 매우 어려울 뿐만 아니라 불가능한 일일 수도 있다. 따라서 의사결정자나 분석가들이 분석대상이 될 파급효과를 결정할 때는 주어진 상황을 충분히 고려하여 신중하게 결정할 필요가 있다. 예를 들어 B시의 시경이 불량배 소탕작전을 펼친 결과 B시의 많은 불량배들이 인접 K시로 도주했다고 한다면, 이 때 B시의 입장에서는 도주한 불량배가 파급효과로 간주될 수는 없어도 국가적 차원에서 보면 당연히 고려해야 할 하나의 파급효과가 된다.

4. 비용과 편익의 비교

지금까지는 비용과 편익을 확인하여 평가하는 방법에 대하여 주로 언급하였지만 이제부터는 비용-편익분석의 주요한 단계로서 이들을 서로 비교하여 선택하는 과정을 살펴보고자 한다.

(1) project의 선택기준

아무리 최선의 대안이라고 하더라도 의사결정자에게 그 대안이 만족스럽지 못할 때 그 대안은 선택되지 않을 수도 있다. 마찬가지로 project를 위한 최선의 대안이 만족스럽지 못할 때 그 project 자체를 포기할 수도 있다. 우선 project의 일반적인 선택기준 두 가지를 소개하기로 한다.

① Pareto의 기준 　이 기준은 다소 보수적인 것으로서 project로 인하여 누군가가 이익을 얻는다 하더라고 아무도 손해를 입어서는 안 된다는 원리이다. 따라서 이 기준에 의해 project를 선택한다면 실제로 시행될 수 있는 project는 거의 없다고 해도 과언은 아닐 것이다.

39) Robin W. Boadway, *Public Sector Economics*(Cambridge, Mass.: Winthrop Publishers, Inc., 1979), p. 196.

② **순복지의 기준** 이 기준은 Pareto의 기준보다는 다소 완화된 것으로서, 총편익이 총비용을 초과하거나 편익 대 비용의 비율(편익/비용)이 1보다 크면 project로 채택을 해도 된다는 원리이다.

(2) 대안의 선택기준

대안을 선택하는 기준들은 다음과 같이 세 가지로 요약될 수 있다. 그 중에서 어떤 기준을 선택할 것인가는 대안의 성질에 따라 차이가 있다.

① **순현재가치**(net present value) 이 방법은 단지 총편익에서 총비용을 공제한 차액의 현재가치를 대안선택의 기준으로 삼고 있다. 이 방법에 의하면 사회에 대한 부정적 효과(negative social effects)를 편익에 포함시키든지 비용에 포함시키든지 차이가 없다는 장점이 있는 반면, 서로 규모가 다른 사업계획을 비교하기에는 부적당하다는 단점도 있다.[40)]

예를 들어 〈표 6-1〉과 같이 규모가 상이한 두 대안을 순현재가치로써 비교한다면 B대안이 우세하다. 그러나 이 우세는 규모 때문이며 실제로는 A대안이 유리하다.

② **비용-편익의 비율**(benefit cost ratio) 이 방법은 편익을 비용으로 나눈 값의 현재가치를 대안선택의 기준으로 삼는다. 따라서 이 방법은 〈표 6-1〉의 예에서 보는 바와 같이 투자의 규모에 영향을 받지 않으므로 서로 다른 규모의 사업계획들을 비교하는 데 유리하다는 장점이 있다.

반면에 부정적 효과를 어디에 포함시키느냐에 따라서 효과는 달라질 수 있다. 즉, 비율이 1 이상일 경우 편익에 포함시킨다면 비율은 더욱 높아질 것이며, 1 이하일 경우에는 비용에 포함시킬 때 비율이 더욱 높아진다.[41)] 〈표 6-2〉에서 보는 바

〈표 6-1〉 순현재가치와 비용-편익의 비율에 대한 비교

(단위: 억원)

현재가치	대안	
	A	B
비 용	20	30
편 익	30	42
순현재가치	10	12
비용-편익의 비율	1.5	1.4

40) Christopher K. Mckenna, *op. cit.*, p. 149.
41) *Ibid.*, p. 149.

〈표 6-2〉 부정적 효과의 계산방법에 따른 편익-비용비율의 변동상황

	값	비용으로 계산할 경우	편익으로 계산할 경우
비 용	30	50	30
부정적 효과	20		
편 익	60	60	40
편익-비용의 비율		1.2	1.33

와 같이 부정적 편익을 비용에 포함시킬 경우 비율은 1.2가 되고, 편익에 포함시키면 1.33이 되어 이 예에서는 무려 13%나 차이를 보이고 있다.

③ 내부수익률(internal rate of return) project의 내부수익률이란 그 project의 현재가치를 0으로 만드는 할인율을 의미한다.[42] 따라서 그 내부수익률이 사회적 할인율보다 높다면 그 project는 시행할 만한 경제적 가치가 있는 것이며, 대안을 선택할 때도 내부수익률이 가장 높은 대안을 선택하는 것이 가장 유리할 것이다.

이 방법은 대안의 규모가 서로 다르다고 하더라고 그리고 부정적 효과를 어떻게 계산하더라도 그 분석결과에는 변동이 없다는 장점이 있는 반면, 할인율의 결정이라는 까다롭고 민감한 문제가 남아 있기 때문에 앞의 두 방법보다 훨씬 추상적이라는 단점도 있다.[43]

Ⅲ. 선형계획법

1. 선형계획법의 개념

오늘날 선형계획법(Linear Programming: LP)은 산업화된 사회에서 기업들이 많은 자원을 절약할 수 있게 해 준 표준적인 도구가 되었으며, 그 이용도도 공공분야를 비롯한 많은 분야에서 급속히 증가하고 있다.

선형계획법은 관계되는 문제를 기술하기 위하여 수리적 모형을 이용하는데, 여기서 선형이란 모형에 사용되는 모든 수리적 함수(mathematical function)가 1차

42) Robin W. Boadway, *op. cit.*, p. 175.

여기서 내부수익률을 λ, t연도의 편익과 비용을 각각 B_t, C_t라 하고, T를 project의 경제적 수명이라고 하면, 다음의 관계가 성립한다. 즉,

$$0=\sum_{t=0}^{T}\frac{(B_t-C_t)}{(1+\lambda)^t}$$

43) Christopher K. Mckenna, *op. cit.*, p. 150 참조.

함수(linear function)임을 표시하는 것이며, 계획이란 컴퓨터계획(computer programming)이라기보다는 차라리 기획(planning)과 같은 뜻을 내포한다.[44)]

따라서, LP라는 말은 가능한 모든 1차함수의 대안들 가운데서 최적의 결과를 얻기 위한 활동의 계획을 의미한다. LP에서 최적이라 함은 주로 이익, 비용, 양(amounts)에 대한 최적을 가리킨다.[45)]

2. 선형계획법의 구성요소[46)]

LP의 기법이 행정이나 경영문제에 적용되기 위해서는 다음과 같은 8가지의 요소들이 충족되어야 한다.[47)]

(1) 목적함수(objective function)

LP는 최적화를 위한 명확한 목적준거를 가져야 한다. 목적함수는 극대화 혹은 극소화 준거, 둘 중의 하나이어야 하며, 결코 두 가지 모두일 수는 없다.

(2) 행동대안

LP에는 몇 가지의 행동대안이 존재한다. 예를 들어, 행동대안들은 인력(manpower)과 자동기기(automatic machinery)들의 가능한 여러 가지 조합(combination) 가운데서 한 가지를 선택하는 것일 수도 있고, 또는 어떤 조직이 물품의 생산을 위하여 생산장비를 몇 가지의 비율로 조합하는 것일 수도 있다.

(3) 제약자원(limited resources)

만일 자원이 한정되어 있지 않다면, 자원의 효율적 배분문제는 관리상의 문제를 야기시키지 않을 수도 있다. 이러한 제약자원은 생산설비, 인력, 시간, 공간, 기술 등을 포함할 수도 있다.

(4) 변수들간의 상호관련성

LP는 수많은 의사결정 변수를 포함할 수 있는 효과적인 방법이다. 변수들은 일반적으로 자원의 활용면에서 상호관련되어 있으므로, 이들에 대한 독립적 검토가 요구된다.

(5) 1차성(linearity)

LP의 기본적인 요구사항은 목적함수와 제약조건의 1차성이다. 1차성이란 의

---

44) Fredirick S. Hillier & Gerald J. Lieberman, *Introduction to Operations Research*(San Francisco, California: Holden-day, 1974), p. 16.

45) C. W. Churchman, R. L. Ackoff and E. L. Arnof, *Introduction to Operations Research*(New York: Wiley, 1957), p. 279.

46) 이를 LP의 기본요건, 가정, 혹은 적용조건이라고도 함.

47) Hillier & Lieberman, *op. cit.*, pp. 22～24.

사결정 변수들간의 관계가 직접적(비례적, 반비례적, 혹은 수평적)임을 의미하며, 비례(반비례)라 함은 성과나 자원활용의 측정에 있어서 개별조작수준에 비례(반비례)함을 의미한다. 즉, $y=f(x)$라는 목적함수가 있을 때, 함수인 y는 변수인 x에 비례(반비례)한다는 뜻이다.

(6) 부가성(additivity)

부가성이 의미하는 것은 각각의 조작(activity: x_1, x_2, …, x_n)에 따라 소요되는 각 자원의 총합계는 사용된 전체 자원량과 같으며, 이에 따른 총효과는 각각의 조작에 의해 발생한 개개의 효과성의 합계와 같다는 것이다.

(7) 분할성(divisibility)

간혹 의사결정 변수들은 그들의 정수값(integer values)을 가질 때에만 물리적 의미(physical significance)를 갖는다. 그러나 LP에 의한 해는 그 값이 정수가 아닐 때도 있다. 그러므로 분할성의 가정은 각 조작단위(activity units)가 분수로 분할될 수 있다는 것이며, 따라서 각 의사결정 변수에 대한 분수값(소수값)도 허용 가능하다.

(8) 결정성(deterministic)

결정성이란 모형 내의 모든 매개변수(parameter)가 일정하다는 것이다. 즉, LP는 모든 정지된 기간 내의 의사결정문제를 가정한다.

3. 모형의 형성

(1) 모형의 형성단계

모형의 형성이란 실제상황을 수리적 용어(mathematical language)로 표현하는 과정을 말한다. 의사결정자가 주어진 문제를 해결하기 위해서는 수리적으로 모형을 형성해야 하는데, 이에 앞서 의사결정자는 결정변수, 목표, 제약조건을 식별하여야 한다.[48)]

여기서는 위의 세 가지를 식별하는 과정을 예를 들어 약술한 뒤, 이것을 수리적으로 표현하여 모형을 형성하고자 한다.

〔예〕 법무부산하 안양교도소에서는 두 종류의 자전거, 즉 사이클용과 일반용을 죄수들로 하여금 A, B, C 3개반으로 나누어 부분별로 각기 다른 부분을 제작하게 했다고 한다. 사이클용은 1대당 30,000원에, 일반용은 25,000원에 팔 수 있

48) Donald M. Simmons, *Linear Programming for Operations Research*(San Francisco: Holden-Day, 1972), p. 3.

〈표 6-3〉

반	제작에 필요한 시간		허용되는 총시간
	사이클용	일반용	
A	2.0	3.0	1,500
B	3.0	2.0	1,500
C	1.0	1.0	600

다고 한다. 그리고 각 반이 자전거 1대를 제작하는 데 소요되는 시간과 각 반에 허용되는 총시간은 〈표 6-3〉과 같다고 한다.

이 문제에 대해 교도소당국은 다음의 몇 단계로 나누어 생각하는 것이 합리적이다.

첫째, 결정책임자는 주어진 시간 동안에 두 종류의 자전거를 각각 몇 대씩 생산해야 하는가? 즉, 변수를 결정해야 한다. 둘째, 변수가 정해지면 성취하고자 하는 목표를 결정해야 하는데 여기서 목표는 판매이익, 즉 죄수들의 소득을 극대화시키는 것이다. 셋째, 제약조건이 결정되어야 하는데 여기서는 각 반당 이용가능한 시간이 제약조건이 된다. 넷째, 모형형성의 마지막 단계로서 앞의 것들을 기초로 하여 수리적으로 모형을 표현한다.

(2) 모형의 수리적 표현

앞 예를 모형형성 단계에 따라 대수적 기호로 표현하면 다음과 같다.

첫째, 의사결정 변수로는 X_1=생산하고자 하는 사이클용 자전거의 대수, X_2=생산하고자 하는 일반용 자전거의 대수.

둘째, 자전거를 생산하여 판매하는 이익의 극대화가 목표이므로 목적함수는 $Z=30,000X_1+25,000X_2$가 된다.

셋째, 제약조건은 다음과 같다.

$2X_1+3X_2 \le 1,500$……………A반

$3X_1+2X_2 \le 1,500$……………B반

$X_1+X_2 \le 600$……………C반

$X_1 \ge 0,\ X_2 \ge 0$

이제, 앞의 안양교도소의 LP모형을 요약하면 다음과 같다.

극대화: $Z=30,000X_1+25,000X_2$

제약조건: $2X_1+3X_2 \leq 1{,}500$

$3X_1+2X_2 \leq 1{,}500$

$X_1+X_2 \leq 600$

$X_1 \geq 0, \ X_2 \geq 0$

4. 선형계획법의 해법

LP의 해법에는 그래프에 의한 해법(graphical method)과 심플렉스법(simplex method) 두 가지가 있는데, 심플렉스법은 본서의 수준을 넘기 때문에 생략하고 여기서는 그래프에 의한 해법만을 소개하고자 한다.

그러면 앞의 안양교도소의 예를 가지고 그래프에 의한 해를 구하고자 한다. 우선 첫 단계는 이 문제를 수리적으로 표현하는 것인데, 이것은 앞의 모형에서 이미 이루어졌으므로, 그 두 번째 단계인 제약조건을 그래프로 그리고자 한다.

이 문제에서 생산품 X_1은 X축에, X_2은 Y축에 각각 표시되며 첫 번째 부등식 $(2X_1+3X_2 \leq 1{,}500)$의 두 끝점은 각각 (0, 750), (500, 0)이다. 그리고 나머지 두 방정식의 끝점도 각각 구하여 이를 직선으로 연결하면 [그림 6-13](a)와 같이 된다.

[그림 6-13] 그래프에 의한 해법

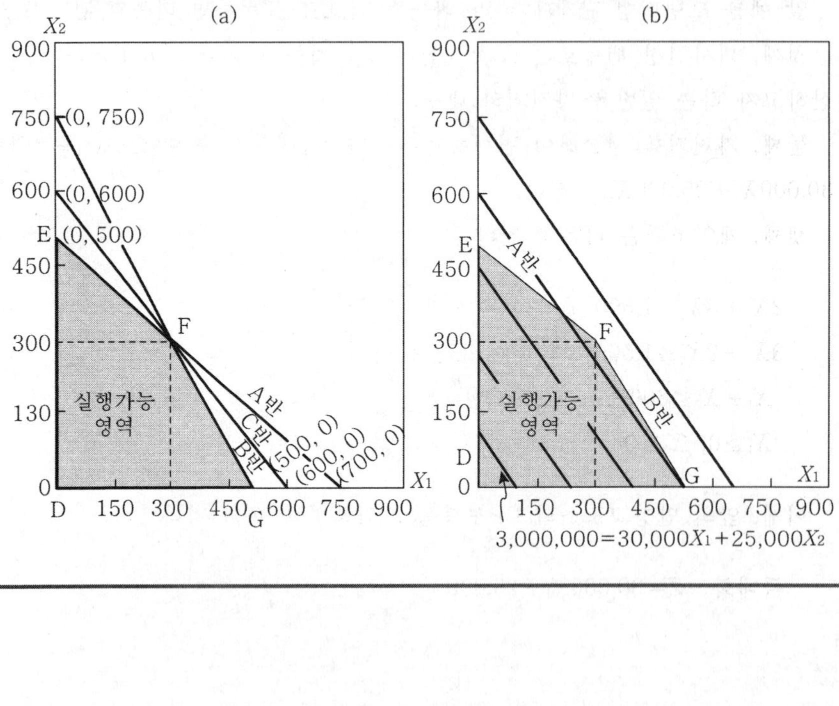

그런데 X_1과 X_2를 완성시키기 위해서는 A, B, C 세 반을 모두 거쳐야 하는데 이것은 실행가능영역(D, E, F, G)이 [그림 6-13](a)에서 검은 부분이라는 것을 의미한다. 그리고 이것은 최초의 부등식들을 만족시키는 X_1과 X_2의 가능한 모든 결합을 포함한다. 만일 X_1과 X_2의 결합 해(解)가 검은 부분 밖에 나타난다면 이는 앞의 세 가지 제약조건 중 하나 이상을 어겼다는 뜻이다. 이 문제의 세 번째 단계는 목적함수의 표현인데 앞에서 $Z=30,000X_1+25,000X_2$였다. $Z=3,000,000$이라고 가정하면, 목적함수는 $3,000,000=30,000X_1+25,000X_2$가 된다. 이 방정식을 그래프로 나타내기 위해서는 두 끝점을 잡아서 직선으로 연결하면 된다.

이렇게 하여 얻은 목적함수선을 [그림 6-13](b)에서와 같이 실행가능영역 내에서 바깥 위쪽으로 평행선을 그으면 가장 바깥 쪽의 평행선과 마주치는 실행가능영역 내의 한 점([그림 6-13](b)에서는 F로 나타남)이 바로 최적의 결합점이며, 이때 $X_1=300$, $X_2=300$이 되고, $Z=30,000\times300+25,000\times300=16,500,000$이다. 하지만 대개의 복잡한 경우는 이렇게 그래프상에서 바로 찾는 것이 쉽지 않다. 따라서 이것을 연립방정식으로 풀면 다음과 같다. 즉,

$2X_1+3X_2=1,500$(A반) ……………………………………………………①
$3X_1+2X_2=1,500$(B반) ……………………………………………………②

①×3－②×2를 하면,
$X_2=300$, 이것을 ②에 대입하면 $X_1=300$
따라서 총수입은 $Z=30,000X_1+25,000X_2$
즉, $Z=30,000\times300+25,000\times300=16,500,000$(원)이 된다.

5. 선형계획법의 이점과 한계

(1) 선형계획법 활용의 이점

LP를 활용함으로써 생길 수 있는 중대한 이점으로는 대략 다음과 같은 것들을 들 수 있다.[49]

첫째, 조직 내의 가용자원들을 가장 적절히 활용할 수 있다. 둘째, 객관성과 합리성을 확보할 수 있고 결정자의 주관도 덜 개입되어 의사결정의 질이 향상될 수 있다. 셋째, 심플렉스법을 이용함으로써 관리자들은 '숨은 가격'(shadow price)

49) Robert J. Thierauf & Robert C. Klekamp, *Decision Making through Operations Research* (New York: John Wiley & Sons, 1975), pp. 195~200.

을 계산할 수 있다. '숨은 가격'이란 제약요소를 한 단위 더 증가시키기 위하여 이에 필요한 제약(constraint)을 완화시키는 데 따른 가격을 말한다.

(2) 선형계획법의 한계

LP를 적용할 때 주의해야 할 몇 가지 한계점은 다음과 같다.[50)]

첫째, 선형계획의 해(解)는 반드시 정수해(整數解)(integer-valued solution)라는 보장은 없다. 예를 들면 가령 선형계획의 해가 8.5대의 트럭을 요구할 때 의사결정자는 오로지 8 혹은 9대의 트럭을 구입하는 수밖에 없다. 둘째, 불확실성이 허용되지 않는다. 그리하여 실제로는 비용과 제약요건과 같은 요인들이 알려져 있지 않다고 하더라도 LP에서는 이들을 상수라고 가정한다. 셋째, 1차성에 대한 제약이다. 간혹 실제업무에서는 제약요건들이 변수들과 1차관계를 갖지 않는 수가 있다. 넷째, LP는 그 모형을 형성하는 과정에서 측정가능한 계량적 기법만을 포함하고 있으며 특히 목적함수를 형성할 때는 계량화할 수 없는 목적은 계량가능한 것으로 대치하는 경우가 많다. 다섯째, 행정계획은 다목적인 경우도 많지만, LP에서는 단일목적인 경우만을 취급하고 있다.

이상과 같은 한계점들은 최근에 발달된 여러 가지 변형적인 선형계획의 기법(정수계획법, 목적계획법 등)과 컴퓨터 모형의 개발에 의해 어느 정도 해결이 가능하지만, 선형계획법이 정적인 의사결정에 국한되고 있으며, 동적인 의사결정 상황에서는 적용이 불가능하다는 점은 아직까지도 해결할 수 없는 과제로 남아 있다.[51)]

Ⅳ. 게임이론

1. 게임이론의 의의

게임이란 둘 이상의 경쟁자들 사이에 벌어지는 경쟁적 혹은 상징적 상황을 말하는데, 이러한 상황은 단순한 오락, 경제적 경쟁상태, 전쟁 등에 이르기까지 우리의 생활주변에서 흔히 발견할 수 있는 것들이다.[52)] 그러므로 게임이론이란 각 경기자(player)가 최적의 전략을 선택할 수 있도록 하기 위한 구체적인 수리적 표현

50) Harold Bierman, Jr., Charles P. Bonini & Warren, H. Housman, *Quantitative Analysis for Business Decisions*(Homewood, Illionis: Richard D. Irwin, 1973), p. 216; Palph E. Steuer, "Multiple Objective Linear Programming with Interval Criterior Weights," *Management Science*, No. 3, 1976, pp. 305～316.

51) William E. Pinney, Donald B. McWilliams, *Management Science*(New York: Harper & Row, Publishers, 1982), p. 96.

52) Hamdy A. Tahn, *Operations Research*(N.Y.: Macmillan Publishing Co., 1971), p. 171.

을 말한다.[53)]

이 게임이론은 프랑스의 수학자 Emile Borell에 의해 1921년 제일 먼저 창안되었지만, 이론적 연구는 1944년에 발표된 J. von Neumann과 O. Morgenstern의 공저인 「게임이론과 경제적 행태」(*Theory of Games and Economic Behavior*)에서 시작되었다.

2. 게임이론의 기본개념과 종류

(1) 게임이론의 기본개념

게임은 둘 이상의 참가자들이 상대방의 희생으로 말미암아, 각자 자기의 효용(utility)을 극대화시키려고 노력하는 과정을 말한다.[54)] 따라서 게임에 참가하는 모든 경기자들이 동시에 목적을 달성하기는 불가능하거나 매우 힘든 일이다. 각 경기자는 자신의 목적달성을 위한 전략을 대부분 두 개 이상 갖고 있으며, 상대방이 이용할 전략도 어떠한 것들인지를 알고 있다고 가정한다. 하지만 막상 게임에 임했을 때, 상대방이 어떠한 전략을 사용할지는 알지 못한다.

이 경우 각 전략의 선택에 따른 보상은 자신의 결정뿐만 아니라, 상대방의 선택에 의해서도 결정된다. 이와 같이 각 경기자들이 선택할 수 있는 전략들과 그 결과로 나타나게 될 보상과의 관계를 나타낸 것을 청산행렬(payoff matrix)이라 부르며, 게임의 참가자는 이 청산행렬을 알고 있는 것으로 전제한다. 즉, 청산행렬은 주어졌으나 상대방이 택할 전략이 불확실한 상태하의 의사결정문제가 곧 게임이론의 핵심이다.

(2) 게임이론의 종류

게임은 경쟁자의 수에 따라 2인 게임(two person game) 또는 n인(人) 게임(n-person game) 등으로 나누어진다.

그리고 게임이 끝난 뒤에 경기자들이 받은 보상의 합계가 전략에 관계 없이 일정한 경우 이것을 정화(定和) 게임(constant-sum game)이라 하며, 일정하지 않을 경우를 비정화(非定和) 게임(non-constant-sum game)이라고 부른다. 특히 보상의 합계가 0일 경우 이것을 영화(零和) 게임(zero-sum game)이라고 부른다.

또한 비정화 게임은 서로의 전략을 완전히 비밀로 하고 경쟁을 하느냐 또는 의사소통을 하고 타협을 하느냐에 따라 비협조(非協調) 게임(non-cooperative

53) *Ibid.*, p. 172.
54) William E. Pinney & Donald B. McWilliams, *op. cit.*, p. 434.

game)과 협조(協調) 게임(cooperative game)으로 나누어진다.

3. Minimax기준과 Maximin기준

경기자 A에 대한 경기자 B의 지불을 다음 〈표 6-4〉와 같은 행렬(matrix)로 표시했을 때, 이를 행렬 게임(matrix game)이라고 한다.

이 게임에 있어서 A와 B는 각각 어느 전략을 선택하는 것이 가장 바람직하겠는가?

가령 경기자 A가 A_1의 전략을 선택했을 경우, B가 선택하는 전략에 따라 8, 2, 9 혹은 5의 보상을 받을 수 있다. 이럴 경우 A는 B가 어떤 전략을 선택하든지에 관계 없이 적어도 2의 보상은 확보할 수가 있다. 같은 방법으로 A가 A_2를 선택하면 적어도 5의 보상을, A_3를 선택하면 적어도 −4의 보상(이럴 경우 A는 B에게 오히려 4를 지불함)을 각각 받을 수 있다. 한편 B는 최소의 손실(혹은 지불)을 원하며, B가 B_1의 전략을 이용하면 A의 선택에는 관계 없이(즉, 최악의 경우라도) 8 이상은 지불하지 않아도 된다. 같은 방법으로 B_2를 선택하면 5, B_3를 선택하면 9, B_4를 선택하면 8 이상은 지불하지 않아도 된다.

그런데 여기서 한 가지 주의해야 할 점은, 전략 B_1과 B_2와 B_4를 비교하면 B_2는 A가 어떠한 전략을 취할 경우라도 B_1과 B_4보다 유리하다. 이 때 B_2가 B_1과 B_4보다 우월하다(dominate)고 하며, 전략 B_2를 우위전략(dominate strategy)이라고 부른다. 따라서 B의 전략은 B_2, B_3 두 가지 전략만으로 축소시킬 수 있다.

이러한 A와 B의 관계를 요약하여 정리한 것이 〈표 6-5〉의 청산행렬이며, A와 같은 전략의 선택기준은 최악의 경우에서 최선을 선택한다는 의미로, 즉 최소에서 최대를 선택한다는 의미로 maximin기준이라 부르고, 반대로 B의 기준은 최대손실 중에서 최소손실을 가져올 전략을 선택한다는 의미로, 즉 최대에서 최소를 선택한다는 의미로 minimax기준이라고 부른다.

〈표 6-4〉 행렬 게임

B의 전략 / A의 전략	B_1	B_2	B_3	B_4
A_1	8	2	9	5
A_2	6	5	7	8
A_3	7	3	−4	7

〈표 6-5〉 수정된 행렬 게임

B의 전략 / A의 전략	B_2	B_3	행의 최소치
A_1	2	9	2
A_2	5	7	5
A_3	3	−4	−4
열의 최대치	5	9	

그리고 maximin기준과 minimax기준이 같은 값(혹은 효용)을 가질 때, 청산행렬은 안장점(saddle point)을 갖는다고 하며 앞의 예에서는 '5'가 안장점이다. 하지만 모든 게임이 다 안장점을 갖는 것은 아니며 안장점을 갖는 게임을 결정적인 게임(strictly determined game)이라 한다. 또한 이 안장점의 값을 게임값(value of game)이라고도 부른다. "그러면 A와 B는 각각 어떤 전략을 선택해야 하는가?"하는 물음에 대해서는 A는 A_2, B는 B_2의 전략을 선택하는 것이 바람직하며, 이 때 A는 5 의 보상을 받고 B는 5 의 지불을 해야 한다.

Ⅴ. 대기행렬이론

1. 대기행렬이론의 의의

대기행렬이론(queueing theory)은 1905년 덴마크의 수학자이며 기사인 A. K. Erlang이 일정 수의 사람들에게 서비스할 수 있는 최적의 전화교환기 대수를 결정하기 위하여 제일 먼저 개발한 기법이다.[55]

오늘날 대기행렬은 고객들이 요구하는 서비스가 현재 보유하고 있는 서비스 시설의 능력을 초과할 경우에 언제나 발견될 수 있는 일반적인 현상이다.[56] 따라서 대기행렬이론은 고객에 대한 원활한 서비스를 제공하기 위하여 어느 정도의 서비스 시설을 보유할 것인가를 체계적으로 다루는 수리적 기법이다.

가령 고객의 요구에 비해 너무 많은 서비스가 제공되면 과도한 서비스 비용이 소요될 것이며, 반면 서비스 시설이 부족한 경우는 고객이 오랫동안 기다리게 되어 과도한 대기비용이 소요될 것이다. 따라서 궁극적인 목표는 서비스 비용과 그 서비

55) 김기영 · 곽노균, 계량의사결정론(서울: 법문사, 1981), p. 597.
56) Robert E. Markland, *Topics in Management Science*(New York: John Wiley and Sons, 1979), p. 459.

스를 기다리는 대기비용 사이에 경제적 균형을 이루는 것이다.[57)]

하지만 대기행렬이론은 스스로 이러한 문제를 직접 해결할 수 없으며, 단지 평균대기시간(the average waiting time)과 같은 여러 가지 대기행렬의 특성들을 예측함으로써 문제해결을 위한 중대한 정보를 제공해 줄 따름이다.[58)]

2. 대기행렬의 적용범위

대기행렬의 적용범위는 대략 다음의 세 가지로 요약될 수 있다.[59)]

① 실제로 행렬을 지어서 기다리는 것. i) 정거장에 있어서 승차권 매표소와 개찰구, ii) 유료도로의 매표소, iii) 공장에 있어서 기계가공의 대기부분, iv) 각종 사업에 있어서의 서비스 창구.

② 실제로 행렬은 만들지 않으나 순서를 기다리는 것. i) 비행장에 착륙하는 대기비행기, ii) 공장에 있어서 수리를 기다리고 있는 기계, iii) 신청식 국제전화의 회선.

③ 원칙으로 기다리는 것이 허용되지 않는 것. 이것은 서비스를 받지 못할 때는 그대로 돌아가기도 하고, 또는 다음 기회에 미루는 경우도 있기 때문에 서비스를 할 수 없는 경우를 말한다. i) 즉시통화의 전화회선, ii) 영업용의 주차장, iii) 다방.

이상과 같이 대기행렬모형의 적용은 단지 창구와 행렬간의 현상이 아니고 보다 광범위한 적용분야를 갖고 있다. 그러므로 이 모형의 본질을 파악하는 것이 중요하다고 하겠다.

3. 대기행렬이론의 가정과 적용

대기행렬이론은 다음과 같은 가설을 바탕으로 몇 가지 수리적 공식을 세우고 있다.[60)]

(1) 가 정

첫째, 대기행렬의 길이를 제한하지 않는 무한대기행렬임을 가정한다. 둘째, 서비스를 받으러 도착하는 고객은 이항분포를 이루므로, 규칙적이 아닌 불규칙적으로(at random) 도착한다고 가정하여 고객의 분포를 포아송 분포라고 가정한다. 따라

57) Hillier & Lieberman, *op. cit.*, p. 379.
58) *Ibid.*, p. 379.
59) 강오전, OR의 이론과 응용(서울: 박영사, 1977), pp. 277~278.
60) 윤석철, 전게서, pp. 207~216.

서 대기행렬이론은 이런 규칙적인 것은 제외하고, 사회에서 불규칙적으로 서비스를 요구하는 현상을 다룬다. 셋째, 갑자기 큰 변화가 발생하지 않는 상태(steady state)만을 가정한다. 즉, 어느 수준에서 그 수준을 계속 유지해 나가는 평온상태만을 가정한다.

(2) 적 용

우선 몇 가지 공식을 소개하면 다음과 같다(단, 서비스 시설이 하나일 경우).

i) $P(0)=1-\dfrac{\lambda}{\mu}$

ii) $P(n)=\left(\dfrac{\lambda}{\mu}\right)^{n}\cdot P(0)$

iii) $\bar{n}=\dfrac{\lambda}{\mu}\Big/1-\dfrac{\lambda}{\mu}$

iv) $\overline{n-1}=\left(\dfrac{\lambda}{\mu}\right)^{2}\Big/1-\dfrac{\lambda}{\mu}$

여기서, $P(0)$: 대기행렬 속에 한 명도 없을 확률
$P(n)$: n명이 대기할 확률
λ: 단위시간에 서비스를 원하는 고객이 도착하는 율(예: 시간당 60명 도착시 $\lambda=60/\text{hr}$)
μ: 단위시간에 서비스를 제공하는 율
$\bar{n}$: 서비스 받기를 기다리는(서비스를 받고 있는 사람도 포함) 고객의 평균 수
$\overline{n-1}$: 서비스를 받고 있는 사람을 제외한 순수하게 서비스를 기다리고 있는 고객의 평균 수

이상과 같은 공식을 이용하여 문제를 풀어 보기로 한다.

【問】 어떤 개인병원에 하루 24시간 동안 평균 32명의 환자가 찾아온다. 의사는 주야간 교대로 1 명씩만 근무하며 한 환자는 평균 30분의 진료를 받게 된다. 환자가 한 명도 없이 의사가 쉬고 있을 확률과, 2 명의 환자가 대기행렬 속에 있을 확률을 각각 구하여라. 또한 $\bar{n}$를 구하고 $\bar{n}$를 $\dfrac{1}{2}$로 줄이려면 의사는 한 명의 환자를 평균 몇 분씩 진료하여야 하는가?

【解】 1 명의 의사만 근무하므로 서비스 시설(통로)은 하나이다.

$$\lambda=32/\text{day},\ \mu=2\times 24/\text{day}$$

$$\therefore \frac{\lambda}{\mu}=\frac{32}{48}=\frac{2}{3}$$

$$P(0)=1-\frac{\lambda}{\mu}=1-\frac{2}{3}=\frac{1}{3}$$

$$P(2)=\left(\frac{\lambda}{\mu}\right)^{2}\times P(0)=\left(\frac{2}{3}\right)^{2}\times\frac{1}{3}=\frac{4}{27}$$

$$\bar{n}=\frac{\frac{\lambda}{\mu}}{1-\frac{\lambda}{\mu}}=\frac{\frac{2}{3}}{1-\frac{2}{3}}=\frac{\frac{2}{3}}{\frac{1}{3}}=2$$

$\bar{n}$를 $\frac{1}{2}$로 줄이면,

$$\bar{n}=\frac{\frac{\lambda}{\mu}}{1-\frac{\lambda}{\mu}}=1$$

즉, $\frac{\lambda}{\mu}=\frac{1}{2}$

이 되어야 한다. 그런데 λ는 환자들의 의사에 달렸으므로 병원측에서는 거의 조정이 불가능하다. 따라서 μ를 조정하여 μ의 값이 64/day가 되도록 해야 한다.

$\therefore$ 1,440÷64=$22\frac{1}{2}$(분)

즉, 한 명의 환자에 대한 진료시간은 $22\frac{1}{2}$(분)이어야 한다.

Ⅵ. 시뮬레이션

1. 시뮬레이션의 의의

시뮬레이션(simulation)은 1940년대 말엽에 V. Neumann과 S.Ulam에 의해 최초로 개발된 OR의 한 기법이며, 그 후 계수형 계산기(digital computer)의 출현으로 많은 발전을 보았다. 시뮬레이션이란 경험세계의 복잡한 과정을 비교적 간단하고 유사한 모형을 사용하여 실험하고, 실험한 결과를 계산적으로 처리하는 기법을 총칭한다.[61] 따라서 시뮬레이션은 원칙적으로 체제의 모형에 관한 표본추출적 실험(sampling experiments)을 수행하는 기법에 지나지 않는다. 그리고 모형을 형성하여 실험하는 이유는 체제 그 자체에 관한 실험을 하는 것보다 훨씬 편리하고 비용도 적게 들며, 시간도 절약할 수 있기 때문이다.[62] 시뮬레이션을 '모의실험' 혹은 '모형실험'이라고 부르는 이유도 여기에 있으며, 모의국회, 모의재판, 가장행렬

61) 강오전, 전게서, p. 315.
62) Hillier & Lieberman, *op. cit.*, p. 612.

등이 모두 시뮬레이션에 속한다.

2. 시뮬레이션의 종류

시뮬레이션은 넓은 의미로 사용되기 때문에 그 적용범위도 대단히 넓다. 하지만 그 의미를 OR의 수법으로서의 범위에 한정하면, 대략 다음의 세 가지로 분류될 수 있다.

(1) 적용적 게임방법(operational gaming method)

이 방법은 시뮬레이트된(simulated) 환경의 준거 내에서 경기자들이나 의사결정자들 사이의 이해갈등을 포함하는 상황에 관한 것인데, 가장 널리 이용되고 있는 형태로는 군사적 게임과 관리적 게임이 있다. 또한 이 방법의 특징으로는 연속적 의사결정, 신속한 환경, 새로운 반응 등을 들 수 있다.[63]

(2) 몬테칼로법

몬테칼로법(Monte Carlo Method)은 표본추출방법에 의한 시뮬레이션 기법이지만, 실제의 모집단으로부터 직접 표본을 추출하지 않고 이론적으로 실제모집단과 대등한 것에서부터 표본을 추출한다. 즉, 이 방법은 고려중인 변수에 대한 확률분포(probability distribution)를 결정한 다음, 필요한 자료를 얻기 위해 난수표에 의해 표본을 추출하는 방법인데, 여기서 확률분포는 과거의 경험이나 최근의 통계적 실험을 통해 얻을 수 있다.[64]

(3) 체제적 시뮬레이션법(system simulation method)

체제적 시뮬레이션법이란 모형에 의하여 실제자료가 조사분석되는 과정을 말한다. 시뮬레이션모형은 의사결정에 합리적 근거를 제시해 주기 위하여 관리상의 행동대안에 대한 체제적 반응의 분석을 가능하게 한다. 체제적 시뮬레이션법은 몬테칼로법과 몇 가지 차이점이 있다. 첫째, 난수표 대신에 실제의 모집단에서 표본을 추출하며, 둘째, 분석적으로 해결가능한 수리적이고 논리적인 모형을 이용한다는 점이다.[65]

3. 시뮬레이션의 필요성

시뮬레이션을 하는 필요성은 다음과 같은 다섯 가지 이유에서 엿볼 수 있다.[66]

---

63) Thierauf & Klekamp, *op. cit.*, p. 450.
64) Robert E. Markland, *op. cit.*, p. 547.
65) *Ibid.*, pp. 455~456.
66) 강오전, 전게서, pp. 317~319.

첫째, 수학적인 과정을 해석적으로 푸는 것이 곤란한 경우, 둘째, 위험이 따르는 경우, 셋째, 비용이 많이 드는 경우, 넷째, 실행불가능한 경우, 다섯째, 사상이 복잡하여 이해하기 곤란한 경우 등이다.

4. 시뮬레이션의 일반적 절차

시뮬레이션의 절차는 다음과 같다.[67]

(1) 문제설정

문제설정에 있어서는 우선, 막연한 문제를 명확히 하고 중요한 부분을 발견해야 한다.

(2) 문제에 관한 자료의 수집·조사

수집할 자료의 수, 즉 표본 크기는 모집단의 분포형태에 따라 달리해야 하며, 수집된 자료는 그 종류에 따라 상호관계가 조사되어야 한다.

(3) 시뮬레이션이 필요한가

즉 과연 시뮬레이션이 그 문제를 푸는 데 최적의 방법인지를 생각해야 한다.

(4) 모형의 작성

모형의 작성은 모형을 구성하는 요소의 지정, 변수와 매개변수의 결정, 변수간 함수관계의 결정 등의 작업으로 행해진다.

(5) 모형의 타당성

모형이 작성되었으면 모형이 의도하는 목적을 수행하는가, 체제의 실제행위를 예측할 수 있는가 등을 검증하여야 한다.

(6) 시뮬레이션

자료를 투입하여 최적 해를 탐색한다.

(7) 해(解)의 검토

시뮬레이션의 결과 얻은 해가 논리적으로 적합한가를 분석·검토한다.

(8) 판단자료의 작성

시뮬레이션의 결과가 참고자료로서 이용될 수 있도록 명확하고 쉽게 작성한다.

5. 시뮬레이션의 장단점

(1) 장 점

시뮬레이션은 다음과 같은 장점을 갖고 있다.[68]

67) 상게서, pp. 322～327.

첫째, 실제로 운영되고 있는 체제 그 자체를 실험하는 것보다 모형을 실험하면 많은 비용과 위험을 줄일 수 있다. 둘째, 시뮬레이션기법은 조직이 대량의 현금지출을 하기 전에 일단 실제 체제와 유사한 모형을 조작케 함으로써 실수를 미리 방지할 수 있다. 셋째, 컴퓨터 시뮬레이션의 연구분야는 완전히 반복적이므로 이것을 이용하는 사람은 모형의 개발 및 시뮬레이션의 관례에 대한 철저한 통제를 할 수 있다. 넷째, 시뮬레이션 모형은 원칙적으로 체제나 과정의 행태를 기술한 것이므로 관리자들에게 설명하기 용이하다. 다섯째, 새로운 기계나 장비를 도입함에 있어서 예측할 수 없는 장애요인과 문제점이 발생할 수 있다. 여섯째, 관리적 시뮬레이션(executive simulation)은 그 환류가 자기평가와 자기수정의 기회를 제공하므로 고도의 자아동기부여(self-motivation)와 자아습득(self learning)을 가질 수 있다.

(2) 단 점

시뮬레이션의 단점은 다음과 같이 요약될 수 있다.[69]

첫째, 시뮬레이션은 최적 해를 구하기가 곤란하다. 왜냐하면 현실세계는 매우 복잡하므로 이를 단순화시킨 시뮬레이션모형은 그 정확도가 부족하기 때문이다.[70] 둘째, 시뮬레이션모형을 작성하고 적용하는 모든 단계에서 다른 방법보다 많은 자원을 요구하므로 비용이 많이 든다. 셋째, 연속적인 많은 단계가 필요하므로 시간이 오래 걸린다 넷째, 수리적 모형을 computer시뮬레이션 프로그램으로 바꾸어서 이용할 경우, 체제에 영향을 미치는 모든 변수를 계량화한다는 것이 불가능할 수도 있으며, 고려해야 할 변수의 수가 컴퓨터의 수용능력을 초과할 수도 있다. 다섯째, 투입과 산출의 관계를 알 수 없거나 확신할 수 없는 경우가 있다.

Ⅶ. 의사결정분석

1. 정책문제의 불확실성(uncertainty)

정책문제(policy problem)를 해결하기 위해서 여러 가지 분석기법이 사용되는데 이 정책문제에는 항상 불확실성(uncertainty)이 개입되기 쉽다. 이 때 이러한 정책문제의 불확실성을 고려하여 확률적으로 어떤 정책문제에 접근하는 것을 확률적 모델(probabilistic model)이라고 하며, 한편 이에 반대되는 것을 확정적 모델

68) Robert J. Thierauf and Robert C. Klekamp, *Decision Making Through Operations Research*(New York: John Wiley and Sons, 1975).
69) *Ibid.*, pp. 458~459.
70) William E. Pinney & Donald B. McWilliams, *op. cit.*, p. 461.

(deterministic model)이라고 한다.

예컨대 비용-편익분석이나 선형계획에서는 정책분석 때에 대안의 결과에 대한 예측을 할 경우 이를 확정적인 어떤 값으로 표시하려고 한다. 그러나 여기에서 다루고자 하는 의사결정분석은 이와는 달리 결과예측을 확률분포와 관련시켜서 수행한다는 점에서 확률적 모델에 속하는 것이다. 이와 같이 확률적 모델에 속하는 것으로는 의사결정분석(decision analysis) 마코브모델(markov model) · 대기행렬모델(queueing) · 재고관리이론(inventory theory) 등이 있다. 여기에서는 주로 의사결정분석을 중심으로 하여 확률적 모델을 검토하고자 한다.

이러한 의사결정분석과 같은 확률적 모델은 결국 대안이 초래할 결과예측은 당연히 우연적인 사건(chance event)에 의해 크게 영향을 받고 있다는 것을 전제로 하고 있는데, 실제로 정책문제는 이러한 우연적인 사건이 언제, 어느 정도의 빈도(즉, 확률)로서 일어나는가에 밀접히 연관될 때가 많기 때문에 그만큼 정책분석에 활용될 가능성도 높다.

2. 의사결정수(decision tree)

정책대안이 가져올 결과를 확률적으로 표시하여 이를 분석하는 의사결정분석은 보통 의사결정수(意思決定樹, decision tree)라고 하는 모델에 의해 수행된다.

본래 이것은 1960년대 이래 사기업 부문에서 사용되기 시작하였으며, 공공부문에 적용이 된 것은 약 10년 후의 일이다. 이렇게 공공부문에 적용이 늦어진 것은 무엇보다도 공공부문에서의 문제에 대해 확률을 계산하고 그의 결과를 평가하는 것이 어려웠기 때문이지만, 그럼에도 불구하고 점차 유용한 분석기법으로서의 위치를 굳혀 가고 있다. 그 기본논리를 간단히 살펴보고자 한다.

예컨대 다음과 같은 의사결정의 상황을 가정한다.[71] 결정자(decisionmaker)는 만찬회를 열어 기금을 마련하려고 한다. 그리고 그 만찬회가 열리는 장소의 선택은 두 가지 방식, 즉 실내에서 하는 방식과 옥외의 별관에서 하는 방식의 두 가지에 한정된다고 가정한다. 물론 많은 참석자를 모이게 함으로써 보다 많은 기금을 확보함이 결정자의 목표이다.

이 때 만찬회에 초대를 받은 사람들은 옥외의 별관에서 만찬회가 열리면 경치도 좋고 또 분위기도 한결 좋다고 생각하여 보다 많이 참석하려 하며, 반면에 실내

71) Edith Stokey & Richard Zeckhauser, *A Primer for Policy Analysis*(New York: W. W. Norton & Company, 1978), p. 202.

[그림 6-14]

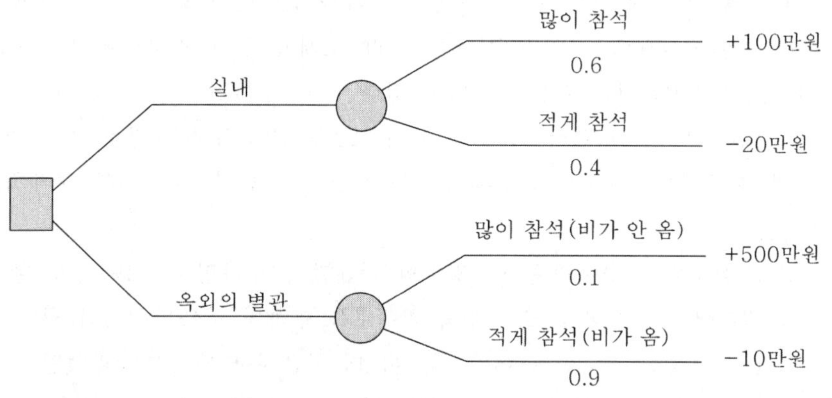

에서 개최될 경우에는 참석할 가능성이 반반이라고 하자. 그런데 옥외에서 개최했을 때 만약 비가 온다면 참석률은 매우 저하된다고 하며 또 실내에서 개최되면 우천 여부에 관계 없이 사람이 모인다고 한다. 이상의 논의를 그림으로 나타낸 것이 [그림 6-14]이다.

여기에서 0.6, 0.4, 0.1, 0.9 등은 확률을 의미하며 금액은 각 경우에 따라 모을 수 있는 기금의 액수를 의미한다. 예컨대 옥외의 별관에서 만찬회를 열면 두 가지 결과가 예상되는데, 첫째, 만약 비가 오지 않아서 많은 참석객이 있게 된다면(그럴 확률은 0.1) 500만원을 확보할 수 있으며, 둘째, 만약 비가 와서 참석률이 저조하면(그럴 확률은 0.9) 기금마련은커녕 주최측이 10만원의 손해만 보게 된다는 것이다.

결국 의사결정자는 이 모든 경우에 여러 가지를 고려한 끝에 결정을 내려 한 대안을 선택할 것이다. 이 의사결정수는 네 가지 요소로 구성되어 있다.[72]

① 의사결정마디(decision node) 이것은 모든 가능한 행동대안을 다 쥐고 있는 마디(node)인데 본 예의 경우에는 두 가지의 행동대안(즉, 실내냐, 옥외냐 하는 선택)이 만나는 지점인 사각형이 이에 해당된다.

② 기회마디(chance node) [그림 6-14]에서 알 수 있는 바와 같이 대안이 초래하는 여러 가지의 결과들은 망라적이면서도 그들간에는 상호배타적인 관계로서 열거되어 있다. 이 때 이러한 여러 가지의 상황을 한데 묶어 놓은 지점인 원

72) *Ibid.*, p. 203.

이 이 기회마디이다.

③ 확률(probabilities) 이는 각 결과가 일어날 가능성을 나타내고 있다.

④ 결과(payoffs) 각 상황에 따라 초래될 값이 결과인데 앞 그림에서는 +100만원, −20만원 등으로 나타나고 있다.

의사결정분석이란 결국 위의 네 가지 요소를 고려하여 결정을 하는 것인데 이는 보통 기대값(expected value)을 계산함으로써 가능해진다. 이를 구체적으로 보기로 한다.

먼저 실내에서 만찬회를 열 경우의 기대값을 구하면 +52만원이 된다. 한편 옥외의 별관에서 만찬회를 열 경우의 기대값을 구하면 +49만원이다.[73)]

결국 불확실성으로 인해 어떤 대안이 더 좋은지를 알 수가 없었던 문제가 이제는 의사결정수를 통해 확실성 있는 수치로서 나타나게 된 것이다. 그리하여 의사결정자는 결국 보다 큰 값을 보이는 대안인 '실내'를 선택하게 되고 옥외의 별관에서 만찬회를 여는 것을 배제하게 된다. 이렇게 기대값의 크기에 따라서 결정을 하는 경우를 위험중립적(risk neutral)이라고 한다. 그러나 결정자가 이러한 기대값에 구애되지 않고서, 비록 확률은 10%밖에 없으나 운이 좋으면 500만원의 수입을 올릴 수도 있다는 사실을 더 선호할 수도 있다. 이런 사람은 오히려 옥외의 별관에서 만찬회를 열고 싶어한다. 이 경우를 위험추구적(risk seeking)이라고 한다. 또 반대로 아주 모험을 싫어하는 사람도 있을 수 있는데 그 때의 선택을 위험회피적(risk averse)이라고 한다. 의사결정분석에서는 보통 위험중립적인 것이 전제되는 것이지만 경우에 따라서 위험추구적 내지 위험회피적인 경우도 있음을 유의해야 한다.[74)]

3. 적용상의 유의점

이 의사결정분석은 다른 분석기법과 어떤 관계에 있는 것인가가 문제되는데 결론적으로 말하면 다른 분석기법과 복합적으로 사용될 때 그 유용성이 더욱 높아진다. 예컨대 B/C분석은 이 의사결정분석의 결과(payoffs)를 추정하는 데 도움을 주며 다른 기법들도 확률을 설정하는 데에 도움을 주는 것이다.

이 의사결정분석은 무엇보다도 대안의 결과가 계량화되어 있는 것을 전제로

---

73) 즉, 0.6×(+100만원)+0.4×(−20만원)=52만원이며,
또, 0.1×(+500만원)+0.9×(−10만원)=49만원이다.

74) 예컨대 결과의 가치가 체감하는 경우에는 위험중립적인 입장이 취해질 수도 있다. 이 경우 화폐가치를 효용(utility)으로 환산해야 할 필요성도 생기는 경우가 있다. 자세한 것은 여기에서 생략하는데 이에 대해서는 Stokey & Zeckhauser, *op. cit.*, pp. 216~219를 참조할 것.

[그림 6-15]

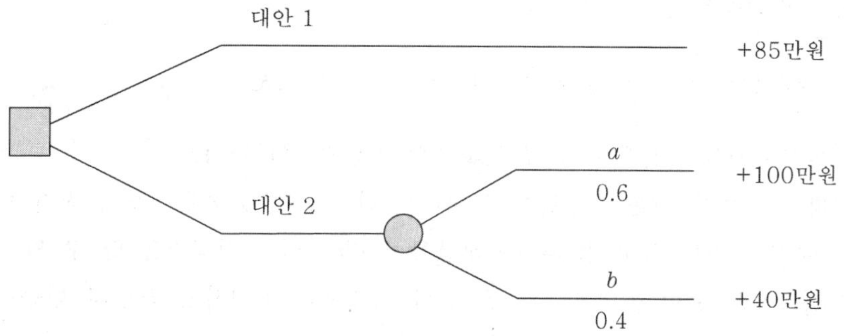

하므로 계량화가 어려운 상위수준의 정책에 대해서는 적용이 제한된다.

한편 이 의사결정이 근거하고 있는 확률이 변하게 되면 대안에 대한 평가도 달라질 수 있음은 물론이다. 따라서 이 경우에 의사결정이 적합한가의 여부를 알기 곤란해지는데 이 문제를 어느 정도 해결하려는 것이 바로 민감도분석(sensitivity analysis)이다. 아주 간단한 예로서 그 개념을 살펴보면 다음과 같다.

어떤 의사결정수가 [그림 6-15]와 같이 나타나 있다.

여기서 대안 1에는 기회마디(chance node)가 없다. 즉, 그 결과로서 나타날 수 있는 것은 한 가지밖에 없다. 또 대안 2의 경우에는 기회마디가 존재하는데 여기에서는 두 가지의 결과가 나타날 수 있고 그 각각의 경우의 발생확률이 표시되어 있다.

현재의 상황에서 대안 1의 기대값은 85만원이다. 한편 대안 2의 기대값은 76만원이다. 따라서 대안 1을 더 선호하게 되며 대안 2는 배제된다.

그런데 만약 이 확률이 변화가 있게 되면 이에 따라 의사결정은 어떤 영향을 받게 되는가. 이제 결정자는 대안 2의 각 결과가 발생될 확률을 모른다. 이 때에도 대안 1을 선택하는 것이 더 나은 것인가를 알기 위해서 민감도분석을 한다. [그림 6-15]에서 a가 발생할 확률을 P라 하면 b가 발생할 확률은 (1-P)가 될 것이다. 이 경우의 대안 2의 기대값은, $P\times$(+100만원)+(1−P)$\times$(+40만원)으로서 나타난다. 그리고 대안 1의 기대값은 여전히 85만원이다. 만약 대안 2의 기대값이 대안 1의 기대값(85만원)보다 여전히 낮다면 대안 1을 선택하는 것이 유리하며, 반대로 대안 2의 기대값이 대안 1의 기대값보다 높다면 이제 대안 2를 선택하는 것이 더 유리해진다. 이 두 가지 경우의 분기점이 되는 곳에서는 양 대안의 기대값은 같은 것이다. 이 때의 a와 b의 확률을 알려면 대안 1의 기대값=대안 2의 기대값이라는 방정식을 풀면 된다. 즉,

$$85\text{만원} = P \times (+100\text{만원}) + (1 - P) \times (+40\text{만원})$$

여기서 a의 확률은 0.75, b의 확률은 0.25로 나타난다.

따라서 비록 확률의 변동이 있게 되더라도 a의 값이 0.75보다 작다는 것을 확인할 수만 있다면 결국 결정자는 대안 1이 더 유리한 선택임을 알 수 있는 것이다. 그러므로 a의 값이 0.75보다 작은 범위 내에서는 결정자는 확률의 변동이라는 사건 때문에 선택에 영향을 받지 않는 것이다.

제 7 편

행정환경론

제 1 장 행정의 환경
제 2 장 시민의 행정수요
제 3 장 시민의 행정통제와 행정참여
제 4 장 행정문화

제 1 장

행정의 환경

제 1 절　행정과 환경

Ⅰ. 행정환경의 의의

행정체제의 환경이라 함은 행정체제를 둘러싸고 있는 외부적·내부적 조건들과 규범·문화 등을 말한다. 이러한 환경요소들은 고정적인 것이 아니라 끊임없이 변동하고 있으며 또한 행정조직을 비롯한 조직들을 개방체제로 이해한다면 이들은 동태적인 환경과 끊임없이 상호작용을 하면서 자원·인력·에너지·정보 등을 획득하여 이것을 서비스와 생산물로 전환하여 환경으로 내보낸다. 특히 현대행정의 주된 업무가 공공정책에 관련되는 제 업무라고 볼 때, 이것은 사회적 가치를 권위적으로 배분하는 것이며[1] 이 정책은 환경으로부터 투입(input)되는 요구(demand)와 지지(support)에 의해서 영향을 받고, 동시에 투입되는 요구와 지지는 정치·행정체제의 구조와 형성된 정책에 의해서 영향을 받는다. 다시 말해서 현대행정의 가장 기본적인 이념을 민주성이라 한다면 이 민주성을 확보하기 위한 전제적 장치로서 행정환경으로부터의 자유로운 투입이 보장되어야 하며 또한 민주성 확보의 사후적 장치로서 행정체제가 확립되어야 한다.

따라서 행정체제와 그 주변의 환경은 다음의 [그림 7-1]에서 볼 수 있는 바와 같이 끊임없이 상호작용을 하는 것이다.

1) Thomas R. Dye, *Understanding Public Policy,* third edition(New York: Prentice-Hall, Inc., 1978), p. 37.

[그림 7-1] 행정체제와 환경

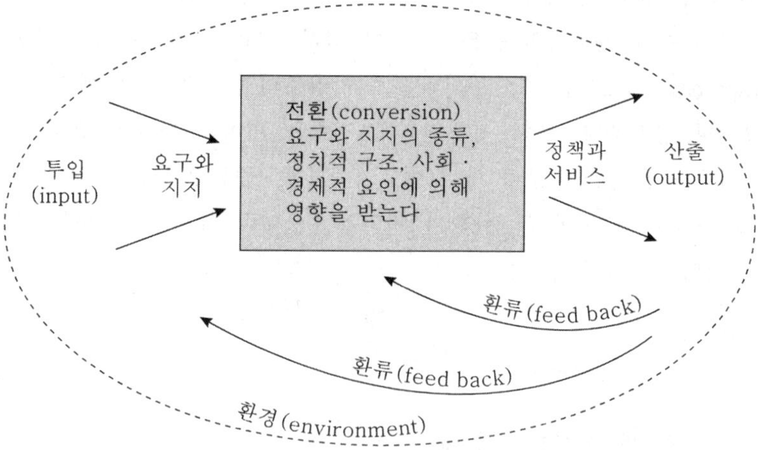

Ⅱ. 행정체제의 투입요소

행정체제를 둘러싸고 있는 여러 환경적 요소들은 행정체제에 대한 투입의 원천이 된다. 그런데 행정체제를 정치체제 속의 하나의 하위체제로 본다면 행정체제의 환경은 훨씬 더 구체적으로 표현될 수 있다. 즉, 행정체제는 일반적인 사회적·경제적 환경(social and economic environment)의 지배를 받으며 이 사회적·경제적 환경 속에 있으면서 행정체제에 직접적인 영향을 주는 정치적 환경(political environment)은 행정체제에 가장 활발한 투입활동을 전개한다.

그러나 행정체제의 환경은 보는 각도에 따라서 학자마다 상이한 내용을 취하는바, H. F. Gortner에 의하면 행정체제의 환경으로서 입법부·사법부·정치적 공무원·헌법기관 등의 내부적 환경(internal environment), 이익집단·정당·시민참여·고객집단 등의 외부적 환경(external environment), 그리고 문화·습관·도덕적 신조와 같은 규범(norm) 등을 들고 있다.[2] 그리고 F. A. Nigro는 행정체제의 환경적 요소로서 물리적 기술의 발달, 사회적인 발명, 이데올로기적 환경, 인간변화 등을 들고 있다.[3] 여기서 물리적 기술의 발달로서는 운송수단의 발달(자동차·

2) Harold F. Gortner, *Administration in the Public Sector*, second edition(New York: John Wiley and Sons, 1981), pp. 44～46.

3) Felix A. Nigro and Lloyd G. Nigro, *Modern Public Administration*, fifth edition(New York: Harper and Row, 1980), pp. 25～36.

비행기 등), 농경기술의 혁신, 대중전달매체의 획기적 진보, 핵에너지와 컴퓨터의 사용 등을 들 수가 있으며, 사회적 발명으로는 기업 · 노조 · 압력단체의 생성과 행정기관의 기술적 원조계획 등을 들 수가 있다. 그리고 이데올로기적 환경(ideological environment)으로는 개인주의라든가 기업주의적 문명 등을 예로 들 수가 있다.

그러나 행정체제, 특히 정책결정에 영향을 미치는 환경적 요소로서는 위에서 든 것 외에도 급박한 외부적 사건(예: 석유파동 · 중동전 등)이나 헌법적 제도의 구조 등도 중요하며 또한 그 사회의 지리적 · 생태적 특징도 중요한 환경적 요소가 되는 것이다.

제 2 절 행정환경의 유형

Ⅰ. 사회적 환경

1. 인 구

인구증가는 전 세계적인 현상이며 이에 따라 도시로 인구가 집중하고 새로운 도시들이 형성되고 있는데, 어떤 사회가 도시화되는 비율이 높을수록 상·하수도, 위생, 주택, 교통 등의 여러 도시문제들이 발생한다. 더욱이 인구밀도와 규모가 증가하고 사회적 질서의 상호의존성이 커짐에 따라 전통적인 사회통제는 점점 어려워질 뿐만 아니라 새로운 사회문제에 대처할 사회적 제도가 필요하기 때문에 정부기능과 권력은 다양하게 확대된다.[4)]

사실상 도시화는 기존의 정부구조에 과도한 업무를 부과하며, 정부기능의 확대에 따라 지역적 · 경제적 정부구조를 더욱 합리적으로 재구성할 필요가 생긴다. 그러므로 과거에 형성된 지역적 정치단위의 경계와 관할권은 새로운 도시화 문제를 해결할 수 없으며, 이로 인해 광역행정의 필요성이 대두되는 것이다.

2. 사회분화

사회구조가 선진화될수록 사회는 계층적 · 민족적 · 지역적으로 다양하게 분화

---

4) Philip M. Hauser, "Urbanization: An Overview," Hauser and Leo F. Schnore, eds., *The Study of Urbanization*(New York: John Wiley and Sons, 1965), p. 28.

된다. 즉, 선진화의 척도 중의 하나가 바로 사회분화의 정도인 것이다. 그런데 사회가 분화된다는 것은 그만큼 행정체제에 대한 요구의 범위가 넓어진다는 것을 의미한다.

3. 규 범

(1) 규범의 의의

공공기관에 가장 광범한 영향을 미치는 것은 행정을 지배하고 있는 규범(norms)이라 할 수 있으며, 이는 다른 말로 하면 사회적 규칙(social rule)이라 불려지는바, H. F. Gortner에 의하면 "어떤 태도나 행태가 평가되어지는 권위적인 기준이나 유형"이라고 정의할 수 있다.[5)]

A. Ranney는 행동을 제한하고 지지하는 사회적 규칙을 법, 관습 및 도덕적 신조 등의 세 가지 차원으로 구별하고 있다. 그 첫째 차원인 법(law)은, 어떤 정형화된 정치체제에 의해서 지켜져야 할 것으로 규정된 사회적 규칙이며, 이에는 통상 강제력이 수반되고 있다. 둘째 차원인 관습(custom)은, 타인의 요구와 기대에 따라 행동하도록 하는 규칙이다. 이것은 특히 동료집단에 의해서 강요되는 경향이 있다. 그리고 셋째 차원인 도덕적 신조(moral percepts)는, 타인이 어떻게 생각하든 간에 옳고 좋은 것이라고 믿기 때문에 행하게 되는 어떤 규율이라고 정의할 수 있으며, 일단 개인이 도덕적 신조를 굳게 믿으면 어떠한 강제력도 그것을 제어할 수가 없다.

(2) 규범과 행정기관의 관계

사회의 지배적인 규범을 신봉하고 있는 여러 조직들과 행정기관이 긴밀한 관계를 유지할 수 있으면 그 기관은 정치체제 내에서의 지위를 강화할 수가 있다. 이러한 관련성은 행정기관으로 하여금 바람직한 지위를 확보할 수 있게 하며, 기관에 대한 반대세력을 약화시키는 기능을 한다.[6)] 그러나 사회의 지배적인 규범에 따른다는 것이 항상 순기능을 하는 것은 아니다. 어떤 규범에 집착한다는 것은 신축성이 없다는 것을 의미하며, 자칫하면 변화하는 정치체제에 적절히 대응할 수 없게 될 경우도 없지 않다. 그러므로 행정기관의 지지기반을 확대하기 위해서는 사회변동에 따른 새로운 규범도 수용할 수 있어야 한다. 즉, 관료들은 행정기관을 둘러싼

5) H. F. Gortner, *op. cit.*, p. 46.
6) Philip Selznik, *TVA and Grassroots: A Study in the Sociology of Formal Organization*(New York: Harper and Row, 1966), pp. 50~51.

주요 집단들이 신봉하고 있는 규범들을 명백히 인식해야 하며, 더욱이 정치체제 속에 있는 여러 집단들의 지지를 계속해서 확보하려면 기존 규범에 대한 적응과 새로운 규범에 대한 수용간의 적절한 균형을 유지해야 할 것이다.

Ⅱ. 경제적 환경

1. 과학기술

기술이 행정과 밀접한 관련성을 가지고 있다는 것은 부정할 수 없는 사실이지만 여기에는 세 가지의 상이한 관점이 존재한다. 기술결정론자들은 기술적 변화를 인간생활의 모든 영역에서 피할 수 없는 주된 변화요소로 본다.[7] 그리고 기술을 조건변수로 보는 자들은 기술을 정치나 행정의 특징을 결정하는 독립변수라 생각한다. 그리고 마지막으로 행정과 기술을 상호작용체계로 보는 자들은 기술의 진보가 정치나 행정에 상호작용적이고 호혜적인 영향을 주며 또한 정치적 요구나 정책도 역시 기술의 진보과정에 영향을 준다고 본다.[8]

그러나 행정과 기술의 관계를 어떻게 보든지 간에 행정적 반응을 요구하는 기술적 문제가 급격히 증대하고 있는 것은 사실이다. 예를 들어, 자동차나 비행기, 텔레비전 등의 발명이 그에 따른 어떤 형태의 정책산출을 요구하며, 특히 최근에 컴퓨터의 이용이 확대됨에 따라 인간생활의 여러 면에 변화를 초래하고 이것은 행정에도 영향을 미쳐서 행정조직의 형태·역할까지도 변화시키고 있다.

2. 경제발전

1인당 국민소득으로 평가한 국가의 경제발전정도가 정치·행정에 영향을 미친다는 것은 이미 많은 학자들에 의해 밝혀진 바 있다. 국가의 경제가 발전될수록 정치나 행정체제는 시민의 자유를 더욱 보장해 주는 정책을 수행하게 된다.[9] 그리고 부유한 국가일수록 국민의 초등·중등교육의 무상화에 더욱 많은 관심을 쏟기 때문에 문맹자의 수가 감소하게 되며, 따라서 교육정도가 높은 시민의 민주주의적 요구에 민감하게 반응하게 되므로 시민의 자유권보호에 치중하게 되는 경향이 있

7) Victor C. Ferkiss, "Man's Tools and Man's Choice: The Confrontation of Technology and Political Science," *American Science Review*, 67(September 1973), p. 974.

8) Kenneth Boulding, *The Meaning of the Twentieth Century*(New York: Harper and Row, 1965) 참조.

9) Seymour Lipset, *Political Man*(Garden City, New York: Doubleday and Co., 1960), pp. 45~76.

다. 그리고 대부분의 선진국에서는 빈부의 격차를 줄이기 위해 노력하고 있으며, 이것은 자연히 공공복지정책에 영향을 미친다. 더욱이 GNP의 큰 부분이 이러한 목적에 사용되고 있다는 사실[10]은 국민소득이 높아질수록 담세인구가 많아지며 이것은 국민들이 스스로를 국가에 대한 수혜자로 생각하게 함으로써 정치나 행정에 대한 요구를 증대시키게 된다.

Ⅲ. 정치적 환경

1. 고 객

행정기관이 가장 먼저 염두에 두어야 할 집단은 바로 고객집단이다. 즉, 행정기관은 농림부, 교육인적자원부, 노동부 등의 명칭으로 구성되어서 그들이 봉사해야 할 특정한 고객(clientele)들의 요구에 따라야 한다. 이 때의 고객은 농민·학생·노동자 등이 되는 것이다. 이러한 고객집단은 정책결정이나 기관의 활동에 영향을 주는 가장 중요한 집단으로 인식되고 있다.

2. 이익집단

일반적으로 이익집단이 행정기관에 영향을 미치는 주요 경로로서는 입법부나 행정기관에 대한 로비활동, 사법부에의 호소, 그리고 대중교육 등이 있다. 오늘날 이익집단은 정치체제의 합법적인 한 부분으로 받아들여지고 있으며, 따라서 그들은 정책결정과 집행의 과정이나 결과에 영향을 미칠 수 있다.

물론 행정기관과 이익집단간의 상호작용은 여러 방향으로 발생할 수 있다. 예컨대 공공기관이 활동을 하는 데 있어서 어떤 문제에 대한 대중의 인식이 필요한 경우에 이익집단으로 하여금 대중교육을 하게 하는 수도 있으며, 혹은 부당한 어떤 정책을 폐기하기 위하여 이익집단으로 하여금 그 문제를 법정에 가지고 가서 심판을 받도록 충동하는 경우도 있다. 어쨌든 행정기관과 이익집단간의 상호작용은 상호이익이 되는 것임에 틀림없다.

3. 정 당

정당(political parties)의 주요한 목적은 의석을 확보하기 위해 선거후보자를

---

10) Frederick C. Pryor, *Public Expenditure in Capitalist and Communist Nations*(Homewood, Illinois: Richard D. Irwin, 1968), pp. 280～312.

지명하여 선거경쟁을 벌이는 것이다. 만약, 정당이 그들의 후보자를 의석에 앉힌다면 여러 공공정책에 영향력을 행사할 수 있으며, 또한 정당은 국민에 그 지지기반을 두고 있기 때문에 국민의 요구를 반영하여 의회에 상정하는 통로가 되기도 한다.

4. 시민참여

민주주의 국가에서는 정부활동에 대한 시민참여가 당연한 것으로 받아들여진다. 시민참여는 직접 정부활동에 개입하는 것과 선거에 참여하는 것의 두 가지로 대별되는바, 대개 후자만이 시민참여의 중심적인 문제로 논의되어 왔다. 그러나 현대행정의 이념이 민주성을 최고로 내세우고 있는 만큼 행정은 시민의 요구에 근거해야 하며 공공정책에의 활발한 시민참여는 행정기관과의 상호작용을 통하여 정책결정과 집행에 이익이 되는 것은 분명한 사실이다.

5. 헌법적 제도

행정체제가 성공적이고 효율적인 업무수행을 위해서는 헌법에 규정된 여러 인접 기관이나 집단과의 관계를 고려해야만 한다. 이러한 헌법적 제도장치로 생각되는 것은 정치적 공무원, 입법부, 사법부, 기타 여러 행정기관들을 들 수가 있다. 이들은 헌법에 기초를 두고 설치된 것으로서 시민의 자유와 권리를 보호하기 위한 삼권분립의 원칙에 입각해서 상호간에 견제와 균형을 취할 것이 기대된다.

제 2 장

시민의 행정수요

제 1 절 사회적 요구와 행정수요

행정을 체제라는 관점에서 볼 때 환경으로부터 오는 투입(inputs)은 시민의 요구와 지지를 의미하며, 이러한 시민의 사회적 요구에 따라 행정수요가 발생하는 것이라 하겠다. 민주주의를 신봉하는 나라에 있어서는 이념상으로 볼 때 모든 행정이 시민의 요구에 따라 수행될 것이 요청되고 있으며, 오늘날 행정은 나날이 변동하는 사회적 요구(social needs)를 충족시키는 과정으로 파악되고 있다.[1)]

무릇 사회적 요구는 개인의 요구를 바탕으로 하여 성립되는 것이지만 사회적 요구의 긴급도나 우선순위는 반드시 개인적 요구의 그것과 일치하는 것은 아니다. 즉 각자가 뿔뿔이 사적 이익을 도모하는 개인적 요구는 개인이 협동함으로써 공익을 도모하는 사회적 요구(예컨대 안전에 대한 요구)와는 구별되는 것이다. 개인의 일상생활에 수반되는 욕구는 끊임없이 충족되어야 하는데 만일 그것이 순수한 개인의 힘만으로는 성취가 불가능할 때 사회적 요구가 발생한다. 그리고 개인이 자기의 목적달성을 위해 올바른 수단을 선택할 수 없는 경우에도 정부에 대한 역할기대, 즉 사회적 요구가 발생할 수 있는 것이다.

요컨대 시민의 사회적 요구란 모든 시민에 공통되는 요구 가운데서 사회적으로 충족해 나가는 것이 가장 바람직하거나 혹은 그럴 수밖에 없다고 판단되는 것을 의미하는 것이라고 하겠다. 그리고 시민이 이와 같은 사회적 요구를 인식하고

1) 다만 자유주의를 표방한 야경국가에 있어서는 값싼 정부(cheap government)의 사상과 행정수요의 비대화를 억제하는 문지기(gate keeper)의 역할을 하였으며, '최소의 행정이 최선의 정부'라는 관념은 국가를 비생산적인 것으로 간주하여 시민의 요구를 고려하지 못하였다〔Maurice Duverger, *Institutions Financières, troisième édition*(Paris: Presses Universitaires de France, 1960) 참조〕.

그것의 공공성을 발견하여 그것이 정부의 활동에 의해서 충족되어야 한다고 주장할 때 행정수요가 발생하는 것이며, 따라서 행정수요란 사회적 요구의 실현을 도모하는, 공익에 호소하는 요구의 체계라고 할 수 있다.[2)]

그러나 모든 정부활동이 행정수요에 대한 자동적 반응으로서 이루어지는 것은 아니다. 정부가 활동을 하기 위해서는 정부는 사전에 사회적 요구가 무엇인가를 확인하여야 하며, 그 사회적 요구의 충족에 의해서 실현될 사회적 가치들의 우선순위를 설정하고, 그에 따른 공공목적을 실현하기 위한 가장 적절한 수단을 선택하지 않으면 안 된다.

환언하면 사회적 요구가 바로 정부활동에 의해서 충족되어야 할 공공목적의 발생을 뜻하는 것은 아니라는 것이다. 이 공공목적은 객관적 요구와 그것에 대한 주관적 가치판단의 상호작용의 산물로서 생기며, 여기서 말하는 가치는 당해 사회적 요구의 충족이 얼마만큼 필요한가를 명백히 하는 기준이라 하겠다. 그리고 사회적 요구의 긴요도는 사람에 따라 또는 계층에 따라 상이하며, 요구간에 우선순위가 설정되어야 함은 물론이다.

제 2 절 행정수요와 국가목표의 설정

무릇 행정수요는 정부에 의해서 충족되어야 할 사회적 요구가 존재할 때 발생하며, 이에 따라 그 요구를 충족시키기 위한 조치로서 정부활동이 전개된다. 그러나 이미 언급한 바와 같이 사회적 요구가 발생하였다고 해서 그로부터 바로 공공목적이 성립되는 것은 아니며, 공공목적이 성립되기 위해서는 특정한 사회적 요구의 충족에 내재하는 기본적인 가치의 인식과 여러 가지 요구간의 우선순위가 설정되어야 하는 것이다.

또 사회적 요구가 발생하였다고 하더라도 그것을 어떻게 충족시킬 것인가에 대한 의견들이 대립하여 있을 경우에는 공공목적이 뚜렷하게 성립되지 않으며, 따라서 그 공공목적을 실현하기 위한 정부활동도 지연되게 마련이다. 그러므로 대체

2) 이와 같이 정부에 대하여 사회적 요구의 충족을 기대하는 행정수요(administrative demands)는 공중(public), 민원행정조직, 매스 미디어, 정보조직, 자발적 집단, 압력단체 및 정당 등에 의해서 전달된다.

로 공공목적의 실현은 수단의 가용성에 의존하게 된다. 그 이유는 아무리 중요한 가치라 하더라도 그것을 실현하기 위한 수단이 존재하지 않을 때에는 현실적으로 실현가능성이 희박하기 때문이다.

공공목적을 실현하기 위한 정부활동의 과제는 그 목적을 실현하는 수단의 선택에 달려 있으며, 수단의 선택은 사회적 요구가 어떻게 하면 가장 잘 충족될 수 있느냐 하는 인식의 문제인 동시에 그 수단의 사회적 수용성의 문제이기도 하다. 아무리 훌륭한 수단이라도 그것이 사회적 인정을 받지 못할 경우에는 정부활동의 수단으로 삼기가 어렵기 때문이다.

그런데 모든 사회는 그 사회의 발전단계에 상응한 각각의 방법에 의해서 어떤 사회적 요구를 어떤 경우에 어떤 절차 내지 수단을 통해서 처리하면 좋은가라는 문제를 해결하는 공식을 지니고 있다. 바꾸어 말하면 "사회가 어떤 요인에 의해서 어떻게 변천해 나가는가 하는 것을 알아보기 위한 기본적인 틀(frame work)"을 지니고 있다는 것인데 T. S. Kuhn은 이것을 패러다임(paradigm)[3]이라고 하였다.

그러나 이러한 패러다임의 존재는 새로이 발생한 사회적 요구나 사태에 대해서 신축성 있게 대처해 나가는 것을 저해할 수도 있다. 그 이유는 패러다임과 사회적 현실 사이에 괴리가 있는 경우에는 사회적 현실에 대해서 그릇된 대책이 세워지기 때문이다. 또 패러다임이 사회적으로 널리 수용되고 있을수록 그러한 사태를 시정하여 새로운 해결책을 강구하기가 어려운 것이다.

위와 같은 위험성을 피하기 위해서는 사회적 요구의 발생상황과 사회적 현실에 대한 끊임없는 분석을 통해서 객관적 사실에 대한 인식을 항상 새로이 할 필요가 있는 것이다. 또한 패러다임 자체의 전환을 도모하여 새로운 목적의 실현가능성과 사회적 수용의 기회를 확보하여야 할 것이다. 이러한 패러다임을 전환할 필요성은 사회변동이 심하면 심할수록 더욱 높아진다고 하겠다.

그러므로 이 같은 사태를 해결하는 방법은 국가목표의 설정을 통해서 새로이 발생한 사회적 요구와 아직까지도 충족되지 않은 상태에 방치되어 있는 사회적 요구에 대한 사람들의 관심도를 높여 적극적으로 패러다임의 전환을 꾀하는 일이다.

---

3) Thomas S. Kuhn은 1962년의 「과학적 혁명의 구조」에서 패러다임을 과학적 업적에 기반을 둔 정상과학과 연결시켜 이해하였다〔Thomas S. Kuhn, *The Structure of Scientific Revolution*, 2nd ed.(Chicago: University of Chicago Press, 1970) 참조〕. 여기서 하나의 학문이 정상과학으로 성장하기 위해서는 그 학문 집단의 구성원들이 공통으로 이해하고 공유하는 가치기준이 있어야 하는데, 이 가치기준을 우리는 '패러다임'의 의미로 사용한다〔행정학의 패러다임에 관한 구체적 내용은 김광웅, "행정학의 패러다임," 행정논총(제18권 제 1 호)(서울: 서울대학교 행정대학원, 1980), pp. 26～52 참조〕.

나아가 시민들은 국가목표의 설정과정에의 참가를 통해서 정부의 여러 문제가 어떻게 달성되어야 할 것인가에 대한 비판과 검토를 행할 수 있을 뿐만 아니라, 자기 자신이 가지고 있는 공익관을 보다 명확하게 전달할 수 있다. 그리고 이러한 과정을 통해서 이루어지는 사회적 동의(consensus)는 패러다임의 전환을 용이하게 해준다.

미국의 「국가목표에 관한 위원회」(The President's Commission on National Goal)의 일련의 조사연구[4)]는 필요하다고 생각되는 정보를 국가가 시민에게 제공함으로써 국가목표에 대한 시민들의 주의를 환기시키려는 의도에서 진행되었던 것이며, 결코 국가 스스로가 국가목표를 일방적으로 설정하려고 한 것은 아니었다.

즉 국가목표의 설정이라는 문제에 대한 해답은 여러 가지 형태로 표명되는 대다수 시민의 가치판단의 상호작용에 의해서 부여되는 것이 바람직하다는 것이었다. 그리고 시민은 국가목표에 관한 조사연구에 의해서 제공된 자료를 토대로 하여 국가목표의 설정과정에 참가함으로써 단순히 행정수요를 발생시켜야 한다는 소극적 태도를 벗어나, 능동적으로 그것을 어떠한 방법과 순서에 의해서 충족시킬 것인가를 생각할 수 있는 적극적인 태도를 취하게 된다. 그리하여 사회변동에 순응하는 패러다임의 전환을 초래하게 된다는 것이다.

한편 조사연구를 통해서 국가목표의 우선순위에 관한 제안이 나왔을 경우에는 그 전제와 각도를 달리하여 그 우선순위에 대한 재검토를 가할 필요성이 있다.[5)]

요컨대 국가목표 설정의 의의는 행정수요를 충족시키는 새로운 수단의 가능성을 제공하여 준다는 데서 찾아볼 수 있다.[6)]

---

4) 아이젠하워 대통령은 Hantry M. Wriston을 위원장으로 하는 「국가목표에 관한 위원회」를 설립하였는데, 1960년에 제출된 동 위원회의 보고서(The Goals for America)는 국내문제로서는 개인, 평등, 민주주의적 과정, 교육, 예술 및 과학, 민주적 경제체제, 경제성장, 기술혁신, 농업, 생활조건, 보건복지의 11개 영역, 국제문제로서는 평화적 세계의 건설과 유지를 위한 원조, 자유세계의 방위, 군축, 국제연합의 4개 영역에 관한 목표설정을 하였다. 이 보고서의 특징은 목표와 그것에 도달하기 위한 수단을 미국이 처해 있는 내외정세에 관한 면밀한 조사와 분석을 토대로 하여 규명하였다는 점이다. 이와 같은 국가목표와 그 우선순위에 관한 연구 및 분석은 오늘날에 이르기까지 계승되고 있다.

5) 예컨대 Robert S. Benson과 Harold Wolman이 편찬한 *Counterbudget*(1971)는 미국의 연방예산과 경제현실 가운데서 국가목표간의 우선순위의 재편성을 시도한 것이다. 이와 같은 시도는 국가목표와 그것을 실현하는 수단에 관해서 선택의 여지를 확대시키는 데 이바지한다.

6) 정부가 추구하는 국가목표는 하나의 궁극적인 가치로서 표시된다기보다는 모든 구체적인 제정책의 집약이라고 볼 수 있다. 이것을 알기 위해서는 대통령의 시정방침 연설, 의회에서의 교서, 기타 여러 계획서의 내용분석을 참조하는 수밖에 없다.

제 3 절 시민의 요구와 지지의 균형

앞에서는 환경으로부터 행정체제에로의 투입(inputs), 즉 시민의 요구의 측면을 살펴보았다. 그러나 이에 못지 않게 중요한 문제는 시민의 요구(demand)와 지지(support)가 균등을 이루어야만 행정체제가 유지될 수 있다는 사실이다. 다시 말해서 지지초과의 경우에는 조직이 유지되겠지만, 그 반면 요구는 많은데 지지가 적을 때(demand>support)에는 조직이 파괴되기 쉽다는 것이다.[7)]

한 마디로 행정체제의 투입기능에는 두 가지가 있는데 그것은 요구와 지지이며, 이 요구와 지지가 균형을 이루는 것이 조직을 창조적으로 유지하는 데 바람직하다는 것이다.[8)]

또한 D. Easton에 의하면 "행정체제의 산출물을 통하여 지지를 획득하느냐 못하느냐 하는 것은 산출물이 어느 정도까지 당시의 요구를 충족시킬 수 있는가 하는 것과 미래의 정책수요를 예측할 수 있는 정도에 달려 있다"[9)]고 한다.

이상에서 언급한 것과 관련하여 정치적 교환이론에 대해서 살펴보면, 여기서 정치적 교환이론이란 개인으로부터 정부에 대해서는 요구와 지지를, 그리고 정부로부터 개인에 대해서는 공공봉사와 소득재분배 및 명예 · 지위 등의 보상을 부여하는 것이다.[10)] 그러므로 정치적 교환은 그 자체가 가치증식을 하는 것이 아니고 가치증식의 기회를 제공하거나 자원배분의 적정화를 꾀함으로써 효용을 증대시키자는 것이다.[11)] 또한 충분한 지지를 획득하는 데 성공을 거둔 정부는 단지 그 지지자에 대해서뿐만 아니라 모든 국민에 대하여 공정력 있는 결정을 할 수가 있다.

그런데 여기서 생각해 볼 문제는 과연 정치적 교환을 통해서 모든 시민이 시민적 이익을 획득하느냐 하는 것이다. 이에 대한 해답은 모든 시민이 정치적 교환

---

7) 지지에는 소극적인 경우(시민의 의무이행)와 적극적인 경우(투표)가 있다. 어떻든 행정기관은 일반국민, 입법부 및 정치적으로 임명된 공무원의 지지는 물론 그 기관과 이해관계가 있는 사람들의 지지도 확보하는 것이 바람직하다.

8) 요구의 투입만으로써는 작용하고 있는 행정체제를 유지하는 데 충분하지 못하다. 다만 요구는 원료에 지나지 않는다. 내재적이든 외재적이든 요구가 발생하였다고 하여 그것이 자동적으로 논의의 대상이 되는 것은 아니다. 결론적으로 지지 없이는 요구가 만족될 수 없다는 것이다. David Easton, "An Approach to the Analysis of Political System," *World Politics*, vol. Ⅸ, No. 3(April 1957), pp. 383~400 참조.

9) David Easton, *A Systems Analysis of Political Life*(New York: Wiley, 1965), p. 403.

10) Toyce M. Mitchell, *Political Analysis and Public Policy: An Introduction to Political Science* (Chicago: Rand McNally & Company, 1969), p. 140.

11) 정치적 교환의 개념은 행정이 국민으로부터 출발하여 국민에게 귀착됨을 뜻한다.

을 통해서 시민적 잉여,[12] 즉 이익을 획득할 수 있는 한 정부에 대한 지지는 계속 될 것이며, 이와 반대로 시민적 이익을 획득하지 못하는 시민은 정부에 대한 지지를 중단하게 될 것이다. 물론 정부의 역할은 시민과 시민 사이의 상호작용을 매개하는 데 지나지 않는다고 하지만 사실상 정부는 그가 지니고 있는 권위를 배경으로 하여 시민생활에 개입하기 때문에 정치적 교환은 자연상태에 있어서 불평등을 초래할 위험성이 있다고 한다.[13]

그럼에도 불구하고 우리는 정부의 권위의 개입 없이는 사회정의를 달성하기가 매우 어렵다는 사실을 잘 알고 있다. 물론 여기서 말하는 정부의 권위란 정책을 수립하고 가치의 권위적 배분[14]을 행하여 모든 국민을 구속하는 규칙을 제정하는 권한을 의미한다. 그리하여 우리가 권위에 따르는 것은 한편 자기의 사적 결정을 공적 결정에 복종시킨다는 뜻과, 다른 한편 자기의 이익을 공공의 이익에 합치시킨다는 이중적인 의미를 갖는 것이라고 한다.[15]

이상에서 정치적 교환이론을 고찰하였거니와, 정치적 교환을 통해서 개인이 얻는 편익과 개인이 행하는 공헌이 직접 일치된다는 것은 어려운 일이며, 또 정치적 교환을 통해서 공급되는 재화가 원칙적으로는 모든 사람들에게 향유되어야 함에도 불구하고 경우에 따라서는 특정의 개인에 한하여 특정의 편익이 제공되는 경우도 적지 않다. 그리하여 정부가 얼마만큼의 지지를 얻을 수 있는가에 대한 문제와 정부가 사회정의를 실현하는 문제 사이에는 어느 정도의 상관관계가 있다고 보아야 할 것이다.

---

12) 시민적 잉여라는 개념은 경제학에 있어서의 소비자잉여의 개념으로부터 유추된 것인데, 이러한 개념을 펴낸 사람은 Robert Dorfman이다. 일반적으로 '시민적 잉여'란 시민이 정치적 교환을 통해서 정부로부터 획득하는 편익에 대한 주관적인 평가에서 그 편익에 수반되는 희생을 빼낸 것을 말한다.

13) Edmund Burke, "A Vindication of Natural Society of A View of the Miseries and Evils Arising to Mankind from Every Species of Artificial Society" in Peter J. Stanlis, ed., *Selected Writings and Speeches*(Anchor Books, 1963), p. 58.

14) Warren F. Ilchman and Norman Thomas Uphoff, *The Political Economy of Change*(Berkeley: University of California Press, 1969), p. 81.

15) Joseph Tussman, *Obligation and the Body Politics*(New York: Oxford University press, 1960), p. 29.

제 3 장

시민의 행정통제와 행정참여

제 1 절 행정과 시민의 관계

오늘날 민주주의를 신봉하고 있는 나라에 있어서의 행정은 이념상으로 볼 때 주권자인 시민의 사회적 요구를 충족시킴을 목적으로 삼고 있다. 그리고 20세기 이후의 행정국가에 있어서 행정권의 확대 및 강화현상은 필연적으로 관료권력의 비대화를 초래하게 되었으며 이에 따라 자연히 권력남용에 대한 시민의 통제가 필요하게 되었다.

I. Sharkansky는 행정체계를 구성하는 요소로서 환경과 투입(inputs)·전환(throughputs)과정·산출(outputs) 및 환류(feedback)작용의 네 가지를 들고, 이 모든 요소들은 상호연관작용을 한다[1]고 하였는데, 이 가운데서 투입기능이 가장 중요시되고 있다. 왜냐하면 투입기능은 다른 어떤 기능보다도 시민의 요구가 무엇이며 시민의 요구를 어떻게 받아들여서 이것을 어떻게 행정면에 잘 반영하느냐에 중점을 두고 있기 때문이다.

그러나 행정권의 확대 및 강화현상과 더불어 행정의 전문화 또는 기술화가 이루어짐에 따라 시민들의 행정에 대한 이해가 어렵게 되었을 뿐 아니라, 시민의 행정참여도 힘들게 되었다.

따라서 오늘날 행정과 시민의 관계를 놓고 볼 때 행정에 대한 민주적 통제가 어려운 실정에 놓여 있다고 하겠으나, 앞으로 시민의 행정참여 문제는 우리의 연구대상으로 계속 남아 있는 것이다.

---

1) Ira Sharkansky, *Public Administration: Policy Making in Government Agencies*, 4th ed.(Chicago: Rand McNally College Publishing Company, 1978), pp. 6～13.

제 2 절 시민의 행정통제 유형

Ⅰ. 시민의 행정통제

1. 입법통제(legislative control)

의회가 행정부를 통제하는 일반적 방법으로는 법률제정권, 예산심의권, 임명동의, 해임건의 및 탄핵소추권을 들 수 있으나 오늘날 행정국가에서는 행정부의 재량권의 범위확대, 경제권의 강화현상, 그리고 국정에 대한 행정부의 정보독점 등으로 입법통제의 약화현상이 나타나고 있다.

2. 사법통제(judicial control)

사법통제란 공무원이 공무 집행상 위법 또는 부당하게 개인의 권리를 침해한 경우 사법부가 이를 규제하거나, 행정부가 결정한 정책에 대하여 위헌 여부를 심사하는 통제방법인데, 이 방법 역시 현대 행정국가에서는 그다지 큰 실효를 거두지 못하는 예도 적지 않다.

3. 민중통제(popular control)

민중통제는 시민에 의한 통제라고도 하며 행정부가 시민에 대하여 직접 책임을 지지는 않지만 선거, 여론 및 이익단체 등을 통하여 행정에 직접 또는 간접으로 통제기능을 발휘하는 것으로, 특히 매스컴의 발달은 그것이 비록 간접이나마 통제의 효과를 크게 발휘하는 경우가 많이 있다.

그러나 민중통제는 시민들의 정치의식 수준에 따라 그 효과가 달라진다고 볼 수 있기 때문에 일반적으로 후진국가에 있어서는 그 실효를 거두기가 어렵다는 점에 유의할 필요가 있다.

Ⅱ. 지방자치와 주민통제

민주주의 국가에서는 행정의 지방분권화 경향과 더불어 주민통제의 필요성이 증대되었으며, 주민통제는 지방자치를 통해서 그 실효를 거둘 수 있으므로 지방자치의 필요성이 강조되고 있다.

다만 발전도상에 있는 여러 나라에서는 선진 각국의 경우와는 달리 과거 타국의 지배로부터 독립하여 정치적으로는 국민형성(nation building)을 꾀하면서 경제적으로는 낙후성을 극복하는 데 주력하고 있으므로, 이러한 상황 아래서는 현재 선진국가에서 누리고 있는 것과 같은 지방자치는 어느 정도 제약을 받고 있는 실정이다.

비록 오늘날 발전도상에 있는 나라들이 현실적 여건하에서 지방자치의 실시에 제약을 받고 있을지라도 궁극적으로는 각국이 직면하고 있는 정치적 및 사회적 배경에 따라 그 제약에서 벗어나는 방향으로 발전해 나가는 것이 바람직하다고 하겠다.

Ⅲ. 기타의 행정통제 유형(Ombudsman제도)

1. 각국의 Ombudsman 제도[2)]

Ombudsman제도는 1809년 스웨덴에서 비롯된 것으로, 그 후 덴마크·노르웨이 등 북구제국을 거쳐 영·미법계와 대륙법계의 여러 나라, 나아가 제 3 세계의 나라들에 보급되고 있다. 이것이 만들어진 이유는 의회나 법원이 행정통제의 기능을 제대로 발휘하지 못하는 경우 이를 보강함으로써 시민의 권리나 이익의 침해를 방지하려는 것이었다.

이 옴부즈만은 의회가 임명하며, 공무원의 불법·부당한 행위에 대하여 재판으로써는 쉽사리 구제되기 어려운 일반 국민들의 고충을 처리하는 민주화된 직무감찰제도로서 의회에 의한 행정통제수단의 하나라고 하겠다. 좀더 구체적으로 본다면, 옴부즈만제도는 고충처리와 행정통제라는 두 가지 측면에서 살펴볼 수 있다. 즉, 옴부즈만은 한편으로는 시민과의 관계에서 그들의 고충을 덜어 주는 고충처리의 효과를 가져올뿐더러, 다른 한편으로는 행정통제의 관점에서 행정에 대한 시정효과를 가져오는 이중의 효과를 가지고 있다.[3)]

이와 같은 옴부즈만의 착상은 행정분야에서 그 유용성을 실증하였다고 볼 수 있다. 즉, 행정분야에 있어서는 공적 기관의 비위는 공적 책임하에서 처리되는 것

---

2) Ombudsman제도에 관한 자세한 내용은 제 2 편 참조.

3) Ombudsman은 '피해구제형'과 '행정통제형'이라는 두 가지의 형, 바꾸어 말하면 권리실현이라는 사익의 계기와 행정통제라는 공익의 계기가 다같이 결합되어 있다〔Stanley V. Anderson, Comparing Classical and Executive Ombudsman in Alan J. Wyner, ed., *Executive Ombudsman in the United States*(Berkeley: University of California, 1973) 참조〕.

이 타당하며, 또 행정은 공공의 사익을 목적으로 하는 활동이므로 공정한 결과를 얻기 위하여 행정기관과 시민간에 이성적인 협조가 성립될 수 있는 여지가 크다.

그러나 오늘날 행정활동이 비대화하여 관료제의 폐단이 현저하게 드러남에 따라 조정의 필요성은 차츰 증대되었으며 옴부즈만의 권고를 행정당국이 받아들이지 않는 경우에는 공표를 통해서 일반시민의 비판에 호소할 수도 있다.

2. 우리 나라의 국민권익위원회

우리 나라에 있어서도 국민의 권리를 보장하기 위하여 행정소송, 청원권의 행사, 감사원의 감찰기능 등 여러 가지 법적·제도적 장치가 마련되어 있으나, 권익을 보호하는 데 실효를 거두고 있는가에 대해서는 적지 않은 문제점이 있다고 하겠다. 따라서 전술한 여러 가지 제도적 장치로써는 쉽사리 구제되지 않는 일반국민의 고충을 신속히 해결하기 위해서는 우리 나라에서도 옴부즈만 제도의 도입이 고려되어야 할 것이다.

우리 나라에서는 옴부즈만 제도와 동일한 것은 아니라 하더라도 그것과 상당히 유사한 제도로서 1993년에 국무총리 산하에 국민고충처리위원회를 신설하여 민원을 해결하는 데 기여하였다. 국민고충처리위원회는 국민의 고충, 민원 등을 접수·상담하고 이를 신속하게 조사·처리하기 위하여 설치되었으며 그 동안 많은 성과를 올린 것으로 평가되어 왔다.[4)]

그런데 국민고충처리위원회는 최근 국가청렴위원회, 국무총리 행정심판위원회 등과 함께 2008년 2월 29일부터 국민권익위원회로 통합되었다. 3개의 위원회를 하나로 통합하게 된 것은 그 동안 따로따로 운영되어 왔던 국민고충처리위원회의 국민권익구제업무와 국가청렴위원회의 국가 청렴도 향상을 위한 활동, 행정심판위원회의 행정과 관련한 쟁송업무 등의 국민권익보호관련 업무를 한 기관에서 처리하게 함으로써 신속하고 충실한 서비스를 제공하기 위한 것이다.[5)]

4) 박동서, 한국행정론(서울: 법문사, 2002), p. 643.
5) 국민권익위원회, www.acrc.go.kr.

제 3 절 시민의 행정참여

일반적으로 참여(participation)란 결정권이 없는 자가 결정권을 지닌 자의 행동에 영향을 미치는 행위를 뜻하는데, 시민행정참여의 참뜻은 시민의 요구를 행정기관에 신속히 반영시킴으로써 행정기관이 시민들의 여망에 신속히 응하도록 하게 하는 데 있으며, 이것이 필요한 이유는 행정기관과 시민의 기능적 협력 및 대면적 교섭이나 토론 등에 의한 직접적인 참여를 통하여 민주정치의 기반을 공고히 하려는 데 있는 것이라 하겠다.

Ⅰ. 시민의 행정참여의 의의

시민의 행정참여의 참뜻은 시민의 요구를 행정기관에 신속히 반영시킴으로써 시민들의 요망에 응하도록 하는 데 있으며, 이것이 필요한 이유는 행정기관과 시민이 기능적 협력, 대면적 교섭 및 토론 등에 의한 직접적인 참여를 통하여 민주정치의 기반을 공고히 하려는 데 있는 것이라 하겠다.

S. Verba는 "참여란 공적인 결정권한을 가지고 있지 않는 사람들이, 그러한 권한을 가지고 있는 사람들의 행위에 영향을 주려고 시도한 행동이다"라고 정의하고 있다.

미국이나[6] 일본에 있어서 행정에 대한 시민참여의 문제가 본격적으로 등장한 것은 1960년대 초엽의 일이며(예, 1964년 시장실 개방을 주장한 일본 飛鳥田 橫濱市政의 등장 및 미국의 1964년의 community action program 등), 특히 일본에서는 공해문제를 둘러싸고 시민·주민운동이 전국적으로 전개됨에 따라 그것을 통해서 시민참여가 현실화되었던 것이다.

무릇 시민참여는 점차적으로 제도화됨으로써 행정에 대한 보다 효과적인 통제를 가할 수 있게 된다. 그러나 반면 제도화된 시민참여는 시민자신의 참여라는 성격을 상실하여 P. Selznick의 소위 '단순한 행정적 포섭'으로 전화할 위험성을 내포하고 있다.

따라서 시민참여의 제도는 끊임없이 운동에 의해서 뒷받침되어야 하며, 무엇보

6) 미국에 있어서의 시민참여에 관한 구체적인 내용은 西尾 勝, 權力と參加(東京 : 東京大學出版會, 1975) 참조.

다도 중요한 것은 시민의 정치 · 행정에 대한 관심과 의식이 고조되어야 한다는 것이다.

Ⅱ. 행정에 대한 시민참여의 형태

S. R. Arnstein은 미국에 있어서의 세 가지 연방보조사업(도시개조사업 · 빈곤퇴치사업 및 모델도시사업) 집행의 구체적 케이스를 토대로 시민의 정책결정에 대한 영향력의 정도에 따라 시민참여의 형태를 조작(manipulation) · 치유(therapy) · 정보제공(informing) · 상담(consultation) · 유화(placation) · 파트너십(partnership) · 권한이양(delegated power) 및 자주관리(citizen control)의 여덟 가지로 분류하고, 이것을 크게 세 단계로 나누어 고찰하고 있다.[7)]

즉, 제 1 단계는 비참여(nonparticipation)로서 시민참여를 권력구조에 의한 조작 또는 조직을 위한 치유책으로 인식한다. 이 단계에 있어서는 형식적으로 심의회 등에 대한 시민의 참여가 인정되나, 실제로는 시민이 정책결정에 참여하는 힘이 전혀 없다.

제 2 단계는 형식적 참여의 단계(degrees of tokenism)로서, 이 단계의 정보제공 · 상담 및 유화(宥和) 등에 의하여 시민은 정보를 받고 상담을 받으며 또 위원회에 출석하여 권고할 수 있으나, 시민의 영향력은 형식적인 것에 지나지 않는다.

제 3 단계는 시민권력의 단계(degrees of citizen power)로서, 이 단계의 파트너십 · 권한위양 및 자주관리에 있어서는 실질적 시민권력(real citizen power)이 확보된다. 즉, 파트너십(partnership)은 시민참여가 행정기관의 동료로 인식되며, 권한위양은 계획의 책정 또는 결정에 있어서 시민이 우월적인 권한을 지니며 제 행정기관에서 시민이 과반수의 의석을 차지하는 경우를 말하며, 끝으로 자주관리는 문자 그대로 시민이 위원회 등을 지배하고 있는 경우를 말한다.[8)]

위의 분류에서 제 3 단계가 바람직한 시민참여의 형태라고 하겠다. 그럼에도 불구하고 시민참여는 흔히 조직의 효과성에 대한 장애요인으로 생각되어 왔다. 외부적 환경으로서의 시민참여와, 행정기관과는 밀접한 관계를 가지고 있을 뿐만 아니라 중요한 것임에도 시민참여가 잘 되지 않는 것은 시민참여의 중요성과 그 결

7) Sherry R. Arnstein, "A Ladder to Citizen Participation," *Journal of the American Institute of Planners*, XXXV(July 1969), p. 216.

8) 제 3 단계에서 말하는 자주관리 등은 어디까지나 이념형으로 제시된 것이다(西尾 勝, 前揭書, p. 66 참조).

과에 대한 인식이 부족한 데서 기인된다.[9)]

Ⅲ. 행정상의 의사결정에 대한 시민참여제도

이제 행정상의 의사결정에 대한 시민참여제도를 보면 다음과 같은 것이 있다.

1. 자문집단으로서의 시민위원회(the citizen committee as an advisory group)

이 시민의 자문집단은 미국 연방정부에 있어서의 여러 성·지방정부, 특히 시정부에 있어서의 제 구성단위의 내부에서 찾아볼 수 있다. 이러한 정부의 제 구성단위는 시민과의 의사소통의 회로를 만들고 나아가 이것을 적극화시킬 의도에서 Ombudsman제도를 만들기에 이르렀다.

2. 특정 정책영역에 있어서의 지배집단으로서의 시민위원회(the citizen committee as a governing group in a specific policy area)

이러한 지역사회 규모의 시민위원회는 주택·건강 기타의 정책영역에 있어서의 지배집단으로서 행정 당사자에 여러 가지 조언 및 권고를 행한다. 특히 교육분야에 있어서의 시민위원회와 같이, 직접적인 정책형성의 권한을 부여받고 있는 시민위원회는 당해 분야에 있어서의 정책형성과 그 실시에 관하여 적지 않은 영향력을 행사하고 있는 실정이다.

3. 근린정부의 착상(the idea of neighborhood government)

이것은 행정과 시민의 관계를 긴밀하게 하고 행정에 대한 시민의 소외감이나 거리감을 없애기 위하여 행정에 대한 시민의 불만이나 고충을 덜어주기 위한 소규모의 비관료제 구조의 평의기관(評議機關)인 'Little City Hall'[10)]을 창설한다는 것이다.

---

9) John D. Hutcheson, Jr. and Frank X. Steggert, *Organized Citizen Participation in Urban Areas*(Emory University, Atlanta: Center for Research in Social Change, 1970), p. 119.

10) 西尾 勝, 前揭書, p. 62 참조. 여기서 'Little City Hall'이란, '소시청방식'으로 번역이 되고 있다.

Ⅳ. 시민의 행정참여 방법

1. 선 거

선거는 시민의 의사를 당국에 직접 반영시킬 수 있는 기본적인 방법이 되는 것이다. 즉, 시민은 국가원수를 비롯하여 국회의원 · 지방의회의원의 선거, 그리고 구체적으로는 국민투표(referendum) · 국민발안(initiative) · 소환(recall) 등의 제 방법에 의하여 행정에 대한 통제 내지 참여를 할 수 있다.[11)]

2. 심의회 · 공청회 등

시민은 심의회 또는 공청회 등에 직접 참여하여 자기의 의견을 발표할 수 있으나, 때로는 직접적인 참여의 길이 제한되는 수도 있다.

3. 여 론

시민은 여론을 환기시켜 행정이 나가야 할 방향에 대하여 영향을 미칠 수 있으며, 행정 자체가 지니고 있는 불합리성을 지적하여 이를 시정시킬 수도 있다. 또한 대중여론조사는 시민의 의사를 행정기관에 전달하는 역할을 한다.

4. 이익집단

시민은 각종 압력단체를 만들어 자기 권익을 옹호하는 견지에서 행정에 참여할 수 있다. 산업이 발달하고 사회기능이 고도로 분화되어 이익단체의 자주성과 독립성이 강한 나라에서는 이러한 단체를 통하여 행정참여의 실효를 거둘 수 있다고 보겠으나, 반면 그렇지 못한 나라에서는 그 효과를 나타내기가 어렵다고 하겠다.

5. 정 당

정당은 시민의 이익을 위하여 정치적 주장이나 정책을 추진하고, 공적 선거에 후보자를 추천 또는 지지함으로써 시민의 정치적 의사형성에의 참여를 목적으로 하는 시민의 자발적 조직이다. 따라서 시민들은 이와 같은 정당을 통해서 간접적으로 행정참여를 한다.

---

11) 加藤一明(編著), 現代行政と市民參加(東京: 學陽書房, 1978), p. 221 참조. referendum, initiative, recall 등 직접참정제도 이외에, 시민참여를 위한 제도적 보장으로서는 예비선거제도를 들 수 있는 바, 이 제도는 정당에 의한 입후보자의 지명과 정당임원의 선임에 일반유권자를 참여시킴으로써 정당기구에 의한 시정지배체제에 도전하는 것이다.

Ⅴ. 시민의 바람직한 행정참여 방향

시민행정참여의 바람직한 방향을 몇 가지 제시하면 다음과 같다.

첫째, 시민의 행정참여는 행정기관과 시민간의 의견 및 이해의 대립을 실질적으로 해소·조정하는 계기를 마련해 주어야 할 것이다.

둘째, 진정한 의미에 있어서의 참여가 되기 위해서는 행정당국의 정보의 비밀처리를 지양하고 되도록 시민에게 널리 공개하는 것이 바람직하다.

셋째, 행정참여는 단순히 집행과정에서의 참여뿐만 아니라 정책형성 및 기획수립과정에의 참여도 필요로 된다.

넷째, 행정참여가 실효를 거두기 위해서는 단순히 시민의 소리를 듣는 데 그쳐서는 안 되고 그것을 경청하여 가능한 한 정책에 반영시키는 것이 바람직하다.

오늘날 민주적 통제를 약화시키는 주요 요인으로서는 시민의 정치의식의 박약, 행정에 대한 무관심 및 국제적 긴장 등을 들 수 있다. 우리 나라의 경우를 보면 시민의 권리를 보호하기 위한 여러 가지 법적 장치는 마련되어 있지만, 그것이 제대로 기능을 발휘하지 못하는 경우도 있으므로 행정권 남용의 가능성에 대한 시민통제의 필요성은 크다고 하겠으며, 따라서 적극적인 시민의 행정참여가 요청된다.

제 4 장

행정문화

제 1 절　문화의 의의

문화란 인간의 생활양식(ways of living)의 전체이며 유형화된 가치체계(patterned value system)로서 파악되는바, 어떤 인간집단에서 찾아볼 수 있는 특유의 관념(ideas), 규범(norms), 상징(symbols) 및 유형화된 행태(patterned behavior) 등의 요소로써 구성되며, 개개인의 행위에 직접적으로 영향을 주는 것이라고 정의할 수 있다.[1]

일찍이 E. B. Tyler는 그의 저서 「원시문화」(*Primitive Culture*)에서 "문화란 인간이 사회의 성원으로서 습득한 지식 · 신념 · 예술 · 도덕 · 법률 · 관습 및 그 밖의 모든 능력과 습관들을 포함하는 복합체[2]라고 하였는바, 이와 같은 개념 정의 속에는 바로 우리 인간이 삶을 영위하고 있는 모습의 전부, 즉 지식 · 신념 · 가치관 및 행동의 규범 등 상징적인 것뿐만 아니라 제도적인 것 등이 모두 포함된다.

한편 대다수의 인류학자들은 문화를 인간의 생활양식으로서 소속한 집단으로부터 개인이 얻는 사회적 유산으로 보고 있는데,[3] 이러한 견해와는 달리 R. M. Keesing은 문화란 인간을 인간답게 만드는 습득된 상징적 행태의 유산(culture is the heritage of learned symbolic behavior that makes humans human)이라는 의

1) Dwight Waldo, "Public Administration and Culture," Roscoe C. Martin, ed., *Public Administration and Democracy: Essays in Honor of Paul H. Appleby*(Syracuse, N.Y.: Syracuse University Press, 1965), p. 39; 안병만, "한국의 관료문화: 전통성의 연속과 변화에 관한 연구," 연구논총(서울: 한국외국어대학교, 1981), p. 9 참조.

2) Edward B. Tyler, *Primitive Culture*(London: Murray, 1871), p. 71(Tyler defined culture as, "that complex whole which includes knowledge, belief, art, morals, laws, custom, and any other capabilities and habits acquired by man as a member of society").

3) Clyde Kluckhohn, "The Concept of Culture" in Edger A. Schuler et al., eds., *Readings in Sociology*(New York: Thomas Y. Crowell, 1971), pp. 74~83.

미도, 또 문화란 특정 사회에서 국민들간에 공유된 유산(culture is the heritage people in a particular society shared)이라는 관점도 문화의 개념을 정확히 반영시키지 못하고 있음을 지적하고 있다.[4)]

Keesing은 유형화된 행태를 이루는 요인을 인식·구조 및 상징 등으로 보았다. 그리하여 그는 문화개념을 인식적 체제로서의 문화(cultures as cognitive system), 구조적 체제로서의 문화(cultures as structural system) 및 상징적 체제로서의 문화(cultures as symbolic system) 등으로 파악하였는바, 여기서 첫 번째의 인식적 체제로서의 문화란 주로 문화를 지식의 체제(systems of knowledge)로 보는 견해이고, 두 번째의 구조적 체제로서의 문화란 심성(mind)의 창조물인 공유된 상징적 체제를 문화로 보고 이것의 구조화를 도모하고자 하는 견해이며, 세 번째의 상징적 체제로서의 문화란 미국의 인식주의자나 대륙의 구조주의자들과는 달리 문화를 공유된 상징의 체제로 보는 견해를 말하는 것이다. 또한 Keesing은 관념적 체제로서의 문화에 대해서만 관심을 표명하고 있는 문화인류학자들의 견해를 비판하면서 변화와 다양성을 이해하기 위해서는 문화를 인간과 환경의 복잡한 사이버네틱스(cybernetics)체제[5)]의 요소로 보지 않으면 안 된다는 점을 강조하였다.

무릇 문화는 인간생활의 모든 면에 대하여 규제하고 있는바, 문화가 어느 정도까지 인간의 행동을 결정지우고 규제하느냐에 대해서 L. A. White는 문화결정론(cultural determinism)을 내세우고 있다. 즉, 인간의 행동이 유기체를 초월한 문화적 전통에 의해서 결정된다고 보았는바, 다시 말해서 인간의 행동을 문화의 함수로 보았다.[6)]

이와 같이 문화결정론에서는 인간에 대한 문화의 규제성을 강조하고 있다. 그러나 우리는 이것을 인간의 자율성 문제와 관련시켜 생각해 볼 필요가 있다. 즉, 인간이 문화의 창조자임엔 틀림없다. 그렇지만 일단 주어진 문화에 접하고 그 속에서 사회화된 인간이 그 틀에서 벗어나 창의적 활동을 할 여지가 얼마나 있느냐 하는 것이다.[7)]

4) Roger M. Keesing, "Theories of Culture," *Annual Review of Anthropology,* vol. 3, 1974, pp. 73～82.

5) cybernetics는 동물 및 기계 등의 통신과 제어의 이론인데, 이것을 일반화해서 말하면 동적 system의 통신·제어의 이론이라고 할 수 있다. 보통 사회과학에서 시스템론이라고 할 경우에는 사이버네틱스적 시스템이론보다는 넓은 의미를 지닌다.

6) Leslie A. White, "Culturology" in David L. Sills, ed., *International Encyclopedia of Social Sciences*(New York: Macmillan Publishing Co., 1974), p. 548.

7) 이것을 사회확에서는 문화결정론과 인간주의적 자율성의 쟁점이라고 한다〔김경동, 현대의 사회학(서울: 박영사, 2002), pp. 65～67 참조〕.

제 2 절 정치문화와 행정문화의 의의

문화는 우리 일상생활의 모든 측면에 침투하고 있으며 정치활동과 행정활동도 예외는 아니다. 즉, 정치활동 내지 행정활동을 문화적 맥락(cultural context) 속에서 파악하지 않는 한 그것을 완전히 이해할 수 없는 것이다.[8] 그럼에도 불구하고 종래 대다수의 문화인류학자들은 문화에 대한 정치적·행정적 측면을 외면하는 태도를 지니고 있었기 때문에 정치나 행정을 연구하는 학자들은 씨족사회에서의 행정이 어떻게 수행되었는가를 알아보기 위해 인류학자들의 자료를 이용하는 경우, 적지 않은 어려움을 겪었던 것이다.

이미 앞에서 언급한 바와 같이 문화결정론의 입장에서 보면 행정문화가 행정행태의 결정요인임에는 틀림없으며 그렇기 때문에 행정현상을 이해하기 위해서는 무엇보다도 먼저 문화적 요인에 대하여 살펴볼 필요가 있는 것이다.

흔히 우리는 행정문화를 정치문화 속에 포함시켜 파악하고 있기 때문에 여기서는 행정문화를 정치문화의 하위문화로서 보고자 하며 행정문화에 대한 개념 정의에 앞서 정치문화에 대한 개념을 살펴보고자 한다.

무릇 정치현상은 지배·복종관계를 중심으로 하여 나타나는 것이라 하겠으며, 이러한 관계는 시대와 나라에 따라서 여러 가지로 다른 양상을 나타내는바, 그것은 인간의 정치적 신념이나 가치관이 다르기 때문이다. 다시 말하면 어떤 사회에 공통된 신념체계나 가치체계가 상이하기 때문이다.

그러므로 우리가 정치현상을 연구함에 있어서 종래의 제도적·구조적 측면 또는 일반적 지배수단이라는 측면을 검토하는 것만으로는 불충분하며 정치문화에 대한 고찰이 요청되는 것이다.

먼저 정치문화의 의의를 추려 보면 L. W. Pye는 "정치문화는 모든 정치체제 내의 행동을 지배하는 기본적인 틀을 부여하는 신조·태도 및 심정의 집합체"[9]라고 한다. 또한 S. H. Beer는 정치문화를 사회의 일반문화와 구별하면서 정치문화의 구성요소로서 가치·신조 및 정서적 태도를 들고, 나아가 "정치문화란 일반문화의 특정한 한 측면이며, 특히 정부가 어떻게 관리되어야 할 것인가, 그리고 정부가 수

8) Heinz Eulau, *The Behavioral Persuasion in Politics*(New York: Random House, 1963), chap. 3 참조.

9) Lucian W. Pye, "Political Culture" in David L. Sills, ed., *International Encyclopedia of Social Sciences*(New York: Macmillan Publishing Co., 1968), p. 218.

행하여야 할 일은 무엇인가를 밝히는 데 역점을 두는 것"[10] 이라고 하였다.

다음 행정문화(administrative culture)의 의의를 밝히고자 하는바, 우리가 행정문화라고 할 때에는 문화요소와 결부된 행정을 검토하는 경우와, 행정문화 그 자체의 본질을 규명하려는 경우로 나누어 고찰할 수 있다.[11]

전자의 경우를 보면 F. A. Nigro와 L. G. Nigro는 "문화란 인간이 사회의 성원으로서 습득한 지식·신념·예술·도덕·법률·관습 및 그 밖의 모든 능력과 습관들을 포함하는 복합체"라고 정의한 E. B. Tyler의 말을 인용하면서 행정과 문화의 관계(the relation between administration and culture)를 밝히고자 하였으며, 여러 가지 사업계획(programs)을 집행함에 있어서 문화적 요인에 대한 이해가 선행되어야 한다는 점을 강조하고 있다.[12] 또 생태적 접근을 시도하고 있는 F. W. Riggs는 문화적 요인과 발전의 관계에 관심을 나타내면서 사회·문화적 통합의 정도를 높이는 주요 인자 자체가 발전을 의미하는 분화(diffraction)의 정도를 나타내는 것이라고 하였다.[13] 무릇 행정현상은 문화를 배경으로 하여 이루어지는 현상이라고 하겠으며, 관료제는 그 배경에 있는 사회의 전통적 문화가치(cultural values)[14]의 저장처이기도 하다. 행정과 그 환경으로서의 문화의 관계를 보건대, 급격한 사회변동기에 있어서는 문화가치에 있어서도 상당한 전환이 이루어지는바, 이 때에 행정계층이 사회변동에 대응하여 새로운 문화가치를 잘 흡수하면 행정면의 발전이 이루어지지만, 이와는 반대로 변동에 대한 적응과 흡수를 제대로 하지 못하면 행정의 정체현상이 일어나고, 또 변동에 대한 행정의 낙후가 심할 경우에는 행정의 붕괴가 일어나기 쉬운 것이다.

후자의 경우를 보면 행정문화의 개념은 행정체제가 정치체제의 하위체제라는

---

10) Samuel H. Beer, "The Analysis of Political System" in Samuel H. Beer and Adam B. Ulam, eds., *Patterns of Government: The Major Political Systems of Europe*(New York: Random House, 1962), p. 32. 이와 같은 Beer의 정치문화에 대한 개념정의 속에는 당연히 행정문화의 내용까지도 포함된 것으로 우리는 이해할 수 있다.

11) 김광웅, 행정과학서설(서울: 박영사, 1983), p. 253.

12) Felix A. Nigro and Lloyd G. Nigro, *Modern Public Administration*(New York: Harper & Row Publishers, 1977), p. 51.

13) Fred W. Riggs, *Administration in Developing Countries: The Theory of Prismatic Society* (Boston: Houghton Mifflin Co., 1964), p. 66.

14) 행정조직의 환경분석(analysis of organizational environments)과 관련하여 문화가치의 문제가 중요시되는바, R. N. Osborn 등에 의하면 문화가치란 세계관 및 그 속에서의 인간의 역할에 대한 관념을 형성하는 바람직한 제 조건을 가리킨다고 한다[Richard N. Osborn, James G. Hunt, Lawrence R. Jauch, *Organization Theory: An Integrated Approach*(New York: John Wiley & Sons, 1980) 참조].

점에서 전술한 정치문화의 개념 속에 포함시켜 생각할 수 있겠으나, 여기서는 행정문화의 본질적인 개념을 살펴보고자 한다.

I. L. Richardson과 S. Baldwin은 "행정문화란 사회적으로 습득되고, 사회 또는 국가에서의 행정에 영향을 주거나 제약을 가하는 신념·태도·가치·제도 및 방법의 결합체[15])를 말하는 것이라고 한다.

또한 국내학자들의 견해는 "행정문화란 행정관료들의 의식구조·사고방식·가치관·태도와 일반국민의 행정에 대한 가치체계의 총합"[16])이라고 보는가 하면, "행정문화란 행정을 수행하는 사람들의 태도 또는 행동양식 등을 지배한다고 생각되는 가치관을 말하는 것"[17])이라고 하면서 행정문화를 가치관(value orientation)과 동일시하고 있다.

이상의 행정문화에 대한 개념을 집약한다면 "행정문화란 행정에 있어서의 인간행동을 규율하고 그 유도지침(guideline)의 역할을 하고 있는 제 관념, 특히 제 가치 및 일반국민의 행정에 대한 가치체계의 총합 또는 총체"[18])라고 정의할 수 있다.

행정문화의 본질이 행정에 있어서 역사적으로 생성된 전통적인 제 관념 및 그것에 부여된 제 가치로서 특정지워질 때, 이들 관념 및 가치의 전통성은 쉽사리 전환되거나 혁신되기가 어려운 것이다. F. Heady에 따르면 대체적으로 관료들은 자기들이 어렸을 때부터 지니고 있었던 전통적인 사회규범이나 가치관을 관료조직에 가지고 들어가며, 따라서 관료들이 전통적 가치에 깊이 뿌리를 박고 있기 때문에[19]) 이러한 풍토 아래서는 행정의 발전을 기대하기 힘들다.

또한 행정문화는 본질면에서 관료문화(또는 관료제문화)로 볼 수 있는바, 그것은 행정문화가 관료제의 강한 전통을 지닌 여러 나라에 있어서 관심의 대상이 되고 있기 때문이다. 뿐만 아니라 현저히 관료제화되어 가고 있는 현대국가에 있어서는 행정문화가 비인간화라든가 소외 등의 문제와 관련해서 유익성을 상실하여 마침내 사회 전체 문화의 하위문화로서의 행정문화가 사회 전체를 휩쓸어 일종의 지

15) Ivan L. Richardson and Sidney Baldwin, *Public Administration: Government in Action*(Columbus, Ohio: Merril, 1976), p. 47.
16) 백완기, 한국의 행정문화(서울: 고려대학교 출판부, 1982), p. 208.
17) 조석준, 한국행정학[제 2 전정판](서울: 법문사, 1998), p. 137.
18) 행정이라는 개념 자체를 관과 민의 대응관계로 이해할 경우, 행정문화의 개념도 관과 민의 관련성하에서 파악되어야 한다는 견해가 있는바, 이것은 매우 타당성을 지니고 있다고 사료된다[井出嘉憲, 日本官僚制と行政文化(東京大學出版会, 1982), p. 264 참조].
19) Ferrel Heady, *Public Administration: A Comparative Perspective*(Englewood Cliffs, New Jersey: Prentice-Hall, Inc., 1966), p. 71.

배적인 문화로까지 탈바꿈할 위험성을 지니고 있다는 것이다.[20]

요컨대 행정문화라는 용어는 이것을 행정을 수행하는 관료를 중심개념으로 파악할 때 관료문화라는 말과 동의어로 사용되며, 관료문화란 "관료들이 지니고 있는 특유의 관념, 상징, 유형화된 행태 및 그 생활양식의 총체"를 의미하는 것이라고 하겠다.

제 3 절 우리 나라 관료문화의 특색

우리 나라에는 아직까지도 전통적 가치관의 영향이 많이 남아 있다고 할 수 있겠는데, 우리 나라 고유의 전통적 가치관으로는 유교적인 것, 불교적인 것, 토속적인 것 등을 들 수 있다.[21]

여기에서는 우리 나라 관료들의 행동양식을 각 가치관과 결부시켜 고찰하고자 한다.

Ⅰ. 가족주의적 관료문화

가족주의(familism)란 가족이나 출신지 또는 학교 등 제 1 차 집단을 토대로 한 파벌 · 분파주의를 뜻하는바, 이러한 가족주의 아래서는 가령 공무원을 채용 또는 평가함에 있어서 능력이나 실력보다는 연고를 더 중요시한다.

무릇 정책결정에 있어서는 합리성이나 객관적 판단이 요구됨에도 불구하고 가족주의 아래서는 제 1 차 집단의 이익에 지나치게 치중하는 관계로 사회 전체의 이익을 등한시하게 되는 것도 사실이다.

이와 같은 가족주의에 입각한 관료문화는 공·사의 구별을 흐리게 하고 국가의 자원을 사유시하는 결과를 초래하며 국가의 인적 · 물적 자원은 능률이나 우선순위의 필요성에 따라 배분되어야 함에도 불구하고 행정관료의 개인적 선호에 따라 배분 또는 사용되는 경우도 적지 않다.

또한 행정조직 내의 파벌적 집단들은 서로가 자기 이익에 유리한 정책만을 채

20) Dwight Waldo, *op. cit.*, p. 60.
21) 조석준, 전게서, p. 141.

택하려고 애쓰는 까닭에 집단간의 갈등이 발생하기 쉽고 나아가 조직의 목표를 파괴시키게 된다.[22)]

T. Parsons가 지적한 바와 같이 관료들은 모든 시민에게 동일하게 적용되는 규범에 입각해서 행동해야 할 것인지, 아니면 자기가 맺고 있는 특수한 관계에 따라 행동해야 할 것인지, 딜레머에 빠지게 되는 경우가 허다하다.[23)] 그러나 가족주의적 가치관이 내면화됨에 따라 관료들은 흔히 규범보다는 특수한 연고관계에 따라 행동하기 쉽다는 것이다.

Ⅱ. 권위주의적 관료문화

무릇 정책은 행정기관의 고위층에서 이루어진다고 하여도 과언이 아니며, 고위관료들의 개인적 철학이나 가치관에 의해서 심하게 영향을 받는다. 이러한 경향은 고위관료들이 자기의 지위를 이용하여 권위 위주로 자기 의견을 내세우려는 데서 찾아볼 수 있는바, 이것이 바로 권위주의(authoritarianism)라고 하겠다.

이와는 대조적으로 하위층 공무원들은 상사의 의견을 그대로 받아들이는 경향이 있고, 행동에 대한 책임을 회피하는 의도에서 결정사항에 대한 모든 문제들을 상사에게 맡기려는 것이 거의 습관화되어 있음을 볼 수 있다.

또한 권위주의적 성격을 지니고 있는 사람들은 모든 사물을 선·악이라는 양극의 기준으로 판가름지으려는 경향이 있기 때문에 정책을 결정함에 있어서도 좀처럼 점진적인 방법을 채택하지 않는다는 것이다.[24)]

한편 관과 민의 관계를 보건대 전통적인 사고방식은 관이 민을 지배한다는 것이었다. 과거 우리 나라의 예를 보아도 권위주의 사상의 표현으로서 관존민비의 사조가 팽배하였음은 부인할 수 없는 사실이다.

아직도 발전도상에 있는 우리 나라에 있어서는 행정의 선도적 내지 지도적 역할이 불가피하고 따라서 관료들의 권위주의적 행태가 나타나게 마련이다.

---

22) 백완기, "한국행정과정," 김운태 외, 한국정치론(서울: 박영사, 2002), p. 852.

23) Talcott Parsons and Edward Shils, "Value, Motives and System of Action" in Parsons and Shils, eds., *Toward a General Theory of Action*(Cambridge, Mass.: Harvard University Press, 1951), pp. 81~82.

24) Nevitt Sanford, "The Approach of Authoritarian Personality" in J. L. McGary, ed., *Psychology of Personality*(New York: Logos Press, 1956), p. 722.

Ⅲ. 의식주의적 관료문화

의식주의(ritualism)란 전통적으로 내려오는 관습이나 선례, 의식(ritual) 및 형식(form) 그리고 예절(etiquette)에 집착하려는 성향을 말하는바, 우리 나라에서는 유교문화의 특징의 하나인 예절에 대한 숭상에서 의식주의의 근원을 찾아볼 수 있다.[25] 즉 예절은 사회생활에 있어서 규범적·윤리적 기준이 되는 것이며 만일 이것이 잘 지켜지지 못하면 수치스러운 일로 간주된다.[26] 그리하여 인간은 타인의 웃음거리가 되지 않으려고 애쓰며 또 그렇게 노력하는 사회일수록 의식이 잘 지켜진다고 볼 수 있다.

이와 같이 타인이 자기를 어떻게 평가하고 있는가에 대하여 지나치게 신경을 쓰다 보면 자기 인생을 자기가 통제한다기보다는 타인이나 외형적인 의식이 통제하는 결과가 된다. 그뿐만 아니라 형식·의식·체면 및 타인의 평가가 인간의 행위를 지배할 때에는 인간이 내심(본심)과 외심(허심)의 이중구조를 지니게 되며, 외심에 충실하지 않을 경우에는 타인의 웃음거리가 되는 것이 무서워서 불안하고 외심에 충실하다 보면 내심의 반작용으로 또 불안을 느끼게 되는 것이다.[27]

Ⅳ. 운명주의적 관료문화

운명주의(fatalism)란 모든 인간생활이 인간의 의지보다는 우연이나 행운 그리고 초자연적 힘(supernatural force)에 의해서 결정된다는 믿음을 말한다. 우리 나라 사람들의 가장 전통적인 가치관의 하나는 운명주의라고 할 수 있으며, 그것은 인간이 자기가 타고난 사주팔자의 굴레를 벗어날 수 없다는 사고방식에서 나온 것이다. 우리 나라 관료들은 운명주의적 태도에서 벗어나는 과도기적 과정에 있기는 하지만 아직도 운명주의적 성향을 지니고 있음을 부인할 수 없다.[28]

관료들이 운명주의적 사고방식을 지니고 있을 때에 이것은 행정행태나 공공정

---

25) Tae-Kil Kim, "How Harmonize Traditional Moral Value and Present-day Needs in Korea," *International Conference on Problems of Modernization in Asia*(Seoul: Korea University Press, 1966), p. 94.

26) 이것을 R. Benedict는 수치의 문화(shame culture)라고 부르고 있다〔Ruth Benedict, *The Chrysanthemum and the Sword*(Boston: Houghton and Mifflin Company, 1946), pp. 222～227 참조〕.

27) 백완기, 전게서, pp. 85～86.

28) 상게서, p. 24.

책에 큰 영향을 미치게 된다. 예를 들면 문제해결에 있어서 사람들이 초자연적이고 신비적인 힘에 기대려고 하기 때문에 과학적인 사고가 결여되기 쉽고, 또 조직의 구성원들이 운명주의적 사고에 젖어 있으면 이들의 관심은 현상유지(preservation of status quo)에 머무르게 되므로 자연히 어떤 변화나 개혁을 받아들이지 않게 된다.

제 4 절 우리 나라 관료제와 관료문화

오늘날의 한국 관료제의 특성은 주로 이조시대를 지배하고 있었던 전통문화가 계승되어 온 것으로 볼 수 있기 때문에, 여기서는 관료문화를 이조시대, 일제시대 그리고 해방 이후의 세 단계로 나누어 살펴보고자 한다.

Ⅰ. 이조시대의 관료문화

이씨조선이 건국 초기에 이미 유교를 국교로 정한 이래 조선조 5백년의 역사를 통하여 유교의 이념 및 규범은 당시 사람들의 의식구조를 크게 지배하였던 것이다. 따라서 유교는 조선의 전통문화, 특히 관료문화를 형성시켜 준 근원이었다고 하여도 과언이 아니다.

먼저 관료행태의 기능적인 면을 보면 관료가 유교적 이념을 고수하고 군자의 도리를 지키는 과정에서 나타나는바, 이는 크게 나누어 청렴결백·의리·위민정신의 행동화 등에서 찾아볼 수 있다.[29] 즉, 나라에서는 청백리가 있으면 표창하여 관료의 귀감이 되게 하였으며, 의를 존중하여 충의정신을 높이 평가하였다.[30] 또 관료는 행정업무의 수행뿐만 아니라 백성을 교화하기 위해서 덕과 교양을 지닌 모범인이 되어야 했으며 백성을 사랑하는 자세를 갖추어야 했던 것이다.

그러나 조선조의 문치주의는 상대적으로 경시되었던 상공업부문을 침체시킴으로써 경제상태의 낙후를 면치 못하였다. 이에 따라 정치권력으로서의 관직은 양반

29) 안병만, 전게논문, p. 21.

30) 사육신과 생육신의 불사이군의 태도는 의리를 무엇보다도 높이 평가한 당시 관료들의 표상이었다.

들의 유일한 경제수단이 되었고 관직에 대한 지나친 참여를 유발시켜 분쟁을 격화시킴으로써 관료들의 역기능적 행태를 노정시켰던 것이다.

다음 관료행태의 역기능적인 면을 보면 권위주의적 상하관계와 관존민비 및 착취를 들 수 있다. 즉, 관직이 신분유지의 유일한 수단이 됨에 따라 관직을 얻으려는 양반들의 노력은 수단 방법을 가리지 않았으며 관직을 목적으로 하는 관료제 내의 집단이기주의는 치열한 당파 싸움으로 번져 나갔다. 또한 관료들의 민에 대한 관존민비의 사상이 이조 말 관민간의 행동규범으로 크게 부각되었다. 그리고 관료들의 가족과 집단에 대한 의무감은 이조사회가 경제적으로 곤경에 빠질수록 부정과 착취를 자행케 하는 동기가 되었던 것이다.

Ⅱ. 일제시대의 관료문화

이 시기에 있어서는 우리의 전통적 관료문화가 성격변화를 가져왔는바, 그 하나는 색다른 권위주의의 등장이고, 다른 하나는 법규만능주의와 불신사조라고 하겠다.

즉, 일제시대에 있어서의 관료제의 발달은 신도사상을 통하여 천황과 국가에의 충성을 확보하고 그러한 충성을 관료제조직에의 충성과 합일화하는 과정에서 찾아볼 수 있다.[31] 다시 말하면 우리에게는 생소한 신도사상에 입각하여 효보다도 충의 우월성을 내세움으로써 일본 천황에 대한 절대적 신조, 공권력에의 복종을 요구하는 과정이었으며, 이리하여 관료는 천황의 관료로서 직접 천황에 봉사하는 특권계급으로 생각되었고, 특히 민에 대하여는 권위주의적 존재로서 부각되었던 것이다.[32]

한편 일제시대의 관리들은 법률중심적 사고를 지니고 있었으므로 자연히 법전의 테두리 속에서만 행정문제를 다루었으며, 적합한 법이 없을 때는 그들이 직무를 이행하지 않아도 정당화되는 것으로 인식했었다.[33]

당시 한국인은 일본의 법률주의를 모방함으로써 법규만능주의라는 새로운 관료문화가 생성되었으며, 다른 한편으로는 식민과 착취를 일삼는 지배행태에 반감을 표시함으로써 불신사조가 극에 달하였던 것이다.

31) 안병만, 전게논문, p. 29. 해방 직후 1946년에 공포를 본 일본헌법에서는 천황주권을 부정하고 국민주권을 선언하고 있다.
32) 안병만, 한국정부론〔제 4 판〕(서울: 다산출판사, 2002), pp. 109~110.
33) 박동서, 한국관료제의 역사적 전개(서울: 한국연구도서관, 1961), p. 64.

Ⅲ. 해방 이후의 관료문화

먼저 해방 이래 1950년대 말엽까지는 관료문화의 혼돈과 정체가 계속된 시기였다고 볼 수 있다.[34] 그것은 사회의 급격한 변동에도 불구하고 우리의 관료제는 문화가치의 유산과 구습을 버리지 못하였기 때문이다. 즉 해방 이후 5년도 못 되어 일어난 6·25사변은 행정의 환경을 이루는 우리 사회에 커다란 생태적 변화를 가져왔고, 1950년대의 우리 나라 정치지도자들은 대체로 사회변동에 둔감하여 그 도전에 대하여 오히려 도피적인 태도를 지녔으며, 행정관료도 그 영향을 받지 않을 수 없었던 것이다.

그러나 1960년대에 들어서면서 우리의 관료문화는 점진적인 전환을 가져오게 되었는데, 그것은 사회변동의 물결이 가치의 전환을 강요하게 되었기 때문이다. 즉, 이 시기에 신진사회세력이 중앙의 정치무대에 많이 진출하게 됨으로써 전환이 이루어졌는바, 1960년대에 접어들어 사회 전면에 나온 유력한 신진세력은 지식층과 군이었으며, 이들은 당시의 우리 사회에서는 상대적으로 새로운 문화가치를 많이 흡수한 집단이었다.[35] 그들은 새로운 정치상황 아래서 행정계층에 다수 진입하여 자유정신과 관리적 사고방식 등을 관료문화 속으로 이식하였다.

1960년대에 국가발전이라는 목표가 뚜렷해지고 행정권의 강화현상과 더불어 발전을 위한 선진적 임무가 행정관료에게 있다고 보는 불균형 발전정책이 구체화되면서 행정관료들은 법적으로 부여된 권한의 범위를 훨씬 능가하는 막대한 실권을 부여받게 되었다.

특히 경제발전을 위한 각종 의사결정과정에서 관료의 결정에 관한 역할은 커졌으며 정책관료군이 형성되었다. 이것은 한편으로는 행정의 전문화 및 효과성을 높이는 데 크게 기여한 관료성격의 변화라고 볼 수 있겠으나, 다른 한편으로는 관료에게 지나친 권력소유의 결과를 가져오게 함으로써 권력의 남용을 가능케 해 주는 여지를 마련해 준 것이다. 서정쇄신, 사회정화운동 등은 이것을 시정하기 위해 나타난 정책적 배려였다고 평가할 수 있을 것이다.

이제 해방 이후에 있어서의 관료문화를 관료행태의 기능적 국면과 역기능적 국면으로 나누어 살펴보고자 한다. 먼저 관료행태의 기능적인 면을 보면 해방 이후 서구적 민주사상과 합리주의원칙이 관료제 내에 크게 부각됨에 따라 행정의 민주

34) 이한빈, 국가발전의 이론과 전략(서울: 박영사, 1968), pp. 162~164.
35) 상게서, p. 166.

화라는 새로운 행정윤리관은 계층적 관계의식 속의 관료의 민에 대한 위치를 바꾸어 놓았다. 즉, 전통적 관념에 따르면 관료가 민을 다스리는 것을 뜻하였으나, 민주행정의 논리에 따르면 관료는 민에 봉사하는 공복(public servant)을 의미한다. 다만 청렴결백, 충의정신 등은 계속 남아 있다고 보아야 할 것이다.

다음 관료행태의 역기능적인 면, 즉 관료들이 원래 의도하였던 바에 위배되는 행위를 하는 경우를 보면, 첫째, 전통적으로 내려오는 관료들의 역기능적 형태가 답습되어지는 경우, 둘째, 관료제 자체의 양적 확대와 더불어 관료화경향이 나타남으로써 관료의 병리현상(bureaupathology)이 생기는 경우와, 그리고 셋째, 전통과 근대화가 가지는 특성간의 마찰에 의해 나타나는 프리즘적(prismatic) 현상으로 이해되는 경우로 나누어 생각할 수 있다.[36)]

특히 1960년대에 들어 근대화가 추진되면서 관료제의 역할이 중요시되고 관료제가 양적으로 대폭 확장되었던 우리의 경우를 생각해 볼 때, 새로이 등장한 현대관료제의 병리현상은 이조시대부터 이어져 왔던 관료행태의 역기능적인 면을 더욱 강화시켜 주는 결과를 가져왔다고 할 수 있을 것이다.

36) Victor A. Thompson, *Modern Organization*(New York: Knopf, 1961), p. 177.

제 8 편

발 전 론

제 1 장　행정과 발전
제 2 장　발전을 위한 행정체제의 비교
제 3 장　국가발전과 행정의 과제
제 4 장　한국행정의 과제

제 1 장

행정과 발전

제 1 절 발전행정

Ⅰ. 발전행정의 의의

1. 발전의 개념

발전(development)이라는 용어의 뜻은 여러 가지 측면에서 파악될 수 있는 다의적인 개념이나, 오늘날에 있어서는 발전의 뜻이 "전통적·전근대적 사회생활의 제 조건에서 탈피하여 발전된 사회로 변이해 가는 과정"으로서 이해되고 있다.[1)]

1960년대에 접어들어 F.W. Riggs는 발전이라는 개념을 사회분화로 파악하였고,[2)] 그 후 그는 "발전이란 향상시켜 나가는 것"이라고 하였다. 한편 S.P. Huntington은 발전의 개념을 정치조직 또는 행정조직의 제도화에서 구하고 있으며, 그가 말하는 조직발전이란 기능적 자율성(functional autonomy)을 뜻한다.[3)] 또한 A. Diamant에 의하면 발전이란 한 사회체계가 계속 새로운 목적과 수요에 대응하고 새로운 형태의 조직을 창조해 나갈 능력을 증진하는 것을 뜻한다.[4)]

---

1) 발전이란 문제가 사회과학자들의 관심의 대상이 된 것은 1950년대 이래의 일이며, 당초에는 발전의 내용이 경제발전을 의미하는 것이었으나, 오늘날에 이르러서는 국가발전 또는 사회 전체 체제의 발전이라는 포괄적인 개념으로서 파악되고 있다〔이한빈, 국가발전의 이론과 전략(서울: 박영사, 1969), pp. 9～10 참조〕.

2) Fred W. Riggs, "Bureaucracy and Political Development: Paradoxical View" in Joseph Lapalombara, ed., *Bureaucracy and Political Development*(Princeton: Princeton University Press, 1963), pp. 122～123.

3) Samuel P. Huntington, *Political Order in Changing Societies*(Cambridge, Mass.: Harvard University Press, 1968), 제 1 편 참조.

4) Alfred Diamant, "The Nature of Political Development," reprinted in J.L. Finkel and R. W. Gable, eds., *Political Development and Social Change*(New York: John Wiley, 1966), p. 92.

이 밖에도 발전의 개념을 체제이론과의 관련하에 파악하려는 학자들의 시도가 있는데, 그들은 체제이론이 지니는 정체성에도 불구하고 체제 그 자체가 변동과 발전을 설명할 수 있는 소지를 가지고 있음을 시인하고 있다.

따라서 발전이란 구조적 분화, 체제의 통합, 변동대응력의 향상, 그로 인한 조직발전을 뜻하며, 목적지향적 · 가치지향적으로 파악되는 개념이다.

2. 발전행정과 행정발전

우리가 사회를 가장 넓은 의미로 파악하여 사회의 모든 체제를 포괄하는 체제를 사회전체체제(societal system)로 본다면, 이 사회전체체제(상위체제) 속에는 여러 개의 하위체제, 즉 정치체제 · 경제체제 · 사회체제 · 문화체제 및 행정체제가 존립하며 이들 하위체제들은 상호의존관계에 있음을 알 수 있다.

무릇 행정체제는 다른 여러 하위체제, 즉 정치체제 · 경제체제 · 사회체제 및 문화체제가 잘 발전할 수 있도록 치밀하게 행정계획을 수립하고 집행하는 데서 그 기능을 찾아볼 수 있는바, 여기서 행정발전(administrative development)이라는 의미는 행정체제의 기능이 정치체제 · 경제체제 · 사회체제 및 문화체제의 발전을 지원(support)해 주는 경우(균형적 접근방법), 혹은 행정체제가 여타 체제를 선도(lead)하는 경우(불균형적 접근방법)의 어느 경우를 막론하고 어디까지나 행정체제 자체의 역량을 제고시킴을 말한다.

그러나 여기서 행정발전과 발전행정의 차이를 요약한다면, 행정발전(administrative development)이란 용어의 뜻은 '행정자체의 발전'을 강조하는 의미로 사용되며, 한편 발전행정(development administration)은 '발전을 위한 행정'이라는 의미로 사용되고 있다.

Ⅱ. 발전행정의 접근방법

행정체제를 사회전체체제를 구성하는 하나의 하위체제(sub-system)로 보는 경우, 행정체제와 다른 하위체제(정치, 경제, 사회, 문화) 상호간에 어떠한 관계가 이루어지고 있는가에 따라 균형적 접근방법과 불균형적 접근방법으로 나누어진다. 다시 말하면 국가발전에 있어서 행정이 주도적이어야 하는가, 아니면 병진적이어야 하는가에 따라 두 가지의 방법이 생겨난다.

1. 균형적 접근방법

F. W. Riggs, S. N. Eisenstadt 등은 행정을 독립변수가 아니라 종속변수로 다루고 있다. 이들은 분석방법에 있어서 행정에 대한 환경의 영향, 즉 생태적 요인과 투입능력을 중시하고 있다.

대부분의 발전도상국들은 전제군주체제하에 있었거나 선진국의 식민통치를 경험하였기 때문에 행정체제는 통치자의 지배수단으로 일찍부터 성장해 왔으나, 다른 부문들은 성장하지 못했으며, 특히 정치체제와의 불균형이 심하다. 더구나 사회적 분화가 덜된 발전도상국의 프리즘적 사회에서는 군부나 행정관료제가 체계적으로 조직된 유일한 세력이며 이들이 국가에서 가장 지배적인 위치를 점하는 것이 보통이다. 이러한 상황에서 행정체제만을 더욱 강화시키면 다른 정치부문의 성장은 좌절되며, 이는 결국 행정체제를 탈선시키거나 타락하게 한다. 따라서 이들은 사회전체체제를 구성하고 있는 여러 하위체제 사이의 상호관계를 중요시하고 정치체제 · 경제체제 · 사회체제 등의 발전이 정치체제의 발전에 선행하거나 혹은 적어도 동시적으로 이루어져야 한다고 주장한다.

2. 불균형적 접근방법

M. J. Esman, E. W. Weidner 등은 국가발전에 있어서 행정의 독립변수적 역할을 강조한다. 즉 이들은 행정체제와 사회의 각 하위체제 사이의 상호의존관계를 인정하면서도 행정의 주도적 역할을 강조하고 행정체제의 발전이 타 분야의 여러 체제의 발전을 유도하는 것으로 보고 있다. 그리하여 이들은 행정계획의 의도적 측면을 중요시하고 발전목표를 달성하기 위한 정책과 행정의 규명에 전념하고 있다.

이 접근방법은 행정과 환경과의 관계에서 환경이 행정에 큰 영향을 준다는 투입적 요인보다는 행정이 의도적 · 정책적으로 환경에 영향을 준다는 산출적 요인을 더욱 중요시한다.

위에서 두 가지 접근방법을 고찰하였거니와 이들이 지니고 있는 문제점을 지적해 두고자 한다. 먼저 전자의 균형적 접근방법에서는 정치 · 경계 · 사회 등 타분야의 발전이 행정분야보다 선행되거나 또는 최소한 정치분야와 동시에 발전해야 한다는 것인데 현재 발전도상국들이 당면하고 있는 뒤떨어진 경제상 · 사회상에 비추어 실제로 어떤 구체적인 해결책을 마련해 주지 못하고 있다.

다음 후자의 불균형적 접근방법에서는 의도적인 인간의 행동이 과연 반드시 합리적인 것이라고 볼 수 있느냐 하는 것이 문제되는데, 만일 합리적인 존재로만 볼 수 없다면 목표지향적 행동을 의도적으로 추구한다는 것은 지나친 이상론에 빠질 가능성이 있다.

이와 같이 두 접근방법에 대한 비판에도 불구하고, 전술한 바와 같은 발전행정의 접근방법에 대한 설명은 체제적 시각에서 간결하게 잘 요약되었다는 장점을 지니고 있다. 그러나 여기서 한 가지 유념해 두어야 할 것은 과연 이 체제이론 자체가 일부 논자들의 견해처럼 동태적이냐 하는 것을 살펴볼 필요가 있다는 것이다.

Ⅲ. 발전행정의 지표

1. 발전에 따른 일련의 제 문제

L. W. Pye는 발전에 따르는 일련의 문제로서 균등(equaliy)의 문제, 역량(capacity)의 문제 및 분화(differentiation)의 문제를 들고 있다.[5)]

(1) 균등의 문제

법은 일반적이며 균등한 성질을 지닌 것이어야 하고 모든 사람에게 예외 없이 적용되어야 한다. 또한 균등은 관료의 충원과 성과의 성취기준을 반영해야 하며, 전통적인 사회에 있어서의 귀속적인 면을 반영시켜서는 안 됨을 의미한다.

(2) 역량의 문제

역량이란 공공정책의 수행에 있어서의 능률성과 효과성을 의미하며, 이는 행정의 합리성과 정책에 대한 지속적인 지향성에 관계가 있다. 그리하여 발전된 체제는 다른 체제들보다 많은 일을 수행할 수 있을 뿐만 아니라, 그것을 훨씬 신속하고 완벽하게 수행할 수 있다는 것이다.

(3) 분화의 문제

분화가 진행됨에 따라 체제 내에서는 다양한 정치적 내지 행정적 역할에 대한 기능적 특성이 증대된다. 그러나 분화의 참뜻은 복잡한 구조와 과정을 가진 서로 다른 분야간의 분열과 고립이 아니라 궁극적으로는 통합에 기초를 둔 전문화를 의미하는 것이라고 한다.

이상 L. W. Pye가 말하는 발전과정의 핵심에 내재하고 있는 세 가지 차원, 즉 균등 · 역량 · 분화에 대해서 보았거니와 이들 균등에 대한 요구와 역량의 요건 사

5) Lucian W. Pye, *Aspects of Political Development*(Boston: Little, Brown Company, 1966), pp. 45～67.

이에 그리고 분화의 과정 사이에는 늘 날카로운 갈등이 상존하고 있음을 부인할 수 없다. 그 이유는 보다 많은 균등에 대한 압력이 체제의 역량에 대한 도전이 될 수 있으며, 분화는 지식의 질과 전문화의 중요성을 강조함으로써 경우에 따라서는 균등의 정도를 감소시킬 수도 있기 때문이다. 또한 균등의 문제는 일반적으로 정치, 문화 또는 정통성에 대한 인식과 관련이 있으며, 역량의 문제는 정부의 공식구조의 성과와 관계되고, 분화의 문제는 주로 사회의 일반적 정치과정과 관계된다.

2. 사회전체체제의 발전지표

사회전체체제가 발전을 이룩하기 위해서는 정치체제 · 사회체제 · 문화체제 · 경제체제 등의 각 하위체제가 발전되어야 함은 두말할 나위도 없으며 이들 각 하위체제의 발전을 위해서 제각기 이 발전지표를 살펴볼 필요가 있다.

(1) 정치체제의 발전지표

먼저 정치체제에 있어서는 국민 · 정부 및 정치단체간의 상통기술(art of association)의 문제가 중요시되고 있으며, 정치체제의 발전지표는 Pye가 든 정치발전에 있어서의 여섯 가지의 위기, 즉 일체성의 위기(identity crisis), 정통성의 위기(legitimacy crisis), 침투의 위기(penetration crisis), 참여의 위기(participation crisis), 통합의 위기(integration crisis) 및 분배의 위기(distribution crisis)를 어떻게 극복하느냐에 두어야 할 것이다.

(2) 경제체제의 발전지표

경제체제에 있어서는 생산성이라든가 합리성의 문제가 발전지표로서 다루어지는 것이 통례로 되어 있다. 우리가 경제발전을 체제발전의 차원에서 볼 때에는 단순히 경제체제의 일부분 또는 경제체제의 속성이 개선되는 것만을 의미하는 것이 아니라 산출역량 · 적응역량 및 융통성이 증가하는 차원에서 경제체제의 조직 및 구조가 향상됨을 말하는 것으로 볼 수 있기 때문에 경제발전의 지표는 첫째, 산출능력의 증가, 둘째, 환경에 대한 적응력 및 융통성의 증가, 셋째, 경제조직 및 구조의 개선에 두어야 할 것이다.

(3) 사회체제의 발전지표

무릇 사회체제에 있어서는 집단과 계층의 문제가 중요시되고 있다. 우리는 '사회를 구성하고 있는 요건들을 설명하는 기준'을 흔히 사회지표라고 부르고 있는데, 예컨대 집단의 지표로서는 1 차집단(정신노동), 2 차집단(정신노동과 육체노동이 합친 것), 3 차집단(육체노동)을 들 수 있고, 계층의 지표로서는 사·농·공·상 등을 들 수 있다. 그리하여 사회체제의 발전지표로서는 평준화의 문제와 인간화의 문제가 다루어져야 할 것이다.

(4) 문화체제의 발전지표

우리는 문화를 유형화된 행태의 집합체로 보고 있는바, R. M. Keesing은 유형화된 행태를 이루는 요인을 인식(cognition)·구조(structure) 및 상징(symbol)으로 파악하고 있다. 그런데 이것을 정치학적 입장에서 본다면 위의 요인 중에서 인식을 동일성(identity)으로 볼 수 있고 구조를 규범(norms) 또는 규칙(rules)으로 볼 수 있다. 그리하여 문화체제의 발전지표는 동일성(identity)의 증가, 규범(norms) 및 상징(symbol)제도의 향상에 두어야 한다.

(5) 행정체제의 발전지표

여기서 행정체제의 발전이라는 의미는 어디까지나 행정체제 자체의 역량을 제고시킨다는 뜻이다. 즉, 행정체제의 기능이 정치체제, 경제체제, 문화체제, 사회체제의 발전을 지원(support)해 주는 경우(균형적 접근방법), 혹은 행정체제가 여타 체제를 선도(lead)하는 경우(불균형적 접근방법)의 어느 경우를 막론하고 이러한 목적을 달성하기 위해서는 행정 자체 역량의 제고, 즉 행정체제 자체의 발전이 절실히 요청된다 하겠다.

Ⅳ. 행정발전의 제고방안

이제 행정체제 자체의 역량을 제고시키기 위한 행정발전의 방안을 제시하면 다음과 같다.

1. 발전지향적 행정이념의 확립

무릇 국가의 발전목표를 신속히 달성하기 위해서는 행정이 추구할 가치 내지 지도정신이 제시되어야 하며, 시대에 따라 변화하는 행정이념을 정확히 파악함으로써 행정의 사회변동에 대한 대응능력을 강화시키는 데 이바지할 수 있는 것이다.

행정이념이란 한 마디로 행정이 지향하고자 하는 최고가치 및 지도정신을 뜻하는데, 행정발전을 위해서는 행정이념의 확립이 요청된다. 그런데 행정이념은 특정 시대 및 특정 국가의 상황을 간과하고서는 이해될 수 없는 것이다. 여기서 우리나라 행정이념의 우선순위를 살펴보면 건국 초부터 1950년대까지는 주로 질서유지를 위해 합법성이 강조되었고, 1960년대 초기에 접어들어 정부가 경제개발에 중점적인 투자를 단행하게 되자 효과성이 중요한 행정이념으로 부각되었다. 그러나 1980년대 이후의 행정이념으로서는 당연히 민주성과 사회적 형평성이 강조되어야 할 것이다.

2. 발전지향적 행정문화의 확립

발전도상국의 일반적인 추세를 보면 행정체제에 비하여 여타의 체제가 위약한 상태에 있음을 알 수 있고 행정체제가 강화되는 경향을 나타내고 있다. 또한 발전도상에 있는 나라에 있어서는 합리적 구조가 반드시 합리적 인간(관료)을 만들어 낸다고만 볼 수 없으며, 합리적 구조의 크기가 커질수록 그 자체의 통치력이 강화되고 관료는 그러한 통치력을 배경으로 하여 비합리적 또는 권력적 행태를 두드러지게 나타내는 경향이 있다. 그리하여 행정부의 권력강화현상은 입법부·사법부·정당 및 이익단체 등을 압도하게 되므로 행정의 권력화현상이 나타나게 마련이며, 따라서 행정을 정부체제 전체의 권력의 핵으로 파악하는 경향마저 나타난다.

그러므로 국가발전 정도의 차이에도 불구하고 행정의 궁극적 목표가 행정의 민주성 확보에 있음이 강조되어야 한다. 물론 행정이 추구하여야 할 목표로서의 행정이념에는 합법성·능률성 및 효과성이 언제나 역설되고는 있으나, 그것의 최고 가치는 무엇보다도 민주성의 확보에 있다고 하겠다.

이와 같은 행정의 민주화를 위해서는 문화면에서 일반문화가 민주화의 방향으로 변화되어야 할 것인바, 이를 위해서는 관료문화가 평등 및 봉사에 기반을 둔 민주문화로 전환되는 것이 요청되고 있다.

3. 행정발전을 위한 조직쇄신의 확립

S. P. Huntington은 발전의 개념을 정치조직 또는 행정조직의 제도화에서 구하고 있다. 무릇 조직은 행정의 모체이므로 행정발전을 이룩하기 위해서는 끊임없는 조직쇄신(organizational innovation)의 확립이 요구된다.

여기서 조직쇄신의 뜻은 구조·제도면, 기술면 그리고 행태면의 세 가지 측면에서의 변화를 가리킨다. 즉, 조직쇄신에는 구조·제도면의 쇄신, 기술면의 쇄신, 그리고 행태면의 쇄신이 모두 포함된다고 하겠는데, 이 가운데서 후자의 행태면의 쇄신을 흔히 우리는 조직발전(organizational development)이라고 부르고 있다. 다만 여기서 유의해 둘 것은, 조직발전(행태면의 쇄신)을 다른 조직쇄신(구조면 또는 기술면의 쇄신)과 엄격히 구별한다는 것은 매우 어렵다는 사실이다.

조직발전은 주로 조직구성원들의 행태면에서의 '계획된 변화'(planned change)를 통하여 그들의 가치관이나 태도를 전환시킴으로써 조직풍토의 쇄신을 도모하려는 데 주목적이 있다. 즉, 조직발전이란 조직구성원들의 인간적 행태면에서의 '계획된 변화'를 통하여 조직의 유효성 내지 건전성을 높임으로써 조직 전체의 쇄신을 꾀하려는 노력을 뜻하는 것이라 하겠다.

대개의 경우 발전도상에 있는 나라들은 선진국가들이 장기간에 걸쳐 처리해 오던 위기해결의 과업을 단기간 내에 달성해야 할 처지에 놓여 있기 때문에 관료기능의 확대는 불가피한 실정에 놓여 있으나, 관료들의 권한의 독점 등 각종의 폐단을 막을 강력한 통제장치를 갖추는 것이 무엇보다도 급선무라 하겠다. 이러한 역기능이 위험을 안고 있는 전통적인 관료조직에 의해서는 시민에 대한 보다 나은 행정서비스를 제공하기가 어렵기 때문에 보다 나은 행정이 되기 위해서는 전통적인 관료제가 수정되지 않으면 안 된다고 하는 V. Ostrom의 주장도 바로 이러한 행정발전을 위한 조직쇄신의 요청에서 비롯된 것이다.

한편 우리 나라 행정체제가 당면하고 있는 가장 시급한 과제는 관료제에 잠재하고 있는 역기능적 병리현상을 제거하는 것이라고 하겠다. 이러한 의미에서 쇄신적 관료제의 확립을 위해서는 관료조직 내에 새로운 idea를 들고 나서는 창도자가 있어야 하며, 행정조직의 목표달성을 위하여 구성원 전체가 쇄신적 행태를 지녀야 하고 아울러 쇄신적 분위기가 조성되어야 할 것이다.

제 2 절 국가발전과 행정의 역할

Ⅰ. 국가발전을 위한 목표설정

발전도상국이 해결해야 할 시급한 문제는 발전을 위한 목표를 설정하는 것인데 이는 매우 가치판단적인 것이므로 이것을 설정한다는 것은 그렇게 용이한 일이 아니다.

오늘날 발전도상국들은 대개 정치적·경제적 후진성을 면하지 못하고 있다. 따라서 발전도상국들은 하루 속히 경제적 자립을 이룩하여 선진국에 대한 예속성에서 벗어남과 아울러 통합된 하나의 국민공동체를 형성해야만 한다. 그래서 발전도상국가에서는 국민형성과 사회·경제적 진보라는 두 가지의 상호관련된 목표를 지향하고 있는 것이다.

Ⅱ. 국가발전을 위한 행정의 역할

1. 발전 목적의식과 심리적 안정감의 조성

전통사회에서는 전통적인 가치관·제도 및 행동양식이 심리적 안정감을 주었으나, 오늘날 급격한 사회변동은 이를 변혁시켜 왔으며, 그렇다고 해서 거기에 대치할 뚜렷한 어떤 것도 찾아보기가 어려운 형편이다. 따라서 사람들은 심리적 불안감을 갖게 되고 방향감각을 상실하게 된다. 그러므로 뚜렷한 발전 목적의식을 고취시켜 심리적 안정감을 조성·확립한다는 것은 중요한 역할이라 하겠다.

2. 의사전달의 통로확립과 참여촉진

일반적으로 발전도상국의 국민이 지배자와 잘 동화되지 못하는 것은 양자간의 의사전달 통로가 차단되어 있는 것에 기인한다. 또한 급격한 사회변동에서 야기되는 불안감 등은 정부의 무능력에서 오는 불신감과 지도자의 권위의 강조 등 복합적인 요인이 작용하여 사회 내에 광범한 정치적 무관심이 노정되기도 한다. 그러므로 정치·행정과정은 국민에서 유리된 채 진행되기 쉽고, 발전계획의 수립·집행에 있어 국민의 참여나 협조, 이해를 얻지 못하는 수가 허다하다. 요컨대 발전행정은 정부의 일방적인 일이 아니기 때문에 국민의 협조와 이해가 앞서야 되겠고, 따라서 널리 시민의 참여를 가능케 하는 기회의 부여가 행정의 역할로서 기대된다.

3. 사회적 통합 및 질서유지

발전도상국에서는 아직도 전통적 요소의 잔재가 강력히 뿌리박고 있으며, 관습·혈연·지연 등 다양한 전통적 유대에 집착하고 이로 인해 국가적 일체감이 결여되어 있다. 따라서 정부는 이러한 전통적 유대와 이익에 집착하는 개인이나 집단으로 하여금 국민적 통일체의 제 상징과 제도에 일체감을 갖도록 해야 한다. 그리고 오늘날과 같이 사회변동이 극심한 발전도상국에 있어서는 불안과 혼란을 면할 수 없으므로 사회질서의 유지를 위해서 행정이 담당해야 할 역할이 크다고 하겠다.

Ⅲ. 정부관료제에 기대되는 역할

오늘날 정부관료가 하여야 할 역할은 무엇보다도 우선적으로 사회체제의 변동을 관리하고 선도하는 것이다. 정부관료의 활동에는 법과 질서의 유지라는 소극적 기능이 당연히 포함되는 것이나 나아가 능동적으로 행정대상의 발전을 촉진하는 적극적인 활동이 기대되고 있다.

무릇 발전도상에 있는 국가에 있어서의 정부관료제는 근본적인 사회변화에 필요한 전문적·기술적 및 관리적 자원을 거의 독점하고 있는 실정이다. 그리고 경제적·사회적 발전을 위한 자원의 동원을 정부부문에서 맡지 않을 수 없고 또 정부에서 직접 나서야 하며, 그 밖의 분야에 있어서도 정부부문이 발전을 촉진시키기 위하여 계획하고 규제하며 조장하는 활동을 펴나가야 할 입장에 있는 것이다.

이와 같이 발전도상국가에서는 정부부문에 주어진 임무를 주로 정부관료제라는 조직체가 맡아서 하게 되어 있다. 그뿐만 아니라 정부관료제의 무거운 책임이 인정되고 선진국가에서보다 훨씬 다양한 임무를 수행할 것이 기대되고 있다. 그러나 오늘날 발전도상국들은 선진국들이 오랜 기간 동안에 차례로 이룩한 발전을 짧은 기간 내에 그리고 한꺼번에 이룩하려고 하기 때문에 더욱 복잡하고 힘든 문제를 야기시키고 있는 것이다.

제 2 장

발전을 위한 행정체제의 비교

제 1 절 비교행정의 의의

R. A. Dahl은 일찍이 "행정학연구가 비교론적인 것이 되지 못한다면 공공행정에 관한 과학이라고 하기는 어렵다"[1]고 하면서, 비교행정의 중요성을 강조한 바 있다.

W. Wilson 등 선구적인 학자는 이미 오래 전에 미국의 행정을 이해·개선하고자 함에 있어서 구라파의 경험에 관심을 기울였지만, 그 뒤의 대부분의 학자들은 제 2 차 세계대전 전까지는 주로 국내적인 상황에만 관심을 집중시켰을 뿐, 외국의 행정체제에 관해서는 우발적인 관심밖에 기울이지 않았다. 그러나 이러한 편협성이 지니는 한계성과 위험성이 인식되어짐에 따라 특히 제 2 차 세계대전 이후부터는 점차 비교분석을 강조하는 새로운 행정연구가 활발히 전개되었으며, 시대적으로 볼 때 발전행정은 그 뒤의 산물이라 할 수 있다.

그런데 이러한 새로운 방향으로의 발전의 이면에는 그러한 노력을 촉구하게 한 몇 가지 이유가 있다.

첫째, 행정에 관한 과학을 확립하고자 하는 사람들은 행정의 과학화가 무엇보다도 국가적 경계를 넘어서 행정행태에 관한 제 명제들을 성공적으로 정립할 수 있는가의 여부에 달려 있음을 인식하게 되었다.

둘째, 이러한 과학적인 문제 추구라고 하는 요청 이외에도 국가간의 경계를 넘어서 공공행정을 이해할 경우에 얻어지는 이득은 많다는 것이다. 즉, 외국에서 발달된 여러 가지 행정수단은 국내에서의 채택 내지 적용의 대상으로 고려될 가치가

1) Robert A. Dahl, "The Science of Public Administration," *Public Administration Review* (Winter 1947), in Clude E. Hawley and Ruth G. Weintrand, eds., *Administrative Questions and Political Answer*(New York: D. Van Nostrand Co., 1966), p. 30.

있음을 알게 되었고, 따라서 발전사업을 추진하는 발전도상국에서는 여러 행정체제를 비교함으로써 행정체제를 좀더 발전된 방향으로 유도할 수가 있는 것이다.

요컨대 비교행정이란 다양한 여러 나라의 문화와 국가배경에 적용되는 행정이론과 이와 같은 이론을 입증할 수 있는 일련의 실제적 자료의 활용을 말한다고 하겠다.[2)]

제 2 절 비교행정의 접근방법

비교행정의 접근방법에는 여러 가지가 있겠으나 여기서는 F. W. Riggs와 F. Heady의 분류를 중심으로 보고자 한다.

Ⅰ. F. W. Riggs의 분류

F. W. Riggs는 1962년에 발표한 논문에서 비교행정의 접근방법에 대하여 세 가지 경향을 지적하였는바, 첫째, 규범적(normative)인 방법에서부터 좀더 경험적(empirical)인 방법으로의 전환이며, 둘째, 개별예적(idiographic)인 방법에서 법칙정립적(nomothetic)인 방법으로의 동향이고, 그리고 셋째, 비교연구에서 선진국보다 후진국의 경우에 생태론적(ecological) 접근법의 필요성이 절실히 요청된다고 하였다.[3)]

그런데 여기서 유의하여 둘 것은 새로운 접근방법이 전통적인 방법론을 완전히 배제하는 것은 아니며, 양자가 상호보완적인 관련성을 지니고 있다는 사실이다.

Ⅱ. F. Heady의 분류

F. Heady에 따르면 다음과 같이 네 가지로 분류되는바, 그것은 첫째, 전통수

2) 다만 F. W. Riggs는 비교행정연구의 범위를 좁혀서 비교행정은 실증적(empirical) 그리고 일반법칙적(nomothetic)인 연구에만 국한시켜야 하며, 따라서 규범적(normative) 또는 개별예적(idiographic)인 연구는 엄격히 말해서 비교연구라고 할 수 없다고 한다.

3) Fred W. Riggs, "Trends in the Comparative Study of Public Administration," *International Review of Administrative Science*, vol. XXXIII, No. 1, 1962, pp. 9~15.

정형(modified traditional), 둘째, 발전지향형(development oriented), 셋째, 일반체제모형(general system model building), 넷째, 중범위이론구성형(middlerange theory formulation)이다.

첫 번째의 전통수정형은 그 연구의 초점이 개별적 행정체계들로부터 그들 상호간의 비교고찰로 옮겨진 것을 뜻하며, 두 번째의 발전지향형은 E. W. Weidner나 M. J. Esman과 같이 발전행정에 중점을 두고 발전목표 달성을 위한 행정의 필요조건이 무엇인가를 연구하자는 것이고, 세 번째의 일반체제모형은 의식적으로 비교분석의 목적을 위한 모형을 만드는 데 중점을 두는 것이다. 그리고 네 번째의 중범위이론구성형은 비교적 적은 현실의 부분을 떼어내어 이것을 집중적으로 연구하는 것인바, F. Heady는 비교행정을 연구하는 학자들에게 이 중범위이론을 권장하고 있다.

제 3 절 선진국과 발전도상국의 행정

이제 발전도상에 있는 국가의 행정과 선진국의 행정을 살펴봄으로써 발전도상국의 행정이 어떻게 발전해야 하는가에 대한 지침을 마련하고자 한다.

Ⅰ. 행정체제의 모형

20세기에 들어서자 식민지시대는 막이 내리고 제 2 차 세계대전이 끝난 후 Africa, Asia, 남미, 그리고 중동의 제국은 이른바 신생독립국가로서 출현하게 되었다.[4)]

무릇 사회과학자들은 현실 세계의 현상에 일치하는 모형을 사용함으로써 이렇게 다양한 현존 국가체제에서 실제로 활용되고 있는 행정의 실태를 조사·분석하려고 한다.[5)]

4) F. Heady는 이러한 여러 국가들을 설명하기에 가장 적절한 용어로서 '발전도상에 있는'(developing)이라는 말을 쓰고 있다. Ferrel Heady, *Public Administration: A Comparative Perspective*(Englewood Cliffs, New Jersey: Prentice-Hall, Inc., 1966). 그리고 발전도상에 있는 국가에 있어서의 발전을 위한 두 목표는 국민형성(nation-building)과 사회경제적 진보(socio-economic progress)라고 한다.

5) 잘 선택된 모형이란 그 연구대상이 어떤 것이든 간에 자료의 수집과 해석을 촉진시킴으로

Weber적 내지 고전적 관료제모형은 본질적으로 서구국가들에 적용되는 것으로서 이들 서구국가들은 선진적인 혹은 근대화된[6] 국가체제의 원형들이라고 할 수 있다.

이에 대하여 발전도상에 있는 국가들을 위한 모형은 F. W. Riggs가 만든 과도사회를 위한 프리즘적 모형 가운데 이른바 사랑방적(sala) 모형이라 하겠으며 이에 관해서는 이미 살펴보았다.

Ⅱ. 선진국 행정의 특징

S. N. Eisenstadt는 지속적인 정치성장을 근대화의 중심과제로 보고 있으며, "끊임없는 변동에 대처해 나갈 수 있는 능력이 이러한 성장의 중요한 시금석이 된다"[7]고 했다.

이제 서구의 근대화된 국가들이 공통적으로 지니고 있는 특징들을 몇 가지로 추려 보면 다음과 같다.[8]

첫째, 통치조직의 체제는 고도로 분화되고 기능적으로 전문화되어 있으며, 정치적 역할의 배분은 선천적 귀속성(ascription)에 의해서가 아니라 업적에 의해서 이루어지므로 사회의 보편적 특성을 반영시켜 주고 있다. 특히 이것은 고도의 내적 전문화와 함께 능력 내지 실적을 관료적 충실의 표준으로 삼는 관료제도를 의미하는 것이다.

둘째, 정책결정의 절차는 대체적으로 합리적이다. 전통적 엘리트의 권력적 지위는 대부분 침식되고 있으며, 전통적 가치에 대한 매력도 크게 약화되고 있다.

셋째, 정치적 및 행정적 활동의 양과 범위는 광범하게 사회의 온갖 중요한 생활영역에까지 침투하고 있으며, 이러한 경향은 더욱 확대되어 가는 과정에 있다.

써 전반적인 특성과 그 상관관계들을 밝혀 주는 것이어야 한다.

6) 발전이나 근대화라는 말은 서로 연관된 상관개념으로서 복잡한 일련의 사회적·경제적 및 정치적 변혁을 내포하는 주요한 사회 전반의 변동을 말하는 의미로 널리, 그리고 여러 가지로 사용된다고 한다(Ferrel Heady, *Public Administration*), 또한 발전 또는 근대성이란 사회와의 관계에서 한 덩어리의 실체(entity)로 인식될 수도 있다고 한다.

7) Joseph Lapalombara, ed., *Bureaucracy and Political Development*(Princeton, N.J.: Princeton University Press, 1963), p. 104. 또한 그에 의하면 정치적 근대화는 역사적으로는 17세기부터 서구에서 발전되어 미국대륙으로 확대되었고, 19~20세기에는 Asia, Africa에까지 확대된 형태의 정치체제와 동일시할 수 있다고 한다.

8) R. E. Ward and D. A. Rostow, eds., *Political Modernization in Japan and Turkey*(Princeton: Princeton University Press, 1964), pp. 3~7; Lapalombara and Eisenstadt, *op. cit.*, pp. 39~48.

넷째, 전체로서의 정치체제가 비교적 안정·성숙되어 있고 관료제도 보다 고도로 발달되어 있으므로 정치과정에 있어서의 관료제의 역할은 분명하다.[9]

다섯째, 행정상의 여러 가지 역할은 고도로 전문화 내지 분화되어 있고 요구되는 능력 범위가 분명하게 한계지워져 있으며, 계층간 상관관계는 철저하게 인식되어 있다는 점 등을 들 수 있다.[10]

Ⅲ. 발전도상국 행정의 특징

이제 F. W. Riggs 와 F. Heady의 견해를 중심으로 발전도상국[11] 행정체제의 특징을 살펴보면 다음과 같다.

1. F. W. Riggs의 견해

F. W. Riggs는 그의 저서 「발전도상국 행정론」(*Administration in Developing Countries*)에서 신생국 행정체제의 특징을 다음과 같이 기술하고 있다.[12]

(1) 이질혼합성(heterogeneity)

prismatic society(프리즘적 사회)의 특징은 고도의 이질혼합성인바, 이것은 전통적이고 융합적인 특성과 현대적이고 분화적인 특성의 혼합을 말한다. 바꾸어 말하면 이질혼합성은 전통적인 것도 아니고 현대적인 것도 아닌 새로운 기형적인 행정현상을 의미하는바, 이와 같은 새로운 행정행태를 sala model(사랑방 모형)이라고 하였다.

9) 여기서는 i) 관료제에 대하여 정당성을 부여하는 권위의 양식이 전통적이거나 카리스마적이 아니라 매우 합법성·합리성을 지니고 있다는 점, ii) 충원은 신분상의 귀속성이 아닌 경쟁적인 바탕 아래 제시된 업적에 기초를 두고 이루어진다는 점, iii) 관료제 내에서는 정당한 권위에 의하여 내려지는 명령에 순응하기 위하여 합리적 수단이 사용된다는 점 등을 들 수 있다.

10) 선진국가의 행정과는 대조적으로 프리즘적 사회에 있어서는 관료적 권력의 비중이 크며, 이러한 요인들이 행정의 효과성을 저하시키고 있다. 예컨대 사랑방 모형에 있어서는 업무의 불균등한 배분, 제도화된 부패, 법규적용에 있어서의 비효율성, 충원에 있어서의 파벌주의 등을 초래하고 있다. 그리하여 프리즘적 사회에서는 많은 요인들이 복합적으로 결합되어 행정적 낭비를 적지 않게 초래하고 있다.

11) 발전도상국가란 일반적으로 제2차 세계대전 후에 정치적 독립을 이룩한 나라를 뜻하는바, 여기서는 발전도상국의 개념을 정치적 독립을 얻은 후에도 아직까지 경제적 자립을 이룩하지 못하고 있는 나라를 지칭하기도 한다.

12) Fred W. Riggs, *Administration in Developing Countries: The Theory of Prismatic Society* (Boston: Houghton Mifflin Company, 1964) 참조.

(2) 형식주의(formalism)

형식주의란 공식적으로 명령된 것과 실제로 행하여진 것 사이, 즉 규범과 현실 사이의 차질과 일치의 정도를 뜻한다.

(3) 중첩성(overlapping)

중첩성이란 분화된 사회의 공식적으로 전문화된 구조들이 융합적 사회의 전문화되지 않은 구조와 함께 공존하는 것을 말한다.

(4) 연고우선주의(nepotism)

비교적 분화된 사회에서는 가족에 대한 충성심이 공무의 집행과 구별된다. 그러나 sala체제하에서 행정기능은 통상적으로 전통적인 가족제도의 도움을 받으면서 은밀히 수행된다. 이와 같이 공무의 수행이 가족관계를 토대로 한 전통적인 행태로부터 이탈하지 못하고 있는 경우에 이를 연고우선주의라고 한다.

(5) 다분파성(poly-communalism)

대체로 분화된 사회의 정부관청(government office)은 법을 시민들 사이에서 공평하게 적용하는데, sala체제하의 관리는 그가 속한 지역사회의 구성원에게는 유리하게 하는 반면, 그의 적대적인 다른 사회구성원들에게는 불리하게 적용하여 차별을 한다. 이와 같은 다분파성은 이익단체 조직에 더 많은 영향을 준다.

(6) 다규범성과 합의의 결여(poly-normativism and lack of consensus)

prismatic society에서는 각 개인은 본질적으로 합의를 결여하고 있다. 즉 어떤 사람은 전통적인 규범을 고수하고, 어떤 사람은 근대적인 규범을 받아들이고 있다. 그러나 중도적이거나 변화의 과정에 있는 상당수의 사람들은 모순되게도 이 양자에 끌리고 있어서 때로는 이 체계에, 또 때로는 다른 체계에 집착하여 가끔 이 양자의 융합을 시도하기도 하며 또 이 양자 모두를 거부하기도 한다. 이와 같은 전형적인 prismatic 사회에 사는 개인을 다규범적인 특성을 가졌다고 말한다.

(7) 권력구조의 중첩성

프리즘적 사회의 권력구조를 보면 고도로 집권화된 권한체계와 지극히 분권화된 통제체계가 중첩되어 있다.

(8) 행정권한의 방대

발전도상국에 있어서는 국가의 발전이 주로 행정체제에 의존하고 있는 형편이므로 그 권한이 매우 방대한 것이 특징이다.

2. F. Heady의 견해

다음으로는 F. Heady가 그의 저서 「비교행정론」(*public Administration: A Comparative Perspective*)에서 발전도상국 행정체제의 일반적 특징에 관하여 고찰한 것을 보기로 하자.[13)]

(1) 행정체제의 모방성

발전도상국의 행정모형은 토착적인 것이 아니라 매우 모방적이다. 그것은 서구의 식민통치로부터 벗어난 국가들이 의식적으로 근대적인 서구의 관료제 행정의 여러 면을 도입하였다는 것이다.

(2) 발전지향적 인력의 부족

발전도상국 관료제에 있어서는 발전계획에 필요한 숙련된 인력이 부족하다. 문제는 고용할 수 있는 노동력이 부족하다는 것이 아니라, 오히려 부족한 것은 관리능력, 발전적 기술 및 기술적 능력을 갖춘 훈련된 행정가이다.

(3) 사적 편의성과 부패

발전도상국의 관료제는 생산지향적이 아닌 사고방식을 지니는 경우가 많다. 이것은 관료들이 공공이익의 원리에 배치되는 사적 편의성을 따르는 경향이 있으며, 부패성을 내포하고 있다는 것이다.

(4) 형식과 실제간의 괴리

발전도상국의 행정은 실제로 행해지는 행태와 공식적으로 규정된 행태간에는 현격한 차이가 있는바, Riggs는 이러한 현상을 형식주의라고 부르고 있으며, 이것이 신생국의 행정발전을 저해하고 있다.

(5) 관료제의 기술적 전문성의 독점

발전도상국 관료제는 기술적 전문성을 독점하는 경향이 있다. 즉 신생국에서는 관료집단이 가장 우수한 사회조직이며 관료들은 사회의 엘리트들이기 때문에 전문성은 다른 사회조직보다 높다. 또한 이들 관료제에 대하여 통제를 가할 수 있는 집단이 거의 존재하지 않는다.

한 마디로 요약하면, 기술적 전문성을 독점한 전문가들에게 기대 이상의 특권을 부여하고, 이들에 대한 견제세력이 존재하지 않는 관계로 발전도상국의 관료제는 정치적 통제의 공백상태에서 자의적 행동을 서슴지 않고 있는 것이다.

이 외에도 변동에 대한 저항을 들 수 있다. 전통주의 · 보수주의적 경향을 강

---

13) F. Heady, *op. cit.*, chap. 5 참조.

하게 나타내는 발전도상국에서는 관료제가 국가의 발전을 주도해야 함에도 불구하고 발전사업에 대한 저항이 존재한다. 즉 이들은 변동에 대한 두려움, 모험을 회피하려는 보수주의적 성향을 가지고 있는 것이다.

발전도상국과 선진국은 사회적 · 역사적 배경이 다르다 하더라도 발전도상국이 당면한 과제인 경제발전과 정치발전을 이룩하기 위해서는 관료제의 근대화가 필요하다. 이를 위해서는 앞에서 본 발전도상국 행정체제의 일반적인 폐해를 극복해야만 할 것이다.

제 3 장

국가발전과 행정의 과제

제 1 절 정치 · 행정체제의 유형과 문제점

Ⅰ. 정치 · 행정체제의 유형

발전도상국이 안고 있는 중요한 문제 중의 하나는 국가발전사업을 행정이 주도함으로 해서 행정의 권한이 강대해지며, 따라서 행정이 정치에 대해 침해적(usurpative)인 역할을 할 가능성이 크다는 것이다. 이에 대하여 F. Heady는 행정은 정치에 대해 도구적(instrumental)이어야 하며, 결코 침해적이어서는 안 된다고 주장하면서 상이한 사회적 · 역사적 배경하에 있는 여러 나라의 정치체제와 관료제의 관계를 다음과 같이 분류하고 있다.[1)]

1. 관료제 우위체제

(1) 전통적 엘리트체제(traditional elite systems)

이 체제에서는 지배자 우위적 관료제가 존재한다. 지배적인 엘리트는 대개 군주제나 귀족정치체제로부터 유산으로 물려받은 기득권적 지위를 보유하고 있을 뿐만 아니라, 전통적 권위에 의해 지지기반을 구축한다. 그러므로 관료제는 전제적 지배자의 정치권력을 유지하기 위한 도구적 성격을 강하게 지니고 있다. 그러나 이 체제는 변혁을 이겨내는 힘이 강하며 사회의 전반적인 발전이 병행한다면 관료엘리트정체로 변환할 가능성이 크다. 이 체제의 대표적인 나라들로는 Saudi Arabia, Iran, Morocco, Jordan 등이 있다.

---

1) Ferrel Heady, *Public Administration: A Comparative Perspective*, third edition(New York: Marcel Dekker, 1984), pp. 293～403.

⑵ 사적 관료엘리트체제(personalist bureaucratic elite systems)

이 체제는 관료엘리트체제들 중에서 특히 1 인의 지배자의 출현에 의해 정치체제가 형성되고 또한 그를 위해 봉사하는 관료제가 존재하는 체제이다. 이런 나라들은 대개 전후의 신생국이나 지역적인 관계로 국가가 분리되었을 때 찾아볼 수 있는 체제로서 보편적인 체제는 아니다. 이 체제에서의 관료제는 지배자의 독단에 의해서 좌우되기 때문에 관료제가 불안정한 위치에 놓여져 있다. 대표적인 나라들로서는 Algeria, Burundi, Central African Republic, Benin, Nigeria, Sudan, Togo, Uganda, Zaire 등을 들 수 있다.

⑶ 군부 관료엘리트체제(collegial bureaucratic elite systems)

중앙 아메리카에서 많이 발견되고 있는 이 체제는 대개 군부 elite가 혁명을 통해 정권을 장악하고 정치행정을 유도해 나간다. 이런 체제에서는 이데올로기적 이슈가 국민형성에 지배적인 영향력을 행사하며 군부의 지지에 의해 버티어 나가고 있다. 그러나 군부는 지속성이 약하므로 혁명이 빈번히 일어나고 또 군사개입이 심하며 따라서 정치·행정이 불안정한 상태에 놓이게 된다. 대표적인 나라들로는 Chile, Indonesia, Argentine 등이 있다.

2. 정당우위적 체제

⑴ 다두제적 경쟁체제(polyarchal competitive system)

이 체제는 정치권력을 행사함에 있어서 관료제의 참여를 크게 허락하지 않고 기능이 모호한 정치엘리트들에게 정치권력이 분산되어 있다. 그러나 정치적 현실은 선진국과 유사하며 관료제와 정치체제간의 균형을 유지하려는 속성을 지니고 있다. 대표적 나라들로는 Burma, Israel, Turkey 등이 있으나 점차 그 수는 감소해 가는 추세에 있다.

⑵ 지배정당적 준경쟁체제(dominant party semicompetitive system)

독재체제는 아니고 복수적인 정당제도가 인정되고 있으나, 사실상 하나의 정당이 정치권력을 독점하는 형태로서 정치와 행정의 불균형은 문제되지 않으며 오히려 관료제는 경시된다. 이 체제에서는 정치권력이 정부의 관료집단, 시민 혹은 군부로 넘어갈 전망이 일반적으로 희박하다. India, Mexico를 대표적인 나라로 언급할 수 있는데 이 체제에 속했던 국가들 중에서 서남아시아의 신생 사회주의 국가를 제외하고는 대부분이 원래의 지배적 정당체제를 이탈했다.

(3) 지배정당적 동원체제(dominant party mobilization system)

이 체제는 지배정당이 유일한 합법적 정당이며 따라서 관료제는 정당에 부속하는 성향을 띠고 있다. 그리고 발전적 민주주의를 지향한다는 명목 아래 동원이 용이한 체제이다. 대표적인 나라들로서는 Egypt, Tanzania를 들 수 있다.

(4) 공산주의적 전체주의체제(communist totalitarian system)

모든 공산주의체제가 이에 속하고 있는데 여기서는 공산당이 유일한 정당으로서 일당독재를 하고 있으며, 관료제는 이 소수의 정치엘리트에 봉사하는 성격을 지니고 있다. 그러므로 당이 행정에 대해서도 강력한 영향력을 행사한다.

Ⅱ. 발전도상국 관료제의 문제점

발전도상국 관료제는 정책결정이나 이익표출, 이익집합 등에 있어서 다기능적이며 활발하게 그 과정에 참여한다. 따라서 앞에서 언급한 바와 같이 관료제의 권한은 강대해지며 심지어는 정치에 침해적인 역할을 수행하기까지 한다. 이런 특수한 상황에서 관료제에 대한 통제는 필연적이지만 발전도상국이 처해 있는 환경을 고려한다면 국가발전과 관료제의 통제는 동시에 달성하기가 어려운 실정이다. 그래서 발전도상국의 관료제는 대표성을 가져야 한다는 주장이 나오고 있으며 이런 관료제를 대표관료제(representative bureaucracy)라고 부른다.[2)]

대표관료제라 함은 현대국가에서 정의에 입각한 행정수요를 담당할 조직이 결여될 때 정치행정에 가장 큰 영향을 미치는 관료조직이 국민의 행정적 요구를 골고루 수렴할 수 있어야 한다는 것이다. 더구나 발전도상국의 과제인 국민형성(nation building)을 빠른 시간에 해결하기 위해서는 이것이 더욱 필요하므로 관료제는

---

2) Fritz Morstein Marx는 관료제를 그 역사적 전개과정에 따라 교도관료제(guardian bureaucracy), 신분관료제(caste bureaucracy), 정실관료제(patronage bureaucracy), 실적관료제(merit bureaucracy)로 구분하고 있다. Fritz Morstein Marx, *The Administrative State*(Chicago: University of Chicago Press, 1957), pp. 54~72.

또한 M. Fainsod는 관료제를 대표적 관료제(representative bureaucracy), 정당국가적 관료제(party-state bureaucracy), 지배자 우위적 관료제(ruler-dominated bureaucracy), 군부 우위적 관료제(military dominated bureaucracy), 지배적 관료제(ruling bureaucracy)의 5가지로 분류하면서, 처음 두 가지는 정치적 권력에 책임 있는 관료제이나 마지막 두 가지에서는 정권이 한편으로는 군사적 배경을 가지고 또 한편으로는 시민적 배경을 가진 관리들에 의해서 지배될 가능성이 있으며 지배자 우위적 관료제는 지배자의 개인적 도구가 된다고 한다.

Merle Fainsod, "Bureaucracy and Modernization: The Russian and Soviet Case" in Lapalombara, ed., *Bureaucracy and Political Development*(Princeton, New Jersey: Princeton University Press, 1963), pp. 234~237.

국민의 대표성을 확보해야 하며 정치적 상황에 책임을 져야 한다. 그러나 발전도상국의 행정권은 정치를 압도할 가능성이 있으므로 내적·외적 통제수단이 지극히 필요함은 물론 관료제와 민주주의의 조화도 요구된다. 다시 말해서 발전도상국 관료제가 지배적 관료제로 변화하는 것을 경계하는 것이 필요하다.

제 2 절 발전도상국의 과제와 발전행정가

Ⅰ. 발전도상국의 과제

1. 발전도상국 행정의 문제점

발전도상국은 역사적·사회적인 요인에 의해 후진성을 면하지 못하고 있다. 특히 전통적인 습속이 강하게 뿌리박고 있는 나라들에서는 선진국의 발전모델이 적용되기가 어려웠으며 정치개혁도 일률적으로 시행될 수가 없었고 그 나라의 독특한 사회적·역사적·문화적 상황에 맞게 적응시켜야 했다. 그러므로 일찍이 후진국 행정을 연구함에 있어서는 생태적 접근법이 중요시되었으며 행정의 상황적 모델(a model of administrative contingencies)이 개발되었다.[3] 환언하면 선진국의 제도나 방식을 무조건 모방하는 것이 실제로는 발전도상국에 맞지 않았다는 반성이 대두된 것이며, 행정에 관해서 일반적이고 보편타당한 원칙이 존재한다는 신념이 무너지면서 각국의 실정에 맞는 행정을 개발하기에 이른 것이다.

발전도상국의 행정이 해결하여야 할 문제점은 광범위하다. 즉, 인사제도·재무제도상의 개혁, 조직의 쇄신 여타의 행정개혁 등 수많은 문제가 있다. 재무제도, 조직혁신, 행정개혁은 이미 살펴보았으므로 여기에서는 발전의 가장 핵심이 되는 인간의 문제, 즉 인사제도상의 문제점을 살펴보고자 한다.[4]

첫째, 발전도상국은 문화적 제약조건을 지니고 있다. 즉, 선진문화와 전통문화간의 갈등, 여러 이질적인 민족적·종족적·인종적 집단간의 갈등 등으로 해서 변화에 대한 저항이 영속화되고 있다.

---

3) Howard E. McCurdy, *Public Administration: A Synthesis*(Menlo Park, California: Cummings Publishing Company, Inc., 1977), pp. 298～299.
4) O. Glenn Stahl, *Public Personnel Administration*, eighth edition(New York: Harper and Row, 1983), pp. 491～496 참조.

둘째, 대부분의 발전도상국은 이전에 식민지적 지위에 놓여 있었으며 현재의 인사제도는 식민지시대의 제도를 그대로 답습하고 있기 때문에 아직도 선진국에의 종속성을 면하지 못할 뿐만 아니라, 그 나라의 특성에 알맞은 인사제도를 확립하지 못하고 있다.

셋째, 보호된 엘리트(entrenched elite)의 문제가 있다. 발전도상국의 공무원들은 기존의 관료적 기득권을 보호하려고 하며 재직기간중에 지위를 안전하게 보존하려고 함으로 해서 변화에 대해 강하게 저항한다.

넷째, 전문가에 대한 사회적 평가가 낮다. 즉, 발전도상국에서는 행정과 실제의 계획집행과는 별개의 것이라는 생각이 지배적이며, 전문가는 고위행정직에 등용될 수 없다는 선입견이 강하다. 이것은 일종의 문화적 유산인데, 특히 일반행정가의 전문가에 대한 배타성 때문에 발전에 필요한 유능한 인재의 흡수가 저해되고 있다.

다섯째, 정부는 공직에 대해 배분자로서의 역할을 한다. 산업화가 덜되어 있고 재원이 부족한 발전도상국에서는 직무의 실질적 필요와는 관계 없이 여러 상이한 세력간에 타협이나 혹은 사회적 형평이라는 이름 아래 정부는 공직을 배분하고 있다.

여섯째, 공무원의 서비스 태도가 결여되어 있다. 즉, 공무원들은 이익을 추구하는 데 큰 관심을 두고 있는 반면 공복으로서의 태도가 결여되어 있는 것이다.

일곱째, 우수한 인재는 외국에 나가서 돌아오려 하지 않거나 혹은 사기업과의 경쟁에서 정부의 조건이 현저히 나쁘기 때문에 정부에 우수한 인재를 등용하기가 어렵다. 따라서 전문가를 우대하는 인사정책이 필요하다는 것이다.

2. 발전도상국 행정의 당면과제

발전도상국은 정치·경제·사회·문화의 모든 면에서 선진화를 이루어야 하며 이런 발전사업을 주도하는 것은 행정체제이기 때문에 먼저 행정체제의 선진화가 요구된다. 그러므로 발전도상국의 당면과제란 발전도상국 행정의 당면과제라 할 수가 있다.

먼저 발전도상국이 직면하는 주요 과제를 살펴보면, i) 외부의 공격에 대한 안전의 확보와 내부질서의 유지, ii) 체제의 정당성에 대한 합의의 확보와 유지, iii) 다양한 민족적·종교적·공동체적·지역적 요소를 중앙의 정치적 공동체로 통합, iv) 중앙정부와 지방정부간, 공권력과 민간분야간의 공식적 권한과 기능의 조정과

분배, v) 기존의 전통적인 사회적 · 경제적 이익의 배제, vi) 근대화된 기술과 제도의 개발, vii) 심리적 · 물질적 안정감의 제고, viii) 저축과 현존의 재정자원의 이용, ix) 시설과 서비스의 효율적인 관리, x) 합리적인 투자계획, xi) 여러 가지의 정부활동, 특히 의사결정에 대한 참여의 확대, xii) 국제사회에서의 안전한 위치의 확보 등이다.[5)]

그러나 우리 나라에 있어서 국가의 가장 우선적인 과제는 남북이 대치된 상황하에서 안전을 확보하기 위한 국방력의 증대와 경제발전이 될 것이다. 또한 국민적 합의를 확보하기 위해서 민족의 정통성이 확립되어야 하며 이런 모든 사업들을 행정이 주도적으로 이끌어 가야 함은 두말할 나위도 없다.

Ⅱ. 발전행정가

1. 발전행정가의 의의

국가발전은 궁극적으로 사람이 주도하는 것이다. 따라서 발전도상국에 있어서 가장 중요한 문제는 발전적 인사를 확보하는 것이다. 발전을 위한 인사로는 과학적(혹은 기술적) · 기업적 · 관리적 행정관료들이 요구되는데, 발전은 행정체제에서만 중점적으로 해서는 아니 되며 발전사업을 할 수 있도록 법령을 제정하는 입법가, 그런 법령에 대해 심판하는 사법가, 그리고 경제 · 정치 · 사회 · 문화 등을 발전시키기 위해 외국과 협상하는 외교관 등 여러 분야의 노력이 필요하다. 환언하면 발전행정이란 여러 상이한 기관과 사람들의 협조적 노력을 요구하는 것이다. 그런데 여기서 가장 중요한 일을 행하는 자는 바로 집행기관이며 이런 자를 발전행정가(development administrator)라고 부른다.[6)]

발전행정가는 여러 상이한 기관과 사람의 협동적 노력을 유도하고 조정해야 하므로 행정조직의 내부에보다는 외부적인 관계에 더 깊이 관여한다는 점에서 조직내부적 관리에만 주력하는 일반관리자와는 구별된다.

---

5) Milton J. Esman, "The Politics of Development Administration" in John D. Montgomery and William J. Siffin, eds., *Approaches to Development: Politics, Administration and Change* (New York: McGraw-Hill, 1966), p. 77.

6) George F. Gant, *Development Administration: Concept, Goals, Methods*(Madison, Wisconsin: The University of Wisconsin Press, 1979), pp. 231～235.

2. 발전행정가의 역할

발전행정가는 규칙을 엄격하게 준수하는 일반관리자와는 달리 신축성 있게 업무를 수행한다. 발전행정가는 광범위한 활동영역을 지니고 있는데, 특히 지역발전에 관심을 두면서 현지의 실정에 맞는 행정을 하며, 전문적 지식을 토대로 계획을 수립하고 수립된 계획을 수행하기 위해 조직쇄신·기관형성 등의 역할을 수행한다. 또한 이들은 재정과 예산의 효율적인 관리, 공공서비스의 개선을 통해 행정개혁을 위한 정치적 지지를 획득하고 시민의 요구에 신축성 있게 대응할 뿐만 아니라 시민의 요구를 지지함으로써 행정과 시민간에 밀접한 관계를 가지도록 한다.[7)]

생각건대 발전도상국에서는 위에서 설명한 바와 같은 발전행정가의 창도적 역할이 매우 중요시되지만 행정이 정치를 압도할 가능성이 매우 큰만큼 행정체제와 다른 사회체제간의 균형을 유지하면서 국가발전을 주도할 수 있는 발전행정가의 역할이 요구되는 것이라고 하겠다.[8)]

---

7) Howard McCurdy, *op. cit.*, pp. 304～313.

8) 발전행정가의 역할과 관련하여 발전도상국에 있어서의 행정: 중점시책과 제언에 관해서는 渡辺保男, "第7回 國際科學聯合行政財政施策専門家會議提言," 社會科學ジャーナル, 第22號 (2)(三鷹, 東京: 國際基督教大學, 1985), pp. 83～103 참조.

제 4 장

한국행정의 과제

제 1 절 한국행정의 철학적 조명

행정과학(science of public administration)은 행정의 여러 현상을 과학적으로 규명하는 것임에 반하여 행정철학(philosophy of public administration)은 이상으로서의 행정현상을 규명하는 것이라고 할 수 있다. 그런데 원래 응용과학으로서의 사회과학은 사실에 대한 객관적·과학적 기술을 요구할 뿐만 아니라 동시에 사실에 대한 규범적 이해를 필요로 한다.[1] 만일 정치나 행정적 사실을 선 또는 정의라는 기준에서 궁극적으로 평가하지 않는다면 정치·행정적 사실이 구체적 현실로서 올바로 이해된 것이라고 할 수 없다.[2]

이처럼 행정은 철학적 탐구행위와 과학적 탐구행위를 동시에 요청한다. 모든 종류의 행정행위는 바로 목적지향적인 과정이며, 행정은 목적달성에 있어서 조정과 통제의 과정에 붙여진 이름이다. 목적을 다루는 것은 주로 철학적 측면이며, 그 달성방법에서 과학적 방법을 동원하는 것이다.

F. W. Taylor의 과학적 관리운동 이래 많은 행정과학자들은 성공적인 관리자의 경험분석과 실패사례의 분석은 효과적인 관리기술을 밝힐 것이라 확신했었다. 그후 1950년대에 행정과학의 성립과 발전을 위한 노력은 강화되었다. 행정에의 과학적 접근은 객관성과 중립성을 요구한다. 따라서 행정에 있어서 독특한 가치체제에 의하여 그 명제를 평가할 수 없게 한다.[3]

---

1) Vernon Van Dyke, *Political Science: A Philosophical Analysis*(Stanford University Press, 1960), pp. 8~12.

2) L. Straus, *What is Political Philosophy*(Glencoe, Ill.: Free Press), p. 12.

3) 행정과학 개발의 선구자 Simon은 신념체제는 과학에서 설 자리가 없다는 것을 상기시켜 준다. 즉 "다른 어떤 과학과 마찬가지로 행정과학은 순전히 사실적 진술에 관심을 갖는다. 과학체계에는 윤리적 주장의 여지가 없다"라고 말한다.

행정에의 과학적 접근이 정확한 지식, 개념, 기본적 이해라는 형태로 의사결정에 귀중한 투입을 해 줄 수 있지만, 행정가를 위한 운영전략의 형성에는 거의 직접적으로 도움을 주지 못한다. 그래서 행정과학의 장점, 즉 객관성·중립성은 또한 그 약점이 된다.

응용과학으로서의 행정행위에도 가치와 윤리를 다루는 철학적 바탕이 있어야 한다. 앞서 언급한 바 있는 신행정론의 움직임은 민주주의 철학과 인간의 존엄성을 조작적 가치와 관료적 결정행위의 종국 목표로 삼고 있다. 이는 과거의 전통적 입장에서 행정현상을 기능적으로 보던 편견에서 탈피하고 과학적 연구를 주장하는 행태과학의 조류에서도 벗어나면서 가치와 규범을 과학적 사고에 접목하려는 것이다.[4]

그러므로 우리 나라의 행정발전을 위해서는 행정의 과학화가 중요시되어야 하겠지만 행정철학의 연구도 역시 중요하다고 생각된다. 왜냐하면 단순한 사실을 발견하는 사례연구만으로는 과학적 이론화에 미흡할 뿐만 아니라, 엄격한 실증주의적 입장을 고수한다면 행정이 추구해야 할 공익이나 사회적 형평의 문제는 존립할 수 없기 때문이다. 즉 과학의 접근방법이 옳고 그른가 또는 바람직한가 아닌가에 대한 판단은 철학적 판단이며, 따라서 행정과학과 행정철학이 동시적으로 존립하지 않는다면 행정학의 과학화는 오히려 어려운 것이다.

따라서 행정과학과 행정철학은 이원적이고 배타적인 것이 아니라, 하나의 목적을 성취하기 위해 동시적으로 봉사하는 것이며 동전의 양면이라 할 수 있다. 현실을 망각한 이상은 환상으로 끝나며 이상을 결여한 현실은 존립할 수가 없다. 그러므로 우리 나라 행정의 올바른 방향정립을 위해서는 우리 나라 행정이 지닌 사실과 가치의 불가분적 전체성에 대한 상황적 접근(situational or contingency approach)을 바탕으로 과학적인 이론화를 구축하면서 아울러 발전지향적인 한국적 행정유형을 설명할 수 있는 개념과 모델의 개발이 필요하다 하겠다. 우리 나라를 포함한 대다수의 개발도상국은 전통적으로 행정권이 강대했기 때문에 행정은 사회와 시민의 요구에 대한 대응성을 결여해 왔다. 그러므로 과학적이라는 것은 행정권의 강화라는 목적에 기여할 수 있는 것이 되었으며 이로 말미암아 행정의 민주성이 심각한 문제로 대두되고 있는 것이다.

Herbert A. Simon, *Administrative Behavior: A Study of Decision Making Process in Administrative Organization*, 3rd ed. (N.Y.: The Free Press, 1976), p. 253.

4) 김광웅, 행정과학서설(서울: 박영사, 1983); Carl J. Bellone(ed.), *Organizational Theory and the New Public Administration*(Boston: Allyn and Bacon, 1980)을 참조.

그런데 이 민주성은 행정의 또 다른 중요 이념인 능률과 배치되는 것이 아닌바, 기계적 능률이 아닌 사회적 능률은 진정한 민주주의와 조화되는 개념인 것이다.[5] 사회적 능률은 사회적·인간적 해석을 요하는 것이고 현대 행정학에서 가장 관심을 끌고 있는 발전은 단순한 경험적 사실에 불과한 것이 아니라 철학적·규범적인 것이라 볼 때[6] 이것은 우리의 행정현실 속에서 적절히 전개되어야 한다.

한편 행정이 궁극적으로 그 기반을 두고 있는 것은 시민이므로 시민의 요구에 대한 대응성이 절실히 요구된다. 그러므로 행정이념으로서 민주성과 함께 신뢰성이 요청되고 있다. 신뢰성을 확보하기 위한 수단으로서 근래 중복성(redundancy)이라는 개념이 대두되고 있는바, 이것은 어떠한 행정적 수요를 처리하기 위해 행정이 중첩적으로 활동하는 것을 말한다.

또한 우리의 행정은 이제 단순히 관리의 수준을 넘어서서 사회적 형평을 달성하도록 해야 하는바,[7] 이를 위해서는 행정적 산출의 공정한 분배가 요구되고 있다. 여기서 한 가지 문제로 남는 것은 공정성, 즉 공익의 개념이 명백히 규정될 수 있는가 하는 것인데 이에 대한 결론은 차후의 연구성과를 기다린다고 하더라도 시민이 자신의 존재에 대한 주체적 자각을 할 수 있어야 이 문제가 쉽게 해결되리라는 것은 다언을 요하지 않는다. 다시 말하면 진정한 의미의 행정통제가 확보되어야 한다는 것이다.

제 2 절　한국행정의 신뢰성 제고방안

Ⅰ. 행정의 신뢰성의 개념

행정의 신뢰성에 관한 개념정의를 한 마디로 표현하기는 매우 어렵다.[8] 본래 이 신뢰성의 개념의 정의가 불명확한 것은 그것이 두 가지 차원을 지니고 있기 때

---

5) Dwight Waldo, *The Administrative State*(New York: The Ronald Press Co., 1948), p. 206.

6) H. G. Frederickson, *New Public Administration*(Alabama: The University of Alabama Press, 1980), pp. 70～72.

7) M. Landau, "To Manage is not to Control: Or the Folly of Type Ⅱ Errors," *Public Administration Review*, vol. 39(March/April 1979), pp. 148～156 참조.

8) 특히 정책과 관련한 신뢰성 제고 문제는 이종범, 국민과 정부관료제(서울: 고려대학교 출판부, 1986), pp. 184～215 참조.

문이다.

첫째, 사실적·기술적 차원에서 행정의 신뢰성을 정의한다면 그것은 행정에 관한 예측가능성(predictability)이 높은 것을 의미한다. 즉 행정의 운영과정 및 결과가 비교적 장기간 안정화되어 있어서 행정에 관한 미래예측이 가능한 경우이다. 따라서 여기에서는 행정의 내용이 여하한가에 관계 없이 제도·절차가 루틴화(routinized)된 것을 의미한다.

둘째, 규범적·가치판단적 차원에서 행정의 신뢰성이 정의될 수 있다. 이 경우 신뢰성이란 시민이 얼마나 행정을 믿고 따르는가 하는 점과 관련된다. 다시 말하면 행정이 시민의 요구·이익에 합치된 서비스를 제공함으로써 시민은 그 행정을 바람직한 것으로 인지하고 나아가 그에 대해 지지를 보낼 수 있는가 하는 것이다. 따라서 이러한 규범적·가치판단적 차원에서 보면 행정의 절차보다도 내용이 강조되는 것이라고 할 수 있다.

행정의 신뢰성을 정의함에 있어서는 이 양자가 모두 고려되어야 할 것이다. 왜냐하면 엄격한 법규·제도의 기계적 집행을 강조하는 M. Weber적인 행정에서는 비록 안정성 또는 예측가능성이 높을 수는 있으나, 시민이 행정에 잘 호응하고 지지를 보낸다고는 보기 어려우며, 한편 행정이 국민이 원하는 서비스를 제공함에 있어서 너무 재량권이 많이 부여되어 있다든지 하여 그 행정의 운영이 과도하게 가변적이면 이 역시 시민의 생활에 신뢰를 줄 수 없기 때문이다. 따라서 행정의 신뢰성은 이 두 가지 차원을 모두 고려해야 할 것이다. 요컨대 행정의 신뢰성이란 행정이 시민에게 높은 예측가능성을 줄 수 있고, 아울러 행정이 제공하는 서비스가 시민의 요구·이익에 합치함으로써 행정에 호응하여 지지를 보낼 수 있는 것을 의미한다고 하겠다.[9)]

Ⅱ. 행정에 대한 불신요인

가장 바람직한 것은 행정이 시민으로부터 높은 신뢰를 받는 것이지만 현실적으로 행정은 어느 정도 불신요인을 내포하고 있다. 이와 같은 불신이 수반되는 근본이유는 행정에는 항상 권력 기타의 제 가치가 관련되어 있기 때문이다.[10)]

이제 행정에 대한 불신요인을 살펴보면 다음과 같다.

9) 박동서, 한국행정의 미래상(서울: 법문사, 1986), p. 241.
10) 상게서, p. 242.

첫째로, 행정인의 능력에 대한 불신을 들 수 있다.

행정인은 각 직책에 일정한 능력 및 자격이 요구되고 있다. 특히 정부의 정책에 의해 시민의 생활에 미치는 영향의 정도가 높은 오늘날에 있어서는 전문화된 고도의 분석능력이 요구된다. 그러나 모든 사회문제를 모든 고객에 대하여 만족스럽게 해결해 주는 것이 어렵기 때문에, 시민은 행정인의 능력에 대해 불신을 갖게 된다.

둘째로, 행정편의주의적 행정절차 및 구조를 들 수 있다.

시민이 행정서비스를 제공받기에 편리하도록 행정절차가 마련되어야 함에도 불구하고 실제로는 관료 위주로 절차가 부과되어 있는 경우, 시민은 결국 행정을 조력자(helper)로 보기보다는 규제자(regulator)로 인식하게 된다.

또한 행정구조는 조직인 및 그의 대상고객에 적합하도록 이루어져야 하는데, 만약 현실의 행정구조가 실제의 행동상황과 불일치할 경우에는, 그 행정구조는 형식적인 것으로 간주되어 버린다. 예컨대 수많은 비현실적인 법령 · 예산 · 보수구조로 인하여 행정구조가 실제 운영상의 애로를 안고 있는 경우 시민은 물론 행정인 자신들로부터 불신을 받게 된다.

셋째로, 과도한 집권적 구조를 들 수 있다.

행정결정에 관여하는 사람의 수가 한정되어 있거나 상위계층에 너무 집중화되어 있어서 공개적인 토론 · 결정이 어려운 경우, 그 결정은 자연히 한정된 몇 사람만에 의해서 이루어지게 되는데, 이 때의 결정은 일반시민이나 하위계층의 사람들로부터 신뢰 및 지지를 얻기 어렵다.

넷째로, 사회변동의 불안정성을 들 수 있다.

행정이 직면하고 있는 환경의 불안정성이 높은 곳에서는 행정의 예측가능성이 매우 낮을 수밖에 없다. 이러한 상황에서는 시민은 어떤 행정결정이 있더라도 그것이 언제 바뀔지 모른다는 불안감을 갖게 되며 나아가 정부가 제시하는 각종의 정책지표나 계획을 불신하게 된다. 더욱이 관료의 장기적 안목이 부족하여 조령모개(朝令暮改)식 행정이 빈번하게 되면 정부를 믿지 못하게 된다.

Ⅲ. 행정의 신뢰성의 제고방안

행정이 보다 높은 신뢰성을 지니기 위해서는 앞에서 언급한 요인을 극복하고 예측가능성을 높이는 것이다. 여기서 행정의 신뢰성의 제고방안을 열거하면 다음과 같다.

첫째로, 행정인의 자질·능력을 향상시켜서 적어도 행정수행에 대한 전문적인 능력가라는 인식을 줄 수 있어야 한다. 그러나 보다 더 중요한 것은 행정인의 가치관의 개선이라고 할 수 있다. 왜냐하면 아무리 능력을 갖추더라도 근본적으로 시민을 행정의 주체가 아니라, 피지배자 내지 객체로서만 인식하는 가치관을 지니고서는 신뢰성을 얻기 어렵기 때문이다.

둘째로, 법령을 지나치게 기계적으로 운영하는 것을 지양해야 한다. 법령집행은 어디까지나 민익과 일치된 공익, 법령의 본래의 취지가 무엇인가를 성실하게 해석하고 이에 따른 행동을 하여야 한다. 또한 아무런 명문의 규정이 없는 경우라 하더라도 공익에 합치되는 시민의 요구에 대해서는 충분히 서비스를 하는 것이 바람직하다.

또한 비현실적이거나 불합리한 법령·절차·조직을 개선하여 시민 위주의 것으로 전환하여야 한다. 이 때 그 기준은 시민에 대하여 실질적으로 도움을 줄 수 있는가 하는 점에 두어야 할 것이다.

셋째로, 현재의 고도의 집권화된 결정권을 하위계층에 적절히 배분·위임함으로써 먼저 조직 내적인 신뢰성을 확보할 수 있어야 하며, 나아가 행정의 결정과정에 시민의 참여를 확대시킴으로써 행정상의 결정이 적극적으로 시민의 참여를 통해서 이루어진다는 인식을 널리 시민에게 줄 수 있어야 한다.

넷째로, 사회변동의 불안정성을 제거하여야 한다. 그것은 특히 사회변동이 심한 곳에서는 행정의 예측가능성이 낮아지기 때문이다. 그러나 이 경우에도 시민의 지지를 받지 못한 채 일시적인 강제력으로 이룩된 안정은 행정의 신뢰성을 높이는데 그다지 효과가 없는 것이다.[11)]

끝으로 민주성이라는 최상위의 행정이념에 비추어 볼 때 '시민'은 곧 행정의 존재 이유가 된다. 따라서 양자간의 불신이 해소되는 방향으로 정치적 및 사회적 계기가 마련되어야 할 것이다.

11) 이종범, 전게서, p. 212.

참 고 문 헌

제 1 편 행정학의 기초이론

Ackerman, Bruce A., *Social Justice in the Liberal State*, New Haven: Yale University Press, 1980.

Appleby, Paul H., *Policy and Administration*, Tuscaloosa, Alabama: The University of Alabama Press, 1949.

Berkley, George E., *The Craft of Public Administration*, Boston: Allyn and Bacon, 1975.

Bernstein, Samuel J. and O'Hara, Patrick, *Public Administration: Organization, People and Public Policy*, New York: Harper and Row, 1979.

Caiden, Gerald E., *The Dynamics of Public Administration: Guidelines to Current Transformations in Theory and Practice*, New York: Holt, Rinehart and Winston, 1971.

Caiden, Gerald E., *Public Administration*, second edition, Pacific Palisades, Calif.: Palisades Publishers, 1982.

Corson, John F. and Harris, Joseph P., *Public Administration in Modern Society*, New York: McGraw-Hill, 1963.

Dimock, Marshall E. and Dimock, Gladys O., *Public Administration*, fourth edition, New York: Holt, Rinehart and Winston, 1969.

Dimock, Marshall E., *A Philosophy of Administration*, New York: Harper and Row, 1958.

Fesler, James W., *Public Administration: Theory and Practice*, Englewood Cliffs, N.J.: Prentice Hall, 1980.

Finer, Herman, *Theory and Practice of Modern Government*, New York: Henry Holt, 1932.

Frederickson, H. George, *New Public Administration*, Alabama: The University of Alabama Press, 1980.

Friedrich, Carl J., *The Public Interest: Nomos V*, New York: Atherton, 1962.

Gaus, John M., *Reflections on Public Administration*, Alabama: The University of Alabama Press, 1947.

Gaus, John M., White, Leonard D. and Dimock, Marshall E., *The Frontiers of Public*

Administration, Chicago: University of Chicago Press, 1936.

Gawthrop, Louis C., *The Administrative Process and Democratic Theory*, Boston: Houghton Mifflin, 1970.

Golembiewski, Robert T., Gibson, Frank and Cornog, Geoffrey Y., *Public Administration: Readings in Institutions, Processes, Behavior, Policy*, third edition, Chicago: Rand McNally, 1976.

Goodnow, Frank J., *Politics and Administration*, New York: Macmillan, 1900.

Gordon George J., *Public Administration in America*, second edition, New York: St. Martin's Press, 1982.

Gortner, Harold F., *Administration in the Public Sector*, second edition, New York: John Wiley and Sons, 1981.

Gulick, Luther and Urwick, Lyndall(eds.), *Papers on the Science of Administration*, New York: Institute of Public Administration, 1937.

Held, Virginia, *The Public Interest and Individual Interests*, New York: Basic Books, 1970.

Henry, Nicholas, *Public Administration and Public Affairs*, second edition, Englewood Cliffs, N.J.: Prentice Hall, 1980.

Herring, E. Pendleton, *Public Administration and Public Interest*, New York: Russell and Russell, 1936.

Hill, Larry B. and Herbert, F. Ted, *Essentials of Public Administration*, North Scituate, Mass.: Duxbury Press, 1979.

Hill, Michael J., *The Sociology of Public Administration*, New York: Weidenfeld and Nicolson, 1972.

Hodgkinson, Christopher, *Toward a Philosophy of Administration*, New York: St. Martin's Press, 1978.

Kuhn, Thomas S., *The Structure of Scientific Revolutions*, second edition, Urbana, Ill.: University of Illinois Press, 1971.

Lane, Frederick S.(ed.), *Current Issues in Public Administration*, second edition, New York: St. Martin's Press, 1982.

Lorch, Robert S., *Public Administration*, New York: West Publishing Co., 1978.

Marini, Frank(ed.), *Toward a New Public Administration: The Minnowbrook Perspective*, Scranton, Penn.: Chandler, 1971.

Max, Fritz Morstein(ed.), *Elements of Public Administration*, second edition, Englewood Cliffs, N.J.: Prentice-Hall, 1959.

Max, Fritz Morstein, *The Administrative State*, Chicago: University of Chicago Press,

1957.

McCurdy, Howard E., *Public Administration: A Synthesis*, Menlo Park, Calif.: Benjamin/Cummings, 1977.

Millet, John D., *Government and Public Administration*, New York: McGraw-Hill, 1959.

Mosher, Frederick C.(ed.), *American Public Administration: Past, Present and Future*, Alabama: University of Alabama Press, 1975.

Nigro, Felix A. and Nigro, Lloyd G., *Modern Public Administration*, fifth edition, New York: Harper and Row, 1980.

Ostrom, Vincent, *The Intellectual Crisis in American Public Administration*, revised edition, Alabama: University of Alabama Press, 1974.

Presthus, Robert, *Public Administration*, sixth edition, New York: Ronald, 1975.

Redford, Emmette S., *Ideal and Practice in Public Administration*, Alabama: University of Alabama Press, 1958.

Robbins, Stephen P., *The Administrative Process: Integrating Theory and Practice*, Englewood Cliffs, N.J.: Prentice-Hall, 1976.

Sharkansky, Ira, *Public Administration: Agencies, Polities and Politics*, San Francisco: W.H. Freeman, 1982.

Sharkansky, Ira, *Public Administration: Policy-Making in Government Agencies*, fourth edition, Chicago: Rand McNally, 1978.

Simon, Herbert A., Smithburg, Donald W. and Thompson, Victor A., *Public Administration*, New York: Knopf, 1950.

Simmons, Robert H. and Dvorin, Eugene P., *Public Administration: Values, Policy and Change*, Port Washington, New York: Alfred Publishing Company, 1977.

Stillman, Richard J. Ⅱ, *Public Administration: Concept and Cases*, second edition, Boston: Houghton Mifflin Company, 1980.

Vocino, Thomas and Rabin, Jack(eds.), *Contemporary Public Administration*, New York: Harcourt Brace Jovanovich, Inc., 1981.

Waldo, Dwight, *Perspectives on Administration*, Tuscaloosa, Alabama: University of Alabama Press, 1956.

Waldo, Dwight, *The Administrative State*, New York: Ronald Press, 1948.

Waldo, Dwight, *The Enterprise of Public Administration*, California: Chandler and Sharp Publishers, Inc., 1980.

Waldo, Dwight, *The Study of Public Administration*, New York: Random House, 1955.

Waldo, Dwight(ed.), *Public Administration in a Time of Turbulence*, Scranton, Penn.:

Chandler, 1971.

White, Leonard D., *Introduction to the Study of Public Administration*, New York: Macmillan, 1926.

Willoughby, W. F., *Principles of Public Administration*, Washington, D. C.: Bookings Institution, 1927.

제 2 편 행정책임과 행정개혁론

Blase, Melvin G., *Institution Building: A Source Book*, Beverly Hills, Calif.: Sage, 1972.

Caiden, Gerald, *Administrative Reform*, Chicago: Aldine, 1969.

Cooper, Terry L., *The Responsible Administrator: An Approach to Ethics for the Administrative Role*, Port Washington, N.Y.: Kennikat Press, 1982.

Dahl, Robert A., *A Preface to Democratic Theory*, Chicago: University of Chicago Press, 1956.

Gelhorn, Walter, *Ombudsman and Others: Citizen's Protectors in Nine Countries*, Cambridge, Mass.: Harvard University Press, 1966.

Gregory, Roy and Hutchesson, Peter, *The Parliamentary Ombudsman: A Study in the Control of Administrative Action*, London: Allen and Unwin, 1975.

Harris, Joseph P., *Congressional Control of Administration*, Garden City, New York: Doubleday, 1964.

Hill, Larry B., *The Model Ombudsman: Institutionalizing New Zealand's Democratic Experiment*, Princeton, N.J.: Princeton University Press, 1976.

Hyneman, Charles S., *Bureaucracy in a Democracy*, New York: Harper, 1950.

Karl, Barry, *Executive Reorganization and Reform in the New Deal*, Cambridge, Mass.: Harvard University Press, 1963.

Kaufman, Herbert, *Administrative Feedback: Monitoring Subordinates' Behavior*, Washington, D. C.: Brookings Institution, 1973.

Lindblom, Charles E., *The Intelligence of Democracy*, New York: Free Press, 1965.

Martin, Roscoe C.(ed.), *Public Administration and Democracy*, Syracuse, New York: Syracuse University Press, 1965.

Mckinney, Jerome B. and Howard, Lawrence C., *Public Administration: Balancing Power and Accountability*, Oak Park, Ill.: Moore, 1979.

Mosher, Frederick C., *Democracy and the Public Service*, New York: Oxford University Press, 1968.

Mosher Frederick C.(ed.), *Governmental Reorganizations: Cases and Commentary*, Indianapolis: Bobbs-Merrill, 1967.

Phillips, Hiram S., *Guide for Development: Institution Building and Reform*, New York: Praeger, 1969.

Powell, Norman John, *Responsible Public Bureaucracy in the United States*, Boston: Allyn and Bacon, 1967.

Redford, Emmette S., *Democracy in the Administrative State*, New York: Oxford University Press, 1969.

Rosen, Bernard, *Holding Government Bureaucracies Accountable*, New York: Praeger, 1982.

Rowat, Donald C., *The Ombudsman Plan: Essays on the World Wide Spread of an Idea*, Toronto: McClelland and Stewart, 1973.

Smith, Bruce L. R. and Hague, D. C.(eds.), *The Dilemma of Accountability in Modern Government: Independence Versus Control*, New York: St. Martin's Press, 1971.

Stacey, Frank, *Ombudsmen Compared*, London: Oxford University Press, 1978.

Stacey, Frank, *The British Ombudsman*, London: Oxford University Press, 1971.

Wyner, Alan J.(ed.), *Executive Ombudsman in the United States*, Berkeley, Institute of Government Studies, University of California Press, 1973.

Yates, Douglas, *Bureaucratic Democracy: The Search for Democracy and Efficiency in American Government*, Cambridge, Mass.: Harvard University Press, 1982.

Zeigler, L. Harmon and Tucker, Harvey J., *The Quest for Responsive*, North Scituate, Mass.: Duxbury, 1978.

제 3 편 행정조직론

Aberbach, Joel D., Putnam, Robert D. and Rockman, Bert A., *Bureaucrats and Politicians in Western Democracies*, Cambridge, Mass.: Harvard University Press, 1981.

Alderfer, Harold F., *Local Government in Developing Countries*, New York: McGraw-Hill, 1964.

Argyris, Chris, *Interpersonal Competence and Organizational Effectiveness*, Homewood, Ill.: Dorsey, 1962.

Argyris, Chris, *Organization and Innovation*, Homewood, Ill.: Irwin, 1965.

Argyris, Chris, *Personality and Organization: The Conflict between System and the Individual*, New York: Harper and Row, 1957.

Barker, Larry L., *Communication*, Englewood Cliffs, N.J.: Prentice-Hall, 1978.

Barnard, Chester I., *The Functions of the Executive*, Cambridge, Mass.: Harvard University Press, 1938.

Bellone, Carl J.(ed.), *Organization Theory and the New Public Administration*, Boston: Allyn and Bacon, 1980.

Bennis, Warren G., *Beyond Bureaucracy: Essays on the Development and Evolution of Human Organization*, New York: McGraw-Hill, 1973.

Bennis, Warren G., *Changing Organization*, New York: McGraw-Hill, 1966.

Bennis, Warren G., *Organization Development: Its Nature, Origins and Prospects*, Reading, Mass.: Addison-Wesley, 1969.

Berelson, Bernard and Steiner, Gary A., *Human Behavior: An Inventory of Scientific Findings*, New York: Harcourt, Brace and World, 1964.

Berlo, David K., *The Process of Communication*, New York: Holt, Rinehart and Winston, 1960.

Bittel, Lester R., *Management by Exception*, New York: McGraw-Hill, 1964.

Blake, Rober R. and Mouton, Jane S., *The New Managerial Grid*, Houston, Tex.: Gulf, 1978.

Blau, Peter M., *The Dynamics of Bureaucracy*, Chicago: University of Chicago Press, 1955.

Blau, Peter M. and Meyer, Marshall W., *Bureaucracy in Modern Society*, second edition, New York: Random House, 1971.

Blau, Peter M. and Scott, W. Richard, *Formal Organizations*, San Francisco: Chandler, 1962.

Boulding, Kenneth E., *Conflict and Defense*, New York: Harper and Row, 1963.

Boulding, Kenneth E., *The Organizational Revolution*, New York: Harper and Row, 1953.

Boyer, William W., *Bureaucracy on Trial: Policy Making by Government Agencies*, Indianapolis: Bobbs-Merrill, 1964.

Bozeman, Barry, *Public Management and Policy Analysis*, New York: St. Martin's Press, 1979.

Brown Fred R.(ed.), *Management: Concepts and Practice*, Washington, D.C.: Industrial College of the Armed Force, 1967.

Burack, Elmer H. and Smith, Robert D., *Personnel Management: A Human Resource Systems Approach*, New York: John Wiley and Sons, 1982.

Burns, James M., *Leadership*, New York: Harper and Row, 1978.

Cameron, Kim S. and Whetten, David A.(eds.), *Organizational Effectiveness: A Comparison of Multiple Models*, New York: Academic Press, 1983.

Caplow, Theodore, *Principles of Organization*, New York: Harcourt, Brace and World, 1964.

Cater, Douglass, *The Fourth Branch of Government*, Boston: Houghton Mifflin, 1959.

Coser, Lewis, *The Functions of Social Conflict*, New York: Free Press, 1956.

Crozier, Michel, *The Bureaucratic Phenomenon*, Chicago: University of Chicago Press, 1964.

Dearden, John and McFarlan, *Warren, Management Information Systems*, Homewood, Ill.: Irwin, 1966.

Deutsch, Karl W., *The Nerves of Government*, New York: Free Press, 1963.

Downs, Anthony, *Inside Bureaucracy*, Boston: Little, Brown and Company, 1967.

Drucker, Peter F., *Management: Tasks, Responsibilities, Practices*, New York: Harper and Row, 1974.

Dubin Andrew J., *Personnel and Human Resource Management*, New York: Van Nostrand, 1981.

Dubin Robert, *Human Relations in Administration*, fourth edition Englewood Cliffs, N. J.: Prentice-Hall, 1974.

Dubin Robert et al., *Leadership and Productivity*, Scranton, Penn.: Chandler, 1965.

Emery, James C., *Organizational Planning and Control Systems*, London: Collier-Macmillan, 1969.

Etzioni, Amitai(ed.), *Complex Organizations: A Sociological Reader*, New York: Holt, Rinehart and Winston, 1961.

Etzioni, Amitai, *Modern Organizations*, Englewood Cliffs, N.J.: Prentice-Hall, 1964.

Etzioni, Amitai(ed.), *Readings on Modern Organizations*, Englewood Cliffs, N.J.: Prentice-Hall, 1969.

Eulau, Heinz, *The Behavioral Persuasion in Politics*, New York: Random House, 1963.

Faludi, Andreas, *Planning Theory*, Oxford: Pergamon Press, 1973.

Fayol, Henry, *General and Industrial Management*, London: Pitman, 1930.

Fiedler, Fred E., *A Theory of Leadership Effectiveness*, New York: McGraw-Hall, 1967.

French, Wendell L. and Bell, Cecil H. Jr., *Organization Development: Behavioral Science Interventions for Organization Improvement*, second edition, Englewood Cliffs, N.J.: Prentice-Hall, 1978.

Freund, Julian, *The Sociology of Max Weber*, New York: Random House, 1969.

Fulmer, Robert M., *The New Management*, second edition, New York: Macmillan, 1978.

Gawthrop, Louis C., *Bureaucratic Behavior in the Executive Branch: An Analysis of Organizational Change*, New York: Free Press, 1969.

Gellerman, Saul W., *Motivation and Productivity*, New York: American Management Association, 1963.

Gibson, James L., Ivancevich, John, M. and Donnelly, James H., *Organizations: Behavior, Structure, Process*, fourth edition, Plano, Texas: Business Publications, 1982.

Ginzberg, Eli, *The Development of Human Resources*, New York: McGrawHill, 1966.

Golembiewski, Robert T., *Renewing Organizations*, Itasca, Ill.: R. E. Peacock, 1972.

Golembiewski, Robert T., *The Small Group*, Chicago: University of Chicago Press, 1962.

Golembiewski, Robert T., Gibson, Frank and Cornog, Geoffrey Y., *Public Administration; Readings in Institutions, Processes, Behavior, Policy*, third edition, Chicago: Rand McNally, 1976.

Gouldner, Alvin W., *Patterns of Industrial Bureaucracy*, New York: Free Press, 1954.

Gross, Bertram M., *Organizations and Their Managing*, New York: Free Press, 1968.

Hersey, Paul and Blanchard, Kenneth H., *Management of Organizational Behavior: Utilizing Human Resources*, third edition, Englewood Cliffs, N.J.: Prentice-Hall, 1977.

Hodgetts, Richard M., *Management Fundamentals*, Hinsdale, Ill.: Dryden, 1981.

Hodgetts, Richard M. and Altman, Steven, *Organizational Behavior*, Philadelphia: Saunders, 1979.

Hodgetts, Richard M., *Modern Human Relations*, Hinsdale, Ill.: Dryden, 1980.

Hollander, Edwin P., *Leadership Dynamics: A Practical Guide to Effective Relationships*, New York: Free Press, 1978.

Homans, George, *The Human Group*, New York: Harcourt Brace Jovanovich, 1950.

Humble, John W., *Management by Objectives in Action*, London: McGraw-Hill, 1968.

Hummel, Ralph, P., *The Bureaucratic Experience*, second edition, New York: St. Martin's Press, 1982.

Hyneman, Charles S., *Bureaucracy in a Democracy*, New York: Harper and Row, 1950.

Ivancevich, John M., Szilagyi, Andrew D. Jr. and Wallace, Marc J. Jr., *Organizational Behavior and Performance*, Santa Monica, Calif.: Goodyear Publishing Company,

1977.

Kahn, Robert L. et al., *Organizational Stress: Studies in Role Conflict and Ambiguity*, New York: John Wiley and Sons, 1964.

Kast, Fremont E. and Rosenzweig, James E., *Organization Management: A Systems and Contingency Approach*, third edition, New York: McGraw-Hill, 1979.

Katz, Daniel and Kahn, Robert L., *The Social Psychology of Organizations*, second edition, New York: John Wiley and Sons, 1978.

Kaufman, Herbert, *The Limits of Organizational Change*, Alabama: University of Alabama Press, 1971.

Kaufman, Herbert, *Red Tape*, Washington, D.C.: Brookings Institution, 1977.

Kelly, Joe, *Organizational Behavior*, Homewood, Ill.: Richard D. Irwin, 1969.

Klingner, Donald E., *Public Personnel Management: Contexts and Strategies*, Englewood Cliffs, N.J.: Prentice-Hall, 1980.

Kramer, Fred A., *Dynamics of Public Bureaucracy: An Introduction to Public Management*, second edition, Cambridge, Mass.: Winthrop, 1981.

Kramer, Fred A.(ed.), *Perspectives on Public Bureaucracy*, second edition, Cambridge, Mass.: Winthrop, 1977.

Krupp, Sherman, *Patterns in Organization Analysis: A Critical Analysis*, Philadelphia: Chiton, 1961.

Lawrence, Pauel R. and Lorsch, Jay W., *Organization and Environment: Managing Differentiation and Integration*, Homewood, Illinois: Irwin, 1969.

Leighton, Alexander, *The Governing of Men*, Princeton, N.J.: Princeton University Press, 1945.

Likert, Rensis, *New Patterns of Management*, New York: McGraw-Hill, 1961.

Likert, Rensis, *The Human Organization: Its Management and Value*, New York: McGraw-Hill, 1967.

Lippmann, Walter, *Public Opinion*, New York: Harcourt, Brace, 1922.

Litterer, Joseph A., *The Analysis of Organizations*, New York: John Wiley and Sons, 1965.

Luthans, Fred, *Organizational Behavior*, fourth edition, New York: McGraw-Hill Book Company, 1985.

Mainzer, Lewis C., *Political Bureaucracy*, Glencoe, Ill.: Scott, Foresman, 1973.

March, James G.(ed.), *Handbook of Organization*, Chicago: Rand McNally, 1965.

March, James G. and Simon, Herbert A., *Organizations*, New York: John Wiley and Sons, 1958.

Maslow, Abraham H. *Motivation and Personality*, New York: Harper and Brothers, 1954.

Mayo, Elton, *The Human Problems of an Industrial Civilization*, New York: Macmillan, 1933.

Mayo, Elton, *The Social Problems of an Industrial Civilization*, Boston: Harvard School of Business Administration, 1945.

McClelland, David C., *The Achieving Society*, Princeton, N.J.: D. Van Nostrand, 1961.

McGregor, Douglas, *The Human Side of Enterprise*, New York: McGraw-Hill, 1960.

Medeirous, James A. and Schmitt, David E., *Public Bureaucracy: Values and Perspectives*, North Scituate, Mass.: Duxbury Press, 1977.

Megginson, Leon C., *Personnel Management: A Human Resources Approach*, fourth edition, Homewood, Ill.: Irwin, 1981.

Meier, Kenneth J., *Politics and the Bureaucracy*, North Scituate, Mass.: Duxbury Press, 1979.

Millet, John D., *Organization for the Public Service*, Princeton, N.J.: Van Nostrand, 1966.

Millet, John D., *The Process and Organization of Government Planning*, New York: Columbia University Press, 1947.

Milton, Charles R., *Human Behavior in Organizations: Three Lebels of Behavior*, Englewood Cliffs, N.J.: Prentice-Hall, 1981.

Michell, Terence R., *People in Organizations: Understanding their Behavior*, New York: McGraw-Hill, 1978.

Mooney, James David and Reiley, Alan C., *The Principles of Organization*, New York: Harper and Row, 1939.

Mouzelis, Nicos P., *Organization and Bureaucracy: An Analysis of Modern Theories*, Chicago: Aldine, 1969.

Odiorne, Georges S., *Management by Objectives*, New York: Pitman, 1965.

Osborn, Richard N., Hunt, James G. and Jauch, Lawrence R., *Organization Theory: An Integrated Approach*, New York: John Wiley and Sons, 1980.

Paige, Glenn D., *The Scientific Study of Political Leadership*, New York: The Free Press, 1977.

Pattern, Thomas H. Jr., *Organizational Development Through Team Building*, New York: John Wiley and Sons, 1981.

Peabody, Robert L., *Organizational Authority*, New York: Atherton, 1964.

Perrow, Charles, *Organizational Analysis: A Sociological View*, Belmont, Calif.:

Wadsworth, 1970.

Perrow, Charles A., *Complex Organizations: A Critical Eassy*, Glenview, Ill.: Scott Foresman, 1972.

Peters, B. Guy, *The Politics of Bureaucracy: A Comparative Perspective*, New York: Longman, 1978.

Pfiffner, John M. and Sherwood, Frank P., *Administrative Organization*, Englewood Cliffs, N.J.: Prentice-Hall, 1960.

Porter, Lyman W. and Lawler, Edward E. Ⅲ, *Managerial Attitudes and Performance*, Homewood, Ill.: Richard D. Urwin, 1968.

Presthus, Robert, *The Organizational Society*, New York: Knopf, 1962.

Presthus, Robert, *Behavioral Approaches to Public Administration,* Tuscaloosa, Alabama: Alabama University Press, 1965.

Pursley, Robert D. and Neil, Scortland, *Managing Government Organizations: An Introduction to Public Administration*, Monterey, Calif.: Duxbury, 1980.

Reddin, William J., *Managerial Effectiveness*, New York: McGrawHill, 1970.

Redfield, Charles E., *Communication in Management*, Chicago: University of Chicago Press, 1958.

Roethlisberger, Fritz and Dickson, William, *Management and Worker*, Cambridge, Mass.: Harvard University Press, 1939.

Robey, Daniel and Altman, Steven(eds.), *Organization Development: Progress and Perspectives*, New York: Macmillan, 1982.

Rourke, Francis E., *Bureaucracy, Politics and Public Policy*, second edition, Boston: Little, Borwn, 1976.

Sanford, Aubrey C., *Human Relations: Theory and Practice*, Columbus, Ohio: Merrill, 1973.

Schein, Edgar H., *Organizational Psychology*, Englewood Cliffs, N.J.: Prentice-Hall, 1965.

Schelling, Thomas C., *The Strategy of Conflict*, Cambridge, Mass.: Harvard University Press, 1960.

Schuman, David, *Bureaucracies, Organizations and Administration*, New York: Macmillan, 1976.

Scott, William G., *The Management of Conflict: Appeals Systems in Organizations*, Homewood, Ill.: Richard D., Urwin, 1966.

Scott, William G. and Mitchell, Terence R., *Organization Theory: A Structural and Behavioral Analysis*, third edition, Homewood, Ill.: Irwin, 1976.

Seitz, Thomas S., *Bureaucracy, Policy and the Public*, St. Louis: C. V. Mosby, 1978.

Self, Peter, *Administrative Theories and Politics*, London: George Allen and Urwin, 1972.

Selznick, Philip, *Leadership in Administration: A Sociological Interpretation*, New York: Harper and Row, 1957.

Selznick, Philip, *TVA and the Grassroots: A Study in the Sociology of Formal Organization*, Berkeley: University of California Press, 1949.

Shaw, Marvin E., *Group Dynamics: The Psychology of Small Group Behavior*, New York: McGraw-Hill, 1971.

Siegel, Laurence and Lane, Irving M., *Personnel and Organizational Psychology*, Homewood, Ill.: Richard D. Urwin, 1982.

Sigband, Norman B., *Communication for Management*, Glenview, Ill.: Scott, Foresman, 1969.

Silverman, David, *The Theory of Organization*, New York: Basic Books, 1971.

Simon, Herbert A., *Administrative Behavior: A Study of Decision-Making Processes in Administrative Organization*, third edition, New York: The Free Press, 1976.

Simon, Herbert A., *Models of Man*, New York: Wiley, 1956.

Simon, Herbert A., *The New Science of Management Decision*, revised edition, Englewood Cliffs, N.J.: Prentice-Hall, 1977.

Stogdill, Ralph M., *Handbook of Leadership*, New York: The Free Press, 1974.

Szilagyi, Andrew D. Jr. and Wallace, Marc J. Jr., *Organizational Behavior and Performance*, third edition, Glenview, Ill.: Scott, Foresman, 1983.

Tannenbaum, Arnold S., *Control in Organization*, New York: McGraw-Hill, 1968.

Taylor, Frederick W., *Principles of Scientific Management*, New York: W. W. Norton, 1911.

Tead, Ordway, *The Art of Leadership*, New York: McGraw-Hill, 1935.

Thompson, Victor A., *Modern Organization: A General Theory*, New York: Knopf, 1961.

Thompson, James D., *Organizations in Action*, New York: McGraw-Hill, 1967.

Tinbergen, Jan, *Development Planning*, New York: McGraw-Hill, 1967.

Tullock, Gordon, *The Politics of Bureaucracy*, Washington, D.C.: Public Affairs Press, 1965.

Vroom, Victor H. *Work and Motivation*, New York: John Wiley and Sons, 1964.

Waterston, Albert, *Development Planning: Lessons of Experience*, Baltimore: Johns Hopkins University Press, 1969.

Werther, William B. Jr. and Davis, Keith, *Personnel Management and Human Resources*, New York: McGraw-Hill, 1982.

Whyte, William H. Jr., *The Organization Man*, N.Y.: Harper and Row, 1956.

Woll, Peter, *American Bureaucracy*, New York: Norton, 1963.

Woodward, Joan, *Industrial Organization: Theory and Practice*, London: Oxford University Press, 1965.

Zaltman, Gerald, Duncan, Robert and Holbeck, Jonny, *Innovations and Organizations*, New York: John Wiley and Sons, 1973.

제 4 편 인사행정론

Allan, Peter and Rosenberg, Stephen(eds.), *Public Personnel and Administrative Behavior: Cases and Text*, Monterey, Calif.: Duxbury, 1981.

Appleby, Paul H., *Morality and Administration in Democratic Government*, Baton Rouge: Louisiana State University Press, 1952.

Bakke, E. Wight, *The Mission of Manpower Policy*, Kalamazoo, Michigan: The W. E. Upjohn Institute for Employment Research, 1969.

Berelson, Bernard and Steiner, Gary A., *Human Behavior*, shorter edition, New York: Harcourt, Brace and World, Inc., 1967.

Bendix, Reinhard, *Higher Civil Servants in American Society*, Boulder: University of Colorado Press, 1949.

Brown, R. G. S. and Steel, D. R., *The Administrative Process in Britain*, second edition, London: Menthuen and Co., Ltd., 1979.

Byers, Kenneth T.(ed.), *Employee Training and Development in the Public Service*, Chicago: Public Personnel Association, 1970.

Cayer, M. Joseph, *Managing Human Resources: An Introduction to Public Personnel Administration*, New York: St. Martin's Press, 1980.

Chapman, Brian, *The Profession of Government*, London: Allyn and Unwin, 1959.

Coleman, Charles J., *Personnel: An Open Systems Approach*, Cambridge, Mass.: Winthrop, 1979.

Coombes, David, *Towards a European Civil Service*, London: Chatham, 1968.

Dessler, Gary, *Personnel Management: Modern Concepts and Techniques*, second edition, Reston, Vir.: Reston Publishing, 1982.

Donovan, J. J.(ed.), *Recruitment and Selection in the Public Service*, Chicago: Public Personnel Association, 1968.

Douglas, Paul H., *Ethics in Government*, Cambridge, Mass.: Harvard University Press, 1957.

Elliott, Robert H., *Public Personnel Administration: A Values Perspective*, Reston, Vir.: Reston Publishing Company, Inc., 1985.

Fish, Carl Russell, *The Civil Service and the Patronage*, Cambridge, Mass.: Harvard University Press, 1904.

Gardner, Johm A., *The Politics of Corruption: Organized Crime in an American City*, New York: Russel Sage, 1970.

Ginzberg, Eli, *The Development of Human Resources,* New York: McGraw-Hill, 1966.

Golembiewski, Robert T., *Men, Management and Morality: Toward a New Organizational Ethic*, New York: McGraw-Hill, 1965.

Golembiewski, Robert T. and Cohen, Michael(eds.), *People in Public Service: A Reader in Public Personnel Administration*, Itasca, Ill.: Peacock, 1970.

Graham, George A., *Morality in American Politics*, New York: Random House, 1952.

Grave, W. Brooke, *Federalism and Public Employment*, Washington, D. C.: Federal Executive and Professional Association, 1965.

Greenlaw, Paul S. and Biggs, William D., *Modern Personnel Management*, Philadelphia: Saunders, 1979.

Hartman, Robert W. and Weber, Arnold R.(eds.), *The Rewards of Public Service*, Washington, D. C.: The Bookings Institution, 1980.

Harvey, Donald R., *The Civil Service Commission*, New York: Praeger, 1970.

Hays, Steven W. and Kearney, Richard C., *Public Personnel Administration: Problem and Prospects*, Englewood Cliffs, N.J.: Prentice-Hall, 1983.

Hays, Steven W. and Reeves, T. Zane, *Personnel Management in the Public Sector*, Boston: Allyn and Bacon, Inc., 1984.

Kaplan, H. Eliot, *The Law of Civil Service*, New York: Bender, 1958.

Kellner, Peter and Lord Crowther-Hunt, *The Civil Servants: An Inquiry into Britain's Ruling Class*, London: McDonald, 1980.

Klingner, Donald E., *Public Personnel Management: Contexts and Strategies*, Englewood Cliffs, N.J.: Prentice-Hall, 1980.

Knowles, William H., *Personnel Management: A Human Relations Approach*, New York: American Book, 1955.

Kranz, Harry, *The Participatory Bureaucracy: Women and Minorities in a More Representative Public Service*, Lexington, Mass.: Lexington Books, 1976.

Krislov, Samuel, *Representative Bureaucracy*, Englewood Cliffs, N. J.: Prentice-Hall,

1974.

Leighton, Alexander, *The Governing of Men*, Princeton, N. J.: Princeton University Press, 1945.

Lester, Richard A., *Manpower Planning in a Free Society*, Princeton, N. J.: Princeton University Press, 1966.

Lieberman, Myron, *Public Sector Bargaining: A Policy Reappraisal*, Lexington, Mass.: Heath, 1980.

Livingston, John C., *Fair Game? Inequality and Affirmative Action*, San Francisco: W. H. Freeman and Company, 1979.

Lopez, Felix M. Jr., *Evaluating Employee Performance*, Chicago: Public Personnel Association, 1968.

Macy, John W. Jr., *Public Service: The Human Side of Government*, New York: Harper and Row, 1971.

Mayo, Elton, *The Social Problems of an Industrial Civilization*, Boston: Harvard School of Business Administration, 1945.

McCrensky, Edward, *Scientific Manpower in Europe: A Comparative Study of Scientific Manpower in the Public Service of Great Britain and Selected European Countries*, New York: Pergamon, 1958.

Messick, Charles P. and Boyer, William W.(eds.), *The Principles of Public Personnel Administration*, Newark, Delaware: University of Delaware Press, 1976.

Mertins, Herman Jr. and Hennigan, Patrick J.(eds.), *Applying Professional Standards and Ethics in the' 80s*, Washington, D. C.: American Society for Public Administration, 1982.

Mosher, Frederick C., *Democracy and the Public Service*, New York: Oxford University Press, 1968.

Nigro, Felix A., *Management-Employee Relations in the Public Service*, Chicago: Public Personnel Administration, 1969.

Nigro, Felix A. and Nigro, Lloyd G., *The New Public Personnel Administration*, third edition, Itasca, Ill.: F. E. Peacock Publishers, 1986.

Patten, Thomas H. Jr., *Manpower Planning and the Development of Human Resources*, New York: John Wiley and Sons, 1971.

Pigors, Paul and Myers, Charles A., *Personnel Administration: A Point of View and a Method*, ninth edition, New York: McGraw-Hill, 1981.

Reynolds, Lloyd G., *Labor Economics and Labor Relations*, eighth edition, Englewood Cliffs, N. J.: Prentice-Hall, 1982.

Rhodes, Gerald, *Public Sectors Pensions*, London: Royal Institute of Public Administration, 1965.

Rohr, John A., *Ethics for Bureaucrats: An Essay on Law Values*, New York: Marcel Dekker, 1978.

Rosen, Bernard, *Holding Government Bureaucracies Accountable*, New York: Praeger, 1982.

Saltzstein, Alan(ed.), *Public Employees and Policy-making*, Pacific Palisades, Calif.: Palisades, 1979.

Schick, Richard P. and Couturier, Jean J., *The Public Interest in Government Labor Relations*, Cambridge, Mass.: Ballinger, 1977.

Schneier, Craig E. and Beatty, Richard W.(eds.), *Personnel Administration Today: Readings and Commentary*, Menlo Park, Calif.: Addison-Wesley Publishing Company, 1979.

Shafritz, Jay M., Hyde, Albert C. and Rosenbloom, David H., *Personnel Management in Government: Politics and Process*, second edition, New York: Dekker, 1981.

Shafritz, Jay M., *Position Classification: A Behavioral Analysis for the Public Service*, New York: Praeger, 1973.

Shafritz, Jay M.(ed.), *The Public Personnel World: Readings on the Professional Practice*, Chicago: International Personnel Management Association, 1977.

Siegel, Gilbert B. and Myrtle, Robert C., *Public Personnel Administration: Concepts and Practices*, Boston: Houghton Mifflin Company, 1985.

Stahl, O. Glenn, *Public Personnel Administration*, eighth edition, New York: Harper and Row, 1983.

Stahl, O. Glenn, *The Personnel Job of Government Managers*, Chicago: Public Personnel Association, 1971.

Stanley, David T., *The Higher Civil Service: An Evaluation of Federal Personnel Practices*, Washington, D. C.: Brookings Institution, 1964.

Thompson, Frank J.(ed.), *Classics of Public Personnel Policy*, Oak Park, Ill.: Moore, 1979.

Tracey, William R., *Evaluating Training and Developing Systems*, New York: American Management Association, 1968.

Van Riper, Paul H., *History of the United States Civil Service*, New York: Harper and Row, 1958.

Verma, S. P. and Sharma, S. K., *Managing Public Personnel Systems: A Comparative Perspective*, New Delhi: Indian Institute of Public Administration, 1980.

Walker, James W., *Human Resource Planning*, New York: McGraw-Hill, 1980.

White, Leonard D., *Further Contributions to the Prestige Value of Public Employment*, Chicago: University of Chicago Press, 1932.

White, Leonard D., *Government Career Service*, Chicago: University of Chicago Press, 1935.

Zack, Arnold, *Understanding Grievance Arbitration in the Public Sector*, Washington, D. C.: U. S. Department of Labor, 1974.

Zagovia, Sam(ed.), *Public Workers and Public Unions*, Englewood Cliffs, N. J.: Prentice-Hall, 1972.

제 5 편 재무행정론

Anderson, William H., *Financing Modern Government*, Boston: Houghton Mifflin, 1973.

Borcherding, Thomas E.(ed.), *Budget and Bureaucrats: The Sources of Government Grow*, Durham, North Carolina: Duke University Press, 1977.

Burkhead, Jesse, *Government Budgeting*, New York: John Wiley and Sons, 1956.

Caiden, Naomi and Wildavsky, Aaron, *Planning and Budgeting in Poor Countries*, New York: John Wiley and Sons, 1974.

Chase, Samuel B. Jr.(ed.), *Problems in Public Expenditure Analysis*, Washington, D. C.: Brookings Institution, 1968.

Colm, Gerhad, *Integration of National Planning and Budgeting*, Washington, D. C.: National Planning Association, 1968.

David, James W. Jr.(ed.), *Politics, Programs and Budgets*, Englewood Cliffs, N. J.: Prentice-Hall, 1969.

Due, John F. and Friedlander, Ann F., *Government Finance*, sixth edition, Homewood, Ill.: Richard D. Urwin, 1977.

Eckstein, Otto, *Public Finance*, fourth edition, Englewood Cliffs, N. J.: Prentice-Hall, 1979.

Fisher, Glenn W., *Taxes and Politics: A Study of Public Finance*, Urbana University of Illinois Press, 1969.

Gardner, Wayland D., *Government Finance: National, State and Local*, Englewood Cliffs, N. J.: Prentice-Hall, 1978.

Golembiewski, Robert T. and Rabin, Jack(eds.), *Public Budgeting and Finance: Readings in Theory and Practice*, second edition, Itasca, Ill.: Peacock, 1975.

Haveman, Robert H. and Margolis, Julius(eds.), *Public Expenditure and Policy Analysis*, second edition, Chicago: Rand McNally, 1977.

Hinrichs, Harley H. and Taylor, Graeme M., *Program Budgeting and Benefit-Cost Analysis: Cases, Text and Readings*, Pacific Palisades, Calif.: Goodyear Publishing Company, Inc., 1969.

Hyde, Albert C. and Shafritz, Jay M.(eds.), *Government Budgeting: Theory, Process, Politics*, Oak Park, Ill.: Moore, 1978.

Ippolito, Dennis S., *The Budget and National Politics*, San Francisco: W. H. Freeman and Company, 1978.

Lyden, Fremont J. and Miller, Ernest G., *Planning-Programming-Budgeting: A Systems Approach to Management*, Chicago: Markham, 1968.

Lynch, Thomas D., *Public Budgeting in America*, Englewood Cliffs, N. J.: Prentice-Hall, 1979.

Mikesell, John L., *Fiscal Administration: Analysis and Applications for the Public Sector*, Homewood, Ill.: The Dorsey Press, 1982.

Mosher, Frederick C., *Program Budgeting: Theory and Practice*, Chicago: Public Administration Service, 1954.

Musgrave, Richard A. and Musgrave, Peggy B., *Public Finance in Theory and Practice*, third edition, New York: McGraw-Hill, 1980.

Novick, David(ed.), *Current Practice in Program Budgeting(PPBS): Analysis and Case Studies Covering Government and Business*, New York: Crane, Russak, 1973.

Ott, David J. and Ott, Attiat F., *Federal Budget Policy*, third edition, Washington, D. C.: Brookings Institution, 1977.

Peacock, Alan T. and Wiseman, Jack, *The Growth of Public Expenditure in the United Kingdom*, London: Allen and Unwin, 1967.

Pyhrr, Peter A., *Zero-Base Budgeting: A Practical Management Tool for Evaluating Expenses*, New York: John Wiley and Sons, 1973.

Schick, Allen, *Budget Innovation in the States*, Washington, D. C.:Brookings Institution, 1971.

Schick, Allen(ed.), *Perspectives on Budgeting*, Washington, D. C.: The American Society for Public Administration, 1980.

Schultze, Charles L., *The Politics and Economics of Public Spending*, Washington, D. C.: Brookings Institution, 1968.

Sharkansky, Ira, *Spending in the American States*, Chicago: Rand McNally, 1968.

Sharkansky, Ira, *The Politics of Taxing and Spending*, Indianapolis: Bobbs-Merrill, 1969.

Smith, Harold D., *The Management of Your Government*, New York: McGraw-Hill, 1945.

Smithies, Authur, *Budgetary Process in the United States*, New York: McGraw-Hill, 1955.

Wholey, Joseph S., *Zero-Base Budgeting and Program Evaluation*, Lexington, Mass.: Lexington, 1978.

Wildavsky, Aaron, *How to Limit Government Spending*, Berkeley: University of California Press, 1980.

Wildavsky, Aaron, *The Politics of the Budgetary Process*, third edition, Boston: Little, Brown, 1979.

Winfrey, John C., *Public Finance*, New York: Harper and Row, 1973.

제 6 편 정 책 론

Allison, Graham T., *Essence of Dicision: Explaining the Cuban Missile Crisis,* Boston: Little, Brown, 1971.

Almond, Gabriel A. and Powell, Bingham G. Jr., *Comparative Politics: System, Process and Policy*, Boston: Little, Brown, 1978.

Anderson, James E., *Public Policy-Making*, third edition, New York: Holt, Rinehart and Winston, 1984.

Bardach, Eugene, *The Implementation Game*, Cambridge, Mass.: MIT Press, 1977.

Bauer, Raymond, *Social Indicators*, Cambridge, Mass.: MIT Press, 1967.

Bierman, Harold Jr., Bonini, Charles P. and Housman, Warren H., *Quantitative Analysis for Business Decisions*, Homewood, Ill.: Richard D. Urwin, 1973.

Braybrooke, David and Lindblom, Charles E., *A Strategy of Decision*, New York: Free Press, 1963.

Cobb, Roger W. and Elder, Charles D., *Participation in American Politics*, second edition, Baltimore: The Johns Hopkins University Press, 1983.

Dror, Yehezkel, *Design for Policy Science*, New York: Elsevier, 1971.

Dror, Yehezkel, *Ventures in Policy Sciences*, New York: Elsevier, 1971.

Dror, Yehezkel, *Public Policy-Making Reexamined*, San Francisco: Chandler, 1968.

Dubnick, Melvin J. and Bardes, Barbara A., *Thinking About Public Policy: A Problem-Solving Approach,* New York: John Wiley and Sons, 1983.

Dunn, William N., *Public Policy Analysis: An Introduction*, Englewood Cliffs, N. J.: Prentice-Hall, 1981.

Dye Thomas R., *Understanding Public Policy*, fifth edition, Englewood Cliffs, N. J.: Prentice-Hall, 1984.

Dye Thomas R. and Gray, Virginia, *Determinants of Public Policy*, Boston: Lexington, 1980.

Edwards Ⅲ, George C., *Implementing Public Policy*, Washington, D. C.: Congressional Quarterly Press, 1980.

Eystone, Robert, *From Social Issues to Public Policy*, New York: Wiley, 1978.

Gore, William J., *Administrative Decision-Making: A Heuristic Model*, New York: John Wiley and Sons, 1964.

Hillier, Fredirick S. and Lieberman, Gerald J., *Introduction to Operations Research*, San Francisco: Holden-Day, 1974.

Jones, Charles O., *An Introduction to the Study of Public Policy*, second edition, North Scituate, Mass.: Duxbury, 1977.

Land, Kenneth C. and Spilerman, Seymour, *Social Indicator Models*, New York: Russel Sage, 1975.

Lasswell, Harold D., *A Pre-View of the Policy Sciences*, New York: Elsevier, 1971.

Lasswell, Harold D., *The Decision Process: Seven Categories of Functional Analysis*, College Park: University of Maryland Press, 1956.

Lerner, Daniel and Lasswell, Harold D.(eds.), *The Policy Sciences*, Standford: Standford University Press, 1960.

Lindblom, Charles E., *The Policy-Making Process*, second edition, Englewood Cliffs, N. J.: Prentice-Hall, 1980.

Lindblom, Charles E., *Strategies for Decision Making*, Urbana: University of Illinois Bulletin, 1971.

Markland, Robert E., *Topics in Management Science*, New York: John Wiley and Sons, 1979.

Mazmanian, Daniel A. and Sabatier, Paul A., *Implementation and Public Policy*, Glenview: Scott, Foresman and Co., 1983.

Mazmanian, Daniel A. and Sabatier, Paul A.(eds.), *Effective Policy Implementation*, Lexington, Mass.: Heath, 1981.

Mckenna, Christopher D., *Quantitative Methods for Public Decision Making*, New York: McGraw-Hill, 1980.

Mood, Alexander M., *Introduction to Policy Analysis*, New York: Edward Arnold, 1983.

Nachmias, David, *Public Policy Evaluation: Approaches and Methods*, New York: St. Martin's Press, 1979.

Nachmias, David(ed.), *The Practice of Policy Evaluation*, New York: St. Martin's Press, 1980.

Nakamura, Robert T. and Smallwood, Frank, *The Politics of Policy Implementation*, New York: St. Martin's Press, 1980.

Paige, Glenn D., *The Korean Decision*, New York: Free Press, 1968.

Quade, Edward S., *Analysis for Public Decisions*, second edition, New York: North-Holland, 1982.

Ripley, Randall B. and Franklin, Grace A., *Bureaucracy and Policy Implementation*, Homewood, Ill.: The Dorsey Press, 1982.

Schubert, Glendon, *The Public Interest: A Critique of the Theory of a Political Concept*, Glencoe, Ill.: Free Press, 1960.

Sharkansky, Ira(ed.), *Policy Analysis in Political Science*, Chicago: Markham, 1970.

Simmons, Donald M., *Linear Programming for Operations Research*, San Francisco: Holden-Day, 1972.

Stokey, Edith and Zeckhauser, Richard, *A Primer for Policy Analysis*, New York: Norton, 1978.

Suchman, Edward A., *Evaluation Research*, New York: Russel Sage, 1967.

Thierauf, Robert J. and Klekampf, Robert, *Decision Making through Operations Research*, New York: John Wiley and Sons, 1975.

Truman, David B., *The Governmental Process*, New York: Knopf, 1951.

Vickers, Geoffrey, *The Art of Judgement*, London: Champan and Hall, 1965.

Weiss, Carol, *Evaluation Research*, Englewood Cliffs, N. J.: Prentice-Hall, 1972.

제 7 편 행정환경론

Almond, Gabriel A. and Powell, G. Bingham Jr., *Comparative Politics: System, Process and Policy*, second edition, Boston: Little, Brown, 1978.

Almond, Gabriel A. and Verba, Sydney(eds.), *The Civic Culture Revisited*, Boston: Little, Brown, 1980.

Anderson, Walt(ed.), *Politics and Environment*, Pacific Palisades, Calif.: Goodyear, 1975.

Cole, Richard C., *Citizen Participation and the Urban Political Process*, Lexington, Mass.: Heath, 1974.

Crozier, Michel, *The Bureaucratic Phenomenon*, Chicago: University of Chicato Press, 1964.

Devine, Donald, *The Political Culture of the United States*, Boston: Little, Brown, 1972.

Dewey, John, *The Public and Its Problems*, New York: Holt, Rinehart and Winston, 1927.

Easton, David, *A Framework for Political Analysis*, Englewood Cliffs, N. J.: Prentice-Hall, 1965.

Easton, David, *A Systems Analysis of Political Life*, New York: John Wiley and Sons, 1965.

Easton, David, *The Political System: An Inquiry into the State of Political Science*, New York: Knopf, 1953;second edition, 1971.

Hutcheson, John D. Jr. and Steggert, Frank X., *Organized Citizen Participation*, Atlanta: Center for Research in Social Change, Emory University, 1970.

Javowitz, Morris et al., *Public Administration and the Public*, Ann Arbor: University of Michigan Institute of Public Administration, 1958.

Lawrence, Paul R. and Lorsch, Jay W., *Organization and Environment*, Homewood, Ill.: Richard D. Urwin, 1967.

Lerner, Max, *America as a Civilization*, New York: Simon and Schuster, 1957.

Morrow, William L., *Public Administration: Politics, Policy and the Political System*, second edition, New York: Random House, 1980.

Pye, Lucian W. and Verba, Sydney(eds.), *Political Culture and Political Development*, Princeton, N. J.: Princeton University Press, 1965.

Ranney, Austin, *The Governing of Men*, revised edition, New York: Holt, Rinehart and Winston, 1966.

Seitz, Steven Thomas, *Policy and the Public*, St. Louis: C. V. Mosby, 1978.

제8편 발 전 론

Alderfer, Harold, *Public Administration in Newer Nations*, New York: Praeger, 1967.

Almond, Gabriel A. and Powell, Bingham, *Comparative Politics: A Developmental Approach*, Boston: Little, Brown, 1966.

Almond, Gabriel A. and Coleman, James S.(eds.), *The Politics of Developing Areas*, Princeton: Princeton University Press, 1962.

Bell, Daniel, *The Coming of Post-Industrial Society: A Venture in Social Fore-casting*, New York: Basic Books, 1976.

Bill, James A. and Hardgrave, Robert L. Jr., *Comparative Politics: The Quest for Theory, Columbus*, Ohio: Charles E. Merrill, 1973.

Braibanti, Ralph(ed.), *Political and Administrative Development*, Durham, N. C.: Duke University Press, 1969.

Chodak, Szymon, *Societal Development*, New York: Oxford University Press, 1973.

Dahl, Robert A. and Lindblom, Charles E., *Politics, Economics and Welfare*, New York: Harper and Bros, 1953.

Dye, Thomas R., *The Politics of Equality*, New York: Bobbs-Merrill, 1971.

Esman, Milton J., *Administration and Development in Malaysia*, Ithaca, New York: Cornell University Press, 1972.

Fletcher, Ronald, *Sociology: The Study of Social Systems*, New York: Charles Scribner's Sons, 1981.

Gant, George F., *Development Administration: Concepts, Goals, Methods*, Madison, Wisconsin: University of Wisconsin Press, 1979.

Gawthrop, Louis C., *Administrative Politics and Social Change*, New York: St. Martin's Press, 1971.

Gilbert, Neil and Specht, Harry, *Planning for Social Welfare: Issues, Models and Tasks*, N. J.: Prentice-Hall, 1977.

Griffin, Keith B. and Enos, John L., *Planning Development*, London: Addison-Wesley Publishing Co., 1970.

Hagen, Everett E., *On the Theory of Social Change*, Homewood, Ill.: Dorsey, 1962.

Harbison, Frederick and Meyer, Charles A., *Education Manpower and Economic Growth*, New York: McGraw-Hill, 1964.

Heady, Ferrel, *Public Administration: A Comparative Perspective*, third edition, New York: Marcel Dekker, 1984.

Heady, Ferrel, and Stokes, Sybil L.(eds.), *Papers in Comparative Public Administration*, Ann Arbor: University of Michigan Press, 1962.

Hodgkinson, Christopher, *Towards a Philosophy of Administration*, New York: St. Martin's Press, 1978.

Huntington, Samuel P., *Political Order in Changing Societies*, New Haven, Conn.: Yale University Press, 1960.

Kluckhohn, Florence R. and Strodtbeck, Fred L., *Variations in Value Orientation*, New York: Harper and Row, 1961.

Lapalombara, Joseph(ed.), *Bureaucracy and Political Development*, Princeton: Princeton University Press, 1963.

Lee, Han Been, *Korea: Time Change and Administration*, Honolulu: East West Center Press, 1968.

Lippmann, Walter, *The Public Philosophy*, Boston: Little, Brown, 1955.

Montgomery, John D. and Siffin, William J.(ed.), *Approaches to Development*, New York: Twentieth Century Fund, 1969.

Parsons, Talcott, *Sociological Theory and Modern Society*, New York: Free Press, 1967.

Pye, Lucian W., *Aspects of Political Development*, Boston: Little, Brown, 1966.

Renaud, Bertrand, *National Urbanization Policy in Developing Countries*, London: Oxford University Press, 1981.

Riggs, Fred W., *Administration in Developing Countries: The Theory of Prismatic Society*, Boston: Houghton Mifflin, 1964.

Riggs, Fred W.(ed.), *Frontiers of Development Administration*, Durham, N. C.: Duke University Press, 1970.

Sharkansky, Ira, *The United States: A Study of a Developing Country*, New York: Mckay, 1975.

Shils, Edward, *Political Development in the New States*, Hague: Mouton, 1962.

Swerdlow, Irving, *The Public Administration of Economic Development*, New York: Praeger, 1975.

Thompson, James D.(ed.), *Comparative Studies in Administration*, Pittsburgh: University of Pittsburgh Press, 1959.

Vickers, Geoffrey, *Value Systems and Social Process*, New York: Basic Books, 1968.

Waldo, Dwight(ed.), *Temporal Dimensions of Development Administration*, Durham, N. C.: Duke University Press, 1970.

Wallace, Ruth A. and Wolf, Alison, *Contemporary Sociological Theory*, Englewood Cliffs, N. J.: Prentice-Hall, 1980.

Weidner, Edward W., *Technical Assistance in Public Administration Overseas: The Case for Development Administration*, Chicago: Public Administration Service, 1964.

Weidner, Edward W.(ed.), *Development Administration in Asia*, Durham, N.C.: Duke University Press, 1970.

Younger, Kenneth, *The Public Service in New States*, London: Oxford University Press, 1960.

서양인명색인

[A]
Alderfer, C. P. 325
Allison, G. T. 625
Almond, G. A. 569
Anderson, J. 572, 577
Appleby, P. H. 7, 84
Argyris, C. 330

[B]
Baldwin, S. 700
Bales, R. F. 235
Barnard, C. I. 148, 166, 315
Bastable, C. F. 508
Bertalanffy, L. V. 167
Blake, R. R. 210, 214
Blau, P. M. 149, 220, 223
Burkhead, J. 505
Burns, T. 193

[C]
Campbell, J. P. 323
Cobb, R. W. 574, 575
Cohen, M. D. 623
Cooley, C. H. 237
Cyert, R. M. 622

[D]
Dahl, R. A. 720
Dalton, M. 508
Diesing, P. 44
Dimock, M. E. 7, 68, 84, 110
Downs, A. 185
Dror, Y. 72, 568, 615
Dunn, W. 630
Dye, T. 568

[E]
Easton, D. 90, 621
Eisenstadt, S. N. 712
Elder, C. D. 574
Esman, M. J. 8, 17, 73, 712
Etzioni, A. 150, 282, 315, 614
Eyestone, R. 576

[F]
Fayol, H. 157
Fiedler, F. E. 339
Franklin, G. A. 217, 571
Frederickson, H. G. 74, 77
Friedman, W. 556

[G]
Gaus, J. M. 84, 85
Gibson, J. L. 321
Gilbert, C. E. 105
Goodnow, F. J. 67
Gortner, H. F. 345
Gouldner, A. W. 224
Gulick, L. 68, 159, 174, 298

[H]
Habermas, J. 98
Harmon, M. 98, 102
Heady, F. 721, 726
Heidenheimer, A. J. 393
Herring, P. 34
Herzberg, F. 325
House, R. J. 340

Hull, C. L. 326
Huntington, S. P. 206
Husserl, E. 98

[K]
Kahn, R. L. 151
Katz, D. 151
Klinger, D. E. 139
Kuhn, T. S. 102, 683

[L]
Landau, M. 55
Lasswell, H. D. 72, 568, 629
Lawler, E. E. 328
Lawrence, P. R. 194
Leavitt, H. J. 205
Lewin, K. 238, 327
Leys, W. A. R. 35
Likert, R. 207, 331
Lindblom, C. E. 280, 487, 611, 612
Lippitt, R. 341
Lippman, W. 38
Lorsch, J. W. 194
Lowi, T. 568, 570
Lundstedt, S. 182

[M]
Mannheim, K. 42
March, J. G. 148, 622
Marini, F. 74
Marx, F. M. 69
Maslow, A. H. 181, 324
Mayo, E. 161, 238
McClelland, D. C. 326
McCurdy, H. E. 77
McGregor, D. 181, 329
Mckean, R. N. 39
Merton, R. K. 201, 220, 223
Michels, R. 200, 226
Mooney, J. D. 158
Moreno, J. L. 238
Mouton, J. S. 210, 214

[N]
Neumann, V. 664
Nigro, F. A. 675
Niles, M. C. 300

[O]
Odiorne, G. S. 302
Olsen, J. P. 623
Ostrom, E. 624
Ostrom, V. 624

[P]
Perry, C. M. 35
Pfiffner, J. M. 247
Pigou, A. C. 508
Pondy, L. R. 316
Porter, L. W. 328
Powell, G. B. 569
Pressman, J. 592
Presthus, R. 184
Pye, L. W. 713

[R]
Rawls, J. 23
Reddin, W. J. 342
Redfield, C. E. 347
Reiley, A. C. 158
Richardson, I. L. 700
Riggs, F. W. 73, 86, 88, 712, 721, 724
Ripley, R. B. 217, 571
Roethlisberger, F. J. 161

[S]
Schein, E. H. 183, 239
Schubert, G. 36
Schutz, A. 98, 102
Scott, W. R. 149
Selznick, P. 190, 221, 223

Sharkansky, I. 167
Simon, H. A. 7, 12, 16, 42, 48, 68, 70, 91, 92, 148, 163, 164, 166, 314
Smithburg, D. W. 91
Stalker, G. M. 193
Steiner, G. A. 341
Suchman, E. A. 122

[T]
Taylor, F. W. 65, 67, 153, 735
Thompson, J. D. 189
Thompson, V. A. 91
Tinbergen, J. 611
Toleman, E. C. 327

[U]
Urwick, L. 68, 159

[V]
Vroom, V. H. 327

[W]
Wagner, A. 508
Waldo, D. 69, 73, 74
Weber, M. 41, 216, 218, 313, 314
Weidner, E. W. 8, 17, 73, 712
Werner, S. B. 393
White, L. D. 7, 27, 84
White, R. 341
Wildavsky, A. 280, 487, 592, 612
Willoughby, W. F. 14, 68, 82
Wilson, W. 7, 13, 62, 67, 80, 82
Woodward, J. 193

사항색인

[ㄱ]
가예산 497
가족주의(familism) 701
갈등 316
감봉 451
감수성 훈련 209, 212, 438
감축관리 139
강등 451
강제 배분법 442
강제적·소외적 관여 180
강제적 조직 151
개방제(open system) 446
개방체제 167
개인의 변이성 180
객관성(objectivity) 425
거시적 윤리 381
게임이론 359, 658
게임이론모형 620
견책 451
결산 535
결산의 조제 536
경력직 409
경세가형 186
경쟁(competition) 189
경제계획 286
경제성질별 분류 502
경제적 목표 198, 199
경제적 조직 152
계급정년제 452
계선(line) 230
계선기관 230
계속비 528
계약직공무원 410
계층제의 실현방법 171
계층제의 원리 170
계획예산(PPBS) 296, 498, 544
계획의 원칙 480
계획지향의 예산기능 483
고용직공무원 411
고전적 조직이론 153
고충처리 457
고충처리기관 459
고충처리제도 364
공공관계(행정 PR) 350
공공선택모형(public choice model) 624
공공행정과 사기업경영 10
공기업 556
공기업과 예산 556
공리적 조직 151
공무원단체 464
공무원연금제도 471
공무원의 사기 453
공무원의 신분보장 448
공무원의 연금 470
공무원의 정치적 중립 388
공무원의 충성 385
공무원의 행동규범 381
공사 263, 558
공산주의적 전체주의체제 730
공식목표 198
공식적 조직 233
공익 34
공익관 37
공익이론 34
과두제의 철칙 200, 225
과업환경 187
과정모형(process model) 617

과정상담　209, 213
과정이론　326
과학적 관리법　153
과학적 관리운동　65
관련성 인식　435
관료문화　701
관료제　216
관료제의 병리현상　224
관료제의 역기능　220
관리 또는 정치적 조직　152
관리게임　438
관리과학(management sciences)　71, 355
관리예산처　492, 512
관리유형도　210, 214
관리정보체제　310
관리지향의 예산기능　482
관리특별회계　495
관치우월적 이원제　272
관치행정 일원제　272
광역제(regionalism)　267
광역행정　266
교육훈련　433
구매행정　561
국가목적 실현설　6
국고채무부담행위　529
국민권익위원회　690
국제계획　287
국토계획　287
군부 관료엘리트체제　729
권위　313
권위의 수용　315
권위의 유형　314
권위적 리더십　341
권한의 위임　171
규범적·도덕적 관여　180
규범적 예산과정론　486
규범적 조직　151
균형예산　508
근무성적평정　440
근속가봉　431
근속정년제　452
근시성(近時性)의 원칙　445
기계적 능률　49
기금특별회계　495
기능별 분류　500
기능적 접근방법　83
기능직공무원　410
기대이론　327, 328
기본급·부가급체계　427
기술적 접근방법　82
기획　283
긴급배정　525

[ㄴ]
난이성(difficulty)　425
내부통제　111
내재적 책임　105
Northcote-Trevelyan 보고서　371
논리적 실증주의(logical positivism)　70, 91
농촌계획　288
능률성(efficiency)　19, 597
능률화의 개념　48

[ㄷ]
다규범성과 합의의 결여　725
다두제적 경쟁체제　729
다분파성(poly-communalism)　725
다원적 절차의 원칙　481
단결권　464, 466, 467
단기계획　286
단일사용계획　286
단체교섭권　465, 467, 468
단체자치　270
대기명령제　450
대기행렬이론　360, 661
대륙형　261
대응성(responsiveness)　75, 598
대인 비교법　442
도시계획　288
도표식 평정척도법　442

독립규제위원회 247, 248
동기부여(motivation) 322, 345, 435
동기요인 325
동등 잠재력(equipotentiality) 56
동일화의 권위 314
동조과잉(overconformity) 224
등급(grade) 414
등종국성(equifinality) 169

[ㄹ]
리더십 171, 332

[ㅁ]
만족모형(satisficing model) 612
매트릭스 조직 242
명령통일의 원리 173
명시이월 527
모집 420
목표갈등(goal conflict) 318
목표관리(MBO) 207, 302, 550
목표와 수단의 연쇄 198
목표의 다원화 200
목표의 승계 200
목표의 전환 200
목표의 확대 200
몬테칼로법 665
몰인격성(impersonality) 224
몰주관성 219
무관심권 315
무관심형 184
무사안일주의 225
무의사결정이론(non-decision making theory) 578
문서주의 224
문제해결(problem solving) 320, 321
문화 696
미시적 윤리 381
민주성 20
민주적 리더십 341
민주화의 개념 48
민중통제 107, 111, 688

[ㅂ]
반독립(半獨立)위원회 247
발전(development) 87, 710
발전가능설 8
발전행정 710
발전행정가 733
발전행정론 73
배치전환 447
법 함수설 6
변이성의 감소 180
별정직공무원 410
보고 347
보수 426
보수적 · 타산적 관여 180
복잡한 인간관 183
본직성 219
부정적 엔트로피 168
부정적 편익 649
부처(部處)편성의 원리 177
분권화 250
분류법 416
분업(전문화)의 원리 174
분화 169
비공식적 조직 233
비교행정 720
비교행정론 72
비교행정의 접근방법 721
비용 능률 52
비용 효과성 53
비용-편익분석 639
비정형적 결정 277
비판행정학 98

[ㅅ]
사고이월 527
사기(morale) 453
사랑방 모형 88
사무관리 307
사무기계화 309
사법통제 107, 111, 688
사적 관료엘리트체제 729

사전검사 533
사회계획 286
사회문화적 목표 198, 199
사회적 능률 49
사회적 인간관 183
사회적 형평성(衡平性, social equity) 22, 75
사회지표 604
사후검사 533
산출 168
산출기록법 444
산출평가 596
삼권분립적 공제설 5
상승형 184
상업식검사 533
상용계획 287
상황적 접근방법 337
상황적응이론 191, 193
새 이원론 16
새 일원론 17
생리적 욕구 324
생산적 조직 152
생태적 접근방법 85
생활급체계 427
서열법 416
Sunshine법 119
선전(propaganda) 352
선형계획법 359, 652
설득(persuasion) 320
성과주의예산 498, 538
성과평가 596
성숙·미성숙이론 330
소속 및 애정욕구 324
소집단(small group) 235
수당 431
수용권 316
수정예산 496
습숙성(習熟性)의 원칙 445
승진 444
시기의 신축성의 원칙 481
시뮬레이션 360, 664
시민위원회 693
시민의 행정수요 681
시험 423
신고전적 조직이론 160
신뢰성(reliability) 424
신뢰의 권위 314
신중앙집권화 254
신지방분권화 255
신행정론 74, 77
실적(merit) 446
실적제 370
실증적 예산과정론 487
실질목표 198
심리·물리학적 평정척도법 443

[ㅇ]
IR 310
안전욕구 324
애매형 185
야경국가 28
업무 측정단위 542
X이론 181, 329
엘리트모형(elite model) 619
역할갈등(role conflict) 319
역할연기법 438
연고우선주의(nepotism) 725
연령정년제 452
연합(coalition) 189
연합모형(coalition model) 622
열성가형 185
엽관제(spoils system) 66, 368
영기준예산(ZBB) 498, 552
영미형 261
예비비 527
예산 478
예산결정이론 485
예산공개의 원칙 478
예산과정의 4단계 509
예산기구 상호성의 원칙 481
예산단일성의 원칙 479
예산명료의 원칙 479

예산보고의 원칙 480
예산엄밀성의 원칙 479
예산의 기능 481
예산의 배정 525
예산의 분류 498
예산의 사전의결원칙 479
예산의 심의 510, 518
예산의 이용(移用) 526
예산의 이월 527
예산의 이체(移替) 526
예산의 전용(轉用) 526
예산의 정치적 기능 484
예산의 종류 494
예산의 집행 511, 523
예산의 편성 510, 512
예산통일성의 원칙 479
예산편성지침 515
예산한정성의 원칙 479
예산의 사정 516
OR 630
Ombudsman제도 107, 111, 114, 689
Y이론 182, 329
완화(smoothing) 321
외부통제 110
외재적 책임 106
요소비교법 416
욕구계층이론 324
운명주의(fatalism) 703
운영계획 287
위생요인 325
위원회 244
의사결정 276, 579
의사결정론 164
의사결정분석 667
의사결정수(decision tree) 668
의사전달 345, 352
의식주의(ritualism) 703
EDPS 310
ERG이론 325
이질혼합성(heterogeneity) 724
인간관계론 160
인간적 능률 49
인지과정이론 327
일몰법(sun-set law) 140
일반검사 533
일반직공무원 410
일반회계예산 494
일선기관 260
임팩트평가 596
입법국가 28
입법통제 110, 688

[ㅈ]
자금특별회계 495
자기실현욕구 324
자기실현적 인간관 183
자문위원회 247
자본예산 505
자연계획 286
자유방임적 리더십 342
자질적 접근방법 333
자치·관치 이원제 272
자치행정 일원제 271
작업집단발전 209, 213
잠정예산 497
장기계획 285
재량의 원칙 481
쟁의권 466, 467, 469
적극적 인사행정 376
적실성(relevance) 75
적용적 게임방법 665
적응적 흡수(cooptation) 189, 190, 344
적응조직 152
적절한 예산수단구비의 원칙 480
적정성(adequacy) 598
적합성(appropriateness) 599
전략적 결정 277
전문직업적 접근방법 69
전문화로 인한 무능 225
전보(轉補) 447
전술적 결정 277

전직(轉職)　447
전통적 권위　314
전통적 엘리트체제　728
전통적 예산원칙　478
전형제(銓衡制, pass examination)　447
전환　168
점수법　416
점증모형(incremental, muddling through model)　612
점증주의　487
정년제도　451
정당성의 권위　315
정략(politics)　321
정무직공무원　410
정보공개제도　118, 119
정부기업　557
정부기업특별회계　495
정실주의(patronage)　369, 370
정의이론　23
정직　451
정책결정　579
정책결정의 이론모형　610
정책계획　287
정책과정　573
정책과학(policy sciences)　72
정책분석　629
정책의 개념　568
정책의 유형　569
정책집행　585
정책평가　595
정치 · 행정 이원론　13, 66
정치 · 행정 일원론　15
정치과학으로서의 행정학　68
정치문화　698
정치와 행정　13
정치적 중립　388
정형적 결정　277
제도모형(institutional model)　616
제안제도　347, 461
제재의 권위　315
Z이론　182
제한된 합리성　47, 279
조건부임용제도(시보임용제도)　449
조달청　565
조정의 원리　175
조직과 개인　179
조직과 환경　186
조직발전　71, 209, 210
조직상의 갈등　319
조직쇄신　205
조직의 개념　148
조직의 동태화　206
조직의 목표　196
조직의 원리　170
조직의 유형　149
조직의 제도화　206
조직의 효과성　201
조직체별 분류　499
조직풍토　187
조직환경　186
존경욕구　324
종합식검사　533
좌절(frustration)　318
주민자치　270
주식회사 형태의 공기업　558
준예산　497
중간관리층　300
중기계획　286
중복성　55, 56
중앙구매기관　564
중앙예산기관　490
중앙인사행정기관　399
중앙집권　253
중앙통제　256
중첩성(overlapping)　56, 725
지방분권　253
지방자치의 유형　260
지방행정　270
지배정당적 동원체제　730
지배정당적 준경쟁체제　729
지역계획　287

직군(group) 414
직급(class) 414
직렬(series) 414
직류 414
직무감찰 534
직무급체계 427
직무분석 415
직무의 결정 171
직무평가 415
직무평가의 방법 416
직업공무원제 372
직위(position) 414
직위분류제 411
직위해제 450
질서목표 198, 199
집권화 250
집단모형(group model) 617
집중구매제도 562
집합모형(garbage can model) 623
징계제도 450

[ㅊ]
참모(staff) 230
참모가관 230
창도자형 186
책임의 원칙 480
체제로 본 행정 8
체제모형(systems model) 621
체제분석 359, 630, 636
체제이론 167
체제적 시뮬레이션법 665
체제적 접근방법 94
초당파위원회 247
총괄적 평가 595
최고관리층 298
최적모형(optimal model) 614
추가경정예산 496
출세가형 185
충성 385
친근성의 원칙 445

[ㅋ]
카리스마(charisma)적 권위 314

[ㅌ]
타당성(validity) 424
타협(compromise) 321
태도조사환류기법 209, 213
통솔범위의 원리 171
통제지향의 예산기능 482
통치기능설 7
통합 169
통합예산 504
퇴직수당 452
특별회계예산 494
특별회계의 분류 495
특수경력직 409, 410
특정직공무원 410

[ㅍ]
파급효과 649
파면 451
Parkinson의 법칙 32
패러다임(paradigm) 65, 66, 683
Pendleton법 64, 370, 371
폐쇄제(closed system) 447
포괄주의 486
품목별 분류 501
품목별 예산 498
품의제 311
프로브스트식 평정법 443
프로젝트 조직 242
프리즘적 모형 86
POSDCORB 298
PERT 359

[ㅎ]
할거주의 225
합리모형(rational model) 610
합리성 40
합리성의 유형 41
합리성의 제약요인 45

합리적 · 경제적 인간관 183
합목적적 능률 49
합법성 18
합법적 권위 314
합의제행정기관 247
해임 451
행정개념 9
행정개혁 126
행정과학 735
행정과학으로서의 행정학 70
행정관리론 157
행정관리설 7
행정국가 27
행정문화 696, 698
행정부패 393
행정수요 682
행정원리론 67
행정위원회 245
행정윤리 380
행정의 개념 5
행정의 민주화 50
행정의 생산성 51
행정의 신뢰성 737
행정의 연구 62, 67, 82
행정의 중복성 55
행정이념 18
행정참여 687, 691
행정책임 104
행정철학 735
행정통제 110, 687, 688
행정평가 121
행정학의 주체성 위기 69
행정행태설 7
행정환경 674
행정환경의 유형 676
행태과학(behavioral sciences) 71
행태과학론 163
행태적 접근방법 89, 334
현대적 예산원칙 480
현대적 조직이론 164
현대행정의 특질 30
현상옹호자형 185
현상학(phenomenology) 100
현상학적 행정학 99
협상(bargaining) 189, 321
형상유지조직 152
형성적 평가 595
형식주의(formalism) 224, 725
형평성(equity) 598
Hawthorne실험 161, 162, 238
혼합모형(mixed-scanning model) 613
회계검사 511, 529
회계검사의 종류 533
회계연도 509
회피(avoidance) 321
효과성(effectiveness) 21, 597
후견책(sponsorship) 345
후기관료제 77

〈공저자약력〉

신두범(愼斗範)

서울대학교 정치학과 및 행정대학원 졸업
서울대학교 대학원에서 법학박사 학위 받음
일본대학 대학원에서 국제관계학 박사학위 받음
서울대학교 대학원 강사 역임
명지대학교 교수 및 법정학부장 역임
충남대학교 교수 및 부산대학교 교수 역임
행정고등고시위원 및 외무고등고시위원 역임
일본 동경대학 법학부 객원연구원 역임
독일 자유베를린대학 객원교수 역임
미국 하버드대학 객원교수 역임
일본 국제기독교대학 교수 역임
일본 일본대학 교수 및 일본대학 대학원 교수 역임
현재: 일본 사천왕사 국제불교대학 교수
일본 사천왕사 국제불교대학 대학원 교수

주요 저서 및 논문

행정학개론(한국어)
행정학원론(한국어)
노동정책론(한국어)
현대의 정치와 행정(일본어)
비교정치학(일본어)
한국정치의 50년(일본어)
복지국가의 이론과 실제(일본어)
Public Policy: Aspirations and Obstacles in Korean Development Administration, Harvard University Press(1967) 외 학술논문 다수

오무근(吳武根)

한국외국어대학교(행정학 박사)
서울대학교(도시행정학 석사)
명지대학교(행정학사)
미국 델라웨어대학교(객원교수)
육군종합행정학교 통역장교과정수료(학군통역 8기)
서울특별시 공무원교육원 강사
서울특별시·경기도·인천광역시·울산광역시 공무원채용 시험위원
한국행정학회 편집위원·연구위원·총무위원
한국행정학회 집행이사·감사
교육과학기술부 정책자문위원(고등교육)
명지전문대학 교학부장·평생교육원장 역임
현재: 명지전문대학 행정과 교수, 한국행정학회 이사, 한국정치학회 이사, 서울신문 명예논설위원

주요 논문

근로자 작업환경에 관한 연구(서울대학교, 환경논총, 제 2 권 1호)
리이더십 변수의 요인화를 통하여 본 농촌발전(한국행정학보, 제21권 2호)
행정오류의 진단 및 시정에 있어서 국회의 역할(한국행정학보, 제24권 1호)
행정오류의 진단과 시정능력 제고방안에 관한 연구(공저, 한국행정학회)
공동생산과 주민의 행정의식: 미국 지방정부의 치안활동을 중심으로(한국행정학보, 제29권 3호)
기타 논문 다수

수정판
최신행정학원론

2003년 2월 15일 초판발행
2010년 8월 20일 수정판발행
2013년 8월 20일 중판발행

공저자 신두범·오무근
발행인 안 종 만
발행처 (주)박영사
서울특별시 종로구 평동 13-31번지
전화 (733) 6771 FAX (736) 4818
등록 1959. 3. 11. 제300-1959-1호(倫)
www.pybook.co.kr e-mail: pys@pybook.co.kr

정 가 35,000원 ISBN 978-89-6454-069-5